TRAITÉ PRATIQUE

DES DOUANES

II

TRAITÉ PRATIQUE

DES

DOUANES

PAR

M. A. DELANDRE

Directeur des Douanes.

2e ÉDITION

TOME DEUXIÈME

RENNES

IMPRIMERIE Ch. OBERTHUR, RUE IMPÉRIALE, 8, ET PLACE DU PALAIS, 7

Mon à Paris, rue des Blancs-Manteaux, 35.

1866

TRAITÉ PRATIQUE
DES DOUANES

LIVRE X

SELS

Un régime spécial et exceptionnel existe à l'égard des sels (1).

Le sel (2) pur est un chlorure de sodium formé d'un atome de sodium et de deux atomes de chlore.

Il cristallise en cubes incolores, translucides, qui ne renferment que de l'eau d'interposition. Exposé au feu, il décrépite fortement, entre en fusion un peu au-dessus de la chaleur rouge, et se volatilise en une vapeur blanche, sans se décomposer. Il a une saveur franche qui plaît aux hommes et aux animaux. Sa pesanteur *spécifique* est de 2,125.

Le sel est soluble dans un peu plus de deux fois et demi son poids d'eau. L'eau saturée marque 24° à l'aréomètre de Baumé. 100 parties d'eau dissolvent 35 à 37 p. de sel à 13°89 au thermomètre et pas plus de 41 p. à 109°38. Il est à remarquer qu'un mélange de 100 kil. d'eau pure avec 35 ou 37 kil. de sel ne forme qu'un volume de 115 litres d'eau saturée (135 ou 137 kil. en poids). V. n° 664. En dissolution, le sel cristallise sous l'action de l'évaporation.

On le trouve à l'état solide, en couches très-considérables, dans le sein de la terre (3), ou en dissolution dans les eaux des sources

---

(1) Si les dispositions relatives aux sels, au lieu d'être insérées au livre des *régimes spéciaux* (V. Livre XI), ont fait l'objet d'un livre distinct, c'est qu'elles reçoivent une application générale en France, et constituent ainsi une branche complète du service des douanes.

(2) *Sale* (italien), *sal* (latin), du grec αλς.

(3) Ce sel, dit sel gemme, est fréquemment brun ou rougeâtre à raison des parties d'oxyde de fer, d'argile, de bitume et de charbon qu'il contient.

qui passent sur des dépôts salifères (1) et dans les eaux de la mer.

Le sel est obtenu par divers procédés : 1° Quand il est pur, le sel existant sous le sol est extrait au moyen de mines exploitées par puits et galeries, et livré en roche au commerce (sel gemme) ; 2° dans le cas contraire, un trou de sonde conduit de l'eau jusqu'au banc de sel ; elle s'y sature, et on la retire, à l'aide de pompes, pour la faire évaporer par le feu (sel ignigène ou sel de saline) ; 3° les eaux de sources salées sont évaporées soit à l'air libre dans des bâtiments de graduation et par le feu, soit seulement par le feu (même sel) ; 4° lorsque l'eau de la mer est évaporée à l'air, sous l'influence du soleil et d'un air sec, dans des bassins (marais salants ou salins) creusés au bord de la mer et tapissés d'argile, il se forme du sel marin.

Outre certaines parties de matières terreuses provenant des parois des bassins, lui donnant une couleur qui varie du gris blanc au rosé et au roux, le sel des marais salants renferme des sulfates de chaux et de magnésie et du chlorure de magnésium. Il reçoit du sulfate de magnésie une saveur légèrement amère, et du chlorure de magnésium la propriété de s'humecter au contact de l'air.

Conservé sur le sol ou gravier, en tas (mulons, camelles) que l'on couvre dans l'hiver, le sel s'égoutte et se purifie, en ce que les sels déliquescents qu'il contient s'imprègnent peu à peu de l'humidité atmosphérique et s'écoulent. Le déchet est d'ordinaire évalué de 10 à 20 p. 0/0 pendant la première année, selon les contrées ; à 5 p. 0/0 pour la seconde année. Plus le sel est sec, plus la qualité en est bonne.

Aussi, après avoir lavé le sel, le fait-on parfois sécher dans des étuves.

Ce n'est qu'autant qu'il a été épuré par une nouvelle cristallisation résultant de l'évaporation de l'eau dans laquelle on l'a fait dissoudre que le sel est considéré, par le service, comme ayant été raffiné.

A 32° de densité, les eaux des salins ne donnent presque plus de sel pur : on les appelle eaux-mères. Elles retiennent divers sels : chlorure de magnésium, chlorure de potassium, chloruré de sodium, sulfate de magnésie, souvent des iodures ou des bromures de magnésium.

On obtient du sel plus ou moins pur dans certaines fabriques de produits chimiques et dans les salpêtreries.

Indépendamment de l'usage habituel qu'on en fait dans la préparation des aliments, on se sert du sel pour saler et conserver les viandes et les poissons, fabriquer la soude artificielle, l'acide chlorhydrique, le chlore, le sel ammoniac et la couverte ou vernis des poteries.

Par chlorure de sodium impur, on entend le sel (gemme, ignigène ou marin) mélangé avec d'autres sels ou matières quelconques.

---

(1) Les eaux des sources salées renferment en général du chlorure de sodium, chlorure de magnésium, sulfate de magnésie, sulfate de chaux, carbonate de chaux, quelquefois du carbonate de fer dissous dans l'acide carbonique.

Les sels qui proviennent de la préparation des poissons sont des sels immondes; on les connaît aussi sous le nom de sels de coussins, ou sous celui de ressels, selon qu'il s'agit de sels sur lesquels les morues rapportées en vrac des lieux de pêche ont été placées dans la cale des navires, ou de sels restant d'autres opérations. Nonobstant l'odeur de poisson qu'ils ont contractée, ces sels peuvent encore être utilisés ultérieurement.

Le sel est si abondamment répandu dans la nature que le prix de revient en est extrêmement minime, de sorte qu'on peut lui faire supporter une taxe relativement considérable sans en élever le prix vénal de manière à gêner ou diminuer sensiblement la consommation. Aussi cet impôt a-t-il de tout temps concouru au revenu public.

Après avoir existé en Grèce et dans l'Empire romain, cet impôt fut établi dès le XIe siècle dans quelques parties de la France et généralisé en 1286 par Philippe-le-Bel. Confirmé en 1342 par Philippe VI, de Valois, et en 1355 par les États-Généraux, mis en ferme en 1548, sous Henri II, régularisé par l'ordonnance de mai 1680, il resta inscrit au livre des finances de l'État jusqu'en 1790.

Plusieurs provinces étaient soumises à cet impôt et à des surtaxes; d'autres ne supportaient que l'impôt principal ou jouissaient de conditions particulières obtenues tantôt à raison de la production salifère de la contrée, tantôt par le payement de fortes sommes; d'autres en étaient affranchies. De là, pays de *grandes gabelles* (1) (Ile-de-France, Orléanais, Maine, Anjou, Touraine, Berry, Bourbonnais, Bourgogne, Picardie, Champagne, Perche, Normandie en partie); pays de *petites gabelles* (Mâconnais, Lyonnais, Forez, Beaujolais, Bresse, Bugez, Dombes, Dauphiné, Languedoc, Roussillon, Rouergue, Gévaudan, Auvergne en partie); provinces de *salines* (Franche-Comté, Lorraine, Trois-Évêchés); provinces *rédimées* (Bretagne, Artois, Flandre, Hainaut, Calaisis, Boulonnais, Arles, Sedan, Béarn, Basse-Navarre, Labour, Oléron, Ré, partie de l'Aunis, de la Saintonge et du Poitou); pays *franc salé* (partie du Poitou, de l'Aunis, et de la Saintonge, Angoumois, Limousin, Périgord, Quercy, Guienne, Foix, Bigorre, Comminges). Une partie de la Normandie s'appelait *pays de quart-bouillon*, parce que les habitants ne payaient que le quart du prix ordinaire le sel blanc qu'on y fabriquait.

Les gabelles étaient affermées à des traitants. Les producteurs devaient leur fournir, au prix courant, et chaque habitant devait acheter, qu'il dût la consommer ou non, une quantité de sel déterminée, à un prix fixé d'avance (60 fr. les 100 kil. dans les grandes gabelles, 13 fr. dans le quart-bouillon). Les dispositions qui se rattachaient à ce régime le rendirent odieux; aboli en principe dès le 23 septembre 1789, il disparut en 1790 (*Loi du 21 mars*), avec les taxes qui l'avaient fait naître.

(1) De l'ancien saxon *gabel*, impôt, tribut.

Mais, de ce qu'il avait frappé certaines populations sans atteindre les autres, de ce que la perception s'en était effectuée d'une manière déplorable, s'ensuivait-il que, réglé d'après les principes de l'égalité et de la justice, le droit de consommation du sel ne pût constituer l'un des impôts les plus propres à entrer dans les éléments du revenu public? On le rétablit en 1806, sans monopole, et en bornant l'action du service à veiller à ce que le sel ne soit enlevé des lieux de production ou de dépôt qu'après payement du droit ou garantie suffisante. (*Décret du 16 mars et Loi du 24 avril 1806.*)

La législation est basée :

1º Sur la loi du 24 avril 1806, les décrets des 11 juin 1806 et 25 janvier 1807, et la loi du 17 décembre 1814, relativement aux bords de la mer, aux marais salants, à la circulation et aux dépôts dans les 15 kilomètres des côtes, ainsi qu'aux entrepôts ;

2º Sur la loi du 22 août 1791, l'arrêté du 22 thermidor an X et la loi du 8 floréal an XI pour la circulation et le dépôt des sels, comme de toute autre marchandise, dans le rayon des frontières de terre ;

3º Sur la loi du 17 juin 1840, les ordonnances des 7 mars et 26 juin 1841, la loi du 17 mars 1852, et les décrets des 19 mars et 12 août 1852, applicables tant aux mines de sel, aux sources salées, aux usines destinées à la production du sel (salines), aux fabriques de produits chimiques, aux salpêtreries, aux raffineries, et aux usines où il est obtenu des produits contenant de la soude et du chlore, qu'à la circulation dans les 15 kilomètres de ces établissements.

Cette législation a pour objet de créer, sur les différents points, des conditions égales de concurrence, tout en laissant à la production et au commerce la liberté compatible avec les moyens dont le Gouvernement doit disposer afin d'assurer la régulière perception de l'impôt.

Celle-ci est confiée au service des douanes dans toutes les localités soumises à sa surveillance, au service des contributions indirectes sur tous les autres points.

Les sels d'origine française supportent un droit de consommation ; les sels provenant de l'étranger, passibles également de la taxe de consommation, sont, en outre, assujettis aux règles concernant les importations.

Pour la perception de la taxe de consommation, la surveillance du service s'exerce jusqu'à la distance d'un myriamètre et demi des côtes et des bords des rivières affluentes à la mer, qu'il y existe ou non des marais salants, salins et fabriques de sel. Sur les frontières de terre, les sels sont soumis, dans le rayon des douanes, aux conditions applicables aux autres marchandises (1).

---

(1) Produit de l'impôt : régime des gabelles, en 1788.......... 60,000,000 fr.
1848 (taxe de 30 fr. par 100 kil.)..... 63,437,000
1850 (taxe de 10 fr.   *id.*   )..... 25,623,000

CHAPITRE PREMIER

PRODUCTION DU SEL

644. — Aucune fabrique ou chaudière pour la production du sel ne peut être établie sans une déclaration préalable de la part du fabricant, *V.* n° 658 (et sans l'accomplissement des autres conditions règlementaires), à peine des confiscations et amendes déterminées par la loi. (*Loi du 24 avril 1806, art. 51.*)

SECTION PREMIÈRE

§ 1er. — *Salines ou établissements de toute nature pour la production du sel (autres que les marais salants)* (1).

645. — Lorsqu'il s'agit de mines de sel, *V.* n°° 654 et 656, de sources ou de puits d'eau salée naturellement ou artificiellement, *V.* n°° 655 et 650, nulle exploitation n'en peut avoir lieu qu'en vertu d'une concession consentie par ordonnance du Gouvernement, délibérée en Conseil d'Etat. (*Loi du 17 juin 1840, art. 1er.*)

Les lois et règlements généraux sur les mines sont applicables aux exploitations des mines de sel. Un règlement d'administration publique déterminera, selon la nature de la concession, les conditions auxquelles l'exploitation sera soumise et les formes des enquêtes qui devront précéder les concessions de sources ou de puits d'eau salée. Sont applicables à ces concessions les dispositions des titres 5 et 10 de la loi du 21 avril 1810. (*Même Loi, art. 2.*) *V.* n°° 654 à 656.

Les concessions ne peuvent excéder 20 kilomètres carrés s'il s'agit d'une mine de

---

Renseignements relatifs à l'année 1850 :

	Nombre.	Superficie en hectare.	Production.	Sels livrés à la consommation alimentaire (compris le boni).
Marais salants du Midi....	53	6,950	267,349,700 kil.	80,052,000 kil.
de l'Ouest..	3,215	28,631	224,368,800 kil.	124,771,000 (en tenant compte de 1,146,400 kil. pour la troque)
Petites salines de la Manche	89	......	671,200	
Salines de l'Est.........	12	......	60,118,700	56,721,000
du Sud-Ouest.....	9	......	8,922,100	

	561,430,500	261,544,000

Sels employés dans les fabriques de soude............	56,580,700
à la pêche de la morue...............	43,578,100 (compris 15,574,900 kil. de sel étranger.)
à la petite pêche....................	5,843,600
aux salaisons à terre................	8,635,100 (compris 1,995,100 kil. de sel étranger.)
Exportation (étranger et colonies françe'ses)...........	40,911,500
Sels étrangers soumis aux droits d'entrée et de consommation......................................	3,706,200

420,799,200 kil.

(1) Pour les marais salants, *V.* n° 672.

Des dispositions spéciales existent d'ailleurs à l'égard des fabriques de produits chimiques, *V.* n° 669, des salpêtreries, *V.* n° 670, et des raffineries, *V.* n° 671.

sel, et 1 kilomètre carré pour l'exploitation d'une source ou d'un puits d'eau salée. Dans l'un et l'autre cas, les actes de concession règlent les droits du propriétaire de la surface, conformément aux art. 6 et 42 de la loi du 21 avril 1810. Aucune redevance proportionnelle n'est exigée au profit de l'État. (*Même Loi, art.* 4.)

646. — Les concessionnaires de mines de sel, de sources ou de puits d'eau salée, sont tenus (indépendamment des conditions énoncées aux n°s 647 et 657) :

1° De faire, avant toute exploitation ou fabrication, la déclaration prescrite par l'art. 51 de la loi du 24 avril 1806. *V.* n°s 644, 649 et 658 ;

2° D'extraire ou de fabriquer au minimum et annuellement une quantité de 500,000 kilogr. de sel, pour être livrés à la consommation intérieure et assujettis à l'impôt. *V.* n° 650. Toutefois, une ordonnance du Gouvernement peut, dans des circonstances particulières, autoriser la fabrication au-dessous du minimum. Cette autorisation peut toujours être retirée. (*Même Loi, art.* 5.) *V.* n° 652.

647. — Des règlements d'administration publique détermineront, dans l'intérêt de l'impôt, les conditions auxquelles l'exploitation et la fabrication seront soumises, ainsi que le mode de surveillance à exercer, de manière à ce que le droit soit perçu sur les quantités de sel réellement fabriquées. (*Mêmes Loi et art.*) *V.* n°s 657 à 664 et 668.

648. — Tout concessionnaire ou fabricant qui veut cesser d'exploiter ou de fabriquer est tenu d'en faire la déclaration au moins un mois d'avance. (Cessation sans déclaration ; n° 186 du tableau des Infr.)

Le droit de consommation sur les sels extraits ou fabriqués, qui seraient encore en la possession du concessionnaire ou du fabricant un mois après la cessation de l'exploitation ou de la fabrication, sera exigible immédiatement.

L'exploitation ou la fabrication ne peuvent être reprises qu'après un nouvel accomplissement des obligations mentionnées en l'art. 5. (*Même Loi, art.* 6.) *V.* n° 652.

649. — Toute exploitation ou fabrication de sel entreprise avant l'accomplissement des formalités prescrites par l'art. 5 est frappée d'interdiction par voie administrative ; le tout sans préjudice, s'il y a lieu, des peines portées en l'art. 10.

Les arrêtés d'interdiction rendus par les préfets sont exécutoires par provision, nonobstant tout recours de droit. (*Même Loi, art.* 7.) Exploitation non autorisée, n° 184 du tableau des Infr. *V.* n° 652.

650. — Tout exploitant ou fabricant de sel dont les produits n'ont pas atteint le minimum déterminé par l'art. 5 est passible d'une amende égale au droit qui aurait été perçu sur les quantités de sel manquant pour atteindre le minimum. (*Même Loi, art.* 8.) Fabrication inférieure au minimum ; n° 185 du tableau des Infr.

651. — L'enlèvement et le transport, en franchise, des eaux salées et des matières salifères sont interdits pour toute destination autre que celle d'une fabrique régulièrement autorisée et soumise à l'exercice du service. *V.* n°s 659 et 669. (*Même Loi, art.* 9.) *V.* n° 652.

Des règlements d'administration publique détermineront les formalités à observer pour l'enlèvement et la circulation. (*Même Loi, même art.*) *V.* n°s 661 à 664.

652. — Toute contravention aux dispositions des art. 5, 6, 7 et 9 de la présente loi et des ordonnances qui en régleront l'application est punie de la confiscation des eaux salées, matières salifères, sels fabriqués, ustensiles de fabrication, moyens de transport, d'une amende de 500 fr. à 5,000 fr.; et, dans tous les cas, du payement du double droit de consommation sur le sel pur, mélangé ou dissous dans l'eau, fabriqué, transporté ou soustrait à la surveillance.

En cas de récidive, le maximum de l'amende est prononcé. L'amende peut même être portée jusqu'au double. (*Même Loi, art.* 10.) *V.* n° 715. Le tribunal correctionnel est compétent pour tous les cas.

653. — Afin de restreindre aux entreprises sérieuses les permissions d'exploitation et d'empêcher que l'augmentation des frais de régie ne soit onéreuse au Trésor public, toute saline, tout établissement pour la production du sel, alors même qu'il s'agit de l'élaboration des eaux de la mer, doit être soumis aux conditions et formalités déterminées par la présente loi. (*Même loi, art.* 16, *dernier* §; *et Déc. min. du* 12 *mars* 1855.) (1).

Concession des mines de sel, des sources ou des puits d'eau salée.

1° *Mines de sel. V.* n° 645.

654. — Il ne peut être fait de concession de mines de sel sans que l'existence du dépôt de sel ait été constatée par des puits, des galeries ou des trous de sonde. (*Ord. du* 7 *mars* 1841, *art.* 1er.)

Les demandes en concession sont instruites conformément aux dispositions de la loi du 21 avril 1810; elles contiennent les propositions du demandeur dans le but de satisfaire aux droits attribués aux propriétaires de la surface par les art. 6 et 42 de la loi du 21 avril 1810. (*Même Ord., art.* 2.)

L'exploitation d'une mine de sel, soit à l'état solide, par puits ou galeries, soit par dissolution, au moyen de trous de sonde ou autrement, ne peut être commencée qu'après que le projet des travaux a été approuvé par l'administration.

A cet effet, le concessionnaire soumet au préfet un mémoire indiquant la manière dont il entend procéder à l'exploitation, la disposition générale des travaux qu'il se propose d'exécuter, et la situation des puits, galeries et trous de sonde, par rapport

---

(1) Des règlements d'administration publique détermineront les conditions auxquelles pourront être autorisés l'enlèvement, le transport et l'emploi en franchise ou avec modération de droits, du sel de toute origine, des eaux salées ou de matières salifères, à destination des exploitations agricoles ou manufacturières, et de la salaison, soit en mer, soit à terre, des poissons de toute sorte. (*Loi du* 17 *juin* 1840, *art.* 12.) *V.* n° 695.

Toute infraction aux conditions sous lesquelles la franchise ou la modération de droits aura été accordée, en vertu de l'article précédent, sera punie de l'amende prononcée par l'art. 10, et, en outre, du payement du double droit sur toute quantité de sel pur ou contenu dans les eaux salées et les matières salifères qui aura été détournée en fraude.

La disposition précédente est applicable aux quantités de sel que représenteront, d'après les allocations qui auront été déterminées, les salaisons à l'égard desquelles il aura été contrevenu aux règlements.

Quant aux salaisons qui jouissent du droit d'employer le sel étranger, le double droit de consommation à payer pour amende sera calculé sans remise. Les fabriques ou établissements, ainsi que les salaisons en mer ou à terre, jouissant de la franchise, seront également soumises aux dispositions du présent article. (*Même Loi, art.* 13.)

Nota. — Les art. 12 et 13, ainsi rappelés en note, ne peuvent être invoqués que dans les cas déterminés par l'ordonnance du 26 juin 1841. *V.* n°s 661 à 664. Les autres cas restent soumis aux règlements antérieurs à la loi de 1840. *V.* n° 677. (*Circ. du* 13 *juillet* 1841, n° 1860.)

Il ne faudrait pas perdre de vue, au besoin, que depuis 1840 le régime applicable aux sels étrangers a été modifié et la législation complétée relativement aux raffineries de sel, etc.

aux habitations, routes et chemins. Il y joint les plans et coupes nécessaires à l'intelligence de son projet.

Lorsque le projet d'exploitation a été approuvé, il ne peut être changé sans une nouvelle autorisation.

L'approbation de l'administration est également nécessaire pour l'ouverture de tout nouveau champ d'exploitation.

Les projets de travaux énoncés aux §§ précédents doivent être, ainsi que les plans à l'appui, portés, avant toute décision, à la connaissance du public. A cet effet, des affiches sont apposées, pendant un mois, dans les communes comprises dans lesdits projets, et une copie des plans est déposée dans chaque mairie. (*Même Ord., art.* 3.) *V.* n° 656.

2° *Sources et puits d'eau salée. V.* n° 645.

655.—Les art. 10, 11 et 12 de la loi du 21 avril 1810 sont applicables aux recherches d'eau salée. (*Même Ord., art.* 4.)

Tout demandeur en concession d'une source ou d'un puits d'eau salée doit justifier que la source ou le puits peut fournir des eaux salées en quantité suffisante pour une fabrication annuelle de 500,000 kilogrammes de sel au moins. (*Même Ord., art.* 5.)

Il doit justifier des facultés nécessaires pour entreprendre et conduire les travaux, et des moyens de satisfaire aux indemnités et charges qui seront imposées par l'acte de concession. (*Même Ord., art.* 6.)

La demande en concession est adressée au préfet et enregistrée à sa date sur un registre spécial, conformément à l'art. 22 de la loi du 21 avril 1810 ; le secrétaire général de la préfecture délivre au requérant un extrait certifié de cet enregistrement. La demande contient l'indication exigée par l'art. 2 ci-dessus.

Le pétitionnaire y joint le plan en quadruple expédition et à l'échelle de 5 millimètres pour 10 mètres, des terrains désignés dans sa demande. Ce plan doit indiquer l'emplacement de la source ou du puits salé et sa situation par rapport aux habitations, routes et chemins ; il n'est admis qu'après vérification par l'ingénieur des mines. Il est visé par le préfet. (*Même Ord., art.* 7.)

Les publications et affiches de la demande ont lieu à la diligence du préfet et conformément aux art. 23 et 24 de la loi du 21 avril 1810. Leur durée est de deux mois à compter du jour de l'apposition des affiches dans chaque localité. La demande est insérée dans l'un des journaux du département.

Les frais d'affiches, publications et insertions dans les journaux sont à la charge du demandeur. (*Même Ord., art.* 8.)

Les demandes en concurrence ne sont admises que jusqu'au dernier jour de la durée des affiches.

Elles sont notifiées par actes extrajudiciaires au demandeur, ainsi qu'au préfet, qui les fait transcrire à leur date sur le registre mentionné en l'art. 7 ci-dessus. Il est donné communication de ce registre à toutes les personnes qui veulent prendre connaissance desdites demandes. (*Même Ord., art.* 9.)

Les oppositions à la demande en concession, les réclamations relatives à la quotité des offres faites aux propriétaires de la surface, les demandes en indemnité d'invention sont notifiées au demandeur et au préfet par actes extrajudiciaires. (*Même Ord., art.* 10.)

Jusqu'à ce qu'il ait été statué définitivement sur la demande en concession, les oppositions, réclamations et demandes mentionnées en l'art. 10 ci-dessus sont admissibles devant le Ministre des travaux publics. Elles sont notifiées par leurs auteurs aux parties intéressées. (*Même Ord., art.* 11.)

Le Gouvernement juge des motifs ou considérations d'après lesquels la préférence doit être accordée aux divers demandeurs en concession, qu'ils soient propriétaires de la surface, inventeurs ou autres, sans préjudice de la disposition transitoire de l'art. 3 de la loi du 17 juin 1840, relative aux propriétaires des établissements actuellement existants. (*Même Ord., art. 12.*)

Il est définitivement statué par une ordonnance délibérée en Conseil d'État.

Cette ordonnance purge, en faveur du concessionnaire, tous les droits des propriétaires de la surface et des inventeurs ou de leurs ayant-cause. (*Même Ord., art. 13.*)

, L'étendue de la concession est déterminée par ladite ordonnance; elle est limitée par des points fixes pris à la surface du sol. (*Même Ord., art. 14.*)

Lorsque, dans l'étendue du périmètre qui lui est concédé, le concessionnaire veut pratiquer, pour l'exploitation de l'eau salée, une ouverture autre que celle désignée par l'acte de concession, il adresse au préfet, avec un plan à l'appui, une demande qui est affichée pendant un mois dans chacune des communes sur lesquelles s'étend la concession. Une copie de ce plan est déposée dans chaque mairie.

S'il ne s'élève aucune réclamation contre la demande, l'autorisation est accordée par le préfet. Dans le cas contraire, il est statué par le Ministre des travaux publics. (*Même Ord., art. 15.*)

Toutes les questions d'indemnités à payer par le concessionnaire d'une source ou d'un puits d'eau salée, à raison de recherches ou travaux antérieurs à l'acte de concession, sont décidées conformément à l'art. 4 de la loi du 28 pluviôse an VIII. (*Même Ord., art. 16.*)

Les indemnités à payer par le concessionnaire aux propriétaires de la surface, à raison de l'occupation des terrains nécessaires à l'exploitation des eaux salées, sont réglées conformément aux art. 43 et 44 de la loi du 21 avril 1810. (*Même Ord., art. 17.*)

Aucune concession de source ou de puits d'eau salée ne peut être vendue par lots ou partagée sans une autorisation préalable du Gouvernement, donnée dans les mêmes formes que la concession. (*Même Ord., art. 18.*) V. n° 656.

Dispositions communes aux concessions de mines de sel et aux concessions de sources et de puits d'eau salée.

656. — Aucune recherche de mine de sel ou d'eau salée, soit par des propriétaires de la surface, soit par des tiers autorisés en vertu de l'art. 10 de la loi du 21 avril 1810, ne peut être commencée qu'un mois après la déclaration faite à la préfecture. Le préfet en donne avis immédiatement au directeur des contributions indirectes ou au directeur des douanes, suivant les cas. V. n° 658. (*Même Ord., art. 19.*)

Il ne peut être fait, dans le même périmètre, à deux personnes différentes, une concession de mine de sel et une concession de source ou de puits d'eau salée. Mais tout concessionnaire de source ou de puits d'eau salée qui a justifié de l'existence d'un dépôt de sel dans le périmètre à lui concédé, peut obtenir une nouvelle concession.

Jusque-là tout puits, toute galerie ou tout autre ouvrage d'exploitation de mine est interdit au concessionnaire de la source ou du puits d'eau salée. (*Même Ord., art. 20.*)

Dans tous les cas où l'exploitation, soit des mines de sel, soit des sources ou des puits d'eau salée, compromet la sûreté publique, la conservation des travaux, la sûreté des ouvriers ou des habitations de la surface, il y est pourvu ainsi qu'il est dit en l'art. 50 de la loi du 21 avril 1810. (*Même Ord., art. 21.*)

Tout puits, toute galerie, tout trou de sonde ou tout autre ouvrage d'exploitation ouvert sans autorisation sont interdits, conformément aux dispositions de l'art. 8 de la loi du 27 avril 1838. (*Même Ord., art. 22.*)

Les concessions peuvent être révoquées dans les cas prévus par l'art. 49 de la loi du 21 avril 1810. Il est alors procédé conformément aux règles établies par la loi du 27 avril 1838. (*Même Ord., art.* 23.)

Le directeur des contributions indirectes ou des douanes, selon les cas (*V.* n° 658), est consulté par le préfet sur toute demande en concession de mine de sel, de source ou de puits d'eau salée.

Le préfet consulte ensuite les ingénieurs des mines, et transmet les pièces au Ministre des travaux publics, avec leurs rapports et son avis.

Les pièces relatives à chaque demande sont communiquées par le Ministre des travaux publics au Ministre des finances. (*Même Ord., art.* 24.)

Établissements de toute nature pour la fabrication du sel.
V. n°ˢ 646 et 647. — Autorisation d'exploitation.

657. — Les usines destinées à l'élaboration du sel gemme ou au traitement des eaux salées ne peuvent être établies, soit par les concessionnaires de mines de sel, de sources ou de puits d'eau salée, soit par tous autres, qu'en vertu d'une permission accordée par une ordonnance du Gouvernement, après l'accomplissement des formalités prescrites par l'art. 74 de la loi du 21 avril 1810. Toutefois le délai des affiches est réduit à un mois.

Le demandeur doit justifier que l'usine pourra suffire à la fabrication annuelle d'au moins 500,000 kilogr. de sel, sauf l'application de la faculté ouverte par le deuxième alinéa de l'art. 5 de la loi du 17 juin 1840. *V.* n° 646.

Sont d'ailleurs observées les dispositions des lois et règlements sur les établissements dangereux, incommodes ou insalubres. (*Ord. du 7 mars* 1841, *art.* 25.)

La demande en permission doit être accompagnée d'un plan en quadruple expédition, à l'échelle de deux millimètres par mètre, indiquant la situation et la consistance de l'usine. Ce plan est vérifié et certifié par les ingénieurs des mines, et visé par le préfet.

Les oppositions auxquelles la demande peut donner lieu sont notifiées au demandeur et au préfet par actes extrajudiciaires. (*Même Ord., art.* 26.)

Les dispositions de l'art. 24 ci-dessus, relatives aux demandes en concession de mines de sel ou de sources et de puits d'eau salée, sont également observées à l'égard des demandes en permission d'usines. (*Même Ord., art.* 27.)

Les permissions sont données à la charge d'en faire usage dans un délai déterminé. Elles ont une durée indéfinie, à moins que l'ordonnance d'autorisation n'en ait décidé autrement. (*Même Ord., art.* 28.)

Elles peuvent être révoquées pour cause d'inexécution des conditions auxquelles elles ont été accordées.

La révocation est prononcée par arrêté du Ministre des travaux publics. Cet arrêté est exécutoire par provision, nonobstant tout recours de droit. (*Même Ord., art.* 29.) *V.* n°ˢ 658 et 668.

Exploitation de tout établissement pour la production du sel
(autre que les marais salants).

Obligations des fabricants de sel et des concessionnaires de mines de sel, de sources ou de puits d'eau salée. V. n° 647.

658. — Un mois au moins avant toute exploitation ou fabrication, les concessionnaires des mines de sel, de sources ou de puits d'eau salée, autorisés en vertu de la loi du 17 juin 1840, doivent faire une déclaration au plus prochain bureau des douanes, pour les mines, sources ou puits situés dans les 15 kilomètres des côtes et dans les 20 kilomètres des frontières de terre; et au bureau le plus prochain des contributions indirectes, pour les mines, sources ou puits situés à l'intérieur de la France. *V.* n°s 646 et 649.

La déclaration des fabricants n'est admise qu'autant qu'ils justifient que la construction de l'usine a été autorisée conformément à l'ordonnance réglementaire du 7 mars 1841, rendue pour l'exécution de l'art. 2 de la loi du 17 juin 1840.

Doit être faite au même bureau la déclaration à laquelle sont tenus, aux termes de l'art. 6 de la loi précitée, les concessionnaires qui veulent cesser d'exploiter ou de fabriquer. (*Ord. du 26 juin 1841, art.* 1er.)

Tout fabricant exploitant des mines de sel ou des eaux salées doit entourer les puits, galeries, trous de sonde et les sources, ainsi que les bâtiments de son usine, d'une enceinte en bois ou en maçonnerie de 3 mètres d'élévation, ayant à l'intérieur et à l'extérieur un chemin de ronde de 2 mètres au moins de largeur, avec accès sur la voie publique par une seule porte ou entrée.

L'administration peut exiger que l'enceinte en bois soit remplacée par une clôture en maçonnerie dans tout établissement, usine ou exploitation où il a été commis une contravention aux dispositions de la loi du 17 juin 1840, ou à celles des ordonnances qui en régleront l'application. *V.* n° 652. (*Même Ord., art.* 2.) Absence d'une enceinte, etc.; n° 187 du tableau des Infr.

Il doit y avoir dans l'intérieur de chaque fabrique :

1° Un ou plusieurs magasins destinés au dépôt des sels fabriqués : ces magasins sont sous la double clef de l'exploitant et des agents de la perception (1). *V.* n° 652. (Absence de magasin, etc.; n° 190 du tableau des Infr.).

2° Un local convenable, près de l'entrée de l'établissement, pour le logement et le bureau de deux employés au moins. Le loyer de ce logement est supporté par l'administration et fixé de gré à gré, ou, à défaut de fixation amiable, réglé par le préfet du département. *V.* n° 652. (Absence d'un local, etc.; n° 192 du tableau des Infr.)

3° Des poids et balances pour la pesée des sels, ainsi que des mesures de capacité pour la vérification du volume des eaux salées (2). *V.* n° 652. (*Même Ord., art.* 3.) Absence de poids, etc.; n° 193 du tableau des Infr.

Si, à cause de l'éloignement, quelques puits ou galeries servant à l'exploitation du sel en roche ne peuvent pas être compris dans l'enceinte d'une usine, ils sont entourés d'une clôture particulière, établie comme il est dit à l'art. 2, et de manière à enfermer les appareils d'extraction et les haldes. *V.* n° 652. (Absence d'une clôture, etc.; n° 188 du tableau des Infr.)

Le sel doit être déposé dans un magasin exclusivement destiné à cet usage, et disposé conformément au premier paragraphe de l'article précédent. *V.* n° 652. (*Même Ord., art.* 4.) Dépôt ailleurs que dans un magasin, etc.; n° 191 du tableau des Infr.

Doivent être entourés d'une semblable clôture les trous de sonde servant à l'exploitation par dissolution, ainsi que les sources ou puits d'eau salée qui ne peuvent pas, à cause de l'éloignement, être compris dans l'enceinte d'une usine. *V.* n° 652. (*Même Ord., art.* 5.) Absence d'une clôture, etc.; n° 189 du tableau des Infr. *V.* n° 659.

---

(1) La serrure ou le cadenas des agents de perception est fourni et payé par l'administration. (*Déc. du 16 juillet 1841.*)

(2) Ces instruments de vérification sont, dans tous les cas, fournis par le fabricant. Le service doit veiller à ce qu'ils soient étalonnés ou contrôlés par l'autorité compétente. (*Même Déc.*)

La pesée est toujours intégrale. Il peut être fait usage de balances-bascules offrant

Exercice de tout établissement. V. n° 647.

659. — Toute exploitation ou fabrique de sel est tenue en exercice par les empl
des contributions indirectes ou des douanes, suivant le lieu où elle est si
(*Même Ord., art. 6.*) V. n° 658 et 660.

Les exploitants et fabricants sont soumis aux visites et vérifications des emplo
et tenus de leur ouvrir, à toute réquisition, leurs fabriques, ateliers, maga
logement d'habitation, caves et celliers, et tous autres bâtiments enclavés dans
ceinte des fabriques, ainsi que de leur représenter les sels, eaux salées et rés
qu'ils auront en leur possession.

Ces visites et vérifications peuvent avoir lieu, même de nuit (1), dans les atel
et magasins, si le travail se prolonge après le coucher du soleil. V. n° 652. (M
Ord., art. 7.) Refus, etc. ; n° 198 du tableau des Infr.

Les employés sont autorisés à faire toutes les recherches nécessaires (2)
s'assurer si les puits, les trous de sonde, les sources d'eau salée et les gal
situées soit dans l'intérieur, soit à l'extérieur des fabriques, n'ont pas de conc
clandestins. (*Même Ord., art. 8.*)

Les sels, après qu'ils sont parvenus à l'état solide ou concret, ne peuvent
retirés des poêles ou chaudières que pour être déposés immédiatement, soit su
bancs d'épuration, les égouttoirs ou les séchoirs, soit dans des étuves, soit e
dans des vases quelconques désignés d'avance aux employés. Ils ne peuvent r
voir aucune manipulation subséquente ayant pour objet d'en compléter la fabr
tion que sous la surveillance des employés, qui sont autorisés à prendre to
les mesures nécessaires pour qu'il ne puisse en être soustrait. V. n° 652. (M
Ord., art. 9.) Retrait des poêles ou chaudières, autrement, etc.; n° 194 du tab
des Infr.

Les eaux-mères, schlots, crasses de sel et autres déchets de fabrication; les cend
curins et débris de fourneaux des fabriques de sel sont détruits (3). V. n°
(*Même Ord., art. 10.*) Non-destruction, etc.; n° 195 du tableau des Infr.

Les sels fabriqués sont pris en charge au fur et à mesure que la fabrication
est complétement achevée (4). Ceux qui ne sont pas expédiés immédiatement doi
être placés dans les magasins désignés à l'art. 3. V. n° 652. (Dépôt ailleurs,
n° 196 du tableau des Infr.)

Il est donné décharge des quantités régulièrement enlevées soit pour la cons
mation, soit pour l'exportation aux colonies ou à l'étranger, soit pour les destina

---

les garanties prescrites par l'ordonnance du 16 juin 1839. (*Déc. du 23 septer
1853.*) V. n° 682.

(1) Cette disposition, spéciale au cas qu'elle détermine, laisse intacts les princ
généraux. (*Déc. du 30 juin 1856.*)

(2) Même de nuit, l'art. 8 ne contenant aucune restriction. (*Même Déc.*)

(3) A moins que les intéressés ne consentent à les placer sous doubles clefs,
un local spécial situé à l'intérieur de la saline et agréé par le service. (*Déc
16 juillet 1841.*)

Ces résidus ne peuvent être dirigés sur d'autres salines. (*Déc. du 2 juillet 18
(4) Après avoir reconnu chaque jour, autant que possible, au moyen du cub
les quantités de sel placées sur les égouttoirs ou séchoirs, le service procède
pesée des sels qui en sont enlevés et les inscrit immédiatement en charge au
tatif n° 41. (*Déc. du 11 septembre 1854.*) Pour la pesée, V. n° 682.

privilégiées stipulées par la législation, telles que les salaisons des produits de la pêche maritime française.

Les sels qui ont été déclarés pour la consommation ne peuvent séjourner dans l'enceinte de la fabrique et doivent en sortir immédiatement. V. n° 652. (*Même Ord.*, *art.* 11.) Séjour, etc.; n° 197 du tableau des Infr.

Tous les trois mois il est fait un inventaire des sels en magasin (1) et le fabricant est tenu de payer sur-le-champ le droit sur les quantités manquantes en sus de la déduction accordée pour déchets de magasin.

Cette déduction est fixée à 8 0/0 sur les quantités entrées en magasin après fabrication. V. n° 652. (*Même Ord.*, *art.* 12.) Surséance dans le payement, etc.; n° 199 du tableau des Infr.

V. n°s 660 à 667.

Surveillance. Enlèvement et circulation des sels, eaux salées et matières salifères. V. n° 647.

660. — La surveillance des préposés des douanes et des contributions indirectes s'exerce, pour la perception de la taxe sur les sels, dans un rayon de 15 kilomètres des mines, des puits et sources salées et des usines qui en exploitent les produits. (*Même Ord., art.* 13.)

661. — Les fabricants ne peuvent laisser sortir les sels des fabriques ou des enceintes désignées à l'art. 4, sans qu'il en ait été fait une déclaration préalable au bureau le plus prochain du lieu d'extraction, et sans qu'il ait été pris, soit un acquit-à-caution, un congé ou un passavant, soit un acquit de payement du droit de consommation en tenant lieu. V. n° 652. (Extraction sans déclaration, etc.; n° 200 du tableau des Infr.) Les concessionnaires de puits ou de sources ne peuvent non plus laisser enlever d'eau salée sans qu'il ait été pris un acquit-à-caution. V. n° 652. (Enlèvement sans acquit-à-caution, etc.; n° 201 du tableau des Infr.)

Les conducteurs de sels, d'eaux salées ou de matières salifères sont tenus d'exhiber, à toute réquisition des employés, dans le rayon de 15 kilomètres des mines, puits et sources salées et des usines qui en exploitent les produits, les expéditions dont ils doivent être porteurs. V. n° 652. (*Même Ord., art.* 14.) Défaut par les conducteurs, etc.; n° 202 du tableau des Infr.

V. n°s 651 et 667.

Les déclarations à faire pour obtenir les expéditions mentionnées en l'article précédent doivent contenir le nom de l'expéditeur et celui du destinataire, la quantité de sel ou d'eau salée qui doit être enlevée, le degré de densité de l'eau, le nom du voiturier ou maître de l'embarcation qui effectuera le transport, le lieu de destination et la route à suivre. (*Même Ord., art.* 15.)

662. — Les sels, eaux salées ou matières salifères ne peuvent circuler dans les 15 kilomètres soumis à la surveillance des préposés, sans être accompagnés d'un acquit-à-caution, d'un congé, d'un passavant ou d'un acquit de payement en tenant lieu. V. n° 652. (Circulation sans expédition, etc.; n° 203 du tableau des Infr.)

Les transports de sels, d'eaux salées ou de matières salifères ne peuvent avoir lieu avant le lever ou après le coucher du soleil, lors même qu'ils seraient accompagnés d'une expédition régulière, qu'autant que cette expédition mentionne expres-

---

(1) Dans le cas où la distribution des locaux ne permettrait pas d'y opérer un recensement tous les trois mois, il devrait être pris des mesures pour arrêter et régulariser les écritures relatives à chaque magasin, lors de l'apurement de la masse qu'il aurait été jugé convenable d'y déposer. (*Même Déc.*)

sément la permission de les faire circuler pendant la nuit. V. n° 652. (*Même Ord.*, *art.* 16.) Transport avant, etc.; n° 204 du tableau des Infr.

L'eau salée extraite des puits ou sources ne peut être expédiée à destination d'une fabrique autorisée que lorsque le transport en a lieu dans des vases qui peuvent être jaugés. V. n° 652. (Transport dans des récipients, autres, etc.; n° 206 du tableau des Infr.)

L'extraction n'a lieu que de jour, en présence des employés, lesquels vérifient mentionnent, dans l'acquit-à-caution, le degré que l'eau salée marque au densimètre. V. n° 652. (Extraction hors la présence, etc.; n° 205 du tableau des Infr.)

Les fabriques actuellement en exploitation, et à destination desquelles l'eau parvient par des conduits ou tuyaux, peuvent être autorisées à jouir de cet avantage sous les conditions déterminées par le Ministre des finances. (*Même Ord.*, *art.* 1.)

663. — Les sels expédiés à des destinations qui dispensent du payement du droit au départ sont renfermés dans des sacs d'un poids uniforme, ayant toutes les coutures à l'intérieur, et plombés par les employés aux frais du fabricant. Le prix du plomb et de la ficelle est fixé à 10 c. La ficelle doit passer par les plis du col du sac (1). (*Même Ord.*, *art.* 18, *et Décret du 11 août 1851.*)

L'arrivée des sels à destination est garantie par un acquit-à-caution, dont le prix est payé à l'administration des contributions indirectes ou à l'administration des douanes, conformément à la loi du 28 avril 1816. (*Même Ord.*, *même art.*)

664. — Tout ce qui concerne les acquits-à-caution délivrés pour le transport des sels, eaux salées et matières salifères est régi par les dispositions de la loi du 22 août 1791. Néanmoins, la pénalité est réglée conformément à l'art. 10 de la loi du 17 juin 1840; V. n° 652. (Excédant, déficit, soustraction, etc.; n° 207 du tableau des Infr. Non-rapport des acquits-à-caution, etc., n° 208 du même tableau.)

En cas de déficit, soustraction ou substitution, la confiscation est établie, et le droit est calculé sur une quantité de sel égale à celle non représentée.

Si la différence porte sur le volume ou sur le degré de l'eau salée, la quantité de sel dissous dans l'eau est évaluée, pour 1 hect. d'eau salée, à raison de 1,650 grammes de sel pour chaque degré du densimètre au-dessus de la densité de l'eau pure. (*Même Ord.*, *art.* 19.)

Toute infraction aux dispositions de la présente ordonnance est punie des peines portées par l'art. 10 de la loi du 17 juin 1840. (*Même Ord.*, *art.* 23.) V. n° 652.

Les proportions déterminées par l'art. 19 de l'ordonnance du 26 juin 1841, concernent les pénalités en cas d'abus en cours de transport des eaux salées à destination d'une fabrique de sel soumise à l'exercice du service. V. n° 651.

Pour l'eau de mer livrée aux industries, V. n° 680.

Dans les salines, la quantité de sel marin contenu d'ordinaire, en dissolution dans 100 kilogr. d'eau saturée, est de 32 kilogr. 17 décagr.; mais si quelques-uns étaient autorisées à livrer des eaux salées aux industries, comme dans les transports et la manipulation il y a des pertes, des déchets, etc., il conviendrait, pour être équitable, de n'exiger le droit de consommation qu'à raison de 31 kilogr. de sel par hectolitre d'eau à 25° de saturation. (*Avis du Comité consultatif des arts et manufactures, des 7 juillet et 29 décembre 1858; Déc. min. du 3 février 1859.*)

(1) Ces dispositions s'étendent de plein droit au plombage des sels impurs ou des autres matières salifères, dans les cas où il est prescrit. (*Circ. du 23 août 1851, n° 245.*)

(2) En principe, on ne peut percevoir, sur des matières salifères quelconques, de droit proportionnel calculé à raison de la quantité réelle de chlorure de sodium pur; il n'existe d'autre taxe que celle dite de consommation. V. n°s 669 et 674. (*Déc. du 11 décembre 1851.*) V. cependant n°s 664, 671 et 680.

665. — Les eaux-mères peuvent, sous les conditions propres à empêcher les abus, être enlevées, en franchise, des salines pour être employées dans le traitement de certaines maladies. (*Déc. min. du 7 avril* 1847.) *V.* n° 710.

666. — Les sels impurs ou immondes ne peuvent être ni employés en franchise dans les diverses industries, ni admis à circuler autrement que sous le payement de l'impôt ou à destination d'une raffinerie de sel ou d'une fabrique de soude régulièrement exercée par le service, moyennant les conditions déterminées par les art. 18 et 19 de l'Ord. du 26 juin 1841. *V.* n°ˢ 663 et 664. Sous aucun prétexte, il ne doit être dérogé à cette prescription. *V.* n° 651. La surveillance du service doit dès lors être distribuée avec intelligence, et exercée avec zèle et activité, pour empêcher tout transport irrégulier des sels impurs ou immondes : ils se reconnaissent facilement soit à l'odeur, soit à une nuance particulière. (*Circ. lith. des* 12 *juin et* 9 *août* 1854.)

Dans les localités soumises au régime des sels, c'est-à-dire dans le rayon des frontières de terre et dans le rayon spécial de 15 kilomètres soit du littoral, soit des mines de sel, sources salées, salines, fabriques de produits chimiques, salpêtreries et raffineries de sel, il convient d'informer des conditions applicables aux sels impurs ou immondes les personnes qui d'ordinaire se procurent des sels de l'espèce.

Il doit être, au besoin, effectué de temps en temps, à l'improviste, dans les limites des forces disponibles, une surveillance propre à déjouer les tentatives de fraude. (*Déc. du* 2 *août* 1854.) *V.* n° 669.

667. — La loi du 17 juin 1840 ni les ordonnances ou décrets qui en règlent l'application n'autorisent la recherche des *dépôts* de sel, si ce n'est dans les usines destinées à la production du sel, les fabriques de produits chimiques, les salpêtreries ou les raffineries. C'est à une surveillance distribuée et exercée avec discernement, en ce qui touche à l'*exercice* des fabriques et au régime de la *circulation* des sels, que ces règlements demandent les moyens de prévenir, ou, au besoin, de réprimer les abus.

Toutefois, il ne faut pas perdre de vue que, si les établissements dont il s'agit sont situés dans le rayon des frontières de terre ou dans les 15 kilomètres du littoral, le service doit assurer l'application non-seulement de la loi du 17 juin 1840 et des ordonnances ou décrets qui s'y rattachent, mais encore, selon qu'il y a lieu, des dispositions rappelées aux chapitres relatifs et au rayon de douane des frontières de terre (Livre II) et au rayon spécial des sels sur le littoral. *V.* n° 677. (*Déc. du* 17 *novembre* 1854.)

Hors de l'un et de l'autre de ces rayons, toute quantité de sel libérée de l'impôt et n'excédant pas le minimum déterminé par l'administration, peut circuler sans expédition dans les 15 kilomètres de surveillance des salines, fabriques de produits chimiques, salpêtreries et raffineries. (*Déc. du* 8 *décembre* 1854.)

668. — Ne peuvent exister dans l'enceinte des salines, *V.* n° 647, ou des marais salants, *V.* n° 672, que les fabriques destinées soit au raffinage du sel marin, soit à la production, au moyen de l'évaporation des eaux-mères, du sulfate de soude naturel, etc. (*Décret du* 30 *juillet* 1853, *art.* 1ᵉʳ; *Circ. du* 4 *août suivant*, n° 132.)

La raffinerie située dans l'enceinte d'une saline ou d'un marais salant est considérée comme un moyen d'exploitation de cette saline ou de ce marais, et il n'y a pas lieu, dès lors, de la soumettre au régime des raffineries de sel. (*Déc. du Min. des travaux publics du* 5 *avril* 1843.)

Dans ce cas, la raffinerie n'est pas soumise à d'autre surveillance que celle qui s'exerce dans la saline ou sur le marais : le droit sur les sels n'est perçu ou garanti qu'au moment de l'extraction et dans l'état où ils sont à la sortie de l'enceinte de la saline ou du marais. (*Déc. du* 7 *octobre* 1806.)

Toute raffinerie ainsi située ne peut recevoir que les sels obtenus dans la saline ou sur le marais salant dont elle fait partie. (*Déc. du* 17 *septembre* 1853.) *V.* une exception, n° 672.

§ 2. — *Fabriques de produits chimiques.*

669. — Les dispositions des art. 5, 6, 7, 9 et 10 de la loi du 17 juin 1840, *sauf l'obligation du minimum de fabrication*, sont applicables aux établissements de produits chimiques dans lesquels il se produit en même temps du chlorure de sodium (sel marin). *V.* n° 646, etc.

La quantité de sel marin résultant des préparations est constatée par les exercices des employés. *V.* n° 658. (*Loi du 17 juin 1840, art.* 11.) Exploitation ou fabrication sans déclaration, etc.; n° 209 du tableau des Infr.; cessation sans déclaration, etc.; n° 210 du même tableau.

Les dispositions des art. 6, 7, 11, 12, 14, 15, 18, 19 et 20 de l'ordonnance du 26 juin 1841, sont applicables à toutes les fabriques de produits chimiques dans lesquelles il est obtenu du chlorure de sodium (sel marin), soit pur, soit mélangé d'autres sels. *V.* n° 659, etc.

Les fabricants de ces produits sont en outre tenus, chaque fois que leurs préparations doivent produire ce sel :

1° De déclarer par écrit, au bureau le plus voisin, au moins vingt-quatre heures d'avance, le jour et l'heure où commencera et finira le travail dans leurs ateliers :

2° D'avoir, dans l'intérieur de leur fabrique, un magasin destiné au dépôt du sel. Ce magasin doit être sous la double clef de l'exploitant et des agents de la perception (1). (*Ord. du 26 juin 1841, art.* 21.)

Défaut de déclaration par écrit, etc., n° 211 du tableau des Infr.; absence dans l'intérieur d'un magasin, etc., n° 212; refus de subir les visites, n° 213; dépôt ailleurs que dans les magasins autorisés, n° 214; séjour dans l'enceinte des sels qui ont été déclarés pour la consommation, n° 215; surséance dans le payement, etc., n° 216; extraction de sels sans déclaration, etc., n° 217; défaut par les conducteurs, etc., n° 218; excédant, déficit, etc., n° 219; non-rapport des acquits-à-caution, etc., n° 220 du même tableau.

Les chlorures de sodium obtenus dans les fabriques de produits chimiques, soit purs, soit mélangés d'autres sels ou d'autres matières, ne peuvent être admis dans la consommation, même sous le payement de la taxe, que sur la représentation d'un certificat constatant que ces sels ne contiennent aucune substance nuisible à la santé publique. Le Ministre de l'agriculture et du commerce est chargé de déterminer le mode de délivrance des certificats d'innocuité dont il s'agit. (*Même Ord., art.* 22.)

Toute infraction aux dispositions de la présente ordonnance est punie des peines portées par l'art. 10 de la loi du 17 juin 1840. (*Ord. du 26 juin 1841, art.* 23. *V.* n° 652.

Les experts appelés à examiner les chlorures de sodium déclarés pour la consommation et à délivrer le certificat d'innocuité sont désignés par le préfet ou par le sous-préfet, sur la demande du directeur des douanes ou des contributions indirectes. (*Déc. min. transmise par Circ. lith. du 1ᵉʳ février* 1848.)

Les chlorures de sodium mélangés d'autres sels, obtenus dans les fabriques de produits chimiques, sont traités comme le chlorure de sodium pur. (*Loi du 17 juin 1840, art.* 11, *et Ord. du 26 juin* 1841, *art.* 22.) *V.* n° 664.

---

(1) Les sels impurs ainsi obtenus peuvent être exceptionnellement déposés dans des magasins ou hangars non fermés, sous les conditions suivantes : le fabricant souscrit l'engagement d'acquitter l'impôt sur tout déficit reconnu, abstraction faite du déchet de magasin, *V.* n° 659; ces sels sont pesés et pris en charge; le recensement en doit être effectué une fois au moins par an. (*Déc. du 17 décembre* 1863

La mise en consommation des chlorures de sodium donne ouverture à une allocation à titre de déchet calculée à raison de 3 0/0 (*Circ. man. du 30 avril 1852*), et qui est portée à 5 0/0 pour les sels expédiés en vrac sous le régime du cabotage. (*Déc. du 19 juin 1865.*) Ce déchet peut, en cas de destination privilégiée, être admis en déduction des déficits reconnus à l'arrivée. (*Déc. du 30 janvier 1864.*) Les chlorures de sodium provenant des fabriques de produits chimiques ou de la fabrication du salpêtre peuvent, en effet, être employés en franchise aux salaisons des poissons, et recevoir toutes les destinations privilégiées, comme les sels des salines ou des marais salants, mais après production d'un certificat d'innocuité. (*Circ. du 24 août 1818.*)

Dans les établissements où l'on raffine les soudes de varech pour l'extraction de l'iode ou pour la fabrication d'autres produits, le service doit prendre en compte et faire déposer dans un magasin spécial, fermé à clef, les sels purs ou impurs provenant de ce raffinage et auxquels sont appliquées les règles ci-dessus. (*Circ. du 22 décembre 1862, n° 872.*)

Les chlorures de sodium, même impurs, ne peuvent être livrés en franchise de la taxe de consommation qu'aux fabriques de soude soumises à l'exercice du service. *V.* n°ˢ 651 et 713. (*Déc. du 18 février 1864.*) On peut les expédier soit en vrac en cabotage (*Déc. du 19 juin 1865*), soit sous les conditions énoncées au n° 663 ; mais il est permis, dans ce dernier cas, de substituer aux sacs des futailles en bon état, sans bonde, et dont le numéro et la tare, tracés sur les fonds, sont reproduits sur l'acquit-à-caution ; elles doivent être plombées à chaque bout. (*Circ. lith. du 4 mai 1842.*)

Les fabriques de produits chimiques, autres que les soudières, *V.* n° 713, ne peuvent s'approvisionner de chlorures de sodium impurs que sous paiement de l'impôt de consommation. Rien ne s'oppose d'ailleurs à ce que ces usines tirent librement des fabriques de soude exercées des sulfates de soude qui contiennent d'ordinaire 50 0/0 de sel en mélange, ou reçoivent des soudes brutes de varech. (*Déc. du 18 février 1864.*)

Aucune quantité de sels bruts ou raffinés, de sels impurs ou de matières salifères quelconques (1), ne peut circuler dans le rayon de 15 kilomètres des fabriques de produits chimiques, sans être accompagnée d'une expédition indiquant la provenance, la destination, le mode de transport et la route à suivre.

Les voituriers ou conducteurs sont tenus d'exhiber cette expédition à toute réquisition des employés dans ce rayon de 15 kilomètres. (*Décret du 19 mars 1852, art. 11.*)

Toute contravention est punie des peines prononcées par l'art. 10 de la loi du 17 juin 1840. (*Même Décret, art. 12.*) *V.* n° 652.

Les prescriptions de l'art. 11 de ce décret ne sauraient être complétement exécutées dans les grands centres de population sans créer de sérieuses entraves au commerce des sels.

Mais il importe que les sels impurs et toutes les matières salifères autres que les sels neufs soient, dans tous les cas, soumis à ces dispositions. *V.* n° 666.

A l'égard des sels neufs, bruts ou raffinés, des exceptions sont autorisées sur les propositions des directeurs. Si, par suite des facilités ainsi accordées ou pour toute autre cause, des fraudes, dont la constatation présenterait des difficultés imprévues, étaient commises, l'administration n'hésiterait pas à ordonner la stricte application des règlements. (*Circ. du 22 mars 1852, n° 18, et Déc. du 18 décembre 1852.*)

---

(1) Au nombre de ces matières sont les soudes de varech et les engrais salés. (*Circ. lith. du 5 avril 1852, et Circ. du 30 août 1852, n° 55.*)

§ 3. — Salpêtreries.

670. — Les salpêtreries (1) sont soumises aux obligations énumérées en l'art. 1 de la loi du 17 juin 1840, *V.* n° 669. (*Loi de finances du 17 mars 1852, art.* 13.)

Elles sont surveillées par les agents de la régie.

La surveillance s'exerce dans un rayon de 15 kilomètres des usines. (*Décret d* 19 *mars* 1852, *art.* 1er ; *Circ. du* 22, n° 18.).

Les agents des contributions indirectes sont chargés d'exercer toutes les salpê treries, sans exception de celles qui se trouvent situées dans le rayon de douan des frontières de terre ou dans le rayon spécial des sels sur le littoral; mais ce usines ne restent pas moins soumises au régime général applicable dans ces zone au point de vue du service des douanes. (*Circ. du* 13 *juillet* 1841, n° 1860.)

Les fabricants de salpêtre, libres ou par licence, et les salpêtriers commissionnés sont tenus, sous les peines de droit, d'acquitter l'impôt établi sur le chlorure d sodium (sel marin) jusqu'à concurrence des quantités dudit sel contenues dans l salpêtre de leur fabrication. (*Loi du* 10 *mars* 1819, art 7.)

Les quantités de sel marin passibles de l'impôt et à prendre en charge peuvent sur la demande des fabricants, être réglés au *minimum* par un abonnement avec l régie, calculé d'après les quantités de salpêtre produites et en tenant compte d mode de fabrication (2). (*Mêmes Loi et art. ; Décret du* 19 *mars* 1852, *art.* 9; *Circ du* 22, n° 18.)

Les fabriques au compte de l'Etat acquittent l'impôt du sel dans les proportion ci-dessus déterminées. Les commissaires aux poudres et salpêtres remettent tous le trois mois à la direction de la régie, dans le ressort de laquelle peuvent se trouve des salpêtreries, le bordereau énonciatif des quantités de salpêtre brut et de sal pêtre raffiné fabriquées, et ils font eux-mêmes le versement dans la caisse du re ceveur du droit dû sur le sel marin provenant de ces fabrications, suivant les pro portions ci-dessus indiquées, duquel droit ils ont fait préalablement la retenue au salpêtriers commissionnés. (*Circ. du* 9 *juillet* 1807.)

Ces fabriques peuvent se libérer de l'impôt moyennant remise au service du s marin provenant de leur fabrication, ou submersion dudit sel en présence des em ployés. (*Loi du* 10 *mars* 1819, *art.* 8 ; *Circ. du* 9 *juillet* 1807.)

Les chlorures de sodium, soit purs, soit mélangés d'autres matières, obtenus dan

---

(1) La loi du 10 mars 1819 a modifié la législation précédemment établie sur l nitres ou salpêtres. Aux termes de cette loi, le *salpêtre exotique* est admis en Fran à la charge du payement d'un droit qu'elle détermine et au moyen duquel il n'e perçu aucun droit particulier, à raison du sel marin qui peut se trouver conten dans ce produit.

La fabrication du *salpêtre indigène* est déclarée libre, pourvu qu'on n'y emplo pas de matériaux de démolition réservés à l'Etat par la loi; elle est également libre en se servant même de ces matériaux, lorsqu'elle est établie hors des lieux compr dans la circonscription des salpêtrières impériales, et sous la seule formalité d'u licence.

De là trois espèces de salpêtriers : 1° salpêtriers libres ; 2° salpêtriers par licenc 3° salpêtriers commissionnés, c'est-à-dire ceux qui dépendent de la direction g nérale des poudres et salpêtres.

(2) Lorsque les quantités représentées sont inférieures au minimum ainsi fixé, manquant est passible du droit de consommation. L'excédant, par rapport à ce m nimum, est pris en charge.

les fabriques de salpêtre, ne peuvent être admis dans la consommation, même sous le payement de la taxe, que sur la représentation d'un certificat constatant que ces chlorures de sodium ne contiennent aucune substance nuisible à la santé publique.

Le mode de délivrance de ces certificats est le même que celui adopté relativement aux sels marins que l'on obtient dans les fabriques de produits chimiques. (*Décret du 19 mars 1852, art. 10*). *V.* n° 669.

Les sels de salpêtre à l'égard desquels les intéressés sont dans l'impossibilité de produire le certificat d'innocuité exigé, ne peuvent être livrés à la consommation alimentaire; cependant le service a la faculté d'en permettre l'expédition, après le payement de la taxe, sous la garantie de l'acquit-à-caution, et, en outre, si cela est jugé indispensable, sous celle du plombage, soit pour les besoins des glaciers et limonadiers, soit à destination des fabriques de produits chimiques, de tous établissements manufacturiers, ou des exploitations agricoles. (*Circ. lith. du 5 avril 1852.*)

Toute infraction aux dispositions du présent décret est punie des peines portées par l'art. 10 de la loi du 17 juin 1840. (*Décret du 19 mars 1852, art. 12.*) *V.* n° 652.

Les dispositions concernant la prise en charge et l'allocation à titre de déchet quant au sel marin obtenu dans les fabriques de produits chimiques, s'étendent au sel marin provenant des salpêtreries. (*Circ. lith. du 30 avril 1852.*) *V.* n° 669.

Les conditions et les pénalités déterminées pour la circulation des sels ou des matières salifères autour des fabriques de produits chimiques, sont applicables dans un rayon de 15 kilomètres autour des salpêtreries. (*Décret du 19 mars 1852, art. 11 et 12.*) *V.* n° 669.

Les chlorures de sodium impurs, provenant des salpêtreries, peuvent être expédiés soit par mer, en vrac ou dans les récipients quelconques, soit par terre, sous les formalités prescrites par les art. 18 et 19 de l'ordonnance du 26 juin 1841, moyennant la garantie d'un acquit-à-caution propre à en assurer la représentation et la mise en entrepôt, à moins qu'ils ne soient immédiatement pris en charge au compte d'une raffinerie de sel soumise à toutes les conditions déterminées par le décret du 19 mars 1852. (*Déc. du 23 juillet 1855.*)

Ils peuvent recevoir toute destination privilégiée, ainsi qu'il est rappelé au n° 669.

§ 4. — *Raffineries.*

671. — Les raffineries de sel (1) sont soumises aux obligations énumérées en l'art. 11 de la loi du 17 juin 1840. *V.* n° 669. (*Loi de finances du 17 mars 1852, art. 13.*)

Elles sont surveillées par les agents des douanes ou des contributions indirectes. *V.* n° 658.

---

(1) Pendant longtemps, des sels impurs provenant des fabriques de produits chimiques, des salpêtreries, des salaisons de poissons de mer, ou de toute autre origine, ont, après avoir été régénérés par le raffinage, été livrés frauduleusement sur le marché intérieur en concurrence avec des sels ayant supporté l'impôt. Un tel abus était de nature à compromettre les intérêts du commerce de bonne foi, non moins que ceux du Trésor : le décret du 19 mars 1852 a eu pour but d'y mettre un terme.

A raison de la surveillance exercée en vertu des règlements généraux, les dispositions de ce décret ne sont appliquées qu'en partie à l'égard des raffineries de sel établies dans les 15 kilomètres des côtes, ou dans le rayon des douanes, sur les frontières de terre; mais il n'est accordé aucune exception en ce qui concerne les sels impurs et les matières salifères autres que les sels neufs, bruts ou raffinés. *V.* n° 666. (*Circ. du 22 mars 1852, n° 18.*)

La surveillance s'exerce dans un rayon de 15 kilomètres des usines. (*Décret du 19 mars 1852, art.* 1er.)

Pour les raffineries dans l'enceinte des salines ou des marais salants, *V.* n° 668.

Les raffineurs de sel, un mois au moins avant de commencer leurs travaux, sont tenus de faire au plus prochain bureau des douanes, lorsque leurs établissements se trouvent dans les 15 kilomètres des côtes ou dans les 20 kilomètres des frontières de terre, et au bureau le plus prochain des contributions indirectes, lorsque ces établissements sont situés dans l'intérieur, une déclaration de l'intention où ils sont d'entreprendre le raffinage des sels. Ils indiquent la nature des sels (sels *neufs* ou sels *impurs*) qu'ils comptent employer.

Tout raffineur de sel qui veut cesser de se livrer à cette industrie doit en faire la déclaration au même bureau, pareillement un mois à l'avance. (*Décret du 19 mars 1852, art.* 2.)

Les raffineurs sont tenus de déclarer, au receveur de l'un ou de l'autre des bureaux mentionnés en l'article précédent, toutes les quantités de sels neufs ou impurs qu'ils introduisent dans leurs usines, et cela, au plus tard, dans les vingt-quatre heures de l'arrivée de ces sels. (*Même Décret, art.* 3.)

Après reconnaissance desdits sels par les agents des douanes ou des contributions indirectes, ils sont pris en charge, savoir : les sels neufs pour leur poids effectif, les sels impurs pour la quantité de sel *pur* (chlorure de sodium) qu'ils représentent, laquelle est évaluée de gré à gré par les raffineurs et les agents chargés de la surveillance. En cas de désaccord, elle est réglée au moyen d'une expertise faite par les commissaires-experts institués par l'art. 19 de la loi du 27 juillet 1822. (*Même Décret, art.* 4.)

Dans ce dernier cas, un double échantillon des sels à expertiser est prélevé en présence du raffineur. L'un est scellé de son cachet comme de celui des employés, et un acte conservatoire des droits de chacun est en même temps rédigé (1).

Provisoirement, les sels impurs, au sujet desquels il y a désaccord, sont laissés à la disposition du raffineur, et les employés ne les prennent en charge que pour la quantité de *sel pur* qu'il prétend y être renfermée.

Les échantillons prélevés sont transmis par l'entremise du directeur à l'administration, pour les faire parvenir au comité chargé de l'expertise, à moins qu'elle ne juge elle-même que la déclaration du raffineur peut être admise.

---

(1) *Modèle de l'acte conservatoire.* Le ..... 186 , à ..... heure

Nous, soussignés, ... procédant en présence du sieur ..... à la reconnaissance de la quantité de ..... kilogrammes de sels impurs provenant de ..... et introduite dans la raffinerie du sieur ..... avons constaté que ces sels contenaient ..... pour cent de sel pur (chlorure de sodium).

Le sieur ..... prétend au contraire qu'ils ne contiennent que ..... pour cent de sel pur.

Par suite de ce désaccord, et conformément aux dispositions du décret du 19 mars 1852 (art. 4), nous avons ensemble prélevé un échantillon desdits sels, pour être soumis aux commissaires-experts institués près le Département de l'intérieur, de l'agriculture et du commerce, par l'art. 19 de la loi du 27 juillet 1822.

Cet échantillon a été scellé de notre cachet et de celui du sieur ..... qui se soumet et s'engage à s'en rapporter à la décision des commissaires-experts désignés ci-dessus ; et, provisoirement, les sels impurs dont il s'agit ont été laissés à sa disposition.

Dont acte, qu'il a signé avec nous, les jour, mois et an susmentionnés. (*Suivent les signatures.*)

D'après la décision des experts, quand leur intervention a été réclamée, le compte du raffineur est, s'il y a lieu, chargé d'une quantité complémentaire de *sel pur.* (*Circ. du 22 mars 1852, n° 18.*)

Les sels neufs que les raffineurs reçoivent dans leurs usines ne peuvent provenir que des salines ou des marais salants, des entrepôts ou de l'étranger (1), et doivent être accompagnés d'expéditions régulières (acquit, passavant ou congé) des douanes ou des contributions indirectes constatant que les droits ont été payés. (*Décret du 19 mars 1852, art. 5.*)

Ils peuvent être *dirigés* sur les raffineries en vrac ou dans des récipients quelconques. Mais afin de conserver aux employés les moyens d'exercer facilement et efficacement leur surveillance, les sels neufs doivent, lors de leur introduction dans les raffineries, être *présentés* en sacs du poids uniforme de 100 kil., ou, s'il est question de sels gemmes, en blocs de plus d'un demi-kilogramme, dans des futailles du poids de 100 à 200 kil. (*Mêmes Décret et art., et Circ. lith. du 9 août 1854.*)

S'ils n'ont pas été soumis à cette formalité avant l'entrée dans les raffineries, les sels neufs ne peuvent y être introduits régulièrement : le service doit, 1° se refuser à les prendre en compte; 2° constater immédiatement les excédants de sel, en vertu du 2e § de l'art. 6 du décret du 19 mars 1852, ou l'infraction à l'art. 3, selon que la déclaration a été faite ou non; 3° requérir l'application des pénalités édictées par l'art. 12. (*Circ. lith. du 1er juin 1854.*)

En ce qui concerne les sels impurs et notamment le transport de ces sels, V. n° 666.

Pour entrer dans les raffineries, les sels neufs doivent avoir été assujettis à la taxe de consommation, aux salins, salines ou entrepôts. Quant au droit sur les sels impurs ou immondes, il n'est exigible qu'à la sortie des raffineries. (*V. art. 5 du décret précité.*)

Dans l'hypothèse où l'inscription en charge au portatif n° 48 serait, par exemple : 1° de 1,000 kil. de sel neuf libéré de l'impôt; 2° de 2,000 kilogr. de sels impurs ; 3° de 3,000 kilogr. de sel acquitté, dès que le raffineur aurait expédié, en franchise, 1,000 kilogr. de sel, toute sortie deviendrait imputable, jusqu'à concurrence de 2,000 kil., sur les sels impurs, et donnerait ouverture à la perception de la taxe de consommation. (*Déc. du 20 février 1853.*)

On peut, sur la demande de l'intéressé, lui permettre d'acquitter, au moment de l'arrivée des sels impurs ou immondes, la taxe dont ils sont passibles, mais à la condition expresse que ce droit sera désormais payé, à l'entrée, sur toute quantité de sels de l'espèce. (*Déc. du 6 avril 1853.*)

Toute quantité de sel sortant des raffineries en excédant de sels dont le payement de l'impôt a été justifié, ainsi qu'il vient d'être indiqué, est passible de la taxe de consommation (2). En cas de fraude, le contrevenant est, en outre, passible des peines prononcées par l'art. 10 de la loi du 17 juin 1840. V. n° 652.

(1) Les raffineurs ne peuvent être admis à faire rentrer dans leurs magasins des sels dont leurs clients auraient refusé de prendre livraison. (*Circ. lith. du 5 avril 1852.*)

Lorsque les eaux salées provenant de l'emploi des sels de salpêtre ou autres, chez les limonadiers et glaciers, sont destinées à entrer dans une raffinerie, elles doivent faire l'objet d'un passavant spécial; les sels qui en sont extraits sont assujettis à la taxe. (*Même Circ.*)

(2) Il n'est accordé aucune allocation à titre de déchet, attendu que les sels neufs introduits dans les raffineries ont dû profiter déjà d'une bonification de la même nature, et que les sels impurs qui peuvent aussi entrer dans ces établissements,

Est interdite toute introduction dans une raffinerie ou ses dépendances de matières salifères autres que des sels neufs ou sels impurs proprement dits (1). (*Décret du 19 mars 1852, art. 5.*)

Les déficits reconnus dans les raffineries lors des recensements et inventaires, sont soumis au payement de la taxe (2).

Quant aux excédants, on se borne à les prendre en charge au compte des raffineurs, toutes les fois qu'il ne s'élève aucun soupçon de fraude. (*Même Décret, art. 6.*)

Aucune quantité de sel ne peut être expédiée hors de l'usine qu'en vertu d'une expédition (3) délivrée par le receveur des douanes ou par le receveur des contributions indirectes. (*Même Décret, art. 7.*)

Dans aucun cas on ne doit se départir des prescriptions des règlements sur la circulation des matières salifères, en ce qui concerne les sels de toute sorte provenant des raffineries qui reçoivent simultanément des sels neufs et des sels impurs ou immondes non soumis à la taxe.

Quant aux raffineurs qui ne se livrent qu'au raffinage des sels déjà frappés de l'impôt, le service peut les admettre à délivrer, pour les sels extraits de leurs établissements, jusqu'à concurrence, par chaque envoi, d'un maximum déterminé par l'administration, des certificats de vente destinés à tenir lieu de passavant ou de congés. Ces bulletins sont détachés d'un registre spécial qui doit être exhibé à toute réquisition des préposés et dont les inscriptions sont susceptibles de mettre le service à même de contrôler les énonciations d'une déclaration récapitulative produite, à la fin de chaque semaine, pour la décharge du compte ouvert. (*Circ. lith. du 5 avril 1852, et Déc. du 25 février 1853.*)

Les agents chargés de la surveillance procèdent à des recensements, à l'effet de s'assurer de la régularité des opérations.

Ils peuvent pénétrer en tout temps, même la nuit, si l'établissement est en activité, dans les ateliers et magasins ou autres locaux dépendant des raffineries.

La vérification des sels par le mesurage ou la pesée est faite aux frais des propriétaires ou gérants, à toute réquisition des employés. (*Décret du 19 mars 1852, art. 8.*)

---

pour y être raffinés, ne sauraient motiver une remise pour déchet, sauf le cas prévu au n° 675. (*Circ. lith. du 30 avril 1852.*)

Le droit de consommation sur les quantités en excédant doit être acquitté au moment de la sortie de l'établissement.

Si, pour une cause quelconque, le règlement des perceptions susceptibles de donner ouverture à l'escompte ou au crédit, n'était pas opéré immédiatement, c'est-à-dire le jour même où le montant des droits dus est constaté par les employés, il y aurait lieu de réduire soit le taux de l'escompte, soit la durée du crédit, dans la proportion du temps écoulé entre cette dernière époque et le payement. Dans l'hypothèse d'un retard de quinze jours, l'escompte ne serait accordé que pour quatre mois (au lieu de quatre mois et demi) et le taux en serait réduit proportionnellement quant au crédit, les traites ou obligations seraient délivrées moitié à deux mois et demi, moitié à cinq mois et demi, et ainsi de suite. Ce règlement doit être différé le moins longtemps possible. (*Circ. lith. du 5 avril 1852.*) V. n° 676.

(1) Autrement, les raffineries deviendraient de véritables fabriques de sel. Or, la production du sel est subordonnée à des conditions particulières. (*Même Circ.*)

(2) L'administration se réserve de statuer sur ces déficits, et d'ordonner la remise du droit quand, d'après les circonstances, elle juge qu'il y a équité à le faire. (*Circ. lith. du 5 avril 1852.*)

(3) Acquits de payement (douanes), congés ou passavant (contributions indirectes). (*Circ. n° 18.*)

Toute infraction aux dispositions du présent décret est punie des peines portées par l'art. 10 de la loi du 17 juin 1840. (*Même Décret, art.* 12.) *V.* n° 652.

Les conditions et les pénalités déterminées pour la circulation des sels ou des matières salifères autour des fabriques et de produits chimiques, sont applicables dans un rayon de 15 kilomètres autour des raffineries de sel. (*Même Décret, art.* 11 et 12.) *V.* n° 669.

SECTION II

Marais salants.

672. — Il ne peut être établi de marais salants sans une déclaration préalable, au bureau le plus voisin, de la part de l'intéressé, à peine de confiscation des ustensiles propres à la saunaison et d'une amende de 100 fr.(1). (*Loi du 24 avril* 1806, *art.* 51.)

Tout marais salant ne peut être établi qu'en vertu d'un arrêté de M. le Ministre des finances, appelé à déterminer les conditions auxquelles doit satisfaire l'intéressé, afin de faciliter le recouvrement de l'impôt et de protéger tous les intérêts publics (douanes, domaines, marine, etc.) ou privés qui se trouvent engagés (2).

Pour obtenir cette autorisation, l'intéressé doit adresser à l'administration des douanes, par l'entremise du directeur du département, une demande d'autorisation contenant l'engagement :

1° De faire construire, à ses frais, sur le point qui sera désigné par la douane, un bâtiment pour le logement de la brigade préposée à la surveillance, et, si cela est jugé nécessaire, pour l'installation des agents de perception, à charge par la douane de payer la location de ce bâtiment selon le prix qui sera réglé à l'amiable, ou, en cas de contestation, par le préfet du Département ;

2° D'entourer le salin soit d'un mur ou d'une palissade en bois ayant 2 mètres d'élévation au-dessus du sol, soit, suivant les usages, d'un fossé ayant au moins 3 mètres de profondeur et 5 mètres de largeur, et dans lequel l'eau devra être constamment entretenue à un niveau convenable. Cette condition n'est pas absolue lorsque les marais sont contigus à d'autres salins déjà régulièrement entourés. Des exceptions peuvent alors être admises quant aux côtés offrant toutes les garanties désirables ;

3° De ne pratiquer dans le salin qu'une issue permanente, sauf à obtenir, s'il y a lieu, de la douane, l'autorisation de faire temporairement usage, pour l'extraction du sel, soit d'une porte ordinairement fermée au moyen de doubles clefs dont l'une reste entre les mains des employés, soit d'un pont volant ;

4° De se conformer aux indications données par les chefs du service pour le choix

---

(1) Cet article, qui concernait les fabriques de sel, est applicable aux sels produits par l'action du soleil et de l'air. Il est évident, en effet, que, pour que la douane puisse surveiller un marais salant, il faut qu'elle soit préalablement avertie de sa formation. C'est ce qu'a d'ailleurs reconnu le Conseil d'État, par un avis du 17 janvier 1815.

Il n'est rien changé aux dispositions relatives à l'exploitation des marais salants. (*Loi du* 17 *juin* 1840, *art.* 15.)

(2) Ce droit résulte de la volonté de la loi, qui, en établissant l'impôt et soumettant à l'exercice des douanes les lieux de production, a nécessairement voulu que les moyens propres à assurer une exacte perception, comme une surveillance efficace, pussent être employés.

des lieux où les sels doivent être réunis en camelles ou mulons, et pour l'extraction des sels composant chacune de ces masses;

5° De faire enlever, sous les formalités réglementaires, en cas de cessation ou de suspension d'exploitation du salin, les sels qui existeront sur ce salin, à moins que l'intéressé ne les fasse immédiatement détruire sous la surveillance du service.

A la demande doit être annexé un tracé avec échelle, indiquant la situation du salin, son étendue superficielle, la nature des terrains qui lui serviront de limites, sur quels points et par quels moyens auront lieu les prises d'eau destinées à alimenter le salin.

Le directeur des douanes, après s'être assuré de l'exactitude des indications fournies par l'intéressé, communique la demande au Préfet du département, qui examine, de son côté, s'il y a lieu d'empêcher l'établissement, ou de le subordonner à certaines conditions au point de vue soit de la salubrité publique, soit des intérêts des Départements des finances (en ce qui touche les domaines), de la marine, de la guerre et des travaux publics.

Le directeur transmet ensuite la demande à l'administration, avec l'avis du préfet et ses propres observations, en faisant connaître s'il s'agit d'une entreprise sérieuse, si l'intéressé paraît disposer des moyens pécuniaires nécessaires pour en assurer la réalisation, et s'il pourra être pourvu à la garde du salin et à la perception des droits sans augmentation de frais de régie, ou, dans le cas contraire, en quoi devra consister le surcroît de dépenses. (*Circ. lith. des 3 mars et 6 mai 1842.*)

Si le marais salant était construit de manière à rendre impossibles et sa surveillance et l'exacte perception de la taxe sur les sels qui doivent y être formés, l'administration s'opposerait à ce qu'on y fît du sel. (*Déc. du 3 juin 1825.*)

La création d'un salorge, hangar ou bâtiment destiné à servir de dépôt et de séchoir, ne peut être autorisée que par l'administration, sur la proposition du directeur.

Le salorge, ouvert ou fermé, doit être établi dans l'enceinte même du salin, à proximité du poste des douanes; il ne peut recevoir que les sels provenant du salin sur lequel il est construit. (*Déc. du 22 janvier 1857.*)

V. n° 668 l'interdiction d'établir dans l'enceinte des marais salants aucune fabrique autre qu'une raffinerie de sel.

En cas de notoriété de non production de sels sur les marais pendant plusieurs années successives, l'administration, appréciant les faits, autorise parfois, exceptionnellement, les intéressés à y recevoir, par cabotage, et à mettre en dépôt, des sels provenant des autres salins. Le cabotage s'effectue sous les conditions ordinaires; au débarquement, l'on procède à la vérification intégrale; à la sortie du nouveau salin pour chaque chargement, au fur et à mesure des enlèvements, il n'est accordé que le boni proportionnel dont l'existence a été constatée à l'arrivée. A cet effet, il est tenu un compte de dépôt, et toute quantité de sel sortie postérieurement du salin est imputée sur le chargement jusqu'à épuisement complet. Les receveurs dressent, à la fin du mois, pour être transmis à l'administration par l'intermédiaire du directeur un relevé du compte ainsi ouvert. (*Déc. du 16 octobre 1860.*)

Les dispositions rappelées aux n°s 661 à 664 sont applicables aux marais salants si ce n'est que l'enlèvement est soumis aux conditions et aux pénalités déterminées aux n°s 677, 679 et 680. (*Déc. du 19 juillet 1853.*)

Les préposés des douanes sont autorisés à se transporter en tout temps dans l'enceinte des marais salants ou salins, dans les salines et lieux de dépôt, pour y exercer leur surveillance. (*Décret du 11 juin 1806, art. 8.*) V. n° 677.

A la condition de n'y commettre aucun dégât, les préposés ont le droit de circuler dans tout le terrain que comprend la clôture des marais salants. Toute entrave à ce sujet constitue l'opposition à l'exercice des fonctions de ces agents. (*Déc. du 24 mars 1856.*)

Les préposés doivent s'opposer à l'enlèvement des sels provenant de récoltes accomplies dentelles, sur tous terrains qui ne sont pas soumis à la garde spéciale et permanente des douanes. On doit, en outre, procéder à leur destruction à mesure de leur formation. (*Déc. min. du 31 janvier 1813 ; Circ. du 3 février* suivant.)

Le moyen le plus efficace, quand il est praticable, c'est de faire arriver l'eau douce sur la terre, comme cela est en usage dans la Camargue, à l'aide d'un canal. Dans de certaines localités, on détruit ces sels par le piétinement de chevaux ou autres animaux qu'on laisse errer en liberté.

CHAPITRE II

IMPORTATION

673. — Les sels étrangers peuvent entrer en France moyennant le payement d'un droit de douane. (*Loi du 28 décembre 1848, art.* 3.) *V.* le tarif général des droits de douane.

Les sels étrangers sont admissibles en entrepôt. (*Circ. du 31 décembre* 1848, n° 2294.)

Il est facultatif au commerce de placer les sels étrangers soit dans les entrepôts des sels nationaux, après payement du droit d'entrée, soit, avant l'acquittement de ce droit, dans les entrepôts de marchandises étrangères (1). (*A. de C. du 14 avril* 1851.)

Les sels de l'Algérie et des autres possessions françaises d'outre-mer sont admis en exemption de tout droit de douane, sur la production d'expéditions délivrées par les douanes coloniales. (*Loi du 28 décembre* 1848, *art.* 5.)

V. Impôt de consommation, n° 674.

L'importation des sels étrangers est limitée aux bureaux désignés en l'art. 20 de la loi du 28 avril 1816, *V.* Livre III; mais cette restriction ne s'étend pas, sur les frontières de terre, aux provisions de ménage, jusqu'à concurrence de 5 kilogr. de sel par importateur. (*Circ. lith. du 2 mars 1849, et Circ. n° 2418, note.*)

Les sels étrangers ne peuvent être placés sur les marais salants, après le payement du droit de douane, pour être ensuite raffinés ou livrés à la consommation. (*Déc. du 20 février 1849.*)

L'importation des sels est soumise aux conditions posées par les lois générales pour toute marchandise étrangère. (*Déc. du 22 novembre 1828.*)

Les contraventions relatives aux sels étrangers sont passibles, en cas de contrebande, des pénalités résultant des dispositions de l'art. 3 de la loi du 5 juillet 1836. *V.* Livre III, n° 409. (*Circ. du 31 décembre 1848, n° 2294.*)

Comme les sels provenant de France ou des colonies françaises, les sels étrangers peuvent être affectés, en exemption de la taxe de consommation, aux destinations privilégiées stipulées par la législation, telles que les salaisons, en mer ou à terre, des produits de la pêche maritime nationale ; seulement, dans ce cas, les sels étrangers sont préalablement soumis aux droits d'entrée. (*Circ. du 31 décembre* 1848, n° 2294.)

Il existe un régime exceptionnel pour les sels étrangers destinés à la pêche de la morue. *V.* n° 697.

(1) Tel est le principe ; mais, quand le commerce le demande et si le service n'y voit pas d'inconvénient, on peut exceptionnellement placer les sels étrangers dans les entrepôts généraux des sels nationaux, avant payement du droit d'entrée. *V.* n°ˢ 691 et 692.

CHAPITRE III

IMPÔT DE CONSOMMATION

SECTION PREMIÈRE

674. — Il est établi, au profit du Trésor, un droit sur tous les sels enlevés, pour la consommation intérieure (1), soit des salines ou de toute autre fabrique de sel, soit des marais salants (2). (*Loi du 24 avril 1806, art.* 48.)

Les sels étrangers nationalisés par le payement du droit d'entrée, et les sels de l'Algérie et autres possessions françaises d'outre-mer, avant d'être livrés à la consommation en France, sont passibles de la taxe de consommation, mais sans aucune remise à titre de déchet. (*Loi du 28 décembre* 1848, art. 5.) (3).

Le droit de consommation est perçu à raison de 10 cent. par kilogr. (4). (*Loi du 28 décembre* 1848, art. 2, *et lois de finances subséquentes.*) (5).

Pour la Corse, *V.* Livre XI, chap. 2.

Le droit est dû par l'acheteur au moment de la déclaration d'enlèvement de la denrée. (*Loi du 24 avril 1806, art.* 52.)

Les taxes légalement perçues ne peuvent être restituées pour cause de perte de la marchandise qui les a supportées. Quelque rigoureuses que puissent être les conséquences de ce principe, on ne saurait s'en écarter sans porter atteinte à la législation, et sans introduire une perturbation regrettable dans le recouvrement des revenus publics. (*Déc. min. du* 6 *mars* 1813, *et Avis du Conseil d'Etat du* 27 août 1828.) *V.* n° 522.

Le décime par franc n'est pas ajouté au droit de consommation sur les sels, cet impôt étant postérieur à l'établissement de la subvention du décime. (*Déc. du Ministre des fin. du* 1er *mai* 1806; *Circ. du* 2.)

Les abonnements pour l'impôt du sel sont interdits. (*Déc. du* 16 *octobre* 1806.)

---

(1) Sauf, 1° : sur le littoral, dans quelques localités, telles que celles situées entre le Croisic et le Pouliguen, où les populations se trouvent au milieu des marais salants; 2° certaines îles où il n'existe pas de service des douanes. *V.* n° 685.

(2) Sous la seule déduction d'une allocation à titre de déchet. *V.* n° 675.

(3) La taxe de consommation est liquidée sur un certificat de visite série S, n° 22 et non à la suite de la liquidation du droit d'entrée. (*Déc. du* 18 *janvier* 1849.)

(4) Lorsqu'en 1806 on rétablit l'impôt du sel, qui avait été supprimé par l'Assemblée constituante en 1790, on ne dut pas prendre, comme sous le régime de la gabelle, la *mesure* pour base de perception, parce que le sel n'est pas d'un poids égal dans tous les lieux de fabrication, et que, le commerce de cette denrée devant rester libre, le Gouvernement aurait été sans moyen pour forcer les propriétaires à faire du sel plus ou moins lourd et à le garder plus ou moins de temps avant de le vendre, de sorte que les producteurs du meilleur sel auraient été les plus lésés. Le mode de perception au *poids* a paru, dans le nouvel état des choses, le plus propre à concilier tous les intérêts; c'est d'après ce mode qu'ont été rendues toutes les lois sur la matière.

(5) L'état mensuel, série S, n° 100, relatif au produit de l'impôt sur le sel et autres matières salifères, doit, pour le mois de décembre, faire intégralement connaître le montant des recettes des bureaux, tant principaux que subordonnés, sans qu'il soit besoin d'attendre la production des bordereaux supplémentaires. (*Circ.* n° 2308, et *Circ. man. du* 24 *janvier* 1850.)

SECTION II

Déchet (1).

675. — Il est accordé à tous ceux qui enlèvent des sels des lieux de production en France, et acquittent le droit de consommation, une remise à titre de déchet, sans que, dans aucun cas, elle puisse excéder 5 p. 0/0 ; de sorte que, déduction faite de cette allocation (2), le droit est dû sur la totalité des sels compris dans les déclarations ou les acquits-à-caution. (*Décret du 11 juin 1806, art. 12 ; et loi du 17 juin 1840, art. 15.*)

L'allocation accordée à titre de déchet, pour les sels de France, est réglée ainsi qu'il suit :

Sels bruts récoltés sur les marais salants de l'Océan ou de la Manche... 5 0/0

Sels bruts récoltés sur les marais salants de la Méditerranée.... { expédiés par mer, et en vrac, des ports de la Méditerranée à destination de ceux de l'Océan ou de la Manche. .... 5 0/0 { dans tout autre cas........................ 3 0/0

Sels étuvés des marais salants de l'Ouest ; sels ignigènes et sels raffinés (3). .... { expédiés par mer et en vrac............ 5 0/0 { dans tout autre cas...................... 3 0/0

(*Décrets des 23 juillet 1849 et 23 avril 1855 ; Circ. n°s 2338 et 286.*)

La quotité du déchet à allouer est calculée d'après les règlements applicables au moment où les sels sont déclarés pour la consommation. (*Circ. du 4 mai 1855, n° 286.*)

Le déchet n'est accordé qu'à celui qui paye les droits. (*Circ. du 16 octobre 1806.*)

Si les sels n'acquittent pas le droit à l'instant même de leur extraction, l'acquit-à-caution délivré pour en assurer le transport doit énoncer la totalité de la quantité extraite. Ce n'est qu'au bureau de destination que s'établit le décompte de l'allocation de déchet sur le poids primitif. (*Circ. du 18 juillet 1806.*)

Si un excédant est reconnu au port de destination, il jouit, comme le reste de la cargaison, de la déduction légale. (*Circ. des 7 octobre 1806 et 12 juillet 1819.*)

En cas de déficit au-delà de l'allocation légale à titre de déchet, le droit est perçu ou soumissionné sur la quantité de sel reconnue à la vérification, sans déduction nouvelle. (*Circ. des 27 août 1806 et 19 mars 1807.*)

Quand un chargement de sel est en partie livré à la consommation et en partie mis en entrepôt ou réexpédié pour l'étranger, le *boni*, s'il en reste un, se divise dans la proportion de ces deux parties, et la portion afférente à ce qui concerne le sel destiné pour l'entrepôt ou l'étranger suit également cette destination. (*Circ. des 14 juin 1809 et 1er avril 1819.*)

---

(1) Le *déchet* est le résultat de la fonte naturelle du sel. Pour couvrir cette perte, la loi accorde, en cas de payement de l'impôt, une déduction calculée sur le poids brut de la denrée enlevée des lieux de production. Le *boni* est la proportion d'allocation qui n'est point absorbée par le déchet réel.

(2) Ainsi, par exemple, sur une masse de sel de 100,000 kilogr. au brut, si l'allocation pour déchet est de 5 p. 0/0, elle s'élève à 5,000 kilogr., et la partie nette est de 95,000 kilogr.

(3) Les sels gemmes sont traités comme les sels ignigènes. (*Circ. des cont. indir. du 16 décembre 1843, n° 293.*)

Lors de la mise en entrepôt d'un chargement de sel, bien qu'on ne fasse soumissionner que la quantité nette de la quantité expédiée, le *boni* n'est pas livré de suite à la disposition du négociant, mais il est placé séparément dans l'entrepôt et destiné à couvrir le déchet ultérieur de la denrée. Autrement, si la partie mise en entrepôt était ultérieurement expédiée pour la pêche maritime ou pour l'étranger, le Trésor serait frustré des droits sur une quantité de sel réellement livrée à la consommation. Ce n'est qu'à l'évacuation définitive de l'entrepôt que le restant du *boni*, s'il en existe, est remis au propriétaire. Ce dernier ne peut jouir du *boni* que lorsque le sel soumissionné est mis intégralement dans la consommation. (*Déc. du 5 août* 1809 ; *Circ. des 9 novembre 1814 et 28 août 1816*, n° 199.)

Lorsqu'une partie d'une quantité de sel entreposée est livrée à la consommation et qu'une autre est expédiée, soit pour l'étranger, soit pour l'emploi privilégié de la pêche maritime, le restant du *boni* ne se fixe qu'à l'évacuation définitive de l'entrepôt. La proportion que le *boni* affecte par rapport à la masse brute primitive sert de base à la remise à titre de déchet, et la portion afférente au sel exporté ou expédié pour la pêche, si elle n'a pas été elle-même employée à l'une ou à l'autre de ces destinations, est passible de la taxe de consommation.

Ainsi, par exemple, lorsqu'à l'apurement d'un compte d'entrepôt relatif à 95,000 kil. de sels, au poids net, la portion des 5,000 kil. de *boni* (à 5 0/0) se trouve réduite à 2,000 kil., soit à 2 0/0 de la masse brute primitive, l'allocation en franchise est de 2 0/0 sur la quantité livrée à la consommation.

Il en est de même à l'égard des sels tirés directement des marais pour les ateliers de salaisons, en ce sens que le *boni* ou la portion reconnue à la vérification doit recevoir le même emploi que la partie principale.

Quand les sels expédiés par suite d'entrepôt se composent de quantités formant la totalité ou le solde d'un premier entrepôt, la portion de *boni* qui leur appartient reçoit la même destination, pour l'application en être faite lors de la mise en consommation de la dernière partie de ces sels. Le service doit, d'ailleurs, indiquer sur l'acquit-à-caution si la masse de sel est ou non accompagnée d'une portion de *boni* et quel est le *quantum* de ce *boni*, qui sert au besoin à couvrir aussi les déficits reconnus lors de la vérification au port de deuxième entrepôt.

Mais s'il était question d'une sortie d'entrepôt à la suite de laquelle il ne fût pas possible d'apprécier le *boni* encore existant sur celui entreposé, c'est-à-dire d'une sortie qui ne soldât pas un premier entrepôt, la portion de *boni* qui serait reconnue, lors de la dernière sortie, appartenir à la quantité expédiée par mutation, ne pourrait être mise à la disposition du soumissionnaire qu'autant qu'il fournirait, en temps utile, la preuve que cette quantité a été intégralement soumise au droit. A défaut, cette portion de *boni* devrait elle-même acquitter l'impôt ou recevoir une destination privilégiée, au choix de l'intéressé. (*Circ. du 28 août 1816*, n° 199.)

Les portions de *boni* afférentes aux quantités de sel extraites d'entrepôt pour une destination privilégiée jouissent, lorsqu'elles sont livrées à la consommation, de la remise proportionnellement à la quantité de *boni* reconnue exister lors de l'épuisement de la masse, mais alors seulement que la mise en consommation a lieu simultanément avec la sortie d'entrepôt de la dernière partie de la masse principale. (*Circ. du 3 juillet* 1840, n° 1817.)

Le *boni* relatif à des sels placés en *entrepôt spécial*, à destination des salaisons, ne peut servir qu'à couvrir le déchet naturel de la denrée pendant son séjour dans l'entrepôt, soit depuis l'entrée primitive, soit après la réintégration, et ne peut jamais venir augmenter les économies faites par les saleurs sur les sels qui leur sont donnés en atelier. (*Circ. du 1er août* 1818.)

A l'apurement d'un compte d'entrepôt, est-il reconnu que le déchet éprouvé par la masse de sel a absorbé le *boni* dont elle était accompagnée à l'entrée : le service doit indiquer cette circonstance au sommier série S, n° 29. (*Déc. du 30 sept.* 1853.)

Le *boni* relatif à une quantité de sel destinée pour les salaisons doit pareillement suivre cette destination. S'il est livré à la consommation en fraude des droits, il y a lieu de verbaliser contre le saleur, par application du décret du 11 juin 1806. (*Circ. du 14 avril 1807.*)

Les sels neufs rapportés de la pêche de la morue jouissent, en cas de mise en consommation, d'un *boni* dans la proportion de celui dont ils étaient accompagnés au départ pour la pêche. (*Circ. du 30 décembre 1817, et Circ. lith. du 21 mars 1844.*) V, n° 697.

Les sels rapportés de la petite pêche ne peuvent, sous aucun prétexte, obtenir un *boni*. Comme ceux restant dans les ateliers de salaison, ils doivent être intégralement assujettis aux droits ou soumissionnés, selon qu'ils sont livrés à la consommation ou réintégrés en entrepôt. (*Déc. du 5 février 1844.*) V. n° 703.

En ce qui touche la remise à titre de déchet, les sels de coussins, V. n° 700, provenant de sels neufs français et soumis à la taxe de consommation, soit au débarquement, soit à la sortie d'entrepôt, sont admissibles au bénéfice des dispositions des règlements sur les sels français rapportés de la pêche de la morue.

Des sels de coussins français déjà livrés aux intéressés pour la conservation en vert de la morue ne sauraient, en cas de payement du droit de consommation, motiver une allocation de déchet.

Aucun déchet ne peut non plus être accordé à l'égard de sels de coussins étrangers ou de sels de coussins mixtes (sels de France et sels étrangers mélangés), assujettis aux droits d'entrée et à l'impôt de consommation. (*Déc. du 8 janvier 1855.*)

Lorsque, par suite d'une erreur dans le calcul du *boni* afférent à une masse de sels la perception de la taxe a été trop élevée, on ne peut établir une compensation au moyen d'un prélèvement sur une autre partie de sel; il faut provoquer la restitution de la somme indûment perçue. (*Déc. du 30 novembre 1856.*)

SECTION III

Crédit et escompte.

676. — Le droit de consommation sur les sels, lorsque la somme à payer excède 600 fr., au lieu d'être acquitté au comptant, peut l'être en traites ou obligations dûment cautionnées, moitié à trois mois, moitié à six mois. (*Lois des 24 avril 1806, art. 52 et 53; 23 avril 1833, art. 11, et 8 août 1847, art. 7.*)

Si le payement s'effectue au comptant, il est alloué un escompte quand la perception s'élève au moins à 300 fr. (*Loi du 23 avril 1833, art. 11.*)

Cet escompte est bonifié à raison de 8 0/0 l'an ou 360 jours. (*Arrêté du Min. des fin. du 22 septembre 1860; Circ. du 24, n° 690.*)

Quand il s'agit de sels extraits directement des marais salants, on tolère que plusieurs acquitteurs de sel se réunissent et chargent l'un d'eux de faire à la douane une seule déclaration. (*Déc. du 3 novembre 1836.*)

Pour le cumul des liquidations et les autres règles générales, V. Livre I, n° 188.

L'escompte est calculé sur quatre mois et demi, terme moyen du crédit; soit 135 jours. (*Circ. du 13 août 1847, n° 2189.*)

Le redevable qui, au lieu de payer, par moitié, en traites à trois et à six mois d'échéance, acquitte la totalité du droit en traites à trois mois seulement, obtient la bonification de l'escompte pour la somme dont le crédit pouvait être de six mois. (*Déc. du 6 janvier 1844.*) L'escompte n'est alors liquidé qu'au moment de l'acquittement des effets de crédit. (*Circ. de la compt. du 16 octobre 1860, n° 78.*)

Si l'acquittement s'effectue au moyen de traites ou obligations qui seraient exigibles avant l'expiration du crédit, le redevable ne peut obtenir un escompte proportionnel au nombre de jours pendant lesquels le payement aurait pu être retardé. (*Déc. du 26 mai 1853.*)

Pour l'acquittement en cours de transport, *V.* n° 694.

En cas de faillite d'un redevable de droits, on doit faire profiter la caution qui paye de la bonification d'escompte accordée pour la portion de crédit qui aurait pu être portée jusqu'à six mois, bien qu'il ait été livré des traites et obligations à trois mois. (*Circ. de la compt. du 16 octobre 1860*, n° 78.)

Pour la réduction proportionnelle de l'escompte ou de la durée du crédit, *V.* n°ˢ 671, *note,* et 694.

CHAPITRE IV

MOUVEMENT DES SELS.

SECTION PREMIÈRE

Police du rayon.

Sur le littoral, il existe un rayon spécial où le service exerce son action pour la perception de la taxe de consommation. Ce rayon fait l'objet de la présente section.

Mais les dispositions qu'elle comprend ne sont appliquées que dans les cas où ne peuvent l'être celles qui sont rappelées au chapitre 1ᵉʳ, sections 1 et 3, pour la circulation dans les 15 kilomètres des mines de sel, sources salées, salines, fabriques de produits chimiques, salpêtreries, raffineries et usines où il est obtenu des produits contenant de la soude et du chlore.

Quant aux frontières de terre, dans le rayon des douanes (Livre II), les sels soumis, comme sur tous les autres points énoncés au § précédent, aux prescriptions résumées au chapitre 1ᵉʳ, sections 1 et 3, sont, en outre, au besoin, assujettis, ainsi que les autres marchandises, aux lois relatives au rayon.

Les conditions du régime des sels s'étendent à toute matière salifère quelconque. *V.* n° 669.

§ 1. *Police générale.*

677. — La surveillance des douanes s'exerce, pour la perception de la taxe de consommation sur les sels, jusqu'à la distance d'un myriamètre et demi des côtes de toute la France et des bords des rivières affluentes à la mer, jusqu'au dernier bureau de douanes, soit qu'il y existe ou non des marais salants, salines, fabriques de sel ou de produits chimiques, salpêtreries et raffineries de sel. (*Décrets des 11 juin 1806, art.* 1ᵉʳ ; *25 janvier 1807, art.* 1ᵉʳ*, et 6 juin 1807.*)

La ligne de démarcation du rayon désigné dans l'article précédent est déterminée comme celle du rayon ordinaire des douanes.

La distance d'un myriamètre et demi se mesure : 1° du rivage de la mer vers l'intérieur ; 2° pour les rivières affluentes à la mer, de chaque point du bord de ces mêmes rivières, en rentrant vers l'intérieur des terres. (*Décrets des 11 juin 1806, art.* 1ᵉʳ, *et 6 juin 1807, art.* 1ᵉʳ.)

La limite ainsi posée n'est pas la perpendiculaire au cours de la rivière à la hauteur du dernier bureau, mais bien, vers l'intérieur, la demi-circonférence décrite avec un rayon d'un myriamètre et demi, en prenant le dernier bureau comme centre. (*Circ. du 17 novembre 1815.*)

Les préposés des douanes sont autorisés à se transporter en tout temps dans l'enceinte des marais salants, dans les salines et lieux de dépôt, pour y exercer leur surveillance. (*Décret du 11 juin 1806, art. 8.*) *V.* n° 672.

Lors de l'enlèvement des sels, s'ils sont destinés à traverser le rayon, ils doivent être accompagnés, soit d'un congé, extrait d'un registre à talon, soit d'un acquit-à-caution. Le congé est délivré quand les droits ont été payés au moment de la déclaration, et il en fait mention; mais dans ce cas, l'acquit de payement tient lieu de congé. Si, le sel ayant la même destination, la taxe n'a pas été acquittée, il est délivré un acquit-à-caution (1). (*Décret du 11 juin 1806, art. 4 et 5.*)

Les congés ou les acquits de payement en tenant lieu, indiquent le nom de l'acheteur, celui du voiturier qui devra faire le transport, le lieu de destination, la route à tenir, la quantité de sel enlevée, le montant du droit perçu, le délai après lequel cette expédition ne sera plus valable. (*Même décret, art. 3, 4, 6 et 7.*)

Les acquits de payement délivrés dans les bureaux qui, placés près des lieux de production des sels, sont spécialement chargés d'assurer la perception de l'impôt sur les sels en provenant, indiquent les bureaux de contrôle où les sels doivent être représentés. Ces acquits peuvent, dans ces derniers bureaux, être échangés contre des congés de circulation. (*Loi du 22 août 1791, titre 2, art. 25; Circ. des 18 mai 1807 et 20 novembre 1816, n° 223; et Déc. du 2 avril 1851.*)

Les acquits de payement ou les congés de circulation sont visés aux postes situés sur la route suivie pour le transport des sels. (*Déc. du 2 avril 1851.*)

Quelle qu'en soit la provenance, toute quantité de sel, dans le rayon d'un myriamètre et demi du littoral, entre les lieux de production des sels et les bureaux qui, placés près de ces lieux, sont spécialement chargés d'assurer la perception de l'impôt sur les sels en provenant, et, dans le surplus du rayon, toute quantité de sel excédant 4 kil. (2), transportée sans déclaration préalable au bureau le plus voisin du lieu de l'enlèvement, ni sans être accompagnée de congés ou acquits-à-caution, ou ne suivant pas la route indiquée par ces expéditions, est saisie et confisquée, ainsi que les chevaux, ânes, mulets et voitures servant au transport, et les conducteurs sont, en outre, condamnés à une amende de 100 fr., conformément à l'art. 57 de la loi du 24 avril 1806. (*Décrets des 25 janvier 1807, art. 2, et 11 juin 1806, art. 1er et 6; Circ. du 8 février 1816, n° 108; A. de C. du 20 novembre 1834, transmis par la Circ. n° 1468, et Circ. lith. du 29 mars 1849.*) N° 162 du tableau des Infr. Trib. de paix. *V.* n° 715.

Il en est de même à l'égard de toute quantité de sel au-dessous de 4 kil. circulant sans expédition dans les rues d'une ville dont la population est de plus de 2,000 âmes, les recherches à domicile y étant seules interdites. (*Déc. du 19 juillet 1833.*)

La circulation de toute quantité de sel dans le rayon, avant le lever et après le coucher du soleil, entraîne les pénalités rappelées à l'avant-dernier paragraphe précédent, si le congé ou l'acquit-à-caution ne porte une permission expresse du transport pendant la nuit. (*Décret du 11 juin 1806, art. 7, § 2.*) N° 165 du tableau des Infr. Trib. de paix. *V.* n° 715.

---

(1) Le transport, dans le rayon, de sels non acquittés, étant contraire au vœu de l'art. 56 de la loi du 24 avril 1806, ne doit être autorisé que rarement et par des motifs d'une nécessité bien démontrée.

(2) C'est afin de faciliter les approvisionnements de famille qu'il est permis de transporter sans expédition, en deçà de la ligne des bureaux placés près des lieux de production et dans le rayon, toute quantité de sel de 4 kil. ou au-dessous.

Pour les sels sortant des ateliers de salaison, *V.* n° 705.

On ne doit autoriser la circulation nocturne des sels que dans les cas d'une nécessité absolue, reconnue par les receveurs. (*Circ. du* 16 *avril* 1807.)

Les marchands de sel, établis dans le rayon, doivent déposer au bureau des douanes de leur résidence, ou au plus voisin, les acquits de payement en forme de congés qui leur ont été délivrés pour les sels arrivés dans leurs magasins. Ces acquits servent à établir, au bureau, un compte-ouvert au moyen duquel le receveur délivre, sur leurs bulletins, et remet aux acheteurs, des congés pour la circulation des quantités de sel excédant 4 kil., et ce, jusqu'à concurrence de celles portées dans les acquits déposés. (*Circ. du* 8 *février* 1816, n° 108.)

Cette disposition est applicable dans les villes de plus de 2,000 âmes, pour mettre la douane en mesure de refuser des expéditions pour toute quantité de sel dont la provenance ne serait pas justifiée. (*Déc. du* 19 *juillet* 1833.)

Sauf dans les villes de plus de 2,000 âmes, où l'exercice est défendu (*Déc. du* 19 *juillet* 1833), le service peut, dans les magasins des marchands de sel, procéder à des investigations et à des recensements.

Mais, à moins de soupçon de fraude, il se borne à examiner les livres de vente. Quand un recensement des sels est reconnu nécessaire, on l'effectue par le cubage, sauf le cas où les préposés peuvent faire eux-mêmes la pesée, les frais de manipulation devant, en l'absence de contravention, rester à la charge du service. Le recensement effectif doit donc avoir pour résultat de déjouer des manœuvres frauduleuses. (*Déc. du* 2 *décembre* 1839.)

L'autorisation des douanes n'est pas nécessaire pour l'établissement des débits de sel dans le rayon. (*Déc. du* 2 *décembre* 1841.)

Pour les débits dans les centres d'ateliers de salaisons, *V.* n° 705.

Dans certaines localités, lorsqu'il n'existe aucun risque d'abus ou de fraude, le service peut, sur l'autorisation de l'administration, admettre les débitants ou marchands à délivrer, pour les sels extraits de leurs établissements, jusqu'à concurrence, par chaque convoi, d'un maximum déterminé, des certificats de vente destinés à tenir lieu de congés. Ces bulletins sont détachés d'un registre spécial qui doit être exhibé à toute réquisition des préposés. (*Déc. du* 7 *juin* 1841.)

Lorsque les sels ont acquitté les droits au bureau de la résidence même du marchand et où ils sont pris en compte, le dépôt de l'acquit de payement ne devient plus nécessaire; il suffit qu'il soit visé par les préposés pour éviter qu'on en fasse un double emploi. (*Circ. du* 8 *février* 1819.)

L'acquit de payement ou le congé délivré pour des sels, sans autre désignation, n'est valable que pour des sels neufs, propres à la consommation de l'homme. (*Jug. du trib. corr. de Dunkerque, du* 4 *février* 1837; *Circ. du* 23 *mars suiv.*, n° 1613.)

Les préposés des douanes peuvent, conformément à l'art. 8 du décret du 11 juin 1866, rechercher les dépôts de sel formés dans le rayon où s'exerce leur surveillance; mais ces dépôts ne peuvent être saisis qu'autant qu'il s'y trouve une quantité de 50 kilogr. de sel au moins, pour laquelle il n'est point justifié du payement du droit (1). Ces recherches et visites ne peuvent d'ailleurs être faites dans les maisons habitées qu'après le lever et avant le coucher du soleil, et avec l'assistance d'un officier municipal (2); elles sont, dans tous les cas, interdites dans les communes au-dessus de 2,000 âmes. (*Loi du* 17 *décembre* 1814, *art.* 92.)

----

(1) Les pénalités sont la confiscation des sels et l'amende de 100 fr.; Dépôt, etc.; n° 161 du tableau des Infr. Trib. de paix.

(2) Les préposés des douanes ne sont pas tenus de faire connaître et de désigner à l'avance au maire, dont ils requièrent l'assistance, les maisons où les visites doivent être effectuées. (*Déc. min. du* 7 *décembre* 1840.)

Cet article ne concerne que le rayon spécial sur le littoral ; il n'est pas applicable dans le rayon de douane sur les frontières de terre. (*Jug. du trib. corr. de Palais, du 31 décembre 1844 ; Doc. lith., n° 155.*)

§ 2. — *Rivières gardées par le service.*

678. — Si les sels entrent dans les rivières gardées par le service pour remonter dans l'intérieur, les droits sont perçus au bureau des douanes le plus avancé en rivière, à moins qu'ils ne soient destinés pour l'un des entrepôts de l'intérieur. (*Décret du 11 juin 1806, art. 11.*)

Les navires chargés de sel qui remontent dans ces rivières ne sont escortés par des préposés que si, à raison du tirant d'eau, une partie est mise à bord d'une allége qui, d'ailleurs, doit accompagner le bâtiment principal. Dans ce cas, le transbordement partiel s'opère en présence du service, sans mesurage ni pesée. L'escorte doit toujours être de deux agents par convoi, et les intéressés sont tenus de payer, par l'intermédiaire des chefs, une indemnité fixe de 3 fr. par jour et par chaque préposé. (*Circ. du 2 septembre 1806, et Déc. des 14 mars 1831 et 2 janvier 1847.*)

C'est au dernier bureau vers l'intérieur que se termine l'opération en cabotage et que s'effectue la vérification. (*Circ. du 2 septembre 1806; Déc. min. des 28 juin et 16 août 1808; et Circ. du 20 novembre 1816, n° 223.*) V. n° 694.

En cas d'expédition vers l'intérieur, un congé est délivré pour les sels déjà soumis à l'impôt, quantité nette et boni. Quand les sels sont dirigés sur les entrepôts de l'intérieur, l'acquit-à-caution n'indique que les quantités nettes passibles du droit; une simple annotation rappelle s'il existe, en outre, un boni, et quel en est le quantum. (*Déc. du 6 février 1840.*)

Quand des bâtiments chargés de sel sont sortis des limites du port où s'exerce la surveillance permanente des douanes pour remonter vers l'intérieur, dans la partie libre des rivières, les préposés ne doivent, *sous aucun prétexte*, s'immiscer dans la vérification et la constatation des sinistres ou des avaries que ces bâtiments ou les cargaisons pourraient éprouver. (*Circ. lith. du 4 avril 1838.*)

En effet, il ne peut être accordé de réfaction de droits, sur des sels transportés par rivières, en deçà, vers l'intérieur, du dernier bureau des douanes, quelle qu'en soit la destination, et submergés en cours de transport. (*Déc. min. des 4 novembre 1806 et 17 novembre 1809; Circ. des 3 octobre suivant, 12 septembre 1816 et 22 décembre 1817.*) V. n°s 522 et 674.

Le transport, dans la partie des rivières gardées par le service, des sels déjà soumis à l'impôt, est assuré, soit au moyen d'un congé de circulation, lorsque la quantité ne dépasse pas un maximum déterminé, soit, dans le cas contraire, d'un acquit-à-caution. V. n° 686.

Les rivières que ne garde pas le service sont considérées comme tous autres points du rayon.

SECTION II

Extraction.

L'extraction du sel est, suivant le sens propre de cette expression, l'opération par laquelle on tire le sel du sein de la terre ou de l'eau salée; mais, par extension, on appelle extraction l'enlèvement des sels, soit des salines ou fabriques, soit des marais salants, soit même des entrepôts, de sorte que les formalités déterminées pour toute extraction comprennent les déclarations, la vérification et la délivrance d'un acquit de payement, congé ou acquit-à-caution.

Les lois de douanes régissent toutes les déclarations et les vérifications. On conçoit néanmoins qu'en matière de sel il y ait quelques dispositions spéciales. En effet, les taxes de douane, économiques autant que fiscales, sont établies, à l'entrée ou à la sortie, à raison de la valeur moyenne de marchandises dont le poids est peu susceptible de se modifier et qui sont d'ordinaire présentées en colis. Au contraire, le sel, fréquemment transporté en vrac et qui n'a presque pas de valeur intrinsèque, se trouve frappé d'un droit de consommation purement fiscal et relativement très-élevé; le poids de cette denrée change, d'ailleurs, selon que celle-ci s'imprègne plus ou moins d'humidité, de sorte que, après s'être accru tout d'abord sous cette influence, il diminue parfois sensiblement par suite de dissolution et d'écoulement. Outre la température, l'humidité plus ou moins forte des récipients et le mode de remplissage sont d'ailleurs des causes des différences quand la vérification est faite par épreuves.

Il peut donc y avoir, en cas de transport par mer et afin de tenir compte des intérêts différents de l'expéditeur et du destinataire, convenance à soumettre les sels à une vérification à l'arrivée, quand la composition du service le permet, et à ne pas s'en rapporter aux énonciations des déclarations. Lorsque le commerce a, dans les formes légales, signalé des avaries résultant d'événements de mer et demandé la vérification, la douane n'a pas le droit de la refuser.

C'est par la pesée intégrale, et au moyen de tout récipient, que doit, en principe, s'effectuer la vérification. Toutefois, en vue de faciliter cette opération, le décret du 11 juin 1806 a permis d'y procéder, si le commerce le préfère, par le mesurage, à l'aide d'un demi-hectolitre appelé *cône-tronqué*, et par la pesée partielle ou par épreuves sur une balance à plateaux : la moyenne des poids ainsi obtenus sert à déterminer le poids total.

La visite par le mesurage est subordonnée à certaines conditions. Ainsi, par exemple, on ne peut se servir que du cône-tronqué, et les ouvriers chargés de le remplir ne sauraient être rangés dans la classe des hommes de peine que le commerce peut employer dans les établissements de douane.

§ 1er. — *Enlèvement.*

Est soumis aux conditions rappelées au chapitre 1er, section 1re, l'enlèvement du chlorure de sodium (sel marin) et des autres matières salifères, dans tout établissement pour la production des sels, fabriques, etc., où il est obtenu des sels ou des produits contenant de la soude et du chlore. V. section 1.

Pour l'enlèvement des sels et des autres matières salifères, dans tous autres cas, s'il s'agit du rayon des douanes sur les frontières de terre. V. Livre II.

Les dispositions suivantes sont relatives à l'enlèvement dans le rayon spécial, sur le littoral, du chlorure de sodium (sel marin), de l'eau de mer, qui y est assimilée, et de toute autre matière salifère quelconque. V. n° 651.

1° *Sels ou matières salifères.*

679. — Nul enlèvement de sel ne peut sur le littoral, dans le rayon spécial soumis à la police des douanes, être effectué sans une déclaration préalable au bureau des douanes le plus voisin du lieu de l'extraction, et sans qu'un acquit de payement, un congé ou un acquit-à-caution ait été délivré. (*Décret du 11 juin 1806, art. 2.*)

Les déclarations doivent contenir le nom du vendeur, celui de l'acheteur, la quantité en kilogrammes de sel vendue, le nom du voiturier, du maître de barque ou du capitaine de navire qui devra faire le transport, le lieu de destination et la route à tenir. (*Décret du 11 juin 1806, art. 3.*)

Il ne peut être chargé sur les navires, voitures ou autres moyens de transport aucune quantité de sel, sans la permission par écrit (*permis*) des préposés et qu'en leur présence, à peine de confiscation des sels et des moyens de transport et de l'amende de 100 fr. (*Même Décret, art.* 16.) *V.* n° 677.

Un acquit de payement ou, selon le cas, un congé, quand les droits ont été acquittés, est nécessaire, et il en est fait mention. (*Même Décret, art.* 4.) *V.* n° 677.

Il est délivré un acquit-à-caution quand la déclaration n'a pas été suivie du payement immédiat des droits. (*Même Décret, art.* 5.) *V.* n° 686.

L'enlèvement ne peut être fait avant le lever ni après le coucher du soleil. (*Même Décret, art.* 6.) *V.* n° 677.

2° *Eaux de la mer.*

En cas d'enlèvement furtif d'eaux de la mer, il y a présomption légale qu'elles sont destinées à la production du sel par ébullition ; aussi sont-elles assimilées au sel (1).

680. — Tout enlèvement sans permis, ou tout transport irrégulier dans le rayon spécial du littoral, donne lieu à la saisie de l'eau de mer et des moyens de transport, pour la confiscation en être prononcée avec amende de 100 fr., par application de la loi du 21 avril 1806 (*art.* 51 *et* 57) et du décret du 11 juin suivant (*art.* 16). *V.* n°⁰ 677 et 679.

Mais, quand la quantité d'eau n'est pas considérable, les préposés peuvent se borner à la faire répandre sous leurs yeux. (*Déc. du 31 mai* 1825.)

Comme toutes les autres eaux salées, les eaux de la mer ne peuvent être enlevées et transportées qu'à destination d'une fabrique de sel régulièrement autorisée, et sous les formalités déterminées par les art. 16 et 17 de l'ordonnance du 26 juin 1841. *V.* n° 662. (*Loi du 17 juin* 1840, *art.* 9, *et Ord. du 26 juin* 1841.)

Hors du rayon spécial du littoral, quand il s'agit d'un point soumis au régime des sels, c'est-à-dire situé dans les 15 kilomètres d'une mine de sel, fabrique de sel, etc., le transport irrégulier d'eaux salées quelconques motive les pénalités fixées par l'art. 10 de la loi du 17 juin 1840 et l'art. 10 de l'ord. du 26 juin 1841. *V.* n° 651.

Aucune exploitation industrielle ne peut jouir de l'immunité de l'impôt sur les eaux salées. *V.* n° 695.

L'emploi de l'eau de mer peut avoir lieu dans les diverses industries, lorsque les produits obtenus ne servent pas à la consommation alimentaire, moyennant le payement d'une taxe de 1 fr. 50 c. par mètre cube d'eau. (*Déc. min. du 7 avril* 1853, *transmise le* 12.)

L'enlèvement de l'eau de mer n'est permis, à cet effet, que dans les localités où il existe un bureau de douane.

Après avoir été revêtu du certificat de l'employé chargé de surveiller l'opération, le permis qui a été délivré sert à établir la liquidation de la taxe de 1 fr. 50 c. dont le recouvrement est régularisé comme s'il s'agissait du droit de consommation sur les sels. (*Déc. du 12 avril* 1853.)

Dans l'état actuel de la législation, la franchise n'est accordée, sous certaines garanties, que pour les usages soit agricoles, soit médicinaux. *V.* n° 710.

3° *Sablon.*

681. — Les bords de la mer sont couverts d'un sable qui contient une assez forte quantité de parties salées. Sur les côtes de la Normandie et de la Bretagne, on dis-

_____

(1) Aux termes de l'art. 9 de la loi du 17 juin 1840, *V.* n° 651, les eaux salées sont soumises au régime des sels.

posé les grèves de manière à pouvoir utiliser ce sable, soit pour les engrais des terres, soit pour faire du sable ignigène.

Quand le sable est brut, qu'il n'a subi aucune préparation, il peut être enlevé librement : c'est ce qu'on nomme la *tangue*. Il a été reconnu que la dépense qu'il faudrait faire pour extraire de la tangue le sel qu'elle contient dépasserait de beaucoup le bénéfice qu'on pourrait se promettre d'une telle opération. (*Déc. des 26 juin 1807 et 26 mars 1817.*)

Le sable de mer prend le nom de *sablon* lorsque, par suite d'un labourage de la grève et d'une première opération qui a pour but d'en séparer les parties d'argile qui s'y trouvent mêlées, il devient propre à être jeté dans de l'eau pour y être lessivé, et laquelle, mise en ébullition, produit facilement du sel.

Lorsqu'enfin ce sable ainsi préparé est réuni en meules, il s'appelle *mouée* ou *coupe à sel*; il pourrait servir à la fabrication du sel ignigène, et ne peut pas, comme le sablon, être enlevé pour les besoins de l'agriculture.

Le sable de mer connu sous la dénomination de *sablon*, et propre à la fabrication du sel, ne peut être enlevé sans le certificat indiqué dans l'article suivant, sous peine de confiscation du sablon et des moyens de transport, avec une amende de 100 francs. (*Ord. du 19 juin 1816, art. 23; Ord. du 19 mars 1817, art. 3; Décret du 11 juin 1806, art. 16.*) N° 180 du tableau des Infr. Trib. de paix.

Cet enlèvement peut avoir lieu par les propriétaires riverains ou leurs fermiers, sur la représentation d'un certificat, valable pour une année, délivré par le maire de leur commune et attestant que ces individus sont propriétaires ou fermiers de *telles terres*, et qu'ils emploient pour le transport *tant* de voitures et de chevaux. L'enlèvement de la *mouée* est interdit. (*Ord. du 19 mars 1817, art. 1er.*)

Les certificats délivrés par les maires doivent être représentés à toute réquisition des employés des douanes, sous peine de 10 fr. d'amende et de 20 fr. en cas de récidive. (*Ord. du 19 mars 1817, art. 2.*) Défaut de représentation, etc.; n° 181 du tableau des Infr. Trib. de paix.

Les engrais ci-dessus désignés doivent être directement conduits sur les terres qu'ils sont destinés à fertiliser, et, à défaut d'emploi immédiat, ils peuvent y être déposés; mais si ce dépôt n'a pas lieu en plein champ, il ne peut l'être dans aucun autre bâtiment que les étables, écuries, bergeries et toits à porcs, et après avoir été mélangés avec du fumier, le tout à peine de 100 francs d'amende. (*Même Ord., art. 5; Déc. des 11 septembre 1817 et 24 août 1818.*) Dépôt ailleurs, etc.; n° 182 du tableau des Infr. Trib. de paix.

§ 2. — Vérification. — 1° Opération.

682. — Toute vérification doit être faite en présence des propriétaires de la marchandise ou des individus préposés à sa conduite. En cas de refus de leur part ou d'abstention, l'opération cesse. (*Loi du 22 août 1791, titre 2, art. 16.*)

Il ne peut être procédé à aucune vérification de sels que par deux employés au moins (1). (*Circ. du 19 août 1816, n° 197.*)

Dans les bureaux subordonnés, les capitaines et les lieutenants sont autorisés à

(1) Indépendamment de ce que le contrôle résultant de leur concours est le seul moyen d'assurer l'exactitude de l'opération, il peut arriver, dans les vérifications de cabotage, que la visite au déchargement fasse reconnaître une contravention de nature à être poursuivie devant les tribunaux, et la loi du 9 floréal an VII veut que toute contravention soit constatée par deux préposés au moins. V. n° 1027.

s'assurer que les préposés assistent réellement à la vérification des sels. (*Déc. du 30 mai* 1834.)

La pesée est intégrale dans les salines, fabriques de produits chimiques, salpêtreries, raffineries et établissements où il est obtenu des produits contenant de la soude et du chlore. (*Déc. du 23 septembre* 1853.) *V.* chapitre 1er, n° 659.

Dans tout autre cas, la pesée doit aussi, en principe, être intégrale. Ce mode est suivi quand le commerce en fait la demande. (*Circ. du 7 septembre* 1839, n° 1767.) Mais pour faciliter la vérification des quantités de sel au moment de l'extraction des marais ou des entrepôts, on peut, à l'égard de celles excédant 100 kil., employer le mesurage sous les conditions suivantes, après avoir constaté, par chaque expédition, la quantité de sel que contient la mesure. (*Décret du 11 juin* 1806, *art.* 17.)

Il est alors employé dans les vérifications de sel, tant à l'enlèvement qu'à l'arrivée, pour mesure unique et seule admissible, le demi-hectolitre de la forme d'un *cône tronqué*, traversé à son ouverture par une barre de fer horizontale, et dont les dimensions sont :

Diamètre de la base.......................... 51 centimètres.
Idem de l'ouverture........................ 31 —
Hauteur..................................... 37 —
Longueur des côtés.......................... 39 —

(*Déc. min. du 4 mars* 1816, *transmise par Circ. du 8 août suivant; Circ. du 7 mars* 1817.)

Ce récipient, dont la forme n'est pas celle prescrite par l'ordonnance du 16 juin 1839, est néanmoins maintenu sous la dénomination de *cône tronqué*, qui doit être tracée sur l'ustensile même, et précédé du mot *sel*, ainsi qu'il suit : *sel cône tronqué.* Cette mesure ne pouvant être ni poinçonnée, ni soumise à la vérification des agents des poids et mesures, il importe que les chefs de service veillent, avec une attention toute spéciale, à ce qu'elle ait exactement les dimensions prescrites. (*Circ. du 18 février* 1840, n° 1795.)

Ils ne doivent pas tolérer l'emploi de cônes tronqués dépourvus d'une barre de fer à l'ouverture. (*Circ. des 7 mars* 1817 *et 7 septembre* 1839, n° 1767.)

On ne doit jamais se servir, pour vérifier les sels, de mesures appartenant au commerce. (*Déc. du 17 janvier* 1834.)

Le sel doit être jeté dans la mesure sans aucune violence (1).

Le cône tronqué une fois rempli, doit toujours être radé (2) avant que le sel en soit versé, et le poids commun n'est établi que sur cette mesure ainsi réduite. (*Circ. du 11 janvier* 1809.)

Lorsque le sel en a été retiré, on frappe sur le cône tronqué avec la radoire ou avec un maillet. (*Circ. man. du 22 janvier* 1841, *et Déc. du 30 avril suivant.*)

Pour mesurer exactement les sels, on doit, dans toutes les localités où l'usage en est praticable, placer au-dessus du cône tronqué, et à une hauteur de 49 centimètres, une trémie en bois (3) dans laquelle est versé le sel, qui, au moyen d'une soupape, descend dans cette mesure en passant sur la barre de fer qui en traverse l'ouverture. (*Circ. du 23 décembre* 1813.)

Mais, malgré les avantages de ce mode, le service doit permettre le remplissage à

---

(1) Cela résulte d'un arrêt du Conseil du 3 juillet 1691. Sous le régime de la Ferme, on exprimait cette obligation par ces mots : A pelle coulante et sans effort.

(2) *Rader*, c'est passer une règle ou un instrument analogue sur la surface d'une mesure de sel pour rendre cette surface égale et avoir par ce moyen une mesure juste.

(3) L'usage de la trémie existait sous la Ferme.

la pelle, même, si le commerce le demande, dans les localités où l'on se sert habituellement de la trémie. (*Circ. du 7 septembre* 1839, n° 1767.)

La pesée des mesures, de la manière et dans les proportions indiquées plus bas, doit toujours être faite au moyen de balances à plateaux fournies par imputation sur le crédit du matériel. L'usage des romaines est interdit. (*Circ. du 19 août* 1816, n° 197.) L'humidité du sel est de nature à détériorer promptement les instruments autres que les balances à plateaux. (*Déc. du 29 janvier* 1840.) Il est recommandé au service de s'assurer fréquemment, sur tous les points, de l'exactitude des balances, de l'égalité des bras du fléau, en vérifiant si un même objet placé successivement sur l'un et l'autre plateau ne présente aucune différence, et de veiller à ce que celles qui laissent à désirer soient immédiatement réparées. (*Circ. lith. du 9 janvier* 1846.)

Pour les salines et autres établissements où les fabricants sont tenus de fournir les instruments d'une pesée intégrale, *V.* n° 658.

Quand la pesée est intégrale, et si les intéressés fournissent les instruments de vérification, il peut être fait usage de balances-bascules offrant les garanties prescrites par l'ordonnance du 16 juin 1839. (*Déc. du 23 septembre* 1853.)

Dans les ports, lorsque l'opération de pesée s'effectue sur le pont du navire, le vérificateur et le préposé doivent se tenir en regard du panneau, à une assez grande distance l'un de l'autre pour pouvoir agir librement, sans se communiquer le résultat de leurs opérations, mais cependant de manière à voir comment se font les mesures et ce qui se jette dans la cale. (*Circ. du 19 août* 1816, n° 197.)

S'il s'agit alors d'un débarquement ou d'un transbordement, les récipients sont remplis soit dans la cale, soit sur le pont. (*Déc. du 9 juin* 1841.)

Le vérificateur coté à la livraison des sels à destination des pêches, de l'étranger, etc., doit opérer sur le point d'embarquement. (*Déc. du 11 avril* 1835.)

Toutes les fois que, dans le trajet de l'entrepôt aux lieux d'embarquement, les sels sont perdus de vue par le service, deux agents doivent, autant que possible, être placés sur chacun de ces points. (*Déc. du 1er avril* 1842.)

Les deux employés chargés d'une vérification, et dont l'un est coté en chef, sont munis, chacun, d'un appareil composé de cinquante plaques de fer-blanc marquées et numérotées par dizaines, et passées dans un anneau de fer adapté à un manche de bois. A chaque mesure, l'employé fait passer une plaque dans la partie supérieure de l'appareil, et, quand il est parvenu à la dernière, que le radeur a crié *taille ronde*, pendant que celui-ci la marque pour le commerce, l'employé l'inscrit sur son carnet ou sur son livret; puis il recommence ainsi jusqu'à la fin du chargement ou du déchargement. (*Circ. du 19 août* 1816, n° 197.)

Quand l'employé coté en chef est un agent de bureau, le chef de service local peut le dispenser de faire usage de l'appareil de plaques. (*Même Circ. et Circ. man. du 18 juin* 1817.)

Dans beaucoup de directions, le vérificateur se munit d'une plaque en ivoire, en bois ou en carton, offrant cinq colonnes de trous au nombre de dix, numérotés depuis 1 jusqu'à 50, et il marque, au moyen d'une cheville ou d'une épingle, le nombre des mesures enlevées.

Sur les salins ou marais salants, dans certaines localités, au lieu de l'appareil de plaques, dont l'emploi est très-utile lorsqu'une contre-vérification est possible, on sert de séries de jetons pour compter le nombre des mesures. Le vérificateur, qui se tient près de la balance, remet ou fait remettre, chaque fois qu'une mesure est enlevée, un jeton au préposé placé sur un point où les porteurs sont forcés de passer. Toute erreur est alors facilement prévenue ou réparée. (*Déc. du 22 mars* 1851.)

L'employé, quel que soit son grade, coté en chef à un mesurage de sel, doit être porteur d'un carnet sur lequel il inscrit les mesures de la manière suivante :

A chaque cinquante mesures il tire, sur l'une des lignes horizontales existantes au carnet, une petite ligne verticale, et, quand il y en a cinq de tracées, il place les cinq autres dans la même direction verticale, mais au-dessous de la ligne horizontale; puis les cinq suivantes au-dessus, et ainsi de suite; exemple :

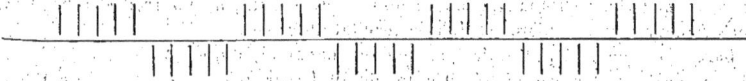

Quand, à la fin du chargement, il ne se trouve pas, après la dernière cinquantaine, un nombre de demi-hectolitres suffisant pour en composer une autre, l'employé tire autant de petites lignes horizontales qu'il y a de dizaines, et, au-dessous de ces dizaines, de petites lignes verticales isolées, pour marquer les unités : ainsi, après la dernière cinquantaine, s'il y a eu trente-trois demi-hectolitres, l'employé les écrit comme ci-dessous :

Il inscrit pareillement sur son carnet ses pesées comme il est dit ci-dessus.

Le livret est tenu par l'employé coté en second à la vérification. L'usage en est le même que celui du carnet, dont il ne diffère qu'en ce qu'il ne contient que les lignes destinées à marquer les mesures, et non les colonnes pour inscrire les pesées. Le préposé en second ne doit se servir pour tracer les lignes et les marquer sur le livret que d'un crayon.

Le nombre des mesures à peser doit toujours être au moins de cinq sur cent (1), prises au gré de l'agent coté en chef. Le sel contenu dans la mesure est pesé avec la mesure même. Les agents vont toujours interrompre le mesurage pendant chaque pesée. (*Circ. du 19 août 1816, n° 197.*)

Partout où l'on pèse le sel dans le cône tronqué, la tare de ce récipient doit se faire, soit après chaque pesée de la mesure pleine, soit, si le commerce le réclame pour éviter une perte de temps et si le service y consent, deux fois seulement (au commencement et à la fin de chaque vacation); mais sous aucun prétexte on ne peut permettre que la tare soit établie par plus de deux expériences quand elle n'a pas été faite à chaque pesée. Les pesées du cône vide sont, par l'agent coté en chef, inscrites dans les colonnes du carnet à ce destinées. On déduit ainsi le poids exact ou la tare du cône vide du poids total.

On peut simplifier ce double contrôle en opérant par contre-poids; on pèse alors le sel dans le sac même où il est versé en sortant de la mesure, après avoir eu soin de placer sur le plateau opposé un sac de même poids que celui qu'on a rempli de sel. L'administration ne veut rien prescrire, à cet égard, de contraire aux usages du commerce, tout en donnant l'autorisation de peser au sac.

Les règles de la perception interdisent d'accorder aucun trait ou bon de poids;

_____

(1) Une sur vingt.

Lorsque, sur les marais salants, les enlèvements sont considérables, s'il s'agit, par exemple, d'un chargement complet, l'administration, afin d'accélérer les opérations, permet que le nombre des pesées d'épreuves des mesures pleines soit réduit dans une certaine proportion. Mais l'administration doit être mise à même d'accorder à ce sujet une autorisation générale. (*Déc. du 22 mars 1851.*)

mais, comme la parfaite exactitude du poids se produit rarement, il suffit de s'assu
que la tombée du plateau où le sel est placé ne dépasse pas 20 décagrammes. Tou
fois cette latitude ne saurait être étendue à la pesée destinée à établir la tare
cône tronqué vide; ici une fraction, si minime qu'elle fût, ne pourrait être négli
sans fausser d'une manière sensible le résultat du calcul.

Dans le cas de pesée intégrale, comme dans tout autre, et quel que soit le poids
chaque pesée, la tombée ne doit être que de 20 décagr. (*Circ. du 7 septembre 18.*
n° 1767.)

Le vérificateur doit, en cas de mesurage, surveiller avec soin le remplissage
cône tronqué; s'attacher à déjouer, par des pesées imprévues, la manœuvre (
consisterait à tasser le sel dans le cône après chaque pesée d'épreuve; et faire lais
à côté de la balance la dernière pesée de sel, afin que le sous-inspecteur pui
contrôler l'opération. (*Déc. du 15 mai 1846.*)

Quand les pesées sont terminées, le préposé en second remet son livret à l'e
ployé coté en chef, et celui-ci l'envoie, placé avec son carnet sous la même envelop
cachetée, au bureau, où le carnet et le livret sont rapprochés et où s'établissent
totaux, ainsi que la récapitulation. (*Circ. du 19 août 1816, n° 197.*)

On doit toujours indiquer dans le libellé des certificats de visite et des acquits-
caution le mode de pesage qui a été employé, ainsi que le nombre de pesées du cô
tronqué vide. (*Circ. du 18 janvier 1839, n° 1727.*)

Les sels submergés ou perdus par suite d'accident, dans la circonscription d
marais salants, *en présence des employés*, ne doivent pas figurer aux acquits-à-ca
tion. (*Déc. du 3 février 1854.*)

2° *Radeurs, mesureurs et peseurs.*

683. — Les radeurs, mesureurs et peseurs de sel, sur les marais salants ou da
les ports, sont choisis et commissionnés par les directeurs des douanes, qui peuve
les révoquer à volonté. (*Déc. du Min. des fin. du 1er septembre 1807; Circ. du 8.*)

Les mesureurs de sel devant réunir à la fois et la confiance du commerce qui l
paye, et celle de l'administration chargée de les surveiller, cette décision minist
rielle doit être entendue en ce sens que le directeur les choisit et les nomme sur
liste qui lui est présentée par le commerce. Quant à la révocation, elle ne doit av
lieu que dans le cas où le mesureur se serait rendu notoirement coupable de quelq
infidélité ou de quelque abus dans le travail spécial qui lui était confié. (*Déc.*
5 janvier 1825.)

Lorsque le commerce croit devoir retirer sa confiance aux mesureurs qu
employait, l'administration n'a pas qualité pour s'y opposer.

Les contestations qui peuvent s'élever au sujet du taux du salaire sont ordinair
ment réglées par l'autorité municipale. (*Déc. min. du 12 janvier 1831.*)

Les directeurs déterminent le nombre des mesureurs nécessaires pour répond
aux besoins du commerce; ils refusent les individus présentés, soit lorsque ceux-
ne leur offrent point les garanties désirables, soit quand le nombre actuel des mes
reurs est suffisant, de sorte que des moyens d'existence convenables attachent c
peseurs à leur état.

Les mesureurs de sel sont de véritables agents auxiliaires de visite qu'on
saurait ranger dans la classe des simples hommes de peine. En effet, la vérificati
par le mesurage constitue une exception au principe général de la pesée intégral
et les mesureurs contribuent à assurer l'exactitude de l'opération. Le Ministre av
donc tout pouvoir de régler les conditions à remplir par ceux qui demandent à jo
du bénéfice de cette exception. En renonçant à cette exception, les négocia
demeureraient libres, pour la pesée intégrale, d'employer leurs propres ouvrie

sous la seule réserve d'un permis de travail en douane. (*Circ. lith. du 13 avril 1847.*) *V.* n° 21.

Les mesureurs travaillent à tour de rôle (*Déc. du 13 juin 1842*); ils sont dispensés du serment (*Déc. des 28 août 1829 et 16 mai 1837*), et ne sont point sujets à la patente. (*Déc. min. des 15 avril 1828 et 26 novembre 1845; Circ.* n° 2099.)

Ils ont une demi-part de saisissant dans toutes les saisies résultant de leurs opérations. (*Déc. min. du 1er septembre 1807.*)

Pour les porteurs et autres ouvriers, *V.* n° 21.

SECTION III

Exportation.

§ 1er. — *Règles générales.*

684. — Il n'y a lieu ni au payement du droit de consommation sur les sels destinés pour l'étranger (*Loi du 24 avril 1806, art. 54*), ni à aucun droit de sortie. (*Déc. du 16 mai 1855.*)

Les matières salifères passibles de taxes de consommation, peuvent être exportées, par mer ou par terre, en franchise de ces taxes, sous les garanties auxquelles est subordonnée l'exportation du sel (chlorure de sodium). (*Déc. du 19 août 1853.*)

Par mer, l'exportation des sels doit s'effectuer par les ports qui ont un entrepôt général et par des navires français ou étrangers de 25 tonneaux et au-dessus, s'il s'agit de bâtiments à voiles, ou de 15 tonneaux au moins, si les navires sont à vapeur. (*Circ. man. des 16 juillet 1841, 4 août suivant, et 12 juillet 1843.*)

Sur les frontières de terre, l'exportation ne peut s'opérer que par les bureaux ouverts au transit. (*Déc. min. du 8 novembre 1851.*)

Le transport à l'intérieur des sels destinés à l'exportation par mer ou par terre est subordonné aux conditions prescrites par les art. 18 et 19 de l'ordonnance du 26 juin 1841. *V.* n°s 661 à 664.

Les acquits-à-caution des douanes ou des contributions indirectes portent obligation de la représentation d'un certificat de décharge constatant : 1° pour les exportations par les frontières de terre, le passage, certifié par les employés du dernier bureau frontière, de la quantité intégrale de sel formant l'objet de l'acquit-à-caution ; 2° pour les exportations par mer, l'embarquement des sels sur un bâtiment allant à l'étranger ou aux colonies. (*Circ. du 29 octobre 1818; Déc. admin. des 16 juillet 1841 et 6 avril 1842.*)

L'administration se réserve de statuer sur les déficits en cours de transport et d'ordonner la remise du droit quand, d'après les circonstances, elle juge qu'il y a équité à le faire. Une décision du Ministre des finances, en date du 22 janvier 1827, autorise l'administration à admettre à la réfaction de la taxe les déficits qui ne s'élèvent pas au delà de 2 p. 0/0 et à l'égard desquels il n'existe aucun soupçon de fraude. (*Circ. du 23 février 1849*, n° 2307.) *V.* n° 29.

Les dispositions relatives à l'exportation par terre ne sont pas, de plein droit, applicables aux sels que l'on voudrait expédier à destination d'un pays qui, limitrophe de la France, est admis, pour ses rapports commerciaux avec elle, au bénéfice d'un régime spécial. (*Déc. min. du 8 novembre 1851.*)

L'arrondissement de Gex étant placé, en ce qui concerne les sels, sous le régime du droit commun, on ne peut expédier *à cette destination*, lorsqu'elle est déclarée, de quelque partie que ce soit de la France, aucune quantité de cette denrée qui n'aurait pas préalablement supporté la taxe de consommation. (*Déc. du 16 juillet 1849, transmise le 10 août suivant.*) *V.* n° 756.

Toute quantité de sel *sortie* de France autrement que sous la garantie de l'acquit-à-caution est réputée étrangère. Mais, en ce qui concerne l'exportation par mer, dans le cas où il serait régulièrement justifié, dans les ports, d'événements de mer qui se seraient opposés à l'accomplissement de la destination déclarée, et s'il n'existait aucun doute sur l'origine française du sel, l'administration ne se refuserait pas à en autoriser la réadmission exceptionnelle. (*Déc. du 27 décembre* 1843.)

Pour les pénalités applicables à l'exportation frauduleuse des sels, *V.* Livre VII.

§ 2. — *Iles françaises voisines du continent. V.* Livre XI, ch. 3.

685. — Les sels envoyés, *pour la consommation* des habitants, dans les îles françaises voisines du continent et *non soumises au régime des douanes*, ne sont, comme ceux expédiés pour l'étranger, sujets à aucun droit, sous la condition que les quantités de sel dont chacune d'elles peut faire l'enlèvement sur les marais soient fixées annuellement, d'après les demandes des autorités locales, adressées au Ministre de l'intérieur, et que chaque expédition de sel soit accompagnée d'un acquit-à-caution qui doit être déchargé par les maires des communes où le sel aura été expédié. (*Déc. min. du 12 août* 1819; *Circ. du* 16.)

Les autorités locales n'ont pas à renouveler leurs demandes auprès du Ministre quand les quantités déjà déterminées ne doivent pas être modifiées. (*Déc. du 6 février* 1841.)

Ces expéditions ont lieu sur l'ordre du directeur général des douanes. Cet ordre indique les bureaux par lesquels les sels peuvent sortir ; il y est tenu un compte des sels exportés, pour s'assurer que les fixations ne sont pas dépassées. (*Circ. du* 16 *août* 1819.)

Les sels dont les pêcheurs de ces îles, affranchies du régime des douanes, ont besoin pour faire la pêche en mer, leur sont remis sur la représentation d'un certificat des maires attestant leur profession ; et ils doivent en justifier l'emploi selon les formes ordinaires (*voir* salaisons), ou par d'autres certificats des mêmes fonctionnaires, relatant les quantités de poisson salé qu'ils ont débarqué dans ces îles. (*Déc. du Min. des fin. du* 12 *août* 1819.)

SECTION IV

Cabotage.

686. — *Départ.* Le cabotage des sels ne peut être fait que par des bâtiments français. (*Loi du* 22 *mai* 1790, art. 1er; *Décret du* 21 *septembre* 1793, art. 4.)

On ne peut charger à la fois sur un navire des sels pour un port de France et pour l'étranger. (*Circ. du* 26 *août* 1817.)

Un navire peut former dans plusieurs ports sa cargaison de sel. (*Déc. du* 19 *avril* 1841.)

Les chargements à destination de plusieurs ports de France sont interdits, à moins qu'il ne soit délivré autant d'acquits-à-caution qu'il y a de destinations différentes, et que les sels dont chacun d'eux est l'objet ne soient embarqués de manière à ne pouvoir se confondre avec les autres, c'est-à-dire placés dans des sacs dont le poids comprend la remise à titre de déchet. (*Déc. du* 22 *septembre* 1818.)

Alors même qu'il ne satisfait pas à la condition de mise en sacs résultant de la Circ. du 22 septembre 1818, le commerce reste libre de faire embarquer sur un navire différentes masses à destination de plusieurs ports de France ; mais cette facilité est subordonnée aux réserves suivantes : 1º un même acquit-à-caution ne peut énoncer qu'un seul port de destination ; 2° toutes les masses doivent, par rapport au déchet, être traitées, au débarquement, comme ne faisant qu'une masse unique, ainsi qu'il est réglé au n° 689. (*Circ. man. du 28 septembre* 1846.)

Le cabotage des sels peut être fait à destination de tel port que ce soit où il existe un bureau de douane, sans que la composition plus ou moins faible du service y mette obstacle. (*Circ. du 6 avril* 1816, n° 138.)

Le cabotage des sels ne peut avoir lieu que par acquit-à-caution série S, soit que la denrée ait déjà acquitté le droit, soit qu'elle ne doive le payer qu'au port de destination, ou y être soumissionnée pour l'entrepôt. (*Loi du 24 avril* 1806, *art.* 56; *Décret du 11 juin* 1806, *art.* 9, 10, 23, etc.; *Circ. du 24 décembre* 1806.) (1).

Le cabotage des matières salifères est assujetti aux mêmes garanties. (*Déc. du 13 septembre* 1853.)

L'acquit-à-caution doit énoncer le bureau de départ et celui de destination, le nom de l'expéditeur des sels et ceux de ses cautions, avec leurs domiciles ; la quantité intégrale de sel extraite des marais salants, laquelle est indiquée en poids et en mesures, avec le poids commun de ces mesures (demi-hectolitres) ; la couleur du sel ; la désignation du navire, son tirant d'eau, sa hauteur hors de l'eau, l'étendue des vides que peut présenter la cargaison ; si le navire est net de vase ; l'état de la température à l'époque du chargement ; le *quantum* du boni ; la valeur des sels en y comprenant le montant de la taxe de consommation, quand les sels ont déjà supporté cet impôt ; enfin l'obligation de faire décharger ce même acquit dans le délai qui y est déterminé sous les peines édictées par la loi. (*Loi du 22 août* 1791, *titre* 3; *Circ. des* 19 *août* 1816, n° 196; 19 *avril* 1817, n° 274; 7 *novembre* 1818, *et* 22 *décembre* 1825, n° 960.)

La soumission relative à tout acquit-à-caution destinée à assurer le transport des sels n'ayant pas acquitté le droit de consommation porte l'obligation de payer le double droit en cas de non-représentation de la denrée au bureau de destination (2). (*Déc. du 28 février* 1834.)

La soumission doit être souscrite au bureau de départ ; mais quand un négociant, expéditeur des sels, ne peut pas trouver de caution dans le port de départ, il est admis à souscrire, dans celui de destination, une soumission cautionnée relativement aux acquits-à-caution à délivrer pour le transport. Avis en est donné à la douane d'expédition. (*Circ. du* 18 *juillet* 1806.)

687. — *Relâches.* Toutes les fois que le capitaine d'un navire chargé de sels fait, au moment de son entrée par relâche dans un port qui n'est pas celui de sa destination, une déclaration d'avaries, les préposés [se rendent à bord pour reconnaître l'état du bâtiment et de la cargaison. (*Circ. du 2 septembre* 1806.)

Le visa que le service est tenu d'inscrire sur les acquits-à-caution doit relater toutes les différences reconnues entre les indications données au départ et l'état actuel du chargement. (*Circ. du* 19 *août* 1816, n° 197.)

Si, à raison d'avaries dûment justifiées, le bâtiment est hors d'état de naviguer, toute la cargaison peut être transbordée sur un autre navire. La vérification s'ef-

---

(1) Les règles générales qui régissent les acquits-à-caution en matière de cabotage de marchandises sont ici applicables. *V. Livre* VIII.

(2) Les acquits-à-caution délivrés en matière de sels ayant pour but d'empêcher qu'on ne fraude le droit de consommation, c'est appliquer suivant son véritable esprit l'art. 2, tit. 3, de la loi du 22 août 1791, que de faire souscrire dans la soumission l'obligation de payer le double droit, à titre d'amende, sur la quantité expédiée, en cas de non rapport de l'acquit-à-caution dûment déchargé. On n'indique aucun article de loi. (*Déc. du* 28 *février* 1834.)

fectue par le mesurage et la pesée; l'acquit-à-caution, annoté en conséquence, continue à accompagner la masse de sel, et le service rend compte des résultats de l'opération, en envoyant le procès-verbal de vérification dressé sur papier non timbré. Le directeur transmet cette pièce à son collègue, qui donne alors des instructions pour le déchargement définitif au port de destination, où l'acquit-à-caution est régularisé selon qu'il y a lieu. (*Déc. des 26 avril 1844 et 20 novembre 1845.*)

688. — *Changements de destination; transbordements.* Un navire chargé de sel peut, sur l'autorisation de l'inspecteur, du sous-inspecteur, ou, à défaut, du receveur, débarquer sa cargaison dans un port autre que celui indiqué comme destination en l'acquit-à-caution.

Dans tous les ports jouissant d'un entrepôt des sels, et alors même que le port d'arrivée est celui de destination, le même chef peut permettre qu'un chargement de sel soit transbordé *en totalité* sur un navire français *qui doit continuer le transport en cabotage.* On observe les règles suivantes : la déclaration étant produite, un permis, série S, n° 20, est délivré; le versement de bord à bord s'opère sous la surveillance du service, et l'acquit-à-caution série S, n° 9, est remplacé par un acquit-à-caution, même série, n° 36, annoté en conséquence et énonçant soit le boni réel, quand il a été procédé à une vérification effective que la douane a la faculté d'exiger, et qui a toujours lieu sur la demande des intéressés, soit, dans le cas contraire, le boni légal (1).

Sauf en ce qui concerne le transbordement, ces dispositions sont applicables aux chargements de sels qui, parvenus au port désigné en l'acquit-à-caution série S, n° 9, doivent rester à bord des mêmes navires pour être expédiés sur un autre port de France, avec un acquit-à-caution n° 36 dûment annoté.

Dans aucun de ces cas les sels ne figurent au sommier d'entrepôt du port de relâche. (*Déc. du 7 novembre 1851.*) *V.* n° 691.

Pour le transbordement en cas d'avarie, *V.* n° 687.

689. — *Destination.* Les acquits-à-caution doivent être déposés au bureau de destination par les capitaines ou par les consignataires. (*Circ. des 26 décembre 1817, n° 955, et 12 janvier 1818, n° 360.*)

Hors le cas d'urgente nécessité relatif à la sûreté du bâtiment, les navires chargés de sel sont mis en déchargement à tour de rôle, suivant la date de leur déclaration, en aussi grand nombre que le local et le nombre des préposés peuvent le permettre. Ils sont tenus d'effectuer leur débarquement aussitôt que leur tour est arrivé, et ils ne peuvent pas l'interrompre lorsqu'il est commencé. (*Loi du 22 août 1791, titre 2, art. 13; et Déc. min. des 14 juillet 1807 et 5 avril 1818; Circ. du 7 avril 1818.*) *V.* n° 324.

Le commerce peut faire, pour une masse de sel reprise en un acquit-à-caution, autant de déclarations de débarquement qu'il juge convenable. (*Déc. du 13 juillet 1843.*) Il est procédé à la vérification selon les mêmes règles qu'à l'extraction.

Lorsque les sels arrivés par cabotage sont immédiatement déclarés pour l'étranger, l'inspecteur, le sous-inspecteur, ou, à défaut, le receveur peut, sous sa responsabilité, et si l'examen de la cargaison, du tirant d'eau, des circonstances et de la durée du transport lui donne la conviction qu'il n'y a point eu de versement frauduleux, permettre qu'ils soient transbordés sans visite et sous la simple surveillance des brigades. Mais cette concession n'est applicable qu'autant que toute la cargaison du navire en cabotage est transbordée pour l'étranger; et le chef de la visite conserve la faculté de faire procéder à une vérification complète, soit quand il n'est pas suffisamment édifié sur la parfaite intégrité du chargement, soit pour ne pas laisser tomber en désuétude le droit d'exiger cette opération. (*Déc. du 16 septembre 1856.*)

_____

(1) Quand le transbordement a lieu pour l'étranger, *V.* n° 689.

Les quantités de sel débarquées sont considérées comme étant au net. Le décompte du boni, s'il doit être établi, l'est à l'issue de l'opération. (*Déc. des 2 juin* 1843 *et 7 mai* 1844.)

Est considéré comme ne faisant qu'une masse unique toute réunion de masses de sel qui, au lieu d'être mises en sacs, conformément à la Circ. du 22 septembre 1818, *V.* n° 686, ne sont pas séparées ou ne le sont qu'au moyen de nattes, toiles ou autres cloisons analogues.

Quel que soit le nombre des acquits-à-caution ou des ports de destination, la cargaison est traitée comme ayant un boni commun; les acquits-à-caution sont régularisés au fur et à mesure de leur apurement, et c'est sur celui qui est présenté pour le dernier débarquement que l'on impute le boni ou le déficit afférent à l'ensemble des masses. (*Circ. man. du 28 septembre* 1846.)

A destination, il n'est fait d'exception à ces dispositions, sur la demande des intéressés, qu'à l'égard des sels d'espèces et de couleurs différentes, chargés à bord d'un même navire, et lorsque le service est à même de certifier qu'il n'a pu y avoir confusion des masses; dans ce cas, chaque masse peut être réputée former un chargement particulier. La douane rappelle alors sur l'acquit-à-caution les circonstances qui l'ont déterminée à prendre cette mesure. (*Déc. du 5 février* 1847.)

Sur une cargaison composée, au départ, de 20,000 k^{os} sans boni,

$$58,000 \qquad \text{y compris un boni de 3 p. °/}_{o},$$
$$\text{soit } 1,740 \text{ k}^{os},$$

Total....... 78,000 k^{os}, reconnaîtrait-on, à l'arrivée, par exemple, un déficit de 1,700 kil.? Bien qu'afférent aux deux masses, ce déficit serait imputé sur les 1,740 kil. (*Déc. du 10 février* 1846.)

Au débarquement, on établit autant de poids moyen qu'il y a de déclarations différentes. (*Déc. du 8 juin* 1843.)

Dans les ports où il n'existe qu'un ou deux employés de bureau, le capitaine de brigades ou le lieutenant est tenu de s'assurer de l'exactitude des vérifications en rapprochant le carnet du préposé coté au déchargement de celui de l'employé de bureau. (*Circ. du 19 janvier* 1817, n° 241.)

Les certificats de décharge apposés sur les acquits-à-caution ne doivent jamais comprendre que les quantités réellement reconnues à la vérification; mais, par une mention spéciale mise à la suite de ces certificats, on relate les déficits ou les excédants reconnus, qu'ils soient au-dessus ou au-dessous de l'allocation à titre de déchet. (*Loi du 22 août* 1791, *titre* 3, *art.* 9; *et Circ. des 7 octobre* 1806 *et 29 juin* 1814.)

Il est recommandé au service de s'abstenir d'indiquer, dans les certificats inscrits sur les acquits-à-caution, les causes présumées des différences signalées. (*Déc. du 9 février* 1847.)

Quand le déficit reste dans la proportion de l'allocation de déchet énoncé sur l'acquit-à-caution, il est affranchi de tout droit; mais, si cette allocation est complétement absorbée, la partie principale ne jouit d'aucune remise. (*Circ. du 7 octobre* 1806.)

S'il excède le déchet légal et qu'il ne puisse être attribué à une avarie de mer (*V.* n° 690), le payement du double droit sur la quantité manquante, au net, est exigé, et ce payement est poursuivi contre les soumissionnaires et leurs cautions au bureau où la soumission a été souscrite. (*Loi du 22 août* 1791, *titre* 3, *art.* 12; *Décret du 11 juin* 1806, *art.* 13.) Toutefois, quand il ne s'élève aucune crainte d'abus de soustraction frauduleuse, le service n'exige que le simple droit de consommation sur le déficit au net. (*Circ. du 7 octobre* 1806.)

Dans tous les cas, le droit exigible sur un déficit peut être immédiatement acquitté au bureau d'arrivée. Le service doit inviter le capitaine du navire et le consignataire à payer le montant de cette taxe. On fait mention dans le certificat de décharge que le droit afférent au déficit a été payé au bureau d'arrivée, ou bien que les intéressés se sont refusés à acquitter ce droit et que le bureau de départ doit en poursuivre le recouvrement. (*Circ. des 18 juillet et 7 octobre 1806 ; Déc. du 7 décembre 1854.*)

Si la vérification donne lieu de reconnaître un excédant *au-dessus du vingtième* de la quantité expédiée, cet excédant est saisi, avec amende de 500 fr. (*Loi du 8 floréal an XI, art. 76.*) Le bâtiment servant au transport est pareillement saisi. (*Décret du 11 juin 1806, art. 16 ; Arrêt de cassation du 27 février 1808 ; Circ. des 15 décembre 1809 et 1er mars 1826, n° 973.*) (1)

Si l'excédant est du *vingtième* et *au-dessous* de la quantité portée sur l'expédition, il n'y a lieu qu'à la perception du droit, sauf déduction de l'allocation du déchet, ou, selon le cas, à la soumission d'entrepôt si cet excédant est placé en entrepôt avec la masse principale. (*Loi du 8 floréal an VI, art. 76 ; Circ. du 7 octobre 1806.*)

Quand l'excédant non saisissable est livré immédiatement à la consommation, c'est au bureau d'arrivée qu'est perçu le droit, la soumission souscrite par l'expéditeur au bureau de départ ne l'obligeant pas en ce qui concerne ce même excédant. (*Circ. du 7 octobre 1806.*)

Il est adressé à l'administration, à l'expiration de chaque trimestre, un état (série S, n° 102) des excédants constatés sur les sels arrivés en cabotage. (*Circ. du 26 février 1849, n° 2308.*)

Quand les sels, au lieu d'être transportés en vrac, sont placés dans des sacs ou des futailles, le poids des sacs ou futailles vides est exactement déterminé au départ et indiqué, d'une manière précise, sur les acquits-à-caution. (*Déc. du 13 septembre 1841.*)

Lorsqu'un chargement faisant l'objet d'un seul acquit-à-caution se compose partie de sel gris en grenier, partie de sel raffiné en sacs, le déficit sur le sel gris doit être réduit du montant de l'excédant que présente le sel raffiné en sacs. Cette compensation serait refusée si, au lieu de lever un seul acquit, l'expéditeur en avait pris un pour chaque espèce de sel. (*Circ. du 21 mars 1842, n° 1904.*)

Dans le cas où, les sels étant en sacs, un déficit est constaté sur le nombre de sacs énoncé en l'acquit-à-caution, on applique l'art. 22, titre 2, de la loi du 22 août 1791, qui prononce une amende de 300 fr. par colis manquant. (*Déc. du 12 novembre 1840.*) *V. n° 174.*

690. — *Avaries.* Si des bâtiments chargés de transporter par mer des sels ont éprouvé des avaries légalement constatées, les propriétaires peuvent demander la vérification des chargements au moment de l'arrivée des navires, et le droit n'est perçu que sur la quantité reconnue par le résultat de la vérification. (*Décret du 11 juin 1806, art. 13.*)

Aucune réduction de droits n'est accordée pour cause d'avaries que dans le cas d'échouement ou autres accidents de mer, constatés suivant les formes prescrites et qui emporteraient droit de recours contre les assureurs. (*Loi du 8 floréal an XI, art. 79.*)

Le capitaine doit, dans les vingt-quatre heures de l'arrivée de son navire, faire à la douane un rapport d'avaries. (*Circ. du 14 août 1819, n° 512.*)

En outre, le consignataire de la cargaison doit, aussi dans les vingt-quatre heures de l'arrivée du navire, demander la vérification à fin de réfaction de droits. (*Circ. lith. du 14 novembre 1840.*)

Il s'agit du navire expédié du port primitif de départ et non de l'arrivée à destination, en rivière, des allèges sur lesquelles le sel aurait été transbordé avant vérification. (*Jug. du trib. de paix de Cette du 3 septembre 1845; Doc. lith., n° 166.*)

---

(1) Cette règle s'applique également aux excédants reconnus sur des chargements de *sels acquittés*.

Toute demande de l'espèce, faite *après* l'expiration des vingt-quatre heures, ne saurait être admise. Dans ce cas, le service ne peut plus recevoir qu'une déclaration pure et simple de débarquement. Si le déclarant faisait, à ce sujet, assigner le receveur, celui-ci, en visant l'original de l'exploit, énoncerait les motifs de son refus, fondé sur les termes mêmes du décret du 11 juin 1806, art. 13. Cependant, si l'avarie était réelle et qu'un simple défaut de forme, quant à la demande spéciale de vérification, s'opposât seul à l'application de l'immunité, il en serait immédiatement référé à l'administration. (*Circ. lith. du 14 novembre 1840, et Jug. du Trib. civil de Montpellier du 24 août 1846; Doc. lith.*, n° 173.)

Lorsque le rapport de mer du capitaine est fait après l'expiration des vingt-quatre heures accordées par la loi, on doit procéder par une fin de non-recevoir, sans aucune signification, comme au cas de demande tardive de vérification.

Quand la demande de vérification à fin de réfaction est faite sans qu'il y ait un rapport de mer, on doit pareillement procéder par une fin de non-recevoir, attendu que tant que l'avarie d'un bateau n'est pas déclarée, on ne peut être admis à déclarer l'avarie de la cargaison.

Enfin, si le capitaine a fait un rapport de mer non suivi d'une demande de vérification de la part du propriétaire ou consignataire de la cargaison, et si ce rapport est reconnu inexact, la douane doit encore s'abstenir de toute signification; il lui suffit d'énoncer, sur le registre des événements de mer, les faits qui viennent contredire la déclaration du capitaine, et de délivrer à celui-ci, à ses frais, s'il le demande, copie de cet acte en même temps que de son rapport. (*Circ. lith. du 6 juillet 1843.*)

Dès que le rapport d'avaries est fait, les employés se rendent à bord pour procéder à une reconnaissance sommaire et s'assurer de l'état du bâtiment et de la cargaison.

La reconnaissance d'avaries dans le bâtiment n'implique pas nécessairement l'existence d'avaries dans la cargaison. (*Jug. du Trib. civil de Montpellier du 28 avril 1845; Doc. lith.*, n° 165.)

Lorsque la vérification de la masse de sel est ensuite effectuée, les employés portent particulièrement leur attention sur l'existence matérielle des traces d'avaries alléguées.

Si la demande de réfaction a été produite en temps utile, à moins de circonstances graves de nature à permettre de discuter la mesure et les effets de l'avarie au delà de l'allocation à titre de déchet, et quand le chef de la visite, qui, aux termes de la Circ. du 19 janvier 1817, n° 241, doit toujours exprimer son avis, pense qu'il y a lieu à l'application de la franchise sur le déficit, le montant de la taxe éventuellement ou immédiatement exigible est liquidé sur les quantités de sel reconnues.

Dans le cas où les avaries régulièrement déclarées ne paraissent pas évidentes aux employés et s'ils les contestent, ils rédigent un procès-verbal de leur vérification et y établissent qu'*ils n'ont pas reconnu l'existence de l'avarie* (1). Ce procès-verbal, dressé sur papier timbré et certifié par les chefs qui ont dirigé les vérifications, doit être enregistré; il est immédiatement signifié, en copie, tant au capitaine qu'au consignataire déclarant, avec notification que des poursuites seront dirigées, dans le bureau de départ, contre les expéditeurs, pour le payement des droits sur le déficit. (*Circ. lith. du 14 novembre 1840.*)

---

(1) Ces procès-verbaux doivent relater avec la plus rigoureuse exactitude, à l'égard de la situation tant de la cargaison que du bâtiment, les faits et les circonstances qui, avant, pendant et après l'opération, n'ont pas permis de croire à l'existence des avaries annoncées. Les aveux et renseignements qui auraient pu être obtenus de la part des gens de l'équipage sur les véritables causes du déficit seront consignés dans les procès-verbaux. (*Circ. du 14 août 1819, n° 512.*)

Si, un rapport de mer et une demande de vérification étant faits régulièrement, le propriétaire des sels ne fournit pas à la douane les moyens de procéder à cette vérification ; si, par inertie ou autrement, il empêche la prompte vérification qu'il a demandée, il annule de fait sa demande ; si, retardant le débarquement de la denrée, il laisse *volontairement grossir dans le port* un déficit dont il pouvait arrêter les progrès par un prompt enlèvement, il ne peut plus prétendre au bénéfice du décret qui n'alloue que les déficits résultant de force majeure. Les employés doivent constater, dans les procès-verbaux qu'ils rédigeront pour des sels dont la vérification, après avoir été demandée à temps, aura été entravée par les intéressés, que, nonobstant les traces d'avaries reconnues, il est impossible d'admettre que le déficit s'est, ainsi que le veut l'art. 13 du décret du 11 juin 1806, entièrement produit en mer et par force majeure, puisque, malgré les avertissements de la douane, le déclarant a volontairement laissé séjourner les sels dans le navire au delà du temps nécessaire pour leur entier débarquement. Signification de cet acte est faite comme au cas d'avaries contestées, et sauf à l'administration à statuer sur le compte qui doit lui être rendu de l'affaire. (*Circ. lith. du 1er février* 1844.)

Les procès-verbaux de vérification ainsi rédigés et signifiés ne sont pas soumis à la formalité de l'affirmation (*Jug. du Trib. de paix de Cette du 3 septembre* 1845 ; *Doc. lith.*, n° 166.)

Quand, d'après les dispositions des circulaires lithographiées des 14 novembre 1840, 6 juillet 1843 et 1er février 1844, il ne convient pas de rédiger un procès-verbal régulier, le service doit se borner à énoncer au carnet de visite le résultat de ses investigations, notamment la nature et l'importance des avaries dont les traces ont été reconnues. (*Déc. du 5 décembre* 1853.)

Lorsque, par suite d'un événement de force majeure, *survenu en présence du service,* des déficits de sel se produisent dans le port même à bord des navires, ou pendant le débarquement, l'administration, sur le compte qui lui est rendu, ne se refuse pas à les exempter de tout droit ; mais cette exception n'infirme en rien la règle générale d'après laquelle le commerce n'est pas légalement fondé à faire valoir, pour obtenir une remise de droits, en matière de sel, des avaries subies par la cargaison après l'expiration du délai de vingt-quatre heures de l'arrivée du navire au port. (*Déc. du 8 août* 1850.)

L'appréciation de toutes les réclamations relatives aux avaries de sels est réservée à l'administration. (*Circ. du 14 août* 1819, n° 512.)

Les acquits-à-caution, revêtus de certificats de décharge pour les quantités de sel reconnues, sont adressés à l'administration avec les autres pièces produites à l'appui de la demande en réfaction de droits. Dans le cas où le destinataire voudrait conserver l'acquit-à-caution pour le renvoyer lui-même au bureau de départ, le service en adresserait une copie à l'administration. (*Même Circ. et Déc. du 13 juillet* 1843.)

Les admissions définitives d'avaries sont autorisées par des décisions du directeur général, rendues en conseil d'administration. (*Circ. des 25 juin* 1806 *et 16 décembre* 1810.)

Ne peuvent être admises comme donnant lieu à la franchise du droit que les avaries excédant l'allocation à titre de déchet. Celles qui lui sont inférieures doivent être regardées comme l'effet ordinaire du transport des sels et couvertes par le déchet légal. (*Circ. du 27 août* 1806.)

Toute avarie postérieure à l'acquittement du droit ne peut donner lieu à la restitution de ce même droit. (*Déc. min. du 6 mars* 1813.) V. n° 674.

Les sels avariés par suite d'échouement ou de toute autre cause doivent acquitter les droits ou être submergés en présence des préposés. (*Déc. des 12 janvier* 1807 *et 28 mai* 1808.)

CHAPITRE V

ENTREPÔTS

SECTION PREMIÈRE

Règles générales.

691. — Les sels de France peuvent jouir de l'entrepôt dans les ports et dans les villes de l'intérieur désignées par le Gouvernement. (*Loi du 24 avril 1806, art. 56.*)

Il en est de même des sels de l'Algérie et des autres possessions françaises d'outre-mer. (*Circ. du 31 décembre 1848, n° 2294.*)

Les sels étrangers peuvent être placés dans les entrepôts de sels, sous les conditions rappelées à la section relative à chaque sorte d'entrepôt. (*Circ. lith. du 28 février 1849.*)

L'entrepôt des sels est réel et soumis à toutes les conditions et formalités prescrites pour les entrepôts de marchandises. (*Décret du 11 juin 1806, art. 22.*) (1).

Les sels arrivés, soit de l'étranger, soit des lieux de production, en cabotage, dans un port d'entrepôt, et qui sont déclarés et expédiés immédiatement pour une autre destination, ne touchent pas à cet établissement et ne figurent pas au sommier. (*Déc. des 19 mars 1835 et 7 novembre 1851.*) V. n° 688.

Avant la mise en entrepôt, il est procédé à la vérification. Le mode de pesée doit être le même à l'entrée en entrepôt et à la sortie. Toutefois on peut, si le commerce le demande, permettre que le sel soit pesé en totalité à la sortie, bien qu'il n'y ait eu, à l'entrée, que des pesées d'épreuves. (*Déc. du 18 novembre 1829.*)

Une soumission exigée de l'entrepositaire pour la totalité des sels, sauf, s'il s'agit de sels de France, l'allocation à titre de déchet, c'est-à-dire pour la quantité de sel au net, porte l'obligation de payer le droit de consommation sur tout déficit constaté à la sortie d'entrepôt. Le boni, s'il en existe un, est placé séparément et sert, au besoin, à couvrir les déchets de magasin ; le *quantum* de ce boni est rappelé par une annotation sur le sommier. (*Circ. du 28 août 1816, n° 199, et Déc. du 7 mai 1844.*)

Lorsque, à raison du petit nombre et de l'exiguité des magasins affectés à l'entrepôt, on ne peut y appliquer les règlements dans toutes leurs dispositions, le service ne permet la superposition des masses de sel que sous les conditions suivantes :

1° Les masses de sel placées dans une même case doivent, sinon appartenir à un même propriétaire, du moins être inscrites au nom d'un entrepositaire unique, seul responsable et agissant en son nom personnel, soit pour les obligations contractées envers la douane, soit pour les opérations qui en résultent.

2° Quand la masse à superposer est nouvellement arrivée, le délai d'entrepôt est déterminé selon que, au gré des intéressés, il y a ou non recensement, par le mesurage et la pesée, de la masse qui existe en entrepôt. En cas de recensement, on reprend, dans une même soumission, l'ancienne quantité et la nouvelle ; après recouvrement du droit de consommation sur le déficit constaté, lorsque ce droit est exigible, la soumission primitive est annulée, et le délai qu'elle déterminait se trouve prolongé d'office jusqu'au terme légal fixé par la dernière. Si, au contraire, il n'est pas effectué de recensement, soit que les intéressés n'en fassent pas la demande, soit que cette opération ne puisse avoir lieu à raison d'obstacles sérieux, la soumission relative à

___

(1) Lors de la constitution d'un entrepôt de sels, le directeur fait connaître à l'administration la contenance en quintaux métriques des magasins, et, aussitôt que possible, le tarif des droits de magasinage. (*Déc. du 14 février 1845.*)

la nouvelle masse superposée ne stipule qu'un délai égal au temps à courir jusqu'à l'expiration des premiers engagements, qui alors sont maintenus. Dans l'une comme dans l'autre hypothèse, le cumul s'applique aux bonis, que l'on répartit, d'après la règle, à l'apurement des comptes.

S'il s'agit de cumuler des quantités de sel déjà entreposées séparément, on doit, à l'égard de la masse qui ne change pas de case, opérer conformément au § précédent; mais il est toujours procédé à la pesée de l'autre partie de sel. Le compte concernant cette dernière quantité est réglé immédiatement. S'il est reconnu un boni, on en fait la répartition, de sorte que la masse transférée n'est accompagnée que de la portion de boni qui lui appartient; en cas de déficit, les règlements généraux reçoivent leur exécution.

3° Les masses cumulées doivent être recensées, au moyen du cubage: 1° une fois tous les dix-huit mois si l'entrepôt est général, ou chaque année pour l'entrepôt spécial; 2° quand il est formé une demande de prolongation de délai. (*Déc. des 16 mars 1825, 9 mars 1826 et 15 janvier 1852.*)

Les sels soumissionnés pour l'entrepôt font l'objet d'un compte-ouvert au bureau des douanes d'où dépend cet établissement. On porte à la charge les quantités soumissionnées et à la décharge le montant des sorties successives. Ce compte se balance lors du recensement du magasin ou lors de son évacuation définitive.

Le registre-sommier tenu à cet effet offre un compte spécial par entrepositaire.

Un contrôle suffisant est obtenu en rapprochant ce sommier du registre de visite et de liquidation, série S, n° 5, où figure le résultat de toutes les vérifications de sels, qu'elles donnent lieu ou non à une perception de droits. (*Circ. du 17 mars 1849, n° 2314.*)

Les employés qui procèdent au recensement des entrepôts des sels doivent être munis d'un portatif coté et paraphé par le directeur, et y mentionner les résultats de leurs opérations. (*Circ. du 29 février 1820.*)

Sont applicables aux entrepôts de sels constitués selon le vœu de la loi les règles relatives à l'expiration des délais et aux prolongations d'entrepôt réel de marchandises. (*Circ. du 18 mars 1824, n° 858.*)

Il est convenable qu'un mois avant l'expiration du délai légal le receveur prévienne officieusement les intéressés qui n'auraient pas demandé de prolongation de se mettre en mesure de faire régulariser les comptes d'entrepôt. (*Déc. du 6 octobre 1853.*)

Avant de transmettre au directeur les demandes de prolongation formées par les entrepositaires, le service doit, au moyen d'un recensement, soit par la pesée, soit par le cubage, s'assurer de l'existence en magasin des quantités de sel déclarées. (*Déc. du 8 octobre 1840.*)

Dans toute hypothèse, le compte d'entrepôt doit être arrêté et réglé définitivement au moment de la dernière sortie des quantités nettes soumissionnées. (*Circ. du 28 août 1816, n° 199, et Déc. du 18 septembre 1854.*)

Tout déficit reconnu, lors de la liquidation du compte et du recensement d'un entrepôt, sur la partie soumissionnée, donne lieu au payement de la taxe de consommation, à moins qu'il ne soit le résultat d'un événement de force majeure actuel, légalement constaté et reconnu par l'administration. (*Circ. du 22 juillet 1817.*)

Toutefois, la remise du droit peut être accordée sur les déficits de sel reconnus dans un entrepôt *réel*, régulièrement constitué : 1° lorsque les sels y sont arrivés avec les trois cinquièmes au moins du boni de 3 ou de 5 p. 0/0 (car autrement il y aurait présomption de versement en cours de route), et qu'il ne s'élève aucun doute sur la cause naturelle du déficit; 2° si les déficits affectent des sels avariés en mer, en tant que les formalités prescrites ont été remplies à l'arrivée et que le service n'a pas contesté ces avaries, et s'il résulte évidemment de toutes les circonstances de l'avarie et du séjour en entrepôt que les déficits ont une cause à l'abri de tout soupçon de fraude.

Dans aucun cas et sous aucun prétexte la remise des droits n'est accordée pour les déficits reconnus sur les sels placés dans les entrepôts non entièrement constitués selon le vœu de la loi. (*Déc. min. du 16 juin 1829; Circ. du 27, n° 1172.*)

Quand un déficit se trouve dans les conditions prévues par la décision ministérielle du 16 juin 1829 et paraît, dès lors, susceptible d'être admis à la réfaction, le service doit s'abstenir, jusqu'à décision administrative, de le soumettre au payement des droits. (*Déc. du 24 avril 1855.*)

Quand il s'agit de sels qui, arrivés en mutation sous réserve du boni à constater à l'apurement de l'entrepôt primitif, sont déclarés pour la consommation, les intéressés doivent, en temps utile, produire les justifications nécessaires, afin que, s'il y a lieu, ce boni ne soit pas soumis à l'impôt. (*Circ. du 28 août 1816, n° 199, et Déc. du 18 septembre 1854.*)

Les déficits reconnus à la sortie de l'entrepôt réel sur des sels français arrivés par mer et destinés aux pêches ou aux salaisons en ateliers, peuvent être exemptés de la taxe lorsqu'il n'y a pas lieu de craindre des abus. (*Déc. du 11 mars 1853.*)

A moins de suspicion de fraude, les déficits que subissent en entrepôt réel les sels rapportés en barils, en sacs ou en vrac, des pêches ou des ateliers de salaisons, sont susceptibles d'être affranchis de la taxe. (*Circ. du 19 janvier 1822, n° 702, et Déc. du 28 février 1853.*)

Dans les autres cas, on se conforme aux prescriptions de la circulaire n° 1172.

Les dispositions concernant les sels français sont étendues aux déficits sur les sels étrangers employés aux pêches ou aux salaisons en ateliers. (*Déc. du 11 mars 1853.*)

Les déficits de sels étrangers ne sauraient, dans aucun cas, être plus favorablement traités que les déficits afférents aux sels français, et qui, par suite de la décision ministérielle du 16 juin 1829, supportent fréquemment l'impôt. Aussi les déficits sur les sels étrangers ayant reçu une destination autre que les pêches ou les salaisons en ateliers doivent-ils être soumis à la taxe générale de consommation. (*Déc. du 22 août 1853.*)

Les déficits, dans tout entrepôt quelconque, ne peuvent être admis au bénéfice de l'immunité des droits qu'en vertu d'une décision administrative. A cet effet, les directeurs adressent à l'administration un état spécial, série E, n° 4 *bis*, en double expédition. (*Déc. du 21 avril 1851.*)

Lorsque la balance du compte de tout entrepôt fait ressortir une quantité de sel plus considérable que celle qui, d'après l'énoncé de l'acquit-à-caution délivré pour l'entrepôt, aurait été extraite des lieux de production, on établit les droits sur la partie nette de la quantité réellement existante. Si la quantité reconnue est plus forte que la quantité entreposée, et n'excède cependant pas celle qui a été extraite du marais, le droit est maintenu sur la partie nette établie à l'entrée en entrepôt, et l'excédant ou *boni* supérieur à celui primitivement déterminé est remis en franchise. (*Déc. du 13 janvier 1836, 21 mars 1837 et 12 mai 1838.*)

Il est rendu compte de ces excédants à l'administration. (*Déc. du 14 mars 1828.*)

L'entrepôt doit être constitué selon le vœu de l'art. 25 de la loi du 8 floréal an XI, c'est-à-dire être composé de magasins convenables, sûrs, réunis en un seul corps de bâtiment isolé et situé sur le quai, fournis et entretenus par le commerce, agréés et gardés par le service des douanes. *V.* n° 445.

Cependant, par suite de tolérances qui remontent à 1806, il a été permis, dans quelques ports de pêche auxquels la faculté est accordée et qui n'ont pu fournir un local unique, d'entreposer des sels dans des magasins dépendant de maisons d'habitation, mais sous les conditions suivantes : soumission cautionnée par un négociant d'une solvabilité notoire et suffisante, portant, outre l'obligation de payer le droit de consommation sur tout déficit reconnu à la sortie sur la totalité des sels, sauf l'allocation légale de déchet, les engagements exigés pour l'entrepôt fictif des marchandises ; durée d'entrepôt soit de dix-huit mois seulement s'il s'agit d'entrepôt général, soit d'un an si l'entrepôt est spécial ; magasins sûrs, convenablement situés, acceptés par le service et fermés au moyen de doubles serrures, et la douane conserve la clef de l'une de celles-ci ; les serrures ou cadenas dont la clef reste ainsi à la douane sont choisis et achetés par elle pour le compte et aux frais des entrepositaires, et sont gardés par elle lorsqu'ils ne servent pas. (*Déc. min. du 16 août* 1808, *transmise le* 19 ; *Circ. des* 23 *mai* 1826 *et* 20 *novembre* 1816, n° 223, *et Déc. du* 6 *juin* 1834.)

Le bénéfice des concessions ainsi accordées pour faciliter les armements à destination de la pêche de la morue ne peut être étendu à d'autres ports. Il ne saurait s'effectuer dans ces derniers ports des armements de l'espèce qu'autant qu'il y serait constitué un entrepôt réel et général, sous les conditions résultant de la loi du 24 avril 1806 (art. 56) et du décret du 11 juin 1806 (art. 22). (*Déc. min. des* 20 *novembre* 1852 *et* 18 *avril* 1853.)

Quand il s'agit de sels placés dans des entrepôts qui ne présentent pas toutes les conditions de l'entrepôt réel, l'administration se réserve de statuer à l'égard des prolongations de délai. (*Déc. du* 15 *novembre* 1850.

Les déficits sur les sels placés dans ces entrepôts ne peuvent être exemptés de la taxe de consommation. Il n'est fait d'exception à cette règle que dans le seul cas où les déficits ont été reconnus provenir d'un événement de force majeure survenu en présence des employés, ou du moins immédiatement constaté par eux. (*Déc. des* 16 *janvier* 1838 *et* 10 *septembre* 1849.)

Toute soustraction de sels entreposés dans des magasins particuliers est assimilée aux soustractions commises en entrepôt fictif, et donne ouverture à l'application des pénalités édictées par l'art. 15 de la loi du 8 floréal an XI. (*Déc. du* 5 *février* 1823.)

Les sels de *coussins*, de toute provenance, rapportés de la pêche de la morue, peuvent être entreposés. *V.* n° 700.

Ils sont alors, sous toutes les conditions de l'entrepôt réel, placés dans un local spécial et unique, fourni, dans chaque port de pêche, par le commerce ou les armateurs. Les soumissions d'entrepôt doivent porter l'obligation de les réexpédier pour la pêche de la morue ou de les employer, en atelier, à réparer ou compléter la salaison de ce poisson, dans le délai d'un an.

Les déficits de sels de coussins ainsi placés sous les conditions de l'entrepôt réel peuvent, s'ils ne s'élève aucun soupçon d'abus et sur l'autorisation de l'administration, être affranchis de toute taxe quelconque. (*Circ. du* 19 *janvier* 1822, n° 702.)

Il y a trois sortes d'entrepôt : l'entrepôt général, établi dans le but de faciliter à la fois l'importation, les armements pour les pêches maritimes et l'approvisionnement de l'intérieur ; l'entrepôt spécial, pour la petite pêche maritime ; l'entrepôt de l'intérieur.

SECTION II

Entrepôt général.

692. — L'entrepôt général est celui d'où les sels peuvent être expédiés, comme des marais salants, pour toutes destinations. (*Circ. du* 20 *novembre* 1816, n° 223.)

Les sels étrangers peuvent être placés dans les entrepôts généraux ; mais ils ne doivent jamais être confondus avec les sels de France. (*Circ. lith. du* 28 *février* 1849.) *V.* n° 673.

Les sels jouissent de l'entrepôt général dans les villes de Dunkerque, Calais, Boulogne, Étaples, Saint-Valery-sur-Somme, Abbeville, Dieppe, le Havre, Rouen, Honfleur, Caen, Cherbourg, Granville, Marans, Saint-Malo, le Légué, Morlaix, Brest, Lorient,

Quimper, Vannes, Redon, Nantes, la Rochelle, les Sables, Rochefort, Charente, Bordeaux (1), Libourne, Bayonne, Narbonne, Cette, Agde, Marseille, Toulon, Arles (*Décret du 11 juin* 1806, *art.* 21), Paimbeuf, Fécamp (*Lois des 21 avril* 1818, *art.* 28), Cannes, Saint-Valéry-en-Caux (*Loi du 27 juillet* 1822, *art.* 11), Tréport (*Loi du 6 mai* 1841, *art.* 12), Gravelines (*Loi du 9 juin* 1845, *art.* 9), Régneville (*Loi du 11 juin* 1845, *art.* 10), Dahouet (*Décret du 14 février* 1852), la Nouvelle (*Décret du 26 mars* 1852), Saint-Jean-de-Luz (Basses-Pyrénées) (*Loi du 26 juillet* 1856, *art.* 13), Courseulles (*Loi du 18 avril* 1857), Paimpol (*Loi du 4 juin* 1864, *art.* 6), Nice (*Décret du 11 août* 1860).

Les sels placés dans les entrepôts généraux, sous la double clef de la douane et du commerce (deux serrures différentes), n'acquittent les droits que lorsqu'ils en sont tirés pour la consommation. (*Décret du 11 juin* 1806, *art.* 10.)

La durée de l'entrepôt général, légalement constitué, est de trois années. (*Même Décret, art.* 22, *et Loi du 17 mai* 1826, *art.* 14.)

Les sels placés en entrepôt général dans un port peuvent être expédiés par mer, à destination d'un autre port, sous la formalité de l'acquit-à-caution. Si ce dernier port jouit de l'entrepôt, lesdits sels peuvent y être de nouveau entreposés; dans le cas contraire, ils payent les droits au moment du débarquement. (*Décret du 11 juin* 1806, *art.* 23.)

En cas de mutation d'entrepôt, l'acquit-à-caution doit énoncer la date à laquelle l'entrepôt a commencé, afin qu'à l'arrivée cette indication serve de base pour le délai qui reste à courir et dont seulement les sels peuvent jouir dans le nouvel entrepôt; le *quantum* du boni, ou la mention soit qu'il n'existe pas de boni, soit que, comme s'il s'agit de sels faisant partie d'une masse dont le compte n'est pas encore réglé, le boni ne sera connu qu'à l'apurement de l'entrepôt primitif. Une mention analogue doit être inscrite sur les sommiers tenus à la douane de départ et à celle d'arrivée. (*Circ. des 17 mai* 1809 *et 19 août* 1816, n° 196; *Déc. du 18 septembre* 1854.)

Lorsque, à l'arrivée à destination, il est constaté un déficit sur des sels venus par mutation avant le règlement de compte de l'entrepôt primitif, le droit de consommation est exigé immédiatement. Le service du bureau de départ annote le sommier en conséquence, de sorte que, au moment de l'apurement, s'il est reconnu un boni, la portion de ce boni afférente aux sels dont il s'agit est, jusqu'à concurrence du déficit déjà soumis à la taxe, remise en franchise; le surplus du boni suit les conditions réglementaires. (*Déc. du 15 juillet* 1843.)

---

(1) Les sels du midi, transportés par les canaux intérieurs ou par les chemins de fer jusqu'à Bordeaux, peuvent, bien qu'il n'y ait pas été constitué d'entrepôt général, être déclarés pour la consommation, l'exportation, la grande pêche. (*Déc. min. des 15 novembre* 1858 *et 28 juin* 1859), ou être réexpédiés en cabotage.

Si les sels sont vérifiés à Bordeaux, l'acquit-à-caution de cabotage relate le chiffre exact du boni reconnu. Dans le cas contraire, le nouvel acquit reproduit les indications de l'expédition primitive. Une annotation marginale fait toujours connaître que les sels ont été transbordés après ou sans vérification.

A destination, quand une partie de la cargaison est débarquée et l'autre conservée à bord, sans vérification, pour la grande pêche, ce ne serait qu'autant que l'existence et le chiffre d'un boni auraient été réellement constatés à Bordeaux, qu'il serait accordé un boni proportionnel. *V.* n° 698.

Tous les acquits-à-caution de cabotage relatifs à des sels ainsi expédiés de Bordeaux doivent, après régularisation, être transmis à l'administration, bureau des sels, par lettre spéciale. (*Circ. man. du 10 janvier* 1862.)

SECTION III

Entrepôt spécial.

693. — Dans beaucoup de localités du littoral, de nombreuses familles qui alimentent l'inscription maritime n'ont d'autres moyens d'existence que la pêche côtière. On devait dès lors désirer qu'un plus grand nombre de ports que ceux d'entrepôt général fussent ouverts aux approvisionnements pour cette pêche et la salaison à terre de ses produits.

Subordonné aux conditions de l'entrepôt réel, l'entrepôt spécial doit se composer d'un bâtiment *unique*, susceptible d'être mis à la disposition de tous les intéressés; mais on peut se montrer moins rigoureux pour la constitution de l'entrepôt spécial, que s'il s'agissait de l'entrepôt général. (*Déc. min. du 7 juillet* 1851.)

Tout entrepôt spécial existant exceptionnellement, sous double clef, dans les dépendances d'un atelier de salaison, V. n° 691, doit avoir son entrée unique sur la voie publique. (*Déc. du 2 janvier* 1836.)

On ne saurait, d'ailleurs, s'écarter des restrictions déterminées à l'égard de l'entrepôt spécial, sans compromettre les intérêts du Trésor public, d'autant plus gravement que le service des ports d'entrepôt spécial ne présente pas, par sa composition, les garanties que l'on trouve dans celui qui est établi près des entrepôts généraux. (*Circ. du 19 janvier* 1817, n° 241.)

Les sels destinés à la pêche maritime sur les côtes, ou petite pêche, jouissent, dans tous les ports où il y a un bureau de douanes, d'un entrepôt *spécial*, en quantité proportionnée au nombre et au tonnage des bâtiments employés à cette pêche, sous toutes les conditions et formalités prescrites pour les marchandises en entrepôt réel. (*Décret du 11 juin* 1806, *art.* 27.)

Les sels étrangers sont admissibles au régime de l'entrepôt spécial sous les conditions prescrites pour les sels de France; seulement, avant leur mise en entrepôt, ils doivent être soumis au droit d'entrée.

Il doit être pris des dispositions pour que les sels étrangers ne soient jamais confondus avec les sels de France. (*Circ. lith. du 28 février* 1849.)

Le délai de l'*entrepôt spécial* est d'une année. (*Décret du 11 juin* 1806, *art.* 27.)

Sont seuls admis en entrepôt spécial les sels destinés pour la pêche sur les côtes de France et les salaisons en ateliers. (*Ord. du 30 octobre* 1816, *art.* 5; *Circ. des* 20 *novembre* 1816 *et* 19 *janvier* 1817.)

Les sels placés en entrepôt spécial sont réputés devoir entrer dans la consommation, et comme tels soumis au payement du droit, s'ils n'ont pas été employés à la première ou à la seconde pêche. (*Décret du 11 juin* 1806, *art.* 30.)

Aucun entrepôt spécial ne peut être établi dans un port où il existe déjà un entrepôt général. (*Circ. du 30 septembre* 1818.)

Les sels placés dans les entrepôts spéciaux ne peuvent en sortir pour la consommation, en payant les droits, qu'après l'expiration du délai d'entrepôt (1).

___

(1) Cependant, à raison de circonstances particulières, de la situation géographique des localités, etc., lorsque l'exception est suffisamment justifiée et qu'elle peut avoir lieu sans inconvénient pour le service, le directeur, sur la demande qui lui en est faite, peut autoriser, par disposition spéciale et pour une fois seulement, des extractions d'entrepôt pour la consommation, avant l'expiration du délai d'un an. (*Déc. du* 8 *décembre* 1827.)

(*Décret du 11 juin 1806, art. 27, 29 et 30; Circ. des 19 janvier et 30 mai 1817.*)

Les quantités de sel tirées de l'entrepôt spécial pour la pêche sont exactement vérifiées et portées sur un registre particulier qui sert de contrôle à celui de mise en entrepôt. (*Décret du 11 juin 1806, art. 28.*)

Les sels destinés pour les salaisons en mer, qui n'y ont pas été employés, peuvent à leur retour être rétablis dans l'entrepôt après vérification des quantités, et y rester jusqu'aux expéditions pour la pêche de l'année suivante. Les sels qui, à cette époque, n'ont pas été réexpédiés pour la pêche acquittent les droits. (*Décret du 11 juin 1806, art. 31.*)

Après le recensement des ateliers de salaisons et lors de la suspension des travaux des saleurs, les sels non employés doivent être réintégrés en entrepôt spécial. (*Ordonnance du 30 octobre 1816, art. 5.*)

Le transport des sels par mutation d'entrepôt spécial est interdit. (*Circ. du 24 décembre 1806.*)

On ne saurait expédier des sels d'un entrepôt spécial existant exceptionnellement dans les dépendances d'un atelier de salaison, V. nº 691, sur un autre entrepôt de même espèce, que ces établissements dépendent ou non d'un même bureau, qu'autant qu'ils appartiennent au même propriétaire. (*Déc. des 11 septembre 1817 et 17 août 1857.*)

SECTION IV

Entrepôt de l'intérieur.

694. — Il y a un entrepôt général et réel des sels dans les villes de Paris, Lyon, Toulouse, Orléans (*Décret du 11 juin 1806, art. 24*), Avignon (*Décret du 26 septembre 1851*), Chambéry (*Circ. du 22 janvier 1862, nº 822*).

Les sels destinés à approvisionner les entrepôts de l'intérieur peuvent être tirés soit des lieux de production, soit des entrepôts généraux. (*Circ. du 20 novembre 1816, nº 223, § 44.*)

Les sels de France ou des possessions françaises, destinés pour les entrepôts de l'intérieur, peuvent être expédiés *en vrac*, par rivière, sous la formalité de l'acquit-à-caution. (*Décret du 11 juin 1806, art. 25.*)

Les expéditions doivent alors être faites des derniers bureaux situés sur les rivières par lesquelles s'effectuent les transports en vrac. (*Circ. du 20 novembre 1816, nº 223.*) V. nº 678.

Les sels peuvent être expédiés d'un des ports situés en rivière sur les entrepôts intérieurs, sans vérification complète au dernier bureau, sous les conditions suivantes :

Outre les conditions ordinaires, la soumission générale produite d'avance doit stipuler que les intéressés sont responsables de tout déficit qui serait reconnu à l'arrivée, sans pouvoir jamais réclamer le bénéfice de la réfaction de droits, en cas d'avarie ;

Les sels seront transportés dans des chalands pontés, dont les écoutilles seront fermées au moyen de cadenas et de plombs de douane ;

Au passage au dernier bureau sur la rivière, le service se bornera à reconnaître l'intégrité des cadenas et plombs, qu'il enlèvera immédiatement. En cas de soupçon de fraude, les sels seront vérifiés intégralement comme s'ils arrivaient des marais salants. (*Déc. du 13 août 1857.*)

A charge d'être renfermés dans des sacs d'un poids uniforme, les sels de France ou des possessions françaises peuvent être expédiés par la voie de terre sur les entrepôts de l'intérieur, en exemption du plombage, sous la garantie d'un acquit-à-caution délivré conformément à l'art. 18 de l'ordonnance du 26 juin 1841. (*Décret du 26 janvier 1853, transmis par la Circ. du 7 février suivant*, n° 93.)

Il importe de procéder avec soin, tant au départ qu'à l'arrivée, à la vérification des sels ainsi expédiés, et de renfermer dans de justes limites le délai accordé pour le transport. (*Circ.* n° 93.)

Dans tout autre cas que l'expédition sur les entrepôts de l'intérieur, et à raison tant de la destination que doit recevoir le boni que des conditions légales de la concurrence entre les divers producteurs, il faut se conformer, pour le transport des sels, à toutes les conditions déterminées par les art. 18 et 19 de l'ordonnance du 26 juin 1841. *V.* n°ˢ 663 et 664.

Les sels étrangers peuvent être expédiés, soit immédiatement à l'arrivée, soit d'un entrepôt maritime, à destination des entrepôts de l'intérieur, sous les formalités prescrites par l'art. 18 de l'ordonnance du 26 juin 1841, *V.* n° 663. Il est délivré un acquit-à-caution, série M, n° 46 B, garantissant éventuellement, outre le recouvrement du droit de consommation, les pénalités édictées pour le transit. (*Déc. min. du 24 mars* 1849.)

Les sels transportés par mer et par voie fluviale jusqu'au dernier bureau de douane, sous le régime du cabotage, en vrac ou autrement, peuvent de là être dirigés sur un entrepôt de l'intérieur, soit par rivière, en vrac, soit en sacs, par rivière ou par terre, moyennant l'accomplissement des conditions réglementaires. (*Déc. du 21 avril* 1855.)

Afin de faciliter les opérations commerciales, le service peut permettre aux négociants qui veulent faire arriver des sels dans un entrepôt de l'intérieur de souscrire entre les mains du receveur de cet entrepôt une obligation, dûment cautionnée, de payer le double droit de consommation en cas de déficit ou de non rapport, en temps utile, des acquits-à-caution qui seront délivrés au départ. (*Déc. des 13 mai 1817 et 27 mars 1834.*) La douane du lieu d'extraction, prévenue alors par l'administration, établit un compte ouvert des quantités de sel que les négociants sont autorisés à diriger sur les entrepôts intérieurs, et délivre des acquits-à-caution jusqu'à due concurrence, sur la déclaration de l'intéressé ou de son fondé de pouvoirs. (*Déc. du 13 mai 1817.*)

A l'expiration du délai d'un an, nulle imputation ne doit être faite sur les soumissions cautionnées. (*Déc. du 18 mars 1823.*)

A défaut de soumissions cautionnées, soit au bureau de départ, soit au bureau de destination, les expéditions peuvent s'opérer sous la garantie de la consignation du montant de la taxe de consommation, dont la restitution s'effectue selon les résultats de la vérification à destination. (*Déc. des 21 septembre 1844 et 2 janvier 1846.*)

On ne doit pas reprendre en un même acquit-à-caution plusieurs quantités de sel imputables sur des soumissions ou sur des consignations différentes. (*Déc. du 8 septembre 1832.*)

L'administration des douanes est chargée de la surveillance des entrepôts de l'intérieur et de la perception des droits sur les sels qui y sont déposés lorsqu'ils entrent dans la consommation. (*Décret du 11 juin 1806, art. 26.*)

Il ne peut être accordé de réfaction de droits sur des sels submergés en cours de transport pour les entrepôts de l'intérieur. (*Déc. du Min. des fin. du 19 septembre* 1809 ; *Circ. du 3 octobre suiv.*) *V.* n° 522.

Les sels ne peuvent sortir des entrepôts de l'intérieur que pour la consommation. Ils peuvent recevoir cette destination immédiatement après leur arrivée et sans toucher à l'entrepôt, pourvu qu'ils soient préalablement vérifiés. (*Circ. du 20 novembre* 1816, n° 223.)

Les soumissions des acquits-à-caution délivrés à destination des entrepôts de l'intérieur doivent porter l'obligation de payer le double droit sur tout déficit reconnu à l'arrivée. (*Déc. du Min. des fin. du 2 août 1808, rendue par application analogue de l'art. 2, titre 3, de la loi du 22 août 1791; Circ. du 6 août 1808.*)

Les acquits-à-caution délivrés à destination des entrepôts de l'intérieur ne peuvent être déchargés qu'après la représentation effective des sels qui en sont l'objet. (*Mêmes Déc. et Circ.*)

A l'égard des expéditions par rivière, en vrac, en vertu de l'art. 25 du décret du 11 juin 1806, si un événement de force majeure, prouvé par un procès-verbal du juge de paix, empêche les bateaux d'arriver à leur destination, le service peut autoriser la vente du sel après l'acquittement du droit au bureau de départ. (*Circ. du 6 août 1808.*)

Dans ce cas, le payement des droits doit être calculé à partir, soit de la date de la délivrance de l'acquit-à-caution (1), soit du jour où la vérification et l'embarquement auraient été terminés, si la délivrance de l'acquit-à-caution avait précédé ces opérations (*Circ. de la compt. du 16 octobre 1860, n° 78*); le crédit ou l'escompte est établi à compter de la même époque. (*Déc. du 17 août 1824.*) *V.* n° 676.

Quand le commerce demande à mettre en consommation au port d'expédition, où ils se trouvent encore, des sels déclarés pour un entrepôt intérieur, cette facilité peut être accordée par le service; mais l'impôt est perçu à la date de la vérification effectuée pour cette expédition, et le crédit ou l'escompte est calculé en conséquence. (*Déc. min. du 7 avril 1840.*)

Sous aucun prétexte, on ne peut permettre la vente en cours de transport des sels dirigés sur les entrepôts de l'intérieur sous les conditions du transport par terre.

CHAPITRE VI

IMMUNITÉS

695. — Aucune exploitation industrielle ne peut jouir de l'immunité du droit de consommation sur les sels, les matières salifères ou les eaux salées. (*Loi du 17 mars 1852, art. 11, et Décret du 12 août suivant; Circ. n°s 30 et 55.*)

Sous quelque prétexte que ce soit, on ne saurait accorder d'autres exceptions que celles qui suivent; elles concernent notamment, outre certains besoins agricoles (*V.* n°s 710 et 711), et la fabrication de la soude, *V.* n° 713, la salaison des poissons provenant des pêches françaises maritimes.

L'exemption du droit à l'égard des sels employés, soit à la pêche de la morue, soit à la pêche côtière, constitue un des principaux encouragements accordés à l'industrie maritime, en considération de ce qu'elle crée une classe d'hommes dont profite l'Etat pour sa défense. Il est à considérer que cette industrie est en possession, depuis l'époque même de l'établissement de l'impôt, du bénéfice de la franchise; qu'elle est exercée à terre, dans un certain nombre de localités, par des familles pauvres, que la suppression de la franchise pour la salaison réduirait aux dernières extrémités de la misère; que beaucoup de ces familles se confondent avec celles qui alimentent notre inscription maritime, et ont, à ce titre, des droits particuliers à la bienveillance du Gouvernement; enfin, que l'immunité concourt à maintenir à un

---

(1) On peut ne faire remonter le calcul du payement des droits qu'à la date du départ du bateau, lorsqu'elle a été énoncée par le service sur l'acquit-à-caution. (*Déc. du 5 septembre 1857.*)

taux modique le prix des salaisons qui servent à la nourriture la plus ordinaire de la classe pauvre.

Il existe d'ailleurs des dispositions particulières pour les sels *neufs* destinés à l'alimentation des bestiaux. *V.* n° 714.

SECTION PREMIÈRE

Pêches maritimes et salaisons.

Les règlements relatifs à la pêche maritime, considérés d'une manière générale, sont dans les attributions du Département de la marine.

Cependant, une partie de ces règlements réclame, pour son exécution, le concours des douanes.

Ici trouveront place ceux de ces règlements qui se rattachent plus spécialement à la délivrance, en franchise, du sel nécessaire à la préparation des produits de la pêche maritime nationale, soumise aux conditions réglementaires. L'affinité entre la pêche et la salaison, aperçues sous ce point de vue, est telle qu'il eût été impossible de séparer les dispositions qui peuvent concerner séparément l'une ou l'autre.

En matière de salaisons,

La grande pêche est celle de la morue, de la baleine, du cachalot, etc.; toutes celles enfin qui se font dans des mers lointaines;

La petite pêche, qu'on appelle aussi *pêche côtière,* est celle qui a lieu sur les côtes de France ou dans des mers peu éloignées, et dont l'objet est de prendre le hareng, le maquereau, la sardine, la raie, le thon, les anguilles, etc.

Morue. Les morues provenant des lieux de pêche, consistent :

1° En morues *vertes,* empilées, entre des couches de sel, dans la cale du navire, à mesure de la pêche, après que la tête et les intestins ont été enlevés; on les rapporte ainsi en vrac ou en grenier. Elles se divisent en deux classes : la morue *ronde,* celle qui, n'étant fendue que dans le tiers de sa longueur, depuis la gorge jusqu'au nod, conserve une forme arrondie du côté de la queue; la morue *salée à plat,* ouverte dans toute sa longueur : elle présente plus de surface à l'action du sel, s'en imprègne plus facilement dans toutes ses parties et en exige plus que la *ronde. V.* n° 700 ;

2° En morues *paquées,* dites *morues blanches,* salées et alitées dans des tonnes ou barils, ce qui fait qu'elles se trouvent en saumure (procédé généralement suivi dans les mers d'Islande ou du Doggers-Banck, et nécessaire pour assurer la conservation du poisson pendant un laps de temps plus ou moins long);

3° En morues *sèches,* préparées sur les côtes de Terre-Neuve ou à Saint-Pierre et Miquelon, après salaison soit à bord des navires pêcheurs, soit à terre.

La morue *verte* est d'ordinaire destinée soit à être consommée dans l'état où elle se trouvait à bord du navire, soit à être séchée en France. Cependant la morue *salée à plat* est parfois mise en saumure à terre et convertie en morue *blanche.*

Après avoir été retirée des tonnes et égouttée, la morue *blanche* y est replacée et fortement pressée entre des couches alternatives de sel, pour être ainsi expédiée sur les marchés : c'est le *repaquage. V.* n° 701.

Relativement aux morues déjà salées, la douane entend par *ressalage* toute préparation autre que le repaquage, faite au moyen du sel.

On appelle *rogues* de morue les œufs de ce poisson conservés avec du sel. Ces rogues sont employées pour servir d'appât à d'autres poissons.

Hareng. En France, les harengs frais se divisent en deux classes : le hareng *plein,* le plus recherché dans le commerce, à cause de son apparence de grosseur ; le hareng *guais,* celui qui, ayant récemment frayé, se trouve réduit à un tel état de maigreur et d'appauvrissement qu'il est désagréable au goût et plus ou moins malsain, surtout s'il est salé ; aussi est-il préférable de ne le pêcher que dans l'arrière-saison (décembre, janvier), lorsqu'il a eu le temps de se rétablir.

Préparations en mer. Hareng *caqué,* celui dont on retire les ouïes et les breuilles au moment où il sort des filets, qu'on sale à bord et qui est mis dans des barils ou *caques,* entre des couches alternatives de sel.

Hareng *braillé,* qu'au fur et à mesure de la pêche on sale, sans le vider, dans des barils ou dans des compartiments pratiqués exprès à l'intérieur du bateau.

Hareng *bac,* qui n'est autre que du hareng braillé ; seulement, au lieu d'être mis, à bord, dans des barils ou compartiments, il est rapporté en vrac ou en grenier.

Préparations à terre. Après avoir été séparé de sa saumure qui d'ordinaire marque de 23 à 26° à l'aréomètre et dans laquelle on le lave, le hareng *caqué* en mer est *paqué,* c'est-à-dire placé, par lits pressés, dans les barils d'envoi, et reçoit alors le nom de hareng *blanc* ou *pec.*

Le hareng *braillé* en mer, après avoir été lavé dans sa saumure (habituellement de 17 à 22°), est appendu par la tête à des baguettes disposées dans le roussable (local où l'on fume le hareng) ; il y subit l'action du feu pendant une durée de temps variable, dont le maximum est de douze jours et le minimum de trois. Lorsque le hareng reste dans le roussable au delà de six jours, on modère ou on éteint par intervalles le feu, de manière à laisser reposer le poisson et à ce que la partie aqueuse qu'il renferme ait le temps de s'égoutter.

Le hareng prend le nom de *franc-saur, saur, trois-quarts-prêt* et *demi-prêt,* selon qu'il est resté plus ou moins dans le roussable (généralement huit à douze jours pour le franc-saur, trois jours pour le demi-prêt), à raison du temps pendant lequel le poisson doit être conservé.

Indépendamment du complément de préparation ainsi donné, dans les ateliers de salaisons à terre, aux harengs *caqués* ou *braillés* en mer, *sans nouvelle allocation de sel,* on sale dans ces établissements des quantités considérables de harengs apportés de la mer à l'état frais (ce sont les produits de la pêche d'automne sur les côtes de France), et on les convertit, soit en harengs *blancs,* soit en harengs fumés, d'après les procédés qui viennent d'être indiqués. Mais comme pendant cette saison la température s'est notablement abaissée, les préparations de harengs frais en atelier exigent de moins fortes quantités de sel que celles qui s'effectuent en mer ; par suite, on obtient des produits d'une qualité préférable à celle des produits préparés en été.

On confectionne, en outre, avec le hareng frais d'une nuit, une espèce particulière de hareng fumé, désigné sous le nom de *hareng bouffi,* et, avec le hareng frais de trois nuits, une autre espèce de hareng fumé dite *craquelot.* Il suffit pour cela, dans l'un comme dans l'autre cas, de *brailler* légèrement les harengs (la saumure marque ordinairement 15°), et de les laisser dans le roussable pendant vingt-quatre à quarante-huit heures seulement.

Ces deux produits, étant moins imprégnés de sel que le *demi-prêt,* ne sont pas susceptibles d'une longue conservation et doivent être consommés dans un bref délai.

Parfois, les harengs braillés en mer sont convertis en *bouffis* ou *craquelots* ; mais alors, avant de les exposer au roussable, on les fait macérer dans l'eau pour leur enlever une partie du sel qu'ils contiennent.

La meilleure préparation au roussable est celle qui est faite trente-six heures et au plus six jours après le salage.

Si le hareng *braillé,* qui a conservé les agents les plus actifs de la putréfaction, était *caqué* ultérieurement pour être livré *paqué* à la consommation, il fournirait une nourriture des plus malsaines.

Lorsqu'ils sont mutilés ou qu'ils n'ont plus de tête, de sorte qu'on ne saurait les mettre au roussable, les harengs *braillés* prennent le nom de *bougons.*

Le hareng d'*appât*, qui n'a point de caractère distinct, ne subit pas toutes les préparations de celui destiné à la consommation.

C'est tantôt par la dégustation, tantôt par la densité des saumures (mélange d'eau, de sel et de sang de poisson), que l'on reconnaît le degré de la salaison. Le poisson absorbe la saumure ou la dégorge selon la durée du temps.

La densité des saumures est accusée par l'aréomètre ou pèse-sel.

La préparation à terre des produits de la pêche du hareng frais ne commence d'ordinaire que vers la fin de novembre, les premières marées, étant, à raison du prix élevé du poisson, vendues pour l'intérieur; elle cesse quelquefois en février ou en mars.

Maquereau. En mer ou à terre, le maquereau peut être *dagué*, c'est-à-dire qu'on introduit, dans l'intérieur de ce poisson privé de ses ouïes et de ses breuilles, le sel qu'il peut contenir; on le met ensuite dans la cale des barques, et on le couvre de légères couches de sel.

A terre, il peut être *paqué* : après avoir été lavé dans sa saumure, il est placé, par lits pressés, dans des barils, entre des couches alternatives de sel. La salaison à terre se termine vers la fin du mois de juillet.

On appelle rogués de maquereau une préparation faite avec des œufs de ce poisson et du sel. Ces rogues sont employées pour servir d'appât à d'autres poissons, notamment à la sardine.

Sardines. Dès que la migration de la sardine, du midi au nord, se manifeste sur les côtes de France, la pêche et la salaison commencent. Dans les eaux du Morbihan, par exemple, entre Belle-Ile et Groix, la pêche s'effectue à partir de la fin de mai jusqu'aux premiers jours de novembre, au moyen de chaloupes non pontées, d'environ sept tonneaux, avec des filets à mailles ou moules propres à retenir le poisson par la tête. Ces embarcations sortent chaque jour au jusant, et reviennent au flot souvent chargées chacune de 15 à 20,000 sardines.

Le produit de la vente de la pêche journalière pourvoit à la retenue pour les invalides de la marine, au remboursement du prix des rogues (un baril pour 5 pêches) et des frais d'auberge. Le surplus se répartit, à l'expiration de la semaine, par moitié entre l'armateur et les hommes de l'équipage qui, d'ailleurs, prélèvent, au retour, une quantité de poissons dite cotériade, destinée à leur nourriture.

Aussitôt après la vente, à quai, l'équipage compte les sardines par paniers livrés comme en contenant 200, mais qui, en réalité, renferment 41 lancés, chacune de 6 sardines, plus 2, soit 248, de sorte que, au grand compte, le millier se trouve de 1,240 sardines.

La plus grande partie est salée en vert pour la consommation immédiate; d'autres sont salées pour les provisions d'hiver, ou anchoitées ou salées pour les préparations à l'huile; à défaut d'acquéreur, l'armateur fait mettre les sardines en presse.

Transportées en paniers sur la place où elles sont mises en tas, les sardines sont rangées, une à une, par couches alternatives de poissons et de sel blanc, dans des paniers de 1,200 à 2,000 sardines, que l'on expédie à l'intérieur, à des destinations plus ou moins éloignées : c'est la salaison en vert.

A l'égard des provisions d'hiver, la salaison en vert prend du développement à dater de la mi-août, époque où la sardine a acquis toute sa grosseur. Entre chaque rang de poissons, dans des barils ou des ruches en paille, on introduit une forte couche de sel.

Brassées pendant vingt-quatre heures avec du sel chargé d'ocre rouge, dans des manestans ou baquets, puis placées sur le ventre, par rangs serrés, avec du sel ainsi rougi, dans de petits barils, les sardines se trouvent anchoitées : elles remplacent alors l'anchois.

Pour les salaisons à l'huile, on procède à l'étêtage, au salage soit en paniers, soit dans des cuves ou barils, au lavage, au séchage, à la friture dans l'huile bouillante, à la mise en boîtes, à l'ébullition et au soudage. Les têtes et les intestins servent d'engrais.

Salées dans les manestans des ateliers de presse, les sardines s'y saturent, au milieu de la saumure, pendant quinze à vingt-cinq jours, selon leur grosseur; rangées dans des barils dont une extrémité libre est soumise aux effets d'une presse, elles dégagent une huile très-utile aux corroyeurs, et sont dirigées ensuite sur des centres de consommation.

§ 1er. — Dispositions générales.

696. — Il n'y a pas lieu au payement du droit de consommation pour les sels destinés à la pêche maritime, *dans les proportions déterminées par les règlements.* *V.* no 704. (*Lois des 24 avril 1806, art. 55, et 17 juin 1840, art. 12.*)

Si des salaisons avaient été faites avec du sel ayant acquitté le droit, le droit ne serait pas remboursé. (*Circ. des 26 juillet 1806 et 25 juillet 1808.*)

L'administration des douanes est autorisée à délivrer en franchise les quantités de sel nécessaires aux salaisons en ateliers des divers poissons provenant de pêche maritime française, *dans les proportions déterminées par les règlements.* *V.* n° 704. Il n'en peut jamais être délivré pour des produits de pêche étrangère (1). (*Décret du 8 octobre 1810, art. 3; Ord. du 30 octobre 1816, art. 1er; Circ. des 28 octobre 1806 et 18 mars 1807; et Loi du 17 juin 1840, art. 12.*)

Les sels destinés à la pêche de la morue ou *grande pêche* ne peuvent être tirés que des entrepôts généraux, ou directement des lieux de production. (*Circ. des 20 novembre 1816, n° 223, et 19 janvier 1817, n° 241.*)

Ceux destinés à la pêche maritime ou petite pêche peuvent être extraits ou des entrepôts généraux, ou des marais salants, ou des entrepôts spéciaux.

Enfin ceux destinés pour les salaisons en ateliers ne peuvent être extraits que des entrepôts spéciaux où les quantités non employées sont rétablies après la saison des salaisons. (*Décret du 11 juin 1806, art. 38 et 39; Ord. du 30 octobre 1816, art. 5.*)

Cependant, les saleurs dont les ateliers sont placés soit dans une ville qui jouit de l'entrepôt général, soit sur les salins ou marais salants, conservent la faculté d'extraire le sel, dans le premier cas, de l'entrepôt général, et, dans le second, directement de ces mêmes salins ou marais, mais seulement à mesure et dans la proportion de leurs besoins, sauf à passer les soumissions prescrites et à justifier l'emploi du sel de la manière ordinaire. *V.* n° 705. (*Circ. du 22 novembre 1816, n° 223.*)

Ils peuvent aussi, sous les garanties réglementaires, recevoir des sels arrivés en cabotage, sans les faire passer à l'entrepôt. (*Déc. du 13 juillet 1843.*) Dans ce cas,

---

(1) À l'égard de poissons de pêche étrangère ayant besoin de recevoir un complément de préparation pour être réexportés, le ressalage a été permis sous les conditions suivantes : le sel employé au repaquage ou à la confection d'une nouvelle saumure est préalablement assujetti à la taxe ordinaire de consommation et aux stipulations générales du tarif; aucune marque de fabrique ou d'origine française ne doit être apposée sur les barils; si ces poissons sont dirigés sur les colonies françaises, l'expédition de douane relate, en caractères apparents, leur provenance étrangère. (*Déc. du 20 juin 1861.*)

Toutefois, quand il s'agit de rogues étrangères destinées aux opérations de la pêche française, le service peut accorder la franchise des droits pour le ressalage en saumure. (*Déc. du 27 avril 1864.*)

les sels ne figurent pas au compte de l'entrepôt général ou spécial. (*Déc. du 29 décembre 1857.*) *V.* n° 691.

Les sels extraits soit des entrepôts, soit des marais, qui ne peuvent arriver à l'atelier que par terre, doivent être mis en sacs plombés. (*Circ. du 23 décembre 1812.*)

Il est interdit à tout pêcheur d'acheter ou d'importer du poisson provenant de pêche étrangère. (*Décret du 4 juillet 1853, portant règlement sur la police de la pêche maritime côtière, art.* 208.)

Les poissons pêchés en dehors des conditions réglementaires ou apportés autrement que par des navires français, c'est-à-dire sous un pavillon étranger, assimilé ou non, par traité, au pavillon national, ne sont pas admissibles au bénéfice du privilège national. Sont dans ce cas les harengs, etc., pêchés soit par des navires expédiés à la pêche de la morue, soit par des navires en cabotage, les poissons provenant de la pêche aux colonies françaises, etc. (*Déc. des 26 décembre 1833, 10 mars 1842, 10 septembre 1844 et 13 septembre 1859.*)

Toutefois, la pêche simultanée du hareng, de la morue et du maquereau est permise aux conditions suivantes : 1° le navire doit être régulièrement armé pour la pêche du hareng ; 2° le sel étranger, s'il en est embarqué, est préalablement soumis à la taxe spéciale de 60 centimes par 100 kilogrammes ; 3° si, pour le marinage du poisson, on emploie des huiles ou autres produits, ces denrées doivent être d'origine française, ce dont il est justifié au retour par la production des expéditions de douane (passavant ou permis d'embarquement) ; 4° les produits de pêche rapportés ne sont admis au privilège national qu'autant que la commission de pêche, *V.* n° 703, reconnaît qu'ils proviennent réellement de la pêche du navire. Ces opérations ne donnent pas ouverture à la prime d'armement exclusivement réservée aux navires spécialement expédiés à la pêche de la morue. (*Déc. du 25 mars 1864.*)

Les patrons de bateaux qui se livrent, sur les côtes de France, à la pêche du poisson conservé frais, ne font, au retour, qu'une déclaration verbale ; mais tous autres bateaux de pêche sont astreints à la déclaration dite de gros. *V.* n° 300.

En cas de différence dans le nombre des barils de sel ou de salaisons rapportés, soit de la pêche de la morue, soit de la petite pêche, il y a lieu d'appliquer les dispositions de la loi du 22 août 1791 (titre 2) sur les différences au manifeste. *V.* n° 304.

Cependant on s'abstient de donner suite aux différences, en plus ou en moins, reconnues dans le nombre des barils de sel ou de poissons, lorsque ces différences n'excèdent pas la proportion de 5 0/0 du nombre déclaré. Dans le cas où elles dépassent cette limite, on doit, s'il n'existe pas de circonstance aggravante, se borner à faire souscrire aux contrevenants une soumission de s'en rapporter à la décision de l'administration, et il est immédiatement rendu compte de l'affaire, sous le timbre du contentieux. (*Déc. des 19 avril 1845 et 22 février 1848.*)

A moins qu'il n'existe des règlements spéciaux à l'égard de certaines espèces de poissons, la fausse déclaration d'origine à l'importation entraîne l'application : 1° des art. 9 et 21, titre 2, de la loi du 22 août 1791, relativement aux morues, raies, harengs, maquereaux, sardines, etc. (1) ; 2° des art. 1er de l'ordonnance du 30 octobre 1816 et 53 du décret du 11 juin 1806, en ce qui concerne les sels livrés au

---

(1) Dans l'état actuel de la législation sur les pêches, il convient de laisser à l'administration de la marine le soin de prendre les mesures nécessaires pour assurer la répression des abus concernant l'importation du hareng frais comme du maquereau frais, sauf au service des douanes à intervenir pour l'application des droits d'entrée. (*Déc. du 20 juin 1857.*)

IMMUNITÉS. — PÊCHE DE LA MORUE. 67

navire sous la garantie d'un acquit-à-caution et dont l'emploi régulier n'est pas justifié. (*Déc. du 16 mars* 1844.)

Les incidents se rattachant aux pêches doivent, lors même qu'ils reçoivent des suites contentieuses, être signalés à l'administration sous le timbre du bureau des sels et pêches. (*Déc. du 27 juin* 1844.)

Pendant la période où les opérations résultant des retours de pêche ont le plus d'importance à terre, les inspecteurs et autres chefs de service doivent se rendre aussi fréquemment que possible dans les différents ports, afin de guider les employés et d'exercer personnellement un contrôle nécessaire. (*Déc. du 23 août* 1833.)

§ 2. — *Grande pêche ou pêche de la morue.*

697. — Il est permis d'embarquer à bord des navires expédiés pour la pêche de la morue telle quantité de sel que les armateurs jugent convenable. (*Ord. du 30 octobre* 1816, *art.* 10.)

Les armateurs ont la faculté de faire leurs approvisionnements, soit en franchise de toute taxe, en sels de France et des colonies ou possessions françaises d'outre-mer, soit en sels étrangers de toute origine et de toute provenance, à charge, dans ce dernier cas, de payement d'un droit de douane de 50 c. par 100 kilogr., passible du décime additionnel (1).

Toutefois, sont exempts de tout droit les sels étrangers employés pour la salaison en mer et le repaquage à terre des morues provenant de la pêche d'Islande et du Doggers-Bank. (*Loi du 23 novembre* 1848, *art.* 1er; *Circ. du 30, n° 2286.*)

Les sels peuvent être transportés directement des lieux de production, des possessions françaises ou des ports étrangers aux lieux de pêche. (*Mêmes Loi et article.*) V. n° 684.

L'importation en France et le transport sur les lieux de pêche des sels de toute origine, destinés à la préparation de la morue, ne peuvent s'effectuer que par navires français. (*Même Loi, art.* 3.)

Les traités que la France a conclus ne donnent à aucun pavillon étranger le droit de prendre part à ces opérations. (*Circ. du 27 décembre* 1850, *n° 2418.*)

La perception du droit de douane de 50 cent. par 100 kilogr., lorsqu'il s'agit de sels étrangers importés préalablement dans les ports de France pour la pêche autre que celle d'Islande et du Doggers-Bank, s'effectue avant le départ du navire pour la pêche et sur les quantités dont l'extraction d'entrepôt ou le transbordement a été constaté, sans aucune déduction ni remise à titre de déchet. (*Loi du 23 novembre* 1848, *art.* 2.)

Mais ce droit n'est exigible qu'au moment de l'expédition des sels pour la pêche. (*Déc. du 14 avril* 1853.)

La sortie des sels de France ou des colonies françaises a lieu au moyen d'un passavant sur lequel les préposés certifient l'embarquement et le départ, et qui, au retour, doit être représenté pour prouver que la morue apportée a été préparée avec du sel français. (*Circ. du 20 décembre* 1823, *n° 839.*)

Ce passavant doit indiquer si les sels ont été extraits directement des marais salants, ou bien s'ils l'ont été d'un entrepôt, et, dans toute hypothèse, si un boni leur est afférent et quel en est le *quantum.* Quand il s'agit d'une partie de masse

---

(1) On peut, sous les conditions déterminées pour les sels de France et moyennant le payement du droit de 50 cent., affecter les sels étrangers au repaquage de la morue provenant de la pêche au grand banc ou à la côte de Terre-Neuve et à Saint-Pierre et Miquelon. (*Déc. du 26 février* 1849.)

entreposée, dont le compte n'est pas encore réglé, mention en est faite. (*Circ. du 28 décembre 1831, n° 1295; et Circ. lith. du 21 mars 1844.*) *V.* n° 691.

Les armateurs ont la faculté de demander, pour les sels de France ou des colonies françaises destinés à la pêche de la morue, tel nombre de passavants qu'ils jugent convenable, jusqu'à concurrence du poids total du chargement (*Circ. lith. du 11 sept. 1849.*)

L'expédition des sels étrangers pour la pêche d'Islande et du Doggers-Bank a lieu en vertu d'un simple permis.

Pour la pêche au grand banc ou à la côte de Terre-Neuve et à Saint-Pierre et Miquelon, les sels étrangers sont expédiés au moyen de l'acquit de payement. Les armateurs ont la faculté de réclamer tel nombre d'acquits de payement qu'ils jugent convenable, jusqu'à concurrence du poids total du chargement. (*Circ. lith. du 11 septembre 1849.*)

En cas de perte des passavants ou acquits de payement relatifs à des sels employés à la préparation de la morue, il ne saurait en être délivré de duplicata qu'en vertu d'une autorisation spéciale de l'administration.

On doit rappeler sur les duplicata de l'espèce la date de l'autorisation de l'administration.

L'armateur est tenu de souscrire personnellement l'engagement d'acquitter les sommes exigibles dans le cas où l'on reconnaîtrait ultérieurement que le passavant ou l'acquit de payement eût servi soit à l'admission en franchise de morues préparées avec du sel étranger n'ayant pas supporté le droit, soit à l'allocation irrégulière d'une prime d'exportation. (*Déc. du 27 décembre 1853.*)

Lorsqu'au lieu d'être exportés directement, les sels de France ou des colonies françaises sont transportés dans un autre port pour y être entreposés ou transbordés sur d'autres navires, ils sont accompagnés d'un acquit-à-caution sous les formalités du cabotage. (*Circ. du 20 décembre 1823, n° 839.*)

698. — À l'égard des navires chargés de sel à destination de la pêche de la morue, le service peut, dans le port d'armement, se borner à reconnaître l'intégrité de la cargaison, en examinant, par rapport aux indications de l'acquit-à-caution du bureau de départ, ou, s'il s'agit de sels étrangers, d'un certificat délivré, au port de chargement, par l'agent consulaire de France, le tirant d'eau du bâtiment, sa hauteur hors de l'eau et l'état de la masse de sel.

On ne procède à la vérification du sel par le mesurage et la pesée qu'autant qu'il y a suspicion de fraude. (*Circ. du 22 décembre 1825, n° 960, et Déc. du 14 avril 1853.*)

Les navires chargés de sel français ou étranger ne peuvent d'ailleurs être admis au bénéfice de cette disposition que sous les conditions suivantes :

Ces bâtiments doivent avoir été expédiés des lieux d'extraction à une époque suffisamment rapprochée de celle des armements (1), et qui ne saurait remonter au-delà du 15 septembre de chaque année.

Ils doivent être réunis dans une partie du port désignée par le service, qui exige la clôture des écoutilles et autres ouvertures communiquant à la cargaison.

Les consignataires ou armateurs sont tenus de s'engager immédiatement, par une soumission dûment cautionnée et sur papier timbré : 1°, à représenter la quantité brute de sel énoncée soit, s'il s'agit de sels français, en l'acquit-à-caution, déduction faite du montant de la déperdition évaluée d'office, selon le cas, à 1 kil. 1/2 ou à

(1) Les armements du premier voyage pour la pêche de la morue commencent d'ordinaire en janvier ou en février; le départ a lieu en mars. Le second voyage au grand banc de Terre-Neuve s'effectue vers le mois de juin ou de juillet.

1 kil. 0/0 (1); soit, pour les sels étrangers, dans un certificat délivré, au port de chargement, par l'agent consulaire de France (2); 2° à payer, sur tout déficit qui serait constaté avant le départ du navire, savoir : à l'égard des sels français, le droit de consommation (et, en cas de soupçon d'abus, le double de cette taxe), V. n° 686; en ce qui concerne les sels étrangers, outre la taxe de consommation, le droit d'entrée, une somme égale à la valeur du sel manquant et une amende de 100 fr. (3).

Relativement aux sels extraits d'entrepôt pour la pêche de la morue, la soumission d'entrepôt n'est annulée qu'après le départ du navire, de sorte que, dans toutes circonstances, une soumission s'applique aux quantités réelles de sel qui séjournent dans les ports à bord des bâtiments armés pour cette pêche. (*Déc. des 21 janvier* 1851 *et 14 avril* 1853.)

Tout déficit à bord est traité comme déficit dans un magasin particulier admis exceptionnellement à titre d'entrepôt. *V.* n° 691.

Les navires ainsi affranchis de la vérification par le mesurage et la pesée ont la faculté de livrer leurs sels à d'autres bâtiments armés comme eux à destination de la grande pêche, moyennant, en cas de transbordement partiel, vérification, au choix de l'armateur, soit de la portion transbordée, soit de celle restée à bord.

Si les sels sont en totalité transbordés sur un seul navire, il y a dispense de mesurage et de pesage. (*Déc. du 30 juillet* 1829.)

Les navires peuvent aussi, à leur arrivée des marais salants de France, débarquer une partie de leur chargement pour la consommation ou l'entrepôt, sans que le sel restant à bord soit vérifié. Seulement, le chiffre du boni réel demeurant inconnu, l'on réduit d'office à 3 1/2 0/0 le boni afférent à la portion de la cargaison mise en consommation ou entreposée, s'il s'agit de sels dont le déchet légal est de 5 0/0, ou à 2 0/0 quand les sels n'ont qu'un déchet légal de 3 0/0. Mais, en ce qui concerne la mise en consommation, cette facilité ne s'applique qu'aux parties de chargement dont il serait impossible de trouver l'emploi pour la pêche, et demeure subordonnée à l'autorisation préalable du directeur de l'arrondissement, autorisation qui, en général, doit être demandée dans les trois jours de l'arrivée du navire. (*Circ. lith. du* 21 *janvier* 1843, *et Déc. du* 27 *décembre suivant.*)

Les sels de France de toute sorte venus d'un entrepôt peuvent, lorsque l'acquit-à-caution dont ils font l'objet énonce qu'ils sont accompagnés d'une portion de boni suffisante pour supporter une réduction d'office de 1 1/2 ou de 1 0/0 du montant de la masse, selon que l'allocation légale est de 5 ou de 3 0/0, rester à bord, être transbordés ou débarqués, conformément à ces dispositions, en conservant le boni indiqué en l'acquit-à-caution, réduction faite de 1 1/2 ou de 1 0/0. (*Déc. des 25 février* 1843 *et* 27 *décembre suivant.*)

Lorsque les sels sont réexpédiés sans vérification pour la pêche, il y a lieu de leur appliquer, quant au *boni*, les dispositions des instructions des 21 janvier et 27 décembre 1843, c'est-à-dire que les cargaisons sont réputées avoir perdu, dans le

---

(1) Dès que la soumission spéciale a été souscrite, l'acquit-à-caution est régularisé et revêtu d'un certificat ainsi conçu : « Nous certifions avoir reconnu par le tirant » d'eau de.., du navire, et par le bon état de la cargaison, conformes l'un et l'autre » aux détails énoncés de l'autre part, que la quantité de sel portée au présent acquit » est restée à bord, à destination de la pêche nationale. » (*Déc. des* 24 *janvier* 1826 *et* 21 *janvier* 1851.)

(2) A défaut d'une pièce authentique indiquant le poids des chargements de sels étrangers, la vérification effective devient nécessaire. (*Déc. du* 14 *avril* 1853.)

(3) Par dérogation, en faveur de la pêche, aux prescriptions des règlements généraux rappelés au n° 673.

transport par cabotage, 1 1/2 ou 1 0/0 de leur poids total, selon qu'il s'agit de sels jouissant du déchet légal de 5 ou de 3 0/0 ; le montant de cette dépréciation est dé-falqué du *boni* indiqué par les acquits-à-caution, et le surplus de ce *boni* est men-tionné sur les passavants délivrés pour la pêche. (*Circ. lith. du 3 août 1844.*)

Quand, sur une cargaison de 160,000 kil. de sel (5 0/0 de boni compris), il est dé-barqué 30,000 kil. pour l'entrepôt ou la consommation, le surplus restant à bord pour la pêche, quel est le boni applicable à chacune de ces destinations? Le boni légal étant réduit d'office à 3 kil. 1/2 0/0, soit à 5,600 kil., la quantité brute, à l'ar-rivée, est de 157,600 kil. Or

$$157,600 \text{ kil.} : 5,600 :: \begin{cases} 30,000 : 1,066 \text{ (boni)} & \text{(quantité nette : } 28,934.) \\ 127,600 : 4,534 \text{ id.)} & \text{(id.)} & : 123,066.) \end{cases}$$

(*Déc. du 12 décembre 1848.*)

699. — Au retour de la pêche, les capitaines sont tenus, sous les peines portées par les lois et règlements en vigueur, de déclarer les quantités de sel qu'ils ont em-ployées à la salaison du poisson qui se trouve à leur bord, de même que celles qu'ils rapportent en nature. Les sels rapportés en nature sont, après vérification, placés ou rétablis en entrepôt. (*Ord. du 30 octobre 1816, art. 10.*)

En ce qui concerne les quantités de sels ou de morues salées rapportées en France des lieux de pêche (Terre-Neuve ou Saint-Pierre et Miquelon), s'il n'est pas régu-lièrement justifié soit de l'origine nationale du sel ou de l'acquittement du droit de 50 c., les receveurs doivent requérir immédiatement et d'office le payement de cette taxe. Elle est calculée à raison de 90 kil. de sel pour 100 kil. de morue verte ou de morue sèche. (*Loi du 23 novembre 1848, art. 2 ; Décret du 12 janvier 1853 ; Circ. du 31, n° 89.*)

Quant aux sels employés à la préparation des morues transportées directement des lieux de pêche (Terre-Neuve ou Saint-Pierre et Miquelon) aux colonies françaises ou à l'étranger, la perception du droit de 50 c. peut avoir lieu, soit, sur la demande des ntéressés, à vue d'un certificat délivré dans le port d'embarquement par l'agent consulaire de France, soit d'après l'avis transmis par l'administration. (*Loi du 23 novembre 1848, art. 2 ; Circ. n° 2286 et Circ. lith. du 1er août 1849.*)

Si les intéressés le demandent et, à vue d'un certificat délivré soit par l'agent con-sulaire de France au port d'embarquement, soit par les autorités françaises sur les lieux de pêche, la douane peut inscrire sur le compte ouvert à l'armateur les quantités de sel directement transportées de l'étranger aux lieux de pêche ; mais elle exige le payement du droit de 60 c., décimes compris, par 100 kilogr., quand il s'agit de pêches autres que celles d'Islande et du Doggers-Bank. Le montant de cette taxe est alors immédiatement porté en recette définitive. (*Déc. du 21 décembre 1853.*)

Les passavants délivrés pour les sels de France ou des colonies françaises expédiés à la pêche de la morue à Terre-Neuve ou à Saint-Pierre et Miquelon ne peuvent justifier de la provenance des sels employés qu'en raison de la quantité de morues rapportées, et dans la proportion même fixée pour les sels étrangers ; autrement les dispositions relatives aux sels étrangers seraient facilement éludées. Ainsi, dans le cas où un navire qui a emporté, par exemple, suivant un passavant régulier, 100,000 kil. de sels nationaux, effectue son retour, chargé : 1° de morues représentant 90,000 kil. de sel ; 2° de 20,000 kil. de sel en nature, la douane doit exiger le droit de 50 c. par 100 kil. sur les 10,000 kil. en excédant, à moins qu'ils ne soient placés sous le régime de l'entrepôt. (*Déc. des 24 août 1849 et 14 janvier 1850.*)

En supposant que 30,000 kil. de sel, repris à un passavant régulier, eussent été intégralement affectés à la salaison d'une cargaison de morues qui, d'après les bases indiquées, n'eussent exigé que 27 ou 28,000 kil. de sel, ou même une quantité infé-rieure, ce passavant serait reçu comme titre justificatif de l'origine et de l'emploi du sel ; mais, conformément à l'ordonnance du 30 octobre 1816, art. 10, il ne pourrait pas servir pour faire admettre au bénéfice de l'immunité un chargement de morues qui, selon les mêmes données, auraient été préparées avec une quantité de sel plus forte que celle prise en France ; le droit de 50 c. serait dû sur l'excédant. (*Déc. du 24 août* 1849.)

Il est ainsi tenu un compte relatif au sel expédié ou employé à la préparation des produits de la pêche à Terre-Neuve ou à Saint-Pierre et Miquelon. Les justifications exigées, en ce qui concerne les quantités de sel ou de morues salées rapportées de ces lieux de pêche, résultent soit de passavants délivrés au départ pour les sels français, soit d'acquits de payement des droits sur les sels étrangers, soit de certificats réguliers tenant lieu de ces pièces.

Si le titre comprend une quantité de sel supérieure à celle dont il a été fait emploi, il est ouvert un compte justificatif tant de l'origine que de l'emploi des sels nationaux ou étrangers, et on délivre successivement, sur la demande de l'intéressé, et jusqu'à concurrence de la quantité de sel reconnue disponible, des *certificats explicatifs* destinés à servir pour l'admission d'autres cargaisons. Quand l'armateur le désire, ce compte peut être tenu à la douane de sa résidence et y être crédité du montant de la quantité de sel disponible que présentent les passavants ou les acquits de payement délivrés dans une autre douane. Dans tous les cas, ces pièces, après avoir été annotées, sont immédiatement transmises, par l'intermédiaire des directeurs, au bureau d'où elles émanent. (*Circ. lith. des* 11 *septembre* 1849 *et* 28 *juin* 1850.)

Dans la prévision où le sel rapporté des lieux de pêche serait français, ou aurait déjà supporté le droit de 50 c., la perception est opérée à titre de consignation : le montant en est définitivement acquis au Trésor si les justifications nécessaires ne sont pas fournies dans un délai de dix-huit mois. (*Circ. lith. du* 1ᵉʳ *août* 1849.)

Les consignations ne sont remboursées que par les seuls bureaux où elles ont été effectuées. Le remboursement du montant total de la consignation a lieu conformément aux règlements généraux. Lorsque la restitution n'est que partielle, la reconnaissance de consignation représentée, dûment revêtue de l'acquit de la partie prenante, à qui l'on remet un reçu motivé, est produite par le receveur, à l'appui de sa comptabilité du mois, avec le *certificat explicatif* constatant que le sel pour lequel la consignation a été faite, était ou du sel français ou du sel étranger ayant déjà supporté le droit de 50 c. Le remboursement du surplus de la consignation est ultérieurement opéré ; la quittance dont il fait l'objet est accompagnée d'une note destinée à rappeler la production antérieure, dans les comptes, de la reconnaissance de consignation. Pour prévenir toute confusion, les receveurs ont soin d'ouvrir, sur un carnet spécial, un compte pour chaque consignataire qui réclame ainsi partiellement le montant d'une seule consignation.

Quand le Département du commerce, procédant à la liquidation et à l'ordonnancement des primes d'exportation afférentes aux morues expédiées directement des lieux de pêche aux colonies ou à l'étranger, conserve les reconnaissances des droits consignés, il délivre un certificat que les receveurs admettent au même titre que la reconnaissance de consignation elle-même et dans la forme déterminée pour celle-ci. (*Circ. lith. du* 17 *novembre* 1849 *et Déc. du* 9 *septembre* 1850.)

A défaut de justification soit de l'origine nationale des sels rapportés de Terre-Neuve ou de Saint-Pierre et Miquelon, soit de l'acquittement du droit spécial, le service peut, si l'intéressé le demande, permettre qu'ils soient dirigés sur le port où est tenu le compte-ouvert des sels faisant partie de l'armement du navire pêcheur. A cet effet, il doit être délivré un acquit-à-caution rappelant les faits, afin de mettre la douane de destination à même de prendre les dispositions nécessaires. (*Déc. du* 12 *juillet* 1853.)

Pour la pêche d'Islande ou du Doggers-Bank, il n'est pas tenu de compte-ouvert. Aussi, au retour, en cas de différences en moins sur le sel, par rapport aux quantités de morues présentées, le service n'a-t-il aucune mesure à prendre ; et, s'il existe un excédant de poisson relativement au sel employé, l'admission du poisson est autorisée dès que les employés ont reconnu qu'il provient de pêche française. (*Déc. du 9 octobre* 1857.)

Dans tous les ports d'armement, le service peut, à titre d'exception, tolérer que les sels neufs ou les sels de coussins, d'origine française ou étrangère, *V.* n° 700, soient conservés à bord des navires qui les rapportent de toute pêche française de la morue (*Déc. du 9 octobre* 1857), quelle que soit l'époque du retour, sous les conditions suivantes :

Ces sels doivent être vérifiés par le mesurage et la pesée dans les quinze jours de l'arrivée du bâtiment.

A l'issue de cette opération, les consignataires ou armateurs ont à souscrire, dans la forme rappelée au n° 698, 6° §, une soumission portant engagement de représenter les sels, en mêmes qualité et quantité, à toute réquisition du service et jusqu'au départ du navire, à peine d'acquitter, sur toute partie de sel dont la représentation ne serait pas régulièrement constatée, selon qu'il s'agit soit de sels français, soit de sels étrangers ou de sels mixtes (consistant en sels de France et en sels étrangers mélangés), les sommes indiquées au n° 698, 6° §.

Les navires doivent être réunis dans une partie du port désignée par le service, qui exige la clôture des écoutilles et autres ouvertures communiquant à la cargaison. (*Déc. du 14 avril* 1853.)

La déclaration en détail des quantités exactes des sels de retour de la pêche de la morue ne doit, par exception, être faite qu'après la vérification. (*Circ. des 1er avril* 1816, n° 135, *et 22 novembre suivant*, n° 224.)

Les sels de retour de toute provenance, neufs ou de coussins, peuvent, après vérification par le mesurage et la pesée à bord du navire (pêcheur ou caboteur), lorsque la cargaison de poisson a été débarquée, être dirigés sur un autre port, soit d'armement pour la pêche de la morue, soit d'entrepôt, où il a été constitué un entrepôt spécial pour les sels de coussins quand il s'agit de sels de cette espèce, et ce, sous la garantie d'un acquit-à-caution, série S, énonçant si les sels ont droit à un boni et quel en est le *quantum*. (*Circ. man. des 4 octobre* 1843 *et 24 novembre* 1845.)

A moins de soupçons fondés de fraude, et lorsque le service est convaincu qu'il s'agit d'une déperdition naturelle, les déficits de sels de retour, neufs ou de coussins ainsi expédiés en cabotage, sont, à raison de l'humidité dont ces sels sont généralement imprégnés, affranchis de toute taxe. Mais l'administration doit être appelée à statuer à ce sujet.

Lorsque le navire de retour de toute pêche française de la morue relève pour un autre port, après avoir seulement mis à terre une partie de son équipage et ses ustensiles de pêche, il peut conserver à bord, en exemption de toute vérification, et par conséquent sans acquit-à-caution de cabotage jusqu'au port de débarquement définitif de la cargaison, le sel neuf ou de coussins qu'il a rapporté des lieux de pêche (*Déc. du 9 octobre* 1857.)

700. — Le sel de coussins, étant un sel immonde, devrait être submergé sous la surveillance des préposés. *V.* n° 706. Mais il peut, si les armateurs le demandent, être entreposé. *V.* n° 691. (*Circ. du 19 janvier* 1822, n° 702.) *V.* n° 675.

On ne considère comme sels de coussins que ceux qui ont servi à la préparation de la morue ou qui ont été répandus par couches sur le poisson pour l'empilage dans la cale des navires et qui en sont séparés au débarquement.

Tout autre sel qui n'a pas été employé à cet usage, et qui, par conséquent, n'est pas mélangé de détritus de poisson, doit, nonobstant l'odeur dont il est imprégné être traité comme sel neuf de retour. Le service doit avoir soin de le désigner ainsi sur les acquits-à-caution, afin de le soumettre, le cas échéant, aux conditions énoncées au n° 714. (*Circ. man. du 25 septembre* 1822.)

Il est accordé aux chefs de service, dans les ports de retour, une certaine latitude pour statuer à l'égard des parties de sel de *coussins* qui leur paraissent en rapport avec les quantités de sel employées à la préparation de la morue d'Islande ou du Doggers-Bank, ou lorsqu'il est produit les justifications soit d'origine nationale, soit de payement du droit de 50 c.

Quand les sels de coussins ne se trouvent pas dans ces conditions, l'administration doit être mise à même de décider à raison des circonstances particulières.

Les sels de l'espèce, traités comme nationaux ou nationalisés, et réexpédiés à la pêche à Terre-Neuve ou à Saint-Pierre et Miquelon, font l'objet de passavants destinés à servir ultérieurement de titres justificatifs. (*Déc. du* 13 *janvier* 1851.) Pour la pêche d'Islande ou du Doggers-Bank, ces sels sont expédiés comme les sels neufs. (*Déc. du* 9 *octobre* 1857.)

Les sels de coussins qui, bien que rapportés dans les proportions réglementaires, proviennent de sels neufs étrangers, ayant régulièrement supporté la taxe spéciale de 50 centimes par 100 kilogr., ne peuvent être introduits en France que moyennant le payement des droits d'entrée et de la taxe de consommation, sans remise à titre de déchet. (*Déc. du* 20 *novembre* 1854.)

Il n'existe d'exception qu'à l'égard des sels de coussins provenant de sel neuf étranger, présentés dans les limites réglementaires et destinés, soit à la conservation en vert de la morue, soit à l'amendement des terres, sous les conditions prescrites (*V.* n° 711); dans ces deux cas, il y a franchise des droits d'entrée et de la taxe de consommation. (*Déc. des* 10 *novembre* 1851 *et* 9 *octobre* 1857.)

Il est alloué, en franchise, pour la conservation des morues rondes, en piles ou en grenier, et des morues salées à plat, arrivant des lieux de pêche et destinées à être consommées en vert, 9 kilogr. de sel de coussins par 100 kilogr. de poisson. (*Déc. min. du* 7 *mai* 1829; *Circ. man. du* 14.) *V.* n° 695.

Le sel de coussins doit être répandu sur le poisson au fur et à mesure du débarquement et en présence des employés. (*Circ. du* 17 *janvier* 1834, n° 1419.)

On ne doit pas peser les morues les unes après les autres, mais faire deux ou trois pesées; et d'après le nombre des morues qu'elles ont donné, calculer approximativement celui de tout le chargement dont le poids total est ainsi déterminé. (*Circ. du* 26 *novembre* 1816.)

C'est au débarquement des morues *salées à plat*, et d'après la déclaration de l'intéressé, que se détermine le régime auquel elles sont soumises: si l'allocation réglementaire pour la morue *verte* a été alors accordée, le commerce ne saurait ultérieurement obtenir des sels en franchise pour convertir ces morues en morues *blanches* et les repaquer même en présence du service. (*Circ. du* 14 *août* 1818, n° 416, *et Déc. du* 22 *août* 1836.)

S'il s'agit de sels étrangers, les sels de coussins ainsi accordés pour la conservation de la morue en vert sont considérés comme faisant partie de la quantité proportionnelle de sel qui, allouée par les règlements, *V.* n° 699, n'a pas été entièrement absorbée dans la préparation de la morue; ils ne doivent être assujettis ni au droit spécial, ni aux droits d'entrée. (*Déc. du* 26 *septembre* 1851.)

Il n'est pas alloué de sels de coussins pour les morues destinées à être dirigées sur des établissements spéciaux dits *sécheries*, dans lesquels elles sont converties en morues sèches. (*Déc. min. du* 30 *décembre* 1833; *Circ. du* 17 *janvier* 1834, n° 1419.)

L'allocation de sels de coussins est faite au port de retour, que les morues soient définitivement débarquées ou expédiées en cabotage sur un autre port. Si, dans ce dernier port, les intéressés expriment le désir de les diriger sur des sécheries, le service doit faire placer en entrepôt, *V.* n° 691, à moins qu'ils ne soient submergés, les sels qui n'ont pas été absorbés dans le trajet. (*Déc. du* 17 *novembre* 1852.)

Lorsque, par suite de circonstances particulières, il n'existe pas de sels de coussins en quantité suffisante pour la conservation des morues qui, arrivant des lieux de pêche, doivent être envoyées par mer sur un autre port, l'administration ne se refuse pas, sur la demande motivée qu'on lui soumet, à permettre exceptionnellemen que des sels neufs, français ou étrangers, soient accordés pour disposer ces poissons à bord du navire caboteur, dans la proportion admise pour les sels de coussins. Les intéressés doivent satisfaire aux conditions déterminées par le tarif relativement aux sels employés à la grande pêche, et faire entreposer ou submerger immédiatemen le sel trouvé en nature à l'arrivée à destination. Le service énonce avec soin ces réserves sur l'acquit-à-caution qu'il délivre. (*Même Déc.*)

Dans le cas où le service reconnaît que des morues ayant joui, depuis un certain laps de temps, de l'allocation réglementaire de sels de coussins, ne sauraient être conservées en bon état dans les magasins du commerce des ports de salaison, et lorsqu'il est produit un certificat de la police municipale attestant que la morue peut être livrée à la consommation sans danger pour la santé publique, il peut être accordé une quantité supplémentaire de sel de coussins; mais cette exception n'est faite qu'en vertu d'une autorisation spéciale de l'administration, qui en subordonne toujours le bénéfice aux conditions ci-après : 1° les intéressés sont tenus de s'engager, par une soumission et sous les pénalités énoncées au n° 480, d'une part, à faire séparer des morues, à la sortie du magasin de dépôt, tout le sel que le service ne jugerait pas rigoureusement indispensable pour leur conservation ultérieure; d'autre part, à faire submerger cet excédant comme sel immonde; 2° ce magasin doit être fermé au moyen de doubles serrures, et la douane conserve la clef de l'une d'elles; 3° les poissons n'en doivent être extraits que sur la présentation d'un certificat de la police municipale attestant qu'ils peuvent être livrés à la consommation sans danger pour la santé publique. (*Déc. du 22 février* 1853.)

Quand il s'agit du ressalage de morues directement arrivées des lieux de pêche et avariées par suite d'évènements de mer, le service peut, d'office, en exemption du droit de consommation, accorder du sel neuf, sans limitation, et après production d'un certificat de la police municipale attestant que la morue peut être livrée à la consommation sans danger pour la santé publique. Ce ressalage s'effectue en présence du service. S'il doit être fait usage du sel à l'état sec, on exige l'accomplissement des conditions insérées au § précédent sous les n°s 1° et 2°. Dans le cas contraire, dès que la saumure est employée, le poisson est laissé à la libre disposition de l'intéressé. (*Ord. du 30 octobre* 1816, *art.* 10, *et Déc. du 22 février* 1853.)

La franchise pour le ressalage est réservée aux produits de la pêche française. Cependant, quand il s'agit de rogues de morues provenant de l'étranger, avariées en mer et destinées aux opérations de la pêche côtière, l'administration ne refuse pas d'autoriser l'exemption pour le sel nécessaire au ressalage sous la surveillance du service. (*Déc. du 27 avril* 1864.)

701. — Il peut être accordé, en exemption du droit de consommation, du sel neuf pour le repaquage de la morue provenant de pêche française. Ce sel est employé sans limitation, mais il doit l'être en présence des employés. (*Ord. du 30 octobre* 1816, *art.* 10.)

Les sels destinés au repaquage où au ressalage des morues sont placés, sous la garantie d'une soumission exigée conformément au n° 705, et la double fermeture de la douane et du saleur, dans un local dépendant de l'atelier de celui-ci, et ne sont délivrés qu'au fur et à mesure des besoins. La serrure dont la clef reste entre les mains des employés est choisie et achetée par la douane aux frais de l'intéressé.

Les quantités de sel délivrées sont inscrites sur un compte-ouvert; elles sont fixées ainsi qu'il suit :

Pour un premier repaquage en saumure ou en sel sec, 30 kilogr. par tonne contenant net de 128 à 132 kilogr. de morue.

Pour le repaquage en sel sec d'une tonne de morue déjà repaquée en saumure, mais dont toute la partie liquide a été submergée, 18 kilogr., sans que jamais la tonne laissée à la disposition du commerce conserve plus de 30 kilogr. de sel.

Ces divers repaquages doivent être précédés des déclarations en douane et opérés en présence des préposés (1).

Le compte du saleur est déchargé des allocations légales de sel d'après la déclaration remise par le saleur et les résultats de la vérification faite dans ses ateliers, et, en outre, en cas de repaquage en sel sec, lorsque le service s'est assuré de la submersion de la saumure précédente. Au besoin, quand il s'agit de poisson à expédier, on pourrait exiger la production d'un certificat des employés constatant l'embarquement ou la sortie, par terre, de la commune ou de la ville, mais sans qu'il soit effectué d'escorte. (*Déc. min. du 9 août 1838, transmise le 24 ; Déc. des 7 janvier 1840 et 27 novembre 1841.*)

Le saleur peut confectionner des demi-tonnes, etc., en se conformant aux proportions déterminées pour la tonne. (*Déc. du 20 juillet 1841.*)

Les préposés de douane peuvent appliquer aux tonnes de morue qui subissent l'opération du repaquage, la mesure autorisée par l'art. 42 du décret du 11 juin 1806. *V.* n° 707. (*A. de C. du 12 février 1845 ; Circ. n° 2077.*)

Sous aucun prétexte, on ne peut accorder du sel en franchise pour le repaquage ou le ressalage de morues arrivées soit par terre, soit par mer, autrement que des lieux de pêche, sans être accompagnées d'une expédition de douane énonçant que l'allocation légale peut être faite. (*Circ. du 20 août 1818, n° 418, et Déc. du 5 février 1842.*)

702. — Les saumons pêchés dans la baie de Saint-Georges, dépendante des pêcheries françaises de Saint-Pierre et Miquelon, jouissent des mêmes immunités que la morue, quant aux allocations de sel en mer et à l'importation avec privilége national. (*Déc. min. du 7 avril 1817 ; Circ. du 14, n° 273.*)

Ces saumons ne peuvent être admis au bénéfice des règlements sur le repaquage de la morue. On ne saurait accorder que les facilités pour le ressalage en cas d'avaries en mer. (*Déc. du 4 janvier 1839.*)

§ 3. — Petite pêche.

703. — Dans tout port où existent un agent de la marine et un receveur des douanes, peuvent s'effectuer les armements pour la pêche, avec ou sans salaison à bord, et l'importation des produits de la pêche, soit par les bateaux eux-mêmes, soit par les navires dits *chasseurs*.

Ces agents sont chargés, chacun en ce qui le concerne, de rechercher si l'armement des bateaux est fait en vue de la pêche et de statuer, de concert, sur l'origine du poisson, pour son admission en franchise (2) (*Décret du 4 juillet 1853, portant règlement sur la police de la pêche maritime côtière, art. 209; Décret du 24 septembre 1864, art. 3; Circ. du 18 janvier 1865, n° 986.*)

Cette communication l'assure s'il n'a point été contrevenu aux dispositions des lois et règlements sur la pêche côtière. (*Même Décret du 4 juillet 1853, art. 210.*)

Tout patron de bateau armé pour la pêche du poisson frais doit être muni d'un livret de pêche coté et paraphé conformément à l'art. 224 du Code de commerce.

Ce livret, destiné à recevoir toutes les annotations que les agents de la marine et

---

(1) Un préposé, sous la surveillance des sous-officiers, est coté aux opérations, que contrôle un vérificateur. Ce préposé, muni de la clef du magasin, clef qu'il remet au bureau le soir, inscrit sur un carnet le nombre de tonnes confectionnées et le sel employé. Le vérificateur surveille ce travail par des apparitions, et inscrit au verso de la déclaration et du permis le résultat de l'opération.

(2) Quant à l'immunité de droits à laquelle peuvent être admis les produits de pêche française, le service se conforme aux règlements généraux. *V.* n° 696.

des douanes, les consuls et agents consulaires de France, les commandants, officier officiers mariniers et marins des bâtiments de l'Etat jugent utile d'y consigner, e représenté à toute réquisition desdits fonctionnaires et agents. (*Même Décret, art.* 2 *et* 214.)

La pêche du hareng et celle du maquereau, avec ou sans salaison à bord, peuve être effectuées en tout temps et en tous lieux. (*Décret du 24 septembre* 1864*, art.* 1e

Tout propriétaire ou maître de barques, chaloupes, etc., qui veut faire *salaison* commerce de harengs, maquereaux, sardines, merluches et tous autres poissons q se salent en mer et sont destinés à être consommés en vert, doit se faire inscrire a bureau des douanes le plus prochain. Le certificat de cette inscription lui est déliv à ses frais, qui sont ceux du timbre seulement. (*Décret du* 11 *juin* 1806*, art.* 47.)

Sur la représentation de ce certificat, par le maître de barques, aux receveurs douanes établis près les marais salants ou entrepôts, et après y avoir souscrit u soumission valablement cautionnée de justifier l'emploi de la denrée en salaison poisson, ceux-ci lui délivrent un permis pour lever le sel qu'il juge lui être nécessai

En ce qui concerne toute pêche autre que celles du hareng et du maquereau, quantité de sel ne peut excéder soit 187 kilogr. 50 par tonneau de contenance léga de l'embarcation, sans autre limitation, soit, au choix du patron, 312 kilogr. 50 p tonneau, mais alors sans qu'un même bateau puisse jamais enlever plus de 6,250 k — Ce sel fait l'objet d'un acquit-à-caution. (*Même Décret, art.* 48; *Déc. min.* 2 *septembre* 1806; *Circ. du* 5; *et Déc. du* 1er *août* 1842.)

Pour la pêche du hareng ou du maquereau, toutes restrictions concernant les obje d'armement sont supprimées. (*Décret du* 24 *septembre* 1864*, art.* 2.)

Relativement à la *salaison à bord,* les armateurs ou patrons des bateaux expédi pour la pêche du hareng ou du maquereau peuvent, quels que soient les parages pêche (côtes d'Écosse, d'Yarmouth ou de France), embarquer en quantités illimité le sel de provenance nationale nécessaire pour la préparation en mer du poisso pêché. (*Décret du* 11 *mai* 1861*, art.* 1er; *Circ. du* 20, n° 758.)

Les mêmes armateurs ou patrons ont la faculté d'employer des sels étrangers a même usage, à la condition que ces sels seront chargés exclusivement dans les e trepôts de France par les bateaux pêcheurs et soumis, avant embarquement, a paiement du droit de douane de 50 c. par 100 kil. (décimes non compris) exigible l'égard des sels étrangers, servant à la préparation de la morue à Terre-Neuve. (*Mên Décret, art.* 2.) V. n° 697.

Ils peuvent être importés en France par navires de tout pavillon, français étranger. (*Déc. des* 30 *août* 1861 *et* 8 *septembre* 1862.)

Tout maître de barque qui charge à son bord du sel pour la pêche (autre que ce du hareng ou du maquereau) est tenu de se munir d'un acquit-à-caution, qui lui e délivré au bureau où il effectue son départ et qui a pour objet d'assurer l'emploi sel en salaison de poisson, *dans les proportions déterminées par les règlement* V. n° 704. Cet acquit ne peut être déchargé qu'en ce même bureau, où il doit êt rapporté revêtu des certificats successivement donnés, dans les ports où le pêche a relâché et débarqué du poisson. La décharge définitive n'a lieu qu'après le r glement du compte du saleur. (*Décret du* 11 *juin* 1806*, art.* 49; *Circ. du* 21 *ju* 1817, n° 289, *et Décrets des* 15 *octobre* 1849*, art.* 1er; *et* 7 *juin* 1852*, art.* 4).

Pour la pêche du hareng ou du maquereau, les sels sont embarqués avec un pa savant (1); ils sont affranchis du compte-ouvert et de la justification d'emploi. (*Cir du* 25 *juin* 1852, n° 44, *et Circ. man. du* 12 *mars* 1862.)

_____

(1) Pour la délivrance de ce passavant (série N, n° 53 *bis*), on se conforme a dispositions du n° 697. (*Circ. du* 24 *octobre* 1849, n° 2355.)

Le service ne délivre ou ne vise les congés pour la destination de la pêche avec salaison en mer, qu'autant que la régularité de l'armement des bateaux a été re-reconnue. Les bateaux qui ne présentent pas à la marine et à la douane les conditions d'un armement suffisant pour se livrer réellement à la pêche ne peuvent obtenir de sel en franchise. (*Déc. du 26 juin 1841.*)

Les futailles vides embarquées sur les bateaux de petite pêche sont considérées comme ustensiles de pêche et livrées sous la simple formalité du *permis* d'embarquer, à titre de provisions. (*Circ. du 7 janvier 1837, n° 1599.*)

Pour la grande pêche, *V.* n° 948.

Tout maître de barque qui est rencontré en mer, par les employés des douanes, avec du sel ou des salaisons, sans être muni d'une expédition qui justifie que l'origine du sel est légale et que les droits en ont été garantis, est passible de l'amende de 100 fr., et ses salaisons, ainsi que le sel qui se trouve à bord, sont saisissables; le bateau l'est également. (*Déc. du 11 juin 1806, art. 16 et 51.*) Absence, en mer, etc., n° 226 du tableau des Infr. Trib. de paix.

Les mêmes pénalités sont encourues en cas d'absence, à l'arrivée dans un port, d'un acquit-à-caution ou d'une expédition régulière pour justifier de l'origine du sel ou des salaisons. (*Même Décret, art. 16 et 50.*) Absence à l'arrivée, etc., n° 227 du tableau des Infr. Trib. de paix.

Lorsqu'un maître de barque, après avoir pris son chargement de poisson et l'avoir salé, aborde dans un port, il est tenu, avant de commencer son déchargement, de fournir à la douane une déclaration de la quantité de poisson salé qu'il a apportée, du *sel neuf* qui lui reste, et de représenter l'acquit-à-caution qui lui a été délivré. (*Déc. du 11 juin 1806, art. 49.*)

Quand la déclaration ci-dessus prescrite a été faite, il est délivré un permis de déchargement, lequel doit s'effectuer en présence des préposés, qui vérifient les quantités de poisson salé débarqué et de sel existant à bord. (*Même Décret, art. 52.*)

Bien que les bateaux pêcheurs ne doivent se livrer qu'aux opérations résultant de leur armement, ceux qui sont affectés à la pêche dite côtière peuvent transporter, sous le régime du cabotage et en petites quantités, des objets d'approvisionnement, lorsque : 1° il n'existe, dans le même moment, au port de départ, aucun navire ayant la destination déclarée; 2° le commissaire de la marine a autorisé l'expédition. (*Déc. du 12 août 1851.*)

Il est tenu, pour chaque acquit-à-caution délivré à un maître de barque qui a levé du sel pour la petite pêche, un compte spécial.

Dans les différents ports où du poisson salé est débarqué, le service appose, au verso de l'acquit-à-caution, un certificat énonçant les quantités et les espèces de poissons mises à terre, au poids ou au nombre, selon que l'allocation de sel en franchise est au poids ou au nombre (1), et, en outre, comme restant à bord, le sel que l'on reconnaît n'avoir pas été employé, en déduisant de la masse indiquée en l'acquit-à-caution, et d'après les fixations légales, les salaisons débarquées. Il est rappelé que, suivant la déclaration du patron, ce restant à bord se compose de telle quantité de sel en salaisons et de telle quantité de sel en nature; et il n'est effectué à cet égard de vérification réelle qu'en cas de soupçon d'abus. Ce certificat doit d'ailleurs être signé par deux employés et visé par le receveur.

Les résultats qui y sont énoncés, quant aux débarquements effectués, sont repris

---

(1) Si le bateau repartait immédiatement, avant toute vérification des salaisons mises à terre, le service indiquerait, sur l'acquit-à-caution, qu'il a été débarqué tel jour des poissons salés dont les quantités et l'espèce seront ultérieurement signalées par l'état mensuel série S, n° 105. (*Déc. du 7 avril 1845.*)

sur un registre particulier dont les receveurs transmettent, tous les mois, au directeur, un relevé dont il se sert pour former un état, série S, n° 105, récapitulatif par chaque direction d'où émanent les acquits-à-caution. Cet état est adressé par le directeur à son collègue, qui donne des ordres pour l'inscription en décharge sur le compte spécial.

Après l'emploi successif de la totalité du sel, le receveur du bureau de départ s'assure, au moyen des extraits d'états qu'il a reçus, de l'exactitude des certificats inscrits sur les acquits-à-caution, vérifie si les proportions légales n'ont pas été enfreintes, et règle, d'après les résultats ainsi obtenus, le compte du maître de barque. (*Circ. du 8 novembre 1818, n° 441; Circ. man. des 9 décembre 1818 et 17 octobre 1825, et Circ. du 26 février 1849, n° 2308.*)

Si la quantité de poisson salé représentée n'est pas proportionnée à la quantité de sel consommée, le maître de barque encourt une amende de 100 fr. et celle du triple des droits dont le sel non représenté aurait été passible.

La barque est préventivement retenue pour sûreté de ces amendes. (*Décret du 11 juin 1806, art. 53 et 54.*) Défaut de proportion, etc., n° 228 du tableau des Infr. Trib. de paix.

Quand il se trouve à bord, à l'arrivée, du sel neuf non déclaré, il est saisi, et le maître de barque est passible, en outre, du triple droit sur le sel et de l'amende de 100 fr., pour sûreté de laquelle la barque est préventivement retenue. (*Même Décret, art. 54.*) Non-déclaration, etc., n° 229 du tableau des Infr. Trib. de paix.

Lorsque, ayant du sel à son bord, il déclare ne pas vouloir continuer la pêche, le maître de barque peut vendre son sel pour la consommation en acquittant les droits (*Même Décret, art. 55*), ou le rétablir en entrepôt, ou le replacer sur les marais salants. (*Circ. du 21 juin 1817.*)

Tout patron de bateau peut, pendant la durée de la saison de pêche, compléter ou renouveler sa provision de sel, soit dans le port où il a été armé, soit dans tout autre port jouissant d'un entrepôt général ou spécial ou d'un dépôt régulier.

Les quantités de sel embarquées comme complément ou renouvellement de provision font, quand cette formalité est prescrite, l'objet d'un nouvel acquit-à-caution dans lequel sont repris le restant de la provision primitive, et, s'il y a lieu, les quantités de salaisons existant à bord. A cet effet, l'ancien acquit-à-caution est revêtu d'un certificat motivé, et il est ouvert un nouveau compte au patron du bateau pour la quantité totale de sel énoncée dans le nouvel acquit-à-caution. Il convient, pour se ménager des moyens de contrôle, d'indiquer, en marge de celui-ci et de la soumission, la quantité de sel ou de salaisons qui restait à bord.

L'acquit-à-caution ainsi remplacé doit être immédiatement renvoyé au bureau d'où il émane, pour le règlement du compte qui s'y rapporte.

Il en est de même de tout acquit-à-caution relatif à une provision de sel consommée, à moins qu'il ne reste, à bord du bateau, des poissons préparés avec lesdits sels, et destinés pour un autre port. Dans ce cas, la douane peut constater, au verso de l'expédition, les quantités de poissons restantes, pour valoir ce que de raison au port de débarquement, qui effectue le renvoi prescrit. (*Circ. du 8 novembre 1818, n° 441.*)

On doit inscrire au verso du certificat dont les maîtres de barque doivent toujours être porteurs, en exécution de l'art. 47 du décret du 11 juin 1806, chacun des acquits-à-caution qui ont été successivement remis, sauf à indiquer que l'acquit précédent a entièrement rempli son objet par ce mot : *Régularisé*, qui sera placé à la suite et sur la même ligne que l'annotation concernant l'expédition devenue ainsi étrangère aux représentations ultérieures de poisson et de sel en naturel. (*Déc. du 12 octobre 1821.*)

Quand il doit être justifié de l'emploi du sel, les déficits résultant du règlement des comptes sont signalés à l'administration (3° division, 3° bureau), par l'intermédiaire du directeur, soit par un état collectif, en double expédition, présentant les explications nécessaires et les propositions des chefs, soit, s'il existe des circonstances particulières, par une correspondance spéciale. Le conseil d'administration statue.

Quand les déficits sont peu importants et que l'on est fondé à ne les point attribuer à quelque fraude, l'administration se borne à exiger le simple droit. (*Circ. du 8 novembre* 1818, n° 441.)

En principe, il n'y a aucune allocation pour les déficits de sel en cours de pêche. Toutefois, lorsqu'il résulte du livre de bord, du rapport du patron, etc., que des sels ont été perdus par suite d'accidents, et s'il ne s'élève aucun soupçon de fraude, l'administration ne se refuse pas, lors du règlement du compte, à autoriser l'imputation à décharge; mais ici les formalités relatives aux avaries en cabotage ne sont pas applicables. (*Déc. du 25 juillet* 1842.)

Le régime de l'entrepôt flottant, sous les conditions déterminées pour la pêche de la morue, *V.* n° 698, est étendu aux sels revenant de la pêche du hareng, conservés temporairement à bord, et qui sont destinés soit pour la pêche du maquereau, soit pour celle de la morue. (*Déc. du 24 février* 1864.)

Lors du retour soit momentané, soit définitif d'un bateau, le service peut s'assurer si la quantité de sel rapportée en nature, cumulée avec celle que représentent les poissons salés provenant de la pêche, est en rapport avec les quantités énoncées aux passavants ou acquits-à-caution levés au départ; en prenant pour base les allocations déterminées par l'ordonnance du 30 octobre 1816. Quand cette comparaison ne fait apparaître que de légères différences, c'est-à-dire des excédants de sel peu considérables, il n'y a pas à s'y arrêter; mais, s'ils sont importants ou si les quantités de poissons salés représentées sont hors de toute proportion avec les quantités de sel embarquées au départ, on pourrait en induire que ces excédants ne sont pas une économie de salaison et que le patron a communiqué avec l'étranger. Toutefois, à moins de soupçon sérieux de fraude, on ne procéderait à la saisie de l'excédant qu'autant qu'il serait établi, d'une manière péremptoire, que cet excédant n'est pas le résultat d'une économie de salaison.

En cas d'absence de manifeste, le patron deviendrait d'ailleurs passible, outre l'amende de 1,000 fr., du payement d'une somme égale à la valeur des quantités de poissons salés importées en excédant de celles que, d'après les indications de son compte, il aurait pu régulièrement introduire.

S'il avait été produit un manifeste, on requerrait l'application des pénalités pour fausse déclaration d'origine. (*Déc. des* 30 *déc.* 1843, 15 *mars* 1845 *et* 19 *avril* 1850.)

Une réunion de bateaux régulièrement armés, peuvent, sur les lieux de pêche, faire charger sur l'un d'eux les produits pêchés par tous, à charge, pour le patron de celui-ci, de déclarer, à l'arrivée, à la commission locale, *V.* n° 703, les quantités de poissons afférentes à chaque bateau et le point de mise à bord. (*Déc. min. notifiée le* 1er *mai* 1861.)

Les harengs de pêche française, provenant de Terre-Neuve, peuvent être admis au droit d'entrée spécial moyennant la production de certificats d'origine émanés soit du commissaire de l'inscription maritime de Saint-Pierre, soit, quand les navires reviennent directement de la côte, du commandant de la station française ou des prud'hommes. (*Circ. lith. du* 30 *juin* 1863.)

A la fin de la campagne de pêche du hareng, le directeur adresse à l'administration, avec un rapport sur l'ensemble des opérations relatives à cette pêche, un état série S, n° 118, d'armement et de retour. (*Circ. du* 11 *juillet* 1843, n° 1976, *et Déc. du* 3 *décembre* 1847.) On indique dans la colonne d'observation la quantité et l'origine du sel délivré à chaque barque. (*Circ. man. du* 12 *mars* 1862.)

Il est produit au sujet du maquereau un état analogue. (*Circ. man. du* 12 *mars* 1862.)

704. — *Allocation de sel.* Les quantités de sel que le service des douanes est autorisé à allouer en franchise pour la salaison des poissons provenant de pêche maritime française, sont déterminées dans les proportions suivantes. (*Ord. du 30 octobre 1816, art. 1er.*)

DÉSIGNATION DES ESPÈCES DE POISSON.	QUANTITÉ de sel allouée.	TITRES DES ALLOCATIONS.
	kilog.	
Pour 100 kil. de harengs blancs.............	30	Décret du 5 décembre 1861
— 100 kil. nets de harengs blancs destinés pour les colonies (1)...............	40	Ord. du 30 octobre 1816.
— 100 kil. de harengs *salés caqués* (2).......	30	Déc. min. du 14 avril 1818.
— 12,240 harengs saurs (ou saurs demi-prêts)	200	Décret du 5 décembre 1861.
— 12,240 harengs bouffis ou craquelotés....	75	Ord. du 30 octobre 1816.
— 12,240 harengs *braillés* (3).............	180	Déc. min. du 14 avril 1818
— 100 kil. nets de harengs salés, destinés à servir d'appât (4)...................	20	Ord. du 30 octobre 1816.
— paquage de 100 kil. de harengs blancs destinés pour les colonies.............	15	*Idem.*
— 100 kil. nets de maquereau salé à terre..	40	*Idem.*
— paquage de cette même quantité (5) :		
paquage ordinaire (6)..............	10	*Idem.*
paquage avec dagage, pour l'exportation (7)................................	30	Décret du 18 avril 1857 ; Circ. nº 462.

(1) Les barils de harengs, ainsi préparés, sont mis en entrepôt réel jusqu'à leur envoi dans les colonies ; si, avant l'expiration d'une année, le propriétaire désire les retirer, il est tenu d'acquitter les droits sur la portion de sel excédant la quantité allouée pour les harengs destinés à la consommation intérieure. (*Ord. du 30 octobre 1816, art. 1er ; tableau, observations.*)
En cas d'expédition sur un port français intermédiaire, avec un acquit-à-caution série M, nᵇ 51, l'embarquement pour l'étranger doit s'effectuer immédiatement. A défaut, les salaisons doivent être placées en entrepôt réel. (*Déc. du 7 juillet 1857.*)

(2) Cette allocation n'a lieu que pour les préparations effectuées en mer jusqu'au 15 novembre inclusivement ; après cette époque, on ne doit allouer que 27 kilogr. (*Circ. du 16 avril 1818.*)

(3) Ce n'est que pour les salaisons faites en mer jusqu'au 15 novembre qu'on alloue 180 kilogr. ; l'allocation, après le 15 novembre, n'est que de 155 kilogr. (*Circ. du 16 avril 1818.*)

(4) En dehors de l'allocation légale, on accorde le sel nécessaire pour la mise en saumure du hareng d'appât à destination lointaine, c'est-à-dire pour la pêche de la morue. Ce sel est alors employé en présence du service qui tient compte des quantités dont l'utilité est reconnue. Le meilleur poisson d'appât est celui qui est le plus brillant. (*Déc. du 8 février 1847.*)

(5) Le supplément de sel pour paquage, simple ou avec dagage, n'est pas accordé pour le maquereau expédié en panier. (*Ord. du 30 octobre 1816, art. 1er ; tableau ; et Circ. du 27 avril 1857, nᵇ 462.*)
Le maquereau est alors destiné pour la consommation des environs.

(6) Il s'agit de maquereau paqué, même avec dagage, lorsque les formalités pour l'exportation n'ont pas été remplies. (*Circ. du 27 avril 1857, nº 462.*)

(7) Pour obtenir cette allocation spéciale aux maquereaux destinés à être dirigés sur l'étranger, le saleur doit satisfaire aux prescriptions rappelées en la note 1 qui précède. (*Même Circ.*)

DÉSIGNATION DES ESPÈCES DE POISSON.	QUANTITÉS de sel allouée.	TITRES DES ALLOCATIONS.
	kilog.	
Pour 100 kil. nets de maquereau salé en mer (1)	48	Ord. du 30 octobre 1810.
Pour paquage De cette {paquage ordinaire................	15	Ord. du 30 octobre 1816.
même {paquage avec dagage {ordinaire..........	20	D. du 12 août 1852; C. n°53.
quantité. {pour l'exportation (2)	30	D. du 1er oct. 1858; C. n°555
Pour 100 kil. nets de rogues de maquereau destinées à servir d'appât (3)............	40	Ord. du 30 octobre 1816.
— 100 kil. nets de maquereau mariné dans les ports de la Méditerranée.........., ...	25	Idem.
— 100 kil. nets de sardines salées et pressées en barils (saumurage et paquage) (4), et de celles salées en mer dans les ports de l'Océan (5)......................	75	Idem.
— 100 kil. nets des mêmes poissons, préparés de la même manière dans les ports de la Méditerranée...................	48	Idem.
— 100 kil. nets de sprats salés, pour servir d'appât à la pêche de la sardine (saumurage).........................	40	Idem.
— 100 kilos de sprats destinés à la consommation, et d'anchois préparés comme la sardine dans les ports de l'Océan (4)...	75	Idem.

(1) En dehors de l'allocation légale, on accorde 20 kilogr. de sel pour la mise en saumure de 100 kilogr. de maquereaux salés en mer destinés à servir d'appât. Ce sel est employé en présence du service. (Déc. du 28 janvier 1840.)

(2) Pour les conditions, V. note 1, p. 80.

(3) Cette fixation pour les rogues de maquereau concerne uniquement les ports de l'Océan. (Ord. du 30 octobre 1816, tableau.)

(4) Afin de faciliter ces opérations, le service peut permettre, par exception, que des sardines ou des anchois déjà salés en saumure, dans un atelier, soient paqués ou pressés et embarillés dans un autre atelier. Le bénéfice de cette disposition est subordonné aux conditions suivantes :

1° Les sardines ou anchois préparés en saumure, avec une allocation de 40 kilog. de sel 0/0 (petits poissons destinés à servir d'appât à la pêche), doivent être transportés dans le second atelier sous la surveillance du service.

2° L'inscription en charge, au compte de ce dernier atelier, doit énoncer que telle quantité de sardines ou anchois salés, provenant de tel atelier, représente, à raison de 40 kilogr., telle quantité de sel.

3° Les poissons salés et pressés en barils, expédiés du deuxième atelier, sont, s'il y a lieu, admis en décharge, dans la proportion de 75 kilogr. de sel, par imputation sur les salaisons prises en charge, et ce n'est qu'autant que le compte de celle-ci est apuré que l'allocation entière de 75 kilogr. peut, le cas échéant, être accordée pour d'autres salaisons. (Déc. du 29 janvier 1854.)

(5) Pour les sardines dites de cotériade, destinées aux marins de l'équipage de pêche, il est accordé 10 kilogr. de sel par millier de poisson, soit 1 hectogr. par 100 sardines jusqu'au 15 août, et à partir du 16, 15 kilogr. par mille, soit 150 grammes par centaine de sardines. (Déc. du 17 février 1860.)

Il peut être alloué du sel en franchise pour les préparations de sardines, autres que celles mentionnées ci-dessus, par exemple pour la conservation en vert du

DÉSIGNATION DES ESPÈCES DE POISSON.	QUANTITÉ de sel allouée.	TITRES DES ALLOCATIONS.
	kilog.	
Pour 100 kil. nets des mêmes poissons, préparés de même dans les ports de la Méditerranée..........................	48	Ord. du 30 octobre 1816.
— 100 kil. nets de raie salée à terre dans les ports de l'Océan	40	Idem.
— 100 kil. nets de gros poissons, tels que lieux, merluches, juliennes, congres, roussettes, chiens de mer, salés en sec dans les ports de l'Océan.............	37	Idem.
— 100 kil. nets des mêmes poissons, salés en barils (saumurage dans des cuves, et paquage)..........................	55	Déc. min. du 23 juillet 1860; Circ. man. du 31.
— 100 kil. nets des mêmes poissons, salés en vert et présentés en barils dans les ports de l'Océan (1).................	75	Ord. du 30 octobre 1816.
— 100 kil. nets de thon salé en baril dans les ports de la Méditerranée...........	36	Idem.
— 100 kil. de thon mariné dans les mêmes ports..........................	25	Idem.
— 100 kil. nets d'anguilles salées, du 1er octobre au 30 avril, dans les ports de la Méditerranée (2)......................	50	Idem.
— 100 kil. nets de même poisson salé, du 1er mai au 30 septembre, dans les mêmes ports..........................	75	Idem.

poisson; mais l'emploi du sel doit toujours être fait sous les yeux des préposés qui constatent les quantités ainsi consommées. (*Ord. du 30 octobre* 1816, *tableau*.)

Il est alors fait usage du sel, en présence des employés, jusqu'à concurrence d'une certaine quantité fixée comme maximum, pour la préparation des sardines autrement que par le saumurage.

On ne saurait substituer à ce régime une allocation dont les saleurs profiteraient en dehors de la surveillance permanente du service. En effet, non seulement il en résulterait la création d'un grand nombre d'ateliers qui augmenteraient sensiblement les obligations des employés, mais rien ne s'opposerait à ce que le sel nécessaire pour assurer la conservation en vert du poisson destiné à être mis à la portée du consommateur dans les localités lointaines ne fût, dans le cas contraire, enlevé en fraude de l'impôt. (*Déc. du 6 avril* 1854.)

Sous aucun prétexte, il ne saurait être accordé, pour le saupoudrage ou la salaison en vert du hareng, en mer ou à terre, une allocation quelconque de sel en franchise; mais l'on peut employer du sel déjà soumis à l'impôt de consommation. (*Déc. du 21 décembre* 1844.)

(1) *Les chiens de mer* salés en vert ne jouissent de l'allocation de 75 0/0 que s'ils ont été préparés *en mer*; on ne peut faire à terre et dans les ateliers que des salaisons *en sec*, pour lesquelles il est alloué 37 kilogr. de sel par 100 kilogr. de poisson. (*Jug. du trib. de Boulogne du 12 février* 1841.)

(2) Toutefois ces quantités ne sont allouées en compte aux saleurs d'anguilles qu'autant que l'emploi en est fait en présence des préposés. (*Tableau annexé à l'Ordonnance du 30 octobre* 1816.)

DÉSIGNATION DES ESPÈCES DE POISSON.	QUANTITÉ de sel allouée.	TITRES DES ALLOCATIONS.
	kilog.	
Pour 100 kil. de *sèches* (poisson de la famille des mollusques).	35	Déc. min. du 21 sept. 1836.
— 100 kil. de melettes dans les ports de Marseille et de Cette.	17	D. des 6 janv. et 16 juin 1817.
— 1,000 kil. de chevrette grise, dite gueldre (1).	240	Déc. min. du 16 juin 1862, Circ. man. du 23.

Il est accordé 22 kilogr. de sel pour 100 kilogr. de sardines à l'huile représentées en boîtes et dont la salaison a eu lieu dans des *bailles* ou cuves; l'allocation peut être portée à 35 kilogr. pour 100 quand la salaison doit s'effectuer dans des paniers et que les employés ont pu s'assurer de la sincérité de la déclaration faite à cet égard. (*Déc. min. du 17 janvier 1838, et Déc. du 24 mars 1843.*)

En réduisant de 22 à 19 kilogr. l'allocation de sel, le service peut autoriser l'emploi de l'eau de mer pour la préparation des saumures destinées à la salaison des sardines. (*Déc. du 18 mars 1864.*)

A la sortie de l'atelier, l'allocation de sel se règle d'après le poids total de la sardine et de la boîte en fer-blanc, quand il s'agit de préparations à l'huile, et suivant le poids net à l'égard des sardines salées et expédiées en saumure.

Lorsque des sardines salées dans un atelier doivent être confites à l'huile sur un autre point, l'expédition s'effectue, savoir, si le second atelier est situé dans le port de pêche où se trouve le premier, en vertu d'un passavant qui, après avoir reçu un certificat de prise en charge à l'arrivée, justifie la décharge au départ, ou avec un acquit-à-caution, quand le second atelier est dans un autre port; et à destination d'une localité autre qu'un port de pêche, sous passavant motivant la décharge dès qu'il est rapporté revêtu d'un certificat constatant la sortie de la commune. (*Déc. du 20 janvier 1838.*) V. n° 708.

Dans les années où les établissements de conserves à l'huile ne peuvent être suffisamment approvisionnés de sardines rapportées à l'état frais par les barques de pêche de la localité, l'administration ne se refuse pas à autoriser les intéressés à faire pêcher, à une certaine distance, des poissons pour la conservation desquels il est employé à bord une quantité de 22 ou de 35 kilogrammes de sel par 100 kilogrammes de sardines, selon que la salaison en atelier s'effectue en cuves ou en paniers; l'acquit-à-caution est déchargé en conséquence.

Lorsque la pêche ne peut s'opérer qu'à une grande distance, l'administration permet exceptionnellement qu'il soit fait usage à bord de 75 kilogrammes de sel par 100 kilogrammes de sardines, mais il faut alors que l'embarcation ait été expédiée, avec un compte-ouvert, sous le régime de la petite pêche. Par mesure d'ordre, la charge de l'atelier, comme la décharge, se règle d'après l'allocation de 22 ou de 35 kilogrammes de sel. (*Déc. du 5 novembre 1860.*)

Il est alloué en franchise 25 kilogr. de sel par 100 kilogr. de poissons pour la salaison en atelier, soit des maquereaux destinés à être marinés à l'huile, soit du rouget, des saumons et des homards qui, provenant de pêche maritime, doivent recevoir la même préparation. (*Déc. des 7 octobre 1853 et 23 septembre 1856.*)

---

(1) La gueldre est, à défaut de rogue de morue, destinée à servir d'appât pour la pêche de la sardine. L'allocation doit figurer dans une colonne spéciale de l'état annuel série S, n° 106.

Le repaquage ou le ressalage des gros poissons (lieux, merluches, etc.) provenant de grande ou de petite pêche, ne peut motiver aucune allocation de sel en franchise. (*Déc. du 23 septembre 1843.*)

Quand il importe que les harengs ou les maquereaux, salés en mer ou déjà paqués à terre, restés en magasin à défaut de vente, dans le port de salaison, soient ressalés afin d'en assurer la conservation, le service peut, après avoir reconnu que la première salaison a été faite régulièrement, accorder exceptionnellement les sels de France nécessaires, mais sous les conditions suivantes : une autorisation spéciale de l'administration doit être obtenue ; l'intéressé doit produire un certificat de la police municipale attestant que le poisson peut être livré à la consommation sans danger pour la santé publique ; il est fait usage du sel, à l'état sec ou en saumure, en présence des employés ; les poissons ainsi préparés restent, jusqu'à leur expédition pour l'intérieur, dans un magasin fermé de doubles serrures, et la douane conserve la clef de l'une d'elles ; ils n'en peuvent sortir qu'après avoir été séparés des quantités de sel ou de saumure qui n'existeraient pas si les poissons arrivaient de la mer, et l'intéressé est tenu de faire submerger immédiatement les sels ou saumures retirés.

Sous aucun prétexte, il ne peut être accordé de sel en franchise pour le paquage ou le ressalage des poissons arrivés par terre ou par mer autrement que des lieux de pêche, sans être accompagnés d'une expédition de douane indiquant que l'allocation légale peut être faite. (*Circ. du 20 août 1818, n° 418 ; Déc. des 10 janvier 1839, 13 août suivant, et 26 novembre 1840.*) *V.* n° 708.

Il n'existe aucune immunité pour la salaison des produits de la pêche fluviale. (*Déc. du 14 septembre 1853.*)

§ 4. — *Salaisons en ateliers* (1). — 1° *Dispositions générales.*

705. — La salaison de poissons à terre, permise en tout temps, ne peut avoir lieu autre part que dans les ateliers légalement établis. Il est interdit de saler le poisson à bord des navires ou bateaux dans l'enceinte des ports. (*Déc. des 1er mars 1845 et 6 novembre 1852.*)

Tout saleur en atelier doit être patenté. (*Ordonnance du 14 août 1816, art. 17.*)

Mais le service n'a pas à demander au saleur l'exhibition de la patente pour lui délivrer du sel, quand, d'ailleurs, il a rempli les autres formalités réglementaires. (*Circ. du 17 juillet 1819.*)

Aucun atelier de salaisons de sardines et *autres poissons* qui se renferment dans des barils ne peut être établi que dans une commune où il existe un bureau de douanes, et sans une déclaration préalable à ce bureau. (*Décret du 11 juin 1806, art. 36 ; Ordonnance du 30 octobre 1816, art. 5.*)

Chaque atelier doit être clos de telle manière qu'il n'ait qu'une seule issue sur la rue dans laquelle il est situé, et tous les bâtiments compris dans ce même enclos sont sujets à la visite des préposés des douanes. Tout propriétaire ou locataire d'atelier est tenu de l'ouvrir à toute réquisition de ces préposés, afin qu'ils puissent reconnaître les quantités de salaisons faites, et les quantités de sel non employé. (*Ordonnance du 30 octobre 1816, art. 5 ; Décret du 11 juin 1806, art. 41.*)

---

(1) Salaison en saumure, dagage, paquage, repaquage (de la morue), conservation en vert du poisson.

Excepté pour le repaquage de la morue, toutes les salaisons, au moyen d'une allocation fixe de sel, *V.* n° 704, s'effectuent sans l'assistance permanente des préposés, le sel étant laissé à la disposition du saleur.

Si un atelier contient exceptionnellement un entrepôt spécial, V. n° 693, aucune personne étrangère à cet établissement ne peut demeurer dans le même enclos. (*Déc. du 16 avril 1839*.)

Aucun débit, magasin en gros ou en détail, de sel ayant acquitté les droits, ne peut être établi à moins de vingt-cinq mètres de distance d'un atelier de salaisons, sous peine de 100 fr. d'amende et du triple droit sur le sel trouvé dans le magasin. S'il en existait à une moindre distance, ils devraient être éloignés et transférés à la distance prescrite. (*Ordonnance du 30 octobre 1816, art. 7, Décret du 11 juin 1806, art. 45 et 46; Circulaire du 18 juin 1817.*) Etablissement, etc., n° 233 du tabl. des Infr. Trib. de paix.

L'atelier dont le propriétaire change, ou qu'on a cessé d'exploiter pendant un certain laps de temps, n'existe plus légalement; il ne pourrait être admis de nouveau qu'autant qu'il satisferait à toutes les conditions résultant des règlements. (*Déc. des 17 juin 1823 et 2 février 1839.*)

Tout saleur qui, après avoir rempli les formalités déterminées pour l'établissement des ateliers, veut obtenir, en franchise, du sel pour des salaisons, est tenu de fournir une soumission valablement cautionnée et de justifier de l'emploi du sel en salaisons *dans les proportions fixées par les règlements*, V. n° 704, ou d'en payer le droit de consommation. (*Décret du 11 juin 1806, art. 39, et Ordonnance du 30 octobre 1816, art. 5.*)

Le saleur n'est pas tenu de spécifier, dans sa soumission, l'espèce de poisson qu'il se propose de préparer. (*Déc. du 17 février 1841.*)

L'emploi du sel délivré en franchise pour les salaisons est surveillé par les agents des douanes. (*Ord. du 30 octobre 1816, art. 3.*)

Tout propriétaire d'atelier de salaisons ne peut avoir, ni dans ces mêmes ateliers, ni dans l'enceinte des bâtiments où ils se trouvent, d'autres sels que ceux spécialement destinés à la préparation du poisson, et dont les droits ont été ou acquittés ou soumissionnés, sous peine de la confiscation de ces sels déposés illicitement et de l'amende du triple du droit de consommation. (*Décret du 11 juin 1806, art. 45; Décret du 8 octobre 1810, art. 38; Ord. du 30 octobre 1816, art. 6; Circ. des 14 décembre 1813 et 22 novembre 1816, n° 224.*) Détention dans l'enceinte, etc.; n° 231 du tableau des Infr. Trib. de paix.

Un saleur ne peut recevoir des sels en franchise du droit de consommation qu'après avoir fait la déclaration énoncée en l'art. 36 du décret du 11 juin 1806, et souscrit la soumission cautionnée exigée par l'art. 39 du même décret. (*Déc. du 2 mai 1838.*)

A chaque saison de salaison, dès la première livraison du sel pour un atelier, le service procède au recensement de cet établissement, afin d'inscrire d'office, en charge au compte-ouvert, les poissons salés qui peuvent s'y trouver. (*Déc. du 8 octobre 1838.*)

On peut, *si le service le juge convenable*, ne mettre à la fois à la disposition du saleur que les quantités de sel qu'il déclare et qui sont reconnues lui être nécessaires pour les salaisons d'une semaine. (*Circ. du 28 octobre 1807 et du 22 novembre 1816, n° 224.*)

La salaison des diverses espèces de poissons ne peut s'effectuer dans un même atelier. (*Déc. du 4 novembre 1853.*)

Tous ceux qui, sans déclaration préalable, emploient du sel en salaisons de poisson, doivent justifier qu'ils en ont acquitté ou soumissionné les droits, et, à défaut de cette preuve, ils encourent la confiscation du sel et des salaisons, et l'amende du double des droits fraudés. (*Décret du 11 juin 1806, art. 40.*) Défaut de justification, etc., n° 230 du tableau des Infr. Trib. de paix.

Toute vente de sel par les propriétaires d'ateliers de salaisons est formellement interdite pendant la durée des salaisons, sous peine de 100 fr. d'amende et du triple droit sur les sels vendus. Sous les mêmes peines, cette vente est interdite après les salaisons, à moins qu'il ne soit suffisamment prouvé que le sel a supporté l'impôt. (*Décret du 8 octobre 1810, art. 38; Ordonnance du 30 octobre 1816, art. 6; Décret du 11 juin 1806, art. 45 et 46; Circ. du 14 décembre 1813.*) Vente, etc.; n° 232 du tableau des Infr. Trib. de paix.

Toute quantité de sel, quelque faible qu'elle soit, que les employés voient sortir d'un atelier de salaisons, sans expédition régulière, est saisissable, et le prévenu, ainsi que le saleur, passibles tant de l'amende de 100 fr. que celle du triple droit. (*Décrets des 11 juin 1806, art. 45 et 46; 25 janvier 1807, art. 2; 8 octobre 1810, art. 38; Ord. du 30 octobre 1816, art. 6; Circ. du 6 janvier 1814.*)

Les sels trouvés sur un seul ou plusieurs individus que les préposés ont vu sortir d'un atelier de salaison sont saisis, lorsque aucune expédition ne peut être représentée. Dans ce cas, le procès-verbal doit conclure contre les porteurs du sel à l'amende individuelle de 100 fr., conformément à l'art. 2 du décret du 25 janvier 1807, et contre le saleur à une semblable amende, indépendamment du triple droit du sel, conformément à l'art. 6 de l'ordonnance du 30 octobre 1816 et aux art. 45 et 46 du Décret du 11 juin 1806. (*Circ. man. du 6 janvier 1814, et Déc. du 21 novembre 1836.*)

Dans ce cas, les préposés doivent, aussitôt après la main-mise sur le sel, se présenter chez le saleur et le sommer verbalement de se rendre au bureau, soit sans désemparer, soit le lendemain si l'heure le commande, pour assister à la rédaction du procès-verbal. Ce procès-verbal doit constater avec précision et exactitude les deux faits simultanés d'extraction de l'atelier et de circulation illicite. (*Déc. du 23 décembre 1843.*)

Les formalités imposées par la loi du 9 floréal an VII, pour la validité des saisies *à domicile,* ne sont pas applicables aux visites faites dans un atelier de *salaisons,* sorte d'établissement qui doit être ouvert à toute réquisition des préposés, et qui ne peut être confondu avec un domicile, alors même que le saleur y aurait fixé son habitation personnelle. (*A. de C. du 7 juin 1841.*)

Pour les visites domiciliaires, *V.* n° 293.

Les peines portées par les lois et règlements contre les saleurs en contravention sont applicables à ceux du domicile ou de l'atelier desquels un procès-verbal non argué de faux constate la sortie d'une charge de sel saisie à la circulation. (*Jug. du trib. civil de Quimper du 2 mars 1840; Doc. lith. n° 64.*)

Les salaisons, quelle que soit l'espèce de poisson qu'elles aient pour objet, doivent être complétées dans le même port, et il n'est pas accordé de sel en franchise dans celui où l'on transporte des salaisons commencées dans un autre. (*Ord. du 30 octobre 1816, art. 4.*)

Il est interdit à tout saleur de transporter dans un port, pour y être sauri, du hareng braillé dans un autre. (*Même Ord.; Circ. du 2 janvier 1811.*)

Toutefois, le paquage, dans un port, de maquereaux salés provenant d'un autre, peu avoir lieu avec du sel délivré en franchise, toutes les fois qu'ils arrivent accompagnés d'une expédition de douanes énonçant qu'il n'a encore été alloué que la quantité de sel nécessaire pour la première préparation en mer ou à terre. (*Circ. du 20 août 1818, n° 418.*) *V.* n° 708.

Chaque saleur en atelier doit avoir à la douane de sa résidence un compte ouvert où l'on inscrit en charge le sel qu'il reçoit, et, à décharge, le poisson salé qu'il représente. (*Ord. du 30 octobre 1816, art. 8.*)

Il n'est tenu qu'un compte-ouvert pour chaque atelier, quelles que soient les différentes salaisons qu'on y prépare. (*Déc. du 9 novembre 1828.*)

Les comptes des saleurs doivent être établis sur la quantité *au net* de poisson salé représentée. (*Ord. du 30 octobre 1816, art. 8.*)

Le service ne doit pas intervenir pour la reconnaissance des accidents arrivés dans

les ateliers ; mais il tient note de l'exposé des intéressés, afin d'être ultérieurement
à même d'agir selon qu'il y a lieu. (*Déc. du 17 septembre* 1853.)

Les quantités de poisson salé qui se consomment dans les villes où se font les
salaisons, *pendant la durée de la salaison*, ne sont pas prises par les préposés à la
décharge du compte du saleur, relatif à l'emploi du sel en franchise. Toutefois, cette
disposition n'est pas applicable à la morue repaquée à terre en présence des employés. (*Décret du 3 octobre* 1810, *art.* 5 ; *Ord. du 30 octobre* 1816, *art.* 9 ; *Circ. du
22 novembre* 1816, n° 224, *et Circ. du 8 décembre* 1818.)

En cas de modification dans les conditions d'une allocation, les salaisons effectuées avant le recensement spécial et existant en atelier sont traitées selon les anciens réglements. (*Déc. du 31 juillet* 1860.)

Toute quantité de salaison faite en mer ou à terre, importée ou introduite dans
une commune à destination des ateliers, doit être déclarée pour être inscrite sur le
compte-ouvert.

Les salaisons sont, en tous les cas, portées en charge à raison du sel représenté
par des préparations analogues faites à terre ; mais on tient compte d'une manière
distincte des salaisons opérées en mer et de celles effectuées à terre, notamment en
ce qui concerne le maquereau. (*Déc. des 9 février* 1839 *et 3 décembre* 1862.)

Pour les salaisons venant de la mer, l'inscription en charge peut s'opérer à vue
d'un état de déchargement du navire, vérifié par le service et signé par le saleur, à
titre de déclaration d'entrée en atelier (*Déc. du 24 janvier* 1848.)

A la sortie de l'atelier, le compte est annoté comme s'il s'agissait toujours de salaisons faites à terre ; l'imputation à décharge a lieu d'abord jusqu'à concurrence des
quantités prises en charge comme arrivées de la mer.

Des harengs braillés en mer, régulièrement pris en charge, et qu'on présente
saurs, trois-quarts prêts, demi-prêts, bouffis ou craquelots, figurent en décharge, à
raison, selon le cas, de 155 ou 180 kilogr. de sel pour 12,240 poissons ; mais si
la salaison a été préparée à terre, la décharge n'est, par exemple, pour les bouffis
ou craquelots, que de 75 kilogr. de sel. (*Déc. du 3 août* 1839.)

Pour toute quantité supérieure à la prise en charge des poissons salés en mer, la
décharge ne saurait comprendre que l'allocation afférente à la *préparation réellement
opérée dans l'atelier.* (*Déc. du 28 novembre* 1854.)

En tenant note, sur un carnet spécial, des quantités de poissons frais dirigées sur
tel ou tel atelier, le service est ultérieurement à même d'apprécier, dans une certaine mesure, si des manœuvres illicites ont pu se produire, et jusqu'à quel point il
peut être utile et opportun de recourir à la stricte exécution de toutes les prescriptions des règlements.

Parfois il peut être convenable d'effectuer des investigations dans les ateliers, soit
afin d'y constater des quantités de poissons salés existant au moment de la livraison
des sels pour la préparation des poissons arrivés à l'état frais, soit dans le cours des
opérations en vue de découvrir les introductions clandestines ; de distribuer avec
discernement et d'exercer avec un zèle soutenu la surveillance de la circulation des
poissons salés et des sels ou matières salifères.

La ponctuelle et judicieuse application de ces dispositions doit, tout en assurant
la répression des abus, amener les saleurs à reconnaître qu'il n'est pas de leur intérêt de se placer en dehors des conditions réglementaires. (*Déc. du 19 mai* 1854.)

Dans toute hypothèse, lorsque, avant l'époque où le compte-ouvert est arrêté, il
reconnaît, dans un atelier, des salaisons qui ne figurent pas en charge à ce compte,
le service les y inscrit d'office, sauf à assurer, au moment du règlement, l'application
des articles 43 et 46 du Décret du 11 juin 1806. (*Déc. du 6 janvier* 1842.)

A une époque qui peut varier selon les localités, mais qui doit se reproduire au
moins une fois chaque année, notamment, à moins de circonstances particulières, à la
fin de la saison ordinaire de salaison de chaque espèce de poisson, l'atelier du saleur

est recensé par les employés, en vertu du droit que leur confère l'art. 41 du décret du 11 juin 1806. Alors le compte est arrêté et sa balance est définitivement établie. (*Déc. des 11 mai 1826 et 23 septembre 1834.*)

Quand un saleur apporte des entraves matérielles, refuse les moyens de faire le recensement de ses magasins et ateliers, ou oppose d'une manière quelconque une force d'inertie, les préposés, après l'avoir mis en demeure, dressent contre lui un procès-verbal pour opposition à l'exercice de leurs fonctions. Le compte-ouvert est d'ailleurs immédiatement arrêté. (*Déc. des 5 février et 27 novembre 1841.*)

S'il résulte de la vérification et de la balance du compte que la quantité de poisson salé représentée n'est pas proportionnée à la quantité de sel délivrée en franchise et prétendue consommée, c'est-à-dire n'est pas suffisante pour justifier de l'emploi régulier du sel, d'où résulte un *déficit* de sel, le saleur est condamné à payer une amende de 100 fr., et, en outre, le double du droit sur le sel en déficit. (*Décret du 11 juin 1806, art. 43.*) Défaut de proportion, etc.; n° 234 du tableau des Infr. Contrainte.

En cas de déficit, il suffit d'ordinaire d'établir la situation du saleur sur une feuille de recensement; on l'invite à signer celle-ci, et, s'il refuse, mention en est faite, ainsi que des motifs allégués. Dès que l'administration a statué, on agit au besoin par voie de contrainte. Mais, lorsqu'il existe des faits exceptionnels, ou s'il y a un intérêt marqué à constater ultérieurement le contrevenant en état de récidive, il est préférable de rédiger un procès-verbal régulier. (*Déc. du 13 novembre 1846.*)

Quiconque, pour masquer la fraude, suppose des salaisons qu'il n'a pas faites, est passible de l'amende de 100 fr. et du triple droit sur le sel qui aurait été employé pour ces salaisons. (*Décret du 11 juin 1806, art. 46.*) Supposition, etc.; n° 235 du tableau des Infr. Trib. de paix.

Les mêmes pénalités sont applicables, en cas de substitution, dans les barriques ou barils, pour masquer la fraude, à des poissons pressés de toutes autres matières. (*Même Décret, même art.*) Substitution, etc.; n° 236 du tableau des Infr. Trib. de paix.

Le saleur qui présente des barils de chiens de mer dans lesquels on trouve une quantité distincte de sel neuf ou sec est passible de la pénalité édictée par l'art. 46 du décret du 11 juin 1806 contre ceux qui ont *substitué toute autre matière* au poisson déclaré. (*Jugem. du trib. civil de Boulogne, du 12 février 1841.*)

Quand, au lieu de sels neufs, le saleur présente des sels mélangés de sable, le service se refuse à les prendre en compte, constate le déficit par procès-verbal, et porte le fait à la connaissance de l'autorité municipale, qui peut ordonner la destruction de la marchandise comme susceptible d'être nuisible à la santé publique. A l'égard des sels immondes, on applique les n°ˢ 706 et 715. (*Déc. du 27 septembre 1847.*)

S'il résulte de la balance du compte ou du recensement que le saleur soit en *économie* (1), et qu'il lui reste du sel en nature, ce sel doit être réintégré en entrepôt ou soumis au droit de consommation (*Ord. du 30 octobre 1816, art. 5*), à moins toutefois qu'il ne soit constant que le saleur continue ses opérations. Dans ce dernier cas, les préposés laissent à la disposition du saleur la quantité de sel qu'ils jugent lui être nécessaire, et cette quantité de sel et la quantité de poissons salés existant dans l'atelier sont reprises en charge sur un nouveau compte.

Sont affranchis de cette reprise, pour le sel qu'ils représentent, les poissons salés déposés soit à l'entrepôt, soit sous la clef de la douane et celle des intéressés, dans un magasin fourni aux frais de ceux-ci et agréé par elle.

---

(1) Un saleur est en *économie* lorsqu'il n'a pas employé à ses préparations de poissons les quantités de sel que lui allouent les règlements.

Dans tous les cas où il y a lieu de déposer des poissons salés sous double fermeture, les serrures et cadenas dont la clef reste entre les mains des employés doivent être choisis par le chef local pour le compte et aux frais des saleurs. (*Déc. du 20 novembre 1828.*)

A la clôture des opérations, aucune partie de saumure ne peut, à moins d'une autorisation accordée par l'administration à raison de circonstances exceptionnelles, être laissée à la disposition des saleurs qu'après l'inscription en charge, au compte d'atelier, de la quantité de sel en dissolution. (*Déc. du 10 mars 1855.*)

Tout saleur qui fait de cette profession un moyen de fraude ou de spéculation illicite, outre les peines de droit, est privé de la franchise accordée pour les salaisons pour un espace de temps qui ne peut être moindre de deux ans ni supérieur à quatre. En cas de récidive, la privation est prononcée pour toujours. (*Ord. du 30 octobre 1816, art. 13.*) Abus de la profession, etc.; n° 238 du tableau des Infr.

C'est par la voie administrative que cet article doit, au besoin, être appliqué. (*Déc. du 23 janvier 1847.*)

A moins d'ordres contraires donnés par l'administration, le service doit rester complétement étranger, et, le cas échéant, refuser d'assister aux essais que les intéressés peuvent juger convenable de faire pour la salaison des poissons autrement que dans les conditions prévues par les règlements. (*Déc. du 27 avril 1854.*)

Il est reconnu que les allocations déterminées par l'ord. du 30 octobre 1816, *V.* n° 704, sont assez largement calculées pour satisfaire à toutes les nécessités d'une excellente préparation, en tant que les saleurs ont de l'expérience et procèdent avec soin. Le règlement de chaque compte est important pour empêcher, par la crainte des pénalités, que les saleurs ne livrent frauduleusement, à la consommation locale, dès le commencement de chaque saison, une partie des sels mis à leur disposition pour la salaison des poissons.

Le résultat du règlement de tous les comptes est signalé à l'administration (3e div., 3e bureau), par l'intermédiaire du directeur, soit par un état collectif, en double expédition, présentant les explications nécessaires et les propositions des chefs, quant au déficit, soit, s'il existe des circonstances particulières, par une correspondance spéciale. Le conseil d'administration statue.

En ce qui concerne le hareng et le maquereau, le règlement des comptes est établi d'après l'exemple suivant :

CHARGE.			DÉCHARGE.		
Sel livré au saleur ...	1,000 k.		4,812 kil. de harengs		
3,000 kil. de harengs			blancs, à 27 0/0	1,299 k.	
caqués *en mer*, à 27 0/0.	810		Sel réintégré en en-		
A déduire, allocation de			trepôt, soumis à l'impôt,		
5 0/0 à titre de déchet pour			ou repris à un nouveau		
manipulation ou rebut à			compte..............		300
l'égard des harengs (ou					
maquereaux) *salés en mer*					
et *régulièrement déclarés*					
pour l'inscription en					
compte. (*Déc. des* 10 *mars*					
1838 *et* 19 *mai* 1854)...	40				
RESTE........	770	770			
TOTAUX...	1,000 k.	770	....	1,299 k.	300

Règlement ou balance :

Décharge; sel en nature. .   300

     Reste   700   700

               1,470 kil. de sel dont l'emploi en salaisons doit

                    être justifié.

Salaisons représentées . . .   1,299 kil. montant des allocations légales.

    Déficit de sel . . . .   171 k.

Les déficits de sel qui ne dépassent pas certaine proportion de l'allocation légale pour les salaisons admises en décharge, ne sont soumis qu'au simple droit de consommation, à moins de craintes d'abus ou de tentatives ou faits de fraude; ceux qui excèdent cette proportion sont assujettis au double du droit, et, en cas d'abus, à l'amende de 100 fr.

On peut, mais avec l'autorisation spéciale de l'administration, s'abstenir d'appliquer une pénalité quelconque lorsque, le sel livré ayant été représenté en totalité, le déficit n'est afférent qu'aux salaisons faites en mer et régulièrement déclarées pour l'inscription en charge. (*Déc. du* 14 *mars* 1853.)

Appelé à surveiller l'emploi du sel (*V.* n° 696), le service doit s'assurer si les salaisons rapportées de la mer ou extraites des ateliers sont convenablement préparées. S'il reconnaît qu'elles laissent à désirer, qu'elles n'ont pas tout le sel nécessaire à une bonne préparation, et qu'il y a danger pour la santé publique à les mettre ainsi à la consommation, ou s'il éprouve des doutes à ce sujet, le service doit en référer à l'autorité municipale dont il attend la décision avant de permettre tout enlèvement. C'est d'après cette décision qu'il est disposé des poissons.

S'il résultait de la décision de l'autorité municipale que les salaisons ne pourraient être livrées à la consommation sans danger pour la santé publique, et, alors même que, la destruction n'en étant pas ordonnée, elles seraient exceptionnellement affectées à l'amendement des terres sous les conditions réglementaires, on ne saurait les admettre en décharge au compte ouvert relatif au sel remis en franchise, soit aux maîtres de barques de pêche, soit aux saleurs. Lorsqu'elle est prescrite, la destruction s'effectue sous la surveillance du service et de la police locale. (*Circ. des* 25 *février* 1817 *et* 5 *août* 1818; *Déc. du* 17 *août* 1853.)

Quant aux poissons non salés, le service doit aussi, le cas échéant et dans l'intérêt de la santé publique, requérir l'intervention de l'autorité locale, afin d'apprécier ce qu'il convient de faire. (*Déc. du* 17 *août* 1853.)

706. — Les sels immondes connus sous le nom de *ressels* et *sels de coussins* (*V.* n° 700), et les *saumures*, provenant de salaison de poisson, ainsi que les sels neufs mélangés de sels immondes dans quelque proportion que ce soit; et les résidus de salaisons de viandes, doivent être, immédiatement après la saison des salaisons, submergés sous la surveillance des préposés, sans que ces ressels, sels de coussins et saumures puissent être pris en compte à décharge. Les saleurs qui s'y refuseraient, ou ceux qui seraient convaincus d'avoir soustrait de ces sels immondes ou saumures, seraient condamnés aux peines portées par l'art. 45 du décret du 11 juin 1806 (l'amende de 100 fr. et le triple du droit). En cas de récidive, ils seraient privés de la franchise accordée pour les salaisons. (*Ord. du* 30 *octobre* 1816, *art.* 12.) Refus de submersion, etc., n° 237 du tableau des Infr.; trib. de paix.

Ces dispositions sont applicables dans tous les cas. (*Jug. du trib. corr. de Dunkerque du* 4 *février* 1837; *Circ. du* 23 *mars suivant,* n° 1613.)

La détention de *sels immondes* dans un atelier de salaisons tombe sous l'application des dispositions combinées des art. 6 et 12 de l'ordonnance du 30 octobre 1816, 45 du décret du 11 juin 1806 et 29 de la loi du 17 décembre 1814. (*Déc. du* 25 *novembre* 1853.)

2° Mode de salaisons.

707. — On ne peut employer, pour les salaisons faites en mer ou à terre, que la quantité de sel nécessaire à la conservation du poisson. (*Décret du 11 juin 1806, art. 33.*)

Les barils de poisson salé doivent être ouverts, et s'ils contiennent du sel superflu, il est jeté comme immonde. (*Même Décret, art. 34.*)

Les mêmes vérifications ont lieu pour les poissons salés apportés de l'étranger. (*Même Décret, art. 35.*)

Les chambres de commerce peuvent faire pour chaque saleur une marque à feu spéciale comme garantie de la bonne préparation des salaisons. Mais on ne doit apporter aucune entrave à la faculté de vendre soit au poids, soit à la mesure, selon l'usage des localités et la convenance des intéressés. (*Circ. man. du 29 juin 1863.*)

Afin de prévenir les doubles emplois, qui pourraient être faits, de barriques ou barils de poisson salé ou anchoité, le service doit marquer ces récipients aux deux bouts et sur le bouge. (*Décret du 11 juin 1806, art. 42.*) Cette marque est apposée sans frais par les préposés. (*Circ. du 26 août 1807.*) Il suffit qu'elle se fasse avec l'instrument appelé *rouanne*. (*Circ. du 25 octobre 1810.*)

Quand le nombre des barils est considérable, on peut, pour ne pas porter préjudice au commerce par une trop grande perte de temps, n'appliquer la marque que sur un des bouts du baril. (*Déc. du 9 janvier 1807.*)

Ceux qui s'opposent à l'apposition de cette marque peuvent être poursuivis pour opposition à l'exercice des fonctions des préposés. (*A. de C. du 12 février 1845; Circ. n° 2077.*)

3° Expéditions des salaisons; décharge des comptes d'atelier.

708. — Lorsque la préparation du poisson est complète, que le paquage ou l'embarillage a eu lieu, que les barils ont été revêtus des marques prescrites par les règlements, ces barils ne peuvent plus rester dans les ateliers; il faut qu'ils soient ou déposés dans un magasin spécial sous la double clef de la douane et du saleur, ou livrés à la consommation locale, ou expédiés, soit pour l'intérieur par terre, soit pour un autre port par mer, soit enfin pour un autre port d'atelier par mer ou par terre. (*Circ. des 28 octobre 1807 et 20 novembre 1816, n° 223.*)

Les salaisons existant dans l'atelier ou venues d'un autre port ne sont mises sous clefs, conformément à la circulaire n° 223, qu'autant qu'il existe dans la localité un magasin général pour les poissons salés. Il suffit d'ordinaire d'inscrire ces salaisons en charge au compte-ouvert. (*Déc. du 6 mars 1843.*)

Sauf en ce qui concerne les morues régulièrement repaquées, les salaisons livrées à la consommation locale, pendant la durée de la salaison, ne sont pas prises à la décharge des saleurs.

Les quantités de poisson expédiées pour l'intérieur de la France ou pour l'étranger sont inscrites à la décharge des saleurs ou autres détenteurs, sur la production d'un certificat des employés des douanes constatant la reconnaissance desdites salaisons en quantités et qualités, et leur embarquement ou leur sortie, par terre, de la ville ou de la commune, mais sans qu'il soit effectué d'escorte. A défaut de cette justification, les salaisons ne sont point prises en compte. (*Circ. des 28 octobre 1807 et 20 novembre 1816, n° 223.*)

Pour les morues repaquées, V. n° 701.

Les poissons salés dirigés par terre sur un autre port d'ateliers pour y recevoir une préparation complémentaire, lorsque cette opération est permise par les réglements (*V.* n° 705). doivent, à cet effet, être accompagnés d'un acquit-à-caution énonçant qu'ils ont été salés en mer ou à terre et qu'ils peuvent encore jouir de telle allocation de sel en franchise. (*Circ. des* 28 *octobre* 1807 *et* 20 *août* 1818, n° 418; *Déc. du* 20 *janvier* 1838.) *V.* n° 704.

Les poissons salés expédiés par cabotage en dehors des conditions fixées par rapport aux ateliers de salaisons, ne sont soumis qu'à la simple formalité du passavant. (*Loi du* 2 *juillet* 1836, *art.* 19.)

Un acquit-à-caution serait nécessaire si le navire à bord duquel on voudrait embarquer le poisson était armé pour la petite pêche. Cette expédition, délivrée sur la formule n° 12 de la série S, en usage pour les sels embarqués à destination de la petite pêche, serait imposée au maître de barque pour la quantité de sel représentée par le poisson dont il effectuerait le transport par cabotage. Le compte ouvert pour la salaison en mer (dans le cas où il y a lieu de tenir ce compte) recevrait une annotation de cette prise en charge accidentelle, et ce compte, de même que l'acquit-à-caution délivré, ne seraient déchargés que par la représentation des poissons au port de destination. Si les maîtres de barques ou leurs armateurs se refusaient à cette mesure, la douane aurait de son côté à refuser l'embarquement des poissons sur le bateau pêcheur. (*Circ. du* 11 *octobre* 1827, n° 1064, *et Circ. man. du* 9 *janvier* 1840.)

Pour assurer la conservation des poissons salés expédiés en cabotage, on alloue des saumures dans la proportion de 3 kil. p. 0/0 de salaisons, ce qui est indiqué sur le passavant en même temps que l'obligation de faire submerger, à l'arrivée, en présence du service, la partie de saumures qui n'aurait pas été absorbée avant débarquement. (*Déc. du* 14 *mars* 1834.)

Il ne peut être accordé de sel en franchise pour le ressalage de poissons salés en atelier, et qui, dans un transport par cabotage, auraient éprouvé des avaries. (*Circ. du* 15 *janvier* 1810.)

Les sardines salées peuvent être expédiées sur un autre port avec un acquit-à-caution série M, n° 51, portant obligation de les représenter au service de la douane de destination, chargé d'en faire opérer la réintégration en atelier, et indiquant que ces poissons, salés à raison de telle allocation, ne doivent recevoir aucune partie de sel en franchise. (*Déc. du* 25 *septembre* 1860.) *V.* n° 704.

Les mêmes formalités prescrites pour l'expédition des salaisons en barils sont observées pour le poisson salé expédié en paniers. (*Déc. du* 15 *novembre* 1817.)

SECTION II

Marine de l'État.

709. — Il n'y a pas lieu au payement du droit de consommation sur les sels employés aux salaisons destinées pour les approvisionnements de la marine de l'Etat (1). (*Art.* 55 *de la Loi du* 24 *avril* 1806; *art.* 9 *de la Loi du* 7 *juin* 1826.)

1° Les sels arrivant dans les ports à destination des salaisons de la marine sont entreposés dans un magasin fermant à deux clefs, dont l'une reste entre les mains de l'agent des vivres de la marine, et l'autre est déposée à la douane qui en surveille l'emploi. (*Déc. du* 11 *juin* 1806, *art.* 32);

2° Lorsque l'on se propose de procéder à une préparation de viandes ou de

---

(1) Il s'agit de viandes, de légumes, et de toute salaison destinée à l'avitaillement des navires de l'Etat. (*Circ. man. du* 20 *novembre* 1834.)

légumes, l'agent des vivres de la marine en fait la déclaration à la douane, qui lui délivre un permis pour la quantité de sel qu'il a déclaré vouloir retirer de l'entrepôt;

3° La délivrance de la quantité de sel portée dans le permis est ensuite faite à l'agent des vivres par les préposés commis à cet effet. Ceux-ci accompagnent les sels dans l'atelier, assistent à la mise en cuve et à tout emploi de sel qui est fait soit à sec, soit en saumure, pour la préparation des viandes. Ils constatent au verso du permis, et à mesure du travail, les quantités de sel qui sont consommées pour les diverses opérations. Toutes les fois qu'il y a lieu à l'interruption du travail, l'atelier est fermé sous deux clefs, dont l'une reste entre les mains des préposés;

4° Lorsque la préparation est complète, le permis est rapporté à la douane, et le compte d'entrepôt de la marine est immédiatement déchargé de la quantité de sel dont l'emploi a été constaté au dos de cette expédition. Les quantités qui n'ont pas été employées sont ensuite rétablies en entrepôt; s'il se trouve un déficit sur les quantités délivrées, déduction faite de celle dont l'emploi a été constaté, les droits sont perçus sur ce déficit;

5° Les sels immondes formant le résidu de chaque préparation sont submergés en présence des préposés; si, cependant, l'administration de la marine juge préférable de les vendre, la vente peut être faite à la charge par l'acquéreur de payer les droits, et de verser le surplus, s'il y a lieu, à la caisse de la marine;

6° S'il y a lieu d'ouiller les viandes salées après leur mise en barils, il est délivré à l'agent des vivres de la marine, sur sa déclaration, la quantité de sel nécessaire pour l'ouillage, lequel se fait en présence des préposés. Ceux-ci constatent, sur le permis qui a été délivré à cet effet, la quantité de sel employé à l'ouillage, et le compte d'entrepôt de la marine est déchargé d'une égale quantité, sur la représentation du permis (1);

7° Il est donné connaissance à l'avance, aux préposés des douanes, des heures auxquelles doivent s'exécuter les travaux de la marine auxquels ils sont chargés d'assister, et ceux-ci ne peuvent, sous aucun prétexte, les faire retarder. (*Circ. du 10 août 1809.*)

L'immunité ainsi accordée pour les sels destinés aux salaisons de la marine ne s'étend pas aux sels distribués aux marins avec la ration ordinaire. (*Déc. du Min. de la marine, transmise par la Circ. du 13 août 1806.*)

Dans les ports où se font ces sortes de salaisons, le service en fait l'objet d'un registre spécial. (*Circ. du 20 janvier 1807.*)

SECTION III

Eaux de la mer et autres eaux naturellement salées.

710. — Les eaux de la mer, *V.* n° 680 (ainsi que les eaux-mères provenant des salines, — *Déc. du Min. des fin. du 7 avril 1847, V.* n° 665), destinées au traitement de certaines maladies, à des bains dont l'usage est prescrit spécialement, peuvent, sur la production d'un certificat de médecin et l'autorisation de l'administration, être enlevées en franchise, sous la surveillance du service et dans les proportions déterminées par les chefs locaux.

(1) Quand il s'agit de l'ouillage des viandes salées provenant de l'étranger, le service de la marine doit, par une soumission, s'engager à acquitter la taxe de consommation sur toute quantité de sel employée à la bonification des parties de ces viandes qui entreraient ultérieurement dans la consommation intérieure. (*Déc. du 30 décembre 1856.*)

Les enlèvements successifs sont annotés sur un permis valable pour un mois, et chaque expédition hors de la localité fait l'objet d'un congé de circulation.

S'il s'agit d'établissements publics, les intéressés doivent préalablement s'engager à se soumettre aux investigations que le service jugerait à propos d'effectuer, de jour ou de nuit, sans l'assistance d'un officier municipal, afin de s'assurer que l'eau salée n'est pas détournée de sa destination. (*Déc. des 13 juillet 1844 et 31 août 1853.*)

L'eau de mer peut être employée pour l'arrosage des terres, des fumiers ou des engrais, ou pour humecter la nourriture des bestiaux, en telle quantité que les agriculteurs le jugent convenable, dans tous les cas où cette opération a lieu sous la surveillance des préposés et sans qu'ils soient obligés de se déplacer.

Quant aux demandes tendantes à enlever et à transporter sur des points non soumis à l'action habituelle du service des quantités d'eau de mer de quelque importance pour l'usage dont il s'agit, il est réservé aux chefs locaux, particulièrement aux inspecteurs et aux sous-inspecteurs, de statuer sur les suites qu'elles comportent et de subordonner l'exception aux formalités et conditions nécessaires pour prévenir tout abus. (*Déc. du 31 mai 1825, et Circ. lith. du 11 septembre 1849.*)

Il en est de même en ce qui concerne les petites parties d'eau de mer que les habitants du littoral désirent employer pour faire cuire des coquillages destinés à leur nourriture.

Les membres correspondants de la société du jardin zoologique d'acclimatation du bois de Boulogne à Paris, peuvent, dans les ports où ils résident, prendre en franchise l'eau de mer nécessaire pour l'envoi des poissons ou animaux marins destinés à l'aquarium. (*Circ. man. du 9 novembre 1861.*)

Toute autre exception est interdite d'une manière absolue. V. n°ˢ 680 et 695.

SECTION IV

Sels immondes destinés aux usages agricoles.

711. — Les saumures, les sels de coussins, ressels et autres sels immondes (1) provenant de la salaison ou préparation, en mer ou à terre, des poissons de mer, peuvent, en franchise de tout droit, être affectés aux usages agricoles, après avoir été dénaturés au moyen de l'un des mélanges indiqués ci-après :

Pour l'*amendement des terres,*

1° Sels impurs ou saumures	2 parties.
Matières fécales	2 *idem.*

et une quantité indéterminée de terre ou de fumier.

2° Sels impurs ou saumures	4 parties.
Fumier humide	3 *idem.*
Terres	5 *idem.*
3° Sels impurs ou saumures	4 *idem.*
Poudrette ou noir animal provenant des raffineries de sucre	8 *idem.*
4° Sels de coussins	30 kil.
Débris de poissons, ou poissons coupés en morceaux	100 kil.

(*Déc. du 14 novembre 1863.*)

Quand l'emploi peut être surveillé par les agents sans nuire à la

---

(1) On ne peut accorder en franchise, pour l'amendement des terres ou pour l'alimentation du bétail, que les sels immondes ou de coussins désignés au n° 700. (*Circ. man. du 25 septembre 1862.*)

bonne exécution du service général, l'administration permet parfois que les sels de coussins soient ensemencés à toute volée sans mélange préalable. (*Déc. du 22 janvier* 1864.)

Pour l'*alimentation du bétail*, le mélange se fait ainsi :

1° Sels impurs... 100 kil.

Son.. 100 kil. (1).

2° Sels impurs... 65 kil.

Tourteaux de graines oléagineuses en poudre. (*Circ. lith. du* 11 *août* 1852.)... 35 kil. (1).

3° Pulpes de betteraves à l'extraction des fabriques de sucre, sortant de la presse en galettes concassées, mais non complétement réduites en poudre, et devant être consommées immédiatement ou mises provisoirement en silos ; il est accordé pour les saupoudrer, afin d'en assurer la conservation, 10 kilogrammes de sels de coussins pulvérisés pour 100 kilogr. de pulpes.

Si ces mêmes pulpes sont broyées à sec et réduites en poudre, l'allocation est portée à 25 kilogr. de sel également pulvérisé.

4° Pour 100 kilogr. de pulpes ayant servi à la distillation de l'alcool, lorsqu'elles ne sont qu'égouttées et encore saturées d'eau, il est accordé 10 kilogr. de sel de coussins pulvérisé.

Si ces pulpes sont desséchées et réduites en poudre, comme il vient d'être dit pour celles qui sont extraites des fabriques de sucre, l'allocation de sel est portée à 25 kilogr.

5° Pour 100 kilogr. de betteraves fraîches hachées, quand elles doivent être employées dans cet état à la nourriture des bestiaux, il est accordé 15 kilogr. de sel de coussins pulvérisé. (*Circ. lith. du* 30 *mai* 1864.)

Le service peut autoriser l'arrosage du foin ou de la paille hachée avec de l'eau dans laquelle on a fait dissoudre du sel de coussins dans la proportion de 25 kil. de sel pour 1 hectolitre d'eau. Si l'agriculteur demande à conserver de l'eau salée, pour s'en servir ultérieurement en dehors de la surveillance des employés, on peut en laisser à sa disposition jusqu'à concurrence de 4 ou 8 hectolitres, à la condition d'ajouter à la dissolution soit 2 kilogr. de sulfate de soude anhydre, soit 1,500 gr. de sulfate de fer pour chaque hectolitre d'eau contenant 25 kilogr. de sel. (*Circ. lith. du* 30 *mai* 1864.)

Les agriculteurs, fabricants d'engrais ou éleveurs sont libres d'opter pour celui de ces mélanges qu'ils jugent le plus convenable.

C'est aux lieux d'extraction et avant l'expédition à l'intérieur que le mélange doit être opéré, en présence des agents du service des douanes.

Un point situé, autant que possible, à une distance peu éloignée d'un poste de douane, et désigné par l'autorité municipale, de concert avec le chef local du service, doit être affecté spécialement à l'opération du mélange des matières destinées à l'engrais ou à l'alimentation du bétail.

Les sels immondes ou saumures sont conduits, sous l'escorte du service, à l'en-

---

(1) Dans l'un et dans l'autre des procédés de mélange pour l'alimentation du bétail, les sels doivent être réduits *en poudre fine,* et le mélange doit être effectué devant le service, qui veille à ce que le son ou les tourteaux se trouvent à un certain degré d'humidité, afin que le sel y adhère suffisamment et ne puisse pas être enlevé par le tamisage. (*Circ. lith. du* 11 *août* 1852.) Mais toutes les fois que le sel est en cristaux assez fins pour permettre l'agrégation avec le son ou avec la farine de tourteaux, le service, après avoir pris l'avis du chef local, s'abstient d'en exiger la pulvérisation. (*Circ. man. du* 18 *novembre* 1862.)

droit désigné. Des mesures sont prises pour que les transports aient lieu par fortes quantités, afin de réduire, autant que possible, le nombre des escortes.

Le mélange s'effectue sous les yeux des préposés, et, au besoin, d'un vérificateur, qui en certifient au verso du permis.

Les frais de transport et de manipulation sont à la charge des intéressés, qui doivent fournir sur place, aux employés, les ustensiles de pesée ou de mesurage nécessaires.

A l'issue de l'opération, les produits mélangés doivent être dirigés sur la localité où l'emploi en a été autorisé. Lorsque le service le juge convenable, on les assujettit aux dispositions des règlements sur la circulation des sels et matières salifères, notamment à la garantie d'un acquit-à-caution, en vertu de l'art. 5 du décret du 11 juin 1806, ou, selon les localités, de l'art. 18 de l'ord. du 26 juin 1841.

Afin d'épargner des frais de transport trop considérables, les chefs du service peuvent, sur la demande des intéressés, et après avoir reconnu la nécessité des quantités de sels immondes ou de saumures réclamées, permettre exceptionnellement que ces saumures ou sels soient expédiés *avant mélange* sur les points où il doit en être fait emploi.

Quand il en est ainsi, les sels sont renfermés dans des sacs ou dans des futailles plombées, et il est délivré un acquit-à-caution, rappelant l'obligation imposée aux intéressés de les représenter intégralement aux employés des douanes ou des contributions indirectes, selon que l'établissement de destination est situé dans le rayon des douanes ou dans l'intérieur. Ces agents ont alors, après reconnaissance des sels, à assister à la pulvérisation et à la dénaturation qui doit en être faite au moyen d'un des mélanges prescrits, et les acquits-à-caution revêtus ensuite, quand il y a lieu, par leurs soins, d'un certificat de décharge rappelant l'espèce et la quantité des substances employées au mélange, sont renvoyés, conformément aux règlements, aux bureaux de départ. V. n° 29.

Quant aux saumures, pour le transport desquelles le plombage ne saurait être exigé, elles ne peuvent être expédiées sans avoir été préalablement mélangées avec les matières et dans les proportions déterminées que dans le seul cas où il est constaté qu'elles ne contiennent pas plus de 15 p. 0/0 de sel en dissolution. Dans cette dernière circonstance, le transport à la destination agricole déclarée doit être garanti par la délivrance d'un acquit-à-caution indiquant le degré qu'elles présentent au pèse-saumure ou au pèse-sel.

En résumé, le service doit s'assurer de la régularité des mélanges dont les sels impurs sont toujours l'objet avant de rester à la libre disposition des intéressés, et en surveiller autant que possible la circulation. (*Circ. lith. des 12 juillet* 1842, *30 novembre* 1847, *11 août* 1852 *et 30 mai* 1864.)

Dans le cas où les sels ne seraient pas mélangés en présence du service, sous les conditions et formalités réglementaires, le soumissionnaire de l'acquit-à-caution aurait à payer le simple et le double droit de consommation. (*Déc. du 14 février* 1863.)

Il existe, d'ailleurs, des dispositions particulières pour les sels *neufs* français destinés à l'alimentation des bestiaux. V. n° 714.

SECTION V

Sels pour la conservation des navires.

712. — Les sels de France destinés à être introduits, afin d'en assurer la conservation, dans les membrures des navires en construction pour la navigation maritime, peuvent être exceptionnellement affranchis de la taxe de consommation, à la condition expresse qu'il n'en sera fait usage qu'en présence du service, selon ses convenances et dans les limites reconnues réellement nécessaires. Il est recommandé de prendre toutes les précautions propres à prévenir tout abus. (*Déc. du 30 avril* 1852, *et Déc. admin. du 30 avril* 1855.)

SECTION VI

Fabrique de soude.

713. — Les sels destinés à la fabrication de la soude sont délivrés en franchise des droits sous les conditions déterminées par les règlements. (*Loi de fin. du 2 juillet* 1862, *art.* 16.)

Tout fabricant qui veut jouir de l'exemption du droit sur le sel employé à la fabrication de la soude artificielle, doit en faire la demande dans une déclaration qu'il fait parvenir, avant le 1er décembre de chaque année, au directeur des douanes ou des contributions indirectes dans la circonscription duquel se trouve située la fabrique.

Cette déclaration n'est admise. pour la première fois, que lorsqu'il a été justifié de l'autorisation, obtenue suivant les règlements de police concernant les établissements incommodes ou insalubres, et après que l'Administration a fait vérifier si l'usine est en état d'être mise en activité, et si on y a fait les dispositions nécessaires pour le logement des employés, ainsi que pour le bureau qui doit être mis à la disposition du service dans l'enceinte de l'usine. (*Décret du* 13 *décembre* 1862, *art.* 8; *Circ. du* 22, n° 872.)

Les fabriques de soude auxquelles sera délivré en franchise le sel nécessaire à leur fabrication, seront soumises à une surveillance permanente. Le nombre des préposés à l'exercice sera fixé par l'Administration (1). Pour couvrir le Trésor de la dépense à laquelle donnera lieu cette surveillance, chaque fabricant versera à la caisse du receveur principal des douanes ou des contributions indirectes une redevance annuelle dont le montant est fixé à .30 centimes par 100 kilogr. de sel employé à la fabrication. Les recouvrements auront lieu par trimestre (2). (*Même Décret, art.* 1er.)

Chaque fabricant sera, en outre, tenu de fournir les logements nécessaires aux préposés à l'exercice, soit dans l'enceinte de l'usine, soit en dehors de cette enceinte, mais à proximité de la fabrique et dans un local agréé par l'administration.

Il sera mis également à la disposition du service, dans l'enceinte même de l'usine et à proximité de son entrée, un local pour le bureau, d'une superficie minimum de douze mètres carrés, garni du mobilier nécessaire.

Le fabricant sera tenu de pourvoir à l'éclairage et au chauffage de ce bureau, soit en nature, soit au moyen d'un abonnement annuel fixé à 200 fr. (*Même Décret. art.* 2.)

Les sels seront expédiés sur les fabriques de soude avec un acquit-à-caution , et

---

(1) Ce service se composera de quatre agents, au moins, appelés à exercer leur surveillance à tour de rôle et deux à deux, de nuit comme de jour, sur toutes les opérations effectuées dans l'usine. Il sera adjoint un ou deux agents lorsque l'importance et la multiplicité des opérations nécessiteront cette augmentation. (*Circ.* n° 872.)

(2) A cet effet, le chef de service de l'usine adressera au receveur principal, à l'expiration de chaque trimestre, un bulletin indicatif de la quantité de sel qui aura été employée pendant cette période à la fabrication de la soude. Le paiement figurera à l'article des recettes accessoires. (*Circ.* n° 872.)

sous le plomb de l'administration (1), hors le seul cas où le sel sera tiré d'une saline ou d'un salin attenant à la fabrique qui doit l'employer. Dans cette dernière hypothèse, il ne serait délivré qu'un bulletin au pied duquel le fabricant attesterait la réception du sel. (*Même Décret, art.* 3.)

Seront admis en compensation du sel marin livré aux fabriques en franchise de droits :

1° Les sulfates de soude contenant au maximum en mélange intime 22 0/0 de sel marin, ou l'équivalent en chlorures divers ;

2° Les carbonates de soude au titre alcalimétrique minimum de 60 degrés ;

3° Les soudes brutes au titre alcalimétrique minimum de 30 degrés.

Le titre des produits fabriqués ne pourra être abaissé au-dessous des limites fixées ci-dessus qu'en vertu d'une autorisation spéciale toujours révocable et sous l'observation des mesures qui seront prescrites par l'administration.

Toutes les fois que les produits fabriqués contiendront une quantité de sel supérieure à la limite autorisée, ils ne pourront être enlevés des fabriques qu'à la charge, par les intéressés, d'acquitter le droit de consommation sur le sel, sans préjudice des peines portées par les lois et règlements. (*Même Décret, art.* 4.)

Le sel, arrivé régulièrement dans les fabriques et placé dans un magasin spécial de dépôt, fermant à deux clefs, n'en sera extrait qu'au fur et à mesure des besoins de la fabrication et après pesage (2).

L'introduction du sel dans les fours à sulfate et son mélange avec l'acide sulfurique devront toujours avoir lieu sous les yeux des préposés, qui constateront la quantité d'acide sulfurique additionné et le degré aréométrique de cet acide (3).

---

(1) On peut se servir indifféremment, pour le transport, de sacs, de wagons ou de bateaux, plombés. Seulement, si les sacs sont transportés sur charrettes, ils doivent avoir la couture en dedans.

L'acquit-à-caution doit stipuler l'obligation de rapporter, dans un délai fixé, l'expédition revêtue du certificat de décharge délivré par les préposés à l'exercice, ou de payer le quadruple droit sur le sel manquant, conformément à l'art. 4 du décret du 13 octobre 1809.

Les préposés à l'exercice ne délivreront ce certificat de décharge qu'après avoir reconnu l'identité du transport, vérifié le plombage, les quantités, et fait déposer le sel en leur présence dans le magasin de dépôt. (*Circ.* n° 872.)

(2) Les employés tiennent un registre de compte-ouvert où ils inscrivent successivement les quantités de sel reçues en magasin et celles délivrées.

Le sel n'est extrait du magasin de dépôt qu'au fur et à mesure des besoins de la fabrication. Les agents constatent le poids de chaque livraison, qu'ils inscrivent sur leur carnet, et assistent toujours à la mise en œuvre du sel.

Ils établissent à la fin du mois, pour les entrées et les sorties des magasins de dépôt, un décompte qui fait l'objet d'un état de situation que les directeurs transmettent à l'administration. — Tout déficit résultant de la balance de ce compte est passible du droit de consommation de 10 fr. les 100 kil. (*Circ.* n° 872.)

(3) Lorsqu'il s'agira de la fabrication du sulfate, les préposés à l'exercice vérifieront, soit par la pesée, soit par le cubage des bassins ou réservoirs, la quantité d'acide sulfurique qui doit être versée sur le sel et le degré aréométrique de cet acide. Si cette quantité ne correspond pas à celle indiquée comme nécessaire pour obtenir du sulfate ne contenant pas plus de 25 p. °/° de sel non décomposé, ils auront soin, au moment où le sulfate sera tiré du four, d'en constater le poids et de prélever un échantillon pour l'expertise, en notifiant au fabricant leurs réserves pour le cas où le sulfate ne serait pas au titre exigé. (*Circ.* n° 872.)

Le sel destiné à abaisser le titre des carbonates de soude, au minimum de 60°, lorsque le mélange aura lieu dans le four à carbonate de soude, sera ajouté avant que le carbonate de soude ait pris nature, et brassé avec la masse sous les yeux des préposés (1).

Pour servir à abaisser le titre de la soude brute, au minimum de 30°, le sel pourra être incorporé soit directement dans le four, soit après son mélange avec les éléments de la soude (sulfate, poussière de charbon, craie ou pierre calcaire broyée, marc de soude lessivée ou autres), mais alors seulement au moment de la mise au four, laquelle aura lieu sous les yeux des préposés.

Dans l'un et l'autre cas, le sel devra être en grains fins ou pulvérisés. (*Même Décret, art. 5.*)

Les préposés à l'exercice s'assureront que les produits fabriqués sont au titre réglementaire. Après vérification de ce titre, si le fabricant conteste les résultats de l'épreuve faite par le service, un double échantillon du produit sera prélevé et adressé à l'administration pour être soumis à l'examen des commissaires-experts du Gouvernement, et tout produit reconnu tenir du sel non décomposé, dans une proportion supérieure aux limites fixées par l'art. 4 du Décret du 13 décembre 1862, sera soumis au paiement de la taxe générale de consommation, comme sel ordinaire. (*Circ.* n° 872.)

Aucun produit ne pourra sortir de la fabrique qu'en vertu d'une déclaration du fabricant et d'un permis délivré par le service. (*Circ.* n° 872.)

Les préposés auront libre accès à toute heure du jour et de nuit dans tous les magasins et ateliers de la fabrique; ils auront droit de prélever tous les échantillons nécessaires à la vérification des produits fabriqués, de toute nature. (*Décret du 13 décembre 1862, art. 6.*)

Les fabriques de soude établies dans l'intérieur de salins ou salines seront soumises comme les autres aux formalités d'exercice nécessaires pour la constatation régulière des dénaturations du sel. (*Même Décret, art. 7.*)

L'administration des douanes et des contributions indirectes prescrira, en vertu des anciens règlements, les mesures d'ordre pour assurer l'exécution du présent décret; et les contraventions, s'il en était constaté, seraient passibles des amendes et pénalités fixées par ces règlements. (*Même Décret, art. 8.*)

CHAPITRE VII

SELS NEUFS FRANÇAIS DESTINÉS A L'ALIMENTATION DES BESTIAUX.

714. — Le droit de consommation sur les sels est réduit à 5 centimes par kilogr., pour les sels destinés à l'alimentation des bestiaux, sous les conditions suivantes. (*Ord. du 26 février 1846, art. 1er.*)

Ces sels doivent être mélangés, dans les dépôts énoncés en l'art. 4, aux frais des intéressés et à leur choix, conformément à l'un des deux procédés indiqués ci-après :

Pour 5 kilogrammes de sel en poudre, 5 litres d'eau et 2 hectolitres ou 40 kilogrammes de son ordinaire ou mêlé de recoupe;

Ou bien, pour 10 kilogrammes de sel en poudre, 10 litres d'eau, 4 kilogrammes

(1) Si les fabricants mêlent le sel aux lessives ou dissolutions de soude avant l'introduction de ces lessives dans le four ou dans les chaudières de dessiccation, les employés s'assurent que le sel a été complétement dissous. (*Circ.* n° 872.)

de farine de tourteaux de graines oléagineuses, et 2 hectolitres ou 40 kilogrammes de son ordinaire ou mêlé de recoupe. (*Même Ord., même art.*).

La perception du droit de 5 centimes sur les sels ayant la destination spéciale indiquée à l'article précédent, est faite avant l'enlèvement des marais salants, ou avant la sortie des entrepôts de sel (1) et des fabriques de sel ignigène, pourvu que lesdits sels aient été préalablement pulvérisés. (*Même Ord., art. 2.*)

La liquidation et la perception du droit de 5 centimes doit s'opérer avec ou sans déduction du déchet légal, avec ou sans escompte, suivant les règles établies pour le recouvrement de la taxe générale de consommation. Toutefois, dans aucun cas, les *bonis* ou parties des *bonis* alloués ne peuvent être mis à la libre disposition des intéressés. Ces *bonis*, lorsque le chiffre en est connu au moment de la perception, suivent la destination de la masse principale et servent à couvrir le déchet, et, quand le chiffre de ces *bonis* ne pourra être connu au moment de la perception, ainsi que cela se produit pour les sels extraits des entrepôts sur des masses non soldées, ils ne peuvent être ultérieurement livrés en franchise qu'à charge soit de pulvérisation et d'expédition régulière sur un dépôt de sel destiné à l'alimentation du bétail, soit d'emploi pour une destination privilégiée, telle que la pêche, les ateliers de salaison.

Un registre spécial de recettes et quittances, série S, n° 6, est ouvert, partout où il y a lieu, pour l'inscription en recette du droit de 5 centimes par kilogramme. Le volant de ce registre n'est ni rempli ni détaché de la souche. Il doit être biffé, et le redevable n'a à payer d'autre timbre que celui de l'acquit-à-caution, portant quittance du droit qui lui est délivré conformément à l'art. 6 de l'ordonnance. (*Circ. du 7 avril 1846, n° 2106.*)

Le service ne doit accepter, comme dûment pulvérisés, que les sels dont le grain a été broyé et réduit à un état de ténuité au moins égal à celui du sel fin de table. On laisse du reste aux intéressés, par les soins et aux frais de qui la pulvérisation doit s'effectuer, le choix des instruments qu'ils jugeront devoir employer, tels que meules, cylindres, etc.

Les employés, après s'être assurés que les sels sont convenablement pulvérisés, procèdent à la pesée intégrale, laquelle s'effectue dans des sacs préalablement tarés et ayant toutes les coutures à l'intérieur. (*Même Circ.*)

Les mélanges indiqués à l'art. 1er ne peuvent avoir lieu que sous la surveillance des agents des douanes ou des contributions indirectes, et dans les magasins de dépôt établis conformément à l'art. 4 ci-après.

Ces mélanges s'effectuent aux jours et heures qui seront déterminés par le chef de service des douanes ou par le directeur des contributions indirectes de l'arrondissement. (*Ord. du 26 février 1846, art. 3.*)

Il ne doit y être procédé qu'en présence de deux employés, au nombre desquels doit toujours se trouver soit un agent de bureau, soit un brigadier ou un sous-brigadier. (*Circ. n° 2106.*)

Des dépôts spéciaux de sels imposés au droit de 5 cent. peuvent être autorisés dans toutes les communes où il existe soit un bureau de douanes, soit des employés des contributions indirectes en résidence. (*Ord. du 26 février 1846, art. 4.*)

Tout individu qui veut, en exécution de l'article précédent, établir un de ces dépôts, doit en faire la demande par écrit au directeur des douanes ou à celui des contributions indirectes, et lui faire agréer un local convenable pour servir à l'emmagasinement et au mélange des sels. (*Même Ord., art. 5.*)

Quand le dépôt de sel doit se trouver dans une commune où il existe un bureau de douanes, la demande est adressée au directeur des douanes ayant ce bureau dans

_____

(1) Il s'agit des entrepôts généraux. (*Circ. n° 2106.*)

sa circonscription. Lorsque ce chef, après s'être procuré les renseignements néces-saires, juge devoir accueillir favorablement cette demande, il notifie sa décision au receveur, qui en prévient l'intéressé.

Tout local agréé pour servir de dépôt doit se composer au moins de deux pièces, l'une destinée à servir de magasin pour les sels, l'autre affectée aux manutentions et mélanges dont il sera parlé ci-après. Les fenêtres et autres ouvertures seront soli-dement grillées. (*Circ.* n° 2106.)

L'intéressé doit, en outre, s'engager, par une soumission dûment cautionnée, et sous les peines portées à l'art. 13 de la loi du 17 juin 1840, à représenter, à toute ré-quisition des agents des douanes ou des contributions indirectes, les sels en magasin. (*Ord. du 26 février 1846, art. 5.*)

Cette soumission, inscrite sur le registre série M, n° 23 D, porte l'engagement que, dans le cas où elle ne serait pas renouvelée avant l'expiration d'une année, les sous-signés, conjointement et solidairement, acquitteront, à la première réquisition de la douane, la portion non recouvrée de la taxe générale de consommation sur les quantités de sel restant sans emploi dans le dépôt. (*Circ.* n° 2106 *et modèle an-nexé.*)

Les sels ne peuvent être expédiés sur lesdits dépôts qu'avec acquit-à-caution et sous l'accomplissement des formalités prescrites par les art. 18 et 19 de l'ordonnance du 26 juin 1841. (*Ord. du 26 février 1846, art. 6.*)

Toutefois, lorsque le dépôt sur lequel les sels sont dirigés se trouve *tout-à-fait à proximité du lieu d'extraction,* et que ces sels sont destinés à être mélangés et livrés *dans le jour même,* la formalité du plombage des sacs peut être remplacée par celle de l'escorte du service, depuis ce lieu d'extraction jusqu'au dépôt. Dans ce cas, le receveur délivre, au lieu d'un acquit-à-caution, un simple permis de conduite au dépôt désigné.

Lorsque des sels arrivent dans un dépôt, deux employés, au nombre desquels sera, autant que possible, un agent de bureau préposé en chef à l'opération, se trans-portent immédiatement au dépôt, pour procéder à la vérification des sels et à leur mise en magasin. Ils inscrivent les détails de leur opération sur un portatif ou carnet spécialement affecté à cet usage, et en constatent les résultats dans un certi-ficat au verso de l'acquit-à-caution.

Ce certificat constate les différences de poids, soit en plus, soit en moins, reconnues comparativement à l'énoncé de l'expédition. Ce n'est qu'autant que ces différences seraient sensibles et que quelque circonstance particulière motiverait une suspicion de fraude, qu'il y aurait lieu de faire ouvrir et vider les sacs. Autrement, on se borne à les sonder pour s'assurer qu'ils contiennent du sel pulvérisé. (*Même Circ., même numéro.*)

Les acquits-à-caution déchargés sont, à l'expiration de chaque mois, renvoyés, par le receveur qui les aura régularisés, au directeur local des douanes, et ce chef les fait parvenir directement à son collègue des douanes ou des contributions indirectes du département dans lequel ils ont été délivrés, selon qu'ils émanent de l'un ou de l'autre service. (*Circ.* n° 2106.)

Les magasins de dépôts seront sous la double clef des dépositaires et des agents des douanes (1) ou des contributions indirectes. Ces agents tiendront un compte d'entrée et de sortie des sels mis en magasin, lesquels y resteront sous plomb jusqu'au moment où il en sera fait livraison après mélange. (*Ord. du 26 février 1846, art. 7.*)

L'obligation de laisser les sels sous plomb ne concerne que le dépositaire; le

_____

(1) La serrure dont la clef reste entre les mains des employés est choisie et achetée par la douane aux frais de l'intéressé. (*Circ.* n° 2106.)

service aura, en tout état de choses, le droit de déplomber tout ou partie des sacs pour les vérifier, soit à l'arrivée, soit pendant le séjour dans le dépôt. Il est bien entendu, d'ailleurs, que les employés doivent tenir note sur leur portatif du nombre de sacs dont ils ont enlevé les plombs, afin de mettre à couvert, quant à ce point, la responsabilité du dépositaire. (*Circ.* n° 2106.)

Les dépositaires sont tenus de fournir les ouvriers et les ustensiles nécessaires pour le pesage et le mesurage des matières destinées au mélange. (*Ord. du 26 février 1846, art.* 8.)

Dans les lieux où le transport des sels, des eaux salées et des matières salifères est soumis à des formalités à la circulation, les sels mélangés doivent être accompagnés de l'acquit de payement des droits, d'un congé, d'un passavant ou de toute autre expédition régulière des douanes ou des contributions indirectes. (*Même Ord., art.* 9.)

Les directeurs sont autorisés à donner des ordres pour que l'obligation du congé de circulation ne soit imposée que sur le petit nombre de points où elle serait reconnue absolument indispensable pour la garantie des intérêts du Trésor. (*Circ.* n° 2106.)

Toute infraction aux dispositions de la présente ordonnance entraîne l'application des peines prononcées par l'art. 13 de la loi du 17 juin 1840. (*Ord. du 26 février 1846, art.* 10.) (1)

CHAPITRE VIII

CONTRAVENTIONS ET LEURS SUITES.

715. — Les procès-verbaux de fraude et de contravention en matière de sels sont assujettis aux formalités prescrites par les lois relatives aux douanes. Les contra-

---

(1) Les chefs locaux doivent, aussi fréquemment que leurs obligations générales leur permettent de le faire, surveiller les diverses opérations qui se rattachent à la pulvérisation des sels, à leur extraction des lieux de production, à leur arrivée dans les dépôts, à leur mélange avec les substances indiquées, et enfin aux recensements destinés à constater la situation ou l'apurement des dépôts. Ces recensements ont lieu au moins une fois par an, immédiatement avant le renouvellement de la soumission cautionnée fournie en vertu de l'art. 5 de l'ordonnance.

Pour les infractions commises dans les dépôts, il y a lieu de les constater par procès-verbal, et d'en poursuivre la répression, conformément à l'art. 14 de la loi du 17 juin 1840, devant le tribunal de police correctionnelle. Néanmoins, s'il ne s'agit que de manquants qui ne dépassent point 2 0/0 des quantités prises en charge, et si le dépositaire consent à payer sur ces manquants le droit complémentaire, on peut s'abstenir de dresser procès-verbal aux fins des peines de droit.

Les services des contributions indirectes et des douanes sont concurremment chargés d'assurer l'application de l'ordonnance du 26 février 1846. Toutefois, la simultanéité de leur concours laisse complétement subsister la distinction et l'unité d'action qui appartiennent en propre à chacun des deux services, c'est-à-dire qu'ils continuent de procéder chacun séparément. Il résulte en même temps de l'ensemble des dispositions adoptées que ce sont les chefs et agents des douanes qui doivent être exclusivement chargés de l'application de l'ordonnance *dans toutes les communes où il existe un bureau de douanes,* lors même qu'il s'y trouverait pareillement, soit un ou plusieurs bureaux des contributions indirectes, soit des sections d'agents de ce service. (*Circ.* n° 2106.)

ventions sont poursuivies conformément aux dispositions de ces mêmes lois. (*Loi du 24 avril 1806, art.* 57.)

Pour les pénalités applicables à l'importation frauduleuses des sels, *V.* le Livre III. (*Circ. du 23 décembre* 1844, n° 2046.)

Les fraudes et contraventions prévues par la loi du 17 juin 1840 ou par les ordonnances ou décrets qui en règlent l'application, sont punies ainsi qu'il est indiqué au n° 652. (*Loi du 17 juin 1840, art.* 10.)

La fraude ou contravention tombant sous le coup des pénalités déterminées par la loi du 17 juin 1840, ou par les ordonnances ou décrets qui en règlent l'application, est poursuivie devant le tribunal correctionnel. (*Même Loi, art.* 14.)

Toute autre fraude ou contravention est punie par la loi du 24 avril 1806, le décret du 11 juin 1806, et les lois, ordonnances ou décrets qui en sont le corollaire ; elle donne lieu à la confiscation des sels (1) et des chevaux, ânes, mulets, voitures, barques ou autres embarcations (2) employés au transport, avec amende. (*Loi du 24 avril 1806, art.* 57; *Décret du 11 juin 1806, art.* 16.) (3) *V.* n° 677.

L'amende est alors de 100 fr., à moins que la fraude ne soit commise par une réunion de trois individus et plus, cas auquel cette amende est de 200 fr. à 500 fr. (*Loi du 24 avril 1806, art.* 57.)

L'amende fixée par la loi du 24 avril 1806 est, dans tous les cas, individuelle. (*Loi du 17 décembre 1814, art.* 29 et 30.)

Toutefois, le fils mineur qui accompagne son père, la femme qui accompagne son mari font exception à la règle; dans ces cas, il n'est dû qu'une seule amende. (*Circ. du 28 octobre* 1809.)

Un *maître*, condamné comme civilement responsable du fait de son agent ou ouvrier, n'est point passible d'une amende *individuelle*, mais seulement solidaire de celle prononcée contre le contrevenant direct. (*Déc. du 11 octobre* 1843.) *V.* n° 33.

Indépendamment de la confiscation et de l'amende qui viennent d'être énoncées, les contrevenants, quand ils sont au nombre de trois et plus, sont condamnés à un emprisonnement de quinze jours au moins et deux mois au plus. (*Loi du 17 décembre* 1814, *art.* 30.) N° 163 du tabl. des Infr.; *Circ.* n° 2046.; Trib. correct.

Les juges de paix sont seuls compétents, sauf l'appel, s'il y a lieu, pour connaître des contraventions à la loi du 24 avril 1806, et aux lois, ordonnances ou décrets qui en sont le corollaire, excepté dans les cas suivants. (*Même Loi, art.* 29.)

Si le contrevenant est en récidive, ou si la contravention ou la fraude est commise par une réunion de trois individus et plus, l'affaire est portée devant le tribunal correctionnel, qui prononce les condamnations encourues (*même Loi, art.* 30 et 31), quelle qu'ait été l'intention des prévenus. (*A. de C. du 20 novembre* 1834; *Circ. du 22 décembre* 1834, n° 1468.) N° 164 du tabl. des Infr.; Trib. correct.

Tout individu qui, traduit devant le juge de paix, est reconnu, soit par le rapport dûment rédigé et non argué de faux, soit par l'instruction, être coupable de récidive, doit être renvoyé par ledit juge de paix devant le tribunal correctionnel. (*Même Loi, art.* 31.)

---

(1) On ne peut poursuivre la confiscation d'une partie de sel à l'égard de laquelle on exige le droit de consommation, sauf, toutefois, s'il s'agit de l'application de l'art. 10 de la loi du 17 juin 1840. (*Déc. du 17 mars* 1827, *et Loi du 17 juin* 1840.)

(2) De tout tonnage. (*A. de C. du 15 avril* 1808; *Circ. du 15 décembre* 1809.)

(3) Les pénalités énoncées dans cet article et dans les suivants ne sont que celles relatives aux contraventions générales en cette matière; celles qui regardent les salaisons, le cabotage, etc., sont indiquées dans les chapitres ou les sections qui précèdent.

Il faut, pour établir le cas de récidive, que la première contravention ait été suivie d'un jugement. (*A. de C. du 8 septembre* 1820; *Circ. du* 17), et qu'elle ait été constatée et jugée dans les douze mois qui précèdent la seconde. (*Code pénal, art.* 483; *Déc. du 20 mars* 1822.)

Une transaction intervenue après jugement non signifié suffit pour établir le cas de récidive, pourvu qu'elle ait été enregistrée. Il convient donc de remplir cette formalité dans les lieux et dans les circonstances où il importe de réprimer la fraude des sels. (*Circ. du 12 octobre* 1841, n° 1882.)

L'amende prononcée en vertu de la législation de 1840 ou de celle de 1806 est passible de la subvention du décime par franc. (*Déc. du Min. des fin. du 9 février* 1808; *Circ. du* 16; *et règlements généraux.*) V. n° 1084.

En cas de saisie de chevaux, mules, mulets et autres bêtes de somme servant au transport de sel, en contravention à la loi, dont la remise sous caution a été offerte par le procès-verbal et refusée par la partie, il est procédé à la vente par enchère desdites bêtes de somme, à la diligence de l'administration des douanes, en vertu de la permission du juge de paix le plus voisin. (*Décret du 20 novembre* 1806, *art.* 1er.) V. n° 1109.

L'ordonnance du juge de paix portant *permis de vendre* doit être signifiée dans le jour à la partie saisie, si elle a un domicile réel ou élu dans le lieu de l'établissement du bureau de la douane, ou, à défaut de domicile connu, au maire de la commune, avec déclaration qu'il sera procédé immédiatement à ladite vente, tant en absence qu'en présence, attendu le péril de la demeure. (*Même Décret, art.* 2.)

Les *yoles* saisies comme moyen de transport de sels sont abandonnées aux saisissants, à charge de destruction immédiate, lorsqu'elles n'ont pas atteint à la vente le minimum de 15 fr. (*Déc. min. du 11 mai* 1837.)

Dans les directions de la Rochelle, Nantes et Vannes, toutes les fois qu'une bête de somme, saisie comme moyen de transport de sel, ne peut être vendue au-dessus de 5 fr., elle est abattue, et il est alloué aux saisissants une somme de 10 fr. à titre de gratification. (*Déc. min. du 6 octobre* 1807; *Circ. du 6 octobre* 1814.) Le payement de cette gratification a lieu sur la production d'un état mensuel. (*Circ. du 27 octobre* 1807.)

Les maires désignent, d'après les exigences de la santé publique, les endroits où doivent être enfouis les chevaux détruits. (*Déc. du Min. des fin. aux préfets, du 15 décembre* 1807.)

Les frais faits pour abattre et enfouir les bêtes de somme sont imputables sur le sixième réservé à la caisse des retraites dans les répartitions de saisie. (*Déc. min. transmise par la Circ. manuscr. du 10 janvier* 1808.)

Les sels saisis et confisqués sont vendus publiquement, conformément à l'article 8 de la loi du 14 fructidor an III, V. n° 1099 (1).

On peut, selon que les saisissants y trouvent avantage, permettre que les sels saisis à l'importation par les frontières de terre ou sur le littoral soient vendus ou pour la réexportation ou pour la consommation, en payant le droit d'entrée et la taxe de consommation.

Le droit d'entrée exigible est le droit minimum afférent aux sels, d'après leur qualité, et selon la zone dans laquelle la saisie a eu lieu (*Déc. min. du 23 février* 1815; *Circ. du 9 mars suivant*; *Circ. du 28 mai* 1842, n° 1916, *et Circ. lith. du 12 juillet* 1849.)

Les sels français saisis à la circulation doivent, en cas de vente, jouir de toutes les

_____

(1) Les sacs renfermant les sels saisis sont abandonnés aux saisissants pour être vendus à leur profit. (*Déc. min. transmise par la Circ. du 6 octobre* 1814.)

faveurs accordées aux sels de cette origine, et particuliérement du boni et de l'escompte. (*Déc. du 6 avril* 1843.)

Toute vente de sel provenant de saisie est notifiée au public par un avis ou une annonce exprimant formellement la condition que la vente sera nulle si le prix des enchères ne s'élève pas au-dessus du montant des droits cumulé avec les frais de toute nature. Dans ce cas, les sels sont submergés publiquement, et il est rédigé procès-verbal de la submersion. Celle-ci a lieu dans la même forme, et sans qu'il soit nécessaire de mettre préalablement les sels en vente, toutes les fois que l'on est fondé à douter que le montant de la vente doive couvrir au moins l'intégralité des droits dus au Trésor et les frais. (*Circ. du 26 mai* 1828, n° 1103.)

La submersion des sels saisis ne peut avoir lieu qu'autant qu'il existe un jugement de confiscation ou acte d'abandon. (*Déc. du 12 septembre* 1834.)

CHAPITRE IX

ÉTAT STATISTIQUE.

716. — Chaque année les directeurs adressent à l'administration (3ᵉ division, 3ᵉ bureau) un état statistique, n° 195, présentant le résumé de toutes les opérations relatives aux sels. (*Circ. du 26 février* 1849, n° 2308.)

LIVRE XI

RÉGIMES SPÉCIAUX.

———

Les livres qui précèdent présentent le résumé des règles générales qui fondent la législation des douanes; elles auraient manqué de suite et d'ensemble si, à chaque article, on eût ajouté les exceptions ou les règles particulières qui ne se rapportent qu'à certaines localités, certaines opérations ou à certaines marchandises. C'est pour éviter cet inconvénient, ainsi que pour conserver à chaque partie du service son régime propre et distinct, qu'on a formé le Livre des *Régimes spéciaux et exceptionnels* (1).

Ce Livre ne comprend que les choses ou les accidents à l'égard desquels les lois ont établi une série de dispositions particulières qui se rapportent à plusieurs parties du service des douanes et se lient entre elles de manière à pouvoir former ce que l'on est convenu d'appeler un *régime spécial*.

Si la chose, l'accident ou la localité n'a été l'objet que d'une exception se rapportant exclusivement à une seule partie de service, on classe cette exception dans le Livre ou le chapitre qu'elle affecte; cela ne s'appelle pas un régime spécial.

C'est pour n'avoir pas ainsi distingué ce qui est général et permanent de ce qui n'est que spécial et transitoire que les commentateurs des lois de douane ont toujours éprouvé beaucoup d'embarras pour offrir, dans un ensemble régulier, tant de dispositions qui semblaient se contredire.

Les régimes spéciaux et exceptionnels qui se rattachent au service des douanes se classent et se motivent ainsi :

Régimes relatifs à certains territoires, chapitres I à VII;

Dispositions ayant pour objet de donner des garanties particulières à la douane, en raison de la nature et de l'importance des opérations, chapitres VIII à XVII;

Mesures concernant d'autres services publics, auxquelles la douane ne concourt que comme auxiliaire, savoir : pour le Département du commerce, chapitres XVIII et XIX; pour le Département de l'intérieur, chapitres XX à XXII; pour le Département de la guerre, chapitre XXIII;

_____

(1) Les dispositions relatives aux sels constituent aussi un régime spécial et exceptionnel. Si elles ont fait l'objet d'un livre distinct (le Livre X), c'est qu'elles reçoivent une application générale en France et forment ainsi une branche complète du service des douanes.

pour la régie des contributions indirectes, chapitres XXIV à XXVIII;
pour l'administration de l'enregistrement et des domaines, chapitre XXIX;
pour l'administration des postes, chapitre XXX.

CHAPITRE PREMIER

RÉGIME DU COMMERCE DE MARSEILLE.

717. — Les lois et les réglements généraux relatifs au service des douanes sont en
vigueur à Marseille, sauf les exceptions et modifications suivantes. (*Ord. du 10 septembre 1817, art.* 1er.)

Cette ordonnance est constitutionnelle et doit, à ce titre, obliger les citoyens et les
tribunaux. (*A. de C. du 9 mars 1835; Circ.* n° 1484.)

Les navires étrangers continuent provisoirement d'être exemptés de tous droits de
navigation dans le port de Marseille.

Les navires français n'y seront assujettis qu'aux droits fixés par l'art. 26 de la loi
du 27 vendémiaire an II, pour la délivrance des actes de francisation et congés. (*Ord.
du 10 septembre 1817, art.* 2.) *V.* Livre IX.

Les denrées et marchandises imposées, à l'entrée, à un droit principal au-dessous
de 15 fr. par 100 kilogrammes, augmenté de la surtaxe de navigation *établie* d'une
manière générale *par l'art.* 7 *de la loi du* 28 *avril* 1816, et du décime additionnel, sont
exemptées, à Marseille, de cette surtaxe de navigation, lorsqu'elles sont notoirement
de la nature de celles qui proviennent du Levant, de la Barbarie et des autres pays
situés sur la Méditerranée ou la mer Noire. (*Même Ord., art.* 3.)

Le bénéfice de cette disposition est acquis aux produits qui, arrivés primitivement
à Marseille, sont dirigés sur d'autres bureaux par mutation d'entrepôt, par transit ou
par transbordement, et qui sont déclarés pour la consommation. (*A. de C. transmis
par la Circ. du* 30 *mai* 1846, n° 2116.)

Mais on soumet à Marseille, aux conditions générales du tarif, les marchandises
qui, arrivées primitivement par un autre bureau d'où elles ont été dirigées sur ce
port, y sont déclarées pour la consommation. (*Même Circ. et Circ. du* 27 *décembre*
1850, n° 2418.)

Dans l'état actuel de la législation, ont seules droit au bénéfice de l'art. 3 de l'ordonnance du 10 septembre 1817 les marchandises dénommées ci-après :

Agaric de chêne préparé, amadou, ancres au-dessus de 250 kilogr., venant de
l'île d'Elbe et de Savone, seulement; boissellerie, caractères d'imprimerie, vieux et
hors d'usage; chiques de pierre, citrons (fruits de table, frais); cordages de Sparte,
tilleul et jonc, crayons simples, en pierre; émeri préparé, en grain et en poudre,
ferrailles, fils de poils de chien, de vache et d'autres plocs; fonte brute, venant de
l'île d'Elbe et de Savone, seulement; fromages blancs de pâte molle, fruits de table
conservés, à l'exception des noix de coco; légumes salés ou confits; livres en langues
mortes ou étrangères, autres qu'almanachs; monnaies de billon, ayant cours légal,
moules de boutons en bois, natrons, nattes grossières de paille, d'écorce et de sparte,
pour paillassons, chapeaux ou cordages, noir d'imprimeur en taille-douce, dit d'Allemagne; oranges, oxides de plomb demi-vitreux, rougeâtre ou jaunâtre (litharge);
oxides de zinc (ponpholin); pains d'épices, pierres à aiguiser, taillées; pierres ferru-
gineuses (émeri préparé seulement; poils de toutes sortes, peignés ou en bottes de
longueurs assorties; poterie de grès commun, ustensiles d'arts et métiers, de terre
grossière; praiss ou sauce de tabac, racines de chicorée sèches, non torréfiées; sabots
de bois commun, non garnis de fourrures; stirax liquide, tresses de paille, d'écorce

et de sparte, grossières, pour paillassons, chapeaux et cordages; verres à lunettes et à cadrans, bruts.

Toutes les marchandises étrangères importées à Marseille peuvent être mises en entrepôt fictif ou en entrepôt réel, et y être conservées pendant un délai de deux ans (1). (*Ord. du 10 septembre* 1817, *art.* 4.)

L'entrepôt fictif comprend :

1° Les denrées coloniales françaises admises partout en entrepôt fictif ;

2° Les marchandises de toute nature, non prohibées à l'entrée, importées par navires français ou étrangers, à l'exclusion des produits désignés sous la dénomination de liquides, denrées coloniales et objets fabriqués ;

3° Les fontes brutes, le fer en barres, les tôles de fer, le plomb, le cuivre, l'étain, le zinc brut, le fromage, les huiles d'olive, d'arachides et de graines, tous les produits qui, admissibles en franchise en vertu du tarif général ou des tarifs conventionnels à leur importation directe par navires français ou assimilés, ne sont passibles que de surtaxes éventuelles de provenance ou de pavillon. (*Déc. min. du* 16 *janvier* 1865.)

Les marchandises étrangères susceptibles d'être reçues en entrepôt fictif à Marseille y sont admises sous les conditions réglées par l'art. 15 de la loi du 8 floréal an XI, pour les denrées coloniales françaises qui jouissent de cette faveur (2). *V.* n° 482. (N° 139 du tabl. des Infr.; Contrainte.)

Il sera permis toutefois aux négociants de Marseille qui auront souscrit des soumissions d'entrepôt fictif, de disposer des marchandises étrangères ou des denrées coloniales françaises par transfert et cession d'entrepôt (et de les changer de magasin) sans en faire la déclaration préalable à la douane, pourvu que cette déclaration ne soit pas retardée au-delà du *dernier jour du mois dans lequel aura été fait le transfert*. En ce cas, les soumissionnaires qui auront cédé les objets en entrepôt fictif seront tenus de les représenter, soit dans les magasins désignés pour l'entrepôt, soit dans ceux du cessionnaire, après le délai nécessaire pour le déplacement, et ils en demeureront responsables sous les peines de droit, jusqu'à ce que ce dernier ait fourni une soumission nouvelle, dûment garantie et acceptée, en remplacement de la soumission maintenue provisoirement (3). (*Ord. du 10 septembre* 1817, *art.* 7.)

Les marchandises d'entrepôt fictif déclarées pour l'entrepôt réel au moment de leur *arrivée à Marseille* peuvent y être admises sous les conditions générales de cet entrepôt; il est interdit de les replacer ensuite sous le régime de l'entrepôt fictif. (*Déc. du* 19 *octobre* 1841.)

En considération de la nature des relations de commerce de Marseille avec l'étranger, la réexportation des marchandises peut, dans ce port, s'effectuer sur des navires du tonnage indiqué au Livre IV, n° 470.

Les consignataires n'obtiendront la décharge des permis d'entrepôt qu'en rapportant les permis d'embarquer, revêtus de certificats des préposés des douanes, attestant

---

(1) Par application des dispositions de l'art. 14 de la loi générale du 17 mai 1826, la durée de l'entrepôt *réel*, à Marseille, est de trois ans. *V.* n° 454. (*Déc. du* 23 *mai* 1826). Les marchandises sont placées dans le dock-entrepôt. *V.* n° 451.

(2) Les sucres bruts des colonies françaises peuvent être entreposés réellement, afin d'obtenir la remise des droits dus sur les manquants, à condition qu'aucun sucre étranger n'entrera dans le même magasin. (*Déc. des* 6 *septembre et* 5 *novembre* 1827.)

(3) La tolérance dont il est question dans cet article s'étend : 1° aux marchandises qui, ayant fait l'objet d'une cession d'entrepôt non déclarée dans le délai voulu, sont représentées dans d'autres magasins; 2° aux marchandises qui ne sont pas représentées, lorsque le montant de la perception n'excède pas 800 fr. (*Déc. des* 30 *mars* 1829 *et* 27 *juillet* 1843.)

que les marchandises destinées à être réexportées ont été chargées en leur présence, et qu'elles sont réellement sorties du port. (*Même Ord., art.* 12, *et Loi du 5 juillet* 1836, *art.* 7.)

Toutes les marchandises admissibles au transit peuvent être expédiées de Marseille, sous ce régime, aux conditions et formalités prescrites par les lois. (*Ord. du* 10 *septembre* 1817, *art.* 13.) *V.* Livre V.

CHAPITRE II

ILE DE CORSE.

718. — Le commerce extérieur de la Corse est assujetti aux lois générales des douanes, sauf les modifications suivantes. (*Ord. du 5 novembre* 1816, *art.* 1er, *et Loi du* 21 *avril* 1818, *art.* 3.)

719. — *Importation.* Le tarif général est applicable en Corse, sauf en ce qui concerne les objets désignés ci-après : bestiaux, viandes de porc salé, fromages autres que blancs de pâte molle (pour les fromages de pâte dur, *V.* n° 790); poissons de pêche étrangère autres que marinés et stockfish, denrées coloniales de consommation, riz, tabacs en feuilles ou fabriqués, tissus de lin ou de chanvre, tissus de fleuret. Pour ces objets, *V. Tarif spécial de la Corse,* inséré dans le tarif général des douanes.

Pour toutes les marchandises taxées au poids, *autres que celles qui figurent au tarif spécial de la Corse,* on doit, mais pour l'*entrée* seulement, réduire à moitié la portion du droit qui excède 5 fr. par 100 kilogr. (*Loi du* 21 *avril* 1818, *art.* 6.) Quand il s'agit d'un droit comprenant les deux décimes, on ne réduit de moitié que la portion qui excède 6 fr. (*Tarif de* 1864.)

La surtaxe de navigation doit être proportionnellement réduite pour les droits ainsi modifiés (*même Loi, art.* 7), c'est-à-dire que, après que le droit principal a été établi suivant la base indiquée au § précédent, la surtaxe doit être calculée proportionnellement à la quotité de ce droit.

Dans l'application de ces règles, on ramène les centimes à des nombres décimaux, soit en abandonnant ceux qui n'excèdent pas 5, soit en forçant les autres. (*Même Loi, art.* 8.)

C'est le droit porté au tarif général qui fait décider si la perception en Corse s'effectuera au brut ou au net. (*Déc. du 3 avril* 1837.)

Sont soumis aux droits du tarif général : les huiles fixes pures, les soudes (*Décret du 5 septembre* 1865); les huiles d'olive, légumes secs et leurs farines (*Loi du 17 mai* 1826, *art.* 3); minerai de fer (*Loi du 9 juin* 1845, *art.* 5); caractères d'imprimerie, papier, encre d'impression, machines à imprimer sur caractères, térébenthine, essence de térébenthine, peaux brutes fraîches et sèches, fontes brutes, fers en barres et les aciers en barres, fromages blancs de pâte molle, ferrailles étrangères (*Lois des* 26 *juillet* 1856, *art.* 15, *et* 18 *avril* 1857, *art.* 6); bouchons de liège, pâtes d'Italie, poissons marinés, semoules en pâte ou en gruau, stockfish. (*Lois des* 18 *juin* 1859 *et* 16 *mai* 1863.)

Les marchandises *marquées d'un astérique,* soit au tarif général, soit au tarif de la Corse, ne peuvent être importées que par les ports de Bonifacio, Ajaccio, île Rousse, Bastia, Calvi, Canari, Macinagio, Porto-Vecchio, Propriano, Sagone, Saint-Florent, Centuri, Cervione et Porticciolo. (*Lois des* 21 *avril* 1818, *art.* 5, *et* 7 *juin* 1820, *art.* 12, *et Ord. des* 7 *juillet* 1839, *art.* 6, *et* 11 *janvier* 1842; *Décrets des*

5 *mars et 26 septembre* 1851, 18 *septembre* 1860, 12 *février* 1862, 28 *mars et* 12 *août* 1863.)

En outre, les marchandises désignées en l'art. 22 de la loi du 28 avril 1816 (*V.* n° 372) ne peuvent être admises par ces mêmes bureaux que lorsqu'elles y arrivent sur des bâtiments de 20 tonneaux et au-dessus. (*Loi du 7 juin* 1820, *art.* 12.)

Les laines peignées ou teintes ne peuvent être admises que par ces bureaux. (*Déc. du* 16 *septembre* 1826.)

Des ordonnances du chef de l'Etat peuvent restreindre l'entrée et la sortie de certaines marchandises aux seuls ports de la Corse qu'elles désigneront. (*Loi du 26 juin* 1835, *art.* 2.)

720. — *Exportation.* Les produits exportés de Corse sont passibles du régime déterminé par le tarif général. (*Loi du 16 mai* 1863.)

721. — *Expéditions de France en Corse.* Les produits du sol et de l'industrie de France, expédiés du continent français à destination de la Corse, ne sont soumis à aucun droit de sortie ni d'entrée, sauf, s'ils étaient ultérieurement envoyés à l'étranger, à payer les droits de sortie du tarif. (*Lois des 8 floréal an XI, art.* 65, *et 21 avril* 1818, *art.* 11.)

Ces expéditions sont assujetties aux conditions et formalités prescrites pour le cabotage par les règlements généraux. (*Loi du 8 floréal an XI, art.* 68, *et Tarif* n° 121.)

Toutefois, comme il y a moins à craindre d'abus dans les expéditions à destination de la Corse que lorsqu'il s'agit d'envois d'un port à un autre du continent français, le service peut accorder des facilités pour les vérifications et l'embarquement. (*Déc. du* 27 *septembre* 1833.)

Les objets dont l'exportation à l'étranger est prohibée ne peuvent être envoyés du continent en Corse qu'en vertu d'autorisations spéciales du Gouvernement et sous la garantie d'un acquit-à-caution. (*Loi du 8 floréal an XI, art.* 67.)

Les marchandises étrangères admissibles en Corse peuvent, bien qu'il n'y existe pas d'entrepôt, être expédiées des ports français d'entrepôts désignés au n° 722, sous les formalités générales des mutations d'entrepôt ou des transbordements, à charge de payer immédiatement à l'arrivée les droits exigibles (1). Les acquits-à-caution doivent donner exactement toutes les indications nécessaires pour la liquidation des droits. (*Déc. des 6 mai et 28 juillet* 1824, 11 *juin et 5 août* 1841, *et* 10 *août* 1858.)

Les marchandises ainsi réexportées, *par navires français,* des entrepôts de France en Corse sont, d'ailleurs, à leur arrivée dans l'île, traitées, sous le rapport des surtaxes, comme elles l'auraient été à la sortie de ces mêmes entrepôts en raison de leur provenance primitive, si, au lieu d'être dirigées sur la Corse, elles avaient été déclarées pour la consommation, sauf l'application des dispositions particulières du tarif de la Corse. Dans le cas où ces marchandises auraient été originairement importées en France par navires étrangers, ou si leur origine n'était pas justifiée ; elles devraient être considérées à leur arrivée en Corse comme provenant des entrepôts d'Europe. Quant aux marchandises étrangères réexportées des entrepôts de France à destination de la Corse *par navires étrangers,* elles doivent supporter la surtaxe de navigation afférente aux importations par navires étrangers, quelque soit le pavillon sous lequel elles ont été primitivement importées. (*Tarif de* 1864.)

Les dispositions des traités de commerce et de navigation sont applicables en Corse. (*Tarif de* 1864, p. 78.)

---

(1) On se borne à faire figurer ces marchandises d'une manière séparée sur les états de mutation d'entrepôt du port d'expédition. En Corse, elles ne sont reprises qu'au commerce spécial. (*Circ.* n° 1920.)

A défaut de port ouvert aux tissus taxés à la valeur, il faut les expédier d'un entrepôt de France sur la Corse. (*Déc. du 3 octobre* 1863.)

La taxe de consommation intérieure n'existant pas dans l'île, les alcools, liqueurs et eaux-de-vie en bouteilles, importés en Corse, dans les conditions des traités de commerce, y sont exempts de la taxe spéciale de 90 fr. l'hectolitre. (*Déc. du 1er juillet* 1864.)

722. — *Expéditions de l'île de Corse en France.* Des ordonnances du Gouvernement peuvent déterminer provisoirement les produits du sol et des fabriques de la Corse qui peuvent être admis sur le continent en exemption de droits, et régler la nature, la forme et les conditions des justifications d'origine à produire aux douanes de la Corse pour obtenir l'expédition de ces produits. (*Loi du 26 juin* 1835, *art.* 2.)

Dans l'état actuel de la législation sont admis à jouir de l'immunité en France :

Première nomenclature. Produits naturels : bœufs, chevaux, moutons, sangsues, crins, laine en masses, peaux brutes, poils, viandes fraîches de boucherie, cire jaune non ouvrée, engrais, miel, orcillons, sang de bétail, soie en cocons, suif brut, tortues, cocons ou nids de chenilles, anguilles vivantes, coquillages pleins des étangs d'Urbino et de Diana, mousse marine, cornes brutes, os et ongles de bétail, alpiste, avoine, châtaignes et leur farine, froment, haricots, lupins, maïs, millet, orge, pois chiches, pommes de terre, seigle, amandes en coques ou cassées, cédrats salés à l'eau de mer, citrons frais, figues, noix communes, olives, oranges fraîches, raisins, graines de garance, tabacs en feuilles destinés à la Régie, graine de lin, graine de pin, huile d'olive, herbe, fleurs et graine de lavande, bois à brûler, bois à construire, bois merrains de chêne et de châtaignier, charbon de bois, échalas, liége râpé et brut revêtu de sa croûte gercée, osier en bottes, perches, bois de buis, calebasses vides, chanvre en tige, écorce de tilleul pour cordages, lin en tige, joncs de marais, écorces de chêne-liége et de chêne vert, écorce de pin, garance en racine, lichens tinctoriaux, martina, agaric brut, bulbes et oignons, chardons, cardières, drilles, fourrages, légumes verts, plants d'arbres, grignon (marc d'olive sec), feuilles sèches et triturées, feuilles de laurier sèches non triturées, pierres, terres et autres fossiles, granit, marbre brut, minerais de plomb, de cuivre, d'antimoine, amiante, mattes de cuivre, lorsque la richesse en cuivre ne dépasse pas 75 p. 0/0, eaux minérales, vin, vinaigre de vin, bouteilles et autres récipients de verre contenant des liquides originaires et importés de la Corse. (*Décision du 1er avril* 1863.)

Deuxième nomenclature.— Produits fabriqués : 1° poissons marinés dans les ateliers régulièrement constitués et huile extraite de ces poissons ; ouvrages en serpentines et autres pierres propres aux arts, fabriqués dans les ateliers situés à la résidence d'un receveur des douanes ; eaux de fleurs d'oranger et essences de bigarrades et de petits grains ; poissons provenant des étangs de la Corse et salés dans les ateliers régulièrement constitués ;

2° Brai sec, chanvre et lin teillés et peignés, eau-de-vie de baies d'arbousier, fers étirés en barres de toutes dimensions, lorsque l'origine en sera constatée, au vu des échantillons, par les commissaires-experts du Gouvernement, fontes en masse du poids déterminé pour celles qui proviennent de l'étranger, goudron, groisil, poissons de mer salés dans les ateliers régulièrement constitués, potasse, soie grège, soude naturelle, tartre brut, marbres sciés, alcool fabriqué par la distillation de l'asphodèle, des figues de cactus, des baies de genièvre, de myrtille et de toutes autres substances, à l'exception des substances farineuses quand la destination de celles-ci est défendue ; pâtes d'Italie et semoules, bouchons de liége (*Loi du 16 mai* 1863), savons autres que de parfumerie (*Décret du 5 septembre* 1865) ;

3° Marbres polis ou ouvrés, coussinets en fonte pour chemins de fer, livres imprimés, fromage de lait de brebis, connu sous le nom de bruccio, résines de toute sorte, peaux tannées et apprêtées, fer forgé en massiaux ou prisures, fontes moulées, acier de cémentation, essieux bruts pour locomotives ou voitures, débris de fonte au-dessous de 15 kilogr., vieux moulages hors de service, débris de fer et de tôle.

Nota. — Les produits dont les similaires étrangers sont exempts de taxe d'après le tarif général jouissent de l'immunité lorsqu'ils sont originaires et importés de Corse. (*Déc. du* 21 *mai* 1864.)

A l'exception des minerais de toute sorte, charbon de bois, bois à construire, garance en racine, seconde écorce de chaîne-liége et écorce de chêne vert (*Déc. du* 24 *octobre* 1861), les produits compris dans la première nomenclature sont accompagnés d'une expédition de douane qui n'est délivrée que sur la présentation et le dépôt de certificats d'origine émanés des autorités locales. Pour les huiles (1) et pour les céréales, ces certificats ne sont valables que lorsqu'ils ont été revêtus du visa du préfet, accordé d'après l'avis du directeur des douanes. (*Loi du* 6 *mai* 1841, *art.* 6. 3ᵉ § ; *Ord. du* 9 *juin* 1844, *art.* 2.)

Pour les marchandises comprises dans la seconde nomenclature, §§ 1°, 2° et 3°, la délivrance de l'expédition est subordonnée aux conditions suivantes :

1° Tout fabricant ou chef d'atelier fera, au bureau des douanes le plus voisin, la déclaration préalable de la situation de son établissement, de l'espèce et de la quantité présumée des marchandises qui seront produites annuellement, ainsi que de la nature et de l'origine des matières premières employées à leur fabrication.

2° Les ateliers ainsi déclarés seront soumis aux visites, exercices et recensements des employés des douanes, qui pourront y procéder sans le concours des autorités locales.

3° L'administration des douanes pourra soumettre aux formalités du compte-ouvert ceux desdits établissements pour lesquels, à raison de leur nature et de leur situation, cette formalité sera jugée nécessaire.

4° Les marchandises désignées dans le présent article ne seront expédiées que sur la présentation et le dépôt des certificats d'origine délivrés conformément à ce qui est réglé, pour les huiles, etc., par le 3ᵉ § de l'article 6 de la présente loi. (*Loi du* 6 *mai* 1841, *art.* 7.)

Sauf les armes et munitions de guerre, les drilles, la pâte à papier et l'acide arsénieux, qui donnent lieu à un acquit-à-caution, les produits dirigés sur France doivent être accompagnés d'un passavant énonçant le dépôt des certificats d'origine. (*Déc. min. du* 31 *août* 1860 ; *Circ.* n° 684.)

Les tabacs en feuilles font l'objet d'instructions spéciales données pour l'envoi sur la métropole. Quant aux tabacs fabriqués, ils ne peuvent être expédiés que sur un entrepôt du prohibé, avec un acquit-à-caution, et ils doivent figurer sur le manifeste de sortie et sur celui d'entrée. (*Déc. des* 17 *janvier* 1848 *et* 15 *février* 1851.)

Les produits français restés invendus en Corse peuvent, sur l'autorisation des receveurs principaux et sous justification de leur nationalité et de leur expédition primitive d'un port français, être réexpédiés sur les ports ouverts au commerce de cette île. Ils sont réadmis en franchise, après reconnaissance de l'origine française. (*Circ. du* 27 *décembre* 1850, n° 2418.)

Toutes autres marchandises et denrées envoyées de l'île de Corse sur le continent français doivent être assujetties, à leur entrée, aux droits du tarif général, comme si elles étaient importées de l'étranger même. (*Loi du* 21 *avril* 1818, *art.* 10.) Elles ne sont accompagnées d'aucune expédition, mais elles doivent figurer sur le manifeste de sortie et sur celui d'entrée. (*Déc. du* 12 *septembre* 1836.)

---

(1) Les huiles expédiées de Calvi et de l'île Rousse doivent, en outre, être accompagnées d'un échantillon placé dans une boîte scellée ou plombée. (*Déc. du* 5 *mai* 1852.)

L'admission en franchise des produits de la Corse ne peut s'effectuer que par les ports ci-après désignés :

Toulon, Marseille, Cannes, Cette, Agde, Bayonne, Bordeaux, Nantes, Saint-Malo, Le Havre, Honfleur, Rouen, Dunkerque, Antibes, La Seyne, Saint-Tropez, Saint-Valery-sur-Somme, Nice, Saint-Raphael, Monaco.

Les bureaux d'Arles et de Port-de-Bouc sont ouverts à l'entrée des produits énoncés au § 3° de la 2° nomenclature. (*Lois des 26 juillet* 1856, *art.* 15, *et 18 avril* 1857, *art.* 5.) Port-de-Bouc peut d'ailleurs recevoir les huiles d'olive de la Corse. (*Déc. du 3 mai* 1858.)

Mais les marchandises dont les similaires étrangers sont exempts de taxes, les bois à construire et les charbons de bois, par exemple, peuvent être importés de Corse par tous les ports du continent indistinctement. (*Déc. du 6 novembre* 1862.)

723. — Les bateaux à vapeur français qui desservent certaines lignes entre Marseille et l'Italie peuvent, en faisant escale à Bastia ou à Ajaccio, charger en cabotage à destination de France, soit à leur départ pour l'étranger, des fontes brutes portant, dans le moulage, la marque de l'usine de Toga (*Déc. du 7 avril* 1856), soit lorsqu'ils se rendent en France, des peaux brutes, à la condition que le nombre et le poids en soient constatés exactement et que le manifeste soit, pour les produits semblables pris à l'étranger, visé par le consul français au point d'embarquement, ou, à défaut, par la douane locale. (*Déc. du 19 août* 1857.) *V.* n° 327, note.

724. — *Police du rayon.* La circulation et le dépôt des marchandises dénommées en l'article 22 de la loi du 28 avril 1816, *V.* n° 372, donnent lieu à l'application, en Corse, des articles 35, 36, 37, 38 et 39 du titre 13 de la loi du 22 août 1791, des articles 4, 6, 7 et 8 de l'arrêté du 22 thermidor an X, et des art. 38 et 39 de la loi du 28 avril 1816 (*V.* Livres II et III), mais seulement *dans le rayon de 4 kilomètres (une lieue) de la côte*, et pour les quantités qui excèdent 15 mètres de tissus et 5 kilogr. d'autres objets, sans que d'ailleurs les expéditions de douanes présentées comme justifications d'origine cessent d'être valables pendant une année entière à partir de leur date. (*Loi du 17 mai* 1826, *art.* 22.)

Ces dispositions s'étendent à tous les objets qui, d'après le tarif général des douanes, sont prohibés à l'entrée ou tarifés en France à 20 fr. et plus par 100 kil., et de plus aux céréales de toute espèce et aux marchandises désignées ci-après (*Loi du 6 mai* 1841, *art.* 5, *et Circ. du 23 décembre* 1844, n° 2046, *art.* 248) :

Acier, cordages de chanvre, fers en barres, fers-blancs, fromages, huile d'olive, laines, marbres ouvrés et sciés, liqueurs, rhum et eaux-de-vie de toute espèce, pâtes d'Italie, poisson salé, potasses, savon, toiles, viandes salées, brai sec, goudron, chanvre et lin teillés et peignés, fonte, groisil, soude naturelle, tartre brut.

725. — *Sels.* La taxe de consommation du sel en Corse est de 7 centimes et demi par kilogramme. (*Loi du 21 avril* 1818, *art.* 12.)

Les déficits constatés en Corse sur des sels expédiés de France sont, lorsque le droit est dû, passibles de la taxe de 10 fr. les 100 kil. (*Déc. du 9 janvier* 1847.)

CHAPITRE III

ILES FRANÇAISES DU LITTORAL (AUTRES QUE LA CORSE).

Les îles françaises, plus ou moins voisines du continent, sont rangées, suivant qu'il a été jugé nécessaire pour elles ou pour l'Etat, dans l'une des catégories ci-après :

1° *Iles soumises au régime des douanes.*

Soit entièrement, soit avec restriction. Celles-là sont gardées sur tous les points ; elles ont des bureaux de perception ; elles admettent les navires de toute provenance, et l'on y applique le tarif général d'entrée, de sortie et de navigation.

Par suite de ce régime, toutes les îles de cette catégorie communiquent avec les ports de France, par simple voie de cabotage et en franchise de tous droits, sauf quelques restrictions.

2° *Iles et îlots non assujettis au régime général des douanes.*

Cette seconde section comprend les petites îles qui jusqu'alors n'ayant pas été jugées pouvoir être gardées continuellement et sur tous les points, sans dommage pour elles et sans une dépense infructueuse pour l'Etat, sont mises en dehors du système, en ce sens que le tarif d'entrée et de sortie ne s'y applique pas, que l'accès en est interdit à tous bâtiments venant de l'étranger, et qu'on ne peut y établir des dépôts qui favoriseraient la fraude sur les côtes de France les plus voisines.

726. — Les bâtiments étrangers et les bâtiments français venant de l'étranger ne sont point admis dans ces îles, hors les cas de détresse ou de relâche forcée régulièrement constatés. (*Loi du 4 germinal an II, titre 1er, art. 4.*)

Toutefois, le tarif général est applicable dans celles de ces îles qui sont autorisées à avoir des relations directes avec l'étranger et où il existe, par suite, des établissements de douane. (*Loi du 19 nivôse an III.*)

Les plus importantes des îles désignées au § précédent sont : dans l'Océan, les îles d'Oléron, de Ré, d'Aix, de Noirmoutier, de Belle-Ile et l'Ile-Dieu ; dans la Méditerranée, les îles de Port-Cros et de Porquerolles.

Les relations entre ces îles et le continent français sont soumises aux formalités prescrites par les règlements généraux pour le cabotage d'un port à l'autre de France, sauf les restrictions suivantes en ce qui concerne les îles *autres que celles d'Oléron et de Ré.* V. n° 727 (*Loi du 8 floréal an XI, art.* 68 *et* 72) ;

1° Les objets dont la sortie est prohibée ne peuvent être transportés du continent dans ces îles qu'en vertu d'autorisations spéciales du Gouvernement (*Même Loi, art.* 67) ;

2° Les denrées et marchandises qui sont expédiées desdites îles sur le continent ne sont exemptes de droits de sortie et d'entrée ou de la prohibition que lorsqu'il est justifié, d'une manière authentique, par des attestations des autorités locales, qu'elles proviennent du cru ou des fabriques de ces mêmes îles. (*Même Loi, art.* 65, 66 *et* 70) ;

3° Les marchandises que les habitants tirent directement de l'étranger, en payant les droits aux douanes établies dans ces îles, ne peuvent être expédiées en franchise sur le continent que lorsqu'il est justifié, par la production des quittances, que ces droits ont en effet été acquittés. (*Même Loi, art.* 69.)

727. — *Iles d'Oléron et de Ré.* Les relations commerciales de ces îles avec le continent français sont soumises aux formalités prescrites pour le cabotage d'un port à l'autre de France. (*Loi du 19 nivôse an III.*)

728. — Les bâtiments français peuvent être expédiés de l'une à l'autre des îles énoncées aux n°s 726 et 727, comme d'un port à l'autre de France. (*Loi du 4 germinal an II, titre 1er, art.* 6.)

729. — Les îles du littoral *où le service des douanes n'est pas établi* ne peuvent avoir des relations directes avec l'étranger. (*Loi du 4 germinal an II, titre 1er, art.* 4.)

On range principalement parmi ces îles, les îles d'Ouessant, de Molène, d'Hœdic, de Sein, des Glenans, Chaussey.

Il est pourvu par des crédits spéciaux, arrêtés chaque année sur la proposition des autorités locales, à leur approvisionnement en denrées et autres marchandises nationales de toute nature, dont le besoin est justifié, ainsi qu'à l'écoulement sur le continent des produits provenant soit de leur sol et de leur pêche, soit du petit nombre d'industries qui y sont reconnues et tolérées par le Gouvernement. (*Loi du 10 juillet 1791, art. 2, et Loi du 4 germinal an II, titre 1er, art. 5.*) Des instructions particulières sont données, chaque année, par l'administration, aux divers points du continent qui ont des relations suivies avec ces îles.

Les objets sont dirigés sur ces îles sous les conditions du cabotage; le maire de la localité régularise les expéditions. (*Déc. du 19 février 1847.*)

Il suit de là que, bien que ces îles ne soient pas soumises, en fait, au régime des douanes, il ne saurait y exister aucun entrepôt de marchandises étrangères qu'on ne justifierait pas y avoir été transportées du continent français, d'où la conséquence que l'administration conserve le droit de surveiller ces îles et d'y rechercher la fraude lorsqu'elle le juge convenable. (*Tarif n° 128.*)

730. — Les navires français peuvent se rendre librement de l'une à l'autre des îles désignées au n° 729.

CHAPITRE III *bis*

MONACO.

730 *bis*. — La principauté de *Monaco* est placée sous le régime des douanes de l'Empire français.

Les navires monégasques sont assimilés aux navires français. (*Convention d'union douanière du 9 novembre 1865; Décret du 2 décembre suivant; Circ. du 31, n° 1020.*)

Les navires de Menton et de Roquebrune acquittent les taxes de navigation afférentes aux bâtiments de la principauté de Monaco. (*Déc. min. du 20 juin 1851; Circ. lith. du 27.*)

CHAPITRE IV

ALGÉRIE.

Bien que rattachée plus étroitement que les colonies aux intérêts généraux de la France, l'Algérie n'est pas moins restée, à certains égards, sous l'empire d'un régime exceptionnel. Ainsi les lois sur les contributions indirectes ou sur les octrois n'y ont pas reçu d'exécution, et l'octroi de mer la concerne exclusivement.

731. — Sauf les dispositions suivantes, les lois, ordonnances, décrets et règlements en vigueur pour le service des douanes de France s'appliquent à l'Algérie. (*Loi du 11 janvier 1851, art. 10; Circ. du 29, n° 2421.*)

Pour l'Algérie, le Gouvernement peut, par voie de décret :

1° Classer soit les nouveaux produits naturels (*même Loi, art. 9*), soit les produits fabriqués (*Loi du 26 juillet 1856, art. 17*) que présente le commerce pour être admis en France en exemption de droit; 2° déterminer les bureaux et zones du littoral et de la frontière de terre par où doivent avoir lieu les importations et les exportations, suivant les provenances et les classifications; 3° désigner le lieu des entrepôts réels sur la côte ou dans l'intérieur, et les réglementer; 4° établir et réglementer des bureaux de visite et de garanties nécessaires pour empêcher les produits frauduleux de nuire au commerce de la France avec l'intérieur de l'Algérie, etc. (*Loi du 11 janvier* 1851, *art.* 9.)

Les dispositions générales pour la promulgation des lois et décrets (*V.* n° 3) s'étendent à l'Algérie. (*Décret du* 25 *février* 1851, *art.* 1er.) Ainsi les lois et décrets promulgués à Paris le 1er du mois sont exécutoires le 19 dans tous les bureaux de l'Algérie. (*Circ. du* 31 *mars* 1851, n° 2431.)

Placé dans les attributions du Département des finances, le service en Algérie relève directement de l'administration des Douanes. (*Arrêté du Gouv. du* 12 *octobre* 1848; *Circ.* n° 2283.) Ce service est assimilé à celui de la métropole pour les conditions d'admission et d'avancement des employés. (*Décret du* 27 *juin* 1849; *Circ.* n° 2335.) Pour les retraites, *V.* n° 85.

Ont droit au passage gratuit à bord, tant des bâtiments de l'Etat que des bateaux à vapeur désignés à cet effet, faisant une navigation régulière de correspondance entre la métropole et l'Algérie ou sur les côtes de celle-ci, les agents du service de cette direction, soit lorsqu'ils se rendent à leur poste ou viennent en France en vertu de congés ou par suite de rappel, soit quand, pour toute cause de service ou d'après une permission d'absence, ils passent d'un point à un autre du littoral de la colonie. La même immunité est accordée aux familles de ces employés en cas de nomination en Algérie, de rappel en France ou de mutation (1). (*Arrêté min. du* 17 *décembre* 1849, *transmis le* 31, *et Déc. du* 17 *août* 1850.)

Il en est de même en cas de maladie dûment constatée par un médecin assermenté, à la femme et aux enfants de l'employé, comme à ses ascendants et autres parents vivant avec lui et à sa charge. (*Arrêté min. du* 20 *janvier* 1862, *transmis le* 24.)

Les employés doivent, au départ et à l'arrivée, faire viser, par le directeur des douanes, une feuille de passage destinée à constater régulièrement l'embarquement sur les navires affectés au transport et le débarquement. A défaut de cette formalité, tout agent est tenu de rembourser à l'Etat, représenté par l'administration, le prix du passage.

732. — *Navigation.* Les transports entre la France et l'Algérie ne peuvent s'effectuer que par navires français, sauf le cas d'urgence et de nécessité absolue pour un service public (2). (*Ord. du* 16 *décembre* 1843, *art.* 1er, *et Loi du* 11 *janvier* 1851, *art.* 8.)

Pour le régime applicable aux navires étrangers frétés pour le compte de l'Etat, *V.* Livre IX, n° 1012.

Le cabotage d'un port à un autre de l'Algérie pourra s'effectuer par navires français, par *sandales* algériennes, et, jusqu'à ce qu'il en soit autrement ordonné, par bâtiments étrangers. (*Même Ord., art.* 2, *et même Loi, art.* 8.)

Un droit de tonnage de 4 fr. est perçu par tonneau d'affrétement sur les marchandises que les navires étrangers (3) débarquent ou embarquent dans les ports de

---

(1) Les domestiques des agents financiers sont assimilés aux facteurs et gardiens compris dans la troisième des classes déterminées par l'arrêté de 1849. (*Déc. min. du* 12 *avril* 1859.)

(2) Il est entendu que l'exception qui est ici éventuellement prévue ne peut s'appliquer, dans aucun cas, aux transports qui ont lieu pour le compte du commerce. (*Circ. du* 22 *décembre* 1843, n° 2001.)

(3) Les navires italiens venant directement du royaume d'Italie ne sont assujettis

l'Algérie (1). (*Loi du 23 mai 1863, art.* 1er; *Circ.* du 29, n° 904.) Ce droit est également perçu proportionnellement au nombre de passagers débarqués, ou embarqués et fixé comme suit : 1° un tonneau par chaque passager débarqué ou embarqué, chaque enfant, quel que soit son âge, étant compté pour un passager; 2° deux tonneaux par cheval; 3° trois tonneaux par voiture à deux roues, et quatre tonneaux par voiture à plus de deux roues. Les bagages des passagers, y compris les petites provisions de voyage qu'ils ont avec eux, ne sont pas comptés dans l'évaluation des marchandises débarquées ou embarquées. (*Même Loi, art.* 2.)

Ces droits de navigation ne sont dus qu'une fois pour le navire étranger qui pratique une seule opération de cabotage (embarquement, transport et débarquement.) (*Déc. du 13 octobre* 1860.) Ils sont exigés à raison de tout embarquement de marchandises, alors même que les navires étrangers arrivés avec une partie de chargement n'ont effectué aucun débarquement (*Déc. du 16 octobre* 1863), et dans chacun des ports où ils vont prendre ou compléter leur charge. (*Déc. du 29 août* 1851.)

Seront affranchis de tous droits de navigation :

1° Les navires français et les sandales algériennes;

2° Les bateaux et embarcations étrangers exclusivement affectés à la pêche du corail ou du poisson (2) ainsi qu'aux transports comme allèges dans l'intérieur des ports de l'Algérie;

3° Les navires étrangers entrant en relâche forcée ou librement dans ces ports, et qui n'y feront aucune opération de commerce. (*Ord. du 16 décembre* 1843, *art.* 4, *et Loi du 11 janvier* 1851, *art.* 8);

4° Les navires étrangers, quand, arrivés sur lest en Algérie, ils repartent chargés de produits français ou algériens (3);

---

qu'à la moitié du droit de tonnage. (*Circ. du 23 janvier* 1864, n° 943.) Il en est de même des navires suédois et norwégiens arrivant directement de Suède et Norwège (*Circ.* n° 990); des navires hollandais arrivant directement de Hollande. (*Circ.* n° 1009.)

(1) Ce droit de tonnage d'affrètement ne doit, dans aucun cas, excéder la somme qui, d'après la loi du 11 janvier 1851, art. 8, aurait été perçue à raison de 4 fr. par tonneau de jauge des navires chargés ou sur lest. (*Loi du 2 mai* 1863, *art.* 3.)

(2) Les bateaux étrangers employés à la pêche du corail en Algérie sont soumis à une prestation. Toute infraction entraîne l'application d'une double taxe de prestation, sans saisie des embarcations. (*Déc. du 25 septembre* 1855.)

Le fait, par un capitaine français pourvu d'une patente de corailleur, d'avoir un équipage composé d'étrangers, donne lieu à l'application de la loi du 21 septembre 1793. *V.* Livre IX. (*Déc. du 6 mai* 1856.)

L'immunité des droits est acquise pour les provisions de bouche ou de pêche destinées à être consommées ou employées à bord; celles débarquées seraient soumises aux taxes ou placées sous le régime de l'entrepôt. (*Déc. du 14 octobre* 1864.)

(3) La loi du 23 mai 1863 n'a point fait perdre à ces navires l'immunité de tonnage accordée par la loi du 11 janvier 1851. Ils peuvent, comme par le passé, être affranchis du droit de tonnage à l'embarquement lorsque, venus sur lest avec moins du 20e de leur tonnage légal, ils s'en retournent chargés aux 14/15mes. Mais, si le chargement n'atteint pas cette proportion, les capitaines peuvent opter entre l'application de la loi du 11 janvier 1851, qui impose le nombre de tonneaux restés vides, et la loi du 23 mai 1863, qui taxe le nombre de tonneaux embarqués. (*Déc. du 9 juillet* 1864.)

Un navire arrivant en Algérie avec une faible quantité de marchandises qu'il ne débarque pas, doit être soumis au droit de tonnage pour les produits coloniaux qu'il embarque. (*Déc. du 16 octobre* 1863.)

L'immunité des droits de tonnage est maintenue au navire qui, dans l'intervalle

5° Lorsque, ayant déjà acquitté les droits dans un port de l'Algérie, les navires se rendent dans d'autres ports de la colonie pour compléter leur déchargement, mais sans effectuer d'embarquement (*Loi du 11 janvier* 1851, *art.* 8);

6° Les navires étrangers qui, arrivés des pays du nord de l'Europe en Algérie avec des bois de construction dans la proportion des *trois quarts* de leur tonnage légal, repartiront avec des cargaisons composées, pour la moitié au moins de ce tonnage, de produits français ou algériens. (*Décret du 10 octobre* 1855, *art.* 1er *et* 2; *Circ. du* 24, n° 325, *et Déc. min. du* 11 *août* 1863.)

Si le chargement, tant à l'entrée, en bois de construction, qu'à la sortie, en produits français ou algériens, n'atteint pas la proportion ainsi déterminée, le droit est exigé pour toute la partie du tonnage demeurée sans emploi ou occupée par d'autres marchandises. (*Même Décret, art.* 2.)

Par application des règles suivies dans la métropole pour les bâtiments qui viennent charger du sel (*V.* Livre IX), les navires arrivés en Algérie sur lest ne sont considérés, au départ, comme chargés qu'autant que les marchandises françaises ou algériennes prises à bord forment les 14/15es du tonnage. Lorsque cette proportion n'est pas atteinte, le droit est perçu sur la partie du tonnage qui reste vide, ou qui est occupée par des marchandises provenant des entrepôts. A l'arrivée, les mêmes navires sont réputés sur lest si les marchandises qu'ils ont à bord n'équivalent pas au 20e du tonnage, et la taxe n'est alors exigée que sur le nombre de tonneaux que ces marchandises représentent. (*Circ.* n° 2421.)

Le droit de tonnage est ainsi établi, exceptionnellement, à raison des conditions dans lesquelles se produisent l'entrée et la sortie. Les deux portions de droits auxquelles ces deux faits peuvent donner ouverture sont dues cumulativement; mais le montant total de la perception ne doit jamais excéder le droit unique qui, aux termes des règlements généraux, serait applicable au tonnage intégral. (*Déc. du* 13 *juin* 1851.)

Le tarif officiel de fret approuvé par la chambre de commerce de Marseille, et en usage en Algérie, sert à déterminer l'importance d'un chargement incomplet.

Les futailles ou les sacs vides destinés à être remplis, dans les ports, de marchandises pour l'exportation ne sont pas considérés comme faisant partie du chargement d'un navire importateur. (*Même Déc.*) *V.* Livre IX, Tarif de navigation.

Les embarcations étrangères employées en Algérie à la pêche du corail ou du poisson, ou aux transports comme allèges dans l'intérieur des ports, et les embarcations françaises attachées auxdits ports, porteront un numéro d'ordre, ainsi que l'indication du nom des propriétaires et du port d'attache, sous peine de 500 fr. d'amende. Ces indications seront reproduites dans un passeport ou congé dont chacune de ces embarcations devra être accompagnée, sous peine d'une amende de 100 fr.

Ces passeports ou congés seront valables pour un an.

Leur prix est fixé ainsi qu'il suit, savoir :

Congés des bateaux français de tout tonnage...................... 1 f.

---

de son arrivée sur lest et de son départ avec un chargement de produits français ou algériens, a régulièrement accompli une opération de cabotage donnant ouverture aux droits spéciaux perçus dans l'espèce. (*Déc. du 28 mars* 1864.)

Quand un navire étranger arrivé sur lest en Algérie en repart avec un chargement composé de produits indigènes ou français et de produits tirés des entrepôts et supérieur à son tonnage légal, il est procédé par voie de réduction proportionnelle, conformément à la Circ. man. du 29 avril 1856. *V.* n° 643, note (10 bis). (*Déc. du 14 octobre* 1864.)

Passeports des bateaux étrangers { de moins de 10 tonneaux......... 5 f.
de 10 tonneaux à 30 tonneaux..... 15
de plus de 30 tonneaux.......... 30

(*Ord. du 16 décembre 1843, art. 5, et Loi du 11 janvier 1851, art. 8.*)

Les navires étrangers sont tenus, à leur sortie des ports de l'Algérie, de se pourvoir d'un passeport. Le prix de ce passeport, ainsi que celui des permis qui seront délivrés pour l'embarquement et le débarquement des marchandises, est fixé à 50 centimes.

Il n'est pas exigé de droit d'expédition, d'acquit, ni de certificat, (*Ord. du 16 décembre 1843, art. 6, et Loi du 11 janvier 1851, art. 8.*)

Les dispositions relatives aux yachts de plaisance, V. n° 643, sont applicables en Algérie. (*Déc. min. du 3 février 1864.*)

733. — Les bâtiments étrangers de 80 tonneaux et au-dessous peuvent être admis en Algérie à une francisation spéciale, qui leur permet de *naviguer exclusivement dans les eaux de cette colonie*, sous pavillon français et en franchise des droits de navigation. (*Décret du 7 sept. 1856, art. 1er; Circ. du 14 octobre suivant, n° 420.*)

Les bâtiments seront présentés à la francisation prêts à prendre la mer. La constatation de leur bon état de navigabilité et l'inventaire, comprenant leurs agrès, apparaux et rechanges, seront soumis aux experts désignés par le tribunal de commerce, conformément à la loi du 13 août 1791. (*Même Décret, art. 2.*)

Les propriétaires de ces navires devront avoir leur domicile dans la localité où leur navire aura été francisé (*art. 3*).

Les bâtiments étrangers francisés seront soumis au payement d'un droit d'importation de 40 francs par tonneau de jauge.

Ces bâtiments pourront être réexportés sous les conditions du tarif général des douanes (*art. 4.*)

Tous capitaines de la marine marchande étrangers qui se seront fait inscrire sur un registre matricule tenu au bureau de la marine pourront commander les navires qui auront été admis à la francisation en Algérie.

Les officiers de commerce de la marine française et de la marine marchande étrangère, les patrons indigènes, les marins français, indigènes et étrangers, pourront également commander les navires francisés ou entrer dans la composition de leurs équipages, aux conditions déterminées par l'art. 7 du présent décret (*art. 5*).

Les étrangers ne pourront entrer que pour moitié, au plus, dans la composition des équipages des navires francisés; l'autre partie se composera de français ou d'indigènes (1).

Toutefois, en cas d'insuffisance reconnue de matelots français ou indigènes dans les ports d'embarquement, le commandant de la marine en Algérie pourra modifier temporairement la composition des équipages, au point de vue de leur nationalité (*art. 7*).

Il sera embarqué un mousse à bord de tout bâtiment francisé employé au cabotage ou à la pêche sur les côtes de l'Algérie et ayant plus de quatre hommes d'équipage.

Il sera embarqué un second mousse sur tout bâtiment de même nature ayant vingt hommes d'équipage, non compris le premier mousse (*art. 8*).

---

(1) Le bénéfice de cet article, spécial aux navires admis à la francisation algérienne, peut, exceptionnellement, être étendu aux navires français, construits en France ou francisés conformément aux règlements généraux, sous la réserve expresse que cette tolérance ne sera appliquée que lorsque ces navires restreindront leur navigation au littoral de la colonie. (*Déc. du 15 juillet 1857.*)

Aucun bâtiment étranger jouissant dans les eaux de l'Algérie, en vertu du présent décret, des privilèges accordés aux bâtiments français, ne pourra sortir d'un port de cette colonie sans un acte de francisation et un congé régulier.

L'acte de francisation sera délivré sous les conditions et d'après les règles fixées par la loi du 27 vendémiaire an II, en tout ce qui n'est pas contraire au présent décret. Les propriétaires devront, sous peine d'une amende de 3,000 fr., le rapporter, dans tous les cas de vente, de perte ou de prise de bâtiment, sauf le cas de force majeure, au bureau de la douane où il aura été délivré, et ils ne pourront, sans encourir la même peine, le vendre, le donner, le prêter, ni autrement disposer dudit acte de francisation et du congé (art. 10).

Tout individu qui usurperait, pour lui ou pour son navire, les privilèges concédés par le présent, qui aurait concouru, comme officier public ou témoin, à la rédaction des actes relatifs à des ventes simulées de navires ; tout préposé des douanes, tout consignataire ou agent de bâtiments qui, connaissant la francisation coloniale frauduleuse, n'empêcherait pas la sortie du bâtiment, qui disposerait de la cargaison d'entrée ou en fournirait une de sortie, aurait commandé ou commanderait le bâtiment, seront condamnés solidairement et par corps à 6,000 fr. d'amende, en vertu de l'art. 15 de la loi du 27 vendémiaire an II, déclarés incapables d'exercer aucun emploi, de commander aucun bâtiment français ou francisé. Le jugement de condamnation sera publié et·affiché (art. 11).

Les prescriptions du décret du 19 mars 1852 concernant les rôles d'équipages seront applicables à tous les navires francisés naviguant sur les côtes de l'Algérie (art. 12).

Le présent décret n'est pas applicable aux bateaux corailleurs, qui continuent à être soumis à des règles particulières. V. n° 732.

Les dispositions de l'art. 5 ne sont pas applicables, en ce qui concerne le commandement, aux bateaux pêcheurs qui font exclusivement, dans les eaux des ports auxquels ils sont attachés, la pêche du poisson, ni aux transports par alléges (art. 14).

734. — *Importation par mer.* Les produits étrangers importés en Algérie sont soumis aux mêmes droits que s'ils étaient importés en France par les ports de la Méditerranée (1), sauf les exceptions suivantes (*Loi du 11 janvier* 1851, *art.* 4) :

I. Sont admis en franchise des droits les produits ci-après désignés :

Mules, mulets, bœufs, vaches, taureaux, génisses, bouvillons et taurillons, veaux,

---

(1) Les modérations de droits et les assimilations de pavillon établies par les anciens traités de commerce ne sont pas applicables en Algérie, de sorte que les produits des pays avec lesquels ces conventions ont été passées sont soumis, en Algérie, aux conditions du tarif général, soit que l'importation ait lieu directement, soit qu'elle s'effectue par la voie des entrepôts de la métropole.

Mais les produits anglais, belges, etc., à l'égard desquels des réductions de droits ont été stipulées par les traités de commerce, ce qui forme les tarifs conventionnels, sont admissibles en Algérie au même régime que dans la métropole. (*Tarif de* 1864.) Toutefois, la question des droits de navigation ayant été réservée, la surtaxe de pavillon, *V.* n° 15, atteint en Algérie les chargements des navires étrangers, sauf ceux de Belgique, d'Italie (royaume), de Suède et de Norwège (*Circ. du 4 avril* 1865, n° 990), de Hollande (*Circ.* n° 1009), venus directement des pays contractants.

Les importateurs y sont libres d'opter pour le tarif de cette colonie lorsque celui-ci leur paraît plus favorable que le tarif conventionnel. (*Circ.* n° 696.)

Les produits des pays avec lesquels la France a conclu des conventions commerciales, sans mention de leur application à l'Algérie, y·restent soumis aux conditions du tarif général.

béliers, brebis, moutons, agneaux, porcs, cochons de lait, étalons et juments ;

Ardoises, carreaux en faïence, pierres à bâtir (pierres, moellons, pavés et déchets de pierre), pouzzolane, houille ou charbon de terre ;

Fruits de table (citrons, oranges et leurs variétés, noix de coco, carrobe ou carouge, autres) ;

Produits fabriqués avec les matières étrangères admises temporairement, *V.* n° 541, et exportés de France. (*Loi du 16 mai 1863, art.* 30.)

II. Les produits étrangers ci-après désignés, à l'exception de ceux qui, mentionnés au n° 736, sont prohibés, les produits des colonies françaises et les sucres provenant des fabriques de France, sont soumis à l'importation par *navires français* (1) aux droits du tarif suivant :

par kil.

Tissus de coton (purs ou mélangés d'autres matières que de soie ou de laine)

unis ou brochés —

Unis ou croisés, dits : calicots, percales, jaconas, coutils, printanières, etc., présentant, plus ou moins découverts, dans l'espace de 5 millimètres,

		par kil.
moins de 15 fils en chaîne	Ecrus	» 85
	Blancs	» 95
	Teints ou imprimés	1 70
15 fils et moins de 20 fils	Ecrus	1 30
	Blancs	1 40
	Teints ou imprimés	2 50
20 fils et moins de 25 fils	Ecrus	2 90
	Blancs	3 »
	Teints ou imprimés	5 »
25 fils et au-dessus	Ecrus	8 »
	Blancs	8 35
	Teints ou imprimés	12 10

Mouchoirs

	Ecrus	3 15
	Blancs	3 35
	Teints ou imprimés	4 »

Mousselines, gazes, organdis, etc., présentant, plus ou moins découverts, dans l'espace de 5 millimètres,

moins de 12 fils	Ecrus	2 »
	Blancs	2 15
	Teints ou imprimés	3 55
12 fils et pas plus de 15 fils	Ecrus	11 65
	Blancs	12 25
	Teints ou imprimés	17 »
16 fils et au-dessus	Ecrus	32 95
	Blancs	33 75
	Teints ou imprimés	45 40

Brodés .... Le double du droit ci-dessus, suivant l'espèce.

Tulles et dentelles .... Mêmes droits que les tissus brodés de 16 fils et au-dessus.

Couvertures, bonneterie, rubannerie et passementerie .... Mêmes droits que les tissus unis de moins de 15 fils. (*Circ.* n° 2421.)

Mélangés de soie, présentant, plus ou moins découverts, dans l'espace de 5 millimètres,

moins de 16 fils	8 40
16 fils et plus	18 60

Tissus de laine

Purs ou mélangés d'autres matières que de soie, valant par mètre,

foulés et drapés (Draps.)

moins de 10 fr.	6 90
10 fr. et moins de 20 fr.	9 15
20 fr. et moins de 30 fr.	11 70
30 fr. et au-dessus	16 90

foulés légèrement, foulés ou non foulés (Casimirs, mérinos, mousselines, nouveautés, etc.

moins de 10 fr.	6 60
10 fr. et moins de 20 fr.	6 90
20 fr. et moins de 30 fr.	7 90
30 fr. et au-dessus	10 80

Mélangés de soie 25 85

Couvertures

Ordinaires	2 40
A raies de couleur	4 20

(1) Pour la surtaxe de pavillon dont sont passibles les importations par navires étrangers, *V.* n° 15, Livre 1.

Les sucres provenant des fabriques de la métropole ne peuvent être importés en Algérie que par navires français ; et il en est de même, dans certains cas, pour les sucres des colonies ou des possessions françaises. (*Tarif de* 1864.)

Bonneterie	Orientale	Mêmes droits que les tissus drapés valant par mètre plus de 10 fr. et moins de 20 fr.
	Autre	Mêmes droits que les tissus de moins de 10 fr.
Châles autres que de cachemire		Mêmes droits que les tissus non foulés, selon l'espèce.

Poterie de grès fin	En blanc	Platerie...... 27 50 Creux......... 55 »	par 100 kilogrammes.
	Imprimée	Platerie...... 50 » Creux........ 77 50	
	Peinte et décorée	137 50	

Sel marin, de sàline, et sel gemme....................... 3 »

Café venant des entrepôts de France................. 12 » par 100 kil., N.

— — d'ailleurs............................. 15 »

Foin, paille et fourrages........................... » 50 (par navires français ou étrangers).

(Ord. du 16 décembre 1843, art. 9, et Loi du 11 janvier 1851, art. 6.) (1).

| | | | | | PAR NAVIRES | |
					français, les 100 k. N.	étrangers, les 100 k. N.
SUCRES (2)	bruts	au-dessous du type n° 13.	des fabriques de la métropole		10 »	» »
			des colonies et possessions françaises des Antilles, de la Guyane, de la Réunion, de Sainte-Marie de Madagascar, de Mayotte, de Nossi-Bé, de Taïti et de Noukahiva		10 »	11 66 (3)
		étrangers	des possessions françaises autres que les Antilles, la Guyane, la Réunion, Sainte-Marie de Madagascar, Mayotte, Nossi-Bé, Taïti et Noukahiva.		26 »	27 91 (4)
			extraits des entrepôts de France et primitivement importés	par navires français des pays d'Europe.....	27 50	» »
			importés directement des pays	hors d'Europe d'Europe.....	42 » 44 »	44 »
		du type n° 13 au type n° 20 inclusivement	des possessions françaises autres que les Antilles, la Guyane, la Réunion, Sainte-Marie de Madagascar, Mayotte, Nossi-Bé, Taïti et Noukahiva.		27 50	29 16 (4)
		étrangers	extraits des entrepôts de France et primitivement importés	par navires français, des pays d'Europe..... par navires étrangers......	28 75	» »
			importés directement des pays	hors d'Europe d'Europe.....	44 » 46 »	46 »
	assimilés aux raffinés (Poudres blanches au-dessus du type n° 20)	de France			20 »	» »
		des colonies et possessions françaises	des Antilles, de la Guyane, de la Réunion, de Sainte-Marie de Madagascar, de Mayotte, de Nossi-Bé, de Taïti et de Noukahiva (c)		40 »	42 » (3)
			des autres possessions.....		Prohibés.	
		de l'étranger			Prohibés.	
	raffinés	en France			20 »	» »
		dans les colonies et possessions françaises	des Antilles, de la Guyane, de la Réunion, de Sainte-Marie de Madagascar, de Mayotte, de Nossi-Bé, de Taïti et de Noukahiva		42 »	44 » (3)
			des autres possessions..............		Prohibés.	
		à l'étranger			Prohibés.	

Fers en barres plates, carrées ou rondes, y compris les rails pour chemins de fer, 6 fr. les 100 kil., décimes compris. *(Décret du 7 septembre 1863; Circ. du 17 décembre 1863, n° 939.)*

---

(1) Pour ces produits, il n'y a pas lieu à la perception du décime additionnel. *V.* n° 789.

(2) Il n'y a pas lieu à la perception du décime additionnel. *V.* n° 739.

(3) Ce droit comprend, moins les décimes, la surtaxe de 2 fr. par 100 kil. L'importation ne peut s'effectuer sous pavillon étranger que des Antilles, de la Guyane et de la Réunion. *(Tarif de 1864.)*

(4) Ce droit comprend, moins les décimes, la surtaxe de 2 fr. par 100 kil. L'importation ne peut s'effectuer sous pavillon étranger que de Gorée et de Saint-Louis du Sénégal. *(Tarif de 1864.)*

Piment en grain ou moulu.. 15 fr. par 100 kil.
(Décret du 5 septembre 1855 ; Circ. n° 318.)
Tabacs en feuilles ou en côtes, des entrepôts de France.................... 20 »)les 100 kil.,
    —   —   — de l'étranger........................... 25 ») décimes
Cigares et autres tabacs fabriqués....................................... 40 ») compris.
(Décret du 1er septembre 1856 ; Circ. du 15, n° 407.)
Pour les embarcations de 80 tonneaux et au-dessous, *V.* n° 733.
Toutes marchandises prohibées en France,) des entrepôts de France 20 0/0) de la valeur,
autres que celles énoncées au n° 736, venant) de l'étranger.......... 25 0/0) décimes compris.
(Ord. du 16 décembre 1843, art. 9, et Loi du 11 janvier 1851, art. 6.)

735. — Les marchandises imposées en Algérie à la valeur ou à un droit de plus de 15 fr. par 100 kil. ne peuvent être importées que par les ports d'Alger, Mers-el-Kébir, Oran, Tenez, Philippeville et Bone. *(Ord. du 16 décembre 1843, art. 15.)*

Les tissus, purs ou mélangés, taxés à la valeur, ne peuvent être importés que par les bureaux d'Alger et d'Oran. *(Décret des 9 septembre 1861 et 8 janvier 1862 ; Circ. n°s 797 et 824.)*

736. — Sont et demeurent prohibés en Algérie, les sucres raffinés à l'étranger, et, quelles qu'en soient la provenance et l'origine, les armes de guerre, les munitions de guerre (poudre à tirer, capsules de poudre fulminante et projectiles) ; les contrefaçons en matière de librairie, de typographie, de gravure et de musique gravée. *(Même Ord., art. 12, et Loi du 11 janvier 1851, art. 6.)*

737. — Les marchandises étrangères (autres que les sucres non raffinés, le café et les marchandises prohibées à l'entrée) réexpédiées des entrepôts de France par navires français, sont soumises, en Algérie, au droit qui leur est applicable, d'après leur provenance primitive, lorsqu'elles ont été originairement importées par navires français. Celles dont la réexportation a pareillement lieu sous pavillon français, et qui sont arrivées primitivement en France par navires étrangers, ou qui ont été transbordées, dans les ports de la métropole, d'un navire étranger sur un bâtiment français, acquittent le droit afférent aux importations des entrepôts par navires français. *(Déc. min. des 16 janvier 1851 et 26 août 1858.)*

Si, par mesure exceptionnelle, des navires étrangers étaient admis à transporter de France en Algérie des marchandises étrangères, il y aurait lieu de percevoir le droit des importations sous pavillon étranger. *(Circ. n° 2421.)*

Les produits dont le régime, dans la métropole, se règle sur celui de marchandises de la nature de celles qui jouissent, en Algérie, de la franchise ou d'une modération de droits, doivent être assujettis, à l'entrée dans la colonie, aux conditions du tarif métropolitain. Il en est ainsi, notamment, pour les sirops, les confitures au sucre, les fontes aciéreuses, le mâchefer, etc. *(Circ. n° 2421, notes.)*

Les modérations de droits stipulées en faveur des marchandises sortant des entrepôts de France, sont également appliquées à celles qui proviennent de transbordements ou du transit international. *(Déc. des 26 août 1858 et 12 juillet 1864.)*

Le bénéfice de la décision ministérielle du 11 septembre 1841, transmise par la circulaire n° 1879 (*V.* Livre VI, n° 558), peut être étendu aux futailles étrangères devant servir à l'exportation des huiles tirées de l'Algérie. *(Déc. du 6 mai 1851.)*

Pour les ancres et bouts de câbles dragués dans les ports et rades de l'Algérie, *V.* n° 774.

738. — Les dispositions relatives aux frontières de terre sont rappelées au n° 745.

739. — *Décime.* Les taxes de navigation et les droits de douane fixés par l'art. 9 de l'ordonnance du 16 décembre 1843 sont affranchis du décime additionnel. *(Ord. du 16 décembre 1843, art. 22.)*

Mais on assujettit au décime par franc toute autre perception de la nature de celles qui sont passibles en France de ce complément d'impôt. *(Circ. n° 2421.)*

740. — *Exportation.* Sont prohibées à la sortie les contrefaçons en librairie et les munitions de guerre.

L'exportation des armes de guerre est soumise aux dispositions rappelées au n° 980. Les droits de sortie de France sont exigés à la sortie de l'Algérie. (*Loi du 4 juin 1864, art. 2; Circ. du 11, n° 958.*)

Pour les frontières de terre, *V.* n° 745.

741. — *Déclaration.* Soit à l'entrée, soit à la sortie, l'affranchissement des droits ne dispense pas de faire la déclaration conforme aux dispositions de l'article 9, titre 2, de la loi du 22 août 1791, selon les unités énoncées au tarif général de France, sous peine de 100 francs d'amende pour fausse déclaration. (*Loi du 11 janvier 1851, art. 2, 2° §.*)

742. — *Octroi de mer.* Il est perçu, dans les villes du littoral de l'Algérie, un droit d'octroi municipal sur les objets désignés au tarif spécial. (*Ord. du 21 décembre 1844.*)

Le droit d'octroi de mer porte invariablement sur le poids net de la marchandise, quand ce poids sert de base à la perception du droit de douane ou quand il a été vérifié à la sortie de France, et se trouve énoncé dans l'expédition de douane qui accompagne le produit importé. (*Déc. min. du 23 avril 1855, transmise le 30.*)

Quant aux marchandises frappées de prohibition à l'entrée dans la métropole et admises dans la colonie à un droit *ad valorem*, on peut pareillement liquider la taxe d'octroi de mer à raison du poids net, lorsqu'il est relaté dans la déclaration du commerce et que le service l'a vérifié. Dans tous autres cas, la liquidation doit être opérée sur le poids brut, à moins que la quotité du droit ne dépasse le taux de 10 fr. par 100 kilogr., ce qui entraînerait l'application de la tare légale. (*Déc. du 30 avril 1855.*)

Sont exempts de ce droit, les produits français ou algériens transbordés, dans les ports de la colonie, pour l'avitaillement des navires caboteurs. (*Déc. min. du 17 juin 1851, transmise le 21.*)

Le tarif d'octroi ne procède pas des mêmes principes que le tarif de douane; les règles d'application matérielle sont seules les mêmes. Le tarif d'octroi est limitatif : c'est une concession d'impôt faite aux communes algériennes sur certaines denrées. On ne doit pas, par conséquent, rechercher les assimilations de marchandises; ce qui est nommément désigné du tarif d'octroi est seul imposable.

743. — *Entrepôts maritimes.* Il pourra être établi, pour les marchandises étrangères et les productions des colonies françaises, un entrepôt réel dans chacune des villes d'Alger, Oran, Tenez, Philippeville et Bone, à la charge par ces villes de se conformer à l'art. 25 de la loi du 8 floréal an XI. (*Ord. du 16 décembre 1843, art. 18, et Décret du 20 juin 1857; Circ. n° 476.*)

Jusqu'à ce que ces entrepôts soient régulièrement constitués, les marchandises pourront être admises en entrepôt fictif, sous les formalités prescrites par l'article 15 de la loi du 8 floréal an XI, et sous la condition de renoncer à la faculté de réexportation (1).

La durée de cet entrepôt est fixée à une année : toutefois, sur la demande motivée de l'entrepositaire, elle pourra être prolongée de six mois. (*Même Ord., art. 19.*)

Les marchandises extraites des entrepôts de l'Algérie seront exemptes de tous droits de réexportation. (*Même Ord., art. 20.*)

La faculté d'entrepôt fictif est provisoirement applicable dans les ports d'Alger, de Bone et de Philippeville. Cette disposition est étendue aux marchandises nationales ou nationalisées passibles de la taxe d'octroi de mer. (*Déc. min. du 7 fév. 1862.*)

Ces ports participent à l'exception relative aux réexportations par Marseille. *V.* n° 470. (*Même Déc.*)

---

(1) Les grains placés en entrepôt fictif conservent la faculté de réexportation. (*Déc. du 12 mars 1851.*)

744. — *Cabotage.* Les marchandises provenant de l'Algérie, celles qui y auront été admises en franchise, et celles qui, passibles des droits, les auront acquittés, pourront être transportées, en franchise de tout droit d'entrée et de sortie, d'un port à un autre de l'Algérie, moyennant les formalités prescrites en France pour le cabotage. (*Même Ord.*, art. 17, et *Circ.* n° 2421.)

Les céréales, tant que la sortie de l'Algérie en sera libre, et les autres produits exempts de droits à la sortie de cette colonie, sont, en cabotage, expédiés avec passavant. (*Déc. du 25 juillet* 1859.)

Le transport, entre les bureaux du littoral algérien, des autres marchandises est soumis au régime des mutations d'entrepôt. (*Circ.* n° 2421.)

745. — *Frontières de terre.* Tous les produits originaires du Maroc, de la Tunisie, du Sahara et du Soudan, sont admissibles en Algérie par les frontières de terre. (*Déc. du 11 août* 1853, art. 1er; *Circ.* n° 155.)

Ceux de ces produits qui ne sont pas nommément taxés ou spécialement affranchis de toute taxe (*V.* n° 746), sont soumis aux droits exigibles à l'importation par mer, sous pavillon étranger. (*Déc. du 8 avril* 1858.)

L'importation des produits de toute sorte, originaires et provenant d'autres paysque le Maroc, la Tunisie, le Sahara et le Soudan, est prohibée, sous peine : 1° de la confiscation des objets saisis et des moyens de transport; 2° d'une amende de 1,000 à 3,000 francs et d'un emprisonnement d'un à six mois. (*Ord. du 16 décembre* 1843, art. 16; *Décret du 11 août* 1853, art. 1er; *Circ.* n° 155 *et Déc. du 25 juin* 1860, art. 3 et 4; *Circ.* n° 658.)

L'importation des provenances du Maroc et de Tunis et l'exportation des produits du sol ou de l'industrie de la métropole et de l'Algérie ne peuvent avoir lieu que par les villes et postes ci-après désignés :

Pour la frontière est, par Soukaras et par Tebessa ;

Pour la frontière ouest, par Lalla-Maghrnia, Tlemcen et Nédroma (ce dernier point lorsqu'il sera occupé). (*Même Décret*, art. 2.)

La frontière sud de l'Algérie, depuis Géryville jusqu'à Biskara, est ouverte à l'importation, en franchise de droits, des produits naturels et fabriqués originaires du Sahara et du Soudan. (*Décret du 25 juin* 1860, art. 1er; *Circ. du 24 juill.* 1860, n° 658.)

Les bureaux de Géryville, Laghouat et Bou-Saâda, ainsi que celui de Biskara, sont ouverts à l'importation en franchise des produits naturels ou fabriqués du Sahara et du Soudan. (*Décret du 8 janvier* 1862; *Circ.* n° 827.)

Ces bureaux sont d'ailleurs ouverts aussi à la sortie des marchandises étrangères expédiées en transit des ports d'Alger, Oran, Philippeville et Bône à destination du Sahara et du Soudan. (*Mêmes Décr. et Circ.*)

Des bureaux et brigades de douane sont établis et organisés sur les frontières de terre. L'action du service a pour limite intérieure les places formant la seconde ligne, et qui sont dénommées ci-après, savoir :

À l'est : Bone, Guelma, Aïn-Beïda et Biskara ;

À l'ouest : Raschgoun, Tlemcen et Daya. (*Décret du 11 août* 1853, art. 3.)

La ligne saharienne, depuis Biskara jusqu'au territoire tunisien, et depuis Saïda jusqu'à la frontière marocaine, est fermée à toute marchandise qui ne proviendrait pas du cru ou de l'industrie du territoire algérien. (*Même Décret*, art. 4.)

Les parties des frontières de terre de l'est et de l'ouest, ainsi que la ligne saharienne, qui ne pourront être l'objet de la surveillance directe du service des douanes, seront gardées par des chefs indigènes, commissionnés à cet effet par les généraux commandant les divisions. (*Même Décret*, art. 5.)

Sont admissibles aux droits modérés portés au tableau ci-après les marchandises tunisiennes et marocaines qui y sont mentionnées.

Celles taxées jusqu'à ce jour *ad valorem*, et figurant également audit tableau, supportent le droit au poids tel qu'il y est spécifié. (*Même Décret*, art. 6.)

La loi qui règle le régime d'exportation, *V.* n° 740, par les frontières de mer, sera applicable aux frontières de terre. (*Même Décret, art.* 7.)

Il pourra être établi, pour les produits de Tunis et du Maroc importés par la frontière de terre de l'est et de l'ouest, ainsi que pour les marchandises étrangères et les produits des colonies françaises importés par mer, un entrepôt réel dans chacune des villes où il existera un bureau de douane, à la charge par ces villes de se conformer à l'art. 25 de la loi du 8 floréal an XI.

Aucun établissement de cette nature ne pourra, toutefois, être formé qu'en vertu d'autorisation accordée par un décret spécial. (*Même Décret, art.* 8.)

Jusqu'à ce que les entrepôts réels soient régulièrement constitués, les marchandises pourront : 1° être déposées en douane, à charge par les propriétaires d'en acquitter les droits d'importation et de magasinage dans le délai d'un an; 2° être admises en entrepôt fictif sous les formalités prescrites par l'art. 15 de la loi du 8 floréal an XI et sous la condition de renoncer à la faculté de réexportation. *V.* n° 743.

La durée de l'entrepôt fictif est fixée à une année. Sur la demande des entrepositaires, elle pourra être prolongée de six mois. (*Même Décret, art.* 9.)

Sur les frontières de terre, l'entrepôt fictif peut être accordé, par une autorisation spéciale de l'administration, dans les localités reconnues offrir les garanties nécessaires, que ces localités jouissent ou non de la faculté de l'entrepôt réel. (*Déc. du 26 juin* 1856.)

Le droit d'octroi municipal doit être perçu aux frontières de terre sur les produits tunisiens et marocains qui en sont passibles à l'entrée par mer. (*Décret du 11 août 1853, art.* 10.)

Les délits et contraventions seront déférés, savoir : en territoire civil, aux tribunaux ordinaires français institués par l'art. 3 de l'ordonnance du 26 septembre 1842, et, en territoire militaire, aux conseils de guerre consacrés par l'art. 42 de ladite ordonnance, et aux commandants de place institués ou confirmés par ordonnance du 31 octobre 1838, l'arrêté du 5 août 1843 et le décret du 22 mars 1852.

Ces tribunaux appliqueront aux délits et contraventions dont il s'agit les peines et réparations civiles édictées par la législation de la métropole, et notamment les lois des 22 août 1791, 4 germinal an XI, 28 avril 1816 et 21 avril 1818. (*Même Décret, art.* 11.)

Les délits et contraventions en matière de douane, commis sur les frontières de terre, seront établis, soit par procès-verbaux revêtus des formalités qui, d'après le titre 4 de la loi du 9 floréal an VII, confèrent à ces actes le privilège de faire foi en justice jusqu'à inscription de faux, soit, à défaut, par toutes les preuves qu'autorisent les art. 154 et 189 du Code d'instruction criminelle. (*Même Décret, art.* 12.)

746. — *Produits de la régence de Tunis, importés par les frontières de terre.*

BONNETS de laine (bonneterie orientale)......		4 fr. 50 par k°. net.	
BURNOUS { en laine (tissus de laine non foulés, valant par mètre moins de 10 fr.).....................		3	30
{ en tissu de laine mélangée de soie............. }		13	00
CEINTURES en laine mélangée de soie..................... }			
EL-ADJAH en tissu de coton mélangé de soie { de moins de 16 fils.		4	20
{ de 16 fils et au-dess.		9	30
HAÏCKS .. { en laine avec filets de soie (comme tissus de laine valant moins de 10 fr. le mètre)............		3	30
{ en tissu de laine mélangée de soie.............		13	00
TURBANS en tissu de coton mélangé de soie { de moins de 16 fils..		4	20
{ de 16 fils et au-dess.		9	30
PEAUX.. { ouvrées (babouches).......................		50	00 les 100 k°s N.
{ préparées................................		20	00 *id.*
DATTES (fruits secs ou tapés).........................		8	00 *id.* B.

Scheimbir, tissu pur uni, et Brenschia de Constantinople, gaze de soie pure, de Tunis ou du Maroc, 30 centimes (décimes compris) le kilogr. (*Décret du 13 août 1865, art. 2.*)

Sauf ces derniers tissus, les *produits de même nature, du Maroc*, supportent la moitié des taxes ainsi fixées (*Décret du 7 septembre 1856; Circ. du 21 octobre suivant,* n° 425.)

Le régime et les droits de l'importation par mer sous pavillon étranger sont applicables aux autres marchandises.

Les laines en masse du Maroc et de la régence de Tunis, importées par la frontière de terre, sont exemptes de droits; il en est de même des mules, mulets, bestiaux désignés au n° 734 et dattes fraîches. (*Déc. min. du 3 février 1858.*)

Les produits du sud de l'Algérie importés par les frontières de terre sont exempts de droits s'ils sont originaires du Sahara et du Soudan; les autres sont prohibés.

A la sortie par les frontières de terre, on exige les droits de l'exportation par mer.

747. — *Expéditions de France en Algérie.* Les produits du sol et de l'industrie de France, à l'exception des sucres, et les produits étrangers nationalisés en France par le payement des droits, expédiés de France (1) à destination des ports d'Alger, Mersel-Kébir, Tenez, Oran, Philippeville, Bone, Mostaganem, Cherchell, Djemmâa-Ghazaouat, Dellys, Bougie, Gigelly (*Loi du 9 juin 1845, art.* 4), Arzew, Stora, la Calle (*Ord. du 2 décembre 1845*) et Collo (*Déc. du 6 mars 1860; Circ. n° 635*), sont affranchis de tout droit de sortie et admis en Algérie en franchise des droits d'entrée sur la présentation de l'expédition de douane délivrée à leur sortie de France et constatant leur origine. (*Ord. du 16 décembre 1843, art.* 7, *et Loi du 11 janvier 1851, art.* 6.)

Les marchandises dont l'exportation est prohibée ne peuvent être expédiées pour l'Algérie. (*Lois des 9 juin 1845, art.* 4, *et 11 janvier 1851, art.* 3.)

On applique aux marchandises expédiées en franchise pour l'Algérie les règles relatives au cabotage. Quant au plombage, il n'est exigé qu'à l'égard des marchandises pour lesquelles cette formalité est prescrite en ce qui concerne les expéditions aux colonies. *V.* n° 763. Il est apposé sans frais. *V.* n° 752.

Relativement aux marchandises dont l'exportation est prohibée, on se conforme aux règles générales du tarif de sortie. (*Circ. n*°ˢ 2002 *et* 2421.)

Lorsque les objets sont expédiés à destination de l'Algérie pour le compte des Départements de la guerre et de la marine ou de tout autre service public, *V.* Livre VIII, n° 599. (*Circ. lith. du 8 mai 1847.*)

Il y a lieu d'appliquer les dispositions de la circulaire manuscrite du 10 mars 1840, *V.* n° 761, aux expéditions délivrées à destination de l'Algérie et qui n'ont pas été rapportées trois mois après l'expiration des délais accordés. Seulement, au lieu de comprendre toutes les expéditions sur un seul état, on en forme deux, l'un pour les acquits-à-caution et l'autre pour les passavants. (*Circ. man. du 19 avril 1844.*)

Les dispositions rappelées au n° 783, à l'égard du retour des marchandises françaises, sont applicables aux marchandises françaises que le commerce expédie à destination de l'Algérie avec réserve de retour. (*Déc. du 12 juin 1852 et Circ. du 16 mai 1859,* n° 589.)

Toute marchandise admissible au bénéfice de la prime en jouit lorsqu'elle est exportée de France à destination de l'Algérie. (*Circ.* n° 2421.)

Les productions coloniales françaises et les marchandises étrangères prises dans les ports de France doivent, sans distinction de mode d'importation, être soumises aux formalités prescrites pour les mutations d'entrepôt. (*Circ. du 8 septembre 1851,* n° 2456.)

_____

(1) De tout port où il existe un bureau: (*Circ.* n° 2421.)

Les manifestes de sorties, certifiés par la douane, doivent indiquer les marques et numéros des colis, ainsi que le poids, l'espèce et l'origine des objets (*Ord. du 16 décembre 1843, art.* 11), et, en outre, pour chaque espèce de marchandise, sa provenance, le poids brut, le mode d'importation en France, et le pavillon sous lequel elle aura été effectuée. Ces indications étant indispensables pour l'application des droits d'entrée en Algérie, les agents des douanes de la métropole auront soin de ne viser le manifeste qu'après s'être assurés qu'elles y sont exactement mentionnées (*Circ. du 22 décembre 1843, n° 2001*).

Pour les expéditions à destination de l'Algérie et des ports de France, comme aussi pour la faculté accordée à des entreprises régulières de navigation à vapeur de relâcher dans les ports du Portugal et de l'Espagne, *V.* n° 600.

748. — *Expéditions de l'Algérie en France.* Les marchandises privilégiées importées de l'Algérie par navires français n'obtiennent la modération des droits établis par le tarif que lorsqu'elles arrivent directement des ports désignés au n° 747, et qu'il est dûment justifié, par les expéditions de douanes dont elles sont accompagnées, qu'il ne s'agit pas de marchandises étrangères sortant des entrepôts.

Ces modérations de droits ne sont accordées que dans les ports ouverts à l'importation des marchandises taxées à plus de 20 fr. par 100 kilogrammes.

Les marchandises autres que celles qui jouissent d'une modération de droits sont soumises, à leur importation en France, aux droits déterminés par le tarif général. (*Loi du 9 juin 1845, art.* 3 ; *Circ.* 2421.)

Les produits de l'Algérie énumérés ci-après, d'origine dûment justifiée et transportés directement en France, sont admis en exemption de droits.

1re *Nomenclature.* — *Produits naturels :* Animaux vivants des races chevaline, bovine, ovine, etc., antimoine métallique (régule), argent brut, bambous, bois communs de toutes sortes, bruts, équarris ou sciés, bois de cactus, bois d'ébénisterie indigènes, boyaux frais et salés, céréales en grains et en farines, cire brute de toute sorte, cochenille, conserves alimentaires, corail brut de pêche algérienne, cornes de cerf, coton en laine, crins, cuivre pur ou allié d'étain ou de zinc, de première fusion en masses, barres et plaques, ou laminé en barres ou en planches, dents d'éléphant, drilles, drinn en feuilles (espèce de chiendent dont on fait des brosses), écorce à tan, écorces propres à la médecine, étain brut, battu ou laminé. Fers : fonte brute (aciéreuse sans distinction de poids; non aciéreuse en masses pesant 15 kilogr. ou plus), étirés et en barres plates, carrées ou rondes ; platinés ou laminés noirs, tôle; étamés (fer-blanc), plombés, cuivrés ou zingués, acier, et en barres, de toute espèce, en tôle, de toute espèce; feuilles de palmier nain, feuilles propres à la médecine, filaments végétaux bruts ou n'ayant subi qu'une préparation analogue au teillage (1), fleurs propres à la médecine, fourrages de toute sorte, fruits de table frais, secs ou tapés et confits de toute espèce, fruits oléagineux de toute sorte, garance en racine verte ou sèche, et moulue, gibier, volaille et tortues, gommes pures indigènes, graines à ensemencer, graines d'alpiste, graines de sorgho entières, graines oléagineuses de toute sorte, graisses de bœuf et de mouton (suif brut) (2), graisses de poisson de pêche algérienne, groisil ou verre cassé, henné en feuilles pour la teinture, herbes propres à la médecine, huiles d'arachides, huiles d'olive et de graines grasses, indigo, kermès en grain, laines en masse, légumes frais et secs, lichens tinctoriaux, liége brut ou simplement râpé, marbres bruts, sciés ou travaillés, miel,

---

(1) On comprend dans cette classe le coton de palmier (*Circ.* 370), ainsi que le chanvre et le lin.

(2) Le suif simplement refondu doit être considéré comme brut.

minerais de toute sorte, nerfs de bœuf et d'autres animaux, œufs de ver à soie, oignons de scille marine, olives en saumure et à l'huile, opium, or brut, oreillons, orge perlée, os, sabots et cornes de bétail, pain et biscuit de mer, patates, peaux brutes, pelleteries, plomb brut, plumes à écrire, d'oiseaux, plumes de parure, poil de messine, poils en masse, poissons de mer, frais, secs, salés, fumés ou à l'huile, provenant de pêche algérienne, pommes de terre, poudre d'or, racines propres à la médecine, résines indigènes: d'exsudation brutes, résine molle, poix, galipot; épurées, térébenthine (compacte, liquide), de combustion (brai gras et goudron), distillées (essence de térébenthine); résidus de distillation (brai sec, colophane, résine d'huile); ruches à miel renfermant des essaims vivants, safran, sangsues, sels de marais ou de saline et sel gemme ou fossile, sauf perception du droit de consommation applicable au sel français, soies en cocons et écrues (y compris les douppions), grèges et moulinées et bourre de soie en masse écrue, soufre non épuré (minerai compris), sparte en tiges brutes ou battues, tabac en feuilles destiné à la régie, terres savonneuses, zinc brut, laminé.

2ᵉ *Nomenclature.* — *Produits fabriqués* : Acide stéarique ouvré (bougies stéarines, etc.), alcool de toute sorte, amidon, armes de luxe damasquinées, bijouterie d'or, de vermeil ou d'argent, blagues à tabac, brodées or, soie et argent, sur cuir et sur tissu, bourses en soie, façon de Tunis, bracelets et cordons en passementerie arabe, brosserie de palmier nain et de drinn, cachias en velours, cannes en bois de myrte et autres, carton, carmin, ceintures algériennes en laine, chandelles, chapeaux du Sahara en paille ou sparte, avec plumes d'autruche, chapelets arabes, cire ouvrée (bougies, etc.), cordages de crin, de palmier nain, d'alpha ou sparterie et d'aloës, coussins en cuir ou en velours, brodé d'or et d'argent, coussins en drap, débris d'ouvrages en cuivre ou en plomb, reconnus impropres à tout autre usage que la refonte, eaux de fleur d'oranger, écharpes algériennes de coton, de laine et de soie brochées d'or, essences odoriférantes de jasmin, de géranium et toutes autres, éventails brodés d'or et d'argent, en plumes d'autruche, en paille, extrait colorant de la graine et de la plante de sorgho à état liquide, ferrailles, fichus de soie lamés d'or et d'argent, fils de crin, de palmier nain, d'alpha et d'aloës, futailles vides, gandouras (espèce de grande tunique sans capuchon) en laine mélangée de soie, haïcs, burnous en laine ou mélangés de laine et soie, instruments de musique arabes, laines peignées, cardées ou filées, lanternes mauresques, liège ouvré (en bouchons, etc.), livres, brochures, mémoires et autres écrits, même ceux en feuilles, meubles de toute sorte, nattes de toute sorte, noir animal, objets d'histoire naturelle, œufs d'autruche peints et garnis, orfèvrerie d'or, de vermeil et d'argent, ouvrages en bois de toute sorte, ouvrages en marqueterie indigène ou en mosaïque arabe, paniers à ouvrage en écorce et laine ou en fil d'aloës, paniers et corbeilles de nègre avec franges et tressage, en drap, pantoufles pour hommes et pour femmes, unies ou brodées or et argent sur cuir et sur velours, papier, parfumerie : eaux distillées et de senteur alcooliques ou sans alcool, vinaigres parfumés, pâtes liquides ou en pains, savons liquides, en poudre, pains ou boules, poudres de senteur, pommades de toute sorte, fards, pastilles odorantes à brûler, passementerie arabe laine et soie, or et soie, tout or, pâtes à papier, pâtes alimentaires, peaux tannées, corroyées, hongroyées ou autrement apprêtées, teintes ou vernies, mégiées, chamoisées ou maroquinées, pelleteries ouvrées, pipes en bois ornées de cuivre et pipes arabes, plateaux en cuivre ciselé, poissons marinés à l'huile, porte-cigares, porte-monnaie, brodés, or ou argent, sur cuir ou sur velours, potasses, poterie de terre (grossière, faïence commune), poupées en costumes indigènes, savons autres que de parfumerie, sellerie indigène, soude naturelle et sulfate de soude, tapis algériens mélangés de laine et d'écorce, tapis algériens étroits de grosse laine, tresses de toute sorte, tuyaux de pipe en bois, garnis ou non, vannerie, vinaigres, vins ordinaires et de liqueur. (*Loi du 16 mai 1863, art. 3 ; Circ. du 25, n° 901.*)

On admet en franchise les bouteilles pleines de vins ou de liqueurs alcooliques. (*Déc. du 28 août* 1860.)

Les ouvrages d'or et d'argent, expédiés d'Algérie en France, sont soumis aux mêmes formalités que s'ils étaient importés de l'étranger. Mais quand ceux revêtus du poinçon légal en usage dans la métropole ou dans la colonie, *V.* n° 998, arrivent de l'Algérie accompagnés d'un certificat des bureaux de garantie et sous le plombage intact de la douane de départ, on les affranchit en France de la présentation à un bureau de garantie. (*Déc. du 28 juillet* 1860.)

Les liqueurs alcooliques, d'origine algérienne, supportent en France un droit d'entrée de 8 fr. 75 (en principal), par hectolitre de liquide. (*Loi du 16 mai* 1873, *art.* 3.)

Les autres produits originaires de l'Algérie et qui ne sont pas repris aux nomenclatures du n° 748, sont admis en France soit en exemption des droits, si la franchise est inscrite dans les tarifs conventionnels franco-anglais et franco-belge; soit à des droits égaux à ceux déterminés par ces tarifs. (*Décret du 2 septembre* 1863, *art.* 1er; *Circ. du* 10, n° 928 ; *et Loi du 4 juin* 1864, *art.* 2.)

Cette application du bénéfice des tarifs conventionnels est subordonnée aux restrictions d'entrée concernant les produits anglais importés dans les conditions des traités de commerce. (*Circ. n°* 928.)

Les marchandises importées d'Algérie doivent être considérées comme remplissant les conditions d'origine donnant droit à l'application de l'immunité des droits ou des taxes spéciales d'entrée, lorsqu'elles sont mentionnées sur une expédition de cabotage (acquit-à-caution ou passavant), délivrée dans un des ports de la colonie désignés par la loi. (*Déc. du* 1er *avril* 1845 ; *Circ.* n° 2421 ; *Déc. du* 14 *octobre* 1857 *et Circ. des* 28 *février* 1860, n° 627, *et* 10 *septembre* 1863, n° 928.)

Pour l'expédition, en cabotage, des céréales, *V.* n° 744.

Les douanes algériennes doivent veiller à ce que les acquits-à-caution ou passavants de cabotage ne comprennent que des objets provenant réellement du cru ou de l'industrie de la colonie. Toutes les fois que des doutes graves s'élèvent, ces douanes ont à exiger que des certificats d'origine soient produits. Pour les fontes aciéreuses, il doit être fourni une attestation du propriétaire de l'établissement dans lequel elles ont été fabriquées. Cette attestation est annexée, sous cachets, à l'expédition de la douane. (*Circ. n°* 2421.)

Quant aux produits de l'Algérie passibles en France de droits d'entrée, en d'autres termes considérés comme provenant de l'étranger, le service de la colonie, s'abstenant de délivrer aucune expédition, afin de prévenir toute confusion, se borne à veiller à ce qu'ils soient désignés sur le manifeste de sortie, 3e section, *V.* n° 585, que le capitaine de navire est exceptionnellement tenu de représenter à l'arrivée à destination. (*Déc. du* 14 *octobre* 1857.)

Les tabacs (autres que cigares) fabriqués dans les manufactures de l'État et vendus en Algérie ne peuvent être réintroduits et consommés en France. Toute infraction est punie comme une importation frauduleuse. (*Décret du* 31 *mai* 1854, *art.* 4 ; *Circ.* n° 333.) *V.* n° 1010.

En ce qui concerne les cigares autres que ceux embarqués à titre de provisions de passagers, le service colonial doit adresser au chef du service de la visite à la douane de destination un double du permis. (*Déc. du* 5 *octobre* 1852.)

749. — A moins d'avoir des motifs fondés de croire que les objets mobiliers et les effets à usage que des habitants de l'Algérie se proposent de rapporter en France sont d'origine étrangère, la douane coloniale ne doit faire aucune difficulté d'en permettre l'expédition sur la métropole avec un passavant de cabotage. Le service doit indiquer sur les passavants le nom du propriétaire actuel ou décédé des objets qu'ils concernent. (*Déc. du* 12 *juillet* 1852.)

750. — Le transport des marchandises doit être effectué *directement*, c'est-à-dire sans que le navire importateur ait fait escale à l'étranger, sauf le cas de force majeure authentiquement établi. *V.* n° 525. C'est par l'entremise des directeurs que les acquits-à-caution qui ont accompagné les transports de l'Algérie dans la métropole doivent être renvoyés au directeur des douanes à Alger. (*Circ. du 22 décembre 1843, n° 2002.*)

Les directeurs n'ont à intervenir qu'en cas de doute pour l'application du régime spécial à l'Algérie. (*Déc. du 8 septembre 1852.*)

751. — Les marchandises étrangères doivent être expédiées de l'Algérie en France sous les formalités des mutations d'entrepôt. (*Circ. n° 2421.*)

752. — *Plombage.* Dans tous les cas où il est obligatoire, le plombage est apposé sans frais pour le commerce, à l'égard des marchandises expédiées soit de France à destination de l'Algérie, soit de l'Algérie sur la métropole, soit d'un port à l'autre de cette colonie. (*Circ. du 23 mars 1852, n° 20, et Déc. du 15 avril suivant.*) *V.* n° 31.

CHAPITRE V

PROPRIÉTÉS LIMITROPHES.

Lorsque de nouvelles délimitations ont changé, en tout ou en partie, la position de certaines propriétés limitrophes, on a toujours laissé aux habitants des pays respectifs le droit d'user, en exemption des droits de douanes, des terres qu'ils conservaient hors de la domination où ils restaient eux-mêmes. Tel est l'objet de ce chapitre.

753. — *Étrangers propriétaires en France.* Les étrangers propriétaires de terres situées en France, dans le demi-myriamètre des frontières, jouissent de la faculté d'exporter en franchise de tout droit (1) les denrées provenant de ces terres. (*Ord. du 13 octobre 1814, art. 1er*).

L'immunité n'est accordée qu'aux récoltes proprement dites ; en d'autres termes, aux produits *annuels* de la terre. En sont exclus les coupes de bois, les matériaux extraits des carrières, la laine, le lait, le fromage et tous autres objets analogues. (*Tarif* n° 135.)

Il y a exception à cette règle pour les bois qui proviennent des îles du Rhin (*Déc. min. du 22 janvier 1827*), ou des forêts que les sujets sardes possédaient en France avant le traité du 24 mars 1760, à quelque distance que ce soit de la frontière. On ne tient pas non plus compte de cette distance pour les autres propriétés sardes dont les titres sont antérieurs à 1760. (*Déc. min. du 8 juin 1826.*)

Mais la faculté résultant de l'art. 1er de la présente ordonnance n'a lieu que sous la condition expresse de réciprocité pour les Français propriétaires de terres à l'étranger. (*Ord. du 13 octobre 1814, art. 2.*)

Le délai pour l'exportation en franchise des denrées du cru des propriétés limitrophes s'étend de la récolte jusqu'au 1er avril suivant. Par une exception toute spéciale, les produits de la vendange, savoir : le moût encore muet et le vin nouveau en fermentation, et qu'on ne saurait, par suite, conserver dans de vastes clos, peuvent être exportés ou importés jusqu'à la fin de novembre. (*Tarif* n° 136.)

Les blés de toute sorte et autres produits de la terre ne peuvent être importés en franchise que dans l'état même où l'on est dans l'usage de les enlever des champs. Tout produit qui a déjà été engrangé ou qui a reçu une préparation quelconque, tel,

---

(1) Ou malgré la prohibition. (*Circ. du 31 janvier 1820, n° 543.*)

par exemple, que des blés qui ont été battus, ne peut plus être admis à jouir de l'immunité. (*Tarif* n° 137.)

Les propriétaires de terres situées dans le demi-myriamètre de la frontière peuvent, s'ils ont satisfait d'ailleurs aux conditions imposées pour la libre exportation ou importation des récoltes, transporter en franchise, d'un pays à l'autre, les engrais destinés à l'amendement de ces terres. (*Tarif* n° 138.)

Ils sont également autorisés, sous l'accomplissement des mêmes conditions, à envoyer des bestiaux de l'un à l'autre pays pour faire consommer les fourrages sur place; le renvoi des bestiaux à l'étranger est assuré par un acquit-à-caution. (*Circ. du* 17 *juillet* 1819, n° 504.) Les jeunes bêtes nées pendant le pacage ne peuvent passer la frontière que sous le payement des droits du tarif. (*Tarif* n° 130.) *V.* n° 838.

Les diverses règles rappelées ici sont applicables sur tous les points de la frontière, sauf quelques exceptions locales résultant des traités internationaux, et pour l'application desquelles des instructions spéciales ont été données par l'administration. (*Tarif* n° 140.)

Les étrangers propriétaires en France ne sont pas tenus de justifier d'une possession antérieure aux dernières délimitations. (*Déc. du 9 septembre* 1840.)

Les employés des douanes ne doivent pas s'opposer à la sortie des récoltes appartenant aux étrangers, par le motif qu'ils ne justifient pas avoir acquitté les contributions foncières afférentes à leurs immeubles. (*Déc. du 27 février* 1841.)

Ils ne peuvent pas s'opposer non plus à l'exportation de la paille provenant de la récolte des possessions étrangères, sur le motif que les grains en sont extraits et vendus en France. (*Déc. du 3 février* 1826.)

Les propriétaires qui veulent profiter de l'immunité dont il s'agit seront tenus de déclarer au bureau des douanes le plus voisin l'étendue, la valeur et le genre de culture des terres dont ils auront à importer ou exporter les produits; ils doivent d'ailleurs justifier de leur possession en déposant, dans les bureaux des douanes, des titres originaux ou des certificats de notoriété délivrés par les maires, ou des certificats du conservateur des hypothèques.

Chaque année, des déclarations particulières sont faites dans la saison de la récolte pour indiquer, au moins approximativement, les quantités de denrées qu'on voudra faire sortir. (*Déc. min. du 21 septembre* 1814; *Circ. du* 29.)

Les beurres provenant des *propriétés suisses* situées sur le territoire français, à 5 kilomètres des frontières, peuvent sortir en exemption des droits, conformément à l'art. 10 du traité d'alliance du 4 vendémiaire an XII, à la charge de fixer d'avance la quantité qui devra être exportée. (*Déc. min. du 24 fructidor an XII.*)

754. — *Français propriétaires à l'étranger.* Les Français propriétaires à l'étranger de terres situées dans le demi-myriamètre de la frontière jouissent de la liberté d'importer en France les denrées provenant de ces terres. (*Ord. du* 13 *octobre* 1814, *art.* 2.)

Mais seulement lorsque les Français justifient d'une possession antérieure aux dernières délimitations arrêtées de fait quant aux territoires, notamment à celles résultant du traité du 20 novembre 1815 et des actes subséquents. (*Déc. min. du* 7 *février* 1826; *Circ. du 30 mars suivant,* n° 980.)

Les Français propriétaires dans le pays de Gex (*V.* n° 756) sont dispensés de justifier d'une possession antérieure aux dernières délimitations. (*Déc. du 8 septembre* 1852.)

L'immunité est, du reste, révocable à l'égard de ceux qui en abusent. (*Déc. min. du 18 mai* 1830, *et Tarif* n° 133.)

Le délai pour l'importation en franchise des denrées du cru des propriétés limitrophes est restreint au temps même de la récolte, c'est-à-dire que les denrées ne peuvent être admises, en exemption de droits, que du 1er juin au 15 novembre, sauf les produits de la vendange, qui sont admissibles jusqu'à la fin de novembre (*V.* n° 753). (*Circ. du 3 septembre* 1824, *et Tarif* n° 136.)

Ce délai est prorogé jusqu'au 1er juillet de l'année suivante pour les olives fraîches, les oranges, les fleurs et feuilles d'oranger. (*Déc. min. du 24 mars 1837, et Déc. du 27.*)

Les Français propriétaires à l'étranger devront, avant tout, justifier de leur possession dans les 5 kilomètres de la frontière, en déposant au bureau des douanes le plus voisin les titres originaux de leur acquisition (1), avec des certificats délivrés par le maire ou l'autorité locale du pays où est situé le bien-fonds, ou par le conservateur des hypothèques, constatant que les mêmes terres sont encore en la possession des déclarants. On doit, d'ailleurs, établir que les terres dont la propriété a été reconnue sont employées à telle espèce de culture, et assigner d'avance le maximum des récoltes diverses qu'on admettra comme en étant le produit. Cette déclaration doit être renouvelée tous les ans aux approches de la récolte.

Si le receveur jugeant que l'évaluation de la récolte est exagérée, le déclarant ne consent pas à la réduire, on a recours au sous-préfet de l'arrondissement, pour qu'il nomme une commission d'agriculteurs dont l'avis sert de règle provisoire.

Pour que les produits des biens étrangers appartenant à des Français puissent être admis en vertu des justifications dont il vient d'être parlé, il faut que chaque envoi soit accompagné d'une déclaration expresse du propriétaire, portant que la quantité de....... provient réellement des terres qu'il possède dans les 5 kilomètres au-delà de la frontière, et qu'il affirme ne les avoir pas encore vendues. (*Circ. du 3 septembre 1824, n° 874.*)

Le privilége d'importation en franchise ne s'accorde qu'aux Français. (*Déc. du 26 mars 1834.*)

Il est conservé : 1° au Français résidant à l'étranger qui a gardé son domicile politique en France où il paie ses contributions (*Déc. des 8 avril 1834 et 5 septembre 1836*); 2° au Français qui revient se fixer en France après avoir momentanément transféré son domicile réel à l'étranger (*Déc. du 12 juin 1835*); 3° à la Française mariée à un étranger, lorsqu'elle habite la France avec son mari. (*Déc. min. du 25 septembre 1828.*)

L'immunité est transmissible aux héritiers des Français anciens propriétaires à l'étranger, lorsque lesdits héritiers sont eux-mêmes Français, mais seulement pour les biens-fonds qui leur échoient directement et personnellement en vertu des lois qui régissent les successions. (*Circ. du 30 décembre 1830, n° 1238.*) Dans ce cas, ils sont tenus de faire les justifications nécessaires. (*Déc. du 21 juillet 1841.*) Lorsque plusieurs personnes héritent d'une terre située à l'étranger, et que l'un des copartageants désintéresse les autres et devient possesseur du tout, il y a vente et mutation de propriété à titre volontaire, et le privilége spécial réservé aux propriétés possédées *antérieurement aux dernières délimitations* doit cesser à l'égard des portions que le possesseur actuel n'a pas reçues comme héritier naturel; en d'autres termes, chaque héritier ne peut profiter du bénéfice de l'ord. du 13 octobre 1814 que pour la quote-part qui lui revient d'après son droit personnel d'hérédité. Pour assurer l'effet de cette disposition, les receveurs exigent que l'on fournisse, à l'appui des déclarations annuelles de récolte, les quittances des contributions directes payées à l'étranger, ainsi que les baux à ferme, lorsque les fermiers acquittent l'impôt foncier. (*Circ. du 30 décembre 1830, n° 1238.*)

La constitution d'usufruit n'enlève pas le droit à l'application de l'ordonnance du 13 octobre 1814, lorsque la propriété reste aux héritiers directs (*Déc. du 26 octobre 1844.*)

Les fermiers, soit français, soit étrangers, jouissent, au même titre et sous les

_____

(1) Après avoir été examinés par le receveur, les titres sont rendus à qui de droit. (*Circ. du 21 uin 1837, n° 1632.*)

mêmes conditions que le propriétaire lui-même, des priviléges afférents aux propriétés limitrophes. (*Tarif* n° 134.)

Les étrangers demeurant en France, mais non naturalisés, en sont privés. (*Déc. du 26 mars* 1834.)

Les biens qui passent à des étrangers ou à des collatéraux à titre de donation ou de legs, et les biens constitués en dot à une femme étrangère ou française mariée à un Français, n'ont pas droit au privilége d'importation des produits. (*Déc. du* 3 *mai; Circ. du* 30 *décembre* 1830, n° 1238; *Déc. des* 11 *août* 1835, 18 *et* 22 *avril* 1837.)

Il en est de même des redevances en nature dues à un Français qui a aliéné sa propriété. (*Déc. min. du* 1er *décembre* 1825.)

La Française mariée à un étranger, et résidant hors du territoire français, perd ses titres à l'immunité. (*Déc. des* 5 *septembre* 1836 *et* 19 *juin* 1841.)

La femme étrangère mariée à un Français ne peut jouir du privilége d'importer en franchise les récoltes des biens dont elle hérite de ses parents. (*Déc. du* 7 *février* 1834.)

Le fils héritier de son père étranger se trouve dans le même cas. (*Déc. du* 30 *mai* 1834.)

En général, le bénéfice de l'ordonnance de 1814 doit être retiré à tout propriétaire qui perd sa qualité de français dans les cas ci-après :

1° Par la naturalisation acquise en pays étranger ; 2° par l'acceptation non autorisée par le roi de fonctions publiques conférées par un gouvernement étranger ; 3° enfin par tout établissement fait en pays étranger sans esprit de retour. Les établissements de commerce ne pourront jamais être considérés comme ayant été faits sans esprit de retour. (*Code civil, art.* 17, *et Déc. du* 18 *avril* 1838.)

Les récoltes ne seront admises en franchise que par les bureaux où les titres de propriété ont été vérifiés. (*Déc. du* 26 *novembre* 1839.)

Au moment de leur importation, le receveur peut exiger la représentation des expéditions de sortie délivrées par la douane étrangère. (*Circ. du* 21 *juin* 1837, n° 1632.)

Les blés de toute sorte et autres produits ne seront reçus que dans l'état même où l'agriculteur est dans l'usage de les enlever des champs d'exploitation. (6e § *de la Circ.* n° 874.)

Dans les localités où les transports ne s'effectuent que par des bêtes de somme, les propriétaires limitrophes peuvent, par exception, importer leurs blés en grains. (*Déc. min. du* 7 *décembre* 1824, *transmise le* 17.)

Les graines de colza peuvent être importées en sacs. (*Déc. du* 25 *septembre* 1834.)

Les habitants des communes frontières du nord des Ardennes, limitrophes de la Belgique, jouissent de la faculté d'importer en franchise les grains provenant des terrains essartés dans les forêts étrangères avoisinantes, à charge par eux de remplir les formalités prescrites à l'égard des récoltes de propriétés limitrophes appartenant à des Français. En cas d'abus, cette facilité leur sera retirée. (*Déc. min. du* 18 *juin* 1836.)

Les produits qui ont déjà été engrangés ou qui ont reçu une préparation quelconque ne peuvent plus être admis. (5e § *de la Circ.* n° 874.)

Il est permis aux Français propriétaires à l'étranger d'exporter en franchise la quantité d'engrais nécessaire à la culture de leurs terres. (*Circ.* n° 874.) Ils peuvent également exporter en franchise les grains destinés aux semailles, en justifiant qu'ils n'excédent pas les quantités nécessaires, et que ces grains proviennent de la dernière récolte des terres qu'il s'agit d'ensemencer. (*Déc. des* 10 *octobre* 1834 *et* 1er *juin* 1840.)

L'immunité de droits n'est applicable qu'aux importations directes. (*Déc. du* 29 *juillet* 1851.)

Les directeurs adressent chaque année à l'administration :

1° Un relevé récapitulatif par bureau indiquant le total des quantités et de la valeur approximative des récoltes de chaque espèce admises en franchise ;

2° Un état de mutations survenues d'une année à l'autre parmi les propriétaires inscrits sur le tableau nominatif arrêté au 1er juillet 1837. (*Circ. du 21 juin 1837, n° 1632.*)

Les Français qui ont des troupeaux dans les fermes qu'ils possèdent en deçà et près de la frontière continueront à pouvoir les envoyer au pacage sur les prairies dont ils justifient être propriétaires à l'étranger, *V.* n° 837, à charge de subir les droits du tarif en vigueur au moment de la rentrée, pour les veaux et agneaux mis bas pendant le pacage. (*Circ. du 3 septembre* 1824, n° 874.)

Cette faculté doit être restreinte à un nombre de têtes de bétail proportionné à l'importance des propriétés situées à l'étranger. Elle a nécessairement pour effet de réduire, dans la proportion des quantités de fourrages ainsi consommées à l'étranger, le crédit de celles qui peuvent être importées en franchise. (*Déc. du 12 août* 1840.)

A l'égard de la Suisse, la circulation des produits agricoles sur la frontière limitrophe a été fixée par un décret du 28 novembre 1864. (*Circ. du 17 juin* 1865, n° 997.)

755. — Les *fraudes* tentées, soit à l'entrée, soit à la sortie, à l'aide de fausses déclarations faites ou des permis délivrés pour les récoltes de propriétés limitrophes, donnent lieu, comme pour les autres cas, à la confiscation des objets de fraude, et aux amendes et poursuites indiquées aux Livres des Importations et Exportations.

CHAPITRE VI

TERRITOIRES NEUTRALISÉS DU PAYS DE GEX ET DE LA HAUTE-SAVOIE.

756. — Le pays de Gex se trouvant, en vertu du traité du 20 novembre 1815, placé hors de la ligne des douanes, les produits qui en sont importés en France ou qui y sont exportés sont soumis aux conditions générales du tarif.

Toutefois, il est fait exception à cette règle tant pour l'admission en France, en franchise, de certains produits agricoles et industriels du pays de Gex, que pour l'extraction de France des matières premières nécessaires soit à l'exploitation des fabriques qui sont établies dans ce pays, soit aux besoins de l'agriculture. (*Tarif général,* n° 129.) *V.* n° 684.

La partie de la Savoie située au-delà de la ligne des douanes est placée sous le régime exceptionnel établi pour le pays de Gex. (*Déc. du 12 juin* 1860, art. 3 ; *Circ. du 19,* n° 649 ; *Arrêté min. du 25 juillet* 1860 ; *Circ.* n° 667.)

Les *territoires neutralisés* du pays de Gex et de la Haute-Savoie sont soumis à un même régime commercial dont les conditions sont déterminées par le règlement annexé à l'arrêté min. du 31 mai 1863. (*Circ. du 25 juin* 1863, n° 910.)

CHAPITRE VII

COLONIES ET ÉTABLISSEMENTS FRANÇAIS.

757. — Par colonies françaises on entend, sous le rapport des douanes, les portions de territoire que la France possède hors d'Europe, mises en culture et assujetties à un régime qui, les séparant plus ou moins de l'étranger, réserve leurs principaux échanges à la métropole. Les produits de ces colonies sont taxés en France plus faiblement que ne le sont les produits étrangers. (*Circ. du 9 septembre 1819.*)

Dans ce sens, sont réputées colonies à culture : au delà du cap de Bonne-Espérance, l'île de la Réunion ; en deçà de ce cap, la Guyane française, qui comprend l'île de Cayenne; et dans les Antilles, la Martinique et la Guadeloupe, avec ses dépendances, savoir : Marie-Galante, la Désirade, les Saintes et la partie française de l'île Saint-Martin.

Les autres possessions françaises sont désignées sous le nom d'établissements français. Quelques-unes d'entre elles servent soit de points de ravitaillement pour la marine militaire, comme Taïti, Mayotte et Sainte-Marie de Madagascar, soit de stations pour les bateaux de pêche, comme Saint-Pierre et Miquelon. A ce titre, elles sont soumises à un régime très-différent du régime réservé aux colonies. (*Tarif n° 179.*)

SECTION PREMIÈRE

DISPOSITIONS GÉNÉRALES.

758. — Les réglements en vigueur en France ne sont pas, à moins d'une disposition spéciale, applicables dans les colonies, régies par une législation distincte. (*Déc. du 29 novembre 1856.*)

A moins d'une disposition expresse, les règlements qui accordent, d'une manière générale, des immunités ou des réductions de droits relativement aux colonies, ne sont applicables que dans les colonies proprement dites, c'est-à-dire la Martinique, la Guadeloupe et la Réunion. (*Déc. du 27 décembre 1854.*)

759. — Le commerce entre la France et ses colonies ne peut se faire que par des navires français. (*Loi du 21 septembre 1793, art. 3 et 4.*)

Toutefois le commerce de la Martinique, de la Guadeloupe, de la Réunion, de la Guyane (Cayenne) et du Sénégal (Saint-Louis et Gorée), peut se faire aussi par navires étrangers. (*Loi du 3 juillet 1861, art. 3 et 6; et Décret du 24 décembre 1864.*)

Le privilége colonial n'est accordé aux productions du sol des colonies que lorsqu'elles sont rapportées par des navires de 40 tonneaux au moins. (*Lois des 27 juillet 1822, art. 15, et 5 juillet 1836, art. 7.*)

Les marchandises et denrées expédiées des colonies françaises, sur des bâtiments desdites colonies, pour un des ports de France, sont traitées comme celles apportées par des navires armés dans la métropole. (*Loi du 17 juillet 1791, art. 34.*)

L'armement et l'expédition des bâtiments destinés pour les colonies françaises, ainsi que les retours, s'effectuent dans les seuls ports d'entrepôt réel ou fictif. (*Lois des 17 juillet 1791, art. 1er, et 8 floréal an XI, art. 12; Circ. du 27 août 1814; Lois des 28 avril 1816, art. 23 et 24; 21 avril 1818, art. 21 et 49; 9 février 1832, art. 26 et 27, et 2 juillet 1836, art. 13.*)

Le chargement commencé dans l'un de ces ports peut être terminé dans un autre de ces mêmes ports. (*Circ. du 26 janvier 1824, n° 850.*)

Ce ne serait que sur l'autorisation spéciale des directeurs qu'un navire pourrait charger, dans les autres localités, certains produits du sol. (*Déc. du 6 février 1843.*)

Pour l'escale à l'étranger des navires expédiés aux colonies françaises, *V.* n° 577.

760.—Les denrées et marchandises provenant du sol ou des fabriques de France (1),

---

(1) Les sels français sont traités comme les autres produits. (*Circ. man. du 10 octobre 1840.*)

et les marchandises étrangères nationalisées en France par le payement des droits d'entrée, peuvent être expédiées de France pour les colonies françaises en exemption de tous droits. (*Loi du 17 juillet 1791, art. 8 et 4.*)

Les denrées et objets prohibés à la sortie de France peuvent être expédiés en franchise pour les colonies françaises proprement dites (Martinique, Guadeloupe, la Réunion) et pour la Guyane et Saint-Louis du Sénégal, ou servir à l'armement et à l'avitaillement des navires qu'on y destine. (*Même loi, art. 20; loi du 3 septembre 1793, art. 3; Circ. du 29 décembre 1858, n° 565.*)

Les prohibitions spéciales à la sortie en vue du temps de guerre ne sont pas applicables aux expéditions à destination des colonies françaises. (*Déc. du 21 mai 1859.*)

Pour les transports par navires étrangers, soit de produits de France, soit de marchandises étrangères extraites des entrepôts de la métropole, il est perçu une surtaxe de pavillon de 30 fr. (1) par tonneau d'affrétement sur les produits à destination de la Réunion; de 20 fr. (1) sur les produits allant à la Martinique et à la Guadeloupe; de 10 fr. sur les produits allant à Cayenne (Guyane). (*Loi du 3 juillet 1861, art. 6, et Décret du 24 décembre 1864.*) V. n° 773.

Au tableau des droits est inséré, page 161, le tarif de la composition du tonneau d'affrétement, destiné à servir de base au calcul de cette surtaxe (2) (*Même Loi, art. 9; Décret du 25 août 1861; Circ. du 31, n° 788.*)

Le tonneau d'affrétement non spécifié au tarif doit s'entendre de :

1,000 kil. bruts, s'il s'agit du tonneau de mer au poids;

1 mètre 44 centièmes pour le tonneau au cubage;

Le cube des futailles s'obtient en multipliant le diamètre par lui-même et par la longueur, sans aucune déduction.

Le tonneau d'affrétement des marchandises non dénommées au tarif est fixé d'a-

---

(1) À l'égard des sucres, la surtaxe de 30 ou de 20 fr. et décimes compris. (*Décret du 20 octobre 1861; Circ. du 28, n° 803.*)

(2) Les douanes de la métropole n'ont pas à s'occuper de la surtaxe qui devra être perçue aux colonies sur les produits nationaux expédiés de France; le soin de la liquider ne peut qu'être laissé au service dans les colonies. Mais, au sujet des produits extraits des entrepôts métropolitains pour être expédiés sous pavillon étranger à la Réunion ou aux Antilles, les douanes françaises, en même temps qu'elles liquideront et lorsqu'il y a lieu, les droits sur les acquits-à-caution qui devront être délivrés, liquideront aussi la surtaxe. Elles s'abstiendront toutefois de toute mention de l'espèce sur les expéditions concernant des marchandises passibles de droits à la valeur, les droits devant, dans ce cas, être perçus aux colonies d'après la valeur même des produits sur les lieux de destination.

Dans tous les cas où elle doit être perçue ou liquidée, la surtaxe d'affrétement, qui a pour but d'atteindre l'espace occupé à bord des navires étrangers par les produits, doit porter sur le poids brut, c'est-à-dire sur le contenu et le contenant; elle est exigible sur les marchandises taxées à la valeur comme sur celles qui sont frappées de droits spécifiques et, pour ce qui concerne les produits coloniaux importés en France, elle doit être perçue sur ceux qui sont passibles de droits comme sur ceux qui en sont exempts. Cette surtaxe est en outre, en l'absence de toute stipulation contraire dans la loi, passible du double décime, sauf pour les sucres; elle doit être calculée sur les fractions de tonneau quelles qu'elles soient. En outre, elle se percevra comme le droit lui-même, tout en faisant l'objet d'un article distinct sur les certificats de liquidation et sur les quittances. Les marchandises entreposées à l'arrivée et qui seront réexportées en sont affranchies. (*Circ. n° 788.*)

près les conditions arrêtées entre le capitaine et l'expéditeur, dont il est justifié par la charte-partie, et, à défaut de charte-partie, d'après les usages du port d'embarquement. (*Décret du 24 septembre 1864, art. 1er; Circ. du 15 novembre suivant, n° 976.*)

Les primes d'exportation sont dues pour ce qui est destiné aux colonies françaises. (*Lois des 7 juin 1820, art. 10, et 17 mai 1826, art. 9.*)

Les droits de circulation et de consommation ne sont point perçus sur les boissons à la destination des colonies françaises. (*Loi du 28 avril 1816, chap. des Contributions indirectes.*)

Les marchandises étrangères qui, après avoir été soumises aux droits d'entrée dans les colonies françaises, ont été dirigées sur la métropole, ne peuvent être réexpédiées à destination de ces colonies que sous les conditions ordinaires du tarif. (*Déc. du 29 avril 1852.*)

Les marchandises étrangères supportent les conditions du tarif général de France ou du tarif colonial, *V.* n° 774, qu'elles arrivent directement de l'étranger ou des entrepôts de la métropole.

Expédiées d'un entrepôt métropolitain par navires français, elles sont affranchies de toute surtaxe de navigation, alors même qu'elles ont été apportées en France par des navires étrangers ou par la voie de terre. (*Déc. du Min. de la marine du 10 septembre 1857.*)

Les dispositions des anciens traités de commerce et de navigation, à moins de stipulations contraires et expresses, ne concernent pas les colonies françaises. Mais les produits anglais, belges, etc., importés dans ces colonies, soit directement d'Angleterre, de Belgique, etc., soit des entrepôts de France, sont, sous les conditions du traité de commerce, admis au droit conventionnel. (*Circ. du 31 août 1861, n° 788, et Déc. du 10 juin 1863.*) *V.* n° 784.

761. — Les marchandises destinées pour les colonies françaises ne peuvent être embarquées en France qu'après la déclaration, la visite, le plombage et l'accomplissement de toutes les formalités voulues pour l'exportation et pour le cabotage d'un port de France à l'autre, et à peine des mêmes confiscations et amendes. (*Loi du 17 juillet 1791, art. 16, 17, 21 et 35.*)

Il est défendu aux capitaines des bâtiments *destinés* pour les colonies françaises de charger ou laisser charger sur leur navire aucune denrée ou marchandise, même de laisser débarquer ni mettre à terre celles qui y auraient été chargées, sinon lorsqu'il y aura un permis du bureau, à peine, dans l'un et l'autre cas, de confiscation desdites denrées ou marchandises et de 100 fr. d'amende. (*Même Loi, art. 16.*) Chargement ou déchargement, etc.; n° 245 du tableau des Infr. Trib. de paix.

Les marchandises étrangères peuvent être dirigées sur les entrepôts qui leur sont ouverts dans les colonies, *V.* n°s 773 et 774, sous les formalités générales des mutations d'entrepôt. *V.* n° 472. (*Circ. des 19 août 1839, n° 1763, et 4 juillet 1842, n° 1922.*) Les acquits-à-caution de *réexportation*, série M, n° 48, établis par la loi du 8 floréal an XI (art. 78), mais supprimés par les lois des 21 avril 1818 (art. 61) et 9 février 1832 (art. 21) quant aux réexportations à l'étranger, ne sont employés que pour les marchandises d'entrepôt dirigées sur celles de nos possessions d'outre-mer qui n'ont pas d'entrepôts constitués selon le vœu de la loi du 12 juillet 1837. (*Déc. du 10 août 1841.*) Un registre spécial est affecté à ces dernières expéditions. (*Déc. du 19 septembre 1839.*)

Les marchandises ainsi expédiées sont portées séparément sur le manifeste de sortie prescrit par l'article 2 de la loi du 5 juillet 1836. (*Circ. n° 1763.*) *V.* n° 585.

La destination des marchandises nationales soumises à une taxe de sortie, doit être assurée par un acquit-à-caution qui comprend tous les objets embarqués, par nombre et espèce des colis, marques et numéros, quantités, espèces ou qualités et valeur des marchandises. (*Loi du 17 juillet 1791, art. 15 et 35.*)

Le capitaine et l'armateur se soumettent à rapporter l'acquit-à-caution, revêtu du certificat d'arrivée et de déchargement des objets qu'il comprend aux lieux indiqués (1); certificat qui doit être délivré par les préposés à la perception dans les colonies et visé par l'autorité supérieure (2), pour justifier de la vérité des signatures de ces préposés. (*Loi du 17 juillet* 1791, art. 15.)

Les marchandises nationales ou nationalisées, affranchies de droits de sortie, sont expédiées aux colonies ou autres établissements sous simples passavants. (*Déc. min. du 15 janvier* 1859; *Circ. du 21*, n° 569.) Le cas échéant, on indique sur le passavant que l'opération s'opère sous bénéfice de prime. (*Circ. du 15 septembre* 1830, n° 1227.)

Dans le cas où une déclaration énoncerait à la fois des produits comportant, les uns, la délivrance d'acquits-à-caution, les autres, des passavants, on se servirait d'acquits-à-caution qui les comprendraient tous; mais alors la soumission n'aurait d'effet que relativement aux objets passibles de prohibition ou de droits à l'exportation pour l'étranger. (*Même Circ.*, n° 569.)

Le mode spécial d'expédition autorisé par la décision ministérielle du 7 juillet 1843, à l'égard des marchandises expédiées d'un port à un autre de France pour le compte des divers services publics, *V.* n° 599, est étendu aux denrées et autres objets d'approvisionnement dirigés sur les colonies et établissements français d'outre-mer par les administrations de la guerre et de la marine. (*Déc. min. du 11 janvier* 1851, *transmise par la Circ. du 25*, n° 2420.)

Les acquits-à-caution par lesquels on assure la destination des marchandises et denrées expédiées pour les colonies françaises doivent être rapportés au retour du navire ou dans les dix-huit mois du départ, revêtus du certificat d'arrivée et de déchargement. (*Loi des 17 juillet* 1791, art. 15, *et 21 avril* 1818, art. 24 *et* 26.) *V.* n° 34, 611 et 771.

Les directeurs font dresser, le 1er janvier et le 1er juillet de chaque année, des états, par colonie, des acquits-à-caution non rentrés trois mois après l'expiration des délais. D'après les renseignements que fournissent les douanes coloniales sur les causes du non-rapport des expéditions, l'administration statue relativement aux soumissions. (*Circ. man. du 10 mars* 1840.) En l'absence de tout motif sérieux de suspicion, les passavants délivrés en France ne figurent pas sur les états semestriels d'expéditions non rentrées. (*Circ. du 21 janvier* 1859, n° 569.)

762. — Si, dans les conditions ainsi déterminées, les acquits-à-caution ne sont pas rapportés revêtus des certificats prescrits, les soumissionnaires sont contraints au payement, savoir:

Pour les marchandises étrangères tarifées, dirigées soit sur les entrepôts coloniaux, soit sur des colonies qui peuvent recevoir ces marchandises, bien qu'il n'y existe pas d'entrepôt, du double droit d'entrée (3), ou, s'il s'agit de marchandises prohibées, de la valeur, avec amende de 500 fr. (*Loi des 17 juillet* 1791, art. 20, *et 17 mai* 1826, art. 20);

_____

(1) L'acquit-à-caution délivré aux capitaines des bâtiments de la marine de l'État, expédiés pour les colonies avec des chargements de farine et autres approvisionnements, peut énoncer simplement la destination *des colonies*, sans autre désignation spéciale. (*Circ. du 3 octobre* 1808.)

(2) Ce visa peut être délivré par le directeur ou l'inspecteur de la douane coloniale, ou, à défaut d'un employé supérieur de ce grade, par le fonctionnaire qui en tient lieu. (*Circ. du 14 octobre* 1836, n° 1571.)

(3) C'est le double du droit perceptible au moment de la déclaration de sortie d'entrepôt.

Du double droit de sortie pour les marchandises françaises sujettes à des droits de sortie (1) (N° 246 du tableau des Infr. Contrainte) ;

De la valeur des marchandises, avec amende de 500 fr., pour les marchandises françaises prohibées à la sortie. (*Loi du 17 juillet* 1791, *art.* 20.) N° 247 du tableau des Infr. Contrainte.

Les passavants ne donnent ouverture à aucune pénalité.

763. — Les marchandises nationales soumises au plombage pour le cabotage d'un port à un autre de France, V. n° 605, pourraient être également plombées à leur départ pour les colonies. (*Loi du 17 juillet* 1791, *art.* 15 *et* 35, *et Circ. du* 22 *août* 1818, n° 420.) Toutefois la formalité du plombage n'est exigée qu'à l'égard des tissus de toute sorte. (*Déc. min. du* 26 *février* 1862; *Circ. lith. du* 6 *mai suivant.*)

Dans les cas où il est ainsi obligatoire, le plombage est apposé sans frais pour le commerce à l'égard des marchandises françaises ou nationalisées, par le payement des droits d'entrée, dirigées sur les colonies françaises. Il en est de même pour le plombage, V. n° 605, des marchandises étrangères expédiées à destination des entrepôts des colonies françaises. V. n° 31. (*Circ. du* 23 *mars* 1852, n° 20.)

Pour les marchandises en réexportation sur une colonie où il n'existe pas d'entrepôt, V. n°s 31 et 470.

764. — Les modérations ou les exemptions de droits accordées, à titre de privilège colonial, pour la plupart des colonies françaises, sont ou privatives à telle ou telle colonie, ou indistinctement applicables à toutes. V. le tarif général.

765. — Produits des colonies françaises qui jouissent d'une modération de droits, lorsqu'ils sont importés par navires français :

De *toutes colonies* autres que l'Algérie et le Sénégal (Martinique, Guadeloupe, Réunion, Guyane française): sucre et ses dérivés (bonbons, sirops, confitures au sucre ou au miel, fruits de table confits au sucre ou au miel, casse confite ou canéfice, café, cacao, rhum, tafia, mélasses non destinées à être converties en alcool.)

V. l'article spécial à chaque colonie, n° 774, etc.

766. — Les autres produits, naturels ou fabriqués (2), originaires de la Martinique, etc., sont exempts de droits à l'entrée en France par navires français; il est exigé pour les importations par navires étrangers une surtaxe de pavillon, plus les décimes, savoir : des Antilles, 20 fr. (3) par tonneau d'affrétement; de la Réunion, 30 fr. (3) ; de la Guyane (Cayenne), 10 fr.; du Sénégal (Saint-Louis et Gorée), 20 fr. (*Loi du* 3 *juillet* 1861 *et Décret du* 24 *décembre* 1864.)

Mais le bénéfice de cette dernière disposition est subordonné à la double condition que le transport sera direct, comme pour les navires français, et que les intéressés produiront toutes les justifications exigées au sujet des cargaisons de ces derniers bâtiments. Il est statué pour chaque chargement comme en matière d'admission au privilège colonial. (*Circ. du* 31 *août* 1861, n° 788.) V. n° 767.

---

(1) Ce double droit doit également être établi d'après le tarif en vigueur lors de la remise de la déclaration de sortie.

Mais, à moins de circonstances particulières, l'administration se borne à exiger le droit de sortie sur les produits français qui, d'après les règles du cabotage, auraient donné lieu à délivrance d'acquits-à-caution, et s'abstient de percevoir ce droit sur les marchandises qui, suivant le même régime, auraient été accompagnées d'un passavant.

(2) Les tabacs en feuilles ne peuvent être livrés qu'à l'administration des tabacs. Quant aux tabacs fabriqués, ils subiraient les conditions du tarif général.

(3) A l'égard des sucres, la surtaxe de 20 ou de 30 fr. et décimes compris. (*Décret du* 20 *octobre* 1861; *Circ. du* 28, n° 803.)

Les produits non originaires et importés de ces colonies, sont admis en France aux conditions du tarif général; la surtaxe d'affrétement indiquée à l'avant-dernier § précédent est exigée, en sus, pour les importations par navires étrangers. (*Loi du 3 juillet 1861 et Décret du 24 décembre 1864.*)

Sans aucune exception, les navires étrangers qui effectuent des transports entre les Antilles ou la Réunion et la France sont soumis dans les ports de la métropole, indépendamment de la surtaxe d'affrétement, aux droits généraux de navigation. Ainsi le droit de tonnage est de 3 fr. 75 c. par tonneau, plus les décimes. (*Circ.* n° 788.)

Les marchandises extraites des entrepôts coloniaux ou dont l'origine coloniale n'est pas dûment établie par les expéditions (manifeste et acquits-à-caution) délivrées au départ, sont assujetties, à l'importation de France, sous pavillon étranger, aux droits et aux surtaxes du tarif général. (*Circ.* n° 788.)

Les produits des colonies françaises autres que ceux à l'égard desquels il est stipulé un traitement de faveur supportent les dispositions générales du tarif. Ainsi les poissons importés des colonies sont traités comme provenant de pêche étrangère (*Décret du 12 février 1845*), la librairie est considérée comme venant de l'étranger (*Déc. du 13 février 1847*).

Les marchandises étrangères extraites des entrepôts ou de l'intérieur d'une colonie, sont traitées, d'après la disposition finale de l'art. 2 de la loi du 17 mai 1826, comme toutes marchandises de même espèce importées de l'Inde, ou des autres pays hors d'Europe, par navires français, selon la situation géographique desdites colonies, et restent par conséquent soumises aux tarifs et règlements généraux.

767. — Les produits désignés aux n°ˢ 765 et 766 doivent être apportés, en droiture, dans les ports d'entrepôt fictif, V. n° 759, sans faire escale à l'étranger, à peine d'être traités comme étrangers. (*Loi du 27 juillet 1822, art.* 15; *Circ.* n° 740.) V. Livre I, n°ˢ 14 et 15.

Les navires qui ont commencé leur chargement à l'étranger ont la faculté de le compléter aux colonies françaises, soit avec des marchandises étrangères extraites d'entrepôt, soit avec des productions de la colonie. Toutefois, ils ne peuvent, dans aucun cas, y charger des marchandises similaires de celles prises à l'étranger, à moins qu'il n'existe dans la colonie un entrepôt réel établi en vertu de la loi du 12 juillet 1837, V. n° 773, et que les objets chargés à l'étranger n'aient été déclarés pour cet entrepôt, mis à terre et dirigés ensuite sur la métropole, sous les formalités et les garanties des mutations d'entrepôt. (*Circ. man. du 3 décembre 1839, et Déc. du Min. de la marine, en date du 27, chargeant particulièrement les douanes coloniales de l'exécution de ces dispositions.*)

L'exactitude du manifeste et sa concordance avec les expéditions doivent être reconnues et constatées par l'employé qui, à la colonie, est chargé de contrôler et de viser cet acte. Il faut libeller les expéditions avec le plus grand soin, et veiller à ce que les objets destinés pour les ports d'escale y soient effectivement mis à terre. Aux colonies, comme dans les ports de la métropole, la vérification des chargements exige une attention toute particulière; les employés doivent s'assurer notamment si les pièces justificatives d'origine se rapportent exactement aux marchandises pour lesquelles elles sont présentées; ils doivent aussi reconnaître l'intégrité du plombage des colis assujettis à cette formalité, et ne rien négliger, en un mot, de tout ce qui peut concourir à garantir la régularité des opérations. (*Circ. du 21 avril 1818, n° 385; Déc. des 8 mai 1835 et 17 mai 1839.*)

768. — Les marchandises ne peuvent jouir en France du privilége colonial qu'aux conditions ci-après:

1° Qu'elles sont reconnues provenir du cru des colonies françaises;

2° Que le consignataire justifie par le rapport du capitaine, certifié des gens de l'équipage, que le bâtiment s'est conformé aux règlements pendant sa navigation. (*Arrêté du Gouvernement du 6 thermidor an III; Circ. du 23.*) V. n° 327.

L'origine et le cru des denrées devant jouir du privilège s'établissent par les déclarations contenues au manifeste et par les acquits-à-caution (1) délivrés dans les ports de chargement. (*Lois des 29 mars, art.* 10, *et* 17 *juillet* 1791, *art.* 21, *et Déc. du* 16 *juin* 1808; *Circ. du* 29.)

Les marchandises de la nature de celles qui jouissent du privilège colonial, venant de la Guyane française ou de la Réunion, c'est-à-dire des colonies qui ne sont pas sous l'exclusif absolu, doivent en outre être accompagnées de certificats d'origine délivrés par les autorités de la colonie. (*Loi du* 6 *juillet* 1791, *art.* 17; *Ordonn. du* 22 *octobre* 1817, *et Circ. du* 29, n° 335.)

Ces certificats peuvent être inscrits sur les acquits-à-caution de la colonie. (*Circ. du* 29 *juin* 1808.)

Les produits des colonies dont il s'agit, pour lesquels on ne représente pas à l'arrivée les certificats faisant mention expresse qu'elles sont du cru de la colonie, ne jouissent pas du privilège et sont traités comme s'ils venaient de l'étranger. (*Loi du* 6 *juillet* 1791, *art.* 17; *Déc. du* 16 *juin* 1808, *et Circ. du* 29 *du même mois*.)

Les denrées ou marchandises de la nature de celles admissibles au privilège, qu'on charge dans les colonies, mais qui ne sont pas du cru du sol, sont traitées comme étrangères, malgré les expéditions régulières dont elles sont couvertes. (*Loi du* 17 *mai* 1826, *art.* 2, *et Circ. du* 20 *janvier* 1829, n° 1140.)

Pour les colonies autres que la Réunion et la Guyane, l'origine et le cru des denrées s'établissent par le manifeste et les expéditions délivrés dans les ports de chargement. (*Circ. du* 29 *juin* 1808.)

On ne saurait prendre d'ailleurs trop de précautions pour assurer l'exacte application du privilège colonial. D'abord l'interrogatoire, et au besoin la confrontation de gens de l'équipage de tout navire venant des colonies, doivent établir que les marchandises pour lesquelles on réclame le privilège ont été prises à terre; ensuite, l'examen des titres d'origine doit encore, lors même que ces titres auraient été surpris, donner des indices propres à faire découvrir le vrai; enfin, la marchandise elle-même doit, par les caractères propres à son origine, confirmer la teneur des pièces écrites. Or, les vérificateurs des grandes douanes, ayant l'habitude de comparer toutes les espèces de produits qu'ils vérifient, doivent s'attacher à reconnaître par la forme des emballages, par la nature du bois, dont les caisses et les barriques sont faites, ou par l'espèce de tissus des sacs et serpillières, que le tout provient réellement des colonies françaises. Mais ce qui doit surtout fixer leur attention, c'est la qualité des sucres, leur nuance, leur grain et leur richesse relative. Si la moindre des circonstances qu'on vient de rappeler laisse aux employés le plus léger doute sur la véritable origine de la denrée, ils doivent suspendre l'opération et provoquer l'expertise voulue par l'article 19 de la loi du 27 juillet 1822. (*Circ. du* 20 *janvier* 1829, n° 1140.)

Dans le cas où l'expertise fait constater que les denrées importées avec des expéditions des colonies françaises sont effectivement d'origine étrangère, il y a lieu à la saisie comme pour fausse déclaration de qualité. *V.* n° 175.

769. — Les capitaines des navires venant des colonies françaises sont tenus de déclarer séparément, par leur manifeste, les marchandises qu'ils ont chargées sous voiles au moment du départ, après la délivrance du certificat de chargement. Ces marchandises sont traitées comme provenant de l'étranger, à moins que les intéressés ne s'engagent, par une soumission valablement cautionnée, à payer les droits, s'ils ne rapportent pas, dans un délai déterminé, des certificats authentiques attestant que

(1) Relativement à la Réunion, le manifeste du navire, visé au départ par le service colonial, tient lieu d'acquit-à-caution; il reste déposé au bureau de destination.

ces marchandises proviennent réellement du cru d'une colonie française. (*Circ. man. du 30 novembre* 1839.)

Quant aux petites provisions appartenant à l'équipage ou à des passagers, les directeurs les admettent au privilège, même lorsque les navires arrivent d'une colonie où il existe des entrepôts. (*Circ. du 16 février* 1818, n° 369, *et Circ. manuscr. du 30 novembre* 1839.)

En ce qui concerne les navires de l'État, comme pour les autres cargaisons, il importe d'acquérir la certitude que les denrées qu'ils apportent, et pour lesquelles on réclame le privilège colonial, sont réellement du cru des colonies françaises. On doit donc, à défaut de certificats délivrés par les douanes coloniales, appliquer à ces denrées les règles relatives aux marchandises prises sous voiles. (*Déc. du 10 juillet* 1841.)

Mais les petites parties de denrées apportées par les navires de l'État et appartenant aux hommes de l'équipage ou à des passagers peuvent, en l'absence de soupçon d'abus, être admises au bénéfice du privilège colonial sur la présentation d'un certificat collectif d'origine délivré par le commandant du navire et lorsque les quantités n'excèdent pas 10 kilogrammes pour chaque personne. (*Déc. du 26 juillet* 1849.)

Quand il ne s'élève aucun doute sur l'origine coloniale des cargaisons, le receveur adresse à son directeur, par l'intermédiaire de l'inspecteur divisionnaire : 1° les papiers de navigation, manifeste, etc., avec une copie certifiée du rôle d'équipage ; 2° un certificat du vérificateur qui a reconnu l'identité du navire, d'après son acte de francisation ; 3° les expéditions et quittances des droits de sortie des colonies ; 4° les procès-verbaux dressés à bord, ou dans des relâches, par suite d'accidents dans la traversée, et le rapport de mer du capitaine à l'arrivée. (*Circ. du 30 janvier* 1815.) Lorsque ces pièces sont régulières, les directeurs autorisent définitivement l'application du privilège colonial. Ils n'ont à prendre l'attache de l'administration que dans des cas fort rares où il s'élève des doutes touchant la nationalité du navire, la provenance des denrées ou l'authenticité des pièces produites comme justification d'origine. Il devrait en être de même pour les navires qui, hors le cas de force majeure régulièrement constaté, auraient fait à l'étranger des escales qui ne rentreraient pas dans les limites tracées par les règlements. *V.* n°ˢ 14 *et* 15. (*Circ. du 24 avril* 1840, n° 1808.)

770. — Les formalités prescrites par la loi générale sur les douanes pour les manifestes, déclarations, déchargements et acquits, sont exécutées, relativement au commerce des colonies françaises, dans tous les cas où il n'y a pas été pourvu par des dispositions spéciales. (*Loi du* 17 *juillet* 1791, *art.* 35.)

Le consignataire a la faculté de porter dans sa déclaration le détail des quantités de marchandises supérieures à celles énoncées sur les expéditions de la colonie ; les excédants reconnus sur ces expéditions seraient privés des avantages du privilège colonial s'ils ne pouvaient être attribués, soit aux circonstances de la navigation, soit à l'inexactitude des instruments de vérification ou à des erreurs commises au port de départ ; cependant on prendrait l'attache de l'administration s'il s'agissait de quantités considérables. Dans le cas où l'excédant déclaré et présenté comme produit des colonies françaises proviendrait au contraire de l'étranger, il y aurait alors fausse déclaration de *qualité* dans le sens de la loi, et lieu d'appliquer l'article 21 du titre 2 de la loi du 22 août 1791. (*Déc. du 30 novembre* 1837.)

Tout excédant de plus du dixième sur la quantité *déclarée* devient passible des peines édictées par l'art. 18 du titre 2 de la loi du 22 août 1791, quelle que soit la quantité mentionnée dans les expéditions des douanes coloniales. (*Déc. du 17 janvier* 1838.)

771. — Les acquits-à-caution et autres expéditions régularisées, de même que les états d'acquits-à-caution non rapportés ou d'excédants reconnus à l'arrivée, sont di-

rectement adressés par les directeurs des douanes métropolitaines aux directeurs des douanes coloniales, *et vice versi*.

Il est pris des arrangements pour que la correspondance s'effectue à cet effet en franchise, sous bandes (*Déc. min.* du 26 *janvier* 1863), par les paquebots français chargés d'un service régulier entre la métropole et la Martinique, la Guadeloupe, le Sénégal (c'est-à-dire Saint-Louis et Gorée), l'Inde et la Cochinchine. Les paquets provenant des autres possessions d'outre-mer emprunteront la voie des bâtiments de commerce. (*Circ. du* 9 *février* 1863, n° 884.)

Ce mode met l'administration coloniale à même d'exercer son recours contre les expéditeurs. (*Circ. du* 1er *mars* 1819, n° 470.)

Quand des déficits constatés dans le nombre des colis ou dans le poids proviennent d'événements ou de vente, par suite de relâche forcée à l'étranger, ces faits sont, d'après les justifications produites, certifiés dans l'acte de décharge des acquits-à-caution. (*Circ. du* 23 *décembre* 1825, n° 961.)

S'il n'est pas régulièrement justifié de l'arrivée des produits en France, les soumissionnaires sont poursuivis pour fait d'exportation illicite à l'étranger. (*Déc. du Min. de la marine du* 10 *février* 1858.)

Pour le cas de non-décharge en France, soit complète, soit partielle, des acquits-à-caution délivrés aux colonies, le service colonial est, à défaut de dispositions spéciales, en droit d'invoquer la législation de la métropole, c'est-à-dire l'art. 4, tit. III, de la loi du 22 août 1791, *V.* n° 607; mais il faut que les soumissions exigées au départ et les acquits-à-caution mentionnent littéralement ces pénalités. (*Déc. du* 17 *mars* 1859.)

772. — Tout capitaine de navire français venu directement de nos colonies dans un port de France, avec des sucres destinés à être réexportés pour l'étranger, pourra, sans être tenu de les débarquer, reprendre immédiatement la mer, après toutefois qu'il aura satisfait aux formalités et obligations prescrites en pareil cas par les lois et règlements, et que les agents des douanes se seront assurés, par une vérification sommaire faite à bord, de la nature et de l'importance de la cargaison, ainsi que de son identité avec les expéditions de la colonie dont elle sera accompagnée. (*Arrêté du Min. des finances du* 13 *juin* 1836, *art.* 2, *et Circ. du* 21, n° 1548.)

Dans les vingt-quatre heures de son entrée dans le port, le capitaine doit, à cet effet, déposer son manifeste à la douane, où il est enregistré dans la forme ordinaire. Le consignataire ou l'armateur, dispensé de lever des permis de débarquer, indique la destination ultérieure de la cargaison, et remet, à titre de déclaration, les expéditions délivrées aux colonies. Il en est fait enregistrement sur le registre des *déclarations*, ainsi qu'au *sommier d'entrepôt*, tant à l'*entrée* qu'à la *sortie*. (*Même Circ.*)

SECTION II

Entrepôts coloniaux.

773. — Des ordonnances du Gouvernement peuvent créer des entrepôts réels de douanes dans les colonies pour recevoir les marchandises françaises et les marchandises étrangères de toute nature, même celles prohibées en France. (*Lois des* 12 *juillet* 1837, *art.* 1er, *et* 29 *avril* 1845, *art.* 7; *Ord. du* 18 *octobre* 1846, *art.* 7.)

Un entrepôt réel de douanes est accordé aux ports de Saint-Pierre et de Fort-de-France, à la Martinique, aux ports de la Pointe-à-Pître et de la Basse-Terre à la Guadeloupe (*Ord. du* 31 *août* 1838, *art.* 1er), et au port Saint-Denis, de la Réunion; seulement les tissus étrangers de laine, de soie et de poil ne pourront être réexportés de Saint-Denis qu'à destination de la métropole. (*Ord. des* 18 *décembre* 1839, *art.* 1er, *et* 18 *octobre* 1846, *art.* 7.)

Des ordonnances détermineront, dans les limites tracées par les lois relatives aux entrepôts réels de la métropole, les conditions et les formalités à remplir, les garanties à fournir par les entrepositaires coloniaux, ainsi que les pénalités qui seront encourues dans les cas d'infraction. (*Loi du 12 juillet* 1837, *art.* 2.)

Les marchandises provenant d'Europe, ou des pays non européens situés sur la Méditerranée, ne sont admissibles dans lesdits entrepôts coloniaux qu'autant qu'elles sont importées directement des lieux de production ou des entrepôts de France par bâtiments français. Les marchandises d'autres provenances peuvent être importées par tout pavillon. (*Même Loi, art.* 3.)

Les marchandises étrangères dont l'admission directe pour la consommation est interdite dans les colonies de la Martinique, de la Guadeloupe et de la Réunion, peuvent être expédiées des entrepôts de la métropole sur les entrepôts établis dans ces colonies, sans payement des droits d'entrée du tarif général, à la condition d'acquitter ces mêmes droits (1) dans lesdites îles lorsqu'elles y seront mises en consommation, sauf en ce qui concerne les fers et aciers non ouvrés (2), qui, par exception, n'ont alors à payer, dans ces colonies, que le cinquième des droits du tarif général de France (3). À cet effet, les acquits-à-caution de mutation d'entrepôt doivent contenir éventuellement la liquidation de ces droits, sauf rectification dans le cas où lesdits droits viendraient à être modifiés avant la déclaration de mise en consommation dans la colonie. (*Loi du 29 avril* 1845, *art.* 6, *et Ord. du 18 octobre* 1846, *art.* 3.)

Ces dispositions ne sont, dans aucun cas, applicables aux grains et farines (*mêmes Lois et Ord.*), ni, relativement à la Réunion, aux eaux-de-vie de toute espèce (*Ord. du* 18 *octobre* 1846, *art.* 3), ni enfin aux marchandises dont l'admission directe pour la consommation est autorisée par les tarifs spéciaux des colonies (*Déc. du 8 septembre* 1857). À l'égard de ces produits, les employés des ports d'expédition doivent s'abstenir de toute liquidation éventuelle de droits sur les acquits-à-caution. (*Circ. des 6 mai* 1845, n° 2064, *et 5 novembre* 1846, n° 2132.)

Ne peuvent être extraites des entrepôts coloniaux, pour la consommation des colonies, que celles des marchandises étrangères dont l'admission est permise. Toutes autres marchandises étrangères devront être réexportées. Ces réexportations pourront s'effectuer par tous pavillons, à l'exception de celles destinées pour la métropole, qui demeurent exclusivement réservées aux navires français.

Les marchandises non admissibles pour la consommation des colonies ne pourront être apportées de l'étranger dans les entrepôts, ni leur réexportation à l'étranger s'effectuer que par bâtiments de vingt-cinq tonneaux au moins (4). (*Loi du 12 juillet* 1837, *art.* 4, *et Déc. min. du* 10 *avril* 1840.)

_____

(1) Sans surtaxe de navigation. (*Déc. du Min. de la marine du* 10 *septembre* 1857.)

(2) On doit entendre par fers et aciers non ouvrés le fer étiré, laminé (non étamé), ou de tréfilerie, les tôles et l'acier forgé, fondu, laminé ou filé. (*Circ. du 5 mai* 1827, n° 1046, *et note* 337 *du tarif de* 1844.)

Le fer galvanisé, considéré comme fer étamé, ne peut être dirigé sur ces colonies (*Déc. du 7 novembre* 1843; mais les fers étrangers galvanisés en France (*V.* n° 885) peuvent y être expédiés. (*Déc. du 26 mai* 1843.)

(3) Lorsque le cinquième des droits sur les fers et aciers n'est pas acquitté au port d'embarquement en France, et que ces métaux ont plusieurs destinations, il convient que le service invite le commerce à produire, à l'appui de chaque déclaration collective, une note de détail que l'on annexera sous cachet à l'acquit-à-caution. (*Déc. du 23 février* 1861.)

(4) Toute infraction à cette disposition donnerait lieu à l'amende prononcée par l'art. 7 de la loi du 5 juillet 1836, *V.* n° 392, car, bien que cette loi concerne spécialement les douanes de la métropole, ses dispositions, au cas particulier,

Les marchandises qui, au sortir des entrepôts des colonies, sont déclarées pour les ports de France, doivent être expédiées sous les formalités applicables aux mutations d'entrepôt. (*Même Loi, art.* 5.)

L'entrepôt colonial sera situé sur le port et établi dans des magasins convenables, sûrs, réunis en un seul corps de bâtiment, et entièrement isolés de toutes autres constructions. Un local y sera réservé pour le placement d'un corps de garde de douanes. Ces édifices, après avoir été agréés par le chef des douanes, seront affectés à l'entrepôt, en vertu d'un arrêté spécial du gouverneur de la colonie. (*Ord. du 31 août* 1838, *art.* 2.) Tous les magasins servant d'entrepôt réel seront fermés à deux clefs, dont l'une restera entre les mains des préposés des douanes, et l'autre entre les mains de l'agent du commerce. (*Même Ord., art.* 3.)

Les marchandises non admissibles pour la consommation des colonies, qu'on apportera aux entrepôts, devront être inscrites séparément sur le manifeste ou état général de la cargaison du navire, avec indication de leur nature, et des nombre, espèce, marques et numéros des colis. (*Même Ord., art.* 4.)

Le manifeste est affranchi du timbre.

Il est défendu d'y présenter comme unité plusieurs ballots ou autres colis fermés, réunis de quelque manière que ce soit, à peine de confiscation et d'une amende de 100 fr. (*Même Ord., art.* 5.)

Le capitaine, arrivé dans les deux myriamètres des côtes, devra, sous peine de 500 fr. d'amende, remettre, lorsqu'il en sera requis, une copie du manifeste au préposé des douanes qui viendra à son bord et qui en visera l'original.

Dans tous les cas, le capitaine sera tenu, sous peine de pareille amende, de remettre, dans les vingt-quatre heures de son entrée dans le port, son manifeste original à la douane. (*Même Ord., art.* 6.)

Les employés des douanes pourront se rendre à bord des navires entrant dans le port. Les capitaines et officiers des bâtiments seront tenus, sous peine de 500 fr. d'amende, de recevoir lesdits employés et de leur ouvrir les chambres et armoires desdits bâtiments, à l'effet d'y faire les visites nécessaires pour prévenir la fraude. Ces employés auront d'ailleurs la faculté de faire sceller les écoutilles et autres issues de la cale. Dans ce cas, les scellés ne seront levés, au moment du déchargement, qu'en présence des agents de la douane, et ils pourront être rétablis si le déchargement ne se termine pas dans la même journée. La douane pourra aussi laisser à bord des préposés qui auront droit aux vivres de bord. (*Même Ord., art.* 7.)

Les marchandises non comprises au manifeste, et celles dont la nature n'y serait pas exactement désignée, ou qui seraient différentes de l'énoncé du manifeste, seront confisquées, avec une amende de 1,000 fr. (*Même Ord., art.* 8.)

Si tous les colis portés sur le manifeste ne sont pas présentés aux agents de la douane, le capitaine sera passible d'une amende de 300 fr. par colis manquant. (*Même Ord., art.* 9.)

Dans tous les cas où, d'après les articles 5, 6, 7, 8 et 9 ci-dessus, il y aura lieu de prononcer une amende contre le capitaine, le navire pourra être retenu pour sûreté de cette amende, à moins que le montant n'en soit immédiatement consigné ou qu'il ne soit fourni bonne et suffisante caution. (*Même Ord., art.* 10.)

Trois jours après l'arrivée du navire, le propriétaire ou consignataire des marchandises destinées pour l'entrepôt remettra une déclaration détaillée de ces marchandises, laquelle, indépendamment des indications prescrites par l'art. 4, énoncera l'espèce, la qualité, la valeur et le poids, nombre ou mesure des marchandises,

---

paraissent applicables aux colonies, en vertu des termes généraux de l'art. 2 de la loi du 12 juillet 1837. (*Rapp. de l'adm. des douanes au Ministre, en date du 27 avril* 1847.)

ainsi que le lieu du chargement, le nom du capitaine, le nom du navire et son pavillon. Cette déclaration, faite au bureau de la douane, sera enregistrée par les préposés et signée par le déclarant; s'il ne sait point signer, il en sera fait mention. L'article 5 est applicable aux déclarations en détail. (*Même Ord.*, *art.* 11.)

Il ne pourra être déchargé des navires aucune marchandise sans une permission par écrit (permis) des préposés de la douane, et qu'en leur présence, sous peine de confiscation des marchandises et de 100 fr. d'amende. (*Même Ord.*, *art.* 12.)

Immédiatement après leur débarquement, les marchandises seront présentées à la visite, laquelle ne pourra être faite qu'en présence du déclarant. Le vérificateur qui y procédera en inscrira les détails sur son *portatif.* (*Même Ord.*, *art.* 13.)

Si la visite fait découvrir un excédant sur les quantités déclarées, et si cet excédant est de plus du vingtième pour les métaux et de plus du dixième pour les autres marchandises, le déclarant sera passible d'une amende égale au montant des droits exigibles sur cet excédant, d'après le tarif d'entrée de la métropole; néanmoins l'excédant, ainsi que les quantités déclarées, seront reçus en entrepôt sous les mêmes conditions.

S'il s'agit de marchandises admissibles à la colonie, l'amende sera égale au montant du droit que l'excédant aurait acquitté d'après le tarif de la colonie. (*Même Ord.*, *art.* 14.)

Si la déclaration se trouve fausse dans la qualité ou l'espèce des marchandises, les marchandises faussement déclarées seront confisquées, avec amende de 100 fr.

Cependant, si le droit auquel on se serait soustrait, d'après le tarif de la métropole, par une semblable déclaration, n'excède pas 12 fr., il n'y aura pas lieu à la confiscation, mais seulement à la condamnation en ladite amende de 100 fr., pour sûreté de laquelle la marchandise sera retenue.

Cette dernière disposition sera applicable s'il s'agit de marchandises d'origine française, et si le droit auquel on se serait soustrait, à la colonie, par suite de la fausse déclaration, ne s'élève pas à plus de 12 fr. S'il excédait cette somme, il y aurait lieu, indépendamment de l'amende, à la confiscation des marchandises faussement déclarées. (*Même Ord.*, *art.* 15.)

Lorsqu'à la visite les colis se trouveront en moindre nombre que celui porté dans la déclaration, le déclarant sera condamné à 300 fr. d'amende par colis manquant, pour sûreté de laquelle les marchandises présentées pourront être retenues. (*Même Ord.*, *art.* 16.)

Les marchandises qui, d'après les tarifs de la métropole, y jouissent d'une modération de droits, lorsqu'elles y arrivent directement des lieux de production, conservent cet avantage, nonobstant leur escale et leur séjour dans les entrepôts des Antilles françaises, pourvu toutefois que les justifications exigées en pareil cas, en France, aient été produites et admises à la colonie (1). (*Même Ord.*, *art.* 17.)

Après avoir été visités et revêtus d'une estampille à la rouille portant ces mots :

_____

(1) La surtaxe de navigation étant toujours acquise au transport par navires nationaux entre les colonies françaises et la métropole, le service colonial ne doit, si les intéressés veulent se réserver la faculté d'expédition sur France, exiger des justifications d'origine et d'importation directe qu'à l'égard de certaines marchandises admissibles à une modération de droits lorsqu'elles arrivent en droiture du pays de production. (*Déc. du 20 mai* 1857.)

Il suffit que les acquits-à-caution dont les marchandises sont accompagnées énoncent qu'il a été satisfait à cette obligation. (*Circ. du 19 août* 1839, n° 1763.)

Les marchandises étrangères qui, arrivées par navires anglais (*V.* Livre XI, ch. 8) ou par tous autres navires étrangers, des lieux de production, dans les entrepôts coloniaux, sont régulièrement extraites de ces établissements et transportées direc-

Entrepôt de (nom du port), les colis seront conduits, sous la surveillance des préposés, dans le bâtiment de l'entrepôt réel.

Les marchandises françaises seront placées dans des magasins particuliers et distincts de ceux où seront entreposées les productions étrangères. (*Même Ord., art.* 18.)

Le transport des marchandises à la douane et à l'entrepôt, leur déballage, remballage et pesage seront aux frais des propriétaires.

Les hommes de peine employés à cet effet, quoique salariés par le commerce, devront être agréés et commissionnés par le directeur des douanes de la colonie, qui aura le droit de les révoquer. (*Même Ord., art.* 19.)

Les marchandises admises en entrepôt seront inscrites sur un registre (sommier), d'après les résultats de la visite. Ce registre mentionnera l'espèce, la qualité et la provenance des marchandises, ainsi que le pavillon du navire importateur. (*Même Ord., art.* 20.)

L'entrepôt aura lieu à charge de réexporter les marchandises ou d'en payer les droits à l'expiration du délai d'entrepôt.

La durée de l'entrepôt sera de trois ans. Si, à l'expiration de ce délai, il n'est pas satisfait à l'obligation d'acquitter les droits ou de réexporter, l'entrepositaire sera mis en demeure de remplir son engagement, et s'il ne l'a pas fait dans le mois de la sommation qui lui en sera faite à son domicile, s'il est présent, ou à celui du maire, s'il est absent, les marchandises seront vendues conformément à la loi des douanes du 14 fructidor an III, et le produit de la vente, déduction faite de tous droits et frais de toute nature, sera versé au Trésor, pour être remis au propriétaire, s'il est réclamé dans les trois années à partir du jour de la vente, ou, à défaut de réclamation dans ce délai, être définitivement acquis à la caisse coloniale.

Les marchandises admissibles à la consommation de la colonie pourront être vendues à charge du payement des droits d'entrée; les autres devront être réexportées. (*Même Ord., art.* 21.)

Indépendamment des recensements partiels que le contrôleur aux entrepôts et les employés supérieurs pourront faire des marchandises entreposées, il sera procédé chaque année à un recensement général de tous les objets devant exister dans l'entrepôt.

Les frais de déplacement ou d'arrangement des marchandises demeureront à la charge des propriétaires. (*Même Ord., art.* 22.)

Les entrepositaires resteront, en vertu de leur déclaration, obligés, soit de réexporter les marchandises ou d'en payer les droits, soit de répondre des déficits reconnus à l'époque des recensements ou à la sortie d'entrepôt.

Leur responsabilité à cet égard subsistera, lors même qu'ils auront cessé d'être propriétaires des objets entreposés, tant qu'ils n'auront pas déclaré et justifié la cession du transfert de leur propriété à un tiers, et fait intervenir ce tiers pour s'engager envers la douane. (*Même Ord., art.* 23.)

Dans l'intérieur des magasins, tout déballage de marchandises, tout mélange, bénéficiement ou simple transvasement, toute division ou réunion de colis sont expressément interdits aux entrepositaires, s'ils n'ont préalablement obtenu à cet effet la permission de l'agent supérieur de la douane. (*Même Ord., art.* 24.)

Lorsque les entrepositaires voudront obtenir la sortie d'entrepôt de leurs marchandises, soit pour la réexportation, soit pour les faire passer dans un autre entrepôt par simple mutation, soit enfin pour les verser, quand il y aura lieu, à la consom-

---

tement en France par navires français, doivent être traitées comme si l'importation s'en était exclusivement opérée sous pavillon français. Elles peuvent, moyennant l'accomplissement des conditions prescrites, être admises au bénéfice de l'art. 17 de l'ordonnance du 31 août 1838. (*Déc. des 8 avril* 1840 *et 4 mai* 1841.)

mation intérieure de la colonie, ils devront en faire la déclaration par écrit à la douane.

Cette déclaration devra reproduire toutes les indications constatées à l'entrée, et mentionner en outre la destination ultérieure des marchandises, le nom et le pavillon du navire à bord duquel elles devront être chargées, ainsi que le nom du capitaine.

Si les marchandises sont destinées pour la consommation locale, la déclaration indiquera leur valeur *actuelle*, lorsque la valeur devra servir de base à la perception des droits. (*Ord. du 31 août 1838, art. 25.*)

Les marchandises à la sortie d'entrepôt seront assujetties à une nouvelle visite.

Les déficits qui seraient constatés par ces visites ou par les recensements d'entrepôt donneront lieu au payement du simple droit d'entrée établi par le tarif de la colonie ou celui de la métropole, selon que la marchandise sera ou non admissible à la consommation locale.

Toutefois le directeur des douanes de la colonie pourra accorder la remise de ce droit à l'égard du déficit provenant évidemment du déchet naturel des marchandises pendant leur séjour en entrepôt. (*Même Ord., art. 26.*)

Les marchandises retirées de l'entrepôt pour la consommation de la colonie seront passibles des droits qui se trouveront en vigueur au moment où elles auront été déclarées pour cette destination. (*Même Ord., art. 27.*)

Les mutations d'un entrepôt à un autre de la même colonie, ou d'une colonie dans l'autre, pourront s'effectuer par des navires français de tout tonnage.

La destination des marchandises sera assurée par un acquit-à-caution valablement cautionné, et leur identité sera garantie par le plombage des colis, dans tous les cas où cette formalité est prescrite à la métropole en vertu de l'art. 20 de la loi du 2 juillet 1836.

Le prix du plomb demeure fixé à 50 c. (*Même Ord., art. 28.*)

Dans le cas de non-rapport en temps utile et avec décharge valable des acquits-à-caution délivrés en vertu de l'article précédent, le soumissionnaire et sa caution seront contraints à payer, outre une amende de 100 fr., le double droit d'entrée des marchandises, d'après le tarif colonial ou métropolitain, selon qu'il s'agira d'objets admissibles ou non à la consommation de la colonie d'expédition. (*Même Ord., art. 29.*)

Les deux articles précédents sont applicables aux marchandises expédiées par mutation d'entrepôt sur les ports de la métropole; seulement elles ne pourront être chargées que sur des navires de 40 tonneaux ou plus. *V.* n° 392. (*Même Ord., art. 30.*) (1)

Avant de réintégrer les marchandises dans un nouvel entrepôt, on en constatera le poids effectif; l'acquit-à-caution sera déchargé pour la quantité reconnue, laquelle sera prise en charge sur les registres de cet entrepôt, sauf à la douane du port d'expédition à poursuivre, s'il y a lieu, l'application des peines édictées par l'art. 29 à l'égard des manquants. (*Même Ord., art. 31.*)

Les marchandises retirées de l'entrepôt pour la réexportation directe à l'étranger seront assujetties aux conditions suivantes :

Les propriétaires ou consignataires se soumettront, par leur déclaration de sortie d'entrepôt, à rapporter, sur le permis qui leur sera délivré, le certificat des préposés des douanes qui auront été présents à l'embarquement des marchandises et de ceux qui auront constaté leur existence à bord au moment du départ du navire pour la haute mer, le tout sous peine d'être contraints au payement de la valeur de ces marchandises et d'une amende de 100 fr.

_____

(1) Quelle qu'ait été la durée du séjour des marchandises dans les entrepôts coloniaux, le délai de trois ans, accordé par la loi du 17 mai 1826, ne court que du jour de leur entrée dans les entrepôts de la métropole. Il en est de même aux colonies à l'égard des marchandises qui arrivent des entrepôts de France.

L'exécution de ces soumissions sera garantie par un cautionnement, si les propriétaires ou consignataires n'ont pas leur domicile dans le port d'expédition, ou s'ils ne sont pas reconnus solvables par le receveur de la douane. (*Même Ord., art.* 32.)

L'embarquement des marchandises déclarées pour la réexportation ou en simple mutation d'entrepôt ne pourra être commencé qu'après que tous les objets compris en un même permis auront été réunis sur le quai et comptés par les préposés des douanes chargés d'en constater la mise à bord. (*Même Ord., art.* 33.)

Toutes marchandises qu'on tenterait d'extraire d'entrepôt sans avoir préalablement rempli les formalités prescrites ci-dessus seront confisquées, et les contrevenants condamnés à une amende de 100 fr. (*Même Ord., art.* 34.)

Tous négociants et commissionnaires qui seront convaincus d'avoir, à la faveur des entrepôts, effectué des soustractions, substitutions ou versements dans l'intérieur, pourront, indépendamment des peines encourues, être privés, par un arrêté du gouverneur de la colonie, de la faculté de l'entrepôt.

Les négociants et commissionnaires qui prêteraient leur nom pour soustraire aux effets de cette disposition ceux qui en auraient été atteints encourront les mêmes peines. (*Même Ord., art.* 35.)

La présente ordonnance n'aura d'effet qu'après que les bâtiments d'entrepôt exigés par l'art. 2 auront été construits, et que le service de ces établissements, ainsi que la défense du littoral des colonies, auront été assurés. Les mesures à prendre dans cet objet seront concertées entre les Ministres de la marine et des colonies et des finances. (*Même Ord., art.* 36.)

Toutes les dispositions de l'ordonnance du 31 août 1838, relatives aux entrepôts des Antilles, seront appliquées aux autres entrepôts coloniaux. (*Ord. du 18 déc.* 1839.)

SECTION III

Dispositions relatives à chaque colonie ou établissement français.

Antilles (Martinique, Guadeloupe).

774. — Les ports ouverts au commerce avec la France et l'étranger sont, savoir : à la Martinique, ceux de Saint-Pierre, de Fort-de-France, de la Trinité, du Marin (*Ord. des 5 février 1826 et 29 avril 1829*), et, à titre provisoire, le port du François (*Arrêté local du 4 novembre 1847*); à la Guadeloupe, ceux de la Pointe-à-Pître, de la Basse-Terre, du Moule, du Grand-Bourg, de Marie-Galante, du Port-Louis (*Ord. des 5 février 1826 et 20 septembre 1828; Loi du 29 avril 1845*), le Marigot, de l'île Saint-Martin (1). (*Arrêté local du 11 février 1850*.)

Les produits naturels ou manufacturés français, importés dans ces colonies par navires français sont affranchis de tous droits. (*Loi du 29 avril 1845, art. 2, et Ord. du 18 octobre 1846, art. 8.*) *V.* n° 760.

Sont admis en franchise de droits de douanes dans les colonies des Antilles, de la Réunion et de l'Algérie (2), les produits exportés de France et fabriqués avec toutes matières étrangères admises temporairement par application de l'art. 5 de la loi

---

(1) Sont considérées comme étrangères, à la Guadeloupe et dans les autres possessions françaises, toutes les denrées et marchandises exportées de Saint-Martin sans être accompagnées de certificat d'origine.

Les sucres et autres produits du cru de la partie française, importés en France directement ou par la voie des ports de la Guadeloupe, jouissent du privilège accordé aux denrées des colonies françaises.

Les bâtiments français ou étrangers ne sont soumis à Saint-Martin à aucun droit de navigation.

(2) Il en est de même en ce qui concerne le Sénégal, Gorée, la Guyane et les autres

du 5 juillet 1836. (*Décret du 6 octobre 1862; Circ. du 26, n° 860, et Loi du 16 mai 1863, art. 30; Circ. du 25, n° 901.*)

La réexportation a lieu sous les mêmes conditions que pour l'étranger. (*Circ. lith. des 26 novembre et 27 décembre 1862.*) Mais on délivre un passavant.

Les marchandises étrangères admissibles en France sont assujetties, à leur importation dans les colonies de la Martinique, de la Guadeloupe et de la Réunion, soit directement de l'étranger, soit des entrepôts de la métropole, aux mêmes droits de douane que ceux qui leur sont imposés à leur importation en France. (*Loi du 3 juillet 1861, art. 1 et 2.*)

Importées de l'étranger par navires étrangers, elles sont en outre, sauf les exceptions ci-après indiquées, soumises à une surtaxe de pavillon réglée ainsi qu'il suit, par tonneau d'affrétement :

Des pays d'Europe, ainsi que des pays non européens | A la Réunion........ F. 30
situés sur la Méditerranée...................... | Aux Antilles......... 20
Des pays situés sur l'océan Atlantique, non compris | A la Réunion......... 20
la ville du Cap et son territoire................ | Aux Antilles......... 10
Des pays situés sur le grand Océan, y compris la ville | A la Réunion........ 10
du Cap et son territoire....................... | Aux Antilles......... 20

(*Même Loi, art. 3.*)

Mais sont affranchis de cette surtaxe d'affrétement les navires anglais qui importent dans ces colonies des marchandises du Royaume-Uni ou de quelque autre pays que ce soit, soumis à la domination britannique (l'Inde excepté). (*Circ. du 31 août 1861, n° 788.*)

Pour la surtaxe de pavillon applicable aux marchandises étrangères extraites des entrepôts de la métropole, *V.* n° 760.

Les marchandises étrangères actuellement admises aux colonies continueront à être régies par les tarifs existants, dans tous les cas où les droits de douane ou les surtaxes de pavillon établis par les dispositions qui précèdent seraient plus élevés. (*Loi du 3 juillet 1861, art. 4.*)

La surtaxe de pavillon édictée par l'art. 3 n'est, dans aucun cas, applicable aux produits actuellement dénommés dans les tarifs coloniaux, toutes les fois que les droits sont acquittés d'après ces tarifs.

Sauf les cas prévus, les marchandises étrangères tarifées aux Antilles y sont admises au même droit, sans distinction de pavillons, lorsqu'il y a lieu d'appliquer le tarif colonial. (*Circ. du 31 août 1861, n° 788.*)

Les produits étrangers dont les similaires français sont soumis actuellement à un droit de douane à leur entrée aux colonies acquittent le même droit, augmenté de celui qui est fixé par le tarif de France. (*Loi du 3 juillet 1861, art. 5.*)

Peuvent être admis directement de l'étranger dans les Antilles, pour la consommation, les produits énoncés au tarif suivant; les droits qu'il détermine sont, sauf en ce qui concerne certaines marchandises désignées, applicables sans distinction de pavillon :

Chevaux............ 25 f. 00 c. par tête.	Mules (par nav. français 15 f. par tête
Bœufs.............. 25 00 —	et mulets) — étrangers 30 —
Taurillons, bouvillons	Autres que taureaux,
et ânes.......... 12 50 —	vaches, génisses,
Veaux, porcs, moutons	béliers, brebis et
et chèvres........ 4 00 —	truies (1)......... 1 —

possessions françaises hors d'Europe. (*Dispositions arrêtées entre les Départements du commerce et des finances : Déc. du 29 décembre 1862.*)

(1) Les animaux ainsi désignés sont admissibles en franchise.

Bois feuillard	10	00	le 1,000 en nombre.
Merrains	6	00	
Essantes	0	75	
Planches et autres...	1	25	les 100 m. de long.
Goudron minéral	0	05	les 100 kil.
— végétal	0	75	—
Brai et autres résineux.	0	75	—
Charbon de terre....	0	10	—
Fourrages verts et secs.	0	50	—
Graines potagères, fruits de table	6	00	—

(*Loi du* 18 *avril* 1857.)

Riz de toutes provenances.	par navires français.	exempts.	
	par navires étrangers.	0 25	les 100 kil.
Froment ou maïs, en grains	par navires français.	exempts.	
	par navires étrangers.	2 00	l'hectol.
Froment ou maïs, en farine, légumes secs et leurs farines	par navires français.	exempts.	
	par navires étrangers.	2 00	les 100 kil.

(*Loi du* 24 *juillet* 1860.)

Morues de pêche étrangère.............. 3 00 —

(*Loi du* 28 *juillet* 1860.)

Autres poissons salés. 7 00 —
Sel.................. 5 00 —

(*Loi du* 18 *avril* 1857.)

Tabacs en feuilles... 30 00 —
— préparés..... 60 00 —

(*Loi du* 4 *juin* 1864, *art.* 3.)

Mouchoirs de l'Inde en coton teint et fil	sans apprêts, dits *madras* ou *paliacats*.	8f 00	la pièce de 8 mouchoirs.
	glacés ou cylindrés à chaud, dits *vendapolam* et *mazulipatam*	4 00	

Toiles à voiles écrues, communes, de lin et de chanvre, dont la chaîne présente moins de huit fils dans l'espace de 5 millimètres.......... 60 00 les 100 k.

Viandes salées de toutes sortes.............. 0 50 —

Vins de toutes espèces, ordinaires ou de liqueurs,	par navires français.	0 25	par hect.
	par navires étrangers.	5 00	—
Vanille.....	par navires français.	5 00	le kil.
	par navires étrangers.	10 00	—

Cuirs verts en poils non tannés.............. 0 35 la pièce.
Charrues............. 25 00 —
Chapeaux de paille à tresses engrénées, dits de *Panama*......... 5 00 —

Voitures		15 p. 100 de la valeur.
Moulins à égrener le coton.		
Pompes en bois non garnies.		
Chaudières en fonte et en potin.		

Houes et pelles....... 4 00 la douz.
Serpes et coutelas..... 3 00 —
Rames et avirons...... 0 05 p. m. de long

(*Loi du* 29 *avril* 1845, *art.* 1er.)

Les marchandises ci-dessus désignées, lorsqu'elles viennent d'Europe ou des pays non européens situés sur la Méditerranée, ne sont admissibles à la consommation, dans les Antilles, qu'autant qu'elles sont importées par navires français, soit directement des lieux de production, soit des entrepôts de la métropole (1).

(1) Pour être expédiées des ports d'entrepôts, les marchandises doivent être mises à terre et vérifiées (*V.* n° 761), afin que la liquidation puisse être établie (*V.* n° 773). Au besoin, lorsqu'il s'agit d'objets de forte dimension, il est accordé, pour la visite, toutes les facilités compatibles avec la régularité des opérations. (*Déc. du* 25 *mars* 1844.)

Les marchandises arrivées en France par navires anglais peuvent être transbor-

Dans les cas prévus au paragraphe précédent, elles jouissent de la réduction de droits d'un cinquième. (*Loi du 29 avril* 1845, *art.* 1er.)

Marchandises provenant de Pondichéry et des autres établissements français de l'Inde, par navires français, savoir :

Toileries de l'Inde (toiles de coton écrues ou blanches, dites coujons ou salempoor; percale bleue, dite Sandrecana; toile à carreaux et mouchoirs, dits Burgos; pantalons et chemises de toiles grossières servant au vêtement des noirs ou des coolies; toiles à voiles)...................................... 20 p. 100 de la valeur.

Toiles dites *Guinées* 15   idem.

Meubles et jouets d'enfants.................• 10   idem.

Huile de coco.............................. 4 fr. les 100 kilogr.

Riz.. exempt.

Sacs de Gonnis............................. 50 cent. le cent, en nombre.

Pantoufles de Pondichéry................... 12 p. 100 de la valeur.

     (*Loi du 18 avril* 1857, *art.* 8.)

Ces marchandises, importées des entrepôts de la métropole, aussi par navires français, jouissent de la réduction d'un cinquième des droits ainsi fixés. (*Même Loi, art.* 8.)

Les Boucauts en bottes avec leurs fonds, par tout pavillon, 25 cent. la pièce. (*Arrêté local du 27 août* 1845.)

Charrues (socs et couteaux de), par navires français, 25 cent. la pièce; par navires étrangers, 2 fr. 50 c. la pièce. (*Déc. locale du 5 janvier* 1853.)

Guano, par navires français, des lieux d'origine et des entrepôts français, exempt; d'ailleurs, 50 cent. les 100 kilogr.; par navires étrangers de toute provenance, 1 fr. les 100 kilogr. (*Déc. min. du 21 octobre* 1854.)

Piéges à rats, d'origine étrangère, 3 fr. la douzaine. (*Déc. min. du 29 juillet* 1852.)

Les ancres et bouts de câbles qui tiennent aux ancres, dragués dans les ports et rades de l'Algérie, des Antilles, de la Réunion et de la Guyane française, sont admissibles moyennant un droit d'entrée de 1 fr. par 100 kil. V. n° 824. Le dragage doit être constaté d'une manière authentique par les agents de la marine. (*Loi du 2 juillet* 1836; *Déc. min. du 18 juillet* 1857; *Circ. du 7 août suiv.*, n° 482.)

Ces ancres peuvent d'ailleurs être dirigées sur France, pour y jouir du bénéfice de ce régime, sous la réserve que le service colonial, auquel sera remis le certificat de dragage, en fera mention sur les manifestes des navires. (*Circ.* n° 482.)

Les produits naturels ci-après dénommés seront admis en franchise de tous droits, par tous pavillons :

Baumes et sucs médicinaux, bois d'ébénisterie et bois odorants, cire non ouvrée, cochenille, cocos, coque de coco, cuivre brut, curcuma, dents d'éléphant, écailles de tortue, étain brut, fanon de baleine, gingembre, gommes, graines d'amome, grains durs à tailler, indigo, joncs et roseaux, kermès, légumes verts, laque naturelle, muscade, nacre, or et argent, os et cornes de bétail, peaux sèches et brutes, plomb brut, poivre, potasse, quercitron, quinquina, racines, écorces, herbes, feuilles et fleurs médicinales, substances animales propres à la médecine et à la parfumerie, sumac (*Loi du 29 avril* 1845, *art.* 1er, *et Ord. du 18 octobre* 1846, *art.* 8), bananes, ignames, patates, oranges, citrons, farine de manioc, volailles. (*Arrêté local.*)

---

dées, à destination des colonies, sur des navires français, sans qu'il soit nécessaire d'exiger la mise à terre lorsque la vérification, par la pesée, peut s'effectuer pendant le versement de bord à bord, par exemple; s'il s'agit de houilles. Un acquit-à-caution garantit le paiement des droits. Les opérations, quant à l'entrepôt de la métropole, ne sont d'ailleurs que fictives. (*Déc. du 23 mai* 1859.)

Les droits d'entrée sont réduits pour les objets ci-après désignés, lorsqu'ils sont importés en droiture par navires français des établissements français sur la côte occidentale d'Afrique, et accompagnés de certificats d'origine authentiques : ânes, chèvres et moutons, 50 c. par tête. (*Loi du 29 avril 1845, art. 3.*)

Les droits d'entrée sont liquidés dans les Antilles : 1° pour les droits au poids, au nombre et à la mesure, d'après la déclaration des capitaines ou des consignataires, vérifiée par les agents de la douane; 2° pour les droits à la valeur, d'après les mercuriales officielles établies mensuellement et semestriellement dans la colonie. (*Arrêtés des 8 février et 8 décembre 1841, et 2 mai 1853.*)

Toutes marchandises légalement importées dans les Antilles peuvent être réexportées pour l'étranger en franchise de droits. (*Ord. du 5 février 1826, art. 11.*)

Les colonies de la Martinique, de la Guadeloupe et de la Réunion peuvent exporter sous tous pavillons leurs produits, soit pour la France, soit pour l'étranger, soit pour une autre colonie française, pourvu que celle-ci soit située en dehors des limites assignées au cabotage. (*Loi du 3 juillet 1861, art. 7.*)

Pour les produits exportés des Antilles, à destination de la France, par navires étrangers, *V.* n° 766.

Les denrées coloniales expédiées des Antilles à destination de la France sont affranchies de tous droits à la sortie de ces îles. (*Loi du 29 avril 1845, art. 4.*) Elles ne supportent qu'une taxe coloniale remplaçant la contribution foncière.

Des droits de navigation sont exigibles dans les ports de la Martinique et de la Guadeloupe, conformément au tarif ci-après :

DÉSIGNATION DES DROITS.	DROITS A PERCEVOIR		
	par tonneau	par bâtiment.	par acte.
	fr. c	fr. c.	fr. c.
Droits de tonnage (1). Bâtiments venant de France ou des possessions françaises	» »	» »	» »
Bâtiments français (2) et étrangers venant de l'étranger. De long cours et de grand cabotage, avec chargement pour la consommation ou l'entrepôt........	2 90	» »	» »
avec deux tiers de chargement en bois	1 60	» »	» »
sur lest............	» 20	» »	» »
De petit cabotage, chargés (3)...........	1 15	» »	» »
sur lest.............	» 20	» »	» »

(1) Les navires français venant de l'étranger, qui opèrent des déchargements successifs dans divers ports de la colonie, n'ont plus aucun droit à payer du moment qu'ils ont acquitté à leur première escale tous les droits exigibles suivant leur provenance.

Les navires étrangers sont au contraire astreints au payement de ces droits dans chacun des ports où ils viennent faire des déchargements. (*Déc. min. du 5 mai 1852.*)

(2) Les navires français jouissent de l'immunité des droits de tonnage lorsqu'ils viennent des ports de pays étrangers dont les navires ne seraient pas admis à réclamer l'assimilation au pavillon national, par suite de conventions ou traités de commerce. (*Déc. min. des 31 janvier 1840 et 27 avril 1855.*)

(3) Le droit de 1 fr. 15 c. par tonneau n'est applicable qu'aux navires venant d'une localité située dans les limites du petit cabotage, et qui ont été armés dans un port compris dans ces mêmes limites.

DÉSIGNATION DES DROITS.	DROITS À PERCEVOIR		
	par tonneau	par bâtiment.	par acte.
Droit de congé des bâtiments français et droits de passeport des bâtiments étrangers................................	» »	» »	6 »
Permis de charger et de décharger.......... (Bâtiments au mouillage, sans distinction de pavillon.............	» »	5 »	» »
Droits sanitaires, bâtim^ts de toute provenance.. (de 100 tonneaux et au-dessous.....	» »	6 »	» »
de plus de 100 à 150 inclusivement.	» »	9 »	» »
de plus de 150 à 200 inclusivement.	» »	12 »	» »
de plus de 200 tonneaux..........	» »	15 »	» »
Droits de francisation — Bâtiments de construction française et bâtiments de construction étrangère dans les cas où la francisation est autorisée par la loi............ au-dessous de 100 tonn..	» 09	» »	» »
de 100 et moins de 200..	» »	18 »	» »
de 200 à 300 inclusivem^t	» »	24 »	» »
pour chaque 100 tonneaux au-dessus de 300.....	» »	6 »	» »

(*Loi du 29 avril 1845, art. 5, et Ord. du 18 octobre 1846, art. 8.*)

Les droits de francisation ne sont pas applicables aux navires destinés à naviguer seulement dans la colonie, et pourvus à cet effet de francisations exceptionnelles locales. Ces navires supportent des taxes spéciales dites accessoires. (*Déc. min. du 31 août 1842.*)

Ile de la Réunion.

775. — Les ports ouverts au commerce, à la Réunion, sont ceux de Saint-Denis, Saint-Paul et Saint-Pierre.

Les rades ouvertes sont celles de la Possession, de Saint-Gilles, de Saint-Leu, de l'Etang-Salé, de Manapany, de Sainte-Rose, de Saint-Benoît, du Champ-Borne, du Bois-Rouge, de Sainte-Suzanne et de Sainte-Marie.

Les bâtiments français peuvent, avec l'autorisation de la douane, se rendre sur les autres rades de l'île pour y débarquer des marchandises d'encombrement et y embarquer des denrées coloniales. (*Déc. min. du 29 janvier 1847.*)

Les marchandises françaises de toute nature sont admises en franchise de droits, à l'exception des eaux-de-vie de vin et autres, qui supportent un droit d'entrée de 50 fr. par hectolitre de liquide (*Ord. du 18 octobre 1846, art. 2.*) (1). *V.* n° 760.

Pour les produits fabriqués avec toutes matières admises temporairement et exportés de France, *V.* n° 774.

Au sujet des marchandises étrangères importées, *V.* n° 774.

Les marchandises étrangères désignées au tableau A ci-après peuvent d'ailleurs être directement importées de tout pays (2) en payant les droits indiqués au même tableau. (*Mêmes Ord. et art.*)

(1) Les tissus de coton d'origine française, dirigés de France sur l'établissement de Pondichéry, pour y recevoir la teinture, ne peuvent être admis à la Réunion que moyennant le payement du droit applicable aux tissus de l'espèce provenant de la possession française dans l'Inde, à moins qu'ils ne soient préalablement renvoyés dans les ports de la métropole. (*Déc. min. du 15 avril 1852, transmise le 23.*)

(2) Par navires français ou par navires étrangers.

Tableau A.

DÉSIGNATION DES MARCHANDISES.	UNITÉ de PERCEPTION.	DROITS par NAVIRES français.	par NAVIRES étrangers.
		fr. c.	fr. c.
Bêtes de somme. Chevaux. {de petite taille	Par tête.	10 »	30 »
{de taille ordinaire.......	Idem.	20 »	30 »
Mulets........................	Idem.	10 »	30 »
Bestiaux... Bœufs, vaches, taureaux, bouvillons, taurillons et génisses......	Idem.	exempts.	30 »
Veaux, béliers, brebis, moutons, boucs, chèvres, porcs et ânes....	Idem.	Idem.	5 »
Agneaux et chevreaux	Idem.	Idem.	3 »
Sangsues	Le 1,000 en nombre.	1 »	5 »
Gibier, volailles, tortues et tous autres animaux vivants...........................	La valeur	exempts.	10 p. 0/0.
Viandes salées de toute sorte (1).............	100 kil. brut.	» 50	» 50 Décret du 10 mars 1855.
Peaux brutes, cuirs verts en poils non tannés..	La pièce.	» 30	1 »
Laine en masse pour matelas.................	La valeur	20 p. 0/0.	30 p. 0/0.
Crins bruts et plocs.......................	100 kil. brut.	2 »	10 »
Graisses de mouton, suif brut et saindoux.....	Idem.	8 »	15 »
Fromages.............................	Idem.	15 »	25 »
Beurre salé...........................	Idem.	5 »	10 »
Guano (comme aux Antilles).................			
Morue et autres poissons salés (2)...........	Idem.	2 50	7 »
Huîtres fraîches de Maurice.................	Le 1,000 en nombre.	exemptes.	2 »
Graisses ou huiles de poisson	100 kil. brut.	40 »	45 »
Blanc de baleine et de cachalot.............	Idem.	20 »	25 »
Os et sabots d'animaux....................	Idem.	exempts.	10 »
Céréales... Froment. {en grains.............	L'hectolitre.	Idem.	2 »
{en farine.........	100 kil. brut.	Idem.	2 »
Maïs.... {en grains.............	L'hectolitre.	Idem.	2 »
{en farine.........	100 kil. brut.	Idem.	2 »
Grams, Dhales et Embérisques..............	L'hectolitre.	2 »	5 »
Riz en grains. {des pays de production ou des ports de premier embarquement......	100 kil. brut.	exempts.	5 »
{d'ailleurs..................	Idem.	3 »	8 »
Légumes secs et leurs farines	Idem.	exempts.	2 »
Grains perlés ou mondés....................	100 kil. brut.	12 »	17 »
Fruits de table........................	Idem.	6 »	12 »
Fruits oléagineux. — Graine de lin de l'Inde (3)	Idem.	1 50	7 »
Graines à ensemencer, de jardin et de fleurs...	Idem.	1 »	9 »

(1) Et la viande desséchée de mouton. (*Déc. locale du* 13 *décembre* 1853.)

(2) Les poissons secs sont assimilés aux poissons salés. (*Même Déc.*)

Les poissons salés des îles Saint-Paul et Amsterdam sont admis en franchise par navires français. (*Déc. min. des* 8 *avril* 1844 *et* 29 *janvier* 1848.)

Les poissons pêchés et préparés à l'île de la Providence (située pointe nord de Madagascar) par des marins de la colonie sont admis en franchise. (*Déc. locale du* 15 *mai* 1850.)

(3) Les arachides ou pistaches de terre. (*Déc. min. du* 21 *octobre* 1838.)

DÉSIGNATION DES MARCHANDISES.	UNITÉ de PERCEPTION.	DROITS par NAVIRES français.	par NAVIRES étrangers.
		fr.　c.	fr.　c.
Confitures de toutes sortes, sèches ou fluides, de l'Inde et de la Chine..................	100 kil. net.	80　»	100　»
Thé..........................	Le kil. net.	1 50	6　»
Tabacs......{en feuilles..................	100 kil. brut.	30　»	30　»
{préparés..................	Idem.	60　»	60　»
Vanille.......................	Le kil.	10　»	15　»
Résines. — Brai, goudron et autres matières bitumineuses..................	100 kil. brut.	1　»	5　»
Huiles (1)....{de cajeput des îles Moluques....	Le kil. net.	2 50	8　»
{de coco...................	100 kil. brut.	8　»	12　»
{de palma-christi.............	Idem.	25　»	30　»
Opium.........................	100 kil. net.	200　»	212 50
Graines de moutarde (senevé).............	100 kil. brut.	5　»	10　»
Bois de construction {Feuillards..................	Le 1,000 en nombre.	10　»	15　»
{Merrains..................	Idem.	2　»	5　»
{Essantes..................	Idem.	»　75	1　»
{Planches et autres..........	100 mètres de longueur.	1　»	2　»
Feuilles et écorces propres à la tannerie et à la teinture..................	100 kil. brut.	1　»	9　»
Fourrages verts et secs..................	Idem.	»　50	15　»
Son de toutes sortes de grains..............	L'hectolitre.	»　50	4　»
Avoine et orge.....................	Idem.	2　»	6　»
Plants d'arbres.....................	100 kil. brut.	Exempts.	5　»
Matériaux....{Briques et carreaux de terre cuite.	Le 1,000 en nombre.	4　»	9　»
{Tuiles..{plates..................	Idem.	4　»	9　»
{bombées..................	Idem.	10　»	15　»
{faîtières..................	Idem.	15　»	20　»
{Tuyaux en terre cuite.......	Idem.	25　»	30　»
{Tomettes (carreaux sexagones)..	Idem.	25　»	30　»
Soufre fondu en masse non épuré...........	100 kil. brut.	»　75	6　»
Houille........................	Idem.	Exempte.	5　»
Acides......{citrique.{Jus de citron et de limon naturel au-dessous de 30 degrés..........	Idem.	2　»	7　»
{Citrate de chaux.....	Idem.	2　»	7　»
{sulfurique..................	Idem.	10　»	15　»
Sels.........{Sel marin et sel gemme.......	Idem.	5　»	10　»
{Alun de l'Inde de toute espèce (sulfate d'alumine).............	Idem.	25　»	30　»
Noir........{à souliers (cirage)...........	100 kil. net.	120　»	130　»
{animal (d'ivoire, d'os, de cerf et autre)..................	100 kil. brut.	7　»	12　»
Épices préparées. — Moutarde (2)...........	Idem.	25　»	32　»

(1) Les huiles d'arachides, de provenance étrangère, peuvent être importées directement par navires français, au droit d'entrée dont elles sont passibles dans la métropole. (*Déc. min. du 28 juillet* 1857.) Il en est de même pour l'huile d'illipsé d'importation directe de l'Inde par navires français. (*Déc. min. du 22 juillet* 1853.)

(2) Et le curcuma en poudre venant de l'Inde. (*Déc. locale du 20 juin* 1850.)

DÉSIGNATION DES MARCHANDISES.	UNITÉ de PERCEPTION.	DROITS par NAVIRES français.	par NAVIRES étrangers.
		fr. c.	fr. c.
Epices préparées. { Soni........................	100 kil. brut.	15 »	20 »
Sauces anglaises	Idem.	15 »	20 »
Boissons fermentées. { Vins de toute esp. (ordin. ou de liq.)	L'hectolitre.	» 25	5 » (Décret du 31 janv. 1855).
Bière et porter...............	Idem.	6 »	11 »
Poteries..... { Poterie de terre grossière, gargou- lettes de l'Inde..............	100 kil. brut.	6 »	11 »
Porcelaine de Chine	100 kil. net.	120 »	130 »
Tissu de co- ton.-Nankin. { apport. dir. de l'Inde ou de Chine..	Le kil. net.	1 »	5 »
d'ailleurs...................	Idem.	4 »	5 »
Tissus d'écorce. { Pagnes.. { de 8 fils ou moins...	La pièce.	» 90	1 »
au-dessus de 8 fils.	Idem.	1 80	2 »
Rabannes	Le 100 en nombre.	2 »	3 »
Tissus de lin et de chanvre. — Toiles à voile écrues, communes, de lin et de chanvre, dont la chaîne présente moins de 8 fils dans l'espace de 5 millim.	100 kil. net.	30 »	35 »
Tissus de poil. { Châles de ca- chemire fa- briqués aux fuseaux dans les pays hors d'Europe. { longs de toute di- mension........	La pièce.	100 »	120 »
carrés { de 180 cen- timètres et plus..	Idem.	100 »	120 »
de moindre dimension.	Idem.	50 00	70 »
Écharpes de cachemire..........	Idem.	50 00	70 »
Tissus de soie. { Foulards unis. { en écru.. { de l'Inde et de la Chine	Le kil. net.	6 »	8 »
d'ailleurs	Idem.	7 »	8 »
imprimés { de l'Inde et de la Chine.....	Idem.	12 »	15 »
d'ailleurs	Idem.	14 »	15 »
Crêpes { unis..... { des pays d'ori- gine, en droi- ture	Idem.	20 »	25 »
d'ailleurs	Idem.	25 »	30 »
brodés ou façonnés { des pays d'ori- gine, en droi- ture	Idem.	34 »	45 »
d'ailleurs	Idem.	40 »	50 »
Chapeaux de fibres de palmier { grossiers .....:	La pièce.	» 25	1 »
fins.........	Idem.	» 75	2 »
Nattes....... { de jonc et d'écorce	La valeur.	6 p. 0/0	10 p. 0/0
persiennes en rotins	Idem.	6 p. 0/0	10 p. 0/0
Vannerie. — Paniers en rotins.	Idem.	6 p. 0/0	10 p. 0/0
Cordages de kair et de basting..............	100 kil. brut.	2 »	12 »
Chaudières de fonte et de potin..............	La valeur.	15 p. 0/0	25 p. 0/0
Moulins à égrener	Idem.	15 p. 0/0	25 p. 0/0
Charrues...............................	La pièce.	25 »	35 »
Ouvrages en métaux. { Houes et pelles...............	La douzaine.	4 »	8 »
Tuyaux en tôle et en fonte........	100 kil. brut.	40 »	45 »
Crachoirs en cuivre de l'Inde.....	La pièce.	1 50	2 »
Ouvrages en bois. { Pompes en bois non garnies......	La valeur.	15 p. 0/0	25 p. 0/0
Rames et avirons..............	Le mètre de longueur.	» 05	» 30
Coutellerie. — Serpes et coutelas..............	La douzaine.	3 »	4 »
Voitures	La valeur.	20 p. 0/0	30 p. 0/0
Sacs de gonnis...................	Le 100 en nombre.	5 »	5 50
Objets de collection hors de commerce........	La valeur.	1 p. 0/0	2 p. 0/0

Les marchandises désignées au tableau précédent, lorsqu'elles proviennent de Mayotte et dépendances, par navires français, jouissent d'une remise de trois quarts des droits; et d'une remise de moitié, lorsqu'elles proviennent également par navires français (ou par navires de l'Iman ou de ses sujets) de Mascate et de Madagascar. (*Ord. du 18 octobre 1846, art.* 2.)

Pour les ancres et bouts de câbles dragués dans les ports et rades, *V.* n° 774.

Les articles repris au tableau B, importés de la Chine par navires français, seront admis à la Réunion sous le payement d'un droit de 12 p. 100 de la valeur.

Les objets désignés au tableau C pourront être importés par navires français de Pondichéry et des autres colonies ou établissements français, en payant les droits indiqués audit tableau.

Les produits naturels dénommés au tableau D seront admis en franchise de tous droits quand ils seront importés par navires français. S'ils sont importés par navires étrangers, ils acquitteront les taxes fixées par le tarif de la métropole. (*Ord. du 18 octobre 1846, art.* 2.)

Les franchises de droits, exceptions et immunités établies en l'art. 2 ci-dessus, tableaux A, B et C, ne seront accordées que sur justifications régulières de provenance et d'origine, délivrées par les autorités françaises pour ce qui concerne Mayotte et ses dépendances, ainsi que les autres comptoirs, colonies ou établissements français, et par les agents consulaires de France pour ce qui concerne les autres pays. (*Ord. du 18 octobre 1846, art.* 4.)

Pour les provenances de Madagascar et de Mascate, où il n'existe pas d'agents consulaires français, la modération des droits est accordée au simple vu du livre de bord.

En cas d'escale à Maurice, il faut, pour jouir du bénéfice du tarif, qu'indépendamment du livre de bord les capitaines produisent un certificat du consul français constatant qu'il n'y a eu d'embarquement ou de débarquement de marchandises dans la colonie, en indiquant ceux qui y auraient été effectués. (*Déc. min. du 30 octobre* 1852.)

Pour l'exportation des produits de la colonie, à toute destination, *V.* n° 774; à destination de la France par navires étrangers, *V.* n° 766.

Les produits dirigés sur France sont affranchis de tous droits à la sortie de l'île.

Exportés à l'étranger, ils seront exempts de tous droits de sortie lorsque leur exportation s'effectuera par navires français, et payeront un droit de 2 fr. par 100 kilogr., ou par hectolitre, s'il s'agit de liquides, quand ils seront exportés sous pavillon étranger. (*Ord. du 18 octobre 1846, art.* 5.)

En vertu de l'article 31 de l'ordonnance organique du 21 août 1825, le gouverneur défend ou permet l'exportation des grains, légumes, bestiaux et autres objets de subsistance.

Les droits de navigation seront perçus à l'île de la Réunion conformément au tableau ci-après. (*Ord. du 18 octobre 1846, art.* 6.)

DÉSIGNATION DES DROITS.			DROITS A PERCEVOIR		
			pr tonn.	par bât.	par acte
Droits de tonnage (1).	Bâtiments français	venant de France ou des possessions françaises et de l'étranger, sauf les exceptions ci-après	fr. c.	fr. c.	fr. c.
			Exempts.		
		venant des possessions britanniques, autres que l'Inde et Maurice. { chargés	2 »	» »	» »
		sur lest	» 20	» »	» »
		caboteurs de la Réunion { chargés	1 »	» »	» »
		venant de Maurice.. { sur lest	» 20	» »	» »

(1) Sont exempts de droits de tonnage : 1° les navires en relâche qui reprendront

DÉSIGNATION DES DROITS.				DROITS A PERCEVOIR		
				pr tonn.	par bât.	par acte
Droits de tonnage.	Bâtiments étrangers (1)	de Mascate		Exempts.		
		caboteurs de Maurice	chargés........	1 »	» »	» »
			sur lest.......	» 20	» »	» »
		Tous autres........	chargés.......	2 »	» »	» »
			sur lest.......	» 20	» »	» »
Droits de congé ou de passeport.	Congé des bâtiments français			» »	» »	6 »
	Passeport des bâtiments étrangers	de Mascate, caboteurs de Maurice et navires anglais venant des possessions britanniques autres que l'Inde......		» »	» »	6 »
		Tous autres		» »	» »	20 »
Permis de charger ou de décharger.	Bâtiments français...........................			Exempts.		
	Bâtiments étrangers (2)......................			» »	5 »	» »
Droits sanitaires.	Bâtiments français et de Mascate, caboteurs de Maurice et bâtiments anglais venant des possessions britanniques autres que l'Inde...........'.	de 100 tonneaux et au-dessous.....		» »	6 »	» »
		de plus de 100 à 150 inclusivement...		» »	9 »	» »
		de plus de 150 à 200 inclusivement...		» »	12 »	» »
		de plus de 200 tonneaux..........		» »	15 »	» »
	Tous autres			le double des droits ci-dessus.		
Droits de francisation.	Bâtiments de construction française et bâtim^ts de construction étrangère, dans les cas où la francisation est autorisée par la loi.	au-dessous de 100 tonneaux.......		» 09	» »	» »
		de 100 tonneaux et moins de 200...		» »	18 »	» »
		de 200 tonneaux à 300 inclusivement		» »	24 »	» »
		pour chaque 100 tonneaux au-dessus de 300 tonneaux		» »	6 »	» »

Le gouverneur de la Réunion peut autoriser la francisation : provisoirement, lorsqu'il s'agit de bâtiments de construction étrangère, au-dessus de 60 tonneaux, pouvant être employés au cabotage local, mais sous la condition que ces navires n'auront aucun droit à être traités en France comme français ; définitivement, si les bâtiments sont au-dessous de 60 tonneaux et destinés à être employés au cabotage.

L'autorité locale a, en outre, la faculté d'accorder la francisation aux navires provenant, soit de prise, soit de confiscation, ou qui, jetés sur les côtes de la colonie, y auraient reçu des réparations dont la valeur s'élèverait au quadruple du prix de vente. (*Déc. min. du 29 juin 1833.*)

la mer sans avoir effectué aucun chargement ni déchargement de marchandises (*Ord. du 18 octobre 1846, art. 6*); 2° les navires français qui, expédiés de France pour la Réunion, ont fait escale au cap de Bonne-Espérance, qu'ils aient ou non chargé des marchandises dans cette possession anglaise. (*Déc. min. des 14 juin et 15 août 1848.*)

(1) Le droit de tonnage est dû par les navires étrangers dans chaque port où ils opèrent successivement des débarquements. Ce droit n'est pas exigible s'ils ne font que charger. (*Déc. min. du 15 mai 1852.*)

(2) Que les navires fassent la double opération de décharger et de charger, ou une seule des deux, le droit est de 5 francs par bâtiment.

Guyane (et île de Cayenne).

776. — Le port de Cayenne est ouvert aux bâtiments français et aux navires étrangers. (*Lettres patentes du 1er mai 1768, et Décret du 24 déc. 1864, art. 1er.*)

Les marchandises et denrées de toute nature et de toute provenance y sont admises par tous pavillons au droit de 3 p. 0/0. Importées par navires étrangers, elles acquittent, en outre, une surtaxe de pavillon réglée ainsi qu'il suit par tonneau d'affrétement :

Venant des pays d'Europe, ainsi que des pays non européens situés sur la Méditerranée................................ } 10f
Venant des pays situés sur l'océan Atlantique, y compris la ville du Cap et son territoire................................ }
Venant d'ailleurs..20

(*Décret du 24 décembre 1864, art. 2.*)

Les marchandises importées à Cayenne pourront être mises en entrepôt fictif pendant un an. A l'expiration de ce délai, les droits seront liquidés d'office. (*Même Décret, art. 3.*)

La destination des marchandises réexportées des entrepôts de France est assurée par acquit-à-caution (1). (*Loi du 17 juillet 1791, art. 15.*) V, n° 761.

Les droits d'importation à la valeur sont perçus, à Cayenne, sur la valeur des marchandises, déterminée par des mercuriales générales renouvelées tous les six mois, et, quant aux objets qui ne s'y trouvent pas appréciés, d'après les prix énoncés dans les acquits-à-caution ou ceux des factures originales, au choix de la douane, en forçant ces prix de 50 p. 100. (*Arrêté local du 22 février 1838.*)

Pour les ancres et bouts de câbles dragués dans les ports et rades, V. n° 774.

Les produits et denrées de la colonie et ceux qui y auront été importés pourront être exportés sous tous pavillons et pour toute destination. (*Décret du 24 décembre 1864, art. 4.*)

Les dispositions des n°s 765 et 766 sont appliquées pour les importations de Cayenne en France. (*Loi du 16 mai 1863, art. 27.*)

Lorsque les transports sont effectués sous pavillon étranger, il est perçu une taxe, par tonneau d'affrétement, de dix francs, pour les produits importés en France, en Algérie, à la Martinique et à la Guadeloupe, et de vingt francs pour les produits importés à la Réunion. V. n° 766. (*Décret du 24 décembre 1864, art. 4.*)

La réexportation des marchandises ayant acquitté le droit de consommation ne donne lieu à aucun remboursement. (*Même Décret, art. 5.*)

Sont maintenus les droits de francisation, de pilotage et de magasinage en vigueur dans la colonie. (*Même Décret, art. 6.*)

Possessions, comptoirs et établissements français hors d'Europe.

777. — Les possessions françaises hors d'Europe, auxquelles, sous le rapport du tarif des douanes de la métropole, il est accordé certains avantages, sont :

Le Sénégal et ses dépendances (établissements sur la côte occidentale d'Afrique);
Les établissements français dans l'Inde;
Les îles Saint-Pierre et Miquelon (près de Terre-Neuve);
Les établissements français situés au delà du cap de Bonne-Espérance (autres que ceux de l'Inde) et dans l'Océanie.

_____

(1) On se sert de la formule d'acquit-à-caution de *réexportation*, série M, n° 48. (*Déc. du 10 août 1841.*)

Le commerce entre la France et ses comptoirs ou établissements ne peut se faire que par navires français (*Loi du 21 septembre* 1793, *art.* 3 *et* 4), à l'exception toutefois de Saint-Louis (Sénégal) et de l'île de Gorée où l'importation et l'exportation des marchandises de toute nature et de toute provenance peut s'effectuer par tout pavillon. (*Décret du* 24 *décembre* 1864, *art.* 1er.)

L'armement et l'expédition se font et les retours ont lieu par les ports de France qui ont un entrepôt réel. (*Loi du* 21 *avril* 1818, *art.* 21.) Toutefois, il y a exception pour les provenances privilégiées du Sénégal, qui peuvent être importées par les ports d'entrepôt fictif.

Sénégal et ses dépendances.

778. — Les établissements que possède la France sur la côte occidentale d'Afrique, et auxquels on donne le nom de *Sénégal et ses dépendances*, sont : sur le fleuve du Sénégal, *l'île Saint-Louis* et les îles voisines, les postes militaires de *Richard-Tol* et de *Dagana*, et le fort de *Bakel ;* sur la côte, *l'île de Gorée ;* dans la Gambie, le comptoir d'*Albréda ;* dans la Cazamance, le comptoir de *Seghiou ;* enfin, plus au sud sur le continent, les comptoirs d'*Assinie,* de *Gabon* et de *Grand-Bassam.* (*Tarif* n° 193.)

Les bâtiments français sont seuls admis à faire le commerce dans le fleuve du Sénégal, au-dessus de Saint-Louis. (*Arrêté consulaire du* 25 *frimaire an X. et Décret du* 24 *décembre* 1864, *art.* 2.)

Saint-Louis et Gorée sont constitués en ports francs ouverts à tous les pavillons et à tous les produits. (*Décret du* 24 *décembre* 1864.)

Sont exemptes des droits de sortie les marchandises françaises ou nationalisées, de toute nature, expédiées pour Saint-Louis (Sénégal) ou Gorée, à charge d'en assurer la destination par un acquit-à-caution, conformément à la loi du 17 juillet 1791. (*Décret du* 8 *février* 1852, *art.* 1er ; *Circ. du* 7 *mars suivant,* n° 13.) V. n° 761.

Les produits dont la sortie en France est prohibée ne peuvent être expédiés au Sénégal. (*Déc. du* 1er *novembre* 1857.)

On fait usage en France, pour les marchandises étrangères, de la formule des acquits-à-caution de réexportation, série M, n° 48. (*Déc. du* 10 *août* 1841.)

Les manifestes de sortie des navires dirigés sur le Sénégal (Saint-Louis, Gorée) doivent énoncer les marchandises d'après les catégories suivantes : marchandises françaises de simple exportation ; marchandises expédiées avec primes ; marchandises étrangères en réexportation pour le Sénégal ; marchandises en réexportation pour l'étranger. (*Déc. du* 26 *janvier* 1853.)

Les marchandises de toute nature et de toute provenance peuvent être importées par tout pavillon à Saint-Louis et à l'île de Gorée. A Saint-Louis, elles sont assujetties à une taxe de 4 p. 0/0 de la valeur ; à Gorée, elles sont affranchies de tout droit de douane et de navigation. (*Décret du* 24 *décembre* 1864, *art.* 1er.)

Les marchandises importées à Saint-Louis jouissent du bénéfice de l'entrepôt fictif pendant un an. A l'expiration de ce délai, les droits sont liquidés d'office. (*Même Décret, art.* 3.)

Les produits chargés dans les ports de Saint-Louis et de Gorée peuvent être exportés pour toute destination et par tout pavillon. (*Même Décret, art.* 4.)

Les produits originaires du Sénégal (1) sont soumis en France aux conditions du tarif général.

---

(1) Il faut que le café soit originaire d'Afrique et importé directement de nos établissements sur la côte occidentale de ce pays ; cette double condition est de rigueur. (*Circ. du* 8 *mai* 1841, n° 1850.)

Les cafés provenant du Rio-Nunez ou du Rio-Pongo, qui seront transportés à Saint-

Les importations en France peuvent s'effectuer par navires étrangers, au droit des arrivages par navires français, augmenté de la surtaxe d'affrétement énoncée au n° 766 ; mais ces importations ne peuvent avoir lieu que de Saint-Louis et de Gorée. (*Décret du 24 décembre 1864, art. 5.*)

Les expéditions à destination de la métropole doivent être assujetties à la formalité de l'acquit-à-caution. (*Circ. des 26 janvier 1822, n° 704, et 7 mars 1852, n° 13.*)

En ce qui concerne les marchandises qui, arrivées du Sénégal en France, doivent être admises aux droits déterminés pour les importations d'une partie quelconque des côtes occidentales d'Afrique (*V.* n° 779), les intéressés ne sont astreints qu'aux conditions générales relatives à ces dernières opérations. (*Déc. du 27 mars 1854.*)

Il arrive parfois que des navires français importent de Saint-Louis du Sénégal dans les ports de France des gommes destinées à être immédiatement réexpédiées pour l'étranger. En pareil cas, l'inspecteur sédentaire du port d'arrivée peut permettre que le navire relève pour sa destination ultérieure moyennant l'accomplissement des formalités prescrites par l'arrêté ministériel du 13 juin 1836, relatif aux sucres. *V.* n° 772. (*Déc. du 21 avril 1845.*)

Et si l'on justifie par les papiers de bord que les gommes sont éventuellement destinées pour un port étranger, on applique à la cargaison le bénéfice de l'art. 6 du titre 1er de la loi du 22 août 1791, *V.* n° 326. (*Déc. des 7 août 1837 et 4 décembre 1847.*)

Les navires étrangers payent au Sénégal un droit unique de navigation, savoir : de 50 centimes par tonneau dans le port de Gorée ; de 4 fr. par tonneau au Sénégal proprement dit, et non passible du décime additionnel.

Sont exempts de ce droit les navires qui reprennent la mer sans avoir effectué aucun chargement ni déchargement de marchandises. (*Déc. des 8 février 1852, art. 4, et 6 janvier 1855; Circ. n°s 13 et 261.*)

779. — Les autres *établissements français sur la côte occidentale d'Afrique* (comptoirs d'Assinie, de Gabon, de Grand-Bassam et de Carabane) sont provisoirement placés sous le régime de la franchise et ouverts ainsi à tous les pavillons et à toutes les marchandises.

Les navires français peuvent y transporter de France : 1° les marchandises non prohibées à la sortie (1), et ce sous la garantie d'un acquit-à-caution qui doit être régularisé par les autorités locales ; 2° les marchandises étrangères de toute espèce, extraites d'entrepôt moyennant les formalités prescrites pour les réexportations. *V.* n° 761.

À l'exception des denrées énoncées au n° 765, les produits originaires de ces établissements et importés en droiture par navires français sont admis en France en exemption des droits. (*Loi du 16 mai 1863, art. 27; Circ. n° 901.*)

Louis ou à Gorée, et réexpédiés ensuite à destination de France, jouiront de la modération de droit établie par la loi du 6 mai 1841, toutes les fois que leur origine sera constatée par des certificats délivrés par un *résident* ou *agent* du commerce désigné à cet effet par M. le gouverneur du Sénégal, et revêtus de la légalisation de ce dernier.

Les acquits-à-caution, dont les cafés devront être accompagnés à leur départ de Gorée ou de Saint-Louis pour France, mentionneront la provenance de la denrée, et les certificats dont il s'agit seront annexés à ces expéditions. (*Déc. min. du 7 novembre 1845 ; Circ. lith. du 15, et Déc. min. du 31 janvier 1852; Circ. du 7 mars suivant, n° 13.*)

(1) Pour les grains ou autres farineux alimentaires qui seraient provisoirement frappés de prohibition à la sortie, *V.* n° 780.

Quant aux autres marchandises importées directement par navires français, on leur applique les dispositions du tarif général relatives aux provenances des établissements français sur la côte occidentale d'Afrique. *(Circ. du 18 novembre 1833, n° 1411; Déc. min. des 26 décembre 1843 et 12 juin 1844; Circ. n°* 2007 et 2026; *Circ. du 22 décembre 1864, n° 982.)*

Sont admises au bénéfice du régime déterminé par la loi du 16 mai 1863 à l'égard des provenances des établissements français de la côte occidentale d'Afrique, les huiles de palme, de coco, de touloucouna et d'illipé importées, sous pavillon français, de Whydah et de Porto-Novo. *(Déc. min. du 23 janvier 1864; Circ. du 1er février suivant, n° 945.)*

Etablissements français dans l'Inde.

780. — Les établissements français dans l'Inde sont : *Pondichéry* et *Karical*, sur la côte de Coromandel ; *Yanaon* et la loge de *Mazulipatam*, sur la côte d'Orixa ; *Mahé* et la loge de *Calicut*, sur la côte de Malabard ; *Chandernagor* et les loges de *Cassimbazar, Jougdia, Dacca, Ballassore* et *Patna*, dans le Bengale ; enfin, la factorerie de *Surate*, dans le Goudjérate.

Les marchandises françaises ou nationalisées *non prohibées* à la sortie peuvent être expédiées à destination des établissements français dans l'Inde en franchise des droits de sortie.

Les Ministres de la guerre et de la marine peuvent en outre, par exception aux prohibitions, autoriser la libre exportation des munitions de guerre nécessaires au commerce de l'Inde. Il en serait de même des vivres, c'est-à-dire des grains ou autres farineux alimentaires, s'ils venaient à être prohibés à la sortie, sauf alors aux Départements de la guerre et de la marine à se concerter préalablement avec le Ministre du commerce. *(Loi du 21 avril 1818, art. 19 ; Circ. du 23, n° 384.)*

Dans tous les cas, l'immunité n'est accordée qu'à la condition de justifier de l'arrivée des objets à leur destination.

A cet effet, les capitaines et armateurs sont tenus de prendre au bureau de départ un acquit-à-caution, lequel doit énoncer toutes celles des marchandises et denrées embarquées sur les navires ; ils s'obligent de rapporter le certificat de décharge desdites marchandises et denrées au lieu de la destination, signé par le gouverneur ou commandant audit lieu, à peine de payer le double des droits de sortie auxquels elles sont imposées. *(Loi du 6 juillet 1791, art. 2.) V. n° 761.*

Les acquits-à-caution doivent être déchargés et rapportés dans le délai de dix-huit mois. *(Loi du 21 avril 1818, art. 24.)*

Les marchandises étrangères (prohibées ou autres) tirées des entrepôts réels ou fictifs peuvent également être expédiées, en exemption de tous droits, pour lesdits établissements de l'Inde. *(Même Loi, art. 19.)*

A l'exception des denrées énoncées au n° 765, les produits originaires de ces établissements et importés en droiture par navires français sont exempts de droits en France. *(Loi du 16 mai 1863, art. 27.)*

Quant aux autres produits arrivés par navires français, ils sont assujettis aux conditions du tarif général.

On admet en exemption de droits les toiles dites guinées arrivant de Pondichéry avec un certificat d'origine régulier, sans rechercher si elles ont été tissées dans cette possession. *(Déc. du 19 juin 1863.)*

Iles Saint-Pierre et Miquelon.

781. — Les bâtiments français (1) expédiés pour les îles de Saint-Pierre et Miquelon peuvent recevoir à bord, en exemption de tout droit et sous acquit-à-caution, les

---

(1) Sans exception des navires armés pour la pêche.

marchandises et denrées d'origine nationale ou nationalisées par le payement des droits. (Circ. du 5 février 1842, n° 853.)

Ils peuvent aussi charger en réexportation, à destination de ces îles, des marchandises étrangères, soit tarifées (Circ. n° 853), soit prohibées à l'entrée, extraites des entrepôts de la métropole. (Déc. min. du 21 avril 1851 ; Circ. du 29, n° 2494.)

Les marchandises nationales font l'objet d'un acquit-à-caution garantissant éventuellement les condamnations édictées par l'art. 20 de la loi du 17 juillet 1791. (Circ. n°. 853.)

L'arrivée à destination des marchandises étrangères est assurée par des acquits-à-caution de réexportation, série M, n° 48. (Loi du 17 juillet 1791 ; Circ. n° 853, et Déc. du 10 août 1841.) V. n° 761.

Les importations par navires français sont affranchies de tout droit d'entrée.

Les marchandises étrangères de toute sorte, importées dans la colonie par navires étrangers, sont admises sous le payement d'un droit de 1 p. 0/0 de la valeur déterminée par des mercuriales. (Circ. du 29 avril 1851, n° 2434.)

Les bestiaux, les bois de chauffage, le capelan et le hareng sont affranchis de toute taxe. (Arrêtés locaux des 14 août 1845 et 9 juin 1848.)

Il est défendu d'introduire aux îles Saint-Pierre et Miquelon et dépendances, sous quelque prétexte que ce soit, de la morue, de l'huile ou tout autre produit de pêche étrangère, même quand ils auraient été pêchés par des Français. (Arrêté local du 8 juillet 1828.)

Sont considérés comme bâtiments pêcheurs ceux qui sont expédiés pour les havres de Terre-Neuve affectés aux embarcations de pêche de Saint-Pierre et Miquelon, pour y transporter des pêcheurs et rapporter les produits de leur pêche. (Arrêté local du 4 août 1845.)

Les bâtiments français supportent les droits de navigation suivants :

	pilotage.	tonnage.	feu.	santé.
de 30 à 49 tonneaux	6 fr. 75 c.			
50 à 149	11 »	0 fr. 25 — 10 fr. » — 10 fr.		
150 tonneaux et au-dessus	13 50			

Les navires pêcheurs ne payent ces droits qu'une fois, à leur arrivée de France. (Arrêté du 27 décembre 1847.)

Le commandant accorde la francisation pure et simple aux bâtiments de construction française et à ceux qui, construits à l'étranger, se trouvent dans les conditions déterminées par la loi du 27 vendémiaire an II.

A l'égard des bâtiments d'origine étrangère qui ne remplissent par ces conditions, la francisation ne peut leur être accordée qu'à titre exceptionnel et seulement en vue d'une navigation restreinte dans les limites d'un cabotage local.

Le commandant l'accorde définitivement pour les bâtiments au-dessous de 60 tonneaux ; pour ceux de 60 tonneaux et au-dessus, il ne peut statuer que provisoirement et sauf l'approbation ministérielle. (Arrêté du 17 juillet 1843.)

782. — Etablissements français situés au delà du cap de Bonne-Espérance (autres que ceux de l'Inde) et dans l'Océanie.

Ces établissements sont les îles de Sainte-Marie de Madagascar, Mayotte, Nossi-Bé, les Marquises (Noukahiva, etc.), de la Société (Taïti), sous le protectorat de la France.

Les ports de ces îles sont placés sous le régime de la franchise et ouverts à tous les pavillons et à toutes les marchandises.

Les marchandises françaises ou étrangères y sont expédiées de France sous les conditions rappelées au n° 1612. (Déc. min. des 19 juillet 1843 et 26 février 1844; Circ. nos 1983 et 2014.)

A moins qu'elles ne soient placées sous le régime de l'entrepôt fictif, les marchandises supportent un droit d'entrée, savoir : de 5 p. 0/0 pour les importations par navires français ou assimilés; de 10 p. 0/0 pour les importations sous pavillon étranger. (*Arrêté du Gouverneur du 17 janvier 1857.*)

Les bâtiments français ou assimilés sont passibles d'un droit de tonnage de 50 c. par tonneau; les navires étrangers payent 1 fr. par tonneau. (*Même Arrêté.*)

A l'exception des denrées énoncées au n° 765, les produits originaires de ces établissements et importés en droiture par navires français sont exempts de droits en France. (*Loi du 16 mai 1863, art. 27.*)

Les sucre, café, cacao, importés directement en France, par navires français, des îles de Sainte-Marie Madagascar, Mayotte (1), Nossi-Bé, Taïti et Noukahiva (*île Marquise*) (2), payeront les droits afférents aux denrées de même espèce récoltées à la Réunion, lorsqu'ils seront accompagnés de certificats authentiques, constatant qu'ils viennent du crû de ces possessions (3).

Des recensements, effectués chaque année par les autorités locales, détermineront les quantités de chacun de ces produits auxquelles sera applicable le bénéfice de cette disposition. (*Loi du 26 juillet 1856, art. 2.*)

Les huiles fixes pures de palme, de coco, de touloucouna et d'illipé, qui seront directement importées des régions dénommées à l'article précédent, sous pavillon français, sont exemptes de droits, quelle que soit leur origine. (*Lois des 26 juillet 1856, art. 3, et 16 mai 1863.*)

Les autres produits naturels qui seront importés directement, sous pavillon français, des établissements français situés au-delà du cap de Bonne-Espérance (*autres que ceux de l'Inde*) et dans l'Océanie, jouiront, à leur entrée en France, de la réduction d'un cinquième des droits, calculée sur ceux de la provenance la plus favorisée, autre que les colonies françaises (4). Toutefois, l'indigo, le thé et le poivre suivent les conditions du tarif général. (*Loi du 26 juillet 1856.*)

Dans les autres cas, conditions du tarif général.

---

(1) Les sucres de Mayotte, expédiés en France par la voie de l'île de la Réunion, sont affranchis du plombage de la douane à leur passage dans cette colonie; ils n'y sont soumis qu'à une vérification par épreuve, opérée sur quelques colis. (*Déc. du Ministre de la marine du 19 septembre 1851, transmise le 9 octobre suivant.*)

Sont admises en France en exemption de droits, les vanilles originaires de Mayotte et les eaux-de-vie de mélasse (rhums et tafias) qui y sont fabriquées, importées par navires français et accompagnées de certificats authentiques d'origine. (*Décret du 7 juillet 1855, art. 1er; Circ. du 14, n° 304, et Décret du 26 septembre 1859; Circ. n° 612.*)

Cette franchise est limitée aux quantités qui auront été fixées par les autorités locales à la suite de recensements effectués chaque année dans la colonie. (*Même Décret, art. 2.*)

(2) Les îles Gambier font partie de l'archipel de la Société. (*Déc. du 24 avril 1858.*)

(3) Par analogie avec ce qui a été réglé relativement aux produits de nos colonies, les directeurs sont autorisés à prononcer l'admission au privilége colonial, lorsqu'aucun doute ne s'élève sur l'accomplissement des conditions auxquelles ce privilége est subordonné. Dans le cas contraire, l'admission serait suspendue, et il serait référé de la difficulté à l'administration, bureau des colonies. (*Circ. du 22 novembre 1847, n° 2206.*)

(4) Lorsqu'il a été régulièrement justifié de l'accomplissement de la condition du transport direct, les directeurs peuvent autoriser l'application du bénéfice de la disposition dont il s'agit. Dans l'hypothèse contraire, il en serait référé à l'administration, bureau du tarif. (*Circ. n° 2206.*)

SECTION IV

Marchandises françaises invendues aux colonies.

783. — Il n'est acquitté aucun droit à l'entrée en France sur les marchandises nationales de retour des colonies françaises. (*Loi du 29 mars* 1791, *art.* 8.)

Le bénéfice du retour, en franchise de tout droit, même du droit de retour, s'applique aux produits français rapportés de tous les établissements français, même de l'Algérie ou des comptoirs français de l'Inde ou de l'Afrique occidentale.

Mais sont exceptés de cette franchise les ouvrages en métaux fabriqués dans la métropole avec des matières admises primitivement sous le régime de l'importation temporaire et qui seraient rapportés des colonies ou établissements français. Ces ouvrages doivent être traités de la même manière que ceux revenant de l'étranger, et sont en conséquence assujettis aux règles et conditions rappelées au n° 877. Seulement, au lieu d'être soumis, comme lorsqu'ils reviennent de l'étranger ou des autres colonies françaises, à la totalité du droit d'entrée sur les matières dont ils sont composés, ceux qui sont rapportés de la Martinique, de la Guadeloupe ou de la Réunion ne sont astreints, pour ce qui concerne la fonte, le fer, l'acier ou la tôle, qu'aux quatre cinquièmes des taxes du tarif général, l'autre cinquième ayant dû être perçu soit au bureau de sortie de la métropole, au moment de l'expédition, soit à l'arrivée des produits dans l'une ou l'autre de ces trois colonies. V. n° 773. (*Circ. du 16 mai* 1859, n° 589.)

La réadmission en franchise n'a lieu qu'autant que l'expédition antérieure des marchandises est justifiée par les acquits-à-caution levés au départ de France; leur origine française et leur renvoi des colonies attestés par les expéditions coloniales, et leur identité parfaitement reconnue à la vérification (1).

A défaut de ces justifications, les marchandises sont traitées comme étrangères. (*Loi du 17 juillet* 1791, *art.* 32, *et Circ. du 29 janvier* 1818, n° 364.)

Toutes les fois que ces conditions de justifications d'origine se trouvent remplies, les directeurs peuvent, à vue de ces pièces justificatives, autoriser la remise pure et simple des marchandises françaises. Cette attribution peut d'ailleurs être déléguée par les directeurs à l'inspecteur sédentaire dans les localités où le service est dirigé par un chef de ce grade.

Les directeurs ou inspecteurs sédentaires peuvent même, en l'absence de ces justifications, autoriser la rentrée en franchise des marchandises invendues aux colonies, lorsque les intéressés produisent les preuves de sortie et d'origine nationale exigées

---

(1) Les produits dont l'origine nationale peut être reconnue soit par des marques de fabrique, soit par des caractères inhérents à cette origine, sont admissibles à leur retour des colonies, bien qu'ils appartiennent à la classe de ceux dont les étrangers ont la faculté de pourvoir ces colonies.

Les vieux fers ou débris de machines usées dans les colonies françaises sont également admis en franchise; mais il faut que les douanes coloniales en aient régulièrement constaté l'embarquement et que le retour soit direct. On s'assure, à l'arrivée en France, qu'il ne s'y trouve aucun objet encore en état de servir, et qu'ils ne peuvent être employés qu'à la refonte. (*Déc. min. du 10 décembre* 1833; *Circ. du* 24, n° 1416; *Déc. des 19 juillet et* 25 *octobre* 1841.) Tout objet reconnu pouvoir être utilisé autrement que pour la refonte doit être brisé avant de sortir de la douane. (*Circ. du 16 mai* 1859, n° 589.)

à l'égard des marchandises revenant de l'étranger, et que la vérification ne laisse aucun doute sur la réalité de cette origine. (*Circ. du 16 mai 1859, n° 589.*)

Les tissus de coton, de laine, et les autres objets similaires de ceux frappés de prohibition à l'entrée en France, et qui ont fait partie d'un chargement à destination de nos colonies, ne sont réadmis qu'après que leur origine a été constatée sur des échantillons que les directeurs adressent à l'administration aux frais des propriétaires, pour être soumis à l'examen des experts du Gouvernement. (*Circ. du 29 janvier 1818, n° 364.*)

Cette précaution ne doit pas être négligée lorsqu'il s'agit d'une partie assez importante de tissus. (*Déc. du 18 juillet 1844.*)

Les directeurs sont autorisés à permettre la rentrée des vins de tout crû français qui, compris dans les acquits-à-caution, n'offrent à la dégustation aucune espèce de doute sur leur origine nationale. Les vins étrangers ne sont réadmis dans aucun cas. (*Circ. du 29 janvier 1818, n° 364.*)

En cas de doute, à l'arrivée, sur l'origine française des vins de la Gironde, il est prélevé un échantillon, destiné à être adressé, par les chefs locaux, au directeur à Bordeaux, qui le soumet à l'examen du jury spécial établi dans cette ville, sous la surveillance du préfet du département. (*Circ. des 28 juillet 1817 et 27 décembre 1850, n° 2418.*) *V.* n° 877.*

Au besoin, on aurait recours aux commissaires-experts du Gouvernement. (*Déc. du 30 septembre 1835.*)

Les pendules, lampes, glaces, bronzes, etc., rapportés des colonies pour être réparés en France, seront admis en franchise, si les vérificateurs, aidés au besoin des experts qu'ils désignent, reconnaissent que ces objets sont d'origine française. Dans le cas contraire, il y aurait lieu de les assujettir, comme vieux meubles, aux droits de 15 pour 100 de la valeur. (*Déc. du 16 avril 1839.*)

Pour les viandes et les beurres salés expédiés avec prime, *V.* n° 826.

Les objets mobiliers appartenant aux personnes qui, après un séjour dans les colonies, viennent se fixer en France, peuvent, lorsqu'ils ne sont pas neufs et s'il ne s'élève aucun doute sur leur origine nationale, être remis en franchise de tout droit. Les outils portant des traces évidentes d'usage sont traités de même. Pour les autres objets, *V.* Livre XI, chap. XV.

Les directeurs sont autorisés à statuer sur les demandes d'admission temporaire d'objets envoyés des colonies françaises dans la métropole pour être réparés, et à l'égard desquels il ne peut être produit de justification d'origine. (*Circ. lith. du 7 septembre 1847.*) Pour les conditions, *V.* n° 542.

CHAPITRE VIII

TRAITÉS DE COMMERCE ET DE NAVIGATION.

784. — En matière de traités, tout est de droit étroit. (*Déc. du 29 juin 846.*)

Ils ne peuvent être appliqués de manière que les bâtiments français se trouvent en France dans des conditions moins favorables que les navires étrangers. (*Circ. lith. du 27 février 1849.*)

Les traités dérogent aux lois. Les règlements ne sauraient donc recevoir d'application dans celles de leurs dispositions qui sont contraires aux prescriptions des conventions internationales (*Déc. du 8 avril 1854*), à moins qu'il ne s'agisse de lois spéciales, telles que celle du 22 juillet 1851, sur les encouragements particuliers accordés à la pêche nationale, notamment les primes pour l'exportation de la morue. *V.* n° 922. (*Déc. du 9 juin* 1855, *et Circ. du* 6 *octobre* 1857, n°, 497.)

Par *régime de la nation la plus favorisée*, les traités de commerce entendent les facilités accordées à titre général et réciproquement de nation à nation, sauf le traitement national qui ne peut être appliqué qu'en vertu d'une loi spéciale. Il faut remarquer qu'à l'égard de l'importation en France, les expressions dont il s'agit n'ont d'effet qu'autant que les traités indiquent formellement de quelles faveurs ils stipulent la convention, même en ce qui concerne la facilité accordée à des consuls d'intervenir dans les sauvetages des navires de leur pays. (*Circ. du* 17 *décembre* 1856, n° 436.)

Il est à remarquer que les produits admissibles, d'une manière générale, au régime des provenances des pays hors d'Europe, jouissent, lorsqu'ils en arrivent directement, de la modération de taxe ainsi réservée par le *droit commun*, et, de plus, s'ils sont importés des pays de production (en admettant que cette réserve existe), sous pavillon, assimilé au pavillon français, de l'exemption de la surtaxe de navigation, seul avantage stipulé par le *droit conventionnel*. (*Déc. du* 20 *mai* 1857.)

A moins de stipulations expresses et précises adoptées éventuellement à l'égard de certaines marchandises désignées, le Gouvernement est libre de modifier les tarifs généraux de douane sans être tenu de réduire dans une proportion correspondante les taxes spéciales faisant l'objet de conventions internationales. (*Déc. du* 30 *août* 1856.)

Les modérations de taxe résultant des conventions internationales ne sont acquises qu'à l'égard des seules marchandises qui y sont nommément désignées: et, dans le cas où un régime semblable est déterminé pour certaines de ces marchandises par le tarif général, les dispositions de ce tarif sont applicables. (*Déc. du* 11 *avril* 1857.)

S'il est plus favorable au commerce que le droit conventionnel, le droit commun est appliqué. (*Circ. du* 9 *juin* 1860, n° 645.)

Le commerce a la faculté d'opter pour l'application du tarif général, de préférence au tarif conventionnel, alors même que les marchandises déclarées sous le droit commun sont placées dans un colis contenant d'autres marchandises réservées au bénéfice du traité. (*Déc. du* 10 *novembre* 1862.) L'option doit être énoncée dans la déclaration. (*Déc. du* 12 *août* 1864.)

Les marchandises placées en entrepôt avant la conclusion ou la mise à exécution d'un traité de commerce et déclarées depuis pour la consommation sont admissibles au bénéfice de la convention sous les conditions et justifications stipulées. (*Circ. lith. du* 24 *février* 1864.)

A moins de dispositions spéciales et expresses, un traité de commerce ne modifie en rien les formalités ou conditions relatives au régime des admissions temporaires. Ainsi, lorsqu'une nouvelle tarification conventionnelle implique justification d'origine pour la mise en consommation, il convient de procéder comme avant l'application du traité à l'égard des produits reçus temporairement. (*Déc. du* 20 *octobre* 1860.)

Les traités laissent subsister les prescriptions d'ordre public relatives aux armes en général et particulièrement aux armes secrètes et défendues et aux armes de guerre. (*Note* 44 *du Tarif de* 1864.)

Sauf stipulation contraire, les dispositions des traités sont applicables aux marchandises provenant des naufrages ou échouements. (*Déc. du* 30 *décembre* 1840.)

Les droits spéciaux ou conventionnels, tels qu'ils sont fixés, comprennent les décimes. (*Circ.* n° 693.) Mais s'il y a lieu de percevoir des taxes ou surtaxes du tarif général, celles-ci sont passibles des décimes. (*Circ.* n° 764.)

Le bénéfice du tarif spécial ou conventionnel est subordonné au transport direct, *V.* n° 14, et à la reconnaissance de l'origine. *V.* n° 13.

Les produits indirectement importés par navires de tous pavillons restent soumis aux conditions générales du tarif. (*Circ.* nᵒˢ 696 et 704.)

Mais les navires du pays contractant (Angleterre, Belgique, etc.) peuvent faire escale dans un ou plusieurs ports étrangers intermédiaires sans être déchus des avantages accordés à l'importation directe, alors même qu'ils y auraient débarqué une partie de leurs cargaisons. Ils perdraient le bénéfice du transport en droiture s'il y avait eu opération d'embarquement. (*Traités de commerce ; Circ. du 14 juin 1865, nᵒ 994.*)

Sont considérées comme étant non originaires des pays contractants, d'une part, les marchandises non dénommées dans la convention; d'autre part, les marchandises qui, comprises dans cet acte, ne sont pas connues comme originaires du pays ou seraient importées sans les justifications requises pour l'admission au bénéfice du tarif conventionnel.

Arrivant soit par terre (en ce qui concerne la Belgique, l'Italie), soit par mer (Angleterre, Belgique, Italie) sous pavillon du pays contractant, ces produits sont traités comme si l'importation avait lieu par navires français. Si le droit inscrit au tarif général varie selon les provenances, le droit applicable est celui des arrivages des entrepôts ou d'ailleurs que du pays de production.

Importées par navires tiers, les marchandises non originaires du pays contractant sont soumises aux conditions du tarif général.

Il ne suffit pas, pour appliquer le régime spécial aux importations par terre, que les produits d'une tierce puissance aient traversé le pays contractant. Il faut qu'ils aient été réellement chargés dans ce dernier pays ou extraits de ses entrepôts. Ainsi, par exemple, des marchandises arrivant de l'Allemagne en transit international par la Belgique, sans y rompre charge, seraient assujetties aux conditions du tarif général. Pour la laine en masse d'Australie et le coton en laine de l'Inde, il y a une exception. *V.* nᵒ 785. (*Note 236 du Tarif de 1864.*)

Dans beaucoup de cas, la main-d'œuvre suffit pour conférer les caractères de produits nationaux.

Des incertitudes se sont élevées sur le régime applicable à des toiles tissées en Belgique avec des fils anglais, à des foulards de l'Inde imprimés en Angleterre, à des bois de teinture exotiques moulus en Belgique, à de la lustrerie de Bohême montée dans le Royaume-Uni, à des pièces de tissus saxons découpées et confectionnées en Angleterre en articles de bonneterie, à des huiles de pétrole et à des essences de houille américaines rectifiées en Angleterre, à des cuirs odorants de Russie dédoublés, soit en Belgique, soit en Angleterre, à des tulles anglais blanchis et apprêtés en Belgique, à des tresses de paille d'origine italienne ou suisse teintes en Angleterre (*Art. 7 des dispositions générales du Tarif de 1864*), aux marbres d'Italie sciés, polis, ou autrement ouvrés en Angleterre ou en Belgique (*Déc. du 15 mai 1863*), aux alcools bruts rectifiés en Angleterre ou en Belgique (*Circ. lith. du 7 décembre 1864*), aux horloges en bois, bien qu'ayant des rouages de fabrication autres que du pays contractant. (*Circ. lith. du 31 octobre 1864.*)

A l'égard de ces diverses marchandises, la transformation accomplie en Angleterre ou en Belgique a été jugée suffisante pour les faire considérer comme étant de manufacture anglaise ou belge. Mais il s'agit ici de solutions spéciales applicables seulement aux produits similaires de ceux qui en ont été l'objet. L'administration se réserve de statuer sur les cas nouveaux qui pourraient se présenter. (*Art. 7 des dispositions générales du Tarif de 1864.*)

Mais le décorticage ne constitue pas une main-d'œuvre suffisante pour conférer au riz le caractère de produit du pays contractant. (*Circ. lith. du 26 avril 1864.*)

En ce qui concerne les marchandises taxées à la valeur, *V.* nᵒ 149, il est établi une garantie et contre l'abus au préjudice de l'importateur et contre les mésestimations au détriment du Trésor public.

Si la douane croit les marchandises mésestimées (1), elle a le droit de les retenir, en payant à l'importateur le prix porté sur la déclaration, augmenté de 5 p. °/₀.

L'importateur contre lequel la douane veut exercer ce droit de préemption peut, s'il le préfère, demander l'estimation de la marchandise par des experts. La faculté de recours à l'expertise appartient également à la douane, lorsqu'elle ne juge pas convenable de recourir immédiatement à la préemption.

Deux arbitres experts sont alors désignés, l'un par le déclarant, l'autre par le chef local du service des douanes ; s'il y a partage, ou si, au moment de la constitution de l'arbitrage, le déclarant le requiert, les experts choisissent un tiers arbitre ; en cas de désaccord, le tiers arbitre est nommé par le président du tribunal de commerce du ressort. Quand le bureau de déclaration est à plus d'un myriamètre du siège du tribunal de commerce, le tiers arbitre peut être désigné par le juge de paix du canton. (*Art.* 11 *des dispositions générales du Tarif de* 1864.)

Toutes les fois que la douane ou l'importateur réclame l'expertise, l'un ou l'autre, suivant le cas, notifie par écrit ses intentions à la partie adverse, aussitôt après la reconnaissance des marchandises. Cette notification, obligatoire dans les vingt-quatre heures qui suivent la reconnaissance, est faite dans la forme administrative par le receveur du bureau où la déclaration a été enregistrée. Si un tiers arbitre doit être nommé, c'est pareillement au receveur, après entente préalable avec le chef de la visite, qu'appartient le soin de présenter la requête au président du tribunal de commerce. Cette requête doit être écrite sur papier timbré, mais elle n'est pas sujette à l'enregistrement. Au contraire, l'ordonnance du juge qui nomme le tiers arbitre doit être enregistrée au droit fixe de 3 francs. (*Art.* 12 *des dispositions générales du Tarif de* 1864.)

Les directeurs et inspecteurs veilleront à ce que rien ne soit négligé pour que les experts réunissent à la fois les garanties nécessaires d'aptitude et de probité. Ceux-ci devront être choisis de préférence parmi les fabricants ou marchands d'objets similaires de ceux qui devront être estimés. (*Circ.* n° 704.)

La décision arbitrale doit être rendue dans les quinze jours qui suivent la constitution de l'arbitrage. Cette décision, soumise au timbre, n'est assujettie à la formalité de l'enregistrement que dans le cas où il serait nécessaire d'en faire usage en justice. (*Art.* 12 *des dispositions générales du Tarif de* 1864.)

La liquidation porte sur la valeur déclarée, si la déclaration est reconnue exacte ou si l'expertise ne fait ressortir qu'une mésestimation inférieure à 5 p. °/₀ (2). Si l'atténuation de valeur s'élève à 5 p. °/₀ ou plus, sans atteindre 10 p. °/₀, la douane a la faculté de préempter ou de recouvrer les droits sur la valeur reconnue.

Quand le résultat de l'expertise accuse une mésestimation de 10 p. °/₀ ou plus, la douane demeure libre ou de préempter ou de percevoir le droit sur la valeur reconnue, augmenté de 50 p. °/₀ à titre d'amende.

---

(1) Lorsqu'ils jugent qu'une déclaration relative à des marchandises taxées à la valeur est entachée de mésestimation, il convient, pour l'application des tarifs conventionnels, que les agents de la visite, avant de recourir à l'expertise locale, engagent les intéressés à élever suffisamment la valeur indiquée. (*Circ. man. du* 25 *septembre* 1861.)

(2) C'est à raison de la valeur totale de la partie entière de tissus de même nature, de qualités semblables ou différentes, faisant l'objet d'un seul article de la déclaration, que s'applique la tolérance de 5 p. °/₀.

Dans le cas où la mésestimation reste dans cette proportion, les droits sont perçus d'après la valeur déclarée, et les frais d'arbitrage retombent à la charge du budget de l'administration. (*Circ. lith. du* 14 *décembre* 1861.) *V.* n° 37.

En général, on ne doit recourir à la préemption qu'autant que le service a des motifs sérieux de croire à une mésestimation notable. (*Art.* 13 *des dispositions générales du Tarif de* 1864.)

L'administration compte sur le discernement des chefs pour le choix de l'un ou de l'autre parti, ainsi laissé à leur décision dans les deux dernières hypothèses. Ils comprendront qu'en pareil cas on ne devra recourir à la préemption qu'autant que le service aurait des motifs sérieux de penser qu'elle conduirait à des résultats notablement plus avantageux que la liquidation immédiate, ou qu'elle serait reconnue nécessaire pour déjouer des spéculations abusives. (*Circ.* n° 704.)

Le cas échéant, on y procède dans la forme prescrite par les règlements généraux sur la matière. La préemption est notifiée dans les vingt-quatre heures qui suivent soit la visite, s'il n'y a pas eu expertise, soit l'arbitrage des experts, si l'on a eu recours à leur intervention. La douane a ensuite quinze jours pour payer à l'importateur la valeur de la marchandise portée dans la déclaration et le vingtième en sus.

A l'égard du supplément de 50 p. °/₀ du droit exigible comme pénalité, on agit suivant les règles tracées relativement au double droit pour excédant. La marchandise peut être retenue jusqu'à ce que l'importateur ait acquitté l'amende ou fourni caution.

Si la valeur déterminée par la décision arbitrale excède la valeur déclarée de 5 p. °/₀, les frais de l'expertise sont supportés par le déclarant; dans l'hypothèse contraire, ils sont supportés par la douane. En cas de contestation sur le chiffre de ces frais, ils sont arbitrés par le président du tribunal. (*Art.* 13 *des dispositions générales du Tarif de* 1864.)

A l'égard des taxations *ad valorem,* le service doit s'assurer de la nature des marchandises, et en cas de doute, recourir aux commissaires-experts du Gouvernement. *V.* n° 37. Il contrôle ensuite la valeur déclarée : le droit d'expertise locale, créé par l'art. 6 de la convention complémentaire passée avec l'Angleterre le 12 octobre 1860 (*Décret du* 26 ; *Circ.* n° 704), est absolu de la part de la douane et de celle du déclarant. Le refus du déclarant de nommer un expert annulle de fait sa déclaration, et la marchandise rentre dans les conditions où elle se serait trouvée placée si cette déclaration n'avait pas été produite. (*Déc. du* 27 *novembre* 1862.)

Les expertises portant sur la valeur des produits, doivent avoir lieu à la résidence où la déclaration d'acquittement est déposée. D'un autre côté, les décisions des experts sont souveraines, et ni la douane ni le commerce n'ont la faculté d'en appeler. On ne saurait ainsi provoquer une contre-expertise soit à la même résidence, soit ailleurs. (*Déc. du* 19 *octobre* 1864.)

Indépendamment des droits de douane, les produits à base de soude, la bière, les alcools, les liqueurs, les vernis à l'esprit de vin et les parfumeries alcooliques acquittent, à l'importation, des taxes supplémentaires, à titre de compensation des taxes équivalentes supportées à l'intérieur par les fabricants français.

Pour la bière, cette taxe, représentant simplement un droit de fabrication, est cumulée, au tableau des droits, comme pour les soudes, etc., avec la taxe d'entrée, et se perçoit par la douane en bloc, et sans qu'il y ait lieu d'établir une liquidation séparée. Quant aux alcools, aux liqueurs, aux vernis, à l'esprit de vin et aux parfumeries alcooliques, le soin de percevoir ou d'assurer le droit de consommation intérieure qui frappe ces produits est laissé au service des contributions indirectes. La douane se borne à recouvrer le droit d'importation. Seulement, elle ne doit permettre l'enlèvement des marchandises qu'autant qu'il lui est justifié que les taxes de la régie ont été acquittées ou garanties. (*Art.* 14 *des dispositions générales du Tarif de* 1864.)

Les droits fixés ne doivent subir aucune réduction pour cause d'avarie ou de détérioration quelconque des marchandises. (*Circ.* n° 764.)

Les marchandises saisies à l'importation d'Angleterre et vendues par la douane, après confiscation ou abandon, peuvent être adjugées pour la consommation, sous payement préalable du droit conventionnel. (*Déc. du 4 juillet 1861.*) Mais il ne peut en être ainsi quand les marchandises ont été saisies pour fausse déclaration d'origine anglaise. (*Déc. du 20 juillet 1863.*)

Dans la répartition des amendes exigées à l'occasion de l'application de ces traités, il faut défalquer, pour l'attribuer au Trésor, la fraction qui représente le double décime. (*Déc. du 9 septembre 1861.*)

A la sortie, le tarif général est applicable à l'égard des marchandises expédiées à destination des pays contractants. (*Loi du 16 mai 1863.*)

Le tarif conventionnel (anglais, belge, italien, etc.), relatif aux produits, est applicable en Algérie, tant à l'importation qu'à l'exportation, sauf dans le cas où le tarif spécial à cette possession serait plus favorable au commerce. (*Art. 19 des dispositions générales du Tarif de 1864.*) Mais, *V.* n° 813, à moins de dispositions formelles, les conditions des traités de navigation ne sont pas étendues à l'Algérie. *V.* n° 734.

Les produits anglais, belges, etc., importés dans les colonies françaises soit directement d'Angleterre, de Belgique, etc., soit des entrepôts de France, sont, sous les conditions du traité de commerce, admis au droit conventionnel. (*Traités de commerce; Circ. du 31 août 1861, n° 788, et Déc. du 10 juin 1863.*) *V.* n° 760.

785. — *Angleterre.* Les produits du sol (1) ou de l'industrie de la Grande-Bretagne (2), dénommés au tarif conventionnel et importés directement d'Angleterre, sous pavillon français ou anglais, sont admissibles à un droit spécial qui, décimes compris, ne dépasse pas 30 p. 0/0 de la valeur. (*Traité conclu avec l'Angleterre le 23 janvier 1860; Décret du 10 mars 1860 et Circ. nos 645, 693 et 696; première convention complémentaire du 12 octobre 1860; Décret du 26 et Circ. n° 704; deuxième convention complémentaire du 16 novembre 1860; Décret du 30, et Circ. n° 712; Décret du 29 mai 1861, et art. 1 des dispositions générales du Tarif de 1864.*)

Les droits exigibles sont indiqués au tableau des droits d'entrée et de sortie.

Pour les droits de navigation résultant du traité de navigation du 26 janvier 1826, *V.* n° 643.

L'origine des marchandises et le transport direct sont établis comme il est indiqué aux nos 13 et 14.

A l'égard de la laine en masse d'Australie et du coton en laine de l'Inde, l'exemption des droits est applicable, soit que ces marchandises viennent directement des lieux mêmes de production par navires français ou par navires des pays contractants (anglais, belges, italiens, etc.), soit qu'elles arrivent également en droiture des entrepôts des pays contractants, par terre ou par mer, sous pavillon français ou sous celui de la puissance, l'intention ayant été d'exonérer ainsi ces matières propres à l'industrie. Dans le premier cas, il suffit de justifier, par les papiers de bord, du transport direct. (*Circ. du 31 mai 1861, n° 764; art. 4 des dispositions générales du Tarif de 1864, et Circ. lith. du 12 juillet 1865.*)

Pour les marchandises taxées à la valeur, *V.* n° 784.

Au tableau des droits publié en 1864, sont insérés les tarifs spéciaux ou conven-

_____

(1) Les produits de pêche fluviale ou maritime sont considérés comme étant originaires du pays contractant. (*Circ. lith. du 18 octobre 1865.*)

(2) Il s'agit des produits de la métropole (Angleterre, Ecosse et Irlande) et de ceux des îles de Jersey et Guernesey. (*Circ. du 2 février 1861, n° 730.*)

Les produits des autres possessions britanniques en Europe ou hors d'Europe (Malte, Gibraltar et Héligoland) restent assujettis au droit commun. (*Circ. nos 645 et 696.*)

tionnels résultant des traités de commerce conclus avec l'Angleterre (1), la Belgique, l'Italie, etc. Au sujet des marchandises qui ne sont pas reprises au tarif conventionnel, il faut se reporter au tarif général et en appliquer les dispositions.

Les dispositions du traité franco-belge, relatives aux produits, ont, en ce qu'elles pouvaient avoir de plus large ou de plus favorable pour le commerce anglais, été étendues à l'Angleterre. Ainsi, par exemple, des marchandises anglaises qui, d'après le traité franco-anglais, devaient être admises au droit de 15 fr. les 100 kil., à partir du 1er octobre, l'ont été immédiatement à cette taxe, la convention franco-belge disposant que les marchandises semblables, d'origine belge, seraient immédiatement frappées d'un droit de 20 fr. (Décret du 29 mai 1861; Circ. du 31, n° 765, et Déc. du 3 juin 1861.)

Les produits d'origine britannique inscrits dans le traité, admissibles au bénéfice des dispositions de cette convention, et importés directement par navires d'une tierce puissance, seraient assujettis aux surtaxes suivantes de pavillon :

1° Surtaxe fine de 25 cent. par 100 kil., lorsque les marchandises sont affranchies de tout droit à l'entrée, ou quand elles sont taxées à moins de 3 fr. par 100 kil.;

2° Surtaxes édictées par l'art. 7 de la loi du 28 avril 1816. V. n° 15, si les marchandises sont passibles d'un droit de 3 fr. ou au-dessus par 100 kil. (Décret du 28 octobre 1860; Circ. n° 704.)

Les tissus ne peuvent être importés que par les bureaux indiqués au n° 374.

Les importateurs de machines et mécaniques, entières ou en pièces détachées, d'origine britannique, sont dispensés de produire tout modèle ou dessin, et il n'y a pas à recourir alors au comité consultatif. On procède immédiatement aux liquidations définitives. En cas de fausse déclaration et après s'être éclairé au besoin de l'avis d'experts compétents, le service pourrait déclarer la saisie, conformément à la loi du 22 août 1791, titre II, art. 21. V. n° 175. (Circ. n° 704.) V. n° 150.

Les objets d'orfèvrerie et de bijouterie, en or, en argent, etc., de manufactures britanniques, importés d'Angleterre, sont assujettis au régime établi en France pour l'industrie nationale, de sorte que les plaqués anglais doivent recevoir l'empreinte du poinçon carré. (1re convention complémentaire du 12 octobre 1860, art. 9.) Mais il suffit que ce poinçon soit apposé avant que les objets soient exposés en vente ; et le service des douanes n'a pas à intervenir à ce sujet. (Déc. du 10 janvier 1861.)

Pour les toiles de lin, de chanvre et de jute, et pour les fils de lin et de chanvre, mesurant au kil. plus de 72,000 mètres, admissibles aux conditions de ces traités, il existe des types plus favorables, dans l'ensemble, que ceux adoptés au sujet des importations d'après le tarif général. (Circ. man. du 3 juillet 1861.)

Les cartes fabriquées en Angleterre ou en Belgique peuvent, malgré la prohibition énoncée au n° 1014, être importées en France, par les bureaux ouverts aux marchandises taxées à plus de 20 fr. les 100 kil., moyennant le payement d'un droit de douane de 15 °/₀ de la valeur, et, quelque soit le nombre de cartes de chaque jeu, d'une taxe de 40 c., plus 2 décimes, exigée à l'égard des cartes à jouer à portrait étranger ou de fantaisie fabriquées en France sur papier libre. (Déc. du 27 mai 1861.)

Les receveurs de douane perçoivent cette dernière taxe pour le compte de leurs collègues des contributions indirectes et procèdent en même temps à l'apposition de la bande de contrôle sans laquelle les cartes ne pourraient circuler à l'intérieur. Ces bandes et la colle nécessaire leur sont adressées à cet effet par les receveurs prin-

---

(1) Pour les coutils unis ou façonnés (tissus de lin ou de chanvre), il existe une tarification spéciale établie par la convention du 16 novembre 1860, et applicable aux importations d'Angleterre si les intéressés le demandent. (Tarif de 1864.)

cipaux des contributions indirectes. Le comptable de douane est responsable, pour chaque bande de contrôle non représentée, d'une somme de 48 c., en y comprenant les deux décimes.

Les perceptions s'effectuent sur un registre n° 74 B., et toute quittance entraîne le payement d'un droit de timbre de 10 centimes.

Chaque mois, ou plus souvent si cela est nécessaire, les recettes de l'espèce sont versées, avec un décompte certifié, au receveur particulier des contributions indirectes, qui délivre une quittance, n° 74. (*Circ. du 16 septembre 1861, n° 796.*)

Est interdite l'importation des produits de pêche par bateaux pêcheurs anglais (*Règlement international de 1843, art. 85 et 86*). Il n'est fait d'exception à ce sujet que pour les bateaux en relâche forcée ; et le débarquement des poissons ou coquillages ne peut alors être effectué qu'en vertu d'un permis des autorités maritimes compétentes.

Le service doit donc, à l'importation, s'assurer qu'il ne s'agit pas de bateaux pêcheurs anglais. A cet effet, il doit vérifier l'origine, sauf pour les huîtres et les homards, *V.* n° 13, à l'égard desquels la douane a surtout pour élément de constatation ses investigations à bord. Dans le cas où la présence d'engins de pêche ou tout autre indice la conduirait à penser que le bateau importateur est un bateau pêcheur, elle préviendrait immédiatement l'administration de la marine chargée de poursuivre la répression de la contravention.

Les caboteurs français sont d'ailleurs autorisés à se rendre sur les lieux de pêche dans la mer commune, pour y recevoir les huîtres draguées par les Anglais et les introduire en France aux droits du tarif conventionnel. L'interrogatoire des équipages fait, en cas de doute, reconnaître s'il est réellement question de produits de pêche britannique. (*Circ. man. du 21 juin 1863.*)

Les bateaux pêcheurs des deux nations, forcés par le mauvais temps de chercher refuge dans les ports ou sur les côtes de l'un ou l'autre État, ne seront assujettis à aucuns droits de navigation (1), sous quelque dénomination que ces droits soient respectivement établis, pourvu que ces bateaux, dans ces cas de relâche forcée, n'effectuent aucun chargement ni déchargement dans les ports ou sur les points de la côte où ils auront cherché refuge. (*Conv. de navig. du 26 janvier 1826, art. 5 ; Ordonnance du 8 février 1826.*)

La nationalité des navires anglais ou belges est justifiée, pour l'importation, par un certificat de construction soumis au visa des agents consulaires de France, ou par la production de titres délivrés par l'amirauté britannique ou par le gouvernement de Belgique.

Les navires achetés par des Français peuvent être pourvus par les agents consulaires de France de congés provisoires destinés à faciliter l'arrivée en France, avec interdiction de tout voyage intermédiaire et de toute escale volontaire ou opération de commerce, pendant le trajet, fort court, qu'il y a à parcourir d'un pays à l'autre. Dans ces conditions, le navire et son chargement sont alors admis au bénéfice du traitement national et des stipulations des conventions commerciales. (*Circ. n° 798.*)

L'immunité des droits de navigation est conservée aux yachts de plaisance anglais, *V.* n° 643 (note 14), vendus dans les ports français. Les taxes sanitaires sont exigées, *V.* n° 911. Quant aux objets mobiliers à demeure ou non, ils suivent le régime énoncé au n° 872, pourvu qu'ils n'excèdent pas les besoins du yacht. (*Déc. du 21 novembre 1862.*)

Les sacs d'origine française exportés temporairement en Angleterre, sont affranchis

---

(1) Le droit de passeport est exigible. (*Déc. du 9 avril 1847.*)

de l'estampillage à la sortie ; ils font l'objet d'un passavant pour en faciliter le retour en exemption de toute taxe. (*Déc. du 27 mars 1862.*)

786. — *Convention littéraire* pour la garantie de la propriété des œuvres d'esprit et d'art. Sont considérés comme œuvres littéraires, scientifiques ou artistiques, les livres, les ouvrages dramatiques, les compositions musicales, les tableaux, les dessins, sculptures, gravures lithographiques et cartes géographiques, ainsi que les dessins et modèles industriels et marques de fabrique ou de commerce, *V.* n° 18. (*Convention du 3 novembre 1851, art. 1er ; Décrets des 22 janvier et 25 mars 1852 ; Circ. des 8 avril suivant, n° 26, et 30 mai 1861, n° 764.*)

Sont interdits : l'importation, le transit, l'exposition et la vente de contrefaçons d'ouvrages ayant fait l'objet des formalités légales. (*Même Conv., art. 6.*)

Les reproductions illégales de livres en langue anglaise sont saisies comme les marchandises prohibées. (*Décret du 25 mars 1852, art. 2 ; Circ. du 30 mai 1861, n° 764.*)

Les livres en langue anglaise ne peuvent être admis à l'acquittement des droits ou au transit que par les bureaux ouverts à l'entrée des livres en langue française, ou par les douanes de Bordeaux, Nantes, Saint-Malo, Granville, Dieppe, Boulogne, Calais et Dunkerque (1). (*Même Décret, art. 1er.*)

Les œuvres de peinture et de sculpture sont admissibles par les bureaux ouverts à leur importation d'après la législation générale. (*Circ. du 8 avril 1852, n° 26.*)

Quand la demande en est faite, les livres importés, au lieu d'être vérifiés à la frontière, peuvent, sous les conditions et formalités indiquées au n° 965, être expédiés directement sur la direction de l'imprimerie et de la librairie au Ministère de l'intérieur, pour y être soumis aux prescriptions réglementaires. (*Circ. du 6 octobre 1862, n° 856.*)

787. — *Belgique.* Les produits du sol ou de l'industrie belge, dénommés au tarif conventionnel et importés directement de Belgique, soit par terre, soit par mer, sous pavillon français ou belge, sont admissibles aux conditions fixées par le tarif franco-anglais modifié, sauf en ce qui concerne les alcools, eaux-de-vie autrement qu'en bouteilles et autres. (*Traité du 1er mai 1861 ; Décret du 27 ; Circ. du 31, n° 764 ; Convention complémentaire du 12 mai 1863.*)

Au sujet de l'origine des marchandises, *V.* n° 13 ; du transport direct, par mer ou par terre, n° 14, et de la valeur des marchandises, n° 784.

Pour l'application du traité, on considère comme importés directement les produits arrivant par les chemins de fer du grand-duché du Luxembourg, sous le régime du transit international, en wagons ou colis plombés. Le bénéfice du tarif conventionnel peut d'ailleurs être étendu au mobilier ou aux bagages des voyageurs, lors même que la condition du plombage n'a pas été remplie. (*Art. 2 des dispositions générales du Tarif de 1864.*)

Droits de navigation résultant de la convention du 1er mai 1861, *V.* n° 643.

Au sujet des navires belges venant d'Angleterre, *V.* n° 788.

Les navires belges peuvent se rendre sans être de nouveau assujettis aux droits de tonnage du port de prime-abord à un ou plusieurs autres ports, soit pour y décharger tout ou partie de leur cargaison, soit pour y composer ou compléter leur

----

(1) Ces dernières douanes peuvent admettre à l'importation ou au transit, soit les livres en langue française (ou autre langue) arrivant d'Angleterre, soit tous les produits de la presse soumis au régime de la librairie, c'est-à-dire les livres dont le texte est accompagné de gravures, estampes, etc., les lithographies, les cartes géographiques et la musique gravée. (*Déc. min. du 11 novembre 1852 ; Décret du 9 juin 1859 ; Circ. n° 596.*)

chargement. (*Traité de navigation du 1er mai 1861; Décret du 27; Circ. du 30, n° 764.*)

Ils sont traités comme les navires des nations les plus favorisées. (*Même Traité, art.* 5.) Les navires étrangers n'étant pas admis à faire le cabotage sur les côtes de France, cette exclusion s'étend aux navires belges. (*Circ.* n°ˢ 2378 et 764.)

Les bateaux pêcheurs belges en relâche forcée, et qui sont dépourvus de vivres et d'argent, peuvent débarquer en franchise la quantité de poisson dont la vente est jugée nécessaire pour renouveler leurs provisions. Le bénéfice de cette facilité est subordonné aux conditions suivantes : le service constate, s'il y a lieu, le cas de relâche forcée, s'assure du manque de vivres et d'argent, et apprécie, en raison du nombre d'hommes composant l'équipage de chaque bateau, la quantité de poisson susceptible d'être admise en exemption des droits. (*Déc. min. du* 23 *septembre* 1851, *transmise le* 11 *octobre suivant.*)

Les bateliers belges naviguant dans les eaux intérieures de la France y naviguent aux mêmes conditions que les bateliers français; réciproquement, les bateliers français naviguant dans les eaux intérieures de la Belgique y navigueront aux mêmes conditions que les bateliers belges, sans être soumis à aucun droit extraordinaire de navigation ou de patente. (*Décret du* 27 *mai* 1861.)

Les introductions par les rivières et les canaux sont soumises au droit afférent aux importations par terre, qu'elles s'opèrent par bateaux français ou par bateaux belges. (*Même Décret.*)

Pour assurer la réexportation des bateaux étrangers naviguant dans les eaux intérieures de la France, il est délivré un acquit-à-caution, valable pour une année, et sur lequel on inscrit les sorties et les rentrées successives. (*Déc. du* 21 *janvier* 1851.) *V.* n° 842.

Pour les produits d'origine et de manufactures belges, inscrits dans le traité et importés autrement que par terre ou par navires français ou belges (c'est-à-dire par navires d'une tierce puissance), *V.* n° 785. (*Circ.* n° 764.)

La franchise dans les deux pays est accordée, sans aucune restriction de justification, à l'importation comme à l'exportation des céréales en gerbes ou épis, des foins, de la paille et des fourrages enlevés en vert; ce qui ne dispense pas des déclarations, etc. (*Circ.* n° 764, *et Déc. du* 13 *juillet* 1861.)

Les denrées coloniales désignées au n° 372 peuvent entrer, par la frontière belge, par les bureaux ouverts aux marchandises taxées à plus de 20 fr. les 100 kil. (*Circ.* n° 764.)

La Circ. lith. du 15 juillet 1863 a transmis des types représentant la limite extrême de coloration au-delà de laquelle les toiles dites ardoisées doivent être traitées, non comme écrues, mais comme toiles teintes.

Les produits qui empruntent le territoire belge, sans rompre charge, au moyen de convois internationaux de chemin de fer, pour pénétrer ainsi en France, sont assujettis aux surtaxes générales dans le cas où il en est établi pour les importations par terre. (*Circ. man. du* 5 *juin* 1862.)

Au sujet des personnes qui passent la frontière avec leurs voitures, etc., *V.* n° 840; et du transit des ardoises belges, *V.* n° 539.

Pour jouir en Belgique d'une bonification de 7 % sur le taux des droits d'accise, les sels marins français, exportés par mer, doivent être accompagnés de certificats délivrés par les agents consulaires belges ou par les agents des douanes au port d'embarquement et attestant que ces sels n'ont été soumis en France à aucune opération de raffinage. (*Circ.* n° 764.)

Les sacs d'origine française exportés temporairement en Belgique pour être réimportés pleins, sont affranchis de l'estampillage à la sortie, sans perdre le bénéfice de la franchise au retour. Seulement, si la réimportation s'effectue avec emprunt du territoire du Luxembourg, elle doit avoir lieu en wagons ou colis plombés. (*Déc. du* 11 *juillet* 1861.)

Sont affranchies des surtaxes de pavillon les marchandises de toute nature et de toute origine importées directement de Belgique en France ou en Algérie sous pavillon belge. (*Circ. du 4 avril 1865, n° 990.*)

Des dispositions analogues à celles du traité avec l'Angleterre, *V.* n° 786, ont été adoptées entre la France et la Belgique. (*Convention du 1er mai 1861, art. 1er; Décret du 27; Circ. du 31, n° 764.*

Sont exceptées de l'interdiction de reproduction, les chrestomathies, composées de fragments ou d'extraits d'auteurs français. (*Même Conv., art. 2.*)

Le bénéfice de ces dispositions est subordonné à l'accomplissement, dans le pays d'origine, des formalités prescrites par la loi pour y assurer la propriété des ouvrages de littérature et d'art; et, en outre, à l'égard des livres, cartes, estampes et œuvres musicales publiés pour la première fois dans l'un des deux pays, au dépôt et à l'enregistrement préalable d'un exemplaire, soit à Paris, à la direction de l'imprimerie et de la librairie, au ministère de l'intérieur, ou à Bruxelles, à la chancellerie de la légation de France, soit à Bruxelles, au ministère de l'intérieur, ou à Paris, à la chancellerie de la légation belge, selon que l'ouvrage aura paru pour la première fois en Belgique ou en France (1). (*Même Conv., art. 2.*)

Les traductions sont assimilées aux ouvrages originaux. (*Même Conv., art. 5.*)

Sont interdites l'importation, la circulation, la vente et l'exportation d'ouvrages ou objets de reproduction non autorisée, que cette reproduction provienne soit de l'un des Etats, soit de tout autre pays. (*Même Conv., art. 9.*)

Est assimilé aux contrefaçons tout ouvrage imprimé en Belgique et portant, sur le titre ou la couverture, la mention : *Edition autorisée pour la Belgique et l'étranger.* (*Même Conv., art. 14.*)

Les livres venant de la Belgique ne peuvent être admis à l'acquittement des droits ou au transit (2) que par les douanes ouvertes à l'entrée des livres en langue française, ou par les bureaux de Givet et de Longwy (3). (*Même Conv., art. 11; Circ. n° 764.*)

Les œuvres de peinture et de sculpture sont admissibles par les bureaux ouverts à leur importation d'après la législation générale. (*Circ. n°s 201 et 764.*)

A l'importation, et en matière de transit, les infractions doivent être constatées comme s'il s'agissait de marchandises prohibées. (*Même Conv., art. 10.*)

788. — *Italie* (royaume d'). (Etats sardes, Toscane, Lucques, Deux-Siciles.) Les produits du sol ou de l'industrie du royaume d'Italie, dénommés au tarif conventionnel et importés directement de ce pays, soit par terre, soit par mer, sous pavillon français ou italien, sont admissibles aux conditions fixées par le tarif franco-anglais, modifié, sauf en ce qui concerne : 1° les huiles fixes, pures, autres; 2° les alcools, eaux-de-vie autrement qu'en bouteilles et autres. (*Traité de commerce du 17 janvier 1863; Décret du 20 janvier 1864; Circ. du 23, n° 943.*)

Au sujet de l'origine des marchandises, *V.* n° 13; du transport direct par mer ou par terre, *V.* n° 14, et de la valeur des marchandises, *V.* n° 784.

---

(1) Les exemplaires de dépôt doivent être expédiés, par la voie de la poste, sous bandes croisées et sous le sceau des légations respectives, avec suscription indiquant le titre de l'ouvrage, la destination et le but de l'envoi. Ils sont affranchis de tous droits à l'entrée ou à la sortie. Le service se borne à la reconnaissance extérieure des cachets et de la suscription. (*Circ. n°s 201 et 764.*)

(2) Les livres déclarés régulièrement à l'entrée peuvent, à la demande des intéressés, être expédiés sur la direction de la librairie au ministère de l'intérieur, pour y subir les vérifications préalables à leur admission. (*Mêmes Circ.*)

(3) Les bureaux de Givet et de Longwy peuvent admettre à l'importation tous les produits de la presse soumis au régime de la librairie. (*Mêmes Circ.*)

Sont exemptés de toute justification d'origine, les mules et mulets, les viandes fraîches, la bourre de soie cardée, la cire brute, les chapeaux de paille, les fromages, les fruits de table secs, l'huile d'olive, les ouvrages en bois non dénommés, les pâtes, les riz, les marbres, les albâtres, les pierres ouvrées et les articles d'emballage ayant servi. (*Déc. du 20 juillet 1864.*)

Il en est de même en ce qui concerne les denrées d'approvisionnement importées journellement en minimes quantités pour les besoins de l'alimentation locale. (*Déc. du 12 avril 1864.*)

Pour les produits venant des provinces limitrophes où il n'y a pas d'agents consulaires français, le service peut considérer comme suffisantes les attestations des syndics ou de la douane d'exportation. (*Même décision du 12 avril 1864.*)

Pour les droits de navigation, *V.* n° 643.

Les navires italiens, primitivement venus en droiture en France du royaume d'Italie, sont exempts des droits de tonnage et d'expédition dans leurs escales successives, de même que les marchandises jouissent du bénéfice conventionnel. (*Convention de navigation du 13 juin 1862, art. 2; Décret du 20 janvier 1864: Circ. du 23, n° 943.*)

On n'exige ces droits de tonnage dans les ports français d'escales successives qu'autant que les navires italiens sont arrivés indirectement au port de prime-abord; ces taxes sont alors exigibles dans tous les ports d'escale. (*Même Conv., art. 11; Circ. lith. du 31 décembre 1864.*)

Un navire du royaume d'Italie venu de Trieste (Autriche), partiellement chargé avec escale dans un des ports du royaume d'Italie, où il a pris une partie de marchandises, est considéré comme arrivant directement d'Italie, et à ce titre, exonéré des droits de tonnage; mais les marchandises subissent les conditions générales du tarif. (*Déc. du 24 février 1865.*)

Les navires italiens venant des possessions britanniques en Europe, sont traités en France (1) comme les navires français venant des mêmes possessions. (*Conv. du 13 juin 1862, art. 13.*)

Ainsi, les navires italiens, chargés, venant des possessions britanniques en Europe, c'est-à-dire de Malte, Gibraltar ou Héligoland; paient le droit de tonnage de 1 fr. plus les décimes. S'ils arrivent du Royaume-Uni, de la Grande-Bretagne et de l'Irlande ou d'autres possessions, on les soumet aux conditions générales qui affectent la navigation indirecte.

Sur lest, les navires italiens venant d'Angleterre ou de ses possessions, sont soumis au droit de 1 fr. applicable aux bâtiments français. (*Circ. lith. du 19 février 1865.*) Ces dispositions s'étendent au pavillon belge. (*Même Circ.*)

Sont affranchies des surtaxes de pavillon, les marchandises de toute nature et de toute origine importées directement d'Italie en France ou en Algérie sous pavillon italien. (*Circ. du 4 avril 1865, n° 990.*)

Les navires italiens, *à vapeur* ou *à voiles*, peuvent compléter leur déchargement ou leur chargement dans plusieurs ports français. Les navires *à vapeur* peuvent combiner ces opérations avec le cabotage entre des ports de la Méditerranée ou de l'Algérie, sous les conditions imposées aux navires français qui se livrent à la navigation mixte, *V.* n°s 600 et 643, note 38 bis. (*Convention du 13 juin 1862, art. 9; Circ. du 23 janvier 1864, n° 943.*)

Pour les importations par navires tiers, *V.* n° 785.

L'art. 12 de la convention de navigation du 13 juin 1862 admet les navires *à vapeur* italiens à faire, soit la navigation d'escale, soit le cabotage, entre les ports français de la Méditerranée, y compris ceux de l'Algérie.

---

(1) Cette disposition n'est pas applicable en Algérie. (*Circ. n° 943.*)

Pour le cabotage, cette disposition s'étend aux transports entre les ports français de la Méditerranée, d'une part, et ceux de l'Algérie, d'autre part, comme au cabotage effectué entre ports français de la Méditerranée ou entre ports algériens.

Quant aux escales, les bâtiments *à vapeur* italiens expédiés du royaume d'Italie à destination de France ou d'Algérie pourront en effectuer dans un port étranger intermédiaire, tel que Monaco, Civita-Vecchia, Tunis, etc. Ils auront la faculté d'y débarquer des marchandises et d'y embarquer d'autres produits, même des produits similaires de ceux qu'ils auraient chargés au départ, sans perdre, à leur arrivée dans nos ports, le bénéfice du transport direct et de l'exemption des droits de tonnage; ils seront aussi affranchis des surtaxes de pavillon pour la partie de leur cargaison prise dans le royaume d'Italie. Il est entendu qu'ils devront se munir dans chaque port d'escale d'un manifeste ou état de chargement comprenant les marchandises qu'ils auront prises en ce port et certifié par l'agent consulaire de France. (*Circ. du 23 janvier 1864, n° 943.*)

Les acquits-à-caution de transit délivrés en France à destination de la Sardaigne, ou réciproquement, ne seront déchargés qu'autant qu'ils auront été revêtus par la douane d'entrée, dans le pays voisin, d'un certificat attestant que les marchandises y ont été régulièrement reconnues. (*Convention spéciale; Circ. du 16 août 1860, n° 672.*)

Les consuls généraux, consuls et vice-consuls ou agents consulaires italiens peuvent aller personnellement ou envoyer des délégués à bord des navires de leur nation, après qu'ils auront été admis en libre pratique; interroger les capitaines de l'équipage; examiner les papiers de bord; recevoir les déclarations sur leur voyage, leur destination et les incidents de la traversée; dresser les manifestes et faciliter l'expédition de leurs navires; enfin, les accompagner devant les tribunaux de justice et dans les bureaux de l'Administration du pays, pour leur servir d'interprètes et d'agents dans les affaires qu'ils auront à suivre ou les demandes qu'ils auraient à former.

Les fonctionnaires de l'ordre judiciaire et les gardes et officiers de la douane ne pourront, en aucun cas, opérer ni visites ni recherches à bord des navires sans être accompagnés par le consul ou le vice-consul de la nation à laquelle ces navires appartiennent.

L'avis qui sera adressé à cet effet aux consuls et vice-consuls doit indiquer une heure précise; et s'ils négligeaient de s'y rendre en personne ou par délégué, il serait procédé en leur absence. (*Convention du 26 juillet 1862; Circ. du 10 octobre suivant, n° 857.*)

Le concours des consuls ou agents consulaires ne saurait, dans aucun cas, tenir lieu de l'intervention des courtiers interprètes et conducteurs de navires toutes les fois que la loi la rend obligatoire. (*Circ. des 21 décembre 1862, n° 871, et 23 janvier 1864, n° 943.*)

Les navires italiens employés à l'intercourse entre le royaume d'Italie et l'Algérie jouiront, dans les ports de notre possession, d'une réduction de 50 p. 0/0 sur le taux général des droits de tonnage. Bien que la perception de ces droits en Algérie soit aujourd'hui scindée, on ne tiendra compte, pour l'application de la disposition dont il s'agit, que de la provenance du bâtiment. Ainsi, un navire italien venu du royaume d'Italie ne payera, à la sortie comme à l'entrée, que la moitié du droit de tonnage, quelle que soit sa destination ultérieure; réciproquement, il acquitterait le droit intégral, au départ comme à l'arrivée, si, venu d'un pays tiers, il repartait à destination de l'Italie. (*Convention du 13 juin 1862, art. 14.*)

Sont affranchies des surtaxes de pavillon les marchandises de toute nature et de toute origine importées directement du royaume d'Italie en France ou en Algérie sous pavillon italien. (*Circ. du 4 avril 1865, n° 990.*)

Des dispositions analogues à celles qui sont rappelées au n° 786, ont été adoptées entre la France et le royaume d'Italie. (*Convention du 29 juin 1862; Décret du 24 septembre 1862; Circ. du 6 octobre suivant; n° 856.*)

Les livres en langue italienne ne peuvent être importés pour l'acquittement des droits ou pour le transit que par les bureaux ouverts à l'entrée de la librairie en langue française. *V.* n° 965. (*Circ.* n° 856.)

789. — *Suède et Norwége.* Les produits du sol ou de l'industrie des Royaumes-Unis de Suède et de Norwége, dénommés au tarif conventionnel et importés directement de ce pays sous pavillon français ou suédois et norwégien, sont admissibles aux conditions fixées par le tarif franco-anglais modifié. (*Traité du 14 février 1865; Décret du 25 mars 1865; Circ. du 4 avril suivant,* n° 990.)

Au sujet de l'origine des marchandises, *V.* n° 13; du transport direct, n° 14, et de la valeur des marchandises, n° 784.

La taxe déterminée, au poids net, pour les poissons de mer frais, conservés en glace, disposés dans des récipients avec de la glace entre chaque couche, ne saurait être étendue à des poissons importés d'Angleterre, d'Italie, etc., dans des paniers garnis de paille et de quelques morceaux de glace. Dans ce dernier cas, les droits sont perçus au brut. (*Circ. auth. du 15 juin 1865.*)

Pour les droits de navigation, *V.* n° 643.

Les stipulations de l'article 6 de la convention de navigation, combinées avec celles des articles 11 et 13 du traité de commerce, affranchissent des surtaxes de pavillon les marchandises de toute nature et de toute origine importées directement des Royaumes-Unis en France ou en *Algérie* sous pavillon suédois ou norwégien. Aux termes de l'article 8, § 3, les bâtiments suédois et norwégiens employés à l'intercourse entre les ports des Royaumes-Unis et l'Algérie obtiendront dans les ports de cette possession une réduction de 50 p. 0/0 sur la quotité du droit de tonnage. (*Circ. du 4 avril 1865,* n° 990.)

790. — *Hollande* (Pays-Bas ou Néerlande). Sauf les produits énoncés aux paragraphes suivants, les produits du sol ou de l'industrie de la Hollande, dénommés au tarif conventionnel et importés directement de ce pays, soit sous pavillon français ou hollandais, soit par terre, sont admissibles aux conditions fixées par le tarif franco-anglais modifié. (*Traité du 7 juillet 1865, art. 2; Décret du 15 août 1865; Circ. du 26,* n° 1009.)

Au sujet de l'origine des marchandises, *V.* n° 13; du transport direct, n° 14, et de la valeur des marchandises, n° 784.

Sont admissibles aux droits réduits *d'un tiers,* à charge de justification d'origine, les *fromages de pâte dure* et la *céruse* (carbonate de plomb pur ou mélangé) de fabrication néerlandaise, directement importés *par mer* sous pavillon français ou néerlandais. (*Ord. du 25 juin 1841.*)

Les alcools d'origine néerlandaise, importés directement soit par la frontière belge, soit par mer, par navires français ou hollandais, soit par la voie du Rhin ou de la Moselle et présentés aux bureaux de Strasbourg ou de Sierck (1), sont admis au droit de 15 fr., décimes compris, par hectolitre à 100 degrés (2). (*Convention du 1er février 1863; Décret du 30 mai 1863; Circ. du 9 juin suivant,* n° 907.)

Les intéressés doivent produire à l'arrivée, des manifestes, connaissements et attestations de la douane néerlandaise. (*Circ.* n°s 907 et 930.)

---

(1) Dans ce dernier cas, les intéressés ont à produire un certificat de l'agent consulaire français au lieu de départ, constatant la nationalité du bâtiment importateur. (*Déc. min. du 28 novembre 1863, Circ. du 11 décembre suivant,* n° 938.)

(2) C'est pour l'importation en fûts que la taxe est établie par hectolitre d'alcool pur; si l'importation a lieu en bouteilles, le droit est perçu par hectolitre de liquide. (*Circ.* n° 907.)

Les marchandises spécifiées en l'art. 22 de la loi du 28 avril 1816, *V.* n° 372, sont admises *par la frontière de terre* aux droits établis pour les provenances des entrepôts d'Europe par navires français (1), lorsque ces marchandises sont importées des Pays-Bas, sous pavillon français ou néerlandais, par la voie du Rhin et de la Moselle, et présentées aux bureaux de Strasbourg et de Sierck. (*Traité du 25 juillet* 1840, *art.* 10; *Loi du 25 juin* 1841, *art.* 1er; *Circ.* n° 1858.)

L'admission de ces dernières marchandises, par la frontière de terre, est en outre subordonnée à la condition de produire des manifestes, connaissements et expéditions régulières de la douane néerlandaise, et, de plus, un certificat de l'agent consulaire de France au lieu du départ, constatant la nationalité du bâtiment importateur. (*Circ. du 11 juillet* 1841, n° 1858.)

Le transport de ces marchandises doit être direct. Toutefois, la faculté de les transborder des bâtiments de l'une des deux puissances sur ceux de l'autre est autorisée dans les ports de Cologne, Mayence, Manheim et la Rheinschantz, pour la navigation du Rhin, et dans le port de Coblentz, pour les importations effectuées par la Moselle, mais sous la réserve de l'intervention des agents consulaires français dans ces ports et sous l'accomplissement de formalités particulières. En outre, les mêmes agents consulaires peuvent, en cas d'urgence et de nécessité, autoriser le débarquement et le dépôt temporaire dans lesdits ports des marchandises spécifiées ci-dessus, à la condition d'en certifier l'identité au départ et de faire remplir les formalités exigées pour le cas de simple transbordement. (*Tarif* n° 217.)

Sont considérées comme importées directement les marchandises d'origine ou de fabrication néerlandaise expédiées en France par les chemins de fer d'une tierce-puissance confinant aux Pays-Bas, pourvu que les wagons ou les colis renfermant ces marchandises soient plombés ou cadenassés par la douane néerlandaise et que les plombs ou cadenas soient reconnus intacts à l'arrivée en France (*Traité du 7 juillet* 1865, *art.* 10); mais le service des douanes a la faculté de passer outre, à moins que les produits n'aient séjourné dans les entrepôts des pays intermédiaires ou que des doutes ne s'élèvent sur la véritable origine. (*Circ. lith. du 15 décembre* 1865.)

Les produits de la Hollande non compris aux tarifs conventionnels et les produits non originaires de ce pays pourront être importés en exemption de surtaxe, soit par les chemins de fer, aux conditions ainsi déterminées, soit par les voies fluviales, en bateaux plombés. Les marchandises non originaires acquitteraient, en ce cas, le droit des arrivages sous pavillon français d'ailleurs que des pays de production. (*Même Traité, art.* 14.)

À l'importation par terre, sont admis en exemption de surtaxe et aux mêmes droits que les similaires des Pays-Bas, les produits originaires du Zollverein, les sucres et les mélasses exceptés : 1° lorsqu'ils auront traversé en chemin de fer, sous le plomb de la douane allemande, le territoire néerlandais; 2° lorsqu'ils seront expédiés d'Amsterdam, de Rotterdam, de Dordrecht, de Flessingue ou de Harlingue, en bateaux

---

(1) Ces marchandises n'ont pas toutes de tarification spéciale pour la provenance des entrepôts d'Europe; ainsi on en compte quelques-unes qui, jouissant de modérations de taxe pour des origines privilégiées, n'ont pour toute autre provenance qu'une seule tarification, sous la rubrique d'*ailleurs*; mais, cette désignation s'appliquant aux provenances d'Europe comme à celles des pays hors d'Europe non privilégiées, c'est le droit qui lui est afférent qui, dans l'espèce, devra nécessairement être perçu. D'autres produits, parmi ceux dont il s'agit, n'ont qu'un droit unique pour toutes les provenances, et c'est dès lors ce droit qui devra leur être appliqué. (*Circ. du 11 juillet* 1841, n° 1858.)

plombés ou en chemin de fer, sous les conditions de l'art. 10. (*Même Traité, art.* 18.)

Sont affranchies des surtaxes de pavillon, les marchandises de toute nature et de toute origine importées directement des Pays-Bas en France ou en Algérie sous pavillon hollandais. (*Même Traité, art.* 10 et 25.)

Pour les droits de navigation, *V.* n° 643.

La bonification sur les sels marins bruts, d'origine française, importés en Hollande, est de 7 p. 0/0. (*Traité de* 1865, *art.* 9.)

Des dispositions analogues à celles qui sont rappelées au n° 786 ont été adoptées entre la France et les Pays-Bas pour la garantie de la propriété des œuvres d'esprit et d'art. (*Traité du 29 mars* 1855; *Décret du 10 août* 1855; *Circ. du 30 mai* 1860, n° 643.)

791. — *Portugal.* Les produits de toute origine (*Tarif de* 1864) importés directement du Portugal et de ses possessions, par navires de ce pays (1), sont admis aux droits applicables aux importations sous pavillon français. (*Traité du 9 mars* 1853, *art.* 9; *Décret du 6 avril* 1854, *art.* 1er; *Circ. du 21,* n° 198.)

Par analogie avec ce qui se pratique en Portugal, on accorde d'ordinaire le bénéfice du traité pour les produits de ce pays sans exiger de justification d'origine. (*Circ.* n° 198.) Mais s'il peut y avoir hésitation sur cette origine, le service doit provoquer l'expertise légale. (*Déc. du 23 janvier* 1863.)

Pour les marchandises dites d'entrepôt (gomme copal, par exemple) venues du Portugal sous pavillon portugais, le traité est applicable et on n'exige pas de justification d'origine, soit que les produits proviennent du sol ou de l'industrie du Portugal et de ses possessions, soit qu'ils aient été extraits d'entrepôt; il s'agit là d'une surtaxe de pavillon.

Quant aux produits des pays d'Europe (comme les arachides) importés par navires français ou assimilés, on ne peut les admettre au régime de faveur qu'autant qu'ils sont originaires et apportés en droiture du lieu de chargement; la justification d'origine est indispensable. Il est ici question d'une surtaxe de provenance. (*Déc. du 25 février* 1864.)

L'exemption de droits afférente au liège brut ou râpé, arrivant directement du pays de production, doit être appliquée au liége de Portugal importé par navire ayant fait une escale intermédiaire dans un port espagnol. (*Déc. du 22 juillet* 1863.)

A la sortie, quant aux droits, il y a assimilation entre les pavillons respectifs en ce qui concerne les formalités et les droits de douane; mais cette disposition ne s'étend pas aux encouragements et avantages particulièrement accordés à la pêche nationale (2). (*Même Traité, art.* 11.)

Pour les droits de navigation, *V.* Livre IX.

Les navires portugais peuvent se rendre, sans être de nouveau assujettis aux droits de tonnage, du port de prime-abord à un ou plusieurs autres ports, soit pour y débarquer tout ou partie de leur cargaison, soit pour y composer ou compléter leur chargement, sans pouvoir se livrer aux opérations de cabotage. (*Traité du 9 mars* 1853, *art.* 14 et 16; *Circ. du 21 avril* 1854, n° 198.)

---

(1) Pour qu'un navire puisse être admis comme portugais, il faut qu'il soit possédé et enregistré selon les lois du Portugal; qu'il soit muni de patentes ou titres régulièrement délivrés par les autorités compétentes; que le capitaine soit citoyen portugais, et que les trois quarts de l'équipage soient portugais d'origine et de domicile, ou, s'ils sont étrangers d'origine, qu'ils aient résidé pendant dix ans au moins en Portugal. (*Traité du 9 mars* 1853, *art.* 5.)

(2) Ainsi le transport des sels destinés à la préparation de la morue est réservé aux navires français. (*Circ.* n° 198.)

Les navires portugais et les produits qu'ils transportent, lorsque ceux-ci proviennent des manufactures du Portugal ou des pays soumis à sa domination, sont admis dans les possessions françaises au régime dont y jouit la nation la plus favorisée. Il en est de même pour l'exportation. (*Même Traité, art. 17 et 18.*) Jusqu'à présent, cette disposition consiste à étendre aux navires et aux produits portugais arrivant en Algérie les avantages accordés au royaume d'Italie. (*Circ. n° 198.*)

Des dispositions analogues à celles qui sont rappelées au n° 786 ont été adoptées entre la France et le Portugal. (*Convention du 12 avril 1851, art. 8; Loi du 30 juin et Décret du 20 août suivant; Circ. du 17 mars 1852, n° 14.*)

Les livres en langue portugaise ne peuvent être importés, pour l'acquittement des droits ou pour le transit, que par les bureaux ouverts à l'entrée des livres en langue française, ou par les douanes de Bordeaux et de Nantes. (*Décret du 14 février 1852; Circ. n° 14.*)

792. — *Russie.* Les produits de toute origine (*Tarif de* 1864) importés directement (1) de la Russie ou du grand-duché de Finlande par navires russes (2), sont traités comme si l'importation s'en était effectuée par navires français. (*Traité du 14 juin 1857, art. 12; Décret du 30 juillet suivant; Circ. du 24 août, n° 487.*)

Pour les droits de navigation, *V.* Livre IX.

Les navires russes peuvent se rendre, sans être de nouveau assujettis aux droits de tonnage, du port de prime-abord à un ou plusieurs autres ports, soit pour y débarquer tout ou partie de leur cargaison, soit pour y composer ou compléter leur chargement. (*Traité de 1857, art. 7; Circ. n° 487.*)

Mais ils ne peuvent participer à la navigation du cabotage. (*Même Traité, art. 10.*)

Les navires russes et les produits qu'ils transportent, lorsque ceux-ci proviennent du sol ou de l'industrie de la Russie, sont admis dans les possessions françaises au régime dont y jouit la nation la plus favorisée. (*Traité, art. 4.*) Jusqu'à présent, cette disposition consiste à étendre aux navires et aux produits russes arrivant en Algérie les avantages accordés au royaume d'Italie.

---

(1) La relâche d'un bâtiment russe dans les ports intermédiaires ne lui fait pas perdre le bénéfice de l'importation directe, alors même qu'il aurait débarqué dans ces ports d'escale une partie de sa cargaison; mais ce bénéfice serait refusé s'il y avait eu opération *d'embarquement.*

Toutefois, les navires à vapeur russes, subventionnés par l'État et affectés à un service régulier et périodique entre les ports de la Russie méridionale et Marseille, jouiront, dans ce dernier port, du traitement national, sans que les opérations de commerce qu'ils auront pu faire dans des escales intermédiaires puissent priver du bénéfice de l'importation directe les marchandises dont l'embarquement en Russie sera régulièrement constaté par les papiers de bord. (*Traité du 14 juin 1857, art. 12.*)

Pour profiter de cette dernière disposition, les compagnies concessionnaires des services périodiques, doivent produire des justifications régulières constatant qu'elles sont subventionnées par le Gouvernement. (*Circ. n° 487.*)

(2) On doit considérer comme navires russes ceux qui, naviguant sous pavillon russe, sont réellement possédés et légalement enregistrés selon les lois du pays (*Traité du 14 juin 1857, art. 5; Circ. n° 487.*)

Il est permis aux navires russes de prendre des passeports de la douane russe, alors même 1° que les capitaines ou pilotes seraient étrangers; 2° que les équipages ne compteraient, pour les navires immatriculés dans les ports de la mer Baltique et de la mer Blanche, pas plus d'un quart de matelots étrangers, et pour les navires de la mer d'Azow et de la mer Noire, pas plus des trois quarts de matelots étrangers. (*Circ. lith. des 24 octobre 1863 et 20 septembre 1865.*)

Les navires russes arrivant directement de la Russie ou du grand-duché de Finlande en Algérie ne sont soumis, au port de prime-abord, qu'à un droit de 2 francs par tonneau. Ils sont affranchis de tout droit dans les autres ports de la colonie où ils se rendent pour faire ou compléter leur déchargement ou leur chargement. (*Traité, art. 4.*)

Des dispositions analogues à celles rappelées au n° 786 ont été adoptées entre la France et la Russie pour la garantie de la propriété des œuvres d'esprit et d'art. (*Convention du 6 avril 1861; Décret du 22 mai 1861; Circ. n° 775.*)

Sont exempts de droits d'entrée, quel que soit le mode de transport, les livres, gravures ou lithographies, les cartes géographiques et la musique gravée de l'empire de Russie. (*Même Convention.*)

793. — *États-Unis d'Amérique.* Les produits du sol ou de l'industrie de l'Union importés directement du territoire continental (1) de l'Union (*Déc. du 21 août 1861*), par navires de cette puissance, sont admis aux mêmes droits que les marchandises semblables importées des *pays hors d'Europe* par navires français, lorsque l'origine est reconnue (2). (*Convention du 24 juin 1822, art. 1 et 2; Ord. du 3 septembre 1822; Tarif de 1864.*)

En cas de doute sur la véritable origine de ces produits, on doit provoquer l'expertise légale.

Il faut d'ailleurs, pour que le bénéfice de la convention soit acquis, que les navires des États-Unis aient été expédiés des États-Unis à destination de France, qu'ils n'aient fait escale nulle part, hors le cas de force majeure authentiquement constaté. (*Circ. du 12 novembre 1823, n° 830, et Tarif n° 206.*)

Les navires américains chargés de coton et relevant, sans rompre charge, des ports d'Angleterre pour la France, sont admis à jouir du bénéfice réservé à la navigation en droiture, toutes les fois qu'il est dûment justifié, par des certificats des agents consulaires français, que ces bâtiments n'ont fait aux ports d'escale aucune opération de commerce. (*Déc. min. du 17 décembre 1851, transmise par Circ. du 26, n° 2474.*)

Les droits de tonnage, de phare, de pilotage, droits de port, courtage, et tous autres droits sur la navigation étrangère, n'excèderont pas en France, pour les bâtiments des États-Unis, 5 fr. par tonneau, d'après le registre américain du bâtiment. (*Convention du 24 juin 1822, art. 5.*) V. Livre IX. Navigation.

Les bâtiments de mer, à voiles ou à vapeur, construits dans les États-Unis d'Amérique ou naviguant sous pavillon de l'Union américaine, sont admis et francisés moyennant les droits d'entrée indiqués à la page 73 du tarif de 1864. (*Décret du 25 août 1861; Circ. n° 791; et Circ. lith. du 17 janvier 1865.*)

Les machines à vapeur installées sur ces navires sont admises au droit conventionnel franco-anglais. (*Circ. lith. du 11 mai 1865.*)

C'est la capacité de port que le tarif de navigation a voulu atteindre, tandis que pour les droits d'importation, c'est la capacité de construction. Aussi les taxes d'entrée s'appliquent à la capacité réelle des navires, sans déduction de l'espace occupé par le faux tillac ou autres aménagements intérieurs de même nature. (*Circ. lith. du 22 février 1865.*)

Le bénéfice de cette disposition est applicable aux navires américains achetés aux États-Unis ou partout ailleurs, par des sujets français ou pour leur compte.

---

(1) Les importations des possessions de l'Union donnent ouverture aux taxes afférentes aux arrivages par navires étrangers. (*Déc. du 2 août 1861.*)

(2) À défaut de justification, on peut passer outre si l'examen des connaissements et des papiers de bord, de même que la vérification, ne laissent aucun doute sur l'origine américaine des marchandises. (*Circ. lith. du 26 février 1861.*)

Ces navires, munis par les consuls français de lettres de francisation provisoire pour se rendre en France, peuvent, pendant la traversée, s'arrêter dans les ports étrangers placés sur leur route (*Circ. lith. du 23 octobre* 1861), ou se rendre dans les ports du Mexique (*Circ. lith. du 9 janvier* 1862) et y prendre des marchandises de fret; mais la durée de cette faculté, qui sera mentionnée sur les congés délivrés par les consuls aux capitaines, sera limitée au maximum de six mois.

Les navires arrivant en France dans ces conditions régulièrement établies, jouissent, ainsi que leurs cargaisons, des avantages afférents au pavillon national.

En pareil cas, il n'est pas indispensable que les officiers et les trois quarts de l'équipage soient français, lorsqu'il est d'ailleurs justifié, par un certificat consulaire, de l'impossibilité matérielle où l'on s'est trouvé, dans le port de départ, de remplir les prescriptions de l'art. 2 de la loi du 21 septembre 1793; mais cette tolérance cesse aussitôt que le navire a été définitivement francisé. (*Circ. lith. du 23 octobre* 1861.)

Les navires américains achetés en Chine, dans les conditions du Décret du 25 août 1861, conservent le bénéfice du trajet direct, quels que soient la route suivie pour se rendre en France et les ports d'escale. (*Déc. min. du 9 juin* 1862.)

Le droit d'entrée sur les navires gréés comprend, outre les canots de bord, les agrès et apparaux et le mobilier nécessaire pour la navigation; mais les articles de remplacement, le lest par exemple (*Déc. du 21 novembre* 1862), ainsi que les meubles meublants, la literie, le linge, la vaisselle, doivent supporter les taxes spéciales fixées par le tarif, l'intéressé restant libre d'ailleurs de les faire réexporter. Les machines ou moteurs des bâtiments à vapeur sont imposées séparément (1). Le droit frappe sur les coques nues pourvues de leurs bas-mâts, des porte-haubans et des chaînes ou lattes de porte-haubans. (*Circ.* n°s 764 et 798.)

793 bis. — Canada. Les dispositions du n° 793 sont étendues aux navires construits au Canada. (*Décret du 5 février* 1862; *Circ. du* 14, n° 826.)

794. — Chili. Les produits de toute origine importés directement de la république du Chili, par navires de ce pays, sont traités comme si l'importation s'en était effectuée par navires français. (*Traité du 15 septembre* 1846; *Loi du 13 février* 1851, art. 2; *Décret du 8 août* 1853; *Circ.* n°s 138 et 175.)

Pour les droits de navigation, *V.* Livre IX.

Les navires chiliens peuvent faire escale et effectuer des opérations d'embarquement ou de débarquement dans les ports intermédiaires, sous la réserve de n'y point charger de produits similaires de ceux pris au Chili.

Pour jouir alors du bénéfice du transport direct, les capitaines chiliens devront fournir les justifications réglementaires, et, de plus, se pourvoir dans chaque port d'escale d'un état des marchandises qu'ils y auront embarquées, visé par l'agent consulaire de France. Ces dernières marchandises seront d'ailleurs traitées selon leur provenance.

À l'égard des navires français, *V.* n° 14. (*Circ. du 16 octobre* 1863, n° 933.)

795. — Paraguay. Les dispositions énoncées au n° 794 sont étendues à la république du Paraguay. (*Traité du 4 mars* 1853, art. 6; *Décret du 2 février* 1854; *Circ.* n° 166; *Décret du 30 mai* 1863, *Circ.* n° 908.)

796. — République dominicaine. Les produits du sol ou de l'industrie de la Répu-

---

(1) Quand ces machines sont installées à bord de navires destinés à la navigation internationale maritime, elles sont admissibles au bénéfice de la loi du 6 mai 1841, *V.* n° 828. Mais on doit exiger des importateurs l'engagement cautionné d'acquitter les droits d'entrée si les appareils cessaient d'être affectés à cette navigation. (*Circ. man. du 18 mars* 1862.)

blique dominicaine arrivés directement (1) par navires de ce pays (2) sont admis aux droits applicables aux importations sous pavillon français. (*Traité du 8 mai 1852, art. 8; Décret du 17, art. 1er; Circ. du 7 juin suivant, n° 118.*)

Pour les droits de navigation, *V.* Livre IX.

Les navires dominicains peuvent se rendre, sans être de nouveau assujettis aux droits de tonnage, du port de prime-abord à un ou plusieurs autres ports, soit pour y débarquer tout ou partie de leur cargaison, soit pour y composer ou compléter leur chargement. (*Traité de 1852, art. 12*), sans pouvoir se livrer aux opérations de cabotage.

797. — *Brésil.* Les produits du sol ou de l'industrie du Brésil, importés directement de ce pays en France par navires brésiliens (3), sont traités comme si l'importation s'en était effectuée par navires français. (*Traité du 8 janvier 1826, art. 16; Ord. du 4 octobre 1826.*)

Pour les droits de navigation, *V.* Livre IX.

Les consuls jouissent dans l'un et l'autre pays des mêmes privilèges qui sont ou seraient accordés aux consuls de la nation la plus favorisée (*Traité, art. 4*); mais cette clause du *traitement de la nation la plus favorisée* ne leur donne pas le droit de remplir les fonctions de *courtier* auprès des capitaines de la nation. (*Circ. du 27 février 1810, n° 1798.*)

Nonobstant l'expiration du terme assigné à l'application de quelques-unes des dispositions du traité, toutes conservent provisoirement leur effet. (*Lettre du Min. des affaires étrangères du 16 novembre 1839.*)

798. — *Bolivie.* Les produits du sol et de l'industrie de la république de Bolivie directement importés en France sous pavillon bolivien (3), sont affranchis de la surtaxe de navigation lorsque l'origine est reconnue. (*Convention du 9 décembre 1834, art. 2; Ord. du 26 juillet 1837.*)

Pour les droits de navigation, *V.* Livre IX.

799. — *Uruguay.* Les produits du sol ou de l'industrie de la république orientale de l'Uruguay importés directement en France par des navires uruguayens sont traités

---

(1) Toutefois, les relâches volontaires à l'étranger ne sont pas considérées comme une interruption du transport direct, lorsqu'il est justifié par un certificat du consul de France, ou, à défaut d'agent consulaire, par une attestation des douanes locales, que l'escale n'a donné lieu à *aucun embarquement* de marchandises. (*Circ. du 3 septembre 1840, n° 1831.*)

(2) On ne reconnaît comme dominicains que les navires qui, de bonne foi, appartiennent à des citoyens de la République dominicaine, naviguent sous le pavillon de ce pays, et sont porteurs de papiers de bord réguliers. Il faut, en outre, que le manifeste d'entrée soit accompagné d'un certificat délivré, sans frais, par l'agent consulaire français du port d'expédition ou le plus voisin dudit lieu, et constatant leur nationalité. (*Traité du 8 mai 1852, art. 14.*)

(3) Sont considérés comme navires brésiliens ceux possédés par des sujets brésiliens et dont le capitaine et les trois quarts de l'équipage sont Brésiliens. Toutefois, cette dernière clause n'est pas de rigueur, pourvu que le maître et le capitaine du navire soient Brésiliens et que tous les papiers du bâtiment soient dans les formes légales. (*Traité du 8 janvier 1826, art. 13; Circ. n° 1014.*)

(3) Sont réputés navires boliviens ceux qui appartiennent de bonne foi à un ou plusieurs citoyens de la Bolivie et dont le capitaine et la moitié au moins de l'équipage sont également citoyens de ce pays. Les navires boliviens doivent être munis d'un passeport, congé ou registre contenant toutes les énonciations propres à établir ces faits. (*Traité du 9 décembre 1834, art. 14; Circ. n° 1647.*)

comme si l'importation s'en était effectuée par navires français. (*Traité du 8 avril 1836, art.* 1er; *Ord. du 15 avril 1840; Circ.* n° 1813, *et Circ. du 8 septembre 1865*, n° 1010.)

Doivent être considérés comme navires de l'Uruguay ceux qui, de bonne foi, sont la propriété de citoyens de cet Etat, pourvu que cette propriété résulte des titres authentiques délivrés par les autorités du pays, et quelle que soit la construction. (*Même Traité, art.* 2; *Circ.* n° 1813.)

Pour les droits de navigation, *V.* Livre IX.

800. — *Mexique.* Les produits du sol ou de l'industrie de l'Empire mexicain, importés directement en France par navires mexicains, sont traités comme si l'importation s'en était effectuée par navires français. (*Traité du 9 mars 1839, art.* 3; *Ord. du 14 août 1839.*)

Il faut, pour qu'un navire soit considéré comme mexicain, qu'il appartienne de bonne foi à des citoyens de cet Etat, que le capitaine et les trois quarts de l'équipage au moins soient originaires du Mexique ou légalement naturalisés dans ce pays, et qu'il soit, de plus, muni d'un registre, passeport ou papier de sûreté constatant les faits propres à établir ces justifications. (*Circ. des 30 septembre* 1839, n° 1777, *et* 27 *février* 1840, n° 1798.) Il suffit que les hommes d'équipage aient été immatriculés au Mexique. (*Déc. min. du 12 juillet* 1861.)

Pour les droits de navigation, *V.* Livre IX.

801. — *Vénézuéla.* Les produits du sol et de l'industrie de la république de Vénézuéla, importés directement (1) en France par navires vénézuéliens, sont traités comme si l'importation s'en était effectuée par navires français. (*Traité du 25 mars* 1843, *art.* 9; *Ord. du 29 juin* 1844.)

Sont considérés comme vénézuéliens les navires qui naviguent sous le pavillon de Vénézuéla, et qui sont porteurs de papiers de bord et des documents exigés par les lois de cet Etat pour la justification de la nationalité des bâtiments de commerce. (*Même Traité, art.* 13.)

Pour les droits de navigation, *V.* Livre IX.

802. — *Equateur.* Les produits du sol et de l'industrie de la république de l'Equateur, importés directement (2) en France par navires équatoriens, sont traités comme si l'importation s'en était effectuée par navires français. (*Traité du 6 juin* 1843, *art.* 10; *Ord. du 28 mars* 1845.)

Pour les droits de navigation, *V.* Livre IX.

803. — *Nouvelle-Grenade.* Les produits du sol et de l'industrie de la république de la Nouvelle-Grenade, importés directement (3) par navires grenadins, sont traités comme si l'importation s'en était effectuée par navires français. (*Traités des 28 octobre* 1844 *et* 15 *mai* 1856, *art.* 12; *Décret du 14 septembre* 1857; *Circ.* n° 497.)

Pour les droits de navigation, *V.* Livre IX.

804. — *Guatemala.* Des dispositions semblables à celles qui sont rappelées au n° 803 sont applicables à l'égard des produits et des navires de la république de Guatemala. (*Traité du 8 mars* 1848; *Loi du 10 mai* 1849; *Circ.* n° 2330 *et* 2400.)

---

(1) Toutefois, les relâches volontaires à l'étranger ne sont pas considérées comme une interruption du transport direct, lorsqu'il est justifié par un certificat du consul de France, ou, à défaut d'agent consulaire, par une attestation des douanes locales, que l'escale n'a donné lieu à *aucun embarquement* de marchandises. (*Circ. du 3 septembre* 1840, n° 1831.)

(2) *V.* la note du n° 801, dont le bénéfice est ici applicable. (*Circ. du 9 juin* 1845, n° 2068.)

(3) *V.* la note du n° 801, dont le bénéfice est ici applicable.

Toutefois, les indigos importés directement de Guatemala sont affranchis de]
formalité du certificat d'origine, lorsque le service reconnaît qu'ils proviennent de ce
Etat. (*Déc. du 1er juin* 1852.)

805. — *Costa-Rica.* Des dispositions semblables à celles qui sont indiquées au
n° 803 sont applicables à l'égard des produits et des navires de la république d
Costa-Rica. (*Traité du 12 mars* 1848 ; *Loi du* 10 *mai* 1849; *Circ.* n° 2380.)

806. — *Honduras.* Des dispositions semblables à celles qui sont énoncées au n° 80
sont applicables à l'égard des produits et des navires de la république de Honduras
(*Traité du 22 février* 1856, *art.* 10; *Décret du 17 octobre* 1857; *Circ.* n° 511.)

Pour les droits de navigation, *V.* Livre IX.

807. — *Nicaragua.* Des dispositions semblables à celles qui sont indiquées au
n° 803 sont applicables à l'égard des produits et des navires de la république d
Nicaragua. (*Traité du 11 avril* 1859, *art.* 10 ; *Décret du 21 janvier* 1860 ; *Circ.* d
13 *février* 1860, n° 624.)

Sont considérés comme navires du Nicaragua ceux qui, de bonne foi, appartiennent
aux citoyens de cet Etat, pourvu que cette propriété résulte d'un passeport, congé
ou registre qui, certifié par l'autorité compétente, constate : 1° le nom, la profession
et la résidence du ou des propriétaires ; 2° le nom, la dimension, la capacité et toute
les particularités qui peuvent faire reconnaître la nationalité du bâtiment. (*Mêm
Traité, art.* 13; *Circ.* n° 624.)

Pour les taxes de navigation, *V.* Livre IX.

808. — *Iles Sandwich.* Des dispositions semblables à celles qui sont rappelées au
n° 803 sont applicables à l'égard des produits et des navires des îles Sandwich
(*Traité du 29 octobre* 1857, *art.* 8 *et* 9; *Décret du 21 janvier* 1860 ; *Circ. du* 27 *mar*
1860, n° 632.) *V.* n° 812.

Les navires ne sont considérés comme appartenant aux îles Sandwich qu'autant
que les capitaines et les trois quarts de l'équipage sont hawaïens. (*Même Traité
art.* 14.)

Les navires hawaïens qui ont acquitté, au port de prime-abord, les taxes de navigation, peuvent, sans y être de nouveau assujettis, se rendre dans un ou plusieurs
autres ports, soit pour y débarquer tout ou partie de leur cargaison, soit pour y
composer ou compléter leur chargement. (*Même Traité, art.* 12.) *V.* n° 643.

809. — *Pérou.* Les produits du sol ou de l'industrie de la république du Pérou
importés directement en France par des navires péruviens, sont traités comme s
l'importation s'en était effectuée par navires français. (*Traité du 9 mars* 1861, *art.* 9
Décret du 26 février 1862 ; *Circ. du 21 mars* 1862, n° 832.)

Les navires ne sont considérés comme péruviens qu'autant qu'ils appartiennent à
des sujets du Pérou, que les capitaines sont citoyens de ce pays et qu'il est représenté une patente régulièrement délivrée par l'autorité compétente. (*Même Traité
art.* 15.)

Les navires péruviens qui ont acquitté, au port de prime-abord, les taxes de navigation, peuvent, sans y être de nouveau assujettis, se rendre dans un ou plusieurs
autres ports, soit pour y débarquer tout ou partie de leur cargaison, soit pour y
composer ou compléter leur chargement. (*Même Traité, art.* 12.)

Pour les taxes de navigation, *V.* Livre IX.

Les droits de tonnage applicables aux navires péruviens sont perçus d'après les
énonciations du manifeste ou autres papiers de bord. (*Même Traité, art.* 11.)

810. — *Danemarck.* Les navires danois dans les ports de France n'acquittent
d'autres ni de plus forts droits de navigation que ceux dont ils sont passibles dans
les ports du Danemarck. (*Traité du 9 février* 1842, *art.* 2; *Ord. du 5 avril* 1842.)

Pour les taxes de navigation, *V.* n° 643.

Les navires danois peuvent se rendre, sans être de nouveau assujettis aux droits
de tonnage, du port de prime-abord à un ou plusieurs autres ports, pour y débar-

quer tout ou partie de leur cargaison. (*Déc. min. du 30 octobre 1852, transmise par la Circ. du 8 novembre suivant*, n° 74.)

811. — *Salvador.* Pour les droits de navigation applicables aux navires salvadoriens, *V.* n° 643.

La perception s'effectuera d'après le registre de bord salvadorien. (*Traité du 2 janvier 1858, art.* 12 ; *Décret du 3 mars 1860* ; *Circ. du 21*, n° 631.)

Les navires salvadoriens peuvent se rendre, sans être de nouveau assujettis aux droits de tonnage, du port de prime-abord à un ou plusieurs autres ports, soit pour y débarquer tout ou partie de leur cargaison, soit pour y composer ou compléter leur chargement. Toutefois, ils ne peuvent se livrer au cabotage. (*Même Traité, art.* 13.)

812. — *Conventions spéciales pour le cas de relâche forcée seulement.*

Il a été conclu des traités à ce sujet avec l'Autriche et avec les îles Sandwich. *V.* n° 648.

813. — *Espagne.* Les produits du sol ou de l'industrie espagnole importés en droiture d'Espagne (1) en France sont exempts des surtaxes du tarif général. (*Convention du 18 juin 1865* ; *Décret du 26 juillet 1865* ; *Circ. du 16 août suivant*, n° 1005.)

Les produits espagnols énumérés en l'art. 3 de cette convention supportent à l'importation par terre les droits fixés spécialement ; à l'importation directe par mer, sous pavillon français, lesdits droits, et, sous pavillon espagnol ou sous pavillon tiers, les mêmes droits augmentés d'une surtaxe égale à la différence existant entre les importations par navires français et celles par navires étrangers. (*Même Convention et Décret du 13 août 1865* ; *Circ.* n° 1005.)

Au sujet de l'origine des marchandises, *V.* n° 13 ; du transport direct, n° 14, et de la valeur des marchandises, n° 784.

Cette convention de 1865 n'est pas applicable en Algérie. (*Circ.* n° 1005.)

Le pavillon espagnol (2) jouit en France des mêmes droits que le pavillon français (3). Les Espagnols paient pour les marchandises non originaires de l'Espagne

---

(1) Soit de l'Espagne continentale, soit des îles Baléares.

Les produits des Canaries et autres possessions espagnoles hors d'Europe restent assujettis au droit commun. (*Circ.* n° 1005.)

(2) La nationalité d'un bâtiment espagnol s'établit au moyen d'un passeport royal, signé par S. M. Catholique et contresigné par son Ministre de la marine. Ce passeport portant le nom du patron ou capitaine et celui du navire, est délivré et signé au verso par le commissaire de marine du département auquel appartient la matricule ou inscription du capitaine. (*Dépêche du Département des affaires étrangères du 30 octobre 1841* ; *Circ. lith. du 29.*)

Un certificat du consul d'Espagne au port d'arrivée ne saurait tenir lieu de passeport royal. (*Déc. du 29 mars 1842.*)

À défaut du *passeport royal*, la douane est fondée à appliquer à un bâtiment portant le pavillon espagnol les règles et les taxes de navigation qui affectent les navires des pays avec lesquels la France n'est liée par aucune convention. Dans ce cas, les receveurs devront en informer le consul d'Espagne de l'arrondissement, afin de le mettre à même de faire exécuter les lois de son pays, ou de poursuivre la répression des abus qui pourraient avoir lieu à la faveur d'un pavillon que les capitaines n'auraient pas le droit d'arborer. (*Déc. du 19 mai 1842.*)

Les navires dépourvus du titre de nationalité peuvent continuer de figurer sur les états de navigation sous la dénomination d'*espagnols*, sauf à y mentionner que les justifications voulues n'ont pas été produites. (*Déc. du 19 mai 1842.*)

(3) Les navires espagnols sont traités dans les ports de France comme les navires

continentale ou des îles Baléares les droits du tarif général. (*Pacte de famille du* 15 *août* 1761, *art.* 24; *Convention du* 18 *juin* 1865; *Circ.* n° 1005.)

Tous navires espagnols arrivant dans un port seront tenus de donner leur déclaration dans les vingt-quatre heures de leur arrivée; après cette déclaration, les préposés de la douane seront mis à bord, n'excédant pas le nombre de trois (1); on donnera la permission de débarquer, et, à commencer du jour du débarquement, le capitaine aura huit jours, en excluant ceux des fêtes, pour réformer sa déclaration ou redresser les omissions et erreurs qui auraient pu la rendre défectueuse (2); après lesquels huit jours expirés, les employés des douanes auront la faculté de faire la visite une seule fois et pas davantage, laquelle visite se dirige à vérifier à bord du bâtiment la déclaration de la cargaison faite à la douane. Dans le cas où il y aurait à bord desdits navires quelques marchandises prohibées ou de contrebande, elles devront être déclarées dans les vingt-quatre heures de l'arrivée du bâtiment, sans que, par rapport auxdites marchandises, la déclaration en puisse être réformée; de sorte que celles qui n'auront pas été déclarées seront confisquées (3), sans que les capitaines puissent profiter, pour lesdites marchandises de commerce illicite, des huit jours de grâce accordés pour le reste du chargement (4). (*Convention du* 2 *janvier* 1768, *art.* 4.) Importation sans déclaration faite dans les vingt-quatre heures, etc.; n° 36 du tableau des Infr. Trib. de paix.

Les règles prescrites par l'article précédent auront seulement lieu pour les bâtiments qui excèdent la portée de 100 tonneaux; mais, quant à ceux dont la portée est moindre de 100 tonneaux, ils pourront être visités après avoir donné le manifeste de leur cargaison, sans qu'on soit obligé d'attendre les huit jours accordés pour les autres bâtiments, soit que la décharge ait commencé ou non, ou qu'elle

---

nationaux, quant aux droits de tonnage, d'expédition, de permis et autres taxes de navigation qui n'affectent pas les marchandises. (*Circ. du* 17 *mars* 1817.)

Ils peuvent de même faire le cabotage d'un port à un autre de France (*Circ. du* 20 *septembre* 1817), c'est-à-dire transporter non-seulement toutes les marchandises provenant du sol et des manufactures de France, ainsi que les marchandises étrangères nationalisées par l'acquittement des droits d'entrée, mais encore des marchandises et denrées expédiées par suite d'entrepôt. (*Circ. du* 10 *janvier* 1827.)

Les lois générales sur les restrictions de tonnage, et particulièrement l'art. 7 de la loi du 5 juillet 1836. *V.* n° 392, sont applicables aux bâtiments espagnols. (*Déc. des* 26 *mai* 1817 *et* 4 *juillet* 1839.)

Dans le cas spécial prévu par l'art. 23 de la loi du 9 février 1832 (*V.* n° 316), et en admettant qu'il n'y ait pas d'autre chef de contravention, les capitaines espagnols sont passibles de l'amende de 1,000 fr. (*Déc. du* 27 *mai* 1854.)

(1) Pour la mise à bord des préposés, *V.* n° 234.

(2) Cette faculté est relative aux navires de 100 tonneaux et au-dessus, et aux marchandises non prohibées. (*Déc. du* 25 *septembre* 1838; *Doc. lith.* n° 19.)

(3) Cette disposition, spéciale aux Espagnols, remplace, pour les navires de cette nation, les prescriptions rappelées aux n°s 304, etc. (*Circ. du* 23 *décembre* 1844; n° 2046, *art.* 36.)

(4) Les capitaines espagnols ne sont pas assujettis à représenter le manifeste de leur chargement tel qu'il est exigé par la loi du 4 germinal an II; leurs obligations à cet égard sont définies par les traités, et notamment par l'art. 8 de la convention de 1786 (*Circ. manuscr. du* 16 *juin* 1829), mais, comme tous les autres navires étrangers, les bâtiments espagnols sont astreints aux dispositions de l'art. 7, titre 2, de la loi du 4 germinal an II. *V.* le n° 233. (*A. de C. du* 26 *avril* 1830, *et Déc. du* 12 *septembre* 1840.)

soit entièrement achevée. Cependant, pour éviter qu'on abuse de cette visite arbitraire, il conviendra qu'elle ne soit pas répétée sans qu'il y ait quelque soupçon bien fondé qu'on a pu introduire quelques effets de contrebande dans ces bâtiments au-dessous de 100 tonneaux ; et si par le manifeste il constate que la cargaison de ces bâtiments inférieurs consiste, en tout ou partie, en marchandises prohibées ou de contrebande, l'administration de la douane pourra exiger que le capitaine les fasse descendre à terre ; bien entendu qu'elles lui seront rendues au moment de son départ, sans exiger aucun droit de dépôt, ni lui occasionner les moindres faux frais. Les préposés des douanes seront toujours tenus de procéder à tous ces actes, visites et précautions, d'accord avec le consul, à moins qu'on ne prouve qu'il a manqué d'y assister par sa faute, après avoir été dûment averti. (*Convention du 2 janvier* 1768, *art.* 5.

Les capitaines sont tenus de déclarer, de bonne foi, les marchandises qu'ils apportent de contrebande, ou celles qui sont prohibées dans les ports où ils entrent, et il leur sera permis de garder à bord les marchandises prohibées, sous la condition cependant de fournir, au départ, une pleine satisfaction aux employés des douanes sur l'existence à leur bord des effets prohibés ; et dans le cas que, pour plus de sûreté, les employés des douanes voulussent les faire mettre à terre, ils pourront l'exécuter, en les mettant par voie de dépôt à la douane, et les y retenir jusqu'au moment du départ du navire. (*Même Convention, art.* 11.)

Les administrateurs des douanes pourront exiger que les articles déclarés de contrebande, et même ceux déclarés de transit, si l'on soupçonne qu'ils contiennent des marchandises prohibées, soient déposés dans un magasin à deux serrures différentes, dont une clef sera remise dans les mains de l'administrateur, et l'autre dans celles du capitaine. (*Convention du 24 décembre* 1786, *art.* 7.)

Il sera défendu aux employés des douanes de ne rompre ni de visiter les chargements et les ballots qui auront été déclarés être destinés pour un autre port ou pour un autre pays. (*Convention du 2 janvier* 1768, *art.* 9.)

Les capitaines seront obligés de comprendre dans la déclaration du chargement de leur navire le tabac nécessaire à leur consommation et à celle de l'équipage ; si la quantité en paraît trop forte, on pourra exiger que le surplus de ce qui sera jugé nécessaire à ladite consommation soit mis en dépôt, à terre, pour leur être rendu à leur départ, sans frais. (*Conv. du 24 décembre* 1786, *art.* 9.)

Dans les déclarations que les capitaines doivent donner de leur chargement, ils doivent spécifier le nombre des balles, caisses, paquets ou tonneaux que contient le navire ; mais, comme il se peut qu'ils ignorent ce qui est renfermé dans lesdits colis, ils énonceront en gros la qualité de ceux qu'ils connaîtront, et déclareront ignorer la qualité de ceux qu'ils ne connaîtront pas. (*Même Conv., art.* 8.)

Les préposés des douanes pourront se rendre à bord des navires espagnols qui arrivent dans les ports à l'instant même de leur arrivée, même avant qu'ils fassent la déclaration de leurs chargements, pour laquelle il leur est accordé le terme de vingt-quatre heures, en se conformant pour le surplus aux dispositions des articles 4, 5 et 6 de la Convention de 1768. (*Conv. du 24 décembre* 1768, *art.* 12.)

La visite des navires se fera conformément aux articles 4, 5 et 6 de la Convention de 1768. Les chambres des capitaines, leurs coffres et ceux de l'équipage pourront être visités, afin que l'on puisse découvrir les marchandises de contrebande ; mais les effets et hardes à leur usage ne pourront être sujets à la confiscation. (*Même Conv., art.* 11.)

Toute contrebande en sel, tabac, et généralement en marchandises prohibées, sans aucune exception, chargée dans les navires qui se trouveront dans les ports respectifs, sera sujette à confiscation (1) si elle n'a pas été déclarée dans le terme.

(1) Cette disposition, spéciale aux Espagnols, remplace pour les navires de cette

prescrit par l'art. 4 de la convention du 2 janvier 1768. Le bâtiment et le surplu de la cargaison ne seront ni saisis ni arrêtés, et le capitaine, les officiers et l'équipag ne seront ni punis ni molestés en aucune manière, mais le tout remis à la dispositio du consul ou vice-consul (1). (*Même Conv., art. 2.*)

A l'égard de la contrebande que tenteraient de faire des bâtiments près les côte et embouchures des rivières, dans les cales, anses et baies, autres que les port destinés et appropriés au commerce, si un bâtiment est surpris en jetant ou ayan jeté l'ancre dans lesdites côtes, cales, anses ou baies (sauf le cas de relâche forcée pourvu qu'il n'y ait pas de preuves que ce soit un prétexte, et dans lequel cas l capitaine devra faire avertir les employés des douanes les plus voisins, en leur dé clarant les marchandises de contrebande qu'il a à bord, et lesdits employés se con duire à son égard comme il est expliqué par l'art. 10 de cette convention), ledi bâtiment sera visité par les employés des douanes, et, s'il s'y trouve de la con trebande, elle sera saisie et confisquée, et le capitaine, l'équipage, le reste de la car gaison et le bâtiment seront jugés selon les lois de chaque pays, comme les nationaux qui auraient été surpris dans le même cas. Si le capitaine ou une partie de l'équipage est surpris dans des barques ou canots faisant la contrebande dans lesdites côtes, cales, anses ou baies, quoique le bâtiment ne soit pas à l'ancre, il en sera usé à l'égard de ceux qui seront saisis dans les barques ou canots, et à l'égard desdites barques ou canots, ainsi qu'il vient d'être dit dans ce même article. (*Conv. du 24 décembre* 1786, *art.* 6.)

Il arrive souvent que les navires se voient contraints d'entrer dans un port sans que leur chargement y soit destiné; il a été convenu que, les motifs de ces relâches n'étant point supposés, mais réels (2), il est conforme à la bonne foi et à l'humanité de permettre qu'on dépose à terre les marchandises, ou qu'on les transborde sur un autre bâtiment, pour éviter qu'elles ne dépérissent, en y procédant néanmoins avec la permission et l'intervention des employés des douanes, sans que, pour ce dépôt ou transbordage, il soit payé aucun droit ni occasionné d'autres frais que ceux des loyers des magasins qui seront nécessaires pour réparer les avaries. (*Conv. du 2 janvier* 1768, *art.* 13.)

Les capitaines des navires espagnols qui, par relâche forcée, entreront dans une rivière navigable ou dans un port autre que celui de leur destination, seront obligés de faire la déclaration de leur chargement. Les officiers de la douane auront le droit

---

nation les prescriptions rappelées au n° 304, etc. Ainsi il y a saisie des marchandises de fraude, mais sans amende ni dépens. (*Déc. du* 17 *juin* 1841.)

(1) Cet article 2 ne s'applique pas au cas de contrebande hors de l'enceinte des ports; la contrebande est alors de la compétence des tribunaux français et passible des peines portées par les lois générales. (*A. de C. du* 26 *avril* 1830.)

(2) La nécessité de la relâche doit être constatée par un rapport de mer, et la véracité des faits articulés dans ce rapport reconnue par les employés des douanes, conformément à l'art. 1er du titre 6 de la loi du 22 août 1791 et à l'art. 11 du titre 2 de la loi du 4 germinal an II. A défaut de cette justification, les navires espagnols, entrés volontairement dans un port avec des marchandises prohibées ou appartenant à la classe de celles que désigne l'art. 22 de la loi du 28 avril 1816, seraient, suivant le cas, passibles de l'amende prononcée par l'art. 23 de la loi du 9 février 1832 ou par l'art. 36 de la loi du 21 avril 1818. (*Déc. du* 12 *août* 1839, *et Dépêche du Département des affaires étrangères du* 4 *avril* 1840.)

Seulement, au lieu de retenir le navire et la cargaison pour sûreté de l'amende, on peut se borner à garder des marchandises jusqu'à concurrence du montant de cette amende, si elle n'est pas payée immédiatement ou s'il n'est pas fourni bonne et suffisante caution. (*Déc. du* 19 *septembre* 1839.)

d'entrer à bord jusqu'au nombre de trois, aussitôt après leur arrivée ; cependant ils resteront sur le pont et se borneront à veiller à ce que l'on ne sorte du navire d'autres marchandises que celles que le capitaine sera forcé de vendre pour payer les vivres dont il aura besoin et les réparations du navire. Les marchandises qui seront débarquées pour cet effet seront sujettes à la visite et au payement des droits établis. (*Conv. du 24 décembre 1786, art. 10.*)

Dans le cas où il arriverait des naufrages, les employés de la douane donneront avis du parage où le naufrage sera arrivé au consul ou vice-consul espagnol de l'arrondissement. (*Conv. du 24 décembre 1786, art. 13.*)

Les consuls généraux, consuls et vice-consuls ou agents consulaires espagnols peuvent aller personnellement ou envoyer des délégués à bord des navires de leur nation, après qu'ils auront été admis en libre pratique ; interroger les capitaines et l'équipage ; examiner les papiers de bord ; recevoir les déclarations sur leur voyage, leur destination et les incidents de la traversée ; dresser les manifestes et faciliter l'expédition de leurs navires ; enfin, les accompagner devant les tribunaux de justice et dans les bureaux de la douane, pour leur servir d'interprètes (1) et d'agents dans les affaires qu'ils auront à suivre ou les demandes qu'ils auraient à former.

Les fonctionnaires de l'ordre judiciaire et les gardes et officiers de la douane ne pourront, en aucun cas, opérer ni visites ni recherches à bord des navires sans être accompagnés par le consul ou le vice-consul de la nation à laquelle ces navires appartiennent.

L'avis qui sera adressé à cet effet aux consuls et vice-consuls doit indiquer une heure précise ; et s'ils négligeaient de s'y rendre en personne ou par délégué, il y serait procédé en leur absence. (*Conv. du 2 janvier 1768, art. 6 et 14, et Conv. du 7 janvier 1862 ; Décret du 18 mars ; Circ. du 12 avril suivant, n° 835.*) *V.* n° 815.

S. M. Catholique, ayant égard à l'exemption des droits accordés à sa marine, dans les ports de France, pour les vivres et effets qu'elle serait dans le cas d'y prendre pour son service, a, par réciprocité, supprimé la perception des droits sur les vivres et effets dont les vaisseaux français se trouveraient avoir besoin dans les ports d'Espagne (2). (*Conv. du 2 janvier 1768, art. 18.*)

Les pêches sur les côtes de France et d'Espagne seront également communes aux deux nations. (*Même Conv., art. 3.*)

On ne permettra point, dans l'étendue de deux myriamètres de la frontière des deux pays, d'autres magasins ou entrepôts de tabac et de sel que ceux établis par

---

(1) Autorisés ainsi à intervenir à la place des courtiers interprètes et conducteurs de navires, les consuls espagnols ne peuvent se faire remplacer que par le vice-consul ou par le chancelier dans les fonctions d'interprètes. (*Circ. du 15 mars 1819, n° 476, et Circ. manuscr. du 23 octobre 1826.*)

L'intervention des consuls espagnols pour assister les capitaines de leur nation, et pour exercer auprès d'eux l'office de courtier, est purement facultative, aux termes des conventions existantes entre la France et l'Espagne, et n'a rien d'obligatoire pour les capitaines, qui conservent la faculté d'agir par eux-mêmes s'ils parlent français, ou de se faire assister, selon qu'ils le jugent convenable, soit par leur consul, soit par un courtier commissionné pour l'interprétation de la langue espagnole. (*Dépêche du Départ. des affaires étrangères du 31 janvier 1844, et Déc. du 7 février suivant.*)

(2) Cette disposition ne s'applique qu'aux bâtiments de l'Etat. (*Déc. du 5 décembre 1826.*) Quant aux navires du commerce, ils restent sous l'empire de la loi commune pour tout ce qui concerne les approvisionnements et la sortie des produits. (*Déc. du 29 juin 1832.*)

chaque souverain pour la vente et consommation de leurs propres sujets. (*Conv. des* 27 *décembre* 1774, *art.* 13, *et* 24 *décembre* 1786, *art.* 19.)

Lorsque des sujets espagnols passeront d'Espagne en France, ils ne seront pas inquiétés pour les armes défendues et autres effets prohibés (1) qu'on trouverait sur leurs personnes, dont on se contentera d'empêcher l'introduction, en leur laissant la liberté de les renvoyer. (*Conv. du* 24 *décembre* 1786, *art.* 14.)

Tous les sujets espagnols (2) qui auront fait la contrebande en France, de quelque espèce qu'elle soit, dans l'espace de deux myriamètres de distance de la frontière, seront rendus pour la première fois (3), avec les preuves du délit (4), pour être jugés selon les lois espagnoles, et ceux desdits contrebandiers qui auraient commis des vols, des homicides ou des actes de violence ou de résistance contre la justice, les rondes ou troupes, et ceux qui, après avoir été rendus une première fois, retomberont de nouveau dans les mêmes délits, seront seuls exceptés de la disposition du présent article. (*Conv. du* 24 *décembre* 1786, *art.* 16.)

Les pièces de conviction, les *preuves* du délit, consistent dans les procès-verbaux dressés par les préposés des douanes, et qui font foi devant les tribunaux jusqu'à inscription de faux. Le *corps* du délit n'est pas nécessaire à l'appui de la *preuve*, et les tribunaux français doivent en prononcer la confiscation. (*A. de C. du* 18 *novembre* 1826.)

La *preuve du délit*, qui doit être renvoyée en *Espagne* avec le sujet espagnol repris de fraude en France, doit s'entendre du procès-verbal qui établit la contravention, et non de la marchandise saisie, laquelle doit demeurer confisquée, même lorsque le droit dont elle est passible ne s'élève pas à 3 fr. (*A. de C. du* 22 *février* 1842; *Circ.* n° 1913.)

Lorsqu'une saisie est opérée au préjudice d'un Espagnol, et que son état de récidive n'est pas constaté, cet individu est reconduit sur le territoire espagnol et remis aux autorités de ce royaume avec la *preuve* du délit, c'est-à-dire avec une copie régulière du procès-verbal. (*Circ. manuscr. du* 18 *mars* 1818.)

La confiscation pure et simple des objets saisis est ensuite prononcée par le tribunal qui eût connu de l'affaire s'il se fût agi d'appliquer l'intégralité des condamnations prononcées par les lois générales de douanes. Ainsi le tribunal de paix est compétent, s'il s'agit d'objets tarifés à moins de 20 fr., ou de contravention constatée à la suite d'une visite, par suite de déclaration reçue *en douane*. Tribunal *correctionnel*, s'il est question de saisie, en campagne, d'objets prohibés, ou tarifés à 20 fr. et plus par 100 kilogrammes, ou de l'espèce de ceux dont la prohibition a été

(1) Il s'agit ici d'effets à usage, ne portant pas de traces évidentes de service. (*Déc. du* 17 *juin* 1841.)

(2) Tous fraudeurs se prétendant Espagnols doivent être conduits devant le tribunal français compétent pour connaître de l'affaire au fond. C'est ensuite à ce tribunal à examiner lui-même si ces individus sont Espagnols ou non, et s'il y a lieu de les faire conduire sous escorte jusque dans leur patrie. Les agents de la douane peuvent demander communication des pièces produites par les délinquants, afin de justifier de leur nationalité, et prendre au besoin telles conclusions qu'ils jugent convenables. (*Déc. du* 8 *février* 1833.)

(3) Une transaction passée avant jugement sur une première contravention suffit pour établir la récidive contre un Espagnol. (*Jugement du tribunal correctionnel de Céret du* 28 *novembre* 1851; *Doc. lith.*, n° 189.)

(4) Les traités entre la France et l'Espagne n'exemptent pas de la confiscation les marchandises prohibées trouvées sur un navire espagnol dans d'autres cas que celui de relâche forcée dûment constatée. (*A. de C. du* 21 *juillet* 1830.)

remplacée par des droits postérieurement à la loi du 24 mai 1834. (*Circ. du 23 décembre 1844, n° 2046, art. 47.*)

Si des Espagnols sont arrêtés faisant la fraude, et que l'on parvienne à découvrir que l'objet de contrebande appartient à des Français qui n'ont point concouru personnellement à l'introduction, ces derniers ne peuvent échapper aux conséquences d'un délit auquel ils ont participé en cherchant à se prévaloir des dispositions tout-à-fait exceptionnelles du pacte de famille, qui ne protègent que les Espagnols, en faveur desquels elles ont été spécialement établies. (*Déc. du 27 juin 1827.*)

Quand un fraudeur est, en matière civile, condamné aux peines de la loi, nonobstant sa prétention à la qualité d'Espagnol, qualité que le tribunal a ainsi refusé de lui reconnaître, il doit être réputé Français, et, alors même qu'il serait domicilié en Espagne, la signification du jugement, faite au *maire* de la commune où est situé le bureau, est valable, aux termes de l'art. 11 de la loi du 14 fructidor an III. (*Déc. du 16 mars 1841.*)

Les dispositions des traités avec l'Espagne qui ordonnent le renvoi dans leur patrie respective, pour être jugés selon les lois nationales, des individus des deux nations surpris en fraude dans l'un ou l'autre pays, ne sauraient être étendues aux faits d'opposition à l'exercice régulier des fonctions des préposés. (*Déc. du 8 août 1838; Doc. lith., n° 15.*)

Pour jouir du bénéfice de la convention de 1786, il ne suffit pas qu'un Espagnol, arrivant par mer, justifie de sa nationalité; il faut, en outre, qu'il vienne de *l'Espagne continentale* en France, sur un navire espagnol. (*Déc. du 10 septembre 1842.*)

La douane n'est fondée à réclamer d'un Espagnol se trouvant dans les conditions déterminées par la convention de 1786, ni les frais de saisie, ni ceux du jugement qui prononce la confiscation des marchandises. (*Déc. du 24 octobre 1848.*)

Le maître français qui a fait faire la fraude par son domestique espagnol doit être condamné comme civilement responsable des réparations pécuniaires du délit, bien que ce dernier échappe à toute condamnation personnelle en France. (*Déc. du 18 janvier 1856.*)

Dans le cas où, en vertu de l'art. 16 de la convention de 1786, un fraudeur français serait, pour un délit commis en Espagne, livré à l'autorité française par l'autorité de la Péninsule, les tribunaux auraient, sur la réquisition de la douane, pour les réparations civiles, et du ministère public, quant à la peine de prison, s'il y avait lieu, à prononcer les condamnations déterminées par les lois françaises à l'égard du délit identique. (*Déc. du 22 avril 1858.*)

Des dispositions analogues à celles qui sont rappelées au n° 786 ont été adoptées entre la France et l'Espagne. (*Conv. du 15 novembre 1853, art. 1er; Décret du 4 février 1854; Circ. du 28 février 1855, n° 273.*)

Les œuvres espagnoles, littéraires, scientifiques ou artistiques ne peuvent être admises en France, soit pour le transit, soit pour l'acquittement des droits, que par les bureaux de Lille, Valenciennes, Strasbourg, les Rousses, Pont-de-Beauvoisin, Marseille, Bayonne, Béhobie, Bordeaux, Nantes, le Havre et Bastia. (*Décret du 17 février 1855.*)

Les œuvres de peinture et de sculpture sont pareillement admissibles par les autres bureaux ouverts à leur importation, d'après la législation générale (1). (*Circ. n° 273.*)

---

(1) Les procès-verbaux dressés par les employés chargés de la vérification doivent être rédigés en double expédition, dont l'une est adressée, sans retard et directement, par les receveurs à l'administration, qui la transmet au Département des affaires étrangères, pour être remise à qui de droit. (*Circ. n° 273.*)

CHAPITRE IX

ÉCHOUEMENTS ET NAUFRAGES.

Les formalités prescrites pour l'arrivage et la mise en déclaration des navires et des chargements dans les ports ne pouvaient, même avec les modifications relatives à la relâche forcée, être appliquées aux cas d'échouement ou de naufrage (1).

Ces événements réclamaient des mesures spéciales : elles ont été soigneusement établies, et sont pour les étrangers les mêmes que pour les nationaux. Elles assurent aux personnes et aux navires jetés sur les côtes de France les secours les plus prompts, et tendent à garantir les intérêts des propriétaires absents. Elles font l'objet des sections suivantes :

SECTION PREMIÈRE

Police des sauvetages.

814. — Les préposés des douanes sont tenus de se transporter sans délai sur le lieu du naufrage, et de prévenir en même temps les officiers chargés d'y pourvoir (2). Les marchandises sauvées sont mises en dépôt, et, si elles sont étrangères, les préposés les gardent de concert avec les agents commis à cet effet par lesdits officiers. (*Loi du 22 août 1791, titre 7, art. 1er.*)

Appelés à exercer une surveillance incessante sur tous les points du littoral, les préposés ont naturellement connaissance des incidents qui s'y produisent. En cas d'échouement ou si des épaves sont trouvées sur la côte, le premier soin du brigadier, tout en veillant à ce que les objets ne soient pas enlevés, est d'en avertir immédiatement le lieutenant, et, en même temps, le syndic de la marine ou le commissaire des classes. Mais l'intervention de la marine suffit à tous les besoins; on ne saurait astreindre les préposés à s'éloigner de leur poste pour avertir l'autorité civile. (*Déc. du 8 avril 1836.*)

Le capitaine qui a fait naufrage et qui s'est sauvé seul ou avec partie de son équipage, est tenu de se présenter devant le juge du lieu, ou, à défaut, devant toute autre autorité civile, pour y faire son rapport. (*Code de commerce, art. 246.*) Il en fait un aussi à la douane. V. n° 318.

Les préposés de douanes doivent d'abord, et dans tous les cas, garder les marchandises provenant de naufrage. Elles sont réputées étrangères jusqu'à ce que l'origine française en ait été prouvée. (*Circ. des 19 mai 1815, n° 31, et 3 novembre 1820, n° 613.*) V. n° 822.

L'administration doit être informée, d'une part, de ce qui concerne les naufrages, c'est-à-dire des détails du service dont ils ont l'occasion, et les résultats de ce ser-

---

(1) Le naufrage et l'échouement diffèrent de la relâche forcée. Celle-ci implique l'entrée du navire dans le port, tandis que le naufrage suppose la perte du navire et l'échouement son jet à la côte.

(2) Ce sont les officiers de la marine. L'obligation de les avertir s'applique également au cas de simple épave, attendu que les marchandises d'épaves sont soumises à la loi commune. (*Circ. du 23 septembre 1813.*)

vice; de l'autre, des suites du naufrage en ce qui a rapport aux cargaisons. (*Circ. du 4 janvier* 1818.) Mais il ne lui est rendu compte spécialement que des naufrages et échouements offrant des incidents particuliers. Il lui est donné avis des autres sinistres au moyen d'un état dont le modèle a été annexé à la Circ. man. du 22 mai 1865, et il en est fait une mention sommaire dans les rapports trimestriels. (*Circ. du 18 avril* 1849, n° 2320.)

Les chefs civils de la marine suivent le dépôt et la vente des objets provenant de bris et de naufrages, concurremment avec les employés des douanes. (*Circ. min. du 28 pluviôse an II.*)

Si les officiers de la marine s'opposaient à ce que les préposés coopérassent aux différents actes relatifs aux naufrages ou épaves, il en serait dressé procès-verbal pour être transmis à l'administration, qui en rendrait compte aux ministres. (*Circ. du 27 germinal an X.*)

Quelle que soit la qualité de celui qui se présente pour disposer des marchandises, que ce soit le propriétaire lui-même, ou l'armateur, son subrécargue, son mandataire ou correspondant, le consul de sa nation, ou, à défaut de tous autres, les officiers de la marine, l'intervention de la douane est toujours indispensable et forcée; car, en toute hypothèse, elle a les mêmes droits à percevoir ou les mêmes prohibitions à maintenir. (*Circ. du 22 août* 1825, n° 935.)

A défaut des armateurs, propriétaires, subrécargues ou correspondants, l'officier en chef de l'administration de la marine, et, en son absence, celui qui le remplace dans l'ordre du service est chargé du sauvetage et de tout ce qui concerne les naufrages (1), quelle que soit la qualité du navire. *V.* n° 823.

Les dispositions précédentes sont également appliquées aux navires étrangers, à moins que des traités ou conventions ne contiennent des dispositions contraires. (*Arrêté du 17 floréal an IX, art.* 1er.) *V.* n° 815.

L'officier de l'administration de la marine dans le quartier duquel se trouve le lieu du naufrage doit recevoir les premiers avis, quelle que soit la distance de ce lieu à celui de sa résidence. Jusqu'à son arrivée, les syndics des gens de mer donnent les premiers ordres, et requièrent, en cas de besoin, l'assistance des autorités locales, soit pour pourvoir au sauvetage, soit pour empêcher le pillage. (*Même Arrêté, art.* 2.)

Les agents de la marine (syndics, etc.) doivent faire immédiatement déposer les objets dans un magasin spécial, sous la double clef de la marine et de la douane. Dans le cas où ces objets, étant d'une trop faible valeur pour supporter des frais de transport, etc., seraient, à défaut de réclamation, abandonnés par la marine aux sauveteurs, ceux-ci devraient, sans retard, acquitter les droits dus au Trésor. (*Circ. du 9 juillet* 1817, n° 295.)

On ne peut, dans l'intérêt exclusif des propriétaires, *V.* n° 823, tolérer que les objets provenant d'un même sauvetage forment plusieurs dépôts sur la côte, si d'ailleurs la surveillance de ces dépôts devait exiger des déplacements de préposés. (*Déc. du 17 juin* 1857.) *V.* n° 822.

815. — Des conventions de réciprocité avec diverses puissances admettent leurs consuls à procéder, sur le littoral français ou algérien (*Circ. du 17 juillet* 1854, n° 221) au sauvetage des bâtiments de leurs nations respectives (2), en l'absence de tous propriétaires, subrécargues ou correspondants.

---

(1) L'administration de la marine ayant l'initiative en matière de naufrages, les receveurs des douanes ne doivent, *dans aucun cas*, faire l'avance des frais de sauvetage. (*Déc. min. du 17 juillet* 1813; *Circ. du* 29.)

(2) Les consuls étrangers établis dans nos ports ont pour principale mission de

Ce droit a été concédé :

1° Aux consuls espagnols par l'art. 9 du titre 1er de la loi du 18 août 1791. (*Circ. des 27 août 1818 et 6 avril 1861, n° 747; Convention du 7 janvier 1862; Décret du 18 mars 1862; Circ. du 12 avril suivant, n° 835*);

2° Prussiens (*Déc. du Min. des affaires étrangères du 20 octobre 1816; Circ. du 10 novembre suivant, n° 219*);

3° Portugais (*Traité du 9 mars 1853, art. 32; Circ. du 21 avril 1854, n° 198*);

4° Du royaume d'Italie (*Traité du 5 novembre 1850, art. 17; Circ. n° 2423, et Conv. du 26 juillet 1862; Circ. du 10 octobre suivant, n° 857*);

5° Suédois (*Déc. min. du 15 février 1820; Circ. du 28, n° 550*);

6° Hanovriens (*Déc. min. du 16 avril 1823; Circ. du 30, n° 795*);

7° Brésiliens (*Conv. du 8 janvier 1826, art. 4*);

8° Mexicains (*Traité du 9 mars 1839, art. 3*);

9° De Belgique (*Traité du 17 novembre 1849, art. 15; Circ. n° 2378*);

10° De la Nouvelle-Grenade (*Conv. des 14 novembre 1832, art. 1er, et 28 octobre 1844, art. 25*);

11° Vénézuéliens (*Conv. des 25 mars 1843, art. 27, et 24 octobre 1856; Circ. n° 489*);

12° Boliviens (*Conv. du 9 décembre 1834, art. 28*);

13° De Mecklenbourg-Schwerin (*Conv. du 19 juillet 1836, art. 10, et Circ. du 2 août 1849, n° 2337*);

14° De la république orientale de l'Uruguay (*Conv. du 8 avril 1836*);

15° Du Texas (*Traité du 25 septembre 1839, art. 9*);

16° Des Pays-Bas (*Traité du 7 juillet 1865; Circ. n° 1009*);

17° Danois (*Conv. du 9 février 1842, art. 7*);

18° Equatoriens (*Conv. du 6 juin 1843, art. 26*);

19° Siciliens (*Conv. du 14 juin 1843, art. 10*);

20° Russes (*Conv. du 14 juin 1857, art. 19*);

21° De Guatemala (*Traité du 8 mars 1848, art. 26; Circ. nos 2330 et 2400*);

22° De Costa-Rica (*Traité du 12 mars 1848, art. 26; Circ. n° 2380*);

23° Chiliens (*Traité du 15 septembre 1846; Déc. du 8 août 1853; Circ. du 27, n° 138*);

24° Dominicains (*Traité du 8 mai 1852, art. 23; Décret du 26 novembre suivant; Circ. du 7 juin 1853, n° 118*);

25° Des Etats-Unis (*Traité du 23 février 1853; Circ. du 21 septembre suivant, n° 147*);

26° D'Autriche (*Circ. du 17 juillet 1854, n° 221*);

27° Honduriens (*Traité du 22 février 1856; Circ. du 10 novembre 1857, n° 511*);

28° Péruviens (*Traité du 9 mars 1861, art. 36; Décret du 26 février 1862; Circ. du 21 mars 1862, n° 832*);

29° Nicaraguayens (*Traité du 11 avril 1859, art. 26; Décret du 21 janvier 1860; Circ. du 13 février 1860, n° 624*);

---

protéger le commerce de leurs compatriotes, et d'aider ceux-ci en toutes circonstances. Leur intervention n'est dans aucun cas plus naturelle, plus utile que lorsque, par suite du naufrage d'un bâtiment, il s'agit de constater la cause de l'événement, de reconnaître l'espèce et la quantité des marchandises sauvées, de veiller à leur conservation, et d'assurer ainsi les intérêts des propriétaires; mais l'exercice de ce droit est subordonné à la réciprocité. Il faut que le même privilège soit conféré pleinement aux consuls français dans chacun des Etats qui le réclament en France. (*Explications du Min. des affaires étrangères du 6 août 1818, transmises par Circ. du 27 du même mois, n° 423.*)

30° Salvadoriens (*Traité du 2 janvier 1858, art. 30; Décret du 3 mars 1860; Circ. du 21, n° 631*);

31° Des îles Sandwich (*Traité du 29 octobre 1857, art. 24; Décret du 21 janvier 1860; Circ. du 27 mars 1860, n° 632*).

Le consul doit d'ordinaire intervenir en personne dans les naufrages (*Circ. du 22 août 1825, n° 935*); il ne peut être suppléé que par le vice-consul ou par le chancelier du même consulat. (*Circ. du 15 mars 1819, n° 476, et Déc. du 10 janvier 1861.*

816. — Il doit être enjoint par les autorités constituées à tout individu de se retirer du lieu de l'échouement et de ne s'immiscer en aucune manière dans les opérations du sauvetage, à moins qu'il n'y soit expressément autorisé. (*Art. 4 de l'Arrêté du 27 thermidor an VII.*)

En cas de refus, les délinquants sont arrêtés et conduits devant le chef du parquet, le juge de paix ou le maire. (*Circ. du 23 décembre 1844, n° 2046, art. 277.*)

Un service de seconde ligne, placé avec discernement, fournit les moyens d'arrêter les pilleurs et de saisir les marchandises volées. Parfois les préposés sont secondés par un détachement de soldats.

Ceux qui sont trouvés, par les préposés des douanes, porteurs de marchandises provenant de naufrages ou d'épaves, sans être munis d'une permission, doivent être par eux arrêtés et conduits dans le jour, soit devant le chef du parquet, soit, à défaut, devant le juge de paix du canton où l'arrestation a eu lieu, et de là à la maison d'arrêt, pour être livrés ensuite aux tribunaux et être jugés suivant la rigueur des lois. Les préposés remettent immédiatement à ce magistrat leur procès-verbal, sans que les frais, en aucun cas, puissent être à la charge de l'administration. Lesdites marchandises seront remises dans un dépôt ou magasin, pour être statué sur la propriété de ceux qui les réclameront et en être usé comme pour le surplus du chargement. (*Loi du 22 août 1791, titre 7, art. 7, et Arrêté du 27 thermidor an VII, art. 5.*) Enlèvement, etc.; n° 276 du tableau des Infr.

Si le procureur du Gouvernement et le juge de paix refusaient purement et simplement de statuer sur les procès-verbaux d'arrestation, les directeurs devraient immédiatement en écrire au procureur général et en informer l'administration; mais si la décision de ces magistrats était basée sur *l'absence des preuves du délit*, la douane prendrait aussitôt des conclusions pour intervenir directement et faire appliquer aux contrevenants les lois relatives à la police des importations ou de la circulation frauduleuse; selon le cas. Ces conclusions seront toujours *réservées* dans le procès-verbal, afin que l'on ne puisse pas objecter qu'ils n'ont pas rédigé *de suite* le procès-verbal de saisie, comme le veut la loi. (*Déc. du 30 mai 1836.*)

Lorsque les intéressés ont fait l'abandon d'une partie de marchandises sauvées, le service des douanes doit s'opposer à tout enlèvement avant le payement des droits d'entrée.

Dans le cas d'enlèvement furtif des objets provenant de naufrages ou d'épaves, le juge de paix du lieu du délit, ou le fonctionnaire public qui le supplée en cas d'absence, prend sur-le-champ les renseignements nécessaires, entend les témoins qui lui sont indiqués, et fait des visites domiciliaires chez les personnes prévenues d'avoir soustrait ou recélé les objets, en conformité du Code d'instruction criminelle. (*Arrêté du 27 thermidor an VII, art. 6.*)

Si le pillage se fait à force ouverte par attroupement, la commune du lieu du délit en est civilement responsable, aux termes de la loi du 10 vendémiaire an IV. Les procès-verbaux dressés par les agents municipaux et tous les autres renseignements recueillis sont transmis au procureur du Gouvernement, qui provoque l'application des condamnations prononcées par cette loi, indépendamment des poursuites criminelles ordinaires, suivant les dispositions du Code pénal. (*Même Arrêté, art. 7.*) V. n° 1127.

En matière de bris et naufrages, les délits des sauveteurs ne peuvent compromettre les droits des propriétaires (1). Ainsi, lorsque des effets ou marchandises provenant de naufrages ou d'épaves font l'objet d'un procès-verbal de saisie, ce procès-verbal est remis au ministère public pour l'application des peines encourues par les sauveteurs infidèles et les receleurs. Les effets et marchandises sont ensuite mis en magasin sous la clef de la marine et de la douane, et il en est disposé comme s'ils avaient été régulièrement sauvés. Dans ce cas, les directeurs réclament, auprès des commissaires de la marine, le payement, en faveur des préposés, de la part qui aurait été attribuée aux sauveteurs des marchandises, V. n° 824; s'il en eût été fait déclaration, V. n° 817; ou, si les circonstances ne permettent pas d'accorder cette part, une récompense pour le zèle et l'activité dont ces préposés ont fait preuve, V. n° 823. (Circ. du 9 juillet 1817, n° 295.)

817. — Tous ceux qui ont tiré du fond de la mer ou trouvé sur les flots des objets provenant de jet, bris ou naufrage, doivent les mettre en sûreté, et, vingt-quatre heures au plus tard après (l'arrivée dans un port), en faire la déclaration à un officier de la marine. (Ord. de la marine de 1681, art. 19, titre 9, Livre IV.)

Les marchandises d'épaves rapportées par un navire qui les a trouvées en mer doivent être régulièrement déclarées à la douane. Si elles ne le sont pas, le service constate l'infraction aux règlements sur les manifestes, et relate, dans le procès-verbal, les circonstances constitutives de la contravention à l'art. 19, titre 9, Livre IV, de l'ordonnance de 1681 de la marine, en vue de faire poursuivre, soit d'office, par le ministère public, soit à la requête de l'administration de la marine, informée des faits, la punition des sauveteurs infidèles. Dans le cas où il est fait remise des marchandises à la marine librement, si la douane n'a plus aucune action à exercer, ou, dans le cas contraire, sauf dépôt sous la double clef de la douane et de la marine, le receveur doit s'entendre avec le commissaire de la marine, pour que les agents qui ont rédigé le procès-verbal soient traités comme sauveteurs. V. n° 824.

En cas d'infraction pure et simple à l'ordonnance de 1681, les employés de douane n'ont pas besoin du concours des agents de la marine pour rédiger un procès-verbal qui n'est alors considéré que comme plainte. (Circ. du 9 juillet 1817, n° 295, et Déc. du 3 avril 1847.)

Les amendes prononcées judiciairement au profit de la caisse des invalides de la marine sont recouvrées par les soins de l'administration de l'enregistrement.

818. — Quand des marchandises de sauvetage ou d'épaves ont été spoliées et introduites en fraude, le service des douanes signale les faits au ministère public. Après les investigations nécessaires et si le délit peut être établi, le procureur du Gouvernement poursuit les coupables devant le tribunal correctionnel. A l'audience, avant l'arrêt, la douane se porte partie civile, V. n° 1041, et, en cas de spoliation d'objets de contrebande, qu'ils aient été retrouvés ou non, réclame l'application des peines déterminées par les lois de 1816 et de 1818. V. n° 409. En effet, les marchandises n'étant pas confisquées au profit de l'État, la douane doit exiger que les délinquants mis en cause en payent la valeur. (Déc. du 19 septembre 1846.)

S'il s'agit de spoliation de marchandises tarifées à moins de 20 fr. les 100 kilogr., une action civile est intentée devant le tribunal de paix.

Quand des marchandises spoliées sont arrêtées directement au moment de l'introduction frauduleuse, il est rédigé un procès-verbal régulier de saisie.

Dans le cas où les marchandises seraient ultérieurement rapportées, l'administration de la marine poursuivrait la punition du délit de spoliation, et la douane interviendrait au procès. Si la marine jugeait, au contraire, devoir s'abstenir, la douane rédigerait un procès-verbal de saisie, daté du jour où le dépôt lui aurait été

(1) Ni les droits de la caisse des invalides de la marine. (Déc. du 16 octobre 1846.)

fait, et remettrait ce procès-verbal à titre de plainte au ministère public. (*Déc. du 23 juin 1846.*)

819. — Il appartient au Département de la marine, de décider si un bâtiment étranger sera admis à opérer sur les côtes de France le sauvetage de navires naufragés. En cas d'autorisation, le bâtiment pourrait n'être soumis aux droits de tonnage qu'à son arrivée, et en être exempté pour ses entrées successives pendant le sauvetage. (*Déc. du 1ᵉʳ septembre 1840.*) V. n° 643, notes 10 *bis* et 33.

820. — Lorsque, à bord d'un navire étranger qui, destiné pour un autre pays que la France, a fait naufrage, il existe des lettres et dépêches pour l'étranger, le service des douanes peut, d'après la demande du consul de la nation à laquelle appartient le bâtiment, et sur son reçu, les lui remettre afin qu'il les renvoie; mais, à défaut de l'intervention du consul, et, dans toute hypothèse, si les lettres et dépêches sont destinées pour la France, celles-ci doivent, sous la surveillance du service, être transportées au plus prochain bureau de poste pour y être laissées, sur reçu, à la disposition du receveur de ce dernier bureau. (*Déc. du 8 mai 1857.*)

821. — Si des cadavres sont trouvés, soit dans les ports, soit sur les rivages, il en est donné avis au juge de paix du lieu, qui fait les diligences et poursuites nécessaires (*Circ. du 18 janvier 1793*), et à l'administration de la marine. (*Déc. du 11 septembre 1847.*)

SECTION II

Marchandises sauvées.

822. — Après la décharge totale du bâtiment naufragé et le dépôt provisoire des marchandises sauvées dans le lieu le plus prochain du naufrage, s'il est établi un nouveau magasin, lesdites marchandises doivent y être conduites sous la surveillance des préposés de l'administration, à qui il est donné une clef de ce nouveau magasin. Ces préposés assistent aux procès-verbaux de reconnaissance et de description des effets sauvés, et ils signent les actes qui sont rédigés par les officiers compétents. Il leur est ensuite délivré des expéditions de ces actes, lesquelles sont taxées avec les frais de sauvetage. (*Loi du 22 août 1791, titre 7, art. 2.*)

Si tout ou partie des marchandises est dans le cas d'être bénéficié avant ou pendant le séjour dans le dépôt provisoire ou dans le second magasin, le bénéficiement ne peut avoir lieu qu'en présence des préposés des douanes, qui sont tenus d'y assister à la première réquisition qui leur en est faite, à peine de demeurer responsables des événements. Après le bénéficiement, les marchandises sont rétablies dans lesdits magasins. (*Même Loi, même titre, art. 3.*)

Doivent être déposés dans le magasin général de la marine les effets et hardes des marins, militaires et passagers, morts pendant le cours de la campagne, à bord des bâtiments de l'État, et au bureau des classes ceux provenant d'individus embarqués sur les navires du commerce. (*Art. 21 d'un règlement du 17 juillet 1816, et Circ. n° 300.*)

Les douanes ont seulement à faire la visite de ces effets pour percevoir les droits sur ce qui en serait susceptible.

Lorsque toutes les opérations du sauvetage sont terminées d'après les règles qui viennent d'être rappelées, les marchandises ont à recevoir une destination, soit de la part des intervenants dont les droits sont reconnus, soit de la part de l'administration de la marine, qui, faute d'intervention légale, devient propriétaire des objets sauvés. Or, toutes marchandises provenant de naufrage, d'échouement, ou jetées à la côte par suite d'événements de mer, sont réputées étrangères et traitées comme telles, si elles ne sont reconnues d'origine française. (*Circ. du* 30 *juin* 1825, n° 923.)

Il n'y a lieu de présumer l'origine française et d'en rechercher la preuve pour les marchandises provenant des navires naufragés, que dans le cas où leur nature et la forme de leurs emballages indiquent cette origine, ou bien si les dépositions des marins échappés du naufrage, les papiers retirés de la mer et autres indices, établissent que le navire naufragé venait d'un port de France. Alors des échantillons sont adressés à l'administration, pour être soumis à l'examen des commissaires experts du Gouvernement, et c'est le résultat de cette expertise qui décide la question. (*Déc. min. du* 7 *juin* 1825; *Circ. du* 30, n° 923.)

Lorsqu'une marchandise présumée française se trouve dans un état d'avarie qui veut que la vente en soit faite d'urgence, avant que l'origine en ait été dûment constatée, le payement immédiat des droits n'est pas exigé; mais l'administration de la marine, qui retient le produit de l'adjudication, et n'en peut disposer qu'après la décision des experts, souscrit l'engagement de payer ces droits, dans le cas où l'objet vendu serait reconnu étranger. (*Déc. du Min. de la marine du* 21 *octobre* 1820; *Circ. du* 3 *novembre suivant,* n° 613.)

Toutefois l'expertise est inutile pour les marchandises de cabotage dont l'embarquement à un port de France est justifié par des expéditions régulières, et sur l'identité desquelles il ne s'élève aucun doute. Dans ce cas, les marchandises sont vérifiées et reconnues comme elles l'auraient été au port de destination, et les expéditions sont régularisées conformément au résultat de la visite. (*Circ. des* 19 *mai* 1815, n° 31, *et* 3 *novembre* 1820, n° 613.)

Lorsqu'il s'agit de liquides et de quantités dont les droits, en supposant qu'ils dussent être payés, ne s'élèveraient pas à plus de 300 fr., la reconnaissance de l'origine peut se faire à la douane même du sauvetage par deux experts que le receveur désigne. L'expertise aurait lieu de la même manière pour des quantités plus considérables, si le dépérissement était imminent et ne pouvait être prévenu. (*Déc. min. du* 22 *juillet* 1825; *Circ. du* 5 *août suivant,* n° 933.) Mais, dans ce dernier cas, si les experts nommés par la douane jugent que l'on peut surseoir sans péril, ou hésitent à déclarer l'origine française, il faut prélever des échantillons destinés à être soumis aux commissaires-experts du Gouvernement. (*Même Circ.,* n° 933.)

Si l'origine française est reconnue, les marchandises jouissent d'une immunité pleine et entière. (*Déc. min. du* 22 *juillet* 1825; *Circ.* n° 933.)

Mais il y aurait à réclamer le remboursement de la prime qui aurait pu être payée à la sortie. Si le montant n'en avait pas encore été remis aux exportateurs, le service ne considérerait les expéditions de sortie comme non avenues qu'autant qu'il serait produit une renonciation à la prime souscrite par les exportateurs. (*Déc. du* 6 *mars* 1843.)

S'il s'agit de boissons expédiées en cabotage, les agents de la régie doivent être appelés pour procéder à la décharge des acquits-à-caution dont elles sont accompagnées.

Pour les boissons étrangères, *V.* Livre XI, ch. 26.

Les marchandises prohibées à l'entrée (1), reconnues étrangères, ne sont vendues

---

(1) Si, au lieu de marchandises prohibées absolument, il s'agissait d'objets frappés d'une prohibition relative, comme dans les cas prévus par les traités de commerce, la circonstance du naufrage ne les affranchirait pas de cette prohibition. Ils devraient être réexportés, à moins que leur état d'avarie n'en rendît la vente nécessaire. (*Déc. min. du* 18 *novembre* 1838.)

L'administration a permis, dans plusieurs circonstances, que les marchandises

ou remises à ceux qui les réclament qu'à charge de renvoi à l'étranger. Elles sont, à cet effet, transportées, sous l'escorte des préposés et aux frais des propriétaires, au port le plus voisin, où elles sont placées sous la clef de la douane jusqu'à la réexportation, et cette réexportation ne peut être différée au-delà de trois mois à compter de la remise (1) des marchandises, à peine de confiscation de ces marchandises. (Non-réexportation dans le délai de trois mois, etc.; n° 159 du tableau des Infr. Trib. de paix.)

Il est défendu aux juges d'en faire la remise pure et simple, à peine d'être condamnés au payement de la valeur des marchandises et d'une amende de 500 fr. (Remise, etc.; n° 160 du tableau des Infr.; compétence civile; trib. supérieur à celui qui a ordonné la remise.)

Dans le cas où les marchandises prohibées, sauvées du naufrage, seraient tellement avariées qu'elles ne pourraient être exportées sans risque d'une perte totale, elles pourraient être admises au droit de 15 p. 100 sur le produit d'une vente publique, pour le montant de ce droit être versé à la caisse des Invalides de la marine (2). (Loi du 22 août 1791, titre VII, art. 6.)

La disposition finale de cet art. 6 s'applique aux marchandises prohibées à l'entrée d'une manière absolue, et qui, sauvées du naufrage, sont avariées au point de ne pouvoir être réexportées sans risque d'une perte totale. Si la possibilité de conserver ces objets et de les renvoyer à l'étranger était contestée par le vendeur, il deviendrait indispensable alors de faire constater l'état d'avarie de la marchandise et la nécessité d'en effectuer immédiatement la vente à l'intérieur, afin d'en prévenir la perte. Par analogie avec ce qui se pratique pour les marchandises avariées expédiées en transit, les intéressés auraient à réclamer l'expertise, qui serait faite par deux experts nommés l'un par la douane, l'autre par le propriétaire, ou, à son défaut, par la marine, et départagés au besoin par un troisième expert que nommerait le tribunal de commerce. Les frais de cette expertise devraient être payés par le propriétaire ou la marine. (Déc. du 7 avril 1847.)

Le tabac en feuilles recueilli après naufrage et abandonné par les intéressés comme étant sans valeur doit être livré aux manufactures de l'Etat. Lorsqu'il est avarié, un échantillon est adressé à la 1re division, 2e bureau, qui le soumet à l'examen du service des tabacs; et si l'on reconnaît que le tabac ne peut être employé utilement dans les fabrications de la régie, l'administration des douanes autorise la destruction en présence de ses agents. (Déc. du 2 août 1860.)

Les marchandises tarifées, reconnues étrangères, peuvent :
Ou être importées avec payement de droits; ou placées en entrepôt réel; ou réexportées dans le délai fixé pour les marchandises prohibées. (Circ. du 29 avril 1852, n° 35.)

---

fussent admises pour la consommation, nonobstant la prohibition relative. Dans tous les cas d'admission exceptionnelle, les marchandises acquittent les taxes générales du tarif.

(1) Le jour de la remise est celui où le propriétaire ou l'adjudicataire peut disposer de la marchandise, toutes choses étant réglées quant au naufrage.

(2) Le droit de 15 p. 100 n'est point sujet au décime. (Déc. du 7 février 1834.) Ce droit doit être versé par l'adjudicataire entre les mains du receveur de la douane; celui-ci en délivre quittance, en fait recette dans ses écritures, et en verse le montant intégral dans la caisse des invalides de la marine. (Déc. du 7 avril 1847.)

En cas de sauvetage, il n'est perçu que ce droit pour la caisse de la marine; mais les infractions aux prescriptions de l'ordonnance de 1681 donnent ouverture à des amendes au profit de cette caisse.

Si elles sont vendues avec réserve de renvoi à l'étranger, sans payement de droits, elles sont placées sous la clef de la douane jusqu'à ce renvoi. (*Circ. man. du 10 mai 1839.*)

Si elles sont avariées, on applique les dispositions de la loi du 21 avril 1818, et l'on accorde, dans la forme ordinaire, les réductions de droits proportionnelles à l'avarie, sans priver la partie intéressée de la faculté de réexporter même après la vente. (*Lois des 22 août 1791, titre 7, art. 5, et 4 germinal an II, titre 2, art. 11.*)

Les marchandises de toute nature prohibées ou tarifées, qu'il y ait vente ou non, peuvent être soit réexportées directement du lieu du sauvetage ou de la vente, soit conduites par terre, sous l'escorte des préposés, qui en certifient au bureau le plus voisin, soit expédiées, par un bâtiment de tout tonnage, sous la garantie d'un acquit-à-caution, série M, n° 51 (cas imprévus), énonçant la nature des marchandises, le nombre, l'espèce et les marques des colis (et, si cela est facile, comme, par exemple, s'il y a eu vente, le poids des,colis), sur tout port d'entrepôt réel, où elles sont admises aux conditions générales. (*Circ. du 19 juin 1822, n° 732; Déc. du 27 janvier 1834; Circ. man. du 10 mai 1839; Déc. des 18 avril 1843 et 15 mars 1850.*)

Les marchandises, prohibées ou non, qui sont renvoyées à l'étranger soit immédiatement après le sauvetage, soit après avoir été déposées temporairement sous la clef de la douane, sont affranchies du droit de réexportation; mais si ces marchandises, dirigées sur un port d'entrepôt, étaient admises dans cet établissement sous le bénéfice des lois générales qui le régissent, elles devraient alors être assimilées aux autres marchandises d'entrepôt. (*Circ. man. du 10 mai 1839 et Circ. du 29 avril 1852, n° 35.*)

Les débris d'embarcations étrangères échouées sont admis au droit de 10 p. 100 de la valeur comme agrès et apparaux. Le même droit s'applique aux morceaux de bois garnis de clous, aux chevilles, au cuivre à doublage et aux métaux séparés du bois, lorsque ce sont des débris de navire. (*Déc. du 30 juillet 1841.*) Il y a exception pour les objets en métaux; ils restent soumis au régime qui leur est propre, à moins qu'on ne consente à les faire briser en douane. On admet, dans ce dernier cas, au droit de la *ferraille*, les chaînes, les ancres et les autres objets en fer. (*Circ. du 27 décembre 1850, n° 2418.*)

V. n° 618 pour les embarcations de deux tonneaux provenant de naufrages ou d'épaves, et qui sont vendues par la marine; et n° 1024 pour les embarcations trouvées en pleine mer et dont le sauvetage donne lieu à la rétribution énoncée au n° 824.

Si un navire étranger ne se trouvait pas dans les conditions de faveur prévues par un traité passé avec le pays auquel il appartient, le naufrage qu'il peut éprouver ne modifie pas sa situation au point de vue de l'application de ce traité. (*Déc. du 13 septembre 1855.*)

Lorsque les marchandises doivent être vendues (1), l'officier chargé d'en poursuivre la vente fait signifier au receveur des douanes, au plus prochain bureau du lieu du naufrage, le jour de cette vente, avec fixation d'un délai suffisant pour qu'il puisse y assister, le tout à peine, par ledit officier, d'être responsable des droits sur la totalité des marchandises portées au procès-verbal de reconnaissance et de description. Les receveurs et préposés de la douane sont présents à ladite vente; ils veillent à ce que les adjudicataires des marchandises observent les formalités pres-

---

(1) En l'absence des propriétaires, la vente est ordonnée par l'officier de l'administration de la marine. (*Art. 15 de l'Arrêté du 6 germinal an VIII, et art. 3 de celui du 17 floréal an IX.*)

crites pour les déclarations, visites et acquits des droits. (*Loi du 22 août 1791, titre 7, art. 4.*)

Les directeurs des douanes, avertis sans retard des sauvetages, détachent, sur les points où la vente doit s'opérer, des employés capables de la faire réussir. (*Circ. du 18 août 1818, n° 417.*)

Lorsque les préposés ont assisté à toutes les opérations d'un sauvetage, les procès-verbaux qu'ils signent, et dont ils reçoivent expédition, tiennent lieu de déclaration d'entrée ; mais s'il s'agit d'effets trouvés sur la côte par des particuliers, la déclaration doit être exigée pour la sûreté du droit, indépendamment de celle faite au bureau de la marine. (*Circ. du 27 germinal an X.*)

La vente des marchandises naufragées, sans exception de celles dont l'entrée est réservée à certains bureaux ni de celles avariées, peut se faire par les soins du bureau le plus voisin du lieu du sauvetage, lors même que ce bureau n'est pas au nombre de ceux que la loi désigne pour leur admission. (*Circ. des 18 août 1818, n° 417, et 19 juin 1822, n° 732.*)

Lorsque les circonstances le permettent, le receveur peut déléguer à un brigadier le soin de faire relever, même de vendre, de concert avec la marine, certaines épaves, *sans aucune importance*, échouées sur la penthière de ce sous-officier. (*Déc. du 2 août 1849.*)

Le produit de toutes les ventes provisoires est déposé à la caisse des invalides de la marine, sauf réclamation par qui il appartiendra. (*Arrêté du 17 floréal an IX, art. 3.*)

Une même destination doit être donnée aux objets vendus en un seul lot.

Les marchandises admissibles au droit peuvent être réexportées lors même que cette faculté n'a pas été réservée par le cahier des charges de vente. (*Déc. du 11 septembre 1857.*)

SECTION III

Rétributions des sauveteurs. — Frais et indemnités.

823. — Les employés des douanes ont droit à une indemnité lorsqu'ils assistent au sauvetage des bâtiments échoués (1) et des marchandises naufragées. Cette indemnité est la même, soit en vacations, soit en frais de route, que celle dont jouissent pour les mêmes cas les officiers et les employés de la marine de l'État. (*Arrêté du 20 floréal an XIII, art. 1er.*)

Taux des vacations et frais de route accordés aux agents de douane pour leur concours aux opérations de sauvetage :

	Pour frais de route, par myriamètre (2).	Pour vacation, par jour.
Aux inspecteurs, receveurs principaux, sous-inspecteurs...............................	3 fr. » c.	6 fr. » c.
Capitaines, receveurs particuliers, vérificateurs,		

---

(1) Lorsqu'il s'agit d'un navire français dont la nationalité est immédiatement reconnue et qui est sur lest, le service n'a pas à surveiller le sauvetage et ne saurait dès lors avoir droit aux indemnités.

(2) Les frais de voyage se calculent en raison de la distance de la résidence au lieu de l'échouement ou de l'emmagasinement, suivant le cas de sauvetage ou de vente, sans qu'on ait égard aux courses intermédiaires. (*Déc. du Min. de la marine transmise par la Circ. du 19 septembre 1820, n° 602.*) Ils comprennent l'aller et le retour.

commis, lieutenants.	2 fr. » c.	4 fr. » c.
Brigadiers, sous-brigadiers et préposés (1).	» fr. » c.	1 fr. 50 c.

(*Arrêté du 30 avril* 1848; *Circ. du* 19 *janvier* 1849, n° 2301.)

L'indemnité de séjour ou pour vacation est due à compter du jour de l'arrivée inclusivement jusqu'au jour du départ exclusivement. Lorsque l'aller et le retour se font dans la même journée, l'indemnité est réduite de moitié. (*Déc. du* 8 *février* 1860 *rappelant les dispositions de l'art.* 10 *d'un décret du* 1er *octobre* 1851.)

Lorsque l'administration de la marine a dirigé les opérations de sauvetage, c'est à elle qu'il appartient de fixer le montant de l'indemnité à allouer aux agents de douanes (*Déc. du* 9 *mars* 1850); mais, si elle n'est pas intervenue dans ces opérations et en a laissé la direction aux intéressés, le service des douanes reçoit de ceux-ci le montant des allocations. (*Déc. du* 21 *mars* 1853.)

L'état d'allocation que, dans tous les cas, le receveur principal est tenu de soumettre, sans retard, à l'examen et à l'approbation de son directeur (*Circ. du* 19 *septembre* 1820, n° 602), doit présenter les indications suivantes : employés, noms, grades, résidences ; distance de la résidence au lieu du sauvetage ; date et nombre des voyages par chaque agent ; date et nombre des vacations ; sommes à allouer pour frais de route, pour vacations ; total pour chaque agent ; total général ; émargements.

C'est par l'intermédiaire de leurs chefs que, dans toute circonstance, les employés reçoivent des allocations. Le montant en est versé à la caisse du receveur principal qui en assure la répartition au moyen de l'état nominatif des parties prenantes et sur leur émargement. Si l'administration de la marine est intervenue, cet état est formé en double, et il lui en est remis un, régulièrement émargé, pour être rattaché au mandat général qu'elle a délivré. (*Déc. du Min. de la marine, et Circ. du* 25 *mars* 1844, n° 2011.)

Le receveur des douanes (2) qui concourt à la rédaction des actes et procès-verbaux de sauvetage, et l'employé supérieur, ayant le grade d'inspecteur, qui dirige le service des brigades chargées de la garde des effets sauvés, sont traités comme le sous-commissaire de la marine.

Si l'inspecteur est suppléé dans ce service par un capitaine de brigades ou par un lieutenant, l'un ou l'autre de ces agents jouit de ce qui est accordé aux commis de la marine et syndics des gens de mer. Il est alloué aux préposés une indemnité semblable à celles des gendarmes de la marine. (*Arrêté du* 20 *floréal an XIII, art.* 2.)

Le sous-inspecteur opérant aux lieu et place de l'inspecteur est traité, pour ses vacations et frais de route, sur le même pied que le commis principal de la marine.

L'inspecteur et le sous-inspecteur ne reçoivent leurs vacations que pour la durée effective du sauvetage, qui se termine à l'entrée en magasin des marchandises sauvées. Les vacations qui pourraient être allouées pour les opérations ultérieures du bénéficement et de la vente appartiennent au receveur. (*Circ. du* 19 *septembre* 1820, n° 602.)

---

(1) En Algérie, les brigadiers, sous-brigadiers et préposés reçoivent en outre, à titre de frais de route, attendu la difficulté des communications, 2 fr. 50 c. par myriamètre. (*Circ. du Départ. de la marine du* 9 *septembre* 1847, n° 168.)

(2) Il appartient au receveur de décider quel sera le régime applicable aux diverses marchandises, de recevoir les déclarations, d'assurer la régularité de la vente et de rédiger tous autres actes. Sa présence au lieu du naufrage est alors indispensable (*Déc. du* 24 *juillet* 1837); elle n'est pas nécessaire pour le sauvetage, l'enlèvement et le transport des marchandises. (*Déc. du* 18 *avril* 1843.)

Il ne faut envoyer sur le lieu du naufrage que le nombre d'employés nécessaire, et on ne peut se refuser à la revue de présence demandée par l'officier de la marine. (*Circ. du 7 janvier* 1806.)

Chacune des administrations de la marine et des douanes ne peut envoyer qu'un seul chef sur le lieu du naufrage ou échouement (1). (*Arrêté du 20 floréal an XIII, art.* 3.)

Ces chefs et les autres employés supérieurs n'ont droit à ces vacations que lorsqu'ils ont opéré hors de la banlieue de leur résidence. (*Même Arrêté, art.* 4.)

Une décision du Ministre de la marine fixe à une lieue de poste de 4 kilomètres le rayon dans lequel les employés de bureaux et de brigades qui en occupent le centre sont tenus de donner leurs soins aux navires échoués sans pouvoir prétendre à aucune indemnité.

Le nombre des vacations est déterminé, pour les agents des deux administrations de la marine et des douanes, par celui des journées employées jusqu'à l'entrée en magasin des objets sauvés. (*Circ. du 19 septembre* 1820, n° 602.)

Le relèvement et la vente de quelques effets, débris ou pièces de bois jetés à la côte, ne peuvent donner lieu à aucune vacation. (*Arrêté du 20 floréal an XIII, art.* 5.)

L'art. 17 du titre *Bris et Naufrages*, de l'ordonnance de la marine de 1681, enjoignant aux préposés au sauvetage de se retirer (2) lorsque les propriétaires ou fondés de pouvoir se présentent pour y pourvoir, les vacations et frais de route dus jusqu'à cet instant aux employés des deux administrations leur sont payés par les propriétaires. (*Art.* 6 *de l'Arrêté du 20 floréal an XIII.*)

Ainsi, dès que les propriétaires interviennent, la surveillance des préposés devient gratuite, n'ayant plus à s'exercer que pour assurer le recouvrement des droits du Trésor. (*Déc. du 17 juin* 1857.) *V.* n° 814.

SECTION IV

Épaves.

824. — Les choses du cru de la mer, comme ambre, corail, poissons à lard et

---

(1) Plusieurs chefs peuvent, dans l'intérêt du service, se rendre sur le lieu du naufrage; mais, dans l'intérêt des naufragés, un seul de ces chefs est rétribué par la marine. La qualité de chef ne peut jamais appartenir au receveur de la douane; les indemnités accordées dans ce cas doivent être dévolues au chef de la partie active. (*Circ. du 28 février* 1815.)

Dans le cas où un inspecteur se trouve sur le lieu d'un naufrage en même temps qu'un capitaine de brigades, il est convenable que le premier ne réclame aucune indemnité de sauvetage pour lui-même, afin de ne pas priver de la rétribution son inférieur, auquel l'administration n'alloue pas d'indemnités de tournées. (*Déc. du 7 septembre* 1855.)

(2) De cette disposition il résulte que les préposés ne peuvent, à l'arrivée du propriétaire, continuer à faire l'office de sauveteurs qu'autant qu'ils en sont requis et que les besoins du service ne s'y opposent pas; mais, dans tous les cas, il faut qu'ils demeurent sur le lieu du naufrage en nombre suffisant pour la garde des marchandises et la conservation des droits du Trésor.

L'administration tolère que, sur la demande des intéressés et du moment que le service ne doit pas en souffrir, les préposés travaillent au sauvetage et soient rémunérés exceptionnellement; mais les sous-brigadiers et brigadiers ne sauraient y participer : ils veillent à ce qu'il n'y ait pas abus.

autres semblables, qui n'ont appartenu à personne, demeurent entièrement à ceux qui les ont tirées du fond de la mer ou pêchées sur les flots, et, s'ils les ont trouvées sur les grèves, ils n'en ont que le tiers. (*Ord. de la marine de 1681, art. 29 du titre IX.*)

Les poissons désignés en l'article précédent sont assimilés aux produits de la pêche française. (*Circ. du 26 janvier* 1829, n° 1142.)

Les marchandises d'épaves (1) sont soumises au tarif d'entrée, à moins qu'elles ne soient reconnues provenir d'origine française. Il n'y a lieu de présumer l'origine française et d'en rechercher la preuve, pour les autres sortes d'épaves, que dans le cas où la nature des marchandises et des indices matériels, comme la forme des colis, les plombs dont quelquefois ils sont revêtus, et l'espèce des emballages, autorisent à admettre cette origine, sans que l'on ait à s'enquérir du lieu où elles ont été chargées par le navire qui a péri. (*Déc. min. du 7 juin* 1825; *Circ. du 30, n° 923.*)

A leur égard et envers les bâtiments de mer qui proviennent d'épaves, il en est usé conformément au mode établi pour les marchandises ou bâtiments de mer échoués ou naufragés. (*Avis du Conseil d'Etat du 26 août* 1829; *Déc. min. du 21 septembre* 1829, *et Lettre de l'administration du 13 novembre suivant.*)

Lorsqu'une marchandise jetée sur la côte est diversement imposée en raison de la provenance et du mode de transport, c'est toujours le maximum de la taxe qui lui est applicable. (*Circ. man. du 14 février* 1839.)

Il est alloué aux sauveteurs des marchandises d'épaves de navires abandonnés, etc., lorsque le sauvetage a eu lieu en pleine mer, le tiers de la valeur de l'objet sauvé (2). (*Ord. de la marine de 1681, art. 27 du titre 9, Livre IV.*) V. n° 817.

Le droit de sauvetage est des deux tiers de la valeur des objets sauvés en pleine mer, quand lesdits objets sont des propriétés ennemies.

Le tiers restant après déduction de tous frais est versé dans la caisse des invalides de la marine (3). (*Art. 1 et 2 de la loi du 25 ventôse an VI.*)

Que la valeur des objets sauvés excède ou non les frais qui ont été la suite de

---

(1) Lorsqu'une baleine ou autre cétacé vient à échouer sur la côte, les préposés doivent en empêcher le dépècement jusqu'à ce que les droits du Gouvernement aient été assurés. S'il s'agit de squelettes ou ossements d'animaux marins d'une espèce inconnue ou extraordinaire, ils en avertissent sur-le-champ leurs chefs, afin que ceux-ci, d'accord avec les agents de la marine, prennent, dans l'intérêt de la science, les mesures convenables pour la conservation de ces objets. Ils auront soin d'en prévenir immédiatement le préfet ou le sous-préfet de l'arrondissement. (*Circ. du 26 janvier* 1829, n° 1142.)

Les bouteilles contenant des papiers, que la mer dépose sur la côte, doivent être remises sans retard aux agents de la marine. (*Déc. du 21 août* 1835.)

(2) Lorsque c'est seulement au bord de la côte que le sauvetage s'est opéré, l'indemnité du tiers de la valeur n'est pas due; mais, en pareil cas, les chefs de service sont autorisés à réclamer auprès de la marine une gratification en faveur des préposés. (*Circ. du 9 juillet* 1817, n° 295.)

A raison des circonstances, le Ministre de la marine autorise parfois l'allocation du tiers de la valeur des objets trouvés enfouis sur le bord de la mer. (*Déc. du Min. de la marine du 28 mai* 1847.)

(3) Il est des cas où un navire ennemi peut être considéré comme *sauvé* d'un naufrage et non comme *pris*; par exemple, un bâtiment capteur qui n'est ni armé en guerre, ni pourvu de commission pour la course, est regardé comme sauveteur, et l'équipage alors a droit aux deux tiers de la valeur. Les embarcations de douanes sont dans ce cas. Cette règle doit être suivie à plus forte raison lorsque les sauve-

leur sauvetage, le tout est à la charge de la caisse des invalides de la marine. (*Déc. min. du* 17 *juillet* 1813, *transmise le* 29.)

Les ancres et câbles dragués dans les ports et rades de France par des *dragueurs français* ne payent que 1 fr. par 100 kil. Le draguage doit être constaté d'une manière authentique par les agents de la marine.

Les ancres et câbles dragués, dont la propriété a été revendiquée dans le délai indiqué par l'ordonnance de la marine de 1681 (Livre IV, titre 9, art. 28), sont traités comme marchandises de sauvetage, c'est-à-dire qu'ils sont soumis aux dispositions générales du tarif, quand la nationalité n'en est pas justifiée. (*Ord. du* 29 *juin* 1833, *et Loi du* 2 *juillet* 1836.)

Cette disposition s'applique aux câbles dragués de toute sorte, c'est-à-dire aux câbles en fer comme à ceux en chanvre, sparte ou autres végétaux. (*Circ. du* 7 *juillet* 1833, n° 1391.)

Dans aucun cas il ne saurait être question de l'appliquer à des ancres ou câbles sauvetés en dehors des limites déterminées par la loi, ni à des objets autres que ceux qu'elle désigne, quand même ils seraient dragués dans l'intérieur des rades et des ports. (*Déc. du* 19 *février* 1841.)

Les ancres et les chaînes retirées de la souille d'un navire étranger doivent subir les conditions générales du tarif. (*Déc. du* 10 *juin* 1853.)

CHAPITRE X

PRIMES OU DRAWBACK.

Certaines marchandises françaises sortent de France sous la réserve d'obtenir une prime qui a pour objet de compenser la taxe de consommation que les matières premières, ayant servi à leur fabrication, ont dû subir à l'entrée. La prime, équivalente au montant de ces droits, place le fabricant français, vis-à-vis de l'étranger, dans la position où il se trouverait s'il eût employé des matières affranchies de tout impôt.

Ce genre d'encouragement, connu en Angleterre sous les noms de *Drawback* et de *Bonties*, existait déjà avant la Révolution. Plusieurs fabrications, telles que les sucres raffinés, la bonneterie orientale, etc., obtenaient un remboursement à titre de prime. Mais c'est seulement depuis la Restauration que le système des primes a été complètement établi. Les abus qui s'y attachent ont d'ailleurs fait préférer le régime des admissions temporaires. *V.* Liv. VI.

SECTION PREMIÈRE

Dispositions communes à toutes les primes.

825. — Les primes ne sont acquises que pour les produits dont l'exportation a été

---

teurs parviennent à remorquer et à mettre à l'abri du danger un bâtiment ennemi près d'échouer.

Les frais de sauvetage, de magasinage et autres, sont prélevés sur le tiers à verser à la caisse des invalides de la marine. Si cependant ce tiers n'était pas suffisant, le surplus serait prélevé sur la part des sauveteurs. (*Circ. du* 25 *ventôse an* VI.)

constatée régulièrement (1) dans la forme déterminée par les règlements. (*Ord. du 26 juillet 1826, art. 2.*)

Lorsque la quotité des primes a été augmentée, la date de l'exportation définitive, c'est-à-dire du passage à l'étranger, détermine seule l'application de la prime, sans égard à la date de la déclaration de sortie ou d'embarquement, ni à celle de l'expédition. (*Tarif*, n° 144 *des Obs. prélim.*)

En cas de suppression ou de réduction des primes, la douane considère comme équivalant à l'exportation effective l'embarquement dans les ports ou la vérification dans les bureaux de l'extrême frontière de terre. (*Circ. lith. du 17 novembre 1848.*)

Les marchandises à l'égard desquelles la prime est réclamée, dans les conditions propres à l'obtenir, sont affranchies soit des droits de sortie, soit de la taxe de consommation du sel. (*Loi du 28 avril 1816, art. 8, et Déc. min. du 2 février 1853; Circ. du 7, n° 92.*)

La prime n'est due que pour les produits réellement fabriqués en France.

Le fait de cette fabrication doit être établi au moyen d'un certificat d'origine délivré par le fabricant français, indiquant l'espèce et la qualité des produits. Quand la douane ne se croit pas suffisamment assurée de l'authenticité des certificats, elle peut exiger qu'ils soient visés par le sous-préfet de l'arrondissement du lieu de fabrication. (*Ord. du 23 septembre 1818, art. 3.*) Cette ordonnance a été rendue au sujet des tissus; mais on peut la considérer comme étant d'une application générale depuis que le régime des primes a été étendu à d'autres produits.

Les certificats d'origine sont exempts du timbre. (*Circ. man. du 25 novembre 1829.*)

Lorsqu'on n'exporte qu'une partie des marchandises décrites en un certificat de fabrique, déposé en douane, le receveur délivre un extrait certifié de ce certificat pour être annexé à chaque déclaration, en ayant soin de mentionner sur l'original les quantités pour lesquelles il cesse d'être valable. (*Ord. du 23 sept. 1818, art. 4.*)

Le certificat d'origine doit être joint à la déclaration faite au bureau de l'intérieur ou au premier bureau de sortie des marchandises qu'on veut exporter avec réserve de la prime. (*Circ. du 29 juin 1825, n° 920.*)

La prime est payée à l'exportateur. (*Loi du 17 mai 1826, art. 7.*)

Celui-là est exportateur qui présente la marchandise en douane, déclare la sortie sous bénéfice de prime, fournit les justifications d'origine nécessaires, quand même il n'en est pas l'auteur, et rapporte définitivement la preuve du passage effectif de la marchandise à l'étranger. (*Circ. du 18 mars 1828, n° 1091.*) V. n° 33.

Les marchandises devant jouir de la prime seront déclarées et présentées au bureau des douanes, afin d'y être vérifiées et expédiées. (*Ord. du 23 septembre 1818, art. 2.*)

Pour les marchandises dont la sortie s'effectue par le port même où l'expédition prend naissance, il est produit, en double expédition, une déclaration, série M, 53 A ou 54 A, selon le cas, que l'on inscrit sommairement sur un registre série M, n° 24. L'une des deux feuilles reste en dépôt à la section chargée de la tenue de ce registre; l'autre sert à constater la suite des opérations. Après avoir été revêtue du permis d'embarquement, elle est remise au déclarant pour être par lui présentée aux vérificateurs; ceux-ci constatent les résultats de leur contrôle, et on délivre successivement les certificats d'escorte jusqu'au navire, de mise à bord et d'exportation définitive. Cette déclaration-permis, destinée à être transmise à l'administration, est alors renvoyée à la section des déclarations, pour que les certificats soient transcrits sur le double, qui prend le caractère d'une souche complète.

_____

(1) Toutes facilités relatives au commerce interlope sont formellement interdites pour les exportations de toute nature sous réserve de primes. (*Circ. manuscr. du 19 janvier 1838.*)

A l'égard des marchandises de prime non expédiées directement par mer (1), il est présenté une déclaration en double expédition (série T, n°ˢ 9 et 9 A, ou 10 et 10 A), dont l'une (n°ˢ 9 ou 10), après annotation au registre (série M, n° 54 ou 54 *bis*), est revêtue du certificat de visite et sert à la délivrance du passavant, auquel on annexe, avec l'autre formule (n°ˢ 9 A ou 10 A), les certificats d'origine.

Les déclarations-souches sont conservées avec soin ; à l'expiration de chaque mois, de chaque quinzaine ou de chaque semaine, suivant l'importance des opérations de la localité, elles sont réunies par un lien commun, les traversant à l'un des angles et retenant un bulletin où en est mentionné le nombre, ainsi que les numéros, et que signe un chef de service, après avoir apposé son cachet sur les extrémités du lien. (*Circ. du* 17 *septembre* 1849, n° 2346.)

Les principes généraux rappelés au Livre I°ʳ, chap. 4, sont applicables aux marchandises de prime ; mais, en fait, il est toujours procédé à une vérification soit complète, soit par épreuves, et il convient que les chefs locaux autorisent une vérification complète quand le déclarant a commis une erreur involontaire. (*Circ. lith. du* 5 *janvier* 1843.)

Il n'existe aucune tare légale pour les marchandises admissibles au drawback. (*Déc. du* 15 *novembre* 1852.)

A l'égard des produits dont la prime de sortie n'excède pas 10 fr. par 100 kilogr., le service peut n'effectuer ses vérifications que par épreuves, c'est-à-dire sur un certain nombre de colis, ouverts alors, dans la mesure déterminée par le chef de la visite, selon l'importance de chaque expédition. (*Déc. du* 6 *août* 1859.)

Si la visite ne fait découvrir aucune inexactitude dans la déclaration, les marchandises sont remballées avec soin dans des colis ou enveloppes solides et bien closes. En cet état, les marchandises dont l'exportation ne s'effectue pas directement d'un bureau touchant immédiatement à la mer ou à l'étranger, sont revêtues du plomb de la douane. Le plombage doit être fait avec un tel soin qu'il n'y ait aucune substitution à craindre avant la sortie définitive. (*Ord. du* 23 *septembre* 1818, art. 6, et *Circ. du* 19 *novembre* 1825, n° 952.)

La déclaration-permis ou le passavant désigne avec exactitude les marchandises renfermées dans chaque colis, la dimension et le poids de ceux-ci, tant au net qu'au brut. (*Ord. du* 23 *septembre* 1818, art. 7 ; *Circ. des* 22 *mars* 1821, n° 646, *et* 12 *septembre* 1822, n° 751.)

Cette pièce donne toutes les indications d'espèce, de quantité, nombre, poids, etc., qui sont nécessaires pour l'allocation de la prime. Le poids *net* qui sert de base à la liquidation doit y être rapporté correctement en *toutes lettres* et en *chiffres*. On y désigne le pays étranger pour lequel l'exportation a lieu, et le bureau principal de douane où l'exportateur veut être payé de la prime. (*Circ. du* 29 *juin* 1825, n° 920.)

Le passavant doit accorder un délai suffisant pour effectuer la sortie des marchandises.

Toutes les fois que les causes des retards apportés dans l'expédition paraîtront suffisamment justifiées, le chef local du bureau de sortie, inspecteur sédentaire, sous-inspecteur sédentaire ou receveur, pourra autoriser l'exportation, nonobstant l'expiration des délais indiqués sur les expéditions de sortie, mais sans que ces délais puissent être ainsi prolongés au-delà de trois mois. Passé ce terme, la sortie des

---

(1) C'est-à-dire expédiées dans les conditions suivantes : 1° d'un bureau des lignes de terre ou de l'intérieur sur un bureau de sortie de terre ou de mer ; 2° d'un port sur un bureau de terre ; 3° d'un port sur un autre port, par la voie de terre ; 4° d'un port sur un autre, par mer, dans le cas d'escale ; 5° des ports situés en rivière. (*Circ. n°* 2346.)

marchandises ne pourra s'accomplir, sous le bénéfice de la prime, que d'après une autorisation spéciale de l'administration.

Les mêmes chefs pourront, sur la demande motivée du commerce, autoriser l'exportation par un bureau autre que celui indiqué par le passavant, pourvu que ce bureau soit au nombre de ceux ouverts par les règlements généraux à la sortie des marchandises de l'espèce de celles qui font l'objet de l'expédition.

Toutes les autorisations pour prolongation de délai ou changement de bureau de sortie devront être mentionnées sur les expéditions par des annotations datées et signées, et les chefs qui les délivreront devront les porter immédiatement à la connaissance du directeur. (*Circ. des 21 octobre et 17 novembre 1847, nᵒˢ 2199 et 2204.*)

On ne réunit jamais dans un même permis ou passavant des produits de diverse nature. Un passavant distinct doit être délivré pour chaque objet donnant ouverture à une prime différente. (*Circ. du 22 mars 1821, nᵒ 646.*)

Les passavants de prime délivrés dans une année doivent être enregistrés sous une seule série de numéros, au moins en ce qui concerne la même espèce de produits. (*Déc. du 4 avril 1845.*)

Il est remis à tout déclarant de marchandises de prime des extraits des expéditions de sortie. (*Arrêté du 20 septembre 1851, art. 1ᵉʳ.*)

Ces extraits, détachés du registre série M, nᵒ 56, doivent porter la signature d'un des deux employés qui ont signé le permis ou le passavant. Selon le nombre des séries différentes de numéros d'expéditions, on fait usage d'un ou de plusieurs de ces registres. (*Circ. du 6 octobre 1851, nᵒ 2462.*) *V.* nᵒ 1690.

Lorsque des actes conservatoires ou des procès-verbaux définitifs sont dressés pour constater une fausse déclaration, les intéressés restent libres de faire suivre aux marchandises la destination indiquée. (*Circ. lith. des 26 janvier 1846 et 6 avril 1847.*)

En cas d'excédant de poids reconnu par une visite complète, le dossier est régularisé en conséquence, notamment le certificat d'origine. Quand il ressort, au contraire, un déficit de poids, on ne peut le constater par procès-verbal qu'après une vérification complète. En admettant que, à raison de la faible proportion du déficit et de l'absence de toute intention de fraude de la part du déclarant, le chef du service juge qu'il y a lieu de se dispenser d'établir la contravention, on se borne à provoquer la liquidation de la prime pour la quantité résultant approximativement de la vérification par épreuves; mais pour cela il faut que les intéressés y donnent leur adhésion. Ces circonstances doivent alors être rappelées sur la déclaration-permis ou le passavant. (*Circ. lith. du 5 janvier 1843.*)

Les fausses déclarations par lesquelles on cherche à obtenir une prime de sortie, hors les cas où elle est due d'après la loi, sont punies de la confiscation des marchandises présentées et d'une amende égale au montant de ladite prime (1). (*Loi du 21 avril 1818, art. 17, § 1ᵉʳ, nᵒ 69 du tableau des Infr. Tr. de paix.*)

Pour la fausse déclaration quant à la valeur, à l'espèce ou au poids des marchandises, tendant à obtenir une prime d'exportation supérieure à celle accordée par la loi, le déclarant est passible d'une amende égale au triple de la somme que sa fausse déclaration aurait pu lui faire allouer en sus de ce qui lui était réellement dû, et néanmoins la prime légale est liquidée pour ce qui aura été exporté. (*Lois des 5 juillet 1836, art. 1ᵉʳ, sect. 2ᵉ, et 6 mai 1841, art. 10, et Décret du 10 juin 1848, art. 4.*) Nᵒ 70 du tableau des Infr. Trib. de paix.

---

(1) Dans le cas prévu, le service dresse procès-verbal de saisie et réclame devant le juge de paix l'application des pénalités ainsi déterminées. (*Circ. du 5 février 1827, nᵒ 1032.*)

En matière de *fausse déclaration* pour l'obtention d'une prime à l'exportation, les tribunaux ne peuvent rechercher quelle a pu être l'*intention* des déclarants, ni les affranchir de la pénalité légale, sur le motif qu'il n'y aurait pas eu de leur part intention de *surprendre* la vigilance de l'administration. (*A. de C. du 13 janvier* 1841; *Circ.* n° 1844.)

Les amendes en matière de contravention relatives aux primes sont passibles du décime. (*Circ. du 20 septembre* 1827, n° 1061.)

Les pénalités en matière de drawback ou de prime sont appliquées dans tous les cas où les commissaires-experts du Gouvernement ont reconnu l'inexactitude des déclarations, alors même qu'aucun procès-verbal ou acte conservatoire n'a été préalablement dressé par les agents des douanes (1). Ces poursuites sont exercées par voie de simple citation à comparaître dans les vingt-quatre heures devant le juge de paix. En tête de la citation doivent être transcrits la déclaration de l'exportateur, la décision des commissaires-experts et l'article de la loi édictant les pénalités encourues. (*Circ. du 7 février* 1856, n° 345.)

Quand l'avis des experts établit qu'il y a eu, non pas inexactitude de déclaration de classe, mais bien fausse déclaration d'espèce, on agit en conséquence pour ce dernier chef. (*Déc. du 28 mai* 1857.)

Pour les expéditions d'un port avec faculté d'escale dans un autre port, *V.* livre VIII, *Cabotage*, n° 598.

Des marchandises de prime peuvent être dirigées de la douane de Paris sur Rouen ou sur le Hâvre, puis, par mer, sur Bordeaux, Marseille, Cette, ou, par terre, sur la frontière des Pyrénées ou sur les ports de la Méditerranée. Le passavant délivré à Paris sert alors à régulariser le transport jusqu'aux bureaux de sortie définitive, compris le trajet par mer. Le service des bureaux intermédiaires se borne à la visite extérieure des colis; et s'il y avait lieu d'en ouvrir quelques-uns, on renouvellerait, sur les colis ainsi vérifiés, les plombs de la première douane, en annotant en conséquence les passavants. (*Déc. des 14 avril* 1854 *et 21 novembre* 1862.)

Le premier bureau frontière qui est rencontré en venant de l'intérieur se borne à reconnaître extérieurement l'identité des ballots désignés dans les expéditions de douanes et à visiter lesdites expéditions.

Il ne procède à la visite par déballage qu'à l'égard des marchandises qui, dépourvues d'expéditions de douanes ainsi que de plombs, n'auraient encore été l'objet d'aucune vérification avant le départ. (*Ord. du 23 septembre* 1818, *art.* 10.)

Dans ce dernier cas, le premier bureau de seconde ligne délivre un passavant de prime, sous les conditions générales, ou un simple passavant de circulation, selon qu'il est ou non compris dans la 1re section du n° 830.

---

(1) En cas de poursuites pour fausse déclaration, les employés qui ont procédé à la vérification des marchandises doivent, bien qu'ils se soient abstenus de dresser des actes conservatoires ou des procès-verbaux, être admis au partage du produit des amendes acquittées, mais alors seulement qu'ils ont établi leurs doutes relativement à l'exactitude des déclarations. (*Déc. du 5 mai* 1856.) A défaut, les parts qui auraient été allouées aux employés doivent être versées au Trésor à titre de recette accidentelle, après prélèvement des sommes revenant à la caisse des retraites et au fonds commun, et attribution au receveur subordonné qui a passé les transactions de la part lui revenant comme poursuivant. (*Même décision et décisions des 9 juillet* 1857 *et 18 août* 1859.)

Par une annotation sur la copie de la décision, jointe au dossier série C, n° 77, le directeur doit faire connaître si l'administration a prescrit la reprise en recette (accidentelle) du produit des contraventions ou si elle a autorisé la répartition de ce produit entre les saisissants. (*Circ. de la Compt. du 29 juillet* 1858, n° 74.)

Les bureaux de douanes par lesquels l'exportation définitive aura lieu ne procéderont, à moins d'indices particuliers dont ils n'auront point à rendre compte, qu'à une vérification purement extérieure des colis expédiés et plombés par les douanes mêmes, laquelle vérification aura pour objet de reconnaître l'état des colis et des plombs, l'identité des marques, du poids et des dimensions en tous sens des ballots. (*Ord. du 23 septembre 1818, art. 9, et Ord. du 28 août 1820, art. 5.*) (1).

Le droit de visite et de contre-visite étant ainsi formellement maintenu, les certificats délivrés par les bureaux de sortie contiennent toujours, quels qu'en soient les termes, la preuve qu'il y a eu vérification suffisante, et que les employés répondent de l'identité des objets qui ont franchi la frontière avec les objets décrits par les expéditions. La conviction que les employés expriment par leur visa, ils l'ont acquise, soit par l'ouverture et la vérification détaillée de ces objets, soit parce qu'ils ont reconnu, par l'état du colis, la disposition des coutures de l'emballage, l'intégrité des cordes qui dans aucun endroit n'ont pu être coupées ni *épissées*, et par la netteté et la solide application des plombs, qu'il y avait impossibilité matérielle à ce qu'on n'eût rien dérangé dans l'intérieur. Seulement on peut ajouter à la formule du certificat imprimé que la vérification a été faite en détail ou sommairement. (*Circ. du 12 décembre 1827, n° 1077.*)

Le poids des colis peut être établi par épreuves, mais le certificat de reconnaissance apposé sur le passavant doit constater le poids total des marchandises. (*Circ. lith. du 15 avril 1847.*)

C'est le poids net qui doit être rappelé dans le certificat, qu'il y ait ou non contre-vérification. (*Circ. man. du 30 septembre 1844.*)

Quand un déficit est constaté au bureau de sortie sur le poids d'un colis expédié d'un bureau de l'intérieur, il y a lieu de poursuivre l'application d'une amende égale à trois fois la prime. (*Déc. du 18 juin 1857.*)

Après les vérifications voulues, les marchandises sont conduites à l'extrême frontière par les préposés, qui certifient au verso de l'expédition le passage réel à l'étranger. (*Ord. du 23 septembre 1818, art. 12.*)

Ce certificat, délivré par les préposés du service actif, témoins du passage réel à l'étranger, doit être revêtu de deux signatures. (*Circ. du 25 septembre 1820, n° 603.*)

Dans les ports de mer, le *vu embarquer* des marchandises ne suffit pas; le certificat de départ du bâtiment, donné par les préposés de brigades et visé par les chefs du service, est indispensable. (*Circ. du 22 mars 1821, n° 646.*)

Il n'existe aucune pénalité contre le négociant qui, après avoir fait une demande d'allocation de prime, ne donne pas suite à l'opération soit au bureau de première expédition, soit à celui de sortie définitive. Aussi, quelque soit le mode de transport, et si ce dernier bureau est d'ailleurs ouvert aux opérations de prime, l'intéressé peut, quand il le juge convenable, faire une déclaration modificative de celle primitivement produite. Dans ce cas, comme dans celui où les passavants sont au contraire remis à titre de déclaration, lorsqu'une différence est constatée entre les marchandises présentées et les marchandises énoncées en la déclaration ainsi reçue en dernier lieu, le service du bureau de sortie poursuit l'application de la législation répressive des infractions en matière de prime d'exportation. (*Déc. du 12 février 1859.*)

_____

(1) Les expéditions dirigées sur Strasbourg sont assujetties aux règles ci-après :
Les marchandises doivent entrer en ville par la porte Blanche, et l'expédition y être visée. Les préposés de la porte Blanche accompagnent les marchandises jusqu'au bureau de la douane, où l'on procède à la vérification, suivant qu'il est prescrit par l'art. 9 ci-dessus. Elles sont sans délai escortées jusqu'au pont du Rhin, et passent définitivement à l'étranger. (*Ord. du 23 septembre 1818, art. 13.*)

Chaque soir, après qu'elles ont été mises en règle, le receveur doit adresser à la direction dont il relève, les pièces relatives aux exportations qui se sont consommées dans le jour. C'est également par chaque courrier que le directeur doit transmettre à l'administration toutes les pièces qu'il a ainsi reçues. Il n'est pas nécessaire qu'elles soient accompagnées d'un projet de liquidation. (*Circ. des 25 septembre 1820 et 23 novembre 1821, n° 692, et Circ. man. du 31 juillet 1829.*)

L'expédition de sortie doit avoir été visée par les chefs de service de la visite tant à la douane d'expédition qu'au bureau d'exportation définitive.

Le directeur dans l'arrondissement duquel se trouve ce dernier bureau est chargé de transmettre à l'administration les pièces justificatives de l'exportation. Il a soin de les contrôler et de s'assurer que toutes les formalités prescrites ont été remplies, que les faits annoncés ne sont contredits par aucun rapport de service, et qu'enfin toutes les signatures sont véritables. Afin d'attester que ce contrôle a eu lieu, il vise toutes et chacune des pièces à lui adressées. (*Circ. des 30 septembre 1818, n° 431 ; 5 juillet 1820, n° 584 ; 25 septembre 1820, n. 603 ; 22 mars 1821, n° 646 ; 23 novembre 1821, n° 692, et 17 septembre 1849, n° 2346.*)

Pour être transmises à l'administration, les pièces sont classées dans l'ordre suivant : passavant, déclaration, ou, selon le cas, déclaration permis, certificat d'origine ; et elles sont réunies, par un lien, puis fixées au second feuillet d'une formule série E, n° 52, au moyen d'un autre lien qui les traverse à l'angle gauche supérieur, à une distance de 6 centimètres du bord. (*Circ. lith. du 9 août 1851 et Déc. du 10 octobre 1869.*)

Les dossiers de prime doivent être adressés au directeur, pour être transmis à l'administration avec une lettre collective d'envoi, en rappelant les numéros, dans les cinq jours, au plus tard, qui suivent l'exportation définitive. (*Circ. man. du 30 septembre 1862.*)

Les liquidations sont préparées et revues à l'administration, où l'on juge s'il y a lieu, au sujet de la classification des diverses marchandises, de recourir aux experts du Gouvernement. Elles sont soumises à l'examen du conseil d'administration, et c'est d'après son avis, approuvé par le directeur général, que l'ordonnance de prime est délivrée pour être acquittée par le bureau principal de douane que l'exportateur a fait désigner au passavant. (*Circ. des 25 septembre 1820, n° 603 ; 22 mars 1821, n° 646 ; 23 novembre 1821, n° 692 ; 30 dudit, n° 694, et 28 juillet 1822, n° 740.*)

Le montant des primes ne peut être imputé sur une recette subordonnée. (*Déc. du 12 octobre 1857.*)

L'ordonnance de payement est un acte administratif dispensé du timbre, et c'est au bas de cet acte que se met le *pour acquit* des parties prenantes. (*Circ. du 22 mars 1821, n° 646.*)

Lorsque la prime a été liquidée, une lettre d'avis est adressée, par l'administration, à l'ayant-droit, qui est tenu, pour recevoir le montant de la liquidation, de représenter, avec cette lettre d'avis, les extraits des expéditions de sortie relatives aux marchandises auxquelles s'applique la prime. (*Arrêté du 20 septembre 1851, art. 2.*)

Dès que le payement est effectué, la lettre d'avis et les extraits d'expédition sont annexés à l'ordonnance acquittée. (*Circ. des 25 septembre 1820, n° 603, et 6 octobre 1851, n° 2462.*)

La lettre d'avis, appuyée des extraits des expéditions de sortie, peut être revêtue d'une autorisation, donnée par les ayant-droit à un tiers, de toucher le montant de la liquidation en leur nom et pour leur compte (1). Dans ce cas, la lettre d'avis est

---

(1) Est supprimée la faculté du transfert, sous forme d'endossement. (*Arrêté du 20 septembre 1851, art. 4.*)

passible du timbre de dimension, appliqué à l'extraordinaire dans tous les bureaux de l'enregistrement. (*Arrêté du 20 septembre 1851, art. 3.*)

En dehors de ces conditions, l'autorisation de toucher doit résulter d'un pouvoir timbré. *V.* n° 222. Pour l'acquit ou quittance, *V.* n° 221.

En cas d'excédant de payement, la liquidation est annulée; il en est délivré une autre, régulière, la somme payée en trop est reprise en recette, la somme réellement due est acquittée, et l'on biffe, en présence de l'intéressé, sa première quittance. (*Déc. du 13 juin 1846.*)

Au besoin la douane pourrait, en vertu de l'art. 1235 du Code civil, exercer devant le tribunal de paix une action en répétition. (*Déc. du 8 novembre 1852.*)

Les receveurs doivent renvoyer à l'administration, par l'intermédiaire des directeurs, les liquidations qui n'ont pas été acquittées avant la clôture de l'exercice sur lequel elles sont imputées. Lorsque les intéressés réclament le payement, il est formé de nouvelles liquidations. (*Circ. man. des 31 novembre 1825, 11 janvier 1827 et 9 mai 1829.*)

Quand il a été dressé un procès-verbal ou un acte conservatoire, la lettre d'avis à l'administration doit indiquer : 1° la date et le numéro de la déclaration-permis ou du passavant accompagnant les marchandises; 2° le bureau désigné pour la sortie; 3° le délai fixé pour consommer l'exportation. (*Déc. du 26 mars 1847.*)

Le service du bureau d'expédition doit, en outre, indiquer, en gros caractère et à l'encre rouge, sur les déclarations permis ou passavants, qu'un procès-verbal ou qu'un acte conservatoire a été dressé.

De son côté, en transmettant les pièces pour la liquidation de la prime, le directeur dans la division duquel se trouve le bureau de sortie définitive doit indiquer, sur la formule série E, n° 52, qu'il a été dressé un procès-verbal ou un acte conservatoire au bureau d'expédition, il signale, au besoin, par lettre spéciale, les circonstances particulières de la contre-visite à la sortie. (*Circ. lith. du 6 avril 1847.*)

Dès que les condamnations pécuniaires ont été recouvrées, il convient de le faire connaître par lettre spéciale, au directeur; et, par suite, à l'administration, sous le timbre de la 3e *divison*, 2e *bureau, primes,* en rappelant la date des recouvrements et les numéros des passavants dont étaient accompagnées les marchandises, afin que la prime soit liquidée s'il y a lieu. (*Déc. des 23 mars et 10 août 1847.*)

Lorsque les primes et amendes doivent être réglées *au même bureau,* il est procédé à la liquidation des primes aussitôt que l'administration est en mesure de le faire. Les titres, ainsi que les lettres d'avis destinées aux exportateurs, sont adressés au receveur principal, qui les conserve jusqu'au moment où il a été statué sur les condamnations exigibles pour les parties faussement déclarées. Le comptable procède alors au réglement, soit des primes dues, soit des amendes, par forme de compensation. (*Circ. lith. du 26 janvier 1846 et Déc. du 9 mars 1849.*)

Les primes dues à un failli peuvent être retenues en atténuation de sa dette envers le Trésor. A cet effet, le receveur réclame, outre l'acquit du syndic de la faillite, un extrait du jugement qui confère ladite qualité à ce dernier. (*Déc. du 1er août 1851.*)

SECTION II

Marchandises admissibles au drawback.

826. — *Viandes salées.* Le droit du sel employé à la salaison des viandes de bœuf et de porc exportées par mer sera remboursé d'après un taux moyen que le Gouvernement déterminera pour chaque espèce de salaison. (*Loi du 7 juin 1820, art. 9.*)

Les viandes salées ayant droit, dans le cas d'exportation, au remboursement du droit du sel, sont rangées en deux classes pour la quotité du droit à restituer. (*Ord. du 22 juin 1820, art. 1er.*)

La restitution du droit aura lieu pour chaque classe dans les proportions suivantes, savoir :

Salaisons de la 1re classe :

Pour 100 kil. net de bœuf ou porc, le droit de 40 kil. de sel, soit 4 fr. les 100 kil.
    100 kil. de jambon, le droit de........ 30 kil.   *id.*   — 3 »   —
    100 kil. de lard en planches(1) le droit de 32 kil.   *id.*   — 3 20   —

Salaisons de la 2e classe :

Pour 100 kil. net de bœuf ou porc, le droit de 30 kil. de sel, soit 3 fr. les 100 kil.
    100 kil. de jambon, le droit de........ 25   —   — 2 50   —
    100 kil. de lard en planches (2), le droit de 27   —   — 2 70   —

(*Ordonnance du 22 juin 1820, art. 2; Arrêté du 11 janvier 1849; Circ. du 29, n° 2305.*) (3).

Auront droit aux restitutions de la première classe les exportations faites aux destinations suivantes : Les pays étrangers transatlantiques, les colonies et comptoirs français, la pêche de la baleine et la pêche de la morue.

Ne jouiront que des restitutions de la deuxième classe les exportations effectuées aux destinations ci-après : Les pays étrangers d'Europe, les possessions françaises du nord de l'Afrique, le Levant, l'Egypte, les États barbaresques sur la Méditerranée (*Ord. du 28 juillet 1840, art.* 2) (3), et les exportations par les bureaux de la frontière de terre des Pyrénées. (*Même Ord., art.* 3.)

Les intéressés doivent déclarer le poids net et le poids brut des viandes salées ou beurres salés. (*Déc. du 27 juillet 1834.*)

Pour établir le poids net des salaisons, il sera fait déduction du poids des futailles dans lesquelles elles seront contenues, en prenant le poids effectif des futailles vides de même forme et capacité.

---

(1) Les poitrines de porc salées sont assimilées au lard en planches. (*Déc. du 3 juin 1857.*)

(2) Il importe d'exiger pour toutes les exportations de viande de porc, que leur espèce soit déclarée selon les termes de l'art. 2 ci-dessus, et de rappeler toujours très-exactement chaque espèce sur les permis d'embarquement, de même que sur les certificats de visite et de liquidation de prime. La déclaration de *lard salé* ne doit donc jamais être admise. Le *lard en planches* doit être désigné sous cette dénomination qui lui est spécialement propre, et toute salaison de porc qui n'est pas du *lard en planches* doit être déclarée *porc salé.* (*Circ. du 22 novembre 1820, n° 619.*) Afin d'obtenir le bénéfice du drawback à l'égard des viandes salées, le déclarant doit produire un certificat d'origine délivré par le saleur qui les a préparées. (*Déc. du 16 juin 1855.*) Les viandes que l'on aurait salées dans les lieux situés dans l'enceinte des marais salants ou enclavés dans leur circonscription ne jouiront, à la sortie, du remboursement du droit du sel que sur la représentation préalablement faite : 1° des acquits de payement du droit du sel employé auxdites fabrications ; 2° d'un certificat du saleur qui aura préparé les viandes, ledit certificat légalisé par le maire de la commune où seront placés les ateliers de salaisons. (*Ordonnance du 22 juin 1820, art.* 4.)

(3) Les viandes embarquées comme provisions de bord et pour la nourriture des équipages donnent droit à la prime. (*Ord. du 22 juin 1820, art. 1er.*) Toutefois les salaisons consommées dans le port ou en rivière avant l'exportation ou le passage en haute mer du navire en sont exclues. (*Déc. du 3 juin 1829.*)

Chaque restitution de droit sera autorisée par l'administration des douanes, mais seulement sur la production des pièces justificatives de la bonne confection des salaisons embarquées (1), de leur exportation effective et du lieu de leur destination (2). (*Ord. du 22 juin 1820, art. 3.*)

Toute quantité de viande salée ou de beurre salé en France ayant joui de la restitution du droit, aux termes des articles précédents, et qui serait réimportée sous un prétexte quelconque, ne pourra être mise en consommation qu'en supportant les droits d'entrée du tarif comme viande salée ou beurre salé importés de l'étranger (*Même Ord., art. 5.*)

Mais, par exception, les restants de viandes salées ou beurres salés rapportés comme avitaillement par les navires qui, expédiés à la pêche de la morue, rentrent à leur port d'armement, peuvent être réadmis lorsqu'il est justifié de l'expédition primitive par des permis réguliers sur lesquels elle a été constatée, que nul doute ne s'élève, de la part du service, sur l'origine nationale, et à charge, par les intéressés, de restituer, proportionnellement aux quantités ainsi réintroduites, le montant de la somme reçue comme prime au départ, à titre de compensation de la taxe sur le sel ayant servi à la préparation de ces salaisons.

---

(1) Les signes distinctifs d'une bonne salaison sont : pour le bœuf, une chair ferme, d'un rouge vif dans les parties maigres, une graisse compacte, d'un beau blanc, colorée légèrement, et par intervalle, d'une teinte rosée. L'odeur est agréable, semblable à celle du jambon. Le lard est d'une couleur rose vermeille ; il résiste sous le doigt et a une odeur pareille à celle du bœuf, mais un peu plus forte.

On doit faire une incision dans les viandes pour bien apprécier leurs qualités, d'après les indications ci-dessus.

En général, les salaisons expédiées pour les colonies ou toute autre destination éloignée sont en saumure ; celle-ci, pour assurer la conservation des viandes, doit marquer à l'aréomètre, ou pèse-sel, de 25 à 27 degrés.

Les viandes de la deuxième classe, que l'on embarque pour les pays d'Europe ou pour la pêche, doivent présenter les mêmes caractères extérieurs que les précédentes, qui sont rangées dans la première classe ; mais le degré de la saumure peut être inférieur. Ce degré est facile à déterminer, d'après la quantité de sel sur laquelle le droit doit être restitué. Ainsi, par exemple, si la saumure d'un quintal de bœuf ou de porc de la première classe, sur lequel on rembourse le droit de 40 kilogrammes de sel, doit marquer de 25 à 27 degrés, il est clair que celle de 100 kilogrammes de même viande, rangée dans la deuxième classe, et jouissant de la restitution de l'impôt sur 30 kilogrammes de sel seulement, ne devra porter que de 19 à 20 degrés. Ce calcul proportionnel, fort simple, se fait pour chacune des autres espèces de salaisons.

On voit que des viandes salées sont de mauvaise qualité ou n'ont pas reçu assez de sel quand elles présentent une chair flasque, de couleur terne, et que la graisse en est jaune, portant une odeur de rance. La restitution du droit du sel ne peut être accordée, dans aucun cas, pour des viandes de mauvaise qualité ou dont la préparation est imparfaite. (*Circ. du 5 juillet 1820, n° 584.*)

(2) Le certificat de visite énonce la bonne confection des viandes, le nombre et l'espèce des colis, le poids net et brut ; enfin, selon le cas, le titre aréométrique de la saumure. (*Circ. des 5 juillet 1820, n° 584, 26 janvier 1824, n° 850, et 27 février 1849, n° 2309.*)

Lorsque, en cas d'escale, V. n° 598, des déficits sont reconnus à l'arrivée, et s'il y a lieu de les attribuer uniquement à la consommation, par l'équipage, des quantités manquantes, il en est fait mention au passavant, pour que la prime ne porte que sur les quantités réellement exportées. (*Mêmes Circ.*)

En cas de doute sur l'origine nationale de ces restants de provisions, le service, au lieu de les réadmettre en franchise, doit exiger qu'ils soient placés, soit dans l'entrepôt des sels, ou, à défaut, des marchandises, soit en dépôt sous la clef de la douane, dans les ports qui n'ont pas d'entrepôt constitué. (*Déc. min. du 22 mars 1834, et Circ. manuscr. des 1er avril 1834 et 3 décembre 1840.*)

Le bénéfice de cette disposition est applicable alors même que les navires se sont rendus à l'étranger pour y débarquer tout ou partie des produits de leur pêche, ou ont déjà relâché dans un port français.

Quand ces navires abordent dans un port de France autre que celui de leur armement, les restants de salaisons peuvent être dirigées sur ce dernier port, soit par mutation d'entrepôt, d'un entrepôt de sels sur un autre, avec un acquit-à-caution de la série S, ou d'un entrepôt de marchandises sur un entrepôt de même espèce, moyennant les formalités ordinaires, soit, à défaut d'entrepôt de sels ou de marchandises, sous la garantie d'un acquit-à-caution, série M, n° 51. (*Circ. lith. du 13 mars 1850.*)

Les viandes salées ou les beurres salés préparés en France ne peuvent donner lieu à une allocation, en franchise du droit de consommation, de sel destiné à les bonifier. Ce serait, en effet, faciliter la fraude qui consisterait à réclamer la prime pour des salaisons incomplètes, bien que présentant le degré de saumure réglementaire. Tout ce qu'il est possible de faire, c'est d'autoriser, sous les conditions suivantes, l'ouillage, au moyen de sel déjà soumis à l'impôt, de salaisons d'origine française, reconnues avariées et placées en entrepôt : l'opération s'effectue en présence du service, qui constate le poids du sel employé; la taxe sur ce sel n'est remboursée qu'autant que la totalité des salaisons ainsi bonifiées est réexpédiée à l'étranger. (*Déc. des 23 janvier 1834 et 9 juillet 1836.*)

827. — *Beurres salés.* Le droit prélevé sur le sel employé dans la préparation des beurres sera restitué à l'exportation par mer de ce produit, et dans les proportions qui seront déterminées par des ordonnances du Gouvernement. (*Ord. du 13 juillet 1825, art. 9, et Loi du 17 mai 1826, art. 8.*)

Les exportations de beurres salés donneront lieu, à titre de prime de sortie, aux restitutions suivantes :

1° Du droit perçu sur 12 kilogr. de sel pour 100 kilogr. net de beurre salé (soit 1 fr. 20 c. les 100 kilogr.), exporté pour les destinations comprises dans la première classe indiquée au n° 826;

2° Du droit perçu sur 8 kilogr. de sel pour 100 kilogr. net de beurre salé (soit 80 cent. les 100 kilogr.) exporté *par mer* à destination des pays compris dans la deuxième classe énoncée au n° 826. (*Ord. des 23 novembre 1825, art. 1er, et 28 juillet 1840, et Arrêté du 11 janvier 1849; Circ. n° 2305.*)

Les mesures d'exécution pour la délivrance des primes à l'exportation des beurres salés sont les mêmes que celles relatives aux primes des viandes salées. (*Circ. du 7 décembre 1825, n° 957.*) V. n° 826.

828. — Les *machines à vapeur* de fabrication française (1), quelle qu'en soit la force, employées sur des navires de construction française (2) destinés exclusivement

---

(1) Les machines à vapeur de fabrication étrangère, employées sur des navires de construction française affectés à la navigation internationale maritime, sont exemptes de tous droits. (*Loi du 6 mai 1841, art. 1er.*)

(2) La loi du 6 mai 1841 n'a eu en vue que les machines placées à bord des navires de construction française. Les dispositions de cette loi ne peuvent être combinées avec un autre régime, par exemple avec les admissions temporaires. (*Déc. du 28 février 1856.*)

à la navigation internationale maritime, donneront droit à une prime. (*Loi du 6 mai* 1841, *art.* 1er.)

La prime est liquidée d'après la base *actuelle* et la quotité des droits d'entrée applicables aux machines à vapeur pour la navigation, d'origine et de fabrication britanniques, importées par navires français (*Décret du 22 décembre* 1860; *Circ. du 8 janvier* 1861, n° 721), soit 20 fr. par 100 kil.

Il faut que les machines aient été construites avec des matières d'origine française ou nationalisées par le payement des droits d'entrée. (*Déc. du 23 juin* 1857.)

Pour les appareils placés à bord de navires effectuant une navigation autre que celle internationale, *V.* n° 829.

Le fait de l'installation complète des machines à bord des navires donne seul ouverture au drawback, de sorte que la date du dernier embarquement des pièces de chaque appareil détermine le régime applicable. (*Circ. du 22 avril* 1854, n° 200.) [1].

Dans le cas où lesdites machines, soit étrangères, soit françaises, seraient, par une cause quelconque, affectées ultérieurement à une destination autre que la navigation internationale maritime, celles de construction étrangère seront assujetties au payement du droit exigible d'après le tarif actuellement en vigueur, et celles de construction française au remboursement de la prime. (*Loi du 6 mai* 1841, *art.* 1er.)

---

(1) L'installation, à bord d'un navire, d'une machine pour laquelle on réclame le bénéfice de la prime, doit être précédée d'une déclaration faite à la douane du port d'embarquement et énonçant d'une manière précise :

1° L'atelier de construction en France où la machine a été confectionnée; 2° que cette machine est entièrement neuve; 3° la puissance de la machine, exprimée en nombre de forces de cheval; 4° le nom du navire sur lequel l'appareil doit être installé; 5° la destination que doit recevoir ce bâtiment.

Le déclarant devra souscrire en outre l'engagement de justifier, après installation de l'appareil, que la force de la machine est au moins égale à celle déclarée.

Cette déclaration sera appuyée des trois pièces ci-après :

Un certificat d'origine, délivré par le constructeur et dûment visé, constatant que l'appareil est neuf et que toutes les pièces ont été fabriquées en France; il devra indiquer pareillement la force en chevaux de l'appareil;

Un dessin sur échelle, certifié exact par le constructeur;

Un état descriptif de toutes les pièces de la machine, indiquant leur nombre, leur espèce, la nature des métaux dont elles se composent, et enfin leur poids.

Après que ces diverses pièces auront été produites, il sera procédé à la vérification. Le résultat de cette vérification, à laquelle on devra procéder avec le plus grand soin, sera consigné dans un certificat destiné à être joint au dossier de la demande en allocation de prime. Les employés y exprimeront leur avis motivé pour l'adoption ou le rejet de la demande, selon qu'il y aura lieu.

La justification à fournir, en ce qui concerne la force en chevaux, sera établie, s'il s'agit d'une machine livrée pour un service de l'État, par une copie certifiée du procès-verbal d'admission, dressé par les agents supérieurs de ce service qui auront été chargés d'y procéder, et, s'il s'agit d'une machine placée à bord d'un navire appartenant au commerce, par une copie du procès-verbal de la vérification à laquelle les ingénieurs du Gouvernement auront procédé, conformément aux règlements sur la matière.

Ce dossier sera accompagné d'une lettre spéciale où seront rappelées, et au besoin discutées, les diverses circonstances que l'affaire aura présentées. (*Circ. du 18 décembre* 1843, n° 1999.)

La navigation de cabotage entre la France et l'Algérie, avec escale à l'étranger (*V.* n° 600), pourrait, en droit strict, faire perdre aux navires à vapeur le bénéfice de la prime accordée à l'égard des machines placées à bord sous la condition qu'ils resteront exclusivement employés à une *navigation internationale et de concurrence;* mais cette mesure ne saurait être adoptée qu'autant que le cabotage constituerait la partie importante des transports. (*Déc. du 29 novembre* 1858.)

Pour l'allocation de la prime, il faut que la machine soit complète et entièrement neuve, qu'elle n'ait servi à aucun titre.

Outre le moteur, et, selon le cas, le propulseur, on accorde la prime pour les pompes alimentaires destinées à remplir les chaudières et pour le petit moteur spécial quand elles ne sont pas manœuvrées à bras.

Ne sont pas admissibles à la prime les pièces détachées ou accessoires qui ne font pas partie intégrante et constitutive de l'appareil moteur et propulseur. Ainsi, on repousse les tuyaux pour conduire la vapeur hors de la chambre de la machine; les objets affectés aux communications des mouvements relatifs à des treuils, etc.; les soutes à charbon; les pièces métalliques nécessaires à l'armement, tels que sceaux; les pièces de rechange. (*Circ. man. du 23 juin* 1862.)

Si les conditions et formalités réglementaires ont été remplies, la prime est acquise alors même qu'un naufrage ne permettrait pas au navire d'accomplir le premier voyage commencé.

La prime est due pour des machines installées à bord de steamers qui effectuent des transports réguliers de marchandises ou de voyageurs entre la France et l'étranger, bien que ces bâtiments, naviguant le plus ordinairement entre des ports étrangers, ne servent que comme allèges à d'autres navires français appartenant à la même compagnie et desservant directement, par un service combiné et non interrompu, la ligne entre ces ports et la métropole. (*Dépêche du Ministre du commerce du 26 août* 1862.)

La prime pour les machines françaises, comme l'immunité pour les machines étrangères, ne peut être accordée qu'en vertu des ordres émanés de l'administration elle-même, et dans l'un et l'autre cas, le propriétaire du navire à bord duquel les machines sont placées doit souscrire une soumission cautionnée portant obligation soit d'acquitter les droits, soit de restituer la prime, suivant le cas, si, par une cause quelconque, ces machines étaient affectées ultérieurement à toute autre destination que la navigation maritime internationale. Copie certifiée de cette soumission doit être annexée, sous le cachet de la douane, à l'acte de francisation du navire, et annotation conforme doit en être faite sur le congé à l'article du mobilier du bâtiment. (*Circ. du 8 mai* 1841, n° 1850, *et Déc. du 15 juillet suivant.*)

829. — *Fontes.* Les droits perçus à l'entrée sur les fontes brutes étrangères employées à la fabrication des machines à feu seront remboursés à l'égard des machines d'une force de *cent chevaux au moins,* placées à bord des navires de construction française destinés à la navigation maritime (autre que la navigation internationale), et pour lesquelles il n'y a pas lieu à une prime quelconque. (*Loi du 5 juillet* 1836, art. 5, § *dernier, et Loi du 6 mai* 1841, art. 1er.)

Cette restitution s'effectuera à raison de 300 kil. de fonte par force de cheval, y compris le déchet de fabrication, et de 4 fr. 80 par chaque 100 kil. (*Ord. du 30 mai* 1839, art. 1er, *et Décret du 25 mars* 1854; *Circ. du 22 avril* 1854, n° 200.)

Seront seules admises à jouir du bénéfice de ces dispositions les machines à feu neuves, dont la construction en France et la force seront dûment justifiées. Dans le cas où les diverses machines seraient retirées des navires pour être affectées à un autre emploi, les propriétaires seront tenus de rembourser le montant des sommes reçues par eux en vertu de la présente ordonnance. (*Même Ord., art.* 2.)

V. n° 828, les dispositions de la circulaire du 18 décembre 1843, n° 1999, pour les formalités à remplir.

830. — *Tableau des bureaux ouverts aux opérations qui concernent les marchandises de primes.*

Les viandes et les beurres salés peuvent sortir par *tous* les bureaux de la frontière maritime; les viandes salées peuvent, en outre, être exportées par les bureaux de la frontière *des Pyrénées* qui sont ouverts à la sortie des autres marchandises de primes.

1ʳᵉ SECTION. — *Bureaux qui peuvent* SEULS *recevoir les premières déclarations et délivrer les expéditions de sortie pour les marchandises de primes.*

Dunkerque*, Bailleul, Armentières, Turcoing, Lille*, Roubaix, Feignies, Valenciennes*, Givet, Sedan, Longwy, Thionville (station)*, Metz*, Forbach, Sarreguemines, Wissembourg, Lauterbourg, Strasbourg*, Colmar, Mulhouse*, Saint-Louis*, Delle, Besançon*, le Villers, les Verrières-de-Joux, Jougne, les Fourgs, les Rousses, Bellegarde, Culoz, Saint-Blaise, Pont-de-Beauvoisin, Entre-deux-Guiers, Chapareillan, Mont-Genèvre, Briançon, Saint-Laurent-du-Var, Cannes, Toulon*, Avignon, Marseille*, Arles, Montpellier, Cette*, Agde, Nîmes, Port-Vendres, Perpignan, Vielle, Toulouse, Bedous, Oloron, Saint-Jean-Pied-de-Port, Bayonne, Bordeaux*, Rochefort, la Rochelle*, Nantes*, Vannes, Lorient, Brest*, Morlaix*, le Légué, Saint-Malo*, Granville, Cherbourg, Caen*, Honfleur*, Rouen*, le Havre*, Fécamp, Dieppe*, Saint-Valery-sur-Somme, Abbeville, Boulogne*, Calais, Paris*, Lyon*, Orléans*, Jeumont, Saint-Nazaire, Saint-Jean-de-Maurienne, Nice, Pontarlier (station du chemin de fer)*, Douai*, Urdos*.

2ᵐᵉ SECTION. — *Bureaux qui peuvent* SEULS *constater le passage définitif à l'étranger des marchandises de primes* (1).

Dunkerque*, Pont-Rouge (les expéditions doivent être délivrées ou visées à Armentières), Halluin (les expéditions doivent être délivrées ou visées à Lille), Riscontout (les expéditions doivent être délivrées ou visées à Turcoing), Turcoing (station du chemin de fer), Roubaix (station du chemin de fer), Baisieux (les expéditions doivent être délivrées ou visées à Lille), Feignies, Blancmisseron* (les expéditions doivent être délivrées ou visées à Valenciennes), Valenciennes*, par le chemin de fer, Givet, Givonne (les expéditions doivent être délivrées ou visées à Sedan), Longwy* (les expéditions doivent être délivrées ou visées à Thionville), Forbach*, Thionville* (station), Apach*, Sarreguemines*, Wissembourg, Lauterbourg, la Wantzenau* (les expéditions doivent être délivrées ou visées à Strasbourg), Pont-de-Kehl, Ile-de-Paille (les expéditions doivent être délivrées ou visées à Colmar), Huningue, Saint-Louis*, Delle*, le Villiers*, Verrières-de-Joux*, Jougne*, les Fourgs, les Rousses*, Bellegarde*, Culoz*, Saint-Blaize*, Seyssel*, Pont-de-Beauvoisin*, Entre-deux-Guiers*, Chapareillan*, Mont-Genèvre (les expéditions doivent être délivrées ou visées à Briançon), Saint-Laurent-du-Var, Cannes, Toulon*, Marseille*, Cette*, Agde*, Port-Vendres*, Bourg-Madame et le Perthus (les expéditions doivent être délivrées ou visées à Perpignan), Bagnères-de-Luchon, Aragnouet, Urdos* et Lescun (les expéditions doivent être délivrées ou visées à Bedous), Arnéguy* (les expéditions doivent être délivrées ou visées à Saint-Jean-Pied-de-Port), Ainhoa et Béhobie (les expéditions doivent être

---

(1) Les opérations de réexportation, après admission temporaire, des sucres raffinés, sont exclusivement réservées aux bureaux qui sont marqués d'un astérique dans le présent tableau.

délivrées ou visées à Bayonne), Olhette, Saint-Jean-de-Luz par Socoa, Bayonne, Pauillac* (les expéditions doivent être délivrées ou visées à Bordeaux), Rochefort, la Rochelle*, Paimbœuf* (les expéditions doivent être délivrées ou visées à Nantes), Saint-Nazaire*, Vannes, Lorient, Brest*, Morlaix*, Saint-Malo*, le Légué, Granville, Cherbourg*, Caen*, Honfleur*, Quillebeuf* (les expéditions doivent être délivrées ou visées à Rouen), le Havre*, Fécamp, Dieppe*, Saint-Valery-sur-Somme, Boulogne*, Calais*, Jeumont, Pont-de-la-Caille*, Saint-Jean-de-Maurienne*, Lanslebourg*, Menton (par Garavano*), Bois-d'Amont*, Fontan*, Pontarlier* (station du chemin de fer), Lille*.

CHAPITRE XI

BESTIAUX ET BÊTES DE SOMME, ET VOITURES, ETC., SERVANT AU TRANSPORT DES MARCHANDISES.

Dès que le tarif les atteint, les animaux ne peuvent plus être considérés comme de simples moyens de transport ou de subsistance; ils sont assimilés aux marchandises. Il est alors nécessaire de suivre leurs mouvements dans un certain rayon de la frontière, afin de prévenir les fraudes, sans imposer ni à l'agriculture ni aux entreprises de transport des gênes trop importunes.

Les *bestiaux* sont les bêtes bovines, bœufs, vaches, taureaux, taurillons, veaux, génisses (*gros bétail*); les bêtes à cornes, à laine, et en général ce qu'on appelle *le pied fourchu;* les boucs, chèvres, chevreaux, béliers, brebis, moutons et agneaux, porcs, gorets et cochons de lait (*menu bétail).*

Par *bêtes de somme*, on entend les chevaux, étalons, juments, poulains et pouliches; les ânes, les mules et les mulets.

Quelques règles rappelées ci-après sont spéciales aux bestiaux. Dans tous les autres cas d'importation, d'exportation ou de circulation, et sauf l'exemption indiquée au n° 247, les bestiaux et bêtes de somme suivent le régime général des marchandises. (*Circ. du 23 décembre 1844, n° 2046, art. 97.*)

SECTION PREMIÈRE

Importation, exportation, circulation, détention à l'étable.

831. — Dans ces cas, les lois ne distinguent pas le bétail ni les animaux des autres marchandises. (*A. de C. du 9 juin 1841 et Jug. du Trib. civil d'Hazebrouck, du 29 mars 1862, relatif aux chiens de forte race.*)

Les chevaux, autres que ceux servant à l'exploitation des terres, ne sont pas compris sous la dénomination générale de *bestiaux*, et il appartient aux tribunaux de juger en fait si un cheval saisi est ou non dans l'exception, et si cette exception peut entraîner l'affranchissement des formalités de douane. (*A. de C. du 18 juin 1839.*)

832. — *Importation.* Les préposés ne doivent saisir, pour cause de fausse déclaration d'espèce, une pièce de bétail présentée au bureau pour l'acquittement des droits, que lorsqu'ils ont à cet égard une conviction absolue. En cas de contestation et à raison des difficultés que pourrait offrir une expertise légale, il conviendrait de laisser au déclarant la faculté de remmener le bétail à l'étranger. (*Déc. des 10 août et 23 novembre 1844.*)

A l'égard des bestiaux, le fait légal d'importation frauduleuse passible des pénalités déterminées par les lois générales n'existe que lorsque le procès-verbal de saisie constate explicitement que les capteurs ont vu le bétail franchir la ligne de séparation de l'étranger et qu'ils l'ont arrêté soit au-delà du 1er bureau où la déclaration d'entrée aurait dû être faite, soit en-deçà vers l'étranger, mais sur un chemin détourné, c'est-à-dire autre que celui conduisant directement de l'étranger à ce bureau. (*A. de C. du 9 mai 1843; Doc. lith.*, n° 133.)

Les têtes de bétail trouvées en excédant au nombre porté dans les déclarations sont saisissables en vertu de la loi générale, par analogie avec ce qui est réglé au n° 838. Le n° 173 n'est pas ici applicable. (*Déc. du 12 août 1851.*)

Les déficits sont traités selon les règlements généraux. (*Déc. du 9 février 1842.*)

833. — *Exportation.* Le fait légal d'exportation frauduleuse n'existe que lorsque le procès-verbal constate que le bétail a été arrêté sur un chemin conduisant à l'étranger, après avoir dépassé le dernier bureau où la déclaration eût dû en être faite.

834. — *Circulation.* Le fait de circulation résulte du mouvement du bétail sur un point quelconque du rayon soumis à la police des douanes (Livre II), dans des conditions autres que celles qui constituent l'importation, l'exportation ou le pacage. La circulation des animaux, des bestiaux ou du menu bétail dans les diverses zones n'est astreinte à aucune formalité. (*Déc. du 13 juin 1856, et Circ. du 15 septembre 1860, n° 685.*)

Pour la circulation des bestiaux, etc., amenés de France dans la zone extérieure, *V.* n° 837.

Nulle loi n'ayant apporté d'entraves particulières au pacage des bestiaux de toute espèce existant dans le rayon intérieur, ce pacage n'est soumis à aucune formalité pour le régime de circulation. *V.* n° 247. Pour le pacage de la zone extérieure, *V.* n° 837.

835. — *Détention à l'étable.* Par application de l'exception consacrée en faveur des produits du crû du pays (*V.* n° 281), la détention à l'étable de bestiaux ou menu bétail dans le rayon (2 kilom. 1/2) des douanes, n'est soumise à aucune formalité. (*Circ. du 15 septembre 1860, n° 685.*)

836. — *Pacages.* Pour les troupeaux français en France, *V.* n° 837; à l'étranger, *V.* n° 838; troupeaux étrangers en France, *V.* n° 839.

SECTION II

Police des portions du territoire entre l'étranger et la première ligne des douanes (zone dite extérieure) (1).

837. — Ceux qui veulent faire paître des bestiaux (2), mules, mulets, chevaux et juments, au-delà des bureaux de douanes placés du côté de l'étranger (3), sont tenus

---

(1) On appelle *zone extérieure* la partie tout-à-fait extrême du territoire français qui est laissée en dehors de la ligne des douanes, parce qu'il aurait fallu, pour la comprendre dans cette ligne, suivre des sinuosités trop nombreuses et s'assujettir à un accroissement de service et de dépenses sans proportion avec l'utilité de la chose.

(2) Bœufs, vaches, taureaux, génisses, veaux, moutons, agneaux, boucs, chèvres et chevreaux, porcs et cochons de lait. (*Circ. du 15 septembre 1860, n° 685.*)

Sont d'ailleurs exemptés de toute formalité la circulation et le pacage des boucs, chèvres et chevreaux, soit d'origine française, existant à demeure dans la zone extérieure, soit amenés de l'étranger dans cette zone. (*Déc. du 27 février 1856.*)

(3) Cette zone extérieure doit être fixée, non à partir de la ligne droite qui serait

de prendre dans ces bureaux des acquits-à-caution (1) portant soumission d'y repré-senter lesdits bestiaux au retour des pacages. (*Arrêté du 25 messidor an VI, art. 2.*)

La déclaration d'enlèvement ou de mise en circulation sera préalablement faite au bureau le plus voisin. (*Règlement du 15 juillet 1825, art. 4; Circ. n° 928.*)

Cette déclaration énoncera le nombre, le signalement détaillé des bestiaux (2); leur destination, le nom et la circonscription des pâturages où ils sont envoyés, la route à suivre pour les y conduire et les ramener, l'espace de temps demandé pour parcourir cette route et la durée du pacage. (*Même Règlement, art. 2.*)

Les bestiaux seront représentés aux bureaux des douanes pour l'obtention des expéditions, visa ou certificats de décharge. Toutefois les inspecteurs pourront, à charge d'en rendre compte au directeur, dispenser de cette obligation, dans les cas où elle serait trop onéreuse, les propriétaires ou conducteurs qui se soumettront d'ailleurs aux conditions jugées nécessaires pour y suppléer (3). (*Même Règlement, art. 8.*)

En cas d'excédant au nombre déclaré pour obtenir l'acquit-à-caution, on exige le double droit d'entrée sur chaque tête de bétail en plus. (*Art. 18, titre 2 de la loi du 22 août 1791, et Règlement de 1825, art. 49, 2e §.*)

L'acquit-à-caution, ou, selon le cas, le passavant, lorsqu'il permettra seulement de traverser la zône extérieure, tracera la route à tenir, désignera les bureaux de passage, avec obligation de l'y faire viser, et restreindra le délai au temps néces-saire pour arriver au bureau le plus voisin du lieu de destination. (*Même Règlement, art. 11.*)

L'autorisation de pacage ou de séjour dans la zone extérieure pourra étendre les délais à trois, six et douze mois. Mais cette facilité ne sera accordée qu'autant que le pacage ou l'établissement rural dans lequel devront se trouver les bestiaux sera déterminé d'une manière absolue, et que le soumissionnaire s'engagera à les repré-senter de jour à toute réquisition des préposés, en nombre conforme, en identité parfaite et au lieu fixé, sous peine de poursuites immédiates, soit pour les *manquants,*

---

tirée d'un bureau à un autre et sans tenir compte des brigades ordinairement placées dans l'intervalle, mais en suivant parallèlement de poste en poste la première ligne des douanes que forment à la fois les bureaux et les brigades. (*Circ. du 3 décembre 1822, n° 768, et Règlement du 15 juillet 1825, art. 1er.*)

(1) Les acquits-à-caution sont exempts du timbre. (*Circ. du 29 mai 1826.*) Il en est de même des expéditions de toute nature nécessaires pour la circulation des bêtes à laine. (*Circ. du 31 juillet 1828.*) Sont également affranchis du timbre les acquits-à-caution des chevaux et bêtes de somme qui circulent ou pacagent dans la zone extérieure. (*Déc. des 25 novembre 1844 et 26 mai 1847.*)

Pour les bestiaux (bœufs, etc.), il suffit de délivrer un passavant. (*Déc. du 27 septembre 1860.*)

(2) C'est-à-dire l'espèce, le sexe, la taille, l'âge, le pelage et les signes individuels propres à faire reconnaître facilement l'animal; pour les bêtes à laine, la déclaration indique de plus l'époque de la dernière tonte. (*Règlement de 1825, art. 5.*)

Pour que les signalements des têtes de bétail soient transcrits avec netteté, on délivre, s'il le faut, plusieurs acquits-à-caution, à moins que la déclaration n'ait été remise en double expédition, l'une pour rester annexée au registre, l'autre pour suivre le volant d'un seul acquit-à-caution. (*Même Règlement, art. 14.*)

(3) Dans ce cas, le receveur, ou, à son défaut, un chef de la brigade, se rend, assisté d'un préposé et muni de la déclaration, soit à l'étable, soit au lieu convenu, pour la reconnaissance des bestiaux. (*Même Règlement, art. 10.*)

soit pour les *excédants* (1). (*Même Règlement, art.* 12, *et Circ. man. du* 11 *avril* 1827.)

Le pacage journalier a également lieu sous la garantie d'un acquit-à-caution ; pour empêcher qu'il ne devienne abusif, les brigades surveillent particulièrement les troupeaux ; elles s'assurent, au départ, qu'on ne laisse pas à l'étable des têtes de bétail dont l'absence servirait à couvrir des introductions frauduleuses sur le pacage ; au retour, que les têtes de bétail n'excèdent pas le nombre déterminé par l'acquit-à-caution. (*Même Règlement, art.* 20.)

L'acquit-à-caution exprime formellement la faculté de l'envoi au pacage, et indique le terrain à parcourir ; il désigne aussi les châlets et les étables où les troupeaux sont renfermés. (*Même Règlement, art.* 21.)

Les chefs et préposés du service actif sont chargés spécialement de constater et d'assurer l'exécution des conditions imposées par les acquits-à-caution. (*Même Règlement, art.* 47.)

L'acquit-à-caution ou le passavant est valable pour tous les pâturages. (*Circ. du* 15 *septembre* 1860, n° 685.)

Si un propriétaire veut diviser son troupeau et l'envoyer en même temps sur plusieurs pacages, il doit prendre autant d'expéditions. (*Règlement de* 1825, *art.* 13.)

Les peaux des animaux français morts en cours de pacage dans la zone extérieure peuvent circuler dans le rayon, après avoir été présentées au bureau, où le service décharge les acquits-à-caution et les soumissions (en faisant signer les intéressés à la souche) d'un nombre égal de têtes de bétail. (*Déc. du* 2 *septembre* 1856.)

En l'absence d'importation flagrante, le pacage du menu bétail, sans expédition dans la zone extérieure, sauf l'exception prévue au n° 247, donne lieu à l'application de l'art. 15, titre 3, de la loi du 22 août 1791. *V.* Livre II, n° 279. (*Déc. du* 28 *janvier* 1845.) N° 97 du tableau des Infr. ; Trib. de paix.

Les troupeaux placés sous la garantie d'un acquit-à-caution ou d'un passavant de pacage ne peuvent être saisis pour le seul fait de circulation de nuit. (*Déc. du* 5 *avril* 1852.)

Les contraventions constatées lors de la vérification faite au retour du pacage *au bureau de décharge de l'acquit-à-caution* donnent lieu à l'application :

Soit de l'art. 9, titre 3, de la loi du 22 août 1791 (double droit d'entrée), à l'égard de l'excédant ; mais si cet excédant est déclaré, on n'exige que le simple droit d'entrée, et on l'affranchit de toute taxe quand il provient de reproductions survenues pendant la durée du pacage. (*Circ. du* 15 *septembre* 1860, n° 685.)

Soit, en cas de substitution de la confiscation du bétail substitué, avec amende de 200 fr. (*Art.* 4, *titre* 3, *de la loi du* 4 *germinal an* II, *combiné avec l'arrêté du* 25 *messidor an* VI ; *Règlement du* 15 *juillet* 1825, *art.* 49 ; *Déc. des* 3 *mars* 1841 *et* 15 *janvier* 1844.)

Lorsqu'au retour d'un pacage, on trouve, dans un troupeau, une tête de bétail non identique avec l'énonciation de l'acquit-à-caution, on doit saisir l'animal substitué et ne régulariser cet acquit que pour les quantités représentées. On n'est pas, dans ce cas, fondé à saisir tout le troupeau. (*Déc. du* 18 *mai* 1843.)

Une saisie déclarée avant la vérification au bureau serait prématurée. (*Déc. du* 7 *décembre* 1840.)

Sont supprimés les comptes ouverts et les recensements. (*Circ. du* 15 *septembre* 1860, n° 685.) En ce qui concerne les chevaux, juments, poulains et pouliches, les

---

(1) Les pénalités sur les déficits ou sur les excédants ne peuvent être encourues avant l'expiration du délai fixé par l'acquit-à-caution. (*A. de C. du* 13 *novembre* 1843.)

mules et mulets, c'est dans la combinaison de l'arrêté du 25 messidor an VI et de l'art. 15 du titre 3 de la loi du 22 août 1791 qu'il faut chercher les moyens de répression légaux. Ainsi, tout excédant sur le nombre des animaux qu'indique l'acquit-à-caution délivré en vertu de l'arrêté de l'an VI, doit être saisi et confisqué, avec amende de 100 fr., par application de l'art. 15 précité, comme *paissant* ou *circulant* sans expédition dans la zone extérieure.

Quant aux déficits, les préposés doivent les mentionner sur les acquits-à-caution, afin que ces expéditions ne soient plus valables que pour le nombre de têtes dont l'existence a été constatée. (*Déc. du 11 septembre 1845, et Jugement du trib. de Castellane du 3 février 1847; Doc. lith., n° 176.*)

SECTION III

Pacage à l'étranger des bestiaux et troupeaux français.

838. — Le pacage du bétail de toute espèce, d'un côté à l'autre de la frontière (1), ne pourra avoir lieu qu'à condition de réimporter ou de réexporter les mêmes troupeaux en nombre et en espèce, sans addition des jeunes bêtes mises bas pendant le pacage, lesquelles seront assujetties aux tarifs et règlements en vigueur pour l'importation ou l'exportation, si on la réclame.

Les pertes pendant le pacage sont aux risques des soumissionnaires.

Toutefois il pourra être fait exception aux dispositions ci-dessus en ce qui concerne l'admission du croît des troupeaux durant le pacage à l'étranger (2). (*Loi du 2 juillet 1836, art. 222.*)

Les conducteurs des bestiaux français envoyés aux pacages étrangers en feront la déclaration et lèveront un acquit-à-caution au bureau le plus voisin du point frontière par où la sortie du troupeau devra avoir lieu. (*Règlement du 15 juillet 1825, art. 30.*)

Seront déclarés le jour et l'heure de la sortie, la route à tenir depuis le bureau ou depuis l'étable située au-delà du bureau jusqu'à l'étranger, le délai dans lequel le troupeau parcourra cette route, la valeur des bestiaux par espèce, et le poids des toisons pour les bêtes à laine. (*Même Règl., art. 31.*)

Pour les excédants ou les déficits à la déclaration, *V.* n° 837.

Si le pacage a lieu à une distance tellement rapprochée de la frontière que les troupeaux puissent revenir chaque soir à l'étable, des déclarations préalables sont faites pour la jouissance du pacage journalier en France ou à l'étranger. (*Règl. de 1825, art. 37.*)

(1) Le but de la loi a été de régler les conditions des pacages internationaux là où ils existent en vertu d'anciens usages, et non d'étendre cette faculté d'une manière générale. (*Circ. du 18 juillet 1836, n° 1552.*)

(2) Cette dernière faculté a son application dans les Pyrénées, où la mise bas a lieu ordinairement pendant le séjour des troupeaux français en Espagne. Afin de donner une base plus sûre à l'immunité, on constate à la sortie l'état de gestation des femelles, et l'on en fait mention sur l'acquit-à-caution. On n'appliquerait le principe général posé par la loi qu'en cas de circonstances particulières où l'on aurait lieu de soupçonner la fraude, et dont il serait rendu compte à l'administration.

Sur les autres frontières, si les troupeaux français étaient conduits à l'étranger pendant le temps de la gestation, les jeunes sujets devraient, au retour de ces troupeaux, être soumis aux droits d'entrée. (*Même Circ.*)

Autant que possible, un seul et même point, par arrondissement de brigade, est déterminé dans les acquits-à-caution pour les mouvements journaliers des bestiaux de France à l'étranger, *et vice versá.* Les mêmes heures d'entrée et de sortie sont aussi assignées. Lorsque les besoins d'une localité réclament davantage, on peut accorder, par arrondissement de brigade, deux points divers et deux heures différentes pour tous les troupeaux; mais, dans tous les cas, l'unité de lieu est exigée pour chaque troupeau distinctement. (*Même Règl.,* art. 38.)

Les capitaines de brigades et les receveurs se concertent avec les maires pour la fixation des heures et des points d'entrée et de sortie. (*Même Règl.,* art 39.)

Les préposés, et, autant que possible, les chefs de brigades assistent à l'entrée et à la sortie des troupeaux. (*Même Règl.,* art. 40.)

Pour les pacages journaliers sur un point rapproché de la frontière, lorsque les localités ne permettent pas, sans donner lieu à des gênes excessives et à des retards onéreux, d'assigner les points de passage pour se rendre à l'étranger et pour en revenir, les inspecteurs, de concert avec les autorités locales, adoptent les mesures commandées par la nature des lieux, et en rendent compte à leur directeur. (*Circ. manuscr. du* 11 *avril* 1827.)

Le délai des acquits-à-caution de pacage journalier à l'étranger peut être étendu à un an; mais, comme le verso de ces expéditions serait loin de suffire à tous les visa du service actif, on leur annexe, sous le cachet du bureau, une feuille qui porte la date, le numéro de l'acquit et la signature du receveur. Une fois remplie, cette feuille est retirée et remplacée par une autre, et ainsi de suite jusqu'au terme assigné par l'acquit-à-caution. (*Même Circ.*)

La sortie sera constatée au dos de l'acquit-à-caution par un chef et un préposé de brigade, qui accompagneront le troupeau jusqu'à la limite du territoire français, pour prévenir toute manœuvre frauduleuse. (*Règl. de* 1825, art. 33.)

La rentrée du troupeau sera déclarée à l'avance, et, à l'heure fixée, un chef de brigade et un préposé se trouveront au point frontière désigné (1) pour escorter le troupeau jusqu'au bureau où la reconnaissance devra en être faite en leur présence (2). (*Même Règl.,* art. 35.)

Ainsi les animaux soumis à la levée d'une expédition doivent, chaque fois qu'ils franchissent la première ligne, à l'entrée ou à la sortie, être reconnus par le service, qui annote l'expédition. (*Déc. du* 27 *février* 1856.)

Au retour en France des troupeaux envoyés au pacage à l'étranger :

1° L'excédant de bestiaux est traité comme importation frauduleuse (confiscation et amende de 200 fr.), à moins qu'il ne s'agisse d'un excédant provenant du croît du troupeau pendant le pacage.

2° La substitution de pièces de bétail entraîne les condamnations pour l'excédant. (*Règl. de* 1825, art. 51.)

Les fromages de pâte molle ou de pâte dure, provenant des troupeaux français qui pacagent à l'étranger, peuvent être affranchis des droits d'entrée. (*Loi du* 5 *juillet* 1836.)

Cette disposition n'est applicable qu'en vertu d'autorisations spéciales de l'administration (*Circ. du* 16 *juillet* 1836, n° 1550), et seulement jusqu'à ordre contraire, sur les frontières des Pyrénées. (*Déc. du* 30 *mars* 1855.)

---

(1) Une autorisation spéciale du directeur est nécessaire pour que la rentrée en France puisse s'effectuer par un bureau autre que celui où l'acquit-à-caution a été délivré. (*Règl. de* 1825, art. 34.)

(2) L'attention, toujours nécessaire dans cette reconnaissance, est recommandée surtout à l'égard des troupeaux qu'on représente au complet. (*Même Règl.,* art. 36.)

SECTION IV

Pacage en France des bestiaux et troupeaux étrangers.

839. — Le pacage du bétail de toute espèce, d'un côté à l'autre de la frontière (1), ne pourra avoir lieu qu'à la condition de réexporter les mêmes troupeaux en nombre et en espèce, sans addition des jeunes bêtes mises bas pendant le pacage, lesquelles seront assujetties aux tarifs et règlements en vigueur pour l'exportation, si on la réclame (2).

Les pertes pendant le pacage sont aux risques des soumissionnaires. (*Loi du 2 juillet 1836, art.* 22.)

La déclaration des troupeaux étrangers amenés en France pour le pacage de saison sera faite préalablement à leur entrée sur le territoire français. (*Règl. du 15 juillet 1825, art.* 22.)

Cette déclaration sera remise au bureau le plus voisin du pacage, si celui-ci est situé dans la zone extérieure, ou au bureau le plus voisin du lieu d'entrée. (*Même Règl., art.* 23.)

Seront déclarés le jour et l'heure de l'entrée, le point frontière par où elle aura lieu, la route à tenir depuis ce point jusqu'au bureau le plus voisin, ou seulement jusqu'au pacage situé en deçà de ce bureau, le délai dans lequel le troupeau parcourra cette route entre le lever et le coucher du soleil, la valeur des bestiaux par espèce. (*Même Règl., art.* 24.)

Il est délivré un acquit-à-caution (3).

Le receveur auquel on vient demander un acquit-à-caution de pacage doit s'assurer qu'il s'agit d'une opération de pacage réelle et conforme aux usages de la localité. Une conséquence qui découle de cette règle, c'est qu'il n'y a jamais lieu de délivrer des acquits-à-caution de l'espèce que durant la saison des pacages. La délivrance d'un acquit-à-caution hors de cette saison constituerait une grave irrégularité. Il faut ensuite que le troupeau pour lequel on réclame un acquit-à-caution de pacage en *France* soit un troupeau étranger, appartenant à des étrangers ou à des Français résidant à l'étranger, ou y possédant du moins des propriétés ou des établissements ruraux. Les mêmes règles, en sens inverse, sont applicables aux troupeaux français destinés à pacager temporairement à l'étranger.

Dans tous les cas, en matière de pacages internationaux, chaque troupeau, ou, pour mieux dire, les animaux compris dans une même déclaration, doivent faire l'objet d'un acquit-à-caution spécial, sans qu'il soit jamais permis d'ajouter sur une première expédition des bestiaux compris dans une déclaration subséquente. (*Déc. du 5 octobre 1844.*)

L'entrée du troupeau en France sera constatée par les préposés du service actif à

---

(1) Le but de la loi a été de régler les conditions des pacages internationaux là où ils existent en vertu d'anciens usages, et non d'étendre cette faculté d'une manière générale. (*Circ. du 18 juillet 1836,* n° 1552.)

(2) Si l'exportation n'est pas réclamée, les sujets qui naissent en France peuvent y rester en exemption de tout droit d'entrée. (*Même Circ.*)

(3) Le passavant est toutefois substitué à l'acquit-à-caution en ce qui concerne les boucs, chèvres et chevreaux, soit français de la zone extérieure, soit d'origine étrangère, amenés pour paître en deçà de la première ligne ou à l'intérieur. (*Déc. du 27 février 1856.*)

vue de l'acquit-à-caution, et la vérification du nombre et de l'état des bestiaux sera faite par le receveur ou par un chef de brigade, toujours avec l'assistance d'un préposé, soit au bureau, soit au pacage situé en-deçà du bureau. (*Règl. de 1825, art.* 25.)

L'acquit-à-caution pourra être valable pour six mois, et, si le pacage est situé dans la ligne des douanes, les dispositions des articles 12 à 19 du présent règlement seront appliquées. *V.* n° 837. (*Même Règl., art.* 26.)

Pour les substitutions constatées pendant la durée du pacage, il y a lieu, à l'égard de l'animal manquant, au payement de sa valeur et d'une amende de 200 francs (introduction frauduleuse), et, pour l'animal substitué, au double droit d'entrée, conformément à l'art. 4, titre 3, de la loi du 4 germinal an II. (*Jug. du trib. de paix de Mouthe, du 5 septembre* 1842.)

A moins d'une autorisation spéciale du directeur, le retour du troupeau à l'étranger doit s'effectuer par l'arrondissement du bureau même qui a délivré l'acquit-à-caution. (*Règl. de 1825, art.* 28.)

La réexportation, préalablement déclarée, sera constatée à la frontière par le receveur ou par un chef de brigade, avec l'assistance d'un préposé au moins, et le certificat de décharge de l'acquit-à-caution sera signé des employés qui auront été appelés à assurer la sortie effective du troupeau. (*Même Règl., art.* 29.)

L'excédant reconnu à l'entrée, ou le déficit constaté lors de la réexportation, à l'égard des troupeaux étrangers admis au pacage en France, constitue une importation frauduleuse et doit être poursuivi à ce titre. (*Même Règl., art.* 50.) Toutefois, quand la douane n'a pas de motifs de supposer des manœuvres frauduleuses, elle n'exige que le simple droit d'entrée pour les pertes (déficit) éprouvées pendant le pacage en France. (*Circ. du 18 juillet* 1836, n° 1552.)

Lorsque la perte des animaux en cours de pacage a été régulièrement constatée par le service des brigades, et si les chefs locaux n'élèvent aucun doute à cet égard, les directeurs peuvent autoriser la libération pure et simple des soumissionnaires. (*Déc. du 7 janvier* 1853.)

SECTION V.

Chevaux et autres bêtes de somme servant aux voyageurs et aux voituriers ; et voitures à échelle, charrettes, charriots, etc., servant au transport des marchandises, des matériaux et des produits de l'industrie rurale.

§ 1ᵉʳ. — *Formalités relatives aux chevaux et autres bêtes de somme* (1).

840. — Les chevaux et autres bêtes de somme (2), montés ou attelés, servant aux voyageurs et voituriers (3), et dont ceux-ci déclarent que *l'entrée* n'est pas *définitive*, sont affranchis, au passage à la frontière, du payement des droits établis par le tarif

---

(1) Ce règlement, qui a pour objet de faciliter les relations entre les pays limitrophes, ne s'applique ni au transit des chevaux (*V.* Livre V) (*Règl. du 18 juin* 1845), ni aux animaux destinés à des travaux à l'étranger. (*Déc. du 3 mars* 1851.)

(2) Les ânes sont affranchis de toute formalité. (*Règl. du 18 juin* 1846.)

(3) Le bénéfice du règlement du 18 juin 1846 doit être accordé pour tous les chevaux ou autres bêtes de somme dont l'entrée ou la sortie n'est pas définitive, sans égard à l'origine ou à la résidence des voyageurs ou voituriers qui les conduisent. (*Déc. du* 13 *novembre* 1846.)

général, moyennant l'accomplissement des formalités et conditions indiquées ci-après. *(Règl. du 18 juin 1846, art. 1er; Circ. n° 2117.)* (1)

Ce règlement ne concerne pas les animaux en laisse ou qu'on saurait être destinés à la vente; l'entrée en doit être soumise au payement des droits. *(Règl. de 1846.)* Toutefois, cette exclusion ne s'étend pas aux chevaux de voiture appartenant à des personnes venant en France ou allant à l'étranger, dont la position sociale, parfaitement connue des employés, éloigne toute idée de spéculation ou d'abus, et qui ne les font conduire dans le pays limitrophe qu'afin de les atteler à leur propre voiture pendant le séjour qu'elles se proposent d'y faire. *(Déc. du 12 novembre 1841.)*

Afin de faciliter les communications ordinaires entre la France et la Belgique, on applique les dispositions suivantes :

Entrée. Les personnes connues et offrant, par leur position, les garanties désirables, peuvent être admises à traverser la frontière sans formalités pour leurs chevaux et voitures. Une expédition n'est délivrée que dans le cas où elles déclarent vouloir retourner à l'étranger par un autre point.

Lorsque les importateurs ne sont pas connus, un acquit-à-caution valable pour un an, sauf prolongation par le directeur, garantit la réexportation des chevaux et voitures. La consignation est également admise, si les intéressés le préfèrent.

Sortie. Pour les personnes connues, on suit le même régime qu'à l'entrée. A l'égard des autres, on délivre un passavant descriptif, valable pour un an, et à vue duquel les attelages sont librement réimportés.

A l'entrée comme à la sortie, il est utile, dans l'intérêt général, que le service prenne une note sommaire sur un carnet du passage des personnes; l'acquit-à-caution peut être déchargé, sur le visa des préposés, sans que le receveur intervienne pour reconnaître l'identité de l'attelage.

Sur les routes gardées d'une manière permanente, toutes facilités doivent être accordées pour les passages pendant la nuit. *(Déc. du 21 septembre 1861.)*

Chaque propriétaire ou conducteur de chevaux allant de France aux courses de Spa est porteur d'un *laissez-passer* délivré par le secrétaire de la Société d'encouragement, et qui sert à assurer la demi-place sur le chemin de fer. Sans attendre l'ouverture du bureau, le transport s'effectuant généralement de nuit, le chef de poste vise ce *laissez-passer* pour le nombre de chevaux sortant réellement, sans exiger leur extraction des bocks, et laisse partir le train. Ces chevaux devant revenir par le même bureau, le chef de poste, si le bureau est fermé, et *sans aucun retard*, vise de nouveau le *laissez-passer* et laisse rentrer lesdits chevaux sans s'occuper de leur signalement.

Ces mouvements sont l'objet d'une inscription sommaire et rapide sur un carnet spécial à la sortie et à la rentrée; mais toujours de façon à ne pas retarder la marche du convoi. *(Déc. admin. du 11 juin 1861.)*

Les chevaux, bêtes de somme et bestiaux amenés de l'étranger pour les marchés de France, peuvent d'ailleurs, alors même qu'ils ne sont pas montés ou attelés, être admis temporairement moyennant la consignation des droits d'entrée.

Un passavant descriptif fixe un délai de courte durée dans lequel ces animaux

---

(1) Le bénéfice de cette concession, qui est basée sur l'art. 7, titre 2, de la loi du 9 floréal an VII, peut être refusé aux étrangers déjà repris de contrebande ou notoirement connus comme contrebandiers de profession, et qui ne viennent en France qu'afin de préparer ou assurer le succès de leurs coupables manœuvres; mais les receveurs n'appliqueront *jamais* cette mesure tout exceptionnelle qu'aux individus qui leur seront signalés par leur inspecteur. *(Déc. des 1er juillet 1841 et 21 septembre 1846.)*

doivent, à défaut de vente, ressortir par le même bureau. Dès qu'ils ont été réexportés régulièrement, après reconnaissance d'identité, les sommes consignées sont restituées aux ayant-droit.

Quant aux consignations relatives aux animaux qui restent en France, à un titre quelconque, au-delà du délai prescrit, le montant en est porté en recette définitive au compte du Trésor. (*Déc. du 17 janvier* 1857.)

La garantie du renvoi à l'étranger ou de la réimportation à l'intérieur doit être fournie, soit au moyen d'une soumission valablement cautionnée (acquit-à-caution), soit par la consignation (1) d'une somme égale aux droits de tarif (2).

Cette garantie est exigible dans les bureaux de première ligne des frontières de terre et dans les bureaux maritimes.

Toutefois, sur les frontières de terre, les voyageurs et voituriers se rendant de l'intérieur à l'étranger, ont la faculté de lever, dans les bureaux situés sur la route qu'ils suivent, les expéditions dont ils sont tenus de se pourvoir. Il suffit, en ce cas, que les expéditions soient visées au passage par le bureau ou par la brigade de première ligne. (*Règl. du 18 juin* 1846, *art.* 2 ; *Circ.* n° 2117.)

Les expéditions doivent constater que les chevaux sont montés ou attelés, et énoncer exactement le signalement de chaque animal, conformément aux indications du n° 843. (*Même Règl., art.* 3.)

Pour les voitures servant au transport des marchandises, *V.* n° 841, et pour les voitures des voyageurs, le n° 874.

Les chevaux et autres bêtes de somme peuvent être ramenés à l'intérieur ou réexportés à l'étranger en passant indistinctement par tous les bureaux de première ligne des frontières de terre et par tous les bureaux maritimes.

Sur les frontières de terre, les voyageurs et voituriers doivent être dispensés de l'obligation de faire viser leurs expéditions dans les bureaux intermédiaires ou de deuxième ligne situés sur la route à parcourir. (*Règl. de* 1846, *art.* 4, *et Circ. du* 10 *juin* 1851, n° 2438.)

Les expéditions détermineront le délai au-delà duquel elles cesseront d'être valables. Ce délai est fixé, d'après les indications fournies par les voyageurs et voituriers, en raison de la destination et des distances à parcourir. Il ne peut, dans aucun cas, excéder une année.

Toutefois, le directeur dans l'arrondissement duquel se trouve le bureau appelé à constater la réimportation ou la réexportation des animaux peut accorder une prolongation de délai ou autoriser la régularisation de l'expédition, nonobstant la péremption du délai primitivement accordé. Dans ce cas, si les expéditions n'ont pas été délivrées dans un bureau faisant partie de son arrondissement, le directeur est tenu de rendre compte immédiatement à l'administration de la prorogation de délai par lui accordée. (*Même Règl., art.* 5.)

Pendant la durée du délai fixé par les expéditions, les voyageurs et voituriers ont la faculté de s'en servir pour tel nombre de voyages qu'ils jugent à propos de faire,

---

(1) Les voyageurs ou voituriers français ou étrangers, connus ou inconnus, ont la faculté d'opter librement entre la consignation des droits et la levée d'acquits-à-caution. Dans ce dernier cas, le service n'a qu'à exiger qu'il soit fourni une caution solvable. (*Déc. du* 16 *février* 1857.)

(2) Les sommes reçues à ce titre sont portées aux opérations de trésorerie ; l'expédition rappelle le numéro sous lequel la somme consignée a été portée en recette. (*Règl. du* 7 *mars* 1826, *art.* 6.)

Pour les *chevaux de poste* étrangers attelés à des voitures publiques, on peut les affranchir de toute soumission ou consignation, et se borner à prendre note de chaque passage sur un registre tenu *ad hoc* par la brigade. (*Déc. du* 15 *juin* 1847.)

à charge de se rendre à l'étranger ou à l'intérieur par les bureaux situés ainsi qu'il est dit au premier paragraphe de l'art. 4. (*Même Règl.*, *art.* 6, *et Circ. du* 10 *juin* 1851, n° 2438.)

En cas de rentrée ou de sortie provisoire, les employés de la brigade sont aptes à la constater, à charge d'en faire mention tant sur l'expédition que sur un registre spécial, série E 95, ouvert à cet effet.

Le concours des agents des deux services est toujours nécessaire pour constater les réexportations ou réimportations définitives. (*Même Règl.*, *art.* 7, *et Circ.* n° 2438.)

En ce qui concerne les chevaux et autres animaux exempts de droit de sortie, attelés ou montés, que les voyageurs ou voituriers français déclarent vouloir conduire temporairement à l'étranger, il est délivré un passavant descriptif destiné à assurer, dans le délai fixé, ainsi qu'il est indiqué au numéro précédent, le libre retour de ces animaux. S'il s'agit d'un attelage, ce passavant contient, indépendamment du signalement des chevaux, celui de la voiture à laquelle ils sont attelés, pour qu'il puisse, de même, rentrer librement à la fin du voyage ou à chaque passage successif de la frontière.

Les passavants sont levés, soit aux bureaux de première ligne, soit aux bureaux situés sur la route suivie par les voyageurs ou voituriers venant de l'intérieur. Quand l'exportation est définitive, les passavants délivrés dans ces derniers bureaux sont retenus à la douane par laquelle la sortie s'effectue.

Les relevés pour la statistique commerciale sont dressés par les bureaux de première ligne, tant à l'aide des passavants ainsi retenus, et que l'on enliasse avec soin, qu'au moyen de dépouillements faits à vue des déclarations de sortie directe. (*Circ. du* 10 *juin* 1851, n° 2438.)

Lorsqu'un passavant a été égaré, les chevaux qu'il concerne, et dont l'identité est reconnue à vue des indications inscrites à la souche, peuvent rentrer en franchise par le bureau d'où il émane. S'élève-t-il des soupçons d'abus : il est exigé, soit une soumission, soit une consignation, avec réserve de radiation ou de restitution en cas de représentation du passavant dans un délai de trois mois après l'expiration du terme primitivement fixé par cette expédition. Quand le retour s'effectue par un bureau autre que celui où le passavant a été délivré, ces dernières dispositions sont également suivies ; mais l'on subordonne en outre la radiation ou la restitution à l'obligation de faire préalablement constater, au bureau de sortie, l'identité des animaux. (*Déc. du* 14 *août* 1851.)

Les intéressés ont la faculté de réimporter par tous les bureaux de douane indistinctement, dans le délai de trente jours, les chevaux en laisse régulièrement décrits en un passavant, et qui, exportés par un bureau ouvert au transit, y ont été revêtus du plombage déterminé pour les cas de transit, V. n° 538. (*Déc. min. du* 26 *mai* 1852, *et Circ. lith. du* 10 *juin suivant.*)

Lors de la sortie définitive et régulière des chevaux et bêtes de somme, le receveur du bureau délivre le certificat de décharge sur l'acquit-à-caution (1), ou, s'il s'agit d'une consignation, il restitue immédiatement la somme consignée. (*Règlement de* 1846, art. 8.)

Dans les ports, la restitution peut être opérée sur la simple justification de l'embarquement des chevaux, et sans attendre que le navire ait mis en mer, sauf à faire réintégrer en caisse la somme primitivement consignée si la réexportation n'était pas consommée. (*Déc. du* 10 *août* 1837.)

L'ayant-droit au remboursement est celui-là seul au nom de qui ou pour le compte de qui la consignation a été faite. (*Circ. du* 26 *juin* 1832, n° 1331.)

---

(1) A moins de soupçon d'abus, la douane peut se borner à exiger le simple droit d'entrée sur les animaux énoncés en un acquit-à-caution, lorsque, *avant l'expiration du délai*, le soumissionnaire déclare les avoir vendus à l'intérieur. (*Déc. du* 6 *nov.* 1851.)

Le remboursement ne peut avoir lieu entre les mains d'un tiers qu'en vertu d'un pouvoir que l'ayant-droit est admis à donner sur la reconnaissance même de consignation.

Ce pouvoir doit être soumis à un droit de timbre de dimension. (*Déc. min. transmise par la Circ. du 22 avril 1852, n° 31.*)

Si ce remboursement a lieu dans un bureau autre que celui où les droits ont été consignés, le receveur se couvre de cette dépense selon le mode prescrit par les instructions relatives à la comptabilité générale. (*Règlement de 1846, art. 8.*)

Le remboursement ne pouvant être porté en dépense à titre définitif que par le receveur principal qui a fait la recette (*Circ. de la Compt. générale du 20 mai 1826, n° 5*), celui qui a effectué le payement en porte le montant en dépense à l'article des virements de compte, sous le titre de : *Payements faits par le comptable pour le compte de ses collègues.* Il dresse ensuite un bordereau, série C, n° 35, qu'il envoie avec l'expédition, accompagnée ou revêtue de la quittance de la partie prenante, au directeur dont il dépend; celui-ci transmet directement ces pièces au receveur pour le compte duquel le payement a été effectué, s'il fait partie de sa direction ; dans le cas contraire, il les lui fera parvenir par l'intermédiaire des directeurs. V. n° 228. (*Circ. de la Compt. du 25 novembre 1826, n° 7.*)

Dans le cas où, avant la réception des comptes n° 6, ils effectuent le remboursement des consignations déposées dans les bureaux subordonnés de leur principalité, les receveurs principaux en portent le montant aux avances à régulariser. (*Circ. de la Compt. du 8 octobre 1861, n° 80.*)

Les directeurs sont appelés à statuer sur les demandes de prolongation de délai pour la réexportation ; ils les accueillent quand elles leur paraissent suffisamment justifiées, et informent sans retard des autorisations qu'ils ont ainsi accordées ceux de leurs collègues dans la direction desquels se trouve le bureau d'où émane la reconnaissance de consignation, afin que les registres y soient annotés en conséquence. (*Circ. du 24 août 1859, n° 604.*)

Si les reconnaissances de consignation ne sont pas rapportées régularisées dans les six mois qui suivent l'expiration du délai accordé pour la réexportation des animaux, les sommes consignées sont définitivement acquises au Trésor, par application de l'art. 14 du titre 3 de la loi du 22 août 1791. (*Règl. de 1846, art. 9; Circ. n° 2117.*)

L'administration se réserve de statuer sur les demandes de radiation de soumission ou de remboursement de consignation relatives aux chevaux et bêtes de somme dont la perte, résultant d'un événement quelconque, est alléguée par les voyageurs ou voituriers.

Toutefois, lorsque la perte des animaux venus de l'étranger a eu lieu, et est immédiatement constatée par les employés des deux services dans une localité où il existe un bureau de douanes, le directeur peut, sans être tenu de prendre l'attache de l'administration, faire régulariser les acquits-à-caution ou ordonner le remboursement immédiat de la consignation. (*Même Règl., art. 10.*)

Pour le cas de non-réimportation ou réexportation dans le délai fixé par l'acquit-à-caution, V. n° 611.

La non-réexportation dans le délai des acquits-à-caution donne lieu au payement du double droit d'entrée. (N° 12 du tableau des Infr. Contrainte.)

Si, à la sortie, des animaux étaient passibles de droits, l'acquit-à-caution délivré devrait être régularisé dans le délai fixé, à peine du double droit de sortie. (N° 67 du tableau des Infr. Contrainte) (1).

----

(1) Dans le cas où, la sortie des chevaux étant défendue, l'acquit-à-caution ne serait pas régularisé, le payement de la valeur des animaux deviendrait exigible en vertu de l'art. 7, titre 2, de la loi du 9 floréal an VII. (*Déc. du 18 septembre 1855.*)

Mais dans le cas où, à défaut de régularisation d'un acquit-à-caution, il conviendrait d'user d'une certaine sévérité, l'application de tout ou partie du double droit ne peut être effectuée que sur l'autorisation de l'administration. (*Déc. du 16 février* 1857.)

Afin d'assurer la régularité de cette partie du service, chaque receveur principal doit ouvrir un registre où sont inscrites à la fin de chaque mois, par numéros, dates, objets et sommes, toutes les reconnaissances de consignation délivrées dans les divers bureaux de son arrondissement, y compris le bureau principal. Une cinquième colonne indique le délai accordé pour la représentation des animaux ; une sixième rappelle la date précise de l'expiration du terme de six mois ; enfin une autre colonne, divisée en deux, fait connaître l'époque de la restitution ou celle de l'application aux droits et produits. Il est entendu qu'en cas d'application, le receveur principal doit faire immédiatement les écritures nécessaires pour que l'entrée ou la sortie définitive des animaux soit annotée aux états de commerce. (*Circ. du 20 avril* 1831, n° 1255.)

§ 2. — *Formalités relatives aux voitures, etc., servant au transport des marchandises, des matériaux ou des produits de l'industrie rurale.*

841. — Les acquits-à-caution ou reconnaissances de consignation délivrés pour les chevaux et bêtes de somme doivent indiquer l'espèce, la forme et la valeur des voitures à échelle, charrettes, charriots (1), tombereaux et autres voitures de même nature auxquels les animaux sont attelés, afin que l'identité puisse en être reconnue lors du retour à l'étranger ou à l'intérieur. (*Règl. du 18 juin* 1846, art. 11 ; *Circ.* n° 2117.)

Si les voitures présentées à l'importation sont entièrement neuves (2), le receveur ne doit en autoriser l'introduction en franchise que sous la condition de les réexporter à l'étranger. L'accomplissement de cette condition est garanti, soit au moyen d'une clause spéciale insérée dans la soumission cautionnée, souscrite par le voiturier, pour les chevaux et bêtes de somme, soit par le dépôt, à titre de consignation, des droits d'entrée.

Pour l'application du présent article, la valeur des voitures doit être déclarée par les voituriers, sauf rectification, d'office, par la douane (3). (*Même Règl., art.* 12.)

Sont applicables aux voitures les art. 5, 6, 7, 8, 9 et 10 ci-dessus. (*Même Règl., art.* 13.)

---

(1) Il s'agit exclusivement ici des voitures qui, à l'exception des essieux et de quelques autres parties secondaires, sont entièrement composées de bois et ne peuvent servir qu'au transport des marchandises, des matériaux ou des produits de l'industrie rurale, ainsi que l'indique le titre de la présente section. Il doit dès lors être bien entendu que ce réglement ne s'applique pas aux voitures suspendues servant aux voyageurs, et dont l'admission temporaire demeure soumise aux conditions de l'art. 18 de la loi du 27 juillet 1822 et aux autres formalités rappelées au n° 874. (*Règl. du 18 juin* 1846.)

(2) Quand des voitures de l'espèce, *en cours de service*, franchissent momentanément la frontière, on peut se borner à en indiquer le signalement sur les expéditions délivrées pour l'attelage ; mais, lorsqu'on présente à l'importation des voitures entièrement neuves, le service est tenu d'en assurer le renvoi à l'étranger. (*Circ. du 27 décembre* 1850, n° 2418.)

(3) Si le voiturier se refuse à admettre la rectification, la douane a la faculté d'user du droit de préemption. Il est recommandé toutefois de n'en faire usage qu'en cas d'absolue nécessité. (*Règl. du 18 juin* 1846.)

842. — *Embarcations françaises conduites temporairement à l'étranger.* Les bateaux, barques et autres embarcations françaises, destinés à naviguer temporairement sur la partie étrangère des canaux et rivières qui communiquent avec la France, doivent être expédiés par des acquits-à-caution descriptifs, portant obligation de les ramener à l'intérieur dans un délai déterminé, sous peine du payement du double droit de sortie. Si, au lieu d'un bateau portant des traces d'un long service, on représentait un bateau semblable de forme et de contenance, mais dont les principales parties auraient été remplacées à l'étranger, la douane serait fondée à exiger le droit d'entrée applicable à l'embarcation nouvelle, réputée étrangère ; si les embarcations n'ont subi à l'étranger que de faibles réparations, jugées indispensables pour la sûreté de la navigation, elles sont réadmises sans difficulté. L'art. 8 de la loi du 27 vendémiaire an 11 n'est pas directement applicable dan ce cas, mais on peut y recourir par analogie ; et d'après la circulaire n° 1872, les directeurs statuent définitivement à ce sujet. (*Déc. du 18 novembre* 1841.) *V.* Livre IX.

Pour les bateaux étrangers naviguant dans les eaux intérieures de la France, *V.* n°s 597 et 787.

843. — *Instruction pour servir à la description exacte et uniforme du signalement des chevaux, annexée à la Circulaire du 22 septembre* 1840, n° 1833. (*V.* n° 840.)

Les signes caractéristiques principaux qui constituent le signalement complet du cheval sont au nombre de cinq, savoir :

1° L'espèce ; 2° les poils formant la robe, ou le pelage ; 3° les marques particulières, dans lesquelles on comprend les vices de conformation extérieure ; 4° l'âge ; 5° la taille.

Trois de ces points, *le pelage, les marques particulières* et *l'âge,* ne peuvent être bien précisés qu'à l'aide des connaissances spéciales dont on va donner quelques notions.

Il est utile de les faire précéder du vocabulaire de diverses parties du cheval qu'il faut nécessairement connaître pour prendre un bon signalement.

Salières. Creux plus ou moins profonds qui se trouvent à 0m27 environ au-dessus des yeux.

Œil vairon. Se dit de l'œil d'un cheval dont la prunelle, tirant sur le vert, est entourée d'un cercle blanchâtre.

Chanfrein. Devant de la tête, depuis les yeux jusqu'aux naseaux ; lorsqu'il est un peu en arc, il s'appelle *busqué* ou *moutonné.*

Ganache. Les joues du cheval.

Naseaux. Les narines. Ils sont séparés par le bas du chanfrein.

Le bout du nez. Espace qui descend entre les naseaux et finit à la lèvre supérieure.

Le garrot. Se trouve entre le col et le dos, au-dessus des deux épaules.

Le genou d'un cheval est *couronné* quand la peau qui le couvre a été endommagée par suite d'une chute et que la marque y reste.

Fanon. Bouquet de poils placé derrière les boulets et qui enveloppe l'ergot.

Queue de rat, ou raté. Dégarnie de crins.

Courte queue est celle dont on a enlevé quelques nœuds.

Queue à l'anglaise ou anglaisée, ou plus communément *niquetée.* Queue coupée et dont on a enlevé les tendons pour la faire porter en trompe.

1re Section. — DE LA ROBE.

On entend par robe tous les poils égaux en longueur qu'on trouve sur la surface de la tête, de l'encolure, du poitrail, des épaules, des reins, de la croupe, des flancs, etc. Les poils de la crinière, du toupet, des sourcils, des oreilles, de la queue, des fanons, ou tendons, n'entrent pour rien dans la composition de la robe. On les appelle *crins,* comme on nomme *fin* le poil des extrémités autour des fanons.

On ne dit pas qu'un cheval est de telle couleur; mais bien de tel *poil* ou de telle *robe*.

Il y a des robes simples et des robes composées.

§ 1er. — *Des robes simples.* Les robes simples sont formées de la réunion de poils d'une couleur uniforme.

On en distingue de six sortes : *le blanc, le noir, le gris souris, le gris ardoisé, l'alezan* ou *bai* (1) et *l'isabelle.*

Si la robe est tout entière ou noire, ou gris souris, ou alezan, l'animal est encore appelé *zain,* mot qui s'ajoute par supplément à la désignation de la robe pour indiquer que celle-ci est d'une même couleur sans qu'il s'y rencontre aucun poil blanc.

§ II.—*Des robes composées.* Les robes composées sont le produit de la réunion des poils simples de deux ou trois couleurs dont le mélange est plus ou moins confus ou plus ou moins distinct. Ces robes, assez communes, peuvent être divisées en cinq classes, savoir : 1° mélange de noir et de blanc, formant le gris : 2° mélange de blanc et d'alezan; 3° mélange de blanc, de noir et d'alezan, formant le rouan; 4° mélange de blanc sale, d'alezan vineux et de noir mal teint, formant le louvet; 5° pie et rubican.

2° Section. — DES MARQUES PARTICULIÈRES.

Poil chatoyant. Variété des robes simples, lorsque la nuance se forme ou s'affaiblit à mesure qu'on fait changer le cheval de place, et qui ressemble à une étoffe moirée.

Le lavé. Les nuances des robes simples, sauf le noir jais, s'affaiblissent ou s'éclaircissent toujours autour des lèvres, des yeux, sous le ventre, aux flancs, aux fesses, etc. C'est ce qui forme le *lavé.* On dit : fesses lavées, flancs lavés, extrémités lavées.

Marqué de feu. Si ces mêmes parties sont d'un roux plus ou moins vif, on dit : *marqué de feu* à telle ou telle partie, ou *feu aux extrémités,* ou *extrémités de feu,* selon le cas. On ne voit guère que des bais bruns aux extrémités de feu.

Ladre. C'est le cheval, de quelque poil qu'il soit, dont le bout du nez ou le tour des yeux, quelquefois l'un et l'autre, sont sans poil et d'une chair rouge et fade, couverte de taches obscures.

Cillé. Se dit d'un cheval qui a, par vieillesse, des poils blancs aux cils.

Boire dans son blanc. Lorsque le blanc du bout du nez occupe toute la lèvre supérieure.

Marqué en tête. Tache blanche (étoile ou pelote) sur le front.

Chanfrein blanc. Bande de poils blancs qui occupe plus ou moins d'espace le long du chanfrein. On dit : *prolongé entre les naseaux* lorsque la bande blanche descend jusqu'au bout du nez.

Grand chanfrein ou *belle face.* Lorsque tout le devant de la tête jusque entre les naseaux est blanc.

Liste. S'entend d'une ligne blanche qui descend le long du chanfrein et se prolonge jusqu'aux naseaux.

Marqué légèrement. Petites taches, entre les naseaux, à la lèvre supérieure ou inférieure, etc.

---

(1) Le poil *alezan* et le poil *bai* sont exactement de la même couleur : seulement on appelle *bais* les chevaux d'une robe alezan, quelle que soit sa nuance, quand ils ont les extrémités, la queue, la crinière et le toupet noirs; ainsi la dénomination de *bai* emporte avec elle l'idée d'une robe alezan avec des crins noirs.

Epis. On donne ce nom à la direction et au rebroussement des poils qui, au lieu de présenter une surface unie, forment sur la robe de l'animal une sorte d'enfoncement, une rosace ou un point d'intersection très-marqué.

Coups de lance. Concavité qui existe le plus souvent dans l'encolure ou dans l'épaule; elle a la forme de la cicatrice d'un coup de lance.

Des balzanes.

Ce sont des marques blanches qui quelquefois s'étendent du genou et du jarret exclusivement au sabot.

Suivant leurs dimensions, on dit :

Petites balzanes, lorsque le blanc est seulement à la circonférence du pied ou de la couronne ;

Haut-chaussé, quand la balzane va jusqu'aux genoux et aux jarrets ;

Trop haut-chaussé, quand elle les dépasse ;

Trace de balzane, toutes les fois que la trace blanche ne fait pas entièrement le tour du paturon.

Suivant leur forme :

Balzane pointue, lorsqu'elle forme une pointe en arrivant à la couronne ; elle est pointue en avant, en arrière, en dedans ou en dehors ;

Balzane dentelée, lorsqu'elle forme des pointes à son origine et à sa terminaison ;

Balzane herminée ou mouchetée, lorsqu'elle est tachée de noir dans plusieurs points de son étendue ;

Balzane bordée, lorsque les poils qui précèdent son commencement ou sa terminaison se détachent du fond de la robe et de la balzane, de manière à former une bordure noire ou alezane, mais différente du fond de la robe et de la balzane elle-même ;

Balzane antérieure hors montoir (1), celle de la jambe droite de devant ;

Balzane antérieure au montoir, celle de la jambe gauche de devant ;

Balzane postérieure au montoir, celle de la jambe gauche de derrière ;

Balzane postérieure hors montoir, celle de la jambe droite de derrière ;

S'il y a trois balzanes, on dit *balzané à trois extrémités*, dont une au montoir ou hors montoir, antérieure ou postérieure.

Si elles sont au *bipède antérieur* ou *bipède postérieur*, ou au *bipède droit* ou *gauche*, ou au *bipède diagonal droit* ou *gauche*, on l'exprime également en disant : *balzane à tel ou tel bipède.*

3ᵉ *Section.* — DE L'AGE DES CHEVAUX.

§ 1ᵉʳ. — *Des dents.* On connaît l'âge d'un cheval à l'inspection de ses dents.

Elles sont au nombre de 40 dans les chevaux et de 36 dans les juments, parce qu'ordinairement celles-ci n'ont pas de crochets.

On divise les dents en *incisives*, en *crochets* et en *molaires* ou *mâchelières*. Les premières se subdivisent en pinces, mitoyennes et coins.

---

(1) On appelle *montoir* le côté où se place le cavalier pour monter à cheval : c'est la gauche du cheval ; *hors montoir*, c'est la droite.

Dans la désignation de ces balzanes, on dit aussi : droite ou gauche, au lieu de hors montoir et montoir. (*Circ.* n° 1833.)

Chaque mâchoire a deux pinces, deux mitoyennes, deux coins, deux crochets et deux mâchelières.

Les *pinces* sont les deux dents incisives qui sont tout-à-fait au-devant de la bouche, en haut et en bas.

Les *mitoyennes* sont les deux incisives qui sont à droite et à gauche des pinces, en haut et en bas.

Les *coins* sont les deux dents incisives qui sont à droite et à gauche des mitoyennes, en haut et en bas.

Les *crochets* sont des espèces de dents rondes et pointues qui croissent entre les dents de devant (incisives) et les dents mâchelières.

Dents de lait : ce sont les incisives qui poussent au cheval aussitôt qu'il est né (1).

Le poulain garde ses dents de lait jusqu'à deux ans et demi, quelquefois trois ans, mais c'est rare. Les quatre premières dents de lait (les pinces, deux dessus et deux dessous) tombent, et sont remplacées par quatre autres que l'on appelle pinces également.

A trois ans et demi, et rarement à quatre ans, les mitoyennes tombent, et sont aussi remplacées par quatre autres appelées de même.

A quatre ans et demi ou cinq ans, les coins tombent, et font place à quatre autres dents pareillement nommées.

Les dents de lait sont courtes, blanches, pleines en dessus; celles qui leur succèdent sont moins blanches, plus fortes et creuses en dessus.

Les coins viennent presque toujours après les crochets d'en bas; quelquefois en même temps et quelquefois auparavant. Lorsque les coins poussent, il semble que la dent ne fasse que border la gencive en dehors, comme un petit cercle d'émail, jusqu'à cinq ans, époque à laquelle la dent sort de la gencive de l'épaisseur d'une pièce de cinq francs; c'est vers ce temps que les crochets d'en haut poussent assez ordinairement; ceux d'en bas sont un peu élevés et forment une pointe aigüe.

De cinq ans à cinq ans et demi, la dent du coin, restant toujours creuse en dedans, est sortie de l'épaisseur de deux écus.

De cinq ans et demi à six ans, la dent du coin est sortie de l'épaisseur du petit doigt, la muraille interne est formée, et il n'y reste plus qu'un petit creux noir dans le milieu, qu'on nomme le germe de fève; alors le creux des pinces est totalement usé, et celui des mitoyennes l'est à demi.

A six ans et demi, le germe de fève des coins sera diminué, et les crochets auront acquis toute leur longueur; ceux d'en haut seront cannelés en dedans.

A sept ans, les coins sortent de l'épaisseur d'un doigt, et le germe de fève est beaucoup diminué.

A huit ans, la dent du coin sera longue comme l'épaisseur du deuxième doigt. Le germe de fève sera tout-à-fait effacé; le cheval aura rasé.

On appelle cheval *bégu* celui dont le creux noir des dents s'use peu, de façon qu'il paraît toujours n'avoir que six à huit ans. A ces chevaux, on reconnaîtra l'âge à la longueur des dents et aux autres indices généraux.

§ II. — *Récapitulation de l'âge du cheval.* Peu après la naissance, 4 pinces.

Peu après les pinces, 4 mitoyennes.

Trois ou quatre mois après, 4 coins.

A deux ans et demi, les pinces creuses.

---

(1) En matière de douane, on ne cesse de considérer les jeunes chevaux comme poulains dès que les dents d'adulte commencent à paraître; en d'autres termes, il n'y a lieu d'admettre comme poulains que les jeunes sujets qui n'ont que des dents de lait. (*Avis des commissaires-experts du 7 septembre* 1849.)

A trois ans et demi, les mitoyennes creuses ; les crochets d'en bas paraissent.

A quatre ans et demi, les coins bordent les gencives.

A cinq ans, les crochets d'en haut et les coins sortent de l'épaisseur de l'épaisseur d'un écu.

A cinq ans et demi, les coins sortent de l'épaisseur de deux écus, et les crochets d'en bas sont blancs et tranchants.

De cinq ans et demi à six ans, les coins sortent de l'épaisseur d'un petit doigt ; le germe de fève paraît, le creux des pinces est usé, celui des mitoyennes demi-usé.

A six ans complets, le germe de fève des coins a diminué ; les crochets sont parvenus à leur longueur : les crochets d'en haut sont cannelés ou raboteux en dedans.

A sept ans, les coins sortent de l'épaisseur d'un doigt ; le germe de fève a beaucoup diminué.

A huit ans, coins longs du travers du deuxième doigt ; le germe de fève tout-à-fait effacé ; alors le cheval ne marque plus.

De neuf à onze ans inclus, la disposition de la fève supérieure a lieu dans le même ordre que celle de la mâchoire inférieure.

§ III. — *Signes ou indices généraux de vieillesse.* Crochets d'en haut arrondis et diminués.

Crochets d'en bas arrondis et jaunes.

Dents avancées, jaunes et longues.

Salières creuses.

Le cheval cillé.

Palais décharné.

Os de la ganache tranchant.

Crins qui blanchissent.

4ᵉ Section. — DU SIGNALEMENT.

Pour procéder méthodiquement et exactement à la description d'un cheval, on doit suivre l'ordre indiqué en tête de cette instruction.

1° *L'espèce.* On distingue s'il s'agit d'un hongre, d'un entier ou d'une jument.

2° *La robe.* Pour en déterminer la nuance, on place le cheval dans son *véritable jour.* On distingue entre les robes simples et composées.

3° *Marques particulières.* Elles doivent êtres décrites exactement, surtout les balzanes. On indique les vices de conformation extérieurs.

4° *L'âge.* On s'en assure et on l'annonce après une inspection attentive des dents.

5° *La taille.* Pour la déterminer, on place le cheval dans une pose naturelle, de manière à ce que ses pieds de devant soient l'un contre l'autre, *sans effort ;* on met alors en *équerre* la toise contre le cheval, de sorte que le pied de cette toise soit de niveau et sur la même ligne que le sabot, et que la ligne descende sur la pointe du garrot en appuyant légèrement.

Exemple.

Un cheval hongre, poil isabelle foncé, sans raie de mulet, légèrement marqué en tête : balzane postérieure dentelée hors montoir ; une loupe au genou, du côté du montoir ; cinq ans et demi ; taille de.....

CHAPITRE XII

AVITAILLEMENT DES NAVIRES.

L'application du tarif des douanes à tout ce qui entre en France ou en sort reçoit une exception en faveur de la navigation, pour laisser aux capitaines, soit français, soit étrangers, le moyen de pourvoir à l'avitaillement de leurs navires, sans être gênés par les taxes ni les prohibitions de sortie.

Les mesures établies pour que cette exception hospitalière ne devienne point abusive consistent principalement :

1° Dans la désignation des choses qui, à l'exclusion de toutes autres, peuvent s'appeler *provisions de bord ;*

2° Dans le droit laissé à la douane de reconnaître si ces provisions ne dépassent pas le *nécessaire.*

844. — Les vivres et provisions de bord constituent ce qu'on appelle l'avitaillement des navires, et, par ces mots : provisions de bord, on entend tout ce qui est destiné à être consommé sur les bâtiments ou à être employé au service du bord (1). (*Tarif* n° 170 *des Obs. prélim.*)

Les règles relatives aux avitaillements ne sont pas les mêmes à l'entrée qu'à la sortie ; elles diffèrent aussi suivant qu'il s'agit de navires français ou de navires étrangers. (*Tarif* n° 171.)

SECTION PREMIÈRE

Navires arrivants.

845. — Les vivres et provisions de navires doivent être déclarés dans la forme et les délais déterminés par l'art. 5, titre 2, de la loi du 22 août 1791, lorsque les capitaines ne préfèrent pas les inscrire sur leur manifeste, après leur arrivée dans le port. (*Circ. du* 16 *janvier* 1846, n° 2100.) *V.* Livre III.

Le manifeste qui donne, à l'égard des vivres et des provisions, les indications exigées pour la déclaration en détail, peut tenir lieu de cette déclaration. (*Circ. du* 22 *octobre* 1829, n° 1185.)

846. — *Navires français.* Les vivres et provisions de bord qu'un navire français

---

(1) Cette désignation explique déjà qu'il ne s'agit que des objets destinés à être consommés dans le navire ou employés à sa manœuvre. Ce sont, en général et d'après l'usage, les articles ci-après :

Grains, farines, avoine, pommes de terre, légumes secs, pain, biscuit de mer, viandes fraîches et salées, poisson salé, vin, vinaigre, bière et cidre, eau-de-vie, graisse, œufs, beurre, huile, sel, tabac, chandelles, fourrages, charbon de bois ou de terre, goudron, voiles, objets de mâture, bois à brûler, cordages et chanvres.

V., pour la houille des bâtiments à vapeur, le n° 471, et pour les futailles vides dont les navires peuvent avoir besoin, les n°s 703 et 948.

Quelle que soit la qualification sous laquelle les capitaines font figurer des tissus de soie, etc., le service doit exiger une déclaration régulière, ou, à défaut, la mise immédiate en dépôt. On ne saurait considérer ces tissus comme provision de bord. (*Déc. du* 5 *décembre* 1829.)

a pris à l'étranger ou aux colonies françaises, et qui n'ont pas été consommés dans la traversée, demeurent soumis aux dispositions des lois et tarif d'entrée pour toute quantité excédant le nécessaire. (*Lois des 22 août 1791, titre 8, art. 6, et 4 germinal an II, titre 2, art. 12.*)

Sont réputés nécessaires les vivres et provisions qu'exige l'accomplissement du voyage pour lequel les équipages ont été engagés et retenus, c'est-à-dire quant aux navires français, jusqu'à la fin du débarquement au port de prime-abord. Le service a d'ailleurs le soin de placer sous clef, *V.* n° 847, les provisions de tabac, pour ne les livrer que dans la mesure des besoins journaliers. Les denrées alimentaires faisant partie de ces restes d'avitaillement peuvent être laissées ou réintégrées à bord des navires en exemption de droits, lorsqu'on déclare réexpédier ces bâtiments pour l'étranger ou les colonies françaises. Quand cette réexportation est opérée par le même navire ou par un navire appartenant au même armateur, elle n'est assujettie à aucun droit ; mais il est essentiel, surtout dans les ports en rivière, de s'assurer de l'existence des marchandises à bord au moment du départ du navire pour la haute mer. Dans tous les cas, les provisions étrangères ne peuvent être laissées ou réintégrées à bord qu'autant que le capitaine ou l'armateur a préalablement souscrit la soumission relative au permis de réexportation, portant obligation de les représenter. (*Circ. du 22 octobre 1829, n° 1185.*) *V.* n° 303.

Mais on réadmet en franchise les restes des provisions de bord des navires français lorsqu'il est justifié que les provisions dont ils proviennent avaient été exportées de France. Cette justification s'établit, au retour dans un port de France, au moyen de la représentation, par les capitaines, d'un permis d'embarquement qu'ils ont dû prendre au port de départ, lors de la mise à bord de ces provisions. L'identité et l'origine nationale de ces objets doivent d'ailleurs être dûment reconnues par le service (1). (*Loi du 22 août 1791, titre 8, art. 5.*)

Les viandes et beurres salés sont exclus du bénéfice de cette disposition. *V.* n° 826.

Sur l'autorisation des chefs locaux, les restants de vivres et provisions de bord qu'un navire français a pris à l'étranger ou aux colonies françaises peuvent, sous la garantie d'un acquit-à-caution, série M, n° 51, être dirigés sur le port dans lequel le bâtiment doit être réarmé pour l'étranger, la grande pêche, etc., alors même qu'ils sont prohibés à l'entrée et qu'ils ont été mis provisoirement en dépôt (2) ; mais ces dispositions ne sont pas applicables aux quantités assez importantes pour être l'objet de spéculations commerciales. (*Circ. lith. du 14 septembre 1849, et Circ. du 27 décembre 1850, n° 2418.*)

Les restes de provisions sont soumis aux taxes lorsqu'ils doivent servir au cabotage. (*Circ. du 22 octobre 1829, n° 1185.*)

847. — *Navires étrangers.* — Les vivres et provisions de bord des navires étrangers ne peuvent être introduits en France qu'aux conditions du tarif. Ils sont, à l'arrivée, déclarés dans le même délai et dans la même forme que les marchandises qui composent les chargements. (*Loi du 22 août 1791, titre 8, art. 1er.*)

Mais il n'est dû aucun droit sur les restes d'avitaillement qui sont conservés ou consommés à bord de ces navires pendant tout leur séjour dans les ports de France,

---

(1) La déclaration relate le permis représenté pour justifier de l'embarquement en France, et le service s'assure que ces vivres et provisions ne portent aucun caractère qui en décèle l'origine étrangère. Si cette origine était au contraire reconnue, il y aurait lieu de rédiger procès-verbal pour tentative d'introduction frauduleuse. (*Circ. du 22 octobre 1829, n° 1185.*)

(2) Les tabacs de toutes sortes, pour provisions personnelles, peuvent d'ailleurs être admis moyennant le payement d'un droit spécial. *V.* n° 1010.

ni sur ceux qui sont destinés à être réexportés. Seulement les capitaines sont tenus de se soumettre à cet égard aux mesures de police locale qui sont jugées nécessaires pour prévenir les abus. Ainsi les vivres sont reconnus par le service ; quelquefois on les met dans une chambre ou dans des armoires dont le capitaine donne la clé au chef du service actif ; d'autres fois on met les colis sous le scellé. Mais ces moyens, qui ne sont pas déterminés par la loi, ne se prennent que d'accord avec les capitaines qui veulent éviter les soupçons et la garde trop assidue des préposés (1). *Circ. du 22 octobre 1829, n° 1185.*)

Toutefois, les tabacs doivent toujours être débarqués et déposés en douane (au bureau ou provisoirement dans un corps-de-garde), en vertu d'un simple permis de police, sauf à pourvoir à la consommation des marins de l'équipage en laissant à la disposition du capitaine la quantité de tabac jugée nécessaire pour chaque marin pendant huit jours, et à renouveler l'approvisionnement à l'expiration de ce terme. (*Circ. du 21 octobre 1822, n° 760.*)

Si l'équipage vit à bord, on règle et on laisse à la libre disposition du capitaine les quantités de denrées qui forment les rations de chaque jour. (*Circ. du 22 octobre 1829, n° 1185.*)

Dans tous les cas, les restes de provision ne peuvent être laissés ou réintégrés à bord qu'autant que le capitaine a préalablement souscrit la soumission prescrite en garantie de la réexportation, comme s'il s'agissait de marchandises extraites d'entrepôt. (*Circ. n° 1185, et Déc. du 1er octobre 1844.*)

SECTION II

Navires en partance.

848. — *Navires français.* Les vivres et provisions provenant du territoire et embarqués sur les navires français, pour quelque navigation que ce soit, pourvu qu'ils soient uniquement destinés à la nourriture des équipages et des passagers, jouissent à la sortie de l'exemption de tous droits (2). (*Loi du 22 août 1791, titre 8, art. 2.*)

Mais les quantités qui excèdent *le nécessaire,* pour les besoins de l'équipage et des passagers et le service de bord, doivent acquitter les droits de sortie, s'il s'agit de marchandises tarifées, ou être retenues dans l'intérieur, s'il s'agit d'objets prohibés à la sortie. (*Loi du 4 germinal an II, titre 2, art. 13.*)

Les prohibitions de sortie ne s'appliquent pas aux objets nécessaires à l'avitaillement des navires ; mais lorsque, par exception à ces prohibitions, on permet l'embarquement de vivres et autres provisions de bord, il est expressément recommandé de veiller à ce que les quantités en soient toujours limitées à la mesure réelle des besoins. (*Circ. des 2 ventôse an XI et 22 octobre 1829, n° 1185.*)

849. — Pour déterminer les quantités *nécessaires,* eu égard au nombre des gens et à la durée de la course à faire, il est procédé comme suit :

Les armateurs ou capitaines sont tenus de déclarer au bureau des douanes le

---

(1) Le débarquement des vivres ne doit jamais être exigé dans les ports de relâche. (*Déc. du 1er juillet 1834.*)

Toutes les fois que le service a lieu de craindre des introductions illicites par filtration, il doit exercer, à l'égard des navires, une surveillance propre à déjouer les tentatives de fraude. (*Déc. du 12 août 1853.*)

(2) Les sels embarqués comme provision de bord sur les navires allant aux colonies françaises sont exempts du droit de consommation. (*Déc. du 15 novembre 1843.*)

nombre d'hommes qui composent leurs équipages et celui des passagers, la destination des navires et la durée probable de la course qu'il doit faire, en même temps qu'ils déterminent les quantités et espèces de provisions qu'ils demandent à embarquer. Si ces quantités paraissent trop fortes relativement aux circonstances, le receveur des douanes peut demander que les armateurs ou capitaines fassent régler ces quantités par le tribunal de commerce du lieu, s'il y en a d'établi, sinon par le maire, et qu'ils justifient de la fixation qui en sera faite au pied d'une expédition de la déclaration. Dans tous les cas, le nombre d'hommes d'équipage, celui des passagers, les espèces et quantités de vivres embarqués, sont portés sur le permis [1], qui, ensuite, est revêtu du certificat d'embarquement des préposés. (*Loi du 22 août 1791, titre 8, art. 3.*)

850. — Les vivres et provisions embarqués dans un port autre que celui d'où le navire est primitivement parti doivent être *chargés* [2] sur le permis d'embarquement, sauf, en cas de difficultés sur les quantités nécessaires, à se conformer à ce qui est prescrit par le numéro précédent. (*Même Loi, même titre, art. 4.*)

851. — Lorsque des viandes et des beurres sont embarqués comme provisions de bord sur des navires français, *dans les localités qui, en fait, jouissent de la franchise du sel,* le permis de provisions doit être revêtu d'une annotation portant que, en cas de mise en consommation à terre, dans un autre port, la douane locale aura à exiger le montant de la taxe pour les sels ayant servi à leur préparation.

Quand il s'agit de viandes et de beurres *frais,* il en est fait mention au permis, et, s'ils sont salés pendant la traversée, la douane du port de destination ne permet le débarquement qu'après acquittement de la taxe exigible.

Dans l'un et l'autre cas, cette taxe est calculée d'après le taux des primes allouées à l'exportation pour les viandes et les beurres salés. (*Déc. du 4 décembre 1848.*)

852. — Les navires français expédiés pour la grande pêche (pêche de la morue, pêche de la baleine) peuvent prendre *en entrepôt* les objets de consommation alimentaire et le tabac nécessaires à leur avitaillement, ainsi que la houille destinée à leur approvisionnement de bord, à charge de remplir les formalités prescrites pour la réexportation des marchandises étrangères. (*Circ. du 25 septembre 1837, n° 1650, et Déc. du 16 octobre 1845.*)

---

(1) Ce permis n'est pas assujetti au droit fixé par l'art. 37 de la loi du 27 vendémiaire an II. Il reste entre les mains du capitaine. (*Déc. du 14 thermidor an V.*)

On se sert, pour les vivres et provisions de bord du permis série M, n° 27, qui, délivré en vertu d'une déclaration séparée, est écrit en entier de la main d'un employé de la douane. Ce permis doit être visé par l'inspecteur ou le sous-inspecteur, et, à défaut, par le receveur. (*Circ. du 19 mai 1837, n° 1622.*) On peut, d'ailleurs, se servir de formules fournies par le commerce ; mais, dans tous les cas, un employé doit inscrire de sa main, sur celle destinée au capitaine, les vivres et provisions reconnus nécessaires. (*Circ. man. du 31 octobre 1837.*)

(2) Ce permis d'embarquement est celui délivré au port du départ pour les vivres et provisions qui y ont été embarqués. Le nouvel embarquement ne doit avoir lieu qu'à vue de ce permis, et après qu'il a été reconnu que ce qu'il mentionne, avec ce qu'on demande à y ajouter, n'outrepasse pas le *nécessaire.* (*Circ. du 22 octobre 1829, n° 1185.*)

Toutes les fois que les capitaines français demandent ainsi à embarquer des provisions dans un port de relâche, on doit leur retirer les anciens permis qu'ils ont obtenus au port de départ, et les remplacer par un permis général, qui comprend à la fois le restant des anciennes provisions et celles qu'on l'autorise à prendre dans le port où il se trouve. (*Circ. man. du 22 janvier 1838.*)

853. — Les navires français allant à l'étranger ou aux colonies et autres possessions françaises d'outre-mer peuvent, sous les formalités de la réexportation, extraire d'entrepôt, en franchise de droits d'entrée, les denrées ou produits qu'ils déclarent vouloir embarquer pour leur approvisionnement. (*Circ. man. du 15 juillet 1830; Déc. min. du 29 avril 1863; Circ. du 7 mai suivant, n° 898.*)

854. — L'administration de la marine est admise à retirer des entrepôts, sous le payement du simple droit de réexportation, les avitaillements dits *de campagne* dont elle a besoin pour toute destination en mer (voyage en cabotage, aux colonies françaises ou à l'étranger). Elle n'est tenue d'acquitter les taxes d'entrée que pour les approvisionnements journaliers destinés au service de port ou de rade. (*Déc. min. du 25 juillet 1849; Circ. du 10 août suivant, n° 2340.*)

855. — *Navires étrangers.* Les vivres et provisions embarqués sur les navires étrangers, quoique déclarés pour la consommation de l'équipage, sont passibles des droits. (*Loi du 22 août 1791, titre 8, art. 1er.*)

Si tel objet d'avitaillement se trouve prohibé à la sortie d'une manière générale ou temporaire, la quantité nécessaire est embarquée; elle est calculée sur le trajet à faire jusqu'au port de destination immédiate, et, en cas de difficulté à cet égard, on procède comme pour les navires français. (*Circ. du 22 octobre 1829, n° 1185.*)

Toute exportation exceptionnelle d'un produit dont la sortie est provisoirement défendue est subordonnée à l'acquittement du droit déterminé par la loi qui était en vigueur avant la prohibition. (*Circ. des 30 décembre 1818 et 22 octobre 1829, n° 1185, et Déc. du 12 avril 1855.*)

Peuvent être extraites des entrepôts en franchise, les denrées nécessaires à la consommation à bord de l'équipage d'un navire de la marine du Gouvernement d'un État étranger, pendant son séjour en rade. (*Déc. du 15 décembre 1865.*)

CHAPITRE XIII

AMBASSADEURS ET AUTRES MEMBRES DU CORPS DIPLOMATIQUE.

856. — Les ambassadeurs et autres membres du corps diplomatique, directement accrédités près le Gouvernement français, peuvent, à titre de réciprocité et de courtoisie, jouir d'immunités particulières pour les objets destinés à leur usage et à celui de leur famille. (*Loi du 22 août 1791, titre 1er, art. 1er.*)

Il n'a point été fait de conventions et il paraît difficile que des règles fixes et absolues soient adoptées à ce sujet; seulement des dispositions ont été prises, d'après le principe de réciprocité, en faveur des ambassadeurs et ministres étrangers. (*Dépêche du Département des affaires étrangères du 29 mai 1827.*)

Ces immunités, qui sont ainsi réglées par voie diplomatique, ne peuvent être accordées que sur l'intervention du Département des affaires étrangères, auquel les ambassadeurs doivent adresser leur demande, et en vertu d'autorisations spéciales de l'administration. (*Dépêche du Département des affaires étrangères du 24 janvier 1831, et Tarif n° 21.*)

Lorsqu'un ambassadeur étranger vient en France pour la première fois, tout ce qui arrive avec lui est exempt de visite et de perception. Les équipages qui le suivent doivent être annoncés afin que l'administration puisse donner des ordres spéciaux (1).

---

(1) Le délai dans lequel les ambassadeurs ou ministres ont la faculté générale d'introduire en franchise les effets à leur usage et à celui de leur famille est ordinairement limité à six mois et s'étend quelquefois jusqu'à un an; mais celui de ces deux termes, quel qu'il soit, qui a été adopté, étant une fois expiré, si l'ambassadeur

Ensuite, et à toute époque, l'ambassadeur peut demander *lui-même* à l'administration l'entrée des objets *à son usage*, et il est alors adressé des instructions au service de la frontière pour que ces objets soient expédiés sur la douane de Paris, où remise en est faite en franchise, lorsque l'ambassadeur a reconnu que ce sont bien les objets qu'il a entendu désigner. (*Déc. du 24 février* 1826.) (1).

Les mêmes règles s'observent à l'égard de tous les agents diplomatiques du premier ordre, c'est-à-dire de ceux qui sont directement accrédités auprès du Chef de l'État. (*Même Déc.*)

Les tabacs qui arrivent pour les membres du corps diplomatique, qui tous résident à Paris, sont d'ailleurs affranchis des droits, en raison des privilèges d'ambassades, et s'expédient, quand même l'ordre donné ne le porterait pas expressément, sur la douane de Paris. Celle-ci n'accorde la remise des tabacs et la décharge des acquits-à-caution qu'après que les agents de la régie ont été mis en mesure de vérifier l'expédition et son objet. (*Circ. du* 15 *mai* 1821, n° 654.)

Mais les agents consulaires n'ont droit à aucun privilège. (*Déc. min. du* 17 *ventôse an XIII ; Circ. du* 24.) Toutefois, lorsque les consuls étrangers viennent en France pour y exercer leurs fonctions, l'administration ne se refuse pas à permettre, à titre d'exception, l'admission en franchise des objets mobiliers leur appartenant et qui sont reconnus être nécessaires à leur premier établissement et en cours d'usage. L'argenterie est admise sous consignation du droit de garantie, *V.* n° 1001. Quant aux objets neufs et aux provisions de ménage, ils restent assujettis aux règlements généraux. (*Déc. du* 31 *mars* 1853.) *V.* n° 872.

MM. les secrétaires d'ambassade ne participent point aux immunités dont jouissent, lors de leur entrée en France, MM. les ambassadeurs et autres membres du corps diplomatique français, et ces immunités ne sont pas telles d'ailleurs que ceux-ci puissent librement importer des objets prohibés. (*Déc. du* 7 *juin* 1836.)

Le Ministre des affaires étrangères, les ambassadeurs, ministres, consuls généraux et consuls français sont autorisés à accorder des passeports ou des visa diplomatiques, soit aux membres du corps diplomatique, français ou étranger, soit aux personnes dont la situation officielle ou sociale leur paraît comporter cette exception. Les porteurs de ces passeports ou visa doivent être traités avec des égards particuliers, c'est-à-dire que le service leur donne la priorité sur les autres voyageurs pour la visite de leurs bagages, et procède à cette opération avec célérité et ménagement. (*Circ. man. du* 27 *février* 1858.)

Pour les courriers de cabinet, *V.* n° 858.

CHAPITRE XIV

COURRIERS DES POSTES, COURRIERS DE CABINET ET CONDUCTEURS DE VOITURES PUBLIQUES.

La nécessité de concilier à l'égard des courriers l'exécution des lois de douanes avec

---

veut obtenir la libre entrée de quelques objets, il doit en faire la demande spéciale. (*Dépêche du Département des affaires étrangères du* 22 *décembre* 1830.)

(1) L'exemption des droits de douane ne porte communément que sur les équipages, meubles, effets, etc., qui sont à l'usage personnel de l'ambassadeur, et sur les vins, eaux-de-vie et liqueurs destinés à sa consommation; mais cette règle est susceptible d'exception. La nature des objets pour lesquels la franchise peut être accordée n'est pas d'ailleurs exclusivement limitée aux provenances du pays de l'ambassadeur qui réclame. (*Dépêche du Département des affaires étrangères du* 22 *décembre* 1830.)

la célérité et l'inviolabilité du service des dépêches a fait admettre un régime spécial qui fait l'objet de ce chapitre, régime qui, outre les garanties matérielles qu'il exige, se fonde sur les garanties morales que doivent offrir les personnes choisies par leurs administrations respectives.

On distingue trois sortes de courriers :

1° Ceux de l'office des postes de France et ceux des offices étrangers en rapport avec la France ;

2° Les courriers de cabinet, à l'égard desquels il faut tenir compte du droit des gens et des convenances d'une juste réciprocité.

Une troisième question résumera ce qui a trait aux conducteurs de diligences et voitures publiques, lesquels, sans jouir des immunités réservées aux courriers, ont cependant quelques prérogatives qui les distinguent des voituriers libres.

SECTION PREMIÈRE

Courriers des postes.

857. — Les courriers des postes sont soumis aux visites de chaque bureau ; ils ne se chargeront d'aucune marchandise (1), à peine de confiscation des marchandises, de 300 francs d'amende, et d'être exclus de tout emploi dans les postes. (*Loi du 4 germinal an II, titre 3, art. 7.*) Transport, etc. ; n° 91 du tabl. des Infr. Trib. de paix.

Les courriers nationaux, conformément à l'art. 7 précédent, ne peuvent se charger que des paquets appartenant au service des postes. (*Arrêté du 26 vendémiaire an III, art. 1er.*)

Il leur est expressément défendu de se charger d'aucune marchandise, sous les peines ainsi déterminées. (*Même Arrêté, art. 2.*)

Les courriers étrangers qui se chargent d'objets de commerce sont sujets aux visites et au payement des droits de douanes. (*Même Arrêté, art. 3.*)

Les courriers étrangers sont tenus de se conformer aux dispositions de l'art. 7 du titre 3 de la loi du 4 germinal an II. (*Même Arrêté, art. 4.*)

Il est permis aux courriers des malles de placer dans les magasins de ces voitures des objets de commission, jusqu'à concurrence du poids fixé selon la forme et la capacité des malles. (*A. du Min. des fin. du 11 avril 1845, art. 1er.*)

S'ils sont autorisés à transporter des marchandises, les courriers des malles-poste rentrent nécessairement, en ce qui concerne les formalités à remplir à la frontière, dans la catégorie des conducteurs de messageries et voitures publiques, qui, d'après l'article 8, titre 3, de la loi du 4 germinal an II, V. n° 860, sont tenus, sous peine de 300 fr. d'amende et de la confiscation des marchandises, de présenter une feuille de route sur laquelle doivent être inscrits tous les objets dont se compose leur chargement. (*Déc. du 9 octobre 1847.*)

---

(1) On entend par *marchandise* dont le transport est interdit tout ce qui n'est pas inscrit sur la feuille remise au courrier et ne porte pas le timbre ou le cachet de l'administration des postes. Cette défense n'est de rigueur, quant aux douanes, qu'à l'égard des courriers qui arrivent de l'étranger ; car, lorsque l'administration des postes tolère qu'un courrier charge quelque objet de commerce dans une ville du rayon frontière, et que celui-ci lève un passavant pour aller dans l'intérieur, il est en règle quant à la police de circulation, pourvu qu'il se soumette d'ailleurs, dans les douanes de son passage, à la reconnaissance des objets énoncés au passavant.

Le courrier sur lequel, ou dans la voiture, malle ou valise duquel il est saisi des marchandises prohibées ou des effets sujets aux droits de douanes, qu'il a soustraits à la visite ou qu'il n'a pas déclarés, est exclu pour toujours du service des postes, s'il dépend de l'administration des postes françaises; s'il dépend d'une administration des postes étrangères, sa destitution est demandée par l'office français, qui ne souffre plus que ce courrier se présente à quelque bureau que ce soit des postes françaises. (*A. du Min. des fin. du 15 mars 1810, art. 5.*)

Tout courrier ordinaire des dépêches, soit français, soit étranger, est tenu de porter un part (1) énonciatif de ses nom et prénoms, ainsi que du bureau de poste duquel il dépend, et de souffrir les visites des préposés des douanes, conformément aux lois des 22 août 1791 et 4 germinal an II.

A cet effet, il sera déposé à chaque bureau de douane, situé sur le passage du courrier de l'administration des postes, une clef du magasin de la voiture, malle ou valise, pour que ces employés puissent visiter les objets étrangers au service des postes qui s'y trouveront renfermés, et que les courriers seront tenus de leur exhiber, à la première réquisition, dans leur bureau, et non ailleurs.

Les offices étrangers dont les courriers apportent les dépêches au bureau des postes de la frontière française, seront invités à adopter cette mesure, si mieux ils n'aiment remettre à leurs courriers une clef des magasins, malles ou valises qui servent au transport de leurs dépêches, ou ne point les fermer. (*A. du Min. des fin. du 15 mars 1810, art.* 1er.)

La visite des préposés des douanes ne pourra avoir lieu, dans leur bureau, que sur les caisses, balles, ballots ou paquets non scellés du cachet de l'administration des postes, et non portés sur le *part* du courrier.

Mais tout ce qui sera scellé du cachet des postes et inscrit sur le *part* ne pourra, conformément à la décision du Ministre des finances en date du 12 prairial an V, être visité que dans le bureau des postes françaises le plus voisin (2), en présence des préposés de ce bureau, qui seront tenus de présenter eux-mêmes aux préposés des douanes tous les objets que ces derniers jugeront sujets à la visite, et il en sera dressé procès-verbal (3).

Les paquets et objets qui auront subi la visite, et dans lesquels il ne sera rien trouvé de sujet aux droits, seront refermés avec soin et croisés d'une ficelle sur laquelle sera apposé le cachet des postes.

Il sera, en outre, écrit sur l'enveloppe : *Visité au bureau de... le... par les préposés de l'administration des douanes, qui en ont requis l'ouverture.* La mention dont il s'agit sera signée des nom, prénoms et qualité du préposé de cette administration qui aura procédé à la visite, et de ceux du directeur ou préposé des postes qui en aura été témoin. (*Même Arrêté, art.* 2.)

Toutes les fois que les préposés des douanes demanderont à faire la visite des paquets scellés d'un cachet des postes et de leur contenu, le courrier, conformément à la décision précitée, recevra dans sa voiture, s'il y a place, celui des préposés qui

---

(1) On ne reconnaît comme courriers, français ou étrangers, que ceux qui sont nantis de leur feuille de *part*.

(2) Les deux conditions *scellé* et *inscrit* sont nécessaires pour qu'il y ait défense de visiter en douane. Toutefois, s'il s'agissait d'un paquet revêtu du cachet et non porté sur la feuille, on s'abstiendrait de visiter à la douane, et l'on ferait cette visite au bureau des postes.

(3) Les préposés des douanes ne concourent point à la rédaction des procès-verbaux d'ouverture des paquets; ce soin regarde les employés des postes. (*Circ. du* 9 avril 1810.)

devra procéder à la visite, et le conduira au bureau des postes où cette visite pourra être faite. Si le courrier ne peut recevoir le préposé des douanes dans sa voiture, il se rendra au pas au bureau des postes, de manière que ce préposé ne puisse le perdre de vue. (*Même Arrêté, art.* 3.)

Si la distance à parcourir du bureau des douanes au bureau des postes était, dans quelque endroit, telle que le service des postes dût souffrir essentiellement du ralentissement dans la marche du courrier, et celui des douanes de la trop longue absence de leur préposé, il y serait pourvu d'après les rapports qui seraient adressés aux directeurs généraux des deux administrations par leurs préposés respectifs. (*Même Arrêté, art.* 4.)

La suite devant les tribunaux correctionnels et les tribunaux de paix, des affaires résultant des contraventions aux lois sur les douanes commises par la voie de la poste, constatées, à la requête de cette administration, par des employés des contributions indirectes, est attribuée à ces derniers agents, toutes les fois que le dépôt des objets saisis n'a pas eu lieu dans un bureau de douanes. (*A. du Min. des fin. du* 20 *octobre* 1843, *art.* 1er.) (1).

Aussitôt qu'un receveur des postes aura soupçonné qu'un paquet *venu de l'étranger*, à l'adresse d'un destinataire de sa circonscription, peut renfermer des *marchandises*, il devra charger d'office ledit paquet, et faire inviter la personne indiquée par la suscription à se présenter au bureau pour retirer la dépêche venue à son adresse. Ce fonctionnaire donnera en même temps avis de cette mesure aux employés des douanes, s'il en existe sur les lieux, ou, à défaut, aux agents de l'administration des contributions indirectes. Ils devront se trouver présents au bureau de la poste au moment assigné pour la remise du paquet. Après que le receveur des postes et les délégués des douanes auront constaté, par un premier contexte de procès-verbal spécial, l'état extérieur du paquet dont il s'agit, en relatant exactement la nature et le millésime des timbres dont il sera revêtu, ainsi que la voie par laquelle il sera parvenu en France, le destinataire sera invité à faire sur place, et devant les fonctionnaires présents, l'ouverture de la dépêche. S'il ne se trouve que des lettres sous le cachet rompu par lui, ou si des lettres accompagnent d'autres objets saisissables, celles-là seront remises sur-le-champ, sans que, *sous aucun prétexte*, il en soit pris lecture (*V.* n° 1018), et les marchandises qui auraient été découvertes sous le même pli seront *seules* soumises à la vérification des représentants des douanes. Ces opérations seront constatées par le procès-verbal dont il a été parlé, procès-verbal qui sera clos au bureau même de la poste.

---

(1) Ainsi, dans tous les endroits où il existe un établissement de douanes (bureau ou brigade), c'est au chef local de ce service que le directeur des postes devra donner l'avis nécessaire pour qu'il soit pourvu à l'exécution des mesures concertées. Sur tous les autres points, soit de l'intérieur, soit même du rayon frontière, où il n'existe pas de postes de douanes, le soin d'exercer, dans les cas prévus, l'action attribuée par la loi aux préposés des douanes est expressément confié *aux employés de l'administration des contributions indirectes.*

Cette limitation de pouvoirs fait suffisamment comprendre que l'action directe de la douane par ses propres agents reprendra son complet exercice dans le cas où, bien que saisie par des préposés des contributions indirectes, la fraude aurait été amenée et déposée par ceux-ci *dans un bureau de douanes.* Le receveur de ce dernier bureau demeurera alors exclusivement chargé d'accomplir toutes les opérations complémentaires de la constatation de la fraude, au même titre et dans les mêmes conditions que si le procès-verbal eût été rédigé par des préposés des douanes. (*Circ. du* 15 *novembre* 1843, n° 1994.)

Si le destinataire, averti par le receveur des postes, ne se présente pas, ou s'il ne consent pas à ouvrir le paquet, ou enfin s'il refuse la lettre venue à son adresse, le procès-verbal le constatera. Il sera alors fait description dans ledit acte de l'état extérieur du paquet, qui sera laissé en la possession du receveur des postes, lequel pourvoira à l'application des règlements généraux de son administration concernant les *rebuts*. Les opérations de la *vérification* seront, dans ce cas, ajournées jusqu'après l'expiration des délais stipulés dans les règlements de la poste. Les directeurs des douanes devront, au surplus, rendre compte à l'administration de chaque incident de cette espèce.

Lorsque, dans l'une ou l'autre hypothèse, il y aura lieu de passer à la vérification des marchandises, s'il en a été trouvé dans le paquet, les délégués des douanes s'attacheront d'abord à reconnaître la nature et l'importance de celles-ci.

S'il ne s'agit que de simples échantillons, et en l'absence de tout soupçon d'abus, on s'abstiendra d'en opérer la saisie, et on en effectuera la remise sur un récépissé du destinataire s'il est présent, ou, dans le cas contraire, du receveur des postes, et ce, soit en franchise, soit, selon le cas, après payement des droits exigibles. *V.* nº 10. On constatera ce qui aura été fait à cet égard au moyen d'un appendice au procès-verbal.

S'il s'agit, au contraire, d'autres objets de nature à rentrer sous l'application de la loi prohibitive ou sous celle du tarif des droits à l'entrée, on en pratiquera la saisie, et on dressera procès-verbal de la contravention (1).

La jurisprudence de plusieurs tribunaux, d'accord sur ce point avec la saine intelligence des lois de la matière, a déjà posé en principe que la constatation de la découverte et de la capture, en quelque lieu que ce soit de la France, d'un paquet *venu de l'étranger* par la voie de la poste, sous le cachet de cette administration et avec le timbre de l'office étranger par l'intermédiaire duquel il a été expédié, équivaut *à la poursuite à vue* prévue, suivant le cas, par les art. 39 de la loi du 28 avril 1816 ou 35 du titre 13 de celle du 22 août 1791. *V.* nº 292.

On procédera, en conséquence, en vertu de l'un ou de l'autre de ces articles, suivant qu'il s'agira, d'une part, d'objets soit prohibés, soit tarifés à 20 fr. et plus par 100 kil., soit de la classe de ceux dont la prohibition a été remplacée par des droits (art. 3 de la loi du 5 juillet 1836), ou, d'autre part, d'objets imposés à un droit inférieur à 20 fr. par quintal métrique.

Dans la première hypothèse, on attribuera la poursuite de l'affaire au tribunal correctionnel du ressort; dans la seconde, on saisira la justice de paix du canton, en observant ponctuellement, dans l'un comme dans l'autre cas, les formalités tracées par la loi du 9 floréal an VII pour la validité des rapports de saisies.

Les objets saisis seront déposés par les saisissants au plus prochain bureau *des douanes*, s'il en existe un à proximité, ou, à défaut, *au greffe du tribunal* qui devra connaître de la contravention. Dans cette dernière éventualité, qui ne se réalisera que si le transport à un bureau de douanes est rendu impossible par des raisons de temps ou de distance, il faudra relater dans le procès-verbal les causes de ce *dépôt exceptionnel*.

Dans ce dernier cas, le procès-verbal, une fois revêtu de toutes les formalités propres à en assurer la valeur judiciaire, sera adressé ou remis par les verbalisants eux-mêmes, soit au procureur du Gouvernement, s'il s'agit d'une affaire de compétence correctionnelle, soit au juge de paix, s'il s'agit d'une affaire de compétence civile. (*Circ. du 15 novembre* 1843, *nº* 1994.)

---

(1) Le service des douanes doit toujours rédiger le procès-verbal soit de reconnaissance et de description, s'il s'agit de simples échantillons, *V.* nº 10, soit de saisie, quand il y a lieu. (*Circ. man. du* 7 *décembre* 1848.)

Il convient de constater par un procès-verbal distinct la saisie des marchandises renfermées dans chaque lettre ou paquet. (*Déc. du 4 février* 1851.)

On ne doit pas nommer dans les procès-verbaux les agents des postes qui ont dénoncé la fraude. (*Déc. du 16 juillet* 1853.)

SECTION II

Courriers de cabinets.

858. — *Courriers de cabinet français.* Les dépêches, paquets et portefeuilles présentés à la frontière par des courriers de cabinet français sont admis sans retard et en exemption de toute visite, lorsque les sacs de dépêches sont dûment fermés et accompagnés d'une feuille de *part* délivrée par les autorités françaises qui ont fait l'expédition et indiquant le nombre et les marques extérieures. (*Circ. man. du 18 mai* 1854.) (1).

Les objets prohibés ou passibles de droits qui, à l'arrivée dans les bureaux du département ministériel, seraient trouvés dans les portefeuilles ou paquets, seraient envoyés à la douane de Paris, chargée de donner à l'affaire les suites nécessaires. (*Circ. man. du 5 octobre* 1833.)

859. — *Courriers de cabinet étranger.* Les dispositions rappelées au n° 858 sont appliquées, en ce qui concerne les dépêches ou paquets adressés, avec une feuille de *part*, par la voie d'un courrier de cabinet, soit à l'un des Ministres du chef de l'Etat, soit à l'un des ambassadeurs ou Ministres près la Cour de France, ou à un cabinet étranger. (*Circ. man. du 20 octobre* 1826, et *Déc. des 1er juin* 1833 et *20 février* 1844.) (2).

SECTION III

Conducteurs de voitures publiques.

860. — Les conducteurs des messageries et voitures publiques sont soumis aux lois des douanes; ils doivent faire en douane une déclaration des marchandises qu'ils transportent, soit en sortant de France, soit en y entrant. Si des objets ne sont pas portés sur la feuille de voyage, ces conducteurs sont personnellement condamnés à une amende de 300 fr.; les marchandises de fraude sont confisquées, de même que les voitures et chevaux, et les fermiers ou régisseurs intéressés sont solidaires avec les conducteurs pour l'amende encourue. (*Loi du 4 germinal an II, titre* 3, *art.* 8.) Défaut d'inscription, etc.; n° 92 du tableau des Infr.; Trib. de paix.

---

(1) Dans d'autres conditions, le service, n'ayant aucun moyen de reconnaître l'authenticité des dépêches, les escorterait jusqu'au plus voisin bureau des postes (*Déc. du Min. des fin. du 17 février* 1848), ou, si l'on en faisait la demande, en assurerait, sous la garantie du plombage et d'un acquit-à-caution, la représentation au Ministère des affaires étrangères. (*Circ. man. du 5 octobre* 1833.) Dans ce dernier cas, si le courrier ne trouvait pas de caution, on se contenterait de sa signature. (*Déc. du 4 novembre* 1833.)

(2) Dans d'autres conditions, le service assurerait, sous la garantie du plombage et d'un acquit-à-caution, la représentation des dépêches à la *douane de Paris.* (*Déc. des 12 juin* 1838 *et 20 février* 1844.) *V.* la note précédente.

Les préposés des douanes ont le droit d'exiger, à toute réquisition, la représentation des passeports pour les marchandises que transportent les voitures publiques. (*Arrêté du 22 thermidor an X, art. 6.*) Cependant ils ne doivent user de ce droit qu'avec une extrême réserve et dans le cas de suspicion de fraude. (*Déc. du 9 juillet 1834.*)

La déclaration du conducteur résulte de l'inscription des marchandises sur la feuille de voyage. Un procès-verbal exprime suffisamment la *cause de la saisie* lorsqu'il contient la mention que le conducteur n'a pas fait de déclaration au bureau; si le prévenu prétend, malgré cette mention, que les objets saisis étaient inscrits sur sa feuille de voyage, c'est à lui à en faire la preuve. (*A. de C. du 24 juin* 1835: *Circ.* n° 1505.)

On peut valablement saisir comme moyen de transport une diligence à laquelle sont attelés des chevaux dans le collier desquels la fraude est cachée. (*Déc. du 11 août 1841.*)

Les chevaux *de poste* servant *habituellement* de relais aux messageries et voitures *publiques* sont saisissables, comme moyen ordinaire de transport, en cas de découverte de marchandises de contrebande sur les voitures (*Déc. du 6 juin* 1839); mais les chevaux *de poste* servant à des voyageurs ne doivent pas être saisis en cas de faits de fraude imputables à ces derniers. Dans aucun cas ne sont pas saisissables les chevaux qui ne sont plus attelés à la diligence lors de la découverte de la fraude. (*Déc. du 30 octobre* 1838; *Doc. lith.,* n° 24.)

Lorsqu'il y a lieu de saisir, soit pour fausse énonciation du contenu, soit pour défaut de formalité à la circulation, *des objets inscrits sur la feuille de route,* les frais de transport doivent être remboursés par la douane au conducteur de la messagerie, qui en donne quittance; ils sont compris dans les frais relatifs à la saisie, dont le receveur dépositaire fait l'avance. (*Circ. du 30 juillet* 1815, n° 55.)

Le vœu de la loi est suffisamment rempli quand le colis dans l'intérieur duquel a été cachée de la contrebande se trouvait enregistré sur la feuille de voyage sous la dénomination de son contenu principal et apparent. (*Déc. du 10 mai 1841.*)

Les conducteurs et agents de transports publics ne peuvent se soustraire à la responsabilité qui pèse légalement sur eux, dans le cas de saisie de marchandises de fraude trouvées sur leurs voitures en circulation ou au bureau de station, qu'en déclarant au moment de la saisie, d'une manière précise et reconnue exacte par l'auteur de la fraude lui-même, le propriétaire ou l'expéditeur sérieux des objets arrêtés. (*A. de C. du 8 décembre* 1820, 21 *juillet* 1827, 3 *août* 1827, 30 *mai* 1828 *et* 21 *novembre* 1828; *A. de la Cour de Douai du 8 janvier* 1842; *Doc. lith.,* n° 108, *et A. de C. du 16 décembre* 1842; *Doc. lith.,* n° 128.)

Les préposés devront sommer le voyageur signalé comme propriétaire de la fraude d'avoir à représenter son passeport ou tout autre papier authentique justificatif de son individualité. Mention de ces papiers sera consignée au procès-verbal avec toutes les indications propres à guider d'une manière sûre les recherches ultérieures de la justice. Si le voyageur n'a aucun papier de cette nature à produire, on devra le conduire immédiatement devant le maire ou le commissaire de police, qui statuera ce que de droit à son égard. Comme, toutefois, ce magistrat ne pourra, dans aucune hypothèse, lui laisser continuer sa route ou lui rendre sa liberté sans s'être assuré positivement de son nom et de son domicile, il sera pris note authentique du résultat de ses investigations à cet égard, pour servir de base à la poursuite ultérieure de l'administration contre le contrevenant, pour le recouvrement de l'amende. (*Circ. lith. du 10 avril* 1843.)

Les entrepreneurs de voitures publiques sont solidaires avec leurs conducteurs ou autres agents, en ce qui concerne les amendes prononcées par suite de saisies opérées sur leurs voitures. L'action contre les entrepreneurs peut être intentée en tout état de cause; ainsi, de ce que, par erreur, la régie n'exerce d'abord des poursuites que contre le conducteur des voitures sur lesquelles des marchandises ont été saisies, cette action ne peut être considérée comme une renonciation de sa part à agir ensuite et avant tout jugement contre le propriétaire de la voiture. (*A. de C. du 19 novembre* 1835; *Circ.* n° 1518.)

Mais quand les conducteurs ou entrepreneurs de voitures publiques ont placé sous la main de la justice le propriétaire des marchandises de fraude et qu'ils ont par suite été mis hors de cause, il n'y a pas à requérir le payement d'une somme égale à la valeur des moyens de transport dont il leur a été fait remise. (*Déc. du 14 octobre* 1852.)

Pour les formalités relatives aux voitures publiques, *V.* n° 875.

861. — *Police du roulage et des messageries publiques.* Les conditions auxquelles sont soumises les voitures publiques ont été déterminées par la loi du 30 mai 1851 et par le décret du 10 août 1852. Les employés des douanes sont appelés à constater les contraventions et les délits prévus par ces règlements. (*Loi du 30 mai* 1851, *art.* 15.) Mais, la législation de l'*impôt* ne les autorisant pas à verbaliser en matière de voitures publiques, les employés des douanes doivent, dans tous les cas, verbaliser exclusivement d'après la législation de *police.* (*Circ. du 25 septembre* 1852, n° 63.)

CHAPITRE XV

EFFETS ET VOITURES DES VOYAGEURS.

Le principe général qui veut que tout objet de commerce traversant la frontière subisse le tarif d'entrée ou de sortie ne s'applique pas aux effets qui sont la propriété réelle des voyageurs, qui leur servent actuellement et n'excèdent pas leurs besoins.

Cette exception nécessaire a été l'objet de règlements par lesquels on a voulu concilier ce qu'exige le maintien du tarif dans tous les cas où il est réellement applicable avec la liberté des voyageurs, les relations de bon voisinage entre les pays limitrophes, et la rapidité dans les communications.

SECTION PREMIÈRE

Objets appartenant aux voyageurs.

862. — Les passagers et voyageurs (1) sont tenus de déclarer (2) tous les objets qu'ils apportent de l'étranger dans leurs malles, caisses, valises, etc., et tous vêtements autres que ceux qui ont des traces évidentes de service, faute de quoi l'intention de fraude sera tenue pour constante et les objets seront saisis et confisqués, avec amende, suivant le cas. Toutefois il n'y a pas lieu de saisir les voitures des *voyageurs* comme moyen de transport quand il ne s'agit que de quelques objets prohibés qui se trouvent

---

(1) En l'absence de toute disposition spéciale à ce sujet, il est impossible d'établir aucune assimilation entre la personne des voyageurs et une certaine classe de marchandises. (*A. de C. du 3 avril* 1848.)

(2) Verbalement. (*Déc. du 6 novembre* 1848.)

confondus avec leurs hardes, ni, par suite, de faire consigner des sommes ou souscrire des engagements pour tenir lieu de cette saisie. Le service avertit chaque voyageur des obligations à remplir. (*Circ. du* 11 *septembre* 1817, n° 321.) (1).

L'administration a fait imprimer un *Avis aux voyageurs* qui présente en regard du texte sa traduction en anglais, allemand, espagnol et italien. Cet avis doit être affiché dans tous les bureaux de passage, et il est recommandé aux directeurs de se concerter avec qui de droit pour qu'on l'affiche également à bord des paquebots qui font périodiquement des voyages entre la France et l'étranger, ainsi que dans l'intérieur des salles d'attente des stations des chemins de fer. L'*Avis aux voyageurs*, imprimé séparément pour chaque langue, et dans un format plus petit, sera en outre collé sur une planchette portative, le texte français d'un côté, et, de l'autre côté, l'une des traductions en langue étrangère. On aura alors, pour chaque bureau, autant de planchettes qu'il y a de traductions différentes, ce qui ne dispensera pas le service de faire, avant toute visite, aux passagers et voyageurs, des interpellations individuelles. On aura soin de leur expliquer que, dans le cas où ils seraient porteurs d'objets qui ne seraient pas destinés pour la France, ils auraient la faculté, *si d'ailleurs la déclaration en avait été faite avant la visite*, soit de les expédier en transit, soit de les faire rétrograder à l'étranger, suivant qu'aux termes des règlements il serait possible, dans tel ou tel bureau, de les faire jouir de l'une ou l'autre de ces facilités. Il est entendu que l'usage des planchettes portatives dont il vient d'être parlé ne devra être introduit que dans les bureaux, soit de terre, soit de mer, où les communications avec l'étranger ont le plus d'importance. (*Circ. du* 16 *mars* 1843, n° 1963.)

Un avis spécial prévient les voyageurs qu'il n'est dû aucune rétribution à la douane pour la visite des bagages.

Un officier ou un sous-officier du service actif doit, avant la visite, avertir les voyageurs qu'il leur importe de prendre connaissance de l'*Avis aux voyageurs*.

En cas de saisie, il est recommandé de mentionner dans le procès-verbal l'accomplissement des prescriptions faites à cet égard par les règlements, notamment par la Circ. n° 1963. (*Déc. du* 11 *septembre* 1851.)

Le service est organisé de manière à éviter tout retard aux voyageurs sur les points où la circulation est desservie par des paquebots, des malles-poste, des diligences ou des chemins de fer. Les agents des douanes se font un devoir, toutes les fois que les circonstances le permettent, d'expédier promptement les voyageurs, même en dehors des heures légales du bureau. Ce sont là des actes de complaisance qui témoignent d'un bon esprit : l'administration ne peut que les encourager. (*Circ. du* 28 *juin* 1850, n° 2393.)

Pour le débarquement sous la surveillance des brigades, les heures de travail sont indiquées au n° 320. Les opérations dites de bureau, visite, etc., s'accomplissent d'ordinaire pendant le délai légal énoncé au n° 121; mais, à l'égard des voyageurs, il est pris des mesures exceptionnelles, selon les besoins. *V.* n° 863.

A l'égard des personnes munies de passeports ou de visa diplomatiques, *V.* n° 856.

863. — Sur les points de passage, il est établi, à proximité, soit par les soins des entreprises de transport et dans leurs bâtiments, soit, à défaut, aux frais du budget de l'administration des douanes, un local spécial pour la visite des voyageurs arrivant de l'étranger.

A moins que les voyageurs n'expriment le désir de se rendre directement à Paris

(1) Dans les ports, on tolère que le capitaine de navire ne signale les bagages des voyageurs, sur son manifeste, qu'en indiquant le nombre et les marques des colis. Le débarquement en est opéré sans permis spécial. *V.* n° 864. (*Déc. du* 9 *avril* 1844.)

par le chemin de fer, et de profiter de la faculté d'expédier leurs bagages, sans visite au départ, dans des wagons plombés, *V.* n° 343 (1), les personnes et leurs bagages sont conduits immédiatement dans le local spécial, sous la surveillance du service.

Ce local est distribué de telle sorte qu'une pièce serve de salle d'attente; une autre à la visite des personnes, *V.* n° 873, et des sacs de nuit ou objets qu'elles portent à la main; une autre aux bagages, qui doivent être placés sur des tables préparées à cet effet, d'où ils sont remis, par un guichet, aux intéressés qui ont satisfait aux prescriptions règlementaires. Afin qu'il n'y ait jamais confusion, il faut que la sortie des colis ait lieu par une autre porte que celle d'entrée; les salles et toutes les issues extérieures doivent être gardées par le service pendant les opérations.

A défaut de local spécial, lorsque le nombre des voyageurs n'est pas susceptible de motiver des dépenses exceptionnelles, la visite doit s'effectuer au bureau, ou, ce qui est préférable, au point même d'arrivée, par exemple, à bord des navires ou devant le bord. *V.* n° 873.

Dans tous les cas, des dispositions doivent être prises afin d'assurer, avec la plus grande célérité possible, c'est-à-dire en quelques minutes pour un certain nombre de colis, tout au plus une minute par intéressé, soit de jour, soit de nuit, si cela est nécessaire, *V.* n° 862, le débarquement sous la surveillance des brigades, et la régulière visite des voyageurs et des bagages dont ils sont accompagnés. Pour la visite, des officiers ou sous-officiers contrôlent l'action des préposés ou emballeurs; un vérificateur coté à l'opération la dirige et la surveille, et assigne à chacun des emballeurs qu'il fait alterner quant à la place à occuper, la partie de colis à examiner. S'il existe plusieurs vérificateurs, les opérations simultanées sont réparties entre chacun d'eux. (*Déc. du 7 janvier* 1857.)

C'est sous la surveillance et sur les indications du vérificateur que l'emballeur marque, à la craie, les colis à enlever après la visite. (*Déc. du 25 février* 1857.)

Un agent, délégué par le receveur, est adjoint au vérificateur pour la perception immédiate des droits; il en rend compte ainsi qu'il est réglé au sujet du prix des plombs, *V.* n° 31. (*Déc. du 5 novembre* 1851.)

L'examen des passeports est du ressort de la police. Les retards qui peuvent en résulter sont complétement étrangers au service des douanes.

864. — Il est usé d'une certaine tolérance pour quelques articles qui peuvent se trouver dans les bagages des voyageurs, sans être cependant de la nature des effets à usage proprement dits : elle consiste à admettre les propriétaires de ces objets à en faire la déclaration verbalement, *V.* n° 862, avant la visite, pour acquitter les droits d'entrée, *V.* n° 870; mais cette faculté ne peut s'étendre aux *marchandises* qui, ayant une valeur et une destination commerciales, sont évidemment un objet de spéculation.

En pareil cas, et lorsque, dans les ports, des marchandises ont été débarquées sans permis, *V.* n° 862, parmi les bagages des voyageurs qui, d'ailleurs, les déclarent au moment de la vérification, la douane est fondée à procéder par voie de saisie en invoquant, selon les circonstances, soit contre le capitaine, les dispositions de l'art. 2, titre 2, de la loi du 4 germinal an II (2), pour omission au manifeste du navire, soit contre le propriétaire, s'il a fait sa déclaration, celles de l'art. 13, titre 2, de la loi

---

(1) Les agents des convois de chemins de fer, sur les frontières de terre, ou les capitaines de navires prennent le soin, avant l'arrivée, de placer séparément tous les colis qui doivent être immédiatement introduits dans les wagons plombés du chemin de fer.

(2) Ou les art. 1er, titre 5, de la loi du 22 août 1791, et 10, titre 2, de la loi du 4 germinal an II, si les marchandises étaient prohibées à l'entrée.

du 22 août 1791, pour débarquement *sans permis* de colis de marchandises. (*Déc. du 9 avril* 1844.)

On ne procède à la saisie qu'autant que les marchandises non déclarées en temps utile offrent une certaine importance ou que le service est intéressé à agir ainsi. (*Déc. du 23 juin* 1858.)

On peut tolérer le renvoi immédiat à l'étranger des petites parties de marchandises présentées ostensiblement par les voyageurs, s'ils se refusent à payer les droits. *V.* n°ˢ 24 et 1040.

Les bagages non réclamés sont traités comme les marchandises laissées en douane. (*Déc. du 17 janvier* 1843.)

865. — Sur les frontières de terre, à défaut de déclaration au premier bureau, l'importateur est passible des peines édictées par l'art. 41 de la loi du 28 avril 1816. *V.* n° 409. (*Jugement du tribunal civil de Dunkerque du 9 juin* 1845; *Doc. lith.* n° 161.)

866. — On doit s'abstenir de rechercher si les vêtements dont les voyageurs sont couverts sont neufs ou vieux, lorsqu'ils n'excèdent pas le nécessaire et sont en rapport avec la condition sociale des personnes (1). (*Déc. du 3 juillet* 1837.)

Il est d'usage de laisser à la disposition des voyageurs, en franchise des droits, quelques cigares restant d'un paquet entamé, ou dans la proportion des besoins d'une journée, quelques menues denrées destinées à la consommation des intéressés.

867. — On doit agir avec une certaine sévérité lorsque la manière dont les objets sont placés dans les bagages décèle l'intention de les soustraire à la visite. Toutefois, si ces objets n'ont qu'une faible valeur, s'ils sont apportés pour satisfaire une fantaisie, si le rang des personnes exclut toute idée de spéculation, si, enfin, le chef du service est amené à penser que ces personnes, croyant à tort à une prohibition absolue, ont plutôt cherché à l'éluder pour ne pas supporter une privation, qu'à s'affranchir des droits, il peut être usé d'indulgence. Les objets non déclarés sont alors déposés aux minuties. (*Déc. du 10 novembre* 1842.) *V.* n° 1040.

Dans les bureaux établis sur des points de passage, lorsqu'il s'agit de parties de marchandises non déclarées, découvertes sur des voyageurs arrivant de l'étranger, et qui, à raison de leur faible valeur, comme des circonstances de la saisie, sont de nature à être simplement inscrites au registre des minuties, le chef local peut, quand les objets n'ont pas encore été compris dans un procès-verbal collectif, et si l'intéressé en exprime le désir, les restituer au moyen d'une transaction provisoire expliquant l'origine des objets, et stipulant le payement, en sus des frais, de la valeur de ces objets, que l'on soumet alors aux droits. Le contrevenant s'engage d'ailleurs à ne pas se prévaloir de l'absence d'un procès-verbal de saisie; mais dès que les objets retenus ont été inscrits au registre des minuties, l'autorisation préalable de l'administration est nécessaire. (*Déc. des 13 mars* 1850 *et 13 novembre* 1858.) *V.* n° 1040.

868. — Les tribunaux peuvent apprécier, d'après les circonstances de l'introduction et la position sociale des voyageurs, si des effets que ceux-ci ont présentés comme faisant partie de leur habillement actuel ne sont pas plutôt, ainsi que l'a jugé la douane, des objets soumis aux prescriptions de la loi générale et saisissables

---

(1) On ne peut dépouiller un individu de son unique vêtement. Dans le cas où il serait nécessaire d'empêcher une fraude ayant le caractère de spéculation habituelle et non d'un fait isolé et sans importance, le service dresserait un procès-verbal établissant que le vêtement faisant l'objet d'une fraude est complètement neuf et qu'il n'a pas été déclaré; le droit de 30 p. 0/0 de la valeur, *V.* n° 871, serait immédiatement liquidé, et, en cas de refus de payement de ce droit et des frais, le juge de paix serait appelé à prononcer les condamnations encourues.

à défaut de déclaration. (*Jugement du tribunal civil de Strasbourg du 20 novembre 1852; Docum. lithog.*, n° 193.)

869. — Les habillements à l'usage habituel des voyageurs (c'est-à-dire les vêtements et hardes ayant été supportés) et le linge *de corps* formant le trousseau des voyageurs (*Loi du 16 mai 1863, art.* 25) ne sont soumis à aucun droit d'entrée ni de sortie, lorsqu'ils offrent des traces évidentes de service et que les quantités sont en rapport avec la position sociale des propriétaires. Cette immunité est accordée même quand les objets dont il s'agit n'accompagnent pas les voyageurs; mais il faut alors qu'ils soient importés avec d'autres effets à usage et qu'ils n'excèdent pas le nombre strictement nécessaire (1). C'est aux employés à apprécier, en pareil cas, ce qu'il est convenable de faire, pour prévenir toute fraude, comme pour éviter toute rigueur inutile (2).

Les habits de théâtre qui suivent les acteurs dans leurs déplacements, les instruments de musique dont se servent les artistes ambulants, ainsi que les instruments *portatifs* de l'espèce à l'usage personnel des voyageurs, sont admis à circuler librement, quand nul doute ne s'élève sur la qualité des individus qui les présentent. (*Tarif, note* 720.)

Sur l'autorisation des directeurs, sont aussi admis en franchise de droits, en tant qu'ils sont en cours d'usage, le linge de lit et de table (3), les tapis, les livres de bibliothèque particulière (*V.* n° 964), les pianos, instruments d'arts libéraux ou mécaniques, les trousseaux de mariage et ceux des élèves envoyés dans les pensionnats français ou résidant en France, les meubles et les divers articles que le tarif général considère comme composant le mobilier des personnes qui viennent en France. (*Loi du 16 mai 1863, art.* 25; *Circ. du* 25, n° 901.) (4).

Les objets neufs sont soumis aux conditions ordinaires du tarif, et quand parmi ces derniers il s'en trouve de nature prohibée, ils peuvent être admis au droit exceptionnel de 30 p. 0/0 de la valeur, *V.* n° 871, pourvu que la quantité n'en soit pas hors de proportion avec la condition des importateurs ou des destinataires. (*Circ. du 24 août 1859, n°* 604.)

Quand ils ne doivent que traverser la France et s'ils désirent ne pas acquitter les

---

(1) Les portraits de famille et les objets d'origine française sont admis en franchise.

(2) Aucune distinction n'est faite, pour l'application du tarif, entre les tissus en pièce ou en coupon. On ne distingue pas non plus, à l'égard des tissus qu'on aurait coupés et faufilés pour simuler des manteaux, robes, jupons, châles ou autres pièces d'ajustement, ainsi que des draps, rideaux, nappes ou autres objets, même quand ils auraient été lavés ou marqués. Les pénalités sont encourues toutes les fois que la douane reconnaît que ce sont des tissus neufs, façonnés dans l'intention de les soustraire aux droits ou à la prohibition dont ils sont frappés.

(3) Le linge neuf en tissu prohibé, importé par les voyageurs pour leurs propres besoins, est admis au droit de 30 0/0 de la valeur. *V.* n° 871. En tissu non prohibé, le linge neuf subit les conditions générales du tarif.

On admet en franchise le linge de cuisine, en quelque tissu que ce soit, faisant partie du mobilier des voyageurs ou des individus qui viennent s'établir en France, lorsque ce linge porte des traces évidentes d'usage. (*Tarif, note* 721, *et Circ. du* 2 août 1861, n° 781.)

(4) Ces exceptions sont fondées sur l'art. 1er de la loi du 1er août 1792, portant qu'il ne sera payé aucun droit d'entrée sur les habillements vieux, quoiqu'ils n'accompagnent pas les voyageurs, dès qu'ils sont dans une même malle avec d'autres effets.

droits d'entrée (*V.* nos 870 et 871) à l'égard des objets autres que les habillements et le linge de corps qui, portant des traces évidentes de service, sont laissés en franchise à leur disposition, les voyageurs ont à en garantir la réexportation, soit sous les conditions ordinaires du transit, *V.* n° 519, soit, si les objets n'ont qu'une faible importance, moyennant la consignation, selon qu'ils sont ou non prohibés, de la valeur ou des droits, *V.* n° 501.

Les livres, gravures ou photographies ne peuvent être admis au transit que par les bureaux désignés à cet effet au n° 965. Cependant, lorsqu'il s'agit d'un petit nombre d'objets dépareillés et ayant le caractère d'objets de collection, l'administration ne se refuse pas, exceptionnellement, à en autoriser le transit par d'autres points. (*Déc. du 31 mars 1858.*)

870. — Lorsque le petit nombre des objets et la position sociale des importateurs donnent la certitude qu'il ne s'agit pas d'opérations de commerce, les chefs locaux peuvent autoriser l'admission des articles de fantaisie, de nature prohibée, qui sont apportés de l'étranger par les voyageurs. On perçoit, en pareil cas, le droit de la *porcelaine commune* sur les poteries de terre de pipe et de grès fin. Les autres objets sont soumis au droit de 30 0/0 de la valeur, par assimilation aux *effets à l'usage des voyageurs. V.* n° 871. Le bénéfice de cette disposition n'est pas applicable aux tissus en pièces. Toutefois on peut admettre au droit de 30 0/0 les simples coupons de flanelle, de drap, etc., qui doivent manifestement être affectés à l'usage de l'importateur.

Les petites quantités de sucre raffiné, formant le restant des provisions de route, sont admises sous le payement de la taxe afférente au sucre au-dessus du premier type importé par navires étrangers.

La quittance de droits relative aux habillements et autres objets pour lesquels il est dérogé à la prohibition doit toujours être délivrée au nom du voyageur qui les a apportés.

Il est recommandé aux employés de veiller à ce que l'on n'importe pas, sous forme de vêtements, des coupons de tissus simplement faufilés. (*Déc. des 9 janvier et 8 octobre 1850; Circ. du 27 décembre 1850, n° 2418.*)

Les chefs de service doivent veiller à ce que ces admissions exceptionnelles soient renfermées dans des conditions convenables. On ne saurait à cet égard établir de règle absolue, les dispositions à appliquer dépendant de la position sociale des voyageurs et de l'importance de leurs bagages. Ainsi rien ne serait moins justifié qu'une limite fixée d'avance quant à certains objets par chaque intéressé. (*Déc. du 31 mars 1856.*)

871. — Les vêtements neufs confectionnés et autres effets *neufs* à l'usage des voyageurs, lorsqu'ils ont été déclarés avant la visite, et que la douane reconnaît que ce sont des objets hors de commerce, destinés à l'usage personnel des déclarants, et en rapport avec leur condition et le reste de leurs bagages, sont admis au droit de 30 0/0 de la valeur. (*Ord. du 2 juin 1834, et Loi du 2 juillet 1836.*) (1)

Cette disposition ne s'applique qu'aux vêtements et effets frappés de prohibition à l'entrée; les autres doivent être soumis, selon l'espèce, aux droits particuliers qui leur sont afférents.

---

(1) Ces dispositions sont étendues aux importations faites pour le compte de personnes résidant à l'intérieur, en tant qu'il s'agit d'objets ayant une destination hors de commerce, quelle qu'en soit d'ailleurs la valeur. Mais, contrairement à ce qui a lieu pour les voyageurs qui obtiennent ces facilités dans tous les bureaux, l'admission des objets pour des personnes de l'intérieur ne s'effectuera que par les bureaux ouverts à l'entrée des marchandises taxées à plus de 20 fr. les 100 kil. Les chefs locaux statuent dans les deux cas. (*Déc. min., Circ. du 3 avril 1861, n° 745.*)

Le receveur, ou, s'il en existe un, le sous-inspecteur, et, dans les grands ports, l'inspecteur sédentaire juge si, par leur nombre, leur nature ou leur valeur, en un mot par leur importance relative, eu égard à la position sociale des importateurs, les objets déclarés comme vêtements ou autres effets à usage peuvent être considérés comme étant réellement importés pour leur usage personnel et ne constituer aucune spéculation commerciale; il apprécie les circonstances et les faits qui permettent de déroger, en pareil cas, à la prohibition. C'est sur la valeur des objets en France, et non sur leur prix d'achat à l'étranger, que la taxe doit être établie.

On entend par *vêtement* tout ce qui sert, sous quelque dénomination que ce soit, à vêtir les personnes des deux sexes. Ainsi on range dans cette classe les bottes, souliers, bas, chapeaux, gants, manteaux, châles, etc. On admet comme *autres effets à l'usage des voyageurs*, quel que soit le tissu dont ils sont formés, les pièces de lingerie neuves façonnées pour le corps, la table ou le lit, les nécessaires et petites pharmacies de voyage, les objets de sellerie, etc. (*Circ. des 5 juin* 1834, n° 1442, *et 15 septembre suivant,* n° 1459; *Tarif, note* 722.)

Les chefs des bureaux principaux peuvent également admettre d'office, au droit de 30 0/0, les objets prohibés, évidemment hors de commerce, que les voyageurs *déclarent* apporter de l'étranger pour leur usage particulier, pourvu qu'il ne s'agisse pas de tissus en *pièces.* (*Déc. du 29 septembre* 1841.)

Les médicaments composés transportés par les voyageurs pour leur usage particulier, et que les chefs locaux sont autorisés à faire admettre, de même que d'autres objets prohibés faisant partie des bagages, doivent être soumis au droit de 30 0/0 établi par la loi du 2 juillet 1836. (*Déc. du 2 septembre* 1845.)

Quand des tissus prohibés, en pièces, ont, faute de déclaration, été saisis sur des voyageurs, c'est à l'administration seule qu'il appartient d'en autoriser, au besoin, l'admission au droit de 30 0/0. (*Déc. du* 28 *décembre* 1854.) On ne remet jamais ainsi les objets trouvés cachés. (*Déc. du* 14 *octobre* 1856.) *V.* n° 867.

V. pour les bijoux à l'usage des voyageurs, le n° 996; pour leur argenterie, n°ˢ 1000 et 1001; pour les cigares, n° 1010; la librairie, n° 964; les échantillons, n° 10; les objets mobiliers, n° 872; les voitures, n° 874; expéditions sur la douane de Paris, n° 592; objets de fantaisie et provisions de route faisant partie du bagage des voyageurs qui ne font que traverser la France, n° 501; bagage des émigrants, n° 502.

872. — Les objets *de toute nature* composant le *mobilier* des étrangers qui viennent s'établir en France ou des Français qui rentrent dans leur patrie, peuvent être admis, à titre d'exception, en franchise, sur la simple autorisation des chefs locaux, quand, notoirement destinés à l'usage des importateurs et de leur famille, ces objets sont reconnus porter des traces évidentes de service; mais on ne peut en effectuer l'importation que par l'un des bureaux qui sont ouverts à l'entrée des marchandises taxées à plus de 20 fr. par 100 kil., et à charge de produire, à l'appui de la déclaration de valeur, un inventaire exact et détaillé de tout ce qui doit être introduit. Hors de ces conditions, l'autorisation préalable des directeurs demeure nécessaire. Cette facilité s'applique non-seulement aux objets d'ameublement, y compris les tapis et tapisseries de toute sorte, mais encore aux objets désignés au n° 869. (*Circ. des* 24 *août* 1859, n° 604, *et* 2 *août* 1861, n° 781.)

Les vins, liqueurs et autres provisions de ménage ne sauraient, dans aucun cas, participer au bénéfice de la disposition ci-dessus. *V.* Livre XI, chap. 26.

Lorsque, parmi les objets mobiliers importés dans le cas prévu ci-dessus, il se trouve des articles dont l'origine française est authentiquement établie par des marques de fabrique et que ces objets portent d'ailleurs des traces d'usage, les chefs locaux peuvent en autoriser la libre rentrée. (*Circ. du* 9 *mai* 1845, n° 2065, *et Circ. du* 24 *août* 1859, n° 604.)

Les tableaux importés d'Angleterre, etc., peuvent être admis en franchise, lorsque les cadres ne forment que l'accessoire. (*Tarif, note* 715; *Circ. lith. du* 21 *nov.* 1864.)

Les outils qu'apportent, pour leur propre usage, les ouvriers qui viennent s'établir en France, sont admis en franchise (*Loi du 16 mai 1863, art.* 25), lorsqu'ils sont importés par les bureaux ouverts à l'entrée des marchandises taxées à plus de 20 fr. par 100 kil., et qu'il est dûment reconnu qu'ils portent des traces évidentes de service. Pour tout autre bureau, une autorisation des directeurs est nécessaire. Quand les outils sont neufs, les droits du tarif doivent, dans tous les cas, être appliqués. (*Tarif, note* 655.)

Les *vieilles* porcelaines, même celles de Chine, du Japon ou de Saxe, peuvent être admises en franchise quand il est reconnu qu'elles portent des traces évidentes d'usage (*Loi du 16 mai 1863, art.* 25); mais il faut chaque fois, pour cela, une autorisation spéciale des directeurs, à moins qu'il ne soit question d'un petit nombre d'articles. (*Tarif, note* 520; *Circ. des 24 août* 1859, n° 604, *et 2 août* 1861, n° 781.)

Dans certaines localités, les effets des voyageurs peuvent être plombés au bureau de première ligne, afin d'éviter de nouvelles visites dans le rayon. Toutefois, le plombage ne dispenserait pas des contre-vérifications, s'il existait des soupçons de fraude. (*Déc. du 2 juillet* 1834.)

Le numéraire importé par des voyageurs ou des marchands est affranchi de la taxe d'entrée. (*Déc. du 30 mai* 1840.)

On peut aussi, sur l'autorisation des directeurs, admettre en franchise les mobiliers agricoles (jougs, harnais, outils, etc.) en cours de service qu'apportent avec elles les personnes qui viennent s'établir en France (*Loi du 16 mai 1863, art.* 25). Il en est de même à l'égard des instruments aratoires qui portent des traces d'usage, à l'exclusion de ceux qui, au point de vue du tarif, rentrent dans la classe des machines. Dans ce dernier cas, ils restent astreints aux conditions et aux droits ordinaires, sans acception de l'état (neufs ou en cours de service) dans lequel ils sont présentés. Seulement, en pareille circonstance, on peut dispenser les importateurs des formalités accessoires, telles que production de plan, notices descriptives, etc. Quant aux objets neufs faisant partie des mobiliers agricoles, ils sont assujettis aux conditions ordinaires du tarif; toutefois, ceux d'espèce prohibée, en petit nombre, peuvent être admis soit au régime de la consignation, s'il s'agit de voitures suspendues, alors même que ces voitures seraient en cours de service; soit au droit exceptionnel de 30 p. 0/0 de la valeur, s'il est question d'objets d'autre nature. (*Circ. du 24 août* 1859. n° 604.)

Les charriots, tombereaux, voitures à échelles, manches d'outils en bois, etc., sont admis en franchise, pourvu qu'ils soient reconnus être en cours d'usage. Il en est de même, sous la même réserve, pour les objets qui, au point de vue du tarif, rentrent dans la classe des machines agricoles; telles sont, par exemple, les herses, les charrues, les moissonneuses, les faneuses, etc. Ainsi la dénomination du matériel agricole, affranchi des taxes, s'entend de tous les objets ou instruments quelconques destinés à l'exploitation rurale.

Sous aucun prétexte, cette immunité, relative aux machines agricoles, ne s'étendra aux machines d'autres sortes, par exemple aux appareils faisant partie des matériels industriels. (*Circ. du 2 août* 1861, n° 781.)

Dans tous les cas, la franchise n'est accordée qu'autant qu'il s'agit de mobiliers proprement dits, à l'exclusion de toute importation faite en vue de spéculations commerciales; que les objets portent des traces évidentes de service et sont reconnus en rapport, par leur nombre, leur nature et leur qualité, avec la position des importateurs. (*Même Circ.*)

873. — *Visites sur les personnes.* Le droit, pour la douane, de procéder à des visites corporelles, résulte de la loi qui ordonne la recherche et la saisie de tous les objets de contrebande. (*Déc. min. du 3 frimaire an X; Circ. du 28; Loi du 25 juin* 1841, *sur le Budget de* 1842, *et Circ. lith. du 18 novembre* 1841.)

Les agents des douanes sont fondés à invoquer les dispositions du droit commun qui, en cas de flagrant délit, autorisent la recherche des pièces de conviction, même sur la personne de celui que des indices matériels ou autres signalent comme auteur du délit. *V.* nᵒˢ 421 et 1018.

Cette visite sur la personne peut être opérée par les préposés des douanes sans l'assistance ni le concours d'un officier public.

Tout individu qui se refuse à cette visite fait opposition à l'exercice des préposés. (*A. de C. du 2 janvier* 1856; *Circ. du 16 mai suivant*, nᵒ 379.)

Mais, plus l'administration doit tenir à ce que ce droit ne soit pas méconnu, plus il importe que les employés apportent, dans l'usage qu'ils sont autorisés à en faire, la réserve et la circonspection nécessaires pour prévenir toute plainte fondée. Cette visite est faite par exception. Les chefs du service sont spécialement chargés de veiller à ce qu'il en soit ainsi. (*Circ. du 16 mai* 1856, nᵒ 379.)

Ce qu'on doit éviter d'abord, c'est de soumettre indistinctement à la visite corporelle toutes les personnes qui viennent de l'étranger. Il convient, sans doute, que toutes soient invitées à déclarer si elles n'importent rien sur leurs personnes; mais, le plus ordinairement, il suffit d'une reconnaissance sommaire des vêtements extérieurs, comme l'administration a souvent pris le soin de l'expliquer : une visite plus approfondie doit être l'exception et non la règle. Il est telles personnes que leur position sociale met suffisamment à l'abri du soupçon de tentative de fraude sous leurs vêtements; à moins de motifs assez bien fondés pour que cette rigueur trouve sa justification dans son résultat même, celles-là doivent être, le plus souvent, exemptées de la visite à corps. On ne doit soumettre les voyageurs à cette visite qu'autant qu'on y est amené par quelque renseignement ou par les présomptions que peuvent donner des apparences, telles que l'ampleur ou la forme des habillements, et, s'il y a lieu de verbaliser, soit pour saisie, soit pour refus de visite, on doit rappeler au procès-verbal les motifs que l'on a eus de suspecter la fraude.

L'attention des employés doit se porter plus spécialement sur les personnes connues pour faire, sans motif plausible, de fréquentes allées et venues de France à l'étranger et *vice versâ*, et désignées souvent par la notoriété publique comme spéculant sur des introductions frauduleuses.

Dans aucun cas, les visites à corps ne doivent être laissées à la discrétion des agents subalternes; ceux-ci ne doivent y procéder que *sur l'ordre soit du sous-inspecteur*, *soit d'un officier de la partie active*, chargé, suivant les localités, de présider à la vérification des bagages, et ce chef doit, avant tout, s'assurer, par la représentation des passeports, en se concertant, s'il y a lieu, avec l'agent préposé à cette police, de la profession des personnes.

C'est au bureau ou dans ses dépendances ou annexes que les visites doivent, en principe, être effectuées, *V.* nᵒ 863, à moins qu'il n'y ait consentement des voyageurs à ce qu'elles soient faites ailleurs, pour éviter d'y être conduits. Mention de cette circonstance devra être faite, s'il y a lieu, au procès-verbal. (*Circ. lith. du 10 novembre* 1842.)

Les préposés, comme les visiteuses, doivent agir avec décence et s'attacher à adoucir, par la forme, ce que l'accomplissement de leur devoir a de rigoureux; enfin, sauf des circonstances nécessairement très-rares, où un renseignement positif justifierait l'exception, il ne doit être exercé de visite sur les personnes qu'au moment même où elles arrivent de l'étranger, c'est-à-dire sur la frontière, au bureau de première ligne.

Il est entendu d'ailleurs que ces dispositions ne s'appliquent qu'aux voyageurs proprement dits, et qu'il n'est rien changé à ce qui se pratique à l'égard des équipages des navires, dans les ports, ou, sur la frontière, à ce qui constitue le service de campagne. (*Circ. lith. du 10 novembre* 1842.)

Afin d'éviter une application trop uniforme d'une mesure exceptionnelle dont le principal mérite consiste dans ce qu'elle peut avoir d'imprévu et de comminatoire.

il importe d'apporter beaucoup de réserve et de circonspection dans l'appréciat
des indications susceptibles d'éveiller les appréhensions du service. A cet effet, l'o
cier qui assiste à l'arrivée des voyageurs doit toujours prendre le soin de s'éclai
par l'examen des passeports, sur la position sociale des personnes, et de juger
plus ou moins de convenance ou d'opportunité qu'il peut y avoir à ordonner la vi
ou à s'en abstenir.

Sans se substituer d'ailleurs aux agents dont la mission spéciale est d'agir
point de vue de la surveillance de police, le service des douanes procède à la vis
corporelle, à leur réquisition, quand ils la reconnaissent nécessaire. (*Déc. du 8 1*
vembre 1855.)

Les femmes ne peuvent être visitées que par des personnes de leur sexe. (*Déc. m*
du 13 *brumaire an* X *; Circ. du* 28 *; Circ. du* 25 *octobre* 1827, n° 1068, *et Circ. li*
du 18 *novembre* 1841.)

Les *femmes visiteuses* procèdent seules à l'examen des coffres particuliers renf
mant le linge dont les femmes voyageuses ont eu à se servir en voyage. (*Déc.*
14 *septembre* 1842.)

Les *femmes visiteuses* doivent être choisies exclusivement parmi les femmes,
veuves ou les filles des employés. Elles devront être âgées de vingt-et-un ans
moins si elles sont mariées ou veuves, et de vingt-cinq ans si elles sont filles. El
devront produire : 1° un certificat du capitaine, revêtu de l'attestation de l'inspe
teur, constatant qu'elles sont probes, intelligentes, de bonnes mœurs, d'une ten
décente et de formes polies ; 2° un certificat du médecin de la capitainerie constata
qu'elles ne sont atteintes d'aucune infirmité susceptible de nuire à l'exercice
leurs fonctions ou d'inspirer de la répugnance aux personnes soumises à la visit
Leur traitement sera de 200 à 500 fr. *fixes ;* il n'est pas soumis aux retenues po
la caisse des retraites. Elles sont nommées par les directeurs, sauf l'approbation
l'administration quand le traitement doit être de 400 fr. et au-dessus. Elles so
dispensées du serment. Dans toutes les saisies auxquelles elles coopèrent, les *femm*
visiteuses ont une part de saisissant, sans aucune retenue. (*Circ. lith. du* 18 *novemb*
1841.) (1).

Les procès-verbaux rédigés pour des saisies opérées par les soins des *femmes vi*
teuses, ne doivent comprendre, avec elles, que deux employés dont le concours e
nécessaire pour la validité de ces actes. (*Déc. du* 13 *octobre* 1841.)

SECTION II

Voitures.

874. — Les voitures, qui étaient prohibées par la loi du 10 brumaire an V, peuve
être admises, à charge par les voyageurs d'en garantir le renvoi à l'étranger dans
délai de trois ans, en consignant le tiers de leur valeur réelle (2). La condition

---

(1) Les directeurs adressent à l'administration, lors des nominations, un ét
indiquant les nom et prénoms de chaque femme visiteuse, son état civil (femm
veuve ou fille d'employé de tel grade), son âge, l'époque de son admission,
montant de sa solde, la localité où elle exerce. En cas de mutation, il faut énonc
le motif du remplacement. (*Circ. lith. du* 18 *novembre* 1841, *et Déc. du* 14 *févri*
1844.)

(2) Les douanes admettent les voitures d'après la valeur déclarée ; si cette valeu
ne leur paraît pas exacte, elles recourent à l'avis d'un expert.

S'il arrive que des étrangers se trouvent dans l'impossibilité de réaliser la cons

renvoi étant remplie, les trois quarts de la somme consignée seront remboursés. Il n'y aura d'exception à cette règle qu'en faveur des voyageurs français qui ramèneront les voitures qui leur auront servi (1). (*Loi du 27 juillet 1822, art.* 18.)

Mais ces dispositions sont moins favorables pour les intéressés que celles des tarifs conventionnels au sujet de la carrosserie. On peut donc admettre les voitures de voyageurs au bénéfice de l'importation temporaire, sous la garantie d'un acquit-à-caution descriptif, ou à défaut de caution, d'une reconnaissance de consignation. La réexportation doit s'effectuer dans le délai de six mois ou d'un an au plus, et dès qu'elle a été constatée, le service annule purement et simplement la soumission ou restitue le montant total de la consignation. (*Déc. min. du 11 septembre 1857; Circ. du 16, n° 492; Tarif de 1864, note 225, et Circ. lith. du 20 février 1865.*)

Pour les prolongations de délai, *V.* n° 840.

Quand il y a eu consignation, toute demande en prolongation de délai pour la réexportation doit être formée par les intéressés eux-mêmes. (*Déc. du 20 juillet 1859.*)

En ce qui concerne la réexportation des voitures de voyageurs, il faut remarquer que la portion de consignation, attribuée au trésor a été calculée à raison d'un séjour limité et assez court, et qu'un sursis affaiblit proportionnellement la taxe réservée au trésor et la compensation protectrice de l'industrie de la carrosserie. Il convient donc de n'accorder des prolongations de délai qu'avec réserve et jamais pour une période supérieure à celle de trois années primitivement fixée. A l'expiration des six années, et à moins de circonstances exceptionnelles dont il serait rendu compte à l'administration, le montant de la consignation doit être considéré comme acquis au trésor si la réexportation n'a point été effectuée. (*Circ. du 24 août 1859, n° 604.*)

Les sommes consignées en garantie de la réexportation des voitures, c'est-à-dire les trois quarts de celles déposées lors de leur importation, sont remboursées, par les receveurs des bureaux frontières, au moment même de la sortie des voitures, sauf aux comptables qui font ainsi des payements pour le compte de leurs collègues à se couvrir de leurs avances au moyen d'un bordereau de virement de fonds.

Les réexportations devant être effectuées dans le délai fixé à l'entrée, c'est seulement durant cette période que la restitution des sommes consignées peut être opérée, et lorsque d'ailleurs les reconnaissances de consignation ont été revêtues par les employés de certificats constatant, d'une part, que les voitures représentées sont bien celles qui ont été introduites et qui sont décrites dans les expéditions, de l'autre, que le passage à l'étranger en a été effectué. Les receveurs qui s'écarteraient de ces

---

gnation, on peut recevoir une obligation, suffisamment cautionnée, de compter la somme en espèces dans un délai de deux mois au plus.

La consignation est faite sans qu'il y ait addition du décime. Elle doit toujours être portée en recette, un quart au compte du Trésor, et les trois autres quarts aux opérations de trésorerie. (*Circ. du 17 janvier 1823, n° 780.*)

Les fourgons dans lesquels on transporte les sangsues vivantes sont soumis à la même consignation que les voitures de voyageurs; mais l'intégralité de la somme consignée est restituée si ces fourgons sont réexportés dans le délai d'un an. Les receveurs doivent, par suite, faire figurer au compte des *opérations de trésorerie* la totalité des sommes qui font l'objet de ces consignations particulières. (*Tarif. note 683.*)

(1) La dispense de consignation stipulée par l'art. 18 de la loi du 27 juillet 1822, en faveur des Français qui ramènent leur voiture en France, ne s'applique qu'à ceux qui justifient par un acquit-à-caution de la sortie antérieure de cette même voiture. (*Jugement du tribunal civil de Grenoble du 24 mars 1841.*)

dispositions s'exposeraient à voir laisser à leur charge les sommes qu'ils auraient indûment payées. Les quittances des sommes remboursées doivent toujours être données par les consignataires, et, à défaut, par des fondés de pouvoir légalement constitués. *V.* n° 840. Si, au lieu de l'original de la reconnaissance de consignation, on représente au bureau de sortie un duplicata de cette expédition, le remboursement n'est fait que sous les réserves voulues par la décision ministérielle du 24 novembre 1791, *V.* n° 41, sauf, en cas de difficulté à cet égard, à suspendre le payement réclamé et à prendre les ordres de l'administration, comme on devrait également le faire s'il s'élevait des doutes sur l'identité des voitures présentées ou sur la régularité des pièces produites. (*Circ. du 26 juin 1832, n° 1331.*)

Les certificats de réexportation des voitures doivent être signés par deux employés de bureau au moins, ou par le receveur et un préposé du service actif. Quand, à raison de la situation des localités, le service actif doit escorter les voitures jusqu'à l'extrême frontière, les deux agents chargés de ce soin certifient la sortie définitive. Ces certificats sont enregistrés au bureau. (*Circ. du 12 décembre 1817, n° 350.*)

Dans les ports, la restitution des sommes consignées peut être opérée sur la simple justification de l'embarquement de la voiture, et sans attendre que le navire ait pris la mer, sauf à faire effectuer une nouvelle consignation si la réexportation n'était pas consommée. (*Déc. du 10 août 1837.*)

L'art. 14 du titre 3 de la loi du 22 août 1791 porte d'une manière générale que les sommes consignées en garantie de droits, qui ne sont pas régulièrement réclamées six mois après l'expiration du délai fixé par les expéditions, seront portées en recette pour le compte du Trésor; mais, en ce qui concerne les voitures de voyageurs, ce délai a été porté à deux ans par une décision ministérielle du 17 germinal an XI. Toutefois les sommes non réclamées dans les six mois sont définitivement portées en recette, sauf à les rembourser, s'il y a lieu, en vertu d'ordres spéciaux de l'administration. (*Circ. du 28 mai 1832, n° 1326.*)

Quand il y a eu abandon de la totalité de la consignation d'une voiture, et qu'un passavant descriptif a été levé à la sortie, la libre réimportation peut en être autorisée. (*Déc. du 25 septembre 1832.*)

Les dispositions rappelées au n° 840 pour la réexportation des bêtes de somme, etc., sont applicables au remboursement des sommes consignées pour assurer la réexportation des voitures appartenant aux voyageurs. (*Circ. du 22 avril 1852, n° 31.*)

875. — Sont affranchis de la consignation du tiers de la valeur et de la garantie d'un acquit-à-caution :

1° Les ambassadeurs ou ministres étrangers accrédités près la cour de France, et les agents diplomatiques et courriers de cabinet qui justifieront de leurs titres et missions (*Arrêté du Min. des fin. du 25 septembre 1824, art. 1er.*) (1);

2° Les voyageurs nationaux ou étrangers conduits par les chevaux de poste, ou entrant par les chemins de fer, lorsque leurs voitures sont chargées de bagages, et plus spécialement lorsqu'il est évident qu'elles servent depuis longtemps et qu'elles ne peuvent être l'objet d'aucun commerce (*Même Arrêté, art. 2*);

3° Les habitants des pays limitrophes qui justifient de leur domicile, s'ils ne viennent en France que momentanément ou s'ils traversent seulement le territoire français dans une courte distance pour se rendre à l'étranger, pourvu que les voitures dont ils se servent soient évidemment hors du commerce (*Même Arrêté, art. 3*) (2);

---

(1) Cette disposition s'applique également aux voitures des femmes des agents diplomatiques, quand elles ne sont pas accompagnées de leurs maris. (*Déc. du 15 décembre 1836.*)

(2) Il est tenu un registre spécial des voitures admises en vertu de l'art. 3 ci-dessus,

4° Les diligences appartenant à des services publics, soit de France, soit de l'étranger (1), ainsi que les fiacres et voitures connus pour traverser périodiquement ou habituellement la frontière, ne seront pas tenus à faire la consignation (2). (*Même Arrêté, art.* 5, *et Tarif de* 1864, *note* 225.)

Toutes les voitures neuves autres que celles désignées dans le 1° de l'article précédent restent assujetties à la consignation voulue par la loi, ou à la saisie, dans le cas où ceux qui les occuperaient ne seraient pas des voyageurs, mais des courtiers de fraude (3). (*Même Arrêté, art.* 7.)

Peuvent être réimportées en franchise toute espèce de voitures pour lesquelles on a levé, à la sortie de France, un passavant descriptif (4) qui en fasse connaître l'identité au retour. (*Circ. du* 5 *septembre* 1823, n° 817, *et même Arrêté, art.* 6.)

---

où l'on note le retour à l'étranger. Les employés des dernières frontières signalent à l'administration ceux qui auraient laissé leurs voitures dans l'intérieur, afin qu'ils ne puissent plus jouir nulle part de la facilité qu'on entend accorder aux personnes de bonne foi. (*Arrêté du Min. des fin. du* 25 *septembre* 1824, *art.* 4.)

Des états particuliers sont adressés à l'administration, afin qu'elle puisse connaître le nombre des voitures ainsi importées et qui n'ont pas été réexportées. (*Circ. du* 9 *octobre* 1824.)

Quand le séjour en France des individus établis près de la frontière doit se prolonger au-delà de quelques jours, il y a lieu d'assurer la réexportation de leurs voitures au moyen d'un acquit-à-caution. (*Tarif, note* 683.)

(1) Les voitures publiques affectées au service des chemins de fer sont, comme celles qu'on emploie sur les routes ordinaires, affranchies de la consignation. (*Tarif, note* 683.)

Il n'est ici question que des voitures qui vont et viennent de l'étranger en France, et vice versâ. Les voitures étrangères qui seraient destinées à faire un service particulier dans l'intérieur ne pourraient être admises. (*Déc. du* 10 *décembre* 1839.)

Cependant si, hors le cas prévu par l'art. 5 de l'arrêté du 25 septembre 1824, une diligence publique se trouvait dans la nécessité de traverser fortuitement la frontière, on pourrait l'admettre, à titre d'exception, et sous soumission cautionnée de la réexporter dans un très-court délai. (*Déc. du* 17 *novembre* 1834.)

Pour les voitures arrivant par mer, *V.* n° 874. (*Déc. du* 2 *septembre* 1846.)

(2) Lorsque les voitures qui circulent ainsi entre la France et l'étranger sont de fabrication étrangère, on doit en assurer la réexportation définitive par des acquits-à-caution. A l'égard de celles qui sont de fabrication française, on peut se borner à délivrer un passavant descriptif pour en faciliter la reconnaissance au passage. (*Tarif, note* 683.)

(3) Le but de la loi est d'empêcher l'importation des voitures destinées au commerce, et l'intention de l'arrêté ministériel est de faciliter les rapports de voisinage avec les pays limitrophes, de faire respecter les agents accrédités des puissances étrangères, et de donner aux voyageurs en poste des facilités dont on pense qu'ils n'abuseront pas. (*Circ. du* 9 *octobre* 1824, n° 884.)

(4) Les passavants doivent indiquer exactement la forme et la dimension des voitures, les accessoires des siéges, la doublure de l'intérieur, la couleur de la caisse et du train, et enfin les signes et armoiries dont les voitures peuvent être décorées, de telle sorte que le signalement donné pour une voiture ne puisse convenir à aucune autre. (*Circ. du* 25 *décembre* 1822, n° 775.)

CHAPITRE XVI

RETOUR DES MARCHANDISES FRANÇAISES INVENDUES A L'ÉTRANGER.

Toute marchandise, quelle qu'en soit l'origine, qui vient de l'étranger, est réputée étrangère, et doit, si on la présente à la frontière, subir les effets du tarif général.

Cette règle absolue a, dès le principe, admis une exception que réclamait l'équité en faveur des Français qui ayant envoyé au dehors, pour être offerts à la vente, des objets de fabrication française qui sont encore leur propriété, n'en ont pas trouvé le débit et doivent les garder à leur compte.

Toutefois, cette exception ne peut comprendre que les choses susceptibles d'être décrites au départ et reconnues au retour, au moyen de marques de nationalité qui leur soient inhérentes. Elle est d'ailleurs entourée de précautions qui sont l'objet de ce chapitre.

876. — Les marchandises françaises invendues à l'étranger (1), dont l'origine nationale est reconnue au moyen des marques de fabrique ou des caractères inhérents à cette origine, peuvent, sur l'autorisation de l'administration des douanes, être admises au retour en France. (*Déc. min. du 27 août* 1791.)

Ces autorisations ne s'accordent qu'après qu'il a été authentiquement justifié de la sortie antérieure de France des marchandises dont la rentrée est demandée. (*Tarif* n° 149.)

Sont seuls admis à jouir du bénéfice de cette disposition les négociants ou fabricants pour le compte desquels les marchandises ont été exportées. Ils sont tenus de produire l'acquit de payement des droits de sortie relatif à ces marchandises, ou, à défaut de cette pièce, une facture régulière, certifiée conforme à leur registre d'envoi par un officier public.

Il n'y a d'exception à cette règle qu'à l'égard des marchandises qui auraient été expédiées par erreur à l'étranger; elles peuvent alors être réadmises quand il est justifié de cette erreur, et s'il est constaté par un certificat authentique de la douane étrangère qu'elles n'ont pas cessé d'être sous sa main depuis leur entrée sur le territoire étranger jusqu'au moment où elles ont été réexpédiées en France.

Les acquits de payement émanés des douanes de l'intérieur ne sont admis en pareil cas, comme titres justificatifs de l'exportation, que lorsqu'ils sont revêtus d'un certificat de la douane de sortie constatant le passage à l'étranger des marchandises pour lesquelles ils ont été délivrés. (*Circ. des* 14 *et* 29 *janvier* 1818 *et* 16 *mai* 1859, n° 589 ; *Tarif* n°ˢ 150 et 151.)

Aucune demande de retour ne peut être accueillie après l'expiration des deux années qui suivent la date de l'exportation des marchandises, V. n° 40 (*Tarif* n° 152), à moins de circonstances extraordinaires dont l'administration se réserve l'appréciation. (*Circ. du* 16 *mai* 1859, n° 589.)

Sauf le cas prévu au n° 878, les marchandises *de retour* doivent être retenues dans les bureaux frontières jusqu'à ce que le directeur, à vue des pièces justificatives (2), en ait autorisé la rentrée. Quand, par suite de circonstances particulières, sur la

---

(1) En principe, les marchandises vendues à l'étranger ne participent pas au bénéfice du retour. (*Déc. du* 9 *septembre* 1844.)

(2) Cette attribution peut être déléguée par le directeur à l'inspecteur sédentaire dans les localités où le service est dirigé par un chef de ce grade. (*Circ.* n° 589.)

demande des intéressés, ces marchandises sont dirigées sur une des villes de l'intérieur où, comme à Paris, par exemple, il existe, outre un entrepôt, un bureau de douane, c'est sur ce bureau, et non sur l'*entrepôt*, que l'envoi doit en être fait. *V.* n° 592. (*Circ. du 3 février* 1836, n° 1526; *Circ. man. du 6 juin* 1838; *Circ. du 16 mai* 1859, n° 589, *et Circ. lith. du 6 mai* 1864.)

Les autorisations de réimportation accordées en franchise de tout droit (1) (*Loi du 16 mai* 1863, *art.* 20) sont, en outre, toujours subordonnées, lorsqu'il s'agit de marchandises de la nature de celles auxquelles il est alloué une prime de sortie, à la condition de rembourser une somme égale à la prime légalement présumée avoir été touchée (2). (*Circ. des 16 juin* 1816, n° 168, *et 16 mai* 1859, n° 589; *Tarif* n° 154.)

877. — Les fruits de la terre et autres produits naturels, ainsi que les produits d'usine et de laboratoire, qui sont ou peuvent être identiques partout, ne participent, dans aucun cas, au bénéfice du retour, à raison de l'impossibilité d'en constater l'origine (3). (*Tarif* n° 155.)

Cependant l'administration ne se refuse pas à autoriser exceptionnellement le retour en franchise des produits naturels, quand l'intéressé est en mesure de justifier de l'exportation et si le service n'élève aucun doute sur l'origine nationale. (*Déc. du 17 mars* 1864.)

Le bénéfice du retour n'est applicable qu'aux produits fabriqués, à l'égard desquels il est possible de reconnaître l'origine française soit à des marques de fabrique, soit à des signes extérieurs ou caractères inhérents à cette origine, comme, par exemple, les tissus, la bonneterie, la porcelaine décorée, les tapis, l'horlogerie, la dentelle, les instruments de chimie, de physique ou d'optique, les papiers peints, certains objets de modes ou d'industrie parisienne, etc. Toute marchandise qui ne présente pas ainsi des caractères extérieurs et manifestes d'origine française doit, en règle générale, être exclue du retour. L'administration ne refuse pas de recourir à l'expertise légale, surtout lorsqu'il s'agit de produits dont la nationalité peut être reconnue par des hommes compétents, à raison notamment du mode de fabrication qui leur est propre, tels que la passementerie, la porcelaine blanche, les ouvrages en caoutchouc, les fils et cordonnets, les caractères d'imprimerie, les peaux préparées, la ganterie, la tabletterie, la bimbeloterie, la mercerie, etc. Dans ce cas, des échantillons sont prélevés contradictoirement dans la forme ordinaire et adressés à l'administration pour être soumis aux commissaires-experts du Gouvernement. (*Circ. du 16 mai* 1859, n° 589.)

Les vins et autres boissons, et en général les liquides de toute sorte, étant susceptibles de mélanges et de contrefaçons, en sont spécialement exclus. Il y a ex-

---

(1) S'il s'élevait quelque doute sur l'origine des marchandises, la réimportation devrait être suspendue, et il serait adressé à l'administration un rapport, avec des échantillons à l'appui, pour l'expertise légale. (*Déc. du 11 août* 1835, *et Circ. du 16 mai* 1859, n° 589.)

(2) L'intéressé n'est pas admis à prouver qu'il n'a pas reçu la prime. C'est à vue des marchandises réintroduites que la restitution doit être réglée; et il doit être prélevé des échantillons des tissus pour être soumis à l'expertise légale. (*Même Déc. du 11 août* 1835.)

À l'égard des marchandises pour lesquelles le drawback, bien que faisant l'objet des passavants, n'aurait pas encore été payé aux exportateurs, ceux-ci doivent produire une déclaration de renonciation à cette prime, et alors la réadmission a lieu en franchise. (*Déc. du 6 mars* 1843.) *V.* n° 1649.

(3) Sont dans ce cas : les parfumeries (*Déc. min. du 8 floréal an IX*); les produits de pêche. (*Déc. du 4 avril* 1839.)

ception seulement pour les vins du crû de la Gironde, qu'on peut réadmettre dans les deux années de leur envoi à l'étranger, lorsque l'origine en est reconnue et constatée par le jury spécial institué pour cet objet à Bordeaux, sous la surveillance du préfet de la Gironde. Les échantillons prélevés, en pareil cas, sont adressés par les chefs locaux au directeur à Bordeaux, qui les soumet à l'examen du jury. (*Déc. min. du 10 juin* 1817; *Tarif* n° 155, *et Circ. du 27 décembre* 1850, n° 2418.)

Les produits étrangers exportés de France, après avoir été *nationalisés* par le payement des droits d'entrée, ne sont réadmis, dans aucun cas, comme marchandises de retour. (*Tarif* n° 156.) V. n° 878.

L'exclusion s'applique, à titre absolu, à toute marchandise revêtue de marque de fabrication étrangère. (*Circ. du* 16 *mai* 1859, n° 589.)

Les objets fabriqués avec des matières premières admises temporairement en franchise à charge de réexportation, après avoir reçu en France un complément de main-d'œuvre, ne peuvent être réimportés que sous les conditions ordinaires du tarif. Toutefois, les ouvrages en métaux ainsi fabriqués en France sous le régime des importations temporaires et rapportés de l'étranger ne sont point exclus du bénéfice du retour, quand ils présentent des marques ou des caractères évidents de fabrication nationale; seulement, dans ce cas, on doit exiger l'acquittement des droits d'entrée afférents aux matières brutes sur chacune des espèces de métaux dont ces ouvrages se trouvent composés; en d'autres termes, sur les parties de produits composées de fer, c'est le droit du fer, sur les parties de fonte, c'est le droit de la fonte, sur les parties en acier ou en tôle, c'est le droit de l'acier ou de la tôle. A cet effet, et pour faciliter l'opération de la visite, quand il s'agit d'objets composés de plusieurs sortes de métaux, comme, par exemple, de machines ou mécaniques, la déclaration doit indiquer le poids proportionnel pour lequel chaque sorte de métal entre dans la composition totale de la machine; si des doutes s'élevaient sur l'exactitude des poids partiels ainsi déclarés, il serait procédé comme dans le cas d'importation ordinaire d'objets de même nature. (*Circ. du* 16 *mai* 1859, n° 589.)

878. — Quand le commerce envoie à l'étranger des soieries et autres tissus des fabriques françaises, dont la vente est incertaine, il peut s'en assurer éventuellement la libre rentrée en prenant le soin de les faire estampiller à la douane de sortie, et de déposer, en outre, à cette douane, des échantillons desdites marchandises, accompagnés d'un inventaire descriptif. La réimportation peut alors s'en effectuer par le même bureau sans l'autorisation préalable de l'administration, lorsqu'elles sont représentées dans le délai d'un an, à charge de payer le droit de retour et sous la condition de restituer la prime de sortie pour les tissus qui en jouissent. La réimportation, soit par un autre bureau que celui de sortie, soit dans des conditions autres que celles qui viennent d'être rappelées, ne pourrait s'effectuer sans l'autorisation de l'administration. (*Tarif* n° 157.)

Les tissus de coton ou de laine pure ou mélangée, teints ou imprimés, de fabrication nationale, rapportés de l'étranger à défaut de vente, peuvent être réintroduits, sans avoir été soumis, à la sortie, à l'estampillage et au dépôt d'échantillons. Mais cette réadmission ne doit s'effectuer que par les bureaux ouverts à l'importation des tissus belges ou anglais de même nature. (*Déc. min. du* 10 *juillet* 1862; *Circ. du* 17, n° 848.)

En cas de doute sur l'origine des produits, des échantillons sont soumis à l'expertise légale. (*Même Circ.*, n° 848.)

Si les marchandises avaient été estampillées dans une douane de l'intérieur, par exemple à la douane de Paris, le bureau frontière pourrait, après simple reconnaissance sommaire, les expédier d'office sur cette douane, sur les formalités prescrites en pareil cas.

Ces facilités ne sont accordées que dans les bureaux qui sont ouverts à l'entrée des marchandises taxées à plus de 20 fr. par 100 kil.

Sont réadmis librement, sous des conditions analogues, les échantillons de marchandises françaises que transportent à l'étranger les commis voyageurs. *V*. n° 10. (*Tarif* n° 157.)

Les mêmes facilités sont applicables, par mesure exceptionnelle, aux châles et aux écharpes de cachemire de fabrique étrangère pour lesquels il a été justifié du payement des droits d'entrée. (*Circ. du 27 décembre* 1850, n° 2418.)

879. — Les futailles vides ayant servi à exporter des vins et des eaux-de-vie de France jouissent pareillement de la faculté d'être réintroduites librement, sous la condition que la réimportation s'en effectuera dans le délai d'un an et que la réserve du retour aura été consignée sur les acquits de sortie (1). (*Circ. du 29 septembre* 1841, n° 1879.)

Les futailles doivent être marquées à feu, à la sortie; à défaut, elles peuvent l'être à la rouane. (*Déc. du 16 décembre* 1842.)

On réadmet, en franchise, les sacs vides et les caisses vides dont on a fait usage pour exporter des grains, du sel, etc., mais seulement lorsqu'il y a été apposé à la sortie, par les soins des employés et aux frais des exportateurs, une marque ou estampille propre à en faire reconnaître l'identité (2). La réimportation de ces emballages doit avoir lieu par le bureau qui a constaté l'exportation, ou par un autre bureau, et dans le délai d'un an à partir de la date des acquits de sortie, lesquels doivent d'ailleurs être représentés. (*Tarif* n° 159; *Circ. du 27 décembre* 1850, n° 2418, *et Déc. du 19 juillet* 1859.) Quand ces conditions ne sont pas remplies, l'attache des directeurs est nécessaire. (*Déc. du 23 novembre* 1842, *et Circ. du* 16 mai 1859, n° 589.)

Des facilités de la même nature sont accordées pour le libre retour :

1° Des linons et batistes, et des dentelles de point d'Argentan et d'Alençon, même sans marques, à charge d'en faire vérifier l'origine dans les lieux de fabrication (*Déc. min. du 6 juillet* 1792) ;

2° Des vases de cuivre, dits *estagnons*, dans lesquels ont été renfermées des essences exportées à l'étranger ; il suffit de représenter l'acquit de sortie contenant la désignation du poids et de la grandeur des estagnons, et énonçant la réserve d'en effectuer la rentrée (*Déc. min. du 2 brumaire an VI*);

3° Des bouteilles de verre ou de grès ayant servi à l'exportation des acides minéraux (*Déc. min. du 17 floréal an VI, et Déc. du 22 février* 1821);

4° Les estampes dont les planches ont été gravées à Paris, à condition qu'elles seront expédiées sous double plomb et sous acquit-à-caution sur la douane de cette ville, à l'effet d'y être examinées et reconnues par le graveur (*Déc. min. du 11 mai* 1792);

5° Les marchandises que les négociants de Bayonne expédient à Pampelune à

---

(1) Quand la réserve du retour a été faite, on doit indiquer dans les expéditions, non seulement le nombre, l'espèce des futailles et leur contenance approximative, mais encore l'état où elles se trouvent, les marques et numéros dont elles peuvent être revêtues, et, s'il s'agit de futailles cerclées en fer, le nombre de cercles dont elles sont garnies. (*Circ. du 29 septembre* 1841, n° 1879.)

(2) Lorsque les sacs exportés avec réserve de retour ont déjà été revêtus de l'estampille de la douane, cette marque n'est renouvelée, en cas de nouveaux envois à l'étranger, qu'autant qu'elle n'est plus assez visible pour établir d'une manière certaine l'origine française des sacs. (*Déc. du 7 mai* 1858.)

Les sacs servant au transport des grains peuvent, avec faculté du libre retour, être dispensés de l'estampillage, soit à l'importation, soit au départ, pourvu que les entrées et les sorties s'effectuent par un même bureau. (*Déc. du 20 juillet* 1863.)

l'époque de la foire, à charge de justifier de leur exportation, et de les réimporter, par le bureau de sortie, dans la huitaine de la clôture de chaque foire (*Déc. min. du 27 prairial an IV*);

6° Les marchandises rapportées des foires de la Suisse, à charge de faire constater au bureau de sortie le poids, le nombre et la mesure des pièces non susceptibles de marques, de les faire revêtir du cachet de la douane et d'en opérer le retour, par le même bureau, dans un délai calculé suivant la durée de la foire et la distance des lieux (*Déc. min. du 8 brumaire an X*);

7° Les glaces que la manufacture nationale de Paris fait revenir de l'étranger pour y être renvoyées après réparations, mais non celles des autres fabriques. (*Déc. min. du 8 pluviôse an IX.*)

880. — Les armateurs français qui font des expéditions pour les colonies (françaises ou étrangères) peuvent charger le nombre de futailles vides ou en bottes qu'ils déclarent leur être nécessaires et qui est reconnu en proportion avec la force du bâtiment et la nature des denrées qu'ils se proposent de rapporter, et la réimportation en est facultative en vertu d'un passavant. (*Déc. min. du 21 mars 1817, Circ. du 29, n° 267; Déc. min. du 8 mai 1832; Circ. du 23, n° 1323.*)

Il en est de même pour les futailles vides destinées à aller prendre des huiles, des vins et des eaux-de-vie en Espagne, en Italie et dans le Levant. (*Déc. min. du 6 août 1833; Circ. du 23, n° 1394.*)

Pour la petite pêche, *V.* n° 703; pour la grande pêche, le n° 948.

881. — Des facilités particulières sont accordées, sous les conditions énoncées ci-après, pour les échantillons de produits des *fabriques nationales* que transportent à l'étranger les commis-voyageurs à l'effet d'effectuer des ventes ou d'obtenir des commandes (1).

Ces échantillons, assujettis à des cartes ou carnets, ou portant une étiquette sur parchemin, assez grande pour qu'on puisse y spécifier les objets et y apposer en outre un visa et un cachet, doivent être présentés, avant l'exportation, à un bureau principal de douanes, soit de l'intérieur, soit de la frontière, avec une déclaration en double expédition indiquant le nombre et la nature de chacun d'eux. Les employés apposent un visa et de plus un timbre ou cachet à la cire (2), suivant la nature des objets, sur chaque carte, carnet ou étiquette. Ils délivrent ensuite un passavant descriptif auquel ils annexent, sous cachet, l'une des deux expéditions de la déclaration dûment visée par le receveur et les autres chefs locaux. L'autre expédition de la déclaration reste déposée au bureau.

Lorsque ces formalités ont été remplies, les échantillons peuvent rentrer librement et en exemption du droit de retour par tous les bureaux ouverts à l'entrée des marchandises taxées à plus de 20 fr. par 100 kilogrammes, mais après que l'identité en a été reconnue contradictoirement aux indications portées sur les pièces dont ils sont accompagnés et qui doivent toujours être représentées.

Si, avant que le passavant qui accompagnait des échantillons réimportés ait un an

_____

(1) On ne reconnaît pour échantillons que des articles uniques, dépareillés ou incomplets, et dont la destination se prouve par l'assemblage de choses toutes différentes l'une de l'autre.

Quant aux échantillons fractionnaires, tels que les bouts de tissus, qui n'ont aucune valeur et ne peuvent servir à rien, ils sont affranchis à la sortie de toutes formalités autres que la vérification. Pour l'entrée, *V.* n° 10. (*Circ. du 2 avril 1818, n° 377.*)

(2) Le prix de chaque timbre ou cachet est de 5 centimes. La cire que l'on emploie doit être assez fine pour que les cachets ne s'écaillent pas. (*Circ. du 15 juin 1823, n° 811.*)

de date, on désire faire sortir de nouveau ces mêmes échantillons, la douane peut se borner, après reconnaissance des objets, à viser l'expédition ainsi que les cartes, carnets ou étiquettes.

Les bureaux frontières sont autorisés à permettre, quand cela est demandé, que lesdits échantillons soient dirigés sur les douanes de l'intérieur sous les formalités spéciales prescrites en pareil cas par les règlements. (*Circ. du 2 avril* 1818, n° 377; *Tarif* n° 168, *et Circ. du 9 mai* 1845, n° 2065.)

Pour les retours des colonies françaises, *V.* n° 783.

882. — Les directeurs peuvent permettre la sortie temporaire des objets mobiliers appartenant à des Français qui vont s'établir momentanément à l'étranger avec intention de retour. En pareil cas, il est délivré, sur production d'inventaire et après visite, un passavant descriptif destiné à assurer la réadmission des objets en franchise, dans un délai déterminé et par le bureau même qui a constaté l'exportation, pourvu d'ailleurs qu'aucun doute ne s'élève sur leur identité. Un délai de six mois suffit généralement pour ces sortes d'expéditions; toutefois les directeurs sont autorisés à accorder de plus longs termes, comme aussi à prolonger, au besoin, ceux qui auront été primitivement fixés, sans que, dans aucun cas, la limite de trois ans puisse être dépassée.

Ces dispositions ne sauraient être étendues à des objets envoyés à l'étranger soit par spéculation commerciale, soit pour y être confectionnés ou pour y recevoir un complément de main-d'œuvre. (*Circ. du 24 août* 1859, n° 604.)

CHAPITRE XVII

MARCHANDISES LAISSÉES, ABANDONNÉES OU RETENUES DANS LES DOUANES.

Diverses circonstances peuvent amener le délaissement en douane des marchandises qui y ont été amenées.

La nécessité de maintenir l'ordre et de garantir tous les intérêts a voulu qu'on pourvût à la garde de ces marchandises et qu'on en disposât, en définitive, faute de réclamation.

Or, des marchandises peuvent rester en douane et devenir l'objet d'une vente :

1° Quand l'entrepôt n'est pas vidé dans le délai fatal;

2° Si les objets prohibés reçus en dépôt ne sont pas réexportés dans les délais prescrits;

3° En cas d'abandon par écrit de la part de celui qui ne veut pas acquitter les droits;

4° Quand les marchandises retenues à défaut de déclaration de détail à l'entrée ne sont pas réclamées et déclarées dans les deux mois;

5° Enfin, lorsqu'il y a abandon de fait dans les cas non spécialement déterminés.

SECTION PREMIÈRE

Marchandises non retirées de l'entrepôt réel.

883. — Si, à l'expiration des délais fixés, *V.* n° 454, il n'est pas satisfait à l'obligation d'acquitter les droits liquidés d'office ou de réexporter les marchandises reçues en entrepôt réel, et si, selon qu'il s'agit de marchandises prohibées ou non prohibées, l'entrepositaire n'en a pas effectué la réexportation ou acquitté les droits dans le mois (1) de la sommation (2) qui lui en sera faite, à son domicile s'il est présent, ou à celui du maire s'il est absent, les marchandises seront vendues, et le produit de la vente, déduction faite de tous droits et frais de magasinage ou de toute autre nature, sera versé à la caisse des dépôts et consignations, pour être remis au propriétaire s'il est réclamé dans l'année à partir du jour de la vente (3), ou, à défaut de réclamation dans ce délai, être définitivement acquis au Trésor. (*Lois des 17 mai 1826, art. 14, et 9 février 1832, art. 20.*)

Pour les formalités et conditions de la vente, *V.* n° 897.

Le produit de la vente, déduction faite des droits de magasinage et des frais, est versé à la caisse des dépôts et consignations, suivant les règles de la comptabilité générale. (*Circ. du 6 septembre 1827, n° 1059.*) *V.* n° 1125.

SECTION II

Dépôt des marchandises prohibées.

884. — Si les marchandises prohibées, accidentellement importées dans les ports où elles ne peuvent être admises en entrepôt, et qui, placées provisoirement en dépôt (4), en vertu de l'art. 22 de la loi du 9 février 1832 (*V.* n° 316), ne sont pas réexportées dans les délais fixés par cet article, le dépositaire sera mis en demeure d'en effectuer la réexportation, et, si elle n'a pas lieu dans le mois de la sommation qui lui en sera faite à son domicile s'il est présent, ou à celui du maire s'il est absent, les marchandises seront vendues, et le produit de la vente, déduction faite du droit (5)

---

(1) L'escompte est d'ailleurs refusé si le redevable n'acquitte pas le montant des droits dans les trois jours de la liquidation établie, soit, ici, d'après un extrait du compte d'entrepôt, soit, généralement, et aussitôt qu'il a été délivré, sur le certificat de visite. (*Déc. du 3 septembre 1856.*)

(2) La sommation est ordinairement précédée d'un avertissement officieux et gratis adressé un mois avant l'expiration du délai à l'entrepositaire, par le contrôleur aux entrepôts. Elle doit être notifiée à l'entrepositaire, à son domicile, par un huissier ou par deux préposés de douanes. (*Circ. du 6 septembre 1827, n° 1059.*) *V.* n° 1175.

On peut réunir dans un seul acte collectif les sommations signifiées au maire à l'égard des intéressés absents de la commune. (*Déc. du 18 septembre 1854.*)

La sommation doit être enregistrée *gratis* lorsque les droits de douane liquidés d'office sur les marchandises qu'elle comprend n'excèdent pas 100 fr. pour chacune des personnes dénommées dans l'acte de sommation et qu'il en est fait mention dans cet acte. Dans le cas contraire, il est perçu autant de droits d'enregistrement de 1 fr. qu'il y a d'individus sommés, débiteurs envers l'État de sommes excédant 100 fr. (*Circ. du 15 octobre 1836, n° 1572.*)

Si la marchandise délaissée en entrepôt se trouvait sous le coup d'une saisie-arrêt ou opposition, il y aurait lieu d'obtenir du président du tribunal une ordonnance de *référé*, décidant que, nonobstant l'opposition, il sera passé outre à la vente des marchandises, selon le vœu de l'art. 14 de la loi du 17 mai 1826, pour le prix *net* de cette vente être versé à la caisse des consignations, avec mention de l'opposition qui en frappe le montant. (*Déc. du 28 mai 1847.*)

(3) Pour mettre l'intéressé à même de réclamer le produit de la vente, le service lui délivre un certificat constatant ses droits. (*Déc. du 3 mars 1846.*) *V.* n° 895.

(4) Ce dépôt, placé sous la seule clef de la douane, doit être inscrit sur le registre spécial, *V.* n° 888, et se trouve soumis aux conditions annoncées au n° 889.

(5) Il s'agit ici du droit de magasinage. *V.* n°⁵ 316 et 892.

et des frais de toute nature, sera versé à la caisse des dépôts et consignations, pour être remis au propriétaire, s'il est réclamé dans l'année à partir du jour de la vente, ou, à défaut de réclamation dans ce délai, être définitivement acquis au Trésor. (*Lois des 17 mai 1826, art. 14, et 9 février 1832, art. 24.*)

Pour les formalités et conditions de la vente, *V.* n° 897.

SECTION III

Marchandises volontairement abandonnées.

885. — Les marchandises abandonnées, par écrit, à la douane (*V.* n° 23), sont vendues au profit de l'Etat. (*Loi du 22 août 1791, titre 1ᵉʳ, art. 4.*)

L'abandon des marchandises peut se faire en tout état de choses, soit que la marchandise arrive de l'étranger, soit qu'elle se trouve déjà en dépôt ou en entrepôt réel proprement dit (*Circ. du 6 septembre 1827, n° 1059*), soit que des déclarations de mise en consommation aient été produites. (*Tarif n° 69.*)

Quand il s'agit de marchandises en entrepôt réel, la douane ne peut accepter l'abandon qu'autant que les marchandises sont pesées préalablement et que les intéressés acquittent le droit exigible sur le déficit reconnu. (*Déc. du 5 mai 1829.*)

L'abandon est interdit pour des marchandises en entrepôt fictif. Toutefois, les restes de provisions, avariés ou non, appartenant à la marine de l'Etat, peuvent être abandonnés en douane lorsque leur valeur est reconnue inférieure aux droits du tarif. (*Circ. lith. du 2 avril 1847*), à moins que, par mesure exceptionnelle, la marine ne les fasse réexporter. (*Déc. du 21 août 1850.*)

L'acte d'abandon mettant l'administration à la place du propriétaire, et celui-ci ne conservant aucun droit à réclamer, on ne suit pas ici les formalités énoncées aux n° 886 et 888, et qui ont pour objet d'assurer la propriété d'un tiers alors admissible à revendication. Ainsi l'administration vend immédiatement les marchandises abandonnées, sans être tenue à d'autres formalités qu'à celles déterminées au n° 897 (*Circ. du 6 septembre 1827, n° 1059*), et sans qu'il y ait de répétition à faire au propriétaire pour la différence qui pourrait exister, au désavantage du Trésor, entre le produit de la vente et le montant intégral des droits ou des frais. (*Tarif n° 69.*)

V. n° 897 pour la destination à donner aux marchandises vendues.

SECTION IV

Marchandises non déclarées à l'entrée.

886. — Si, outre le manifeste donné par le capitaine de navire ou la déclaration sommaire (1) faite par le conducteur par terre, des déclarations en détail (*à l'entrée*) ne sont pas présentées, *V.* n° 887, les marchandises sont retenues et déposées dans le magasin de la douane (2) pendant deux mois (3), et les propriétaires tenus de payer

---

(1) Cette déclaration sommaire n'est exigible que lorsque, à défaut de déclaration en détail, la marchandise doit être retenue et déposée à la douane (*Déc. du 22 juin 1841.*) *V.* n° 333.

(2) Le dépôt doit avoir lieu dans un magasin appartenant à la douane et fermé par la seule clef du receveur. Si, à défaut de magasins, la douane était obligée de faire déposer les marchandises dans l'entrepôt réel, elle devrait s'assurer que celles-ci ne sont point confondues avec les autres produits. (*Déc. du 14 mai 1836, et Tarif, n° 224 des Obs. prélim.*) *V.* n° 892.

(3) Sauf dans les circonstances aggravantes, le directeur est autorisé à statuer

1 0/0 de la valeur pour droit de magasinage (1) en sus des droits de douane. S'il n'y a pas de réclamation (2) et de déclaration en détail après ce délai (3), les marchandises sont vendues au profit de l'Etat (*V.* n° 891), à la charge du payement des droits si les marchandises sont tarifées, ou de réexportation à l'étranger quand l'entrée en est défendue. (*Loi du 4 germinal an II, titre 2, art. 9*). (4)

887. — Lorsque, dans les ports, les marchandises ne sont pas déclarées en détail dans les trois jours qui suivent l'arrivée du navire, ou si, la déclaration étant produite, le débarquement n'est pas effectué, il n'existe pas de mesures coërcitives, la douane n'est pas autorisée à faire procéder d'office au débarquement. Le dépôt des marchandises ne peut donc être constitué, par les soins du service, qu'autant que le capitaine a fait débarquer les marchandises, ou que le consignataire, après les avoir fait mettre à terre, ne produit pas de déclaration en détail ou n'y donne aucune suite (5). *V.* n° 307.

Mais le service n'est pas moins en mesure de prévenir les abus. Ainsi, lorsqu'il le juge convenable et indépendamment de la surveillance exercée sur les quais et de la garantie du manifeste, il peut exiger la fermeture des écoutilles des navires pendant la nuit, placer des préposés à bord, visiter les armoires, etc., faire ouvrir et vérifier à bord les colis suspectés contenir des marchandises prohibées ou non déclarées, ou les faire transporter au bureau pour les visiter immédiatement, *V.* n° 234, et soumettre à une visite à corps les hommes de l'équipage, *V.* n° 873. Ces précautions, prises avec discernement, et, au besoin, quelques exemples de sévérité en cas de contraventions constatées, sont d'ordinaire efficaces. (*Déc. du 20 janvier* 1840.)

Dans le cas où, bien que les règlements n'eussent pas été appliqués au bâtiment ou à la cargaison, le capitaine prétendrait faire relever son navire avant l'accomplissement des formalités nécessaires, les agents de brigades, exceptionnellement armés à cet effet de leur mousqueton, se rendraient à bord afin d'assurer le respect à la loi. *V.* n° 4.

888. — Les objets retenus doivent être inscrits dans la huitaine du jour de leur dépôt (6) sur un registre particulier, avec mention des marques, numéros et adresses qu'ils présentent. Chaque inscription au registre doit être signée par le receveur dépositaire et par le sous-inspecteur sédentaire, ou, à défaut de ce dernier, par un vérificateur, visiteur ou autre employé. (*Loi du 22 août* 1791, *titre* 9, *art.* 1er.)

---

sur les demandes de prolongations du délai de dépôt. (*Déc. du 3 mars* 1862.)

(1) *V.*, au sujet du droit de magasinage, le n° 892.

(2) Celui qui se présente pour réclamer des marchandises doit justifier de sa qualité de propriétaire. *V.* n° 890.

(3) Le délai après lequel il peut être disposé de la marchandise court du jour de l'inscription du dépôt sur le registre. *V.* n° 888. (*Circ. du 6 septembre* 1827, n° 1059.)

Lorsque, après avoir été déposées dans un premier bureau, des marchandises sont, en vertu d'ordres de l'administration, dirigées, selon les formalités rappelées au n° 528, sur un second bureau où elles sont également déposées, le délai du dépôt dans ce dernier bureau ne court que du jour de la transcription sur le registre de dépôts de ce même bureau. (*Déc. du 4 juillet* 1843.)

(4) Cet article abroge, quant au défaut de déclaration en détail, les dispositions de la loi du 22 août 1791. *V.* n° 893.

(5) Quand le capitaine déclare mettre en dépôt, *V.* n° 888.

(6) Le dépôt ne peut avoir de date certaine et légale que par sa transcription sur le registre dont la tenue est prescrite. La douane a huit jours pour effectuer cet enregistrement; mais rien ne l'oblige à le différer jusqu'à l'expiration de la huitaine; l'intérêt du service exige, au contraire, qu'il ait lieu immédiatement. (*Déc. du 11 mai* 1841.)

A l'égard des marchandises que les capitaines déclarent eux-mêmes vouloir mettre en dépôt dans les magasins de la douane, il devient indispensable, pour la garantie des intérêts du Trésor, que la douane use, avant la constitution de ce dépôt, de la faculté qu'elle tient de l'art. 8, titre 2, de la loi du 4 germinal an II, en ce qui concerne le bord des navires, *V.* n° 234, de vérifier la nature du contenu des colis ; en d'autres termes, qu'elle contrôle, quant à ces colis, l'exactitude des énonciations du manifeste. A l'effet d'assurer l'exercice complétement régulier de ce contrôle, le chef du service de la localité doit le confier à un vérificateur assisté d'un employé de brigade. (*Circ. du 4 mars 1845, n° 2057.*)

La douane peut, dans tous les cas, procéder à l'ouverture des colis contradictoirement avec le conducteur (capitaine ou voiturier), détenteur légal de la marchandise ; mais, s'il refuse d'assister à cette vérification sommaire, la douane doit s'abstenir d'y procéder seule. Cette réserve, prescrite par l'art. 3 du titre 9 de la loi du 22 août 1791, *V.* n° 894, est d'ailleurs conforme à la disposition générale de l'art. 16 du titre 2 de la même loi, ainsi qu'à l'art. 1931 du Code civil, relatif aux dépôts. Lorsque le contenu des colis a été reconnu, il est énoncé au registre. Dans le cas où la douane se trouve dans l'impossibilité de constater la nature du dépôt, chaque colis est pesé au brut, puis revêtu du plomb de la douane, qui indique ce poids sur le registre. Le plombage ayant lieu principalement dans l'intérêt du propriétaire des marchandises, il est juste, si celles-ci sont ultérieurement réclamées, de lui faire payer le prix du plomb, fixé à 50 c. par la loi du 2 juillet 1836. (*Déc. des 28 février 1839 et 22 juin 1841, et Circ. du 4 mars 1845, n° 2057.*)

889. — Les marchandises, prohibées ou tarifées, déposées en douane, ne peuvent être expédiées par continuation de dépôt. (*Déc. du 9 juin 1830, et Circ. lith. du 14 septembre 1849.*) *V.* une exception au n° 846.

Quant aux marchandises vendues, *V.* n° 897.

890. — Les propriétaires des marchandises laissées dans les bureaux, à défaut des déclarations suffisantes, qui se présenteront pour les retirer, seront tenus de justifier de leur propriété (1) et de faire leur déclaration en détail, si elle n'a pas été fournie par les capitaines ou conducteurs des marchandises. (*Loi du 22 août 1791, titre 2, art. 11.*)

Le propriétaire qui réclame ses marchandises a la faculté de les déclarer pour l'entrepôt ou le transit ou pour la réexportation directe, alors même qu'elles sont tarifées. (*Déc. du 6 mars 1840.*) *V.* n° 897.

891. — A défaut de déclaration en détail, la vente a lieu à l'expiration des deux mois. *V.* n° 886. Ce terme est de rigueur. Si le propriétaire le laisse expirer, il ne peut plus revendiquer les marchandises ; il est dépouillé du droit de propriété, lequel passe à l'État. C'est pour le compte de ce dernier qu'elles sont vendues, et il en dispose sans être tenu de remplir les formalités ni d'observer les délais rappelés au n° 1964 pour des dépôts d'une autre nature. (*Circ. du 6 septembre 1827, n° 1059.*) Pour les formalités et conditions de la vente, *V.* n° 897.

892. — Le droit de magasinage, *V.* n° 886, exigible quelle que soit la durée du dépôt, serait excessif s'il ne devait représenter qu'un simple droit d'usance ; mais il prend un caractère comminatoire. Le législateur a voulu amener le commerce à fournir les déclarations de détail dans le délai fixé par la loi, obvier ainsi aux chances d'abus qui peuvent résulter du séjour prolongé en douane de marchandises non

---

(1) Une personne autre que celle qui a fait le dépôt, et dont le nom doit alors figurer dans les écritures officielles, ne peut réclamer les marchandises qu'en justifiant de ses droits de propriété, ou en présentant et en déposant en douane un pouvoir régulier. (*Déc. du 2 avril 1851.*)

exactement déclarées, et indemniser l'Etat des frais de construction ou de loyer des locaux affectés à l'emmagasinement des marchandises. (*Circ. du 15 août 1819, n° 513.*)

Le droit de magasinage n'est exigible que lorsque les marchandises sont réclamées par le dépositaire. Il n'y a pas lieu de le percevoir à l'égard des objets devenus la propriété de l'Etat et vendus à son profit. (*Déc. du 22 septembre 1842.*)

Le droit de magasinage ne doit être exigé qu'à partir du neuvième jour de la transcription du dépôt sur le registre. (*Déc. des 25 ventôse et 30 messidor an XII, et 22 juin 1841.*) Toutefois, dans les cas prévus par l'art. 22 de la loi du 9 février 1832, *V. n° 884*, ce droit est exigible à partir du jour même où le dépôt a été constitué. *Tarif n° 223.*

Le jour de la transcription des marchandises sur le registre des dépôts compte comme jour de dépôt, quelle qu'ait été l'heure où cette transcription a eu lieu; mais le jour de l'enlèvement régulier des objets ne doit point être compris dans la durée légale du dépôt. (*Déc. du 4 novembre 1844.*)

Le droit de magasinage de 1 0/0 de la valeur n'est exigible qu'autant que les marchandises ont été mises en dépôt à défaut de déclaration en détail; dans tous les autres cas, à moins de dispositions spéciales, il y a lieu de percevoir le droit de garde. *V. n° 896.* (*Déc. du 2 octobre 1830.*)

Le droit de magasinage n'est pas passible du décime additionnel. (*Circ. du 9 prairial an XIII.*)

Il y a exemption du droit de magasinage de 1 0/0 dans les cas ci-après :

1° Pour les objets mobiliers appartenant à des étrangers qui viennent s'établir en France ou qui doivent y faire un séjour temporaire;

2° Pour les marchandises françaises renvoyées de l'étranger à défaut de vente, et pour lesquelles l'autorisation de réadmission n'est pas encore parvenue au bureau d'entrée (1); dans les douanes de l'intérieur, et particulièrement à celle de Paris, cette disposition s'applique également aux marchandises admises au libre retour;

3° Pour les effets, ainsi que pour les objets, voitures, etc., hors de commerce, appartenant à des voyageurs.

Dans ces divers cas, l'on se borne à percevoir un droit de garde de 1 cent. 1/4 par jour et par 50 kil., ou pour chaque colis au-dessous de ce poids, sans que ce droit puisse jamais excéder, pour tout le temps du dépôt, 1 0/0 de la valeur des objets, montant du droit de magasinage. (*Déc. des 28 juillet et 15 novembre 1841; Circ. du 16 mai 1859, n° 589.*)

Pour le droit de magasinage relativement aux marchandises provenant d'un navire en relâche forcée, *V. Livre III, n° 315.*

Le droit de magasinage n'est recouvré que dans le cas où les marchandises restent déposées dans les magasins de la douane. Lorsque, à défaut d'emplacement dans ces magasins, elles sont placées dans le local de l'entrepôt réel, l'administration de l'entrepôt perçoit *directement*, d'après ses tarifs, le prix du magasinage. (*Déc. min. du 12 octobre 1850; Circ. du 27 décembre suivant, n° 2418.*)

Mais, même dans ce cas, la douane ne doit laisser disposer des marchandises qu'après payement du prix de magasinage dont elle pourrait, dans certaines circonstances, être rendue responsable. (*Déc. du 25 mai 1852.*) Elle ne saurait d'ailleurs, le cas échéant, en acquitter le montant qu'en vertu d'une autorisation de l'administration, à vue d'un mémoire régulier de l'agent de l'entrepôt, susceptible de motiver une liquidation de dépense par imputation sur le crédit du matériel. (*Déc. du 3 avril 1847.*)

(1) Mais quand le bénéfice du retour est accordé, il n'est exigé aucun droit de magasinage en cas de dépôt provisoire. (*Circ. du 16 mai 1859, n° 589.*)

Lorsque les marchandises sont déposées, aux frais des propriétaires, dans un magasin particulier loué par eux, accepté par le service, et dont la clef reste entre les mains du receveur, il n'y a pas lieu de percevoir le droit de magasinage ni le droit de garde. (*Loi du 22 août 1791, titre 2, art. 10.*)

Le service n'a pas le droit de déterminer la valeur des objets. (*Déc. du 4 juin 1856.*) Aussi, en cas de contestation au sujet de la valeur attribuée aux marchandises pour la perception du droit de magasinage ou de garde, conviendrait-il de provoquer l'expertise légale. (*Déc. du 5 février 1853.*)

SECTION V

Marchandises qui restent en douane dans les cas autres que ceux déjà déterminés.

893. — Les marchandises laissées en douane en dehors des cas spécialement déterminés par les sections précédentes (1) sont mises en dépôt (2) et inscrites dans la huitaine sur un registre à ce destiné, avec mention des marques, numéros et adresses de chaque colis (3). Le receveur et le sous-inspecteur sédentaire, ou, à défaut de ce dernier, un vérificateur, visiteur ou employé, signent au registre l'acte de dépôt. (*Loi du 22 août 1791, titre 9, art. 1er.*)

894. — Les colis qui n'ont point été réclamés après avoir séjourné dans les magasins de la douane pendant un an sont, ainsi que les objets qu'ils contiennent, vendus, en remplissant les formalités ci-après prescrites. (*Loi du 22 août 1791, titre 9, art. 2.*)

Le délai d'un an expiré, la douane demande au tribunal de paix à être autorisée à la vente (4). Le juge et son greffier se transportent au bureau pour assister à l'ouverture des colis et rédiger l'inventaire des effets y contenus (5). S'il s'y trouve des

---

(1) Les circonstances qui peuvent amener ce délaissement volontaire sont, par exemple, celles où, à l'entrée, le consignataire qui a fourni sa déclaration de détail ne se présente pas pour assister à la visite, *V.* n° 169, à la sortie, si des marchandises amenées en douane y restent sans qu'on vienne ensuite pour les déclarer, ou, après la déclaration, pour assister à la visite; à l'entrée ou à la sortie, si, après la visite, après l'acquittement même, les marchandises ne sont pas enlevées par les propriétaires. Enfin, d'autres cas imprévus peuvent amener encore le délaissement momentané ou définitif de quelques objets en douane. (*Circ. du 6 septembre 1827, n° 1059.*)

Toute marchandise qui, après avoir été déclarée et débarquée, reste entre les mains du service, doit être constituée en dépôt, sans qu'il y ait obligation d'adresser des avertissements aux intéressés. (*Déc. du 8 avril 1843.*)

(2) Pour le magasin de dépôt, *V.* n° 886.

(3) C'est du jour de cette inscription que court le délai après lequel il doit être disposé de la marchandise. (*Circ. n° 1059.*)

(4) L'autorisation de vendre les marchandises, exigée par l'art. 3 du titre 9 de la loi du 22 août 1791, est délivrée généralement par le juge, au bas de la requête qui lui est présentée à cet effet par le receveur de la douane. (*Déc. du 28 octobre 1845.*)

(5) Chacune des vacations des juges de paix, dans un inventaire de marchandises abandonnées en douane, donne ouverture à un droit spécial d'enregistrement de 2 fr., conformément à l'art. 68, § 2, de la loi du 22 frimaire an VII, et au décret interprétatif du 10 brumaire an XIV. (*Déc. du 10 octobre 1840.*)

Aucune loi n'autorise les juges à réclamer des vacations à raison de leur interven-

papiers, il en est dressé un état sommaire, et lesdits papiers, parafés par le juge, sont déposés au greffe du tribunal pour être remis, sans frais, à ceux qui justifient de leur propriété. Le receveur des douanes informe de ce dépôt les particuliers auxquels les papiers paraissent appartenir, sans être tenus d'aucune formalité à cet égard. (*Loi du 22 août 1791, titre 9, art.* 3; *Loi du 14 fructidor an III; Circ. du 6 septembre 1827, n° 1059, et Déc. du 9 octobre 1833.*)

La présence du juge à l'ouverture des caisses et ballots, à l'inventaire des effets et description sommaire des papiers, et l'ordonnance qui permet la vente des effets abandonnés, sont sans frais; il est seulement alloué au greffier, pour l'inventaire et l'expédition qui doit en être fournie à la douane, une taxe faite par le juge sur le produit de la vente, et qui ne peut excéder 10 centimes par franc dudit produit (1). (*Loi du 22 août 1791, titre 9, art.* 6.)

L'inventaire est affiché à la porte du bureau, dans la place publique et autres lieux accoutumés, avec déclaration que si, dans un mois, il ne survient pas de réclamation, il sera procédé à la vente. Ce délai expiré, ladite vente et le jour auquel elle doit être faite sont annoncés par de nouvelles affiches, apposées dans la forme ci-dessus indiquée. (*Même Loi, même titre, art.* 4.)

Au jour fixé par les affiches, les effets sont vendus au plus offrant et dernier enchérisseur, en présence du receveur et d'un autre chef de la douane, à la charge du payement des droits, s'il en est dû, ou du renvoi à l'étranger, si les marchandises sont prohibées. (*Même Loi, même titre, art.* 5.) V. n° 897.

895. — Le produit de la vente, déduction faite des droits et autres frais, est versé à la caisse des dépôts et consignations (2) et y demeure pendant un an, pour être remis pendant ce temps aux réclamateurs qui justifieront de leur propriété, et à la déduction des frais dans la proportion des objets qu'ils réclameront. Seront lesdits réclamateurs tenus de payer un droit de garde pour le temps pendant lequel leurs marchandises auront été déposées dans les douanes ou bureaux, lequel droit sera de 1 c. et 1/4 par jour et par 50 kil. bruts ou par chaque colis au-dessous de ce poids. V. n° 896. A défaut de réclamation dans le terme de deux années (3), le produit de la vente des effets, en ce qui n'aura pas été réclamé, sera définitivement acquis au trésor. (*Loi du 22 août 1791, titre 9, art.* 5, *et Circ. du 6 septembre 1827, n° 1059.*)

896. — Le droit de garde de 1 c. 1/4 par jour et par 50 kil., V. n° 895, est exigible :

1° Sur les marchandises qui, après avoir été régulièrement déclarées et même acquittées, soit à l'entrée, soit à la sortie, sont délaissées en douane;

---

tion aux inventaires des marchandises abandonnées en douane, lesquels, aux termes de la loi du 22 août 1791, doivent avoir lieu sans frais. (*Déc. du Min. de la justice du 27 mars 1841; Déc. du 3 avril suivant.*)

(1) Bien que de nature à ne pas être mis en adjudication, le numéraire ayant cours légal, provisoirement porté en recette aux fonds particuliers de divers, donne lieu à la rétribution attribuée au greffier, mais seulement lorsque les autres objets avec lesquels il est inventorié sont vendus publiquement. (*Déc. du 15 juillet 1856.*)

(2) Les frais de toute nature, ainsi que le droit de garde, sont prélevés sur le prix de la vente, dont le montant net est seul versé à la caisse des consignations. (*Circ. n° 1059.*)

L'administration ne peut autoriser aucun prélèvement, sur le produit de la vente, en faveur des tiers intéressés : c'est à eux à faire reconnaître, par les voies du droit commun, la validité de leurs créances. (*Déc. du 26 octobre 1848.*)

(3) C'est-à-dire deux années après le dépôt de la marchandise et une année seulement après la vente. Le remboursement, s'il est demandé dans l'année, a lieu en vertu d'ordonnances délivrées par la caisse des consignations. (*Circ. n° 1059.*)

2° Sur les marchandises provenant de saisies dont les acquéreurs n'ont pas pris livraison ou qu'ils n'ont pas réexportées dans le délai de trois mois;

3° Sur les marchandises provisoirement retenues en douane qui ne sont pas retirées des bureaux après que l'administration en a autorisé la remise ou la réexportation;

4° Sur les marchandises françaises renvoyées de l'étranger et retenues en douane en attendant l'autorisation de l'administration pour leur réadmission;

5° Sur les objets mobiliers appartenant à des étrangers qui viennent s'établir en France ou à des Français qui rentrent dans leur patrie;

6° Sur les effets ou autres objets hors de commerce qui appartiennent à des voyageurs;

7° Enfin, dans tous les cas non prévus ci-dessus, qui donnent lieu au dépôt momentané de marchandises ou d'effets quelconques dans les magasins de la douane. (*Tarif*, n° 226.)

Le droit de garde est dû pour des marchandises sauvées en mer et dont le dépôt à la douane a été régulièrement constitué. (*Déc. du 22 mai 1849.*)

Ce droit n'est perçu qu'à partir du neuvième jour de la constitution régulière du dépôt. (*Déc. des 25 ventôse et 30 messidor an XII, et 28 juillet 1841.*)

Il n'est point passible du décime. (*Circ. du 9 prairial an XIII.*)

Toutes les fois que le dépôt se compose de plusieurs colis, le droit de garde est de 1 c. 1/4 par 50 kil., quel que soit le nombre des colis et le poids de chacun d'eux; mais lorsqu'il se forme d'un seul colis, et que ce colis pèse moins de 50 kil., le droit est de 1 c. 1/4, sans égard au poids du colis. (*Déc. du 6 janvier 1843.*)

Lorsque, par suite de la durée du dépôt, le droit de garde excède 1 p. 0/0 de la valeur des marchandises, on se borne à percevoir le droit de magasinage de 1 p. 0/0 établi par la loi du 4 germinal an 11. V. n° 886. (*Déc. du 8 août 1842.*)

Le droit de garde établi par l'art. 5 du titre 9 de la loi du 22 août 1791 est un simple droit d'usance destiné à indemniser le trésor des frais de loyer du magasin, et qui ne doit être perçu que lorsque les objets sont déposés dans un local appartenant à la douane ou loué par elle. Du moment, au contraire, où ils sont placés dans un magasin qui appartient soit au commerce, soit à des particuliers, la douane n'est plus fondée à réclamer la taxe, bien que les marchandises demeurent sous sa clef et soumises à sa surveillance. (*Déc. du 2 mars 1844.*) V. n° 892.

Les objets saisis et portés au registre des *minuties* ne peuvent être assujettis, à ce titre, à aucun droit de magasinage. Cependant, si l'administration prescrit de les rendre purement et simplement, et qu'on n'en dispose point dans un délai déterminé, ils doivent être considérés comme laissés volontairement en douane; dans ce cas, ils sont inscrits sur le registre des dépôts, et deviennent passibles du droit de garde de 1 c. 1/4 après les huit jours qui suivent cette inscription. Il en serait de même pour les marchandises vendues, provenant de saisies, qui n'auraient pas été enlevées par l'adjudicataire dans le délai fixé. (*Déc. du 11 août 1840.*)

SECTION VI

Règles générales.

897. — Dans tous les cas rappelés au présent chapitre, les marchandises sont vendues publiquement (1). (*Loi du 14 fructidor an III, art. 8; Circ. du 6 septembre 1827, n° 1059.*)

---

(1) Les préposés des douanes doivent être regardés comme officiers publics en ce qui concerne les ventes, et ne sont pas tenus de faire au receveur de l'enregistrement

La vente sera annoncée, au moins cinq jours à l'avance, par des affiches signées du receveur et apposées tant à la porte du bureau qu'à celle de la justice de paix (1). (*Même Loi, art.* 7 ; *même Circ.*)

Les placards indiquent les lieu, jour et heure de la vente, et la nature des objets, sans détail particulier. (*Code de procédure civile, art.* 618.)

Les marchandises prohibées à l'entrée ne peuvent être vendues qu'à charge de réexportation ; les autres sont vendues, selon que le service le juge convenable, soit pour la consommation, moyennant le payement des droits (2), soit avec faculté de réexportation. (*Circ. du 20 janvier* 1792 ; *Loi du 4 germinal an 11, titre 2, art. 9, et Tarif,* n° 163.)

Après la vente, et selon les conditions déterminées, les marchandises peuvent, si elles sont tarifées, être livrées à la consommation, moyennant le payement des droits d'entrée, ou, dans tous les cas, réexportées soit directement, soit en transit, ou dirigées, par mer ou par terre, sous les conditions des mutations d'entrepôt ou du transit, sur un entrepôt qui leur est ouvert et où elles participent à tous les avantages de cet entrepôt, comme si elles y étaient arrivées de l'étranger. La réexportation directe doit s'effectuer au plus tard dans le délai accordé pour les marchandises provenant de saisie, V. n° 1100 ; et si elle a lieu par mer, elle est soumise aux formalités prescrites par les art. 61 et 62 de la loi du 21 avril 1818, et aux restrictions de tonnage déterminées par l'art. 7 de la loi du 5 juillet 1836. (*Déc. min. du 14 mai* 1842 ; *Circ.* n° 1916.) (3).

Les marchandises réexportées directement du dépôt ne sont point passibles du droit de réexportation. (*Déc. du 26 mars* 1842.)

L'adjudication est faite au plus offrant, en payant comptant (4) ; faute de payement, la marchandise est revendue sur-le-champ à la folle-enchère de l'adjudicataire. (*Code de procédure civile, art.* 624.)

Les procès-verbaux de vente sont soumis à la formalité de l'enregistrement. (*Loi du 22 frimaire an VII.*) V. à ce sujet le n° 1099.

Pour que le droit d'enregistrement ne porte pas à la fois sur la valeur des marchandises et sur le droit d'entrée dont elles sont passibles, on doit toujours énoncer,

---

la déclaration préalable voulue par l'art. 2 de la loi du 22 pluviôse an VII. (*Circ. du 14 floréal an VII.*)

(1) Ces affiches ne sont pas de rigueur quand il en est apposé d'autres dans certains cas particuliers spécifiés dans les sections précédentes.

Les affiches sont affranchies du timbre. (*Loi du 19 vendémiaire an VI, art.* 56 ; *Déc. min. du* 17 *novembre* 1817 ; *Circ. du* 15 *octobre* 1839, n° 1779.)

(2) Les marchandises abandonnées, vendues pour la consommation, sont passibles du tarif en vigueur le jour de la vente. (*Tarif* n° 16.)

Ces droits doivent être perçus sur les quantités de marchandises relatées dans les procès-verbaux de vente. (*Déc. du 21 nivôse an VIII.*)

Il s'agit ici des droits généraux du tarif, la décision ministérielle du 3 février 1832 n'autorisant l'application du minimum des droits qu'à l'égard des marchandises saisies. (*Déc. min. du 14 mai* 1842 ; *Circ.* n° 1916.)

(3) Les marchandises de dépôt frappées de prohibition, qui seront rendues à leurs propriétaires, doivent être réexportées sous acquit-à-caution, même alors que, déposées dans un bureau de première ligne, elles retourneraient à l'étranger par la frontière de ce bureau ; sauf toutefois à ne délivrer qu'un simple passavant, si la valeur des objets n'excède pas 3 fr. (*Déc. du* 17 *septembre* 1844.)

(4) Les employés de douane ne peuvent point être acquéreurs. (*Déc. du 21 nivôse an VIII.*)

dans les procès-verbaux, que les droits seront payés par l'acquéreur. (*Circ. des 8 janvier* 1814 *et 9 juillet* 1830, n° 1216.)

Les marchandises non prohibées, pour lesquelles il ne se présente pas d'acquéreur qui consente à en acquitter les droits ou à les réexporter, peuvent être adjugées *libres de droits* pour la consommation, à moins qu'on n'ait des motifs d'espérer qu'une remise sera plus avantageuse au Trésor. (*Déc. du 29 juillet* 1855.) Le produit net de la vente est, dans le premier cas, inscrit en recette pour tenir lieu des droits d'entrée. (*Tarif* n° 164.) Toutes les circonstances de ces sortes de vente doivent être exactement mentionnées dans le procès-verbal. (*Déc. du 18 août* 1840.)

Cette règle est applicable aux ventes de marchandises provenant de saisies. (*Tarif, note du même numéro.*)

Si le produit de la vente ne suffit pas pour couvrir à la fois les droits de douane et les frais d'emmagasinement et autres, les droits de douane doivent être prélevés, par privilège, sur ce produit, avant les frais revendiqués par des tiers. *V.* n° 38. (*Déc. min. du 22 octobre* 1828; *Circ. du* 28, n° 1128, *et Tarif* n° 165.)

Cette disposition est fondée, d'une part, sur l'art. 30, titre 13, de la loi du 22 août 1791 (*V.* n° 22), d'où il résulte que les droits de douane sont une charge imposée à la marchandise avant qu'elle puisse être retirée de la douane pour la consommation; d'autre part, sur l'art. 9, titre 2, de la même loi, d'après lequel nul ne peut faire saisie ou opposition sur le produit de ces droits (*V.* n° 1124). Les marchandises sont donc grevées d'une manière absolue des droits de douane; elles sont le véritable produit de ces droits jusqu'à concurrence de la somme nécessaire pour les acquitter, et tout ce que peuvent prétendre les tiers intéressés, c'est d'être subrogé aux lieu et place du propriétaire de la marchandise, lequel, dans les cas où un droit de revendication lui reste ouvert, ne peut réclamer que l'excédant du produit de la vente après le prélèvement des droits de douane. (*Circ. du 28 octobre* 1828, n° 1128.)

Dans le cas où des marchandises n'ayant aucune valeur vénale ne pourraient être vendues, la douane, obligée de faire vider les magasins, devrait procéder à la destruction de ces objets, après y avoir été autorisée soit par un acte d'acquiescement ou d'abandon de la part des propriétaires ou de leurs représentants, soit par le juge de paix qui a formé l'inventaire prescrit par la loi, *V.* n° 894, soit enfin par l'administration, s'il s'agit de marchandises abandonnées par écrit ou appartenant à l'État. (*Déc. des 18 août* 1840 *et 16 mai* 1849.)

La destruction serait constatée par un procès-verbal, et cet acte, annexé au sommier d'entrepôt, par exemple, justifierait l'apurement du compte. (*Déc. du 31 juillet* 1840.)

CHAPITRE XVIII

POLICE SANITAIRE.

La police sanitaire ne pouvait être étrangère à une administration qui entretient sur tous les points des côtes des agents dont la surveillance est continuelle.

Aussi les règlements sur la matière supposent tous et appellent le concours de l'administration des douanes.

898. — Le chef du Gouvernement détermine, par ordonnances, tout ce qui concerne la police sanitaire. (*Loi du 3 mars* 1822, *art.* 1er.)

Les provenances par mer ne sont admises à *libre pratique* qu'après que leur état sanitaire a été reconnu par les agents préposés à cet effet. (*Ord. du 7 août* 1822, *art.* 1er; *Décret du 24 décembre* 1850, *art.* 1er.) *V.* nos 902 et 910.

899. — Sont dispensés des vérifications sanitaires, au moment de leur arrivée dans les ports de France :

1° Les bâtiments et embarcations des douanes françaises (1). *V.* n° 903 ;

2° Les bâtiments gardes-côtes chargés de la surveillance de la pêche et de la navigation ;

3° Les bateaux de pêche de tout pavillon (2) ;

4° Les navires qui font le cabotage entre les différents ports français sur la même mer (3) ;

5° Les paquebots à voiles ou à vapeur porteurs d'une patente de santé valable pour six mois ou un an (4). *V.* n° 912. (*Décret du 24 décembre 1850, art. 2, tableau A y annexé ; Circ. de M. le Ministre du commerce du 25 octobre 1851 ; Circ.* n°ˢ *2435 et 2475 ; Décret du 4 juin 1853, art. 7.*)

900. — Les provenances de pays habituellement et actuellement *sains* sont admises à la libre pratique immédiatement après les visites et les interrogatoires d'usage, à moins d'accidents ou de communications de nature suspecte survenus depuis leur départ. (*Loi du 3 mars 1822, art. 2.*)

Les provenances de pays qui ne sont pas habituellement *sains* ou qui se trouvent accidentellement infectés sont, relativement à leur état sanitaire, rangées sous l'un des régimes ci-après déterminés :

Sous le régime de la *patente brute*, si elles sont ou ont été, depuis leur départ, infectées d'une maladie réputée pestilentielle, si elles viennent de pays qui en soient infectés, ou si elles ont communiqué avec des lieux, des personnes ou des choses qui auraient pu leur transmettre la contagion ;

Sous le régime de la *patente nette*, si aucun soupçon de maladie pestilentielle n'existait dans le pays d'où elles viennent, si ce pays n'était point ou ne venait point d'être en libre relation avec des lieux entachés de ce soupçon, et enfin si aucune communication, aucune circonstance quelconque ne fait suspecter leur état sanitaire. (*Loi du 3 mars 1822, art. 3 ; Ord. du 18 avril 1847, art. 1ᵉʳ.*)

---

(1) Le droit de visite des navires, donné aux douanes par l'art. 7 du titre 2 de la loi du 4 germinal an II, se trouve ainsi formellement réservé ; mais il importe que le discernement soit allié à la circonspection dans l'usage de ce droit. S'il faut éviter de multiplier sans raison des visites qui, en faisant perdre aux embarcations des douanes l'état de libre pratique, auraient pour conséquence des interruptions de service fréquentes et fâcheuses, il n'est pas moins essentiel de prendre garde qu'on ne se renferme dans des bornes trop resserrées et que les fraudeurs ne profitent de la réserve excessive qui empêcherait de procéder à des recherches utiles. Pour prévenir toute erreur, chaque directeur remet aux agents principaux du service sanitaire un état indiquant les noms et les dimensions des embarcations sous ses ordres. (*Circ. des 15 août 1822, n° 744, et 8 juin 1853, n° 119.*) *V.* n° 903.

(2) Il doit être justifié que ces navires sont armés pour la pêche et qu'ils n'ont à bord aucune partie de marchandises. (*Déc. du 20 janvier 1858.*)

(3) Les ports français de l'Océan et de la Manche sont considérés comme étant situés sur la même mer. (*Tarif de navigation de 1850.*)

Au nombre des navires allant d'un port français à un autre dans la même mer sont compris ceux qui vont des ports de la Corse aux ports méridionaux de la France continentale, *et vice versa* ; mais la même extension ne s'applique pas aux navires venant de l'Algérie dans les ports français de la Méditerranée. *V.* n° 212, 2ᵉ note. (*Circ. de M. le Ministre du commerce du 25 octobre 1851, et Circ.* n° 2475.)

(4) Ces navires sont tenus d'arborer, à leur entrée, un signal indiqué d'avance par l'autorité sanitaire locale. (*Tableau A, joint au Décret du 24 décembre 1850, et Circ.* n° 2475.)

Les marchandises et objets matériels de toute sorte, arrivant en patente nette par un bâtiment en bon état et bien tenu, qui n'a eu ni morts ni malades suspects, sont dispensés de tout traitement sanitaire et admis immédiatement à la libre pratique, comme le bâtiment lui-même, les équipages et les passagers. (*Art. 59 du Règlement sanitaire international promulgué par Décret du 27 mai 1853 ; Circ. du 8 juin suivant*, n° 119.)

Sont exceptés les cuirs, les crins, les drilles et chiffons (1), qui, même en patente nette, pourront devenir l'objet de mesures sanitaires. L'autorité sanitaire sera juge de ces mesures et en déterminera la nature et la durée. (*Même Règl., art.* 60.)

901. — Tout bâtiment venant d'un port étranger ou d'une colonie française sera, sauf les exceptions suivantes, porteur d'une patente de santé, *V.* n° 908, faisant connaître l'état sanitaire des lieux d'où il vient et son propre état sanitaire au moment où il est parti. Les exceptions dont il s'agit peuvent être modifiées par arrêté du Ministre du commerce, le comité d'hygiène publique entendu. (*Décret du 24 décembre 1850, art.* 3.)

Sont, en temps ordinaire, dispensés de représenter une patente de santé dans les ports de France :

Dans les deux mers (Océan et Méditerranée) :

1° Les embarcations et navires désignés au n° 899 ;

2° Les bateaux-pilotes (*Règl. san. intern., art.* 20).

Dans les ports de l'Océan :

Les navires venant de l'Angleterre, de la Belgique, de la Hollande et des Etats du nord de l'Europe (2);

Les navires qui vont faire la pêche de la morue à Terre-Neuve, au Doggers-Bank et dans les mers d'Islande;

Les navires baleiniers. (Ceux qui naviguent dans l'hémisphère austral, s'ils ne se sont pas munis d'une patente de santé au départ, doivent en prendre une, au retour, au premier port de relâche où il se trouve une autorité sanitaire.) (*Inst. du Département du commerce, annexe A.*)

---

(1) Les drilles et chiffons étant considérés comme pouvant, par leur origine, compromettre, dans certains cas, la santé publique, les directeurs de la santé doivent apporter le plus grand soin à l'examen qu'ils ont à faire de ceux dont l'admission serait demandée. En cas de doute de l'innocuité de cette introduction, il en serait rendu compte immédiatement par la voie la plus prompte au Ministre du commerce; et, en attendant, le bâtiment serait retenu en état de quarantaine. Si on ne pouvait assigner au navire un mouillage sûr et suffisamment isolé, on le renverrait au lazaret le plus voisin, en ayant soin d'informer le Ministre de cette mesure.

En aucune circonstance, les *agents ordinaires* du service sanitaire ne peuvent prendre sur eux d'admettre à libre pratique des drilles ou chiffons qui seraient apportés par un navire arrivant de pays atteints de peste, de fièvre jaune, de choléra ou même de typhus ; ils doivent en référer aux directeurs de la santé ou aux agents principaux, qui leur adressent, au moins provisoirement, les instructions convenables. (*Circ. du Département du commerce du 31 janvier* 1857.)

(2) Les navires venant de l'Angleterre, de la Belgique, de la Hollande et des Etats du nord de l'Europe, ne peuvent être admis à jouir de l'exemption posée, en principe, pour les ports de l'Océan, en ce qui concerne soit la représentation d'une patente de santé, soit le payement des droits, qu'autant que le pays d'où ils arrivent aurait adhéré aux conditions du règlement sanitaire international et que les ratifications nécessaires auraient été échangées. (*Décret du 4 juin* 1853, *art.* 1er *et* 13 ; *Circ. du* 8, n° 119.)

Jusqu'à présent, aucun des pays dont il s'agit n'est dans ce cas. (*Même Circ.*)

Tout navire qui n'a pas de patente de santé, lorsqu'à raison de sa provenance il devrait en être muni, est tenu en réserve, pour la vérification de son état sanitaire, et il peut être soumis à une quarantaine d'observation de trois à cinq jours.

Les cas de force majeure sont appréciés par l'autorité sanitaire. (*Décret du 24 décembre 1850, art. 4.*)

Dans les pays étrangers, les patentes sont délivrées aux bâtiments français par les agents consulaires de France. Là où il n'existe point d'agent consulaire français, les patentes doivent être demandées aux autorités du pays. (*Même Décret, art. 5.*)

Les navires porteurs de patentes raturées, surchargées ou présentant toute autre altération d'un caractère suspect, seront soumis à une surveillance particulière et aux mesures jugées nécessaires, sans préjudice des poursuites à diriger, selon les cas, contre le capitaine ou le patron, et, en outre, contre les auteurs desdites altérations. (*Même Décret, art. 7.*)

902. — Tout capitaine arrivant dans un port français est tenu :

1° D'empêcher toute communication avant l'admission à libre pratique ;

2° De se conformer aux règles de la police sanitaire ainsi qu'aux ordres qui lui sont donnés par les autorités chargées de cette police ;

3° D'établir son navire dans le lieu réservé qui lui est indiqué ;

4° De se rendre, aussitôt qu'il y est invité, auprès des autorités sanitaires, en attachant à un point apparent de son canot, bateau ou chaloupe, une flamme de couleur jaune, à l'effet de faire connaître son état de suspicion et d'empêcher toute approche ;

5° De produire auxdites autorités tous les papiers de bord ; de répondre, après avoir prêté serment de dire la vérité, à l'interrogatoire qu'elles lui font subir, et de déclarer tous les faits et donner tous les renseignements, venus à sa connaissance, qui peuvent intéresser la santé publique. (*Même Décret, art. 10.*) V. n° 910.

Peuvent être soumis à de semblables interrogatoires et obligés, sous serment, à de semblables déclarations, les gens de l'équipage et les passagers, toutes les fois qu'il est jugé nécessaire. (*Même Décret, art. 11.*)

Doivent se conformer aux ordres et aux instructions des autorités sanitaires les pilotes qui se rendent au-devant des navires pour les guider, ainsi que toutes les embarcations qui, en cas de naufrage ou de péril, iraient à leur secours. (*Même Décret, art. 12.*)

903. — Il est interdit de se mettre en communication directe et immédiate avec les personnes et les choses suspectes ou réputées telles.

Outre les peines portées par les lois et règlements, quiconque a été en contact avec ces personnes ou ces choses est déclaré en quarantaine et considéré comme faisant partie de la même provenance, sauf les exceptions que l'autorité sanitaire croit pouvoir admettre et dont il est jugé. (*Art. 76 du Règl. sanit. internation. annexé à la Convention promulguée par décret du 27 mai 1853 ; Circ. n° 119.*)

Ces défenses ne font pas obstacle aux visites des agents des douanes, soit dans les ports, soit dans le rayon de deux myriamètres des côtes, sauf toute application que de droit auxdits agents et à leurs embarcations, si par ces visites ils perdent leur état de libre pratique (1). (*Décret du 24 décembre 1850, art. 13.*) V. n° 899.

904. — Les provenances des pays habituellement et actuellement sains sont admises à la libre pratique immédiatement après la reconnaissance sanitaire, à moins

_____

(1) Pour l'exécution de cet article, lorsque les capitaines d'embarcations de douanes ont effectué des visites qui les soumettent au régime de la patente *brute*, ils doivent s'abstenir de tout contact défendu, et faire à l'agent sanitaire, aussitôt leur rentrée au port, des déclarations entièrement exactes. (*Circ. du 15 août 1822, n° 744.*)

d'accidents ou de communication de nature suspecte, survenue depuis le départ. (*Même Décret, art.* 14.)

Les quarantaines et les mesures particulières auxquelles doivent être soumises les provenances des pays suspects de maladies pestilentielles sont fixées par décret, conformément à l'art. 1er de la loi du 3 mars 1822.

Un tableau des quarantaines est publié et affiché dans tous les lieux où existe une commission ou agence sanitaire. (*Même Décret, art.* 15.)

En cas d'urgence, les autorités sanitaires peuvent prendre les dispositions nécessaires, qui seront immédiatement soumises à l'approbation du Ministre du commerce.

Leurs décisions sont accompagnées de l'énoncé des motifs qui les ont déterminées; elles sont rendues et notifiées sans retard.

Elles sont transcrites sur un registre spécial; chacune d'elles est signée séparément. (*Même Décret, art.* 16.)

905. — Les provenances des pays placés sous le régime de la patente brute ne sont admises que dans les ports ou rades spécialement désignés par le Ministre de l'agriculture et du commerce. (*Même Décret, art.* 17.)

Si une maladie pestilentielle se manifeste à bord d'un bâtiment, même muni d'une patente nette, le capitaine du navire se rend dans l'un des ports désignés en vertu de l'article précédent, et s'il est forcé de relâcher dans un autre port ou rade, il est tenu en état de séquestration jusqu'à ce qu'il puisse reprendre le large. (*Même Décret, art.* 18.)

Les lazarets et autres lieux réservés sont placés sous le même régime sanitaire que les provenances qu'ils renferment ou avec lesquelles ils sont en libre communication. (*Même Décret, art.* 19.)

Les membres ou agents des autorités sanitaires ont seuls l'entrée des lazarets ou autres lieux réservés, pendant la séquestration.

En cas de communication suspecte de leur part, ils sont considérés comme appartenant à la provenance avec laquelle ils ont communiqué et ils en subissent le sort. (*Même Décret, art.* 20.)

L'entrée desdits lazarets et lieux réservés peut, en cas de nécessité, être accordée à toute autre personne par les agents sanitaires principaux dont il sera question au titre ci-après. La permission est toujours donnée par écrit. Le permissionnaire est considéré comme faisant partie de la provenance avec laquelle il communique, et il en subit le sort. (*Même Décret, art.* 21.)

Les autorités sanitaires déterminent autour des lazarets et autres lieux réservés placés sous leur direction la ligne où finit la libre pratique. (*Même Décret, art.* 22.)

906. — Tout navire, tout individu qui tenterait, en infraction aux règlements, de pénétrer en libre pratique, de franchir un cordon sanitaire ou de passer d'un lieu *infecté* ou *interdit* dans un lieu qui ne le serait point, sera, après due sommation de se retirer, repoussé de vive force, et ce sans préjudice des peines encourues (1). (*Loi du* 3 *mars* 1822, *art.* 6.)

Les délinquants sont immédiatement traduits devant l'officier de police judiciaire compétent. (*Circ. du* 23 *décembre* 1844, n° 2046, *art.* 275.)

907. — La police sanitaire est exercée, sous la surveillance des préfets, par des conseils sanitaires dont la composition et les attributions sont ci-après déterminées. (*Décrets des* 24 *décembre* 1850, *art.* 23, *et* 4 *juin* 1853, *art.* 2.)

---

(1) Les préposés des douanes appelés à concourir au service militaire ne doivent pas manquer au devoir essentiel de prévenir, par des sommations à haute et intelligible voix, toute tentative d'infraction, ni négliger l'usage légitime de la force dans le cas où il deviendrait indispensable. (*Circ. du* 15 *août* 1822, n° 744.)

Font partie de droit desdits conseils, avec voix délibérative : 1° le directeur de la santé ou l'agent principal du service sanitaire ; 2° le maire ; 3° le plus élevé en grade d'entre les officiers généraux ou supérieurs attachés au commandement territorial ; 4° dans les ports militaires, le préfet maritime, et dans les ports de commerce, le commissaire chargé du service maritime; 5° l'agent des douanes le plus élevé en grade dans la localité où est établi le conseil (1) ; 6° dans les chefs-lieux de préfecture, deux conseillers de préfecture. (*Décret du 24 décembre 1850, art. 26, et Circ. n° 2435.*)

Les autres membres sont nommés pour trois ans par le conseil municipal, par la chambre de commerce ou, à défaut, le tribunal de commerce, et par le conseil d'hygiène publique ; ils sont renouvelés par tiers chaque année. (*Même Décret, art. 27 et 28.*)

Les préfets et sous-préfets sont, de droit, présidents du conseil établi au siége de leur résidence ; ils peuvent déléguer leurs fonctions. (*Même Décret, art. 28.*)

Le conseil exerce une surveillance générale sur le service sanitaire. Il a spécialement pour mission d'éclairer le directeur ou agent, et de lui donner des avis sur les mesures à prendre en cas d'invasion ou de menace d'invasion d'une maladie réputée importable ou transmissible ; de veiller à l'exécution des règlements généraux ou particuliers relatifs à la police sanitaire, et, au besoin, de dénoncer au Gouvernement les infractions ou omissions. Il est consulté sur toutes les questions administratives et médicales, et il concourt, avec le directeur ou agent, à la préparation des règlements locaux ou intérieurs. (*Règlement sanitaire internat., art. 106 ; Décrets des 27 mai et 4 juin 1853.*)

Le conseil se réunit périodiquement aux époques que détermine l'autorité supérieure, et il est convoqué extraordinairement toutes les fois qu'une circonstance relative à la santé publique paraît l'exiger. (*Même Règl., art. 107 ; mêmes Décrets.*)

Le directeur ou agent et le conseil doivent se tenir constamment informés de l'état de la santé publique. Ils entretiennent à cet effet, soit directement, soit par des délégués, de fréquents rapports avec l'administration communale, et en reçoivent toutes les communications nécessaires à l'accomplissement de leur mandat. (*Même Règl., art. 108 ; mêmes Décrets.*)

En cas de dissidence entre le directeur ou agent et le conseil, il en est immédiatement référé au Gouvernement ; toutefois, s'il y a urgence, le directeur ou agent, sous sa responsabilité, pourvoit aux dispositions provisoires qu'exige la santé publique ou le service. (*Même Règl., art. 109 ; mêmes Décrets.*)

Ont droit de requérir la force publique pour le service qui leur est confié : les directeurs de santé, les agents principaux et ordinaires du service sanitaire. Les mêmes ont le droit de requérir, mais seulement dans le cas d'urgence et pour un service momentané, la coopération des officiers et employés de la marine, des employés des douanes (2) et des contributions indirectes, des officiers des ports de commerce,

---

(1) Les directeurs ou inspecteurs communiquent aux conseils sanitaires les notions qu'ils ont recueillies, et ils se pénètrent de cette pensée que leur intervention doit avoir pour résultat le meilleur concours possible des employés des douanes au service de la santé, sans que leur service propre ait à en souffrir. (*Circ. des 15 août 1822, n° 744, et 2 mai 1851, n° 2435.*)

(2) C'est pour faire cesser les inconvénients qui sont résultés quelquefois, pour le service des douanes, des réquisitions que les autorités locales et les conseils sanitaires pouvaient adresser aux directeurs et aux préposés, que ces réquisitions ne peuvent être faites que *dans les cas d'urgence et pour service momentané*, et que, *lorsqu'il s'agit d'un service de durée*, les ordres doivent émaner, sur la demande du

des commissaires de police, des gardes-champêtres et forestiers, et, au besoin, de tous les citoyens. Ne pourront lesdites réquisitions d'urgence enlever à leurs fonctions habituelles des individus attachés à un service public, à moins d'un danger assez imminent pour exiger le sacrifice de tout autre intérêt. (*Décret du 24 décembre* 1852, *art.* 33.)

Il y a des agents principaux et des agents ordinaires du service sanitaire. Les premiers sont nommés par le Ministre du commerce.

Dans chaque département maritime, il y a au moins un agent principal, qui a sous sa direction tous les agents ordinaires du service sanitaire de la circonscription qui lui est assignée.

Dans les ports où il existe des lazarets, l'agent principal du service sanitaire prend le titre de directeur de la santé.

La circonscription attribuée à chacun desdits agents est déterminée par un arrêté du Ministre de l'agriculture et du commerce. (*Même Décret, art.* 24.)

Le directeur ou l'agent principal est chargé de l'application des règlements sanitaires. (*Décret du 4 juin* 1853, *art.* 2.)

Les agents ordinaires et les employés du service sanitaire sont pris, autant que possible, parmi les agents du service des douanes; ils reçoivent, en cette qualité d'agents sanitaires, une indemnité sur les fonds affectés aux dépenses sanitaires. (*Déc. du 24 décembre* 1850, *art.* 82.)

Les agents ordinaires du service sanitaire sont nommés par les préfets, sur la présentation du directeur de la santé ou de l'agent principal, et du consentement du directeur des douanes, si l'agent désigné appartient à ce service. (*Même Décret, art.* 85.)

Les employés des douanes doivent être choisis de préférence parmi les agents du service actif, plus propres que ceux de bureau, et surtout les comptables, à des fonctions qui exigent des déplacements ou des visites à bord. D'ailleurs, il est bien que, pour les droits sanitaires comme pour les droits de douane, la liquidation et la perception ne soient pas, autant que possible, concentrées dans la même main. Les directeurs ont donc, sauf dans les circonstances où la situation du personnel ne le permettrait pas, à désigner aux administrations sanitaires des chefs de brigade pour être institués en qualités d'agents sanitaires. (*Circ. du 31 décembre* 1843, n° 2004.) C'est notamment pour les lieutenants ou les brigadiers d'élite que les directeurs peuvent accepter des commissions d'*agents sanitaires*, et lorsqu'ils jugent devoir déférer à des demandes tendantes à procurer au service de la santé des gardes pris parmi les préposés des douanes, ils ne doivent désigner que des sujets éprouvés. (*Circ. du 15 août* 1822, n° 744.)

Le titre d'agent sanitaire, attribué à un agent des douanes, s'attache à l'emploi, de sorte qu'il n'est pas nécessaire, à chaque changement de titulaire, de provoquer une nouvelle nomination. Seulement, l'inspecteur doit informer le directeur de la santé des mutations survenues dans la division, afin que l'ayant-droit puisse être dénommé dans les mandats de payement de l'indemnité allouée par le Département du commerce. (*Déc. du 4 septembre* 1854, *et Circ. man. du 3 octobre* 1865.)

Les fonctions de police judiciaire attribuée par l'art. 17 de la loi du 3 mars 1822 aux membres des autorités sanitaires, sont exercées par les directeurs ou agents principaux et les agents ordinaires du service sanitaire dans leurs circonscriptions respectives. Les uns et les autres ne peuvent exercer lesdites fonctions qu'après avoir prêté serment devant le tribunal civil. (*Décret du 24 décembre* 1850, *art.* 39.)

Ministre du commerce, de ceux des autres ministres desquels dépendent les employés requis extraordinairement. (*Circ. du 15 août* 1822, n° 744.)

Les jugements à rendre par lesdites autorités, en matière de simple police, et en vertu de l'art. 18 de la même loi, le sont par le directeur de la santé, assisté de deux délégués du conseil sanitaire. (*Même Décret, art.* 30.)

908. — *Dans tous les ports*, les directeurs ou agents du service sanitaire peuvent délivrer des patentes de santé (1) conformes au modèle annexé au règlement sanitaire international (*Décret du 4 juin 1853, art.* 5 et 14). Pour l'obtention d'une patente de santé, il est produit un certificat, série N, n° 27 (2).

Aucun navire n'est tenu de prendre une patente, sauf à subir les conséquences de l'absence de ce document dans le port de destination ou dans les ports de relâche. (*Instruct. du Départem. du commerce.*)

Les bâtiments de l'État reçoivent de l'administration de la marine le certificat nécessaire pour obtenir une patente de santé. (*Circ. du 22 janvier 1845, n°* 2052.)

909. — *Dans les ports de la Méditerranée*, tout armateur, consignataire ou capitaine d'un navire français, s'apprêtant à charger son navire ou à le faire partir sur lest, est tenu d'en faire la déclaration à l'autorité sanitaire, en vue des visites et vérifications prescrites par le règlement annexé à la convention sanitaire internationale promulguée par décret du 27 mai 1853.

La même déclaration devra être faite par les capitaines ou consignataires des navires étrangers appartenant aux puissances qui auront adhéré à la convention précitée.

Le permis nécessaire pour commencer le chargement n'est délivré par la douane qu'à vue d'un bulletin constatant que la formalité dont il s'agit a été remplie. (*Décret du 4 juin 1853, art.* 4.)

Le bâtiment doit être, avant le chargement, visité par un délégué de l'autorité sanitaire (3), et soumis, s'il y a lieu, aux mesures hygiéniques jugées nécessaires. (*Art.* 7 *du Règl. sanit. intern., annexé à la Conv. promulguée par décret du 27 mai 1853.*) (4).

---

(1) Il n'est exigé *aucune taxe* pour la délivrance des patentes de santé.

La patente n'est valable que pour un voyage. Toutefois, à l'égard des paquebots admissibles à un abonnement spécial pour le droit de reconnaissance, et, dans le cas où leurs voyages seraient très-fréquents, l'autorité sanitaire pourrait leur délivrer, s'ils le demandaient, des patentes valables pour un mois ou même pour trois mois, selon les convenances de leur service et les règlements particuliers aux ports étrangers où ces bâtiments transportent des voyageurs.

Avant de délivrer une patente, l'autorité sanitaire peut, dans les ports de l'Océan, comme dans ceux de la Méditerranée, exiger tous les renseignements, toutes les justifications nécessaires pour s'assurer des conditions sanitaires du navire qui doit être muni de ce document.

On ne doit se montrer rigoureux sur ce point qu'à l'égard des navires qui doivent entreprendre une longue navigation ou de ceux qui seraient dans un état de malpropreté et d'insalubrité notoires ; mais, dans aucun cas, la patente ne peut être refusée. (*Instructions du Département du comm.*)

(2) La patente de santé n'est valable que si elle a été délivrée dans les quarante-huit heures qui ont précédé le départ.

Si le départ est retardé, la patente doit être visée par l'autorité qui l'a délivrée. Celle-ci mentionne si l'état sanitaire est resté le même ou s'il a éprouvé quelque changement. (*Art.* 28 *du Règlement.*)

(3) A l'égard des navires portant un pavillon autre que celui des pays dans lesquels ils sont mouillés, la visite et les constatations prescrites par les art. 9 à 14 sont faites par l'autorité sanitaire, de concert avec le consul ou l'agent consulaire de la nation à laquelle appartient le navire. (*Même Règl., art.* 15.)

(4) Il y a dans tous les ports une sorte de notoriété qui signale d'avance les bâti-

Après avoir visité le navire dans toutes ses parties, on en constate l'état hygiénique. (*Même Règl., art.* 8.)

Le chargement ne peut avoir lieu qu'après cette visite et l'accomplissement des mesures préalables de propreté et de salubrité que l'autorité sanitaire juge indispensables. (*Même Règl., art.* 9.)

L'autorité s'enquiert de l'état des vivres et boissons, et en particulier de l'eau potable et des moyens de la conserver.

Elle peut s'enquérir aussi des vêtements de l'équipage, et, en général, de toutes les mesures relatives au maintien de la santé à bord. (*Même Règl., art.* 10.)

Les capitaines et patrons sont tenus de fournir, à cet égard, à l'autorité sanitaire, tous les renseignements et toutes les justifications qui leur sont demandés. (*Même Règl., art.* 11.)

Si l'autorité sanitaire le juge nécessaire et ne se croit pas suffisamment éclairée par le capitaine, il peut être procédé à une nouvelle visite, après le chargement du navire, afin de s'assurer si toutes les précautions sanitaires et hygiéniques prescrites ont été observées. (*Même Règl., art.* 12.)

Les hommes de l'équipage sont visités par un médecin. L'embarquement de ceux qui sont atteints d'une affection transmissible peut être refusé par l'autorité sanitaire. (*Même Règl., art.* 13.)

Ces visites doivent être faites sans délai et de manière à éviter tout retard aux bâtiments. (*Même Règl., art.* 14.)

Les dispositions rappelées au présent numéro, ne s'étendent ni aux bâtiments de la marine militaire, ni aux navires dispensés, en temps ordinaire, de représenter une patente de santé. V. n° 901. (*Instr. du Dép. du comm.*)

910. — *A l'arrivée,* tout bâtiment est soumis aux formalités de la reconnaissance et de l'arraisonnement (1). (*Règl. sanitaire international, art.* 37.) V. n°s 902 et 914.

---

ments bien tenus et ceux qui sont dans un état de malpropreté habituel. Les officiers des ports et les agents du service des douanes sont à portée d'avoir à cet égard des renseignements qu'ils doivent transmettre à l'autorité sanitaire.

En règle générale, les bâtiments qui se livrent seulement au cabotage, en France ou à l'étranger, tous ceux dont la navigation n'est jamais de longue durée, ne sont soumis à aucune visite préalable, à moins que des circonstances particulières n'obligent à les assujettir à cette formalité.

Quant aux navires dont la traversée doit être longue, ou qui se rendent dans des régions dont la température est élevée, ils doivent être plus particulièrement l'objet de l'attention des autorités sanitaires.

Ces prescriptions sont applicables aux bâtiments français, alors même qu'ils ne demandent pas de patente de santé.

En sont affranchis les bâtiments étrangers qui ne prennent pas de patente.

S'il résulte des vérifications qu'un navire se trouve dans de mauvaises conditions hygiéniques, ou que celles-ci n'ont pas été changées, malgré les indications de l'autorité sanitaire, il en est fait mention sur la patente de santé; mais dans aucun cas la patente ne peut être refusée. (*Instruction du Départem. du comm.*)

(1) Applicable à tous les navires, la reconnaissance se borne à la simple constatation de la provenance du bâtiment et des conditions générales dans lesquelles il se présente. La reconnaissance peut se faire soit par la seule inspection, soit par un signal, soit par un interrogatoire, suivant le pays d'où arrive le navire et les usages consacrés par les règlements locaux.

S'il résulte de l'acte de reconnaissance que le bâtiment vient d'un port dont les

Toutefois, lorsque l'état sanitaire est positivement sain, les navires venant d'un port à un autre port du même pays peuvent, en vertu des règlements sanitaires particuliers à chaque pays, être affranchis de l'arraisonnement sanitaire. (*Même Règl.*, art. 38.) (1).

Peuvent également, en temps ordinaire, être affranchis de l'arraisonnement, par voie de déclaration échangée entre les nations contractantes, toutes les provenances ou des provenances déterminées allant de l'un des deux pays dans les ports de l'autre. (*Même Règl.*, art. 39.)

La reconnaissance et l'arraisonnement sont faits par l'agent que l'autorité sanitaire délègue à cet effet. Les résultats en sont consignés sur un registre spécial. (*Même Règl.*, art. 40.)

Les cas douteux, les renseignements contradictoires sont toujours interprétés dans le sens de la plus grande prudence. Le bâtiment doit être provisoirement tenu en réserve. (*Même Règl.*, art. 41.)

L'admission à la libre pratique est précédée de la visite du bâtiment, toutes les fois que l'autorité sanitaire le juge nécessaire. (*Même Règl.*, art. 42.)

911. — *Droits sanitaires exigibles, dans tous les ports de France, à l'égard des navires de tous pavillons* (2). (*Décret du 4 juin 1853, art.* 14.)

Dans la plupart des circonstances, les règles admises pour l'application du tarif de navigation sont étendues aux taxes sanitaires. Il en est ainsi notamment pour les relâches forcées à l'étranger. V. nos 14 et 15. (*Déc. du 17 janvier 1857.*) Toutefois, les taxes sanitaires doivent être exigées pour tout navire qui n'en est pas expressément exempt, alors qu'il y aurait affranchissement des droits de navigation. Par exemple, les yachts de plaisance, venant de l'étranger ou naviguant au cabotage d'une mer à l'autre, sont assujettis, à leur entrée dans un port de France, à la formalité de la reconnaissance et au payement de la rétribution qui s'y rattache. (*Circ. du 11 juillet 1850, n° 2395.*)

Les droits sanitaires ne sont point passibles du décime additionnel. (*Circ. du 31 décembre 1848, n° 2004.*)

Le recouvrement doit s'en effectuer dans les délais déterminés pour les droits de navigation. (*Déc. du 5 décembre 1853.*)

Le produit de ces taxes est versé au Trésor public. (*Loi du 24 juillet 1848, art.* 6.)

912. — 1° Droit de *reconnaissance* à l'arrivée (3), V. n° 914 :

Bâtiment naviguant au cabotage, de port français à port français, d'une mer à

_____

provenances sont soumises à l'obligation de se munir d'une patente de santé, on doit exiger la production de cette patente, et, sauf les exceptions déterminées, il y a lieu à une vérification plus approfondie de l'état sanitaire du navire, vérification qui prend alors le nom d'*arraisonnement*. (*Instructions du Départ. du comm.*)

(1) Les bâtiments dispensés de représenter une patente de santé (V. n° 991) sont affranchis de l'arraisonnement sanitaire. (*Mêmes Instr., annexe* A.)

(2) Sauf les exceptions énoncées au n° 918.

(3) Les dispositions relatives à la taxe de reconnaissance à l'arrivée, sont applicables indistinctement aux bâtiments à vapeur et aux bâtiments à voiles. En effet, la provenance des navires et les conditions dans lesquelles s'opère leur navigation sont les seules circonstances qui doivent influer sur la perception des droits sanitaires. (*Circ. de M. le Ministre du commerce du 17 août 1855.*)

Le droit de reconnaissance doit être liquidé, non d'après la teneur de la patente, mais à raison de la provenance réelle du bâtiment. (*Tarif de navigation de 1850.*)

l'autre (1), par tonnage (2). .... » f. 05 c.
— au cabotage étranger, id. (V. n° 915)........................... » 10
— au long cours, id. (V. n° 915)................................... » 15
Paquebots arrivant, à jour fixe (V. n° 916), d'un port européen dans un⎫
port de l'Océan, id. ....⎬ » 05
Paquebots venant d'un port étranger dans un port français dé la Médi-⎪
terranée, si la durée habituelle de sa navigation n'excède par douze⎪
heures, id. (3). ....⎭

Les paquebots appartenant à ces deux dernières catégories peuvent contracter des abonnements de six mois ou d'un an, calculés à raison de 50 cent. par tonneau et par an, quel que soit le nombre des voyages (4). (*Décret du 4 juin 1853, art. 7.*)

2° Droit de *station*, payable par tonneau et pour chaque jour de *quarantaine*, par les navires soumis à cette mesure................................... » f. 03 c.

3° Droit de *séjour au lazaret*, par jour et par personne, sauf les exceptions ci-

---

(1) Les navires allant de port français à port français dans la même mer, ou entrant successivement dans plusieurs ports situés sur la même mer, V. n° 899, note 2, sont exempts du droit de reconnaissance qu'ils ont payé au port de première arrivée. (*Décret du 4 juin 1853, art. 10 et 11.*) V. n° 915.

Toutefois, les navires se rendant des ports de l'Algérie dans les ports de la Méditerranée sont soumis à l'obligation de se munir, au départ, d'une patente de santé, tout en étant affranchis du droit de reconnaissance sanitaire dans le port d'arrivée. (*Même Décret, art. 10.*)

A l'arrivée, ces navires sont admis à vue de la patente, à moins que des circonstances particulières n'exigent qu'ils soient assujettis à des vérifications plus rigoureuses. (*Inst. du Dép. du comm.*)

(2) Dans le calcul du tonnage, on ne doit pas tenir compte des fractions de tonneau. (*Déc. du 4 juin 1853, art. 9.*)

Il est procédé à la constatation du tonnage d'après le mode usité en douane. (*Circ. n° 119.*)

(3) Les dispositions relatives aux paquebots, quand leur navigation n'excède pas douze heures, sont également applicables, quelle que soit la durée du trajet, lorsqu'ils viennent de la Belgique, de la Hollande ou de la Grande-Bretagne. (*Tarif de navigation.*) V. n° 916.

La condition d'arrivée à jour fixe ne concerne que les paquebots qui arrivent d'un port quelconque de l'Europe dans un port français de l'Océan. (*Déc. min. du 18 décembre 1862.*)

(4) Lorsqu'ils desservent plusieurs lignes de navigation, les paquebots doivent être soumis au droit de reconnaissance ou à un abonnement spécial dans chacun des ports où ils arrivent de l'étranger. (*Déc. de M. le Min. du comm. du 10 novembre 1853.*)

Tout paquebot à voile ou à vapeur qui dessert alternativement plusieurs ports de France a la faculté de lever dans chacun d'eux une patente de santé de six mois ou d'un an, pourvu qu'il s'y rende à jour fixe et une fois au moins par semaine. (*Déc. de M. le Min. du comm. du 20 octobre 1851.*) V. n° 916.

Lorsqu'une compagnie maritime, dont les paquebots font un service régulier, fait accidentellement remplacer l'un de ses bâtiments, le bénéfice de l'abonnement contracté pour celui-ci peut s'étendre au suppléant. On se borne alors à exiger le droit de 0 fr. 05 c. par tonneau sur la partie de la contenance du navire suppléant excédant la jauge du bâtiment remplacé. (*Déc. de M. le Min. du comm. du 29 décembre 1859.*)

après indiquées... 2 »
(*Même Décret, même art.*)

Sont dispensés de ce droit : les enfants au-dessous de sept ans; les indigents embarqués aux frais du Gouvernement ou d'office par les consuls; toute personne qui veut loger dans les dortoirs communs, s'il en existe de tels au lazaret; toute personne qui a été transportée au lazaret par ordre de l'autorité sanitaire. (*Même Décret, art. 12.*)

4° Droit sur les *marchandises* déposées et désinfectées dans les lazarets :
Marchandises emballées, par 100 kil. .... » f. 50 c.
Cuirs, les 100 pièces.. 1 »
Petites peaux *non emballées,* les 100 peaux..................... » 50 .
(*Même Décret, art. 7.*)

913. — Sont exempts du payement des droits sanitaires : 1° les bâtiments de guerre (1); 2° les navires en relâche forcée (2), même lorsqu'ils sont admis à libre pratique, pourvu qu'ils ne se livrent à aucune opération de commerce dans le port où ils abordent; 3° *les navires dispensés de l'obligation de représenter une patente,* V. n° 899; 4° les enfants au-dessous de sept ans et les indigents embarqués aux frais du Gouvernement de leur pays ou d'office par les consuls. (*Règl. sanit. intern. art. 99; Décret du 4 juin 1853, art. 13.*)

914. — Le droit de *reconnaissance,* V. n° 912, est la rétribution de l'examen ou vérification qui précède l'admission à libre pratique (3).

C'est au premier port de France où le navire aborde qu'il importe de procéder à cette vérification et que le payement du droit doit s'effectuer (4). V. n° 910.

Une fois le navire admis à libre pratique dans un port, il doit être considéré comme provenance de ce port. (*Circ. de M. le Ministre du commerce du 8 mai 1846.*)

La quittance constatant ce payement dispense le navire d'acquitter tout autre droit de reconnaissance dans les autres ports (5) situés sur la même mer. V. n° 912, 3e note.

---

(1) Les paquebots de l'administration des postes sont assimilés aux bâtiments de guerre. (*Tarif de navigation.*)

(2) On ne considère comme cas de relâche forcée que ceux déterminés en l'art. 1er, titre 6, de la loi du 22 août 1791. V. n° 315.

Toutes les fois que l'autorité sanitaire le juge nécessaire, le capitaine qui, en relâche forcée, réclame le bénéfice de l'immunité des taxes, doit produire un rapport de mer. (*Déc. de M. le Min. du comm. du 8 mai 1854.*)

(3) Le droit de reconnaissance n'est dû qu'autant que le navire a été soumis effectivement à la formalité de l'examen ou arraisonnement. (*Déc. du 7 octobre 1851.*) V. n° 910.

(4) Quand le navire ne peut être jaugé, on doit prendre pour base de la perception le tonnage énoncé sur les papiers de bord, sauf à la douane du dernier port de débarquement à provoquer, de la part de l'agent sanitaire, la production d'un bulletin de liquidation supplémentaire dans le cas où le résultat du jaugeage serait de nature à motiver la répétition d'une somme de quelque importance. (*Déc. du 5 décembre 1853.*) V. Livre IX, *Navigation.*

(5) La douane de chacun des ports d'escale a soin de prendre note sur un registre (série N, n° 8) du nom du port où la perception a été effectuée, ainsi que de la date et du numéro de la quittance. Il convient que de son côté l'agent sanitaire ne tienne le capitaine pour déchargé du payement de la taxe qu'après que le visa de la douane a été apposé au verso de cette quittance.

Dans les ports où il existe un receveur spécial des droits sanitaires, la note des-

Tout navire en relâche dans une rade ne peut être soumis au droit de reconnaissance qu'autant qu'il désire communiquer. (*Instruction jointe à la Circ. de M. le Ministre du commerce du 8 mai 1846.*)

Les bâtiments échoués ou naufragés sont exempts du payement du droit de reconnaissance quand ils n'entrent pas dans le port. (*Déc. min. du mois de juin 1845.*)

915. — Sont compris dans les limites de la navigation dite *cabotage à l'étranger*, les ports et les côtes de l'Angleterre, de l'Ecosse, de l'Irlande et des autres contrées de l'Europe baignées par la mer du Nord, le Skager-Rack, le Cattégat et la Baltique, toute la Norwége et les côtes adjacentes du nord de la Russie jusqu'à la mer Blanche inclusivement ; l'Espagne, le Portugal, le Maroc et tous les pays situés sur la Méditerranée, la mer Noire et la mer d'Azoff. (*Circ. du Ministre du commerce du 17 août 1855.*)

On entend par navigation *au long cours* celle qui s'étend soit sur les côtes d'Afrique, dans l'Océan, au-delà du Maroc, soit en Islande et sur les côtes du nord de l'Europe, au-delà de la Norwége et du littoral de la mer Blanche ; enfin, la navigation transatlantique. (*Même Circ.*)

916. — Il ne faut pas prendre dans un sens littéral les mots *à jour fixe*, V. n° 912, diverses circonstances, telles que la différence des heures de marée ou des accidents de navigation, pouvant influer sur le départ et l'arrivée et déranger quelquefois l'exacte périodicité du service le mieux organisé. Il doit donc suffire, pour qu'un navire soit admis à ne payer que le droit de 5 centimes ou l'abonnement annuel ou semestriel représentatif de ce droit, qu'il accomplisse un service *régulier et non interrompu* (1).

Mais c'est le navire même, nominativement désigné pour une navigation régulière, et non le service auquel il est affecté, qui doit remplir la condition de périodicité ; de sorte qu'il ne suffirait pas qu'une compagnie possédant un certain nombre de navires envoyât, à jour fixe, un bâtiment quelconque dans un port français pour qu'elle fût admise à participer à l'avantage offert à la navigation périodique. Cette différence de traitement repose, en effet, sur la sécurité que présentent, au point de vue sanitaire, les bâtiments faisant, à jour fixe et sans discontinuité, une traversée déterminée et connue. Si donc une compagnie croyait devoir, par des raisons particulières de service, remplacer un bâtiment par un autre ou y adjoindre un bâtiment supplémentaire, le nouveau navire devrait être soumis au droit de reconnaissance à chacun de ses voyages ou prendre un abonnement spécial dans le cas où ces voyages devraient s'effectuer régulièrement.

Toutefois, il est juste et nécessaire de prévoir les circonstances telles, par exemple, que le besoin de réparations qui contraindraient un bâtiment à interrompre son service et forceraient à le faire suppléer momentanément. Dans ce cas, il suffit d'exiger la preuve du fait de force majeure et de vérifier si le navire suppléant est parti directement du lieu de provenance habituelle du navire qu'il remplace. Il y a lieu, à cet effet, de réclamer la production d'un certificat de l'autorité consulaire française, attestant les circonstances qui retiennent au port étranger le navire rem-

---

née à rappeler le payement fait au port de prime abord est prise par ce receveur sur un registre de la même formule que lui remet, à cet effet, le receveur principal des douanes. (*Déc. du 12 septembre 1850, et Tarif de navigation.*)

(1) Ainsi les navires exclusivement affectés à un service régulier, périodique et non interrompu, et qui ne reçoivent aucune autre destination susceptible d'en modifier la situation sanitaire, peuvent être admis à un abonnement semestriel ou annuel, alors même que les jours d'arrivée de chacun d'eux ne sont pas fixés. (*Déc. du 27 octobre 1855.*)

placé et l'identité de provenance du bâtiment qui y est substitué. Sous l'accomplissement de cette formalité, ce dernier bâtiment peut être admis à jouir de l'abonnement contracté pour le premier, pourvu qu'il ne soit pas d'une jauge supérieure et qu'il continue à effectuer des voyages périodiques. (*Circ. de M. le Ministre du commerce du 17 août 1855.*)

917. — *Bâtiments étrangers dont le pavillon est assimilé au pavillon français.* V. à ce sujet le Livre IX, navigation, n° 643.

918. — Dans les cinq ports militaires de Cherbourg, de Brest, de Lorient, de Rochefort et de Toulon, et dans les ports de Marseille, du Havre, de Saint-Vaas, de Nantes, de Bordeaux, de Bayonne, de Cette et de Bastia, le recouvrement des droits sanitaires est opéré par un agent spécial du service de santé, qui prend le titre de *receveur du service sanitaire,* et qui compte de ses recettes au receveur des douanes de sa résidence, comme il est réglé à l'art. 24 ci-après.

Les receveurs spéciaux du service sanitaire sont agents du Trésor pour tout ce qui se rattache à la perception des droits et à la gestion financière dont ils sont chargés. Ils sont, en cette qualité, placés sous la surveillance de l'administration des finances, et soumis à toutes les obligations imposées par les lois et règlements aux comptables des deniers publics (1); ils doivent être commissionnés par le Ministre des finances (2). Ils sont astreints à verser au Trésor un cautionnement qui sera déterminé par le Ministre de l'agriculture et du commerce.

Les agents du service sanitaire ne font aucune dépense pour ce service; toutes les dépenses sont acquittées par les payeurs du Trésor, sur les ordonnances du Ministre de l'agriculture et du commerce, et selon les prescriptions du règlement général du 31 mai 1838, sur la comptabilité publique. (*Arrêté du Min. des fin. du 5 décembre 1843, art. 16, et Circ. du 8 juin 1853, n° 119.*)

Dans les autres ports, la perception est faite par le receveur des douanes de la localité, d'après les liquidations, série N, n° 28, établies par les agents du service sanitaire (β). (*Même Arrêté, art. 17.*)

---

(1) Les inspecteurs des douanes, *tout en s'abstenant de s'immiscer dans les actes de l'administration proprement dite du service sanitaire, auxquels ils doivent rester étrangers,* pourront se faire représenter, par les receveurs et agents spéciaux de ce service, les registres et autres éléments de la perception des taxes sanitaires, afin de s'assurer si cette perception, dont le montant est versé dans les caisses des douanes, s'opère avec régularité et conformément au tarif. (*Déc. min. transmise par la Circ. du 31 décembre 1844, n° 2051.*)

Les inspecteurs devront rendre compte de ces vérifications et de leur résultat, comme de tous autres, dans leurs rapports périodiques de service. (*Même Circ., n° 2051; Circ. des 11 juillet 1850, n° 2895, et 8 juin 1853, n° 119.*)

Lorsque le tarif ne leur paraît pas convenablement interprété ou appliqué, les inspecteurs communiquent leurs observations à cet égard aux conseils de santé, sauf, en cas de dissentiment, à en rendre compte à l'administration par l'entremise du directeur. Ils ont à prévenir, autant que possible, par des instructions et explications données à ceux de leurs subordonnés qui sont pourvus d'agences sanitaires, toute fausse application du tarif. (*Circ. des 2 mai 1851, n° 2435, et 8 juin 1853, n° 119.*)

C'est à l'autorité sanitaire que les employés de douane remplissant les fonctions d'agents sanitaires doivent s'adresser pour lever leurs doutes sur tout autre point que le mode de perception des taxes. (*Déc. du 15 janvier 1852.*)

(2) La commission des receveurs spéciaux est transmise, par l'administration des douanes, au directeur du département, qui doit se faire justifier du versement du cautionnement à la caisse du receveur des finances.

(3) Il demeure entendu que, pour la perception des droits sanitaires, les receveurs

Pour l'enregistrement de leurs recettes, les receveurs du service sanitaire et les receveurs de douanes préposés à la perception des droits tiennent un livre à souche, série N, n° 19, qui doit être coté et paraphé comme le sont les registres de perception des douanes. Ils détachent de ce livre les quittances à délivrer aux parties versantes. (*Même Arrêté, art.* 19.)

Il y a exemption de timbre pour les quittances et autres actes relatifs au régime sanitaire. (*Circ. du* 7 *février* 1850, n° 2366.)

Les droits *payables à l'arrivée*, les droits *relatifs à la quarantaine* et les droits de *purification des marchandises* sont perçus au moyen des liquidations série N, n° 28, établies par l'agent sanitaire, et dont il est donné connaissance à l'agent percepteur qui, ayant reçu les bulletins de liquidation dont il s'agit, reste chargé d'assurer le recouvrement des droits (1). (*Arrêté de* 1843, *art.* 23.)

Les taxes sanitaires, exigibles dès l'arrivée des navires, doivent être acquittées dans le délai déterminé pour les droits de navigation, V. n° 643, note 2. En cas de non payement, le receveur des droits sanitaires est tenu d'en assurer le recouvrement par les voies de poursuites ci-après définies. (*Arrêté de* 1858 *des Départements du commerce et des finances, art.* 1er.)

Ces taxes sont payées par les capitaines; les propriétaires des navires sont civilement responsables du non payement. (*Art.* 2.)

Après une sommation adressée sans frais, et à moins qu'il ne soit préférable de se conformer aux dispositions de l'art. 6 suivant, la poursuite portant commandement de payer les taxes en retard est décernée par le receveur sanitaire, déclarée immédiatement exécutoire par le juge de paix du canton, et notifiée par un huissier porteur de contrainte. (*Art.* 3.)

Le commandement non suivi de payement après un intervalle de trois jours entraîne la saisie mobilière et même immobilière, jusqu'à concurrence de la valeur des sommes à recouvrer. Les redevables sont soumis à la contrainte par corps, en exécution de l'art. 11 de la loi du 17 avril 1832. (*Art.* 4.)

Les frais de poursuites et de contrainte sont à la charge des redevables qui en ont encouru l'application; la main-levée de ces poursuites n'a lieu qu'après l'acquittement des taxes et des frais. (*Art.* 5.)

À défaut de payement (2), il peut d'ailleurs être fait opposition entre les mains

---

des douanes restent soumis à la surveillance de leurs chefs ordinaires. De leur côté, les agents sanitaires sont placés sous l'action et le contrôle des administrations sanitaires. Cependant, on ne pourrait qu'approuver que ceux de ces agents qui seraient pris dans le service des douanes fussent guidés par les inspecteurs dans l'accomplissement de leurs nouvelles attributions. (*Circ. du* 31 *décembre* 1848, n° 2004.)

(1) En dehors de l'organisation du service sanitaire, les agents des douanes n'ont pas à intervenir pour le recouvrement des droits.

À l'égard d'un navire en relâche, qui ne peut rester que quelques heures et moins encore dans le port où il communique, l'agent chargé de la reconnaissance sanitaire perçoit le droit, et il en compte au receveur dans la forme indiquée par l'art. 17. (*Circ. de M. le Ministre du commerce du* 8 *mai* 1846.)

(2) À vue d'un relevé formé par le receveur sanitaire pour indiquer les navires qui n'ont pas acquitté les taxes, le receveur des douanes devra transmettre à la direction de la santé les renseignements de nature à faciliter le recouvrement des droits dus. Ces renseignements mentionneront surtout : 1° les motifs qui font supposer que la réalisation des droits peut traîner en longueur; 2° les noms et résidences des propriétaires des navires, qui, en l'absence du capitaine, leur représentant naturel, pourraient être légalement mis en cause. (*Déc. du* 1er *juin* 1858.)

du receveur des douanes à l'expédition et même à la mise en charge. Cette opposition sera levée de plein droit par la production de la quittance des taxes sanitaires. (*Art. 6.*)

La décharge du receveur des droits sanitaires est garantie par la production d'un état dressé avant l'expiration de la seconde année, présentant la quotité des taxes à recouvrer et les motifs du non-recouvrement. (*Art. 7.*)

Dans les localités où il existe un receveur spécial des taxes sanitaires, il lui appartient de faire les poursuites nécessaires pour en assurer le recouvrement. Ailleurs, ce soin incombe aux receveurs des douanes. (*Déc. du Département du commerce du 13 janvier 1862, transmise le 22.*)

Les droits à payer par les personnes en *quarantaine dans le lazaret* doivent être perçus par l'entremise de l'officier du lazaret, qui compte au receveur, aussitôt après l'expiration de la quarantaine, de la somme totale qu'il a recouvrée, et en reçoit quittance. (*Arrêté de 1843, art. 23.*)

Dans les ports où il existe des agents du service sanitaire chargés spécialement de la perception des droits, ces agents doivent verser au moins tous les dix jours le produit de leurs recettes au receveur des douanes de leur résidence (1).

En effectuant leurs versements, les agents percepteurs sont tenus de remettre un bordereau indiquant la période dans laquelle les recettes ont été faites et la nature des valeurs.

Les receveurs des douanes tiennent, pour les versements des receveurs du service sanitaire, un registre à souche, série N, n° 22, dont ils détachent les quittances à délivrer à ces agents (2).

Aussitôt après l'expiration de chaque mois, et dès le 1er ou le 2 du mois suivant, l'agent percepteur établit un bordereau détaillé, série N, n° 23, par imputation spéciale de recette, des recouvrements faits pendant le mois expiré. Ce bordereau est formé d'après une feuille de dépouillement (feuille libre du registre série N, n° 25), présentant les droits classés dans l'ordre prescrit, et que l'agent sanitaire doit tenir, jour par jour, au courant; il sert au receveur des douanes pour constater ses recettes, avec les imputations convenables, sur le livre récapitulatif qui lui est prescrit par l'article suivant. (*Même Arrêté, art. 24.*)

Les receveurs des douanes chargés de la perception des droits, et ceux qui reçoivent les versements des receveurs spéciaux du service sanitaire, doivent tenir un *livre récapitulatif*, série N, n° 25, sur lequel ils développent, par nature, les recettes enregistrées au livre à souche, série N, n° 19.

Ce développement est établi, pour le total des recettes de chaque journée, par les receveurs des douanes préposés à la perception; il l'est, à la fin de chaque mois, par les receveurs chargés d'encaisser les recettes des agents du service sanitaire, et il s'opère au moyen du bordereau mentionné au quatrième alinéa de l'art. 24. (*Même Arrêté, art. 25.*)

---

(1) Les agents intermédiaires chargés, pour les convenances du commerce, d'opérer la perception des droits, versent jour par jour, soit aux receveurs spéciaux, soit aux receveurs des douanes, les produits recouvrés. Quant aux receveurs subordonnés, ils comptent de ces produits comme des autres recettes. (*Circ. de la compt. du 27 décembre 1843, n° 40.*)

(2) Le registre série N, n° 22, sert pour les sommes versées par les agents sanitaires étrangers aux douanes; les versements des receveurs subordonnés donnent lieu à la délivrance d'un récépissé détaché du registre série C, n° 83, et qui peut comprendre toutes les autres perceptions. (*Déc. de la compt. du 11 juillet 1856, et Circ. de la compt. du 29 juillet 1858, n° 74.*)

Les receveurs principaux des douanes comprennent dans leurs comptes le montant des droits sanitaires de toute nature, soit qu'ils en aient effectué directement la perception, soit que le recouvrement ait eu lieu par l'intermédiaire des receveurs subordonnés des douanes ou des agents du service de santé. (*Même Arrêté, art.* 26.)

En conséquence des dispositions qui précèdent, les *receveurs spéciaux* des droits sanitaires sont, pour la perception de ces droits, préposés des receveurs principaux des douanes ; lorsqu'ils cessent leurs fonctions, et qu'ils ont à demander le remboursement de leur cautionnement, leur libération doit être établie au moyen d'un certificat de quitus délivré par le receveur principal dont ils dépendent, et revêtu du visa de l'administration, comme il est d'usage pour les receveurs subordonnés des douanes. (*Même Arrêté, art.* 27.)

919. — Les receveurs des douanes, étant responsables de l'exacte application du tarif concernant les taxes de police sanitaire, doivent vérifier, à vue de pièces, la liquidation des perceptions dont le versement est fait à leur caisse. (*Circ. du 11 juillet 1850, n°* 2395.)

Mais la responsabilité du receveur des douanes est mise à couvert par la réalisation, après contrôle, du montant des liquidations établies par les agents sanitaires. (*Déc. min. transmise par la Circ. du 2 mai 1851, n°* 2435.)

Les receveurs principaux des douanes encaissent et portent, jour par jour, sur leur livre-journal et sur leur sommier, toutes les sommes qui leur sont versées pour droits sanitaires, soit directement par les redevables, soit par les receveurs subordonnés, soit par les receveurs spéciaux. Les bulletins de liquidation, série N, n° 28, sont enliassés et conservés par l'agent percepteur pour servir de contrôle.

Les recouvrements effectués pour droits sanitaires sont justifiés par l'état de développement, série C, n° 90, et par l'état spécial, série C, n° 97. (*Circ. de la compt. du 27 décembre 1843, n°* 40.)

Les receveurs principaux ne doivent pas comprendre le montant des droits sanitaires dans les avis mensuels de recettes qu'ils adressent au Ministère des finances et à l'administration. (*Circ. lith. de la compt. du 6 décembre* 1853.)

CHAPITRE XIX

PÊCHES MARITIMES.

La pêche maritime, considérée de tout temps comme un élément de prospérité pour la France, et particulièrement comme un moyen de recruter la marine de l'État, reçoit des encouragements de plus d'un genre.

D'abord le sel dont elle a besoin pour ses préparations, soit sur les côtes lointaines, soit en mer, soit dans les ports de France, où elle apporte ses produits, lui est livré en franchise à certaines conditions. *V. Livre X, Sels.*

Le tarif des douanes exempte ensuite ses produits de tous droits, même lorsqu'ils sont livrés à la consommation intérieure, et les garantit de la concurrence par un droit sur les poissons de pêche étrangère.

A ces franchises il a été ajouté, pour la pêche de la morue ainsi que pour celle de la baleine, du cachalot et autres poissons à lard, des primes d'encouragement qui accordent soit à l'armement, soit au retour des navires, en raison des lieux plus ou moins éloignés où la pêche s'est faite, soit aux produits de la pêche, en raison des lieux de vente.

La dispensation de ces primes est confiée au Ministre du commerce qui, à cet effet, obtient une allocation spéciale dans le budget de l'État.

L'administration des douanes intervient dans ce service avec le Département de la marine, comme auxiliaire de celui du commerce, pour constater les faits qui doivent motiver l'allocation des primes, et, de plus, comme partie intéressée, attendu que cette allocation, préjugeant l'origine des produits de pêche, impliquerait contradiction avec le payement des droits et de la taxe des sels, que la douane ne peut s'abstenir de percevoir qu'avec la certitude, acquise par elle-même, des faits dont la franchise doit dépendre.

Ce chapitre a pour objet de réunir toutes les dispositions qui déterminent la part que prend l'administration des douanes dans le régime des pêches, en ce qui concerne la morue, la baleine, le cachalot et autres cétacés ou amphibies à lard.

Quant à la pêche du hareng et du maquereau, de la sardine, du thon, du saumon, des anchois, raies et anguilles, etc., laquelle ne se fait qu'à peu de distance des côtes, il n'y a pas, comme pour les autres pêches, motif à la prime d'encouragement; toutefois elle a aussi ses immunités : ses produits sont exempts de droits à l'importation, et le sel qu'elle emploie, soit en mer, soit dans les ateliers, lui est livré en franchise; mais il suffit, pour ces deux points, de renvoyer, d'une part, au Tarif général des douanes, et, de l'autre, au Livre X, Sels.

Pour l'interdiction de la vente, de l'achat, du transport et du colportage du poisson en temps prohibé, *V.* n° 972 *bis.*

SECTION PREMIÈRE

Dispositions générales.

920. — Les navires français, *V.* n° 945, expédiés pour la pêche de la morue ou de la baleine, ne peuvent, à leur départ de France, charger des marchandises pour l'étranger. C'est à condition qu'ils se rendront directement à leur destination et qu'ils s'occuperont exclusivement de la pêche que des primes sont accordées aux armateurs. Ceux-ci perdraient leurs droits à cet encouragement si, en allant à la pêche ou en en revenant, les navires pêcheurs se livraient à des opérations commerciales quelconques. (*Circ. du 25 septembre* 1837, n° 1650, *et Décret du 20 août* 1851, *art.* 2, *sur les passagers à bord des baleiniers.*) *V.* n° 949.

La situation des îles Saint-Pierre et Miquelon a motivé l'exception suivante : Tout bâtiment armé pour la pêche de la morue, et se rendant à Saint-Pierre et Miquelon, est admis, concurremment avec les navires de commerce, à charger toutes espèces de marchandises, soit de provenance française, soit d'origine étrangère, prohibées ou non prohibées à l'entrée, sortant des entrepôts de France (1). L'armateur est tenu d'en faire mention dans la déclaration d'armement. Dans l'intérêt des équipages, l'autorité maritime a toujours le droit de réduire les quantités de marchandises exportées. (*Déc. de M. le Ministre du commerce du 21 février* 1859, *transmise le 4 mars suivant.*)

SECTION II

Pêche de la morue.

921. — Jusqu'au 30 juin 1871, les primes accordées pour l'encouragement de la pêche de la morue seront fixées ainsi qu'il suit. (*Loi du 28 juillet* 1860, *art.* 1; *Circ.* n° 681; *Décret du 15 juin* 1861; *Circ. du 27,* n° 772.)

---

(1) L'expédition des marchandises de toute origine demeure subordonnée aux conditions et formalités rappelées au n° 781. (*Déc. du 4 mars* 1859.)

Primes d'armements. 1° 50 fr. par homme d'équipage, pour la pêche avec sécherie, soit à la côte de Terre-Neuve, soit à Saint-Pierre et Miquelon, soit sur le grand banc de Terre-Neuve;

2° 50 fr. par homme d'équipage, pour la pêche, sans sécherie, dans les mers d'Islande (salaison à bord);

3° 30 fr. par homme d'équipage, pour la pêche, sans sécherie, sur le grand banc de Terre-Neuve (salaison à bord);

4° 15 fr. par homme d'équipage, pour la pêche au Doggers-Bank (salaison à bord). (*Loi du 22 juillet 1851, art.* 1er.)

Les armements pour toute pêche autre que celles indiquées ci-dessus ne donnent ouverture à aucune prime; mais les produits de cette pêche peuvent, lorsque l'origine en est établie conformément aux prescriptions réglementaires, jouir du bénéfice des dispositions du tarif relatives aux produits de pêche française. (*Déc. du 22 juillet 1853.*)

La prime d'armement n'est accordée qu'une fois par campagne de pêche, quand même le navire aurait fait plusieurs voyages dans une même saison. Elle n'est accordée que pour les hommes de l'équipage inscrits définitivement aux matricules de l'inscription maritime, et pour ceux qui, n'étant que provisoirement inscrits, n'auront pas atteint l'âge de vingt-deux ans à l'époque du départ. (*Lois des 22 juillet 1851, art. 3, et 28 juillet 1860, art.* 1er; *Circ.* n° 681.)

Ne donnent pas droit à la prime les hommes non inscrits faisant partie de l'équipage, ni les hommes inscrits ou non inscrits qui, sous le nom de passagers, ou sous toute autre dénomination, sont transportés à Saint-Pierre et Miquelon, ou aux côtes de Terre-Neuve, à l'effet d'y faire la pêche pour leur propre compte. (*Décret du 29 décembre 1851, art.* 2.)

922. — Les *primes pour les produits de la pêche* sont ainsi fixées :

1° 20 fr. par quintal métrique pour les morues sèches de pêche française, expédiées, soit directement des lieux de pêche, soit des entrepôts de France, à destination des colonies françaises de l'Amérique et de l'Inde, des établissements français de la côte occidentale d'Afrique et des autres pays transatlantiques, pourvu qu'elles soient importées dans les ports où il existe un consul français;

2° 16 fr. par quintal métrique pour les morues sèches de pêche française, expédiées, soit directement des lieux de pêche, soit des ports de France, à destination des pays européens et des Etats étrangers, sur les côtes de la Méditerranée, moins la Sardaigne et l'Algérie (1);

3° 16 fr. par quintal métrique pour l'importation aux colonies françaises de l'Amérique, de l'Inde et autres pays transatlantiques, des morues sèches, de pêche française, exportées des ports de France sans y avoir été entreposées;

4° 12 fr. par quintal métrique pour les morues sèches de pêche française, expédiées, soit directement des lieux de pêche, soit des ports de France, à destination de la Sardaigne et de l'Algérie (1);

5° 20 fr. par quintal métrique de rogues de morues que les navires pêcheurs rapportent en France du produit de leur pêche. (*Lois des 22 juillet 1851, art.* 1er, *et 28 juillet 1860, art.* 1er.)

---

(1) Les armateurs pourront expédier, par mer et en vrac, des morues à destination des ports soit de l'Algérie, soit de l'Espagne ou du Portugal, avec jouissance de la prime pour les quantités dont l'exportation pourra se consommer et de la faculté de retour pour ce qui n'aura pu être vendu. Les dispositions suivantes seront appliquées :

Au port de départ, 1° on délivrera, dans la forme ordinaire, les certificats de

Ces primes ne sont accordées qu'aux produits de pêche française transportés par *navires français ;* il ne saurait dès lors être question d'allouer la prime pour des morues exportées sous pavillon espagnol ou sous tout autre pavillon étranger (*Dépêche du Département du comm. en date du 23 septembre* 1841), alors même que, aux termes d'un traité de commerce intervenu entre la France et le pays auquel appartient le bâtiment exportateur, les marchandises doivent, sans aucune restriction, jouir des primes, etc., qui sont et pourront être accordées, pour les mêmes produits, en cas d'exportation par navires français. (*Déc. du 9 juin* 1855, *et Circ. du* 6 *octobre* 1857, n° 497.)

Les morues transportées directement des lieux de pêche aux colonies françaises ou à l'étranger ne donnent droit à la prime d'exportation qu'autant qu'il est justifié de l'origine nationale du sel employé, ou, s'il s'agit de sel étranger, du payement du droit de 50 c. par 100 kil. *V.* n° 697. (*Loi du* 23 *novembre* 1848, *art.* 2; *Circ. du* 30, n° 2286.)

Les morues provenant de la pêche effectuée, à l'aide d'embarcations armées à Saint-Pierre et Miquelon, par des marins connus sous les noms d'hyvernants et de passagers, sont admissibles au bénéfice de la prime lorsqu'elles sont expédiées, par navires métropolitains, à destination des pays désignés ci-dessus. (*Déc. de M. le Ministre du commerce du* 30 *avril* 1853.) *V.* n° 936.

923. — *Départ.* Les armateurs qui expédient des navires à la pêche de la morue, pour une des destinations déterminées par l'art. 1er de la loi du 22 juillet 1851, sont tenus, pour avoir droit à la prime d'armement :

1° De déclarer, avant le départ, au commissaire de l'inscription maritime du port d'armement, la destination de l'expédition. *V.* n° 227;

2° De comprendre dans l'équipage de tout armement destiné pour la pêche, soit à Saint-Pierre et Miquelon, soit sur la côte de Terre-Neuve, 50 hommes au moins si

---

bonne qualité et de chargement dont la production est prescrite par les règlements sur les primes; seulement on aura soin d'indiquer sur le certificat de chargement, s'il y a lieu, que les morues ont été embarquées en vrac, et l'on fera mention, en marge de cette pièce, de la réserve faite par l'intéressé quant à la réadmission de la partie de la cargaison dont la vente n'aura pu avoir lieu; 2° en même temps, on remettra à l'expéditeur un passavant énonçant les quantités de morues embarquées, le numéro et la date du certificat de chargement, et stipulant en outre que, à défaut de vente au lieu de destination désignée, on pourra réadmettre *en franchise, dans tout port de France ouvert à l'entrée des marchandises payant plus de* 20 *fr. par* 100 *kil.,* la partie de la cargaison dont le *non-débarquement* aura été constaté au dos du passavant par les agents consulaires ou des douanes, selon que le navire se rendra en Espagne, en Portugal ou en Algérie. Ce passavant indiquera de plus si les poissons embarqués auront ou non droit, en cas de retour, au bénéfice de l'entrepôt fictif. *V.* n° 935.

Au port de retour, la douane, au vu du passavant qui lui sera représenté et qu'elle conservera pour sa justification, permettra la réintroduction, en exemption de tous droits, des morues rapportées, jusqu'à concurrence des quantités mentionnées au certificat de *non-débarquement,* dont elle aura préalablement contrôlé l'exactitude en le confrontant avec celui de déchargement obtenu par le capitaine pour la partie laissée au lieu d'exportation et à laquelle la prime sera acquise. Le service s'assurera, par tous les moyens possibles, de l'identité des produits rapportés, et, si des doutes s'élevaient sur leur nationalité, on suspendrait leur réadmission, en transmettant à l'administration des échantillons pour être soumis à l'examen des experts du Gouvernement. (*Circ. lith. du* 23 *juin* 1848.)

le navire jauge 158 tonneaux ou au-dessus, 30 hommes au moins, de 100 à 158 tonneaux exclusivement, et 20 hommes au moins, au-dessous de 100 tonneaux ;

3° De comprendre dans l'équipage de tout armement destiné pour la pêche au grand banc, avec sécherie, 50 hommes au moins si le navire jauge 158 tonneaux et au-dessus, et 30 hommes pour les navires au-dessous de 158 tonneaux. (*Loi du 22 juillet 1851, art. 2, et Décret du 29 décembre 1851, art. 1er.*) (1);

4° D'effectuer le départ avant le 1er juillet, lorsque le navire a pour destination les îles de Saint-Pierre et Miquelon, les côtes de Terre-Neuve et le grand banc de Terre-Neuve, avec sécherie ;

5° De faire suivre au navire la destination indiquée ;

6° De justifier, au retour, de la pêche faite par le navire ;

7° De ne rapporter que des produits de pêche française. (*Même Décret, art. 1er.*)

Tout ce qui se rattache à la composition des équipages rentre essentiellement dans les attributions de l'administration de la marine. (*Déc. du 26 mars 1838.*)

Pour les fûts vides embarqués au départ, *V.* n° 948.

924. — Les navires expédiés pour la pêche sans sécherie, et non assujettis au minimum d'équipage, doivent rapporter en France la totalité des produits de leur pêche (2).

Ils ne sont autorisés à les déposer momentanément à Saint-Pierre, à la charge de les réexpédier en France, que dans les cas d'avaries dûment constatées, et lorsque l'expédition en est forcément retardée faute de moyens de transbordement.

Un règlement d'administration publique déterminera dans quelles conditions ce dépôt pourra avoir lieu. (*Loi du 22 juillet 1851, art. 2.*) *V.* n° 926.

925. — Un décret déterminera le temps que chaque navire doit rester sur les lieux de pêche. (*Même Loi, art. 7.*)

Le temps minimum que les navires armés pour la pêche de la morue doivent passer sur les lieux de pêche est fixé ainsi qu'il suit :

Pêche avec sécherie, à Saint-Pierre et Miquelon, à la côte de Terre-Neuve ou au grand banc de Terre-Neuve, 30 jours ;

Pêche sans sécherie, en Islande, 20 jours pour les navires de 80 tonneaux et au-dessous, 40 jours pour les navires au-dessus de 80 tonneaux ; au grand banc de Terre-Neuve, 25 jours ; au Doggers-Bank, 30 jours. (*Décret du 29 décembre 1851, art. 1er.*)

926. — Le dépôt temporaire, à Saint-Pierre-de-Terre-Neuve, des produits provenant de la pêche des navires expédiés de France et non assujettis au minimum d'équipage (salaison à bord), ne peut être autorisé, en vertu des dispositions de l'art. 2 de la loi du 22 juillet 1851, que dans les cas suivants :

---

(1) Les dispositions relatives au minimum d'équipage (n°s 1°, 2°, 3°), sont applicables aux goëlettes armées à Saint-Pierre et Miquelon pour faire la pêche au grand banc de Terre-Neuve, au banc de Saint-Pierre, dans le golfe de Saint-Laurent, ou sur les côtes de Terre-Neuve. Il ne peut être embarqué à bord de ces embarcations aucun homme faisant partie de l'équipage d'un navire pêcheur expédié de France. (*Loi du 28 juillet 1860, art. 1er ; Circ.* n° 681.)

Au retour des navires pêcheurs expédiés de France, et avant de se prononcer sur la question de savoir si l'armateur a rempli toutes les conditions prescrites pour avoir droit à la prime d'armement, le service devra chercher à s'assurer s'il n'a pas été contrevenu à cette défense. (*Circ.* n° 681.)

(2) Les produits de la pêche au grand banc (salaison à bord) peuvent être rapportés sur des navires autres que des bâtiments pêcheurs. (*Circ. du 20 mars 1842, n° 1906.*) *V.* n° 929.

1° Lorsque les avaries survenues aux navires pêcheurs les mettent hors d'état de conserver à bord les produits de leur pêche sans les exposer à une détérioration certaine ;

2° Lorsque les moyens de transbordement viennent à manquer par suite des retards éprouvés dans leur navigation par les navires de transport ; d'avaries qui ne permettent pas à ces navires de prendre charge sans être réparés ; de leur condamnation pour innavigabilité ou de leur perte totale. (*Décret du 6 février 1852, art. 1er; Circ. du 5 mars suivant, n° 11.*)

Les cas d'avaries et le manque de moyens de transbordement énoncés à l'article précédent sont constatés par une commission composée du commissaire de l'inscription maritime, du contrôleur colonial et du capitaine de port.

Cette commission émet, en outre, son opinion sur la suite à donner aux demandes de dépôt. Le commandant des îles Saint-Pierre et Miquelon statue, en tenant compte des conclusions de la commission, dans la mesure qu'il juge convenable. (*Même Décret, art. 2.*)

La commission constate par un procès-verbal le nombre et le poids des morues débarquées à titre de dépôt.

Ces morues ne peuvent, en aucun cas, être séchées, consommées, vendues ou échangées dans la colonie, et doivent, au contraire, être expédiées pour France à l'état de *morues vertes*. (*Même Décret, art. 3.*)

Lorsque le dépôt a lieu par suite d'avaries survenues au navire pêcheur, les morues mises à terre sont rembarquées à bord du même navire dès qu'il a reçu les réparations nécessaires.

Si le dépôt a été autorisé à raison du manque de moyens de transbordement, les morues doivent être expédiées en France dès que le navire de transport est arrivé dans la colonie et mis en état de prendre charge.

Dans le cas de perte ou de condamnation des navires pêcheurs ou de transport, les morues sont envoyées en France, sous le plus bref délai, par les soins des parties intéressées. (*Même Décret, art. 4.*)

Au moment du rembarquement des morues admises en dépôt, la commission en constate le nombre et le poids par un procès-verbal ; elle confronte ce procès-verbal avec celui qui a été dressé à l'époque du débarquement de la même cargaison, et s'assure, par tous les moyens en son pouvoir, qu'il n'a été pratiqué ni soustraction ni échange pendant la durée du dépôt.

Si la commission ne reconnaît pas l'identité des morues, elle constate le fait par un procès-verbal énonçant la fraude commise. (*Même Décret, art. 5.*)

Les infractions aux dispositions de l'art. 4 sont punies d'une amende dont l'application doit être prononcée par le tribunal correctionnel des îles Saint-Pierre et Miquelon. (*Même Décret, art. 6 et 7.*)

927. — La déclaration d'armement devra indiquer les noms de l'armateur, du navire et du capitaine, le tonnage du bâtiment, le nombre d'hommes de l'équipage, la destination, et contenir, en outre, l'engagement de faire suivre à l'armement sa destination, de ne rapporter que des produits de pêche française, et de payer, en cas de violation de ces conditions, le double de la prime reçue ou indûment demandée. Une expédition de cette déclaration sera délivrée à l'armateur après le départ du navire ; elle énoncera la date effective du départ. (Modèle n° 1.)

L'armateur devra, en outre, s'il en est requis, fournir une caution suffisante, qui sera reçue par le président du tribunal de commerce de l'arrondissement, et dont il sera donné mainlevée, au retour du navire, par le Ministre de l'agriculture et du commerce, sur la présentation en due forme de la déclaration du capitaine. (*Décret du 29 décembre 1851, art. 3.*)

La déclaration d'armement des navires expédiés au grand banc pour la pêche de la morue, salaison à bord, doit, conformément au modèle n° 1, contenir, indépendamment des indications rappelées ci-dessus, l'engagement de rapporter en France la totalité des produits de leur pêche. (*Même Décret, art. 4.*)

Les agents de l'administration de la marine, dans les ports de France, délivrent les certificats relatifs aux déclarations d'armement, aux rôles d'équipage (Modèles nos 1 et 2), ainsi qu'aux déclarations de départ des navires non pêcheurs. (*Circ. du 14 janvier 1852, n° 2.*)

928. — Afin de prévenir le retour d'actes de désordre et d'insubordination à bord des navires armés pour la pêche *sur les côtes d'Islande*, le service des douanes doit prêter son concours à l'administration de la marine pour l'application des dispositions suivantes :

Le maximum de spiritueux à embarquer sur ces navires sera de 1 litre 75 centilitres par semaine et par homme, en se basant sur une durée moyenne de six mois de campagne si les bâtiments n'effectuent qu'un seul voyage, et de quatre mois pour ceux qui en font deux.

Les autorités de la marine et de la douane, dans les ports d'armement pour cette destination, détermineront, de concert avec la chambre de commerce et les armateurs de chaque navire, la quantité de spiritueux à embarquer, sans qu'elle puisse jamais dépasser ce maximum.

Les capitaines ou patrons détiennent les quantités de liquide mises à bord et en assurent la distribution régulière. (*Déc. du 24 novembre 1857.*)

929. — Le transport des morues chargées aux lieux de pêche pour les destinations susceptibles de primes peut être fait, soit par les navires pêcheurs, V. n° 923, soit par des navires partis des ports de France pour aller recevoir les produits de la pêche, pourvu que les navires soient commandés par des capitaines au long cours. (*Loi du 22 juillet 1851, art. 5.*)

Tout armateur qui expédie d'un port de France aux lieux de pêche un navire non pêcheur, à l'effet d'y prendre une ou plusieurs cargaisons de morue de pêche française pour une destination donnant droit à la prime d'importation, doit, avant le départ de France du navire, en faire la déclaration par devant le commissaire de l'inscription maritime du port d'armement, qui lui délivre une expédition de sa déclaration. (Modèle n° 5.)

Les chargements de morue faits aux îles de Terre-Neuve ou de Saint-Pierre et Miquelon, par des navires pêcheurs ou non pêcheurs, doivent être accompagnés d'un certificat délivré, savoir :

A Saint-Pierre et Miquelon, par le commandant de ces îles, et sur les côtes de Terre-Neuve par un des capitaines ou officiers des bâtiments de l'Etat composant la station de ces parages, ou, à défaut, par le capitaine prud'homme du havre où le chargement a été effectué, ou, enfin, dans le cas d'impossibilité, par trois capitaines de navires pêcheurs appartenant à d'autres armateurs que celui du navire chargeur.

Ce certificat doit indiquer le nom du navire, ceux de l'armateur et du capitaine, le poids net de la morue et le nom du ou des navires français qui l'ont pêchée ; il atteste, en outre, la bonne qualité de la morue (Modèles nos 4 et 6). (*Décret du 29 décembre 1851, art. 8.*)

La déclaration ainsi exigée à l'égard des navires non pêcheurs expédiés sur les lieux de pêche à l'effet d'y prendre les morues pour une destination donnant droit à la prime d'exportation peut être faite, soit par l'armateur, soit par le capitaine du navire, dans tous les ports étrangers où il existe un consul ou un agent consulaire de France. (*Décret du 16 juin 1853 ; Circ. du 6 juillet suivant, n° 124.*)

930. — Le *retour* doit être direct. Tout capitaine qui a touché à l'étranger pendant ou après sa pêche doit, au moyen d'un certificat de l'agent consulaire de France, justifier que la relâche était commandée par un état de force majeure, et qu'elle n'a donné lieu à aucun embarquement. (*Déc. du 11 septembre 1845.*)

Au retour des navires pêcheurs, l'armateur sera tenu de justifier de la destination accomplie.

Cette justification aura lieu au moyen d'une déclaration qui devra être faite à la douane par le capitaine, à l'arrivée du navire pêcheur; cette déclaration indiquera le port et la date de départ, le nom du navire, ceux de l'armateur et du capitaine, le lieu et la durée de la pêche, la quantité de morue qui aura pu être expédiée directement du lieu de pêche, soit aux colonies françaises, soit à l'étranger, et la quantité rapportée en France. (Modèle n° 3.)

Le journal du bord sera produit à l'appui de cette déclaration, et, en cas de besoin, l'équipage sera, par l'administration des douanes, de concert avec l'administration de la marine, interrogé collectivement ou séparément pour en reconnaître l'exactitude.

Une expédition de cette déclaration sera délivrée au capitaine, pour être adressée, par ses soins ou par ceux de l'armateur, dans le délai de trois mois au plus tard, au Ministre de l'agriculture et du commerce, chargé de faire connaître au Ministre des finances les noms des armateurs qui n'auraient pas justifié de l'accomplissement des conditions de la prime. Il sera procédé contre ces derniers ainsi qu'il appartiendra, en exécution des art. 15 et 16 de la loi du 22 juillet 1851. (*Décret du 29 décembre 1851, art. 5.*)

Dès que le capitaine d'un navire pêcheur a déposé à la douane une déclaration de retour, la cargaison est sommairement vérifiée; les papiers de bord, les ustensiles de pêche sont examinés avec soin; l'équipage est interrogé par les services des douanes et de la marine, et le bénéfice du privilége national n'est accordé qu'autant que les employés sont convaincus que les poissons proviennent de pêche française. (*Déc. du 28 janvier* 1843.)

Les déclarations de retour sont reçues par les agents du service des douanes, lesquels procèdent, de concert avec l'administration de la marine, aux investigations nécessaires pour reconnaître si toutes les conditions auxquelles est subordonnée l'allocation définitive de la prime d'armement ont été remplies, et délivrent les certificats contenant leur avis à ce sujet. (Modèle n° 3.)

L'administration appelle l'attention des chefs et des employés sur l'intérêt qui s'attache à l'examen des livres et papiers de bord, ainsi qu'à l'interrogatoire des hommes composant l'équipage des navires. Il importe essentiellement, en effet, que, par tous les moyens possibles, on cherche à s'assurer qu'aucune des conditions voulues pour que les armateurs aient droit aux primes payées au départ de leurs navires pour la pêche n'a été éludée par eux ou leurs agents, et surtout que les chargements rapportés sont en réalité le produit de la pêche française. Par le rapprochement de la déclaration de retour, des livres et papiers de bord, ou de quelque autre manière que ce soit, on doit s'efforcer de reconnaître notamment : 1° si les navires expédiés, par exemple, pour la pêche avec sécherie, et sous les conditions du minimum d'équipage déterminé, pour lesquels conséquemment la prime d'armement supérieure a été allouée, n'ont point débarqué sur les lieux de pêche des hommes qui n'auraient pris aucune part aux opérations de ces navires, et se seraient, au contraire, livrés à la pêche pour leur propre compte; enfin, qui devraient être considérés comme passagers et non comme appartenant à l'armement proprement dit, quoiqu'ils fussent inscrits au rôle d'équipage du navire; 2° si les navires expédiés pour la pêche avec *salaison à bord* rapportent en France la totalité des produits de leur pêche, dans tous les cas autres que celui où, par application du n° 2020, ils auraient été admis à déposer momentanément à Saint-Pierre, pour être ultérieurement transportés en France, une partie de ces produits de pêche; 3° si la condition du minimum de temps que les navires doivent passer sur les lieux de pêche a été exactement remplie. (*Circ. du 14 janvier* 1852, n° 2.)

L'interrogatoire des hommes de l'équipage doit, autant que possible, être fait dans les grands ports, par l'inspecteur sédentaire, et dans les ports secondaires, par le sous-inspecteur sédentaire, et s'il n'y a point de chef de ce grade, par le receveur. (*Circ. du 26 mars 1842, n° 1906.*)

Un navire de retour de la pêche de la morue ne peut débarquer une partie de son équipage dans un port de relâche sans être tenu de faire la déclaration de retour et faire procéder à l'interrogatoire des hommes débarqués. (*Circ. man. du 7 novembre 1843.*)

Avant d'émettre leur avis en ce qui concerne la prime d'armement, *V.* n° 2029, les chefs locaux doivent s'appliquer à reconnaître à quelle catégorie de prime le navire a droit, selon la nature des opérations auxquelles il s'est livré. A cet effet, ils auront soin de se faire représenter, avec les autres papiers de bord, le double de la déclaration d'armement, et, s'il y a lieu, le certificat de sécherie.

L'admission des chargements de morue au bénéfice de l'immunité est prononcée par les directeurs; seulement le chef local du port où le navire aura effectué son retour pourra, sur la demande des intéressés, en cas d'urgence, et si aucune circonstance ne lui paraît devoir s'opposer à l'admission du chargement, l'autoriser à titre provisoire, et en prenant toutes les précautions et sûretés nécessaires pour garantir éventuellement les droits du Trésor.

Ce n'est que lorsque l'admission du chargement au bénéfice de l'immunité a été définitivement prononcée par le directeur que les chefs locaux du port où le navire aura effectué son retour rédigeront le certificat d'admission et de vérification formant le troisième contexte de la déclaration de retour.

Si la totalité de la cargaison n'était point débarquée au port de prime-abord, des certificats supplémentaires seraient délivrés, à la suite de celui dont il vient d'être parlé, dans chacun des ports où une portion de la cargaison serait mise à terre. *V.* n° 932.

Le capitaine devra donc conserver l'expédition de sa déclaration de retour jusqu'au moment où l'entier déchargement de son navire sera terminé. Alors seulement le titre sera complet et pourra être transmis au Département de l'agriculture et du commerce.

Les capitaines qui ont porté le produit de leur pêche directement des lieux de pêche aux colonies ou à l'étranger doivent, à leur retour dans un port de France, lors même qu'ils n'y apportent rien, faire la déclaration de retour et remplir toutes les formalités indiquées, moins celles relatives au débarquement. A défaut de ces justifications, la prime d'armement que l'armateur a reçue au départ de France ne lui serait point définitivement acquise. (*Circ. du 26 mars 1842, n° 1906.*)

Lorsqu'un capitaine, après s'être rendu directement des lieux de pêche à l'étranger ou aux colonies françaises, n'obtempère pas à l'invitation qui lui est faite de produire une déclaration de *retour de pêche*, la douane ne doit pas moins examiner avec soin les papiers de bord, dont elle exige le dépôt, et procéder à l'interrogatoire de l'équipage. Dans ce cas, le procès-verbal d'examen et d'interrogatoire, après avoir été transcrit sur le registre des déclarations de retour, est adressé, en copie, à l'administration, à l'appui de l'état mensuel série S, n° 113. (*Circ. lith. du 31 mars 1849.*)

931. — S'il n'est pas justifié, au port de prime-abord, de l'origine française du sel employé à la préparation des morues arrivant des lieux de pêche ou de l'acquittement du droit de 50 centimes par 100 kilogrammes, *V.* n° 697, on peut néanmoins permettre qu'elles soient dirigées sur un autre port, sous la garantie d'un permis, série M, n° 10 *bis*, revêtu des annotations nécessaires pour mettre la douane à même de subordonner aux conditions prescrites l'application définitive de l'immunité. Il est recommandé d'annexer à ce permis la déclaration de retour destinée à recevoir les certificats de visite en ce qui concerne les produits débarqués. (*Déc. du 14 août 1850.*)

932. — Si le navire s'étant rendu dans un autre port pour effectuer ou continuer,

V. n° 930, le déchargement des produits de sa pêche, il s'y élevait des doutes sur leur provenance, le service suspendrait l'effet de l'autorisation d'admission en franchise, et, le cas échéant, constaterait la fausse déclaration. (*Déc. du 28 janvier 1843.*)

Les déclarations de retour au port de primé-abord doivent conserver leur date et leur numéro sur les états fournis par les douanes des autres ports où une partie de la cargaison a été débarquée. (*Déc. du 18 février 1843.*)

933. — Lorsqu'à l'arrivée d'un navire terreneuvier dans un port de France, l'armateur demande à réexpédier pour l'étranger, sans débarquement préalable, une partie de sa cargaison de morues, la douane s'abstient de vérifier cette partie, s'il lui est exhibé un certificat de chargement délivré aux lieux de pêche, et elle se borne à viser cette pièce et à en défalquer, s'il y a lieu, les quantités de produits dont le débarquement a été opéré en sa présence. Mais, si le certificat de chargement n'est pas exhibé, la réexpédition pour l'étranger ne pourra avoir lieu qu'après vérification de l'intégralité de la cargaison et délivrance de toutes les pièces justificatives exigées en cas d'exportation faite d'un port de France.

Il est, du reste, entendu que lorsqu'une cargaison de morues aura été admise au bénéfice de la réexpédition sans vérification au port d'escale, le navire terreneuvier n'en sera pas moins considéré, quant à la prime d'*armement*, comme ayant effectué son retour définitif dans le même port, c'est-à-dire que la douane, tout en indiquant, au bas de la déclaration de retour du capitaine, que le bâtiment a relevé pour l'étranger après avoir débarqué telle portion de son chargement, émettra son avis sur le droit de l'armateur à la prime d'armement, tout aussi bien que si la totalité de la cargaison avait été débarquée en France. (*Circ. lith. du 4 avril 1845.*)

934. — Lorsqu'un navire expédié pour la grande pêche (morue, baleine) effectue son retour sans avoir rempli les conditions de l'armement, l'administration doit en être informée par les états série S, n° 113, ou d'une manière spéciale, afin que le Département du commerce puisse prendre les mesures nécessaires touchant les primes payées au départ.

En se livrant à l'examen soit de la déclaration du capitaine ou de la cargaison, soit des papiers de bord, notamment du congé de navigation, le service est toujours à même de connaître à quelle destination avait été expédié le navire. (*Déc. du 28 septembre 1853.*)

Le cas échéant, la douane doit rappeler, dans la colonne d'observations de l'état série S, n° 113, les circonstances établissant que le navire n'a pas accompli les conditions de l'armement. (*Circ. lith. du 24 juillet 1847.*)

En ce qui touche la pêche de la morue avec un minimum d'équipage, c'est aux services des douanes et de la marine, dans le port de retour, qu'il appartient de préciser le concours que tous les marins faisant partie de l'équipage ont apporté aux opérations de la pêche. (*Déc. de M. le Min. du comm. du 31 mars 1853.*)

Le but de la loi a été atteint s'il est établi que tous les marins composant le minimum de l'équipage d'un navire ont été employés sur les lieux de pêche, pour le compte de l'armateur, soit à la pêche, soit au séchage ou à tout autre travail concernant la pêche. (*Même Déc.*)

Le navire pouvant n'avoir, à son retour, qu'un équipage inférieur au minimum légal sans perdre le droit à la prime, il importe, en cas d'avis négatif pour défaut d'accomplissement des conditions réglementaires, d'expliquer, sur l'état série S, n° 113, que les marins faisant partie du minimum d'équipage n'ont pas tous été employés, pour le compte de l'armateur, aux opérations de pêche. (*Déc. du 14 octobre 1853.*)

Quand il y a lieu, le service indique, sur l'état série S, n° 113, qu'il s'agit d'un navire de transport ne donnant pas droit à la prime. (*Même Déc.*)

Si un armement soumis à un minimum d'équipage n'avait pas satisfait, sur les lieux de pêche, aux conditions imposées à cet égard, il ne saurait être question d'allouer la prime afférente à la pêche sans minimum d'équipage. (*Déc. de M. le Min. du comm. du 31 mars 1853.*)

Le service a soin de tenir compte des dispositions rappelées au n° 926 pour émettre son avis en ce qui concerne les droits des armateurs des navires expédiés pour la pêche au grand banc, salaison à bord, à la prime d'armement payée au départ. (*Circ. du 5 mars 1852, n° 11.*)

Lorsque les investigations effectuées au retour font élever des craintes sur l'accomplissement des conditions auxquelles sont subordonnées les primes payées au départ, le commissaire de l'inscription maritime, après avoir dressé procès-verbal des déclarations recueillies près de l'équipage, communique copie de cet acte aux armateurs en les invitant à produire leurs justifications ou à fournir par écrit les explications nécessaires.

Il en est de même de la part du service des douanes lorsqu'il a procédé seul à l'interrogatoire des équipages, et il doit concourir aux communications quand il a pris part aux enquêtes conjointement avec la marine. Dans ce dernier cas, deux expéditions des pièces de l'enquête sont établies pour être adressées, par la voie hiérarchique, l'une au Département de la marine, l'autre à l'administration des douanes. (*Déc. du 9 septembre 1856, et Circ. du Département de la marine du 30.*)

935. — *Entrepôt.* Les morues séchées à Saint-Pierre et Miquelon ou à la côte de Terre-Neuve pourront, à leur arrivée en France, être placées en entrepôt pour être ultérieurement réexportées aux colonies françaises avec jouissance de la prime accordée par la loi. (*Loi du 9 juillet 1836, art. 2.*)

Les demandes d'admission en entrepôt, présentées pour les morues sèches provenant du grand banc, devront être accompagnées du certificat de sécherie à Saint-Pierre et Miquelon ou à la côte de Terre-Neuve (1). (*Ord. du 2 septembre 1836, art. 7.*)

La faculté d'entrepôt ainsi accordée est soumise aux conditions de l'entrepôt fictif des douanes. (*Décret du 29 décembre 1851, art. 7.*)

Des règlements relatifs à l'entrepôt fictif sont appliqués; mais il ne faut pas perdre de vue qu'ici la fraude est peu à craindre et qu'il convient d'user de certaines tolérances. On peut, par exemple, quand des déficits sont reconnus dans les quantités entreposées et si la cause en est expliquée, s'abstenir de dresser procès-verbal et décharger le compte purement et simplement. (*Circ. man. du 15 mars 1841.*)

Les morues sèches, susceptibles de donner ouverture à la prime supérieure, doivent figurer au registre d'entrepôt lors même qu'après emboucautement à bord du navire pêcheur elles seraient transbordées sur d'autres bâtiments pour être exportées. (*Déc. du 20 décembre 1838.*)

936. — *Exportation de morues.* Tout armateur qui expédiera d'un port de France un chargement de morue pour une destination susceptible de prime sera tenu de déclarer à la douane du lieu d'expédition : 1° le nom du navire, du capitaine et de l'expéditeur; 2° la destination; 3° la quantité de morue à embarquer; 4° la saison de pêche dont elle provient et le lieu où elle a été séchée.

Cette déclaration (Modèle n° 7) devra être accompagnée d'un certificat délivré concurremment par un courtier, un négociant ou un armateur pour la pêche, désignés par le président du tribunal de commerce, et deux employés des douanes, et attestant que ladite morue est de bonne qualité et bien conditionnée (Modèle n° 8). Ce certificat sera visé par le président du tribunal de commerce et par le chef du service des douanes. (*Déc. du 14 janvier 1865, art. 1er; Circ. n° 987.*)

---

(1) Les quantités en poids portées sur ce certificat doivent être conservées ou modifiées par la vérification, sans toutefois que le résultat de celle-ci puisse donner un poids supérieur à celui du certificat présenté. (*Circ. du 28 décembre 1836, n° 1593.*)

L'administration des douanes, après avoir fait constater le poids brut et le poids net de la morue, délivrera à l'armateur une expédition de sa déclaration, qui devra accompagner le chargement. (*Décret du 29 décembre* 1851, *art.* 9.)

Les agents des douanes ne se bornent pas à assister à la reconnaissance de la qualité des morues par les courtiers ; ils doivent procéder eux-mêmes à cette opération et en certifier les résultats sous leur propre responsabilité. (*Circ. du 21 juin* 1833.)

Quand des morues déclarées pour l'exportation avec prime ne sont pas propres à la consommation alimentaire et susceptibles de se conserver, les employés doivent s'abstenir de signer le certificat de bonne qualité ainsi que le certificat de chargement. (*Déc. du 13 décembre* 1852.)

L'autorisation de l'administration est nécessaire pour délivrer des *duplicata* de certificats de chargement de morues (*Déc. du* 21 *août* 1850), ou d'importation de rogues. (*Déc. du 1er février* 1864.)

Les experts institués par l'art. 19 de la loi du 27 juillet 1822 n'ont pas à intervenir dans les contestations en matière de primes de pêche. (*Déc. du 17 septembre* 1838.)

937. — Si l'exportation aux colonies des morues entreposées n'a pas lieu directement du port d'entrepôt, la morue ne pourra être dirigée sur le port de départ qu'après avoir été emboucautée, et sous la garantie du plombage et d'un passavant.

Dans ce cas, la douane du port d'escale constatera, à la suite du certificat de chargement délivré au port d'entrepôt, l'identité des colis représentés, la date de leur départ pour la colonie, et, s'il y a eu transbordement, le nom du navire exportateur et celui du capitaine.

Le séjour à terre des boucauts de morue non vérifiés à fond ne pourra avoir lieu au port d'escale que sous la double clef de la douane et du commerce, dans un magasin fourni par ce dernier et agréé par elle.

Les mêmes dispositions sont applicables aux morues non extraites d'entrepôt; c'est-à-dire à celles qui ont été séchées en France, dont l'exportation pour les colonies ou l'étranger ne doit s'effectuer qu'après escale dans un autre port de France. Dans ce cas, les boucauts contenant les morues doivent être revêtus, par l'expéditeur, de marques à feu ou autres, qui sont reproduites sur les expéditions de douane. (*Décret du 29 décembre* 1851, *art.* 10.)

Les morues sèches, extraites d'entrepôt pour être exportées indirectement, peuvent être dirigées par terre sur le port d'embarquement, moyennant les formalités et garanties suivantes :

Les morues doivent être vérifiées conformément aux règlements, emboucautées et plombées (1) à la douane du port de départ primitif.

On y délivre, dans la forme fixée par le décret du 29 décembre 1851 (art. 9 et 10), le certificat d'exportation et de chargement, ainsi que celui de bonne qualité.

Chaque envoi fait l'objet d'un passavant série M, n° 53 *bis,* annoté en conséquence et contenant, outre l'énonciation du numéro et de la date des certificats précités, les indications propres à mettre le service du port de sortie à même de reconnaître l'identité des colis dont la représentation doit y avoir lieu dans un délai déterminé.

A l'arrivée dans ce dernier port, il est pris des mesures afin de prévenir toute confusion ou substitution ; les morues sont soumises aux contre-vérifications que le chef de la visite juge nécessaires pour déjouer, au besoin, les manœuvres illicites qui auraient pu être tentées, et le certificat d'exportation et de chargement est revêtu d'un certificat complémentaire constatant l'identité des colis, l'embarquement à bord

---

(1) Le droit de 25 centimes par plomb est exigible quant au plombage des morues ainsi expédiées par terre. (*Déc. du 17 novembre* 1853.) Pour les transports par mer, *V.* n° 605.

de tel navire français, le nom du capitaine, la destination et la date du départ de ce bâtiment.

Dans le cas où le commerce en fait la demande, on peut étendre ces dispositions aux morues séchées en France ; mais alors le passavant doit porter cette indication en gros caractères : *Morues non extraites d'entrepôt*, et rappeler les marques à feu ou autres apposées sur les boucauts. (*Déc. du 17 novembre 1853.*)

938. — L'expédition des morues par mutation d'entrepôt peut avoir lieu par mer, sous la garantie d'un passavant contenant les indications nécessaires pour la rédaction des soumissions d'entrepôt au lieu de destination. (*Décret du 29 décembre 1851, art. 11.*)

Ces expéditions pourront avoir lieu en vrac, c'est-à-dire sans emboucautage ni emballage. Quant au mode de vérification, tant au départ qu'à l'arrivée, les directeurs auront soin de le déterminer de manière à concilier, autant que possible, les intérêts du commerce avec les garanties indispensables au service. (*Circ. du 26 mars 1842*, n° 1906.)

939. — Les primes sur les produits de pêche ne sont acquises que pour les morues parvenues, introduites et reconnues propres à la consommation alimentaire dans les lieux de destination. (*Loi du 22 juillet 1851, art. 4.*)(1).

940. — Les capitaines de navires pêcheurs qui rapporteront en France des *rogues*

---

(1) A l'arrivée à leur destination (autre que l'Algérie) des morues expédiées, soit directement des lieux de la pêche, soit des ports de France, une commission spéciale procède à la reconnaissance et à la vérification des cargaisons dans les vingt-quatre heures du débarquement. Cette commission est composée d'un officier de l'administration de la marine, un agent de l'inspection coloniale, un fonctionnaire de l'administration municipale, un sous-inspecteur ou vérificateur des douanes, un membre de la chambre ou du bureau de commerce, deux négociants notables, un officier de santé de la marine ou un pharmacien, nommés par le gouverneur. (*Décret du 14 janvier 1865, art. 1er et 2 ; Circ.* n° 987.)

Cette commission se fait représenter : pour les morues expédiées directement des lieux de pêche, 1° le certificat (Modèle n° 4 ou 6), dont l'exactitude doit être attestée par le capitaine et les trois premiers officiers ou matelots de son équipage ; 2° le journal de bord ;

Et pour les morues venant de France, le certificat du port de départ. (Modèle n° 7.)

Quelle que soit d'ailleurs la provenance, la morue doit être reconnue de manière que la commission puisse constater avec certitude la bonne qualité et l'état de conservation des morues. (*Décrets des 29 décembre 1851, art. 12, et 14 janvier 1865, art. 3.*)

Un certificat énonçant les résultats de cette vérification est remis aux parties intéressées pour servir ce que de raison, et les pièces produites par elles leur sont restituées après qu'il en a été fait l'usage convenable. (Modèles n°s 9, 11 ou 12.) (*Même Décret, art. 14.*)

Les directeurs des douanes dans les colonies et dans les possessions françaises en Afrique, sur les côtes de la Méditerranée, et les agents consulaires de France dans les pays étrangers, tiennent, pour les chargements de morues reconnus par leurs soins, un registre énonçant toutes les circonstances nécessaires pour délivrer, au besoin, un *duplicata* des certificats qui viendraient à se perdre dans la traversée.

Ils adressent tous les mois, au Ministre de l'agriculture et du commerce, par l'entremise des Ministres de la marine, de la guerre et des affaires étrangères, un relevé sommaire de ce registre, pour servir de contrôle aux pièces fournies par les armateurs. (*Même Décret, art. 15.*)

de morues, produit de leur pêche, devront, pour avoir droit à la prime, *V.* n° 922, en faire la déclaration devant la douane du port de retour, en indiquant le nom du navire, celui de l'armateur, le port d'armement et la quantité de rogues importées.

Le journal de bord sera produit à l'appui de cette déclaration, et, en cas de besoin, l'équipage sera, par l'administration des douanes, conjointement avec l'administration de la marine, interrogé collectivement ou séparément pour reconnaître l'exactitude des faits déclarés.

Cette déclaration devra être accompagnée d'un certificat établissant la bonne qualité desdites rogues, délivré dans la forme déterminée par l'art. 9 ci-dessus. (Modèle n° 14.)

La douane, après avoir constaté les poids bruts et nets des rogues importées, délivrera au capitaine une expédition de sa déclaration. (*Décret du* 29 *décembre* 1851, *art.* 16.)

941. — Il est tenu, par les administrations de la marine et de la douane, un registre des déclarations et certificats qu'elles sont appelées à recevoir ou à délivrer. (*Même Décret, art.* 15.)

Dans les dix premiers jours de chaque mois, l'administration des douanes doit transmettre au Ministre du commerce des états présentant les diverses indications des déclarations d'armement et de retour, ou des certificats délivrés à ce sujet, comme aussi des certificats d'exportation de morues. (*Ord. du* 25 *février* 1842, *art.* 10, *et même Décret, art.* 17.)

Ces états font partie de la série S. Ils doivent être rédigés dans chaque bureau par lequel s'effectuent les importations ou exportations, et parvenir en double expédition à l'administration, par l'intermédiaire des directeurs, au plus tard dans la première dizaine du mois. (*Circ. du* 26 *mars* 1842, n° 1906.)

Ils indiquent, par chapitres totalisés, les navires armés pour la pêche de la morue : 1° à Saint-Pierre et Miquelon, ou aux côtes de Terre-Neuve, avec sécherie ; 2° au Grand-Banc, avec sécherie à la côte ; 3° au Grand-Banc, sans sécherie ; 4° en Islande. (*Circ. man. du* 20 *mars* 1862.)

Les états de retour de la pêche ne doivent comprendre, quant à l'antérieur, que les produits de la campagne pour laquelle ils sont fournis. (*Déc. du* 27 *juillet* 1858.)

942. — La liquidation des primes, dans les différents cas ci-dessus mentionnés, sera faite par le Ministre de l'agriculture et du commerce, sur la remise, par les ayants droit, des pièces ci-après :

Armement. 1° La déclaration d'armement (Modèle n° 1) ; 2° la copie du rôle d'équipage (Modèle n° 2) ; 3° le certificat de sécherie nécessaire pour constater l'accomplissement des conditions réglementaires, quand il s'agit d'armement avec sécherie.

Expéditions directes des lieux de pêche. I. Dans les colonies (y compris le Sénégal) : 1° la déclaration au départ de France des navires non pêcheurs (Modèle n° 5) ; 2° le certificat de chargement (Modèles n° 4 ou 6) ; 3° le certificat de débarquement (Modèle n° 9) ; 4° le certificat de la commission coloniale (Modèle n° 10).

II. Dans les possessions françaises en Afrique, les pays transatlantiques et autres pays étrangers d'Europe :

1° La déclaration au départ de France (Modèle n° 5) ; 2° le certificat de chargement (Modèles n° 4 ou 6) ; 3° le certificat de débarquement (Modèles n°s 11 ou 12).

(Les navires pêcheurs n'ont que les deux dernières pièces à fournir.)

Expéditions de France. I. Aux colonies : 1° le certificat de la douane au départ (Modèle n° 7) ; 2° le certificat de bonne qualité (Modèle n° 8) ; 3° le certificat de débarquement (Modèle n° 9) ; 4° le certificat de la commission coloniale (Modèle n° 10.)

II. Dans les possessions françaises en Afrique, dans les pays transatlantiques et autres pays étrangers d'Europe :

1° Le certificat de la douane au départ (Modèle n° 7) ; 2° le certificat de bonne qualité (Modèle n° 8) ; 3° le certificat de débarquement (Modèle n° 11 ou 12).

Importations de rogues. 1° Le certificat de la douane (Modèle n° 13); 2° le certificat de bonne qualité (Modèle n° 14). (*Décret du 29 décembre 1851, art.* 18.)

Les diverses pièces fournies par les armateurs devront être sur papier timbré, régulières dans leur libellé, sans rature, surcharge ni altération, à peine de n'être point admises à la liquidation ; et toutes les signatures devront, en outre, être légalisées par les soins des intéressés (1). (*Même Décret, art.* 19.)

La liquidation est faite de mois en mois. (*Même Décret, art.* 20.)

943. — Les armateurs qui n'auront pas produit les pièces justificatives nécessaires pour la liquidation des primes auxquelles ils auront droit, dans le délai de cinq années, à partir de l'exercice auquel elles appartiennent, encourront la prescription et l'extinction définitive au profit de l'Etat, prononcée par la loi du 29 janvier 1831. (*Même Décret, art.* 21.)

944. — Tout armateur qui n'aurait pas fait suivre à son armement la destination portée en sa soumission, sera passible du payement du double de la prime qu'il aurait reçue ou demandée (*Loi du 22 juillet 1851, art.* 15). Défaut, etc.; n° 293 du tableau des Infractions.

Dans le cas où une circonstance quelconque, de force majeure, empêcherait un navire d'accomplir sa destination ou d'effectuer son retour en France, l'armateur sera tenu d'en justifier dans le délai d'une année, à dater du départ du navire. (*Décret du 29 décembre 1851, art.* 6.)

L'armateur doit remettre à la douane une expédition régulière du rapport de mer, fait au consulat de France à l'étranger au sujet du naufrage du navire. Cette pièce est transmise, par l'intermédiaire de l'administration, au Département du commerce. (*Déc. du 18 novembre 1845.*)

945. — Les primes fixées par la présente loi ne seront accordées qu'aux armements ou transports de produits effectués par bâtiments français et qu'aux produits de la pêche française.

L'armateur qui aurait reçu ou demandé des primes hors de ces conditions sera passible du payement du double des primes reçues ou demandées, sans préjudice des condamnations pour cause de contravention aux lois de douane. (*Loi du 22 juillet 1851, art.* 16.) Réception ou demande, etc.; n° 294 du tableau des Infractions.

L'agent judiciaire du Trésor est chargé d'assurer le recouvrement des amendes encourues par les armateurs.

SECTION III

Pêche de la baleine.

946. — Jusqu'au 30 juin 1871, les primes accordées pour l'encouragement de la pêche de la baleine et du cachalot seront fixées ainsi qu'il suit. (*Loi du 28 juillet 1860, art.* 1er; *Circ.* n° 681, et *Décret du 15 juin 1861; Circ. du 27, n° 772*) :

---

(1) Les signatures des employés de douane doivent être d'abord légalisées par l'inspecteur sédentaire ou par le directeur. (*Déc. du 19 septembre 1856.*) Celle du chef est légalisée par l'administrateur de la 3e division.

Les signatures des chefs de la marine étant légalisées au Ministère de la marine, l'administration locale de la marine remet aux intéressés les pièces qui doivent être l'objet de cette formalité avant d'être déposées au Département du commerce.

1° *Primes au départ*. 70 fr. par tonneau de jauge (1) pour les armements entièrement composés de Français, et 48 fr. pour les armements composés en partie d'étrangers, dans les limites déterminées par l'art. 11 ci-après (2).

2° *Primes au retour*. 50 fr. par tonneau de jauge (note 2, p. 495) pour les armements composés entièrement de Français, et 24 fr. pour les armements composés d'équipages mixtes (1) lorsque le navire aura fait la pêche, soit dans l'océan Pacifique en doublant le cap Horn ou en franchissant le détroit de Magellan, soit au sud du cap Horn, à 62° de latitude au moins, soit à l'est du cap de Bonne-Espérance, à 45° de longitude du méridien de Paris, et à 48° et 50° de latitude méridionale, si le produit de sa pêche est de la moitié au moins de son chargement, ou si le navire justifie d'une navigation de seize mois au moins. (*Loi du 22 juillet* 1851, *art.* 8.)

947. — Tout armateur qui voudra expédier un navire à la pêche de la baleine ou du cachalot sera tenu, pour avoir droit à la prime, d'en faire la déclaration préalable devant le commissaire de la marine du port d'armement.

Cette déclaration (Modèle n° 1) indiquera le nom et le tonnage du navire ; les noms de l'armateur et du capitaine ; le nombre de marins composant l'équipage, avec la distinction des Français et des étrangers ; la destination du bâtiment ; le port de retour. Elle contiendra, en outre : 1° l'engagement de faire suivre à l'armement sa destination, de faire tenir par le capitaine un journal de sa navigation, et de ne rapporter que des produits provenant de la pêche du navire ; 2° la soumission de payer le double de la prime reçue ou demandée dans le cas de violation ou d'inexécution des conditions ci-dessus stipulées.

La date effective du départ du navire, certifiée par le commissaire de la marine, sera énoncée au bas de cette déclaration, dont il ne sera délivré une expédition à l'armateur qu'après le départ du bâtiment.

L'armateur devra, en outre, s'il en est requis, fournir une caution suffisante, qui sera reçue par le président du tribunal de commerce de l'arrondissement, et dont il sera donné main-levée, au retour du navire, par le Ministre de l'agriculture et du commerce, sur la production en due forme des pièces constatant que les conditions de la prime ont été accomplies. (*Décret du 20 août* 1851, *art.* 1er.)

Il sera procédé, à la requête de l'armateur, au jaugeage du navire, conformément au mode déterminé par la loi du 12 nivôse an II et par l'ordonnance du 18 novembre 1837 (*V.* Livre IX), en prenant toutes les mesures de dedans en dedans (Modèle n° 27). (*Même Décret, art.* 2.)

Indépendamment de la visite prescrite par l'art. 225 du Code de commerce, il sera procédé à la reconnaissance de l'état des avitaillements, embarcations, instruments et ustensiles de pêche nécessaires à l'expédition. Un certificat (Modèle n° 3) constatera que l'armement présente sous ce rapport les garanties suffisantes, eu égard à la

---

(1) Aucun navire armé pour la pêche de la baleine ou du cachalot n'aura droit à la prime que jusqu'à concurrence du maximum de 600 tonneaux. Il n'est pas dû de prime aux embarcations auxiliaires ou accessoires de l'armement. (*Loi du 22 juillet* 1851, *art.* 11.

(2) Pour avoir droit à la prime, l'équipage mixte ne pourra être composé, en étrangers, que du tiers des officiers, harponneurs et patrons, sans que le nombre puisse excéder deux pour la pêche du Sud et cinq pour la pêche du Nord.

Les armateurs des navires destinés à la pêche de la baleine et du cachalot seront tenus, alors même qu'ils renonceraient à la prime, de confier moitié au moins des emplois d'officiers, de chefs d'embarcations et harponneurs à des marins français, sous peine d'être privés de la jouissance des avantages attachés à la navigation nationale. (*Même Loi, art.* 11.)

force et à la destination du bâtiment, à la durée du voyage et au nombre des hommes embarqués.

La reconnaissance ci-dessus prescrite sera faite par une commission spéciale, composée du commissaire de l'inscription maritime, d'un employé de l'administration des douanes et d'un membre de la chambre de commerce. (*Même Décret, art.* 4.)

Il sera adjoint un capitaine au long cours et un chimiste, désignés par le président du tribunal de commerce. (*Décret du 15 mai 1861; Circ. du 28, n° 762.*)

Dans les ports où il existe un inspecteur ou un sous-inspecteur sédentaire, ce chef doit faire personnellement partie de la commission. Dans les autres ports, l'administration y est représentée par le receveur (1). (*Circ. du 26 août 1841, n° 1868.*)

La présence des spiritueux et l'insuffisance des rations de nourriture des marins, lorsque le voyage se prolonge au-delà de quinze à dix-huit mois, pourraient être cause de désordres à bord des navires baleiniers ou cachalotiers. Aussi les employés appelés à prendre part à l'examen des avitaillements doivent-ils, ainsi que le Département du commerce l'a demandé, s'efforcer à prévenir le retour des abus qui se sont produits à cet égard. (*Circ. man. du 21 mars 1844.*) V. n° 928.

948. — Les futailles vides embarquées, comme les ustensiles de pêche, doivent figurer sur l'inventaire du mobilier de bord. (*Déc. du 31 mars 1835.*)

Pour la petite pêche, V. n° 703.

949. — Les navires armés pour la pêche de la baleine ou du cachalot peuvent (2) prendre des passagers à bord (3).

Ils peuvent également opérer le versement de bord à bord de tout ou partie du produit de leur pêche, sur des navires français tenus d'effectuer directement leur retour en France (4).

Les navires non pêcheurs qui ont ainsi reçu, par voie de transbordement, une

---

(1) Un double du certificat de jaugeage et un double du certificat d'avitaillement sont adressés immédiatement, par l'intermédiaire du directeur des douanes, à l'administration, qui les fait parvenir, après légalisation, au Département du commerce. (*Circ. du 26 août 1841, n° 1868.*)

(2) Au départ de France.

(3) Le nombre de passagers ne doit pas excéder 20 0/0 du tonnage légal du navire, de telle sorte que, déduction faite de l'espace occupé par les avitaillements et les ustensiles de pêche, il reste toujours, pour chaque passager, un espace vide égal à deux tonneaux et demi. (*Décret du 20 août 1851, art.* 1er.) Ces passagers ne peuvent avoir à bord que les effets destinés à leur propre usage. (*Même Décret, art. 2.*) V. n° 920.

(4) Les transbordements ne peuvent s'effectuer qu'à Taïti (îles de la Société), à Honolulu (îles Sandwich), à San-Francisco (Californie), à Valparaiso (Chili), à Sydney (Australie), à Manille (îles Philippines), à Macao (Chine).

Les autorités françaises à Taïti, et les consuls ou agents consulaires français dans les autres lieux de relâche ci-dessus indiqués, constatent par un certificat, ainsi que sur les livres de bord de chacun des deux navires, le nom du navire pêcheur, celui du navire exportateur, et la nature et la quantité des produits transbordés.

Ce certificat, fait en double expédition, est remis au capitaine du navire pêcheur et au capitaine du navire exportateur. L'un et l'autre, à leur arrivée en France, sont tenus, après représentation dudit certificat à la douane du port de retour, d'adresser cette pièce, dûment légalisée, au Ministre de l'agriculture et du commerce. (*Même Décret, art.* 3.)

partie d'huile, peuvent compléter leurs chargements en embarquant dans un port quelconque des marchandises autres que des produits de pêche (1). (*Loi du 22 juillet 1851, art. 10.*)

950. — En cas de relâche dans un port où se trouve un fonctionnaire public français, ou dans le cas de rencontre d'un bâtiment de l'Etat, tout capitaine de navire baleinier ou cachalotier sera tenu de déclarer au fonctionnaire ou au commandant français les principaux faits de sa navigation, et d'en prendre acte sur son journal de bord. (*Décret du 20 août 1851, art. 6.*)

951. — Au retour de la pêche, tout capitaine de navire baleinier ou de navire cachalotier devra se présenter devant le commissaire de l'inscription maritime du port de retour, pour y déclarer le nom et le tonnage du navire, le port d'armement, le nom de l'armateur, la date de son départ de France, les lieux où il a effectué sa pêche, la durée et les circonstances de sa navigation, la date de son retour et la nature et le poids net des produits de sa pêche.

Le commissaire de l'inscription maritime, après avoir interrogé et entendu collectivement ou séparément les hommes de l'équipage pour s'assurer, par leurs déclarations, comparées au journal de bord et au rapport fait par le capitaine, si la destination de l'armement a été accomplie, mentionnera au bas de la déclaration du capitaine le résultat de cet examen.

Une expédition de cette pièce (Modèle n° 6) sera délivrée au capitaine, pour être adressée par ses soins ou ceux de l'armateur au Ministre de l'agriculture et du commerce, dans le délai de trois mois au plus tard après le retour du navire. Une seconde expédition de cette déclaration sera adressée par le commissaire de l'inscription maritime au Ministre de la marine, pour être transmise au Ministre de l'agriculture et du commerce. (*Même Décret, art. 7.*)

Indépendamment de cette déclaration, le capitaine se pourvoira devant l'administration des douanes pour la reconnaissance et la vérification immédiate de l'espèce et du poids des produits de sa pêche, tant en baleine qu'en cachalot. Les résultats de cette opération seront consignés dans un procès-verbal dont il sera transmis directement au Ministre de l'agriculture et du commerce une expédition authentique (2). (*Même Décret, art. 8.*)

Dans l'évaluation du chargement du navire, le service du port de retour doit tenir compte, soit, en défalcation, de la quantité de produits de pêche que ce navire a reçue par transbordement d'un autre navire pêcheur, soit, en augmentation, de celle qu'il a lui-même livrée à un autre navire français (3). (*Même Décret, art. 9, 2° § et Circ. du 28, n° 2454.*)

---

(1) Les capitaines de ces navires doivent, outre le certificat de transbordement, produire un état certifié par l'agent consulaire français dans le port d'escale, et indiquant l'espèce, la quantité et la destination de chaque partie de marchandise qui a été embarquée. (*Même Décret, art. 4.*)

(2) Un double du certificat de vérification du chargement est immédiatement adressé, par l'intermédiaire du directeur des douanes, à l'administration, qui le fait parvenir, après légalisation, au Département du commerce. (*Circ. n° 1868.*)

(3) Le service doit rappeler, en marge du procès-verbal de vérification du chargement rapporté (Modèle n° 7), la date du certificat de transbordement de tout ou partie des produits, le lieu où ce certificat a été formulé, et le nom ainsi que la qualité de l'agent français qui l'a délivré. Ledit certificat de transbordement doit, en outre, être revêtu d'une annotation indiquant l'usage auquel il a ainsi servi.

La même marche est suivie à l'égard des produits de pêche rapportés par un navire non pêcheur.

Ce mode tend à faciliter les vérifications dans les bureaux du Ministère du com-

La douane, appelée à statuer sur le régime à appliquer aux produits de la pêche, est investie, par les lois sur lesquelles repose l'exécution de son service, du droit de se livrer à des vérifications analogues à celles qui sont attribuées à la marine, dans l'intérêt spécial du service de ce département. Il est donc indispensable qu'elle exige de son côté toutes les justifications propres à éclairer sa décision touchant l'admission des produits rapportés; que, dans les ports de relâche, elle examine et vise le livre de bord; que, dans ceux de retour, elle n'accorde l'immunité des droits qu'après avoir reçu, dans la forme et les délais voulus, un rapport de mer du capitaine, et s'être assurée de l'exactitude de ce rapport par le rapprochement du journal de bord et l'interrogatoire de l'équipage. (*Circ. du 26 août* 1841, n° 1868.)

952. — L'administration de la marine et celle des douanes, dans les ports d'armement, tiendront un registre des déclarations et certificats concernant la pêche de la baleine ou du cachalot qu'elles auront été appelées à recevoir ou à délivrer. (*Même Décret, art.* 11.)

La liquidation des primes déterminées par les art. 8 et 9 de la loi du 22 juillet 1851, sera faite par le Ministre de l'agriculture et du commerce, sur la remise en due forme des pièces ci-dessus énoncées, savoir :

Primes de départ : 1° déclaration d'armement (Modèle n° 1er); 2° certificat de jaugeage (Modèle n° 2); 3° certificat d'avitaillement et d'équipement pour la pêche (Modèle n° 3); 4° acte de cautionnement (Modèle n° 4); 5° rôle d'équipage (Modèle n° 5).

Primes de retour : 1° déclaration de retour (Modèle n° 6); 2° certificat de douane (Modèle n° 7). (*Même Décret, art.* 12.)

Les pièces à fournir pour la liquidation des primes devront être sur papier timbré, régulières dans leur libellé, sans rature, surcharge ni altération, à peine de n'être point admises; les signatures devront en outre être légalisées par les soins des armateurs. (1) (*Même Décret*, *art.* 13.)

953. — Les armateurs qui n'auraient pas formé leur demande et produit les justifications nécessaires pour la liquidation des primes auxquelles ils auraient droit, dans le délai de cinq années à partir de l'exercice auquel elles appartiennent, encourront la prescription et l'extinction définitive au profit de l'État prononcée par la loi de finances du 29 janvier 1831. (*Même Décret, art.* 15.)

954. — Tout armateur qui n'aurait pas fait suivre à son armement la destination portée en sa soumission, sera passible du payement du double de la prime qu'il aurait reçue ou demandée. (*Loi du 22 juillet* 1851, *art.* 15.)

Dans le cas où une circonstance quelconque de force majeure empêcherait un navire d'accomplir sa destination ou d'effectuer son retour en France, l'armateur sera tenu d'en justifier dans le délai de cinq ans à dater du départ du navire. (*Décret du 20 août* 1851, *art.* 10.)

Si un navire baleinier ne rentrait qu'après ce délai, le procès-verbal de vérification du chargement ne pourrait être dressé par la douane qu'autant qu'on lui prouverait avoir satisfait en temps utile aux justifications exigées. Dans ce cas, les employés des douanes auraient avant tout à se concerter avec les agents de l'administration de la marine. (*Circ. du 21 juin* 1833, n° 1385.)

Le Ministre de l'agriculture et du commerce fera connaître au Ministre des finances les noms des armateurs qui n'auraient pas produit, dans les délais ci-dessus déterminés, les justifications prescrites par les art. 7, 8 et 9 du présent décret, pour être procédé contre eux ainsi qu'il appartiendra. (*Décret du 20 août* 1851, *art.* 14.)

---

merce, où les primes sont liquidées et ordonnancées, en prévenant tout double emploi des certificats. (*Circ.* n° 2454.)

(1) V. à ce sujet n° 942.

955. — Les primes fixées par la présente loi ne seront accordées qu'aux armements ou transports de produits effectués par bâtiments français et qu'aux produits de la pêche française.

L'armateur qui aurait reçu ou demandé des primes hors de ces conditions sera passible du payement du double des primes reçues ou demandées, sans préjudice des condamnations pour cause de contravention aux lois de douane. (*Loi. du 22 juillet* 1851, *art.* 16.)

SECTION IV

Pêche du cachalot.

956. — Indépendamment des primes fixées pour la pêche de la baleine, il sera alloué aux navires spécialement armés pour la pêche du cachalot dans l'océan Pacifique, et après une navigation de trente mois au moins, pendant laquelle ils se seront élevés au delà du 28ᵉ degré de latitude nord, une prime supplémentaire de 15 francs par quintal métrique sur l'huile de cachalot et la matière de tête qu'ils rapporteront du produit de leur pêche.

La même prime sera allouée aux navires armés pour la pêche de la baleine sur les quantités d'huile de cachalot et de matière de tête qu'ils pourront rapporter, pourvu qu'ils aient rempli les conditions de navigation énoncées ci-dessus. (*Lois des* 22 *juillet* 1851, *art.* 9, *et* 28 *juillet* 1860, *art.* 1ᵉʳ.)

Cette loi aura son effet jusqu'au 30 juin 1871. *V.* n° 946.

Pour les formalités à remplir, *V.* Pêche de la baleine.

957. — Tout capitaine de navire cachalotier ou de navire baleinier qui, en vertu de l'art. 9 de la loi du 22 juillet 1851, voudra se livrer à la pêche du cachalot, sera tenu de mentionner successivement, sur le journal de bord, la prise de chaque cachalot et la quantité d'huile et de matière de tête qu'il aura fournie. (*Décret du* 20 *août* 1851, *art.* 5.)

Dans le cas où un navire expédié à la pêche du cachalot effectuerait son retour avant le délai de trente mois, prescrit par l'art. 9 de la loi du 22 juillet 1851, le procès-verbal constatera si le navire, à défaut d'une navigation de plus de seize mois, rapporte en produits de sa pêche la moitié au moins de son chargement, condition nécessaire pour avoir droit à la prime de retour déterminée par l'art. 8 de la loi précitée. (*Même Décret, art.* 9, 1ᵉʳ §.)

Pour les autres conditions, *V.* Pêche de la baleine.

SECTION V

Pêche côtière faite, par des étrangers, dans la Méditerranée.

958. — Les pêcheurs catalans ou autres Espagnols continueront à jouir, d'après les conventions subsistantes entre la France et l'Espagne, de la faculté de pêcher sur les côtes de France (départements du Var, des Bouches-du-Rhône et de l'Hérault) et de vendre leur poisson dans les ports où ils aborderont, en se conformant aux lois et réglements qui régissent les pêcheurs nationaux. Ainsi lesdits pêcheurs domiciliés ou stationnaires à Marseille et sur les côtes de Provence sont tenus de se faire inscrire au bureau des classes, où il leur est délivré un rôle déterminant la composition obligée de l'équipage (le nombre d'hommes dont sera armé chaque bateau pêcheur), ceux sous pavillon français pouvant être composés par moitié d'étrangers, et ceux sous pavillon d'Espagne pouvant aussi être composés par moitié de Français. (*Loi du 12 décembre* 1790, *art.* 2.)

Les pêcheurs espagnols sont soumis à la même juridiction et aux mêmes conditions que les pêcheurs français. (*Même Loi. art.* 2, 3 *et* 4.)

Dans la pratique, le bénéfice de ces dispositions a toujours été étendu aux pêcheurs étrangers, sans distinction de nation, stationnaires sur les côtes de la Méditerranée et qui restent ainsi provisoirement maintenus en possession des immunités pour l'importation des produits de leur pêche. (*Déc. min. du 18 décembre* 1833, *transmise le* 30.)

Les employés des douanes doivent s'assurer qu'on a satisfait aux conditions prescrites. (*Circ. du* 24 *décembre* 1818, n° 452.)

Les filets et autres instruments de pêche que les pêcheurs étrangers apportent pour exercer leur industrie sur les côtes de France sont affranchis des droits d'entrée; seulement la douane exige une déclaration exacte et détaillée du mobilier de chaque bateau et perçoit, au départ de l'embarcation, les droits sur les objets manquants dont la perte ne serait pas dûment justifiée. Cette perception éventuelle doit être garantie, soit par le dépôt en douane des papiers de bord, soit par une soumission cautionnée. (*Déc. du* 18 *mars* 1833.) (1).

Les bateaux étrangers (*autres que les espagnols assimilés aux français par le pacte de famille*) qui font la pêche sur les côtes de France doivent payer le droit de tonnage une fois par an s'ils pêchent toute l'année, et une fois par saison de pêche s'ils ne demeurent pas constamment sur nos côtes. La perception s'effectue à l'époque de la première arrivée des bateaux. Le passeport dont ils sont tenus de se munir à leur première sortie du port est, selon le cas, valable pour l'année entière ou pour toute la saison de la pêche. (*Déc. du* 1er *octobre* 1840.)

Le droit de passeport, dont les Espagnols ne sont pas affranchis, est de 1 fr.

CHAPITRE XX

LIBRAIRIE.

L'entrée en France des livres de toute sorte est subordonnée, dans le double intérêt de l'ordre public et de la propriété littéraire, à des restrictions et à des con-

---

(1) Les denrées désignées ci-après, que les pêcheurs *sardes* venant exercer leur industrie sur le littoral français de la Méditerranée importent de leur pays comme provisions de bord, jouissent *seules, et à titre provisoire*, de l'exemption des droits d'entrée dans les proportions suivantes, pour chaque homme de l'équipage et pour chaque saison de pêche, évaluée à une durée moyenne de cinq mois, savoir : Biscuits de mer, 82 kil.; pâtes d'Italie, 10 kil.; riz, 9 kil.; huile d'olive, 1 kil. 80 ; légumes secs, 18 kil.

Ces quantités sont considérées comme un maximum de tolérance au delà duquel tout excédant est immédiatement assujetti au payement des droits d'entrée.

Les denrées auxquelles l'immunité est ainsi accordée doivent être exclusivement consommées à bord. Le dépôt à terre est formellement interdit.

En cas de fraude constatée à charge d'un bateau pêcheur sarde, toute allocation en franchise doit lui être retirée sur-le-champ. (*Déc. min. du* 22 *janvier* 1853, *transmise le* 28.)

Les facilités accordées par cette décision de 1853 ne peuvent, sous aucun prétexte, être étendues. (*Déc. du* 31 *juillet* 1857.)

ditions particulières. Il faut s'assurer qu'on n'importe aucune publication contraire soit à la religion, à l'Etat ou aux bonnes mœurs, soit aux droits des auteurs et éditeurs.

959. — Les contrefaçons en librairie, prohibées à l'entrée et à la sortie, sont exclues du transit (*Loi du 6 mai 1841, art.* 8) et ne peuvent être reçues dans les entrepôts (1). (*Ord. du 13 décembre 1842, art.* 8.)

Elles doivent être désignées, dans les manifestes ou déclarations, sous leur véritable espèce, c'est-à-dire comme contrefaçons. La seule indication de librairie donnerait lieu à l'application des pénalités déterminées par les art. 4 et 19 de la loi du 9 février 1832, *V.* Livres III et V. (*Déc. du 3 mai* 1843.)

Les agents délégués par le Ministre de l'intérieur, *V.* n° 963, sont chargés des vérifications relatives aux contrefaçons. (*Circ. du 31 décembre* 1842, n° 1951.)

A défaut, l'examen a lieu à la préfecture. *V.* n° 963. Ce n'est qu'à vue du certificat délivré que le service constate la saisie des contrefaçons. (*Circ. du 20 octobre* 1843, n° 1991.)

Lorsqu'il s'agit de contrefaçons en cours d'usage, apportées de l'étranger par des voyageurs ou faisant partie de bibliothèques particulières, il convient, à moins de circonstances aggravantes, d'opérer la retenue des ouvrages, en laissant à l'administration le soin de décider s'il y a lieu d'en permettre soit la réexportation, soit l'abandon pour être suivi de lacération. Dans tous les cas, c'est au service des douanes qu'il appartient de recevoir le dépôt. (*Déc. du 6 décembre* 1854.)

Si le Département de l'intérieur jugeait nécessaire de faire soumettre des ouvrages de contrefaçon à un nouvel examen à Paris, ils devraient être dirigés sur les bureaux de ce ministère, conformément à l'art. 4 de l'ordonnance du 13 décembre 1842. (*Déc. du 18 décembre* 1854.) *V.* n° 965.

Deux exemplaires de chacun des ouvrages, complets ou dépareillés, saisis comme contrefaçons et destinés à être détruits sont, après confiscation, adressés par le service à l'administration pour être remis à la bibliothèque impériale. S'il n'existe qu'un exemplaire, il est envoyé. (*Circ. man. du 28 juin* 1860, *et Déc. du 20 juillet suivant.*)

Le service est chargé de faire lacérer celles qui, par suite de contraventions aux lois de douanes, et en vertu de confiscation, abandon ou délaissement, sont devenues la propriété de l'Etat.

A l'égard des autres contrefaçons, le Département de l'intérieur fait provoquer par le parquet leur confiscation et l'ordre de les détruire. (*Déc. du 10 novembre* 1855.)

A moins d'autorisations exceptionnelles concertées entre l'administration et le Département de l'intérieur, il ne doit, en aucun cas, être fait remise, ni pour l'importation, ni pour la réexportation, des ouvrages de contrefaçon retenus à la frontière, alors même que cette retenue n'aurait pas été suivie d'un procès-verbal de saisie. (*Circ. du 24 août* 1859, n° 604.)

960. — La loi n'excluant du transit que les contrefaçons, les livres dont l'entrée

---

(1) Pour assurer l'effet de cette disposition, les contrefaçons portées au manifeste sous leur véritable dénomination devront, par application de l'art. 22 de la loi du 9 février 1832, être mises en dépôt sous la clef de la douane, et réexportées dans un délai de quatre mois. *V.* n° 316. Cette réexportation ne pourra s'effectuer que par des navires expédiés à destination des pays d'où les contrefaçons auront été importées, et, si elle n'a pas lieu dans le délai prescrit, il sera disposé de la librairie conformément à l'art. 24 de la loi précitée. Dans tous les cas, le droit de magasinage de 1 p. 0/0 de la valeur, prescrit par cet article, sera perçu au profit du trésor. (*Circ.* n° 1951.)

est interdite dans l'intérêt de la morale ou de l'ordre public pourraient être admis à ce régime. Mais toutes les fois que des livres arrivant de l'étranger et régulièrement déclarés sous les dénominations consacrées par le tarif sont présentés dans un bureau de douane, soit pour le transit, soit pour l'acquittement des droits d'entrée, et que l'inspecteur de la librairie, V. n° 963, a constaté, par une note remise au service des douanes, que ces livres offrent des dangers pour l'ordre public ou la morale, le receveur doit en donner immédiatement avis, soit au chef du parquet, si le lieu de sa résidence se trouve être le siége d'un tribunal, soit à l'officier de police judiciaire le plus rapproché de son poste. Ces magistrats procèdent, s'il y a lieu, selon les formes et dans le but de la législation spéciale qui régit cette branche de police. Le receveur a soin d'ailleurs de les prévenir que, la douane n'ayant aucun droit légal de retenir une marchandise déclarée sous sa véritable dénomination pour une opération licite au point de vue des règlements qui la régissent, l'action de la justice devrait s'exercer incontinent, sous peine de voir échapper le corps même du délit, à moins que l'agent local de la librairie ne se soit cru autorisé à le mettre, pour son compte, sous le séquestre. (*Circ. du 16 mai 1829, n° 1163, et Déc. des Ministres de la justice, de l'intérieur et des finances, transmise par Circ. du 16 mars 1857, n° 455.*)

Lorsque, l'agent de la librairie ayant déclaré que tels livres qu'il a trouvés dans les colis sont frappés de condamnation judiciaire ou défendus comme séditieux ou immoraux, l'autorité compétente, dûment avertie, s'abstient de toute action, le service des douanes ne permet l'expédition de ces livres en transit ou leur admission en entrepôt que sous le régime et les conditions du transit du prohibé. Les acquits-à-caution délivrés dans ce cas devront faire mention spéciale et expresse de la nature des livres dont il s'agit, afin d'appeler plus particulièrement à ce sujet l'attention du service. (*Circ. du 20 octobre 1843, n° 1991.*) V. n° 965.

L'introduction en France d'une brochure politique défendue constitue le délit prévu par les art. 41 et suivants de la loi du 28 avril 1816. V. n° 409. (*Jug. du trib. correct. de Sedan du 15 novembre 1853 ; Doc. lith. de 1858, n° 199.*)

Les ouvrages ou écrits défendus ou prohibés, lorsqu'ils ont été découverts et saisis à la frontière, doivent, dans tous les cas, être mis, ainsi que l'importateur, et avec le procès-verbal, à la disposition du commissaire de police, qui en donne reçu.

Si, au contraire, les écrits de l'espèce ont été régulièrement présentés et déclarés pour l'importation ou le transit, on se conforme aux dispositions qui précèdent. (*Déc. du 19 décembre 1859, et Circ. lith. du 6 décembre 1861.*)

861. — Tous les livres en langue française dont la propriété est établie à l'étranger ou qui sont une édition étrangère d'ouvrages français tombés dans le domaine public, jouissent de la faculté du transit et sont reçus à l'importation en acquittant les droits établis, pourvu qu'on les présente soit en volumes brochés ou reliés, soit en feuilles pliées selon le format dans lequel elles ont été imprimées et selon la pagination qu'elles portent, de manière qu'il soit possible facilement de distinguer le commencement de l'ouvrage, d'en retrouver le titre et d'en juger le caractère. (*Déc. min. du 5 septembre 1863 ; Circ. du 11, n° 929.*)

La librairie des pays qui ont contracté avec la France des traités ayant pour objet d'assurer la propriété des œuvres d'esprit et d'art, est affranchie de toute justification d'origine. (*Déc. min. du 17 août 1861 ; Circ. du 30, n° 787.*)

Les livres venant de l'étranger, en quelque langue qu'ils soient, ne peuvent être présentés à l'importation ou au transit que dans les bureaux de douane désignés à cet effet. Dans le cas où des présomptions, soit de contrefaçon, soit de condamnations judiciaires, seront élevées sur les livres présentés, l'admission sera suspendue, les livres seront retenus à la douane, et il en sera référé (1) au Ministre de

---

(1) Par l'agent de la librairie. (*Déc. du 6 décembre 1854.*)

l'intérieur, qui devra prononcer dans un délai de quarante jours. Ces dispositions sont applicables à tous les ouvrages dont la reproduction a lieu par les procédés de la typographie, de la lithographie ou de la gravure. (*Loi du 6 mai 1841, art.* 8.)

962. — Aux termes de l'art. 8 du Décret du 14 décembre 1810, les livres sortant des presses de l'étranger peuvent, sous l'accomplissement des formalités prescrites pour l'importation de la librairie, être affranchis, à l'entrée, de la totalité ou d'une partie des droits de douane lorsqu'il s'agit d'ouvrages publiés dans l'intérêt des lettres, des sciences et des arts, adressés, à un petit nombre d'exemplaires et à titre gratuit, à des établissements publics ou à des sociétés savantes. (*Déc. du 12 janvier* 1856.)

963. — Il est placé, par les soins du Département de l'intérieur, dans chacun des bureaux ouverts à l'entrée de la librairie en langue française, un agent spécial chargé de procéder, conjointement avec les employés des douanes, à la vérification des livres venant de l'étranger. Cet agent doit délivrer un certificat de ses opérations. (*Ord. du 13 décembre 1842, art.* 9.)

L'ouverture des colis de librairie n'a lieu qu'en présence des agents dont il s'agit, et c'est à eux qu'appartient l'appréciation des cas d'exclusion de certains livres ou certains ouvrages de gravure et de lithographie dont l'entrée est interdite. Le résultat de leur examen est consigné dans un procès-verbal que signera aussi le vérificateur des douanes présent à l'opération. Le contenu des colis y est mentionné par espèce et par quantité, d'après les distinctions portées au tarif et contradictoirement à l'énoncé de la déclaration de l'importateur. C'est d'après ces certificats, qui devront être conservés avec soin, que la douane se réglera pour les opérations ultérieures de son ressort. On n'a pas ainsi, dans les bureaux près desquels ces agents se trouvent placés, à envoyer à la préfecture la plus voisine les livres, gravures, etc., importés de l'étranger ; c'est à la douane même que seront faites les vérifications nécessaires.

Les directeurs chargeront les inspecteurs d'intervenir au besoin pour régler les détails relatifs au concours qui doit exister entre le service des douanes et les agents de la librairie, et ils aviseront aux moyens de ménager à ces agents, dans l'intérieur des bureaux, l'emplacement dont ils auront besoin pour la rédaction des certificats d'examen qu'ils sont appelés à délivrer et pour les autres écritures inhérentes à leurs fonctions.

Relativement aux autres bureaux ouverts à l'importation de la librairie, et près desquels il n'y a pas d'agents spéciaux, les livres destinés pour l'acquittement des droits doivent, après que le service s'est assuré que les colis contiennent de la librairie, être dirigés sur la préfecture la plus voisine. (*Circ. du 31 décembre 1842,* n° 1951.)

A cet effet, il est délivré un acquit-à-caution spécifiant la valeur des livres ainsi que les peines qui seraient encourues si toutes les conditions de l'acquit venaient à n'être pas remplies et si de la vérification il résultait la preuve que les espèces ont été mal déclarées. Les colis sont soumis à un double plombage : le premier en dessous de l'emballage, sur la caisse ou le ballot à nu, et le second par-dessus la paille et la toile, à la manière accoutumée (1). Les plombs ne peuvent être levés qu'en présence des agents délégués par le préfet pour reconnaître les livres. La vérification établit d'une part si les livres ont été exactement déclarés, et, de l'autre, s'ils ne sont pas de nature à provoquer la saisie. La décharge de l'acquit-à-caution est effectuée par le secrétaire général de la préfecture et les agents désignés par le préfet. C'est à vue des certificats de décharge que les droits, qui ont été consignés ou garantis,

_____

(1) Le prix du second plomb est de 25 centimes. (*Déc. du 31 décembre* 1841.)

sont définitivement liquidés et portés en recette. (*Circ. du* 28 *mars* 1817, n° 263.)

Les livres peuvent aussi être dirigés sur une sous-préfecture.

Si la préfecture ou la sous-préfecture qui doit procéder à leur examen se trouve dans le même lieu que le bureau d'entrée, les employés des douanes s'y rendent pour faire simultanément leur visite afin qu'il n'y ait qu'un seul déballage. (*Déc. du* 27 *juin* 1820.)

964. — Les livres français ou étrangers dont l'impression date de plus de cinquante ans sont admis au droit des *objets de collection*, sans autorisation préalable ; mais ces anciennes éditions sont soumises, comme les livres modernes, au régime de la librairie. (*Circ. du* 27 *décembre* 1850, n° 2418, *et Déc. du* 31 *janvier* 1851.)

Les livres de bibliothèque particulière sont admis en franchise de droit. (*Loi du* 16 *mai* 1863, *art.* 25 ; *Circ. du* 25, n° 901.) Lorsque les livres composant la bibliothèque particulière des personnes qui viennent s'établir en France portent des traces de service, et qu'il n'y a qu'un seul exemplaire de chaque ouvrage, on les admet en franchise après l'accomplissement des formalités auxquelles est subordonnée l'importation de la librairie. Mais cette disposition n'est appliquée qu'en vertu d'une autorisation spéciale que les directeurs n'accordent qu'autant qu'il s'agit de livres qui ne doivent pas entrer dans le commerce. (*Circ.* n° 2418.) Ainsi, quant aux livres dont il est question, s'il n'y a pas dans la localité d'agent spécial de librairie, ils sont dirigés sur la préfecture ou la sous-préfecture pour être examinés, et s'ils sont reconnus n'être pas de contrefaçon, le service en fait remise pure et simple. Dans le cas contraire, on applique les règles générales.

Les livres, en petit nombre, que les voyageurs ont avec eux pour leur usage, peuvent être admis par tous les bureaux ouverts à l'importation des marchandises taxées à plus de 20 fr. par 100 kilogrammes, à moins qu'il n'y ait à leur égard présomption de contrefaçon ou de prohibition à tout autre titre, ce qui motiverait, selon les circonstances, soit la retenue ou le renvoi immédiat à l'étranger, soit la saisie. On peut même les laisser passer librement, quand ils sont reconnus porter des traces de service. (*Circ. des* 20 *octobre* 1843, n° 1991, *et* 24 *août* 1859, n° 604.)

965. — Les livres en *langue française* imprimés à l'étranger et les dessins, gravures, lithographies et estampes, avec ou sans texte, ne peuvent entrer pour l'acquittement des droits ou pour le transit (1) que par les seuls bureaux de douanes qui, dans le tableau annexé à la présente ordonnance, sont marqués d'un astérisque (2). (*Ord. du* 13 *décembre* 1842, *art.* 2.)

---

(1) Lorsque des livres présentés pour le transit sont retenus à la douane, il doit être immédiatement rendu compte à l'administration de ce dépôt temporaire et préventif sous le timbre de la 1re division, 2e bureau, transit. (*Circ. du* 14 *mai* 1841, n° 1851.)

Les livres expédiés en transit sont soumis à la formalité du double plombage. (*Circ. man. du* 7 *juillet* 1834.) *V.* n° 539.

(2) *Tableau des bureaux de la frontière ouverts à l'importation et au transit de la librairie.*

* Dunkerque ; * Lille, par Halluin et Baisieux, ainsi que par le chemin de fer ; * Valenciennes, par Blancmisseron ; Forbach ; Wissembourg ; * Strasbourg ; Saint-Louis ; Verrières-de-Joux ; les Rousses ; * Bellegarde ; * Pont-de-Beauvoisin ; Chaparcillan ; *Marseille ; le Perthus ; Perpignan, par le Perthus ; *Béhobie ; *Bayonne ; *Bordeaux ; *Nantes ; Caen ; * Le Havre ; Rouen ; * Boulogne ; * Calais ; *Ajaccio ; *Bastia ; *Saint-

Sont ouverts à l'importation et au transit de la librairie *en langues mortes ou étrangères* tous les bureaux compris dans le même tableau. (*Même Ord., art.* 3.) (1).

Mais peuvent être importés par tous les bureaux dont il s'agit, quelle que soit la langue dans laquelle ils sont imprimés, les livres *destinés pour Paris*, et les dessins, gravures, lithographies et estampes ayant la même destination ; ils sont, après simple reconnaissance sommaire aux bureaux frontières, et sans autorisation préalable, dirigés, sous double plomb et par acquit-à-caution, sur les bureaux du ministère de l'intérieur (2), où les colis les renfermant ne seront ouverts et vérifiés qu'en présence des employés des douanes délégués à cet effet. Ceux-ci signeront, conjointement avec les agents du Ministère de l'intérieur, les certificats de vérification (3). L'enlèvement des livres, etc., n'est permis qu'après que les droits ont été payés ou garantis. (*Même Ord., art.* 4.) (4).

Le non-rapport d'acquit-à-caution délivré dans ce cas donne lieu à l'application des peines relatives au transit du prohibé. (*Circ. du 23 décembre 1844, n° 2046, art.* 14.)

Le commerce conserve aussi la faculté de faire diriger sur les entrepôts de l'intérieur, de Paris, etc., les livres, *autres que de contrefaçon*, destinés au transit ; mais, dans ce cas, la vérification au bureau d'entrée doit être complète, et, s'il se trouve dans les colis importés des livres frappés de condamnations judiciaires, ou de nature à être repoussés dans l'intérêt de la morale ou de l'ordre public, le fait doit être

---

Malo ; Sarreguemines ; * Dieppe ; * Culoz ; * Thionville (station du chemin de fer); Apach ; Saint-Nazaire ; * Pont-de-la-Caille ; * Saint-Jean-de-Maurienne ; * Chambéry; *Nice ; * Pontarlier (station du chemin de fer) ; * Longwy ; * Givet ; * Granville; Hendaye.

Les livres peuvent être réexportés par tous les bureaux ouverts au transit des marchandises non prohibées. (*Circ. du 14 mai 1841, n° 1851, et Déc. du 30 novembre* 1846.)

(1) Toutefois, lorsque le texte de la librairie *en langues mortes ou étrangères* est accompagné de gravures, lithographies, etc., cette librairie ne peut entrer, pour l'acquittement des droits, que par les bureaux réservés à l'admission de la librairie en langue française ; mais le transit en est permis par tous les bureaux ouverts à l'entrée de la librairie. (*Circ.* n° 1951.)

(2) Afin d'éviter toute erreur de la part des conducteurs ou voituriers, il convient de mentionner sur les expéditions, en caractères distincts, que les colis doivent être conduits directement au *Ministère de l'intérieur, bureau de la librairie, rue de Grenelle,* n° 103. Toutefois, les colis qui, outre les livres ou gravures, renfermeront d'autres objets, sont dirigés sur la douane de Paris, d'où les livres seront transportés, aux frais du commerce, au Ministère de l'intérieur, pour y être soumis à l'examen d'usage. (*Circ. lith. du 28 janvier* 1843.)

La vérification de la librairie a lieu tous les jours au Ministère de l'intérieur, où l'on détache à cet effet un vérificateur des douanes. (*Déc. du 28 août* 1857.)

(3) Ils signeront également les certificats de décharge des acquits-à-caution. (*Circ.* n° 1951.)

(4) Les livres et gravures dirigés sur le Ministère de l'intérieur peuvent, après y avoir été vérifiés, être admis à l'entrepôt réel des douanes, lorsque cette faculté a été réservée dans la déclaration faite au bureau d'expédition et qu'elle se trouve mentionnée dans l'acquit-à-caution. A cet effet, les colis de livres et gravures, accompagnés du certificat de vérification et revêtus du cachet de la douane et de celui des agents de la librairie, sont transportés à l'entrepôt sous l'escorte des préposés, et les acquits-à-caution sont déchargés en conséquence. (*Circ. lith. du 27 février* 1843.)

mentionné dans les acquits de transit (1), pour que l'admission sous payement des droits ne puisse être ultérieurement demandée. V. n° 960.

Les droits d'entrée peuvent être acquittés, dans les entrepôts intérieurs, sur les livres qui ont été régulièrement importés par les bureaux ouverts à ces opérations, et qui y ont été soumis à la vérification des agents du Ministère de l'intérieur. (*Circ. du 27 décembre* 1850, n° 2418.)

Il s'agit là de livres destinés au commerce; mais les livres adressés aux ambassadeurs, aux agents diplomatiques accrédités, aux ministres (sauf celui de l'intérieur), sont dirigés sur la *douane de Paris*. (*Circ. lith. des* 25 *février* 1843 *et* 2 *mars* 1846.) V. Livre VII, n° 592.

966. — Les dispositions précédentes sont applicables, en ce qui concerne les restrictions d'entrée et les expéditions sur Paris, aux livres qui auront été exportés de France, et dont la réimportation, à défaut de vente à l'étranger, aura été autorisée par le Ministre de l'intérieur (2). (*Loi du 6 mai* 1841, *art.* 8.)

Ces livres ne seront admissibles en franchise de tout droit que dans les cinq années de l'exportation. (*Loi du 27 mars* 1817 ; *Circ. du 25 mai* 1863, n° 901.)

La demande en réimportation de ces livres doit faire connaître le nom et la résidence de l'expéditeur, ainsi que le bureau des douanes par lequel l'introduction aura lieu; elle sera accompagnée d'une liste certifiée par le pétitionnaire, et indiquant :

1° Le titre des ouvrages ; 2° le nom de l'auteur, s'il est connu ; 3° le nom et la demeure de l'éditeur ; 4° le nom et la demeure de l'imprimeur; 5° la date de l'impression ; 6° le format; 7° le nombre d'exemplaires.

Les livres imprimés en France et servant d'échantillons peuvent rentrer sans autorisation préalable, lorsque, estampillés à la douane de sortie, ils sont représentés à la même douane, et que, d'ailleurs, ils ne consistent qu'en un seul exemplaire de chaque espèce. (*Ord. du* 13 *décembre* 1842, *art.* 6.)

On peut même, dans tous les bureaux ouverts à l'importation de la librairie, réadmettre les échantillons revêtus de l'estampille de la douane de Paris. (*Circ.* n° 1991.)

967. — Les dispositions relatives à l'importation des livres ou à leur réintroduction s'étendent aux livres rapportés des colonies françaises et faisant l'objet d'une opération de commerce. (*Déc. du* 19 *septembre* 1851.)

968. — Les livres taxés à moins de 150 francs par 100 kilogr. doivent être emballés séparément par espèce (*Loi du* 27 *mars* 1817, *art.* 1er), à moins que chaque espèce ne fasse, dans l'intérieur des colis, l'objet d'une division bien tranchée. En cas de mélange, le droit le plus élevé doit être exigé sur le tout, ou, en matière de transit, les livres sont refusés. (*Ord. du* 13 *décembre* 1842, *art.* 7.)

Ces restrictions d'emballage ne sont pas applicables aux importations dans les conditions des traités de commerce. (*Circ. du* 31 *mai* 1861, n° 764.)

969. — Les gravures, lithographies et estampes de toute sorte présentées à l'importation seront, quant à l'examen à faire par les magistrats, soumises aux mêmes

---

(1) Il faut indiquer dans l'acquit-à-caution que les livres ont été vérifiés par l'inspecteur local de la librairie. Le service des douanes de Paris est ainsi averti qu'il n'y a pas lieu de les envoyer au Ministère de l'intérieur. (*Déc. du* 20 *octobre* 1853.)

(2) Les bureaux frontières dirigeront immédiatement, d'office, sur les bureaux du Ministère de l'intérieur, de la manière indiquée dans l'art. 4, les colis de la librairie à destination de Paris qu'on déclarera être réimportés à défaut de vente à l'étranger ; mais une autorisation préalable sera nécessaire pour les réimportations qui seront effectuées à toute autre destination que la capitale. (*Circ.* n° 1951.)

Les autorisations de réadmission parviennent aux directeurs par l'intermédiaire de l'administration. (*Circ. du* 16 *mai* 1859, n° 589.)

règles que la librairie (1). (*Déc. min. du 22 mai 1823* ; *Circ. du 1er janvier suiv.*, n° 803.)

Sont soumis aussi au régime de la librairie les coins gravés, les clichés, les pierres lithographiques couvertes de dessins, gravures ou écritures, les planches de toute sorte gravées. (*Décret du 14 juillet 1853* ; *Circ. du 1er août suiv.*, n° 131.)

Les restrictions d'entrée établies par l'art. 2 de l'ordonnance du 13 décembre 1842 sont étendues à la musique gravée venant de l'étranger, sauf application de l'art. 4 de la même ordonnance. (*Ord. du 3 septembre 1843.*)

Les gazettes et journaux sont traités comme librairie (*Loi du 28 avril 1816*), mais seulement quand il s'agit de *collections* de gazettes et de journaux étrangers importés comme *objets de commerce*, et, par conséquent, en dehors des conditions de l'importation ordinaire et journalière des publications de l'espèce. (*Circ. du 14 octobre 1817.*) Quant aux gazettes et journaux apportés par les courriers de malle, ils ne sont visités qu'aux bureaux de poste, *V.* n° 1018, et sont admis librement, en exemption de tous droits (2). (*Circ. du 21 mars 1848, n° 2230.*)

970. — Toute tentative d'importation frauduleuse de livres (sans exception des ouvrages défendus), soit en évitant les bureaux, soit par fausse déclaration ou tout autre moyen de surprise, sera constatée et poursuivie conformément aux lois générales des douanes.

Quand le caractère des livres a été déterminé par l'autorité compétente, on dresse le procès-verbal relatant exactement le titre de chacun des ouvrages saisis ou faussement déclarés, et on en transmet une copie au procureur du Gouvernement près le tribunal de première instance du ressort, lequel requiert, s'il y a lieu, la retenue ou la destruction des ouvrages. Dans tous les cas, les livres saisis restent déposés entre les mains du receveur de la douane, et, à moins de disposition contraire de la part du ministère public, la saisie suit son cours comme toutes celles de marchandises prohibées ou tarifées (3). (*Circ. du 16 mai 1829, n° 1163.*) Importation, circulation, etc. ; n° 273 du tableau des Infr.

CHAPITRE XXI

MARQUES DE FABRIQUE ET DE COMMERCE.

971. — La marque de fabrique ou de commerce est facultative. Toutefois, des décrets rendus en la forme des règlements d'administration publique peuvent exceptionnellement la déclarer obligatoire pour les produits qu'ils déterminent.

---

(1) On considère comme objets de collection les gravures ayant plus de cinquante ans de publication et de tirage. (*Circ. n° 2418, et Déc. du 8 septembre 1859.*)

(2) Les paquets d'imprimés adressés des pays étrangers au ministre chargé de la police générale, et reconnus par une inspection sommaire ne contenir que les livres, lui sont envoyés directement sous plomb et avec un acquit-à-caution, qui est revêtu à son ministère d'un certificat de réception. (*Circ. du 6 avril 1811.*)

(3) Les contrefaçons en matière de gravures, de musique gravée, etc., doivent, en cas de saisie, donner lieu aux mêmes poursuites et provoquer l'application des mêmes peines que s'il s'agissait de contrefaçon de livres. Il ne faut pas, d'ailleurs, perdre de vue que là où ont été institués des agents spéciaux de la librairie, c'est à eux qu'est dévolu le soin de rechercher et de constater d'abord l'existence des contrefaçons. (*Circ. du 20 octobre 1843, n° 1991.*)

Sont considérés comme marques de fabrique et de commerce les noms sous une forme distinctive, les dénominations, emblèmes, empreintes, timbres, cachets, vignettes, reliefs, lettres, chiffres, enveloppes et tous autres signes servant à distinguer les produits d'une fabrique ou les objets d'un commerce. (*Loi du* 23 *juin* 1857, *art.* 1er.)

Nul ne peut revendiquer la propriété exclusive d'une marque s'il n'a déposé deux exemplaires du modèle de cette marque au greffe du tribunal de commerce de son domicile. (*Même Loi, art.* 2.)

L'usage illégal de marques, leur contrefaçon, et la vente de produits revêtus d'une marque frauduleusement imitée ou portant des indications propres à tromper l'acheteur sur la nature du produit, sont punis d'amende et d'emprisonnement. (*Même Loi, art.* 7 *à* 12.)

Une étiquette portant le nom du fabricant et indiquant qu'il a un établissement à Londres et un autre à Paris, ne saurait être considérée comme destinée à dissimuler une contrefaçon ou à imiter une marque française. (*Déc. du* 25 *avril* 1862.) Dans les circonstances où il peut s'élever des doutes, il convient, avant de rédiger procès-verbal, de prendre l'avis du ministère public.

Tous produits étrangers portant soit la marque, soit le nom d'un fabricant résidant en France, soit l'indication du nom ou du lieu d'une fabrique française, sont prohibés à l'entrée et exclus du transit et de l'entrepôt, et peuvent être saisis, en quelque lieu que ce soit, à la requête du ministère public ou de la partie lésée (1).

Dans le cas où la saisie est faite par les soins de l'administration des douanes, le procès-verbal de saisie est immédiatement adressé au ministère public.

Le délai dans lequel l'action judiciaire doit être intentée, sous peine de nullité de la saisie, soit par la partie lésée, soit par le ministère public, est de deux mois.

La confiscation des produits dont la marque serait reconnue illégale ou contrefaite peut, même en cas d'acquittement, être prononcée par le tribunal, ainsi que celle des instruments et ustensiles ayant spécialement servi à commettre le délit. Le tribunal peut ordonner que les produits confisqués soient remis au propriétaire de la marque contrefaite ou frauduleusement apposée ou imitée, indépendamment de plus amples dommages-intérêts, s'il y a lieu. Il prescrit, dans tous les cas, la destruction des marchandises reconnues illégales ou contrefaites. (*Loi de* 1857, *art.* 19.)

Le procès-verbal rédigé par les agents des douanes, dans un intérêt d'ordre public, doit toujours être libellé à la requête de M. le procureur impérial près le tribunal auquel ressortira le bureau de douane où la saisie sera déclarée. Il devra donner une description exacte des marchandises arrêtées et des marques dont elles sont revêtues ; si ces marques consistent en étiquettes ou autres impressions susceptibles d'être enlevées, on en annexera une ou plusieurs au procès-verbal de saisie, en

---

(1) Le premier paragraphe de l'art. 19 de la loi du 23 juin 1857 n'est applicable qu'à l'usurpation frauduleuse à l'étranger, soit de la marque, soit du nom d'un fabricant français. Il n'y a aucun délit quand c'est du consentement et par l'ordre de celui-ci que son nom et sa marque ont été apposés sur des produits fabriqués à l'étranger. (*A. de C. du* 9 *avril* 1864 ; *Circ.* n° 962.)

L'importation et le transit de produits portant la marque ou le nom d'un fabricant français peuvent donc s'effectuer dans les conditions de la loi générale, pourvu que la déclaration d'entrée soit accompagnée d'un certificat spécial signé de ce fabricant et constatant que les produits ont été fabriqués sur sa demande et qu'ils lui sont destinés. Ce certificat doit mentionner, en outre : 1° la nature et la quantité des produits importés; 2° la description de la marque ou du nom dont ils sont revêtus. La signature doit être légalisée par l'autorité municipale du domicile du négociant français. (*Circ. du* 7 *juillet* 1864, n° 962.)

les y fixant par une empreinte en cire du cachet en usage dans le bureau. Les mar chandises seront d'ailleurs, dans tous les cas, scellées sur l'enveloppe extérieur d'une ou plusieurs empreintes du même cachet.

Ce procès-verbal n'étant de nature à faire foi en justice que jusqu'à preuve con traire, il n'est pas nécessaire qu'il soit suivi de toutes les formalités prescrites pr la loi de douane du 9 floréal an VII, notamment de l'affirmation ; mais il doit êtr enregistré avant l'expiration du terme de quatre jours. *V.* n° 1035.

Les receveurs transmettront immédiatement au procureur impérial les procès verbaux ainsi régularisés, et, si aucun avis ne leur parvient touchant la suite qr y sera donnée, ils devront, dix jours au moins avant l'expiration du délai de deu mois déterminé par l'art. 19, réclamer d'office, de ce magistrat, un avis qui puiss fixer le service sur le sort ultérieur de la saisie.

Les marchandises déposées au bureau, après la saisie, y seront conservées ave soin, à moins que le tribunal n'en ordonne l'apport au greffe.

Dans ce dernier cas, l'expédition s'en effectuera sous la garantie du plombage c d'un acquit-à-caution qui devra être souscrit par l'agent chargé du transport et dan lequel on stipulera l'obligation de le rapporter dans un bref délai, revêtu d'un certi ficat de réception des objets par le greffier du tribunal.

Après la solution du procès, les marchandises amenées au greffe seront réintégrée au bureau de la douane où la saisie en aura été opérée, à l'effet d'y être soumise à l'application du régime qui leur sera propre, selon qu'elles seront ou non frappées de prohibition à l'entrée. Ce renvoi devra être accompagné soit d'une expédition, soit d'un extrait authentique du jugement du tribunal. Si cette pièce n'était pas produite, les receveurs devraient la réclamer immédiatement près du procureur impérial.

Ou il y aura abstention de poursuites de la part du ministère public et de la partie lésée; ou le tribunal aura déclaré la saisie nulle pour défaut de fondement et ordonné la remise des marchandises au détenteur dépossédé; ou il aura ordonné la remise des marchandises à la partie lésée; ou enfin il aura prononcé la confiscation de ces mêmes marchandises.

Dans le premier cas, le receveur, après la notification reçue du ministère public, remettra la marchandise pour la destination indiquée dans la déclaration primitive au détenteur saisi contre son récépissé motivé et écrit sur papier timbré. Il conser vera ce récépissé pour la décharge de sa responsabilité.

Dans la seconde hypothèse, le receveur devra également, contre récépissé, remettre les marchandises aux mains de qui il aura été ordonné par le jugement dont ampliation ou extrait authentique sera entre ses mains. Ces marchandises demeureront soumises au régime sous lequel les plaçait la déclaration de l'importateur réintégré dans sa propriété.

Dans la troisième, la remise des marchandises s'opérera dans les mêmes conditions, avec cette seule différence que la confirmation de la saisie et l'attribution de propriété à un tiers faisant tomber la déclaration faite en douane par le premier détenteur, le nouveau propriétaire devra être admis à déposer une autre déclaration pour le transit, la réexportation, l'entrepôt ou la consommation, selon que le comportera d'ailleurs la nature des produits et le régime sous lequel la législation des douanes les place.

Enfin, quand le tribunal aura prononcé la confiscation des marchandises, les receveurs se concerteront avec leurs collègues des domaines pour que la vente soit effectuée sous le plus court délai possible et avec insertion, dans le cahier des charges, de la clause stipulant que la vente a lieu, suivant le cas, à charge du payement des droits de douane ou de réexportation et avec faculté, s'il y a lieu, de transit et d'entrepôt. La marchandise ne sera livrée à l'acquéreur que sous l'accomplissement préalable des dispositions qui précèdent.

Lorsque le jugement aura prescrit la destruction des marques, les receveurs des douanes devront veiller à ce que cette destruction ait lieu en présence soit du receveur des domaines s'il y a confiscation, soit en celle de la partie mise en possession de la marchandise, si telle est la destination donnée à cette marchandise. Les frais de cette opération rentreront dans les frais occasionnés par la saisie.

Les receveurs devront informer, sans délai, le procureur impérial qui aura été saisi de l'affaire, de l'exécution, en ce qui concerne la douane, des dispositions résultant des jugements intervenus.

Les frais dont l'avance aura été faite par la douane pour le procès-verbal, le transport des marchandises, s'il y a lieu, etc., seront liquidés, dans le jugement, a la charge de la partie condamnée. Les receveurs devront, à cet effet, fournir au ministère public un relevé exact et complet de ces frais de toute nature. (*Circ. adressée le 27 juin 1857 par le Ministre de là justice aux procureurs généraux, et Circ. de l'administration du 6 août suivant, n° 481.*)

CHAPITRE XXII

CHASSE, PÊCHE.

972. — Dans chaque département, il est interdit de mettre en vente, de vendre, d'acheter, de transporter et de colporter du gibier pendant le temps où la chasse n'est pas permise. (*Loi du 3 mai 1844, art. 4.*)

Les préposés de l'administration des douanes, sans être appelés à prendre part à l'ensemble de l'exécution de cette loi, ont cependant à y concourir dans une circonstance importante, au point de vue de l'ordre public.

L'interdiction *absolue* de vente, d'achat, de *transport* et de colportage du gibier dans toute l'étendue de la France, a en effet pour conséquence directe et nécessaire de modifier le tarif des douanes et de constituer une prohibition périodique et temporaire de l'*importation* du gibier étranger.

Le gibier doit donc suivre, à l'entrée en France, à la sortie et à la circulation dans le rayon frontière, le régime du *prohibé*, pendant le temps où la chasse n'est pas permise. Lorsqu'il a été déclaré au premier bureau d'entrée, la douane se borne à en refuser l'admission et à en assurer la réexportation immédiate, conformément à l'art. 4 du titre 5 de la loi du 22 août 1791. Si l'on enfreint ou tente d'enfreindre la prohibition, le service, s'abstenant de verbaliser en vertu des lois de douane, conduit le délinquant et le corps du délit devant le maire ou l'officier de police judiciaire le plus voisin, afin qu'il soit procédé, s'il y a lieu, pour l'application de la loi du 3 mai 1844. (*Circ. du 30 juin 1844, n° 2028, et Déc. du 2 août 1855.*) Vente, etc.; n° 279 du tabl. des Infr.

Le gibier saisi est remis, par les soins du magistrat, à l'établissement de bienfaisance de la localité. (*Déc. du 13 juin 1855.*)

La loi de douane sur le *prohibé* n'est pas applicable au gibier quand l'interdiction de la chasse n'a pour cause momentanée qu'un temps de neige. (*Déc. du 30 janvier 1847; Doc. lith., n° 175.*)

Les employés des douanes ne doivent point s'immiscer dans les délits en matière de chasse; la loi du 3 mai 1844 ne leur attribuant aucune action légale pour constater les infractions de l'espèce. (*Déc. du 7 décembre 1844.*)

Les grouses ou perdrix d'Ecosse sont admissibles en tout temps. (*Circ. du 21 décembre 1860, n° 716.*)

972 bis. — Des dispositions analogues à celles énoncées au n° 972 sont appliquées en vertu de la loi du 31 mai 1865, relative à la police de la pêche, et dont les art. 5 et 10 interdisent la pêche, la vente, l'achat, le transport et le colportage du poisson en temps prohibé. (*Circ. du 13 février* 1866, n° 1023.)

CHAPITRE XXIII

ARMES.

Après avoir été l'objet de dispositions successives dictées par les événements politiques et les circonstances de la guerre, les armes sont restées soumises aux mesures qui constituent la police permanente que la sûreté de l'État exige en tout temps. Le mouvement des armes du calibre de guerre dépend du Département de la guerre ; ce qui se rapporte aux armes défendues relève du Département de l'intérieur, chargé de la police générale ; les armes de chasse, de luxe ou de traite sont laissées au libre commerce. *V.* le ch. 24 pour la poudre à feu.

973. — *Fabrication, vente et classement des armes.* Est maintenue la déclaration royale du 23 mars 1728, portant : « Toute fabrique, commerce, vente, débit, achat, » port et usage des poignards, couteaux en forme de poignard, soit de poche, soit » de fusil, des baïonnettes, pistolets de poche, épées et bâtons, bâtons à ferrements » autres que ceux qui sont ferrés par le bout, et autres armes offensives, cachées et » secrètes, sont et demeurent, pour toujours, généralement abolis et défendus. En- » joignons à tous couteliers, fourbisseurs, armuriers et marchands de les rompre et » briser incessamment après l'enregistrement des présentes, si mieux ils n'aiment » faire rompre et arrondir la pointe des couteaux, en sorte qu'il n'en puisse arriver » d'inconvénients. » (*Décret du 12 mars* 1806, *et Loi du 14 juillet* 1860, *art.* 19; *Circ. du 29 mai* 1861, n° 763.)

Outre les pistolets de poche (1), sont particulièrement rangés parmi les armes secrètes et défendues : 1° les stylets ou poignards de toute sorte et les tromblons ou espingoles (*Code pénal, art.* 314) ; 2° les fusils et pistolets à vent (*Décret du 2 ni-vôse an XIV*) ; 3° les couteaux de chasse avec pistolets (*Déc. du Min. de la guerre du 16 juillet* 1844) ; 4° les machines meurtrières agissant par explosion ou autrement.

Toute personne peut se livrer à la fabrication ou au commerce des armes ou des pièces d'armes de guerre (2), en vertu d'une autorisation donnée par le Ministre de la

---

(1) Ainsi déterminée dès 1728 et 1806, la prohibition des pistolets de poche, revolvers ou autres, a été confirmée par l'ordonnance du 23 février 1837; mais cette défense ne s'applique pas aux pistolets fabriqués pour l'exportation, sous les conditions réglementaires. (*Décret du 26 août* 1865, *art.* 1er, *et Circ.* n° 1012.)

On ne considère comme *pistolet de poche,* arme défendue, que le pistolet dont la longueur n'est pas de plus de 298 millimètres, quelles que soient la forme et les autres dimensions de l'arme. (*Déc. du Min. de la guerre des* 11 *mai* 1837 *et* 29 *juin* 1839; *Circ. du* 18 *mai* 1858, n° 538.)

Mais, lorsqu'ils ont une longueur de 150 millimètres ou moins, les pistolets revolvers rentrent toujours dans la classe des armes secrètes et défendues. (*Même Circ.* n° 538, *et Circ. du* 13 *août* 1858, n° 545.)

Pour le transit des pistolets de poche, *V.* n° 538.

(2) Ou des pistolets de poche, revolvers ou autres. (*Décret du* 26 *août* 1865, *art.* 2.)

guerre et sous les conditions déterminées par la loi ou par les règlements d'administration publique.

Les armes ou les pièces d'armes de guerre fabriquées dans les établissements autorisés ne peuvent être destinées qu'à l'exportation, sauf le cas de commandes faites par le Ministre de la guerre pour le service de l'Etat. (*Loi du 14 juillet* 1860, *art.* 1er.)

L'administration fait connaître au service les fabriques autorisées. (*Circ. lith. du* 26 *décembre* 1861.)

Les armes de guerre, blanches ou à feu, sont celles qui servent ou qui ont servi à armer les troupes françaises ou étrangères.

Peut être réputée arme de guerre toute arme qui serait reconnue propre au service de guerre et qui serait une imitation réduite ou amplifiée d'une arme de guerre.

Les armes dites *de bord* ou *de troque* sont considérées comme armes de guerre et soumises aux mêmes règles (1). (*Loi du 14 juillet* 1861, *art.* 2.)

Objets assujettis au régime des armes :

Armes d'affût.	Les armes d'affût.	
	Les affûts.	
Armes à feu portatives.	Les fusils, pistolets, etc.	Lorsque ces armes ou pièces d'armes rentrent exactement dans la définition donnée par l'art. 2 de la loi du 14 juillet 1860.
	Les baguettes de fusils en métal.	
	Les baïonnettes.	
Armes blanches.	Les sabres et lames de sabres.	
	Les épées et lames d'épées.	
	Les haches d'abordage.	
	Les piques d'abordage.	
	Les cuirasses.	

(*Circ. du 6 janvier* 1862, n° 818.)

Le classement des armes de guerre ou de commerce rentre dans les attributions des contrôleurs d'armes. (*Circ.* n° 818.)

Il n'y a pas d'armes de guerre à plusieurs coups. L'arme de guerre a toujours une apparence de solidité que n'offre pas l'arme de chasse; elle est simple, ordinairement munie d'une baïonnette et la valeur est notoirement inférieure à celle des armes de fantaisie ou de commerce.

En cas de doute, on peut d'ailleurs user de tolérance s'il ne s'agit que d'un petit nombre d'armes. Dans le cas où il en serait présenté, au contraire, une quantité de quelque importance, sans permis du Ministre de la guerre, on devrait prélever des échantillons, pour les soumettre au jury d'expertise institué à la direction d'artillerie. V. n° 981. (*Circ. du 22 avril* 1862, n° 836.)

Le prix des armes doit être consulté pour la classification. Ainsi, celles qui, à raison de leur valeur élevée, ne peuvent être employées par les troupes, sont considérées comme armes de commerce, alors même qu'elles auraient les caractères qui distinguent les armes propres à la guerre. (*Déc. du 12 novembre* 1862.)

Quand les carabines de luxe sont pourvues de baïonnettes ou sabres-baïonnettes de guerre, on permet la séparation, et chaque pièce suit alors le régime qui lui est propre. (*Déc. du 14 juillet* 1862.)

Les pièces d'armes, brutes ou non, suivent le régime des armes, selon l'espèce, alors même que, pour l'application des traités de commerce, elles seraient rangées dans certaines classes d'ouvrages en métaux. (*Circ.* n° 885.)

Sont affranchis du régime des armes ou des munitions de guerre, les moules à

---

(1) Ce paragraphe ne s'applique pas aux armes de chasse destinées au commerce avec la côte d'Afrique; elles sont traitées comme armes de commerce. (*Circ.* n° 763.)

balles, les tire-balles et les balles de calibre, ainsi que les bois de fusils ou de pistolets achevés pour armes de guerre. En ce qui les concerne, il n'est pas besoin d'autorisation du Département de la guerre. (*Circ.* n° 818.)

Tout individu qui aura fabriqué, débité ou distribué des armes prohibées par la loi ou par des règlements d'administration publique, sera puni d'un emprisonnement d'un mois à un an et d'une amende de 16 fr. à 500 fr. (Fabrication, etc. n° 270 du tableau des Infr. Trib. correctionnel.)

Celui qui sera porteur desdites armes sera puni d'un emprisonnement de six jours à six mois et d'une amende de 16 fr. à 200 fr. (*Loi du 24 mai 1834, art.* 1er.) Port, etc.; n° 271 du tableau des Infr. Trib. correctionnel.

Tout individu qui, sans y être légalement autorisé, aura fabriqué ou confectionné, débité ou distribué des armes de guerre, blanches ou à feu, des cartouches et autres munitions de guerre (1), ou sera détenteur d'armes de guerre, cartouches ou munitions de guerre, ou d'un dépôt d'armes quelconques, sera puni d'un emprisonnement d'un mois à deux ans, et d'une amende de 16 fr. à 1,000 fr. (Fabrication, etc., n° 269 du tableau des Infr. Trib. correctionnel.)

La présente disposition n'est point applicable aux professions d'armurier et de fabricant d'armes de commerce, lesquels resteront seulement assujettis aux lois et règlements particuliers qui les concernent. (*Même Loi, art.* 3.)

974. — On considère comme armes *de commerce* les armes de toute espèce qui ne rentrent pas, soit dans la classe des armes de guerre, soit dans la classe des armes secrètes et défendues. *V.* n° 973.

Les armes enrichies d'or et d'argent sont soumises au droit de garantie. *V.* Livre XI, ch. 25.

Les armes à feu de fabrique française destinées pour le commerce doivent être poinçonnées sur le tonnerre des canons. (*Décret du 14 décembre* 1810.) Les employés des douanes ont ordre d'arrêter les armes non poinçonnées. (*Tarif, note* 440.)

975. — L'importation d'armes de guerre (blanches ou à feu) et de canons ou d'autres pièces d'armes de guerre est interdite, à moins qu'elle ne soit autorisée par le Ministre de la guerre. (*Loi du 14 juillet* 1860, *art.* 7.) (2).

Il en est de même à l'égard des munitions de guerre. (*Circ. du 10 avril* 1856, n° 368.)

---

(1) Pour l'application du tarif, on entend par *munitions de guerre* les matières ou objets qui se consomment subitement par suite de l'emploi des armes à feu : tels sont la poudre à tirer (*V.* ch. 24), les cartouches et les gargousses, les capsules de poudre fulminantes pour armes à percussion, les balles de calibre et les autres projectiles de guerre de toute sorte, boulets, bombes, obus, grenades, mitrailles, etc., ordinairement en fonte moulée. (*Loi du 21 avril* 1818.)

Les munitions de guerre, et particulièrement la poudre à tirer et les cartouches, sont soumises dans l'intérieur de la France au même régime de police que les armes de guerre.

Les balles autres que de calibre sont traitées, suivant la matière dont elles sont formées, comme ouvrage en plomb, en fer ou en fonte. (*Tarif, note* 668.)

En temps de guerre, les pierres pour armes à feu ont toujours été classées parmi les munitions; mais en temps de paix elles redeviennent marchandise de libre commerce. Le régime de ces pierres est étendu aux pierres dites pour briquets. (*Circ. manuscr. du 5 décembre* 1855.)

(2) Les armes de guerre ne peuvent être réimportées que sur autorisations spéciales délivrées par le Département de la guerre et qui parviennent aux directeurs par l'intermédiaire de l'administration. (*Circ. du 16 mai* 1859, n° 589.)

Le service des douanes ne doit laisser s'effectuer les opérations qu'autant qu'il en a reçu l'ordre de l'administration, à qui il est donné avis, par le Département de la guerre, des permis délivrés. (*Circ.* n° 763.)

Sont ouverts à l'importation et au transit des armes et des pièces d'armes de toute nature (de commerce ou de guerre), les bureaux de douane de Lille, Valenciennes, Jeumont, Strasbourg, Saint-Louis, Saint-Jean-de-Maurienne, Marseille, Perpignan, Bayonne, Bordeaux, Nantes, Rouen, le Havre, Boulogne, Paris et Lyon (*Décret du 20 avril 1861, art. 1er; Circ.* n° 763), Thionville (*Décret du 30 octobre 1861; Circ.* n° 809), Bellegarde (*Circ.* n° 836), Longwy (*Circ.* n° 879), Givet (*Circ.* n° 913.)

Peuvent seuls recevoir les armes ou les pièces d'armes de *guerre* de provenance étrangère, les entrepôts de douane de Strasbourg, Marseille, Bordeaux, Nantes, le Havre, Rouen, Boulogne, Paris et Lyon. (*Décret du 20 avril 1861, art.* 2.) Dunkerque et Saint-Nazaire pour les armes de guerre importées par l'un des bureaux désignés au paragraphe précédent. (*Circ.* n°ˢ 912 et 977.)

Les armes ou les pièces d'armes autres que de guerre, qui ont été reconnues comme telles à l'entrée par un bureau où il existe un contrôleur d'armes, peuvent être dirigées, sous les formalités ordinaires, sur tous les entrepôts ou sur tous les bureaux ouverts au transit, pour être livrées à la consommation après acquittement des droits, ou réexportées librement. (*Circ.* n° 763.)

Toutes les fois que les préposés auront à constater des contraventions en matière de douanes, soit en vertu de la loi du 13 fructidor an V, relativement à des poudres, *V.* n° 987, soit en vertu des lois des 22 août 1791, 4 germinal an II, 28 avril 1816 et 27 mars 1817, à l'égard des armes considérées comme *marchandises* prohibées ou tarifées à plus de 20 fr. par 100 kil., ils devront se borner à dresser procès-verbal, en vertu de ces mêmes lois de douanes, sans se préoccuper de l'application à faire de la loi du 24 mai 1834, *V.* n° 973; mais lorsque ces contraventions constitueront en même temps une infraction à la loi du 24 mai 1834, c'est-à-dire lorsqu'il s'agira *d'une tentative d'introduction illicite d'armes prohibées ou de poudres, ou d'un dépôt clandestin d'armes quelconques*, une ampliation dûment certifiée du procès-verbal sera, sans aucun retard, transmise, soit par le directeur, soit par le chef local, auquel, pour plus de célérité, il aura par avance délégué cette attribution, au chef du parquet de l'arrondissement, pour mettre ce magistrat en mesure de pouvoir, s'il le juge convenable, exercer l'action publique contre l'auteur ou les auteurs du délit. Le receveur provoquera en même temps devant la juridiction compétente les poursuites requises par les conclusions spéciales du procès-verbal, et les poudres et armes saisies continueront à rester à la disposition de la douane, à moins que le ministère public n'en requière l'apport temporaire au greffe, comme pièce de conviction dans les poursuites particulières qu'il exercerait; mais ces objets devront être, après jugement, réintégrés entre les mains de la douane. S'il s'élevait à cet égard des difficultés dans quelques localités, les directeurs en référeraient aussitôt à l'administration.

Dans les affaires où le ministère public aura été mis en mesure de poursuivre l'application de la loi du 24 mai 1834, il sera indispensable que, pour s'assurer de la propriété définitive des objets saisis, la douane fasse de son côté rendre un jugement avant toute transaction avec la partie. (*Circ. du 26 octobre 1843,* n° 1992.)

Les armes de guerre saisies par les employés des douanes sont immédiatement versées dans les arsenaux les plus voisins. L'expertise en est faite contradictoirement, en présence du sous-intendant militaire, entre les délégués du directeur d'artillerie et ceux du directeur des douanes. Le résultat de l'expertise est constaté par un procès-verbal, et la valeur des armes est acquittée de suite par le Département de la guerre et immédiatement portée en recette, pour figurer au bordereau n° 2, 1re partie, art. 4, 1re section. (*Circ. des 22 déc. 1822,* n° 772, *et* 20 *mai* 1850, n° 2386.)

Quand le Département de la guerre ne juge pas devoir recevoir les armes soi
payement immédiat de la valeur, elles sont restituées au service des douanes
vendues aux conditions de droit, par exemple de la réexportation, si elles soi
d'espèce prohibée. (*Déc. du 31 août 1846.*)

Lorsque des saisies d'armes offrent quelque importance et sont de nature à inté
resser plus ou moins l'ordre public, les directeurs doivent en informer le préfet d
leur département. (*Déc. du 22 novembre 1836.*)

976. — Les armes de commerce, *V.* n° 974, acquitteront, à leur entrée en France
le droit fixé par le tarif. Les parties détachées d'armes à feu, pouvant être réunie
acquitteront le droit auquel celles-ci sont imposées. (*Circ. du 13 février 1815.*)

À l'égard des vieux canons venant de l'étranger et déclarés pour la fonte, la douane
avant d'assurer leur destination, devra exiger qu'ils soient encloués et que l'on et
brise en outre quelques parties essentielles, telles, par exemple, que les tourillon.
qui retiennent la pièce sur son affût. (*Circ. du 29 mai 1820, n° 571.*)

Les directeurs des douanes donneront avis au Ministre de l'intérieur, à l'expiration
de chaque quinzaine, et par un état série E, de toutes les importations d'armes pour
quelque lieu que ce soit en France (1). (*Déc. min. du 29 juin 1818; Circ. du 6 juillet
suivant; Circ. du 4 novembre 1842, n° 1939, et Circ. du 29 mai 1861, n° 763.*)

977. — Les armes de guerre, les pièces d'armes de guerre et les munitions de
guerre, ne peuvent transiter ni être expédiées en mutation d'entrepôt ou en réexportation sans un permis du Ministre de la guerre (2).

---

(1) A cet effet, les receveurs rendent compte à leur directeur de toutes les importations de l'espèce. (*Circ. du 23 juillet 1817.*) L'état série E, n° 51 *bis*, adressé par le
directeur au Ministre de l'intérieur, indique la date et le numéro de l'acquit-à-caution, le point de destination ou de sortie, et autant que possible, les noms des véritables destinataires des armes, leur domicile, et, pour ce qui concerne Paris, la
mairie dans la circonscription de laquelle ce domicile est situé, à moins qu'il ne
s'agisse de l'entrepôt des douanes. On y désigne d'ailleurs exactement les noms des
soumissionnaires ou des personnes tierces chargées par commission de suivre ces
sortes d'opérations. (*Circ. du 7 août 1838, n° 1704; Circ. lith. du 20 avril 1842,*
Circ. des 4 novembre 1842, n° 1939, et 10 juillet 1860, n° 655.)

Cet état est divisé en deux parties : dans la première figurent les armes dont
l'acquittement des droits a lieu à la frontière même, et qui sont ensuite dirigées,
sous acquits-à-caution, sur les mairies de l'intérieur : la seconde comprend les armes
expédiées sur les entrepôts.

A la sortie d'entrepôt, si les droits sont acquittés, on procède, comme dans les
bureaux frontières, à la délivrance d'un acquit-à-caution, afin d'assurer la présentation de ces armes à la mairie de la résidence du destinataire. Si les armes sont
réexpédiées à l'étranger, on remet immédiatement au commissaire de police un avis
indiquant la quantité des armes, leur espèce, le bureau frontière qui les a primitivement expédiées, le numéro de l'acquit-à-caution, ainsi que le bureau par lequel la
sortie doit s'effectuer. Les chefs de service des entrepôts de l'intérieur adressent en
outre, chaque quinzaine, à M. le Ministre de l'intérieur, un relevé série E, n° 51 *ter*,
comprenant, d'une part, les armes qui sont entrées en entrepôt, de l'autre, celles
qui en sont sorties, soit pour la consommation, soit pour la réexportation. On doit,
le cas échéant, suppléer à l'envoi de ces états n° 51 *bis* et *ter*, par des certificats
négatifs. (*Circ. des 21 janvier 1843, n° 1955, et 15 juillet suivant, n° 1978, et Déc. du
23 avril 1851.*)

(2) Mais ce permis n'est pas obligatoire pour les armes destinées à l'armement des
navires, lorsque l'embarquement en est autorisé par l'administration de la marine.
V. n° 622. (*Déc. min. du 31 janvier 1862; Circ. lith. du 13 février suivant.*)

Pour les bureaux ouverts au transit, *V.* n° 975; les entrepôts, *V.* n° 975 (1).

Si l'exportation est interdite pour une destination, les permis de transit délivrés pour cette destination, antérieurement au décret qui prononce l'interdiction, sont annulés de droit. (*Loi du 14 juillet* 1860, *art.* 10.)

Le transit des armes du calibre de guerre doit s'accomplir dans les conditions énoncées au permis du Département de la guerre, et par les seuls points qui y sont désignés. (*Déc. du 4 juillet* 1851.)

Le renouvellement du permis du Département de la guerre n'est pas nécessaire en ce qui concerne les armes présentées au bureau de sortie, dans le délai fixé, pour le transit, par l'acquit-à-caution, et immédiatement réexportées. (*Déc. du 21 août* 1851.)

Toute entrée ou toute sortie d'armes de guerre, en transit, doit être immédiatement signalée par l'inspecteur sédentaire, le sous-inspecteur, ou à défaut par le receveur, à l'autorité chargée de la police locale (2). (*Circ. lith. du 30 juillet* 1849.) *V.* Livre V, n° 538.

978. — Le *cabotage* des armes de guerre, des munitions de guerre ou des pistolets de poche peut, sur la représentation du récépissé énoncé au n° 983, s'effectuer par tous les ports où il existe un bureau de douane. (*Circ.* n°⁵ 763 et 1012.)

A l'égard des armes, etc., qui sont la propriété de l'Etat et que les Départements de la marine ou de la guerre font expédier par mer, le permis ou récépissé n'est point nécessaire. (*Déc. du 17 février* 1843.)

979. — La découverte d'un dépôt d'armes et de munitions de guerre dans le *rayon des frontières* (*V.* Livre II) doit, indépendamment de la poursuite exercée par la police, être constatée en vertu des lois de douanes, afin d'assurer éventuellement l'application de ces lois, dans le cas où la nécessité en serait reconnue. (*Déc. du 17 janvier* 1856.)

980. — L'exportation (3) des armes ou des pièces d'armes de guerre est libre (4), sous les conditions déterminées par la loi ou par les règlements d'administration publique.

Néanmoins, un décret impérial peut interdire cette exportation par une frontière, pour une destination et pour une durée déterminées.

Quand l'exportation est interdite pour certaines destinations, les exportateurs

---

(1) Dunkerque et Saint-Nazaire sont ouverts à la réexportation des armes et pièces d'armes de toute sorte, d'origine étrangère, importées par l'un des bureaux désignés au n° 975. (*Circ.* n°⁵ 912 *et* 977.)

(2) Outre les renseignements nécessaires sur le nombre et l'espèce des armes, on indique si elles forment la totalité des quantités faisant l'objet de tel permis, ou s'il s'agit d'expéditions partielles. (*Circ. lith. du 30 juillet* 1849.)

(3) Les armes à feu, hors d'usage, appartenant à l'Etat, destinées à servir à la troque et régulièrement extraites des arsenaux de l'Etat, peuvent être dirigées soit sur la côte occidentale d'Afrique (*Déc. du 5 juillet* 1855), soit sur l'entrepôt de Saint-Denis (Ile de la Réunion), sous la condition, dans ce dernier cas, que l'arrivée dans cette colonie sera assurée par un acquit-à-caution. (*Déc. du 17 février* 1857.)

(4) La sortie des projectiles de guerre est défendue. (*Loi du 16 mai* 1863.)

Les capsules de poudre fulminante pour armes de chasse peuvent être exportées sans autorisation du Département de la guerre. (*Circ. du 8 septembre* 1856, n° 406.) *V.* n° 986.

Sont considérées comme capsules pour armes de guerre les capsules dont le tronc de cône a 0ᵐ0059 de diamètre à l'entrée. (*Déc. du Min. de la guerre du 13 juillet* 1858, *transmise le* 22.)

doivent, sous les peines portées par l'art. 4 du titre III de la loi du 22 août 1791, justifier de l'arrivée des armes à une destination permise, au moyen d'acquits-à-caution qui sont délivrés, au départ, par les soins de l'administration des douanes, et qui sont déchargés, à l'arrivée, par les agents consulaires de France (1). (*Loi du 14 juillet 1860, art.* 9.)

Pour les bureaux ouverts à l'exportation, *V.* n° 977.

Le Ministre de la guerre place dans chacun de ces bureaux, sous les ordres du chef local du service sédentaire des douanes (inspecteur, sous-inspecteur ou receveur principal), un contrôleur d'armes, qui procède, conjointement avec les agents des douanes, à la vérification et au classement des armes ou des pièces d'armes (2). (*Décret du 6 mars* 1861, art. 14.)

Pour les armes *à feu* de guerre d'origine française présentées à l'exportation, il y a lieu de distinguer suivant qu'elles proviennent des fabriques particulières ou des magasins de l'Etat. Dans le premier cas, elles peuvent sortir librement, toutes les fois qu'elles seront revêtues: 1° du poinçon d'exportation, 2° de la marque d'épreuve, 3° de la marque de fabrique; dans le second cas, l'exportation ne souffrira également aucune difficulté lorsqu'on justifiera d'une autorisation du Ministre de la guerre pour leur faire franchir la frontière. Les armes à feu extraites des magasins de l'Etat ne portent pas les poinçons d'exportation; mais elles sont revêtues du nom de la manufacture et de la marque particulière d'épreuve. Les armes blanches de guerre peuvent ainsi provenir soit des fabriques particulières, soit des magasins de l'Etat. Ni les unes ni les autres ne portent le poinçon d'exportation ou la marque d'épreuve; mais celles qui sont livrées par les fabriques particulières doivent être revêtues de la marque de la fabrique, et celles qui sont prises dans les magasins de l'Etat portent, gravé sur la lame, le nom de la manufacture d'où elles sortent et sont accompagnées d'un permis du Département de la guerre. (*Circ. du 29 mai* 1861, n° 763.)

---

(1) Ou sur la production d'un certificat de la douane étrangère du pays de destination, constatant que les armes ont été conduites à cette destination. (*Circ.* n° 763.)

(2) Les contrôleurs d'armes, qui, pour l'exercice de leur mission, ont à prêter serment devant le tribunal civil, doivent se tenir constamment à la disposition du chef de la visite pendant la durée des heures d'ouverture des bureaux; ils sont chargés de procéder conjointement avec les vérificateurs, et chacun pour ce qui les concerne, à la vérification et au classement des armes ou des pièces d'armes, à la reconnaissance des *marques de fabrique*, des *poinçons d'épreuve et d'exportation.* Ils doivent dresser acte de chacune de leurs opérations sur un registre ouvert à cet effet, coté et parafé par le juge de paix, et qui reste déposé au bureau de visite des douanes.

Les chefs locaux et les directeurs des douanes ont à apprécier dans leurs rapports généraux de service le concours de ces agents spéciaux, ainsi que leur conduite administrative et privée. Pour répondre au désir de S. Exc. le Ministre de la guerre, dont ils relèvent, il est en outre fourni à l'administration (première division, premier bureau), pour chacun d'eux, deux fois par an, au 1er juillet et au 1er janvier, en trois expéditions, des feuilles signalétiques rédigées dans la forme de celles relatives aux agents des douanes. Si, contre toute prévision, l'un ou l'autre des contrôleurs d'armes venait à se donner, soit dans sa conduite, soit dans son service, des torts d'une nature grave, il devrait en être rendu compte à l'administration par correspondance spéciale, afin de prendre, ou de provoquer au besoin auprès du Département de la guerre, telle mesure qu'il conviendrait.

C'est également par l'entremise de l'administration que les demandes de congé ou d'avancement formées par ces agents doivent, après avoir été revêtues de l'avis des chefs, parvenir au Ministère de la guerre. (*Circ.* n° 763.)

981. — Dans le cas où des doutes viendraient à se produire de la part du service et des contrôleurs d'armes, sur l'espèce, la classe, l'origine, la marque ou tout autre caractère des armes ou des pièces d'armes, il en serait référé au Ministre de la guerre, et il lui serait transmis, sous le double cachet de la douane et des intéressés, des échantillons de ces armes ou pièces d'armes que l'on retiendrait jusqu'à sa décision, sans que les intéressés puissent prétendre à aucune indemnité. (*Décret du 6 mars 1861, art. 15.*) Si les intérêts du Trésor ou de la répression, au point de vue de la législation des douanes, se trouvaient engagés, il serait rédigé un acte conservatoire.

Lorsqu'il y aura lieu ainsi à la frontière de procéder au prélèvement d'échantillons, ces échantillons seront adressés directement au Département de la guerre, *direction de l'Artillerie, rue Saint-Dominique*, nᵒ 86. Mais il sera rendu compte des faits par l'entremise des directeurs, première division, premier bureau, dans le plus bref délai, et l'administration se chargera de soumettre la question à décider au Département de la guerre. Les colis renfermant les échantillons seront revêtus d'un numéro, du nom du bureau où ils ont été prélevés et de la date du prélèvement, et ces indications seront reproduites soigneusement dans le rapport qui me sera adressé. C'est par l'entremise de l'administration que la décision du Département de la guerre sera notifiée au bureau où la contestation se sera produite.

Les frais de transport des échantillons seront réglés suivant ce qui se pratique à l'égard des échantillons transmis à l'administration pour être soumis à l'expertise légale. (*Circ. nᵒ 763.*)

982. — Dans les bureaux où sont établis des contrôleurs d'armes, les agents des douanes signeront avec eux les procès-verbaux qu'ils seraient dans le cas d'avoir à rédiger pour constater, soit la non-apposition de marques de fabrique, soit l'absence de poinçonnage ou de marque d'exportation, soit la contrefaçon du poinçon d'épreuve ou du poinçon d'exportation et l'usage frauduleux des poinçons contrefaits, soit, enfin, tout autre infraction. Ces procès-verbaux, qui seront rédigés *au nom de la loi* sans autre préambule, seront remis immédiatement avec le corps du délit, s'il y a lieu, au ministère public, et il sera référé de ces constatations sous le timbre du contentieux à l'administration, en lui adressant une double copie des procès-verbaux, dont l'une sera transmise par ses soins au Département de la guerre.

Il demeure entendu que les contraventions pour fausses déclarations dans la nature, l'espèce ou la quantité des armes présentées à l'entrée ou à la sortie, ou pour infraction aux autres prescriptions des lois en matière d'armes, seront constatées et poursuivies dans les formes ordinaires. Les contrôleurs d'armes devront figurer dans les procès-verbaux se rattachant aux constatations de douane auxquelles ils sont appelés à prendre part. (*Circ. nᵒ 763.*)

983. — Les armes ou pièces d'armes de guerre ne peuvent sortir des établissements autorisés ni circuler sur le territoire de l'Empire, sans que, au préalable, la déclaration en ait été faite, par écrit, au préfet du département ou au préfet de police, pour le ressort de sa préfecture, huit jours avant le départ des armes ou des pièces d'armes. Le préfet peut réduire ce délai.

La déclaration d'expédition énonce le nombre, l'espèce et le poids des armes ou des pièces d'armes de guerre, l'itinéraire qu'elles doivent suivre, le délai dans lequel elles doivent être rendues à destination, enfin le bureau de douane par lequel elles seront exportées, si elles sont destinées à l'exportation immédiate.

Le préfet délivre un récépissé sur lequel sont reproduites les énonciations de la déclaration. Il peut, dans l'intérêt de la sûreté publique, modifier l'itinéraire déclaré.

Le récépissé accompagne les armes ou les pièces d'armes de guerre jusqu'à la destination déclarée. Les conducteurs ou agents des transports sont tenus de le produire à toute réquisition de l'autorité civile ou militaire, et de le déposer à la mairie du lieu de destination, dans les vingt-quatre heures de l'arrivée de l'expédition.

Les dispositions qui précèdent sont applicables aux expéditions par cabota
d'armes ou de pièces d'armes de guerre. (*Décret du 6 mars 1861, art.* 18.)

Le service des douanes se fait produire les récépissés des préfets, soit au dépar
soit à l'arrivée, en ayant soin de les laisser aux mains des conducteurs ou exp
diteurs. Si les délais de transport déterminés étaient périmés, on devrait, avant
recevoir les déclarations, exiger que les récépissés fussent présentés au préfet d
département où se trouve la douane frontière, et revêtus par ce fonctionnaire d'un
autorisation de passer outre. (*Circ.* n° 763.)

984. — Les directeurs et, en cas d'urgence, les chefs locaux des douanes, auron
à obtempérer à toutes réquisitions de l'autorité militaire, soit qu'il s'agisse de r
cevoir dans les entrepôts de douane, même ceux qui ne sont pas désignés au n° 97
des armes ou pièces d'armes de guerre existant entre les mains des fabricants o
des commerçants, soit, au contraire, qu'il s'agisse de faire transférer dans le
locaux, citadelles, forts ou forteresses appartenant au Département de la guerre, de
armes existant dans les entrepôts de douanes. Dans ce dernier cas, le transpor
des armes ou des pièces d'armes de guerre de l'entrepôt sur les citadelles désignée
par l'autorité militaire a lieu sous la garantie du plombage et d'un acquit-à-cautio
descriptif. Les armes demeurent sous les liens de l'acquit-à-caution pendant tout
la durée du dépôt. La même expédition, qui sera libellée en conséquence, sert
assurer la réintégration ultérieure dans l'entrepôt des douanes. Pour la garantie e
la régularité du retour à l'entrepôt, les colis dont les plombs de douane auraient été
coupés, soit à l'arrivée, soit pendant le séjour dans les bâtiments de la guerre, seron
scellés du cachet officiel du commandant militaire.

Lorsque les bâtiments de la guerre sont situés dans la même localité que l'en
trepôt, les dispositions qui précèdent cessent d'être obligatoires. Les armes son
conduites sous escorte dans le lieu du dépôt, d'où elles ne peuvent sortir que sur l
présentation d'un permis de douane et pareillement sous escorte. (*Circ.* n° 763.)

985. — L'importation, dans le cas où elle est autorisée ou ordonnée par le Ministre
de la guerre, l'exportation et le transit, ainsi que la circulation et le dépôt des
armes ou des pièces d'armes de guerre, dans le rayon des frontières, restent soumis
aux dispositions législatives ou réglementaires sur les douanes. (*Loi du 14 juillet
1860, art.* 11.)

CHAPITRE XXIV

POUDRES A FEU OU A TIRER.

La poudre à tirer est, comme principal agent de destruction, fabriquée, gardée ou
distribuée sous la surveillance du Gouvernement. L'importation en est défendue, la
sortie en est subordonnée aux circonstances et aux besoins de la guerre; la circulation et le dépôt dans l'intérieur ne peuvent avoir lieu sans permission. Sous tous
ces rapports, une police spéciale était indispensable, et la loi du 13 fructidor an V
l'a créée.

Une ordonnance du 25 mars 1818, relative à la fabrication et à la vente des poudres,
a réglé les attributions de l'administration des contributions indirectes.

Les douanes ont à concourir à l'exécution de presque toutes les mesures qui se
rapportent à la police des poudres.

986. — La fabrication et la vente des poudres à feu (1) sont interdites à tous les citoyens autres que ceux qui sont spécialement autorisés. (*Loi du* 13 *fructidor an V, art.* 24.)

La vente des poudres de chasse, de mine et de commerce est exclusivement exploitée par la direction générale des contributions indirectes. Il en est de même de la vente des poudres de guerre destinées aux armements du commerce maritime et à la consommation des artificiers patentés. (*Ord. du* 25 *mars* 1818, *art.* 1er.)

Ceux qui font fabriquer illicitement de la poudre à feu sont condamnés à 3,000 fr. d'amende. La poudre, les matières et ustensiles servant à la confection sont confisqués. (*Loi du* 13 *fructidor an V, art.* 27.)

Tout individu qui, sans y être légalement autorisé, fabrique, débite ou distribue de la poudre, ou est détenteur d'une quantité quelconque de poudre de guerre, ou de plus de 2 kil. de toute autre poudre, est puni d'un emprisonnement d'un mois à deux ans, sans préjudice des autres peines portées par les lois. (*Lois des* 13 *fructidor an V, art.* 24 *et* 28, *et* 24 *mai* 1834, *art.* 2.) Détention, etc.; n° 264 du tableau des Infr. Tribunal correctionnel.

Les dispositions des art. 222, 223, 224 et 225 de la loi du 28 avril 1816, sont applicables à la fabrication illicite, au colportage ou à la vente, sans permission, des poudres à feu. (*Loi du* 25 *juin* 1841, *art.* 25.) V. n° 2125. Fabrication illicite, etc.; n° 262 du tabl. des Infr. Trib. correctionnel.

Une loi de 1858 détermine des peines spéciales au sujet de la poudre fulminante.

Les art. 24, 27 et 28 de la loi du 13 fructidor an V, qui prohibent la fabrication et la vente des poudres, et l'art. 2 de la loi du 24 mai 1834, qui a sanctionné cette prohibition par de nouvelles peines, s'appliquent nécessairement à la fabrication et à la vente de la poudre-coton (2). (*Circ. du garde-des-sceaux aux procureurs généraux du* 14 *décembre* 1846.)

Pour les saisies de poudres et au sujet des primes d'arrestation de délinquants, V. le n° 994.

---

(1) La fabrication, la détention et la vente de la poudre fulminante sont interdites par une loi spéciale de 1858.

La poudre fulminante, assimilée à la poudre à tirer, est prohibée à l'entrée et à la sortie; et l'embarquement, en quelque faible quantité que ce soit, en est défendu à cause des dangers qu'elle présente. (*Lettre du Min. de l'intérieur du* 20 *octobre* 1823.) Mais les capsules de poudre fulminante, qui peuvent sortir en franchise, V. n° 980, peuvent être traitées, pour la vente, comme la poudre de chasse, sans qu'il soit besoin d'un permis spécial, attendu que leur transport ne présente pas les mêmes dangers que la poudre fulminante empaquetée. (*Déc. du* 7 *mai* 1824.)

(2) La même interdiction est absolue aussi en ce qui touche la possession, et, par suite, le transport de ces matières, qui seraient, dans tous les cas, saisissables comme provenant d'une fabrication illicite : on pourrait d'ailleurs les considérer comme poudre de guerre, et la loi du 24 mai 1834 dispose (art. 2) que tout individu qui sera détenteur d'une quantité quelconque de poudre de guerre sera puni d'un emprisonnement d'un mois à deux ans, sans préjudice des autres peines portées par les lois. On ne doit donc rien négliger pour réprimer la fabrication, la vente, la possession, la détention et le transport des nouvelles espèces de poudre. Comme le coton, le papier, la sciure de bois, etc., ne présentent pas, après la préparation, un changement sensible à la vue, les employés, en cas de doute sur la nature de la substance qu'ils vérifieront, n'auront qu'à en détacher une parcelle et à y mettre le feu avec précaution; si l'explosion a lieu instantanément et sans laisser de résidu, la contravention sera prouvée, et ils la constateront. (*Circ. de l'Adm. des contrib. indirectes du* 25 *janvier* 1847.)

Il est défendu aux gardes des arsenaux de terre ou de mer, à tous militaires, ouvriers et employés dans les poudreries, de vendre, donner ou échanger aucune poudre sous peine de destitution et d'une détention d'après les lois. (*Loi du 13 fructidor an V, art.* 29.)

Si les poudres de chasse laissées en douane dans l'un des cas prévus au chapitre 19 du présent Livre ne peuvent être vendues régulièrement comme toute marchandise, c'est à la direction des poudres et salpêtres qu'il appartient de les recevoir moyennant le prix du salpêtre. (*Déc. du 4 juin* 1856.) *V.* n° 987.

Les poudres de chasse de toute espèce ne sont vendues qu'en rouleaux ou paquets d'un demi, d'un quart et d'un huitième de kilo.

Chaque rouleau est formé d'une enveloppe de plomb et revêtu d'une vignette indiquant l'espèce, le poids et le prix de la poudre; il est fourni ainsi confectionné par la direction générale des contributions indirectes. Dans aucun cas le poids de l'enveloppe ne se compte dans le poids de la poudre.

Les poudres de mine, de commerce extérieur et de guerre pour les armateurs et les artificiers patentés, ne sont point pliées et continuent d'être vendues en barils, comme par le passé, dans les principaux établissements de vente; les barils qui les renferment portent la marque et le plomb de la direction générale des contributions indirectes. (*Ord. du 25 mars* 1818, *art.* 5 *et* 6.)

987. — *Importation.* L'introduction en France des poudres à feu (1) est interdite. (*Loi du 13 fructidor an V, art.* 21.)

Elle est punie des peines déterminées par les lois relatives aux importations de marchandises prohibées. *V.* Livre III. (*Décret du* 1er *mars* 1852, *art.* 1er; *Circ. du* 20, n° 17.)

Il suit de là qu'en cas de saisie de poudres à feu et d'autres marchandises prohibées on ne doit requérir l'application que d'une seule et même amende. (*Déc. du* 18 *juin* 1852.) *V.* n° 975.

Les contraventions ou les fraudes sont constatées à la requête des douanes. (*Déc. du* 8 *mars* 1839; *Doc. lith.*, n° 40.)

Les capitaines de navires, de quelque lieu qu'ils viennent, à leur entrée dans les ports maritimes, sont obligés, dans les vingt-quatre heures, de faire au bureau des douanes, ou, à défaut, au commissaire de la marine, la déclaration des poudres qu'ils ont à bord (2) et de les déposer, dans le jour suivant, *dans les magasins de l'État ou de la régie*, sous peine de 500 fr. d'amende. Ces poudres leur sont rendues à la sortie desdits ports. (*Loi du 13 fructidor an V, art.* 31; *Ord. du* 19 *juillet* 1829, *art.* 7.) Défaut de déclaration; n° 37 du tabl. des Infr. Trib. de paix.

Le service doit rappeler aux capitaines prêts à reprendre la mer qu'ils sont tenus de rembarquer leurs poudres, à moins que, dans un port ouvert au prohibé, ils ne déclarent les placer sous le régime de l'entrepôt ou qu'ils n'en fassent l'abandon par écrit.

Dans le cas où, à raison de circonstances exceptionnelles, ces dispositions n'auraient

---

(1) On ne distingue pas, à l'entrée, entre les poudres de guerre, de chasse, de traite, etc. (*Tarif. note* 669.)

Les capsules de poudre fulminante sont prohibées à l'entrée. (*Loi du 9 juin* 1845.)

Les cartouches et les gargousses suivent, tant à l'entrée qu'à la sortie, le régime de la poudre à tirer.

Pour la poudre fulminante, *V.* n° 986.

(2) Cette déclaration est indépendante de ce que doit contenir le manifeste (*V.* le Livre *Importations*), dont l'obligation et les garanties restent les mêmes pour les poudres que pour les autres marchandises. *V.* d'ailleurs le Livre IX, n° 622.

pu être suivies, on appliquerait les prescriptions du premier paragraphe de l'art. 22 de la loi du 9 février 1832. *V.* n° 316, § 1er.

Le dépôt provisoire des poudres dans les bâtiments de l'Etat ou de la régie ne donne lieu ni à un droit de magasinage, ni à aucun droit de réexportation pour celles qui jouissent du bénéfice du régime de l'entrepôt. Bien que restant placées dans des magasins spéciaux, elles donnent lieu, de la part de la douane, à des écritures de dépôt ou d'entrepôt, comme toute autre marchandise, et font l'objet de permis. (*Circ. man. du 15 décembre* 1857.)

Les poudres abandonnées par écrit, et ainsi devenues la propriété de l'Etat, sont immédiatement livrées aux arsenaux, sous la seule condition que le service des poudres et salpêtres payera les frais de transport du lieu de dépôt à la poudrerie et délivrera un reçu authentique pour la décharge du receveur des douanes. (*Déc. min. du 12 août* 1858, *transmise le* 28.)

Les poudres prises sur l'ennemi par les vaisseaux ou bâtiments de mer sont, à leur arrivée dans les ports de France, déposées dans les magasins de la marine, si elles sont bonnes à être employées pour le service, et, dans ce cas, le Ministre de ce Département les fait payer au même prix que celles qu'il reçoit de l'administration des contributions indirectes; mais, si les poudres prises, après vérification contradictoirement faite, ne sont pas admissibles pour le service de la marine, elles sont versées dans les magasins de la direction des poudres et salpêtres, qui les paye à raison de la quantité de salpêtre qu'elles contiennent et au prix auquel est fixé celui des salpêtriers. (*Loi du 13 fructidor an V, art.* 32; *Ord. du 25 mars* 1818.)

988. — *Exportation.* La sortie de France des poudres à tirer (1) est interdite (2). (*Lois des* 11 *mars* 1793, *art.* 2, *et* 19 *thermidor an IV.*)

Les armateurs de navires peuvent être approvisionnés de la quantité de poudre de guerre qui leur est nécessaire en raison du nombre de leurs armes à feu. Cet approvisionnement a lieu sur des états certifiés par le commissaire de la marine du lieu de l'embarquement. (*Loi du 13 fructidor an V, art.* 20; *Ord. du 19 juillet* 1829, *art.* 1er.)

C'est la régie des contributions indirectes qui fournit exclusivement aux armateurs et négociants, sur leur demande : 1° les poudres de chasse ou de guerre ainsi destinées à l'armement et au commerce maritime ; 2° les poudres de chasse pour l'exportation par la voie de terre (3). (*Ord. du 19 juillet* 1829, *art.* 1er.)

Les délivrances de poudres sont certifiées par des acquits-à-caution sur lesquels les préposés des contributions indirectes constatent les quantités et les espèces de poudres fournies. (*Même Ord., art.* 4.)

---

(1) La sortie des capsules de poudre fulminante pour armes de chasse n'est soumise à aucune restriction; mais les capsules de poudre fulminante pour armes de guerre ne peuvent être exportées qu'avec l'autorisation du Département de la guerre. (*Circ. du 8 septembre* 1856, n° 406.) *V.* n° 980.

Pour la poudre fulminante, *V.* n° 986, et pour les cartouches, etc., le n° 987.

(2) Aucune loi spéciale n'ayant déterminé les peines civiles encourues en cas d'exportation illicite de poudres, les lois générales de douanes sont applicables.

Il suit de là qu'en cas de saisie de poudre à feu et d'autres marchandises prohibées, on ne doit requérir la condamnation qu'à une seule et même amende.

Les contraventions ou les fraudes sont, comme à l'importation, *V.* n° 987, constatées à la requête des douanes. (*Déc. du 8 mars* 1839; *Doc. lith.,* n° 40.)

(3) Ainsi l'exportation par les frontières de terre est généralement interdite pour les poudres dites de *commerce extérieur*, c'est-à-dire celle de guerre et celle de traite. (*Circ. du 7 août* 1829, n° 1179.)

Lors de l'embarquement ou de la sortie des poudres, les préposés des douanes veillent à ce que la totalité des poudres énoncée dans les acquits-à-caution soit exportée, ce dont les armateurs et négociants justifient par la remise desdits acquits aux préposés des contributions indirectes, qui en donnent reçu. (*Même Ord., art.* 5.)

Il en est de même à l'égard de la poudre de guerre que l'on destine à être exportée à l'état de pièces d'artifice. (*Circ. du* 17 *avril* 1865, n° 992.)

Pendant l'intervalle qui s'écoule entre la délivrance des poudres et leur exportation par mer, les armateurs et négociants sont tenus, sous peine de 500 francs d'amende, conformément à l'article 31 de la loi du 13 fructidor an V, de les déposer dans les magasins de l'État à ce destinés; elles y restent jusqu'au jour de la sortie des bâtiments sur lesquels elles doivent être embarquées. Il en est de même pour les poudres qui rentrent dans les ports de France après leur expédition maritime. (*Même Ord. de* 1829, *art.* 7.)

989. — Les poudres destinées à être exportées par la voie de terre ne peuvent sortir que par les bureaux principaux de douane placés en première ligne.

Elles restent dans les magasins des entrepôts (de la régie), jusqu'à leur expédition au bureau de la frontière.

Le délai et la route à suivre pour leur sortie de France sont fixés par les acquits-à-caution.

Elles ne peuvent plus rentrer en France. (*Même Ord., art.* 8.)

990. — Les armateurs et négociants prendront, pour le chargement et le transport des poudres qui leur seront délivrées, toutes les précautions nécessaires pour prévenir les accidents qui pourraient compromettre la sûreté des personnes et des habitations.

Les barils de poudre seront bien assujettis sur les voitures, de manière que le mouvement de celles-ci ne puissent jamais les faire frotter les uns contre les autres. Ils y seront liés avec des cordes et non avec des chaînes.

Les voitures chargées de poudre ne marcheront jamais plus vite que le pas et sur une seule file.

On ne souffre à leur suite ni feu, ni lumière, ni aucun fumeur. On écarte les pierres et métaux qui peuvent produire des étincelles.

On fait passer les transports de poudre, autant que possible, en dehors des communes, et, lorsqu'on est forcé de faire entrer les voitures dans les villes, on requiert la municipalité de faire fermer les ateliers où il se fait du feu. Si la route est sèche, on fait arroser les rues par où l'on doit passer.

Les voitures chargées de poudres ne stationnent jamais dans les villes, bourgs ni villages; on les fait parquer au dehors, dans un lieu isolé des habitations, convenable, sûr et reconnu à l'avance.

Les personnes pour le compte desquelles les poudres sont transportées demeurent responsables des accidents provenant du défaut de précaution, sauf leur recours contre qui de droit. (*Règlement du* 24 *septembre* 1812, *et même Ord., art.* 9.)

991. — Les poudres livrées pour le service des armements maritimes ou pour l'exportation par la voie de terre doivent être consommées ou vendues hors du territoire français. Toute vente, consommation ou réintroduction à l'intérieur en sont défendues. (*Même Ord., art.* 10.)

992. — Les négociants, armateurs et tous autres qui conservent dans leurs magasins, à l'intérieur, plus de 2 kilog. (*Loi du* 24 *mai* 1834, *art.* 2) des poudres qui leur ont été délivrées pour l'exportation, sont condamnés à une amende de 500 fr.

Les poudres seront confisquées et déposées dans les magasins de l'État, le tout conformément à l'art. 28 de la loi du 13 fructidor an V. (*Même Ord., art.* 11.)

993. — *Circulation.* Tout voyageur ou conducteur de voitures qui, *en deçà* du rayon frontière soumis à la police des douanes, porte plus de 2 kilog. (*Loi du* 24 *mai* 1834, *art.* 2) de poudre sans pouvoir justifier de leur destination par un passeport de l'autorité compétente (la régie des contributions indirectes), revêtu du visa de la municipalité du lieu de départ, doit être arrêté et condamné à une amende de 20 fr. 44 c. par kilogramme de poudre saisie, avec confiscation de la poudre, des chevaux et voiture. Si le conducteur n'a pas eu connaissance de la nature du chargement, il a son recours contre le chargeur qui l'aurait trompé et qui est tenu de l'indemniser. (Transport, etc.; n° 263 du tableau des Infr. Trib. correct.)

Cette disposition s'étend aux poudres à l'état de cartouches. (*Circ. du 8 décembre 1863, n° 936.*)

Néanmoins, dans la distance de deux myriamètres des frontières (1), les particuliers restent soumis à tout ce qui est prescrit par les lois de douanes pour la circulation dans cette étendue. (*Loi du 13 fructidor an V, art. 30.*)

La circulation des poudres *dans la ligne des douanes* est permise avec les acquits-à-caution de la régie, sous la condition de les présenter et de les faire viser par tous les bureaux de douane de la route.

Les poudres munies de ces expéditions et transportées sous le plomb de la régie sont exemptes de visite. Les préposés ne peuvent que vérifier l'état des plombs, le nombre et, s'il y a lieu, le poids des colis, sans les ouvrir ni les sonder.

Cependant, ils ne doivent pas négliger de reconnaître, par les moyens laissés à leur disposition, si on n'abuse pas de la confiance de la régie pour substituer aux poudres d'autres marchandises, et, lorsqu'il s'élève des soupçons de fraude, ils en demandent la visite, en y appelant le principal préposé des contributions indirectes, qui prend les précautions nécessaires pour prévenir les accidents ou la détérioration des poudres. (*Circ. du 17 août 1811; Circ. manusc. du 19 octobre 1826.*)

994. — *Saisies et primes d'arrestation.* La régie des contributions indirectes demeure spécialement chargée de l'exécution des décrets des 24 août 1812 et 16 mars 1813 (2), relatifs à la recherche et saisie des poudres, soit étrangères, soit fabriquées hors des poudreries du Gouvernement, qui pourraient circuler ou être vendues en fraude sur le territoire français. (*Ord. du 25 mars 1818, art. 4.*)

La régie des contributions indirectes, aussitôt qu'elle a connaissance d'un des faits prévus par l'art. 2 de la loi du 24 mai 1834, *V.* n° 986, en informe immédiatement le chef du parquet de l'arrondissement, en lui transmettant les procès-verbaux rédigés par ses agents, afin qu'il examine s'il y a lieu d'intenter l'action publique. Dans le cas où ce magistrat ne croit pas devoir prendre ce parti, il en donne sur-le-champ avis aux agents supérieurs des contributions indirectes, en leur renvoyant les procès-verbaux, pour que ces agents y donnent, dans l'intérêt de l'administration, la suite qu'il paraît convenable. (*Lettre du Min. de la justice aux procureurs généraux du 9 octobre 1835.*)

Mais la régie n'est pas chargée d'une manière absolue de la poursuite de ces affaires; c'est un soin qui ne lui est dévolu qu'en ce qui concerne les saisies effectuées dans l'*intérieur*. Celles qui ont lieu à l'importation, à l'exportation ou à la circulation dans le rayon des frontières, sont poursuivies à la requête des douanes (*Loi du 13 fructidor an V, art.* 30; *Circ. du 2 novembre 1812; Décret du 16 mars 1813, art.* 2; *Déc. du 8 mars 1839; Doc. lith., n° 40, et Déc. du 10 janvier 1840.*)

Dans ce cas, les employés des douanes suivent, à l'égard du ministère public, les prescriptions de la lettre du Ministre de la justice du 9 octobre 1835, et se bornent

---

(1) La loi du 8 floréal an XI a, par son art. 81, fixé à deux myriamètres l'étendue de territoire dans laquelle la police de circulation doit être exercée par le service des douanes. (*V. Livre* II.)

(2) Les dispositions de ces décrets, qu'il importe aux douanes de connaître, sont rapportées dans la présente section.

à poursuivre les condamnations civiles prononcées par les lois de douanes sur le prohibé. (*Déc. des 30 janvier 1839 et 18 décembre 1855.*)

Pour les poursuites à exercer, *V.* n° 975.

Les instances relatives aux fraudes et contraventions constatées à la requête de la régie des contributions indirectes sont portées devant les tribunaux de police correctionnelle. (*Décret du 16 mars 1813, art. 4.*)

Les préposés des douanes ou toutes autres personnes qui arrêtent ou concourent à faire arrêter les individus qui se livrent à la fabrication illicite des poudres à feu, qui en vendent en fraude à leur domicile ou qui en colportent, qu'ils soient ou non surpris à vendre, reçoivent, quelque soit le nombre des saisissants, une prime de 15 fr. par chaque individu arrêté. (*Ord. des 17 nov. 1819, art. 1er, et 5 oct. 1842.*) (1).

Cette prime est toujours partagée par tête, sans acception de grade et sans que, sur son montant, il puisse être fait déduction d'aucuns frais. (*Même Ord., art. 2.*)

Les poudres saisies sont, dans tous les cas et dans les vingt-quatre heures de la saisie, déposées dans les magasins de la régie des contributions indirectes et payées aux saisissants à raison de 3 fr. par kilogramme, sans distinction de qualité (2). (*Même Ord., art. 3; Déc. du 28 mai 1838; Doc. lith., n° 6; Circ. du 20 mars 1852, n° 17.*)

Pour la répartition du produit des saisies, *V.* n° 1169, saisies à la requête des douanes (importation, exportation, circulation dans le rayon), et n° 1170, saisies à la requête des contributions indirectes (fabrication, vente, colportage, circulation en deçà du rayon).

Les frais relatifs à des saisies de poudres ne sont, quels qu'ils puissent être, imputés que sur le produit de l'amende ou de la vente des autres objets confisqués. En cas d'insuffisance, ils demeurent à la charge de la régie des contributions indirectes (3). (*Même Ord., art. 5.*)

CHAPITRE XXV

OUVRAGES D'OR ET D'ARGENT.

Les ouvrages d'or et d'argent, soit d'orfèvrerie, soit de bijouterie, sont imposés par le tarif des douanes à des droits tant à l'entrée qu'à la sortie.

---

(1) Cette prime est allouée aux préposés des douanes qui arrêtent des porteurs de poudre sur la frontière et à l'importation. Toutefois, par assimilation à ce qui se pratique en matière de *tabacs*, la prime dont il s'agit ne sera considérée comme acquise aux capteurs que lorsque la quantité de poudre saisie sera au moins de 50 décagrammes. Elle pourra pourtant être accordée pour les quantités inférieures à 50 décagrammes, mais seulement lorsque le procès-verbal établira qu'il y a eu précédemment, de la part du contrevenant, tentative répétée de plusieurs introductions minimes constatées, dans un court intervalle de temps, par les préposés des douanes qui auront procédé à son arrestation. (*Circ. du 30 janvier 1843, n° 1957.*)

(2) L'ordonnance exempte cette valeur de tout prélèvement de frais et elle prescrit que le payement, soit de la prime pour arrestation, soit du prix de la poudre, s'effectue à l'instant même où le dépôt se fait dans les magasins de la régie. (*Circ. du 2 juin 1820, n° 576.*)

(3) Cette disposition ne s'applique pas aux saisies faites à l'importation, à l'exportation ou pour contravention aux lois de douanes. Dans ce cas, les frais sont à la charge de l'administration des douanes lorsqu'ils tombent en non-valeur. (*Circ. du 22 janvier 1829, n° 1141, et Déc. du 8 mars 1839.*)

Ils sont de plus assujettis à un droit de garantie établi par la loi du 19 brumaire an VI, et au contrôle qui a pour objet de constater que le métal qui entre dans le commerce est réellement du métal précieux au titre légal.

L'application du tarif d'entrée et de sortie est exclusivement confiée aux douanes. Quant aux contrôles des matières d'or et d'argent, il concerne l'administration des monnaies relativement à la partie d'art et au maintien de l'exactitude des titres, et, pour le recouvrement des droits de garantie, à la régie des contributions indirectes ; mais les douanes sont appelées à concourir à l'exécution des mesures prescrites :

1° En empêchant l'importation frauduleuse de tous les objets qui sont passibles du droit de garantie ;

2° En n'appliquant le droit d'entrée qu'après avoir assuré la présentation des objets venant de l'étranger à l'un des bureaux de garantie désignés par l'ordonnance du 3 mars 1815 ;

3° En constatant dans les formes prescrites la sortie des ouvrages de fabrication française pour lesquels on réclame, en vertu de l'art. 25 de la loi du 19 brumaire an VI, la restitution des deux tiers du droit de garantie.

995. — *Importation.* Indépendamment des taxes de douane, l'orfévrerie et la bijouterie sont soumises au régime de contrôle établi pour les similaires de fabrication nationale, et acquittent, sur la même base que ceux-ci, les droits de marque et de garantie. Il y a lieu également, pour ce qui concerne la marque de fabrication dont l'orfévrerie et la bijouterie fausses doivent être revêtues, d'agir comme il est prescrit au sujet des ouvrages en plaqués (1). (*Note 28 du Tarif de 1864.*)

Les plaqués sont des ouvrages en métaux communs recouverts, par le laminage, d'une feuille de métal précieux.

Aux termes de la loi du 19 brumaire an VI, les ouvrages d'orfévrerie ou de bijouterie fausse, les objets dorés ou argentés, plaqués ou doublés d'or ou d'argent, les ouvrages en métaux dorés ou argentés, doivent être revêtus de l'empreinte du poinçon du fabricant. Ce poinçon, de forme carrée, est frappé sans l'intervention du service de la garantie ; seulement, les agents des contributions indirectes s'assurent, dans leurs exercices, qu'on n'a pas négligé de l'appliquer et qu'il a bien la forme réglementaire.

Les produits similaires importés pour la consommation sont aussi assujettis au poinçon carré, dont l'imposition peut avoir lieu soit avant l'importation, par les soins du fabricant, soit postérieurement, par le marchand français. Le service des douanes n'a pas à intervenir pour faire accomplir cette formalité. Il doit se borner, le cas échéant, à prévenir l'importateur que la marchandise pourrait être saisie si elle était livrée au commerce ou à la circulation dépourvue de ce poinçon. (*Notes* 28, 29 *et* 30 *du Tarif de* 1864.)

Les ouvrages d'or et d'argent importés de l'étranger doivent, après l'acquittement des droits de douane, être expédiés, sans autorisation préalable, sous plomb (2), sur un bureau de garantie (3), pour y être, s'il y a lieu, poinçonnés et soumis au droit de contrôle. (*Loi du 19 brumaire an VI, art.* 23.)

---

(1) L'or et la platine filés, tirés ou laminés, ne sont pas dénommés aux tarifs conventionnels : ils doivent être assimilés à l'orfévrerie. (*Avis du comité consultatif du* 9 *mars* 1864.)

(2) C'est le double plombage prescrit par l'art. 31 de la loi du 21 avril 1818 qui doit être appliqué, et dont le prix total par colis est de 75 centimes. (*Circ.* n° 932 *et Déc. du* 3 *décembre* 1841.)

(3) Il existe des bureaux de garantie dans les villes suivantes : Agen, Alby, Amiens, Angers, Angoulême, Arras, Aurillac, Auxerre, Avignon, Beauvais, Besançon, Blois,

Cette expédition est faite à destination d'un des bureaux de garantie et que désigne
le déclarant (*Ord. du 28 juillet* 1840), sous la formalité d'un acquit-à-caution indiquant le poids et la valeur des objets, et énonçant que, faute de remplir les conditions déterminées, on encourra les peines édictées par l'art. 76 de la loi du 5 ventôse an XII (1). (*Circ. des 4 août* 1825, n° 932, *et 23 décembre* 1844, n° 2046, *art.* 17.)
Non-rapport d'acquit-à-caution, etc.; n° 17 du tableau des Infr. Contrainte.

Les acquits-à-caution sont renvoyés dans la forme ordinaire de directeur à directeur.
(*Déc. du 8 décembre* 1852.)

996. — Sont affranchis de l'envoi sur les bureaux de garantie : 1° les objets appartenant aux ambassadeurs et envoyés des puissances étrangères, quand ils les accompagnent ou sont déclarés par eux; 2° les bijoux d'or et les ouvrages en argent à
l'usage personnel des voyageurs et dont le poids n'excède pas 5 hectogrammes. (*Loi
du 19 brumaire an VI, art.* 23.) Dans ces deux cas, les droits de douane ne sont pas
exigés; on admet les objets en franchise.

Ne sont pas envoyés non plus sur les bureaux de garantie, mais sont soumis aux
droits de douane : 1° les ouvrages de joaillerie dont la monture est très-légère et
qui portent des pierres, perles ou cristaux; ceux dont la surface est entièrement
émaillée, et enfin ceux qui ne pourraient supporter l'empreinte des poinçons sans
détérioration (*Arrêté du 1er messidor an VI, et Circ.* n° 932); 2° les cadrans,
aiguilles, bouclettes et pendants de montres en or ou argent présentés isolément,
attendu qu'ils ne sont susceptibles de payer les droits de garantie que lorsqu'ils sont
réunis à leur boîtier, sur lequel s'applique le poinçon (*Lettre de l'administration des*

Bordeaux, Boulogne, Bourges, Brest, Caen, Cahors, Charleville, Chartres, Châtel-
lerault, Chaumont, Clermont, Colmar, Digne, Dijon, Dunkerque, Epinal, Evreux,
Napoléon-Vendée, Gap, Grenoble, Guéret, le Havre, Laon, Laval, Lille, Limoges,
Lyon, Mâcon, le Mans, Marseille, Melun, Mende, Metz, Montpellier, Moulins, Nancy,
Nantes, Nîmes, Niort, Orléans, Paris, Pau, Périgueux, Perpignan, Poitiers, le Puy,
Reims, Rennes, la Rochelle, Rouen, Saint-Brieuc, Saintes, Saint-Etienne, Saint-Lô,
Saint-Malo, Strasbourg, Tarbes, Toulon, Toulouse, Tours, Troyes, Tulle, Valence,
Valenciennes, Vannes, Verdun, Versailles, Alger, Saumur, Annecy, Pontarlier, Belle-
garde.

(1) Voici cet article : « En cas de recélé des vins, cidre, etc., ou de fraude des
» droits sur la marque d'or et d'argent, les objets de fraude seront saisis et con-
» fisqués (ou payement de la valeur), et les contrevenants condamnés à une amende
» égale au quadruple des droits de garantie fraudés. »
Mais le décret du 28 floréal an XIII porte que « l'art. 76 de la loi du 5 ventôse
» an XII n'est point applicable aux contraventions concernant la garantie des ma-
» tières d'or et d'argent, à l'égard desquelles la loi du 19 brumaire an VI doit être
» exécutée. »
Et la Cour de cassation a décidé, le 2 janvier 1806, que l'amende exigible en cas
de contravention au droit de garantie était celle édictée par l'art. 80 de la loi du
19 brumaire an VI.
Si donc l'application de l'art. 76 de la loi de l'an II, prescrite par les circulaires
n°s 932 et 2046, devait rencontrer des difficultés, les employés pourraient invoquer
l'art. 80 de la loi de l'an VI :
Les contrevenants seront condamnés, pour la première fois, à une amende de
200 fr.; pour la seconde, à une amende de 500 fr., avec affiche, à leurs frais, de la
condamnation dans toute l'étendue du département; la troisième fois, l'amende sera
de 1,000 fr., et le commerce de l'orfévrerie leur sera interdit sous peine de confiscation de tous les objets de leur commerce. (*Loi du 19 brumaire an VI, art.* 80.)

monnaies du 22 août 1818, et Circ. n° 932); 3° les vieux ouvrages d'or ou d'argent que l'on consent à faire briser ou marteler en douane. (*Déc. min. du 12 prairial an VII ; Circ. du 15.*)

Pour l'importation des montres, *V.* Livre III, chap. 4.

997. — *Exportation.* Les ouvrages d'or et d'argent peuvent être exportés sans marque des poinçons français et sans payement du droit de garantie, pourvu qu'après avoir été soumis à l'essai et reconnus au titre légal ils restent déposés au bureau de la régie ou placés sous la surveillance de ses préposés jusqu'au moment où l'exportation en sera constatée. (*Loi du 10 août 1839, art. 16.*)

Tout fabricant qui voudra ainsi exporter des ouvrages d'or et d'argent devra les présenter à l'essai sans marque de poinçon du fabricant, et après que la fabrication en aura été achevée, pourvu qu'il ait fait au bureau de garantie une déclaration préalable du nombre, de l'espèce et du poids desdits ouvrages, et à charge par lui de justifier ultérieurement l'exportation. (*Ord. du 30 décembre 1839, art. 1 à 5.*) (1).

Tout fabricant, négociant, commissionnaire ou marchand en gros, qui exportera des ouvrages d'or et d'argent, marqués ou non marqués, pour lesquels les formalités prescrites par la présente ordonnance auront été remplies; ne les emballera qu'en présence des employés de la régie, lesquels escorteront les colis et assisteront au plombage en douane. La soumission d'exportation ne sera déchargée que sur justification, dans le délai de trois mois, de la sortie du colis qu'ils auront vu marquer, ficeler et plomber (2). (*Même Ord., art. 10.*)

---

(1) Dans le cas où les fabricants adressent à l'étranger des objets marqués ou non marqués sous les conditions et formalités indiquées dans les art. 1 à 5 de l'ordonnance du 30 décembre 1839, l'intervention du service des douanes doit être la même que pour les exportations, sous réserve de remboursement des deux tiers du droit de garantie. (*Circ. du 15 septembre 1840, n° 1832.*)

(2) Il s'agit ici des ouvrages qu'on veut emballer dans les colis renfermant d'autres marchandises. Dans cette hypothèse, l'emballage doit avoir lieu en présence des employés des contributions indirectes, lesquels doivent escorter les colis et assister au plombage en douane. Les employés de cette régie, chargés de l'escorte, sont appelés à certifier de leur concours par l'attestation suivante, apposée sur la soumission spéciale, laquelle est ensuite remise à l'exportateur et n'accompagne pas la bijouterie jusqu'à la frontière : « Le colis accompagné par nous à la douane a été » plombé en notre présence et expédié avec acquit-à-caution n°..... en date de ce » jour. »

On peut, dans ce cas, à raison de ces mesures particulières de précaution, se dispenser de soumettre ces colis à la visite et se borner à reconnaître l'existence des plombs ou cachets de la régie. Il en est de même à la frontière. Les employés, à moins de suspicion de fraude, se bornent à constater le fait matériel de la sortie des colis. Les certificats de reconnaissance doivent dès lors être conçus dans les termes suivants :

« Nous soussignés......., certifions avoir reconnu sains et intacts les cordes et » plombs du colis mentionné au présent acquit, et énoncé contenir de..... »

Ainsi que l'administration des contributions indirectes l'a demandé, ces sortes d'exportations sont soumises à la formalité de l'acquit-à-caution, portant soumission de justifier, dans un délai de trois mois, de l'exportation définitive. C'est donc sur l'acquit-à-caution que les justifications de sortie doivent être libellées. De même que pour les soumissions d'exportation de bijouterie poinçonnée, les signatures des employés qui ont délivré le certificat de décharge sont légalisées par le directeur et celle de ce chef par l'administration. Les acquits-à-caution, après la décharge, sont

Lorsque les ouvrages neufs d'or ou d'argent, fabriqués en France, déjà poinçonnés et ayant acquitté les droits de garantie, sortent de France comme vendus ou pour l'être à l'étranger, ces droits sont restitués au fabricant, sauf la retenue d'un tiers [1]. (*Lois des 19 brumaire an VI, art. 25, et 10 août 1839, art. 16; Ord. du 30 décembre 1839, art. 9.*)

Cette restitution, faite par le bureau de garantie qui a perçu les droits, n'a lieu que sur la représentation d'un certificat du service des douanes constatant la sortie de France desdits objets par l'un des bureaux désignés à cet effet. Ce certificat doit être rapporté dans le délai de trois mois. [2]. (*Loi du 19 brumaire an VI, art. 26.*)

998. — *Réimportation d'ouvrages fabriqués en France.* Les ouvrages d'or et d'argent fabriqués en France, qu'on rapportera de l'étranger, acquitteront, quoique marqués du poinçon en cours de service, les droits du tarif des douanes comme étrangers, et seront, conformément à la loi du 19 brumaire an VI, expédiés d'office du premier bureau d'entrée, sous plomb et par acquit-à-caution, pour celui de garantie le plus prochain, à l'effet d'y être poinçonnés et d'y payer les droits de garantie. (*Déc. min. du 6 décembre 1814; Circ. du 10; Déc. min. du 14 janvier 1825; Circ. n° 932.*)

Il y aura exception quand on aura satisfait à la sortie aux conditions suivantes : 1° de sortir par l'un des bureaux désignés en l'ordonnance du 3 mars 1815 et décisions postérieures ; 2° de fournir une déclaration *descriptive* [3]; 3° d'exprimer, dans

---

remis à l'exportateur même, qui, après les avoir fait revêtir des légalisations voulues, s'en prévaut pour obtenir l'annulation des soumissions souscrites tant en douane qu'entre les mains de la régie. (*Circ. du 15 septembre 1840, n° 1832.*)

(1) Mais à destination de l'Algérie, où la garantie est appliquée, les objets ne peuvent être admis au bénéfice de la restitution des deux tiers du droit. (*Décret du 24 juillet 1857, art. 1 et 3.*) Il suit de là que les intéressés n'ont plus à faire aux bureaux de garantie de déclaration d'exportation pour l'Algérie. (*Circ. du 1er septembre 1857, n° 488.*)

(2) La sortie effective des ouvrages d'or et d'argent est certifiée par la douane, lorsque, indépendamment des formalités ordinaires, les expéditions sont accompagnées d'une déclaration descriptive certifiée par les préposés du bureau de garantie qui ont perçu les droits, et légalisée par les maires, ou, à Paris, par les administrateurs des monnaies. La douane constate l'exportation définitive. Le visa du directeur des douanes dans l'arrondissement duquel se trouve le bureau de sortie et le sceau de l'administration complètent les formalités exigées pour le remboursement. (*Circ. des 15 pluviôse an VII et 4 août 1825, n° 932.*)

Voir au tarif général la nomenclature des bureaux ouverts à la sortie des ouvrages d'or et d'argent.

(3) Cette déclaration n'est reçue que pour les ouvrages qui, indépendamment des poinçons de garantie, sont revêtus d'une marque de fabrique. Elle doit énoncer, pour les ouvrages de quelque importance, tels que vases, huiliers, flambeaux, sucriers, etc., la forme, les ornements et le poids de chacun d'eux, de manière qu'à la réimportation, si elle a lieu, ils soient facilement reconnus. Les couverts de même poids et de même forme peuvent être confondus dans un même article ; les ouvrages d'argent de faible valeur sont également réunis par espèce et sous un poids commun. Il en est de même des ouvrages d'or, qui doivent figurer, soit par un article unique avec son poids particulier, soit rassemblés par espèce et sous un poids commun. En tête de la déclaration est indiquée la marque du fabricant, telle qu'elle est empreinte sur les ouvrages. (*Circ. du 4 août 1825, n° 932.*)

Lorsque le colis renfermant les ouvrages d'or et d'argent a été scellé à la *monnaie*

la déclaration, que l'on se réserve le bénéfice de retour, la vente à l'étranger n'étant pas certaine (1). (*Déc. min. du 20 juillet* 1825 ; *Circ. du 4 août suivant*, n° 932.)

Sur la production, à la douane, d'une copie, délivrée par les agents de la garantie, de la soumission de sortie portant réserve de rentrée, les ouvrages d'or et d'argent, revêtus du poinçon français de consommation, sont, sous plomb et par acquit-à-caution, dirigés d'office sur le bureau de garantie qui a reçu cette soumission et où ils sont admis au bénéfice du retour moyennant restitution des deux tiers du droit de garantie remboursés aux intéressés au moment de l'exportation. V. n° 997, 4e §. (*Circ. du* 16 *mai* 1859, n° 589.)

999. — Les ouvrages d'or et d'argent exportés, sans marque, revêtus du poinçon d'exportation, en vertu des dispositions de la loi du 10 août 1839 et de l'ordonnance du 30 décembre suivant, V. n° 997, sont admis au bénéfice du retour, en franchise du droit de douane, qu'il y ait eu ou non réserve de rentrée, lorsque l'origine nationale et l'identité en ont été constatées par les agents du bureau de garantie. Dans ce cas, les ouvrages d'or et d'argent sont dirigés sur le bureau de garantie qui a reçu la soumission de sortie. Après s'être assuré de leur nationalité et de leur identité, le service les inscrit en charge au compte du fabricant (2), ou les marque immédia-

---

de *Paris*, ou, *partout ailleurs, dans les bureaux de garantie des lieux d'expédition,* après toutefois qu'il y a eu confrontation très-soigneuse des objets avec la déclaration qui les décrit, il peut être mis en transport vers l'étranger. Si l'acquit de sortie n'a pu être délivré par une douane de l'intérieur, il l'est au premier bureau du rayon, au vu de la soumission d'exportation et de la déclaration descriptive, pièces qui, dans l'une ou l'autre hypothèse, devront être annexées à l'acquit de sortie. À l'extrême frontière les employés ayant reconnu la parfaite intégrité du *sceau de la monnaie* ou du *bureau de garantie*, et celle de l'ensemble des colis, procèdent à la reconnaissance d'identité des objets que ces colis renferment. (*Même Circ.,* n° 932.)

Si l'acquit de sortie a été délivré par une douane de l'intérieur où les colis ont été plombés à nu, comme il est expliqué par l'art. 31 de la loi du 21 avril 1818, et ensuite recouverts d'un double emballage également plombé, les employés des douanes à la frontière peuvent, après avoir reconnu ce dernier plomb intact et avoir retiré le double emballage, se borner à vérifier la parfaite intégrité du colis, des ligatures et des cachets apposés par les bureaux de garantie, et à reconnaître l'identité des cachets avec ceux qui se trouvent empreints sur la déclaration descriptive certifiée par les agents de la monnaie. Si les employés ne jugent pas devoir s'en tenir à cette vérification extérieure, qui n'est autorisée que pour le seul cas dont il s'agit, ils procèdent à la contre-visite en détail, sans avoir à rendre compte de leurs motifs. En toute hypothèse, ils assurent le passage effectif à l'étranger. (*Circ. du* 7 *mai* 1828, n° 1100.)

(1) La réimportation des objets ne peut avoir lieu que par les bureaux ouverts à l'entrée des marchandises payant plus de 20 fr. du quintal décimal. Ces bureaux, après représentation des preuves de sortie et reconnaissance sommaire des objets présentés au retour, les expédient, sous les conditions et formalités rappelées au n° 995, sur le bureau de garantie qui a commencé l'expédition d'exportation. (*Circ. du* 4 *août* 1825, n° 932.)

(2) La réserve de retour n'est pas obligatoire à l'égard des expéditions pour l'Algérie, d'où les *ouvrages d'or et d'argent* peuvent rentrer en France, en exemption de tous droits, lorsque l'exportation à destination de cette colonie est authentiquement justifiée et que le bureau de garantie a reconnu et certifié qu'ils sont revêtus du poinçon légal en usage. (*Déc. du* 8 *mai* 1858.)

tement du poinçon français de consommation, sous payement du droit de garantie. (*Circ. des 28 septembre* 1853, n° 148, *et 16 mai* 1859, n° 589.)

1000. — *L'argenterie de ménage* apportée soit par des Français, soit par des étrangers venant s'établir en France, peut être expédiée par tous les bureaux de douane, sans autorisation préalable, moyennant la garantie du plombage et de l'acquit-à-caution, sur un bureau de garantie, pour y être examinée.

Après examen par les agents de la garantie et réintégration au bureau des douanes, avec acquit-à-caution accompagné d'un certificat descriptif délivré par ces agents, toutes les pièces qui ont été reconnues empreintes des poinçons français appliqués soit antérieurement, soit postérieurement à l'an VI, sont remises en franchise des droits de douane et de garantie.

L'argenterie de fabrication étrangère est immédiatement poinçonnée au bureau de garantie et soumise au droit de marque; après quoi, renvoyée au bureau des douanes, elle est admise en franchise du droit de douane.

Sont également exemptes de la taxe de douane, mais sous obligation du poinçonnage et de l'acquittement du droit de marque, les parties d'argenterie de ménage qui auraient été primitivement expédiées de France, revêtues du poinçon spécial d'exportation prescrit par la loi du 10 août 1839.

Dans les cas prévus aux deux § précédents, s'il arrivait que le propriétaire de l'argenterie refusât de payer le droit de garantie, les pièces seraient néanmoins réexpédiées sur la douane pour être, par ses soins, ou réexportées à l'étranger, ou brisées, selon le vœu de la loi, et soumises en cet état au droit sur la matière brute. (*Déc. min. du 2 février* 1854; *Circ. du* 13, n° 185.)

Les intéressés sont libres de disposer de leur argenterie de ménage soit définitivement à ces conditions, soit à titre provisoire, sous l'accomplissement des formalités indiquées au n° 1001. (*Circ. du* 13 *février* 1854, n° 185.)

Les exemptions de droit exceptionnellement accordées par le Ministre des finances ne concernent que les taxes de douane. Le droit de marque doit toujours être perçu, à moins que les intéressés ne préfèrent réexporter l'argenterie ou la faire briser en douane. (*Circ. du* 27 *décembre* 1850, n° 2418.)

1001. — *Argenterie des étrangers qui viennent séjourner en France.* L'argenterie importée (1) en France par des étrangers sera admise en franchise, à charge de réexportation dans un délai qui ne pourra excéder trois années, et moyennant la consignation au bureau des douanes du montant des droits de garantie dont cette argenterie aura été reconnue passible (2). (*Déc. min. du 5 septembre* 1823; *et Circ. du* 15 *septembre* 1862, n° 855.)

La franchise provisoire et conditionnelle n'est applicable qu'à l'argenterie en cours de service. (*Déc. du 6 avril* 1854.)

Les droits de garantie consignés seront remboursés au moment même où l'on effectuera la réexportation de l'argenterie, toutes les fois que cette réexportation aura

---

(1) Cette importation ne peut avoir lieu que par les bureaux ouverts aux marchandises payant plus de 20 fr. par quintal. (*Circ. du 25 janvier* 1832, n° 1301.)

Une autorisation préalable de l'administration n'est pas nécessaire en pareil cas; mais elle serait de rigueur si l'importation devait s'effectuer par tout autre bureau. (*Déc. du 3 août* 1836.)

Les plaqués ne peuvent jouir de l'immunité qu'en vertu d'une décision spéciale de l'administration. (*Circ. du 25 janvier* 1832, n° 1301.)

(2) Les reconnaissances de consignation doivent énoncer le nombre, le nom, la forme et le poids net de chaque espèce de pièces d'argenterie, enfin les désigner de manière à ce qu'il soit facile de les reconnaître à la sortie. (*Même Circ.*)

lieu, dans les délais déterminés, par l'un des bureaux ouverts à l'importation des marchandises imposées, à l'entrée, à plus de 20 fr. par quintal, et que l'identité des pièces d'argenterie réexportées aura été dûment reconnue et constatée (1). (*Circ. du 25 janvier 1832, n° 1301.*)

Les dispositions du n° 840 s'étendent au remboursement des sommes ainsi consignées (2). (*Circ. du 22 avril 1852, n° 31.*)

A l'expiration du délai déterminé pour la réexportation, les sommes consignées seront définitivement acquises au Trésor, si la réexportation n'a pas été régulièrement effectuée. (*Déc. min. du 5 septembre 1823.*)

Si les objets admis sous consignation et non réexportés sont de nature prohibée (les plaqués par exemple), les droits sont portés aux recettes accidentelles. (*Déc. du 25 février 1835.*)

Pour les prolongations de délais, V. n° 840.

CHAPITRE XXVI

BOISSONS.

La régie des contributions indirectes est spécialement chargée de percevoir les taxes qui affectent les boissons dans l'intérieur, et, par suite, de suivre tous les mouvements qui donnent ouverture à perception. En plusieurs circonstances, elle réclame de la part des douanes une coopération qui a lieu toutes les fois qu'elle ne détourne pas les employés de leur service spécial et journalier. (*Circ. des 29 mai et 15 juillet 1806.*)

Ce qui va suivre indiquera suffisamment celles des opérations de la régie des contributions indirectes qui appellent le concours des douanes, et donnera le motif des dispositions formelles que ce chapitre doit contenir.

On distingue, parmi les droits imposés sur les boissons, celui qui est dû à la circulation. Il s'applique au cabotage comme au transport par terre dans l'intérieur, et, pour en garantir la perception, l'expéditeur est obligé de se munir d'une expédition et de l'exhiber à toute réquisition.

Pour les vins, cidres, poirés, hydromels, eaux-de-vie, esprits, liqueurs et fruits à l'eau-de-vie, cette expédition est un congé, un passavant ou un acquit-à-caution. C'est aux employés de la régie à juger, selon les cas, de l'espèce d'expédition qu'ils doivent délivrer. Ceux des douanes se bornent à reconnaître que ces expéditions émanent bien des bureaux des contributions indirectes et sont identiques avec les chargements; car alors le transport est permis et régulier. On se borne à dire que, lorsqu'il s'agit d'envoi à l'étranger, c'est toujours un acquit-à-caution qui accompagne les boissons.

(1) En cas de différence dans le nombre, l'espèce ou le poids de ces pièces, on sursoit au remboursement, et il en est référé à l'administration. (*Même Circ.*)

(2) Lorsqu'il y a remboursement partiel, le receveur doit se porter en dépense de la totalité de la consignation, sauf à délivrer une nouvelle reconnaissance de la somme qui doit rester en dépôt pour la partie d'argenterie provisoirement conservée en France. (*Déc. du 11 décembre 1843.*)

1002. — *Importation.* Les boissons et liqueurs (1) venant de l'étranger doivent passer sous la surveillance des contributions indirectes, pour les perceptions ultérieures. Les préposés des douanes qui ont perçu les droits d'entrée ne doivent donc les laisser enlever, soit des bureaux, soit des entrepôts ou des magasins, que sur le vu du congé ou de l'acquit-à-caution délivré par la régie. (*Circ. des* 15 *juillet* 1806, 30 *janvier* 1815 *et* 5 *août* 1847, n° 2185.)

En effet, dans tous les cas où il s'agit de l'arrivée de boissons, les agents des contributions indirectes et de l'octroi peuvent avoir à exercer une action en vue de l'intérêt spécial de leur service. Il est d'usage, dans un certain nombre de localités, que les contributions indirectes et les octrois établissent leurs écritures et leurs perceptions sur les résultats constatés par la douane, et que leur action commence alors seulement que celle-ci a accompli la sienne. Sur les points où cet usage existe, il est prescrit aux agents des douanes d'avoir soin de ne laisser enlever les marchandises, après l'acquittement des droits d'entrée, que sur la représentation des quittances, congés ou autres expéditions justifiant que les propriétaires ou conducteurs de ces marchandises se sont mis en règle envers la régie et l'octroi.

Dans d'autres localités, les agents de ces deux services procèdent eux-mêmes à la reconnaissance des marchandises qui servent de base à ces perceptions, et, dans ce cas, cette reconnaissance suit immédiatement celle de la douane, *V.* n° 234, à moins que les chefs locaux des trois services intéressés ne reconnaissent la possibilité et la convenance de se concerter pour qu'il soit procédé simultanément et en commun aux vérifications, mode qui doit, autant que possible, être préféré, à cause de l'économie de temps et de frais qui en résulte pour les redevables.

Toutefois une distinction doit être établie entre les marchandises qui, à leur importation de l'étranger, sont déclarées pour la consommation, et celles qui ont pour destination l'entrepôt ou le transit. A l'égard des premières, le droit de les vérifier, de liquider et de percevoir les taxes dont elles sont passibles existe dès le moment de leur arrivée, pour les contributions indirectes et les octrois, aussi bien que pour les douanes. Quant aux marchandises déclarées pour l'entrepôt et le transit, il en est tout autrement. Tout objet placé en entrepôt ou couvert par un acquit-à-caution de mutation d'entrepôt ou de transit, est exempt de tous droits quelconques, parce que, sous l'un et l'autre régime, il est considéré et traité par la loi comme s'il se trouvait encore à l'étranger, d'où il suit que la faculté de lui appliquer les droits de douane et les taxes des contributions indirectes et des octrois ne commence à exister que si ce même objet vient à être déclaré ultérieurement pour la consommation. La régie des contributions indirectes s'abstient donc de toute intervention en ce qui a rapport aux boissons qui sont *déclarées pour l'entrepôt réel.* Pour les objets placés dans ces établissements, de même que pour ceux mis en dépôt dans les magasins de la douane, sous la garde directe et permanente du service, l'action des douanes doit être absolument exclusive. Pendant le séjour en dépôt ou en entrepôt réel, pour les mouvements d'entrée ou de sortie en réexportation, les agents des contributions indirectes n'ont point à intervenir, et il suffit, en cas d'extraction des marchandises du dépôt ou de l'entrepôt réel pour la consommation, que la douane, comme dans les cas de déclaration pour la consommation immédiate, n'en permette l'enlèvement que sur la justification qu'elles ont été mises sous l'action des contributions indirectes. Enfin les expéditions en transit et en mutation d'entrepôt, ainsi que les réexportations d'entrepôt, doivent s'effectuer sous la seule garantie des permis et acquits-à-caution de douane. (*Circ. du* 5 *août* 1847, n° 2185.) Pour l'entrepôt fictif et le transit, *V.* n° 1003.

---

(1) Les eaux de senteur alcooliques et les vernis à l'alcool. (*Circ. lith. du* 15 *septembre* 1864.)

Les liquides provenant de sauvetage ne peuvent être transportés dans les magasins de la marine qu'après délivrance d'un acquit-à-caution de la régie. (*Lettre de la régie du 23 août* 1838; *Doc. lith.*, n° 18.)

1003. — *Entrepôts; transit.* Les boissons sont admissibles dans les entrepôts de douanes sous les formalités et conditions déterminées par les règlements généraux. (*Circ. du 30 janvier* 1815, *et Déc. du 10 novembre* 1840.) *V.* Livres IV et V.

Les boissons déclarées pour l'entrepôt fictif y sont transportées sous la seule surveillance de la douane; seulement elle exige préalablement que les prétendants à l'entrepôt fictif lui justifient des engagements qu'ils auront souscrits envers les contributions indirectes. Les mêmes justifications sont exigées par la douane en cas de déclaration de transfert de propriété et de changement de magasin.

Pendant toute la durée de l'entrepôt fictif, la douane tient seule les boissons en exercice; elle assure, seule aussi, les mutations d'entrepôt, les expéditions en transit et les réexportations directes à l'étranger; mais, lorsque des boissons ont été extraites d'entrepôt fictif pour l'une de ces destinations, elle a soin de remettre au chef des contributions indirectes du lieu où est situé l'entrepôt des extraits des acquits-à-caution ou permis qui ont été délivrés, afin que les engagements contractés envers la régie puissent être annulés. Il est en outre bien entendu que, pour les boissons placées en entrepôt fictif, la douane, en cas de déclaration de mise en consommation, doit. comme pour les extractions d'entrepôt réel, exiger la représentation des quittances des droits des contributions indirectes.

En cas de déficit ou de soustraction de boissons reconnus en matière d'entrepôt fictif, la douane devra avoir soin d'informer immédiatement le chef local des contributions indirectes des contraventions constatées et des suites judiciaires ou administratives données à ces contraventions. Elle l'avertira pareillement lorsque l'entrepôt fictif cessera ou lorsque la déchéance en sera prononcée. C'est alors, et alors seulement, que le service des contributions indirectes interviendra activement.

A des époques qui seront fixées d'un commun accord dans chaque localité, la douane communiquera aux agents des contributions indirectes les résultats des comptes d'entrepôt fictif et la situation constatée par les recensements auxquels elle aura procédé.

Les expéditions en transit des boissons s'effectuent sous la seule garantie des acquits-à-caution de douane; mais, lorsque des boissons expédiées sous ce régime devront, en cours de transport, traverser un lieu sujet aux droits d'entrée des contributions indirectes ou d'octroi, le conducteur sera tenu, avant de les y introduire, d'en faire la déclaration et de se munir d'un passe-debout.

Lorsque des boissons expédiées en transit seront déclarées pour la consommation à l'intérieur, la douane exigera la justification du payement des taxes afférentes aux contributions indirectes.

Les dispositions qui précèdent s'appliqueront pareillement aux octrois dans toutes les villes où les boissons sont à la fois sujettes à des taxes municipales et au droit d'entrée des contributions indirectes. Dans les lieux où il existe des droits d'octroi sans droit d'entrée, ces mêmes dispositions pourront être étendues aux octrois, si l'autorité municipale juge à propos de les substituer aux usages locaux actuellement existants. (*Déc. min. du* 28 *juillet* 1845; *Circ. du* 5 *août suivant*, n° 2185.) Pour l'entrepôt réel, *V.* n° 1002.

Pour les conditions du transit, *V.* n° 538.

1004. — *Exportation.* Les boissons qui sont enlevées pour l'étranger ou pour les colonies françaises sont affranchies du droit de circulation ou de consommation (1). *Loi du* 28 *avril* 1816, *titre* 1er, *art.* 1er *et* 87.)

---

(1) Les exportations devant être constatées et régularisées par le concours des em-

L'expéditeur, pour jouir de cette exemption, est obligé de se munir d'un acquit-à-caution sur lequel est désigné le lieu de sortie. Ce lieu ne peut être changé sans qu'il y ait ouverture à la perception du droit, si ce n'est du consentement de la régie et au moyen d'un nouvel acquit-à-caution, lequel ne peut être refusé s'il y a force majeure. (*Même Loi, art.* 8.)

Cet acquit-à-caution est délivré par les préposés de l'administration des contributions indirectes exclusivement. Il leur appartient aussi de les décharger, mais avec le concours des employés des douanes, qui ont à percevoir les droits de sortie ou à assurer la destination pour les colonies. Les acquits-à-caution de la régie ne peuvent suppléer les expéditions des douanes, ni aucune des formalités à remplir dans les bureaux maritimes ou dans ceux des frontières de terre. (*Circ. du 20 septembre* 1816, n° 206.)

Avant la perception des droits de sortie sur les boissons ou la délivrance des acquits-à-caution pour les colonies, les employés de douanes doivent exiger toujours la représentation des acquits-à-caution de la régie, sans lesquels elles ne peuvent arriver en douane; les acquits sont exactement revêtus des visa nécessaires, et, dans tous les cas, inscrits sur un registre particulier. (*Circ. du 6 juin* 1823, n° 808.)

1005. — Sur le littoral, le concours des services des douanes, des contributions indirectes et de l'octroi, pour l'embarquement des boissons exportées à l'étranger ou aux colonies françaises, est réglé selon la distribution des localités et la composition du personnel disponible. Les dispositions suivantes ont été généralement adoptées :

1° Toute déclaration remise à la douane pour l'exportation de vins, cidres, poirés, hydromels, eaux-de-vie, etc., doit être accompagnée d'un acquit-à-caution des contributions indirectes, et en mentionner le numéro et la date, ainsi que le bureau d'où il émane.

2° La douane rappelle, au verso de cet acquit-à-caution, le numéro sous lequel le permis de sortie est délivré. À l'égard des provisions de bord, ce numéro est celui du permis général.

3° Les acquits-à-caution de la régie et les permis de douane qui s'y rapportent sont présentés par le commerce à la section de la visite, ou, s'il en existe un, au bureau d'arrondissement des douanes.

4° le vérificateur juge s'il peut tenir la déclaration pour conforme ou s'il doit prendre part à la reconnaissance des boissons. Dans le premier cas, il donne, en ce qui concerne le service des douanes, le bon à embarquer, soit sur le permis, soit sur l'acquit-à-caution quand il s'agit de provisions de bord. Dans le second cas, le bon à embarquer n'est accordé qu'après l'opération de visite.

5° Le poste des contributions indirectes et de l'octroi reçoit, par les soins du commerce, les acquits-à-caution déjà présentés au bureau de visite ou d'arrondissement des douanes. Inscription en est faite immédiatement sur un portatif spécial n° 50 A.

6° Si le vérificateur des douanes n'a pas admis la déclaration pour conforme, il opère la visite, soit isolément, et alors les deux agents des contributions indirectes et de l'octroi agissent simultanément de leur côté, soit avec le concours de ceux-ci.

7° L'agent des douanes constate l'opération dans la forme ordinaire, et celui des contributions indirectes inscrit le détail sur le portatif spécial n° 50 A.

8° Doivent toujours être vérifiées intégralement les eaux-de-vie en futailles, lorsque la quantité exportée représente plus d'un hectolitre d'alcool pur.

---

ployés des contributions indirectes et des douanes, il est essentiel que les chefs des deux services se concertent pour assurer l'effet des mesures qui peuvent prévenir ou réprimer la fraude. (*Circ. des 6 juin* 1823, n° 808, *et 25 septembre* 1824, n° 881.) V. n°s 1005 et 1006.

Pour les autres boissons en futailles, comme pour les boissons de toute espèce en bouteilles, la vérification peut n'avoir lieu que par épreuves, lorsque nul doute n'existe sur la régularité de l'opération.

9° L'embarquement des boissons s'effectue en présence du préposé factionnaire, ou d'écor, et du sous-brigadier de penthières, avec ou sans les agents de la régie, mais toujours avec le concours d'un des agents de l'octroi, en permanence sur les quais.

Lorsque l'embarquement ne peut être immédiat, les acquits et les permis sont déposés, par les agents de la régie, au poste de douanes, où ils font l'objet d'une annotation au carnet des consignes, dont extrait est remis aux sous-officiers de penthières. En toute hypothèse le vu embarquer est signé, sur le terrain même où l'embarquement s'est accompli, par les agents qui y assistent. Les noms de ces agents sont rappelés au portatif spécial n° 50 A.

10° Le sous-brigadier de penthières qui a concouru à l'embarquement fait, à la fin de chaque séance, le dépôt, au poste des douanes, des acquits-à-caution des contributions indirectes.

. 11° Le brigadier de ce poste s'assure de l'exactitude des signatures des préposés et des sous-brigadiers de penthières : il en certifie par son visa sur les acquits, et il rappelle, sur un carnet spécial, le numéro et l'objet de l'acquit-à-caution, ainsi que le bureau d'où il émane.

12° Deux fois par jour, les acquits-à-caution des contributions indirectes sont retirés des postes de la douane par un brigadier de l'octroi. Ce brigadier en fait immédiatement l'appel, à vue du carnet spécial tenu conformément à l'art. 11. Il en donne reçu sur ce carnet, et il porte et signe sur chaque acquit la mention suivante : *Bon à inscrire en sortie.*

13° Nulle inscription en sortie de boissons expédiées par mer, autrement que par cabotage, n'est faite qu'en vertu d'acquits-à-caution portant un *vu embarquer* régulier et visé comme il est dit aux n°s 11 et 12.

14° La décharge des acquits-à-caution n'a lieu qu'aux mêmes conditions. Le numéro de sortie est indiqué au portatif spécial, n° 50 A, comme sur l'acquit-à-caution, etc.

15° Communication est donnée, sans déplacement, à messieurs les employés supérieurs des contributions indirectes et de l'octroi, du carnet spécial ouvert conformément au n° 11.

Pour seconder les agents de la régie, les brigades effectuent des ambulances destinées à surveiller la circulation des boissons et à en assurer la régularité; les préposés visent, en cours de transport, les expéditions de la régie et les inscrivent sur un carnet spécial modèle 6 B. (*Déc. du 8 décembre* 1864.)

1006. — Les acquits-à-caution des contributions indirectes ne sont visés par les agents de douane que lorsqu'il est constaté, par le rapport des permis d'embarquement vérifiés, que les boissons ont été chargées pour l'une des destinations déclarées. (*Circ. du 20 septembre* 1816, n° 206.)

Vu au bureau de la douane à...... et délivré pour (l'étranger ou les colonies françaises), *sous le n°.......*

Le............. 1865.

Vu (embarquer ou passer à l'étranger) *après vérification des boissons, par nous, employés des..........*

A............. *le............* 186

Le premier visa, ayant pour but de certifier la présentation de l'acquit-à-caution des contributions indirectes au bureau des douanes, ou de relater l'enregistrement et la quittance des droits de sortie, ou la délivrance d'un acquit-à-caution pour les colonies, est rempli par les employés des douanes.

Le second, destiné à constater l'embarquement des boissons pour l'étranger ou les colonies, est rempli par les employés des contributions indirectes et des douanes, ou par ceux des douanes et de l'octroi, ou par les employés des trois administrations réunies, lorsqu'ils opèrent ensemble dans les principaux ports de mer ; par ceux des douanes seulement quand les exportations ont lieu par quelque petit port où les deux autres administrations n'auraient pas d'employés en résidence. (*Circ. du* 6 *juin* 1823, n° 808.)

Si les boissons sont mises sur des allèges pour être conduites à bord des bâtiments de mer, le transbordement est constaté par les préposés des douanes, qui se font représenter les acquits-à-caution de la régie pour remplir le *vu embarquer*, s'il ne l'a pas été lors du chargement sur allège, ou pour ajouter un second visa ainsi conçu : *Vu le transbordement, à... le...*

En apposant ce visa, les préposés des douanes doivent prévenir les porteurs d'acquits-à-caution qu'ils sont obligés, pour en obtenir décharge, de les remettre aux employés des contributions indirectes.

Pour jouir de la franchise des droits, *V.* n° 1004, les boissons qui sont destinées à passer à l'étranger par la voie de terre doivent sortir par l'un des bureaux désignés à cet effet (1). (*Ord. du* 28 *décembre* 1828.) (2).

Toutes les fois qu'on acquitte les droits de sortie sur les boissons en un bureau qui ne se trouve pas placé au lieu même de l'exportation, le second visa des acquits-à-caution des contributions indirectes, destiné à constater la vérification des boissons et leur passage à l'étranger, est rempli et signé par les employés des douanes, lors même que la régie a en résidence au point de sortie deux employés spéciaux, lesquels alors signent le second visa, conjointement avec ceux des douanes. (*Circ. du* 25 *septembre* 1824, n° 881.)

Les receveurs principaux signent toujours les certificats de décharge délivrés dans leurs bureaux ; si, lorsque la sortie des boissons s'effectue par des bureaux subordonnés, les expéditeurs ou les employés des contributions indirectes demandent la légalisation des signatures des employés qui l'ont constatée, elle est donnée par

---

(1) *V. au Tarif* la nomenclature de ces bureaux.

L'administration des contributions indirectes a placé sur tous ces points de sortie des employés qui opèrent la décharge des acquits-à-caution.

Toutefois, là où il ne se trouve qu'un receveur ou un commis à pied, elle désire le concours d'un employé des douanes seulement pour cette opération.

L'exécution de cette mesure est d'autant plus facile que, sur tous les passages désignés, il se trouve un bureau de douanes. C'est au receveur à signer, avec l'employé des contributions indirectes, le certificat de décharge des acquits-à-caution de la régie relatifs aux boissons. Il ne doit accorder sa signature sur ces pièces qu'autant que les boissons sont réellement présentées au bureau des douanes et qu'on a rempli toutes les formalités prescrites à la sortie. (*Circ. des* 5 *septembre* 1818, n° 426, *et* 6 *juin* 1823, n° 808.)

Sur les passages où il ne se trouve aucun préposé de la régie, le receveur des douanes, assisté d'un visiteur, ou, à défaut de visiteur, d'un brigadier ou d'un sous-brigadier, procède à la vérification des boissons présentées à la sortie, après quoi ils régularisent ensemble les acquits-à-caution des contributions indirectes. (*Circ. du* 27 *février* 1829, n° 1146.)

Aucune facilité ne doit être accordée pour le commerce interlope des boissons exportées sous le bénéfice de l'immunité des droits de circulation ou de consommation. (*Circ. man. du* 19 *janvier* 1838.)

(2) Les boissons pour lesquelles on renonce à l'immunité des droits peuvent être exportées par tous les bureaux indistinctement, sous le payement des droits de sortie du tarif des douanes. (*Déc. du* 12 *juillet* 1839.)

lesdits receveurs principaux ou par les inspecteurs ou sous-inspecteurs. (*Circ. du 6 avril* 1808.)

Dans la crainte qu'il ne soit abusé des duplicata d'acquits de sortie ou des certificats d'exportation que les redevables demandent fréquemment aux douanes, pour justifier, près de l'administration des contributions indirectes, qu'ils ont exporté des boissons à l'étranger, il est généralement défendu aux receveurs de délivrer sur cet objet aucun certificat ou extrait de leurs registres sans l'autorisation spéciale de l'administration, qui indique alors la forme de ces pièces. (*Circ. du 20 septembre* 1816, n° 206.)

1007. — *Cabotage* (1). L'embarquement et le débarquement des boissons expédiées par cabotage ne doivent être permis que sur la représentation des passavants, congés ou acquits-à-caution de la régie, et après que l'identité du chargement a été reconnue.

On relate dans les expéditions des douanes, sur les registres et dans les certificats de décharge, les date, numéro et lieu de la délivrance des expéditions de la régie qui sont visées au bureau (2), et s'il s'agit d'alcools, l'espèce et le degré. (*Circ. du 30 novembre* 1858, n° 561.)

Lorsqu'un caboteur transportant des boissons entre par relâche dans un autre port que celui de sa destination, les préposés des douanes, à défaut de ceux de la régie, ou opèrent de concert, si ces derniers se présentent, vérifient à bord si elles sont accompagnées des expéditions nécessaires. (*Circ. des 15 juillet* 1806 *et 30 janvier* 1815.) *V.* n° 601.

1008. — *Circulation.* Sur tous les points, aucun enlèvement ni transport de boissons (vins, cidres, poirés, hydromels, eaux-de-vie, esprits et liqueurs composées d'eaux-de-vie ou d'esprits) ne pourra être fait sans la déclaration préalable de l'expéditeur ou de l'acheteur, et sans que le conducteur soit muni d'un congé, d'un acquit-à-caution ou d'un passavant pris au bureau de la régie des impôts indirects. Il suffit d'une seule de ces expéditions pour plusieurs voitures ayant la même destination et marchant ensemble. (*Loi du 28 avril* 1816, art. 6.)

Les voituriers, bateliers et tous autres qui transportent ou conduisent des boissons, sont tenus d'exhiber, à toute réquisition des employés des douanes, les congés, passavants et acquits-à-caution ou laissez-passer dont ils doivent être porteurs (3). Faute de représentation desdites expéditions, ou en cas de fraude et de contravention, les employés saisissent le chargement ; ils saisissent aussi les voitures, chevaux et autres objets servant au transport, mais seulement comme garanties préventives de l'amende, à défaut de caution solvable. Les marchandises faisant partie du chargement, qui ne sont pas en fraude, sont rendues au propriétaire. (*Loi du 28 avril* 1816, *art.* 17.) Non-représentation, à première réquisition, etc. ; n° 260 du tableau des Infr. Trib. correctionnel.

---

(1) Les règles générales du cabotage s'appliquent également aux boissons. *V.* Livre VIII.

(2) Cette prescription n'est applicable qu'au port d'embarquement ; la transcription des mêmes renseignements sur les registres de la douane du port d'arrivée augmenterait le travail des employés sans utilité réelle pour le service des contributions indirectes. (*Déc. du 30 avril* 1845.)

(3) Lorsque les boissons, les sels ou les sucres sont transportés par les chemins de fer, le délai fixé d'ordinaire pour la représentation à destination est, savoir : pour une distance de 150 kilomètres de la gare de départ à celle d'arrivée, de quatre jours (compris trois jours pour le séjour aux gares) ; de 151 kilomètres à 275, cinq jours ; d'un jour en sus pour chaque fraction indivisible de 125 kilomètres, sans tenir compte d'un excédant de 25 kilomètres ou moins. (*Circ. du 6 mai* 1858, n° 536.)

Les voituriers, bateliers et tous autres qui transportent ou conduisent des boissons, sont tenus d'exhiber aux employés dénommés dans l'art. 17 de la loi du 28 avril 1816, les congés, passavants, acquits-à-caution ou laissez-passer dont ils doivent être porteurs, à l'instant même de la réquisition desdits employés, sans que les conducteurs puissent exiger, sous quelque prétexte que ce soit, aucun délai pour faire cette exhibition ; et faute de cette représentation immédiate, les employés doivent saisir le chargement. (*Loi du 23 avril 1836, article unique.*)

Les boissons doivent être conduites à la destination déclarée dans le délai porté sur l'expédition. (*Loi du 28 avril 1816, art. 13.*)

Les voyageurs ne sont pas tenus de se munir d'expéditions pour les vins destinés à leur usage pendant le voyage, pourvu qu'ils n'en transportent pas au-delà de trois bouteilles par personne. (*Loi du 28 avril 1816, art. 18.*)

Les boissons saisies par le service des douanes circulent sous l'escorte des préposés, sans expédition de la régie ; mais elles ne peuvent sortir définitivement des magasins de la douane que sous les formalités prescrites à l'égard de l'entrepôt. (*Lettre de la régie du 23 août 1838 ; Doc. lith., n° 18.*)

Les contraventions sont punies de la confiscation des boissons saisies et d'une amende de 100 à 600 fr., suivant la gravité des cas (1). (*Loi du 28 avril 1816, art. 19.*)

Les fraudes en voitures suspendues entraînent toujours la condamnation à une amende de 1,000 fr. (*Même Loi, art. 46.*)

Dans le *rayon des douanes,* les boissons sont, à la circulation, exemptes de la formalité du passavant de douane. Les douanes, se bornant à exercer leur action pleine et entière, quant à l'importation ou à l'exportation définitive des boissons, sur le territoire compris entre l'étranger et les bureaux de première ligne, s'en tiennent, pour la circulation dans le surplus du rayon, au concours qu'elles doivent au service des contributions indirectes.

Il s'agit ici uniquement des boissons assujetties, pour la circulation, au régime et à la surveillance des contributions indirectes ; celles qui en sont exemptes, telles que la bière, le vinaigre et le jus d'orange, restent, pour les douanes, dans le régime commun aux autres marchandises. (*Circ. du 26 avril 1843, n° 1967.*)

Lorsque des *boissons* de la nature de celles qui sont soumises à l'exercice des contributions indirectes sont arrêtées dans l'étendue du rayon des douanes pour défaut des expéditions voulues tout à la fois par les règlements de l'une et de l'autre administration, les saisissants, à quelque service qu'ils appartiennent, verbalisent *uniquement,* savoir :

A la requête de l'administration des douanes, si l'introduction en fraude de l'étranger est flagrante ou si elle résulte d'une poursuite à vue, de l'aveu des prévenus ou de toute autre preuve certaine ;

A la requête de l'administration des contributions indirectes si l'extraction nationale des boissons n'est contredite par aucune des circonstances prévues dans le premier cas (2).

---

(1) Une surveillance exacte doit se porter sur la circulation dans la zone des douanes. Les préposés des douanes ont à demander qu'on leur représente l'expédition de la régie, qui, indépendamment du passavant des douanes, est destinée à accompagner les boissons. (*Circ. du 29 mai 1806.*)

(2) En ce qui concerne les boissons, les procès-verbaux à la requête des contributions indirectes doivent être rédigés dans les formes tracées par le décret du 1er germinal an XIII, spécial à cette régie. (*A. de C. du 6 décembre 1821, et Déc. du 19 juin 1856.*)

Il en est autrement pour les tabacs, V. ch. 27, n° 1013.

Toutefois, s'il se présentait des circonstances où le besoin de réprimer une fraude organisée et où l'intérêt du service de l'une ou de l'autre administration exigeassent un déploiement plus complet de surveillance et de sévérité, on devrait toujours recourir à l'ensemble des moyens légaux dont les deux services peuvent faire usage, et poursuivre simultanément l'application des lois des douanes et des contributions indirectes dont les prescriptions auraient été méconnues. L'administration laisse, à cet égard, à la prudence des chefs de service d'apprécier les cas et de régler les circonstances dans lesquelles il conviendra d'invoquer, de concert avec les agents supérieurs des contributions indirectes, les lois dont la combinaison paraîtrait le meilleur moyen d'obtenir les résultats réclamés par l'état exceptionnel des choses qui viendrait à se produire. (*Circ. du 1er février* 1841, n° 1842.)

CHAPITRE XXVII

TABACS.

La vente exclusive du tabac fut, pour la première fois, mise en ferme en 1674, et passa successivement des mains des fermiers à la compagnie d'Occident, ensuite à celle des Indes, jusqu'en 1730 que ce privilége fut remis aux fermes générales pour environ 7,600,000 francs. Il est resté soumis au même régime jusqu'à la révolution française. A cette époque, c'est-à-dire en 1789, le prix de la ferme était de 30,000,000 de francs.

Une loi du 20 mars 1791 a supprimé le monopole. Le 22 brumaire an VII a été adopté un système de perception fondé sur la liberté de commerce et de culture et la prohibition à l'entrée du tabac fabriqué. C'est en 1810 que le monopole de la fabrication et de la vente a été rétabli par décret du 29 décembre.

Or le monopole a pour première condition la défense d'importer des tabacs du dehors, si ce n'est pour le compte de la régie des contributions indirectes.

A l'abri de cette défense, maintenue par les douanes, la régie vend les tabacs qui sortent de ses manufactures établies à Bordeaux, Nantes, Lille, Lyon, Marseille, Morlaix, Dieppe, le Havre, Paris, Bercy, Strasbourg, Tonneins, Toulouse et Châteauroux.

Ce n'est pas seulement par le maintien de la prohibition d'entrée que le service des douanes concourt au succès du monopole des tabacs ; là où il peut s'étendre, il s'oppose encore à la vente et à la circulation des produits de la fraude ; il surveille les transports faits dans le rayon frontière ou par le cabotage, et constate les exportations qui donnent lieu à des franchises.

1009. — *Etablissement du monopole.* L'achat, la fabrication et la vente des tabacs sont exclusivement réservés, dans toute l'étendue de la France, à l'administration des contributions indirectes, qui les exploite au profit de l'Etat. (*Loi du* 28 *avril* 1816, *art.* 172.)

La plantation illicite de tabac est punie de la destruction des plants et semis (sur l'ordre du sous-préfet), d'une amende de 50 fr. par 100 pieds de tabacs, si la plantation est faite sur un terrain ouvert, et de 150 fr. si le terrain est clos de murs, sans que cette amende puisse, en aucun cas, excéder 3,000 fr. (*Même Loi, art.* 181.) N° 259 du tableau des Infr. Trib. correct.

Nul ne peut avoir en sa possession des tabacs en feuilles s'il n'est cultivateur dûment autorisé.

Nul ne peut avoir en provision des tabacs fabriqués autres que ceux des manufactures de l'Etat, et cette provision ne peut excéder 10 kilogrammes, à moins que les tabacs ne soient revêtus des marques et vignettes de la régie. (*Même Loi. art.* 217.)

Les contraventions à l'article précédent sont punies de la confiscation, et, en outre, d'une amende de 10 fr. par kilogr. de tabac saisi. Cette amende ne peut excéder 3,000 fr. ni être au-dessous de 100 fr. (*Même Loi, art.* 218.) Détention, etc. ; art. 252 du tableau des Infr. Trib. correct.

Sont considérés et punis comme fabricants frauduleux les particuliers chez lesquels il est trouvé des ustensiles, machines ou mécaniques propres à la fabrication ou à la pulvérisation (tels que moulin, râpes, hache-tabacs, rouets, mécaniques à scaferlati, presses à carottes et autres) et en même temps de tabacs en feuilles ou en préparation, quelle qu'en soit la quantité, ou plus de 10 kilogr. de tabac fabriqué non revêtu des marques de la régie.

Les tabacs et ustensiles, machines et mécaniques sont saisis et confisqués, et les contrevenants condamnés, en outre, à une amende de 1,000 à 3,000 fr.

En cas de récidive, l'amende est double. (*Même Loi, art.* 221.) Détention simultanée, etc. ; n° 257 du tableau des Infr. Trib. correct.

Si la détention ne comprend que des ustensiles de fabrication, ces ustensiles sont confisqués. (*Même Loi, art.* 220.) N° 257 du tableau des Infr. Trib. correct.

Ceux qui sont trouvés vendant en fraude du tabac à leur domicile, ou ceux qui en colportent, qu'ils soient ou non surpris à le vendre, sont arrêtés et constitués prisonniers, et condamnés à une amende de 300 fr. à 1,000 fr., indépendamment de la confiscation des tabacs saisis, de celle des ustensiles servant à la vente, et, en cas de colportage, de celle des moyens de transport, conformément à l'art. 216, V. n° 1013. (*Même Loi, art.* 222.) Vente, etc., ou colportage ; n° 258 du tableau des Infr. Trib. correct.

Les tabacs vendus par la régie comme tabacs de *cantine* sont saisis comme étant en fraude lorsqu'ils sont trouvés dans les lieux où la vente n'en est pas autorisée, et les détenteurs sont passibles de l'amende portée en l'art. 218 de la loi du 28 avril 1816. (*Même Loi, art.* 219.) Détention, etc. ; n° 254 du tableau des Infr. Trib. correct.

Les pénalités prononcées par l'art. 218 de la loi du 28 avril 1816 sont applicables en cas de détention de tabac de *cantine,* en quantité supérieure à 3 kil., dans les lieux où la vente en est autorisée et lors même qu'il serait revêtu des marques et vignettes de la régie. (*Loi du 24 juillet* 1843, *art.* 5.) N° 253 du tableau des Infr. Trib. correctionnel.

1010. — *Importation.* Les tabacs *en feuilles* sont prohibés à l'entrée, à moins qu'ils ne soient importés pour le compte de la régie (1).

---

(1) Lorsqu'il s'agit de tabacs provenant des achats que la régie fait quelquefois à l'étranger, et qui sont déclarés à la douane pour son propre compte et par ses agents, il y a lieu d'appliquer, pour les différences de poids que la vérification fait reconnaître, les dispositions de la loi générale du 22 août 1791 relatives aux marchandises non prohibées. Mais, quand les tabacs ont été déclarés par le commerce, ils sont placés sous le régime du prohibé, et, bien qu'ils puissent être vendus plus tard à la régie, on doit leur appliquer les art. 4 et 19 de la loi du 9 février 1832, concernant les excédants et les déficits reconnus sur les marchandises prohibées, destinées pour l'entrepôt ou le transit. Toutefois l'inspecteur sédentaire de la localité est autorisé à ne donner aucune suite aux légères différences de poids, mais sous ces réserves que la tolérance ne s'appliquera qu'aux tabacs renfermés dans des colis parfaitement intacts, à l'égard desquels il n'existera aucun soupçon de fraude, et qu'elle ne s'étendra, en aucun cas, ni aux différences qui dépasseront, soit en plus,

Il y a exemption des droits pour les tabacs en feuilles importés pour le compte de la régie, lorsqu'ils arrivent en droiture, par navires français, des pays hors d'Europe.

Dans le cas où ils sont tirés des entrepôts d'Europe, ils acquittent les droits du tarif, suivant que ces droits sont fixés pour les divers cas d'importation par navires français, par navires étrangers ou par terre. (*Loi du 7 juin 1820, art. 1er.*)

Les tabacs en feuilles venant de l'étranger, même ceux qui ne sont pas destinés pour l'administration des contributions indirectes, peuvent être reçus en entrepôt réel (1) pour la réexportation. (*Loi du 29 floréal an X, art. 4; Déc. min. du 26 décembre 1817.*)

Par mer, les tabacs en feuilles destinés pour la régie ou pour l'entrepôt réel ne peuvent arriver que sur des bâtiments de 40 tonneaux et au-dessus, et dans les ports de Dunkerque, Calais, Boulogne, Dieppe, Le Havre, Morlaix, Saint-Malo, Lorient, Nantes, La Rochelle, Bordeaux, Bayonne, Cette et Marseille, à peine de confiscation de la marchandise et des bâtiments ou bateaux qui ont servi aux transports. (*Lois des 29 floréal an X, art. 2; 9 février 1832, art. 17; 26 juin 1835, art. 2, et 5 juillet 1836, art. 7.*)

Il n'est fait, pour les tabacs en feuilles acquittés pour la régie, aucune réduction des droits par suite d'avaries. On peut en distraire les parties avariées pour être brûlées ou réexportées, mais sans séparer la tige des feuilles. (*Loi du 29 floréal an X, art. 7.*)

Les parties qui doivent être brûlées le sont sans délai, en présence d'un employé supérieur des douanes, qui en dresse procès-verbal pour être envoyé à l'administration. (*Circ. du 14 prairial an X.*)

---

soit en moins, le vingtième du poids déclaré, ni aux petites provisions de tabac destinées à des particuliers. (*Déc. du 30 novembre 1843.*)

Pour *l'entrepôt, le transit, la réexportation* et *les mutations d'entrepôt* des tabacs, *V.* les Livres IV et V; et pour les fraudes à l'importation, n° 308.

(1) Le délai est de trois ans dans les entrepôts généraux du prohibé. (*Lois des 17 mai 1826, art. 14, et 9 février 1832, art. 20.*)

Les tabacs que les fournisseurs livrent conditionnellement à la régie peuvent être laissés à la disposition du régisseur de la manufacture sous une simple soumission d'entrepôt souscrite ou garantie par lui, et dans laquelle on indique qu'ils sont déposés dans ses magasins. Cette soumission est annulée, soit par l'admission et le payement des droits, s'il y a lieu, des tabacs définitivement acceptés par la régie, soit par la réexportation ou la réintégration dans l'entrepôt des douanes des parties de tabacs qui ont été rejetées. (*Déc. du 8 avril 1841.*)

L'entrepôt constitué dans les magasins de la régie étant, à proprement parler, un entrepôt fictif, la durée en est limitée à une année, sauf à accorder les prolongations qui seraient demandées par le régisseur. Pour les tabacs réintégrés dans l'entrepôt des douanes, le délai accordé pour la réexportation doit être de trois années à partir de leur importation. (*Déc. du 12 juillet 1841.*)

Pour les tabacs de mauvaise qualité ou atteints d'avarie que la régie fait détruire, il suffit, pour décharger le compte d'entrepôt, que leur incinération soit attestée par des certificats délivrés par ses agents. C'est aussi sur leur simple déclaration que doivent être liquidés et perçus les droits d'entrée applicables aux tabacs définitivement admis et achetés par la régie. (*Même Déc.*)

Les cigares étrangers dirigés sur la manufacture de Paris et rejetés par la régie peuvent être admis à l'entrepôt des douanes de cette ville, d'où ils sont réexportés ensuite sous les conditions générales du transit du prohibé. (*Déc. des 8 septembre 1836 et 23 février 1837.*)

Le transport des tabacs aux manufactures de l'Etat est assuré par un acquit-à-caution et le plombage des colis (*Circ. du 24 août* 1811), à moins que la manufacture ne se trouve sur le lieu même de l'exportation, cas auquel les tabacs ne sont point plombés, leur arrivée dans les magasins de la manufacture étant toujours garantie par un acquit-à-caution (1). (*Déc. du 18 juillet* 1832.)

Les *échantillons* de tabac *adressés à la régie* (2), que l'on présente à l'un des ports ou bureaux ouverts au transit du prohibé, peuvent être expédiés à destination de la manufacture de Paris sous les formalités générales du transit. c'est-à-dire sous la garantie du plombage (3) et d'un acquit-à-caution portant soumission de payer la quadruple valeur des tabacs si l'expédition n'était pas rapportée en temps utile et dûment régularisée par le régisseur de la manufacture. (*Circ. manusc. du 29 mars* 1836.)

Les tabacs *fabriqués*, de quelque pays qu'ils proviennent, sont prohibés à l'entrée, à moins qu'ils ne soient achetés pour le compte de l'administration des contributions indirectes. (*Loi du 28 avril* 1816, *art.* 173.)

Néanmoins, lorsqu'il s'agit de provisions de santé ou d'habitude, on peut admettre, sans autorisation préalable, par les bureaux ouverts au transit, savoir :

Les cigares et les cigarettes, jusqu'à concurrence de 10 kil. par destinataire (4), sous le payement du droit de 24 fr. le kilogramme, sans addition de décime (*Décret du 11 décembre* 1851, *art.* 3; *Circ. du* 17, n° 2471);

Les tabacs en poudre, en carottes ou autrement fabriqués, jusqu'à concurrence de 10 kil. par destinataire (4), au droit de 10 fr. par kilogramme, sans addition de décime. (*Décret du 20 janvier* 1852; *Circ. du* 28, n° 5.)

Le service doit exiger que le nom et le domicile du destinataire soient déclarés lorsque celui-ci n'agit pas par lui-même, et il est délivré pour chaque destinataire une quittance distincte présentant les mêmes indications. Tout commerce par des tiers est interdit.

Les droits figurent, à titre définitif, dans les écritures du bureau d'importation, registres série T, n° 5 A ou 6 A (5). (*Circ. du 9 février* 1852, n° 8.)

---

(1) Les tabacs destinés à la régie sont, au fur et à mesure de leur débarquement, transportés dans les magasins de la manufacture pour y être vérifiés et pesés en une seule fois en présence des employés des douanes et de ceux de l'administration des tabacs. (*Déc. des 2 février* 1836 *et 7 avril* 1837.)

(2) Ces envois, accompagnés d'un acquit-à-caution indiquant la destination définitive des tabacs (manufacture ou direction générale), se composent ordinairement, selon que l'importation a lieu par terre ou par mer, d'une réunion de cent ou de cinq cents échantillons de 1 kil. chacun. Si les quantités présentées dépassaient notablement ces limites, il y aurait lieu de ne les admettre que sur une autorisation particulière de l'administration. (*Circ. man. du 29 mars* 1836.)

(3) On peut ne les soumettre qu'au simple plombage. (*Déc. du 20 avril* 1839.)

(4) Pour une plus forte quantité, l'autorisation préalable de l'administration est nécessaire; mais dans ce cas les formalités et conditions rappelées ici sont applicables. (*Circ.* n°s 2371 *et* 2409, *de* 1850, *et* n° 5, *de* 1852.)

Quant aux tabacs destinés aux membres du corps diplomatique. *V.* Livre XI, chap. 13.

(5) A l'expiration de chaque semestre, les directeurs doivent adresser à l'administration (6e division) et au directeur général des tabacs un état des droits perçus sur les tabacs de santé et d'habitude. (*Circ. lith. du 19 octobre* 1853.)

On énonce sur l'état mensuel, série E, n° 38 A, le poids et le nombre des cigares ou cigarettes et le poids des tabacs en poudre, en carottes ou autrement fabriqués. (*Circ. du 9 février* 1852, n° 8.)

Des vignettes de la régie sont apposées, par les agents des douanes (1), sur les cigares, cigarettes ou tabacs soumis aux droits (*Arrêté min. du 8 octobre* 1850, *art.* 2, *Circ.* n° 2371, *et du 28 janvier* 1852, n° 5); mais sont exemptés de cette formalité les cigares ou les tabacs formant la provision de route des voyageurs et les petites parties de tabac en poudre ou en feuilles dont le poids ne dépasse pas 1 kil. (*Circ. du 9 février* 1852, n° 8.)

Toute quantité de cigares ou de tabacs circulant sans être revêtue des vignettes de la régie, ou dont la vignette serait rompue, ou qui ne serait pas accompagnée de la quittance des droits d'entrée, est saisissable, conformément aux lois et règlements.

La mise en vente de cigares ou de tabacs introduits sous le payement des droits demeure interdite. (*Arrêté min. du 8 octobre* 1850, *art.* 3; *Circ.* n°ˢ 2371 *et* 5.)

Lorsqu'il s'agit de restants de provisions déclarés par les voyageurs à leur arrivée de l'étranger et ne dépassant pas 1 kil. de tabac ou 500 cigares, l'admission, sous le payement des droits, peut avoir lieu par tous les bureaux de première ligne de la frontière de terre et par tous les bureaux maritimes (2). Les chefs locaux peuvent aussi autoriser l'expédition en transit de ces restants de provisions. *V.* n° 538. Mais on n'applique ni l'une ni l'autre de ces facilités aux tabacs apportés par les conducteurs de voitures publiques, qui sont appelés, par leur service, à franchir journellement la frontière. (*Circ. des 30 mars* 1837, n° 1616, 24 *avril* 1838, n° 1684, 11 *octobre* 1850, n° 2409, *et 9 février* 1852, n° 8.)

Les tabacs composant la provision de bord des équipages étrangers sont immédiatement mis en dépôt, en pourvoyant toutefois à la consommation régulière et habituelle des marins de ces équipages. *V.* n° 847. Au moyen de ces mesures de police, la douane est autorisée à saisir toutes quantités de tabac que l'on trouverait à bord des navires en excédant des quantités remises pour la consommation de l'équipage. (*Circ. du 21 octobre* 1822, n° 760.)

Comme pour les tabacs en feuilles, les fraudes ayant pour objets les cigares donnent lieu à l'application des pénalités relatives au prohibé, l'admission conditionnelle de provisions de santé ou d'habitude ne constituant qu'une exception au régime prohibitif. (*Circ. man. du 21 octobre* 1835.)

1011. — *Exportation.* Les cultivateurs ont la faculté de destiner leur récolte (*tabacs en feuilles*) soit à l'approvisionnement des manufactures de l'État, soit à l'exportation, moyennant un droit fixé par le tarif des douanes. (*Lois des 28 avril* 1816, *art.* 183, *et* 17 *mai* 1826.)

L'exportation s'effectue avant le 1ᵉʳ août de l'année qui suit la récolte, à moins que le cultivateur n'ait obtenu du préfet une prolongation de délai qui, en aucun cas, ne peut passer le 1ᵉʳ septembre. (*Loi du 28 avril* 1816, *art.* 206.)

Après les délais qui ont été accordés pour l'exportation, les tabacs qui n'ont été ni exportés ni mis en entrepôt sont saisis et confisqués. (*Loi du 28 avril* 1816, *art.* 207.)

Les tabacs destinés à l'exportation ne peuvent être enlevés de chez le cultivateur et amenés au bureau de la douane frontière qu'en vertu d'un laissez-passer des employés des contributions indirectes qui n'est délivré que pour le bureau (de la régie) établi près le magasin le plus voisin. (*Même Loi, art.* 208.)

A ce bureau, les tabacs sont reconnus, pesés, cordés et plombés, et il est délivré au cultivateur un acquit-à-caution qui les accompagne jusqu'à l'étranger. (*Même Loi, art.* 209.)

---

(1) Les vignettes doivent être apposées de manière à empêcher qu'on ne puisse, sans les rompre, ouvrir le colis qui en est revêtu. (*Circ.* n° 2371.)

(2) Dans ce cas, tout bureau emploie le registre série **T**, n° 6 A.

L'exportation ne peut s'effectuer que par l'un des ports et bureaux ouverts à l'entrée des marchandises payant plus de 20 fr. par 100 kilogr.

Les employés de ces douanes doivent délivrer, outre l'acquit de payement des droits, un certificat de décharge de l'expédition de la régie des contributions indirectes, lequel énonce le poids de chaque colis et le poids total des colis réunis.

L'acquit-à-caution doit être préalablement soumis au visa des employés des contributions indirectes. (*Circ. du 19 avril* 1817.) (1).

Les tabacs *fabriqués* pourront être exportés par tous les départements (2). (*Loi du 24 nivôse an V.*)

La douane constate la sortie réelle des tabacs sur les expéditions de la régie ; elles doivent aussi être visées par les employés des contributions indirectes, et les tabacs ne peuvent être entreposés que dans les magasins de la régie.

Les côtes de tabac provenant des manufactures de l'Etat et déposées dans les entrepôts de la régie en attendant le moment de leur expédition à l'étranger doivent, à l'embarquement, être soumises aux droits de sortie, non à la taxe de réexportation. (*Déc. du 13 mai* 1855.)

1012. — *Circulation dans le rayon des douanes.* Les tabacs fabriqués ou en feuilles, comme les autres marchandises, ne peuvent circuler dans ce rayon sans une expédition de douanes.

Mais, pour éviter que cette expédition ne fasse double emploi avec celle de la régie des contributions indirectes, les tabacs sont admis à circuler avec les acquits-à-caution ou les *laissez-passer* qui sont délivrés par les agents des contributions indirectes, sous la condition de les présenter et de les faire viser aux bureaux de la route. (*Circ. des 2 brumaire an XIV,* 17 *août* 1811 *et* 20 *septembre* 1815.)

Les tabacs en feuilles ne peuvent circuler sans acquit-à-caution de l'administration des contributions indirectes (3), si ce n'est dans le cas prévu par l'art. 208, ou quand ils ont été cultivés pour l'approvisionnement de la régie et qu'ils sont transportés du domicile du cultivateur au magasin de réception. Alors ils doivent être accompagnés d'un *laissez-passer.* (*Loi du* 28 *avril* 1816, *art.* 215.) V. n° 1013.

Il suffit également d'un laisser-passer pour les tabacs en feuilles destinés à l'exportation, lorsque, au lieu de les exporter, le cultivateur a préféré les déposer dans les magasins de la régie. (*Même Loi, art.* 208.)

---

(1) La loi n'accorde l'entrepôt aux tabacs indigènes, pour l'exportation, que dans les magasins de la régie des contributions indirectes. L'exportation doit être consommée dès que les tabacs en feuilles sont parvenus à un bureau de sortie, sans qu'ils puissent être réadmis en entrepôt.

(2) L'exportation des tabacs fabriqués ne peut avoir lieu sans un acquit spécial de la régie des contributions indirectes, ni sans passer par l'un des ports et bureaux ouverts à l'entrée des marchandises imposées à plus de 20 fr. par 100 kilogr. (*Tarif officiel.*)

Cette restriction de sortie ne s'applique qu'aux tabacs fabriqués que la régie vend pour l'exportation, et pour lesquels elle accorde, à titre de prime, une remise sur le prix de consommation en France ; mais comme il n'existe aucun motif pour soumettre à la même règle les tabacs achetés dans les bureaux de débit de la régie aux mêmes prix que les consommateurs régnicoles, on en permet la sortie par tous les bureaux indistinctement. (*Circ. du* 11 *juillet* 1838.)

Ces tabacs restent soumis aux formalités de circulation prescrites par l'art. 215 de la loi du 28 avril 1816.

(3) Cette obligation est générale et comprend tous les tabacs qui circulent dans l'étendue de la France.

Les tabacs fabriqués (autres que de *cantine*) ne peuvent circuler sans acquit-à-caution, toutes les fois que la quantité excède 10 kilogrammes.

Les quantités de 1 kilogramme (1) à 10 doivent être accompagnées d'un laissez-passer, à moins qu'elles ne soient revêtues des marques et vignettes de la régie. (*Même Loi. art.* 215.) *V.* n° 1013.

Le *laissez-passer* est remplacé. pour les quantités au-dessous de 10 kilogrammes, que les débitants vont prendre aux entrepôts de la régie, par des livrets sur lesquels les entreposeurs inscrivent les quantités délivrées, la route que doivent suivre les tabacs dont ils ont fait la livraison, ainsi que le délai qui est accordé pour le transport. (*Circ. du* 17 *mars* 1817.)

Les tabacs dits de *cantine* ne peuvent, même sous marques et vignettes, circuler en quantité supérieure à 1 kilogr., à moins qu'ils ne soient enlevés des manufactures ou des entrepôts de la régie et accompagnés d'un acquit-à-caution ou d'une facture délivrée par l'entreposeur. Toute contravention à cette disposition est punie conformément à l'art. 216 de la loi du 28 avril 1816. *V.* n° 1013. (*Loi du 23 avril* 1840, art. 2.) N° 255 du tableau des Infr. Trib. correctionnel.

Sont réputés étrangers les tabacs fabriqués qui ne portent pas de vignettes. (*A. de C. du* 12 *floréal an XIII.*)

Les expéditions délivrées par la régie des contributions indirectes sont admises par les douanes, qui les visent au passage, après avoir reconnu l'identité des colis qu'elles décrivent et l'intégrité des cordes et plombs.

Les tabacs transportés sous le plomb de la régie sont exempts de visite. Les préposés ne peuvent que vérifier l'état des plombs, le nombre, et, s'il y a lieu, le poids des colis, sans les ouvrir ni introduire la sonde dans ceux qui contiennent du tabac en poudre. Cependant, ils ne doivent pas négliger de reconnaître, par les moyens laissés à leur disposition, si les voituriers ou bateliers n'abusent pas de la confiance de la régie pour substituer aux tabacs d'autres marchandises; et, lorsqu'il s'élève des soupçons de fraude, on peut demander la visite, en y appelant le principal préposé des contributions indirectes. Elle ne se fait qu'en présence de ce chef, qui prend les mesures nécessaires pour la conservation des tabacs et y fait réapposer le

---

(1) Aux termes de l'art. 215 de la loi du 28 avril 1816, les quantités de tabac de la *régie* inférieures à *un* kilogr. peuvent circuler sans aucune expédition; mais cette disposition ne pouvant s'appliquer aux tabacs étrangers ou illicitement fabriqués en France, il y a lieu d'observer les règles suivantes à l'égard des parties de tabac saisies à la circulation dans le rayon, en poids *inférieur à* 1 *kilogr.*

Quand ces tabacs sont revêtus de vignettes étrangères, ou si les saisissants ont vu les porteurs pénétrer de l'étranger en France, ou enfin si ceux-ci ont avoué l'origine étrangère de leurs charges, il n'y a nulle difficulté à continuer d'appliquer la loi de douanes. *V.* n° 1013.

Si aucune de ces trois conditions n'existe, on verbalisera (pourvu, bien entendu, que le tabac soit non seulement dépourvu des vignettes ou expéditions de la régie, mais que les préposés soient fondés à suspecter son origine) à la requête de l'administration des contributions indirectes; mais on aura soin alors, s'il s'agit d'ailleurs de tabacs *fabriqués* et si les prévenus n'en reconnaissent pas la provenance illicite, de prélever incontinent et de mettre sous le double cachet de la douane et du contrevenant (sauf à mentionner le refus de celui-ci, s'il y a lieu) un *double* échantillon du tabac saisi, lesquels échantillons seront transmis, avec les autres pièces de l'affaire, au représentant de l'administration poursuivante, pour qu'elle fasse procéder, suivant les formes qui lui sont propres, à la reconnaissance de la provenance réelle des tabacs. (*Circ. lith. du* 24 *décembre* 1845.)

plomb de la régie après l'opération. A son défaut, on remplace les plombs de la régie par ceux des douanes, mais *sans frais*. (*Circ. des 2 brumaire an XIV, 17 août 1811 et 16 juin 1817.*)

Si les tabacs doivent être embarqués, on se borne, après la déclaration et la délivrance du permis, à constater l'embarquement sur l'acquit-à-caution de la régie. Cet acquit est de même présenté au port de débarquement, où il suffit pour autoriser l'admission après la décharge constatée par un semblable visa. (*Circ. du 17 août 1811.*)

Les dispositions des art. 172, 215, 216, 217, 218, 219, 220, 221, 222, 223, 224, 225 et 226 de la loi du 28 avril 1816 sont applicables à la fabrication, à la circulation et à la vente du *tabac factice* ou de toute autre matière préparée pour être vendue comme tabac, sans qu'il soit dérogé aux dispositions contenues dans la loi du 17 avril 1832, concernant la durée de la contrainte par corps. (*Loi du 12 février 1835, art. 5.*)

1013. — *Répressions de la fraude et de la contrebande.* Les tabacs circulant sans expéditions régulières (*V.* n° 1012) sont saisis et confisqués, ainsi que les chevaux, voitures, bateaux ou autres objets servant au transport, et il est, en outre, exigé une amende de 100 à 1,000 fr.

Toute personne convaincue d'avoir fourni le tabac saisi est passible de cette dernière amende. (*Loi du 28 avril 1816, art.* 216.) (1) Circulation, etc.; n° 251 du tableau des Infr. Trib. correctionnel.

La contrebande du tabac avec attroupement et à main armée est poursuivie et punie comme en matière de douane. (*Même Loi, art.* 226.)

Les employés des douanes peuvent constater :

1° La vente illicite des tabacs ;

2° Le colportage (2), les circulations illégales (3) et généralement les fraudes sur le tabac ;

3° Procéder à la saisie des tabacs, ustensiles et mécaniques prohibés par la loi, à celle des chevaux, voitures, bateaux et autres objets servant au transport, et constituer prisonniers les fraudeurs et colporteurs dans les cas prévus. (*Loi du 28 avril 1816, art.* 223.)

Dans les cas d'importation flagrante, ou lorsqu'il y a des indices certains que les tabacs viennent de l'étranger, les préposés des douanes saisissent à la requête de leur administration, et ils poursuivent, selon les cas, l'application des lois de douane.

Dans tout autre cas, la fraude des tabacs est poursuivie à la requête de l'administration des contributions indirectes et jugée d'après la législation qui lui est propre. (*Avis du comité des finances du Conseil d'Etat, rapporté dans la Circ. du 18 mai 1820, et Circ. du 17 septembre 1837, n° 1649.*) (4).

---

(1) Tout individu condamné pour fait de contrebande en tabac est détenu jusqu'à ce qu'il ait acquitté le montant des condamnations prononcées contre lui. Cependant le temps de la détention ne peut excéder six mois, sauf le cas de récidive, où le terme peut être d'un an. (*Loi du 28 avril 1816, art.* 225.)

(2) Le colportage ressort d'ordinaire de circonstances établissant l'intention de vendre.

(3) Même la circulation dans le voisinage des côtes maritimes; mais il est entendu que les préposés des brigades placées sur la côte ne concourent à la saisie des tabacs circulant sans expédition de la régie que sur les points où ils peuvent se porter sans que leur propre service en souffre. (*Circ. du 20 septembre 1815.*)

(4) Les lois de douane sont, comme il a été expliqué en tête de ce chapitre, la base de celles relatives au monopole, et leur application doit toujours primer dans

L'*aveu* de l'importation frauduleuse, fait au moment de la saisie et dûment constaté dans le procès-verbal, suffit pour établir que les tabacs viennent de l'étranger, et entraîne la compétence de la douane comme administration poursuivante, celle-ci agissant directement en cas d'introduction flagrante.

Si le rapport de saisie pour fait de simple colportage est rédigé au nom de la régie des contributions indirectes, et que le fait de l'importation frauduleuse se révèle à l'audience, soit par l'aveu du prévenu, soit par les résultats de l'instruction, la contravention change de nature, le délit rentre dans la classe de ceux dont la poursuite est confiée à l'administration des douanes ; et, sur l'intervention de celle-ci, ou même sur les conclusions du ministère public, qui a qualité d'agir pour elle, les tribunaux prononcent les condamnations édictées par les lois de douanes.

L'administration poursuit alors l'exécution du jugement en ce qui la concerne, et rembourse à la régie, originairement poursuivante, les frais qu'elle a dû avancer. La régie agit de même à l'égard de la douane, lorsque celle-ci a provoqué le jugement et que les tribunaux ont, pour quelque cause que ce soit, prononcé les condamnations au profit des contributions indirectes. (*Circ. du* 18 *septembre* 1837, n° 1649.)

Les saisies de tabacs opérées hors du rayon des douanes doivent toujours, sauf le cas de poursuite à vue, être constatées à la requête des contributions indirectes ; mais pour les tabacs saisis dans le rayon, même à *domicile*, on poursuit l'application des lois de douanes, pourvu que l'importation soit établie par les aveux du prévenu ou par l'existence de vignettes étrangères. (*Circ. man. du* 26 *février* 1848.)

Ces dispositions ne concernent que les frontières de terre. (*Déc. du* 8 *mars* 1843.) On doit, en conséquence, verbaliser à la requête de l'administration des contributions indirectes lorsque des tabacs sont saisis à la circulation, c'est-à-dire hors le cas de versement flagrant, sur la partie des quais d'un port soumise à la surveillance des douanes, bien qu'il résulte de l'aveu du prévenu que ces tabacs viennent de l'étranger. (*Déc. du* 9 *mars* 1850.)

Lorsqu'une capture porte tout à la fois sur des tabacs revêtus de vignettes étrangères et sur d'autres qui n'en ont pas, mais que ces tabacs sont confondus ou seulement réunis sous les mêmes enveloppes, il y a lieu de ne pas scinder l'affaire et de se borner à rédiger un seul procès-verbal basé sur les art. 38 et 41 de la loi du 28 avril 1816. (*Circ. lith. du* 24 *décembre* 1845.)

Relativement aux tabacs, les procès-verbaux rédigés par les agents des douanes à la requête des contributions indirectes doivent être dans les formes fixées par la loi du 9 floréal an VII concernant les douanes. (*Décret du* 19 *mai* 1815 ; *Col. de Lille*, t. 8, p. 396, *et Déc. du* 19 *juin* 1856.)

En cas de soupçon de fraude, les employés peuvent faire des visites dans l'intérieur des habitations, en se faisant assister du juge de paix, du maire, de son adjoint ou d'un commissaire de police, lesquels sont tenus de déférer à la réquisition qui leur en est faite, et qui est transcrite en tête du procès-verbal. Ces visites ne peuvent avoir lieu que d'après l'ordre d'un employé supérieur du grade de contrôleur au moins, qui rend compte des motifs au directeur du département (1).

---

les cas d'importation et d'exportation ; cette règle résulterait de la nature des choses, lors même qu'elle ne serait pas consacrée par l'avis du Conseil d'Etat cité plus haut.

(1) Les préposés des douanes ne font pas, hors le cas d'importation flagrante, de visites domiciliaires pour les recherches des tabacs, sans invitation de la part des agents de la régie.

Ils ne peuvent déférer à ces invitations que sur l'ordre exprès de leur chef, qui juge de la possibilité de les détacher de leur service principal, et pour quel temps.

Lorsqu'il est à leur connaissance qu'une maison renferme, soit un approvision-

Les tabacs transportés en fraude qui, au moment d'être saisis, seraient introduits dans une habitation pour les soustraire aux préposés, peuvent y être suivis par eux, même de nuit, sans qu'ils soient tenus, dans ce cas, d'observer les formalités ci-dessus prescrites. (*Loi du* 28 *avril* 1816, *art.* 237.)

Est passible de l'amende énoncée au n° 1119 tout individu qui s'oppose à ce qu'en matière de contributions indirectes, et en vertu de la loi du 28 avril 1816 (art. 237), les préposés des douanes pénètrent, sans l'assistance d'un officier public, dans les maisons où ils ont vu se réfugier des porteurs de tabacs de contrebande poursuivis à ce sujet. (*Arrêt de la Cour de Douai du* 31 *janvier* 1853; *Doc. lith.*, n° 195.)

Lorsque, conformément aux art. 222 et 223, les employés ont arrêté un colporteur ou fraudeur de tabac, ils sont tenus de le conduire sur-le-champ devant un officier de police judiciaire, ou de le remettre à la force armée, qui le conduit devant le juge compétent, lequel statue de suite par une décision motivée sur son emprisonnement ou sa mise en liberté.

Néanmoins, si le prévenu offre bonne et suffisante caution de se présenter en justice et d'acquitter l'amende encourue, ou s'il consigne lui-même le montant de ladite amende, il est mis en liberté s'il n'existe aucune autre charge contre lui. (*Loi du* 28 *avril* 1816, *art.* 224.)

Les tabacs saisis à la requête de la régie doivent, après le dépôt obligatoire au plus prochain bureau de douane (*Déc. du* 23 *juillet* 1855), être transportés au plus proche bureau des contributions indirectes, et laissés, après vérification et pesée régulières, à l'employé de la régie qui en devient ainsi momentanément dépositaire et responsable (1). (*Déc. min. du* 2 *décembre* 1831 ; *Circ. du* 29, n° 1296.)

Les préposés des douanes qui arrêtent ou concourent à arrêter des colporteurs ou vendeurs de tabacs en fraude reçoivent une prime de 15 fr. par chaque personne arrêtée, quel que soit le nombre des saisissants (2).

---

nement frauduleux de tabacs, autres que des dépôts saisissables d'après les règlements de douane, soit des moyens de fabrication ou de distribution clandestine, ils se bornent à en donner avis à un agent supérieur de la régie qui ait caractère pour autoriser des visites à domicile. Ils peuvent ensuite concourir à ces visites et aux saisies avec les employés que l'agent supérieur de la régie leur adjoint. (*Circ. du* 20 *septembre* 1815.)

(1) Lorsque plusieurs saisies de tabac ont été faites séparément sur des inconnus dans le ressort d'un même tribunal, et que la valeur de chaque partie n'excède pas 50 fr., la régie peut en demander la confiscation par une seule requête, laquelle contient l'estimation de chaque partie. Il est statué sur ladite demande par un seul et même jugement. (*Décret du* 5 *septembre* 1792, *art.* 5.)

(2) La prime de 15 fr. est acquise aux préposés pour chaque individu arrêté contre lequel il a été rédigé un procès-verbal constatant la saisie de 50 décagrammes ou plus de tabac de fraude. La prime est pareillement acquise, même pour une quantité inférieure à 50 décagrammes, lorsque le procès-verbal établit qu'il y a eu précédemment, de la part du contrevenant, tentative répétée de plusieurs introductions dans un court intervalle de temps. (*Circ. du* 12 *avril* 1837, n° 1618.)

Cette prime est également due alors que l'arrestation a été opérée sur un bateau, et aussi dans le cas où la quantité de tabac trouvée sur une embarcation ou dans une voiture ne représenterait pas le minimum de 50 décagrammes par chaque voyageur. (*Déc. de la régie des contributions indirectes du* 22 *août* 1839.)

Mais, dans les cas autres que ceux dont il s'agit, la prime n'est pas acquise : 1° lorsqu'une quantité de tabac saisie sur une réunion de contrebandiers ne représente pas 50 décagrammes par individu; 2° lorsqu'une arrestation ayant été faite

Cette prime n'est acquittée qu'autant que les contrevenants ont été constitués prisonniers, ou qu'amenés devant le chef des contributions indirectes ils ont fourni caution ou ont été admis à transaction. (*Ord. du 31 décembre 1817, art. 1er.*)

La prime d'arrestation est payée aux employés des douanes quand bien même la saisie a lieu avec le concours des agents de l'administration des contributions indirectes. (*Circ. du 28 février 1812.*)

Si la saisie comprend d'autres marchandises que des tabacs, la prime est fixée de la manière suivante :

1° Pour les charges à dos d'homme, le nombre des charges de tabac et de celles des autres marchandises est distinctement compté, et la prime de 15 fr. est accordée pour le seul nombre de colporteurs arrêtés qui correspond au nombre des charges de tabacs trouvées ;

2° Pour une charge de cheval contenant des tabacs et d'autres marchandises, la prime n'est payée que pour un seul des contrebandiers arrêtés, ce contrebandier étant censé conduire le cheval ;

3° Pour une voiture contenant également des tabacs et d'autres marchandises, et quel que soit le nombre des chevaux, mules, etc., y attelés, la prime est payée pour deux des contrebandiers arrêtés, l'un d'eux étant censé conduire la voiture et l'autre l'escorter. (*Circ. du 23 juillet 1817.*)

Les tabacs saisis sont expertisés, dans les vingt-quatre heures de leur dépôt dans les magasins de la régie, par un conseil composé de l'entreposeur et d'un employé désigné par le directeur de ce service, en présence d'un délégué du directeur des douanes (1) et des saisissants eux-mêmes, s'il est possible. (*Ord. du 31 décembre 1817, art. 2.*)

Le conseil juge si les tabacs saisis sont ou non susceptibles d'être employés dans la fabrication.

Dans le premier cas, ils sont placés ou comme étant propres à la fabrication ordinaire, et payés à raison de 150 fr. par 100 kilogrammes, ou seulement comme étant susceptibles d'être employés dans la cantine, et payés 90 fr. par 100 kilogrammes.

Quant aux tabacs qui ne sont pas jugés propres à la fabrication, ils sont détruits en présence des saisissants, et il est accordé à ceux-ci, à titre de prime, 30 fr. par 100 kilogrammes.

En cas de saisie de tabacs de qualité supérieure et jugés susceptibles d'être vendus par la régie comme tabacs de choix, les saisissants reçoivent, en sus du prix le plus élevé indiqué ci-dessus, une indemnité qui est réglée par le conseil d'administration de la régie. (*Ord. du 31 juillet 1827, art. 3 et 4.*)

Immédiatement après l'expertise, la totalité des primes d'arrestation ou tenant lieu

---

pour tentative frauduleuse d'importation de marchandises diverses, quelques quantités de tabac se trouvent mêlées à ces marchandises dans la proportion de moins de 50 décagrammes par personne arrêtée. (*Circ. du 12 avril 1837, n° 1618.*)

La prime de capture n'est due que pour ceux des porteurs d'une même bande qui étaient personnellement chargés d'au moins 50 décagrammes de cette marchandise. (*Déc. du 7 avril 1842 ; Doc. lith., n° 118.*)

(1) Le directeur des douanes désigne à l'avance, dans le lieu de la résidence de chaque directeur des contributions indirectes, ou dans l'endroit le plus rapproché de cette résidence, l'employé qui est chargé d'assister pour lui à l'expertise des tabacs.

Cet employé doit tenir la main à ce que cette expertise soit faite dans les vingt-quatre heures du dépôt, et à ce que la valeur des tabacs et la prime, dans le cas où elle est due, soient remises immédiatement. (*Circ. du 19 janvier 1818.*)

de la valeur des tabacs détruits, comme aussi, selon le cas, la valeur des tabacs propres à la fabrication, est versée entre les mains du receveur principal des douanes, sans déduction des frais, lesquels sont prélevés ultérieurement sur le produit de l'amende, ou, en cas d'insuffisance, tombent en non-valeur.

En cas de saisies faites à l'importation (1) pour contravention aux lois de douane, c'est la valeur ci-dessus indiquée qui, sans déduction d'aucun frais, est remise avec le montant des primes au délégué du directeur des douanes. (*Même Ord., art.* 5.)

Pour la répartition, *V.* nos 1152 et 1168.

CHAPITRE XXVIII

CARTES A JOUER.

L'impôt sur les cartes à jouer suppose : 1° la défense d'importer des cartes étrangères ; 2° une police exercée en fabrique ; 3° des formalités particulières pour la circulation et la sortie, et 4° des recherches à faire dans toutes les parties du pays.

Les trois premiers points de ce régime appellent le concours des douanes, et c'est pour le régler qu'on donne ici les dispositions qui s'y rapportent.

1014. — L'introduction en France et l'usage des cartes fabriquées à l'étranger sont prohibés. (*Loi du 13 fructidor an XIII, art.* 5.) Toutefois, pour les cartes d'origine anglaise ou belge, *V.* n° 785.

Les préposés des douanes ne peuvent laisser rentrer en France aucunes cartes à jouer qu'autant qu'elles sont revêtues du filigrane de la régie, ou autre marque convenue, et qu'elles sont sous la bande timbrée. (*Arrêté du 3 pluviôse an VI, art.* 17.)

La fabrication et la vente des cartes à jouer a lieu par la régie des contributions indirectes, dans toute l'étendue de la France, exclusivement au profit de l'Etat. (*Décret des 16 juin 1808 et 9 février* 1810.)

Tout individu qui fabrique des cartes à jouer, ou qui en distribue, vend ou colporte, sans y être autorisé par la régie, est puni de la confiscation des objets de fraude, d'une amende de 1,000 à 3,000 fr. et d'un mois d'emprisonnement ; en cas de récidive, l'amende est toujours de 3,000 fr. (*Loi du 28 avril* 1816, *titre* 3, *art.* 166.)

---

(1) Dans les directions de Bordeaux, Nantes, Saint-Lô, Cherbourg, Rouen et Grenoble, les tabacs en feuilles saisis à la requête de l'administration des douanes sont vendus pour la réexportation, et, dans toutes les directions, on a la faculté de vendre également pour l'étranger tous les tabacs *fabriqués*, saisis aussi à l'*importation*, ou de les verser dans les magasins de la régie, selon qu'on y trouve plus d'avantage pour les saisissants. Mais tous les tabacs saisis et confisqués à la requête de la régie des contributions indirectes doivent toujours, après le dépôt obligatoire au plus prochain bureau de douane, être versés dans les magasins des contributions indirectes. (*Déc. min. du* 24 *décembre* 1827; *Circ. des* 10 *janvier* 1828, n° 1080, *et* 26 *septembre* 1831, n° 1275.) *V.* n° 1013.

La livraison des tabacs à la régie, pour éviter d'alimenter la fraude à la frontière en les vendant pour la réexportation, est d'une utilité contestable, la fabrication étrangère offrant toujours des ressources pour entretenir ces spéculations. (*Déc. du* 1er *septembre* 1855.)

Nul ne peut vendre des cartes, même frappées du filigrane de la régie ou de la marque convenue, que sous la bande timbrée (1). (*Arrêté du 3 pluviôse an VI, art.* 8.)

Ceux qui ont contrefait ou imité les moules, timbres et marques employés par la régie pour distinguer les cartes légalement fabriquées, et ceux qui se servent des véritables moules, timbres ou marques en les employant d'une manière nuisible aux intérêts de l'Etat, sont punis, indépendamment de l'amende qu'ils ont encourue, des peines portées par les art. 142 et 143 du Code pénal. (*Loi du 28 avril* 1816, *titre* 3, art. 168.)

Les cartes *dites tarots* et autres, dont la forme ou la dimension diffère des cartes usitées en France, sont fabriquées en papier libre. Elles ne peuvent circuler dans l'intérieur qu'autant qu'elles portent, sur toutes les cartes à figure, la légende *France* et le nom du fabricant. (*Décret du 16 juin* 1808, *art.* 4.)

Les dispositions des art. 223, 224, 225 et 226 de la présente loi sont applicables à la circulation illégale et à la fraude des cartes à jouer. (*Loi du 28 avril* 1816, *art.* 169.) *V.* n° 1013.

Fabrication, introduction dans le pays, distribution, vente, colportage, usage dans les lieux publics de *cartes* à jouer prohibées; contrefaçons, imitation de moules, timbres et marques employés par la régie; usage et emploi des véritables moules, timbres ou marques, d'une manière nuisible aux intérêts de l'Etat (*Même Loi, art.* 166 à 169 : confiscation des objets de fraude; amende de 1,000 fr. à 3,000 fr.; emprisonnement d'un mois; en cas de récidive, l'amende est toujours de 3,000 fr.; dépens. (*Tribunal correctionnel.*) — Les deux derniers cas donnent, en outre, lieu à l'application des art. 142 et 143 du Code pénal. (N° 261 *du tableau des Infr.; Circ.* n° 2046.)

Les préposés des douanes autorisés à constater la fraude des cartes à jouer verbalisent toujours à la requête de l'administration des contributions indirectes, même dans le cas d'*importation*, où les peines édictées par l'art. 166 de la loi du 28 avril 1816 sont également applicables. Les cartes sont remises à la régie. Les saisissants constituent les contrevenants en état d'arrestation préventive, et les conduisent immédiatement devant l'officier de police judiciaire le plus à portée du lieu de l'arrestation, ou remettent leur personne entre les mains de la force armée, conformément à la loi, sauf toutefois l'usage éventuel de la faculté donnée par le second paragraphe de l'art. 224 de la loi du 28 avril 1816. Si les prévenus manifestent l'intention de satisfaire spontanément aux condamnations ou de transiger, les saisissants les conduisent devant le chef de service des contributions indirectes de la localité, lequel demeure chargé de prendre telle mesure que de droit. (*Circ. du 26 novembre* 1840, n° 1839.)

Les préposés des douanes ne peuvent laisser sortir de France aucunes cartes à jouer qu'autant qu'elles sont revêtues du filigrane de la régie ou de la marque convenue et qu'elles sont sous la bande timbrée. (*Arrêté du 3 pluviôse an VI, art.* 17.)

Il existe toutefois une exception à ce sujet : la régie des contributions indirectes est autorisée à suspendre le recouvrement du droit spécial sur les cartes à portrait français et à portrait étranger destinées pour l'exportation (*Ord. du 7 juillet* 1831, *art.* 1er), ainsi que l'application des bandes de contrôle sur les cartes destinées à l'exportation; mais ces cartes ne peuvent alors circuler dans l'intérieur de la France, jusqu'au point de sortie, que dans des caisses ficelées qui seront plombées par les employés de la régie. (*Même Ord., art.* 2.)

---

(1) En cas de recélé, les cartes de fraude sont saisies et confisquées, et les contrevenants condamnés à une amende égale au quadruple des droits fraudés. (*Loi du 5 ventôse an XII, art.* 76.)

La réintroduction des cartes ainsi exportées ne pourra être autorisée que sous la condition du payement des droits imposés à la fabrication, auquel cas les jeux seront revêtus de la bande de contrôle. Celles qui seraient réimportées en fraude, ou trouvées dans l'intérieur sans bande de contrôle, seraient saisissables, conformément aux dispositions de l'art. 166 de la loi du 28 avril 1816. (*Même·Ord.*, *art.* 3.)

CHAPITRE XXIX

TIMBRE.

SECTION PREMIÈRE

Timbre des lettres de voiture, connaissements, etc.

1015. — Les lettres de voiture et les connaissements ne pourront être rédigés que sur du papier timbré fourni par l'administration, ou sur du papier timbré à l'extraordinaire et frappé d'un timbre noir et d'un timbre sec.

Les particuliers qui, dans les départements autres que celui de la Seine, voudront faire timbrer à l'extraordinaire des papiers destinés aux lettres de voiture ou aux connaissements, seront admis à les remettre en payant préalablement les droits au receveur du timbre à l'extraordinaire établi au chef-lieu de chaque département. Ces papiers seront transmis par le directeur à l'administration, qui les fera timbrer et les renverra immédiatement.

Les frais de transport seront à la charge de l'administration. (*Loi du* 11 *juin* 1842, *art.* 6.) (1).

Pour toute lettre de voiture ou connaissement, le défaut de timbre (timbre noir et timbre sec) sera puni d'une amende de 50 fr., payable solidairement par l'expéditeur et par le voiturier, s'il s'agit d'une lettre de voiture, et par le chargeur et le capitaine, s'il s'agit de connaissement (2). (*Même Loi, art.* 7, *et Loi du* 2 *juillet* 1862, *art.* 22.) N° 267 du tableau des Infr. Trib. civil.

---

(1) Cet article ne concerne que les lettres de voiture et les connaissements *à rédiger en France*. Ainsi, pour le service des frontières, il ne s'agit que des exportations de toutes sortes ; pour le service maritime, des actes relatifs au cabotage et à la sortie, n'importe sous quel régime.

Quant aux lettres de voiture et connaissements venant de l'étranger ou des colonies françaises, ils continuent de rester sous l'empire des art. 13 et 15 de la loi du 13 brumaire an VII, d'après lesquels les actes et effets négociables, passés ou souscrits à l'étranger, peuvent être visés pour valoir timbre avant qu'il en soit fait usage en France.

Les employés devront donc s'assurer, pour tous les actes de l'espèce produits en douane, d'une part que ceux créés à l'étranger ont été soumis au visa tenant lieu de timbre, d'autre part que ceux rédigés à l'intérieur l'ont été sur du papier timbré, conformément à la loi nouvelle. (*Circ. du* 29 *décembre* 1842, n° 1949.)

(2) Les préposés des douanes sont tenus de se faire représenter les lettres de voiture, connaissements, chartes-parties et polices d'assurance des ·marchandises et

En cas de défaut de timbre des chartes-parties et polices d'assurances, les préposés rédigent un procès-verbal pour faire condamner les souscripteurs et porteurs solidairement au payement du droit du timbre fraudé et à l'amende de 25 fr. pour la première fois, de 50 fr. pour la seconde, et de 100 fr. pour chacune des autres récidives. (*Art. 65 de la Loi du 22 frimaire an VII, 4 et 5 de la Loi du 6 prairial an VII, 1er et 2 du Décret du 16 messidor an XIII, 1er du Décret du 3 janvier 1809.*) Nº 266 du tableau des Infr. Trib. civil.

On ne doit pas assimiler à une lettre de voiture remise à un conducteur de marchandises, etc., l'expédition adressée par la poste, à titre d'avis, au destinataire, lors même que cet avis renfermerait les indications prévues par l'art. 102 du Code

---

autres objets dont le transport se fait par terre ou par eau, et de vérifier si ces actes sont écrits sur papier timbré. (*Décret du 16 messidor an XIII, art. 1er.*)

Le refus d'exhibition des connaissements, etc., à l'entrée, à la sortie, ou en cabotage, ne saurait être, pour le service, un motif d'ajourner une opération de douane. En effet, aucune sanction pénale n'ayant été attachée aux prescriptions du décret de l'an XIII, le commerce a toute liberté de s'y soustraire. D'un autre côté, la production des connaissements n'est obligatoire, au point de vue de la législation des douanes, que dans certains cas déterminés, par exemple, lorsqu'il s'agit de justifier des provenances privilégiées. Or, si d'ordinaire quelques négociants se refusaient à produire, dans d'autres circonstances, les connaissements, chartes-parties, etc., ce ne serait pas pour le service une raison de se montrer, en général, plus sévère envers eux. Seulement, si une faveur est demandée, les chefs locaux peuvent avoir de justes motifs, pour s'éclairer, de réclamer la représentation préalable des connaissements. Dans ce cas, il est indispensable que le commerce, avant de faire en douane usage des pièces, se soumette à la formalité du visa pour timbre, et, s'il ne le fait pas, les préposés doivent alors constater la contravention par procès-verbal. Que si, au contraire, la communication est refusée, ou l'excuse de bonne foi n'est pas justifiée pour obtenir la faveur, ou, tout au moins, il y a présomption que la loi sur le timbre a été enfreinte, et il convient de montrer envers les intéressés un peu plus de sévérité. On doit d'ailleurs se garder d'oublier que ce qui donne une valeur véritable à l'exhibition du connaissement, c'est qu'il n'a point été fait pour être produit en douane. (*Déc. du 27 juin 1843.*)

Le simple refus d'un voiturier de représenter une lettre de voiture, sous prétexte qu'il ne lui en a pas été remis, ne suffit pas pour autoriser des poursuites; il est nécessaire de produire la preuve matérielle de la contravention par la représentation de la lettre de voiture écrite sur papier libre. (*Déc. min. du 9 octobre 1810; Circ. du 27 mai 1815.*)

Le refus de produire les connaissements, lettres de voiture, chartes-parties ou polices d'assurances, n'entraîne aucune poursuite (*Circ. du 25 septembre 1821, nº 1181*); mais le service ne peut les recevoir sans exiger qu'ils soient timbrés. (*Déc. du 27 juin 1843.*)

Lorsque des pièces de l'espèce, sujettes au timbre, sont représentées écrites sur papier libre, il doit être dressé procès-verbal, à la requête de l'administration des domaines et de l'enregistrement (*Circ. du 27 mai 1815*). Les procès-verbaux sont remis aux receveurs de cette administration, sur les lieux, pour y donner les suites convenables. (*Circ. du 13 thermidor an XIII.*)

Mais les employés n'ont pas le droit de saisir les autres pièces, telles que les factures, déclarations pour la douane et écrits analogues dont les voituriers sont porteurs et qu'ils représentent volontairement. (*Déc. min. du 28 septembre 1853; Circ. lith. du 29 octobre suivant.*)

de commerce. (*Déc. du* 11 *décembre* 1857, *et Circ. du* 8 *mars* 1858; *Doc. lith.* n° 211.)

Ne sont point assujettis à se pourvoir de lettres de voiture timbrées, les propriétaires qui font conduire par leurs voitures et leurs propres domestiques ou fermiers les produits de leurs récoltes. (*Déc. du* 3 *janvier* 1809, *art.* 2, *et Circ. du* 27 *mai* 1815, n° 35.) (1).

Pour la répartition du produit des contraventions, *V.* n° 1171 (2).

Les receveurs des douanes, dans les localités où il n'existe pas de bureau d'enregistrement, peuvent être chargés de viser, pour valoir timbre, les lettres de voiture et les connaissements venant de l'étranger, et de faire la recette des droits à raison de la dimension du papier. (*Arrêté du Min. du* 24 *décembre* 1842, *art.* 1er.)

En ce qui concerne les lettres de voiture et les connaissements faits en France sur papier non timbré ou non marqué des timbres prescrits par l'art. 6 de la loi du 11 juin 1842, les mêmes receveurs seront autorisés à les viser pour timbre, moyennant le payement des droits et des amendes encourues, lorsque les contrevenants consentiront à les acquitter sur-le-champ pour éviter qu'il soit rapporté procès-verbal (3). (*Même Arrêté, art.* 2.)

---

(1) Il résulte des explications données par l'administration de l'enregistrement et des domaines que les lettres de voiture doivent être écrites sur papier timbré, qu'une seule exception, faite par une décision ministérielle du 18 fructidor an VIII, n'est applicable qu'aux lettres de voiture concernant les transports d'effets militaires effectués pour le compte direct du Gouvernement, lorsqu'elles sont expédiées par les commissaires des guerres ou agents dirigeant les transports et convois militaires, *autres que les entrepreneurs;* qu'enfin, dès l'instant qu'un entrepreneur quelconque est chargé du transport soit de registres et impressions, soit de meubles et ustensiles à l'usage du service des douanes, les lettres de voiture délivrées dans ce cas sont atteintes par les dispositions générales des lois sur la matière, et que le droit de timbre doit être supporté par l'entrepreneur, aux termes de l'art. 29 de la loi du 13 brumaire an VII, qui est formel à cet égard.

Ainsi donc les transports effectués pour le compte de l'administration doivent être accompagnés de lettres de voiture timbrées; mais les comptables n'en doivent pas moins retrancher le prix du timbre des frais accessoires que les commissionnaires de roulage sont dans l'usage d'ajouter à celui du transport.

On devra d'ailleurs, pour prévenir toute difficulté dans les conventions, soit écrites, soit verbales, faites pour le transport d'objets de service avec un entrepreneur, stipuler expressément que celui-ci demeurera chargé du timbre de la lettre de voiture; c'est ce que fait l'administration pour le transport de ses impressions, et c'est ainsi que l'administration de l'enregistrement agit elle-même pour le transport de ses registres et papiers timbrés. (*Circ. du* 5 *mai* 1845, n° 2063.)

(2) L'administration de l'enregistrement et des domaines a déterminé, par une instruction du 6 janvier 1844, n° 1701, que les états spéciaux de recouvrement des amendes, en matière de lettres de voiture et de connaissements non timbrés, seront adressés par les receveurs de l'enregistrement en double original: l'un sera annexé au mandat délivré au profit du receveur des douanes; l'autre sera remis à ce receveur pour servir de pièce à l'appui de la répartition entre les préposés. (*Circ. du* 9 *décembre* 1844, n° 2043.)

(3) Si les redevables se refusaient à acquitter immédiatement les droits de timbre et l'amende, l'infraction serait constatée, à la requête de l'administration de l'enregistrement et des domaines, par un procès-verbal au bas duquel on aurait soin de mentionner la signification faite au contrevenant, quand il assisterait à la rédaction

Le visa pour timbre soit des lettres de voiture ou connaissements, soit des récépissés qui accompagnent les envois venant de l'étranger par chemins de fer, est remplacé par l'apposition de timbres mobiles que les agents annulent immédiatement au moyen de griffes. (*Loi du 2 juillet 1862, art. 24; Circ. man. du 1er octobre 1863; Décret du 2 janvier 1864; Circ. du 1er juin 1864, n° 955.*)

La formalité du visa pour timbre et la recette des droits et amendes de timbre seront constatées sur un registre fourni aux receveurs des douanes par l'administration des domaines et de l'enregistrement. (*Même Arrêté, art. 3.*)

Ces receveurs pourront, en outre, être chargés de la vente, au prix du tarif, des papiers à timbre de dimension. (*Même Arrêté, art. 4, et Loi de fin. du 2 juillet 1862, art. 17.*)

Les receveurs des douanes seront tenus de prendre ces papiers timbrés au bureau de l'enregistrement dans l'arrondissement duquel se trouve la commune de leur résidence, ou, *par exception, au bureau le plus voisin, dépendant du même Département, qui leur aura été désigné* (1).

Ils ne pourront, sous aucun prétexte, en rester dépourvus. Ils payeront comptant le prix des papiers qui leur seront délivrés. Le receveur de l'enregistrement con-

---

et consentirait à signer. La formule à employer à cet effet serait celle-ci : Je reconnais qu'il m'a été donné connaissance du procès-verbal ci-dessus, dont je déclare accepter la signification. Le............ (*Signature du contrevenant.*)

Ces règles devront être observées lors de la constatation de l'absence du timbre ou du visa dans les localités où il existerait un receveur de l'enregistrement, c'est-à-dire que les receveurs des douanes n'ayant point qualité, dans les circonstances de l'espèce, pour recevoir le montant du timbre omis et de l'amende encourue, il y aura toujours lieu de rédiger procès-verbal, sauf à inviter le contrevenant à aller acquitter sur-le-champ les sommes dues par lui entre les mains du receveur de l'enregistrement, qui délivrera en même temps le visa.

Les procès-verbaux rapportés ainsi à la requête de l'administration de l'enregistrement et des domaines, dans les deux cas ci-dessus précisés, devront être adressés *immédiatement*, par le receveur des douanes, soit au receveur des domaines du bureau duquel dépend la commune de leur résidence, soit au receveur de la localité même. Il importerait surtout d'éviter tout retard dans la transmission dont il s'agit lorsque les parties, se retirant ou refusant de signer, ne tiendraient pas le procès-verbal pour signifié. Dans cette hypothèse, la signification devant être faite par huissier dans les trois jours ou dans la huitaine, suivant que les contrevenants seraient domiciliés dans l'arrondissement du bureau d'enregistrement ou hors de cet arrondissement, il n'y aurait pas un instant à perdre pour mettre le receveur de l'enregistrement en mesure de remplir cette prescription de la loi. La pièce en contravention doit être annexée au procès-verbal toutes les fois que le contrevenant ne consent pas à le signer ou à acquitter sur-le-champ le droit de timbre et l'amende encourue. (*Circ. du 29 décembre 1842, n° 1949.*)

(1) Les receveurs des douanes qui se trouveront dans le cas exceptionnel prévu à l'art. 5 devront également faire enregistrer au bureau le plus voisin de leur résidence, dans le même département, les procès-verbaux qu'ils rapporteront *en matière de contravention au timbre.*

Lorsqu'il y aura lieu d'appliquer l'exception introduite dans les art. 5 et 8 de l'arrêté du 24 décembre 1842, il suffira que le directeur, sur la proposition des chefs locaux, s'entende avec son collègue de l'enregistrement pour la désignation officielle du bureau de son administration qui devra être substitué à celui duquel dépendrait naturellement le bureau de douanes. (*Circ. du 18 mars 1844, n° 2009.*)

statera immédiatement cette délivrance sur un registre spécial. (*Même Arrêté, art.* 5, *et Déc. min. du* 3 *janvier* 1844 ; *Circ.* n° 2009.)

Il sera alloué aux receveurs des douanes une remise uniforme de 2 1/2 p. 0/0, tant sur le prix des papiers timbrés qu'ils prendront au bureau de l'enregistrement que sur le produit des droits et du principal des amendes dont ils auront fait recette, conformément aux art. 1 et 2 ci-dessus.

Ils donneront quittance de cette remise, par émargement, sur un état présentant soit les espèces, quantités et prix des papiers délivrés, soit la nature et le montant des recettes. (*Même Arrêté, art.* 6.)

Tout concert entre un receveur de l'enregistrement et un receveur des douanes, tendant à faire supporter au Trésor public une double remise, par accroissement factice ou simulé des papiers timbrés vendus ou des recettes faites par le receveur des douanes, sera puni par la destitution des deux préposés.

Le receveur des douanes qui vendra du papier timbré *au-dessus* du prix fixé par le tarif sera destitué et poursuivi comme concussionnaire. Il encourra également la destitution, s'il vend *au-dessous* de ce prix. (*Même Arrêté, art.* 7.)

Le produit des droits de timbre et des amendes perçus en exécution des art. 1 et 2 du présent arrêté sera versé, à la fin de chaque mois, par les receveurs des douanes au bureau de l'enregistrement *désigné pour l'achat du papier timbré*. Ce versement sera constaté par un récépissé du receveur de l'enregistrement. (*Arrêté min. du* 24 *décembre* 1842, *art.* 8, *et Déc. min. du* 3 *janvier* 1844 ; *Circ.* n° 2009.)

Les employés supérieurs de l'enregistrement et des domaines se transporteront chez les receveurs des douanes chargés de la vente des papiers timbrés et de la recette des droits et amendes de timbre sur les lettres de voiture et les connaissements ; ceux-ci seront tenus de représenter à ces employés, pour être vérifiés, le registre servant à cette recette et les papiers timbrés restant en nature dans leurs mains. (*Même Arrêté, art.* 9.)

SECTION II

Timbre des journaux et écrits périodiques, et des écrits non périodiques traitant de matières politiques ou d'économie sociale.

1016. — Les journaux et écrits ainsi désignés par le décret du 17 février 1852 (art. 8 et 9), publiés à l'étranger et importés en France par la voie de la poste, *V.* n° 1018, sont frappés, dans les bureaux de l'administration des postes, d'un timbre spécial. (*Décret du* 1er *mars* 1852, *art.* 1er ; *Circ. du* 22, n° 19.)

Les expéditeurs, introducteurs ou destinataires d'écrits de ces catégories, adressés en France par une autre voie que celle de la poste, doivent faire à un des bureaux de douane désignés pour l'importation des livres et écrits publiés à l'étranger, *V.* n° 965, une déclaration des quantités et dimension des écrits assujettis au timbre. L'exactitude de cette déclaration est vérifiée par les vérificateurs-inspecteurs de la librairie, *V.* n° 963, ou, à défaut de ces agents, par les employés délégués à cet effet par les préfets (1).

---

(1) La vérification est immédiate dans les bureaux auxquels sont attachés des inspecteurs-vérificateurs de la librairie. Ces agents étant chargés, au point de vue des intérêts politiques, moraux et industriels, de l'examen des ouvrages introduits sur le territoire français, l'acquit-à-caution que le service des douanes délivre pour le transport au chef-lieu de préfecture désigné par le déclarant ne s'applique alors

Les écrits ainsi importés sont, après acquittement ou consignation des droits de douane, dirigés sous plombs et par acquits-à-caution, aux frais des déclarants, sur le chef-lieu du département le plus voisin ou de tout autre chef-lieu de département que les redevables auront indiqué, pour y recevoir l'application du timbre moyennant le payement des droits dus. (*Même Décret, art.* 2.)

À défaut de la déclaration exigée par l'article précédent, les écrits et imprimés passibles du timbre, importés en France, sont retenus, selon le cas, au bureau des douanes ou à la préfecture; la saisie en est opérée, conformément à l'art. 10 du décret du 17 février 1852, par les préposés de l'administration de l'enregistrement, et des poursuites sont exercées pour le recouvrement des droits de timbre, et, s'il y a lieu, des droits de douane, ainsi que des amendes contre les introducteurs ou distributeurs (1).

Les mêmes pénalités sont encourues à défaut de décharge régulière et du rapport, dans les délais fixés, des acquits-à-caution délivrés en vertu de l'article précédent; le tout sans préjudice de l'action qui pourrait être intentée en vertu de l'art. 2 du décret du 17 février 1852. (*Même Décret, art.* 3.)

Les amendes sont versées intégralement au trésor.

Dans aucun cas, les agents des douanes n'ont à constater les contraventions; ce soin appartient exclusivement aux employés de l'administration des domaines. (*Déc. du 6 juillet* 1846.)

À la sortie, alors même que l'administration des postes a autorisé le transport de certains journaux, en ballots ou isolément et sous bandes, par les navires du commerce, les préposés des douanes s'assurent si les journaux présentés pour l'exportation sont timbrés. Dans le cas où ces journaux ne seraient pas revêtus du timbre, la douane les garderait sous séquestre et préviendrait immédiatement les agents de l'administration des domaines afin qu'ils pussent se rendre sur les lieux pour y rédiger procès-verbal. (*Déc. du 23 juillet* 1846.)

SECTION III

Timbre de certains actes et documents.

1017. — Aux termes de la législation générale, *V.* n° 223, il ne peut être fait usage

---

qu'aux écrits reconnus passibles du timbre, et c'est sur la direction des domaines de ce chef-lieu que l'expédition est faite. Lorsqu'il s'agit, au contraire, d'importations effectuées par des bureaux de douanes où il n'existe pas d'inspecteur de la librairie, la vérification de la déclaration spéciale se trouve suspendue jusqu'à l'arrivée des écrits au chef-lieu de préfecture désigné. Dans ce second cas, que ce chef-lieu soit ou non le plus voisin du lieu d'importation, les écrits peuvent y être examinés sous le rapport politique et moral. Une double vérification préalable devant ainsi être faite par les agents de la préfecture, les acquits-à-caution sont délivrés à la destination de la préfecture elle-même, où les mesures sont prises pour que les écrits passibles du timbre soient conduits au bureau de l'enregistrement. On a soin, selon qu'il y a lieu, d'annexer à ces acquits-à-caution un duplicata des déclarations désignant les imprimés passibles du timbre, ou d'indiquer qu'il n'a pas été fourni de déclaration de cette nature. (*Circ. du 22 mars* 1852, n° 19.)

(1) Lorsque la contravention est reconnue au moment de l'importation, le service des douanes se concerte avec l'inspecteur vérificateur de la librairie pour que le receveur des domaines de la localité la plus voisine en soit immédiatement informé, et les écrits inexactement déclarés sont provisoirement retenus en dépôt. (*Même Circ.*)

de certains actes, soit par actes publics, c'est-à-dire rédigés par les soins d'un officier ministériel ou d'un magistrat, soit en justice, soit devant les autres autorités constituées (préfets, conseils de préfectures et ministres, mais non les administrations financières), sans avoir été enregistrés, et ils ne sauraient l'être autrement que sur papier timbré. D'un autre côté, certains actes, par exemple, les procurations déposées en douane par les négociants pour accréditer leurs représentants, doivent, conformément aux règlements de l'administration de l'enregistrement, n'être reçues que sur papier timbré. *V.* n° 33. (*Déc. du 3 juin 1854 relative à l'application de la loi du 22 frimaire an VII, art. 23.*)

Les demandes ou pétitions adressées à l'administration ou à ses agents doivent être sur papier timbré. (*Loi du 13 brumaire an VII, art.* 12; *Déc. min. des 8 février 1829 et 23 mai 1849; Circ. du* 1er *juin 1849,* n° 2331.)

Mais la correspondance des chambres de commerce avec les ministres et les administrations, pour les objets d'intérêt général, est exempte de timbre. (*Déc. min. du 13 août 1819.*)

L'exemption de timbre est aussi acquise aux lettres des pensionnaires des douanes ayant pour but de demander des renseignements ou des payements d'arrérages de leurs pensions, à l'exclusion, toutefois, des lettres tendantes à obtenir une pension ou un supplément de pension, lesquelles doivent être considérées comme des pétitions. (*Déc. min. du* 27 *mai 1829.*)

La formule série E, n° 83 *bis,* relative à l'examen des postulants, se rattachant à un acte d'administration intérieure pour le recrutement des brigades, n'est pas susceptible d'être timbrée, bien qu'elle présente une demande d'emploi. (*Déc. du 30 septembre 1850.*)

En dehors de ces exceptions, tous mémoires, réclamations, pétitions ou lettres, quel qu'en soit l'objet et quelle que soit la qualité des signataires, doivent, lorsqu'ils ne sont pas revêtus du timbre, être renvoyés à ces mêmes signataires, avec une note énonçant qu'il ne sera donné suite à leurs demandes qu'autant qu'elles seront reproduites sur papier timbré. (*Circ. du* 1er *juin 1849,* n° 2331.)

Pour le timbre administratif, *V.* n° 25.

CHAPITRE XXX

TRANSPORT DES LETTRES, JOURNAUX, ETC.

Le transport de toute espèce de correspondance est exclusivement réservé à l'administration des postes.

Ce monopole, nécessaire à l'État et avantageux aux particuliers, a été consacré par l'arrêt du Conseil en date du 18 juin 1681 et renouvelé par les lois des 24 août 1790, 20 septembre 1792 et autres postérieures.

L'administration des douanes est appelée à maintenir l'exercice du privilège et à réprimer les abus qui lui sont contraires.

C'est surtout pour les rapports avec l'étranger et avec les colonies françaises que son concours est utile et qu'il a dû être réglé.

SECTION PREMIÈRE

Dispositions générales.

1018. — Il est défendu à tous les entrepreneurs de voitures libres, et à toute autre personne étrangère au service des postes, de s'immiscer, à l'entrée ou à la sortie, dans le transport des lettres (1), journaux (2), feuilles à la main, ouvrages périodiques (3), quel que soit leur poids, et paquets et papiers, autres que ceux-là, du poids de 1 kil. et au-dessous, dont le port est exclusivement confié à l'administration des postes aux lettres. (*Arrêté du 27 prairial an IX, art. 1er.*)

Les sacs de procédures, les papiers uniquement relatifs au service personnel des entrepreneurs de voitures et les paquets au-dessus du poids de 1 kil. sont seuls exceptés de la prohibition prononcée par l'article précédent. (*Même Arrêté, art. 2.*)

On excepte également :

1° Les lettres et paquets transportés sur les routes où il n'existe pas de service de poste aux lettres ;

2° Les lettres dites de voiture, déclarations, connaissements, etc., non cachetées, qui accompagnent les marchandises dont les voituriers peuvent être chargés ;

3° Les paquets qui, ne pesant pas 1 kil., sont reconnus renfermer des objets dont le transport n'est pas réservé à l'administration des postes ;

4° Les lettres *de crédit ou de recommandation* dont souvent un voyageur se trouve chargé dans son intérêt. (*Circ. de l'administration des postes du 10 mars 1828.*)

Lorsqu'un voyageur venant de l'étranger est porteur d'une lettre *dite de crédit ou de recommandation*, et si cette lettre est cachetée, elle ne doit être laissée à sa disposition qu'autant qu'il consent à l'ouvrir en présence des employés de la douane. Quand il y a refus de sa part, et *si les employés soupçonnent que la lettre renferme des objets de contrebande*, ils en exigent le dépôt au bureau des postes le plus voisin, et réclament l'application des règles résumées dans la circulaire du 15 novembre 1843, n° 1994. *V.* n° 857. (*Déc. du 17 février 1844.*)

Dans aucun cas, les employés ne doivent décacheter les lettres qu'ils trouvent à l'occasion de la recherche de la fraude ou de la contrebande. S'il y a saisie, les lettres cachetées que le contrevenant s'est refusé à ouvrir sont annexées au procès-verbal pour être lues devant le tribunal. (*Déc. du 2 avril 1839.*) *V.* Livre III, n°s 421 et 873.

Les registres reliés ou cartonnés ne peuvent être transportés par la poste. (*Ord. du 17 novembre 1844, art. 89, et Déc. min. du 17 août 1849.*) *V.* n° 30.

Pour les lettres provenant de sauvetage, *V.* n° 820.

Les employés des douanes aux frontières sont autorisés à faire ou faire faire toutes perquisitions et saisies sur les messagers piétons chargés de porter les dépêches,

---

(1) *V.* pour des dispositions spéciales aux douanes, le n° 1022.

(2) Les gazettes étrangères confondues dans la correspondance journalière par suite d'abonnement, ne peuvent entrer en France que par la voie de la poste aux lettres ; celles qui arrivent d'une autre manière sont saisissables. (*Circ. du 15 novembre 1815.*)

En cas de saisie de journaux et de gazettes prohibés, les préposés des douanes doivent verbaliser à la requête de l'administration des postes, et remettre les exemplaires saisis en même temps que le procès-verbal au directeur des postes le plus voisin, lequel demeure chargé du soin des poursuites. (*Circ. man. du 22 novembre 1836.*)

La contravention qui consiste à emporter des journaux étrangers non défendus autrement que par la poste se constate conformément aux dispositions rapportées au n° 2166.

Pour les collections de gazettes étrangères introduites comme objets de commerce, *V.* n° 969.

V. n° 1016 pour le timbre des journaux, écrits périodiques, etc.

(3) Le monopole des postes s'étend aux livraisons ou numéros publiés à époques fixes d'un ouvrage qui n'a pas de fin déterminée. (*Déc. du 20 juillet 1855.*)

voitures de messageries et autres de même espèce, afin de constater les contraventions ; à l'effet de quoi ils pourront, s'ils le jugent nécessaire, se faire assister de la force armée (1). (*Arrêté du 27 prairial an IX, art.* 3.) (2).

Les procès-verbaux seront dressés, à l'instant de la saisie, à la requête de l'administration des postes ; ils contiendront l'énumération des lettres et paquets saisis, ainsi que leurs adresses (3). Copie en seront remises avec lesdites lettres et paquets saisis en fraude, savoir : à Paris, à l'administration des postes ; dans les départements, au bureau du receveur des postes le plus voisin de la saisie, pour lesdits lettres et paquets être envoyés aussitôt à leur destination avec la taxe ordinaire. Lesdits procès-verbaux seront ensuite adressés au procureur du Gouvernement près le tribunal correctionnel de l'arrondissement par les préposés des postes, pour poursuivre contre les contrevenants la condamnation de l'amende de 150 fr. au moins et de 300 fr. au plus pour chaque contravention (4). (*Arrêté du 27 prairial an IX, art.* 5.) Transport, etc. ; n° 268 du tableau des Inf. Trib. correct.

Pour la répartition du produit des contraventions, V. n° 1173.

Il est expressément défendu à toutes personnes de tenir, même dans les villes et endroits maritimes, soit bureau, soit entrepôt pour l'envoi, réception et distribution des lettres et paquets de et pour les colonies soit françaises, soit étrangères, du poids de 1 kilogr. et au-dessous, à peine de l'amende prononcée par l'art. 5 de l'arrêté du 27 prairial an IX (5). (*Arrêté du 19 germinal an X, art.* 1er.)

---

(1) Les employés doivent s'attacher, dans tout ce qui peut se concilier avec leurs fonctions spéciales, à découvrir et à constater les infractions, et assurer ainsi la stricte exécution de l'arrêté de l'an IX. (*Circ. manuscr. du 4 février* 1850.)

(2) Les recherches ne sont pas autorisées sur la personne des voyageurs, mais seulement sur celle des messagers ou piétons, et dans les voitures de messageries et autres voitures publiques. (*Circ. du 2 novembre* 1814.)

Dans le seul intérêt de l'administration des postes, des visites ou perquisitions ne peuvent être exercées sur des personnes autres que celles désignées par l'art. 3 de l'arrêté du 27 prairial an IX. (*A. de C. et Déc. du directeur de l'administration des postes du 15 juillet* 1841.)

Les agents des postes n'ont pas le droit d'assister à la visite des voyageurs et de leurs bagages. Lorsque des lettres ou paquets sont trouvés dans les bagages des voyageurs, les agents des douanes retiennent ces lettres et paquets, et les remettent sans retard, contre un reçu, au receveur des postes, qui reste juge du parti à prendre. (*Circ. du 10 floréal an X.*)

(3) Ces procès-verbaux doivent être *affirmés*. (*Circ. du 29 février* 1828, n° 1087.) Ils sont dressés, à la requête de l'administration des postes, sur des formules que fournit cette administration. Lorsqu'il y a lieu de donner suite à une saisie de cette nature, ce sont les receveurs des postes qui sont chargés de faire timbrer ou viser pour timbre l'original du procès-verbal, de le faire enregistrer et de le transmettre au procureur du Gouvernement. (*Circ. du 8 novembre* 1826, n° 1019.)

(4) Les maîtres de poste, les entrepreneurs de voitures libres et messageries, sont personnellement responsables des contraventions de leurs postillons, conducteurs, porteurs et courriers, sauf leur recours. (*Arrêté du 27 prairial an IX, art.* 9.) V. n° 857.

(5) L'administration des postes est chargée de ce service par l'art. 2 de l'arrêté du 19 germinal an X.

Tout capitaine de navire en chargement dans un des ports de France est tenu, aux termes de l'art. 3 de cet arrêté, de faire connaître d'avance au préposé des postes du lieu le jour présumé du départ de son bâtiment.

Tout capitaine ou marin de l'équipage d'un navire arrivant dans un port de France sera tenu, sous peine de l'amende prononcée par l'art. 1er, de porter ou envoyer sur-le-champ au bureau de poste du lieu toutes les lettres ou paquets qui lui auront été confiés, autres que ceux de la cargaison des bâtiments. Le receveur ou préposé du bureau sera tenu de lui payer un décime par lettre ou paquet, conformément à l'art. 26 de la loi du 22 août 1791 (1). (*Même Arrêté, art. 7.*)

Les capitaines des navires qui, bien que n'appartenant pas à des services entretenus ou subventionnés par le Gouvernement français ou par le gouvernement britannique, ont été désignés comme devant transporter des dépêches, sont tenus de s'en charger. Le service des douanes ne délivre les papiers de navigation qu'après justification de l'accomplissement de cette obligation. (*Convention postale du 24 septembre 1856, art. 3; Décret du 20 novembre suivant.*)

Toute contravention aux art. 1er et 7 du présent arrêté sera constatée de la manière prescrite par l'art. 3 de celui du 27 prairial an IX; toutes saisies, poursuites et exécutions de saisies et de jugements intervenus se feront comme le prescrivent les art. 5 et 6. Le payement des amendes aura lieu selon le mode prescrit par l'art. 7, et le partage en sera fait selon les dispositions de l'art. 8 de ce même arrêté. (*Arrêté du 19 germinal an X, art. 10.*)

Pour leur correspondance avec les personnes étrangères à l'administration, les directeurs des douanes ne doivent faire usage que d'un papier dont le poids n'excède pas, pour une lettre, 7 grammes 1/2. (*Déc. min. transmise le 29 novembre 1837.*)

Le commerce peut expédier, par la voie de la poste, de petits paquets dits d'échantillons, du poids maximum de 3 kilogr., n'ayant sur aucune de leurs faces une dimension supérieure à 25 centimètres, et portant une marque imprimée du fabricant ou du marchand expéditeur. (*Déc. du Min. des fin. du 4 mars 1858.*) En cas de soupçon de fraude, V. nos 857 et 1018.

Sont maintenues les dispositions des règlements antérieurs qui interdisent d'une manière absolue l'introduction dans le service des postes tant des objets de nature à détériorer ou à salir les correspondances, ou à en compromettre la sûreté, que des objets soumis aux droits de douane ou d'octroi. Au nombre de ces objets sont particulièrement compris les liquides, les viandes, les volailles, le gibier, la charcuterie et les matières grasses ou susceptibles de se liquéfier.

Les *loteries* de toute espèce sont prohibées. (*Loi du 21 mai 1836, art. 1er.*)

Ceux qui auront colporté ou distribué des billets, ceux qui, par des avis, annonces, affiches ou par tout autre moyen de publication, auront fait connaître l'existence des loteries prohibées ou facilité l'émission des billets, seront punis des peines portées en l'art. 411 du Code pénal (2). (*Même Loi, art. 4.*) Importation, etc.; n° 272 du tableau des Infr. Trib. correct.

---

(1) Les préposés des douanes, lorsqu'ils font la visite d'un navire, s'assurent si le capitaine et les gens de l'équipage ne seraient point porteurs de lettres ou paquets qu'ils prétendraient soustraire à la poste, et, dans le cas de contravention, ils en dressent procès-verbal, à la requête de l'administration des postes. (*Arrêté du 19 germinal an X, art. 8, et Circ. manuscr. du 6 octobre 1843.*)

(2) C'est-à-dire d'une amende de 100 fr. à 2,000 fr., et d'un emprisonnement de quinze jours à trois mois, à la requête du ministère public.

L'introduction en France des annonces ou billets de loteries étrangères constitue évidemment une contravention aux lois de la prohibition. Dans les cas de découverte de billets ou annonces semblables, il en est dressé procès-verbal de saisie, sur papier libre, à la requête du ministère public, et cet acte, dans lequel il faut relater, en même temps que les circonstances de la découverte, les nom, prénoms, pro-

SECTION II

Franchises et contre-seings.

1019. — *Dispositions générales.* Les fonctionnaires et les personnes désignés dans les tableaux annexés à la présente ordonnance sont seuls autorisés à correspondre entre eux en franchise, sous les conditions exprimées auxdits tableaux (1). (*Ord. du 17 novembre 1844, art.* 2.)

Il est défendu de comprendre dans les dépêches expédiées en franchise des lettres, papiers et objets quelconques étrangers au service de l'Etat (2). (*Même Ord., art.* 3: *Décret du 24 août 1848; et Circ. du 6 novembre 1849,* n° 2358.)

Sont assimilés à la correspondance de service, les certificats d'inscription de cautionnement, extraits d'ordonnances et pièces à l'appui. (*Déc. du Min. des fin. du 30 juin 1860.*)

A droit à la franchise toute correspondance offrant un intérêt de service, par exemple, concernant l'acquittement des dettes d'employés, la découverte, sur le littoral, d'épaves, etc. En cas de difficulté de la part des postes, V. n° 1021.

Même sur la demande des préfets, le service des douanes ne peut expédier, sous contre-seing, des billets de loterie. (*Déc. du 11 octobre 1859.*)

Dans le cas de suspicion de fraude ou d'omission d'une seule des formalités prescrites par la présente ordonnance, les préposés des postes sont autorisés à taxer en

---

fession et domicile du contrevenant, est transmis, avec les objets saisis, au chef de parquet de l'arrondissement. (*Circ. du 28 novembre 1837,* n° 1663.)

(1) *V.* ces tableaux à la fin du présent chapitre.

Les dépêches qui concernent les administrateurs sont placés sous bandes dans les paquets à l'adresse du directeur général. (*Circ. du 12 octobre 1831,* n° 1279.)

(2) Des contraventions ont été reconnues à la charge de différents chefs de service qui avaient revêtu de leur contre-seing des paquets renfermant des ouvrages publiés par des employés pour leur compte personnel et envoyés à d'autres employés souscripteurs. C'est un abus qui ne doit plus se renouveler. Les directeurs sont priés de faire à ce sujet les défenses les plus expresses, et de charger les inspecteurs de veiller sur leurs lignes, comme ils devront veiller eux-mêmes personnellement dans leurs bureaux à ce qu'elles ne soient point méconnues.

Les imprimés officiels sont ceux que publient le Gouvernement lui-même ou ses agents en son nom. Ils peuvent, comme la correspondance de service, être expédiés dans la forme ordinaire, sous bandes et contre-seing.

Les imprimés non officiels sont ceux qui ont été achetés par le Gouvernement pour être distribués dans l'intérêt du service public. Aux termes de l'art. 2 d'une décision du Ministre, en date du 22 mars 1834, les exemplaires de ces imprimés qui sont envoyés dans les départements et remis en circulation sous contre-seing valable, doivent être annoncés au receveur des postes du lieu d'expédition par une lettre signée du fonctionnaire expéditeur, et qui doit constater : 1° le titre de chaque ouvrage et le nombre d'exemplaires à expédier; 2° que ces exemplaires sont expédiés pour le service du Gouvernement.

En ce qui concerne le service des douanes, il ne doit jamais être usé de la poste en franchise, pour des imprimés non officiels, qu'autant que ces imprimés auraient été transmis aux directeurs par l'administration elle-même, avec une indication spéciale à cet effet. (*Circ. du 31 août 1844,* n° 2034.)

totalité les dépêches, ou à exiger que le contenu de celles de ces dépêches qui sont revêtues d'un contre-seing quelconque soit vérifié en leur présence par les fonctionnaires auxquels elles seront adressées, ou, en cas d'empêchement de ces fonctionnaires, par leurs fondés de pouvoirs (1). (*Même Ord., art.* 4.)

Les fonctionnaires qui recevront en franchise, sous leur couvert, des lettres ou paquets étrangers au service, devront les renvoyer au directeur des postes de leur résidence, en lui faisant connaître le lieu d'origine de ces lettres et paquets et le contre-seing sous lequel ils leur seront parvenus. (*Même Ord., art.* 6.)

L'infraction à la défense faite à tout fonctionnaire d'envoyer dans un paquet administratif, ou de contre-signer, pour les affranchir, des lettres étrangères au service, est punie d'une amende de 150 à 300 fr. que le tribunal saisi de l'affaire peut d'ailleurs réduire à 16 fr., selon les circonstances. (*Décret du 24 août 1848, art.* 6 *et* 8.)

Sont considérés comme correspondance de service les objets ci-après désignés :...
13° les échantillons de fils, tissus et matières premières susceptibles d'être filées ou tissées, expédiés par les préposés de l'administration des douanes, sous les conditions énoncées au n° 1021. (*Ord. du 17 novembre 1844, art.* 9.)

Les approvisionnements d'imprimés sont exclus de la franchise. (*Même Ord., art.* 10, § 2.)

Les dépêches officielles de la ville pour la ville, dûment contre-signées, peuvent être distribuées par les facteurs, lorsque le poids ne dépasse pas 100 grammes.

Au delà de ce poids, les dépêches sont conservées dans les bureaux de poste, et il en est donné avis aux destinataires, conformément à l'art. 66 de l'ordonnance du 17 novembre 1844.

Il en est de même, en vertu des art. 64 et 65, à l'égard des paquets contre-signés, qui, quel qu'en soit le poids, ne peuvent, en raison du nombre ou du volume des correspondances ordinaires, trouver place dans les boîtes des facteurs. (*Déc. min. du 9 mai 1856; Circ. du 26, n°* 383.)

1020. — Le *contre-seing, V.* n° 1923, consiste dans la désignation des fonctions de l'envoyeur, suivie de sa signature.

La désignation des fonctions peut être imprimée sur l'adresse ou indiquée par un timbre; mais, sauf les exceptions qui seront établies dans l'art. 14 ci-après, tous les fonctionnaires sont tenus d'apposer *de leur main*, sur l'adresse des lettres et paquets qu'ils expédient, leur signature au-dessous de la désignation de leurs fonctions. (*Ord. du 17 novembre 1844, art.* 13.)

Le contre-seing des fonctionnaires désignés dans l'état annexé à la présente ordonnance, sous le n° 2 (2), aura lieu au moyen d'une griffe fournie par le directeur de l'administration des postes; l'emploi de cette griffe ne pourra être confié qu'à une seule personne, qui en demeurera responsable. (*Même Ord., art.* 14.)

Aucun fonctionnaire n'a le droit de déléguer à d'autres personnes le contre-seing qui lui est attribué.

Toute dépêche contre-signée en contravention au paragraphe précédent sera assujettie à la taxe.

Lorsqu'un fonctionnaire sera hors d'état de remplir ses fonctions par absence, maladie, ou pour toute autre cause légitime, le fonctionnaire qui le remplacera par intérim contre-signera les dépêches à sa place; mais, en contre-signant chaque

(1) Il est à désirer, dans l'intérêt du service, que les destinataires usent, le cas échéant, de la faculté que leur laisse cet article, d'ouvrir les paquets en présence des employés des postes. (*Circ. du 4 mars 1834, n°* 1428.)
(2) Le directeur général des douanes est compris dans cet état n° 2.

dépêche, il énoncera qu'il remplit par intérim les fonctions auxquelles le contre-seing est attribué. (*Même Ord., art.* 16.)

En cas d'absence du directeur en tournée, le premier commis de direction exerce le contre-seing dévolu à ce directeur.

Le directeur en tournée est autorisé à correspondre en franchise avec le premier commis de sa direction.

Le premier commis contre-signe : Pour le directeur des douanes en tournée, le premier commis de la direction.

Il n'y a pas à se préoccuper du cas de maladie du directeur, attendu qu'une circonstance fortuite et passagère de cette nature ne saurait soulever d'embarras pour l'admission du contre-seing, et que, si l'empêchement se prolongeait, il deviendrait nécessaire de constituer régulièrement l'intérim. *V.* n° 75. (*Déc. min. du* 15 *février* 1858; *Circ. lith. du* 25.)

1021. — Les lettres et paquets relatifs au service de l'Etat s'expédient de deux manières : 1° par lettres fermées ; 2° sous bandes.

Les lettres fermées peuvent être pliées et cachetées selon la forme ordinaire, ou être mises sous enveloppe. (*Ord. du* 17 *novembre* 1844, *art.* 21.)

La faculté d'expédièr la correspondance de service par lettres fermées est permanente pour la correspondance des fonctionnaires désignés dans l'état annexé à la présente ordonnance sous le n° 3 (1). (*Même Ord., art.* 22.)

Les lettres et paquets contre-signés qui devront être mis sous bandes, conformément aux indications des tableaux annexés à la présente ordonnance, ne pourront être reçus ni expédiés en franchise lorsque la largeur des bandes excédera le tiers de la surface de ces lettres ou paquets. (*Même Ord., art.* 25.)

Les lettres ou papiers quelconques expédiés sous pli cacheté, sous enveloppe ou sous bandes, ne devront être intérieurement fermés de quelque manière que ce soit.

Toutefois, afin de préserver un paquet volumineux des avaries auxquelles il pourrait être exposé dans le transport, le fonctionnaire expéditeur pourra lier ce paquet par une ficelle, à la condition expresse que cette ficelle, placée extérieurement, soit nouée par une simple boucle et puisse être facilement détachée, si les besoins de la vérification l'exigent. (*Même Ord., art.* 26.)

Les lettres et paquets relatifs au service devront être remis, savoir : dans les départements, aux directeurs des postes, et à Paris, au bureau de l'expédition des dépêches, à l'hôtel des postes. (*Même Ord., art.* 28.)

Le receveur des postes qui reconnaîtra qu'une des conditions ou formalités prescrites pour procurer la franchise manque sous le rapport, soit de la formation, soit de la suscription d'une dépêche ou d'un paquet qui aura été déposé à son bureau, en avertira sur-le-champ le contre-signataire. (*Même Ord., art.* 29.)

Les échantillons de fils, etc., *V.* n° 1019, que les préposés de l'administration des douanes sont autorisés à expédier à d'autres préposés de la même administration, ne devront pas dépasser le poids d'un kilogramme ; ils seront pliés sous une seule bande ouverte par les deux côtés ; il ne pourra y être joint aucune pièce manuscrite ou autres. Les lettres d'envoi, procès-verbaux ou autres pièces y relatives, seront pliés à part, sous un croisé de bandes, et réunis au paquet d'échantillons par un fil. (*Même Ord., art.* 56.)

Les échantillons ainsi expédiés par la poste doivent être soumis à la formalité du chargement. (*Circ.* n° 2162, *et Déc. du* 29 *janvier* 1848.)

Toute dépêche non contre-signée, adressée à un fonctionnaire dénommé dans les

---

(1) Le directeur-général des douanes est compris dans cet état n° 3.

tableaux annexés à l'ordonnance du 17 novembre 1844, sur les franchises, et qui aura été refusée à cause de la taxe, pourra être ouverte et vérifiée au bureau de poste de destination, suivant les formes prescrites par l'art. 4 de ladite ordonnance, V. n° 1019, lorsque le fonctionnaire destinataire requerra l'accomplissement de ces formalités par une déclaration signée de lui et motivée sur la présomption que le contenu de cette dépêche est relatif au service de l'Etat. (*Ord. du 27 novembre 1845, art. 1er.*)

Lorsque le contenu d'une dépêche ouverte en vertu de l'article précédent aura été reconnu concerner directement le service de l'Etat, le receveur des postes délivrera immédiatement cette dépêche en franchise. Si le contenu ne concerne pas directement le service de l'Etat, et si le fonctionnaire destinataire persiste à refuser d'acquitter la taxe de cette dépêche, elle sera classée dans les rebuts. Si enfin la vérification donne lieu de reconnaître que la dépêche est, en tout ou en partie, étrangère au service de l'Etat, les pièces relatives au service seront seules délivrées en franchise; les autres seront comprises dans les rebuts, à moins que le destinataire ne consente à en acquitter le port.

Dans tous les cas, le résultat des opérations d'ouverture et de vérification de la dépêche non contre-signée sera constaté par un procès-verbal dressé par le directeur des postes et signé par ce préposé et le fonctionnaire destinataire ou son délégué. (*Même Ord., art. 2.*)

Les pièces et autres objets étrangers au service trouvés dans les dépêches ouvertes en vertu des articles précédents ne seront passibles que de la taxe ordinaire. (*Même Ord., art. 3.*)

1022. — *Correspondance particulière des douanes.* La correspondance des chefs et agents des douanes, dans les départements, relative au service, pourra, selon le mode usité de tout temps, avoir lieu par les préposés, de brigade en brigade. (*Ord. du 14 décembre 1825, état n° 7.*)

Cette mesure n'est appliquée qu'à l'égard des brigades établies dans une localité que la poste ne dessert pas, et à partir seulement du point où s'arrête le service de la poste. (*Déc. du 6 mars 1840.*)

Elle est, en outre, subordonnée aux conditions suivantes :

1° Les lettres, papiers ou autres objets de correspondance seront contre-signés par un des fonctionnaires désignés au tableau ci-après (n° 2), et ne pourront, dans aucun cas, être adressés qu'à des agents de l'administration des douanes ou à d'autres fonctionnaires publics.

2° Les lettres ou autres objets seront inscrits sur un *part* qui les suivra jusqu'à destination et qui indiquera : 1° le nom du préposé porteur des dépêches ; 2° le lieu d'où il part, l'itinéraire qu'il doit suivre et sa destination ; 3° le nombre des dépêches dont il est porteur ; 4° l'adresse de ces dépêches et le contre-seing dont chacune d'elles sera revêtue.

3° Les dépêches ainsi transportées seront enfermées dans des sacs ou portefeuilles garnis de serrures, dont une double clef sera remise aux agents des postes qui seront désignés par le receveur de cette administration. Ces sacs ou portefeuilles, ainsi que les *parts* portant description des lettres y contenues, devront être représentés aux préposés des postes à toute réquisition de ces préposés, qui en vérifieront l'état, saisiront les objets transportés en contravention, et constateront leur saisie par procès-verbal. (*Déc. min. du 30 janvier 1836; Circ. n° 1537.*)

Les lettres et objets saisis sont envoyés au directeur de l'administration des postes, qui en rend compte au Ministre des finances. (*Circ. du 30 mars 1836, n° 1537.*)

1023. — *Signes et abréviations employés dans les tableaux annexés à l'ordonnance concernant les franchises.*

SIGNE EMPLOYÉ DANS LA COLONNE 2.

L'astérisque * placé à la suite de la désignation du fonctionnaire indique que le contre-seing est réciproque.

ABRÉVIATIONS EMPLOYÉES DANS LA COLONNE 3.

L. F... *signifie* Lettres fermées, c'est-à-dire sous enveloppe ou sous pli.
S. B... ——— Sous bandes.
S. B.*.. ——— Sous bandes, avec faculté de fermer, c'est-à-dire de mettre sous enveloppe ou sous pli, *mais seulement en cas de nécessité.*

ABRÉVIATIONS EMPLOYÉES DANS LA COLONNE 4.

Dir. doua.............. | Direction des douanes où exerce l'employé qui écrit.
Dir. doua. et dir. limit. | Direction des douanes et directions limitrophes.

TABLEAU Nº 1.   *Des Franchises sans condition de contre-seing.*

Franchise illimitée. | Le directeur général des douanes. | L. F. | Toute la France.

TABLEAU Nº 2.   *Des Franchises sous la condition d'un contre-seing.* (V. nº 1020.)

DÉSIGNATION DES FONCTIONNAIRES ET DES PERSONNES		FORME sous laquelle la correspondance circulant en franchise doit être présentée.	ARRONDISSE-MENT, circonscription ou ressort dans l'étendue duquel la correspondance valablement contre-signée circule en franchise.
autorisés à contre-signer leur correspondance de service.	auxquels la correspondance de service des fonctionnaires et des personnes désignés dans la colonne ci-contre doit être remise en franchise.		
Brigadiers des douanes.	Brigadiers des douanes*...............	S. B.	Dir. doua. et dir. limit.
	Capitaines des brigades des douanes*.....	S. B.	Dir. doua.
	Capitaines de pataches des douanes*......	S. B.	Dir. doua.
	Directeurs des douanes*...............	S. B.	Dir. doua.
	Inspecteurs des douanes*...............	S. B.	Dir. doua.
	Lieutenants des douanes*...............	S. B.	Dir. doua.
	Lieutenants de pataches des douanes*....	S. B.	Dir. doua.
	Patrons d'embarcations des douanes......	S. B.	Dir. doua. et dir. limit.
	Sous-inspecteurs des douanes*..........	S. B.	Dir. doua.
Capitaines des brigades des douanes.	Brigadiers des douanes*...............	S. B.	Dir. doua.
	Capitaines des brigades des douanes*.....	S. B.	Dir. doua. et dir. limit.
	Capitaines de pataches des douanes*......	S. B.	Dir. doua.
	Directeurs des douanes*...............	S. B.	Dir. doua.
	Inspecteurs des douanes*...............	S. B.	Dir. doua.
	Lieutenants des douanes*...............	S. B.	Dir. doua.
	Lieutenants de pataches des douanes*....	S. B.	Dir. doua.
	Patrons d'embarcations des douanes*.....	S. B	Dir. doua.
	Receveurs principaux des douanes*......	S. B.	Dir. doua.
	Sous-inspecteurs des douanes*..........	S. B.	Dir. doua.

DÉSIGNATION DES FONCTIONNAIRES ET DES PERSONNES.		FORME sous laquelle la correspondance circulant en franchise doit être présentée.	ARRONDISSE-MENT, circonscription ou ressort dans l'étendue duquel la correspondance valablement contre-signée circule en franchise.
autorisés à contre-signer leur correspondance de service.	auxquels la correspondance de service des fonctionnaires et des personnes désignés dans la colonne ci-contre doit être remise en franchise.		
	Brigadier des douanes*...............	S. B.	Dir. doua.
	Capitaines des brigades des douanes*.....	S. B.	Dir. doua.
	Capitaines des pataches des douanes*.....	S. B.	Dir. doua. et dir. limit.
Capitaines des pataches des douanes.	Directeurs des douanes*...............	S. B.	Dir. doua.
	Inspecteurs des douanes*..............	S. B.	Dir. doua.
	Lieutenants des douanes*..............	S. B.	Dir. doua. et dir. limit.
	Lieutenants de pataches des douanes*....	S. B.	Dir. doua. et dir. limit.
	Patrons d'embarcations des douanes*.....	S. B.	Dir. doua.
	Sous-inspecteurs des douanes*..........	S. B.	Dir. doua.
Directeur gé-néral de l'administrat. des douanes.	Directeurs des douanes*............... Inspecteurs des douanes*.............. Préfets*.......................... Présidents des chambres de commerce*... Procureurs généraux*................. Procureurs impériaux*................ Receveurs maritimes des douanes*....... Receveurs principaux des douanes*...... Sous-inspecteurs des douanes*......... Sous-préfets*......................	L. F.	Toute la Fr.
	Directeurs des douanes* (2)...........	S. B.	Toute la Fr.
	Directeurs des contributions indirectes de département* (3)...................	S. B.	Toute la Fr.
	Brigadiers des douanes*..............	S. B.	Dir. doua.
	Capitaines des brigades des douanes*.....	S. B.	Dir. doua.
	Capitaines de pataches des douanes*.....	S. B.	Dir. doua.
	Inspecteurs....{ des douanes*..........	S. B.	Dir. doua.
	des finances*.........	S. B.	Toute la Fr.
Directeurs des douanes. (1).	des postes*...........	S. B.	Dép.
	Inspecteurs généraux des finances*......	S. B.	Toute la Fr.
	Lieutenants des douanes*.............	S. B.	Dir. doua.
	Lieutenants de pataches des douanes*....	S. B.	Dir. doua.
	Patrons d'embarcations des douanes*.....	S. B.	Dir. doua.
	Préfets*...........................	S. B.	Dép. et dir. doua.
	Receveurs des douanes*..............	S. B.	Dir. doua.
	Receveurs généraux des finances*........	S. B.	Dépts compris dans la direct. (4).

(1) Le port des lettres relatives au service reçues par les directeurs des douanes en dehors des conditions de la franchise leur est remboursé, par trimestre, par impu-tation sur le crédit du matériel. Le montant en figure sur l'état des dépenses acquit-tées par les receveurs en vertu de l'autorisation de chaque directeur. V. n° 136. (*Déc. du 10 mars* 1812, *et Circ. man. du 8 août* 1833.)

(2) Circ. du 31 mai 1848, n° 2251.

(3) Ord. du 16 mai 1847.

(4) Déc. du 29 mai 1850.

DÉSIGNATION DES FONCTIONNAIRES ET DES PERSONNES.		FORME sous laquelle la correspondance circulant en franchise doit être présentée.	ARRONDISSE-MENT, circonscription ou ressort dans l'étendue duquel la correspondance valablement contre-signée circule en franchise.
autorisés à contre-signer leur correspondance de service.	auxquels la correspondance de service des fonctionnaires et des personnes désignés dans la colonne ci-contre doit être remise en franchise.		
	Receveurs particuliers des finances*	S. B.	Arr. s.-pr.
	Receveurs principaux des douanes*	S. B.	Dir. doua.
	Sous-inspecteurs des douanes*	S. B.	Dir. doua.
Directeurs des dir. marit. de douanes.	Directeurs des douanes à Alger* (1)	S. B.	—
Directeurs des douanes à Alger.	Directeurs des douanes maritimes* (V. l'article relatif aux directeurs des douanes, sauf la 1re ligne)	S. B.	—
	Commandants des divisions et subdivisions militaires; intendants militaires; rapporteurs près les conseils de guerre (2)	S. B.	Algérie.
	Payeurs de l'armée d'Afrique (3)	S. B.	
	Brigadiers des douanes*	S. B.	Dir. doua.
	Capitaines des brigades des douanes*	S. B.	Dir. doua.
	Capitaines de pataches des douanes*	S. B.	Dir. doua.
	Directeurs des douanes*	S. B.	Dir. doua. (4).
	Inspecteurs des douanes*	S. B.	Dir. doua. et dir. limit.
Inspecteurs des douanes.	Inspecteurs des finances*	S. B.	Toute la Fr.
	Inspecteurs généraux des finances*	S. B.	—
	Lieutenants des douanes*	S. B.	Dir. doua.
	Lieutenants de pataches des douanes*	S. B.	Dir. doua.
	Patrons d'embarcations des douanes*	S. B.	Dir. doua.
	Receveurs des douanes*	S. B.	Dir. doua.
	Receveurs principaux des douanes*	S. B.	Dir. doua.
	Sous-inspecteurs des douanes*	S. B.	Dir. doua. et dir. limit.
Inspecteurs des finances.	Directeurs des douanes*	S. B.	Toute la Fr.
	Inspecteurs des douanes*	S. B.	—
	Brigadiers des douanes*	S. B.	Dir. doua.
	Capitaines des brigades des douanes*	S. B.	Dir. doua.
	Capitaines de pataches des douanes*	S. B.	Dir. doua. et dir. limit.
Lieutenants des douanes.	Directeurs des douanes*	S. B.	Dir. doua.
	Inspecteurs des douanes*	S. B.	Dir. doua.
	Lieutenants des douanes*	S. B.	Dir. doua. et dir. limit.
	Lieutenants de pataches des douanes*	S. B.	Dir. doua. et dir. limit.
	Patrons d'embarcations des douanes*	S. B.	Dir. doua.
	Sous-inspecteurs des douanes*	S. B.	Dir. doua.

(1) Circ. du 10 janvier 1849, n° 2298.

(2) Déc. min. du 12 septembre 1855, transmise le 19.

(3) Déc. du 30 mars 1852.

(4) Si l'inspecteur était chef de service, faisant fonction de directeur, il pourrait correspondre en franchise, sous bandes, avec les directeurs, dans toute l'étendue de la France. (*Déc. min. du 4 octobre 1851 ; Circ. du 14, n° 2464.*)

DÉSIGNATION DES FONCTIONNAIRES ET DES PERSONNES		FORME sous laquelle la correspondance circulant en franchise doit être présentée.	ARRONDISSE-MENT, circonscription ou ressort dans l'étendue duquel la correspondance valablement contre-signée circule en franchise.
autorisés à contre-signer leur correspondance de service.	auxquels la correspondance de service des fonctionnaires et des personnes désignés dans la colonne ci-contre doit être remise en franchise.		
Lieutenants de pataches des douanes.	Brigadiers des douanes*	S. B.	Dir. doua.
	Capitaines de brigades des douanes*	S. B.	Dir. doua.
	Capitaines de pataches des douanes*	S. B.	Dir. doua. et dir. limit.
	Directeurs des douanes*	S. B.	Dir. doua.
	Inspecteurs des douanes*	S. B.	Dir. doua.
	Lieutenants des douanes*	S. B.	Dir. doua. et dir. limit.
	Lieutenants de pataches des douanes*	S. B.	Dir. doua. et dir. limit.
	Patrons d'embarcations des douanes*	S. B.	Dir. doua.
	Sous-inspecteurs des douanes*	S. B.	Dir. doua.
Ministre des finances.	Directeurs des douanes*	L. F.	Toute la Fr.
	Receveurs principaux des douanes*	L. F.	—
Patrons d'embarca-tions des douanes.	Brigadiers des douanes*	S. B.	Dir. doua. et dir. limit.
	Capitaines des brigades des douanes*	S. B.	Dir. doua.
	Capitaines de pataches des douanes*	S. B.	Dir. doua.
	Directeurs des douanes*	S. B.	Dir. doua.
	Inspecteurs des douanes*	S. B.	Dir. doua.
	Lieutenants des douanes*	S. B.	Dir. doua.
	Lieutenants de pataches des douanes*	S. B.	Dir. doua.
	Patrons d'embarcations des douanes*	S. B.	Dir. doua. et dir. limit.
	Sous-inspecteurs des douanes*	S. B.	Dir. doua.
Préfets.	Directeurs des douanes*	S. B.	Dép. et dir. doua.
Premier président de la Cour des comptes.	Receveurs des douanes*	L. F.	Toute la Fr.
Receveurs généraux des finances.	Directeurs des douanes*	S. B.	Dép.
Receveurs particuliers des finances.	Directeurs des douanes*	S. B.	Arr. s.-pr.
Receveurs principaux des douanes.	Inspecteurs des postes (1)	S. B.	Dép.
	Capitaines des brigades des douanes*	S. B.	Dir. doua.
	Directeurs des douanes*	S. B.	Dir. doua.
	Directeurs des postes*	S. B.	Arr. s.-pr.
	Inspecteurs des douanes*	S. B.	Dir. doua.
	Receveurs généraux des finances*	S. B.	Dép.
	Receveurs particuliers des finances*	S. B.	Arr. s.-pr.
	Receveurs principaux des douanes*	S. B.	Dir. doua. et dir. limit.
	Receveurs subordonnés des douanes*	S. B.	Dir. doua. et dir. limit.
	Sous-inspecteurs des douanes*	S. B.	Dir. doua.

(1) Ord. du 16 mai 1847.

DÉSIGNATION		FORME	ARRONDISSE-
DES FONCTIONNAIRES ET DES PERSONNES		sous laquelle la correspon- dance circulant en franchise doit être présentée.	MENT, circonscription ou ressort dans l'étendue duquel la correspondance valablement contre-signée circule en franchise.
autorisés à contre-signer leur correspondance de service	auxquels la correspondance de service des fonctionnaires et des personnes désignés dans la colonne ci-contre doit être remise en franchise.		
Receveurs subordonnés des douanes.	Directeurs des douanes*..................	S. B.	Dir. doua.
	Directeurs des postes*...................	S. B.	Arr. s.-pr.
	Inspecteurs des douanes*................	S. B.	Dir. doua.
	Receveurs principaux des douanes*.......	S. B.	Dir. doua. et dir. limit.
	Receveurs subordonnés des douanes*.....	S. B.	Dir. douan. et dir. limit.
	Sous-inspecteurs des douanes*...........	S. B.	Dir. douan.
Sous- inspecteurs des douanes.	Brigadiers des douanes*.................	S. B.	Dir. douan.
	Capitaines de brigades des douanes*.....	S. B.	Dir. douan.
	Capitaines de pataches des douanes*.....	S. B.	Dir. douan.
	Directeurs des douanes*.................	S. B.	Dir. douan.
	Inspecteurs des douanes*................	S. B.	Dir. douan. et dir. limit.
	Lieutenants des douanes*................	S. B.	Dir. douan.
	Lieutenants de patches des douanes*....	S. B.	Dir. douan.
	Patrons d'embarcations des douanes*.....	S. B.	Dir. douan.
	Receveurs des douanes*.................	S. B.	Dir. douan.
	Receveurs principaux des douanes*.......	S. B.	Dir. douan.
	Sous-inspecteurs des douanes*.........	S. B.	Dir. douan. et dir. limit.

NOTA. — Les procureurs généraux et les procureurs impériaux reçoivent, en franchise, sans condition de contre-seing, les lettres qui leur sont adressées des lieux situés dans le ressort de leur parquet.

LIVRE XII

CONTENTIEUX

Le contentieux est ce qui fait ou ce qui peut être l'objet d'une contestation judiciaire.

En sa qualité d'administration publique, la douane exerce au nom de l'Etat toutes les actions nécessaires pour la perception de l'impôt et pour protéger ou défendre les intérêts du trésor et le travail national.

La procédure est la mise en action du droit.

Une procédure est plus spécialement la série des actes à l'aide desquels on provoque devant les tribunaux la punition des infractions aux lois relatives à l'importation, à l'exportation ou à la circulation des marchandises, et l'on fait exécuter les jugements obtenus à cet effet. Le vœu formel de toutes les lois de douane est que l'instruction soit rapide, les formes expéditives et économiques, et les jugements promptement exécutés.

L'observation des lois de douane est soumise à un régime suivant lequel trois juridictions sont, selon la nature ou la gravité des faits, instituées compétentes. Les infractions se classent en contraventions, délits ou crimes. V. Livre III, n° 408.

L'infraction que les lois de douane punissent de condamnations purement civiles (confiscation des marchandises saisies et réparation pécuniaire) est une *contravention* ou fait de fraude ; elle est de la compétence des tribunaux de paix (1). Il faut remarquer qu'en matière de douane, la confiscation et l'amende ne sont pas des peines proprement dites, et que, tout en conservant parfois un caractère délictueux, elles constituent une répression spéciale entraînant réparation civile du dommage causé à l'Etat au point de vue de l'ordre public, du commerce et de l'industrie.

L'infraction tombant sous le coup de peines corporelles, indépendamment des condamnations civiles, est un *délit* ou fait de contrebande. La juridiction correctionnelle est alors compétente, sauf le cas où, en matière de rébellion et voies de fait, le ministère public jugeant ne devoir requérir

---

(1) Outre les contraventions ordinaires, quelques matières spéciales, notamment certaines infractions à l'impôt du sel, sont demeurées dans la compétence des juges de paix, comme juridiction à la fois civile et répressive ou pénale.

aucune peine corporelle à raison de ces faits considérés comme délits, l'administration seule poursuit la condamnation civile.

L'infraction à laquelle s'appliquent des peines afflictives ou infamantes est un *crime* ou fait de contrebande armée. Ces peines sont prononcées au grand criminel (par les cours d'assises).

Les contraventions ne donnent ouverture qu'à une seule action, l'action civile, qui appartient à l'administration des douanes.

Les délits portant atteinte à la morale publique, à l'ordre social et aux éléments du travail national, non moins qu'aux intérêts du trésor, donnent naissance à deux actions : l'action civile, confiée à l'administration des douanes, et l'action publique, dont est chargé le ministère public.

Les crimes sont poursuivis par le ministère public appelé à requérir l'application des pénalités déterminées et par les droits de douanes et par le Code pénal.

Quelle que soit leur nature, il faut d'abord que les infractions soient constatées; elles le sont d'ordinaire par un procès-verbal.

Ainsi le procès-verbal est, en général, le premier acte, le titre fondamental de toute procédure de douanes (1).

Mais ce procès-verbal, en raison de l'espèce d'infraction qu'il constate, a des caractères différents.

S'il s'agit d'une contravention ou d'un délit, cet acte, revêtu de toutes les formes légales, fait foi en justice et ne peut plus être attaqué que par l'inscription de faux, de sorte que, dans ce cas, la preuve testimoniale est inutile pour soutenir l'action; elle est inadmissible pour la combattre.

Quand, au contraire, il s'agit d'un crime, l'action est exercée par le ministère public, et le procès-verbal est assimilé à la plainte rendue par la partie lésée.

Cette dernière sorte de procédure se suivant dans les formes tracées par le Code d'instruction criminelle et à la requête du ministère public, les employés n'ont qu'à assurer la conservation des droits de l'administration relativement aux condamnations civiles.

Lorsque le titre fondamental est un engagement souscrit par les redevables et leurs cautions, conformément aux prescriptions littérales de la loi, par exemple une déclaration ou une soumission d'acquit-à-caution, le moyen ouvert à l'administration pour arriver au recouvrement des droits, crédits et amendes est celui d'exécution par voie de contrainte. Cette contrainte prend un caractère légal par le visa du juge de paix et produit alors l'effet d'un jugement par provision.

---

(1) Pour une action qui relève des tribunaux de paix ou des tribunaux civils, la preuve doit résulter d'un procès-verbal régulier.

Mais, en matière de délit ou de crime, si le procès-verbal est entaché de nullité ou s'il n'y en a pas, le ministère public peut recourir aux preuves autorisées par le droit commun.

En matière de *contravention*, il existe d'ailleurs trois modes de constater ou de réserver les droits de l'administration :

Le procès-verbal, qui remplit de prime-abord toutes les conditions de la loi et cite à comparaître devant le juge;

L'acte conservatoire, qui fait dépendre du résultat de l'expertise légale l'action suspendue de la douane, et qui, au cas où la contravention est reconnue définitivement, donne lieu soit à la rédaction d'un procès-verbal régulier portant citation, soit à une transaction immédiate;

La soumission cautionnée, ayant pour objet, de la part des engagés, de se soumettre, sans autre forme de procédure, à exécuter telle décision qu'il plaira à l'administration de prendre, dans les termes de la loi, après expertise, enquête ou examen.

Mais si, abandonnant l'action exceptionnelle établie en sa faveur par les lois qui la régissent, la douane stipule un acte qui, bien que rentrant dans les conséquences de cette législation spéciale, n'en est cependant pas l'application nécessaire et directe, elle retombe forcément sous l'empire du droit commun auquel elle est venue demander d'autres garanties. Ainsi une transaction n'est pas un acte ordinaire de douane comme le procès-verbal ; c'est un contrat synallagmatique dont les effets sont déterminés par le Code civil. Si le service en requiert l'exécution, la juridiction ordinaire (le tribunal civil, à moins que la somme demandée ne fasse dépendre l'action du tribunal de paix) est seule compétente; elle l'est aussi pour les suites que peuvent comporter les soumissions de s'en rapporter à la décision de l'administration.

Une action en indemnité pour dommage causé à un tiers n'est pas une affaire de douane proprement dite. On se conforme alors aux prescriptions du droit commun, qui doit prévaloir toutes les fois que le droit spécial ne peut être directement invoqué. Une assignation devant le tribunal civil est faite par huissier, etc., et on constitue avoué.

Dans toute infraction qui entraîne la saisie des marchandises, celles-ci deviennent le corps du délit, et la confiscation qui en est prononcée est la peine principale ; puis viennent, comme peines accessoires, en seconde ligne, l'amende, et, au dernier rang, la confiscation des moyens de transport, dans le cas où la loi l'a ordonnée.

Les fraudeurs arrêtés à la frontière en état de flagrant délit, *V.* n° 429, sont remis à la brigade de gendarmerie la plus voisine (l'organisation du service ne permet pas de les conduire au chef-lieu judiciaire), *V.* n° 432, et sont jugés d'urgence conformément à la loi du 20 mai 1863. *V.* n° 1028. (*Circ. du 5 avril 1866, n° 1024.*)

CHAPITRE PREMIER

CONSTATATION DES INFRACTIONS.

SECTION PREMIÈRE

Dispositions générales.

1024. — C'est toujours à la requête et par les soins du directeur général de l'administration des douanes que doivent être poursuivies, le cas échéant, la confiscation des marchandises et l'application de l'amende. (*Loi du 15 août 1793, art.* 3; *A. de C. des 26 vendémiaire an IX et 9 février* 1844.)

Toute infraction doit être constatée dans les conditions réglementaires. Une exception à ce principe ne pourrait s'expliquer que dans un cas exceptionnel et d'urgence, en l'absence de tout intérêt dans le fait et dans les conséquences de la contravention, les circonstances étant de nature à permettre cette mesure d'indulgence, et sous la responsabilité du premier chef de la localité, lequel aurait à en rendre compte soit immédiatement, soit par les rapports périodiques. (*Déc. des 16 mars* 1840 *et 25 janvier* 1848.) V. nᵒˢ 420 et 1031.

Mais l'administration seule peut arrêter les effets d'un procès-verbal enregistré, soit quand une expertise légale a démontré que la contravention présumée n'existait réellement pas, soit par voie de transaction. (*Déc. du 13 janvier* 1857.)

1025. — En cas de délits imputés aux agents forestiers, on doit, avant de donner aux procès-verbaux aucune suite autre que l'affirmation et l'enregistrement, les communiquer à l'administration (bureau du contentieux) et attendre sa décision.

Le directeur doit joindre au procès-verbal le rapport de l'inspecteur divisionnaire et une feuille de propositions de transaction, à moins que, d'un commun accord, les chefs ne croient devoir conclure à l'application d'une simple peine disciplinaire, outre le remboursement du timbre du procès-verbal et de la copie, et de l'enregistrement. (*Circ. lith. du 27 septembre* 1853.)

SECTION II

Des procès-verbaux.

Le procès-verbal ou rapport est l'exposé, par écrit, des faits qui ont accompagné une contravention ou une saisie, et des formalités qui ont été observées.

Autrefois, les sergents de justice qui ne savaient pas écrire rapportaient verbalement les faits dont ils avaient été témoins; de là l'expression du procès-verbal.

1026. — La question de savoir s'il y a lieu ou non de rédiger un procès-verbal est de celles que le receveur principal, ou le receveur subordonné, peut et doit résoudre. (*Déc. du 21 août* 1851.) V. nᵒ 54.

A moins d'empêchements, les employés de brigades ou de bureaux ne doivent verbaliser qu'après avoir informé leurs chefs des faits qui peuvent motiver la constatation d'une contravention.

Quand il s'agit des agents sous leurs ordres, les chefs de la brigade se rendent immédiatement au bureau pour vérifier les faits dont ils n'ont pas été témoins, entendre les déclarations des préposés, les interroger, et veiller à ce que le procès-verbal ne contienne que la vérité. (*Circ. du 3 octobre* 1812.)

Le soin de rédiger les procès-verbaux de saisie appartient essentiellement aux saisissants ; mais les receveurs doivent prendre directement le soin de cette rédaction matérielle dans le cas d'incapacité des saisissants et d'absence des chefs de la brigade. Dans toute hypothèse, les receveurs veillent à ce que les procès-verbaux ne soient rédigés que pour des infractions réelles, à ce qu'aucune nullité de forme ne se glisse dans ces actes. Ils sont responsables des vices qui seraient ultérieurement relevés dans ces actes, sauf, bien entendu, les cas relatifs aux saisies faites soit à bord des navires, soit dans une maison, et où les procès-verbaux doivent, aux termes de la loi, être rédigés *sur place*. Le devoir des receveurs est encore pourtant, dans ce cas, lors de *la clôture*, à leur bureau, des procès-verbaux dont il s'agit, de remédier, autant qu'il peut être en eux, aux erreurs ou omissions qui auraient été commises par les verbalisants. (*Circ. du 22 avril* 1845, nº 2061.)

Un receveur est toujours responsable des frais d'un procès-verbal qui a été rédigé dans un cas où il n'y avait ni contravention, ni matière à saisie. Toutefois, l'administration apprécie les circonstances exceptionnelles où la faute peut être en partie imputée aux officiers des brigades. (*Déc. du 12 mai* 1853.)

En rédigeant un procès-verbal, il faut moins s'attacher à l'élégance des phrases qu'à l'observation littérale des formalités prescrites et à un exposé détaillé, précis et clair des faits.

Le procès-verbal doit être le récit très-fidèle des circonstances qui déterminent la nature des poursuites contre les contrevenants. Une sévère exactitude est d'autant plus nécessaire que ce rapport a foi en justice et suffit pour faire prononcer non-seulement des confiscations et amendes, mais encore des peines corporelles. Aussi les agents doivent-ils toujours s'attacher à ne dire que la vérité et à la dire toute entière. Il est expressément recommandé aux receveurs dépositaires et aux chefs des brigades de leur rappeler ce devoir essentiel et de les prémunir contre le danger auquel les exposerait toute altération dans le récit des faits. (*Circ. du 20 mars* 1812.) *V.* nº 1175, formules de procès-verbaux.

Les préposés ne doivent jamais surtout exagérer la gravité des délits ou rébellions ni le nombre des coupables, car ce ne serait pas seulement alors déplacer l'ordre des juridictions, ce serait aggraver, contre tout droit et toute raison, la peine qui pèserait sur les prévenus. C'est aux chefs à veiller à ce qu'aucune circonstance essentielle ne soit omise, à ce qu'aucun fait ne soit avancé, dont la preuve ne soit facile à faire ; ils doivent surtout se rappeler qu'il suffit d'une énonciation inexacte pour détruire d'ailleurs tout l'effet du rapport, et amener, presque toujours, par suite, l'acquittement des coupables. La rédaction des plaintes constatant les rébellions est placée sous la responsabilité des chefs, notamment des inspecteurs divisionnaires, lorsque ces plaintes se font à leur résidence, et, dans le cas contraire, sous celle des capitaines et lieutenants de brigades, sans que, dans tous les cas, les receveurs puissent se dispenser d'y concourir. (*Circ. du* 16 *janvier* 1834, nº 1418.)

Les formalités déterminées par la loi du 9 floréal an VII doivent être observées à peine de nullité. *V.* nº 1037. Les autres indications sont prescrites pour la plus parfaite régularité de la procédure.

1027. — Deux préposés (*a*) des douanes, ou autres citoyens français (*b*), suffisent pour constater une infraction aux lois relatives aux importations, exportations et circulations. (*Loi du 9 floréal an VII, titre* 4, *art.* 1ᵉʳ.) (1) *V.* nº 1175, formules 1, 2, 6, 7.

---

(1) Les procès-verbaux doivent être rédigés à la requête du directeur général des douanes, dont le bureau central est à Paris, rue de Rivoli, hôtel du Ministère des finances. (*Circ. du* 5 *janvier* 1852, nº 1ᵉʳ.)

(*a*) Par préposés, le législateur a entendu désigner les employés de toutes classes et de tous grades.

(*b*) L'attribution ainsi donnée à tout citoyen majeur, c'est-à-dire âgé de 21 ans accomplis (Code civil, art. 388), est limitée, quant à la circulation, au rayon des frontières de terre. *V.* Livre II.

Pour constater une saisie, il suffit que deux des préposés ou citoyens qui l'ont faite dressent et signent le procès-verbal. (*A. de C. du 5 janvier* 1810.)

Tout procès-verbal doit être revêtu de la signature de deux préposés ou citoyens au moins. Aussi ceux-ci doivent-ils savoir lire et écrire. (*A. de C. du 9 février* 1844.)

Quels que soient les saisissants, le procès-verbal doit être l'objet des mêmes formalités que s'il émanait des préposés des douanes. (*Même Arrêt.*)

1028. — Ceux qui procèdent aux saisies font conduire dans un bureau de douane, et, autant que les circonstances peuvent le permettre, au plus prochain du lieu de l'arrestation (*a*), les marchandises, voitures, chevaux et bateaux servant au transport (*V.* n° 1031). Ils y rédigent de suite leur rapport (*b*). (*Loi du 9 floréal an VII, titre 4, art.* 2.) Contravention de compétences diverses simultanément constatées (*c*); marchandises non saisissables abandonnées par les fraudeurs (*d*); arrestation des prévenus (*e*); timbre des procès-verbaux (*f*).

(*a*) La distance du plus prochain bureau au lieu de la saisie doit être mesurée, non à vol d'oiseau, mais par le plus ou moins de temps qu'il faut pour s'y rendre. (*Circ. du 8 août* 1811.)

Les objets de fraude ne doivent être conduits dans un autre bureau que celui le plus près du lieu de la saisie qu'en cas de nécessité absolue ; et, lorsque cette nécessité se produit, les saisissants doivent en faire connaître très-expressément les motifs dans leur procès-verbal. (*Circ. du 14 décembre* 1817, n° 351.)

Les tribunaux sont, à cet égard, appréciateurs des motifs allégués par les saisissants pour justifier une dérogation à la loi. (*A. de C. du 4 juin* 1841, *en matière de contrib. indirectes.*)

Les marchandises saisies aux portes d'une ville doivent être conduites au bureau qui existe à l'intérieur de cette ville, bien qu'il soit plus éloigné que tel autre bureau situé *extra muros*. (*Déc. du 21 janvier* 1854.)

A défaut de place à la douane, et sous la garde du receveur, les marchandises saisies dans un port peuvent être déposées dans les magasins de l'entrepôt réel considéré comme annexe du bureau ; mais il importe d'indiquer dans le procès-verbal la cause de cette mesure. (*Déc. du 22 juin* 1839.)

(*b*) Les procès-verbaux peuvent être rédigés les jours fériés. (*A. de C. du 23 brumaire an VIII, et Déc. du 26 mars* 1841.) *V.* n° 1032.

Ils peuvent être commencés sur le lieu de la saisie et clos au bureau des douanes, lorsqu'il y a impossibilité de conduire immédiatement les marchandises à ce bureau. (*A. de C. des 10 août* 1833; *Circ.* n° 1403, *et 17 février* 1836 ; *Circ.* n° 1543.)

Les formalités de la quarantaine prescrite par le service sanitaire peuvent dispenser les préposés de l'obligation de rédiger *de suite* le procès-verbal. (*A. de C. du 14 juin* 1837; *Circ.* n° 1646.)

A peine de nullité des procès-verbaux, les préposés doivent procéder *de suite* à la rédaction de ces rapports, à moins qu'il n'y ait impossibilité résultant de la fin du jour ou d'une force majeure quelconque ; mais, dans tous les cas, ils violent la loi s'ils divertissent à d'autres actes avant la clôture du procès-verbal. Quand, par une de ces causes, les préposés, ayant provisoirement déposé les marchandises au bureau, ne peuvent immédiatement vaquer à la rédaction du procès-verbal et l'ajournent ou la remettent au lendemain, ils doivent procéder à cette opération dès le matin avant de se livrer à d'autres actes, et mentionner dans le rapport les causes de cette remise. (*A. de C. des 26 septembre* 1833, *27 décembre* 1834 *et 2 avril* 1845; *Circ.* n°ˢ 1408 *et* 1479; *Doc. lith.*, n° 158.)

Lorsque, pour toute autre cause non prévue par la jurisprudence, on ne rédige pas de suite le procès-verbal, il importe de dresser immédiatement un premier contexte explicatif. (*Déc. du 12 février 1842.*)

Le défaut de signature d'un premier contexte qui contient l'accomplissement des formalités fondamentales d'une saisie entraîne alors la nullité du procès-verbal. (*Déc. du 25 septembre 1857.*)

Si l'infraction n'a pas été constatée immédiatement, on ne peut ni requérir directement l'application de l'amende, ni intervenir à cet effet dans l'action suivie par le ministère public au point de vue de la vindicte publique. (*Déc. du 3 avril 1847.*) V. n°ˢ 1030 et 1068 des exceptions quant aux faits donnant lieu à l'action du ministère public.

(*c*) Lorsque deux ou plusieurs contraventions, de compétences diverses, sont simultanément constatées contre le même individu, on doit rédiger autant de procès-verbaux qu'il y a de juridictions à saisir, en commençant par celui qui doit être déféré au juge de paix, et sans interruption. Dans ce cas, on relate dans l'introduction de chacun des procès-verbaux les circonstances de la découverte simultanée, et on indique que les marchandises saisies se trouvaient avec d'autres également saisies par rapport du même jour. Un procès-verbal unique, avec réserve d'assignation devant des juridictions différentes, pourrait donner lieu à des difficultés. (*Déc. du 17 octobre 1842; Doc. lith.*, n° 126.)

Les infractions différentes reprises dans un même procès-verbal rentreraient dans la juridiction du tribunal compétent pour appliquer la pénalité la plus forte. (*A. de C. du 19 décembre 1806.*)

(*d*) Il arrive souvent que des marchandises ou d'autres objets non saisissables d'après les lois existantes sont arrêtés en même temps que des marchandises de fraude, et abandonnés avec celles-ci entre les mains des préposés par les propriétaires ou colporteurs.

L'administration se trouve également nantie de semblables marchandises lorsque, dans une saisie faite en vertu du titre 5 de la loi du 28 avril 1816, le jury n'a reconnu la provenance étrangère que d'une partie seulement des fils ou des tissus soumis à son examen.

Dans l'un comme dans l'autre cas, et lorsque les contrevenants se trouvent, par une cause quelconque, hors d'état de payer l'amende exigible, il y a intérêt pour l'administration à pouvoir faire affecter, jusqu'à due concurrence, au recouvrement des condamnations pécuniaires, le produit de la vente des marchandises *non saisissables* dont elle se trouve avoir la détention. A cet effet, toutes les fois que des objets non susceptibles d'être frappés de confiscation sont restés en dépôt dans un bureau de douane, à la suite ou à l'occasion d'une saisie entraînant condamnation à une amende, et que le condamné ne s'est point libéré, on poursuit l'autorisation d'affecter aux condamnations la valeur de ces premiers objets, en procédant par voie de *saisie-exécution*, dans la forme tracée par les art. 583 et suivants du Code de procédure.

Le jugement même de condamnation à l'amende formant le titre de la poursuite, il n'est point nécessaire de provoquer un jugement spécial d'affectation. On n'a plus ainsi à faire que des actes d'*exécution*, qui consistent dans la notification de ce jugement, avec commandement de payer, faite à la personne du débiteur. Ce commandement contient élection de domicile dans la commune où doit se faire l'exécution, et l'administration, ayant les marchandises entre les mains, n'élit pas d'autre domicile que celui du receveur ou autre agent dépositaire des objets. Le procès-verbal de saisie-exécution doit être fait un jour après le commandement.

On établit un *gardien* des objets poursuivis; mais, ce gardien ne pouvant être le saisissant, et cette qualité de saisissant appartenant ici à l'administration des douanes, on satisfait au vœu de la loi en constituant pour cet office un individu étranger au service des douanes, tel, par exemple, que le recors de l'huissier ou tout autre désigné par cet officier ministériel. La saisie est ensuite dénoncée à la partie. Huitaine après cette dénonciation, la vente peut avoir lieu, après avoir été précédée, un jour au moins, du procès-verbal d'affiche de quatre placards aux lieux indiqués par la loi, et, cette vente consommée, l'administration, en vertu de son privilége général, se fait remettre les deniers qui en proviennent, sans qu'il soit besoin d'établir une contribution.

Aussitôt après la saisie, il doit être dressé un inventaire descriptif des objets laissés aux mains des préposés ; cet inventaire est signé des saisissants et de l'agent chargé du dépôt ; une copie en est adressée au directeur. (*Circ. du 22 nov.* 1836, n° 1580.)

(e) Les fraudeurs ne peuvent être arrêtés par le service qu'au cas de flagrant délit pour des faits susceptibles de donner lieu à la peine d'emprisonnement. *V.* n° 429.

Ils doivent être jugés d'urgence. (*Circ. du 5 avril* 1866, n° 1024.)

Pour la police générale, *V.* n° 97 ; quant aux fraudeurs réfugiés dans des maisons, *V.* n°ˢ 244 et 285 ; et pour le cas de poursuite à vue, *V.* n° 292.

Les contrevenants déjà détenus doivent recevoir assignation pour la plus prochaine audience. (*Circ. lith. du 9 avril* 1863.)

Pour l'arrestation des personnes, afin d'assurer, par la contrainte par corps, *V.* n° 1101, le recouvrement des condamnations pécuniaires, en matière civile, *V.* n° 1102 ; en matière correctionnelle, *V.* n° 1103.

(f) Tout procès-verbal doit être rédigé sur papier timbré. (*Loi du 22 août* 1791, *titre* 13, *art.* 34.) *V.* n° 1017.

1029. — Le procès-verbal énonce la date (a) et la cause de la saisie (b) ; la déclaration qui en a été faite au prévenu (c) ; les noms, qualités et demeures des saisissants (d) et celui qui sera chargé des poursuites (e) ; l'espèce, le poids ou le nombre des objets saisis (f) ; la présence de la partie à leur description, ou la sommation qui lui a été faite d'y assister (g) ; le nom et la qualité du gardien (h) ; le lieu de la rédaction du rapport et l'heure de sa clôture (i). *Loi du 9 floréal an VII, titre* 4, *art.* 3.)

(a) Bien que cet article n'en parle pas, il convient de mentionner l'heure de l'ouverture du rapport, afin que, par sa seule force, il fasse preuve de son authenticité.

(b) On entend par l'indication des causes de la saisie l'énoncé des faits constituant l'infraction et des lois auxquelles il a été contrevenu.

Un procès-verbal qui énonce qu'un navire arrivait de l'étranger, que les marchandises trouvées à son bord n'avaient pas été déclarées, et qui cite l'article de la loi en vertu duquel il est procédé à la saisie, fait suffisamment connaître la *cause* de la saisie. (*A. de C. du 19 juin* 1843 ; *Circ.* n° 1981.)

Cependant il est convenable de mentionner d'une manière plus précise le motif de la saisie ou la nature de la contravention et les diverses pénalités encourues. (*Déc. du 6 octobre* 1837.)

Il n'est plus temps de réclamer subsidiairement à l'audience la condamnation du prévenu à raison d'un fait qui n'est pas déterminé suffisamment par les conclusions du rapport. (*Déc. du 1er août* 1850.)

(c) Les formalités imposées aux saisissants, en ce qui concerne le *prévenu* ou la partie saisie, ne s'appliquent qu'aux *préposés à la conduite, détenteurs* ou *dépositaires* des marchandises de fraude. Les verbalisants ne sont pas tenus de remplir ces formalités envers le propriétaire supposé ou intervenant des marchandises saisies. (*A. de C. des 28 pluviôse an XII, 28 décembre* 1835, *10 novembre* 1836 *et 29 décembre* 1838 ; *Circ.* n° 1730.)

Il n'est pas nécessaire d'appeler au procès-verbal de saisie le propriétaire des marchandises qui en sont l'objet, lorsqu'il est connu ; il suffit d'y appeler le conducteur de ces marchandises, lors même que celui-ci n'est plus sur les lieux et qu'il est parti après avoir donné caution et fait élection de domicile. (*A. de C. du 19 mars* 1807.)

Le rapport doit aussi indiquer les noms, prénoms, qualités et demeures des contrevenants, afin d'obtenir contre eux une condamnation, amende ou emprisonnement.

Mais dans le cas où, en matière de douane, un procès-verbal, qui ne mentionne pas le nom des contrevenants, les désigne cependant comme habitant une commune indiquée, l'administration peut ultérieurement établir, par une preuve testimoniale ou une enquête, que les individus qu'elle poursuit sont bien les délinquants. (*Jug. du trib. correct. de Douai du 21 novembre 1834 ; Ann. Comm.*)

En rappelant les circonstances qui peuvent démontrer que tels individus sont intéressés ou qu'ils ont déjà participé à la fraude, les préposés doivent s'abstenir de toute qualification injurieuse, telle que celle-ci: fraudeur de profession, etc. (*Circ. man. du 6 octobre 1833.*)

(*d*) Par *demeure* des saisissants, il faut entendre le lieu où est établie la brigade à laquelle les préposés appartiennent. (*A. de C. du 3 août 1827.*)

L'obligation est remplie par la mention du hameau qu'habitent ainsi les préposés, sans qu'il soit nécessaire d'indiquer la commune. (*A. de C. du 23 novembre 1810.*)

La loi n'exige pas que les qualités et demeures des saisissants soient énoncées dans le procès-verbal *à côté du nom de chacun d'eux ;* il suffit que ces indications se trouvent rappelées collectivement. (*A. de C. du 5 décembre 1834; Circ. n° 1469.*)

Un procès-verbal qui énonce les qualités et demeures de deux seulement des saisissants est suffisamment conforme au vœu de l'art. 3, titre 4, de la loi du 9 floréal an VII. (*A. de C. du 1er février 1810.*)

Les préposés sont dispensés d'énoncer devant quel tribunal ils ont prêté serment. (*A. de C. des 14 ventôse an VIII et 9 vendémiaire an IX.*)

(*e*) Les receveurs sont les défenseurs naturels des intérêts de l'administration. La suite des affaires contentieuses est une partie essentielle de leurs attributions. Ce sont eux qui, presque toujours, sont chargés des poursuites à diriger en vertu des procès-verbaux. V. n° 54. (*Circ. lith. du 10 février 1846.*)

Cependant le poursuivant régulièrement élu dans un procès-verbal peut tout aussi valablement être un avoué qu'un agent des douanes. (*Jug. du trib. correct. de Coutances du 24 octobre 1846 ; Doc. lith., n° 177.*)

(*f*) L'indication du poids des tissus n'est pas nécessaire lorsque le procès-verbal énonce l'espèce, le nombre et le mesurage des pièces d'étoffes. (*A. de C. des 17 germinal an X et 7 nivôse an XIII.*)

L'obligation de mentionner le poids des objets doit s'entendre du poids total et non du poids particulier de chaque objet ou colis. (*A. de C. du 7 fructidor an X.*)

Un procès-verbal ne peut être annulé sous le prétexte que le poids des marchandises saisies n'a pas été légalement constaté, si l'évaluation en a été faite par les préposés d'accord avec le saisi. (*A. de C. du 20 thermidor an XII.*)

L'indication des marques des numéros des ballots n'est de rigueur que pour les saisies faites sur les bâtiments de mer pontés. (*A. de C. du 3 ventôse an X.*)

(*g*) Lorsqu'il y a plusieurs prévenus d'un seul et même délit, et que l'un d'eux se déclarant propriétaire des objets saisis est reconnu et désigné comme tel au rapport, la sommation qui lui est faite à lui seul d'assister à la description des marchandises est suffisante. (*A. de C. du 27 décembre 1834; Circ. n° 1479.*)

Si le saisi est présent à toutes les opérations jusqu'à la clôture du procès-verbal, ce qui est constaté. il n'est pas nécessaire, à peine de nullité, de lui faire sommation d'assister à la description des marchandises. Lorsque la partie saisie a été sommée d'être présente aux opérations de la saisie, il n'est pas non plus indispensable que cette sommation lui soit réitérée à chaque vacation, même en cas d'absence de sa part, et d'afficher à la porte du bureau. La première sommation, régulièrement faite, suffit pour toutes les vacations qui peuvent avoir lieu. (*A. de C. des 10 novembre 1836 et 19 avril 1837.*)

Le prévenu qui, sommé de se rendre au bureau, ne s'y rend pas, ne peut se prévaloir de son ignorance du lieu et de l'heure de la rédaction du rapport, lorsque ce rapport a été affiché à la porte du bureau. (*A. de C. du 30 mars 1831; Circ.* nº 1427.)

Les sommations à faire à la partie saisie et les formalités à observer ne sont obligatoires que lorsque celle-ci est présente; elles cessent de l'être lorsque le prévenu, bien qu'arrêté au moment de la saisie, mais spontanément relâché par les préposés, s'est volontairement abstenu d'assister à la clôture des opérations. (*A. de C. du 4 mars* 1841; *Doc. lith.*, nº 90.)

Il ne suffit pas que les préposés déclarent au prévenu qu'ils vont se retirer au bureau, il faut encore qu'ils le somment de s'y rendre pour assister à la description des objets saisis et à la rédaction du rapport. L'omission de cette formalité entraîne la nullité du procès-verbal lorsqu'elle ne peut être attribuée à un empêchement de la part du prévenu. (*A. de C. du 17 février* 1820.)

La sommation d'assister à la rédaction du rapport est obligatoire sous peine de nullité, même lorsqu'il n'y a pas de saisie, et cette sommation doit être accompagnée de l'indication précise du lieu où cette rédaction doit être effectuée et l'heure à laquelle il doit y être procédé. Cette sommation contient implicitement celle d'assister à la description des objets saisis. (*A. de C. du 14 juin* 1834.)

Déférant à la sommation qui lui a été faite, le prévenu peut déléguer une personne pour assister à sa place à la description des objets; mais, dans ce cas, il n'est pas recevable à se plaindre que cette opération a été faite hors de sa présence. (*A. de C. du 9 décembre* 1809.)

(*h*) La désignation du gardien, en cas de saisie, a pour but de permettre à l'intéressé de surveiller la conservation de la chose et d'exercer au besoin, contre le gardien, les poursuites autorisées par la loi. Aussi les noms et qualités des gardiens doivent-ils être indiqués très-exactement. (*Circ. du 17 mai* 1837, nº 1621.)

Si, par une circonstance quelconque, cette désignation n'a pas été faite au moment même de la rédaction du procès-verbal, l'acte séparé qui constate le dépôt n'est valable qu'autant que le prévenu a été sommé d'y assister. (*A. de C. du 5 octobre* 1819.)

Quand un procès-verbal est rédigé en plusieurs contextes, le vœu de la loi est suffisamment rempli alors que la mention de la constitution du gardien est insérée dans le contexte qui contient la désignation et le dénombrement des marchandises. (*Jug. du trib. civ. du Havre du 23 décembre* 1842; *Doc. lith.*, nº 129.)

(*i*) Lorsque des employés qui ont concouru à une saisie se retirent avant la clôture du procès-verbal, cet acte doit indiquer le motif qui ne leur a pas permis de le signer et le moment où ils se sont éloignés. (*Déc. du 29 mars* 1838.)

Il n'est pas indispensable que l'indication de l'heure de la clôture du procès-verbal suive immédiatement les mots : *Fait et clos*. (*A. de C. du 20 thermidor an XII.*)

Un procès-verbal n'est pas nul pour n'avoir pas été signé par l'officier municipal qui a assisté à la visite à domicile. (*A. de la C. de Douai du 9 février* 1858; *Doc. lith.*, nº 210.)

1030. — Dans le cas où le motif de la saisie porte sur le faux ou l'altération des expéditions, le rapport énonce le genre de faux, les altérations ou surcharges.

Lesdites expéditions, signées et paraphées des saisissants, *ne varietur*, doivent être annexées au procès-verbal qui contient la sommation faite à la partie de les signer, et sa réponse. (*Loi du 9 floréal an VII, titre 4, art.* 4.) Falsification ou altération, etc.; nº 295 du tableau des Infr.

Les prévenus sont alors immédiatement conduits devant le procureur du Gouvernement ou l'officier de police judiciaire le plus prochain, à qui le procès-verbal est remis avec les pièces arguées de faux. (*Code d'instr. crim., art.* 8.) Le tout sans préjudice des poursuites à exercer, s'il y a lieu, par la douane, pour la contravention spéciale à la loi qui la régit. (*Circ. du 23 décembre* 1844, nº 2046, *art.* 295.)

Le tribunal appelé à statuer sur le faux doit, à cause de la connexité des délits, connaître également de la saisie. (*A. de C. du 19 décembre 1806.*)

Lorsque, trompée par de fausses expéditions, la douane a laissé introduire des marchandises de fraude, elle peut, le faux étant reconnu, poursuivre l'application des peines encourues, bien qu'il n'y ait eu ni saisie, ni procès-verbal. (*Même Arrêt.*)

Pour le régime des marchandises auxquelles s'applique le faux, V. n° 608.

Quand le service reconnaît des additions ou des modifications, même faites sans intention de fraude, il convient de dresser procès-verbal ou tout au moins de réserver les droits de l'administration par un acte conservatoire. (*Déc. du 13 mars 1857.*)

En cas d'altération d'un brevet de francisation, comme il y a un grand intérêt d'ordre public à prévenir et à réprimer des infractions d'une nature aussi grave, il convient de déférer l'affaire au procureur général pour telles suites que de droit. Le navire doit être retenu, sauf à en donner mainlevée dès que la justice déclare que la présence de ce bâtiment n'est plus nécessaire. (*Déc. du 9 octobre 1845.*)

Quoiqu'écrit de la main de l'expéditeur, un permis ne serait pas moins un acte de douane ; la falsification d'un tel acte constituerait un faux en écriture authentique et publique et entraînerait contre le coupable les peines édictées par les art. 147 et suivants du Code pénal. (*Déc. du 30 juin 1834, et Circ. du 30 novembre 1858, n° 561.*)

Afin de prévenir, autant que possible, l'abus qui résulterait de l'emploi de feuilles de passavants ou d'acquits-à-caution en blanc qu'on se serait procurées pour faciliter l'introduction de marchandises de fraude, les receveurs des douanes doivent toujours inscrire d'avance sur leurs registres les numéros des expéditions et le nom du bureau. (*Circ. du 20 novembre 1817.*)

1031. — Il doit être offert mainlevée, sous caution solvable, ou en consignant la valeur, des bâtiments, bateaux, voitures, chevaux et équipages saisis pour autre cause que pour prohibition de marchandises dont la consommation est défendue (*a*) ; et cette offre, ainsi que la réponse de la partie, est mentionnée au rapport. (*Loi du 9 floréal an VII, titre 4, art. 5.*) Mainlevée pure et simple, par exception, des moyens de transport (*b*).

Pour la mise en fourrière, V. n°s 1109 et 1175, formule 21.

(*a*) V. n° 414, moyens de transport saisissables.

La reconnaissance et la description de ces objets doivent précéder, au bureau, l'offre de mainlevée. V. n°s 1028 et 1029.

Quand les marchandises saisies sont frappées de prohibition locale, l'offre de mainlevée des moyens de transport n'est point nécessaire à peine de nullité. (*Jug. du trib. de Valenciennes du 3 octobre 1846 ; Doc. lith., n° 174.*)

En effet, l'offre de mainlevée des moyens de transport est facultative dans tous les cas de contravention aux lois prohibitives. Toutefois, il convient de faire, même dans cette hypothèse, mais seulement afin d'éviter, s'il y a lieu, des frais de fourrière, V. n° 1091, ou pour prévenir, en cas de non-succès, toute demande en dommages-intérêts. (*Circ. du 31 décembre 1832, n° 1367.*)

Il est recommandé de faire et de consigner expressément dans les rapports de saisie, l'offre de mainlevée de tout bâtiment, bateau, voiture, cheval ou équipage saisi, soit comme moyen de transport, soit comme objet principal de contravention, lorsque d'ailleurs ces objets ne seront point, par eux-mêmes ou à l'égard des marchandises qu'ils servaient à transporter, placés sous le régime du *prohibé*.

Les prescriptions de la loi étant absolues et n'établissant aucune distinction pour le cas où la partie serait absente au moment de l'accomplissement des formalités à remplir à cet égard, il est indispensable de faire l'offre prescrite, de même que la déclaration *de la saisie*, à haute et intelligible voix, à la partie absente ou présente, connue ou inconnue, et de consigner, dans chaque hypothèse, la susdite offre au procès-verbal, en ayant soin seulement d'ajouter, pour le cas où le prévenu ne serait pas présent, que *l'affiche du présent procès-verbal vaudra à celui-ci notification légale de ladite offre.* (*Circ. du 19 juin 1845, n° 2071.*)

La mainlevée des moyens de transport consistant en chevaux est donnée aux prévenus soit à charge de réexportation, soit sous payement du droit d'entrée. -

Les chevaux tombés sous les coups des préposés dans les attaques de bandes ou que l'on fait abattre, vu leur peu de valeur, doivent être vendus; le prix obtenu revient au produit de la saisie, déduction faite du droit d'entrée sur les peaux. (*Déc. du 8 mai 1850.*)

Hors le cas de saisie faite à domicile, l'offre de mainlevée des marchandises non prohibées ayant fait l'objet des infractions est facultative; mais elle doit surtout être faite à l'égard de celles qui sont sujettes à dépérissement, (*Déc. du 18 janvier 1823.*)

V. n° 1109. Vente, avant jugement, lorsqu'il y a crainte de dépérissement, des marchandises et des moyens de transport dont la remise sous caution a été refusée.

Nota. A l'exception de la confiscation, la saisie ou retenue des objets ayant servi au transport n'étant ordonnée que pour garantir le payement de l'amende encourue, il est évident que, dans ce dernier cas, le cautionnement ou la consignation doit égaler la valeur de ces objets si elle est au-dessous du montant de l'amende, ou le montant de cette amende quand cette valeur est supérieure.

(*b*) Quand la loi ordonne la saisie ou la retenue des moyens de transport de la fraude, il n'appartient pas aux employés d'en éluder l'application. Le procès-verbal doit donc toujours conclure dans ce sens, même lorsque la fraude n'offre que peu d'importance.

Mais l'intention de l'administration n'est pas d'appliquer, dans sa rigueur, la disposition légale. Aussi les directeurs peuvent-ils, dans la limite des besoins réclamés par les localités ou la nature des opérations habituelles du service, déléguer à ceux des chefs qu'ils jugent devoir en être investis (particulièrement au receveur principal) les pouvoirs nécessaires à l'effet de donner mainlevée *pure et simple*, sans caution, des moyens de transport (navires, etc.), que le procès-verbal a frappé de saisie, lorsque la fraude a très-peu d'importance, que le service peut se départir de toute sévérité et que des garanties suffisantes ont été fournies pour le recouvrement des frais et des amendes. (*V.* n° 1112.) Seulement ils doivent rendre compte à l'administration, qui se réserve le droit général de ratification, de tout ce qui se fait en vertu de cette délégation. (*Circ. man. du 24 mars 1838, et Circ. du 11 octobre suivant, n° 1713.*)

1032. — Si le prévenu est présent, le rapport énonce qu'il lui en a été donné lecture (*a*), qu'il a été interpellé de le signer (*b*) et qu'il en a de suite reçu copie (*c*), avec citation à comparaître dans les vingt-quatre heures (*d*) devant le juge de paix de l'arrondissement (*e*). En cas d'absence du prévenu, la copie sera affichée, dans le jour (*f*), à la porte du bureau. Ces rapports, citation, affiches doivent être faits tous les jours indistinctement. (*Loi du 9 floréal an VII, titre 4, art. 6.*)

(*a*) Si le prévenu est étranger et n'entend pas la langue française, la loi n'exige pas que l'interprétation du procès-verbal lui soit donnée dans sa langue. (*A. de la C. de Metz du 1er juillet 1829 et A. de C. du 26 avril 1830.*)

La continuation ou seconde partie d'un rapport constatant le dépôt des marchandises, doit contenir, à peine de nullité, la mention qu'il en a été donné lecture et remis copie au prévenu quand il est présent. (*A. de C. du 24 nivôse an XI.*)

Le rapport n'est pas nul à l'égard du prévenu fugitif et inconnu parce que mention n'y est pas faite que lecture en a été donnée à d'autres prévenus présents. (*A. de C. du 1er février 1810.*)

(*b*) Lorsqu'un procès-verbal est rédigé en plusieurs contextes, il n'est point vicié par le défaut d'interpellation à la partie de signer un de ces contextes, si ce contexte est sans influence au procès, par exemple quand il constate l'ajournement au lendemain du débarquement de la marchandise (*A. de C. du 9 juin* 1817); mais on n'en doit pas moins apporter le plus grand soin à requérir la signature de tous les contextes.

Les formalités de lecture et d'interpellation ne sont obligatoires que lorsque le prévenu est présent; elles cessent de l'être lorsque celui-ci, bien qu'arrêté au moment de la saisie, mais spontanément relâché par les préposés, s'est volontairement abstenu d'assister à la clôture des opérations. (*A. de C. du 4 mars* 1841.)

Les employés ne doivent pas s'abstenir de consigner dans les procès-verbaux la réponse des prévenus, qu'elle présente ou non des motifs d'excuse.

(*c*) Il y aurait nullité si la copie n'était remise au prévenu que le lendemain. (*A. de C. du 9 mai* 1807.)

Un procès-verbal n'est pas nul parce que la copie ne serait signée que d'un seul préposé, lorsque, au moment où les autres signatures allaient être apposées, cette copie a été enlevée par le frère du prévenu, qui a pris la fuite immédiatement avec l'auteur de la soustraction. (*A. de C. du 13 juillet* 1844; *Circ.* n° 2059.)

Il n'est pas indispensable que la copie soit signée par tous les saisissants; il suffit qu'elle le soit par le receveur du bureau rédacteur du procès-verbal. (*A. de C. du 3 février* 1830.)

Un procès-verbal n'est pas nul si l'original porte qu'une copie a été délivrée, bien que la copie ne fasse pas mention de cette remise. (*A. de C. du 22 mai* 1834; *Circ. du 2 septembre suivant,* n° 1457.)

Le vœu de la loi est rempli par l'apposition d'une copie du rapport à la porte du bureau, lorsque le prévenu, présent à la clôture du procès-verbal, s'est retiré au moment de la signature de l'acte. (*A. de C. du 27 décembre* 1834; *Circ.* n° 1479.)

Il convient de délivrer toujours et de suite une copie du procès-verbal de saisie à chacun des prévenus présents, d'en afficher une autre à la porte extérieure du bureau en ce qui concerne les prévenus absents, et de constater le tout dans le rapport. (*Circ. du 10 décembre* 1822, n° 769.)

Le refus de recevoir la copie est assimilé à l'absence. (*Arrêt de la Cour d'Aix du 19 avril* 1837.)

(*d*) La citation doit toujours être donnée aux saisis par les préposés *avant l'expiration* des vingt-quatre heures qui suivent la clôture du procès-verbal. (*Arrêt de C. du 3 juin* 1806.

Même quand le jour de comparution est un jour férié. (*Circ. du 30 juillet* 1827, n° 1056.)

La citation pour midi, dans un procès-verbal clos la veille à midi, est irrégulière. (*Déc. du 12 février* 1842.)

Si le juge de paix n'ouvre pas d'audience dans le délai de la citation, il est donné à la partie une nouvelle assignation dans les formes et conditions observées pour la première, et relatant que la douane a trouvé le prétoire fermé à l'heure fixée par celle-ci. (*Déc. du 31 mai* 1841.)

Lorsque, par la force des circonstances, les préposés sont obligés de diviser un procès-verbal en deux contextes, il n'est pas nécessaire que la citation soit donnée par chacun des deux contextes: il suffit qu'elle le soit par le second. (*A. de C. du 18 thermidor an XI.*)

Quant à la citation, l'art. 6 de la loi du 9 floréal an VII ne concerne, sous peine de nullité, que les affaires de la compétence du juge de paix. Une citation, même si le prévenu est présent, peut être donnée à domicile, séparément, lorsqu'il s'agit d'une affaire de nature à être jugée correctionnellement. (*A. de C. des 8 germinal an VII, 23 nivôse an XIII, 26 janvier et 1er février* 1810, *et 10 novembre* 1836.) V. n° 1069.

Pour la citation dite à bref délai, *V.* n° 1055.

En matière civile, la citation donnée par le procès-verbal n'est assujettie à aucun droit particulier d'enregistrement. (*Circ. du 14 février* 1834, n° 1423.)

En matière correctionnelle, la citation donnée par les employés, surtout à une autre date que celle du procès-verbal, pourrait être soumise à l'enregistrement, parce qu'elle ne serait point alors essentielle pour la validité du procès-verbal, contrairement à ce qui a lieu en matière civile. (*Déc. du* 19 *juin* 1833.)

A raison de la solidarité qui existe, quant à l'amende, en matière correctionnelle, il n'est dû qu'un droit par exploit, quel que soit le nombre des inculpés assignés collectivement dans une même affaire. (*Circ. du* 26 *novembre* 1839, n° 1784.)

(*e*) C'est le tribunal du canton où est situé le bureau de douanes qui a reçu le dépôt des marchandises saisies, ou, à défaut de dépôt, le bureau où le procès-verbal a été clos. *V.* n° 1043.

(*f*) Ces mots, *dans le jour,* doivent s'entendre des vingt-quatre heures qui suivent la clôture du procès-verbal, et non du jour civil dans lequel le procès-verbal a été rédigé. En effet, la loi n'a pu prescrire une formalité dont l'observation serait parfois impossible, attendu qu'il peut arriver que d'intervalle de temps depuis la clôture du procès-verbal jusqu'à l'instant où finit le jour civil soit physiquement insuffisant pour satisfaire à la formalité de l'affiche. (*A. de C. des* 4 *décembre* 1806 *et* 26 *mars* 1808.)

Il suffit, en cas d'absence de plusieurs prévenus, d'afficher une *seule* copie du procès-verbal à la porte extérieure du bureau. (*A. de C. du* 11 *avril* 1831; *Circ.* n° 1263.)

Si une copie du procès-verbal a été affichée à la porte du bureau quand le prévenu est absent, la citation est valable encore bien que le domicile de ce prévenu soit connu des préposés. (*A. de C. du* 16 *décembre* 1833; *Circ.* n° 1420.)

La faculté d'afficher à la porte du bureau, pour valoir assignation aux prévenus absents, ne concerne que les personnes accusées de fraude ou de complicité de fraude, et non celles seulement responsables civilement des faits et actes de leurs subordonnés et agents. A l'égard de celles-ci, il faut une citation spéciale et séparée, à domicile, en la forme ordinaire. (*A. de C. du* 31 *août* 1832, *et Circ. du* 8 *juillet* 1842, n° 1923.)

C'est là le principe strict; mais, à cause de la brièveté obligatoire des délais, il vient, *dans les affaires de la compétence du juge de paix,* de citer, par le procès-verbal même, l'individu civilement responsable, sauf, en cas de contestation, à reprendre l'action contre lui au moyen d'une nouvelle citation, après l'appel de la cause. *V.* n° 1055. (*Déc. du* 13 *janvier* 1843.)

Dans les affaires criminelles ou de police, il n'est pas nécessaire d'actionner le mari. (*Art.* 216 *du Code civil.*) *V.* n° 46. Il en est ainsi pour les infractions à l'impôt du sel, alors que si elles étaient commises dans certaines circonstances, la peine d'emprisonnement deviendrait applicable, le juge de paix, agissant au cas spécial, comme juridiction civile et répressive ou pénale. (*A. de C. du* 26 *avril* 1865.) *V.* n° 33.

L'action dirigée contre le maître, comme responsable du délit de fraude commis par son domestique, ne devant être portée devant le tribunal correctionnel que par exception et comme accessoire à la contestation sur le fait principal constitutif du délit, il en résulte que, si l'action civile n'a pas été jointe à l'instance correctionnelle, par suite de l'irrégularité de l'assignation donnée au maître, cette action ne peut plus être ultérieurement poursuivie que devant les tribunaux civils. (*Code civil. art.* 1384; *A. de la C. de Douai du* 31 *août* 1832.)

La mention dans le procès-verbal qu'une copie *sera* affichée à la porte du bureau pour les prévenus absents est suffisante; il n'est pas nécessaire que l'affichage soit constaté par un acte distinct et séparé. (*A. de C. des* 23 *octobre* 1807 *et* 17 *février* 1836; *Circ.* n° 1543.)

Le procès-verbal peut dire que, vu l'absence du prévenu, copie du présent *sera* affichée, car c'est du mot *sera* que se sert la loi. D'ailleurs, pour que cet acte puisse être affiché, il faut qu'il soit terminé, et on ne peut donc pas dire qu'il *a été* affiché pendant qu'on le rédige encore. Les saisissants étant obligés de rester jusqu'à la fin de la rédaction pour signer original et copie, il y a toute raison pour leur laisser le soin d'apposer l'affiche à la porte extérieure du bureau. (*Déc. du* 19 *octobre* 1832.)

1033. — Lorsqu'il y a lieu de saisir dans une maison (1), la description y doit être faite (*a*) et le rapport y est rédigé (*b*). Les marchandises dont la consommation n'est pas prohibée, ne sont pas déplacées, pourvu que la partie donne caution solvable pour leur valeur (*c*). Si la partie ne fournit pas caution ou s'il s'agit d'objets prohibés, les marchandises sont transportées au plus prochain bureau. (*Loi du* 9 *floréal an VII, titre* 4, *art.* 7.) *V.* n° 1175, formule 5.

(*a*) A défaut de moyens pour constater le poids des objets saisis à domicile, il suffit que le procès-verbal en contienne l'évaluation. (*A. de C. des* 20 *thermidor an XII et* 30 *mars* 1831; *Circ.* n° 1427.)

(*b*) L'art. 4 du titre 10 de la loi du 22 août 1791 portait aussi que lorsqu'il y aurait lieu de saisir dans une maison, la description des marchandises y serait faite et le procès-verbal rédigé; mais l'art. 6 du même titre ajoutait qu'en cas d'*opposition* des parties à ce que le procès-verbal fût rédigé dans la maison, cet acte serait fait dans le bureau le plus voisin.

Le titre 10 de la loi de 1791 ayant été abrogé d'une manière générale par l'art. 18 du titre 4 de la loi du 9 floréal an VII, son article 6 aurait cessé d'être en vigueur si un décret du 20 septembre 1809 ne l'eût fait revivre par la disposition de son art. 1er, ainsi conçu :

« L'art. 6 du titre 10 de la loi du 22 août 1791 doit être entendu dans ce sens
» qu'il y a opposition des parties à ce que le procès-verbal des préposés des douanes
» soit rédigé dans la maison où ils ont fait la saisie, non seulement lorsque les
» parties elles-mêmes empêchent les préposés, par des voies de fait ou des actes de
» violence, de procéder à leurs opérations, mais encore lorsqu'il résulte des circon-
» stances constatées par le procès-verbal qu'ils ne pouvaient y procéder sans com-
» promettre leur sûreté. »

Dans ces cas, les préposés pourraient invoquer l'art. 6 de la loi de 1791, interprété par le décret de 1809, en indiquant exactement dans leur procès-verbal la cause de l'*empêchement*. (*A. de C. du* 5 *janvier* 1810.)

La simple mention qu'un rassemblement s'était formé au dehors, et que le détenteur importunait les saisissants de ses observations, ne serait pas suffisante pour justifier le défaut de rédaction du procès-verbal au domicile de la partie saisie. (*Déc. du* 28 *mai* 1841.)

Le défaut de rédaction du procès-verbal à domicile ne vicie pas cet acte lorsque la partie saisie a tacitement consenti à ce qu'il en fût ainsi, par exemple, si elle a accompagné volontairement les employés à leur bureau pour y assister à la rédaction de ce rapport. (*A. de C. des* 15 *juillet* 1824 *et* 12 *novembre* 1839; *Doc. lith.*, n° 57.)

Quand le procès-verbal ne peut être rédigé dans la maison du saisi, et si celui-ci n'accompagne pas les employés, il doit être sommé de se rendre au bureau le plus voisin pour y assister à la rédaction de ce rapport. Cette rédaction, commencée à domicile, peut être terminée au bureau en ce qui concerne le dépôt des marchan-

---

(1) Il importait de prévoir les cas où les manœuvres de la contrebande ne pourraient être déjouées en cours de transport. *V.* Livre II, n° 285, pour les saisies à domicile dans le rayon. Il s'agit d'une maison d'habitation, d'un appartement; l'entrepôt réel, sous clef de la douane et du commerce, même dans une maison particulière, ne peut être considéré comme un domicile.

dises, et l'affirmation. L'enlèvement des marchandises et le dépôt au plus prochain bureau peuvent être effectués hors de la présence des prévenus, faute par ces derniers d'avoir déféré à la sommation d'y assister. (*A. de C. des 17 brumaire an XIV et 30 mars 1831.*)

Lorsqu'il y a lieu au déplacement des marchandises saisies, le procès-verbal se divise naturellement en deux parties ou contextes. La première partie, relative à la saisie et à la description des objets, doit être rédigée dans la maison même; la seconde, qui mentionne le transport au plus prochain bureau et les autres formalités prescrites, est rédigée dans ce bureau. (*A. de C. des 17 brumaire an XIV, 18 thermidor an XI et 15 juillet 1825.*)

(c) Dans les saisies à domicile, la mainlevée des marchandises *non prohibées* d'une manière *absolue* doit être offerte, sous peine de nullité. (*A. de C. du 20 juillet 1831; Circ. n° 1425.*) *V.* n° 1031.

1034. — A l'égard des saisies faites sur les bâtiments de mer pontés, *lorsque le déchargement ne peut avoir lieu de suite*, les saisissants apposent les scellés sur les ferrements et écoutilles des bâtiments (a). Le procès-verbal, qui est dressé au fur et à mesure du déchargement (b), fait mention du nombre, des marques et des numéros des ballots, caisses et tonneaux. La description en détail n'est faite qu'au bureau, en présence de la partie, ou après sommation d'y assister; il lui est donné copie à chaque vacation. L'apposition des scellés sur les portes, ou d'un plomb ou cachet sur les caisses ou ballots, a lieu toutes les fois que la continuation de la description est renvoyée à une autre séance ou vacation (c). (*Loi du 9 floréal an VII, titre 4, art. 8.*) (d).

(a) Le placement à bord de préposés constitués gardiens de la cargaison ne supplée pas à l'apposition des scellés. (*Déc. du 30 juin 1841.*)

L'apposition des scellés sur les ferrements et les écoutilles d'un bâtiment de mer ponté, à bord duquel on saisit, n'est obligatoire, pour les employés, quand le déchargement ne peut s'opérer de suite, qu'après qu'ils se sont rendus à bord pour consommer la saisie, et non dans le cas de vacation préliminaire à cette opération finale. (*Jug. du trib. civil du Havre du 23 décembre 1842; Doc. lith., n° 129.*)

Une saisie qui n'est déclarée qu'après déchargement des marchandises et leur vérification hors du bâtiment ne peut être annulée pour cause de non-apposition des scellés sur les ferrements et écoutilles. (*A. de C. du 24 juin 1808.*)

Le bris des scellés apposés au nom de la loi tombe sous le coup des pénalités déterminées par le Code pénal.

(b) L'obligation de verbaliser *à bord*, dans le cas de saisie sur un bâtiment de mer ponté, n'existe que lorsque les marchandises saisies ne peuvent arriver le jour même au bureau qui doit les recevoir en dépôt. (*Circ. du 12 floréal an VII.*)

En cas d'opposition à bord, *V.* n° 1033, note b.

(c) On doit, à peine de nullité, faire mention, dans le procès-verbal, de l'apposition des scellés sur les caisses ou ballots, toutes les fois que la description est renvoyée à une autre séance. (*A. de la C. de Caen du 11 avril 1827, et Circ. lith. du 31 décembre 1836.*)

En cas de suspension de la description au bureau, les marchandises non encore décrites sont scellées par colis du cachet du gardien et de celui de la partie, s'il y a lieu.

La seconde opération commence par la reconnaissance de l'état et de l'enlèvement du sceau, circonstances qui doivent être énoncées au procès-verbal. (*Circ. du 12 floréal an VII.*)

Pour les saisies faites sur des bâtiments *non pontés*, il suffit d'énoncer le nombre des colis, l'espèce de marchandises y contenues et le poids total des objets. (*A. de C. du 6 floréal an XI.*)

(d) Lorsqu'un navire séquestré par mesure de police a été provisoirement relâché sous caution, et qu'ensuite les marchandises qu'il avait déchargées dans les magasins de la douane viennent à être saisies comme étant frappées de prohibition, ce navire peut, quoique non compris dans la saisie légale, être confisqué en même temps que les marchandises. *(A. de C. du 19 mars 1807.)*

1035. — Les rapports de saisie ne sont dispensés de l'enregistrement *(a)* qu'autant qu'il ne se trouve pas de bureau dans la commune du dépôt de la marchandise, ni dans celle où est placé le tribunal qui doit connaître de l'affaire, auquel cas le rapport est visé, le jour de sa clôture, ou le lendemain avant midi *(b)*, par le juge de paix du lieu, ou, à son défaut, par le maire ou son adjoint. *(Loi du 9 floréal an VII, titre 4, art. 9.)*

(a) Tout procès-verbal doit être enregistré dans un délai de quatre jours à partir de sa clôture. *(Loi du 22 frimaire an VII, art. 20.)*

Mais le juge de paix devant statuer dans les vingt-quatre heures de la clôture du procès-verbal et ne pouvant le faire que sur pièces enregistrées, comme l'exige le droit commun, il peut arriver que les préposés ne puissent, par des circonstances indépendantes de leur volonté, faire remplir la formalité de l'enregistrement avant l'appel de la cause. Quand ce cas se produit, il convient de demander au tribunal, par des conclusions déposées à l'audience dans les formes de droit, une remise calculée en conséquence, remise autorisée au surplus par l'art. 13 de la loi du 9 floréal an VII. *(Circ. du 19 juin 1845, n° 2071.)*

Un procès-verbal n'est pas nul pour avoir été enregistré postérieurement à l'audience indiquée par la citation, si d'ailleurs il l'a été dans les quatre jours de sa date. *(A. de C. du 17 brumaire an XIV et 12 août 1835; Circ. n° 1510.)*

Les procès-verbaux sont soumis, par leur enregistrement, à un droit fixe de 2 fr. *(Loi du 28 avril 1816, art. 43, n° 16.)*

Un second droit spécial d'enregistrement de 1 fr. est dû lorsque, dans un procès-verbal de saisie, un tiers intervient pour cautionner la valeur des objets dont ce même acte constate la remise provisoire. *(Déc. min. du 30 juin 1859; Circ. du 20 août suivant, n° 603.)*

L'établissement d'un gardien, dans les procès-verbaux de saisie ou autres, donne ouverture à un droit d'enregistrement de 1 fr. *(Mêmes Déc. et Circ.)*

(b) Un procès-verbal peut n'être revêtu du visa destiné à tenir lieu d'enregistrement que le surlendemain de sa date, lorsque le jour intermédiaire est un jour férié. *(A. de C. du 3 ventôse an X.)*

Dans le cas où le visa tient lieu d'enregistrement, ce visa doit être requis le jour de la clôture du procès-verbal ou le lendemain avant midi. *(A. de C. des 17 brumaire an XIV et 12 août 1835; Circ. n° 1510.)*

On doit indiquer sur le procès-verbal l'heure à laquelle a été requis le visa.

Mais ce visa est inutile lorsque le procès-verbal a été affirmé devant le juge de paix dans le délai déterminé pour le lui faire viser. *(A. de C. du 21 pluviôse an IX.)*

1036. — Les procès-verbaux ou rapports doivent être affirmés *(a)* au moins par deux des saisissants *(b)*, devant le juge de paix *(c)*, dans le délai donné pour comparaître *(d)*; l'affirmation énonce qu'il en a été donné lecture aux affirmants *(e)*. *(Loi du 9 floréal an VII, titre 4, art. 10.)* V. n° 1175, formule 9.

(a) L'affirmation est l'acte par lequel ceux qui ont rédigé un procès-verbal affirment que les énonciations de ce rapport sont sincères.

Aucune loi ne prescrit aux employés d'appeler la partie saisie à l'affirmation du procès-verbal, et les juges ne peuvent pas exiger sa présence. *(A. de C. des 11 floréal an IX et 15 frimaire an X.)*

Les procès-verbaux doivent être *affirmés*, même lorsqu'il s'agit de contraventions étrangères aux douanes. *(Circ. du 29 février 1828, n° 1087.)*

Le mot *attesté*, ou tout autre qui serait analogue, ne suffit pas pour exprimer l'*affirmation* exigée par la loi. *(A. de C. du 19 février 1836; Circ. n° 1531.)*

Lorsque les procès-verbaux en matière de douane sont divisés en plusieurs séances, il n'est pas nécessaire qu'il y ait une affirmation après chacune d'elles. (*A. de C. du 11 octobre 1827.*)

Un procès-verbal divisé en deux parties est régulièrement affirmé lorsque la mention de l'affirmation s'applique à l'ensemble du rapport; il n'est pas nécessaire qu'il y ait autant de mentions d'affirmations que de parties du procès-verbal. (*A. de C. du 13 juillet 1844; Circ. n° 2059.*)

L'affirmation n'est pas valable quand l'un des préposés qui l'a souscrite n'a pas signé l'acte de dépôt des marchandises saisies. (*Jug. du trib. civil de Prades, du 17 mars 1846; Doc. lith., n° 170.*)

On ne pourrait faire résulter de nullité du défaut de signature des affirmants quand le juge de paix a signé l'acte d'affirmation. (*A. de C. du 26 août 1813 relatif aux contributions indirectes.*)

(b) L'affirmation du procès-verbal faite par deux des saisissants est valable alors même que ces deux saisissants n'auraient pas été, au même titre, témoins de toutes les circonstances de la capture. (*A. de C. du 4 mars 1841; Arrêt de la Cour de Douai, du 9 février 1858; Doc. lith., n°s 90 et 210.*)

Il en est de même bien que l'un des deux saisissants et affirmants ait seul suivi la fraude à vue. (*Jug. du trib. correct. de Lille du 11 août 1848; Doc. lith., n° 139.*)

(c) Le juge de paix dans le ressort duquel se trouve le bureau de dépôt reçoit l'affirmation du rapport, bien que la saisie ait été effectuée hors de sa juridiction. (*A. de C. des 15 floréal an XII et 29 décembre 1838; Circ. n° 1730.*)

L'affirmation peut être faite devant le juge de paix du lieu de la rédaction du procès-verbal. (*A. de C. du 15 frimaire an X.*)

Elle peut être reçue par un juge de paix et le jugement rendu par un autre, quand il y a eu nécessité de conduire la marchandise ailleurs qu'au bureau le plus prochain. (*A. de C. du 28 nivôse an VIII.*)

L'affirmation ne serait point nulle parce que le juge de paix qui la reçoit se trouverait être le prévenu lui-même. (*A. de C. du 22 juin 1840; Circ. n° 1830.*)

(d) En matière correctionnelle, les saisissants ont trois jours pour affirmer leur rapport. (*Arrêté du 4e jour compl. an XI, art. 6, et Circ. du 14 avril 1837, n° 1619.*)

Mais en matière civile l'affirmation doit avoir lieu avant l'expiration du délai de vingt-quatre heures donné pour comparaître. (*Circ. du 14 avril 1837.*)

La date de l'affirmation d'un procès-verbal peut être valablement établie par des preuves prises en dehors des énonciations insuffisantes de l'acte qui la constate. (*A. de C. du 22 mars 1839; Circ. n° 1754.*)

Lorsqu'un cas de force majeure, et telle est l'absence du juge de paix ou le refus qu'il ferait, place les rédacteurs d'un procès-verbal dans l'impossibilité de l'affirmer en temps utile, ils se retirent devant le maire, le requièrent de recevoir leur déclaration du cas de force majeure, et subsidiairement, *en tant que de besoin*, l'affirmation de leur procès-verbal, avec réserve de réclamer de nouveau l'affirmation légale aussitôt que la force majeure aura cessé. Si les préposés se trouvent dans un lieu où il n'existe aucune autorité, ils peuvent rédiger leur rapport en deux contextes, déclarer dans le premier que le procès-verbal sera clos lorsque la force majeure aura cessé, et le clore en effet par un second contexte aussitôt qu'ils sont à même de remplir les formalités voulues par la loi. (*Circ. du 14 avril 1837, n° 1619.*)

(e) C'est du procès-verbal même, et non de l'affirmation, que la loi exige qu'il soit donné lecture aux saisissants. (*A. de C. du 11 février 1808.*)

Les préposés doivent donc donner la plus grande attention à la rédaction de l'acte d'affirmation, afin qu'il contienne la mention expresse que le rapport leur a été lu. (*Déc. du 17 janvier 1823.*)

L'affirmation n'étant que le complément de l'acte, n'est pas sujette à l'enregistrement. (*Loi du 22 frimaire an VII.*)

1037. — Les rapports ainsi rédigés et affirmés sont crus jusqu'à inscription de faux (a). Les tribunaux ne peuvent admettre contre lesdits rapports d'autres nullités que celles résultant de l'omission des formalités prescrites par lesdits articles précédents (b). (*Loi du 9 floréal an VII, titre 4, art. 11.*)

(a) Les procès-verbaux des préposés des douanes font foi, jusqu'à inscription de faux, des faits matériels qu'ils constatent, lorsqu'ils sont régulièrement dressés et affirmés. (*A. de C. des 25 juillet 1829 et 2 décembre 1844; Circ. n° 2059.*) *V.* n° 1086.

Cet art. 11 énumère d'une manière limitative toutes les nullités dont peuvent être entachés les procès-verbaux.

Le principe de la foi due aux procès-verbaux s'applique à tous les faits certifiés, lorsque les préposés en ont eu connaissance par eux-mêmes, *de visu et auditu*, et que ces faits rentrent d'ailleurs dans la classe de ceux qu'ils ont mission de constater; mais l'exposé d'un fait qu'ils n'établissent que sur des présomptions peut être combattu par une argumentation contraire, sans qu'il soit nécessaire de recourir à la voie de l'inscription de faux. (*Déc. du 26 février 1846.*)

Les procès-verbaux réguliers font foi, jusqu'à inscription de faux, même en ce qui concerne la désignation du lieu ou du territoire où a été opérée la saisie (*A. de C. du 5 février 1845; Circ. n° 2076*). Il en est de même des faits de force majeure qui se sont opposés à l'accomplissement des formalités prescrites pour la validité des procès-verbaux, entre autres de celui de l'enlèvement de la copie avant la signature de tous les préposés saisissants; dès lors les tribunaux ne peuvent admettre la preuve testimoniale contre un procès-verbal non argué de faux et rejeter, à l'aide de cette preuve, le fait légalement constaté de la soustraction de la copie. (*A. de C. du 28 avril 1846; Circ. n° 2129.*)

Les procès-verbaux doivent faire foi en justice, non seulement des faits matériels que les employés ont reconnus, mais encore des propos qu'ils ont entendus et des aveux qui leur ont été faits. (*A. de C. du 9 novembre 1810; Contrib. indir.*)

Ils font foi jusqu'à inscription de faux contre les *éclaireurs* qu'ils dénomment (*Jug. du trib. correct. d'Avesnes du 21 juin 1843; Doc. lith., n° 136*), mais seulement en ce qui concerne le fait matériel qu'ils constatent, et non les conséquences que leurs rédacteurs peuvent tirer de ces mêmes faits. Aussi les juges peuvent apprécier si un individu signalé comme marchant en avant d'une bande de fraudeurs était réellement éclaireur et complice de ceux-ci. (*A. de la C. de Douai du 15 septembre 1843; Doc. lith., n° 140.*)

La constatation, dans un procès-verbal non argué de faux et non contredit, même par une offre de preuve contraire, qu'un individu est l'auteur d'une tentative d'importation de marchandises trouvées cachées près du lieu de son arrestation, suffit à motiver la condamnation de celui-ci, bien qu'il n'ait pas été rencontré porteur de ces marchandises. (*A. de la C. de Douai du 5 mars 1860; Doc. lith. de 1861, n° 225.*)

Le principe de la foi due aux procès-verbaux est inapplicable à des rapports qui, quoique réguliers en la forme, énoncent des faits contradictoires et qui ne peuvent exister simultanément (*A. de C. du 13 janvier 1817*), ou à des procès-verbaux qui auraient été rédigés par des préposés pour couvrir leur prévarication. (*A. de C. du 6 juillet 1810.*)

Lorsque la saisie est empêchée par les violences dont les contrevenants se sont rendus coupables, *V.* n° 1119.

L'omission des formalités à l'égard de quelques-uns des prévenus n'entraîne aucune nullité en faveur de ceux des prévenus envers lesquels toutes les formalités ont été remplies. (*A. de C. du 1er février 1810.*)

Quand un procès-verbal constate à la fois un crime et un fait de contrebande, l'ordonnance de la chambre du conseil qui déclare n'y avoir lieu à suivre sur le premier chef, ne dispense pas les tribunaux d'accorder foi pleine et entière aux énonciations concernant le délit de douanes. (*A. de C. du 14 janvier 1842; Circ. n° 1903.*)

Le corps de délit doit s'entendre des faits, des circonstances qui, réunis, donnent un corps, une apparence de réalité à la prévention. C'est la preuve de culpabilité qui résulte des informations. Il faut se garder de confondre le *corps* du délit avec la *matière* de ce délit. Le corps du délit peut exister sans que la matière du délit soit représentée, ou ait été mise sous la main de la justice, ou frappée de saisie.

Ainsi, spécialement, il suffit que des marchandises prohibées (du tabac notamment) aient été introduites frauduleusement en France pour que le corps d'un délit de contrebande existe, alors même que la marchandise, objet du délit, a échappé à la saisie.

Il en est, dans ce cas, comme dans celui du vol, où le corps du délit n'en existe pas moins, alors que l'objet volé n'a point été retrouvé, lorsque toutefois la preuve du vol est rapportée. (*Considérants d'un jugem. du trib. correct. de Lille du 30 septembre 1839; Doc. lith., n° 54.*)

Lorsque le corps du délit est détruit par les fraudeurs ou disparaît par une circonstance quelconque, le procès-verbal n'en fait pas moins foi jusqu'à inscription de faux. Seulement les préposés doivent déposer au bureau, à l'appui de cet acte, les parties de marchandises, enveloppes, etc., qu'ils ont pu recueillir, et donner dans leur rapport tous les renseignements propres à déterminer, du moins approximativement, la quantité ou la valeur des objets détruits. (*Déc. du 15 avril 1841.*)

Ils concluent dans leur rapport au payement de cette valeur et de l'amende encourue, suivant le cas. (*Déc. du 26 août 1841.*)

Les tribunaux ne peuvent ordonner une information sur des faits nettement établis dans un procès-verbal régulier non argué de faux, ni prescrire une enquête qui tendrait à rechercher quelle a pu être l'intention du contrevenant. (*A. de C. du 14 avril 1841; Circ. n° 1863.*)

Un prévenu non arrêté, mais désigné dans un procès-verbal régulier, ne peut se soustraire que par la voie de l'inscription de faux aux conséquences pénales du fait qui lui est imputé. (*A. de la C. de Douai du 2 avril 1840; Doc. lith., n° 67.*)

Cependant, lorsque le procès-verbal énonce que les prévenus n'ont été reconnus que par *un seul* des verbalisants, cette énonciation ne fait pas foi nécessaire de l'identité des personnes, et la preuve contraire peut être admise sans qu'il soit besoin de recourir à la voie de l'inscription de faux. (*A. de C. du 4 juillet 1812.*)

Lorsque des témoins entendus attaquent le fond d'un rapport sans qu'il y ait eu inscription de faux, le tribunal ne peut avoir égard à leurs dépositions, qui doivent se borner à des développements sur les circonstances accessoires de l'affaire.

Quand il s'agit d'établir que tel navire n'était pas retenu à la côte par suite de vents contraires, le service pourrait demander à l'autorité maritime, ou, à défaut, au syndic des pilotes, une attestation constatant que l'état de la mer, à tel moment, permettait de tenir le large. Au procès-verbal serait jointe cette attestation, et le tribunal apprécierait.

Pour l'inscription de faux, V. n° 1122.

(*b*) Une nullité résulterait cependant encore de la différence entre la date de l'original et celle de la copie du rapport. (*A. de C. du 22 juillet 1808.*)

Il résulte, en effet, du défaut de concordance entre les deux dates, ou que le procès-verbal n'a pas de date certaine, et par conséquent légale, ou que le prévenu n'a pas reçu la copie de ce rapport, ce qui alors emporte nullité. (*Circ. du 12 août 1808.*)

Les préposés des douanes opérant à la requête d'une autre administration doivent observer les formalités prescrites par les lois de douanes pour valider les saisies, quand la loi spéciale n'y déroge pas. (*A. de C. du 4 juin 1841; Contrib. ind.*)

Pour les effets de la nullité, V. n° 1041.

1038. — *Ratures et surcharges.* Dans les actes publics, les mots raturés doivent l'être de manière qu'il soit possible d'en constater le nombre. (*Loi du 25 ventôse an XI, art.* 16.) (1).

1039. — Le lendemain du jour de la saisie, le procès-verbal ou rapport est transcrit sur le registre du bureau des douanes le plus prochain. (*Loi du 4 germinal an II, titre* 6, *art.* 10.)

SECTION III.

Minuties.

1040. — Lorsque des saisies de quelque importance sont opérées au préjudice d'individus inconnus et fugitifs, on doit veiller avec soin à l'accomplissement des formalités prescrites par les dix premiers articles du titre 4 de la loi du 9 floréal an VII. Quand il s'agit, au contraire, d'objets de peu de valeur, ils sont mis aux *minuties*, et il est procédé comme il est dit ci-après.

Si plusieurs saisies de marchandises ont été faites sur des inconnus dans le ressort d'un même tribunal, que la valeur de chaque partie de marchandises n'excède pas 50 fr., et qu'aucune réclamation ne soit faite, l'administration peut en demander la confiscation par une seule requête, laquelle contient l'estimation des différents objets saisis. Il est statué sur cette demande par un seul et même jugement. (*Loi du 5 septembre* 1792, *art.* 5 *et* 6.)

---

(1) On considère comme ne formant qu'un seul mot les mots composés, comme *c'est-à-dire, ladite, ayant-droit, ayant-cause,* etc.

L'approbation des mots rayés doit être signée par tous les signataires qui figurent dans l'acte, de la même manière que les renvois inscrits en marge.

On n'a aucun égard aux ratures non constatées légalement, la loi ne prononçant pas la nullité des mots raturés comme elle prononce celle des surchargés ou ajoutés. Les ratures seules seraient nulles, les mots subsisteraient toujours.

C'est d'ordinaire à la fin de l'acte, immédiatement au-dessous de son contexte et avant les signatures, que se fait l'approbation de la manière suivante: *Rayé tant de mots nuls* ou bien *tant de lignes* et tant de mots nuls; car, lorsqu'il y a des lignes entières raturées, il est inutile de compter le nombre de mots dont chacune de ces lignes est composée.

En principe général, et sauf les cas particuliers pour lesquels la loi a établi des règles spéciales, il suffit que, dans les actes, les renvois soient simplement paraphés, ainsi que cela s'observe pour ceux des notaires, en vertu de la loi du 5 ventôse an XII. (*A. de C. du 23 juillet* 1824; *Contrib. ind.*)

Il suffit, pour la validité d'un renvoi fait en marge d'un acte d'affirmation, que le renvoi soit signé par le juge de paix qui a reçu l'affirmation. (*A. de C. du 26 août* 1818; *Contrib. ind.*)

Lorsque l'énonciation d'une formalité prescrite à peine de nullité est placée dans le procès-verbal en interligne, d'une écriture et d'une encre différente, ainsi que l'approbation de cet interligne, le tribunal peut légalement prononcer la nullité du procès-verbal. (*A. de C. du 23 octobre* 1807; *Contrib. ind.*)

On ne peut annuler un procès-verbal sous prétexte que, renfermant des ratures et surcharges non suffisamment approuvées, il ne mérite pas une pleine confiance, lorsque lesdites ratures et surcharges ne portent que sur des mots insignifiants, absolument étrangers aux parties constitutives du procès-verbal. (*A. de C. du 9 février* 1811; *Contrib. ind.*)

Les tribunaux ne sont pas fondés à limiter la faculté ainsi accordée. (*Déc. du Min. de la just. du 12 frimaire an X ; Circ. du 22.*)

C'est par application de ces dispositions, et pour empêcher que le service ne soit interrompu, au risque de laisser libre l'introduction d'objets beaucoup plus importants, ce qui arriverait si les préposés étaient tenus de verbaliser sur chaque objet de saisie minime, qu'il a été ordonné :

1° Que ces objets, au fur et à mesure de leur arrestation, seraient transportés et déposés au bureau, où ils seraient inscrits sur un registre ouvert à cet effet, et indiquant le jour, heure et lieu de l'arrestation, les noms des préposés, la nature de la marchandise, sa valeur approximative, etc.; le registre, coté et parafé par le directeur, porte à la première page : Registre des objets de minuties arrêtés et déposés au bureau de....

2° Qu'à la fin de chaque mois, ou plus tôt, si les arrestations étaient trop nombreuses, on réunirait ces objets en un seul et même procès-verbal, mais en énonçant pour chacun une indication conforme à celle qui aurait été inscrite sur le registre, et qu'on obtiendrait, sur tous ensemble, un seul et même jugement. (*Circ. du 5 novembre 1818, n° 439.*)

L'administration ne fait l'application rigoureuse de la loi répressive que dans les circonstances d'un délit intentionnel bien caractérisé ou important. *V.* n° 420. Ainsi, quand il s'agit d'objets de faible valeur trouvés sur la personne d'individus venant de l'étranger, non déclarés et dont l'introduction illicite constitue la fraude dite de filtration, ces objets sont retenus et enregistrés en douane au nombre des minuties, avec l'acquiescement au moins tacite des intéressés, sans qu'il soit verbalisé ni requis de pénalités pécuniaires ou corporelles contre ceux-ci. (*Circ. du 23 septembre 1841, n° 1877.*) (1).

Lorsqu'il n'existe aucune circonstance aggravante et que l'objet est présenté ostensiblement, le service peut, sur les points de passage, admettant qu'il y a déclaration tacite, se borner à en exiger la réexportation; mais tout ce qu'on tente d'introduire en fraude doit être saisi. (*Déc. du 30 novembre 1835.*) *V.* n°s 24 et 864.

Le dépôt s'effectue immédiatement au bureau. Quant aux petites quantités de marchandises saisies par les postes éloignés, elles doivent figurer au registre de travail et être remises au bureau une fois par semaine, sans que, sous aucun prétexte, les brigadiers restent détenteurs, même pendant une semaine, d'objets dont le poids total excède 25 kil. (*Déc. du 3 novembre 1842.*)

---

(1) Il en est de même à l'égard des objets dans les mêmes conditions et provisoirement retenus, lorsque, sur réclamation de l'intéressé, l'administration ordonne de convertir la retenue en saisie.

Mais, à défaut d'acquiescement au moins tacite des porteurs, on devrait rédiger immédiatement un procès-verbal régulier. (*Déc. du 17 mars 1847.*)

Les dispositions de la Circ. n° 439 ne s'appliquent qu'aux petites parties de marchandises provenant d'importations partielles, jamais à celles saisies par suite d'attaque de bande de contrebandiers. (*Déc. du 23 décembre 1834.*)

Il y a lieu d'invoquer les art. 38 et 41 de la loi des douanes du 28 avril 1816 à l'égard des faibles quantités de tabac journellement saisies sur la frontière, qu'il y ait ou non des indices de leur origine étrangère, et qui, déposées aux *minuties*, font ensuite l'objet d'un procès-verbal *collectif* rédigé contre *inconnus*, par application de l'art. 5 de la loi du 5 septembre 1792. (*Circ. lith. du 24 décembre 1845.*)

La latitude accordée pour le dépôt des minuties ne s'étend pas aux marchandises saisies par suite d'infraction aux prescriptions sur les manifestes. (*Déc. du 25 janvier 1848.*)

Il faut énoncer au registre de travail ou au registre de dépôt le nom des délinquants non arrêtés, afin d'établir au besoin la récidive lors de la rédaction d'un procès-verbal spécial à propos d'une minutie. (*Déc. du 19 décembre 1835, et Circ. du 8 juillet 1842, n° 1923.*)

C'est au sous-inspecteur, non au receveur, qu'il appartient de décider, en fait de minuties, dans quel cas il doit être rédigé un procès-verbal spécial. (*Déc. du 12 octobre 1833.*)

Lorsque les saisies sont peu considérables, le procès-verbal collectif peut n'être rédigé que tous les deux ou trois mois. (*Déc. du 12 février 1834.*)

Toutefois, un procès-verbal collectif doit être rédigé dès que la réunion des objets saisis atteint une valeur présumable de 50 fr. (*Déc. du 27 avril 1842.*)

Le procès-verbal collectif doit contenir le détail de chaque arrestation, l'indication séparée de l'objet de chacune des captures (*Déc. du 19 octobre 1843*), mais sans en énoncer la date. (*Déc. du 28 janvier 1854.*)

Quand une brigade n'a pas arrêté en trois mois pour une valeur de 50 fr., les objets sont compris dans un procès-verbal rédigé par la brigade la plus voisine, dans la circonscription d'un même bureau et qui aurait fait un plus grand nombre de saisies. (*Déc. du 26 mai 1834.*)

Lorsque les *minuties*, dans un bureau subordonné, ne sont pas assez importantes pour comporter la rédaction d'un procès-verbal collectif, on les réunit avec celles de la douane principale. Rédigé suivant la formule 3 du n° 1175, et d'après un extrait du registre spécial aux minuties, le procès-verbal ne relate, dans ce cas, ni la date, ni le lieu de chaque arrestation ; mais la vente doit être effectuée de manière à faire apprécier la valeur des objets provenant d'une même confiscation. (*Déc. du 21 octobre 1851.*) (1).

S'il appartient aux chefs locaux d'apprécier, séance tenante et avant toute écriture officielle, les circonstances à raison desquelles il peut y avoir lieu, en fait de minuties, de ne pas recourir aux suites de droit, V. n° 52, ils ne sauraient conserver cette latitude du moment qu'une affaire a pris un caractère contentieux par l'effet soit de la rédaction du procès-verbal de saisie, soit de l'inscription au registre des minuties. Toute annulation ou radiation à ce registre, même sous payement, à titre d'amende, d'une somme égale à la valeur des objets retenus et du montant des droits, doit être le résultat d'une autorisation de l'administration, rappelée en marge de l'inscription. (*Déc. du 13 novembre 1858.*)

(1) La vente des marchandises saisies comme *minuties* demeure soumise aux règles générales, c'est-à-dire qu'elle n'a lieu qu'en vertu d'un jugement de confiscation définitif. Cependant, lorsqu'il s'agit d'objets sujets à dépérissement, les receveurs peuvent, par application du décret du 18 septembre 1811, demander au juge de paix le plus voisin l'autorisation de les vendre immédiatement en présentant à l'appui de leur requête, et pour tenir lieu du procès-verbal qui n'est pas encore rédigé, un extrait certifié par eux du registre de *minuties*, sur lequel la saisie et le dépôt des objets ont été constatés. (*Déc. du 1er octobre 1841.*)

Les objets saisis et portés au registre des minuties ne peuvent être assujettis, à ce titre, à aucun droit de magasinage. Cependant, si l'administration prescrit de les rendre purement et simplement, et qu'on n'en dispose point dans un délai déterminé, ils doivent être considérés comme laissés volontairement en douane. Dans ce cas ils sont inscrits sur les registres de dépôt. Il en serait de même pour les marchandises vendues, provenant de saisies, qui n'auraient pas été enlevées par l'adjudicataire dans le délai fixé. (*Déc. du 11 août 1840.*)

SECTION IV

Effets de la nullité ou absence des procès-verbaux.

1041. — Quand un procès-verbal est déclaré nul par les tribunaux, *V.* n° 1037, les marchandises tarifées sont remises au propriétaire. En effet, on ne peut ouvrir une instance, en juridiction civile, pour une somme au-dessus de 150 fr., lorsqu'on n'a pas un acte authentique ou une pièce émanée du prévenu; et un jugement correctionnel ne pourrait y suppléer, attendu que le juge civil doit se faire justifier régulièrement de la dette. *V.* n° 1068.

Mais toute introduction illicite de marchandises prohibées, de quelque manière qu'elle soit constatée, et même à défaut ou en cas de nullité du procès-verbal, est, indépendamment de la confiscation de ces marchandises (1), punie des peines déterminées par les lois et règlements, (*Décret du 8 mars 1811, art.* 1er.)

Ainsi, en cas d'absence ou de nullité d'un procès-verbal de saisie de marchandises prohibées, le délit peut être prouvé par les voies du droit commun, et le délinquant condamné à toutes les peines pécuniaires ou corporelles portées par la loi. (*A. de C. des 22 novembre* 1838 *et 8 février* 1839; *Circ.* n° 1748; *Jug. du trib. de Vervins du 29 avril* 1840, *et A. de la C. de Douai du* 11 *décembre* 1840; *Doc. lith.,* n° 109.)

Les marchandises prohibées *conditionnellement* sont assimilées à celles dont la prohibition est *absolue.* (*A. de C. du* 14 *avril* 1821; *Circ. du* 15 *mars* 1839, n° 1748.) *V.* n° 402.

La confiscation et les autres pénalités sont prononcées à la requête de l'administration des douanes ou du ministère public, selon le cas, par le juge de paix ou par tout autre tribunal compétent.

Quand il s'agit d'une infraction de compétence correctionnelle, la confiscation des marchandises prohibées est poursuivie à la requête du ministère public. (*Loi du* 22 *août* 1791, *titre* 10, *art.* 23, *article maintenu par les A. de C. des* 15 *prairial an VIII,* 1er *germinal an IX,* 29 *octobre* 1813 *et* 14 *avril* 1821; *et Décret du* 15 *août* 1793, *art.* 4.)

On n'a recours à l'intervention *directe* du ministère public que dans le cas où, la fraude ne pouvant être établie ni par un procès-verbal régulier, ni par témoins, par application des art. 154 et 189 du Code d'instruction criminelle, il ne resterait aucune autre voie pour garantir l'industrie nationale ou le trésor contre le préjudice dont les menacerait une introduction défendue par la loi. (*Circ. du* 15 *mars* 1839, n° 1748.) (2).

---

(1) Dans le cas où, pour vice de forme, le procès-verbal se trouverait annulé, la confiscation des marchandises prohibées était déjà prononcée, mais sans amende ni emprisonnement, savoir : à l'entrée, par l'art. 23, titre 10, de la loi du 22 août 1791, et, relativement à la sortie, par l'art. 4 de la loi du 15 août 1793.

Les A. de C. des 15 prairial an VIII et 1er germinal an IX avaient d'ailleurs décidé que la loi du 9 floréal an VII n'avait rapporté que le titre 10 de la loi du 22 août 1791 qu'en ce qui concerne les formes des procès-verbaux et de la procédure.

(2) Lorsque, en compétence correctionnelle, voulant se prévaloir des nullités réelles ou supposées dont le procès-verbal pourrait être entaché, le délinquant demande, par cette raison, son renvoi hors de cause, le receveur ou l'agent qui représente l'administration établit, dans ses conclusions, que les nullités ne sont pas réelles;

CHAPITRE II

PROCÉDURE DEVANT LES TRIBUNAUX.

1042. — Les tribunaux sont civils ou criminels. La juridiction civile est composée des tribunaux de paix, des tribunaux de première instance d'arrondissement jugeant au civil (section civile), et des cours; la juridiction criminelle des tribunaux de première instance jugeant au correctionnel (section correctionnelle), et des cours d'assises (grand criminel). Pour le ministère public, *V.* n° 1067.

Lorsque les droits de l'administration sont garantis par un procès-verbal régulier, *V.* n°s 1032 et 1043. Dans les autres cas, si les intéressés, principaux ou cautions, refusent de satisfaire à leurs engagements, le service doit, soit délivrer une contrainte pour assurer les effets d'une soumission d'acquit-à-caution ou d'obligations exigibles par suite de faillite, *V.* n°s 1121 et 1126, soit recourir au droit commun, c'est-à-dire

---

si elles ne le sont pas en effet; il expose les considérations sur lesquelles s'appuie cette partie de la défense, et subsidiairement, il ajoute que ces mêmes nullités étaient jugées constantes, il y aurait lieu d'admettre toutes les autres preuves écrites ou verbales du délit. S'il existe des factures, des lettres ou toutes autres pièces, saisies sur la personne des délinquants, *V.* n° 421, elles sont mises sous les yeux des juges, qui, au besoin, peuvent être requis d'entendre les saisissants.

Quand le fait d'une introduction frauduleuse, qui n'a pas été constaté par procès-verbal, peut être démontré tant par la correspondance des prévenus que par des dépositions verbales ne laissant aucun doute sur l'existence matérielle du délit, ce n'est qu'avec la plus grande circonspection que les poursuites doivent être engagées. *V.* n° 1068.

Après s'être fait rendre un compte particulier de l'affaire, avec une copie des pièces de conviction et une sorte de procès-verbal d'enquête sur les faits dont la réparation doit être demandée à la justice, le directeur doit adresser à l'administration un rapport avec une copie des actes, des pièces et de la correspondance des autres chefs.

Si l'administration juge, à vue des pièces, qu'il y ait nécessité de poursuivre, un procès-verbal en forme de plainte doit être déposé, avec toutes les pièces à l'appui paraffées par le receveur, entre les mains du ministère public, qui est requis d'aider l'administration de son concours pour assurer la recherche et la punition des coupables. On doit toujours se concerter, pour la rédaction de cette plainte qui doit former la base des poursuites, avec l'avocat de la douane, et prendre les conseils du procureur du Gouvernement.

L'instance est alors engagée soit à la requête de l'administration, soit à celle du ministère public, assisté de l'administration comme partie civile. Les conclusions sont les mêmes que pour les affaires reposant sur un procès-verbal régulier, à cela près que, au lieu de la confiscation des marchandises non saisies, on réclame le payement de la valeur de ces marchandises. (*Circ. lith. du* 31 *décembre* 1836.) *V.* n° 1068.

Pour les marchandises provenant de sauvetage et spoliées, *V.* n° 818.

En cas de nullité d'un procès-verbal de saisie, la preuve du délit peut être recherchée et administrée suivant les formes que le droit commun autorise, et les préposés rédacteurs du procès-verbal annulé, aussi bien que l'avocat qui a plaidé pour ou

faire assigner devant le tribunal civil, avec constitution d'avoué, à moins que le montant de la dette ne rentre dans la compétence du juge de paix, quand il s'agit d'une transaction ou d'une soumission de s'en rapporter à la décision de l'administration, V. nᵒˢ 1110 et 1113. (*Déc. du 24 juin 1862.*)

L'autorisation de l'administration n'est d'ailleurs nécessaire que pour l'exécution du jugement ou de la contrainte (signification du jugement, saisie mobilière ou immobilière, contrainte par corps). *V.* nᵒˢ 1096 à 1101.

Tout individu, même militaire, prévenu d'infraction aux lois de douanes, est, dans tous les cas, justiciable des tribunaux ordinaires. (*A. de C. du 18 septembre 1829; Circ, nᵒ 1192; A. de la C. de Metz du 3 mars 1841; Doc. lith., nᵒ 89.*)

SECTION PREMIÈRE

COMPÉTENCE.

§ 1er. — *Première instance (premier ressort ou premier degré de juridiction).*

1043. — Le tribunal compétent pour connaître, en première instance, d'une infraction aux lois de douanes, est celui du canton ou de l'arrondissement où est situé le bureau de douane où cette infraction a été constatée, et, s'il s'agit de saisie, le bureau où les marchandises saisies ont été mises en dépôt. (*Lois des 9 floréal an VII, titre 4, art. 6, et 27 mars 1817, art. 14.*)

Il en est ainsi bien que, dans ce dernier cas, le lieu de la saisie soit situé dans le ressort d'une autre juridiction. (*A. de C. du 29 nivôse an IX, et A. de la C. de Douai du 29 mars 1852; Doc. lith., nᵒ 191.*) V. nᵒ 1036.

1044. — Les tribunaux de paix connaissent, en première instance, de toutes les contraventions de douanes, c'est-à-dire de toutes les infractions aux lois de douanes qui ne donnent ouverture qu'à des condamnations civiles; de toutes les contestations concernant le refus de payer les droits, du non-rapport des acquits-à-caution et des autres affaires relatives aux douanes, comme des affaires se rattachant aux faillites dans lesquelles l'administration des douanes se trouve intéressée. (*Lois des 14 fructidor an III, art. 10; 9 floréal an VII, titre 4, art. 6; 27 mars 1817, art. 15, et 21 avril 1818, art. 35.*) V. nᵒ 1051.

Ainsi ils connaissent :

1ᵒ De toutes les saisies qui n'entraînent pas l'arrestation des prévenus pour l'application de peines corporelles ;

2ᵒ Des affaires relatives aux oppositions mises à l'exercice des fonctions des préposés, avec ou sans injures, mais quand elles ne sont pas accompagnées de voies de fait;

3ᵒ Des contraventions à l'acte de navigation, aux lois sur le cabotage, le transit, les entrepôts, les réexportations, les primes, les perceptions, etc.;

---

contre les parties, peuvent valablement être admis à témoigner des faits à leur connaissance. (*A. de la C. de Douai du 14 janvier 1842; Doc. lith., nᵒ 109.*)

L'aveu du prévenu est admis, dans un fait de compétence *civile*, comme suppléant à l'existence régulière d'un procès-verbal annulé pour vice de forme. (*Jug. du trib. civil de Sarreguemines du 3 mai 1844; Doc. lith., nᵒ 150, et Jug. du trib. de Coutances du 28 novembre 1846; Doc. lith., nᵒ 177.*)

Pour les saisies non fondées, V. nᵒ 1089.

4° Des actions exercées par l'administration pour garantie des droits après la faillite des redevables ;

5° Des contraventions aux lois sur l'impôt du sel, dans certains cas. *V.* Livre X.

Toute contestation prenant sa source dans un incident nouveau, en dehors de l'interprétation d'un jugement déjà rendu, doit être portée devant le tribunal de paix. (*Déc. du 27 février 1844.*)

Les juges de paix sont compétents pour viser et rendre exécutoires les contraintes décernées, dans les cas où ce mode de procéder est autorisé par la loi. (*Art. 32, titre 13, de la loi du 22 août 1791, modifié par l'art. 10 de celle du 14 fructidor an III.*)

1045. — Les tribunaux civils ne peuvent connaître qu'en appel du défaut de rapport de certificats de décharge d'acquits-à-caution. (*A. de C. du 14 vendémiaire an XI.*)

Les tribunaux de commerce ne peuvent, en aucun cas, connaître d'une action intentée à la douane, même lorsque cette action est accessoire à une demande formée devant la juridiction consulaire. (*A. de la C. d'Aix du 1er décembre 1828.*)

Les tribunaux de commerce sont incompétents pour connaître des affaires de faillite dans lesquelles l'administration est intéressée. Ces affaires doivent être portées devant les juges de paix, qui connaissent des demandes en revendication de marchandises saisies après faillite pour garantie des droits à recouvrer. (*A. de C. du 16 juillet 1804, et A. de la C. de Paris du 17 novembre 1821 ; Circ. du 8 avril 1823, n° 792.*)

Quand, en matière de rébellion, il est déclaré qu'il n'y a pas lieu à suivre sur la prévention de provocation à la rébellion, mais si les prévenus sont renvoyés, pour tapage nocturne (art. 479 et 480 du Code pénal), devant le tribunal de simple police municipale (juge de paix), ce tribunal est compétent pour prononcer l'amende pour opposition à l'exercice des fonctions des préposés. (*Déc. du 4 mars 1839.*) *V.* n° 1050.

1046. — Tout délit de douanes, c'est-à-dire toute infraction aux lois de douanes, donnant lieu à des peines corporelles non infamantes, indépendamment des condamnations civiles, est porté, en première instance, devant les tribunaux correctionnels. (*Code d'instr. crim., art. 179 ; Lois des 28 avril 1816, art. 41, et 21 avril 1818, art. 37.*)

Ces tribunaux connaissent aussi des infractions aux lois sur le régime des sels, dans certains cas (*V.* Livre X) ; et, bien qu'il ne s'agisse pas de contravention donnant lieu à des peines corporelles, mais en vertu d'une attribution spéciale, des saisies d'armes. *V.* Livre XI.

1047. — Les cours d'assises connaissent des infractions aux lois de douanes qualifiées crimes ou donnant lieu à l'application de peines afflictives ou infamantes. (*Code d'instr. crim., art. 154 et 193 ; Loi du 13 floréal an II, art. 4.*)

1048. — Le cas échéant, on oppose purement et simplement un déclinatoire fondé sur l'incompétence de la juridiction saisie du débat. (*Déc. du 27 février 1844.*)

§ II. — *Appel (deuxième degré de juridiction).*

1049. — Les tribunaux de première instance (civils) connaissent de l'appel interjeté des jugements rendus par les tribunaux de paix situés dans leur ressort. (*Lois des 14 fructidor an III, art. 6, et 27 ventôse an VIII, art. 7.*)

1050. — L'appel des jugements rendus en police correctionnelle est porté à la Cour impériale. (*Code d'instr. crim., art. 201 ; Loi du 13 juin 1856, art. 1er.*)

1051. — Un jugement, même favorable, rendu par un juge de paix, sur la demande de la douane, ne fait pas rigoureusement obstacle à ce que, déclinant la compétence de ce juge, l'administration saisisse valablement la juridiction correctionnelle. Il ne dépend jamais des parties d'attribuer le jugement d'une affaire à un tribunal incompétent, *à raison de la matière,* et ce principe est tellement incontestable que la partie qui aurait obtenu un jugement de ce même tribunal aurait le droit de l'attaquer elle-même. (*A. de C. des* 14 *brumaire an XIII et* 23 *juillet* 1807.)

Si le tribunal de simple police municipale (juge de paix), devant lequel ont été renvoyés des prévenus, déboutait la douane de sa demande d'amende pour opposition à l'exercice des fonctions des préposés, et ce sous prétexte d'incompétence, il pourrait être formé appel devant le tribunal correctionnel, la demande se rattachant d'une manière étroite à la poursuite de la partie publique et ayant pour but la réparation du dommage résultant du délit principal. (*Déc. du* 4 *mars* 1839.)

SECTION II.

Instruction des actions.

§ Ier. — *Juges de paix.* — 1° DISPOSITIONS GÉNÉRALES.

1052. — En matière contentieuse, les juges de paix, pas plus que les juges des autres tribunaux, ne peuvent recevoir du ministère public que des recommandations, non des injonctions.

La compétence est indiquée aux n°s 1043 et 1044. *V.* Citation, n°s 1032 et 1175.

Pour tout ce qui concerne l'Etat, et par conséquent la douane, il ne peut y avoir d'action préliminaire en conciliation. (*Code de procédure, art.* 49.)

1053. — En première instance et sur appel, l'instruction est verbale, sur simple mémoire, et sans frais de justice à répéter de part ni d'autre. (*Loi du* 4 *germinal an II, titre* 6, *art.* 17.)

Si l'art. 17, titre 6, de la loi du 4 germinal an II dispense ainsi l'administration des douanes d'employer le ministère des avoués lorsqu'elle se borne à une instruction sur simple mémoire et sans frais, il n'en résulte pas que, renonçant elle-même au mode indiqué par cet article et se décidant à recourir à la voie de la plaidoirie, qui ne lui est pas interdite par sa législation spéciale, elle puisse se présenter par ses agents à la barre du tribunal, sans le ministère d'un avoué. En se constituant alors elle-même dans les termes du droit commun, elle doit suivre les mêmes règles que les autres parties. (*A. de C. du* 10 *décembre* 1821, *transmis par la Circ. man. du* 12 *décembre* 1826; *Jug. du trib. civ. de Bordeaux du* 27 *janvier* 1835; *Circ. du* 31 *mai* 1837, n° 1625.)

Le représentant de l'administration devant le tribunal doit se borner à se référer, quand les causes sont appelées, aux conclusions des procès-verbaux, lorsque celles-ci ne laissent rien à désirer, ou à les modifier verbalement, jamais par écrit. (*Déc. du* 14 *janvier* 1842.)

Les conclusions d'un procès-verbal peuvent être rectifiées devant le tribunal, avant jugement, en tant que les allocations requises par ce procès-verbal, bien que devant recevoir une autre application réglée d'après les pénalités réellement encourues, ne sont pas dépassées. Une modification analogue peut être faite en cas de soumission ou de transaction tant que la répartition n'a pas été autorisée définitivement. *V.* n° 1112. (*Décret du* 8 *décembre* 1847).

Le mode établi par l'art. 17 de la loi du 4 germinal an II a toujours été considéré comme le plus expéditif, et, dans tous les cas, comme le moins coûteux. Il épargne les frais presque toujours considérables qu'occasionne l'assistance des avoués, et, d'un autre côté, il laisse aux receveurs la possibilité d'exposer par écrit, mieux peut-être qu'ils ne le feraient verbalement, le système de défense de l'administration. Cependant elle ne se dissimule pas qu'il est un certain nombre d'affaires qui commandent impérieusement l'intervention d'un jurisconsulte ou avocat. Mais, dans ce cas même, il est un moyen facile de concilier cette exigence des affaires avec l'exécution de la loi du 4 germinal an II : c'est de charger ce jurisconsulte de la rédaction du mémoire à présenter au tribunal. Si la partie adverse veut se présenter à la barre pour y plaider, le receveur de l'administration et son avocat s'y présentent aussi et prennent note de ses moyens d'attaque et de défense, qu'ils réfutent ensuite dans leur mémoire, en ayant soin de faire observer au tribunal qu'ils entendent faire usage de la faculté réservée à l'administration par la loi du 4 germinal an II, et qu'ils demandent à cet effet, s'il est nécessaire, une remise de cause. Dans ce cas, si l'administration vient à succomber, elle ne peut être tenue de frais occasionnés par l'intervention d'un avocat pour les parties adverses. V. n° 1091.

Dans les cas nécessairement rares, surtout en matière civile, où l'importance des affaires et l'intérêt du service peuvent exiger qu'on ait recours pour l'administration à la voie de la plaidoirie par un de ses agents ou par un avocat, elle devrait se servir également du ministère d'un avoué pour signifier ses conclusions ; mais soit dans ce cas, soit lorsqu'il peut être nécessaire d'avoir le concours d'un avocat ou d'un avoué pour donner une direction plus sûre et plus régulière à la marche des procès, le directeur doit toujours en référer préalablement à l'administration et demander son autorisation, ou, au moins, dans les cas d'urgence, rendre compte immédiatement à l'administration, qui se réserve d'examiner l'opportunité de l'adjonction. Les actes d'appel doivent toujours alors renfermer, conformément aux art. 61 et 470 du Code de procédure, la constitution de l'avoué qui est chargé d'occuper pour l'administration. (*Circ. man. des 12 décembre 1826 et 24 septembre 1833, et Circ. lith. du 10 février 1846.*)

En cas de référé devant le président du tribunal civil, il n'est pas nécessaire d'employer le ministère d'un avocat ; il suffit alors que l'administration soit représentée par un avoué dont l'intervention est d'ailleurs toujours indispensable dans les instances civiles autres que devant le tribunal de paix. (*Déc. du 20 mars 1863.*)

Quant aux honoraires à allouer aux avocats, le montant, après avoir été provisoirement arrêté dans des limites qui satisfassent à tous les intérêts, en est définitivement fixé par l'administration d'après les propositions motivées du directeur, ne peut être payé que sur l'autorisation qu'elle délivre et sur quittance timbrée. Les mémoires, dûment taxés, des avoués ne sont pas soumis à la formalité préalable de la fixation et de l'autorisation administratives. (*Circ. lith. du 10 février 1846.*)

Dans les affaires où il est recouvré des amendes, etc., les honoraires des avocats sont prélevés sur le produit brut. (*Déc. du 7 mars 1841.*)

Dans les instances correctionnelles, l'on conciliera aisément l'économie dans les frais avec ce qu'exige l'intérêt d'une bonne défense, en chargeant le receveur de se présenter à l'audience pour y plaider la cause de l'administration, sauf à faire remettre en même temps, s'il y a lieu, une note au procureur du Gouvernement, qui, dans ces sortes d'affaires, requiert habituellement la condamnation des prévenus à la peine d'emprisonnement. Là encore l'assistance d'un jurisconsulte peut être quelquefois nécessaire ; mais les directeurs ont soin de ne l'autoriser qu'autant que cette nécessité leur est parfaitement démontrée ; ils prennent même à cet égard l'agrément de l'administration, à moins que la brièveté des délais ne leur permette pas de le faire. Quant à l'intervention des avoués, les administrations publiques n'ont pas besoin d'y recourir dans les affaires correctionnelles. En conséquence, si les prévenus jugeaient à propos d'employer le ministère d'un avoué, l'administration, en supposant même qu'elle perdît son procès, ne pourrait être condamnée aux frais occasionnés par l'intervention de cet officier ministériel. (*Circ. du 24 septembre 1833.*)

Le receveur des douanes n'est pas obligé d'aller défendre en personne une affaire devant un tribunal qui ne siége pas dans la commune de sa résidence. L'administration, dans ce cas, charge un défenseur officieux du soin de remplacer son receveur. (*Circ. du 8 floréal an VII.*)

La procuration donnée à un défenseur officieux par le premier visiteur d'un bureau, en l'absence du receveur principal, est valable, quoique le receveur ait seul, jusque-là, paru au procès. (*A. de C. du 9 prairial an VII.*)

Le receveur poursuivant, en se présentant à l'audience, au jour et à l'heure fixés par la citation, doit conclure verbalement à l'application des pénalités requises par le procès-verbal et aux dépens.

Le tribunal de paix juge sur la présentation du procès-verbal.

Il peut, dans le cas où l'original du procès-verbal n'est pas représenté, condamner à vue d'une copie certifiée de ce rapport. (*A. de la C. d'Aix du 13 avril 1836.*)

1054. — Le juge de paix peut tenir des audiences et juger tous les jours indistinctement, même les dimanches et fêtes, le matin ou l'après-midi. Il peut donner audience chez lui en tenant les portes ouvertes. (*Code de procédure, art. 8.*)

Au jour indiqué pour la comparution, le juge de paix entend la partie si elle est présente, et est tenu de rendre de suite son jugement. Si les circonstances de la contravention nécessitaient un délai, ce délai ne pourrait excéder trois jours, et, dans ce cas, le jugement de renvoi autoriserait, s'il s'agissait de saisies, la vente provisoire des marchandises sujettes à dépérissement, et des chevaux ou autres bêtes de somme ayant servi au transport. (*Loi du 9 floréal an VII, titre 4, art. 13.*)

Si le délai dans lequel le jugement doit être rendu a été outrepassé, ce n'est pas un motif pour que le tribunal ne prononce pas, les tribunaux ne pouvant en effet admettre des nullités ou déclarer une déchéance d'action que dans les cas où ils y sont autorisés par une disposition formelle de la loi, dont l'objet a été seulement d'accélérer les jugements. (*A. de C. du 5 mars 1812.*)

Au jour indiqué par la citation, si la partie ne comparaît pas, le jugement est prononcé par défaut (*Code de procédure, art. 19*), sauf le cas où, les délais d'assignation n'ayant pas été observés, le juge ordonne que le défendeur sera réassigné. (*Même Code, art. 5.*)

Le jugement rendu avant l'expiration du délai de l'assignation est nul. (*A. de C. du 14 nivôse an VIII.*)

1055. — En cas de responsabilité civile de la part d'une personne que le service n'a pu citer par le procès-verbal, *V.* n° 1032, il peut, d'après les circonstances, ou demander au juge saisi de l'action principale, et qui, en principe, est compétent pour prononcer sur les demandes en garantie, une remise qui permettrait d'assigner la personne civilement responsable au jour indiqué par le tribunal (1); ou obtenir du

---

(1) Afin d'obtenir une remise, le receveur doit déposer des conclusions rédigées à peu près dans les termes suivants :

Vu le procès-verbal rédigé..... par les employés de la brigade de..... contre le sieur..... matelot à bord du navire anglais..... capitaine..... prévenu d'avoir débarqué en fraude 5 kilogrammes de tabac qui ont été saisis sur sa personne, et par lequel ledit sieur..... a été cité à comparaître cejourd'hui à..... heures (avant ou après midi) devant M. le juge de paix du canton de.....;

Attendu qu'aux termes de l'art. 1384 du Code civil, le sieur..... capitaine dudit navire l..... doit être condamné comme civilement responsable des faits dudit..... employé par lui comme homme à gages, et, solidairement avec ce dernier, au payement des condamnations encourues ;

Le soussigné, receveur des douanes à..... agissant au nom de son administration, comme il est dit au procès-verbal mentionné ci-dessus, requiert qu'il plaise à M. le juge de paix, ainsi que l'y autorise l'art. 13 du titre 4 de la loi du 9 floréal an VII,

juge, conformément à l'art. 6 du Code de procédure civile, la faculté d'assigner à bref délai le responsable; ou bien ouvrir contre celui-ci une action spéciale devant le tribunal compétent. Dans la pratique, le premier moyen est le plus simple, celui qui nécessite le moins de formalités. (*Déc. du 20 mars 1848.*)

Lorsqu'il y a lieu de citer à bref délai, on expose l'affaire verbalement ou par écrit au juge de paix, en lui remettant le procès-verbal; il délivre une cédule qui permet de citer même à deux ou trois heures d'intervalle, et elle est signifiée immédiatement. (*Code de procédure, art. 6, 72 et 417.*)

Une partie ne peut, *de plano,* et sans l'autorisation du juge, assigner son adversaire à bref délai, même lorsqu'il s'agirait d'arrêter des poursuites faites en vertu de l'exécution provisoire prononcée par un jugement. (*A. de la C. de Bordeaux du 1ᵉʳ juillet 1835, Ann. comm.*)

Pour que le défendeur *qui n'a pas constitué avoué* puisse être valablement assigné, il faut, alors même que le permis d'assigner à bref délai a été obtenu, que le délai relatif aux distances soit observé, et, en admettant que le président ait la faculté d'affranchir de ce délai, l'ordonnance qu'il rend doit contenir une disposition spéciale à cet égard. Si cette disposition n'existe pas et que néanmoins on ne tienne pas compte du délai des distances, l'assignation est nulle. (*A. de la C. de Douai du 11 juin 1835, Ann. comm.*)

1056. — Dans le cas où c'est la douane qui est actionnée par un étranger, l'exception *judicatum solvi,* que les art. 16 du Code civil et 166 du Code de procédure civile permettent d'opposer à l'étranger demandeur, en toutes matières autres que celles de commerce, ne s'applique pas aux tribunaux de paix, devant lesquelles on ne peut proposer cette exception. (*Jug. du trib. civ. de la Seine du 28 novembre 1843.*)

2° OPPOSITION.

1057. — La partie condamnée par défaut peut former opposition dans les trois jours de la signification du jugement (*Code de procédure, art. 20*), faite par l'huissier du canton (*Loi du 25 mai 1838, art. 16*) ou par les préposés des douanes.

Ce délai est absolu et ne peut être prorogé au quatrième jour sous le prétexte que le troisième est un jour férié. (*A. de C. du 26 mai 1830.*)

L'opposition peut être formée soit aussitôt que le jugement est rendu, soit par déclaration en réponse au bas de l'acte de signification du jugement, soit dans les trois jours par acte séparé. (*Code d'instr. crim., art. 151.*)

Les jugements contre lesquels il a été formé opposition ne peuvent être mis à exécution avant qu'il ait été statué, par le même tribunal, sur la validité de l'opposition. (*A. de C. du 14 floréal an XI.*)

L'acte d'opposition contient sommairement les moyens de la partie opposante, et assignation devant le même tribunal dans les vingt-quatre heures, c'est-à-dire dans le même délai que celui prescrit par la citation. (*Code de procédure, art. 20.*)

L'opposition à un jugement par défaut n'est pas frappée de déchéance pour n'avoir

---

remettre la cause contre le sieur..... au (le jour de la semaine) (la date) du courant, à l'heure de midi, afin qu'il soit possible d'assigner le sieur..... (le capitaine), dans les formes voulues par la loi, à comparaître ledit jour devant lui ou l'un de ses suppléants, pour s'entendre condamner, comme civilement responsable, aux peines et amendes qui seront prononcées à la même audience contre le sieur... (le prévenu).

Fait à..... le..... Le receveur des douanes.

pas contenu assignation à la première audience, lorsque les parties comparaissent simultanément à l'audience subséquente indiquée en cet acte pour le jugement de la cause. (A. de la C. de Douai du 27 février 1855.)

Le jugement qui intervient sur cette assignation, par suite d'opposition, que la partie soit présente ou absente, ne peut plus être attaqué que par l'appel ou le recours en cassation. (Code de procédure, art. 22.)

§ II. — APPEL (deuxième degré de juridiction).

1058. — L'appel ne peut porter que sur les jugements en premier ressort. (Loi du 27 ventôse an VIII, art. 7.)

Pour la compétence, V. n° 1049.

On ne peut appeler d'un jugement que lorsqu'il est devenu définitif, soit qu'il ait été prononcé contradictoirement, soit par défaut, alors que le délai d'opposition est écoulé. (Code de procédure, art. 455.)

On ne regarde donc comme définitifs les jugements par défaut du tribunal de paix qu'autant qu'ils n'ont été attaqués ni dans les trois jours par la voie de l'opposition, ni dans la huitaine suivante par la voie de l'appel. (Avis du Conseil d'Etat du 11 février 1806; Circ. du 7 septembre 1807.)

Un jugement par défaut du tribunal de paix peut être attaqué par appel si les défaillants n'y ont pas formé opposition dans le temps prescrit. (A. de C. du 1er fructidor an VIII.)

L'appel est recevable lorsqu'il s'agit d'incompétence, encore que le jugement ait été qualifié en dernier ressort (Code de procédure, art. 454), et, dans tous les cas, de la disposition d'un jugement qui prononce la contrainte par corps. (Lois des 17 avril 1832, art. 2, et 13 décembre 1848, art. 7.)

Il est de principe que les appels ne peuvent être interjetés que par les personnes qui ont figuré au procès de première instance.

Un individu au domicile duquel on a saisi des marchandises, et qui a déclaré n'en être point propriétaire, ne peut être reçu appelant du jugement qui prononce la confiscation de ces marchandises. (Arrêté du Gouvernement du 9 floréal an X.)

On peut interjeter appel d'un jugement qui, méconnaissant les dispositions de l'art. 19 de la loi du 27 juillet 1822, ordonne qu'il sera recouru à la preuve testimoniale ou à une expertise locale pour lever les difficultés relatives à l'origine, à l'espèce ou à la qualité des marchandises déclarées. (Déc. du 26 février 1846.)

La partie condamnée peut appeler d'un jugement qui ne lui a pas été signifié. (A. de C. du 17 mars 1806; Déc. du 22 juin 1829.)

La simple présence du receveur à l'audience, où il a été cité à comparaître pour voir statuer sur un point incident du procès, n'entraîne pas pour l'administration la déchéance de son droit d'appeler, dans le délai de la loi, du jugement préexistant. (A. de C. du 22 février 1842; Circ. n° 1913.)

L'administration qui signifie sans réserve les qualités (désignation des parties, conclusions, exposé sommaire de points de fait et de droit) d'un jugement ou d'un arrêt préalable nécessaire pour lever le jugement, ne peut être considérée comme y ayant acquiescé par ce seul fait. Elle peut se pourvoir en appel ou en cassation. (A. de C. du 20 juillet 1831; Circ. du 24 février 1834, n° 1425.)

En thèse générale, tout jugement faisant grief à la douane doit être frappé d'appel. Toutefois, il convient de ne se conformer à cette règle qu'autant que la réformation paraît devoir être prononcée, ou si un principe d'une application importante pour l'administration a été contesté. Ainsi, bien qu'un jugement n'ait pas fait l'application des vrais principes, on peut se dispenser d'en interjeter appel quand il n'en résulte pas un principe dangereux, et si le prévenu est dans une insolvabilité absolue et notoire. (*Déc. du 13 novembre 1838.*)

1059. — En matière de douanes, le délai pour interjeter et notifier appel d'un jugement du tribunal de paix est de huit jours. Après ce délai, l'appel n'est plus recevable, et le jugement est exécuté purement et simplement. Ce même délai court, pour les jugements contradictoires, à partir du jour de leur signification, et, pour les jugements par défaut, à partir du jour où l'opposition ne serait plus recevable. (*Loi du 14 fructidor an III, art.* 6; *Code de procéd., art.* 443; *A. de C. des 17 mars 1806 et 8 août 1815.*)

L'appel en matière civile n'est recevable dans aucun cas (saisies, contestations par suite de soumissions, etc.) après l'expiration du délai ainsi fixé. (*A. de C. du 23 février 1836; Circ. n°* 1544.)

L'acte d'appel doit être signifié à personne ou à domicile, et contient assignation à comparaître devant le tribunal civil dans le ressort duquel se trouve le tribunal de paix qui a rendu le jugement dont est appel. (*Loi du 14 fructidor an III, art.* 6.)

Si l'appel est signifié à l'administration, il doit l'être en la personne et au domicile du receveur poursuivant, et, s'il est signifié par l'administration, il l'est au domicile de l'intimé, s'il en a un réel ou élu dans le lieu de l'établissement du bureau; sinon, au domicile du maire de la commune dont dépend ce même bureau. (*Loi du 14 fructidor an III, art.* 2.)

L'assignation doit être donnée à trois jours. Ce délai augmente d'un jour par chaque deux myriamètres de distance de la commune où est établi le tribunal de paix à celle où siége le tribunal civil qui doit connaître de l'appel. (*Même Loi, même article; Loi du 9 floréal an VII, titre 4, art.* 14.)

Les trois jours pour citer en appel sont trois jours francs, c'est-à-dire que le jour de la signification et celui de l'échéance ne sont point compris dans le délai réglé par la loi. (*A. de C. du 3 messidor an IX.*)

Toute assignation doit être à jour fixe. Ainsi, dans les déclarations d'appel et dans les significations qui en sont faites avec assignation, il faut toujours déterminer positivement le quantième du mois où la partie doit comparaître. (*Circ. du 14 thermidor an VII.*)

Le troisième jour de la date d'un exploit d'appel, le défendeur, s'il le requiert ce jour-là, peut faire prononcer sur l'appel par défaut contre l'appelant; mais l'appelant comme le défendeur ne se présentant que le quatrième jour à l'audience, le tribunal ne peut rejeter l'appel par fin de non-recevoir. (*A. de C. du 26 vendémiaire an VIII.*)

Rien n'oblige les préposés à consigner les moyens d'appel dans leur déclaration d'appel. (*A. de C. du 19 brumaire an VIII.*)

Les préposés des douanes, autorisés à faire tous exploits relatifs aux affaires de leur régie, n'ont reçu d'aucune loi l'obligation de se conformer, pour la forme des actes, aux règles générales de la procédure. En conséquence, on ne pourrait arguer de nullité la signification qu'ils feraient d'un acte d'appel, sous prétexte qu'elle ne contiendrait pas leurs prénoms et domicile. (*A. de C. du 7 brumaire an VIII.*)

Les notifications d'appel doivent mentionner la personne à laquelle copie a été laissée. (*A. de C. du 1er messidor an VII.*)

1060. — L'appel interjeté suspend l'exécution du jugement, en référé comme en toute autre matière, à moins que l'exécution du jugement n'ait été ordonnée par provision, nonobstant l'appel et sans y préjudicier. (*Loi du 14 fructidor an III, art.* 7, *et A. de C. du 14 floréal an XI.*)

Mais l'appel n'est pas suspensif quant à l'exécution des jugements préparatoires. (*Jug. du trib. corr. du département de la Seine du 14 septembre 1858.*)

1061. — Le tribunal civil saisi de l'appel d'un jugement de paix est tenu de prononcer son jugement dans la huitaine. (*Loi du 14 fructidor an III, art.* 6.)

Dans le cas où l'appel signifié au nom du contribuable ne serait pas inscrit au rôle d'audience du tribunal civil, le service devrait faire citer l'appelant devant ce tribunal, en notifiant les titres et moyens de l'administration.

Pour l'instruction sur mémoire, etc., V. n° 1053.

Les cours et tribunaux d'appel ne doivent connaître que du seul point dont est appel, et ne peuvent annuler les autres dispositions du jugement de première instance qui ont acquis force de chose jugée. (A. de C. des 28 thermidor an VIII et 9 mai 1812.)

Les juges d'appel ne peuvent, sous prétexte qu'il a été rendu plainte en faux principal, surseoir à statuer sur l'appel, si l'inscription de faux contre le procès-verbal n'a pas été faite dans les délais et formes voulus par la loi du 9 floréal an VII. (A. de C. du 4 juin 1817.)

Si le jugement est rendu par défaut, il peut, comme celui rendu en première instance, être attaqué par la voie de l'opposition. La marche à suivre dans ce cas est celle tracée par le Code de procédure civile, art. 155 et suivants.

1062. — Fol appel se dit d'un appel mal à propos interjeté.

L'appelant qui succombera sera condamné à une amende de 5 fr. s'il s'agit de l'appel d'un jugement du juge de paix, et de 10 fr. sur l'appel d'un jugement du tribunal de première instance ou de commerce. (C. de proc. civ., art. 471.)

Cette amende est nommée amende de fol appel. Elle doit être consignée d'avance, en faisant enregistrer l'acte d'appel, sauf à en ordonner la restitution si l'appel est jugé bien fondé. (Arrêté du 27 nivôse an X, art. 1er.)

Mais les représentants de l'administration des douanes devant les tribunaux sont, dans tous les cas, dispensés de la consignation de cette amende. (Déc. min. du 9 avril 1847.) Cette décision ne doit pas être restreinte au cas où l'administration est représentée en cause d'appel par un avoué; elle doit être étendue à tous les cas où l'appel est formé, au nom de l'administration, par l'un de ses agents dûment autorisé à cet effet. (Circ. du 25 juin 1847, n° 2175.)

§ III. — Pourvoi en cassation.

1063. — Le pourvoi en cassation est ouvert contre tout jugement devenu définitif. Un jugement est définitif quand il ne peut plus être attaqué ni par opposition ni par appel.

On ne peut se pourvoir en cassation que contre un jugement rendu en dernier ressort (A. de C. du 20 thermidor an XI), et s'il a été rendu par défaut, lorsque le délai de l'opposition est expiré. (A. de C. du 1er fructidor an XII.)

Le jugement en dernier ressort est celui contre lequel la voie de l'appel n'est pas ouverte.

La provocation faite par l'administration de la vente des marchandises, motivée soit sur la possibilité de leur dépérissement, soit sur la confiscation prononcée, ne peut être considérée comme acquiescement au surplus des dispositions du jugement; l'administration peut se pourvoir en cassation contre celles-ci. (A. de C. du 20 juillet 1831; Circ. du 24 février 1834, n° 1425.)

Le pourvoi en cassation ne peut être motivé que sur une violation ou une fausse application de la loi, soit en ce qui concerne la compétence du tribunal, soit dans la procédure qui a précédé le jugement, soit dans le dispositif de ce même jugement. La Cour n'est pas juge du fond; elle n'est instituée que pour ramener à l'exécution de la loi toutes les parties de l'ordre judiciaire qui tendraient à s'en écarter. (Acte constitutionnel du 22 frimaire an VIII, art. 66.)

On ne peut se pourvoir en cassation quand le moyen à proposer à l'appui du pourvoi est indiqué par la loi comme donnant ouverture à la requête civile. Or si, sur un appel, un moyen qui n'avait pas été employé en première instance est présenté par l'appelant, et si l'arrêt, adoptant les motifs des premiers juges, confirme purement et simplement leur jugement, cet arrêt ne peut être attaqué que par la requête civile, comme ayant omis de prononcer sur un chef de demande, et non par voie de cassation comme n'étant pas suffisamment motivé. (A. de C. du 25 juin 1817.)

1084. — Le délai pour émettre le pourvoi en matière civile est de trois mois à compter de la signification du jugement à personne ou à domicile pour tous ceux qui habitent la France. (Loi du 1ᵉʳ décembre 1790, art. 14.)

Ce délai est franc; on n'y comprend ni le jour de la signification du jugement à personne ou à domicile, ni le jour de l'échéance. (Loi du 1ᵉʳ frimaire an II, art. 1ᵉʳ.)

A l'égard d'un jugement interlocutoire préjugeant le fond, la signification qui en est faite fait courir le délai de trois mois. (A. de C. des 25 novembre 1817 et 6 juillet 1819.)

Lorsqu'un étranger n'a aucun domicile connu en France, le délai du pourvoi est de six mois, et ce délai ne court qu'à partir de la signification du jugement faite au parquet du procureur général de la Cour de cassation. Cette règle ressort du règlement de 1738, 1ʳᵉ partie, titre 4, article 13, de l'art. 14 de la loi du 1ᵉʳ décembre 1790, de l'art. 69 du Code de procédure civile, et de la jurisprudence de la Cour. (Lettre du conseil judiciaire de l'administration, du 16 avril 1841.)

Le délai pour se pourvoir en cassation contre les jugements rendus par les tribunaux de la Corse est de six mois. (Loi du 11 février 1793.)

Le délai pour se pourvoir est de dix mois pour les personnes qui demeurent hors la France continentale, mais en Europe (Règlement de 1738, 1ʳᵉ partie, titre 4, art. 13); d'un an à l'égard de ceux qui sont absents de la France pour cause publique (Même Règlement, art. 11); d'un an à l'égard des parties qui sont domiciliées dans les colonies françaises (en Amérique), et de deux ans pour celles qui sont domiciliées à Pondichéry ou à l'île de la Réunion. (Même Règlement, art. 12.)

Le pourvoi en matière civile s'émet par le dépôt au greffe de la Cour de cassation, avant l'expiration du délai, d'une requête signée par un avocat à cette Cour, lequel a la double qualité d'avocat et d'avoué, et reçoit du greffier un récépissé. Cette requête doit contenir l'indication des moyens de cassation ; elle doit être accompagnée des pièces justificatives de la demande. Il faut surtout, à peine de déchéance, y annexer la copie signifiée ou une expédition en forme du jugement attaqué.

Cette copie doit être certifiée par l'avocat. (Ord. du 15 janvier 1826.)

Elle peut être aussi certifiée par les agents du Gouvernement ou par les préfets demandeurs. (A. de C. du 23 brumaire an X.)

Dans le cas où le jugement rendu sur appel est purement confirmatif, sans reproduire les motifs, il convient de joindre aux pièces la copie du jugement de première instance.

Ces requêtes ne doivent pas, à peine de l'annulation des pourvois, être déposées au greffe de la Cour ou du tribunal qui a rendu l'arrêt ou le jugement attaqué. Aucun dépôt de ce genre n'a lieu. Le directeur, en rendant compte du jugement à l'administration, fait connaître les moyens de cassation qui semblent pouvoir être utilement développés ; la division du contentieux les examine, et, après avoir reçu toutes les pièces de l'affaire, donne au pourvoi les suites dont il paraît susceptible. (Circ. du 12 janvier 1828, n° 1081.)

La requête ou mémoire en cassation, en matière civile, n'est pas reçu au greffe, à moins qu'il ne soit annexé à la requête la quittance de consignation, entre les mains du receveur de l'enregistrement, du montant de l'amende encourue si le pourvoi n'est pas admis. (Loi du 2 brumaire an IV, titre 3, art. 17.)

Mais sont dispensés de la consignation de l'amende de fol appel les représentants de l'administration des douanes devant les tribunaux. (Déc. min. du 9 avril 1847; Circ. du 25 juin 1847, n° 2175.)

L'administration est même dispensée de payer l'amende revenant au trésor alors qu'elle a succombé dans son pourvoi. (*Code d'instr. crim., art.* 420.)

Seulement elle est tenue, dans ce dernier cas, de payer une pareille somme que la loi accorde comme indemnité à la partie que l'on a mal à propos induite en frais nécessaires à sa défense.

L'amende est de 150 fr. s'il s'agit de jugements ou arrêts contradictoires, ou de 75 fr. quand ils sont par défaut; plus un dixième en sus.

1065. — En matière civile, le pourvoi n'arrête pas l'exécution du jugement. (*Loi du 1ᵉʳ décembre* 1790, *art.* 16); mais l'administration est autorisée à ne faire aucun payement demandé, pour le principal ou pour les frais, en vertu d'un jugement attaqué par le recours en cassation, à moins qu'au préalable celui au profit de qui a été rendu ce jugement ne donne bonne et suffisante caution pour sûreté des sommes à lui adjugées. (*Loi du 16 juillet* 1793.)

Par cela qu'elle déroge au droit commun, cette disposition ne peut être étendue à des sommes qui n'existent pas dans les caisses des douanes.

Il faut que la caution justifie de sa solvabilité par la représentation de titres de propriétés immobilières libres de toutes charges et hypothèques, ou au moins jusqu'à concurrence de la somme pour laquelle elle cautionne celui qui la reçoit. (*Circ. du 3 septembre* 1793.)

La caution exigée en pareil cas n'est pas une caution *judiciaire* dans le sens des art. 2018, 2019 et 2040 du Code civil. Elle est passée en douane, et il suffit que la personne qui la souscrit soit solvable. (*A. de C. du 13 novembre* 1839.)

L'administration est en outre autorisée à ne faire remise d'objets saisis dont la mainlevée aurait été prononcée par un jugement contre lequel il y a pourvoi qu'autant que le propriétaire de ces objets donne bonne et suffisante caution de leur valeur. (*Loi du 9 floréal an VII, titre* 4, *art.* 15.)

Il ne peut être, en aucun cas, accordé mainlevée des marchandises prohibées, provenant de saisie, lorsqu'il y a pourvoi en cassation contre le jugement qui ordonne cette mainlevée. (*A. de C. du 10 août* 1833; *Circ.* n° 1402.)

1066. — Il est d'abord statué sur le pourvoi par la section des requêtes, qui rend un arrêt portant rejet ou admission de la requête présentée. (*Loi du 1ᵉʳ décembre* 1790, *art.* 5.) S'il y a rejet, le jugement attaqué conserve force de chose jugée.

Si la requête est admise, il faut, à peine de déchéance du pourvoi, lever l'arrêt d'admission et le faire signifier dans les trois mois à la partie, à sa personne ou à son domicile, avec citation à comparaître devant la chambre civile de la Cour dans le délai du règlement. (*Règlement de* 1738, 1ʳᵉ *partie, titre* 4, *art.* 30.)

A cet effet, l'arrêt d'admission est transmis par l'administration au directeur afin qu'il charge le receveur de faire cette signification aux prévenus. (*Déc. du 10 mai* 1839.)

Mais la signification à un étranger ne peut être utilement faite qu'au domicile du procureur du Gouvernement près la Cour de cassation. (*A. de C. du 3 août* 1818.)

Le délai pour comparaître en défendant à la demande en cassation est de quinze jours lorsque l'assignation est donnée dans l'étendue de la ville de Paris et dix lieues à la ronde, et s'augmente d'un mois ou deux mois suivant l'éloignement des parties. (*Art.* 3, *titre* 1ᵉʳ, 2ᵉ *partie du Règlement de* 1738.)

L'affaire portée à la section civile, la Cour statue définitivement. Si le pourvoi est rejeté, tout est terminé, le jugement ou l'arrêt attaqué sort son plein et entier effet. Si la Cour casse ce même jugement ou arrêt, elle renvoie sur le fond de la contestation à un autre tribunal pour être procédé comme avant le jugement. (*Acte constitutionnel du 22 frimaire an VIII, art.* 66.)

Les arrêts par défaut de la Cour de cassation ne sont attaquables par la voie d'opposition que dans certains cas.

Lorsque, après la cassation d'un premier arrêt ou jugement rendu en dernier ressort, le deuxième arrêt ou jugement rendu dans la même affaire, entre les mêmes parties, procédant en la même qualité, est attaqué par les mêmes moyens que le premier, la Cour de cassation prononce toutes les chambres réunies. (*Loi du 1er avril 1837, art. 1er.*)

Si le deuxième arrêt ou jugement est cassé pour les mêmes motifs que le premier, la Cour ou le tribunal auquel l'affaire est renvoyée se conformera à la décision de la Cour de cassation sur le point de droit jugé par cette Cour. (*Même Loi, art. 2.*)

Mais la Cour de renvoi demeure souveraine pour l'appréciation des faits et peut les soumettre à un nouvel examen.

SECTION III

Instances correctionnelles.

1067. — Ici les affaires de douane présentent un caractère de gravité qui a fait déclarer partie principale le ministère public (intérêt de la vindicte publique); mais l'administration est toujours censée partie jointe, comme plus à même d'apprécier les faits spéciaux (intérêt fiscal et intérêt industriel), alors même qu'elle ne figure pas en son nom personnel : le ministère public est son représentant légal. (*A. de C. du 5 octobre 1832.*)

L'action publique a pour but la répression d'un délit ou d'un crime; elle n'appartient qu'au ministère public qui poursuit l'application de la peine encourue. (*Code d'instr. crim., art. 1er.*)

Le ministère public est représenté, près les Cours, V. n° 1042, par le procureur général ayant pour adjoint l'avocat général et des substituts (c'est le parquet), et par le procureur et le substitut composant le parquet près le tribunal de première instance de chaque arrondissement.

1068. — Quand déjà le tribunal de paix a condamné à l'amende, si le service veut que le délinquant soit condamné à une peine corporelle, l'action civile doit être considérée comme distincte de l'action répressive, attendu qu'on ne pourrait, sans violer la règle de droit *non bis in idem*, réclamer la même amende devant le tribunal de police correctionnelle. On exécute le jugement obtenu et on remet le procès-verbal à titre de plainte au chef du parquet, en le priant de saisir de l'affaire la juridiction correctionnelle. (*Déc. du 3 décembre 1845.*)

En matière de douane, les tribunaux correctionnels sont saisis de plein droit par les conclusions des plaintes ou des procès-verbaux remis aux procureurs du Gouvernement. V. n° 1069. Les renseignements que les chefs du service peuvent se procurer sont produits à l'audience indiquée pour l'appel de la cause. (*Circ. du 8 juillet 1842, n° 1923.*)

Si l'administration peut, concurremment avec le ministère public, provoquer les punitions encourues, elle peut aussi le faire seule, directement, pour les peines pécuniaires de la confiscation et de l'amende; les receveurs doivent toujours user de ce droit quand le ministère public s'abstient de prendre à ce sujet des conclusions conformes à la loi. (*Déc. du 7 septembre 1841 ; Doc. lith., n° 99.*) Cette action ne peut être étendue à la peine corporelle de l'emprisonnement, qui reste exclusivement dans le domaine du ministère public. (*A. de C. du 27 novembre 1858 ; Doc. lith. de 1861, n° 220.*)

L'action en responsabilité civile et en général toutes les demandes aux fins civiles ne peuvent être portées devant les tribunaux correctionnels ou criminels qu'accessoirement à l'action principale, c'est-à-dire quand le tribunal se trouve encore saisi des faits qui tombent spécialement sous sa juridiction. Ainsi, quand l'instruction est terminée et les débats clos, l'employé stipulant pour l'administration doit, *avant que l'arrêt soit prononcé,* prendre des conclusions aux fins civiles (confiscation et amende). Plus tard cette demande ne serait plus recevable par le tribunal. *V.* Code d'instr. crim., art. 359.

Mais ces demandes à fins civiles pourraient encore être portées devant le juge de paix ou autres juges suivant la nature de l'affaire, en invoquant le jugement déjà rendu au point de vue de la vindicte publique. (*A. de C. du 4 novembre* 1818.)

Lorsqu'il n'existe pas de procès-verbal, *V.* n° 1041, il y a nécessité de ne venir à l'audience qu'après une instruction préalable qui permette de réunir, tant par l'interrogatoire des prévenus que par les explications des employés, les preuves nécessaires pour édifier le tribunal et arriver ainsi à la répression. Or cette instruction ne peut être provoquée que par le ministère public. Elle a lieu sur une plainte explicative de la part de la douane, avec réquisition d'informer, et, au besoin, déclaration de se porter partie civile. (*Déc. du* 18 *novembre* 1845.)

Quand des objets saisis par les employés sont repris de force par les fraudeurs, il y a deux délits distincts : celui de rébellion, dont la poursuite appartient au ministère public, et celui d'importation frauduleuse, qui motive l'action civile. La douane requiert, avant jugement, le payement de la valeur approximative des marchandises et de l'amende. (*Circ. du* 22 *mars* 1828, n° 1092.)

Les ordonnances des chambres de conseil ne sont qu'indicatives de juridiction et ne lient point les tribunaux correctionnels, qui doivent, si le délit leur paraît revêtir un autre caractère, soit se déclarer incompétents, soit appliquer les peines plus graves qu'il serait de leur compétence de prononcer. (*A. de la C. de Grenoble du* 2 *mars* 1842 ; *Doc. lith.,* n° 114.)

Il est recommandé au ministère public d'apporter une grande réserve dans les poursuites qu'il exerce sur la seule dénonciation des préposés, à raison de faits qui n'intéressent pas directement les administrations auxquelles ces préposés sont respectivement attachés, en indiquant que ce n'est qu'à l'occasion de délits qui compromettent réellement l'ordre public, et dont la répression intéresse la vindicte publique, qu'il convient de diriger des poursuites d'office. (*Circ. de M. le Min. de la justice du* 27 *juin* 1895.)

Les chefs des localités où des délits de l'espèce ont été commis font parvenir sans retard les procès-verbaux qui les constatent aux directeurs, qui provoquent eux-mêmes les poursuites du ministère public et en rendent compte à l'administration. (*Circ. du* 11 *septembre* 1835, n° 1506.)

§ 1ᵉʳ. — *Première instance.* —1° DISPOSITIONS GÉNÉRALES.

1069. — Dans les instances correctionnelles, il y a deux actions exercées, l'action civile et l'action publique. L'action civile s'intente par la remise du procès-verbal au procureur du Gouvernement. Le procès-verbal doit contenir les conclusions de l'administration aux fins civiles et la déclaration au prévenu que citation lui sera donnée dans la forme et les délais de la loi. *V.* n°ˢ 1068 et 1175, formule 25.

Pour la compétence, *V.* n°ˢ 1043 et 1046.

L'action publique s'intente par la citation donnée au prévenu ou par les conclusions prises à l'audience par le procureur du Gouvernement.

Dans tous les cas, la citation est donnée à la requête de l'administration, poursuites et diligence du receveur des douanes, ou à la requête du procureur du Gouvernement et dans la forme voulue pour les actes extra-judiciaires.

Elle l'est à la personne même du prévenu s'il est arrêté ;

Elle l'est à sa personne ou à son domicile, si le prévenu est connu et point arrêté, et s'il réside dans le ressort du tribunal ; s'il n'y réside pas, elle lui est donnée au domicile du procureur du Gouvernement près ce même tribunal. (*Loi du 28 avril 1816, art. 45.*)

Il doit y avoir au moins un délai de trois jours, outre un jour par trois myriamètres, entre la citation et le jugement. (*Même Loi, même article.*)

Ce délai ne doit pas être augmenté à raison des distances lorsque le prévenu se trouve domicilié à l'étranger. (*Jug. du trib. de Lille du 24 mai 1837; Circ. n° 1629, et A. de la C. de Metz du 9 avril 1851 et de Douai du 4 avril 1854; Doc. lith.*, n°s 180 et 201.)

Dans tous les exploits d'ajournement ou de citation, le jour de la signification ni celui de l'échéance ne sont jamais comptés. (*Code de procédure civile, art. 1033.*)

Quand le prévenu est présent à la rédaction du procès-verbal de saisie, et reçoit copie de la citation, celle-ci peut être donnée par ce procès-verbal même. (*A. de C. du 10 novembre 1836.*)

Mais il convient, en matière correctionnelle, de se borner à indiquer dans le procès-verbal qu'*il sera donné citation* aux prévenus à comparaître en justice. Si, au lieu de faire cette mention, les préposés donnaient eux-mêmes citation par le procès-verbal, et si, surtout, cette citation portait une autre date que le rapport, elle pourrait motiver la perception du droit d'enregistrement, car elle n'est pas essentielle pour la validité du procès-verbal. (*Déc. du 19 juin 1838.*) *V.* n° 1032, note *d*.

En ordonnant de citer directement les contrevenants devant le tribunal de police correctionnelle, la loi du 28 avril 1816 (art. 45) ne s'oppose pas, cependant, à ce que, si le ministère public le juge convenable, il soit procédé contre eux, sur ses réquisitions, par voie d'instruction préparatoire, suivant les lois générales. (*A. de C. du 3 septembre 1824.*)

Ainsi le ministère public peut, dans l'intérêt de l'administration des douanes, diriger des poursuites contre un tiers à l'égard duquel aucune prévention suffisante n'est établie par le procès-verbal de saisie, et requérir, en conséquence, une instruction particulière et préalable. Cette instruction est d'ailleurs une garantie pour les prévenus, puisqu'elle doit contribuer à éclairer la justice. *V.* n° 1068.

Une citation en police correctionnelle, donnée à des personnes prévenues de rébellion envers les employés des douanes, est suffisamment libellée, aux termes de l'art. 183 du Code d'instruction criminelle, lorsqu'elle porte que ces personnes sont traduites devant le tribunal de police correctionnelle « pour s'y voir déclarer coupables d'être auteurs ou complices du délit de rébellion qui eut lieu (à tel endroit) » contre les préposés des douanes de..... agissant dans l'exercice de leurs fonctions, » et des violences exercées contre eux, » encore bien qu'on aurait omis d'y mentionner la circonstance de voies de fait. (*A. de C. du 25 novembre 1831.*)

Le défaut de mention de l'enregistrement sur la copie d'un exploit ne peut en opérer la nullité. (*A. de C. du 26 vendémiaire an VIII.*)

La citation en police correctionnelle est valable lorsque, sans énoncer tous les faits constitutifs de la prévention, elle fait suffisamment connaître l'objet des poursuites (*A. de C. du 25 novembre 1831; Circ. n° 1426*); mais il convient d'énoncer les amendes et toutes les réparations civiles à réclamer par l'administration.

Pour l'enregistrement, *V.* n° 1032, note *d*.

1070. — Au jour indiqué pour la comparution, si le prévenu est présent, le procès-verbal est lu à l'audience; l'employé stipulant pour l'administration expose les faits et prend des conclusions. *V.* n° 1175, formules 27 et 28. Le prévenu présente sa défense, et le jugement est prononcé de suite ou, au plus tard, à l'audience suivante. (*Code d'instr. crim., art. 190.*)

Si le prévenu ne comparaît pas, il est jugé par défaut. (*Même Code, art. 186.*)

Le prévenu doit être présent à l'audience en personne, et non être représenté par un fondé de pouvoir assisté d'un défenseur officieux. (*A. de C. du 28 thermidor an VIII.*)

Il ne peut être sursis à prononcer sur une contravention en matière de douane que dans le cas où l'on admet l'inscription de faux contre le procès-verbal. Un tribunal ne peut, en déclarant cette inscription non admissible de la part du prévenu, surseoir cependant à statuer. (*A. de C. du 9 ventôse an XIII.*)

On ne peut annuler un jugement par défaut sous le prétexte que, le défendeur ayant trois jours pour signifier ses moyens de faux contre le procès-verbal, le juge devait surseoir à prononcer son jugement jusqu'à ce que le délai fût expiré. (*A. de C. du 18 fructidor an IX.*)

Dans tous les cas, la mise en liberté du prévenu acquitté ne peut être suspendue lorsqu'aucun appel n'a été déclaré ou notifié dans les trois jours de la prononciation du jugement. (*Code d'inst. crim., art.* 206.)

2° OPPOSITION.

1071. — L'opposition à un jugement par défaut du tribunal correctionnel doit être formée dans les cinq jours, outre un jour par cinq myriamètres, à compter de celui de la signification à personne ou à domicile ; elle doit être notifiée tant au ministère public qu'à la partie civile. (*Code d'inst. crim., art.* 187.)

Si le prévenu est établi à l'étranger ou sur le territoire français hors du continent, le délai de l'opposition est le même que celui que l'art. 73 du Code de procédure civile fixe pour les assignations. (*Circ. du 25 mai 1836, n° 1546.*)

L'opposition emporte de droit citation à la première audience du même tribunal; elle est comme non avenue si l'opposant ne comparaît pas, et le jugement que le tribunal aurait rendu sur l'opposition ne pourrait être attaqué par la partie qui l'aurait formée, si ce n'est par appel. Le tribunal pourrait, s'il y échéait, accorder une provision, et cette disposition serait exécutoire nonobstant appel. (*Code d'instr. crim., art.* 188.)

Si l'opposant ne comparaît pas, il intervient un jugement de débouté qui ne peut plus être attaqué que par appel; s'il comparaît, la cause s'instruit et se juge comme il est dit ci-dessus.

Mais c'est par la voie d'appel, et non en formant une tierce opposition, que l'administration, qui est alors toujours représentée par le ministère public, peut attaquer les jugements rendus en matière correctionnelle sur les poursuites du ministère public. (*A. de C. des 16 messidor an XIII et 5 octobre* 1832; *Déc. du 19 septembre* 1842.)

§ II. — APPEL (2e *degré de juridiction*).

1072. — L'appel des jugements rendus par les tribunaux correctionnels se fait par une déclaration au greffe du tribunal d'où émane le jugement. (*Code d'instr. crim., art.* 203.)

Pour la compétence, *V.* n° 1050.

Il y a déchéance de l'appel si la déclaration d'appeler n'a pas été faite dix jours au plus tard après celui où le jugement a été prononcé, s'il est contradictoire; et si le jugement est rendu par défaut, dix jours au plus tard après celui de la signification qui en a été faite à la partie condamnée ou à son domicile, outre un jour par trois myriamètres. Pendant ce délai et pendant l'instance d'appel, s'il est interjeté appel, il est sursis à l'exécution du jugement de première instance. (*Code d'instr. crim., art.* 203.)

Si le prévenu était établi chez l'étranger ou sur le territoire français hors du continent, les délais d'appel résulteraient de l'application de l'art. 73 du Code de procédure civile. (*Circ. du 25 mai 1836, n° 1546.*)

La requête d'appel qui peut être produite ensuite ne supplée point à la déclaration ainsi faite, cette requête fût-elle visée par le président et le greffier. (*A. de C. du 13 ventôse an VII.*)

Mais le ministère public près le tribunal ou la cour qui doit connaître de l'appel a deux mois pour notifier son recours. (*Code d'instr. crim., art. 205.*)

Aussi, bien que la déchéance résultant de l'expiration du délai fixé par l'art. 203 soit absolue, si, par des circonstances imprévues, les défenseurs de l'administration avaient laissé écouler le délai de dix jours sans se pourvoir en appel contre un jugement qui porterait évidemment préjudice au Gouvernement, on devrait alors soumettre l'affaire et ses circonstances au ministère public près le tribunal d'appel, et l'inviter à interjeter lui-même l'appel, de son chef, ainsi que la loi lui en accorde la faculté. (*Circ. du 19 nivôse an V.*)

L'action du ministère public ne serait arrêtée par l'acquiescement de la régie qu'autant qu'il aurait les caractères d'une transaction régulière. (*A. de C. du 21 novembre 1818.*)

Mais le ministère public ne peut appeler, dans ce cas, qu'autant qu'il s'agit de la disposition d'un jugement relative à une infraction ayant le caractère d'un délit intéressant la vindicte publique aussi bien que la douane. (*A. de la C. de Douai du 29 septembre 1837.*)

En matière correctionnelle, le prévenu qui se rend appelant n'est pas tenu de faire signifier son appel à la partie. (*Circ. du 22 pluviôse an VI.*)

L'appel que le ministère public a le droit d'interjeter doit être notifié au prévenu; l'accomplissement de cette formalité essentielle ne peut être implicite; il ne peut résulter notamment des réquisitions prises à l'audience pour l'application de la peine refusée par les premiers juges. (*A. de C. du 27 novembre 1858; Doc. lith. de 1861, n° 220.*)

La requête contenant les moyens d'appel peut être remise dans le même délai au même greffe. Elle est signée de l'appelant ou d'un avoué, ou de tout autre fondé de pouvoir spécial.

Dans ce dernier cas, le pouvoir est annexé à la requête.

Cette requête peut aussi être remise directement au greffe du tribunal où l'appel est porté. (*Code d'instr. crim., art. 204.*) (1).

A la différence des jugements en matière civile, les jugements en matière correctionnelle sont attaquables, dans le délai légal, par la voie de l'appel, bien qu'ils aient été volontairement exécutés. (*A. de C. du 10 juin 1836, Ann. com.*)

En ce qui concerne les confiscations et les autres peines civiles, l'administration est recevable dans son appel quoiqu'elle ait laissé le ministère public agir seul en première instance, parce qu'elle est réputée partie en cause dans la personne même du représentant des intérêts publics. (*A. de C. du 5 octobre 1832.*)

Aussi le droit de l'administration ne s'éteint même pas par l'acquiescement au jugement par le ministère public (*A. de C. du 2 mars 1828*); et elle est recevable à

(1) Cette disposition de l'art. 204 : « la requête contenant les moyens d'appel » *pourra* être remise, etc. » est facultative, ainsi que celle de l'art. 422 du même Code portant que le condamné qui se pourvoit en cassation *pourra* déposer la requête contenant ses moyens, soit en faisant sa déclaration, soit dans les dix jours suivants. La remise d'une requête, soit en appel, soit en pourvoi, ne serait donc pas de rigueur, et, en cela, le Code aurait dérogé à la loi du 3 brumaire an IV, qui, art. 195, prononçait la déchéance de l'appel à défaut de la remise de la requête. Au surplus, en matière correctionnelle ou criminelle, on ne doit jamais négliger, dans l'intérêt de l'administration, de remettre une requête à l'appui de son appel ou de son pourvoi.

appeler d'un chef à l'égard duquel le ministère public n'a pas cru devoir appeler.
(*A. de C. du* 19 *mars* 1807.)

Mais la régie n'a pas le droit d'appeler relativement à la peine d'emprisonnement que le prévenu pourrait avoir encourue. Ce droit est réservé au ministère public. (*A. de C. du* 23 *février* 1811, *et A. de la C. de Metz du* 9 *juillet* 1841.)

Le ministère public seul peut, en interjetant appel dans l'intérêt de la vindicte publique en matière de contravention aux lois de douanes, requérir l'application de l'amende que le premier juge aurait refusé de prononcer. Mais il en est autrement en matière d'opposition à l'exercice des fonctions des préposés. La connexité qui existe entre la contravention de douane et le délit d'opposition avec violences ne fait pas que le ministère public puisse appeler de la disposition du jugement relative à l'amende pour opposition. Il ne peut agir qu'au point de vue de la vindicte publique et du délit de douane proprement dit. (*A. de C. du* 8 *décembre* 1837, *et A. de la C. de Douai du* 29 *juillet* 1844; *Doc. lith.*, n° 152.)

Il est donc indispensable dans le cas où, en matière d'opposition avec violences, le ministère public interjette appel *a minima* quant aux peines correctionnelles, que l'administration émette, de son côté, un appel pour obtenir, si le premier juge a refusé de la prononcer, l'allocation de l'amende spéciale de 500 fr. pour opposition. (*Déc. du* 19 *février* 1846.)

L'appel est jugé à l'audience, dans le mois, sur un rapport fait par l'un des juges. (*Code d'instr. crim.*, art. 209.)

A la suite du rapport, et avant que le rapporteur et les juges émettent leur opinion, le prévenu, soit qu'il ait été acquitté, soit qu'il ait été condamné, les personnes civilement responsables du délit, la partie civile et le procureur du Gouvernement sont entendus, et ensuite le tribunal statue. (*Même Code*, art. 210.)

Les cours et tribunaux d'appel ne sont saisis que des seuls points qui ont été l'objet de l'appel, et ne peuvent annuler les dispositions des jugements de première instance qui ont acquis l'autorité de la chose jugée. (*A. de C. du* 9 *mai* 1812.)

Les juges d'appel ne peuvent, sous prétexte qu'ils n'ont pas prononcé dans le délai indiqué par la loi, décider qu'ils n'ont plus la faculté de prononcer sur l'appel. (*A. de C. du* 2 *avril* 1807.)

L'appel d'un jugement par suite de contravention aux lois de douanes doit être jugé sur une instruction judiciaire, et on ne peut avoir égard aux déclarations des témoins qu'autant qu'ils ont été entendus à l'audience, soit devant le tribunal correctionnel, soit devant celui d'appel. (*A. de C. du* 9 *pluviôse an VIII.*)

Les jugements rendus par défaut sur l'appel peuvent être attaqués, par la voie de l'opposition, dans la même forme et dans les mêmes délais que les jugements par défaut rendus près les tribunaux correctionnels. L'opposition emporte de droit citation à la première audience, et doit être comme non avenue si l'opposant n'y comparaît pas. Le jugement qui intervient sur l'opposition ne peut être attaqué par la partie qui l'a formée, si ce n'est devant la Cour de cassation. (*Code d'instr. crim.*, art. 208.)

La partie civile, le prévenu, la partie publique, les personnes civilement responsables du délit pourront se pourvoir en cassation contre le jugement. (*Même Code*, art. 216.)

La faculté de recourir en cassation existe, sans aucune exception ni exclusion, contre les jugements des tribunaux criminels en matière de police correctionnelle, et peut être valablement exercée par un receveur des douanes ou son fondé de pouvoir. (*A. de C. du* 17 *floréal an XI.*)

Le prévenu acquitté est mis en liberté si, dans les trois jours de la prononciation du jugement ou de l'arrêt, il n'a pas été formé de pourvoi en cassation. (*Code d'instr. crim.*, art. 206.)

V., n° 1058, d'autres dispositions générales concernant l'appel.

§ III. — *Pourvoi en cassation.*

1073. — Le délai pour émettre le pourvoi contre un arrêt ou un jugement rendu en matière correctionnelle ou criminelle est de trois jours francs après celui où le jugement ou l'arrêt a été prononcé, s'il est contradictoire, ou, s'il est par défaut, trois jours francs après l'expiration du délai d'opposition. (*Code d'instr. crimin.*, art. 373 et 418.)

La brièveté de ce délai exige que la déclaration du pourvoi soit faite sur les lieux mêmes et immédiatement remise au greffier de la Cour ou du tribunal dont l'arrêt ou le jugement est attaqué, et ce par le stipulant au nom de l'administration, qui, d'après l'examen des motifs de cet arrêt ou jugement, donne suite à ce pourvoi ou s'en désiste. (*Déc. du 25 mai 1829.*)

La déclaration de recours est inscrite par le greffier sur un registre à ce destiné. (*Même Code, art. 417.*)

Outre cette inscription de la déclaration du recours, ce recours doit être signifié à la partie dans le délai de trois jours si elle est détenue; et, si elle est en liberté, la notification lui en est faite soit à sa personne, soit au domicile par elle élu, avec augmentation d'un jour de délai par chaque distance de trois myriamètres. (*Même Code, art. 418.*)

La notification du pourvoi, en matière correctionnelle, met le défendeur qui a fait défaut au jugement ou à l'arrêt dans l'impossibilité de revenir, par opposition, contre ce jugement ou cet arrêt qui l'a condamné. (*A. de C. du 20 juin 1835; Circ. du 16 avril 1836, n° 1540.*)

L'original de cette signification doit être joint aux pièces de la procédure. (*Circ. du 16 novembre 1826, n° 1020.*)

Pendant le délai fixé pour le pourvoi en matière correctionnelle, et, s'il y a recours en cassation, jusqu'à la réception de l'arrêt de la Cour de cassation, il est sursis à l'exécution de l'arrêt ou du jugement attaqué. (*Code d'instr. crimin.*, art. 373.)

La partie civile ou l'administration qui se pourvoit en cassation est tenue de joindre aux pièces une expédition authentique de l'arrêt. (*Même Code, art. 419.*)

Les pièces du procès devant, aux termes de l'art. 423 du Code d'instruction criminelle, être transmises par le ministère public au Ministre de la justice immédiatement après les dix jours qui suivent la déclaration du pourvoi, les agents des douanes ne doivent jamais omettre de déposer ces pièces dans le délai voulu. (*Circ. man. du 25 mai 1829.*)

Le condamné ou la partie civile, soit en faisant sa déclaration, soit dans les dix jours suivants, peut déposer au greffe de la cour ou du tribunal qui a rendu l'arrêt ou le jugement attaqué une requête contenant ses moyens de cassation. (*Code d'instr. crim.*, art. 422.)

La section criminelle de la Cour de cassation statue immédiatement et définitivement, sans qu'il soit besoin d'arrêt préalable d'admission. Elle doit prononcer dans le mois qui suit l'expiration du délai. (*Même Code, art. 425.*)

Lorsque le service des douanes et le ministère public ont simultanément formé un pourvoi en cassation, et que l'administration déclare ultérieurement se désister par suite d'une transaction, l'action publique est éteinte. (*A. de C. du 3 mai 1855; Circ. du 16 mai 1856, n° 379.*)

V., pour la consignation des amendes, n° 1063.

Contrairement à ce qui a lieu en matière civile, en cas de désistement, la section criminelle ordonne toujours la restitution des amendes. Mais le demandeur qui se désiste doit restituer les frais légitimement faits par le défendeur. (*A. de C. du 23 mai 1833.*)

SECTION IV

Instances criminelles.

1074. — Dans les affaires de douanes qui donnent lieu à des peines afflictives ou infamantes, telles que :

1° Les crimes de rébellion et de contrebande avec attroupement et port d'armes (*Loi du 13 floréal an XI, art. 1er*) ;

2° Les inscriptions de faux contre les procès-verbaux des employés ;

3° Les voies de fait graves exercées contre ou par les employés. *V.* le n° 100.

L'instruction est suivie par le ministère public devant les cours d'assises dans la même forme que les affaires criminelles en général. *V.* le Code d'instruction criminelle. (*Circ. du 11 mai 1818, n° 393.*)

La partie civile ne peut jamais saisir directement la Cour d'assises.

Quand une Cour d'assises connaît du crime de rébellion commis contre des préposés agissant dans l'exercice de leurs fonctions, elle peut prononcer en même temps la confiscation des marchandises saisies et l'amende encourue pour le fait de contrebande, mais seulement lorsque ce fait se trouve nommément repris dans l'arrêt de renvoi et le résumé de l'acte d'accusation. (*A. de C. du 4 novembre 1831; Circ. n° 1307.*)

Ainsi, bien qu'une contravention complexe se lie à un fait de rébellion dont la connaissance est attribuée à la cour d'assises, cette cour ne pouvant statuer que sur les faits expressément compris dans l'arrêt de renvoi, c'est, dans le cas où le fait de contrebande ne se trouve pas nommément repris dans cet arrêt, devant la juridiction correctionnelle, que l'administration doit requérir l'application des pénalités encourues pour le délit aux lois qui la régissent. (*Déc. du 11 août 1841.*)

Le pourvoi en cassation est ouvert contre les arrêts des cours d'assises dans les mêmes délais et les mêmes formes qu'en matière correctionnelle.

On ne peut attaquer un arrêt qui a refusé d'appliquer les peines requises contre un prévenu à l'occasion d'un fait de complicité dans une spoliation qui, connexe d'un fait de rébellion, a fait l'objet d'une ordonnance collective de non-lieu. (*Déc. du 3 novembre 1838.*)

SECTION V

Dispositions communes à toutes les instances.

§ 1er. — *Des jugements préparatoires et interlocutoires.*

1075. — Dans toute affaire de douanes, l'instruction est prompte et sommaire. La loi veut qu'un procès-verbal, dûment rédigé et non argué de faux, soit la base unique du jugement. Elle n'admet d'exception que lorsqu'il s'agit de faits à l'égard desquels foi entière ne pourrait être due au procès-verbal, ou de circonstances particulières qui laisseraient des doutes dont la solution en faveur même de la partie ne constituerait cependant pas une prévention de faux contre les préposés ; comme si, par exemple, il y avait incertitude sur le point fixe où aurait été opérée une saisie faite en campagne. Alors les tribunaux de première instance et d'appel peuvent avoir à rendre des jugements préparatoires ou interlocutoires.

On distingue les jugements avant faire droit et les jugements définitifs.

Les premiers se rangent dans trois classes : provisoires, préparatoires, interlocutoires.

On appelle jugement provisoire celui par lequel un tribunal décide actuellement et par provision certaines questions détachées de la cause principale et qui présentent un caractère spécial d'urgence.

Sont réputés préparatoires les jugements rendus pour l'instruction de la cause, et qui, sans préjuger en rien le résultat de la décision, tendent à mettre le procès en état de recevoir un jugement définitif.

Sont réputés interlocutoires les jugements rendus lorsque le tribunal ordonne une preuve, une vérification ou une instruction qui, d'une manière conditionnelle, préjuge le fond. (*Code de procédure civ., art. 452.*)

Les jugements sont définitifs quand ils ne peuvent plus être attaqués ni par opposition, ni par appel, ni par pourvoi en cassation. Il y a alors autorité de la chose jugée. *V. n° 1096.*

Les juges qui ont rendu un jugement préparatoire peuvent le réformer eux-mêmes avant son exécution. (*A. de C. du 16 mai 1810.*)

L'exécution, même volontaire, d'un jugement préparatoire ne peut, en aucun cas, être opposée comme fin de non-recevoir. (*A. de C. du 5 brumaire an VIII, et Code d'instr. crim., art. 416.*)

Un jugement interlocutoire ne lie pas le tribunal qui l'a rendu. Il est essentiellement réparable en définitive. (*A. de C. du 12 avril 1810.*)

Un jugement qui ordonne une expertise ou une enquête est préparatoire ou interlocutoire, selon qu'il a été rendu sans ou avec contradiction de l'une des parties. (*A. de C. du 9 mars 1811.*)

La signification d'un jugement interlocutoire *avec réserve* empêche l'acquiescement. (*A. de C. du 4 pluviôse an XI.*)

Le jugement par lequel un juge de paix, en cas d'allégation de relâche forcée, pour cause d'avaries, par le capitaine d'un navire prévenu de contrebande, ordonne, même d'office, un rapport d'experts sur l'état véritable des avaries, est un jugement interlocutoire préjugeant le fond. (*A. de C. du 27 avril 1830.*)

En matière correctionnelle, les jugements qui, avant de statuer sur le fond, rejettent une exception déclinatoire, sont définitifs. (*A. de C. du 8 thermidor an XIII.*)

L'appel d'un jugement préparatoire ne peut être interjeté qu'après le jugement définitif et conjointement avec l'appel de ce jugement, et le délai de l'appel ne court que du jour de la signification du jugement définitif. Cet appel est recevable encore que le jugement préparatoire ait été exécuté sans réserve.

L'appel d'un jugement interlocutoire peut être interjeté avant le jugement définitif. Il en est de même des jugements qui auraient accordé une provision. (*Code de proc. civ., art. 451.*)

Quand un jugement de première instance, *préparatoire* en ce qu'il ordonne une justification préalable, et *définitif* en ce qu'il rejette une demande d'indemnité, a été attaqué *sur ce dernier chef* par les voies de l'appel, le tribunal supérieur peut, lorsque la matière a été dans l'intervalle disposée à recevoir une solution complète et définitive, statuer sur le tout sans violer l'art. 473 du Code de procédure. (*A. de C. du 12 novembre 1839; Doc. lith., n° 85.*)

Quand un jugement, *préparatoire* dans un chef, est *définitif* dans une autre de ses dispositions, et qu'il y a lieu de se pourvoir contre cette disposition, il faut le faire sans attendre le jugement au fond, qui alors est inattaquable s'il n'est que la conséquence du premier. (*A. de C. du 23 brumaire an XII.*)

Le jugement par défaut, qui ordonne un interrogatoire sur faits et articles, ne peut être attaqué par la voie de l'opposition. (*Code de procéd. civ., art. 325.*) De même, ce jugement, étant préparatoire, ne peut, par suite, être frappé d'appel qu'avec le jugement définitif. (*Code de procéd. civ., art.* 451; *Arrêt de la Cour de Paris du* 11 *janv.* 1836, *Ann. com.*)

L'appel des jugements définitifs ou interlocutoires sera suspensif si le jugement ne prononce pas l'exécution provisoire, dans les cas où elle est autorisée. (*Code de procéd. civ., art.* 457.)

Si l'on a ordonné l'exécution provisoire sans motif valable, ou si l'on a fait exécuter un jugement mal à propos qualifié en dernier ressort, la partie condamnée peut obtenir du tribunal d'appel des défenses d'exécuter. (*Même Code, art.* 459.)

Si les premiers juges avaient, au contraire, refusé à tort d'ordonner l'exécution provisoire, l'intimé pourra, sur un simple acte, la faire ordonner à l'audience, avant le jugement d'appel. (*Même Code, art.* 458.)

Le recours en cassation contre un jugement préparatoire ou contre un jugement interlocutoire n'est ouvert qu'après le jugement définitif. (*Loi du* 2 *brumaire an IV, titre* 3, *art.* 14; *A. de C. du* 17 *mai* 1810; *Code d'instr. crimin., art.* 416.)

§ II. — *Condamnations.*

1076. — *Caractère général.* En matière de répression et de pénalité, tout est de droit étroit et rigoureux. (*Déc. du* 22 *janv.* 1839; *Doc. lith.*, n° 31.)

Le droit commun n'est applicable qu'autant qu'il n'y a pas été dérogé par les lois spéciales sur la matière. (*A. de C. du* 15 *avril* 1819.)

Dans tous les cas qu'elle prévoit explicitement, la loi spéciale est applicable, quelque contraire qu'elle soit au droit commun. (*A. de C. du* 13 *mars* 1844; *Circ.* n° 2016.)

Une loi générale ne déroge à une loi spéciale que si la dérogation est formellement exprimée. (*A. de C. du* 26 *août* 1816.)

Mais la loi générale, lorsqu'elle n'a pas été formellement abrogée, reprend son empire sur l'universalité des matières dans l'ordre desquelles elle statue, quand les dispositions exceptionnelles qui en avaient suspendu l'exercice viennent elles-mêmes à être rapportées. (*A. de C. du* 9 *juin* 1841; *Circ.* n° 1863.)

Les lois cessent d'être obligatoires du moment où elles sont abrogées.

L'abrogation est *expresse* ou *tacite.*

Il y a abrogation *expresse* lorsqu'une loi nouvelle déclare formellement abolir, en totalité ou en partie, une loi précédente, ou se sert d'expressions équivalentes.

L'abrogation *tacite* a lieu lorsqu'une loi nouvelle, sans abolir textuellement les lois précédentes, contient des dispositions incompatibles avec la totalité ou une partie de ces dernières. Dans ce cas, la contrariété de disposition doit être formelle, car l'abrogation ne se présume pas.

Pas plus que les lois répressives, les lois fiscales n'ont d'effet rétroactif; les charges imposées pour un cas déterminé par une loi nouvelle ne peuvent dès lors peser sur les faits accomplis sous l'empire de la législation préexistante. (*Circ. lith. du* 28 *juillet* 1855.) V. l'art. 4 du Code pénal.

1077. — En matière de douanes, l'amende est demandée et appliquée à titre de dommages-intérêts ou de réparations civiles pour le dommage causé à l'État par les effets de la fraude. (*A. de C. du* 13 *mars* 1844; *Circ.* n° 2016.)

Aussi, dans toutes les matières non régies par le Code pénal, doit-il être prononcé autant d'amendes qu'il y a de faits distincts de fraude, lorsque chacun de ces faits entraîne une amende édictée par un article spécial de la loi. L'art. 365 du Code d'instruction criminelle, qui dispose que la peine la plus forte sera appliquée, et défend ainsi le cumul des peines, ne peut, en effet, être étendu aux matières régies par les lois spéciales. (*A. de la C. de Besançon du* 18 *janvier* 1837, *Circ.* n° 1617; *A. de la C. de Metz du* 6 *septembre* 1837, *Circ.* n° 1661, *et du* 6 *août* 1845; *Doc. lith.*, n° 163, *et A. de la C. de Paris du* 24 *juillet* 1850.)

C'est pourquoi aussi la Cour de cassation a, le 13 mars 1844, cassé un arrêt de la Cour d'Agen qui avait refusé d'appliquer une amende à des prévenus mineurs de moins de seize ans, sur le motif qu'ils avaient agi sans discernement, et qu'aucune peine ne pouvait dès lors leur être infligée. (*Circ. du 9 avril 1844, n° 2016.*)

1078. — En cas de saisie de marchandises soumises à des régimes répressifs différents, par exemple, si la contravention porte simultanément sur des marchandises tarifées et des marchandises prohibées, lors même que les différents produits sont énoncés dans une même déclaration, on requiert l'application des amendes que comporte chacune des infractions, bien que le contrevenant se trouve justiciable d'un seul tribunal pour l'un et l'autre fait. (*Déc. du 10 juillet 1851 ; Doc. lith., n° 185.*)

Mais si chaque infraction comporte sa répression spéciale et distincte, un même fait ou une même marchandise ne peut, par suite du principe de droit *non bis in idem*, donner ouverture à doubles contraventions ou pénalités indépendantes les unes des autres, en ce sens que, s'il a été constaté une infraction entraînant soit la confiscation des marchandises, soit le payement d'une somme égale à la valeur des marchandises, on ne saurait, à l'égard des mêmes marchandises, devenant ainsi propriété de l'État, requérir simultanément, pour un autre chef de contravention, l'application de doubles pénalités, par exemple, de l'amende qui, dans la plupart des cas, est l'accessoire d'une réparation dont la confiscation est le principal. (*Déc. du 17 octobre 1842; Doc. lith., n° 126; Déc. des 15 juin 1846, 28 juillet 1846, 5 octobre 1847 et 30 mars 1850.*)

Ainsi, lorsque le service reconnaît, à l'égard du même produit, une fausse déclaration dans la nature, l'espèce ou la qualité, et un excédant de poids, cette dernière contravention disparaît devant celle qui entraîne la saisie intégrale de la marchandise. Toutefois, afin de réserver éventuellement à l'administration une action répressive, on doit, si l'appréciation des employés sur la nature, l'espèce ou la qualité doit être déférée au jugement des commissaires-experts, mentionner en même temps l'excédant dans le procès-verbal ou l'acte conservatoire, de manière à reprendre l'action sur ce second chef si l'expertise donnait, quant au premier, raison au déclarant. (*Déc. du 21 février 1856.*)

1079. — Il n'y a jamais lieu de faire prononcer l'amende dans les saisies contre inconnus. (*Circ. du 27 septembre 1820, n° 604.*)

1080. — *Intervention des propriétaires.* La confiscation des marchandises saisies peut être poursuivie et prononcée contre les préposés à leur conduite, sans que l'administration soit tenue de mettre en cause les propriétaires, quand même ils lui seraient indiqués, sauf, si lesdits propriétaires intervenaient ou étaient appelés par ceux sur lesquels les saisies auraient été faites, à être statué, ainsi que de droit, sur leurs interventions et réclamations. (*Loi du 22 août 1791, titre 12, art. 1er.*)

Cet article n'autorise l'intervention des propriétaires de marchandises saisies que pour leur donner le moyen d'établir ou de défendre leurs droits contre ceux sur qui la saisie a été opérée, mais non pour revendiquer ces marchandises. (*A. de C. des 6 septembre 1834, 28 décembre 1835 et 23 juin 1836 ; Circ. n°ˢ 1462, 1535 et 1557.*) *V.* Revendication, n° 1087.

Ainsi le propriétaire d'objets saisis peut intervenir au procès, mais seulement tant qu'il n'y a pas eu jugement. Quand il n'a pas usé de ce droit en première instance, il ne saurait recourir valablement cette voie n'est ouverte qu'à ceux qui ont été parties au procès en premier ressort. (*Déc. du 16 octobre 1827.*)

1081. — *Solidarité.* Toutes les condamnations prononcées contre plusieurs personnes, pour un même fait de fraude, soit solidaires, tant pour la restitution du prix des marchandises confisquées, dont la remise provisoire aurait été faite, que pour l'amende et les dépens. (*Loi du 22 août 1791, titre 12, art. 3; Loi du 4 germinal an II, titre 6, art. 22, et Code pénal, art. 55.*)

Les propriétaires des marchandises saisies, ceux qui seraient chargés de les introduire, les assureurs, leurs complices et adhérents, sont tous solidaires et contraignables par corps pour le payement de l'amende. (*Décret du 8 mars 1811, art.* 2.) *V.* n° 1101.

Dès qu'il existe un fait de contrebande de compétence correctionnelle, les intéressés d'une manière quelconque à ce fait sont solidaires de l'amende et passibles de l'emprisonnement. (*A. de C. du* 22 *octobre* 1825; *Circ. du* 25 *novembre suivant,* n° 954.)

L'individualité des amendes exclut la solidarité entre les condamnés. (*Circ. du* 17 *avril* 1815, n° 10, *et Déc. du* 4 *février* 1851.)

Les voituriers, conducteurs ou détenteurs des marchandises sont, sauf leur recours contre les individus réputés propriétaires, personnellement et solidairement passibles de l'amende, alors même qu'ils auraient appelé ceux-ci en cause. (*A. de C. des* 27 *mars* 1818 *et* 3 *juillet* 1841; *Doc. lith.,* n° 97.)

Les porteurs d'objets de contrebande sont passibles des condamnations portées par la loi, quelles que soient les circonstances dans lesquelles ces objets sont arrivés en leur possession. (*A. de C. du* 19 *novembre* 1841; *Circ.* n° 1889.)

Les parents qui ont aidé leurs enfants mineurs dans la perpétration d'un délit de contrebande doivent être condamnés, par la juridiction correctionnelle, non pas simplement comme civilement responsables, *V.* n° 33, mais bien comme intéressés à la contrebande. (*Arrêt de la Cour de Metz du* 22 *octobre* 1851; *Rec. lith.,* n° 187.)

En vertu de l'art. 53 de la loi du 28 avril 1816, les parents des prévenus âgés de moins de seize ans peuvent être poursuivis comme complices de la contrebande faite par ces derniers. (*Déc. du* 16 *juin* 1851; *Rec. lith.,* n° 183.)

Pour l'application des pénalités correctionnelles, les tribunaux doivent examiner la question de *discernement* à l'égard des fraudeurs âgés de moins de seize ans; mais les *amendes* édictées par la loi doivent, *dans tous les cas,* être prononcées contre cette classe de fraudeurs, et les père et mère des mineurs sont, dans les cas déterminés par la loi, civilement responsables du payement des condamnations pécuniaires (*A. de C. des* 18 *mars et* 14 *mai* 1842; *Circ.* n° 1923), même par corps, suivant les règles en matière civile. (*A. de C. du* 11 *février* 1843; *Doc. lith.,* n° 131.) *V.* n° 1101.

Ces arrêts ont confirmé le principe que les *amendes* en matière de *douanes* ne sont point des *peines* proprement dites et ont essentiellement le caractère d'une *réparation spéciale;* d'où il résulte :

1° Que les tribunaux de répression doivent, avant toute condamnation, examiner et résoudre la question de savoir si les prévenus de contraventions aux lois de douanes, âgés de moins de seize ans, ont ou non agi *avec discernement,* et qu'ils doivent, suivant la solution donnée à cette question préjudicielle, appliquer les dispositions des art. 66 et 69 du Code pénal;

2° Que les *amendes,* en matière de douane, n'ayant pas un véritable caractère *pénal,* mais étant plutôt des *réparations civiles* allouées à l'État pour l'indemniser du préjudice que lui porte la fraude, ces amendes doivent, ainsi que les frais, être, *dans tous les cas,* intégralement prononcées contre les prévenus *mineurs* (*Circ. du* 8 *juillet* 1842, n° 1923);

3° Que la *contrainte par corps* n'est ouverte contre les mineurs acquittés comme ayant *agi sans discernement* qu'autant qu'elle est formellement prononcée par le jugement de condamnation (*Circ. du* 19 *septembre* 1849, n° 2348), *V.* n° 1103;

4° Enfin, que les parents et maîtres des enfants condamnés à des réparations pécuniaires, par suite d'un délit de douanes, sont civilement responsables (*V.* n° 33) desdites condamnations (1). (*Circ. du* 8 *juillet* 1842, n° 1923.)

---

(1) La sollicitude de l'administration a dû se porter sur les moyens de concilier les

L'art. 69 du Code pénal n'a déterminé que le maximum de la peine applicable. À l'égard des mineurs de seize ans ayant agi avec discernement, les tribunaux peuvent abaisser la peine d'emprisonnement au minimum fixé par l'art. 40 de ce Code, même lorsque les circonstances du délit eussent motivé un emprisonnement dans la limite d'un ou de six mois à un an, si les délinquants avaient en plus de seize ans. (A. de C. du 11 janvier 1856 ; Circ. du 16 mai suivant, n° 379.)

Les mineurs âgés de moins de 16 ans doivent être condamnés à l'amende intégrale. Sous ce rapport, l'art. 69 du Code pénal ne leur est pas applicable. (A. de la C. de Metz du 27 décembre 1854 ; Doc. lith. de 1858, n° 202.)

1082. — *Durée de l'action.* Le décès du prévenu fait cesser l'action publique (*Code d'instr. crim., art. 2*), et, par conséquent, les poursuites au point de vue pénal ; mais l'action civile peut être exercée contre les héritiers pour la confiscation des marchandises et l'amende. (A. de C. du 8 messidor an VIII.)

Le décès d'un prévenu pendant l'instance ne doit pas empêcher les juges de prononcer contre les héritiers la confiscation des objets saisis. Il n'y a alors que les dispositions pénales applicables à l'individu qui cessent d'avoir leur effet. (A. de C. du 9 prairial an IX.)

Mais, à moins de circonstances particulières, on s'abstiendrait des poursuites contre les héritiers si l'amende n'avait pas encore été prononcée au moment du décès du fraudeur. (Déc. du 4 juin 1857.)

L'action publique s'éteint par la mort du prévenu ; cependant, si le jugement correctionnel a été rendu avant le décès, le tribunal criminel ne peut se déclarer incompétent pour connaître de l'appel. (A. de C. du 11 floréal an X.)

L'une et l'autre de ces actions s'éteignent par la prescription.

---

intérêts et les besoins de son service avec la direction de la jurisprudence et avec les conséquences qui doivent nécessairement en découler. Une première et efficace garantie légale, à cet égard, se trouve dans l'arrestation *préventive*, que les employés doivent appliquer aux jeunes fraudeurs, comme à tous autres porteurs de contrebande. Il convient ensuite de s'attacher à la connaissance des faits nécessaires pour établir aux yeux des juges la preuve du discernement des jeunes prévenus. On y parviendra surtout en inscrivant avec exactitude, sur le registre de travail ou de dépôt, les noms des prévenus déjà repris pour fraude de pacotille, et dont on s'est abstenu une première fois d'opérer l'arrestation. Les habitudes de récidive ainsi démontrées aux tribunaux les disposeront sûrement à reconnaître que les jeunes prévenus traduits à leur barre ont agi avec discernement, et à leur infliger une peine corporelle qui, bien que réduite, n'en sera pas moins d'un salutaire exemple.

Cette information préalable est d'autant plus nécessaire dans les affaires de douanes que, pour les matières du droit commun dans lesquelles se trouvent compris des mineurs de seize ans, M. le garde des sceaux a ordonné (*Moniteur universel* du 4 mai 1842) aux procureurs généraux de faire procéder à une instruction préparatoire qui doit s'appuyer sur des éléments analogues et concourir à un but semblable ; or, comme la poursuite des contraventions aux lois qui régissent le service de l'administration ne donne pas lieu d'ordinaire à une instruction judiciaire préalable, les tribunaux correctionnels étant saisis de plein droit par les conclusions des procès-verbaux, c'est aux chefs de la localité à suppléer, par leurs propres et immédiates investigations, à l'absence des renseignements que le ministère public n'aura pu se procurer directement. Ces renseignements seront produits à l'audience indiquée par le procureur du Gouvernement pour l'appel de la cause, et si, par quelques circonstances extraordinaires, notamment si les enfants mis en prévention demeuraient à l'étranger, il n'avait pas été possible de compléter, dans le délai de l'assignation,

L'action civile ne se prescrit que par trente ans.

Mais si l'action civile est dirigée pour raison de dommages résultant d'un crime, elle se prescrit par dix ans, comme l'action publique, même après la condamnation intervenue sur l'action publique. (*A. de C. du 3 août 1841 ; Doc. lith., n° 98.*)

1083. — *Montant des amendes.* Les amendes que d'anciennes lois ont édictées en livres tournois sont prononcées en francs sans aucune réduction. (*A. de la C. de Douai .du 29 septembre 1837 ; Circ. n° 1660, et Jug. des trib. civils de Coutances et d'Hazebrouck des 12 et 29 août 1840 ; Doc. lith., n° 76 et 77.*)

Les' amendes de droits multiples, c'est-à-dire la peine du double, du triple droit, etc., ne sont jamais prises en dehors du simple droit dû au Trésor ; ce droit y est toujours compris. (*Déc. du 11 juin 1838 ; Doc. lith., n° 12.*)

La loi n'a point assigné de limite à l'action des douanes, et les tribunaux ne peuvent se dispenser de prononcer les peines requises contre les auteurs régulièrement reconnus d'un fait d'importation, quelque minime qu'en soit l'objet. (*A. de C. du 31 juillet 1841 ; Circ. n° 1877.*) *V.* n° 1040 et 1086.

Indépendamment de l'amende, les tribunaux doivent prononcer le payement d'une somme égale à la valeur des marchandises dont l'introduction illicite a été consommée. (*Déc. du 6 juillet 1841.*) *V.* n° 420 et 1037.

C'est le prix courant, *en France,* des marchandises saisies ou de celles analogues en qualité qui doit servir de base à l'estimation. (*Circ. du 21 avril 1815, n° 13.*)

Des experts nommés par le délinquant et la douane peuvent procéder contradictoirement à cette estimation. Quand il y a lieu de provoquer l'expertise devant le tribunal, l'administration doit faire prendre à l'audience des conclusions *additionnelles* tendantes *à ce qu'il plaise aux juges : 1° lui donner acte de la nomination qu'elle fait, dès à présent, au nom de la douane, du sieur N..., expert, à l'effet de*

---

les informations dont il s'agit, il conviendrait de solliciter, pour obtenir ce complément d'instruction, une remise que les tribunaux se montreraient sans doute disposés à accorder.

En tous cas, lorsque la défense élève la question de discernement en excipant de l'âge de l'enfant, le receveur qui représente l'administration doit demander qu'il soit justifié de cet âge par la production d'un acte de naissance régulier, et, dans le .cas où il s'agit d'enfants notoirement employés au métier de la contrebande, alors que l'on est autorisé à prévoir par la direction des débats que les prévenus pourront être acquittés, ce receveur doit se mettre en rapport avec le procureur du Gouvernement, à l'effet d'obtenir, par son concours, que le tribunal ordonne le renvoi de l'enfant dans une maison de correction, suivant la faculté et la limite que règle à cet égard l'art. 66 du Code pénal.

Il est un dernier point sur lequel l'administration appelle l'attention spéciale des chefs du service. Aux termes de l'art. 1384 du Code civil, les parents ou les maîtres des enfants arrêtés sont, dans les conditions énoncées, civilement responsables des condamnations pécuniaires, *V.* n° 33. A l'effet de garantir l'efficacité du recours que la loi accorde sous ce rapport à l'administration, il convient de ne jamais négliger de faire donner une citation directe et spéciale, *V.* n° 1175, formule 26, aux parents solvables ou aux maîtres des jeunes prévenus pour le jour assigné par le ministère public au jugement de la contravention, et de prendre à l'audience des conclusions expresses et distinctes sur ce point. La citation dont il s'agit doit être délivrée à la requête de l'administration, et, pour la conservation de ses intérêts civils, dans la même forme que la citation principale aux prévenus. Les préposés doivent, autant que possible, la notifier eux-mêmes, suivant le mandat qu'ils ont reçu à cet effet de l'art. 18 du titre 13 de la loi du 22 août 1791. (*Circ. du 8 juillet 1842, n° 1923.*)

*procéder à l'estimation des marchandises saisies; 2° ordonner que, dans trois jours,
la partie adverse sera tenue d'en nommer un autre, sinon, et faute par elle de ce
faire, qu'il sera passé outre à ladite estimation par l'expert de l'administration et par
tel autre qu'il plaira au tribunal indiquer d'office par le jugement à intervenir.* (Circ.
des 7 mai 1815, n° 22, et 23 septembre 1816, n° 208.)

Les juges peuvent arbitrer la valeur des marchandises qui sert de base à l'amende
d'après les éléments que leur présente l'instruction ; aucune loi ne leur impose à cet
égard l'obligation de faire connaître les bases de leur estimation. (*A. de C. du
4 mars 1841 ; Doc. lith., n° 90.*)

Les receveurs ou agents des douanes peuvent seuls opérer le recouvrement des
amendes et doubles droits. (*Circ. du 1er floréal an V.*)

1084. — *Décime.* Les amendes prononcées pour contravention aux droits de douane
ou sur les sels sont passibles du décime au profit du Trésor. (*Loi du 6 prairial
an VII, art. 1er, et du 28 avril 1816, art. 17 ; Déc. min. du 9 février 1808 ; Circ.
du 16.*)

Le décime est dû au Trésor sur les sommes payées, par transaction, pour tenir
lieu, en toute matière, d'amendes ou de doubles droits. (*Circ. du 20 septembre 1827,
n° 1061 ; Déc. min. du 21 août 1832 ; Circ. du 22, n° 1343, et Circ. du 6 décembre
1832, n° 1357.*)

1085. — *Mainlevée.* Les tribunaux ne peuvent donner mainlevée provisoire des
marchandises saisies. Cette mainlevée ne doit être prononcée que lorsqu'il est statué
définitivement sur l'instance entamée. (*Loi du 22 août 1791, titre 12, art. 2.*)

1086. — *Modération des condamnations.* Les juges ne peuvent modérer ni les
droits, ni la confiscation, ni l'amende, non plus qu'en ordonner l'emploi au préjudice
de l'administration, sous peine d'en répondre personnellement. (*Lois des 22 août
1791, titre 12, art. 4 ; 4 germ. an II, titre 6, art. 23, et 9 flor. an VII, titre 4, art. 17.*)

La prise à partie est le seul moyen d'obtenir des dommages-intérêts contre un
magistrat ou un juge. (*A. de C. du 25 août 1835.* (*V. Code de proc. civile, art. 509
et 516.*)

Il est expressément défendu aux tribunaux d'excuser les contrevenants sur l'intention. (*Loi du 9 floréal an VII, titre 4, art. 16.*)

La preuve de non-contravention ne peut résulter d'une simple allégation du prévenu ; il est défendu aux juges d'y suppléer par leur propre appréciation. (*A. de la C.
de Colmar du 31 août 1858 ; Doc. lith. de 1861, n° 216.*)

L'administration seule a le droit de remettre ou de modérer les condamnations
encourues. (*A. de C. des 11 juin 1818, 21 juillet 1827, 20 juillet 1831 et 31 juillet 1841 ;
Circ. n° 1877.*)

Les tribunaux ne peuvent ordonner une information sur des faits nettement établis
dans un procès-verbal régulier non argué de faux, ni prescrire une enquête qui tendrait à rechercher quelle a pu être l'intention du contrevenant. (*A. de C. du 14 avril
1841 ; Circ. n° 1863.*)

Les juges ne peuvent non plus faire ni admettre aucune supposition contraire à la
teneur d'un procès-verbal non argué de faux. V. n° 1037.

Il est interdit aux tribunaux de prononcer sur une question préjudicielle quand
elle est du ressort de l'autorité administrative. (*A. de C. du 9 fructidor an VIII,
motivé sur l'art. 13, titre 2, de la loi du 24 août 1790.*)

Les lois pénales ne font point de distinction entre les contrevenants et les délinquants. (*A. de C. du 2 vendémiaire an XI.*)

1087. — *Revendication.* Les objets saisis pour fraude ou confisqués (par jugement),
non plus que le prix, qu'il soit consigné ou non, ne peuvent ni être revendiqués par
les propriétaires, ni réclamés par aucuns créanciers, même privilégiés, sauf leur
recours contre les auteurs de la fraude. (*Loi du 22 août 1791, titre 12, art. 5.*)
V. nos 33 et 1080.

Il en est ainsi alors même que le procès-verbal a été rédigé contre des inconnus (*A. de C. des 7 brumaire an VII et 7 août 1837*; *Circ.* n° 1658), et quelque forme qu'emprunte la revendication, action directe, opposition, tierce opposition. (*A. de C. du 19 mars 1841.*)

Pour les privilèges de l'administration, V. n° 38.

1088. — *Preuves de non-contravention.* Dans toute action sur une saisie, les preuves de la non-contravention sont à la charge du saisi. (*Loi du 4 germinal an II, titre 6, art. 7.*)

Ainsi, dans une vérification ordonnée afin de constater si le lieu de la saisie est ou non dans la ligne, la douane ne peut être forcée de contribuer aux avances exigées par les experts pour opérer le toisé. (*A. de C. du 1er février 1811.*)

1089. — *Saisies non fondées.* Lorsqu'une saisie n'est pas fondée (1), le propriétaire des marchandises a droit à une indemnité fixée à raison de 1 p. 0/0 par mois de la valeur des objets saisis, depuis l'époque de la retenue jusqu'à celle de la remise ou de l'*offre* qui lui en a été faite. (*Loi du 9 floréal an VII, titre 4, art. 16.*) V. n° 33.

L'invalidité d'une saisie ne peut donner lieu à d'autre indemnité qu'à celle de 1 p. 0/0 par mois, sans que l'administration ait à répondre des conséquences immédiates et indispensables de la saisie, de dommages auxquels la privation de la marchandise a pu exposer les saisis ou de la différence entre la valeur de la marchandise au jour de la saisie et au jour de la restitution. (*A. de C. des 16 ventôse an IX, 24 juin et 29 décembre 1808 et 12 novembre 1839*; *Doc. lith.*, n° 85.)

Mais quand la réclamation porte sur d'autres causes que les résultats immédiats et indispensables de la saisie, telles que la détérioration, le dépérissement ou la perte des marchandises procédant du fait des préposés et dont l'administration serait civilement responsable, celle-ci pourrait être condamnée à des dommages-intérêts arbitrés par les tribunaux d'après la nature et l'importance du dommage. (*A. de C. du 30 août 1822, relatif aux contributions indir., et du 12 novembre 1839*; *Doc. lith.*, n° 85.)

Si un navire a été indûment retenu ou séquestré, le propriétaire ou capitaine, sans distinction de nationalité, a droit à une indemnité proportionnée à la durée de la détention et aux dépens qu'elle lui a occasionnés. Cette sorte d'indemnité, n'étant déterminée par aucune loi, est fixée à dire d'experts commis à cet effet par le tribunal (*A. de C. du 2 messidor an XI*), ou bien de gré à gré, entre l'administration et la partie, s'il y a transaction amiable. (*Déc. du 12 août 1850.*)

L'arrestation d'un prévenu, quand elle est la suite d'une saisie faite, selon le vœu de la loi, par les préposés des douanes, n'est pas une arrestation arbitraire et ne saurait recevoir ce caractère de la nullité commise dans la forme du procès-verbal; dès lors il n'en peut résulter aucun droit à une indemnité au profit de l'individu arrêté. (*A. de C. du 30 août 1822*; *Circ.* n° 756.)

Lorsque les marchandises ont été provisoirement vendues sur requête du juge, en vertu des dispositions rappelées au n° 1109, l'administration ne peut être tenue à restituer que le prix de vente. (*A. de C. du 28 décembre 1835*; *Circ.* n° 1535.)

Les sommes allouées pour tous *dommages-intérêts* ne portent intérêt, en cas de retard, qu'à partir du jour de la mise en demeure de les acquitter. (*Avis du conseil judiciaire de l'admin. du 12 mars 1846*; *Doc. lith.*, n° 171.)

La supputation des intérêts se fait jour par jour, suivant le calendrier grégorien, et comprend non-seulement le jour de la mise en demeure de payer, mais encore le jour où s'effectue la libération du débiteur. S'il existe un excédant de payement

---

(1) C'est-à-dire annulée au fond et par suite illégale. (*Déc. du 12 août 1850.*) Pour les cas de nullité des procès-verbaux, V. n° 1041.

résultant d'une simple erreur de calcul, elle peut être rectifiée et donner ouverture, devant le tribunal de paix, à une action en répétition. (*Art.* 584, 586, 1153, 1257, 1259 *et* 1376 *du Code civil,* 132 *du Code de commerce, et Déc. du* 28 *avril* 1851.)

1090. — *Enregistrement.* Les jugements en matière de douane doivent être enregistrés.

Ils sont assujettis à des droits différents d'enregistrement selon qu'ils sont rendus par des tribunaux jugeant en *matière civile* ou par des tribunaux statuant en matière de *police.*

Les jugements des tribunaux *de paix* sont soumis au droit fixe de 1 fr. (*Loi des* 22 *frimaire an VII, art.* 68, § 2, n° 5, *et* 28 *avril* 1816, *art.* 39 ; *Circ. du* 6 *octobre* 1852, n° 66, *et Circ. man. du* 15 *mars* 1860), même lorsqu'ils prononcent une amende pour injures envers les préposés. (*Circ. du* 10 *août* 1850, n° 2402.)

Les autres jugements en matière de douane sont assujettis au droit fixe de 1 fr., conformément à l'article 68 de la loi du 22 frimaire an VII. (*Déc. min. du* 24 *juin* 1830 ; *Circ. du* 19 *juillet suivant,* n° 1218.) (1).

1091. — *Frais.* En toute matière, civile, de simple police, correctionnelle ou criminelle, la partie qui succombe est toujours condamnée aux frais (déboursés accessoires) et dépens (frais pour la suite judiciaire), même envers la partie publique. Les dépens sont liquidés par le jugement. (*Code de procéd. civile, art.* 130 ; *Code d'instr. crim., art.* 162, 194 *et* 368.)

La condamnation aux frais est prononcée, dans toutes les procédures, solidairement, contre tous les auteurs et complices du même fait, et contre les personnes civilement responsables du délit. (*Décret du* 18 *juin* 1811, *art.* 156.)

La solidarité pour les dépens, *V.* n° 1081, peut être prononcée contre tous les prévenus que l'arrêt déclare avoir fait partie d'une même entreprise de contrebande. Il s'agit là non de faits isolés et accidentels, mais d'une série de faits identiques, accomplis par plusieurs agissant dans un même intérêt, d'après un plan organisé, et obéissant à une même direction. (*Arrêt de C. du* 12 *août* 1859 ; *Circ. du* 14 *février* 1860, n° 625.)

Alors même que les amendes sont individuelles, les frais de poursuites faites séparément contre l'un des condamnés, et demeurés irrecouvrables, ne doivent pas

_____

(1) Il en est de même pour les jugements statuant à l'égard de plusieurs coprévenus, condamnés ou acquittés (*Déc. de l'admin. de l'enregistr. du* 5 *avril* 1831), ou portant condamnation à un double droit de douane (*Déc. de la même admin. du* 28 *juillet* 1831), et pour les jugements de mainlevée (*Déc. min. du* 2 *juin* 1828 ; *Circ. du* 12 *juillet* 1836, n° 1549) ou d'incompétence. (*Déc. de l'admin. de l'enregistr. du* 2 *juin* 1838 ; *Doc. lith.,* n° 7.)

Les jugements prononçant des *confiscations* ne sont, comme ceux qui prononcent des amendes, assujettis qu'au droit fixe. Ce droit n'est dû que sur le jugement même, de telle sorte que, soit qu'il y ait amende seulement ou confiscation, soit qu'il y ait tout à la fois l'une et l'autre, il ne peut jamais être exigé qu'un seul droit. (*Déc. min. du* 24 *juin* 1830 ; *Circ. du* 19 *juillet suivant,* n° 1218.)

La perception du droit est applicable aux jugements qui rejettent les conclusions de la douane aussi bien qu'à ceux qui prononcent une condamnation à son profit. (*Circ. du* 12 *juillet* 1836, n° 1549.)

Il est dû autant de droits fixes qu'il y a de procès-verbaux distincts de *minuties* sur lesquels le même jugement collectif a prononcé. (*Déc. du* 26 *juin* 1841.)

Il n'est dû qu'un droit d'enregistrement sur un jugement qui, bien que prononçant des amendes *individuelles* contre les prévenus, condamne ceux-ci *solidairement* aux frais du procès. (*Déc. du* 22 *janvier* 1845 ; *Doc. lith.,* n° 154.)

moins être imputés sur les recouvrements obtenus des autres parties. (*Déc. du* 15 *janvier* 1855.)

Les frais de transport nécessaires (ou d'expertise) doivent être avancés par la partie requérante. (*Code de procéd. civile, art.* 301.)

Les honoraires des avocats restent toujours à la charge de ceux qui les emploient. (*Code de procéd. civile; A. de C. du* 26 *mars* 1827, *et Déc. du* 6 *octobre* 1838; *Doc. lith.*, n° 21.)

La condamnation contre l'administration aux 4/5⁰ˢ des frais d'appel, lorsqu'elle ne porte pas taxe de ces frais, ne peut pas être considérée comme comprenant les émoluments dus à l'avocat de la partie adverse, lesquels doivent rester à la charge de celle-ci. (*A. de C. du* 18 *octobre* 1837.)

Les frais d'emballage et de transport des marchandises, du lieu de l'arrestation jusqu'au bureau où le dépôt doit en être opéré, ayant pour objet de satisfaire aux prescriptions de la loi, sont, par leur nature, susceptibles d'être admis *en taxe*. Il y a lieu d'en faire acquitter le montant par le prévenu, soit que, sur les conclusions formelles du receveur, ils aient été liquidés par le jugement, soit que, s'il y a transaction, la clause de ce remboursement ait été insérée dans l'acte d'arrangement. (*Circ. du* 11 *avril* 1835, n° 1483.) (1).

Il en est de même du timbre et de l'enregistrement de la transaction quand celle-ci doit être enregistrée. (*Déc. du* 25 *avril* 1842), comme du timbre et de l'enregistrement de la décision du jury dans les saisies à l'intérieur. (*Déc. du* 4 *déc.* 1841.)

---

(1) Mais les frais de transport d'un bureau sur un autre pour la sûreté des marchandises saisies ou pour obtenir une vente plus avantageuse, tombent à la charge de la saisie (*Circ. du* 25 *octobre* 1798, *et Circ. man. des* 24 *septembre* 1833 *et* 30 *janvier* 1837.)

Quand les receveurs des bureaux frontières adressent à leur collègue, pour des affaires dont ils sont comptables et qui sont de nature à se terminer à Paris, l'état des frais avancés, ils n'y comprennent que les frais dont ils ont réellement effectué le payement. (*Circ. lith. du* 23 *décembre* 1846.)

Les frais de quarantaine des marchandises saisies et des préposés saisissants sont à la charge des prévenus. (*Déc. du* 25 *janvier* 1835.)

Quand une saisie, indûment constatée à la requête des contributions indirectes, se trouve ramenée par les tribunaux sous l'application de la loi des douanes, cette dernière administration devient passible, sauf son recours contre qui de droit, de tous les frais que l'affaire a occasionnés, même de ceux relatifs à la première procédure irrégulièrement engagée. (*Déc. du* 18 *septembre* 1840.)

Les frais occasionnés par les saisies de tabac et de poudre à tirer effectuées à l'importation sont à la charge de l'administration des douanes dans tous les cas où ils tombent en non-valeur. (*Déc. min. du* 9 *janvier* 1829; *Circ. du* 22, n° 1141.)

Les frais de poursuite pour les délits de la pêche sont à la charge du Département de la justice. (*Circ. du* 6 *janvier* 1835, n° 1476.)

Aux termes de l'art. 601 du Code d'instruction criminelle, les greffiers près des tribunaux adressent, tant au Département de la justice qu'à celui de l'intérieur, un état des individus condamnés par la juridiction correctionnelle ou criminelle, soit à l'emprisonnement, soit à une peine plus forte. L'envoi de ces états étant une mesure étrangère à l'instruction, et dont l'unique but est de satisfaire à un intérêt d'ordre administratif et de police générale, l'administration ne peut, en aucun cas, être tenue de la dépense qui en résulte dans les affaires de douanes. Cette dépense est à la charge du Département de la justice. (*Déc. de M. le Min. de la justice du* 5 *décembre* 1842; *Circ. du* 11 *janvier suivant*, n° 1953.)

Les cachets apposés, dans certaines circonstances, sur les marchandises capturées, rentrant dans l'accomplissement d'une formalité imposée par la loi, sont à la charge de la partie condamnée, ou, à défaut, à celle de la saisie, et, en cas d'insuffisance, au compte du Trésor. Le prix est de 5 centimes par cachet. (*Circ. du 15 juin 1823, n° 811, et Déc. du 26 décembre 1849.*)

Les frais de l'expédition, de la signification d'un jugement par défaut et de l'opposition, demeurent à la charge du prévenu. (*Code d'instruct. crim., art.* 187.)

Les frais de mise en fourrière, *V.* n° 1031, font partie des frais de justice. (*Décret du 18 juin 1811, art.* 2, § 5.)

Lorsque, en matière civile ou correctionnelle, les prévenus n'acceptent pas la mainlevée des animaux saisis ou n'offrent pas une caution solvable, la mise en fourrière devient une formalité indispensable dont les frais demeurent à leur charge. Toutefois, comme l'art. 39 du décret du 18 juin 1811 fixe à huit jours au plus la durée de cette mise en fourrière, les frais qu'elle occasionne ne peuvent être répétés que pour ce temps. (*Circ. du 2 septembre* 1841, n° 1870.)

Lorsqu'un préposé a succombé à la suite d'un accident occasionné par un tiers, les frais (actes extra-judiciaires, avoué, jugement) de l'action en dommages-intérêts engagée contre celui-ci, au nom de la veuve, sont, pour toutes les instances, acquittés par la partie condamnée, sauf les honoraires des avocats. Si l'accident est arrivé dans l'exécution d'un service commandé, l'administration prend à sa charge, sur la proposition du directeur, les honoraires de l'avocat de la famille du préposé. Dès que le payement en est effectué, sur autorisation, on provoque l'allocation en dépense, selon le mode réglementaire. (*Déc. du 5 mars* 1864.)

1092. — Un droit fixe pour tenir lieu du port des lettres et paquets (compris par le § 11 de l'art. 2 du décret du 18 juin 1811 dans les frais de justice correctionnelle ou criminelle) est perçu, après chaque jugement définitif, suivant le tarif ci-après :

		fr.	c.
Affaire de simple police,	portée directement à l'audience	»	20
—	jugée en appel	1	»
—	portée à l'audience après instruct.	1	20
—	jugée sur appel	2	60
—	jugée en cassation	6	40
Affaire correctionnelle,	portée directement à l'audience	2	»
—	jugée en appel	4	40
—	portée à l'audience après instruct.	3	»
—	jugée sur appel	5	20
—	jugée en cassation	9	60
Affaire criminelle, devant la haute Cour	}	25	»
—	devant la Cour d'assises		
—	en cassation	16	»

(*Loi de finances du 5 mai* 1855, *art.* 18 ; *Circ. du 13 février* 1856, n° 349.)

Cette taxe fixe est perçue distinctement suivant le tarif autant de fois que l'affaire a parcouru de degrés de juridiction. (*Lettre du Direct. général des Postes du 12 octobre* 1858 ; *Doc. lith. de* 1861, n° 217.)

Elle est exigée qu'il y ait ou non transport effectif de correspondance. (*Déc. du 15 mai* 1856.) Il suit de là que les pièces de procédure doivent circuler sans frais, par la voie de la poste, sous le couvert de MM. les procureurs du Gouvernement. (*Déc. du 16 mai* 1856.)

Elle est due dans les affaires contre inconnus ou de minuties portées à l'audience. (*Déc. du 14 mai* 1856.)

Dans tous les cas, la taxe n'est acquittée que lorsqu'elle est comprise dans un exécutoire délivré par le greffier ; c'est aux tribunaux à décider s'il y a lieu à cumul dans les affaires qui ont parcouru divers degrés de juridiction. (*Déc. du 15 mai* 1856.)

Les affaires de compétence civile sont affranchies de ce droit fixe. (*Déc. du 12 septembre* 1856.)

Le montant de ce droit fixe est recouvré par les receveurs des douanes et versé dans la caisse des directeurs des postes, sans l'intermédiaire des receveurs de l'enregistrement. (*Circ. du 13 février* 1856, n° 349.)

On ne doit faire le versement que des droits effectivement acquittés par la partie condamnée. En cas de recouvrement partiel des frais judiciairement liquidés, il n'y a lieu d'appliquer à ces droits que l'excédant des sommes reçues sur celles avancées pour dépens. (*Circ. du 5 mai* 1856, n° 376.)

Les receveurs de douane doivent veiller à ce que ces droits fixes soient liquidés distinctement. (*Circ. de la compt. gén. du 15 juin* 1856, n° 70.)

Que les receveurs fassent ressortir les ports de lettres et paquets sur l'état des frais à soumettre à la taxe des juges, ou que les greffiers en déterminent le montant à la suite des expéditions ou des extraits de jugements, le service a le moyen de s'assurer de l'application exacte du tarif. (*Lettre de la compt. gén. du 14 août* 1856.)

Les receveurs des douanes établissent, le 1er des mois de janvier, d'avril, de juillet et d'octobre, le relevé, conforme au modèle annexé à la Circ. n° 376, par nature d'affaires, des droits de postes qu'ils ont perçus en exécution de la loi du 5 mai 1855 et en vertu d'une exécution délivrée par les greffiers (*Déc. du* 15 *mai* 1856) pendant la période trimestrielle écoulée.

Ce relevé est adressé, en double expédition, par l'intermédiaire des inspecteurs divisionnaires, et soumis au visa du directeur des douanes. Une des expéditions est renvoyée au receveur pour justifier la dépense; l'autre est remise à l'inspecteur des postes, chargé de la faire parvenir au receveur des postes, qui en fait toucher le montant par le facteur et en donne quittance en toutes lettres. Le directeur des douanes envoie d'ailleurs à l'inspecteur des postes un état sommaire et récapitulatif des relevés fournis par tous les receveurs du département. (*Arrêté min. du 21 septembre* 1855; *Circ. du 3 mai* 1856, n° 375.)

Est valable la quittance d'un facteur autorisé à cet effet par le directeur des postes. (*Déc. du 28 juin* 1856.)

1093. — Dans le cas où des fraudeurs arrêtés, *V.* n° 1028, note *e*, se trouvent, par une cause quelconque, hors d'état de faire à pied le trajet du lieu de l'arrestation à la maison d'arrêt où ils doivent être écroués, il doit être procédé, par voie de réquisition, à la fourniture d'une voiture. (*Décret du 18 juin* 1811, *titre* 1er, *art.* 4, 5, 6.)

Toutes les fois qu'un fraudeur arrêté devra être conduit en voiture à la maison d'arrêt, il doit être remis au maire, duquel on réclame la réquisition de cette voiture, un bulletin énonçant qu'il s'agit d'un prévenu de contravention *aux lois de douanes.* Pareil bulletin devra, à tout événement, être remis aux mains de la gendarmerie quand la conduite du prisonnier sera confiée à cette arme. Les inspecteurs devront se mettre en rapport avec les maires des communes situées sur la route conduisant aux maisons d'arrêt de leurs divisions respectives, pour obtenir de ces magistrats qu'ils veuillent bien annexer le *bulletin* dont il vient d'être parlé à leur réquisition, afin de mettre l'agent local du transport en mesure de reconnaître la catégorie dans laquelle rentrera la dépense occasionnée par la fourniture. (*Circ. du 27 janvier* 1847, n° 2155.)

Les frais occasionnés par le transport doivent, sur justification, être compris dans la liquidation à requérir et dont le jugement fixe le montant. (*Déc. du 16 septembre* 1859.)

Le payement de ces frais est effectué par le receveur principal des douanes à Paris, pour le compte de ses collègues, à vue de bordereaux trimestriels transmis par l'administration, et sur la production des ordres de fourniture repris dans ces bordereaux. Il est recommandé aux receveurs de donner immédiatement avis aux directeurs de tous les ordres de fournitures de transport exécutés dans leur arrondissement pour le service des douanes (*Circ. du* 13 *juillet* 1850, n° 2397), ou des retards qu'éprouve la production des pièces afin que l'administration puisse prendre les mesures nécessaires pour régulariser l'état des choses. (*Circ. lith. du* 17 *janvier* 1856.)

Les receveurs doivent toujours prendre d'office, avant de procéder à la liquidation des affaires, des renseignements précis touchant le mode de tradition des prévenus dans la maison d'arrêt. Ces comptables seront personnellement responsables des frais de transport qui, non signalés et répétés après la mise en répartition du produit des affaires, ne pourraient être recouvrés sur la partie condamnée. (*Circ. du* 27 *janvier* 1847, n° 2155.)

L'entreprise générale des convois de prévenus étant supprimée, il a été pris par les Ministères intéressés des mesures d'après lesquelles il doit y avoir dans chaque gîte d'étape un entrepreneur qui, sans marché et par tacite convention, est le transporteur privilégié auquel tous les services publics peuvent s'adresser dans le cas de transport à effectuer par voitures à colliers.

Les receveurs de douane doivent s'informer, aussi exactement que possible, du nom et de la demeure des transporteurs qui se trouveraient ainsi établis dans l'étendue de leur circonscription, et ce serait à ceux-ci qu'ils auraient à recourir, le cas échéant. A défaut, ils devraient eux-mêmes faire opérer pour le compte de l'administration, soit par voitures, soit par chemin de fer, le transport des prévenus arrêtés. (*Circ. du* 30 *août* 1861, n° 789.)

Les frais pour transport de fraudeurs rentrent dans la catégorie des dépens mis par le jugement à la charge de la partie condamnée, mais dont l'administration demeure civilement responsable en cas d'insolvabilité de cette partie. Ils sont alors imputés sur le produit des affaires, ou, à défaut, sur le budget de l'administration.

Nota. Les frais de détention sont à la charge des départements. Il est, en effet, d'un haut intérêt pour les départements que les habitudes de contrebande qui pourraient démoraliser les populations soient fermement contenues.

1094. — Ceux qui se sont constitués parties civiles, soit qu'ils succombent ou non, soit personnellement tenus des frais d'instruction, expédition et signification des jugements, sauf leur recours contre les prévenus ou accusés condamnés, et contre les personnes civilement responsables du délit. (*Décret du* 18 *juin* 1811, *art.* 157.)

La qualité de plaignant est distincte de celle de partie civile; celle-ci ne s'acquiert que par une déclaration expresse.

Dans une instance criminelle, quiconque se porte partie civile assume la responsabilité de l'instance et est condamné aux frais en cas d'acquittement du prévenu. (*Code d'instr. crim., art.* 66.)

Est assimilée aux parties civiles toute régie ou administration publique relativement aux procès suivis soit à sa requête, soit même d'office et dans son intérêt. (*Décret du* 18 *juin* 1811, *art.* 158.)

Mais cet intérêt ne doit jamais s'entendre que de l'intérêt *matériel et pécuniaire* que les administrations publiques peuvent avoir à la condamnation des délinquants poursuivis à la requête du ministère public. (*A. de C. du* 19 *mars* 1830; *Circ. du* 8 *avril suiv.*, n° 1210.)

Quand ces poursuites peuvent amener une recette au profit des administrations publiques, il est juste que les frais soient à la charge de celles-ci, qu'elles aient ou non pris la qualité de partie civile; mais il ne doit pas en être ainsi dans les instances relatives aux délits non prévus par les lois fiscales, et dont la répression, tout en présentant un intérêt moral à ces administrations, est provoquée principalement dans l'intérêt général de la société. L'art. 158 ne doit donc être appliqué aux administrations publiques que dans les instances qui sont suivies en vertu des lois spéciales relatives à ces administrations. Quant aux frais des procédures étrangères à ces lois spéciales, ils sont avancés par la régie de l'enregistrement pour le compte du ministère de la justice, sauf le cas où une administration publique intervient au procès et se constitue partie civile. (*Circ. de M. le Min. de la justice du 27 juin 1835; Circ. du 11 septembre suiv.*, n° 1506.)

Même dans le cas où la douane s'est abstenue d'intervenir en se déclarant partie civile, si le tribunal correctionnel condamne à l'amende sur les réquisitions d'office du ministère public, l'administration peut, par cela seul que son intérêt matériel et pécuniaire se trouve constaté, être responsable des frais irrecouvrables.

Elle ne saurait d'ailleurs convenablement désavouer l'intervention du ministère public, son auxiliaire naturel et permanent. (*Déc. du 24 février* 1842.)

1095. — Les frais des procès perdus restent à la charge du trésor. Il en est ainsi des frais relatifs aux procès-verbaux ou aux actes conservatoires non fondés. (*Déc. des 14 novembre 1842 et 19 janvier 1846.*)

Quand l'ordre a été donné de ne pas suivre, et à moins d'instruction contraire, le receveur rembourse à la partie intéressée les sommes qui peuvent lui être dues, sans que le jugement soit notifié au service, et il suffit pour compléter le dossier, au point de vue de la comptabilité, de lever un extrait de ce jugement. Dans ce cas, la rétribution due au greffier du tribunal n'est que de 40 centimes par rôle (*Loi du 30 nivôse an V, art.* 3) ou de 25 centimes par article, si, au lieu d'extrait, il est formé des états. L'extrait peut d'ailleurs être sur papier libre. (*Circ. du 28 septembre* 1812.)

Les frais de justice supportés par le trésor ou l'administration sont payés sur de simples mémoires des greffiers et huissiers. Ces mémoires, énonçant les articles du tarif qui en fixe la quotité, sont taxés par le président ou l'un des juges du tribunal en ce qui concerne les frais non taxés par le jugement, et revêtus du visa du directeur des douanes. (*Circ. du 21 janvier 1831, n° 1244.*)

Si le greffier se refuse à donner quittance des sommes minimes qui lui ont été payées pour des copies textuelles faites autrement que sous les formes prescrites pour donner un caractère authentique, on peut, afin d'éviter tout froissement, y suppléer par un certificat délivré par le receveur et visé par l'inspecteur divisionnaire, et par une copie certifiée de l'autorisation accordée à cet effet par l'administration. (*Déc. du 3 octobre* 1845.)

Bien que les frais de timbre des soumissions soient incontinent remboursés par les intéressés, ils doivent figurer dans les écritures du receveur.

Les frais provisoirement et directement payés par la douane sont portés aux avances à régulariser. (*Circ. du 8 juillet 1818, n° 407.*)

Lorsque des frais sont laissés à la charge du trésor, soit que le procès ait été perdu, soit en cas d'insolvabilité absolue du prévenu, les receveurs adressent à l'administration (bureau du contentieux), par l'intermédiaire du directeur, pour faire ordonnancer la dépense par délibération du conseil, un état de frais, série E, n° 61, en double expédition, avec les quittances et les autres pièces à l'appui, et une copie certifiée de la décision administrative portant autorisation d'acquiescer ou de provoquer la liquidation. (*Circ. man. du 23 octobre* 1837.)

Dans les autres affaires, les receveurs n'adressent à l'administration un état de frais, série E, n° 61, qu'autant qu'il en existe d'autres que ceux de timbre et d'enregistrement du procès-verbal et de la transaction (*Circ. du 11 octobre 1838, n° 1713*); et, si le remboursement de frais plus élevés a été intégralement effectué par le prévenu, ils n'ont pas à produire de pièces justificatives : l'état série E, n° 61, est seul nécessaire. (*Déc. du 25 septembre* 1852.)

Pour les frais à la charge du trésor, la liquidation portant ordonnancement doit être accompagnée de pièces justificatives; lorsque, au contraire, les frais ont été acquittés par le prévenu, il suffit que les décisions administratives dont il est produit une copie en énoncent le montant. V. n° 1134.

CHAPITRE III

EXÉCUTION DES JUGEMENTS.

SECTION PREMIÈRE

Règles générales.

1096. — Un jugement ne peut être exécuté qu'autant qu'il est définitif, c'est-à-dire qu'il a acquis force de chose jugée; en d'autres termes, qu'autant qu'il ne peut plus être attaqué, ni par opposition, ni par appel, et s'il s'agit d'un jugement émané des tribunaux correctionnels, ni par le recours en cassation, à moins toutefois que son exécution provisoire n'ait été expressément ordonnée.

Pour les jugements avant faire droit, V. n° 1075.

À moins de circonstances particulières et exceptionnelles, c'est au moyen d'un état série E, n° 75, adressé le 1er et le 16 de chaque mois à l'administration, que le directeur l'informe des jugements de première instance (justice de paix ou tribunal correctionnel) sur les contraventions et saisies constatées à la charge des prévenus connus, et provoque, s'il y a lieu, l'autorisation de suivre. (*Circ. du 28 août 1848, n° 2273.*)

Dans les autres cas, c'est-à-dire sur appel, dès qu'un jugement est intervenu contre des prévenus connus, le directeur en rend compte par lettre spéciale, et demande, s'il y a lieu, l'autorisation de suivre. (*Circ. lith. du 10 février 1846.*)

On ne comprend sur l'état de quinzaine : 1° ni les jugements dans les affaires que les chefs locaux prévoient devoir se terminer, sous un bref délai, par transaction, car alors il faut attendre que l'on soit en mesure de référer de l'arrangement; 2° ni ceux qui ont fait l'objet d'un rapport spécial. (*Circ. lith. du 4 octobre 1848.*)

Les jugements rendus sur des saisies contre inconnus ou pour minuties sont signifiés avant l'autorisation de l'administration. (*Déc. du 23 février 1843.*)

Les art. 7 et 8 du titre 12 de la loi du 22 août 1791 voulaient que les jugements portant confiscation de marchandises saisies sur des particuliers *inconnus* ne fussent exécutés qu'après avoir été affichés pendant un mois à la porte du bureau des douanes; mais cette disposition a été abrogée par les lois subséquentes concernant la matière. Son abrogation résulte surtout des art. 7 et 8 de la loi du 14 fructidor an III, dont les dispositions, relatives à l'exécution des jugements rendus contre une partie *nommée ou inconnue*, sont inconciliables avec celles desdits art. 7 et 8, et ne parlent plus de la nécessité de cette affiche. (*A. de C. du 19 mars 1841.*)

Aux termes de l'art. 203 du Code d'instruction criminelle, les jugements par défaut ou contre inconnus, en matière correctionnelle, ne deviennent définitifs que dix jours après la signification qui en a été faite et l'apposition de l'affiche à la porte du tribunal, et si, dans l'intervalle, aucune opposition (recevable seulement dans les cinq premiers jours) ni aucun appel n'a été formé par la partie intéressée. (*Circ. du 14 juillet 1842, n° 1924.*) Aussi ces jugements doivent-ils toujours être levés et signifiés. (*Circ. du 6 thermidor an IX.*)

Les jugements contre inconnus ou pour minuties sont portés à la connaissance de l'administration, le 1er et le 16 de chaque mois, par un état, série E, n° 75, qui ne doit comprendre que les jugements signifiés et alors que quinze jours se sont écoulés depuis celui où ces jugements sont devenus définitifs. Cet état est renvoyé au directeur revêtu de l'autorisation de les faire exécuter. (*Circ. des 20 janvier 1831, n° 1243, et 28 août 1848, n° 2273.*)

S'il s'agit de former opposition ou d'interjeter appel, le directeur donne éventuellement des ordres pour que, en attendant la réponse de l'administration, le receveur agisse avant l'expiration des délais légaux.

Quand le jugement offre de l'intérêt au point de vue des principes, et soit lorsqu'il rend compte, soit postérieurement, aussitôt qu'on a pu se la procurer, le directeur en envoie une copie textuelle à l'administration. Cette copie peut être sur papier libre. (*Circ. lith. du 29 janvier* 1834.)

Il doit informer immédiatement l'administration de tout appel émis par les prévenus, quel que soit le motif de l'appel. (*Déc. du 17 septembre* 1841.)

1097. — L'autorisation donnée par l'administration de faire exécuter un jugement de condamnation intervenu contre un contrevenant implique celle de recevoir les amendes et autres réparations pécuniaires adjugées, et d'en répartir le produit conformément aux règlements. Mais, dans sa forme restreinte, elle ne peut s'étendre aux poursuites à exercer contre le redevable *dans sa personne ou dans ses biens*, sauf le cas où, s'agissant d'une affaire de compétence correctionnelle ou criminelle, le délinquant se trouve déjà sous les verroux ; car alors l'autorisation d'exécuter emporte de plein droit celle d'effectuer, s'il y a nécessité, soit la recommandation sur l'écrou du condamné, soit la ratification de la mesure prise *d'office* à cet effet, *V.* n° 1104, si la brièveté du délai l'avait rendue nécessaire. Mais, hors cette exception, il ne doit jamais être procédé à l'exercice de la *contrainte par corps* aux fins civiles, ou à une *saisie* mobilière ou immobilière contre un condamné, qu'après que l'administration a *expressément* donné l'autorisation de recourir à ces moyens rigoureux. Pour l'obtenir, les directeurs doivent, soit dès le principe, soit par une communication ultérieure et spéciale, présenter les considérations susceptibles de justifier leur conclusion à ce sujet. Et, quand le condamné à une peine pécuniaire n'offre aucune solvabilité, ils doivent faire connaître s'il existe une raison d'exercer la contrainte par corps.

Dans un certain nombre d'affaires, les circonstances de la capture ou les énonciations du procès-verbal donnent ouverture à des actions incidentes qu'il peut y avoir des raisons de suivre ou d'abandonner, mais dont la solution doit toujours être justifiée au dossier; tels sont, entre autres, les recours ouverts soit contre les personnes civilement responsables, soit contre les complices ou les intéressés d'une manière quelconque à la fraude. Les directeurs ne doivent jamais négliger de fixer l'administration, en rendant compte des affaires, sur les motifs qui leur auront paru justifier l'exercice ou l'abandon des droits ouverts à cet égard ; et l'autorisation d'exécuter, dans ces termes, le jugement intervenu, emporte alors de plein droit la ratification de la direction imprimée à la poursuite sous les diverses phases qu'elle pourrait offrir dans l'espèce. (*Circ. lith. du 10 février* 1846.)

1098. — Toute exécution de jugement doit être précédée de la signification de ce même jugement dans les formes légales. (*Code de procédure, art.* 147.) *V.* n° 1175, formules 29 à 32.

Les jugements rendus en matière de douanes sont signifiés soit à la partie saisie, soit à l'administration. Les significations à la partie sont faites à son domicile si elle en a un réel ou élu dans le lieu de l'établissement du bureau (de dépôt des marchandises, ou, à défaut de dépôt, du bureau où ce procès-verbal a été clos), sinon, ou si la partie est inconnue, au maire de la commune. Les significations à l'administration des douanes sont faites à la personne et au domicile du préposé qui la représente (receveur indiqué dans le rapport comme poursuivant). (*Loi du 14 fructidor an III, art.* 2.)

Cet article ne s'applique qu'à la signification des jugements rendus en matière civile, que les condamnés soient connus ou inconnus. Les significations des jugements correctionnels sont assujetties aux règles du droit commun. (*A. de C. du 6 janvier* 1836 : *Circ.* n° 1546.)

En matière correctionnelle, la signification des jugements contradictoires n'est pas nécessaire puisqu'ils deviennent définitifs par l'expiration des délais d'appel ou de pourvoi en cassation. Quant aux jugements rendus par défaut, voici les différentes hypothèses dans lesquelles l'administration peut se trouver placée :

1° Lorsque le domicile du condamné est connu, le jugement doit être signifié, soit à sa personne, soit à son domicile. Si le prévenu n'est pas domicilié dans une localité soumise à l'action des douanes, l'exploit de signification est adressé au procureur du Gouvernement dans l'arrondissement duquel se trouve le domicile du condamné, et la signification a lieu par les soins de ce magistrat.

2° Si le prévenu est établi à l'étranger ou sur le territoire français hors du continent, le jugement est signifié au domicile du procureur du Gouvernement près le tribunal qui l'a rendu ; ce magistrat transmet ensuite la signification, soit au Ministre des affaires étrangères, soit à celui de la marine, si le prévenu est domicilié hors du continent.

3° Lorsque le condamné est inconnu ou s'il n'a ni domicile ni résidence connus en France, il faut, pour que le jugement devienne définitif, le signifier au procureur près le tribunal qui a statué, et en afficher copie à la porte principale de ce tribunal. (*Circ. des 25 mai 1836, n° 1546, et 14 juillet 1842, n° 1924 ; Déc. du 20 avril 1859.*)

Il faut, d'ailleurs, pour la signification à l'avoué de la partie ou à la partie et à son avoué, se conformer aux prescriptions de l'art. 147 du Code de procédure. (*Déc. du 5 décembre 1840.*)

Le deuxième § de l'art. 780 du Code de procédure, qui prescrit de faire commettre un huissier pour la signification des jugements, n'est pas applicable en matière de douane. (*Circ. du 25 juillet 1818, n° 410.*)

Les préposés doivent énoncer, dans leur exploit, la cause qui, en matière civile, les autorise à signifier le jugement au maire. (*Circ. lith. du 2 décembre 1847.*)

La signification d'un jugement prononçant une peine correctionnelle et une condamnation pécuniaire est légale et rend ce jugement définitif dans le délai ordinaire, même pour les condamnés par défaut, lorsqu'elle est faite par les préposés. (*Déc. du 21 janvier 1850.*)

Pour l'arrestation des personnes, soit en vue de la peine d'emprisonnement, *V.* n° 429 et 1028, note *e*, soit afin d'assurer, par la contrainte par corps, *V.* n° 1101, le recouvrement des condamnations pécuniaires, en matière civile, *V.* n° 1102, en matière correctionnelle, *V.* n° 1103.

En matière correctionnelle, on ne saurait être certain qu'il n'existe point d'appel que par le certificat du greffier du tribunal. Il faut donc ne jamais exécuter un jugement correctionnel avant d'avoir un certificat de non-appel. (*Circ. du 22 pluviôse an VI.*)

Le jugement qui a prononcé la confiscation des objets saisis est exécutoire contre la caution, sans qu'il soit besoin de l'avoir appelée en cause. En cas d'insolvabilité du prévenu, on doit donc signifier à la caution le jugement et l'acte par lequel elle s'est engagée, lui faire commandement de payer, en vertu de ce jugement, la valeur des marchandises, et, s'il y a refus, la poursuivre par toutes voies, même par corps. (*Circ. des 25 floréal et 24 messidor an XII.*)

L'acquiescement à un jugement peut tenir lieu de la signification légale. (*Déc. du 25 août 1853.*) Cet acte n'est pas soumis à l'enregistrement. (*Déc. du 21 décembre 1842.*)

Dans le cas où le contrevenant condamné réside au loin, il faut, après signification du jugement définitif, en transmettre une expédition en forme exécutoire à l'administration, pour qu'elle puisse donner, au receveur principal de l'endroit où demeure ce contrevenant, l'ordre de poursuivre, par toutes les voies de droit, au nom de son collègue, le recouvrement des réparations pécuniaires prononcées. (*Déc. du 4 septembre 1847.*)

Aux termes du Code de procédure, art. 156, tout jugement rendu par défaut, en matière civile, doit être exécuté dans les six mois de son obtention, sinon il est réputé non avenu; mais cette disposition n'est point applicable aux jugements des tribunaux de paix. (*Déc. du 8 juillet* 1843.)

La signification du jugement est suivie d'un commandement de payer, *V.* n° 1175, formule 33, et, si la partie ne satisfait pas aux condamnations pécuniaires prononcées contre elle, la contrainte par corps est exercée pour le recouvrement de ces condamnations. *V.* n° 1101.

Quand il s'agit de saisies, on procède ainsi qu'il suit à la vente des marchandises confisquées.

SECTION II.

Vente des marchandises.

1099. — Quand le jugement qui prononce la confiscation des marchandises saisies est devenu définitif, le receveur des douanes indique la vente de ces marchandises par une affiche signée de lui et apposée tant à la porte du bureau qu'à celle de l'auditoire du tribunal. (*Loi du 14 fructidor an III, art.* 7.)

Dans certains cas, prévus par la loi, le juge peut, avant jugement, ordonner la vente provisoire des marchandises. (*V.* n° 1109.)

La vente ne peut avoir lieu que cinq jours après l'apposition de l'affiche (*Loi du 14 fructidor an III, art.* 7);

Publiquement et aux enchères. (*Même Loi, art.* 8.)

C'est là une mesure d'ordre public. Sous aucun prétexte, et alors même que l'enchère n'aurait pas été couverte, la vente ne peut être faite de gré à gré, à l'amiable. (*Déc. des 17 mai* 1817 *et 8 décembre* 1842.)

Pour la formation des affiches de vente, les marchandises doivent être reconnues avec le plus grand soin, à vue des procès-verbaux, par le receveur et un vérificateur ou visiteur, sous la surveillance du sous-inspecteur sédentaire dans les bureaux où il en est établi, et en présence de deux employés de la partie active, intéressés aux saisies. Les affiches préparées sont soumises à l'inspecteur. Elles désignent avec clarté et exactitude le lieu, le jour et les conditions de la vente, ainsi que les quantités et espèces de marchandises. (*Circ. du 3 février* 1825, n° 904.)

Les affiches de vente, et toutes celles apposées pour le service de l'administration des douanes, sont dispensées du timbre. (*Loi du 9 vendémiaire an VI, art.* 56; *Déc. min. du 27 brumaire an VI, et Circ. du 15 octobre* 1839, n° 1779.)

Les affiches des actes de l'autorité publique et des administrations sont seules imprimées sur papier blanc. (*Loi du 28 juillet* 1791.)

Toutes les marchandises tarifées provenant des saisies peuvent être vendues pour la consommation ou la réexportation, selon que le service le juge convenable, sans égard d'ailleurs à la prohibition locale ou conditionnelle dont elles pourraient être atteintes par suite soit de restrictions de bureaux, d'emballages ou de tonnage, soit des traités conclus avec d'autres pays. En cas de vente pour la consommation, la vente a lieu à la charge du payement des droits d'entrée. Dans ce cas, les marchandises sont, à raison de leur espèce et qualité, soumises au minimum des droits fixés par le tarif. Lorsque ces droits sont variables suivant les zones d'importation, on perçoit le minimum de la taxe afférente à la zone dans laquelle la saisie a été effectuée. (*Déc. min. du 3 février* 1832; *Circ. du 23*, n° 1306; *Circ. du 28 mai* 1842, n° 1916; *Circ. lith. du 12 juillet* 1849 *et Circ. du 27 décembre* 1850, n° 2418.)

Il s'agit ici d'exempter les marchandises des surtaxes graduées établies en raison de la provenance ou du mode d'importation; mais les droits s'appliquent à la marchandise d'après sa qualité propre. Ainsi on ne saurait percevoir sur du sucre terré le droit établi sur le sucre brut. (*Circ. du 28 mai* 1842, n° 1916.)

Le bénéfice du minimum des droits, résultant de la décision ministérielle du 3 février 1832, n'est applicable aux sucres raffinés qu'autant qu'ils proviennent des colonies françaises et que la saisie en a été opérée dans une douane maritime. (*Déc. du 14 septembre 1852.*)

Les marchandises passibles de droits différentiels, remises, après saisie, aux conditions du tarif, ne peuvent profiter de la modération de droits résultant de la décision ministérielle du 3 février 1832. (*Déc. du 12 juin 1851 ; Doc. lith., n° 181.*)

Quant aux marchandises prohibées à raison de leur nature, c'est-à-dire prohibées d'une manière générale et absolue, elles ne peuvent être vendues qu'à charge de réexportation. (*Déc. du 20 octobre 1838 ; Doc. lith., n° 23 ; Circ. du 28 mai 1842, n° 1916.*)

Pour les contrefaçons de livres, *V. Livre XI, chap. 20.*

On doit prendre l'autorisation de l'administration pour transporter d'une direction dans une autre, à l'effet d'y être vendues, des marchandises provenant de saisies (*Délibération du 3 juin 1793, art. 4, et Déc. du 28 février 1843.*)

Les préposés des douanes doivent être regardés comme officiers publics en ce qui concerne les ventes de marchandises saisies ou de marchandises abandonnées en douane, etc. et ne sont pas tenus de faire au receveur de l'enregistrement la déclaration préalable voulue par l'art. 2 de la loi du 22 pluviôse an VII. (*Circ. du 14 floréal an VII.*)

Ces ventes peuvent être faites par les receveurs des douanes sans l'intervention des courtiers de commerce ou autres officiers ministériels. (*Circ. du 9 janvier 1837, n° 1600.*)

L'inspecteur de la division doit, autant que possible, assister à la vente des marchandises et en signer le procès-verbal. Il peut être remplacé par le sous-inspecteur, ou, à défaut, par un chef de la partie active, capitaine ou lieutenant. (*Circ. du 3 février 1825, n° 904.*)

Tout procès-verbal doit énoncer : 1° le titre en vertu duquel l'administration a disposé des marchandises saisies ; ce titre est toujours un jugement, une transaction ou un acte d'abandon, et, s'il est intervenu un jugement exécutoire, on ne rappelle que cette pièce, alors même qu'il aurait été ultérieurement passé une transaction (*Circ. du 22 janvier 1839, n° 1729*) ; 2° l'espèce, la qualité et la quantité de ces marchandises ; 3° les conditions de l'adjudication quant à la perception du droit du tarif, s'il y a lieu, et au payement des frais de vente (*Circ. du 3 février 1825, n° 904*), en mentionnant d'une manière explicite que les adjudicataires acquitteront *en sus* du prix de vente les droits de douane dont sont passibles les marchandises tarifées qu'ils feront entrer dans la consommation (*Circ. du 9 juillet 1830, n° 1216*) ; 4° l'indication précise de chacune des saisies auxquelles appartiennent les marchandises vendues, quand l'adjudication a compris diverses parties cumulées de marchandises de cette origine. (*Circ. du 22 janvier 1839, n° 1729.*) *V. n° 1175, formule 38.*

Le cinquième du prix de la vente doit être versé dans la caisse du receveur des douanes au moment même de cette vente, et le surplus dans les trois jours suivants. Faute de payement, les marchandises seraient revendues sur-le-champ à la folle-enchère. La folle-enchère, c'est la vente aux enchères d'un objet qu'un premier adjudicataire ne paye pas, et dans laquelle il est tenu d'acquitter la différence qui peut exister entre le prix de son adjudication et celui de l'adjudication nouvelle. (*Code de procéd., art. 624, et Circ. du 12 mars 1816, n° 125.*)

Il est expressément défendu à tout agent ou préposé des douanes de se rendre adjudicataire de marchandises saisies, confisquées et vendues en douane. (*Circ. du 21 nivôse an VIII ; et Déc. du 11 janvier 1810.*)

Les droits de douane doivent être perçus sur les quantités de marchandises relatées dans les procès-verbaux de vente, sans avoir égard au déchet depuis qu'elles ont été adjugées. (*Circ. du 21 nivôse an VIII.*)

Les marchandises non prohibées, pour lesquelles il ne se présente pas d'acquéreur qui consente à les réexporter ou à payer les droits d'entrée, peuvent être adjugées *libres de droits* pour la consommation. Le produit de la vente, déduction faite des frais, est alors inscrit en recette pour tenir lieu des droits. (*Circ. du 2 décembre* 1825, n° 956, *et Tarif* n° 164.) *V.* n° 897.

Un délai de quatre jours est accordé pour l'enregistrement des actes de vente; au delà il est dû, à titre d'amende, une somme égale au montant du droit, sans qu'elle puisse être au-dessous de 50 francs. Le contrevenant est tenu, en outre, au payement du droit dû. (*Loi du 22 frimaire an VII, art.* 34.)

Le droit d'enregistrement est fixé à 2 p. 0/0. (*Même Loi, art.* 69.)

Il se perçoit par série de 20 fr., et le minimum du droit est de 25 centimes. (*Loi du 27 ventôse an IX, art.* 3.)

Le droit d'enregistrement ne doit point être perçu sur les droits de douanes dont l'objet vendu serait passible. (*Déc. min. du 30 octobre* 1810; *Circ. du 8 janvier* 1814.)

Toutefois, ce droit serait perçu sans déduction du montant des droits de douanes, si ceux-ci se trouvaient réunis au prix déterminé par le procès-verbal. (*Déc. min. du 25 juin* 1830; *Circ.* n° 1216.)

L'acte de vente est produit à l'appui du compte définitif. (*Circ. du 22 janvier* 1839, n° 1729.)

Pour éviter des frais de timbre et d'enregistrement, quand il s'agit de marchandises sans importance, on peut dresser un seul acte de vente dont on fait ensuite des extraits sur papier libre, visés par l'inspecteur divisionnaire, et mentionnant le dossier auquel est joint l'acte original.

1100. — Les marchandises tarifées peuvent être réexportées soit directement par le port de mer ou par la frontière la plus rapprochée du bureau où s'effectuera la vente, soit par la voie du transit sous les conditions générales (1). On peut également les expédier sur les entrepôts réels. Dans ces différents cas, on leur applique les règles rappelées au paragraphe suivant, concernant les objets *prohibés*, sauf les modifications résultant des différences qui existent entre le régime des marchandises prohibées et celui des marchandises tarifées. Il est en outre entendu que celles de cette dernière classe reçues en entrepôt, et que l'on déclarerait plus tard pour la consommation, acquitteraient le minimum de la taxe, comme si elles eussent été soumises au droit au moment même de la vente.

Les marchandises *prohibées* à l'entrée peuvent être réexportées directement, c'est-à-dire par le port de mer ou par la frontière le plus rapproché du lieu de la vente. Dans ce cas, les marchandises doivent être réexportées, au plus tard, dans le délai d'un ou de trois mois, suivant qu'elles ont été vendues dans un bureau de terre ou dans un bureau maritime, et rester sous la clef de la douane jusqu'au moment de leur réexportation.

Les marchandises réexportées par terre doivent être accompagnées d'un acquit-à-caution, même alors que, vendues dans un bureau de première ligne, elles sont réexportées par la frontière de ce bureau (2). Toutefois on peut, dans ce cas, ne

---

(1) En cas de non-rapport de l'acquit-à-caution délivré pour assurer la réexportation d'un cheval provenant de saisie, il y a lieu de poursuivre le payement du simple et du double droit d'entrée. (*Déc. du 22 mai* 1843.) *V.* Livre XI, chap. 11.

(2) La réexportation des marchandises prohibées devant avoir lieu sous les formalités du transit, on emploie, dans les bureaux qui ne sont pas ouverts à ces opérations, l'acquit-à-caution pour les cas imprévus, série **M**, n° 51. (*Nomenclature des impressions pour* 1852.)

Dans tous les cas, les soumissions relatives aux acquits-à-caution délivrés pour la

délivrer qu'un passavant, si la valeur de l'objet n'excède pas *trois francs,* et s'il ne peut être compris avec d'autres marchandises dans un même acquit-à-caution.

Si la vente a lieu dans un bureau de deuxième ligne ou de ligne intermédiaire, outre l'acquit-à-caution, toujours exigible en pareil cas, les marchandises sont soumises à la formalité du plombage. Ce plombage est double, et a lieu, s'il s'agit de marchandises fabriquées, suivant le mode prescrit par l'art. 31 de la loi du 21 avril 1818. Les bureaux dépourvus d'instrument de plombage suppléent au plomb par l'apposition d'un cachet à la cire, dont l'empreinte est reproduite en marge de l'acquit-à-caution.

Dans tous les cas, les marchandises sont escortées depuis le bureau de première ligne jusqu'à l'extrême frontière, et le passage réel à l'étranger est certifié sur l'expédition par les préposés d'escorte. Les capitaines des brigades de première ligne, avertis à l'avance de ces réexportations, prennent des mesures propres à assurer l'escorte et à prévenir les tentatives de réimportation.

Les marchandises réexportées par mer sont soumises aux formalités rappelées au n° 470, et ne peuvent être embarquées que sur des navires du tonnage requis pour les réexportations d'entrepôt.

Indépendamment de la réexportation directe, soit par terre, soit par mer, les marchandises prohibées peuvent, sous les conditions générales du transit, être réexportées par l'un des ports ou bureaux ouverts au transit du prohibé. Elles peuvent aussi être dirigées sur les entrepôts maritimes ou de l'intérieur autorisés à recevoir les marchandises prohibées, et y jouir de tous les avantages accordés par la loi aux marchandises de l'espèce arrivant directement de l'étranger. Dans ce dernier cas, les marchandises sont soumises aux formalités du transit ou des mutations d'entrepôt, selon que leur transport a lieu par terre ou par mer. Comme dans le cas de réexportation directe par les frontières de terre, les douanes qui n'ont point d'instrument de plombage font usage de cachets à la cire. (*Déc. min. du 14 mai 1842 ; Circ. du 28, n° 1916.*)

Dans le cas où les marchandises vendues resteraient en douane au delà du délai fixé, pour qu'elles reçoivent une destination régulière, on les traiterait comme les marchandises laissées en douane ; elles seraient vendues et le prix en serait versé à la caisse des dépôts et consignations. (*Déc. du 9 septembre 1837.*)

SECTION III

Contrainte par corps.

1101. — Quand la partie ne satisfait pas aux condamnations pécuniaires qui, prononcées contre elle, ont fait l'objet d'une signification du jugement avec commandement de payer, *V.* n° 1098, avant-dernier paragraphe, la contrainte par corps est exercée pour le recouvrement de ces condamnations. *V.* n° 1175, formule 34.

Le droit de la contrainte par corps ne peut être exercé qu'autant que la loi l'autorise expressément et en vertu d'un jugement. (*Code civil, art.* 2067.)

Les jugements portant condamnation au payement des droits, à celui de la valeur des objets remis provisoirement et confisqués, ou à l'amende lorsqu'il n'a pas été

---

réexportation des marchandises prohibées doivent porter obligation de payer, en cas de non-rapport en temps utile et avec décharge valable, outre la valeur des marchandises, une amende de 500 fr., conformément à l'art. 20 de la loi du 17 mai 1826. (*Circ. du 23 mai 1826, n° 987.*)

prononcé de confiscation, ou enfin à la restitution des sommes que la régie a été forcée de payer, sont exécutés par corps, ce qui a pareillement lieu contre les cau-, tions, seulement pour le prix des choses confisquées. (*Lois des 22 août 1791, titre* 12, *art.* 6, *et* 13 *décembre* 1848, *art.* 1er.)

Il en est de même des condamnations pour opposition à l'exercice des fonctions des préposés. *V.* n° 1119. (*Jug. du trib. civil de Rouen du* 12 *décembre* 1855; *Doc. lith. de* 1858, n° 204.)

La contrainte par corps est, en outre, exercée contre : 1° les comptables en débet ou en déficit, *V.* n° 116 ; 2° les redevables, débiteurs ou cautions de droits, *V.* n° 1121 ; 3° toute personne condamnée, au profit de l'Etat, à des amendes, restitutions, dommages-intérêts et frais en matière criminelle, correctionnelle ou de simple police (*Loi du* 17 *avril* 1832, *art.* 33) ; 4° contre les père et mère des mineurs condamnés à des amendes, *V.* n° 1081 ; 5° enfin, en toute matière, contre les femmes et les filles ; mais il est interdit d'emprisonner simultanément le mari et la femme, même pour des dettes différentes. (*Loi du* 13 *décembre* 1848, *art.* 11.)

Les septuagénaires sont passibles de la contrainte par corps, pour le payement des réparations pécuniaires auxquelles ils sont condamnés en matière criminelle, correctionnelle ou de simple police, pour délit aux lois de douane. (*Loi du* 13 *décembre* 1848, *art.* 9.) Ils en sont exempts en matière civile. (*Code civil, art.* 2066, *et Loi du* 17 *avril* 1832, *art.* 12.)

1102. — En matière de compétence civile, la contrainte par corps ne peut être exercée que pour une somme principale excédant 300 fr. (*Loi du* 17 *avril* 1832, *art.* 13) ; et les tribunaux ont la faculté de la prononcer s'ils le jugent convenable. (*Code de procéd., art.* 126, *et A. de C. du* 11 *février* 1843.)

La contrainte par corps n'est pas accordée pour le recouvrement des frais et dépens en matière civile. (*Code de procéd., art.* 52.)

La durée de la contrainte par corps, en matière civile, doit être fixée par le jugement de condamnation et dans les limites de six mois à cinq ans. (*Loi du* 13 *décembre* 1848, *art.* 12.)

La contrainte par corps, en vertu d'un jugement qui ne prononce que des condamnations civiles, est exercée par l'arrestation de la personne, un jour après la signification du commandement, dans les formes tracées par le Code de procédure, art. 780 et suivants, et par l'incarcération dans la maison d'arrêt de la localité. (*Circ. du* 15 *septembre* 1832, n° 1344.)

S'il s'agit d'une affaire importante, il convient de confier ce soin à un huissier, parce qu'il serait à craindre que les préposés, peu familiarisés avec les formes de la procédure, ne commissent quelques nullités qui entraîneraient celle de l'arrestation. (*Circ. du* 25 *juillet* 1818, n° 410.)

Les receveurs s'abstiendront devant le juge de paix de requérir la contrainte par corps dans les affaires qui n'entraîneraient qu'une amende de 300 fr. ou au-dessous en capital ; et, pour celles où le taux des amendes excéderait cette somme, ils devront toujours conclure à l'audience à ce que le juge, usant de la faculté que lui confère à cet égard l'art. 126 du Code de procédure, octroie à l'administration l'usage de la contrainte par corps contre le condamné, et en fixe la durée dans la limite de la loi. Si le juge refusait de faire droit aux conclusions de la douane sur ce point ou ne se conformerait pas aux prescriptions de la loi dans la fixation du temps pendant lequel pourra s'exercer la contrainte, il serait interjeté appel de sa sentence devant la juridiction supérieure. (*Circ. lith. du* 24 *juin* 1845.)

La contrainte par corps peut être prononcée sur appel, bien qu'elle ne l'ait pas été en première instance, dans les cas où elle doit avoir lieu de plein droit, notamment pour l'exécution des condamnations correctionnelles, à l'amende, etc. (*A. de C. du* 14 *juillet* 1827.)

Le débiteur contre lequel la contrainte par corps a été prononcée par jugement des tribunaux civils a le droit d'interjeter appel de ce chef dans les trois jours qui suivent l'emprisonnement ou la recommandation, lors même qu'il aurait acquiescé au jugement et que les délais ordinaires de l'appel seraient expirés. Le débiteur reste alors en état. (Loi du 13 décembre 1848, art. 7.)

Le débiteur peut obtenir sa liberté en payant ou en consignant le tiers de la dette principale et des accessoires, et en donnant, pour le surplus, devant le tribunal civil, une caution qui s'obligera solidairement avec lui à solder le reliquat dans un délai qui ne pourra jamais excéder un an. (Loi du 17 avril 1832, art. 24 et 25.)

Pour la mise en liberté du condamné insolvable, V. les dispositions en matière correctionnelle; elles doivent être appliquées en matière civile. (Circ. des 15 septembre 1832, n° 1344, et 13 mai 1834, n° 1439.)

1103. — En matière criminelle, correctionnelle ou de simple police, si les condamnations, en principal ou frais, s'élèvent jusqu'à 100 francs inclusivement, la détention ne peut être de plus de deux mois; quand elles sont de plus de 100 francs à moins de 300 francs, la détention ne peut être prolongée au delà de trois mois, en admettant d'ailleurs que le condamné justifie de son insolvabilité suivant le mode prescrit par l'art. 420 du Code d'instruction criminelle, V. n° 1105, 4° §. Si la justification d'insolvabilité n'est pas faite, la durée de l'emprisonnement est du double. Dans ces cas, il n'est pas nécessaire que la durée de l'emprisonnement soit fixée par le jugement.

La détention est de six mois à cinq ans, que les condamnés soient insolvables ou non, si les condamnations sont de 300 francs ou au-dessus; mais alors la durée en doit être déterminée par le jugement. (Lois des 17 avril 1832, art. 35 et 40, et 13 décembre 1848, art. 8 et 12.)

Quand le débiteur, en matière criminelle, correctionnelle ou de simple police, a commencé sa soixante-dixième année avant le jugement, la contrainte par corps est déterminée dans les limites de trois mois à trois ans.

S'il a atteint sa soixante-dixième année, qu'il soit écroué ou non, la durée de la contrainte est de la moitié du temps restant à courir.

La contrainte par corps n'est applicable aux individus âgés de moins de seize ans accomplis à l'époque du fait qui a motivé la poursuite qu'autant qu'elle a été formellement prononcée par le jugement de condamnation. (Loi du 18 décembre 1848, art. 9; Circ. n° 2348.)

Dans l'intérêt des enfants mineurs du débiteur, les tribunaux peuvent surseoir, pendant une année au plus, à l'exécution contre celui-ci de la contrainte par corps. (Même Loi, art. 11; Circ. n° 2296.)

L'arrêt qui condamne des accusés solidairement aux frais liquidés à 300 francs ou plus doit fixer la durée de la contrainte par corps, bien que la part contributive de chacun soit au-dessous de 300 francs. (A. de C. du 16 juillet 1835; Ann. comm.)

La juridiction correctionnelle qui, liquidant à une somme de 300 fr. ou plus les frais et l'amende qu'elle prononce contre les prévenus, omet de déterminer la durée de la contrainte par corps, n'a pas épuisé ses pouvoirs, et elle peut, par un arrêt postérieur, réparer cette omission. La cour, qui n'a pas connu du fond, est incompétente pour statuer sur ce chef. (A. de C. du 12 juin 1857.)

Les receveurs, stipulant devant les tribunaux pour l'administration, doivent veiller à ce que le jugement détermine, quand il y a lieu, la durée de la détention que doit subir le prévenu, en ce qui touche le recouvrement des condamnations civiles. Ils se concertent, à cet effet, avec les procureurs du Gouvernement. (Circ. du 15 septembre 1832, n° 1344.)

La contrainte par corps est exercée indépendamment des peines prononcées pour la vindicte publique. (Loi du 17 avril 1832, art. 37.)

En matière criminelle, correctionnelle ou de simple police, les jugements ne peuvent être exécutés, par la voie de la contrainte par corps, que cinq jours après le commandement qui en est fait aux condamnés, à la requête du receveur représentant l'administration. Dans le cas où le jugement de condamnation n'a pas été précédemment signifié au débiteur, le commandement porte en tête un extrait de ce jugement, lequel extrait contient le nom des parties et le dispositif. A vue du commandement et sur la demande du receveur, le procureur du Gouvernement adresse les réquisitoires nécessaires aux agents de la force publique et autres fonctionnaires chargés de l'exécution des mandements de justice. Si le débiteur est détenu, la recommandation peut être ordonnée (par le ministère public) immédiatement après notification du commandement. (*Loi du 17 avril 1832, art. 33.*)

En conséquence, dès qu'un jugement correctionnel a été rendu, le receveur des douanes doit faire faire le commandement au condamné qui est détenu et requérir le procureur du Gouvernement, dont l'intervention est nécessaire, de vouloir bien ordonner la recommandation immédiate sur l'écrou. Si le condamné n'est pas encore sous la main de la justice, on attend que le ministère public l'ait fait incarcérer, et c'est alors que, par suite du commandement préalablement notifié au condamné, on requiert la recommandation sur l'écrou, de sorte que le délinquant est maintenu sous les verrous en vertu de la contrainte par corps à l'expiration de la peine qui lui a été infligée au nom de la vindicte publique. Dans le cas où le condamné serait en liberté après avoir subi cette dernière peine, le jugement ne pourrait être exécuté par corps que cinq jours après le commandement; mais ce délai n'est pas exigé quand il est en prison. C'est là un point important, car autrement la plupart des prévenus, condamnés seulement à quelques jours d'emprisonnement, auraient subi leur peine et obtenu leur mise en liberté avant que les formalités légales eussent pu être remplies et le délai de cinq jours écoulé. (*Circ. des 15 septembre 1832, n° 1344, 6 septembre 1833, n° 1398, et 16 février 1839, n° 1736.*)

1104. — Il est suffisamment satisfait aux recommandations énoncées au n° 1097 quand le directeur fait recommander un prévenu sur l'écrou, en vertu de l'autorisation pure et simple de faire exécuter ce jugement, alors que, à raison de circonstances particulières, le temps manque pour prendre les ordres de l'administration; mais il doit l'en informer immédiatement. (*Déc. du 23 novembre 1853.*) V. n° 1175, formules 35 et 36.

L'acte de recommandation sur écrou peut s'enter sur un emprisonnement criminel ou correctionnel comme sur un emprisonnement civil. L'huissier n'a pas besoin d'être assisté de recors, ni le garde de commerce de témoins. Dans tous les cas, il en est donné copie au directeur de la prison.

Il n'est dû qu'un seul droit d'enregistrement pour les actes d'écrou et de recommandation sur écrou, quel que soit le nombre des fraudeurs condamnés à une amende solidaire; mais ces actes doivent mentionner explicitement que les prévenus qu'ils concernent sont inculpés à *raison d'une même contravention et par suite d'un même procès-verbal.* (*Circ. du 6 avril* 1840, n° 1805.)

Lorsqu'un créancier a donné mainlevée de l'écrou en vertu duquel son débiteur était incarcéré, d'autres créanciers recommandants ne peuvent retenir sous les verrous le même débiteur, s'il a été détenu pendant un temps égal à la durée de la plus longue contrainte édictée par la loi, eu égard à l'importance de leurs créances. (*Jug. du trib. civil de la Seine du 26 septembre* 1855.)

1105. — En toute matière, la contrainte par corps, c'est-à-dire l'emprisonnement, cesse de plein droit à l'expiration du temps fixé par le jugement, que le condamné ait ou non justifié de son insolvabilité. (*Loi du 17 avril* 1832, *art.* 13; *Circ. du* 13 mai 1834, n° 1439, *et Déc. du 29 décembre* 1851; *Doc. lith.*, n° 188.) V. n° 429.

Lorsqu'ils ont la certitude qu'une détention prolongée ne peut, faute de ressources de la part des prévenus, amener la réalisation même partielle des réparations pécuniaires, et qu'ils jugent que la détention aux fins civiles a, proportionnellement au délit, satisfait aux intérêts du service, les directeurs peuvent demander l'autorisation de surseoir indéfiniment aux poursuites.

L'autorisation administrative étant ainsi motivée et donnée, il suffit, pour la mise en liberté du condamné, de faire connaître au chef du parquet que l'administration renonce à exiger un plus long emprisonnement. (*Circ. du 23 octobre 1840, n° 1837.*) *V.* n° 1175, formule 37.

Dans ce cas, on assure la régularité du dossier définitif, ainsi qu'il est dit à la section relative à l'absence ou à l'insolvabilité des redevables, les justifications prescrites par l'art. 420 du Code d'instruction n'étant pas exigibles en matière de douane où le minimum des amendes est de 500 fr. (*Déc. du 1er avril 1854.*) *V.* n° 1108.

Lorsque l'élargissement d'un détenu, après jugement définitif et par suite de suspension ou d'abandon de la contrainte par corps, est purement et simplement autorisé, les receveurs ne doivent pas lui faire souscrire un acte spécial d'abandon des objets saisis, acte surabondant, puisque le droit de l'administration de disposer de la marchandise résulte suffisamment de la confiscation définitivement prononcée à son profit. (*Circ. du 23 octobre 1840, n° 1837.*)

Il convient, lorsque le directeur annonce l'élargissement d'un prévenu, d'indiquer distinctement quelle a été la durée de la détention *préventive, correctionnelle,* et *civile* subie par le délinquant. Ces renseignements permettent à l'administration de juger de l'importance relative de la répression pratiquée suivant les contraventions et les localités. (*Circ. man. du 22 janvier 1841.*)

1106. — Les détenus en prison à la requête de l'agent du Trésor public, ou de toute autre administration publique, par suite d'une condamnation à l'emprisonnement pour fait de contrebande, reçoivent la nourriture comme les prisonniers à la requête du ministère public. Il n'est fait aucune consignation particulière pour la nourriture desdits détenus. (*Décret du 4 mars 1808; Déc. du Min. de la justice du 3 juin 1827; Circ. du 6 septembre 1833, n° 1398.*)

Ces sortes de frais sont à la charge des fonds départementaux. (*V.* n° 1093.)

Mais, à l'égard des contrevenants incarcérés en vertu d'une contrainte par corps exercée à la requête du service des douanes, pour le recouvrement de condamnations exclusivement civiles, le receveur doit consigner les frais d'aliments nécessaires. (*Code de procédure, art. 791; instruction ministérielle du 6 juillet 1833; et Déc. du 3 octobre 1859; Doc. lith. de 1861, n° 222.*)

1107. — Tout agent de la force publique (gendarme, préposé) qui, agissant dans le seul intérêt et à la requête de la partie civile, procède à l'arrestation d'un contrevenant soumis à la contrainte par corps, a droit à une prime ou gratification de 3 fr. (*Ord. du 19 janvier 1846.*)

Dans le cas où le mandat d'arrestation ne serait délivré qu'en vue des fins civiles, le directeur aurait à examiner si, à raison du détournement de fonctions et des dangers à courir, il ne conviendrait pas de prier MM. les procureurs généraux de charger la gendarmerie d'en assurer l'exécution. (*Déc. du 19 février 1859.*)

Lorsque les contrevenants, condamnés à un emprisonnement de plus de cinq jours, sont arrêtés par des préposés, ceux-ci ont droit à la prime de capture de 12 fr. établie, en faveur des huissiers, sur les frais de justice, par le décret du 7 avril 1813, art. 6; mais il convient à cet effet que le mandat d'arrestation délivré par le chef de parquet énonce qu'elle a pour but l'intérêt de la vindicte publique. (*Déc. du 21 décembre 1857.*)

Cette prime peut être avancée par la douane aux gendarmes qui ont arrêté un fraudeur condamné, alors même que l'arrestation a été effectuée en vertu d'un mandat de justice se rattachant à la poursuite d'un autre crime ou délit. (*Déc. du 7 février 1842; Doc. lith. n° 110.*)

Les préposés de douane qui, en vertu d'un mandat de justice, opèrent l'arrestation des condamnés, ont, ainsi que tous autres agents de la force publique, droit à la prime de capture dont il s'agit; mais il en est autrement si, porteurs d'un mandat de justice, ils agissent comme huissiers pour l'arrestation d'un responsable civil du fait de ses enfants mineurs. (*Déc. du 7 novembre* 1855.)

SECTION IV

Absence ou insolvabilité des prévenus.

1108. — Elle est constatée par des procès-verbaux, soit de perquisition, soit de carence, dressés par des huissiers, ou par des certificats que délivrent les maires ou adjoints des communes de la résidence ou du domicile (1) des redevables. Ces certificats doivent être visés par les préfets pour l'arrondissement du chef-lieu, et pour les autres arrondissements par les sous-préfets. (*Arrêté du 6 messidor an X.*)

Dans toutes les affaires où, pour cause d'absence ou d'insolvabilité des prévenus, alors même qu'ils ont subi toute la contrainte par corps autorisée par le jugement, les amendes et autres condamnations pécuniaires ne peuvent être recouvrées, les certificats d'absence ou d'insolvabilité doivent être accompagnés d'une décision de l'administration autorisant la surséance indéfinie des poursuites. (*Circ. du 22 janvier* 1839, n° 1729.

Il peut être suppléé à un certificat d'absence ou d'insolvabilité des prévenus, délivré conformément à l'arrêté du 6 messidor an X, par la justification d'une décision motivée du conseil d'administration. (*Arrêté du ministre des finances du 17 juillet* 1855; *Circ. du 31*, n° 309.)

Lorsqu'il y a lieu de surseoir indéfiniment aux poursuites contre les débiteurs d'amende, les directeurs en réfèrent à l'administration au moyen de deux sortes d'états, en double expédition, dont l'une leur est renvoyée revêtue de l'approbation ou des observations nécessaires. Le premier de ces états ne comprend que les affaires pour lesquelles a pu être produit le certificat d'insolvabilité ou d'absence que l'on doit y annexer; l'autre, série E, n° 76 *a*, se rapporte aux affaires dans lesquelles ce certificat n'a pu être obtenu par un motif qui doit être rappelé (2), ce qui donne lieu à une décision du conseil. (*Circ. du 31 juillet* 1855, n° 309.)

Les certificats d'indigence délivrés en pays étranger n'auraient de valeur qu'autant que les faits seraient attestés par la légation française. (*Déc. du 22 janvier* 1856.)

C'est surtout pour leur propre responsabilité que les receveurs se procurent la preuve de l'insolvabilité des redevables. (*Déc. du 15 décembre* 1855.)

SECTION V

Vente avant confiscation.

1109. — En cas de saisie de chevaux, mulets et autres objets quelconques de transport de marchandises en contravention aux lois sur les douanes, dont la remise sous caution a été offerte par procès-verbal et n'a pas été acceptée par la partie, *V.* n° 1031, il est, à la diligence de l'administration des douanes, en vertu de l'ordonnance rendue, sur requête du receveur poursuivant, par le juge de paix le plus voisin, ou, en matière correctionnelle, par le juge d'instruction, procédé, dans le

---

(1) Du dernier domicile si le domicile actuel n'est pas connu. (*Déc. du 3 octobre* 1855.)

(2) Par exemple, pour les vagabonds, les mineurs, les femmes en puissance de maris, les responsables civils (*Déc. du 25 octobre* 1855), les redevables habitant l'étranger. (*Déc. du 19 mars* 1856.)

délai de huitaine au plus tard de la date dudit procès-verbal, à la vente par enchère des objets saisis. Il est pareillement, dans le même délai et en vertu de la même permission, procédé à la vente des objets de consommation qui ne pourraient être conservés sans courir le risque de la détérioration. (*Décret du 18 septembre 1811, art. 1er.*) Pour la mise en fourrière, V. n° 1175, formule 21.

L'ordonnance portant permis de vendre est signifiée, dans le jour, à la partie saisie, si elle a un domicile réel ou élu dans le lieu de l'établissement du bureau de la douane, et, à défaut de domicile connu, au maire de la commune, avec déclaration qu'il sera immédiatement procédé à la vente, tant en absence qu'en présence, attendu le péril de la demeure. L'ordonnance du juge de paix ou du juge d'instruction est exécutée, nonobstant appel ou opposition. (*Même Décret, art. 2.*) (1).

Les animaux et tous autres objets périssables, pour quelque cause qu'ils aient été saisis, ne peuvent rester en fourrière ou sous le séquestre plus de huit jours. Après ce délai, la mainlevée provisoire peut en être accordée sur l'ordonnance du juge de paix ou du juge d'instruction, moyennant caution et de payement des frais de fourrière ou de séquestre. (*Décret du 18 septembre 1811, art. 40.*) S'ils ne doivent ou ne peuvent être restitués, ils sont mis en vente, et les frais de fourrière sont prélevés sur le produit de la vente, par privilège et de préférence à tous autres. V. n° 1091. (*Même Décret, art. 39.*)

La vente est faite à l'enchère, au marché le plus voisin, à la diligence de l'administration. Le jour de la vente est indiqué par affiches, vingt-quatre heures à l'avance, à moins que la modicité de l'objet ne détermine le magistrat à en ordonner la vente sans formalité, ce qu'il doit exprimer dans son ordonnance. (*Même Décret, art. 40.*)

Le produit de la vente est déposé dans la caisse de la douane, pour en être disposé ainsi qu'il sera statué par le tribunal chargé de prononcer sur la saisie. (*Même Décret, art. 3.*)

Aux termes de l'art. 5 de la loi du 14 fructidor an III, toute marchandise sujette à dépérissement (et les animaux sont nécessairement de cette espèce) doit être vendue sans qu'il y ait nécessité d'une *autorisation judiciaire préalable* (alors même qu'un premier jugement, frappé d'appel, en aurait donné mainlevée), après un délai de huitaine, et l'annonce affichée tant à la porte de la maison commune qu'à celle du bureau. Toute opposition est non recevable. Mais il ne serait convenable de recourir à ces formalités que dans le cas où le juge se refuserait réellement à accorder la permission de vendre. (*Déc. du 17 octobre 1838; Doc. lith., n° 22.*) V. n° 1175, formules 22 et 23.

CHAPITRE IV

TRANSACTIONS.

Les lois ont donné à l'administration des douanes tous les moyens de prévenir et de réprimer la fraude; mais elles lui ont aussi conféré la faculté de venir au secours

---

(1) L'autorisation de vendre par anticipation est passible du droit d'enregistrement de 1 fr. (*Déc. du 4 décembre 1856.*)

Quant à la signification de cette autorisation, le droit d'enregistrement est de 1 fr. 50 c., par application de l'art. 5 de la loi du 19 juillet 1845. (*Circ. du 10 août 1850, n° 2402.*)

de la bonne foi de quelques contrevenants, faculté d'autant plus nécessaire qu'il est interdit aux tribunaux d'excuser les prévenus sur l'intention.

1110. — L'administration est autorisée à transiger, soit avant, soit après le jugement, sur les procès relatifs aux contraventions aux lois de douanes, et à faire remise des peines de la fraude. (*Arrêté du 14 fructidor an X, préambule et art. 1er.*)

La faculté ainsi attribuée à l'administration de transiger en tout état de cause et de faire remise des peines de la fraude comprend les peines corporelles comme les condamnations pécuniaires. Cet arrêté, n'imposant aucune obligation et ne donnant aucun droit aux citoyens, n'était pas, d'ailleurs, de nature à être inséré au Bulletin des Lois. (*A. de C. du 30 juin 1820; Circ. n° 587.*)

Les transactions sur les peines, soit civiles, soit correctionnelles, ont pour effet d'arrêter les poursuites du ministère public et de les éteindre à l'égard de ceux qui ont transigé, à moins d'une réserve contraire, et sauf ce qui touche la vindicte publique. (*A. de C. des 30 juin 1820, 26 août 1820 et 26 mars 1830; Circ. n° 1486.*)

Les *incapacités* prononcées par l'art. 53 de la loi du 28 avril 1816 ne peuvent être remises, aux termes de cet article, que *par lettres de grâce* du Chef du Gouvernement; mais si le jugement qui les prononce est frappé d'opposition ou d'appel, l'administration conserve encore sur ce point son droit de transaction; elle ne le perd que lorsque le jugement est passé en force de chose jugée. (*Circ. du 24 mai 1835, n° 1486.*)

L'administration des douanes est investie du droit absolu de transiger, *avant jugement définitif* (1), sur toutes les peines et réparations civiles qu'entraîne la poursuite des infractions aux lois dont l'application lui est confiée, les décisions qu'elle prend à cet égard ayant pour effet immédiat d'arrêter l'action publique aussi bien que l'action civile (2).

Après jugement définitif, elle peut encore transiger sur les condamnations purement pécuniaires; mais alors au Chef du Gouvernement seul appartient le droit de remettre ou de modérer les peines corporelles infligées aux délinquants. Ainsi, toutes les fois qu'il y a lieu de proposer une transaction *après jugement définitif*, dans une affaire qui a entraîné contre le délinquant une condamnation à l'*emprisonnement*, l'agent supérieur des douanes sur les lieux en donne avis motivé au magistrat du ministère public près le tribunal ou la Cour qui a prononcé la condamnation définitive. Cet avis immédiat a pour but de mettre le parquet en mesure de pouvoir transmettre le sien à M. le Garde-des-Sceaux dans un délai assez rapproché pour que ce Ministre ait déjà par devers lui tous les éléments d'instruction de la demande quand la proposition de l'administration lui parviendra par l'intermédiaire de son collègue des finances. Il est d'ailleurs, durant cette instruction, provisoirement sursis à l'exécution du jugement si le condamné n'est pas détenu.

---

(1) On entend ici par jugement *définitif* celui qui ne peut plus être utilement attaqué par la voie de l'opposition, de l'appel ou du recours en cassation. (*Circ. n° 2006.*)

Un jugement rendu sur appel n'est pas un jugement *définitif*, puisqu'il peut encore être réformé: ainsi, quand il y a *pourvoi*, et tant qu'il n'a pas été statué sur ce pourvoi, l'administration des douanes peut transiger sur les condamnations corporelles. (*Dépêche de M. le Ministre de la justice du 25 juin 1844, et Circ. lith. du 8 juillet suivant.*)

(2) En conséquence, le magistrat à qui la transaction a été notifiée doit s'abstenir de poursuivre si l'action n'est pas intentée, requérir une ordonnance de non-lieu s'il y a une instruction commencée, ou demander le renvoi du prévenu des poursuites si l'affaire est portée à l'audience. (*Circ. de M. le Garde-des-Sceaux du 1er janvier 1844.*)

Les directeurs fournissent à l'administration, *dès le principe de l'instruction des affaires*, tous les renseignements propres à fixer éventuellement son opinion sur le degré d'indulgence que pourront comporter les fraudeurs contre lesquels une condamnation corporelle a dû devenir définitive avant qu'il y ait eu lieu d'admettre une transaction ; ces renseignements, développés et complets, doivent être appuyés de l'avis des chefs locaux (1). (*Déc. des Min. de la justice et des finances, transmise par la Circ. du 24 janvier 1844, n° 2006.*)

L'administration ne prend jamais l'initiative d'une demande en grâce, en faveur d'un contrebandier frappé de peines corporelles par un jugement passé en force de chose jugée, que lorsque le condamné a été admis à transiger.

En règle générale, quand un contrebandier s'est laissé condamner définitivement avant d'avoir soumis et fait accueillir des offres pécuniaires de transaction, l'administration ne doit solliciter ultérieurement sa grâce, au point de vue *pénal*, que lorsqu'un intérêt majeur de service est engagé dans la prompte relaxation du délinquant. Toutes les fois que cet intérêt de service n'existe pas, et que l'administration n'a à invoquer, à l'appui de son intervention en faveur des condamnés, que des motifs d'humanité ou d'autres circonstances atténuantes tirées du fait même constitutif du délit, il est convenable que les chefs locaux, en même temps qu'ils donnent avis de la transaction au procureur du Gouvernement, cherchent, autant que possible, à s'assurer officieusement, pour en faire part à l'administration, de l'assentiment de ce magistrat. (*Circ. lith. du 8 juillet 1844.*)

1111. — Toutes les fois que les chefs locaux ont jugé à propos (2) ou ont été chargés d'admettre un prévenu à transiger, V. n° 1129, le receveur, dans le cas où le prévenu n'aurait pas déjà souscrit une obligation cautionnée de s'en rapporter à la décision de l'administration, doit passer avec celui-ci un acte énonçant les conditions de l'arrangement respectivement consenti. Cet acte est fait sur papier timbré en autant d'originaux qu'il existe de parties ayant un intérêt distinct (3), c'est-à-dire en deux expéditions, dont l'une reste entre les mains du receveur et dont l'autre est remise au prévenu, conformément à l'art. 1325 du Code civil (*Déc. du 31 janvier 1844; Doc. lith., n° 145*); il énonce que, en cas de rejet de la transaction par l'administration, les clauses provisoirement adoptées seront considérées comme non avenues, et que les parties rentreront respectivement dans tous leurs droits, tels qu'ils existaient au moment de la signature de l'acte provisoire. La réalisation des conditions de cet arrangement provisoire doit d'ailleurs être valablement assurée, soit au moyen d'une consignation immédiate en argent, soit au moyen d'un acte de cautionnement donné par une personne notoirement solvable.

Les receveurs qui auraient négligé de remplir ces formalités indispensables, et, suivant les cas, les autres chefs qui n'auraient pas fait rectifier d'office cette irrégularité, seraient rendu personnellement responsables, soit du non accomplissement des conditions de l'arrangement, soit du non recouvrement ultérieur des condamnations exigibles. (*Circ. du 11 octobre 1838, n° 1718.*) V. n° 1175, formule 121.

Il n'est pas de rigueur que les receveurs prennent l'avis préalable de leurs chefs

(1) Ces renseignements doivent, dans toute hypothèse, être adressés à l'administration lorsque le contrevenant a été condamné à plus de huit jours de prison. (*Déc. du 20 mai 1857.*)

(2) Mais, à l'égard des contraventions au régime des admissions temporaires, les directeurs doivent prendre l'attache de l'administration avant d'arrêter les conditions de transactions. (*Déc. du 12 mai 1857.*)

(3) Un seul original est destiné aux parties n'ayant qu'un même et unique intérêt. (*Déc. du 17 avril 1857.*)

pour recevoir, à titre provisoire, les offres des prévenus; cependant il est convenable, et d'ailleurs conforme à l'intérêt du service et de l'unité d'action qui doit présider aux actes de l'administration, que dans les saisies constatées dans les lieux où résident l'inspecteur et le receveur, celui-ci se concerte avec l'inspecteur sur l'opportunité et les conditions admissibles d'une transaction, avant d'accueillir les offres qui lui seraient faites dans cet objet par les intéressés. (*Circ. du 14 septembre* 1841, n° 1874.) Mais, en cas de dissentiment, le receveur principal a le droit de s'en tenir à sa propre appréciation, sauf à l'inspecteur à produire, de son côté, les considérations qu'il croira de nature à faire prévaloir son avis. (*Circ. du 23 août* 1852, n° 51.) *V.* n° 54.

Il n'est pas nécessaire que l'acte de cautionnement soit *séparé* de la transaction. (*Déc. du 21 février* 1840.)

Lorsqu'il est question d'une affaire correctionnelle entraînant l'arrestation du prévenu, celui-ci ne peut être admis à transiger qu'autant qu'il fournit, indépendamment de la caution relative aux condamnations civiles, une autre caution pour assurer qu'il se présentera au besoin et se constituera prisonnier. (*Circ. du 13 septembre* 1822, n° 752.) *V.* n° 420.

Il n'est pas indispensable que la représentation du prévenu soit assurée par un acte séparé; il suffit d'en faire une des conditions de l'acte de cautionnement de la transaction. (*Déc. du 26 octobre* 1839.)

L'acte de transaction arrête toute action judiciaire jusqu'à décision administrative. (*Déc. du 7 décembre* 1842.)

La caution à donner pour la représentation en justice de la personne du délinquant, dans le cas de transaction provisoire pour une saisie de compétence correctionnelle, doit être exclusivement *pécuniaire.* (*Déc. du 18 octobre* 1843.)

L'acte d'arrangement qui contient la clause de restitution par la douane des objets capturés doit toujours énoncer si cette restitution est faite à charge de réexportation ou d'acquittement des droits. (*Déc. du 17 août* 1843.)

Il est interdit de recevoir par transaction, en sus du montant des frais, le produit des quêtes ou collectes publiques faites en faveur des condamnés. (*Déc. du 18 avril* 1844; *Doc. lith.*, n° 149.)

Les sommes offertes après jugement devenu définitif ne doivent être acceptées qu'à titre d'à-compte sur les réparations pécuniaires à recouvrer, ce qui implique non pas transaction, mais surséance de poursuites. (*Déc. du 13 septembre* 1852.)

Tout individu condamné solidairement pour un fait de contrebande ne reste tenu que pour sa part et sans solidarité lorsqu'il y a eu transaction avec les autres fraudeurs. (*Jugem. du trib. civ. de Besançon du 11 août* 1853.)

Pour transiger, il faut avoir la capacité de disposer des objets compris dans la transaction. (*Code civil, art.* 2045.)

D'où il suit qu'un mineur ne peut transiger qu'assisté de son tuteur, une femme mariée qu'avec l'assentiment de son mari, et dans les formes prescrites par la loi.

La demande en nullité d'une transaction provisoire passée avec un receveur ne saurait être admise quand bien même elle aurait été formée avant la sanction administrative ou ministérielle, attendu que cette transaction est un acte synallagmatique qui n'est annulé que si l'autorité supérieure refuse de le sanctionner (*Jug. du trib. civ. de Gênes; arrêt de la Cour de Lyon; Circ. du 7 octobre* 1809.)

Quand un prévenu est étranger ou s'il ne sait signer, il doit se faire représenter par un fondé de pouvoir, ou au moins être assisté de deux témoins choisis par lui pour servir d'interprètes et attester qu'il a consenti à la transaction. (*Lettre de la Comptabilité du 30 décembre* 1825.)

Le directeur adresse toujours à l'administration une copie de ces transactions. (*Déc. du 15 février* 1842.)

Les sommes offertes par le prévenu doivent être énoncées en toutes lettres, puis en chiffres, et relatées et appliquées dans l'ordre suivant : 1° le remboursement des frais (1) ; 2° s'il peut y avoir confiscation des marchandises saisies, l'abandon de ces marchandises ou celui de la somme de..... destinée à en représenter la valeur (2) ; 3° le payement d'une somme de..... pour tenir lieu de l'amende ou du double droit, décime compris ; 4° le cas échéant, l'abandon des moyens de transport ou celui de la somme de..... pour tenir lieu de cette partie des condamnations. *V.* n° 1031. (*Circ. du* 11 *octobre* 1838, n° 1713.) *V.* n° 1112.

Pour la prime de capture, *V.* n° 439.

---

(1) On doit indiquer le montant des frais, soit que les prévenus les remboursent, soit qu'il doive être imputé sur le produit de la saisie. (*Déc. du* 7 *août* 1838.)

Les frais à rembourser comprennent le timbre et l'enregistrement de la transaction quand cette formalité est nécessaire ; mais il faut l'énoncer explicitement, autrement il ne serait question que des frais déjà faits au moment de l'arrangement.

Quand l'administration consent à renoncer à suivre les conséquences d'un jugement, il faut ranger dans les frais à rembourser les honoraires d'avoué, s'il en existe un. (*Déc. du* 29 *août* 1841.)

Dans les frais se classent les gratifications de capture qui peuvent être dues aux saisissants. (*Circ. du* 6 *décembre* 1832, n° 1357.)

Si le montant des frais n'est pas connu lors de la signature de la transaction, on énonce qu'une somme jugée suffisante pour couvrir ces frais a été déposée entre les mains du receveur ou que le prévenu a fourni bonne et valable caution d'en acquitter le montant à liquider. On doit d'ailleurs avoir toujours soin, dans le cas d'une consignation réelle, de faire souscrire au déposant l'obligation cautionnée de parfaire, s'il y a lieu, la somme des frais à rembourser, et le receveur s'oblige en même temps, pour l'administration, à restituer la somme qui resterait libre sur celle consignée, après imputation de ces mêmes frais. (*Circ. du* 11 *octobre* 1838, n° 1713.)

(2) En principe, il n'est fait remise des marchandises non prohibées qu'à charge d'acquittement des droits d'entrée, et non pour la réexportation. L'acte doit énoncer la condition de restitution. (*Déc. du* 23 *mars* 1843.)

Quand des marchandises saisies sont, par suite d'un arrangement quelconque, laissées à la libre disposition de l'intéressé, la douane doit exiger l'acquittement immédiat des taxes, sauf, s'il y a lieu, à faire souscrire une soumission cautionnée pour assurer la réalisation ultérieure des réparations civiles, d'après la décision que rendra l'administration. Pour cet acquittement, et à moins de circonstances exceptionnelles, l'intéressé se trouve dans le droit commun et profite des règlements sur l'escompte, etc. (*Déc. du* 30 *novembre* 1853.)

Dans toute hypothèse, le service ne remet les objets saisis, *avant la ratification de* la transaction par l'administration supérieure, qu'autant que l'on a garanti la rentrée éventuelle de la valeur intégrale, soit par une consignation préalable, soit par un acte de cautionnement en due forme. Cette obligation résulte de la règle générale qui veut qu'une transaction ne soit *exécutée* qu'après l'approbation de l'administration. Toutefois cette prescription ne doit point être considérée comme devant impliquer une restriction à la faculté attribuée aux directeurs et chefs de service d'autoriser dans certains cas, *essentiellement graciables,* la mainlevée *sans caution* des moyens de transport. *V.* n° 1031, note *b.* (*Circ. du* 11 *octobre* 1838, n° 1713.)

Dans une saisie opérée sur des prévenus dont quelques-uns sont restés inconnus, l'abandon souscrit avant jugement par les contrevenants arrêtés est valable pourvu qu'on n'insère pas dans l'acte de cet abandon qu'ils ne stipulent qu'en ce qui les concerne exclusivement. (*Déc. du* 6 *mai* 1842 ; *Doc. lith.*, n° 122.)

Lorsqu'on donne mainlevée d'une marchandise saisissable et que les frais ont été

1112. — Quand la somme exigée en principal concerne deux ou plusieurs amendes, c'est-à-dire des contraventions multiples, elle est appliquée à chacune de ces contraventions dans la proportion de l'importance relative de chacune des condamnations encourues. S'il existait des motifs pour déterminer une autre distribution, il faudrait les exposer. (*Circ. lith. des* 17 *octobre* 1842 *et* 16 *octobre* 1845.) *V.* n° 1053.

Les frais ne sont pas divisés.

Dans le cas où, les marchandises ayant été remises, le directeur proposerait d'exiger une somme supérieure à celle qui a été reçue, il devrait faire connaître si la somme complémentaire a été réalisée ou si l'acte est conçu de manière à garantir le recouvrement; autrement, à défaut de titre légal pour agir, il y aurait à s'en tenir à la transaction passée provisoirement. (*Déc. du* 11 *février* 1847.)

1113. — Il se produit des cas où le service peut d'ailleurs recevoir des soumissions, de la part des contrevenants, de satisfaire, sans autre forme de procédure, à la décision que l'administration jugera devoir prendre. Ainsi, quand l'infraction est le résultat d'une erreur ou d'une omission de formalité, et si les chefs sont unanimes sur la fixation de la réparation pécuniaire, on peut, dans les grands ports, chef-lieux de direction, se dispenser de dresser un procès-verbal et recevoir une soumission cautionnée par laquelle les contrevenants s'engagent: 1° à s'en rapporter à la décision de l'administration; 2° à n'élever aucune réclamation contre ce mode exceptionnel. (*Déc. du* 2 *novembre* 1839; *Doc. lith.*, n° 56.) *V.* n° 1175, formule 14.

Si la latitude était étendue à une douane importante autre que le chef-lieu de direction, ce serait sous la réserve qu'aucune soumission ne serait admise que d'un commun accord entre l'inspecteur et le receveur. (*Déc. du* 18 *juillet* 1840.)

Cette soumission, souscrite sur papier timbré (*Circ. lith. du* 13 *octobre* 1845), en simple expédition et sans que les représentants de l'administration y apposent leur signature (*Déc. du* 9 *janvier* 1846), constitue un engagement civil dont l'effet ne se prescrit que par trente ans. (*Déc. du* 15 *mai* 1849.)

Il est aussi admis des soumissions cautionnées ayant pour effet de suspendre le cours de la poursuite judiciaire au moyen de l'engagement qu'elles contiennent, de la part des contrevenants, de se soumettre à la décision de l'administration. (*Circ. du* 2 *juin* 1858, n° 540.)

Les directeurs sont dispensés d'envoyer à l'administration une copie de toute soumission pure et simple. (*Déc. du* 15 *février* 1842.)

Ils en adressent une copie quand la soumission est passée dans des conditions autres que celles dont la réunion constitue la garantie complète des droits de l'administration. (*Déc. du* 23 *août* 1842.)

Dans les affaires où il s'élève quelque doute touchant la moralité des contraventions, il est préférable de demander aux prévenus une soumission cautionnée de s'en rapporter, plutôt que de les admettre à une transaction provisoire. (*Déc. du* 1er *avril* 1844.)

---

remboursés, la somme exigée tient lieu, d'abord et jusqu'à due concurrence, de cette même confiscation, et le surplus seulement, si le chiffre de la somme payée excède cette première valeur, est affecté à l'amende et devient, à ce titre, susceptible de supporter le prélèvement *du décime.* Enfin si, en maintenant la saisie, on exige plus que la somme à laquelle se serait élevée, décime compris, l'amende encourue, celle-ci doit être considérée comme recouvrée *intégralement,* et la portion qui en excède la quotité légale doit être seule appliquée *aux moyens de transport,* et l'on énonce explicitement, lorsqu'il y a lieu, le chiffre de la somme à restituer au prévenu sur celle qui aurait été provisoirement consignée. (*Circ. des* 6 *décembre* 1832, n° 1357, *et* 11 *octobre* 1838, n° 1713.)

Une soumission peut suppléer à un acte conservatoire; mais, dès que cet acte a été rédigé, une soumission ne peut devenir opportune que pour prévenir la conversion de cet acte en un procès-verbal définitif. (*Déc. du 16 août 1856.*)

La soumission rend inutile tout acte ultérieur de transaction et doit être produite à l'appui de la comptabilité du receveur. (*Circ. de la Compt. générale du 31 décembre 1838, n° 35, et Circ. du 2 juin 1858, n° 540.*)

1114. — En l'absence d'un jugement, c'est-à-dire lorsque l'acte de transaction ou de soumission est passé avant jugement, il est indispensable que cet acte stipule formellement l'abandon des marchandises saisies, afin que l'administration puisse invoquer ce titre pour disposer de celles-ci comme étant sa propriété et justifier ainsi son action répressive. Après jugement, cet abandon serait surabondant; on exprime seulement que le contractant acquiesce à la disposition du jugement, définitif ou non, qui a prononcé la confiscation. (*Circ. des 23 octobre 1840, n° 1837, et 12 octobre 1841, n° 1882.*)

1115. — La transaction ou la soumission ne doit être enregistrée que dans l'un des cas suivants : 1° si elle n'a pas été précédée d'un procès-verbal enregistré, dont alors elle tient lieu; 2° lorsque, *avant* jugement, même s'il existe un procès-verbal régulier, elle stipule l'abandon des marchandises en nature destinées à être exposées aux enchères publiques, de sorte qu'elle se trouve constituer le seul titre qui puisse servir de base à la justification des recouvrements opérés sur les pénalités encourues; 3° quand il y a lieu d'en faire usage devant les tribunaux. (*Circ. du 12 octobre 1841, n° 1882; Déc. des 25 janvier 1848, 26 octobre 1850 et 22 décembre 1857; Circ. du 2 juin 1858, n° 540, et Doc. lith., n° 203.*)

Lorsque la transaction, passée avant toute exécution judiciaire, contient acquiescement à la confiscation de marchandises prononcée par jugement, il n'est nécessaire ni de la faire enregistrer, ni de produire un extrait de ce jugement. (*Déc. du 5 janvier 1861.*)

Le droit à percevoir pour l'enregistrement d'une transaction ou d'une soumission est, dans tous les cas, de 1 fr. (*Déc. min. des 6 avril 1833 et 16 septembre 1850; Circ. du 19 avril 1833, n° 1379; Déc. du 1er avril 1839; Circ. des 2 octobre 1850, n° 2408, et 2 juin 1858, n° 540.*)

Tout cautionnement en matière de transaction ou de soumission est passible d'un droit fixe d'enregistrement de 1 fr. (*Déc. min. du 30 juin 1859; Circ. du 20 août suivant, n° 603.*)

N'est sujette ni au timbre ni à l'enregistrement la soumission relative aux suites contentieuses d'une contravention au régime de l'acquit-à-caution, et dont les effets peuvent être assurés par la voie de la contrainte. (*Déc. de la compt. du 30 novembre 1858.*)

La soumission qui ne se rapporte pas à une contravention ou infraction formelle à la loi n'est susceptible ni de timbre ni d'enregistrement. *V.* n°s 13 et 116.

1116. — Dans le cas où un prévenu se refuserait à exécuter les clauses soit d'une transaction consentie par l'administration, soit d'une soumission, et si, dans cette dernière hypothèse, un procès-verbal ou un jugement existant, l'administration jugeait à propos de ne pas suivre l'effet de ce procès-verbal ou de ce jugement, il faudrait faire commandement de payer et assigner *de plano* devant le tribunal civil. (*Circ. du 7 octobre 1809.*)

1117. — Chaque fois que, même après jugement, toutes les pénalités ne sont pas réalisées, il faut une transaction ou une soumission de s'en rapporter. A défaut, alors même que le contrevenant, afin d'éviter des frais, demande à solder le montant des amendes, et si les chefs de service pensent qu'il n'est pas nécessaire de dresser un procès-verbal pour constater une contravention n'ayant aucune espèce d'importance, s'il s'agit surtout d'un excédant qui donne lieu au payement d'un double droit très-modique, on peut se borner à rédiger un *certificat*, sur papier timbré, en double expédition, comme la transaction, énonçant la nature de l'infraction, les noms des employés qui l'ont reconnue, l'offre, l'acceptation et le payement immédiat du montant de l'amende encourue. (*Circ. man. du 9 mars* 1837.) Ce certificat doit toujours être enregistré. (*Déc. du 22 décembre* 1857.) *V.* n° 1115.

Cet arrangement est soumis, comme les transactions, à l'appréciation de l'administration. *V.* n° 1175, formule 13.

1118. — Les transactions en matière de douanes sont définitives :

Par l'approbation de l'administration lorsque les condamnations encourues ou prononcées n'excèdent pas 3,000 fr., à moins qu'il ne s'agisse d'amendes éventuelles de double droit ou de double valeur, cas auquel l'administration statue si, en l'absence de jugement, les sommes exigées ne s'élèvent pas à plus de 3,000 fr. (*Déc. du 23 août* 1849);

Par l'approbation du Ministre des finances lorsqu'il y a eu dissentiment entre le directeur général et le conseil d'administration, et, dans tous les cas, si le montant des condamnations excède 3,000 fr. (*Ord. du 30 janvier* 1822, *art.* 10.)

En recevant la notification de la décision définitive, les receveurs principaux doivent immédiatement prendre en charge, au registre des droits constatés, série E, n° 71 A, le montant des condamnations exigibles sous le titre d'amendes et de doubles droits, ou qui doivent tenir lieu de la valeur des marchandises et des moyens de transport saisissables. (*Circ. de la compt. du 29 juillet* 1858, n° 74.) Pour les primes de capture, *V.* n° 438.

CHAPITRE V

PROCÉDURES SPÉCIALES.

SECTION PREMIÈRE

Opposition à l'exercice des fonctions des préposés.

1119. — Les préposés des douanes sont sous la sauvegarde spéciale de la loi; il est défendu à toute personne de les injurier ou maltraiter, et même de les troubler dans l'exercice de leurs fonctions, à peine d'une amende de 500 fr., et sous telle autre peine qu'il appartiendra, suivant la nature du délit. (*Loi du 22 août* 1791, *titre* 13, *art.* 14.) Injures, mauvais traitement, etc.; n° 243 du tableau des Infract.

L'opposition à l'exercice des préposés est également punie d'une amende de 500 fr. (*Loi du 4 germinal an II, titre* 4, *art.* 2.) Opposition, etc.; n° 242 du tableau des Infr.

Et sans préjudice, quand les faits le comportent, de l'application, par la juridiction correctionnelle ou criminelle, des dispositions générales du Code pénal relativement à la vindicte publique. La compétence du tribunal est déterminée suivant les circonstances. *V.* n° 1175, formule 8.

Dans tous les cas où il y a attaque, résistance avec violences et voies de fait, il en est dressé un procès-verbal qui est envoyé, à titre de plainte, au procureur du Gouvernement, pour en poursuivre les auteurs et leur faire infliger les peines portées par le Code pénal contre ceux qui s'opposent, avec violence, à l'exercice des fonctions publiques. (*Loi du 4 germinal an II, titre* 4, *art.* 2.)

Le trouble apporté, sans résistance, au libre exercice d'un agent de la force publique agissant pour l'exécution des lois, est puni par les art. 228 et 230 du

Code pénal. S'il y a eu résistance, violence et voies de fait, il y a, selon les circons-tances, crime ou délit de rébellion prévu par les art. 209 à 233 du même Code. *V.* n° 427.

Les préposés doivent toujours avoir soin d'établir, d'une manière explicite, qu'ils étaient dans l'exercice de leurs fonctions. (*Déc. du 15 mai* 1846.)

Le préposé est dans l'exercice de ses fonctions tant qu'il n'est pas rentré chez lui et qu'il n'a pas diverti à d'autres actes que ceux du service qui lui a été commandé; l'opposition ou les violences qu'il éprouve dans ses fonctions tombent, en conséquence, sous l'application de la loi commune. (*Jug. correct. de Mulhouse du* 5 *octobre* 1859 ; *Doc. lith. de* 1861, n° 224.)

L'amende pour trouble, opposition, etc., est individuelle. (*Circ. du* 31 *déc.* 1819.)

La preuve testimoniale ne peut être admise contre les procès-verbaux réguliers qui constatent du trouble et de l'opposition, sans violences, aux fonctions des préposés. (*A. de C. du* 15 *avril* 1835; *Circ.* n° 1488.)

En effet, les affaires relatives à des injures proférées contre les employés en fonc-tions, quand ces injures ne sont pas accompagnées de voies de fait, sont de la com-pétence du juge de paix. C'est un fait d'opposition qui est constaté de la même manière qu'une contravention. (*A. de C. des* 3 *ventôse an* X *et* 21 *juillet* 1808.)

Dans ce cas, la citation à comparaître ne peut être notifiée par un acte séparé du procès-verbal. (*Déc. du* 1er *août* 1850.)

Il est recommandé de ne rédiger de procès-verbaux pour constater uniquement des injures proférées contre les agents des douanes, que lorsque les circonstances l'exigent impérieusement. (*Circ. du* 18 *décembre* 1815, n° 96.)

Le fait de trouble aux fonctions des préposés de la part des éclaireurs ne résulte que d'un acte explicitement rapporté au procès-verbal, et qui aurait eu pour effet de contrecarrer les dispositions actuelles du service. (*Déc. du* 21 *octobre* 1857.)

Pour la visite à corps, *V.* Livre XI, ch. 15, n° 873.

Si un individu, tenu de se conformer aux lois, déclare s'opposer à l'exercice des préposés, cette déclaration suffit pour constituer une opposition réelle. (*A. de C. du* 29 *août* 1838.)

L'opposition simple, c'est-à-dire l'empêchement, l'obstacle matériel ou moral, la menace, l'injure, quel que soit le nombre des opposants, est de la compétence civile; l'opposition ou la résistance avec violence et voies de fait constitue la rébellion justi-ciable des tribunaux correctionnels, et est passible, outre l'amende pour opposition, des pénalités édictées par le Code pénal (*A. de C. du* 29 *août* 1838); sauf s'il s'agit soit de trois personnes ou plus jusqu'à vingt inclusivement, et que deux d'entre elles fussent munies d'armes, soit de plus de vingt personnes, car alors c'est la Cour d'assises qui est compétente.

L'amende, en cas de résistance de vive force, voies de fait ou sévices graves, est prononcée à titre de dommages-intérêts ou de réparations civiles, et non de peine; elle peut dès lors être appliquée par le tribunal correctionnel, sur la demande de l'administration, partie civile, cumulativement avec les autres peines du Code pénal requises par le ministère public, ainsi qu'avec les amendes répressives de la contre-bande. (*A. de C. des* 21 *décembre* 1821, 17 *décembre* 1831 *et* 1er *décembre* 1838 ; *Circ.* n°s 1481, 1608 *et* 1726; *A. de la C. de Colmar du* 16 *janvier* 1839; *et Jug. du trib. de Coutances du* 12 *août* 1840; *Doc. lith.*, n°s 30 *et* 76.)

Quand un procès-verbal constate des injures ou une simple opposition à l'exercice des préposés, il fait foi en justice jusqu'à inscription de faux; le juge de paix est compétent, et applique l'amende de 500 fr. Mais si le procès-verbal constate, outre des injures, une résistance opposée de vive force et des voies de fait, il y a rébellion et le procès-verbal n'équivaut plus qu'à une plainte; le tribunal correctionnel est compétent et les peines encourues sont celles édictées par le Code pénal. (*A. de C. des* 26 *août* 1816, 29 *août* 1838 *et* 19 *mai* 1841; *Circ.* n°s 1712 *et* 1863.)

Le juge de paix est compétent pour prononcer l'amende spéciale de 500 fr. requise par l'administration des douanes, à raison d'un fait d'opposition à l'exercice des fonctions de ses préposés, alors même que cette opposition aurait été accompagnée de voies de fait pouvant donner ouverture à une action de la part du ministère public. (*A. de C. du 30 mars* 1841; *Circ. du 21 juillet* 1841, n° 1863.)

Le juge de paix qui doit connaître d'un fait d'opposition n'est pas celui du lieu où l'opposition a été consommée, mais celui du lieu où est situé le bureau des douanes dans lequel les employés se sont retirés pour verbaliser. (*Déc. du 24 mars* 1841.)

Quand l'administration poursuit seule la répression, par la voie civile, d'un fait de trouble, d'injures ou d'opposition envers ses agents, l'action doit être portée devant le tribunal de paix. Mais en cas de poursuite exercée par le ministère public contre les auteurs d'un délit caractérisé par le Code pénal, la juridiction compétente pour connaître de ce délit le devient également pour adjuger les condamnations civiles, et l'action accessoire de l'administration, jointe à celle du ministère public, n'en peut être séparée pour être portée devant la justice de paix. (*A. de C. des 13 août* 1836 *et 10 janvier* 1840; *Circ.* n° 1799.)

Le tribunal correctionnel est compétent pour prononcer, sur la demande de l'administration, l'amende de 500 fr. édictée en cas d'opposition aux fonctions des préposés, lorsqu'à raison de la connexité de cette opposition avec un délit de rébellion poursuivi par le ministère public, l'affaire se trouve portée devant cette juridiction. (*A. de C. du 8 décembre* 1837; *Circ.* n° 1712.)

En cas d'attaque, de résistance avec violence et voies de fait envers les préposés' ou de rébellion, les faits sont constatés par une plainte, en forme de procès-verbal, mais sur papier libre, et qui est remise au ministère public, chargé de diriger les poursuites. (*Circ. des 16 janvier* 1834, n° 1418, *et 23 décembre* 1844, n° 2046, *art.* 244.)

Saisi de la plainte, le ministère public poursuit les délinquants dans l'intérêt de la vindicte publique. Quant à l'amende, elle ne peut être adjugée, par la juridiction correctionnelle, qu'autant que la douane intervient au procès comme partie civile, · et elle le fait dans le cas où les délinquants présentent quelque solvabilité ou lorsque l'intérêt du service ou de la répression commande de les retenir le plus longtemps possible en prison. Quand les condamnés ne se libèrent pas de l'amende, on les recommande sur l'écrou, suivant les formes de droit, et on prolonge leur détention pendant tout le temps déterminé par le jugement pour la contrainte par corps. (*Circ. des 23 mars* 1835, n° 1481, *et 16 février* 1839, n° 1736.) *V.* n°ˢ 1103 et 1104.

Quand il est reconnu qu'un préposé maltraité n'était pas dans l'exercice de ses fonctions, il ne convient pas de faire intervenir l'administration comme partie civile pour demander l'amende de 500 fr. Mais si cet agent n'avait aucun tort à se reprocher et si l'agresseur était solvable, on devrait, dans l'intérêt du service, engager le préposé à intervenir en son propre et privé nom au procès correctionnel, pour réclamer des dommages-intérêts; et l'administration le garantit, en cas d'insuccès, de tous frais à cette occasion. (*Déc. du 9 février* 1841.)

Si le montant de l'amende a été consigné purement et simplement, la douane doit, même sans l'autorisation de l'administration, déclarer intervenir comme partie civile. (*Déc. du 3 décembre* 1846.)

Si le service, même s'étant porté partie civile, n'a plus aucun intérêt à poursuivre, par exemple, s'il a été passé une transaction, le directeur le fait officiellement connaître au ministère public et se désiste de son action en justice, de sorte que, à moins que le ministère public ne tienne, au point de vue de la vindicte publique, à assurer l'application du Code pénal, le prévenu, préventivement détenu, peut être mis en liberté. (*Déc. du 15 mai* 1846.)

Alors même qu'un capitaine de navire est coupable ou civilement responsable d'un fait d'opposition à l'exercice des préposés ou de rébellion, on ne peut opérer la retenue préventive du navire pour sûreté de l'amende. (*Déc. du* 14 *septembre* 1846.)

Lorsqu'il n'y a pas de procès-verbal régulier, si la douane s'est abstenue de se porter partie civile et s'il n'y a qu'une condamnation correctionnelle par suite de la plainte remise au ministère public, on ne peut intenter une action devant le juge de paix pour faire allouer l'amende. Mais les employés maltraités peuvent se prévaloir du jugement rendu au correctionnel pour introduire, en leur propre et privé nom, une instance civile à fin de dommages-intérêts. Au besoin, en cas d'insuccès, l'administration ne se refuse pas à les exonérer des frais. (*Déc. du* 3 *décembre* 1846.)

Le juge de paix ne peut, sur la production d'un procès-verbal régulier, se dispenser d'appliquer l'amende de 500 fr. pour opposition, bien que les faits présentant les caractères de la rébellion punie par le Code pénal n'aient donné lieu à aucune poursuite correctionnelle ou criminelle.

L'amende est encourue alors même que l'opposition, si elle n'a pas été provoquée par une agression non justifiée du préposé, aurait eu pour motif déterminant un grief antérieur étranger aux fonctions de cet agent. (*Jug. du trib. civil du Havre, du* 26 *mars* 1852; *Doc. lith.,* n° 190.)

Le juge de paix auquel on défère un procès-verbal de rébellion doit appliquer l'amende de 500 fr. édictée dans le cas de simple opposition, s'il résulte suffisamment des explications de la partie plaignante que le fait incriminé n'a réellement que le dernier caractère. (*Jug. du trib. civil d'Ajaccio du* 2 *août* 1838; *Doc. lith.,* n° 14.)

La protection spéciale qui est accordée par la loi aux préposés de l'administration des douanes les couvre dans toutes les circonstances où peut les placer l'exercice de leurs fonctions. En conséquence, les injures adressées et les coups portés à ces préposés, même après qu'ils ont terminé une visite ou qu'ils ont procédé à une saisie, sont réputés outrages adressés à l'occasion de l'exercice de leurs fonctions, et un tribunal saisi de la prévention doit prononcer, contre les délinquants, l'amende édictée par les lois de 1791 et de l'an II. (*A. de C. du* 7 *septembre* 1850; *Circ. du* 18 *juin* 1852, n° 42.)

Les préposés des douanes, lorsqu'ils se rendent au poste indiqué pour leur service, sont réputés, durant le trajet, être dans l'exercice de leurs fonctions. (*A. de C. du* 21 *novembre* 1851; *Circ.* n° 42.)

Les préposés ne cessent pas d'être *dans l'exercice de leurs fonctions* après la visite des équipages conduits devant le poste où ils sont de service, et le trouble ou la résistance qu'ils éprouvent, alors même que cette visite est consommée, est passible de l'amende spéciale édictée par les lois de 1791 et de l'an II. L'administration est habile à appeler aux fins civiles, dans les cas de l'espèce, bien que la condamnation correctionnelle appliquée pour le même fait ait acquis force de chose jugée, à défaut d'appel de la part du ministère public. (*A. de C. des* 20 *et* 31 *janvier* 1840; *Circ.* n° 1799.)

Les préposés des douanes qui sont *soit en tournée, soit en observation,* pour empêcher l'introduction de la contrebande, sont dans l'exercice de leurs fonctions, et, à l'instar de la *gendarmerie* et de la *force armée,* ils doivent être considérés comme agissant sur la réquisition d'une autorité compétente. (*A. de C. des* 15 *janvier et* 22 *octobre* 1807.)

En se cachant derrière un buisson proche du lieu où des préposés se trouvent en embuscade, tout individu contrevient à la défense de les troubler dans l'exercice de leurs fonctions. (*Jug. du trib. de paix de Valenciennes du* 24 *juin* 1855.)

Le fait d'avoir espionné des employés des douanes placés en embuscade pour surveiller les fraudeurs, et de les avoir forcés, en les découvrant, d'abandonner leur poste d'observation, constitue un trouble et une opposition à leurs fonctions, passible de l'amende de 500 fr. [prononcée par les art. 14 du titre 13 de la loi du 22 août

1791 et 2 du titre 4 de celle du 4 germinal an 11. (*A. de C. du 11 décembre* 1843; *Doc. lith.,* n° 144.)

Il est convenable de ne verbaliser, pour l'application du principe consacré par l'arrêt ci-dessus, que dans le cas où les préposés sont en mesure de constater des faits assez précis et assez caractéristiques pour rendre évidents aux yeux des juges l'intention et le but de l'individu mis en cause. (*Déc. du 3 juillet* 1844; *Doc. lith.,* n° 144.)

Lorsqu'il est constaté par un procès-verbal régulier que des préposés des douanes, agissant à la requête du directeur des contributions indirectes, mais en leur qualité de préposés des douanes, ont été troublés et maltraités dans l'exercice de leurs fonctions, le tribunal saisi de la plainte doit prononcer contre le délinquant, non-seulement les peines du délit de rébellion avec voies de fait, mais encore l'amende prononcée par les art. 14, titre 13, de la loi du 22 août 1791, et 2, titre 4, de celle du 4 germinal an II. (*A. de C. du 13 août* 1846; *Circ.* n° 2154.)

L'amende de 500 fr. pour *opposition* est une réparation civile et non une peine, et l'administration peut la requérir par action civile devant une Cour d'assises saisie de la connaissance d'un crime de *rébellion*, même lorsque les accusés sont acquittés de ce chef principal. (*A. de C. du 18 octobre* 1842; *Circ.* n° 1944.)

Les délits de rébellion, de violence et injures commis par les marins de l'État envers les préposés des douanes sont de la compétence des tribunaux ordinaires, et non de celle des conseils de guerre maritimes. (*A. de C. du 6 octobre* 1842.)

Il n'est pas nécessaire que les préposés soient revêtus de leurs uniformes pour que le délit d'opposition existe légalement à la charge des opposants. (*Jug. du trib. civil de Coutances du 12 août* 1840; *Doc. lith.,* n° 76.)

A l'égard d'*étrangers* qui, animés d'un esprit d'hostilité contre le service des douanes, viennent, sur le territoire français, pour menacer et injurier les préposés, il convient d'invoquer, dans le procès-verbal, l'art. 224 du Code pénal et de saisir la juridiction correctionnelle. Par suite, le prévenu doit, en sa qualité d'étranger et s'il ne fournit immédiatement la caution *judicatum solvi* (art. 166 du Code de procédure), être mis en état d'arrestation préventive et conduit devant le magistrat représentant le ministère public, appelé à prendre telle mesure que de droit pour assurer, en exécution de l'art. 52 du Code pénal, le recouvrement de l'amende encourue. On n'agit ainsi que dans les cas où les chefs locaux le jugent nécessaire pour la sécurité du service. (*Déc. du 28 février* 1850.)

Les préposés des douanes n'ont point droit à l'amende spéciale de 500 fr. quand l'opposition qu'ils ont éprouvée a eu lieu à l'occasion d'un fait de police, tel que la demande d'exhibition d'un passeport. (*A. de C. du 15 mars* 1841; *Doc. lith.,* n° 91.)

Les art. 327 et 328 du Code pénal portent qu'il n'y a ni crime ni délit lorsque les voies de fait sont commandées, soit par l'autorité légitime, soit par la nécessité actuelle de légitime défense de soi-même ou d'autrui. Les préposés doivent toujours, quand ils ont à verbaliser pour cause de rébellion, faire connaître tout ce qui, pour leur propre défense, les aurait obligés d'opposer la force à la force, et l'impossibilité où ils seraient trouvés d'arrêter quelques-uns des coupables. Ils doivent aussi recueillir les armes, bâtons, etc., qu'ils auraient pu enlever aux rébellionnaires ou que ceux-ci auraient abandonnés. (*Circ. du 19 juin* 1821, n° 659.)

Si l'affaire est de nature à être portée devant la Cour d'assises, les peines corporelles encourues étant plus graves, la réclamation de l'amende ne doit avoir lieu qu'en vertu d'une autorisation spéciale de l'administration, qui intervient, s'il y a lieu, comme partie civile. (*Circ. des 23 mars* 1835, n° 1481, *et 16 février* 1839, n° 1736.)

En cas de faits connexes de rébellion relevant de la juridiction criminelle et de contrebande soumis à la juridiction correctionnelle, par exemple, lorsque des marchandises importées en fraude sont saisies par les employés, puis reprises de force par les fraudeurs, il convient de faire citer les prévenus devant le tribunal correctionnel afin d'obtenir la confiscation des objets saisis ou le payement de la valeur approximative des marchandises spoliées et l'amende encourue d'après les lois de douane. (A. de C. du 4 novembre 1831 ; Circ. n° 1307.) La procédure criminelle est suivie, au point de vue de la vindicte publique, par le procureur du Gouvernement dont il importe de seconder l'action et les recherches, et auquel on doit remettre une copie du procès-verbal pour servir de plainte. Ce mode offre cet avantage que les frais du procès criminel ne peuvent atteindre l'administration. (Circ. des 22 mars 1828, n° 1092, et 24 février 1832, n° 1307.)

L'action de la douane pour la poursuite du délit de contrebande est essentiellement distincte et indépendante de l'intervention civile à raison du crime d'attroupement et de rébellion connexe du délit de contrebande. Aussi la déclaration de non-lieu, à l'égard d'un fait qualifié crime par la loi, ne saurait-elle former obstacle à la reprise des poursuites devant la juridiction correctionnelle, quant au délit de contrebande simple. (A. de C. du 8 décembre 1838 ; Circ. n° 1728.)

Lorsqu'il est stipulé une indemnité personnelle en faveur d'un agent, pour tenir lieu de la valeur de vêtements perdus, indemnité pour laquelle il aurait pu intervenir en son propre et privé nom, le montant en est payé sur quittance, et ne figure pas, en définitive, dans la comptabilité du receveur. (Déc. du 3 juillet 1845.)

Pour la répartition des amendes, V. n° 1165.

SECTION II

Poursuite par voie de contrainte.

1120. — Il faut se garder de confondre *la contrainte par corps*, V. n° 1101, avec *la contrainte décernée par un receveur* : l'une est un droit, l'autre est un acte ; l'une *s'exerce*, l'autre *se décerne*. La première est un privilège attaché à l'exécution des jugements dans de certains cas ; la seconde, quand elle est revêtue de toutes les formalités légales, est un titre exécutoire en vertu duquel on fait, comme en vertu d'un jugement, tous les actes d'exécution, et l'on exerce même la contrainte par corps.

Ce mode de procéder par voie de contrainte n'est pas spécial aux douanes ; il appartient aussi aux autres administrations ou régies qui ont des droits à percevoir pour le compte du Trésor. Il n'est pas non plus nouveau, car il existait sous la législation antérieure aux codes qui nous régissent maintenant. V. n° 1175, formule 43.

1121. — Une contrainte est un acte délivré et signé par un receveur, et qui tend au payement d'un droit ou d'une somme *liquide*. Ce mot est, en quelque sorte, caractéristique de la contrainte. Ce mode de procéder ne peut, en effet, être employé dans les affaires où les faits peuvent être contestés par suite d'une inscription de faux contre le procès-verbal, ou dans celles où les sommes dues par les contrevenants peuvent être l'objet de discussions.

Il peut être décerné contrainte : 1° contre tout redevable de droits de douane qui refuse ou est en retard d'acquitter ces mêmes droits (*Loi du 22 août 1791, titre 13, art. 31*);

2° Contre tout souscripteur d'une soumission et contre sa caution pour l'exécution de cette même soumission, soit qu'elle concerne un crédit de droits, une mise en entrepôt ou un acquit-à-caution quelconque. (*Même Loi, même titre, même article, et art. 32.*)

Pour les préposés démissionnaires ou révoqués, V. n° 118.

La contrainte est exécutée par toutes voies, même par corps (*Loi du 22 août 1791, titre 13. art. 32*), contre tous redevables, débiteurs ou cautions de droits (*Lois des*

17 *avril* 1832, *art.* 11, *et* 13 *décembre* 1848, *art.* 1er), ou contre les comptables en débet ou en déficit. *V.* n° 116.

Pour qu'une contrainte puisse être signifiée et exécutée, il faut qu'elle soit visée par le juge de paix et rendue ainsi exécutoire. (*Lois des* 22 *août* 1791, *titre* 13, *art.* 32, *et* 14 *fructidor an III, art.* 10.)

Le juge ne peut, sous quelque prétexte que ce soit, refuser ce visa, à peine d'être, en son propre et privé nom, responsable des objets pour lesquels la contrainte aurait été décernée. (*Loi du* 22 *août* 1791, *titre* 13, *art.* 32.)

En tête de la contrainte doit être copie du titre ou extrait du registre qui établit la créance dont elle a pour objet de réclamer le payement. (*Loi du* 22 *août* 1791, *titre* 13, *art.* 31.)

Lorsque les contraintes ont pour objet des effets de crédit protestés à l'échéance, les receveurs commencent par donner en tête une copie exacte de la déclaration en payement des droits à recouvrer, telle qu'elle a été signée sur le registre par le redevable, et ils transcrivent à la suite les traites ou obligations qu'ils ont admises pour garantir le crédit de ces droits. (*Circ. du* 22 *février* 1817, n° 251.)

Toutes les fois qu'il est formé des demandes judiciaires contre les redevables en retard de se libérer, il est nécessaire, par application de l'art. 1153 du Code civil, de conclure au payement des intérêts à partir du moment de la demande judiciaire. (*Circ. du* 15 *octobre* 1808.)

Au moment du règlement de compte de la créance, les intérêts dus sont ajoutés, et on les porte aux recettes accidentelles. Les sommes payées sont appliquées aux intérêts avant de l'être au capital, conformément à l'art. 1254 du Code civil. Les frais de toute nature avancés par le receveur doivent être réclamés en même temps que le principal. (*Déc. du* 2 *mars* 1832.)

Pour les débets résultant de soustraction de recette ou de déficit, le comptable est tenu de payer les intérêts, à raison de 5 0/0 par an, à partir du moment de la soustraction; en cas de débet par force majeure, comme vol de caisse, etc., les intérêts ne commencent à courir que du jour où la somme est mise à la charge du receveur (1). (*Arrêté du Conseil d'Etat du* 9 *juillet* 1808, *et Circ. du* 29 *août suivant.*)

En cas de non-rapport, dans le délai fixé, des acquits-à-caution ou permis donnant lieu à soumission, les receveurs doivent, pour prévenir la prescription, décerner d'office une contrainte, lorsqu'ils n'ont pas reçu d'instructions de l'administration *dans les dix mois* qui suivent l'époque à laquelle les intéressés étaient tenus de satisfaire à leurs engagements. (*Circ. du* 18 *novembre* 1825, n° 951.)

Les contraintes sont signifiées et s'exécutent dans les mêmes formes et de la même manière que les jugements.

L'exécution des contraintes ne peut être suspendue par aucune opposition ou autre acte. Cependant cette opposition est recevable contre les contraintes décernées pour défaut de rapport de certificat de décharge des acquits-à-caution; mais il faut qu'au préalable l'opposant consigne le simple droit. Il est défendu à tout juge, sous peine de répondre personnellement des objets pour lesquels la contrainte aurait été décernée, de donner aucune défense ou surséance; celle qui serait donnée serait nulle et de nul effet. (*Loi du* 22 *août* 1791, *titre* 13, *art.* 33.)

---

(1) Le versement du capital et des intérêts dont le comptable a été constitué débiteur envers le Trésor est effectué à la caisse du receveur des finances. Mais si la restitution est immédiatement faite, lors de la constatation du débet ou avant, le montant du capital est réintégré dans la caisse du comptable. Quant aux intérêts dus, on les fait figurer, à ce titre, aux recettes accidentelles. (*Déc. du* 17 *octobre* 1859.)

S'il s'agit de marchandises prohibées, le soumissionnaire n'est admis à plaider au fond qu'après avoir consigné le montant de la valeur énoncée dans l'acquit-à-caution. (*Circ. du 22 fructidor an XI.*)

Lorsque l'individu poursuivi en vertu d'une contrainte a consigné le montant des sommes pour lesquelles elle est décernée, il peut y former opposition, et alors l'affaire se porte devant le juge de paix et suit tous les degrés de juridiction, comme si cette même affaire était intentée par action principale. (*Loi du 14 fructidor an III, art. 10; A. de C. du 28 mai 1811.*)

L'opposition est portée devant le tribunal du lieu où le bureau est établi. (*A. de C. du 5 mai 1806.*)

La contrainte, dûment visée, suffit pour prendre hypothèque de la même manière et aux mêmes conditions que les sentences de l'autorité judiciaire, sans qu'il soit nécessaire d'obtenir un jugement. Conformément aux art. 2157 et 2159 du Code civil, la radiation non consentie des inscriptions hypothécaires faites en vertu des condamnations prononcées ou des contraintes décernées par l'autorité administrative doit être poursuivie devant les tribunaux ordinaires; mais si le fond du droit y est contesté, les parties doivent être renvoyées devant l'autorité administrative. (*Déc. min. du 28 pluviôse an X; Circ. du 4 ventôse an X; Avis du Conseil d'Etat du 16 thermidor an XII; Circ. du 25 avril 1812.*)

La contrainte est soumise à la formalité de l'enregistrement (*Loi du 22 frimaire an VII, titre 2, art. 70*), au bureau d'enregistrement de la résidence des préposés qui l'ont délivrée ou de celle de la partie à laquelle elle est notifiée, et dans les quatre jours de sa date, à peine de nullité. (*Même Loi, titre 3, art. 20.*)

Les contraintes ayant pour objet le recouvrement de droits ou créances qui n'excèdent pas en total la somme de 100 fr. doivent être enregistrées *gratis*. (*Loi du 16 juin 1824, art. 6.*)

Lorsque la somme excède 100 fr., l'enregistrement est soumis au droit fixe de 1 fr. (*Loi du 22 frimaire an VII, art. 68, n° 30.*)

Une contrainte n'a reçu son caractère que lorsqu'elle a été visée, et ce n'est que la notification qui en constitue l'existence; il n'est donc dû de droit d'enregistrement qu'au moment de la signification. Jusque-là, ni pour la contrainte elle-même, ni pour le visa, le droit ne peut être exigible. (*Circ. du 22 février 1817, n° 251.*)

Avant de procéder, à l'égard des cautions, à des actes d'exécution, il convient d'ordinaire d'attendre que la position du débiteur principal soit déterminée; mais, à raison de leur plus ou moins de solvabilité et afin d'accélérer leur solution, il peut être utile d'agir contre les cautions en même temps que contre le principal engagé. Pour le cas de faillite, *V.* n° 1126.

Quand les valeurs mobilières, placées par saisie sous la main de la régie, sont insuffisantes pour couvrir, outre les frais, le montant des privilèges des contributions directes et du propriétaire, il faut laisser le soin de la vente à ces créanciers de premier ordre, sauf, s'il y a lieu, à demander compte de l'emploi du produit. (*Déc. du 17 novembre 1863.*)

SECTION III

Inscription de faux.

1122. — Celui qui veut s'inscrire en faux contre un procès-verbal est tenu, à peine de déchéance, d'en faire la déclaration, au plus tard, à l'audience indiquée par la citation à comparaître devant le tribunal qui doit connaître de la contravention. (*Loi du 9 floréal an VII, titre 4, art. 12.*)

L'inscription de faux contre un procès-verbal de saisie doit toujours être déclarée à la première audience indiquée pour comparaître. (*A. de C. des 28 août 1834, 31 décembre 1836 et 9 mai 1838; Circ. n°s 1461, 1603 et 1691.*)

L'inscription de faux est recevable à quelque instant de la *première* audience qu'elle soit déclarée, pourvu qu'aucune décision n'ait été rendue sur le fond de la contestation. (*A. de C. du 15 juin 1841.*)

L'inscription de faux contre un procès-verbal dressé par les employés de douanes doit être formée à l'audience même indiquée par la sommation de comparaître, à peine de déchéance, encore bien qu'à cette audience le prévenu ait demandé une remise de la cause pour préparer sa défense et même s'inscrire en faux au besoin. (*A. de C. du 11 décembre 1846: Circ. n° 2177.*)

Si le prévenu fait défaut à la première audience indiquée pour comparaître, il n'est plus à temps de s'incrire en faux contre le procès-verbal. (*A. de C. des 23 juin 1817 et 9 mai 1838.*)

L'inscription de faux n'est plus recevable à l'audience où, après un jugement par défaut, le prévenu, ayant formé opposition, comparaît pour la première fois. (*A. de C. du 9 novembre 1840; Circ. n° 1844.*)

Si, en comparaissant sur l'assignation qui lui est donnée, le prévenu se borne à demander l'annulation de la citation pour vice de forme, et qu'elle soit en effet déclarée nulle, il peut encore, sur la nouvelle assignation qui lui est donnée à une autre audience, s'inscrire en faux contre le procès-verbal des préposés. (*A. de C. du 22 frimaire an XIII.*)

L'étranger contre lequel il est rédigé un procès-verbal pour délit de douane, et qui s'inscrit en faux, ne peut pas, à raison de cette inscription, être considéré comme demandeur principal ; il n'est que défendeur de l'action dirigée contre lui, et, comme tel, non assujetti à la caution *judicatum solvi* exigée par l'art. 166 du Code de procédure civile. (*A. de C. du 15 septembre 1820.*)

La déclaration d'inscription de faux doit être écrite et faite par l'inscrivant ou par un fondé de pouvoir spécial passé devant notaire ; elle est reçue et signée par le juge et le greffier. (*Loi du 9 floréal an VII, titre 6, art. 12.*)

L'inscription de faux contre un procès-verbal n'est pas nulle pour n'avoir point été écrite en entier de la main de l'inscrivant, si d'ailleurs elle est signée de lui. (*A. de C. du 7 germinal an XI.*)

Lorsque l'inscrivant en faux sait écrire ou signer, la déclaration d'inscription de faux doit, à peine de nullité, être signée par lui ou par son fondé de pouvoir spécial et notarié. (*A. de C. du 1er juin 1827.*)

Dans les trois jours qui suivent la déclaration de faux, le déclarant doit faire au greffe du tribunal le dépôt des moyens de faux, et des noms et qualités des témoins qu'il veut faire entendre, le tout à peine de déchéance de l'inscription de faux. (*Loi du 9 floréal an VII, titre 6, art. 12.*)

L'obligation prescrite, à peine de nullité, de déposer les moyens de faux dans les trois jours de l'inscription, s'applique au cas où les prévenus attaquent subsidiairement le procès-verbal pour vice de forme, et l'inobservation de cette formalité peut leur être opposée ultérieurement en tout état d'instance. (*A. de C. du 4 mars 1841.*)

Lorsqu'une inscription de faux n'a pas été faite dans le délai et suivant les formes ci-dessus indiquées, il est, sans y avoir aucun égard, passé outre à l'instruction et au jugement de l'affaire. (*Arrêté du Gouvernement du 4e jour complémentaire an II, art. 10.*)

Les tribunaux d'appel sont compétents pour statuer sur une inscription de faux qui, proposée subsidiairement devant les premiers juges, était demeurée sans examen ni solution, parce que le procès-verbal avait été purement et simplement annulé pour vice de forme. (*A. de C. du 4 mars 1841.*)

L'inscription de faux, d'ailleurs régulièrement faite, n'est admissible qu'autant que les moyens de faux, étant prouvés, détruiraient l'existence de l'infraction constatée au préjudice de l'inscrivant. (*Arrêté du Gouvernement du 4e jour complémentaire an II, art. 9.*) Le tribunal saisi de la contestation doit d'abord juger si les moyens de faux sont pertinents et admissibles ; dans le cas de la négative, il passe outre au jugement sur le fond. (*A. de C. du 28 février 1805.*) Dans le cas contraire, il déclare qu'il est sursis au jugement jusqu'à ce qu'il ait été statué sur l'inscription de faux par le tribunal compétent ; mais il peut provisoirement autoriser la vente des marchandises sujettes à dépérissement et des chevaux ou autres bêtes de somme ayant servi au transport des marchandises. (*Arrêté du Gouvernement du 4e jour complémentaire an II, art. 9.*)

Lorsqu'une partie des prévenus argue de faux le procès-verbal, cet acte n'en conserve pas moins toute sa force et son autorité à l'égard des autres prévenus. (*A. de C. du 20 novembre 1807.*)

Toutefois, le jugement qui déclarerait faux un procès-verbal, non dans la désignation des individus qui auraient commis la contravention ou dans des points relatifs aux inculpés, mais dans la constatation du fait même qui aurait constitué la contravention, profiterait à tous les intéressés. (*A. de C. du 5 novembre 1835.*)

Le tribunal qui déclare qu'une inscription de faux contre un procès-verbal ne doit pas être admise ne peut surseoir au jugement de la contravention. (*A. de C. du 9 ventôse an XIII.*)

La déclaration d'inscription de faux n'est qu'un acte préliminaire, insuffisant, sous tous les rapports, pour autoriser une surséance au jugement de la contravention. Ce n'est qu'après avoir déclaré les moyens de faux pertinents que le tribunal peut et doit ordonner cette surséance. (*A. de C. du 1er décembre 1809.*)

L'inscription de faux n'est admissible, contre quelque acte que ce soit, que dans le cas où le sort de la contestation principale dépend de la vérité ou de la fausseté de cet acte, et ainsi ni l'une ni l'autre des parties ne sont recevables à s'inscrire en faux contre un acte qui, supposé vrai, n'aurait pas plus d'influence sur la contestation principale que s'il était jugé faux. (*A. de C. du 26 floréal an XIII.*)

L'inscription de faux suspendant l'action civile, un jugement qui, en donnant acte de la déclaration de faux, déclarerait en même temps le procès-verbal nul, serait, nonobstant l'inscription, susceptible d'appel dans la huitaine de sa signification, conformément à ce que prescrit la loi du 14 fructidor an III. (*A. de C. du 10 juin 1806.*)

Le faux ne peut être reproduit en appel quand il a été écarté en première instance. (*A. de C. du 19 messidor an VII.*)

Quand la chambre du conseil a déclaré n'y avoir lieu à suivre sur l'inscription de faux dirigée contre les rédacteurs d'un procès-verbal, et lorsque l'inscrivant ne s'est pas constitué partie civile, celui-ci n'est plus habile à reprendre son action par la voie du faux incident civil. (*A. de la C. de Besançon du 19 février 1845, Doc. lith., no 156.*)

Lorsqu'un jugement a déclaré les moyens de faux pertinents et admissibles, l'action à exercer est une action publique qui appartient au ministère public ; elle est de la compétence de la Cour d'assises (*A. de C. du 1er octobre 1807.*)

Dès que l'inscription de faux est admise, elle donne lieu, devant le tribunal criminel, à une instruction suivie d'après les art. 239 du Code de procédure civile et 460 du Code d'instruction criminelle. C'est alors au procureur du Gouvernement qu'il appartient de faire les informations nécessaires. Il adresse les pièces de la procédure au Ministre de la justice, qui les communique au directeur général pour qu'il examine s'il y a lieu ou non d'accorder l'autorisation de mise en jugement des préposés. (*Circ. du 6 brumaire an XII.*)

Si l'autorisation de poursuivre les préposés accusés de faux est refusée, l'action principale se trouve anéantie ; mais la foi due au procès-verbal ayant cessé d'exister, la discussion des moyens de faux produits par l'inscrivant doit être entamée, et, si ces moyens sont écartés, il y a lieu à conclure contre lui aux peines résultant du fait de fraude. (*Déc. du 9 février* 1830.)

Le demandeur en fraude qui succombera est condamné à une amende qui ne peut être moindre de 300 fr., et à tels dommages-intérêts qu'il appartiendra. (*Code de procédure civ., art.* 246.)

Dans le silence du Code d'instruction criminelle et du décret du 1er germinal an XIII, spécial aux contributions indirectes, sur la procédure à suivre en matière de faux, postérieurement à l'inscription et au sursis qui peut en être la suite, on doit s'en référer sur ce point au Code de procédure civile.

Par application de ce principe, il n'y a pas lieu de distinguer, pour prononcer l'amende dans le cas d'inscription de faux téméraire, si l'inscription est incidente à un procès civil ou à un procès criminel.

Il n'y a pas lieu de distinguer non plus entre l'inscription suivie incidemment devant le tribunal saisi, conformément à l'art. 459 du Code d'instruction criminelle, et l'action de faux poursuivie criminellement dans le cas de l'art. 460 du même Code ; l'incrimination téméraire entraîne l'amende dans un cas comme dans l'autre. (*A. de C. du 8 février* 1845 ; *Circ.* n° 2109.)

SECTION IV

Saisies-arrêts ou oppositions entre les mains des receveurs.

1123. — Toutes saisies du produit des droits faites entre les mains du receveur ou entre celles des redevables envers l'administration sont nulles et de nul effet, et nonobstant ces saisies les redevables sont contraints au payement des sommes par eux dues ; les huissiers qui auraient fait aucuns desdits actes seraient interdits de leurs fonctions et condamnés à 1,000 fr. d'amende, sauf aussi les dommages-intérêts de l'administration contre les huissiers et les saisissants. (*Loi du* 22 *août* 1791, *titre* 12, *art.* 9.)

La saisie-arrêt ou opposition, qui est prohibée en tant qu'elle porte sur les deniers du Trésor, peut être utilement formée entre les mains d'un receveur, relativement à des créances sur des individus créanciers de l'Etat et au profit d'une personne à laquelle des condamnations quelconques ont été adjugées (*Code de proc., art.* 561 et 569) ; mais, pour que cette opposition, valable au fond, soit régulière en la forme et puisse avoir son effet, il faut qu'il remplisse toutes les formalités suivantes. Ici le saisissant est le créancier de celui dont l'administration se trouve débitrice ; ce dernier reçoit le nom de saisi et l'administration celui de tiers-saisi.

1124. — Toutes saisies-arrêts ou oppositions sur des sommes dues par l'Etat, toutes significations de cession ou transport desdites sommes, et toutes autres ayant pour objet d'en arrêter le payement, doivent être faites entre les mains des payeurs, agents ou préposés, sur la caisse desquels les ordonnances ou mandats sont délivrés. Néanmoins, à Paris, et pour tous les payements à effectuer à la caisse du payeur central au Trésor public, elles doivent être exclusivement faites entre les mains du conservateur des oppositions au Ministère des finances. Sont considérées comme nulles et non avenues toutes oppositions ou significations faites à toutes autres personnes que celles ci-dessus indiquées. (*Loi du 9 juillet* 1836, *art.* 13.)

Il est de règle que le montant d'une dépense soit payé par le receveur principal dans la division duquel la cause même de cette dépense a pris naissance ; mais, lorsque des considérations de service exigent que cette dépense soit acquittée par un autre comptable de la même direction, le directeur ne doit délivrer d'ordre de payement sur la caisse de ce dernier qu'après s'être assuré qu'aucune opposition n'a été formée entre les mains du premier. (*Circ. du 9 mars* 1838, n° 1676.)

Lesdites saisies-arrêts, oppositions et significations n'auront d'effet que pendant cinq années, à compter de leur date, si elles n'ont pas été renouvelées dans ledit délai, quels que soient d'ailleurs les actes, traités ou jugements intervenus sur lesdites oppositions et significations. En conséquence, elles seront rayées d'office des registres dans lesquels elles auraient été inscrites, et ne seront pas comprises dans les certificats prescrits par l'art. 14 de la loi du 19 février 1792 et par les art. 7 et 8 du décret du 18 août 1807. (*Loi du 9 juillet* 1836, *art.* 14.)

Cet article est applicable aux saisies-arrêts, oppositions et autres actes ayant pour objet d'arrêter le payement des sommes versées, à quelque titre que ce soit, à la caisse des dépôts et consignations et à celle de ses préposés. Toutefois le délai de cinq ans ne pourra, pour les oppositions et significations faites ailleurs qu'à la caisse ou à celle de ses préposés, que du jour du dépôt des sommes grevées desdites oppositions et significations. Les dispositions du décret du 18 août 1807, sur les saisies-arrêts ou oppositions, sont également déclarées applicables à la caisse des dépôts et consignations. (*Loi du 8 juillet* 1837, *art.* 11.)

La loi du 8 juillet 1837 n'ayant pas reproduit les termes de l'art. 13 de celle de 1836, en ce qui concerne les *significations de cession ou de transport* des sommes dues par l'État, il s'ensuit que la prescription quinquennale n'est pas applicable à ces derniers actes *en ce qui concerne la caisse des dépôts*. (*Circ. du 9 mars* 1838, n° 1676.)

Toute opposition et signification doit rester pendant vingt-quatre heures au bureau ou à la caisse où elle sera faite, et devra être visée sur l'original par le conservateur ou par le comptable (1). (*Arrêté min. du 24 octobre* 1837, *art.* 9; *Circ.* n° 1676.)

Lesdites oppositions et significations doivent contenir les noms, qualités et demeures du saisissant et du saisi, la somme pour laquelle la saisie est faite et la désignation de la créance saisie. Elles doivent en outre contenir copie ou extrait du titre du saisissant, ou de l'ordonnance du juge qui a autorisé la saisie (2); faute de quoi elles ne seront ni visées ni reçues, et resteront sans effet (3). Dans ce cas, le conservateur ou comptable mentionne et motive son refus en marge de l'original. L'opposition n'ayant d'effet que pour la somme pour laquelle elle est formée (4), les payeurs et comptables doivent payer au créancier tout le surplus de la somme ordonnancée et non saisie. (*Même Arrêté, art.* 10.)

La mention vague et générale que la saisie porte *sur toutes sommes quelconques qui sont dues ou pourraient l'être par la suite au débiteur saisi* ne doit pas être admise. Cette formule ne contient en effet aucune *désignation* suffisante. La loi a voulu que le saisissant indiquât au moins la *nature* de la créance saisie. La *désignation* des valeurs arrêtées est surtout nécessaire toutes les fois que les intérêts du

---

(1) Art. 9 de la loi du 19 février 1792, 3 du décret du 1er pluviôse an XI, 5 du décret du 18 août 1807 et 561 du Code de procédure.

(2) En principe, la voie de saisie-arrêt ou opposition exige que le créancier ait un titre soit authentique et exécutoire, soit sous signature privée revêtu d'une ordonnance du juge (*Circ. du 17 germinal an IX*); mais le service doit, à ce point de vue, laisser aux tribunaux le soin de juger du mérite de l'opposition. (*Circ. du 9 mars* 1838, n° 1676.)

(3) Art. 8 de la loi du 19 février 1792, 1er de la loi du 30 mai 1793, 2 et 5 du décret du 1er pluviôse an XI, 1er, 2 et 3 du décret du 18 août 1807.

(4) Art. 2 de la loi du 30 mai 1793, 4 du décret du 1er pluviôse an XI, et 4 du décret du 18 août 1807.

trésor ou ceux du service sont directement engagés; dans toute autre circonstance, il n'y a nul inconvénient à ce que l'exploit de saisie-arrêt soit visé, alors même que les termes de la désignation laisseraient quelque chose à désirer. On doit, dans ce dernier cas, réserver aux tribunaux le soin de juger du mérite de l'opposition au fond. (*Circ. du 9 mars* 1838, n° 1676.)

Lorsqu'une saisie-arrêt ou opposition a été faite, entre les mains d'un comptable, sur le traitement d'un fonctionnaire, pour un capital déterminé et pour les *intérêts dus*, c'est au débiteur saisi à faire fixer par l'autorité judiciaire la somme à laquelle doit s'arrêter la retenue. (*Déc. du 13 août* 1851.)

Aussitôt qu'une saisie-arrêt ou opposition a été formée entre ses mains, le receveur doit en informer le directeur, qui lui-même doit en donner avis immédiatement à l'administration, surtout s'il s'agit d'empêcher, par exemple, la liquidation de primes, etc. (*Déc. du 11 octobre* 1836.)

Le conservateur des oppositions au Ministère des finances, et tous les payeurs et autres comptables du trésor et des administrations de finances, doivent ouvrir un registre sur lequel ils portent, par ordre de date et de numéro, toutes les saisies-arrêts, oppositions, significations de cession ou transport, et tous autres actes ayant pour objet d'arrêter le payement des sommes dues par l'État, faits entre leurs mains. (*Arrêté min. du 24 octobre* 1837, art. 5.)

Ce registre est établi à la main, en deux parties: inscription successive de toutes les opérations; compte-ouvert à chaque saisi. (*Circ. du 9 mars* 1838, n° 1676.)

Il doit être parafé par le juge de paix. (*Déc. du 11 octobre* 1836.)

Les receveurs dépositaires et tous payeurs sont tenus de délivrer, sur la demande du saisissant, un certificat qui tient lieu, en ce qui les concerne, de tous autres actes et formalités prescrits, à l'égard des tiers saisis, par le titre 20 du Livre III du Code de procédure civile. S'il n'est rien dû au saisi, le certificat l'énonce. Si la somme due au saisi est liquide, le certificat en déclare le montant. Si elle n'est pas liquide, le certificat l'exprime. (*Décret du 18 août* 1807, art. 6.)

Dans le cas où il serait survenu des saisies-arrêts ou oppositions sur la même partie et pour le même objet, les receveurs dépositaires ou administrateurs sont tenus, dans les certificats qui leur seraient demandés, de faire mention desdites saisies-arrêts ou oppositions, et de désigner les noms et élection du domicile des saisissants et les causes desdites saisies-arrêts ou oppositions. (*Même Décret. art.* 7.)

S'il survient de nouvelles saisies-arrêts ou oppositions depuis la délivrance d'un certificat, les receveurs dépositaires ou administrateurs sont tenus, sur la demande qui leur en serait faite, d'en fournir un extrait constatant pareillement les noms et élection du domicile des saisissants et les causes desdites saisies-arrêts ou oppositions. (*Même Décret, art.* 8.)

Ainsi le conservateur des oppositions, et tous les payeurs et autres comptables entre les mains desquels il a été fait des oppositions ou significations ayant pour objet d'arrêter le payement des sommes dues par l'État, doivent, lorsqu'ils en sont requis par la partie saisie, par l'un des créanciers opposants, leurs représentants ou ayants cause, délivrer extrait ou état desdites oppositions ou significations, à la charge par la partie de fournir le papier timbré nécessaire. (*Loi du 19 février* 1792, art. 14.) Sont toutefois dispensés du timbre les extraits ou états délivrés sur la demande et dans l'intérêt de l'administration. (*Arrêté minist. du 24 octobre* 1837, art. 8.)

L'administration ne pouvant, en aucun cas, être appelée en déclaration affirmative, les payeurs et autres comptables ou agents de l'administration doivent délivrer, lorsqu'ils en sont requis par le saisissant ou autre créancier opposant, un certificat constatant les sommes ordonnancées sur leur caisse et restées dues à la partie saisie. (*Même Arrêté, art.* 11.)

Les receveurs doivent se borner à une indication, sur ces certificats, telle qu'elle ne puisse avoir pour effet d'immiscer le saisissant dans le détail des opérations commerciales qu'un négociant peut avoir un légitime intérêt à tenir secrètes. Ces certificats ne doivent jamais être formés ou appuyés d'extraits des registres des douanes. (*Circ. du 9 mars 1838, n° 1676.*)

1125. — Tout receveur dépositaire ou administrateur de caisse ou de deniers publics entre les mains duquel il existe une saisie-arrêt ou opposition sur une partie prenante ne peut vider ses mains sans le consentement des parties intéressées ou sans y être autorisé par justice. (*Décret du 18 août 1807, art. 9.*)

En cas de saisie-arrêt ou d'opposition sur le traitement d'un fonctionnaire, *V.* n° 107, le comptable doit s'abstenir de tout payement jusqu'à ce que, à la diligence des intéressés et selon les prescriptions de la loi, les tribunaux aient déterminé la nature ou la quotité des droits des créanciers et l'ordre de collocation. (*Déc. du 30 mars 1853.*)

La partie saisissable des appointements des employés et des sommes qui en tiennent lieu, saisie entre les mains des payeurs, agents et autres comptables chargés d'en effectuer le payement à la décharge de l'Etat, doit être versée d'office et chaque mois à la caisse des dépôts et consignations (1) par lesdits payeurs, agents et autres comptables. Aucun autre dépôt des sommes ordonnancées ou mandatées sur leur caisse et grevées d'opposition ne peut être effectué que dans les cas suivants : 1° lorsque le dépôt a été autorisé par une loi; 2° lorsqu'il a été prescrit par un jugement ou une ordonnance du président du tribunal; 3° lorsqu'il a été autorisé par acte passé entre l'administration et ses créanciers. (*Arrêté min. du 24 octobre 1837, art. 1er.*)

Cet article ne s'applique qu'aux sommes en *état de saisie*; ce sont ces sommes que les comptables doivent verser chaque mois à la caisse des dépôts; mais, pour celles qui sont définitivement attribuées à un tiers, soit par un jugement passé en force de chose jugée, soit par un transport ou une délégation, les receveurs à qui l'on produit les titres exécutoires doivent y satisfaire. (*Circ. du 4 août 1838, n° 1703.*)

Le dépôt, dans tous les cas, doit être accompagné d'un extrait certifié de chacune des oppositions et significations existantes et frappant les sommes déposées. Cet extrait contient les noms, prénoms, qualités et demeures du saisissant et du saisi, l'indication du domicile élu par le saisissant, le nom et la demeure de l'huissier, la date de l'exploit et le titre en vertu duquel la saisie a été faite, la désignation de l'objet saisi et la somme pour laquelle la saisie a été formée. (*Arrêté min. du 24 octobre 1837, art. 2.*)

Le récépissé qui est délivré par la caisse des dépôts ou par ses préposés doit toujours être accompagné d'un reçu particulier constatant la remise des extraits d'oppositions et significations jointes au dépôt. Pour les versements faits à Paris, le reçu des pièces est remis au conservateur des oppositions, au Ministère des finances. (*Même Arrêté, art. 3.*)

Tout tiers-saisi paye sur la seule quittance du percepteur le montant des sommes saisies-arrêtées pour garantie de contributions directes. (*Loi du 12 octobre 1808, art. 2, et Déc. du 10 avril 1838.*)

---

(1) A cet effet, les sommes dues par l'État pour appointements ou à d'autres titres, et faisant l'objet de saisies-arrêts ou oppositions, *sont versées au receveur des finances* qui en délivrent récépissé. Les récépissés, qui tiennent lieu d'émargement ou de quittance pour la somme versée, sont joints aux autres pièces justificatives de la dépense inscrite sous le titre : Versement à la caisse des dépôts et consignations. (*Circ. de la comptabilité des 31 janvier 1828, n° 12, et 21 décembre 1837, n° 33.*)

SECTION V

Poursuites contre les faillis débiteurs des droits de douane.

V. Livre I, n° 38, *Privilége du trésor envers les redevables.*

1126. — Aussitôt qu'un négociant engagé envers la douane, comme principal obligé ou comme caution, a suspendu ses payements, c'est-à-dire laissé protester un effet de commerce, le receveur fait avertir officieusement le redevable et sa caution qu'ils doivent immédiatement désintéresser le trésor de toutes les sommes dont il est à découvert (*ce qui s'entend non-seulement des traites échues, mais de celles à échoir et des sommes dont le payement est garanti pour une soumission cautionnée*), à moins que, la suspension de payement étant du fait de la caution, le principal obligé ne fournisse sans délai une nouvelle caution; faute de quoi la déclaration judiciaire de la faillite serait instantanément poursuivie, en vertu de l'art. 440 du Code de commerce, seul moyen de rendre également exigibles les dettes *non encore échues*, et de justifier l'application du privilége du trésor sur l'actif des débiteurs. (*Circ. lith. du 1er décembre 1841.*)

En cas de faillite d'un redevable (principal engagé) de droits de douanes, les receveurs doivent, aussitôt qu'ils en ont connaissance, et à défaut de payement immédiat de toutes les sommes créditées, décerner contrainte tant contre le principal obligé que contre sa caution, en vertu de cette contrainte dûment visée par le juge de paix, et exercer le privilége du trésor sur toutes les ressources mobilières de la faillite, faire saisir les marchandises en entrepôt, le mobilier, etc. (*Circ. du 8 avril 1823, n° 792.*)

Le privilége de la douane sur les biens des redevables, pour droits et amendes, est général et absolu relativement aux ressources mobilières. Quant aux immeubles, l'inscription hypothécaire ne peut être prise qu'en vertu d'un titre exécutoire, et la contrainte qui, en matière de crédit de taxes, a ce caractère, ne saurait être délivrée qu'après que la dette est devenue exigible. Or la déclaration judiciaire de la faillite peut seule, avant l'échéance de la dette, amener exigibilité; et l'inscription prise postérieurement est entachée de nullité. Dans une telle situation, l'administration n'a pas d'autres droits à faire valoir que les créanciers chirographaires de la faillite. (*Déc. du 22 avril 1859, et Jug. du trib. de paix de Bordeaux du 4 octobre 1859; Doc. lith. de 1861, n° 223.*)

La caution d'un redevable n'est pas admissible à répétition contre la douane, parce que celle-ci n'aurait pris sur les biens du principal accusé, qu'après la délivrance de la contrainte, une inscription hypothécaire qui n'est pas arrivée en temps utile. (*Jug. du trib. de paix de Bordeaux du 4 octobre 1859; Doc. lith. de 1861, n° 223.*)

Quand il s'agit de la faillite d'une caution solidaire, le débiteur principal peut être admis à fournir une nouvelle caution, conformément à l'art. 1188 du Code civil, à moins qu'il ne paye immédiatement le montant des droits. Si les effets donnés en payement sont des traites commerciales ordinaires, et que l'un des deux engagés vienne à suspendre ses payements, le comptable exige pareillement de nouvelles garanties, en se fondant sur l'art. 444 révisé du Code de commerce. (*Déc. du 30 octobre 1840, et Circ. lith. du 1er décembre 1841.*)

La caution d'un débiteur de droits failli, qui a obtenu, dans les conditions de l'art. 444 du Code de commerce, la continuation des termes pour le payement des obligations qu'il a garanties solidairement, n'est plus habile à réclamer l'imputation sur sa dette des recouvrements opérés sur la *masse* avant l'échange du terme de ses obligations propres. (*Jug. du trib. civil de Marseille du 1er juillet 1853; Doc. lith. de 1858, n° 198.*)

Les receveurs doivent, en outre, à l'instant où la faillite est déclarée, former, entre les mains des syndics, opposition à la remise de toutes valeurs provenant de l'actif, et exiger que le montant des recouvrements qu'ils auraient pu opérer pour le compte du failli soit versé dans les caisses de la douane. Ils doivent également, et sans le secours obligé des syndics, faire procéder à la vente du mobilier et en encaisser le prix. (*Circ. des 8 avril et 12 mai 1823, n⁰ˢ 792 et 800.*)

Les autres créanciers et leurs syndics seraient non recevables à s'opposer à la vente qui serait faite immédiatement de ce mobilier. Les poursuites par voie de saisie immobilière, en cas de faillite d'un débiteur de droits, ne peuvent être arrêtées par aucune opposition. (*A. de la C. de Paris du 22 février 1821.*)

Si le négociant engagé, la caution et les commissaires de ses créanciers réunis s'entendent pour offrir collectivement ou séparément des sûretés nouvelles, au moyen desquelles ils demanderaient qu'il fût sursis à toute poursuite *actuelle*, le receveur, après avoir apprécié la nature et la valeur des garanties offertes, en réfère immédiatement au directeur, quand ce chef réside au même lieu, ou, en cas d'éloignement et d'urgence, à l'inspecteur de la localité; il détermine, d'une manière complète et précise, l'importance et l'objet des sûretés, et les conditions légales qui en assureront la validité; il exprime son avis touchant la détermination qui paraîtra devoir être prise; si cet avis tend à l'acceptation des offres des redevables, et si l'inspecteur ou le directeur l'autorise, la responsabilité du receveur cesse de plein droit *pour le fait de l'abstention de poursuites judiciaires après le protêt*, et ne porte plus que sur les conditions primitives du crédit, sur l'appréciation des sûretés postérieurement acceptées après le protêt et sur l'efficacité des poursuites ultérieures éventuelles.

Lorsque, au contraire, le receveur a conclu au rejet de tout moyen conciliatoire et à l'emploi immédiat des moyens de rigueur, et si, *par des considérations graves*, dont il sera sur-le-champ rendu compte à l'administration, le directeur, s'il a pu être consulté, ou, à défaut, l'inspecteur de la localité, prescrit d'office, *en vertu d'une délégation spéciale qui leur est ici expressément donnée à cet égard,* une surséance de poursuites avec ou même sans nouvelles garanties, la responsabilité du comptable demeurera pareillement couverte *quant aux conséquences directes ultérieures de cette surséance.* (*Déc. min. du 8 septembre 1841; Circ. lith. du 1er décembre 1841*).

Ce comptable n'en demeure pas moins soumis à la responsabilité ordinaire, quant aux poursuites que comporterait l'affaire une fois engagée dans cette voie.

Il n'est pas possible de préciser, à l'avance, les conditions dans lesquelles pourront se produire les circonstances qui donneront lieu à l'intervention des chefs supérieurs, pour autoriser ou prescrire une surséance de poursuite. Il est laissé à leur prudence de les rechercher et de les apprécier.

Les conditions constitutives de garanties nouvelles fournies par les redevables ne peuvent changer la position, envers le trésor, des cautions primitives. L'acceptation de ces conditions ne pourra donc avoir lieu qu'autant que les cautions primitives interviendront aux actes pour le reconnaître expressément. On appelle la sollicitude des chefs sur les conditions essentielles et légales qui doivent imprimer aux garanties nouvelles l'efficacité qu'elles réclament. Dans le cas où celui des engagés qui viendra à donner des inquiétudes sur sa solvabilité ne sera pas le principal obligé envers la douane, on pourra n'exiger de celui-ci qu'une nouvelle caution pour renforcer celle qui cesserait d'offrir une garantie suffisante, conformément aux art. 2020 du Code civil et 448 du Code de commerce. (*Circ. lith. du 1er décembre 1841.*)

Quand, à défaut de biens mobiliers pour assurer le payement des droits dus, on propose de prendre une inscription hypothécaire sur les immeubles appartenant au redevable ou dont il a la nue-propriété, il faut s'assurer, avant d'appliquer cette mesure, que les biens ne sont pas déjà grevés d'inscriptions pour des sommes à peu près égales à la valeur de ces biens. En tout état de cause, on ne poursuit pas la vente des biens par voie de licitation ; on se borne à prendre inscription, comme mesure conservatoire. (*Déc. du 16 mars 1864.*)

Pour l'inscription hypothécaire, *V.* n° 1175, formule 47.

La mainlevée, totale ou partielle, des inscriptions hypothécaires prises, à la requête de l'administration des douanes, sur les biens des redevables de droits ou débiteurs d'amendes, restitutions ou condamnations pécuniaires, dans tous les cas de remise, réduction, acquittement ou extinction de la dette ou obligation, ainsi que dans ceux de transfert total ou partiel d'une hypothèque d'un immeuble sur un autre (*Déc. min. du 28 avril 1853; Circ.* n° 112), peut être donnée par les receveurs principaux chargés de suivre le recouvrement de ces créances, après en avoir obtenu l'autorisation expresse du directeur.

Le consentement de ces comptables à la radiation est fourni par acte passé devant notaire, et dans lequel, outre l'autorisation précitée, doivent être relatées les causes de la libération, de la réduction ou de l'extinction de la dette.

Les frais de cet acte et ceux de la radiation sont à la charge de la partie qui a requis la mainlevée, conformément aux art. 1248 et 2155 du Code civil. (*Déc. min. du 9 septembre 1852; Circ. du 13 mai 1853,* n° 112.)

V. Livre I, n° 190.

SECTION VI

Poursuites contre les communes responsables de certains délits. *V.* n° 124.

1127. — Lorsqu'une commune a encouru la responsabilité aux termes de la loi, on ne doit pas attendre que les auteurs du délit qui aurait été commis soient jugés, d'autant que, ces derniers fussent-ils même acquittés, la commune sur le territoire de laquelle ce délit aurait eu lieu n'en serait pas moins passible des condamnations que prononce la loi. (*Déc. min. du 26 floréal an VII.*)

Les voies de fait, excès et délits de nature à entraîner la responsabilité des communes, peuvent être constatés par d'autres pièces que les procès-verbaux des maires ou des administrations municipales. Ceux que rédigent les préposés des douanes et l'instruction faite par le ministère public suffisent pour poursuivre les effets de cette responsabilité. (*A. de C. des 17 juin 1805 et 9 décembre 1806.*)

La poursuite de la réparation et des dommages-intérêts ne peut être faite qu'à la diligence du préfet du département, autorisé par le Gouvernement, devant le tribunal civil de l'arrondissement dans lequel le délit a été commis. (*Arrêté du 4e jour complémentaire an II, art. 16.*)

Les condamnations ou dommages-intérêts sont fixés par le tribunal civil, sur le vu des procès-verbaux et autres pièces constatant les voies de fait, excès et délit. (*Loi du 10 vendémiaire an IV, titre 5, art. 4.*)

Ils ne peuvent jamais être moindres que la valeur entière des objets pillés et choses enlevées. (*Même Loi, titre 5, art. 6.*)

Le jugement est envoyé, dans les vingt-quatre heures, par le ministère public, au préfet, qui le notifie sous trois jours à la municipalité. Celle-ci est tenue, dans un délai de dix jours, de verser à la caisse du département le montant des dommages-intérêts. (*Même Loi, titre 5, art. 7 et 8.*)

CHAPITRE VI.

MODE D'ÉCRITURES ET DE CORRESPONDANCE DANS LES AFFAIRES CONTENTIEUSES.

1128. — Les diverses infractions sont classées et signalées à l'administration sous le numéro correspondant du tableau des contraventions et délits annexé à la Circ. du 23 décembre 1844, n° 2046. (*Circ. lith. du 23 décembre 1844.*) Ce numéro est indiqué, dans le présent *Traité*, aux articles relatifs à chaque espèce d'infraction.

Il est rendu compte à l'administration, sous le timbre du contentieux, de toutes les infractions reconnues à l'importation directe, à l'exportation, ou à la circulation dans le rayon, quand il est rédigé un procès-verbal ou un acte destiné à en tenir lieu ; comme aussi de toutes les préemptions. (*Circ. du 27 décembre 1848, n° 2292.*)

Quant aux contraventions relatives à un acquit-à-caution de transit, d'entrepôt, d'admission temporaire, ou de cabotage, le directeur en réfère d'abord sous le timbre de la division du transit, etc., à raison des pénalités encourues au bureau de départ. Il est aussi rendu compte des infractions à la division soit du cabotage, soit des primes, quand il s'agit d'un passavant de cabotage ou du régime des primes, alors même qu'il a été passé une soumission de s'en rapporter à décision supérieure. Mais, dès que l'administration a rendu sa décision et que des mesures ont été prises pour en assurer l'application, c'est la division du contentieux qui en connaît. (*Déc. du 21 octobre 1845.*) *V. n° 1132.*

En marge de toute lettre relative à une affaire contentieuse, on doit rappeler le numéro d'ordre que l'administration a donné à celle-ci. (*Circ. lith. du 28 janvier 1839.*)

Il ne faut pas traiter de plusieurs affaires distinctes dans une même lettre. (*Déc. du 20 février 1847.*)

Les receveurs doivent d'avance faire viser pour timbre une quantité de formules de procès-verbal série E, n° 69 A, en rapport avec les besoins du service. Les copies, faites sur la formule série E, n° 69 B, servent de chemise ou de *dossier*, à la principalité, à la direction et à l'administration. (*Circ. du 28 août 1848, n° 2273.*)

Les saisissants dressent leur procès-verbal et font la copie sur papier timbré pour les prévenus ; les autres copies sont faites dans les bureaux du receveur qui en adresse deux au directeur. Le receveur subordonné établit quatre copies et en envoie trois au receveur principal.

Dans chaque bureau de receveur, un registre série E, n° 69, sert à la transcription des procès-verbaux de toute sorte et leur donne un numéro d'ordre. On y annote successivement et chaque jour les suites de toute nature et les opérations de comptabilité de chaque affaire. (*Circ. du 13 décembre 1823, n° 837.*)

Ce registre n'est pas tenu dans les bureaux de direction ; mais, pour faciliter les recherches et les vérifications, on y ouvre un répertoire manuscrit donnant un numéro d'ordre à chaque affaire. (*Circ. lith. du 4 octobre 1848.*)

Partout, afin de mettre à même d'apprécier le degré à donner à la répression, il est nécessaire d'indiquer, au moyen d'une table alphabétique, les contrevenants, ainsi que les infractions constatées contre chacun d'eux.

1129. — Aussitôt que les conditions provisoires d'une transaction sont arrêtées, *V. n° 1111*, le receveur en résume les clauses sur une feuille d'avis et de renseignements série E, n° 76 a. Cette feuille doit être revêtue de l'annotation du lieutenant et du capitaine ; elle est ensuite communiquée au sous-inspecteur sédentaire, et, vers le 2 ou le 16 du mois, à l'inspecteur divisionnaire qui la renvoie au receveur principal dans les vingt-quatre heures pour être adressée au directeur, en double expédition. (*Circ. du* 11 *octobre* 1838, n° 1713.)

Dans les propositions d'arrangement, il est deux choses à considérer : 1° les renseignements sur les habitudes du prévenu, sur leurs ressources pécuniaires, sur les circonstances qui ont accompagné la saisie; 2° l'avis à émettre sur le fond de l'affaire, c'est-à-dire sur l'arrangement en lui-même. Quand il s'agit de saisies opérées par les brigades, *ces renseignements* doivent émaner des chefs du service actif, depuis le lieutenant jusqu'au capitaine de brigade inclusivement : *l'avis* à donner sur la transaction concerne plus spécialement les receveurs, sous-inspecteurs, inspecteurs et directeurs, qui doivent d'ailleurs compléter eux-mêmes, ou rectifier, s'il y a lieu, les renseignements particuliers dont il vient d'être parlé. Cette distinction, qui résulte de la nature des fonctions de chacun de ces agents, est essentielle à observer. (*Circ. du* 5 *mai* 1834, n° 1437.)

On se sert aussi du modèle 76 *a* pour fournir à l'administration les renseignements que comporte le premier compte-rendu des affaires ayant donné lieu à une condamnation corporelle de quelque durée. Une semblable feuille est annexée, pour chaque affaire, à l'état périodique des demandes en surséance de poursuites. (*Circ. lith. du* 13 *février* 1849.) *V.* n° 1108.

1130. — Les affaires n'ayant fait naître aucune réclamation, et dans lesquelles le chiffre des condamnations encourues est inférieur à 3,000 fr. (1), *V.* n° 1117, sont, lorsqu'elles ont été l'objet d'une transaction provisoire ou d'une soumission, traitées par un état collectif série E, n° 76, adressé à l'administration chaque quinzaine, au plus tard le 10 et le 25 (*Circ. lith. du* 28 *janvier* 1839), en simple expédition, que l'administration renvoie après y avoir inscrit sa décision.

Parmi les autres affaires, il en est beaucoup qui ne donnent ouverture ni à discussion ni à développements, et à l'égard desquelles une répression n'est imposée que dans l'intérêt du principe. Pour celles-ci, il suffit d'une simple lettre d'envoi tant de la feuille 76 *a*, dûment annotée, que des autres pièces à y annexer. Cette lettre est collective, s'il y a lieu.

Le même système est appliqué dans la correspondance des receveurs principaux.

L'état série E, n° 76, ne comprend que les transactions sur une base arrêtée et immédiatement applicable.

On indique sur cet état, d'une manière complète et apparente, c'est-à-dire en vedette pour chaque espèce d'indication, la nature de la contravention, la quantité et la valeur de chaque espèce de marchandises; le détail des diverses condamnations encourues, plus le décime, et s'il s'agit de marchandises tarifées, la somme dont le Trésor aurait été frustré; les sommes, en toutes lettres, à exiger des contrevenants. (*Circ. des* 26 *janvier* 1827, n°ˢ 1029, *et* 3 *décembre* 1841, n° 1850; *Circ. lith. du* 28 *novembre* 1845.)

On y joint : 1° une copie du procès-verbal, à moins qu'elle n'ait déjà été envoyée, cas auquel la date de la lettre d'envoi serait rappelée; 2° la feuille d'avis série E, n° 76 *a*; 3° une copie de la transaction, s'il en existe une; 4° l'état des frais, quand cet état est nécessaire. *V.* n° 1091.

Le directeur fait transcrire *in extenso* ses propositions sur la feuille 76 *a*. Les renseignements consignés sur cette feuille par les chefs divisionnaires ne sont pas repris

---

(1) Non compris : 1° la valeur des moyens de transport; 2° les amendes, dont la fixation est laissée par la loi à la discrétion du juge et qu'il n'a pas été dans le cas d'appliquer (*Circ. du* 28 *août* 1848, n° 2273); 3° les amendes éventuelles de doubles droits ou de double valeur, quand elles n'ont pas été prononcées par jugement. (*Déc. du* 5 *avril* 1850.)

sur l'état 76 où le directeur inscrit le mot *Conforme* ou ceux-ci : *Voir la feuille 76 a*, selon que les conclusions des chefs sont ou non conformes aux siennes. (*Circ. du 28 août 1848, n° 2273.*)

A défaut d'état de quinzaine, on envoie un certificat négatif. (*Déc. du 28 avril 1831.*)

1131. — Un bulletin final série E, n° 76 *bis*, est adressé par les directeurs à l'administration, sous bandes et sans lettre d'envoi, au fur et à mesure de la conclusion de chaque affaire, sans aucune exception. (*Circ. du 28 août 1848, n° 2273.*)

Le 10 de chaque mois, le directeur adresse à l'administration un état série E, n° 74, récapitulatif de toutes les affaires contentieuses. (*Circ. lith. du 28 janvier 1839*), y compris les actes conservatoires (*Déc. du 15 décembre 1841*), et les actes de préemption. (*Déc. du 27 août 1839 ; Doc. lith., n° 52.*) On y joint, quand il s'agit de saisies de tissus, le relevé de marchandises série E, n° 76 B. (*Déc. du 2 août 1831.*)

Les receveurs produisent un état semestriel à vue duquel le directeur forme et adresse à l'administration, dans les derniers jours de février et d'août, un état général série E, n° 74 *bis*, indiquant la nature, la quantité et la valeur des marchandises saisies. (*Circ. lith. du 4 octobre 1848.*)

La valeur à indiquer est celle de la marchandise à l'étranger (*Circ. du 11 mai 1822, n° 724*) ; mais il ne faut pas oublier que quand il s'agit d'établir le chiffre des amendes *ad valorem* encourues, il faut prendre pour base la valeur en France. (*Déc. du 3 février 1841.*)

1132. — En cas de contraventions complexes en matière d'acquits-à-caution de transit, de mutation d'entrepôt, de cabotage, etc., c'est-à-dire s'il peut y avoir, pour la répression, deux actions simultanées, distinctes, l'une au bureau de sortie ou de destination, pour des différences constatées régulièrement et impliquant fausseté de la déclaration, l'autre au bureau de départ, à raison du défaut d'un certificat de décharge de l'acquit-à-caution, l'affaire est terminée par une décision unique qui met fin aux deux actions. A cet effet, dès que l'instruction complexe est terminée, notamment lorsque la direction de destination a fait apprécier les circonstances particulières et que l'administration a statué, les deux actions sont rattachées à un seul dossier ayant pour date celle de l'acquit-à-caution ; le chef de la direction de départ comprend seul la contravention sur l'état mensuel série E, n° 74 ; il réfère des propositions d'arrangement concertées avec son collègue, et provoque soit la répartition principale de l'ensemble des produits recouvrés, soit la liquidation des frais. Les sommes reçues ou les dépenses faites au bureau de destination doivent être transférées, par voie de virement, dans la comptabilité de la recette principale du bureau d'expédition, ainsi que le somme faisant l'objet de la sous-répartition payée aux ayants droit, d'après l'avis donné en dernier lieu par l'administration, à vue de l'état de répartition générale qui lui est adressé en triple expédition. (*Circ. lith. du 10 février 1846 ; Doc. lith. de 1858, n° 205.*)

Mais si, au contraire, il ne peut y avoir d'action au bureau de départ, c'est dans la direction où est situé le bureau de destination que les amendes doivent être versées et réparties. (*Déc. du 6 novembre 1846.*) Il en est ainsi, par exemple, pour les contraventions relatives aux marchandises accompagnées d'un passavant de cabotage. (*Déc. du 23 mai 1842.*)

Pour les acquits-à-caution de transit international par chemins de fer, *V.* n°ˢ 364 et 365.

Le dossier relatif à la non-régularisation d'un permis de réexportation prend la date de cette expédition (*Circ. man. du 10 mai 1858*), alors même que le bureau d'expédition et celui de sortie dépendent d'une seule direction. (*Déc. du 1ᵉʳ juin 1858.*)

Lorsque, dans les affaires connexes, il s'est produit une fausse déclaration au bureau de sortie, les propositions concertées entre les deux directions et présentées par le chef de la direction de départ doivent déterminer la part afférente : 1° à la fausse déclaration constatée à la sortie ; 2° au défaut de rapport en temps utile du certificat de décharge de l'acquit-à-caution. (*Circ. lith. du 20 décembre 1858.*) *V.* n° 1161.

1133. — Si un bureau subordonné dans lequel a pris naissance une affaire contentieuse est détaché d'une principalité pour passer dans une autre, le receveur principal, nanti du dossier de l'affaire, doit en faire immédiatement le renvoi à son directeur, lequel l'adresse aussitôt au receveur principal dans la circonscription duquel le bureau déclassé vient d'être compris. Ce dernier comptable devient alors chargé de diriger et de conduire à fin toutes les poursuites judiciaires ou les transactions administratives que peut comporter cette même affaire, et, lorsqu'il a définitivement consommé les opérations de dépense ou de recouvrement auxquelles l'instance a, en dernière analyse, donné lieu, il procède, par voie de virement de compte, à l'attribution, sur la caisse de son collègue chargé de la première instruction de l'affaire, des diverses opérations réalisées (recettes et dépenses). Il renvoie en même temps le dossier régularisé à son directeur, qui le fait parvenir au comptable, qui, ayant passé les premières écritures, reste chargé de régulariser et de présenter le compte. (*Circ. du 4 mars 1840*, n° 1800 ; *Circ. de la compt. du 10 mars 1866*, n° 88.)

1134. — Pour la justification des dossiers définitifs relatifs aux saisies, et adressés à la comptabilité générale, il faut joindre les actes et décisions en vertu desquels les droits ont été constatés. Lorsque les originaux ne peuvent être rapportés, il doit y être suppléé par des extraits ou des copies dûment certifiées. Les receveurs ne pouvant se créer des titres de justification, aucun extrait ou copie ne devient valable que par la certification de l'inspecteur, du directeur ou de tout autre fonctionnaire compétent, sauf les extraits ou copies de pièces dont les originaux auraient été précédemment produits et auxquels il serait renvoyé. Dans toutes les affaires où, pour cause d'absence ou d'insolvabilité des prévenus, les condamnations pécuniaires n'ont pu être recouvrées, les certificats d'absence ou d'insolvabilité doivent être accompagnés d'une décision de l'administration autorisant la surséance indéfinie des poursuites.

Tous les ans, après la clôture de l'exercice, les directeurs adressent à l'administration, pour le 25 août au plus tard, un état collectif, série E, n° 71 *bis*, des droits constatés et non encore apurés en matière de contraventions. (*Circ. des 22 janvier 1839, n° 1729, et 9 avril 1851, n° 2432.*)

CHAPITRE VII

DROITS D'ENREGISTREMENT.

1135. — *Droits d'enregistrement dus pour les différents actes de procédure relatifs aux affaires de douanes.*

Procès-verbal de saisie, rébellion, injures, etc. (1) Droit fixe de . . . . . .   2 fr. »
(N° 16, *art. 43, Loi du 28 avril 1816.*) *V.* n° 1035, note *a.*

------

(1) Ou de préemption. (*Déc. du 20 décembre 1837.*)

CHAPITRE VIII

RÉPARTITION DU PRODUIT DES INFRACTIONS OU DES SAISIES.

1136. — Le produit net (1) des condamnations ou transactions résultant des contraventions aux lois sur l'importation ou sur l'exportation et la circulation des denrées et marchandises doit être réparti ainsi qu'il suit (*Arrêté du 9 fructidor an V, art. 1er*) :

17 0/0 à la caisse des retraites au profit de laquelle est, en outre, opérée la retenue de 25 0/0 sur les parts qui en sont susceptibles d'après les règlements sur les retraites et rappelés au n° 81. *V.* n° 1137 ;

18 0/0 aux chefs. *V.* n° 1138 ;

50 0/0 aux saisissants et verbalisants. *V.* n° 1146 ;

15 0/0 au fonds commun. *V.* n° 1149. (*Arrêté du Gouv. du 31 mars 1849, art.* 3 ; *Circ. du 20 avril 1849, n° 2322.*)

Les dispositions des règlements auxquelles il n'a point été dérogé par cet arrêté continuent à recevoir leur exécution. (*Même Arrêté, art. 5.*)

Exemple de répartition, sans indicateur. Produit net 1,200 fr.

```
17 0/0 aux retraites (parts non passibles de la retenue
          de 25 0/0).....................................   204 fr.
18 0/0 aux chefs, 216 fr., parts sujettes à la retenue
          de 25 0/0, soit...........................  54 reste..  162 fr.
50 0/0 aux saisissants, 600............Id............  150 ...... 450
15 0/0 au fonds commun, 180..........Id............  45 ......  135
                                                    ─────────  ─────────
                                                    453 fr..... 747 fr.
                                                          ─────────
                                                           1,200 fr.
```

Répartition avec un indicateur dont la part doit être établie de telle sorte que les 17 0/0 ne contribuent pas à la former, et sans retenue de 25 0/0 pour les retraites, ni des 15 0/0 au fonds commun. *V.* n° 1151.

```
17 0/0 aux retraites, sur 1,200 fr.............................   204 fr.
1/3 à l'indicateur, sur la même somme de 1,200 fr..............   400
                                                               ─────────
                                                                 604 fr.
                       Reste....................   596 fr.  sur
```

lesquels il faut prélever 25 0/0 pour les retraites, soit 149 fr. Les 447 fr. disponibles sont divisés en 83 parties : 18 aux chefs, 50 aux saisissants, 15 au fonds commun.

1137. — *Retenues pour les retraites.* L'allocation de 17 0/0, *V.* n° 1136, a remplacé l'ancien 6e, réservé d'abord au Trésor et attribué, par l'ordonnance du 21 mai 1817, art. 3, à la caisse des retraites.

Toute saisie, en matière ordinaire, doit supporter le prélèvement des 17 0/0, quelles que soient et la quotité de la somme à répartir et la nature des objets saisis. (*Circ. du 25 mai 1817, n° 279.*) Pour les exceptions, *V.* n°s 1151 et 1165.

Quant à la retenue spéciale de 25 0/0 pour les retraites, *V.* n°s 81 et 1136, elle est prélevée sur les parts dévolues au fonds commun, aux chefs et aux saisissants, en

---

(1) On entend par produit net la somme disponible après déduction des frais et des droits, s'il y a lieu. (*Délibérations des 1er mai 1792 et 3 juin 1793; Circ. du 26 prairial an V.*)

tant que ces derniers font partie du Département des finances. Sont affranchies de cette retenue : 1° les parts des indicateurs (*Déc. du 28 décembre* 1819); 2° celles attribuées aux militaires (chefs et soldats) et à tous autres fonctionnaires étrangers au Département des finances (*Arrêté du 9 fructidor an V, art.* 17; *Déc. du* 1er *fructidor an XI*); 3° celles des personnes qui n'appartiennent à aucune branche de l'administration publique (*Déc. min. du 2 fructidor an V; Circ. du* 28); 4° les femmes visiteuses. (*Circ. lith. du 18 novembre* 1841.)

Dans les saisies opérées concurremment par des employés des différentes administrations financières, la part revenant aux chefs et aux saisissants, suivant les réglements particuliers à chaque régie, n'est grevée que d'une seule et unique retenue au profit de la caisse des retraites. (*Déc. min. du 7 novembre* 1827; *Circ. du* 19, n° 1073.)

L'administration *poursuivante* effectue elle-même dans la répartition *principale* la retenue sur l'intégralité des parts dévolues à tous les ayants droit appartenant par leurs fonctions au Département des finances. Les parts attribuées aux agents de ce Département doivent donc être toujours établies au *net* dans les états de répartition. (*Circ. du 20 décembre* 1834, n° 1466.)

1138. — *Chefs.* Les directeurs, inspecteurs, sous-inspecteurs et receveurs principaux ne peuvent participer, ni comme chefs, ni comme saisissants ou verbalisants, à la répartition du produit des saisies et contraventions de toute nature. (*Arrêté min. du 6 juin* 1848, *art.* 1er; *Circ.* 2253; *Arrêté du Gouv. du 31 mars* 1849, *art.* 1er; *Circ.* n° 2322.)

Les 18 0/0 attribués aux chefs, *V.* n° 1139, se partagent d'une manière *égale* entre le receveur subordonné, *V.* n° 1140 (le contrôleur, *V.* n° 1141), le capitaine de brigades, *V.* n° 1142, le lieutenant, *V.* n° 1143, le brigadier qui a ordonné ou fait exécuter le service d'où est résultée la constatation de la contravention, *V.* n° 1144, ou le sous-brigadier qui, se trouvant à la tête de tout ou partie de la brigade, a été dans le cas de prescrire, par son initiative, en dehors de l'action du brigadier, les mesures et dispositions de surveillance ayant amené cette même constatation. *V.* n° 1145. (*Arrêté du Gouv. du 31 mars* 1849, *art.* 1er; *Circ.* n° 2322.)

1139. — S'il n'existe qu'un chef à rétribuer à ce titre, la totalité de 18 0/0 lui est allouée, alors même qu'elle excède la part individuelle des saisissants. (*Déc. du 4 juin* 1849.)

La part ou fraction de part qui, accordée à un grade, reste disponible, doit, dans tous les cas, venir en accroissement des 18 0/0 et profiter, dans une égale proportion, aux divers chefs. (*Déc. du 7 juin* 1849.)

À défaut de chefs admissibles, les 18 0/0 sont versés à la masse des saisissants. (*Déc. du 15 mai* 1849.) *V.* n° 1149.

Il en est ainsi dans une saisie effectuée soit par un inspecteur avec son préposé d'ordonnance ou avec un étranger, soit par une brigade ambulante opérant d'après les ordres directs de l'inspecteur, en supposant qu'un receveur subordonné ne soit ni dépositaire des objets, ni poursuivant. De même, quand la saisie est faite dans une douane principale, sans qu'un officier de brigade ait droit à une part (primes, préemptions) (*Déc. du 19 mai* 1849), ou si elle est accomplie par un receveur subordonné et par un préposé planton (*Déc. du 4 juin* 1849), et aussi dans les contraventions en matière d'excédant ou de déficit constatés au siége de la recette principale, à moins qu'un contrôleur n'ait droit à une part. (*Déc. du 30 mai* 1849.)

Le titulaire d'un emploi supérieur n'a droit à la part de chef dans les saisies qu'à compter du jour de son installation, quel que soit le motif qui a pu retarder son arrivée. (*Circ. du 31 octobre* 1820, n° 612.)

Les chefs ne peuvent cumuler avec leurs parts, comme saisissants, la portion attribuée à leur grade comme chefs; ils sont tenus d'opter entre la part de chef ou celle de saisissants, et la part de chef qu'ils abandonnent, établie pour mémoire dans la division des 18 0/0, est réunie à la part des saisissants. (*Arrêté du 9 fructidor an V, art. 9.*)

Quand les saisissants appartiennent à plusieurs divisions, les chefs de même grade partagent également entre eux la part afférente au grade. (*Déc. du 8 novembre 1820.*)

Les saisies faites par des préposés en congé, hors de leur division, sont considérées comme étant effectuées par des étrangers et ne donnent dès lors ouverture à aucun droit à partage au profit des chefs. (*Déc. du 1er juin 1808.*)

Lorsqu'il existe des demi-parts, etc., la proportion doit être en rapport exact avec la part revenant à chacun. Ainsi, par exemple, étant donnée une somme de 99 fr., montant des 18 0/0 à partager de manière à allouer 2/3 de part à un receveur subordonné dépositaire, et 1 part au capitaine, au lieutenant et au brigadier, on divise la somme en 11 tiers, dont 2/3, soit 18 fr., au receveur, et 3/3, ou 27 fr., à chacun des autres chefs.

Est supprimé le prélèvement de 5 0/0 opéré officieusement, en vertu de la Circ. n° 279, au profit des commis de direction sur les parts de chefs. (*Circ. du 29 juillet 1848, n° 2268.*)

1140. — Le receveur subordonné qui est en même temps dépositaire et poursuivant, est rétribué d'une part égale à la part individuelle des autres chefs.

Quand les attributions sont divisées, la part revenant à la recette subordonnée est dévolue pour 2/3 au dépositaire et pour 1/3 au poursuivant. (*Déc. du 15 mai 1849.*)

S'il existe un tiers poursuivant, on alloue moitié au dépositaire, et l'on partage également l'autre moitié entre les poursuivants successifs. (*Déc. du 3 juillet 1849.*)

Lorsque, dans une saisie constatée à la recette principale, un receveur subordonné devient second dépositaire, il a droit à une demi-part, s'il existe d'autres chefs. (*Déc. du 4 juillet 1849.*)

A défaut d'autre chef à rémunérer, le receveur subordonné qui n'aurait agi que comme dépositaire ou comme poursuivant serait, à raison de l'un ou de l'autre de ces offices, rétribué de la totalité des 18 0/0. (*Déc. du 14 novembre 1851.*)

En cas de dépôt momentané à son bureau, le receveur subordonné est considéré comme dépositaire. (*Déc. du 21 juin 1829.*)

La qualité de poursuivant s'acquiert par l'obtention d'un jugement définitif ou d'une transaction (*Déc. du 25 juin 1834*), et même par le seul fait de la réception du dossier de l'affaire pour y donner les suites nécessaires. (*Déc. du 6 juillet 1837.*)

La simple indication au procès-verbal qu'un receveur est appelé à faire les poursuites ne confère aucun droit à ce receveur. (*Circ. du 23 janvier 1817.*)

Si une affaire commencée sous un receveur est terminée par l'employé qui le remplace, même par intérim, ou bien si l'affaire a pris son origine sous ce dernier et qu'elle soit terminée par un nouveau titulaire après son installation, il y a lieu au partage par moitié. (*Circ. du 1er septembre 1814, et Déc. du 7 avril 1831.*)

Le receveur nouvellement installé qui procède à la vente de marchandises déposées entre les mains de son prédécesseur a droit à la moitié de la portion de la part attribuée au dépôt. S'il n'a vendu qu'une partie complémentaire des marchandises, il n'a droit à la même moitié que dans cette proportion du produit, et, si cette vente complémentaire ne donne aucun produit net, il ne peut prétendre à aucune rétribution. (*Déc. du 7 avril 1831.*)

1141. — Les contrôleurs sont admis à participer, comme chefs, au produit des contraventions constatées dans la sphère de leur service spécial. (*Déc. du 27 sept. 1849.*)

Le contrôleur qui constate lui-même une soustraction d'entrepôt est rétribué de la totalité des 18 0/0, à moins qu'il ne préfère recevoir les deux parts qui lui seraient acquises comme saisissant. (*Déc. du 14 octobre 1803.*)

Le contrôleur dit de la *cote*, à Marseille, est considéré comme chef dans le produit des saisies opérées par des vérificateurs cotés ou désignés par lui. (*Déc. du 19 novembre 1849.*)

Dans le partage des contraventions en matière de non-rapport d'acquits-à-caution, le contrôleur de la section des acquits-à-caution au bureau de départ reçoit les 18 0/0 sur le tiers attribué à ce bureau. (*Déc. du 20 juin 1854.*)

Si le contrôleur en exercice au moment du dépôt de la soumission d'entrepôt a été remplacé avant la constatation de l'infraction reconnue au moyen des recensements, la part du grade est partagée entre cet agent et son successeur qui a fourni, au service de la visite, les éléments de situation d'entrepôt. (*Déc. du 18 août 1859.*)

1142. — Dans les saisies faites par les préposés de brigades, les capitaines ont une part entière de chef (absent).

Mais, à l'égard de celles effectuées dans les bureaux par suite des opérations intérieures des douanes, les capitaines n'ont jamais droit au partage du produit comme chefs absents, quand bien même des préposés sous leurs ordres auraient coopéré à ces saisies. Les capitaines n'y participent qu'autant qu'ils sont présents. (*Arrêté du 9 fructidor an V, art. 13.*)

Quand un préposé a concouru à une saisie de bureau, il y a lieu d'examiner si les conditions de service dans lesquelles il se trouvait étaient de nature à créer des droits aux chefs de brigades.

Ainsi est susceptible de donner, tant au capitaine qu'au lieutenant, et, s'il a ordonné ou fait exécuter le service, au brigadier, des droits dans les 18 0/0, le concours des préposés sous leurs ordres à des saisies effectuées concurremment par les agents des deux services, par suite : 1° de l'escorte et de la visite des bagages de voyageurs ; 2° de visites à corps ; 3° d'excédant ou de déficit de colis à bord des navires, par rapport aux indications des manifestes ; 4° des opérations concernant l'extraction des sels, quand, dans certains cas, elles sont confiées à des brigadiers. (*Arrêté du 9 fructidor an V, art. 13 ; Circ. du 13 vendémiaire an IX ; Déc. des 3 juillet 1849 et 5 janvier 1850.*)

Mais les officiers de brigades n'ont droit au partage du produit qu'autant qu'ils ont surveillé le service exécuté par les préposés sous leurs ordres ; ils n'ont rien à prétendre quand les préposés ont agi en dehors de leur contrôle direct. Ainsi, dans le cas où, des préposés étant détachés à la visite, la saisie est exclusivement le résultat de recherches effectuées, sous la direction du vérificateur, dans les bagages des voyageurs, les officiers n'ont pas à participer à la répartition. En effet, les agents de brigades qui coopèrent à ces recherches remplissent les fonctions d'emballeurs et sont momentanément distraits de la surveillance de leurs chefs naturels. Il s'agit là d'une saisie de bureau.

Dans les gares de chemins de fer, les préposés sont le plus souvent chargés de dénombrer les colis à la sortie du wagon, d'en assurer la présentation à la visite et de s'opposer, par une surveillance générale, à tout enlèvement avant l'accomplissement des formalités légales. Or, dans de telles conditions, si les préposés déjouent une tentative de soustraction de colis ou de partie de colis, l'infraction constatée, même en l'absence des officiers, donne à ceux-ci le droit de figurer, comme chefs, dans la répartition. (*Déc. du 22 décembre 1858.*)

Sauf dans les cas énoncés aux paragraphes précédents, les officiers et sous-officiers de brigades n'ont aucun droit au produit des contraventions constatées à la suite de reconnaissances faites par des préposés sous la surveillance et la responsabilité d'un vérificateur. (*Déc. du 5 janvier 1850.*) V. n° 1147.

Lorsqu'une saisie est faite par des préposés réunis de deux capitaineries, les deux capitaines partagent la part afférente à leur grade dans les 18 0/0. (*Arrêté du 9 fructidor an V, art. 10.*)

Si des préposés d'une capitainerie font une saisie dans l'arrondissement d'une autre capitainerie, sans la participation ou les ordres exprès de leur capitaine, celui-ci ne peut être admis au partage de la part de chef. Il en est ainsi quand un préposé est détaché d'une division dans une autre, mais non lorsque des préposés placés sous la surveillance d'un chef feraient, en exécution d'ordres généraux de service, une saisie hors de leur penthière. (*Circ. du 9 octobre* 1812.)

Sont admis à participer comme chefs le capitaine et le lieutenant du port de débarquement en cas d'expédition directe et sous escorte des bagages de voyageurs sur la douane de Paris, où la visite fait reconnaître un acte de fraude. (*Déc. du 13 juin* 1850.)

Le capitaine, le lieutenant et le brigadier ont droit dans les saisies effectuées par des préposés de leur division sur la route du Pont-du-Rhin à Strasbourg, ces saisies étant considérées comme mixtes. (*Déc. des 7 mars et 6 juillet* 1849.)

Le capitaine ou le lieutenant n'a pas droit à la part de chef dans les saisies effectuées par une brigade ambulante relevant directement de l'inspecteur (comme à Marseille), lorsque le service auquel est due la saisie a été ordonné par le brigadier ou par le sous-brigadier, l'un ou l'autre de ces sous-officiers devant alors être rétribué, comme chef unique, de la totalité des 18 0/0. (*Déc. du 19 mai* 1849.)

Dans les saisies en mer, les capitaines de brigades ne sont admis au partage des 18 0/0 que lorsqu'ils ont réellement dirigé le service des marins. (*Déc. des 5 juin et 27 novembre* 1807, *et du 14 janvier* 1831.)

1143. — Le lieutenant n'a aucun droit au partage du produit des saisies faites par des préposés, dont il ne dirige pas le service, par exemple, les brigades ambulantes placées sous les ordres immédiats du capitaine. (*Déc. du 15 mars* 1824.)

Il est exclu du partage des 18 0/0 dans les saisies opérées hors de sa division par des préposés de cette division détachés sous les ordres immédiats d'un chef supérieur. (*Circ. du 31 octobre* 1820, n° 612.)

Mais il conserve sa part de chef dans les saisies faites soit à sa résidence, même quand elle est aussi celle du capitaine, soit dans sa division par les ordres exprès du capitaine. (*Déc. du 20 septembre* 1814, *et Circ. du 31 octobre* 1820, n° 612.)

1144. — Le brigadier, ou, en son absence, le sous-brigadier doit participer, comme chef, au produit de toutes les saisies effectuées dans la circonscription de son poste et avec le concours de préposés sous ses ordres, alors même que le capitaine, le lieutenant ou un vérificateur aurait été à la tête du détachement qui a effectué la saisie; mais la qualité de chef ainsi acquise au sous-officier s'efface lorsqu'il opère en dehors de sa penthière, sous les ordres immédiats du lieutenant ou du capitaine. (*Déc. des 5 et 10 septembre* 1849, 2 *février et* 10 *octobre* 1850.)

A moins que sa part comme saisissant ne soit plus élevée, le brigadier peut être rétribué comme chef dans la répartition du produit des saisies des minuties constatées par un procès-verbal collectif. (*Déc. du* 25 *avril* 1849.)

Le sous-officier n'a pas droit à la part de chef dans les saisies qu'un officier en tournée effectue concurremment avec le préposé qui l'accompagne. (*Déc. du* 16 *avril* 1853.)

Le brigadier des emballeurs n'est jamais traité comme chef. (*Déc. du* 27 *juin* 1849.)

1145. — Le sous-brigadier commandant la brigade en l'absence du brigadier, quelle que soit la cause de cette absence, doit être rétribué de la part de chef, à l'exclusion du brigadier absent du poste. (*Déc. des* 21 *mai et* 10 *décembre* 1849.)

Est considéré comme chef, lorsque, envoyé en détachement avec une partie de la brigade, sans que le service ait eu un objet fixe et déterminé, le sous-brigadier a préparé et assuré, par son initiative et son intervention directe dans les combinaisons de ce service, l'acte de répression ou la découverte qui pourra en être la conséquence. (*Circ. du* 20 *avril* 1849, n° 2322.) *V.* n° 1138.

1146. — *Saisissants.* Ne sont admis aux répartitions comme saisissants que ceux dont les noms se trouvent dans les procès-verbaux, ou qui sont désignés comme tels par le commandant du détachement, au moyen d'un état signé par lui. (*Arrêté du* 9 *fructidor an V, art.* 25.)

Il ne peut y avoir d'autres saisissants que ceux qui ont découvert la fraude. Les agents qui n'ont fait que concourir à la déclaration de la saisie dont l'objet avait été découvert avant leur arrivée, et aux fins de l'opération, ne sont qu'intervenants. Les intervenants ne jouissent que de la moitié de la rétribution qu'ils auraient eue comme saisissants. (*Circ. du 3 octobre 1812.*) Dans le cas où un préposé qui a seul déjoué la fraude requiert un second agent pour constater la saisie, celui-ci n'est traité que comme intervenant. L'officier désigné alors dans le procès-verbal n'a d'ailleurs droit qu'à la part de chef. (*Déc. du 21 avril 1863.*)

Peuvent être traités comme saisissants les agents d'une même brigade distribués en plusieurs escouades et se trouvant simultanément sur le terrain pour l'exécution de combinaisons d'un service spécial, alors qu'une seule de ces escouades a effectué la capture. (*Déc. du 2 avril 1855.*) Mais il n'en est pas ainsi à l'égard des agents qui, au moment de la saisie, étaient rentrés au poste ou chez eux pour prendre du repos, bien qu'ils eussent fait partie des escouades antérieures. (*Déc. du 21 janvier 1856.*)

Les préposés supérieurs ne peuvent être considérés comme saisissants que s'ils sont présents sur le lieu de l'arrestation au moment où elle a été faite, et comme intervenants qu'autant qu'ils auraient commandé en personne un détachement distribué en différentes escouades et organisé pour le même service, et qu'ils se seraient trouvés placés à l'endroit où l'arrestation n'aurait pas été effectuée. La présence d'un préposé supérieur à la description et à la pesée des marchandises saisies n'est point réputée intervention. Tout préposé supérieur qui n'intervient que pour la rédaction du procès-verbal ne peut jamais prétendre qu'à la part de chef. (*Circ. du 3 octobre 1812.*)

Lorsque des préposés de plusieurs divisions concourent à une saisie, les uns comme saisissants, les autres comme intervenants, les chefs des premiers ont une part double de celle des autres; en conséquence, la part attribuée à chaque grade est divisée en trois portions égales, dont deux pour les chefs des saisissants et une pour les chefs des intervenants. (*Circ. du 26 mars 1817, n° 261.*)

Les chefs de service doivent empêcher avec le plus grand soin que, sous prétexte d'égaliser ou de rectifier les bases de la rémunération des services, il soit, par des concordats tacites ou par des sous-répartitions entre les employés, dérogé aux affectations portées sur les états officiels de partage arrêtés par les directeurs ou par l'administration. (*Circ. du 22 juillet 1840, n° 1821.*)

Toutes les fois que le nom d'un ou de plusieurs employés ou autres citoyens français, qui ont *effectivement coopéré à une saisie*, n'a pas été relaté dans le procès-verbal (*ces sortes d'omissions, quelles que soient les circonstances de l'affaire, ne doivent se produire que le moins souvent possible*), le commandant du détachement qui a opéré la capture dresse un état spécial, dans lequel figurent les *saisissants ou intervenants* à comprendre dans la répartition ultérieure du produit de l'affaire; il relate dans cet état, signé de lui, la nature de la coopération des capteurs non dénommés au procès-verbal et les causes du silence du rapport en ce qui les concerne. D'après la communication qui lui est donnée de cet état, en double expédition, l'inspecteur fait une enquête sur la réalité des faits qu'il a pour objet d'établir, en fait un rapport, y prend des conclusions motivées et l'adresse au directeur avec l'état. Ce dernier transmet le tout, avec son avis, à l'administration, qui statue. L'état signé du commandant du détachement et visé par l'inspecteur et par le directeur, est ensuite annexé à l'état de répartition avec une copie de la décision de l'administration. (*Circ. du 22 juillet 1840, n° 1821.*)

Pour exclure de la répartition un agent désigné dans un procès-verbal comme saisissant, l'administration statue, et elle n'approuve l'élimination qu'à vue des pièces de l'enquête effectuée par les chefs locaux. (*Déc. du 11 avril 1863.*)

Dans toutes saisies, les femmes visiteuses qui y contribuent ont une part de saisissant exempte de la retenue de 25 0/0 pour les retraites. (*Circ. lith. du 18 novembre 1841.*)

Tout individu étranger aux administrations, lorsqu'il opère une saisie ou y contribue, a droit à une part proportionnelle dans la répartition du produit. (*Déc. du 7 janvier* 1857.)

En Algérie, les parts des agents des douanes qui ont concouru à une razzia se répartissent comme s'il s'agissait d'une saisie ordinaire ; seulement la moitié des sommes allouées aux agents soumis aux retenues de masse doit être attribuée à la masse de remonte ou d'habillement, selon qu'ils dépendent de brigades à cheval ou à pied. (*Déc. du* 18 *septembre* 1854.)

1147. — Pour la répartition du produit des saisies, on distingue entre celles ayant pour objet les marchandises déclarées dans un bureau et présentées à la visite (*Saisies de bureau*), et celles effectuées dans d'autres conditions (*Saisies dites en campagne*).

Saisies en campagne. Une arrestation faite sur la *route*, bien que la majeure partie des marchandises ne soit découverte qu'au bureau, constitue une saisie en *campagne.* (*Déc. du* 25 *octobre* 1817.)

Des préposés du service actif, de garde devant un bureau, qui visitent le voyageur qui en sort pour s'assurer si sa déclaration a été fidèle, et qui, découvrant qu'elle a été fausse, saisissent alors l'objet soustrait à la surveillance des commis de ce bureau, effectuent une saisie en *campagne.* (*Circ. du* 26 *ventôse an X.*)

Les agents de brigade constatent des excédants ou déficits par rapport aux indications du manifeste des navires. Mais ils ne peuvent prétendre à aucune rémunération dans les infractions relevées par le service de bureau, notamment en ce qui concerne la qualité ou la valeur des marchandises. (*Déc. du* 31 *janvier* 1857.)

Toutefois, les préposés d'écor, adjoints à un vérificateur coté pour une opération de bureau, ont droit au partage en cas de contravention reconnue dans le cours. de cette opération et en leur présence, pourvu qu'il ne s'agisse pas d'une appréciation de qualité ou de valeur. (*Déc. du* 23 *mars* 1857.) *V.* n°ˢ 303, 1142 et 1148.

La saisie de marchandises provenant d'un navire, déclarée par le service des bureaux, par suite de la découverte faite par le service actif, à bord de ce bâtiment, de pièces établissant qu'il y a fausse déclaration, doit donner lieu à une répartition d'après les règles de la saisie en *campagne.* (*Déc. du* 26 *août* 1843.)

Lorsque les marchandises étrangères sont, avant vérification dans les ports, placées dans des magasins de dépôt provisoires, sous certaines garanties, les préposés chargés de garder ces magasins peuvent, en cas d'excédant de colis au manifeste, être admis, pour la part afférente à leur grade, dans le partage du produit de ces contraventions ; mais il ne saurait en être de même à l'égard des déficits de colis dans ces magasins, l'infraction pouvant résulter alors d'un défaut de surveillance. (*Déc. du* 23 *août* 1850.)

Quand les saisissants sont commandés par un capitaine de brigades,

Ce chef a	2 parts (1),
Les lieutenants,	1 part 1/2,
Les brigadiers,	1 part 1/4,
Et les autres saisissants,	1 part.

(*Arrêté du* 9 *fructidor an V, art.* 5; *Circ. du* 2 *messidor an VI, et Déc. du* 17 *octobre* 1828.)

Si le détachement est commandé par un lieutenant,

Ce chef a	1 part 1/2,
Les brigadiers,	1 part 1/4,

---

(1) Si la saisie était commandée par l'un des chefs supérieurs exclus du partage (directeur, inspecteur ou sous-inspecteur), le capitaine saisissant n'aurait droit qu'à une part et demie. (*Arrêté du* 9 *fructidor an V, art.* 6.)

Et les autres saisissants, 1 part. (*Arrêté du 9 fructidor an V, art.* 4.)

Lorsque le détachement est commandé par un brigadier ou par un sous-brigadier,

Ce chef a 1 part 1/2,

Et les autres saisissants, 1 part. (*Même arrêté.*)

Dans le cas où plusieurs brigadiers ont personnellement concouru à la même saisie, en agissant de concert et sans qu'aucun d'eux puisse être considéré comme *commandant* exclusif de la saisie, les parts d'accroissement, soit 1/2 part pour le premier brigadier et 1/4 de part pour les autres, doivent être réunies en une masse commune et partagées également entre les brigadiers saisissants. Ainsi, en admettant la présence de deux brigadiers copartageants, chacun d'eux aurait 1 part et 3/8es; s'ils étaient trois, 1 part 1/3; quatre, 1 part 5/16es. (*Déc. du 17 septembre* 1846.)

Le sous-brigadier qui commande la saisie conserve son droit à une fraction de part d'accroissement, nonobstant l'intervention d'un brigadier. (*Déc. du 21 juillet* 1849.)

Lorsque des employés de la *marine* des douanes coopèrent à une saisie en *campagne*, ils sont rétribués par assimilation de grades, savoir:

Les capitaines et les lieutenants de patache comme les lieutenants, les patrons comme les brigadiers, les sous-patrons comme les sous-brigadiers, les matelots et les mousses comme les préposés. (*Circ. du 26 août* 1834, n° 1454.)

Cependant, si aucun employé du grade de capitaine de brigade n'a fait partie du détachement des saisissants, le capitaine de patache est rétribué comme capitaine de brigades. (*Déc. du 31 décembre* 1819.)

Dans les saisies effectuées *en mer*, les capitaines de patache ont droit, comme chefs, à une part dans les 18 0/0, ou à deux parts dans les 50 0/0, lorsqu'ils sont eux-mêmes saisissants, et que d'ailleurs il n'y a pas de capitaine de brigades à rétribuer à ce dernier titre. Dans le cas contraire, ils doivent être traités comme les lieutenants. (*Déc. du 31 décembre* 1819.)

Quand au nombre des saisissants, il existe un capitaine de brigades; cet officier, étant d'un grade supérieur au capitaine de patache, est censé commander la saisie et traité en conséquence. (*Même Déc.*)

Les employés de bureau qui ont concouru avec des préposés du service actif à une saisie en campagne sont rétribués par assimilation de grade, savoir: les receveurs subordonnés, les vérificateurs et les premiers commis de direction comme les capitaines de brigades, et les commis comme les lieutenants. (*Déc. des 24 mai* 1811, 2 *août* 1824 *et* 28 *mai* 1839.)

Toutefois, si le receveur et le visiteur dépendent du même bureau subordonné, le premier seul a deux parts, le second part et demie, et les employés de grades inférieurs ont part et quart. (*Déc. du 26 janvier* 1832.)

1148. — *Saisies de bureau.* Les employés de bureau qui ont concouru à une saisie partagent entre eux d'une manière égale. (*Arrêté du 9 fructidor an V, art.* 12.)

Pour participer à la répartition, il faut avoir concouru à l'opération de visite qui a conduit le service à constater la contravention. (*Déc. du 31 janvier* 1857.)

Le surnuméraire a une part moindre que les employés commissionnés, toutes les fois qu'il concourt avec eux à une saisie. (*Circ. du 24 février* 1806.) L'administration a entendu limiter la rétribution des surnuméraires à une demi-part ou à une part, selon qu'il s'agit d'une saisie de bureau ou d'une saisie en campagne.

Il subit la retenue pour les retraites. (*Circ. du 1er juillet* 1803.)

Les agents des brigades ne participent aux saisies effectuées dans les bureaux, par suite des opérations intérieures des douanes, qu'autant qu'ils y sont appelés et qu'ils y assistent. Ils n'ont d'ailleurs que la moitié des parts accordées aux employés de bureau (*Arrêté du 9 fructidor an V, art.* 13), sauf le capitaine de brigades, qui jouit d'une part égale à celle des visiteurs. (*Circ. du 24 prairial an VI.*) V. n° 1147.

Considérés comme préposés de brigades, les peseurs ou emballeurs sont rétribués d'une demi-part de saisissant lorsque, procédant au bureau à la pesée des marchandises, ils ont fait reconnaître un excédant sur le poids déclaré. (*Déc. du* 3 *juin* 1811.)

Le brigadier des emballeurs n'a droit, s'il est saisissant, qu'à une part égale à celle des simples emballeurs. (*Déc. du* 29 *mars* 1850.)

Le peseur requis par les préposés pour opérer au bureau la pesée de marchandises saisies en campagne a droit à demi-part de saisissant.

Lorsque les emballeurs ou peseurs font personnellement des découvertes ou se réunissent à la brigade pour un service extérieur, ils sont traités comme les autres saisissants.

Si deux emballeurs, cotés pour effectuer la visite d'un même colis de bagages, concourent simultanément à la saisie, on doit les rétribuer chacun d'une demi-part. (*Déc. du* 25 *novembre* 1852.)

Il n'est accordé qu'une part collective de saisissant aux préposés qui, par l'effet de circonstances fortuites, ont successivement participé à un acte de vérification accompli et dirigé par un agent du service de la visite. (*Déc. du* 18 *octobre* 1853.)

1149. — Le *fonds commun* est attribué, dans la proportion déterminée, chaque année, par le Ministre des finances, sur la proposition du directeur de l'administration, savoir : 1° aux employés de brigades qui se sont signalés par des actes de courage et de dévouement à l'occasion des rébellions ou attaques de contrebandiers; 2° à ceux des commis de direction ou des bureaux de perception qui ont donné les soins les plus fructueux à la suite des affaires contentieuses ; 3° aux agents des deux services ayant le plus utilement concouru à la répression de la fraude et de la contrebande et à la perception des droits du trésor. (*Arrêté du* 31 *mars* 1849, *art.* 2.)

A cet effet, au commencement de chaque année, les directeurs adressent à l'administration (service général), dès qu'elle a fait connaître quelle somme est attribuée à la direction, un état présentant la somme à répartir, et désignant, dans l'ordre de leurs droits respectifs, les employés des deux services jugés les plus dignes d'obtenir une récompense. (*Circ. des* 8 *juin* 1848, n° 2253, *et* 20 *avril* 1849, n° 2322.) La Circ. lith. du 20 décembre 1849 a transmis un modèle de cet état. L'état, en double expédition, est divisé en deux parties, bureaux et brigades, et présente les agents par grade, sans distinction de division ; il doit être accompagné des propositions des inspecteurs.

Il faut tenir compte 1° des droits que les agents de la visite se créent à une rémunération par des découvertes de fraude; 2° des changements avantageux apportés à la situation des commis de direction et qui ne permettent d'admettre au partage que celui de ces agents qui est chargé du contentieux, si l'employé s'acquitte avec zèle et intelligence de ses obligations. Il convient que la part des simples préposés ne descende pas au-dessous de 30 fr. et que les agents obtiennent une allocation égale, à moins de faits particuliers susceptibles de justifier une exception. (*Circ. man. des* 5 *février* 1864 *et* 4 *mars* 1865.)

La rétribution à accorder ne doit pas excéder deux mois de traitement, ni, autant que possible, rester au-dessous d'un mois de traitement. Il faut que cette rémunération constitue un encouragement réel et un témoignage de la bienveillance de l'administration. (*Circ. lith. du* 20 *décembre* 1849.)

Dans le cas où une saisie aurait été effectuée exclusivement par des chefs de la classe de ceux non admissibles au partage du produit, il y aurait à attribuer au fonds commun, en sus des 15 0/0, les 18 et les 50 0/0. (*Déc. du* 15 *mai* 1849.) V. n° 1139.

Si les saisies sont faites par un service autre que celui des douanes, sans le concours de préposés de douanes, il y a lieu de reporter au fonds commun l'allocation attribuée aux chefs, lorsque le receveur poursuivant se trouve exclu par son grade. (*Déc. du* 15 *avril* 1850.)

Les 15 0/0 ne doivent pas être prélevés dans la répartition du produit des amendes par suite de rébellion et voies de fait, mais ils sont retenus en cas de simple opposition. (*Déc. du* 19 *février* 1850.)

1150. — *Intérimaires.* Tout employé des deux services, non exclu par son grade et y compris le simple préposé, appelé à suppléer un chef absent *par congé ou par toute autre cause,* jouit, à l'exclusion de ce chef, alors même que celui-ci, forcé d'interrompre son service pour cause de maladie, n'a pas quitté sa résidence (*Déc. du 27 novembre* 1851), de la part dévolue au grade dans le produit des saisies effectuées pendant la durée de sa gestion provisoire. (*Circ. du 27 octobre* 1849, n° 2356.)

L'intérimaire ne peut participer au produit des saisies si les fonctions dont il est provisoirement investi entraînent exclusion du droit à partage. (*Déc. des 3 janvier et 4 mai* 1850.)

Mais on peut rémunérer sur le fonds commun, lors de la répartition, les vérificateurs qui ont géré des intérim de sous-inspection. (*Déc. du 3 janvier* 1850.)

1151. — *Indicateurs.* On doit s'abstenir de faire aucune mention, dans les procès-verbaux, de l'existence d'indicateurs. (*Circ. du 20 avril* 1849, n° 2322.)

Un tiers du produit net des saisies résultant des avis directs du dénonciateur est accordé à celui-ci. (*Arrêté du 27 vendémiaire an III.*)

On entend par avis direct une indication précise conduisant directement à la découverte immédiate de la fraude. (*Circ. du 2e jour complémentaire an VIII.*)

Les 17 0/0 des retraites ne contribuent pas à former la part de l'indicateur. (*Circ. du 21 pluviôse an VII*), de sorte que cette part affecte seulement les 83 0/0 disponibles après prélèvement des 17 0/0. (*Déc. du 7 mai* 1849.) Elle est affranchie de la retenue de 25 0/0 pour les retraites. (*Déc. du 28 décembre* 1829.) V. n° 1136.

Si l'avis est indirect, c'est-à-dire s'il n'a eu pour effet que de donner l'éveil au service et de lui faciliter les moyens de constater la contravention, l'indicateur n'a pas droit au tiers du produit; il ne lui est alloué, dans ce cas, qu'une fraction de ce tiers, soit 1/6e, 12e, 24e, etc., suivant le degré d'utilité des renseignements. (*Circ. des 2e jour complémentaire an VIII et 5 avril* 1830, n° 1209; *Déc. du 18 avril* 1853.) Le surplus du tiers profite alors, proportionnellement, tant au fonds commun qu'aux chefs non exclus et aux saisissants. (*Déc. du 18 avril* 1853.)

Les indicateurs doivent jouir de la rétribution que la loi leur alloue sur le montant des *primes* qui tiennent lieu de la valeur des tabacs jugés impropres à la fabrication comme sur le produit même des saisies. (*Déc. du 6 décembre* 1843; *Doc. lith.*, n° 143.)

Un commissaire de police peut, le cas échéant, être traité comme indicateur. (*Déc. du 24 février* 1857.)

N'est pas considéré comme indicateur le délinquant dont les aveux devant la justice ont permis de saisir le reste des marchandises introduites frauduleusement. (*Déc. du 28 avril* 1857.)

Nul indicateur ne peut être compris dans un état de répartition sans l'autorisation préalable de l'administration, dont la date doit être indiquée. (*Circ. du 3 février* 1827, n° 1031.)

Le directeur doit, en même temps qu'il rend compte de l'affaire à l'administration, faire connaître l'existence de l'indicateur (*Circ. du 29 juillet* 1825, n° 931), et indiquer si l'avis a été direct ou indirect.

L'indicateur ne peut recevoir la part qui lui est allouée qu'autant qu'il s'est fait connaître au directeur ou à l'administration; mais les directeurs peuvent déléguer aux inspecteurs le soin de s'assurer de l'existence des indicateurs. Le directeur, l'inspecteur ou le capitaine, selon le cas, donne quittance du montant de cette part. (*Arrêté du 9 fructidor an V, art.* 15; *Circ. du 29 juillet* 1825, n° 931, *et Déc. du 25 avril* 1842; *Doc. lith.*, n° 120.)

Quand un indicateur refuse de se présenter aux chefs (inspecteur ou capitaine), il n'y a pas lieu de l'y contraindre. Les circonstances et la connaissance de la moralité de ses subordonnés peuvent amener l'inspecteur à certifier, sous sa responsabilité, l'intervention d'un indicateur, alors qu'il ne l'aurait pas vu. (*Déc. du 16 février* 1857.)

En allouant une prime à l'indicateur, la loi n'a entendu récompenser que les révélations sérieuses et sincères. Tout individu reconnu coupable d'avoir préparé lui-même un fait de contrebande, et de l'avoir ensuite dénoncé en l'imputant mensongèrement à un tiers, est condamné, du chef d'escroquerie, aux peines de l'art. 405 du Code pénal. (*Jug. du trib. correct. de Strasbourg du 16 novembre* 1850, *confirmé le* 11 *décembre suivant par la Cour de Colmar; Doc. lith., n° 178.*)

Par une décision expresse et spéciale, les directeurs peuvent autoriser l'*avance* aux indicateurs d'une portion de la part qui leur est allouée; mais cette avance (à régulariser) ne doit jamais excéder le tiers de la part approximative calculée sur le prix de la marchandise évaluée par le receveur et l'inspecteur, sans y comprendre l'amende toujours éventuelle; et il faut qu'il y ait lieu de penser que la saisie sera maintenue et que l'indicateur se rendra de nouveau utile. (*Circ. man. du 15 avril* 1822.)

Quand l'indicateur, dont les droits ont été reconnus, est absent et n'a pas formellement renoncé à la part qui lui est allouée, le montant de celle-ci doit suivre le sort de toute part de saisie non réclamée. (*Déc. du 28 mars* 1843.)

Tout employé des douanes qui transmet l'avis direct d'un indicateur sans pouvoir participer lui-même à la saisie n'en conserve pas moins son droit à une part de saisissant. (*Circ. du 31 octobre* 1820, n° 612.) Si l'avis n'est qu'indirect, l'employé n'a qu'une fraction de part de saisissant calculée d'après l'importance de l'avis et sur la proposition des chefs. (*Circ. du 5 avril* 1830, n° 1209.)

Il n'y a que le préposé qui reçoit directement l'avis et qui le transmet qui puisse être admis à jouir d'une part de saisissant. (*Déc. du 16 mai* 1838; *Doc. lith.*, n° 2.)

Mais ce droit n'existe pas si les préposés qui ont opéré la saisie se trouvent sous les ordres immédiats de l'agent (le brigadier, par exemple), qui leur a transmis l'avis, direct ou indirect, à la suite duquel la saisie a été effectuée sans son concours effectif. Cet agent ne doit alors être rétribué qu'à titre de chef dans les 18 p. 0/0. (*Déc. des 21 août* 1840 *et 18 juin* 1852.)

Un agent ne peut être rétribué d'une part supplémentaire à raison de ce qu'il est transmetteur d'avis et saisissant. (*Déc. du 13 novembre* 1838; *Doc. lith.*, n° 27.)

Si l'avis a été transmis par le capitaine ou le lieutenant, cet officier a droit à une part de saisissant. (*Déc. du 30 mai* 1851.)

Lorsqu'un même avis a été transmis par plusieurs employés, il ne peut leur être alloué qu'une part collective et non individuelle de saisissant. (*Déc. du 17 juin* 1851.) Cette part doit être calculée d'après la part afférente au grade de celui des ayants droit placé dans la position hiérarchique la plus élevée, sauf à être subdivisée entre eux dans la proportion de leurs droits respectifs. (*Déc. du 15 septembre* 1851.)

Au moment où l'agent donne l'avis à son chef immédiat, il a soin d'en prévenir son inspecteur. (*Circ. du 5 avril* 1830, n° 1209.)

1152. — *Saisies ou contraventions constatées par les agents des douanes à la requête d'autres services que celui des douanes (notamment des contributions indirectes, octroi, police.)* Les parts qui peuvent être attribuées à des agents des douanes, dans la répartition de produits résultant de contraventions constatées à la requête d'autres services chargés des poursuites et recouvrements, doivent être versées dans la caisse du receveur des douanes le plus voisin du lieu de la saisie, afin qu'après la vérification, faite dans l'intérêt des parties prenantes, des bases de la rémunération afférente à leur concours, il puisse être procédé au partage suivant les règles propres à leur administration. (*Circ. des 2 octobre* 1816, n° 210, *et 25 septembre* 1826, n° 1009.)

Il est formellement interdit aux agents de tous les grades de toucher aucune part de saisie autrement que par l'intermédiaire du receveur des douanes, après autorisation supérieure dans les formes d'usage. Les préposés qui contreviendraient à cette prescription seraient immédiatement tenus de rapporter à la caisse de ce receveur les sommes qu'ils auraient de la sorte irrégulièrement touchées, et l'administration provoquerait sur-le-champ la rectification de la marche qui, exceptionnellement et par erreur, aurait été suivie sur ce point par le comptable étranger détenteur primitif des fonds. (*Circ. du 4 décembre 1845, n° 2092.*)

Moitié seulement du produit est attribuée au service; l'autre est divisée en deux parts, dont l'une appartient au trésor, l'autre à la caisse des retraites. Ces deux derniers prélèvements sont effectués par l'administration poursuivante. (*Arrêté min. du 17 octobre 1816.*)

La somme reçue par le receveur des douanes pour être répartie doit être divisée en quatre-vingt-trois parties : dix-huit aux chefs, cinquante aux saisissants, quinze au fonds commun. Ces trois allocations figurent à titre de 100es, les 17/100 complémentaires étant réputés avoir été prélevés par l'administration poursuivante au profit de la caisse des retraites. (*Déc. du 14 août 1849.*)

Si l'un ou l'autre des prélèvements pour le trésor et pour les retraites n'avait pas été opéré par l'administration poursuivante, ce dont on doit s'assurer à vue du décompte établi sur l'état de répartition principale, la douane devrait y pourvoir dans la sous-répartition. (*Déc. du 23 juillet 1850.*)

Les 18/100 ne doivent être partagés qu'entre les officiers de brigades qui dirigent le service des préposés saisissants. Les receveurs, simples dépositaires de fonds, chargés de régulariser la comptabilité, n'y ont aucun droit, à moins que les saisies n'aient été faites dans leurs bureaux, ceux-ci étant subordonnés, et par des agents sous leurs ordres (*Circ. du 17 avril 1816*), ou bien encore dans le cas de dépôt momentané des marchandises dans ces bureaux. (*Déc. du 21 juin 1839.*)

Lorsque la contravention a été constatée concurremment par des préposés des douanes et des contributions indirectes, de l'octroi, de la police, etc., le partage a lieu dans la répartition principale *par tête* et sans aucune acception de grade, de part ni d'autre. (*Arrêté min. du 17 octobre 1816, art. 4; Circ. des 26 juin 1817, n° 292, et 14 décembre 1836, n° 1587.*)

Il en est de même pour le montant des primes payées pour tenir lieu de la valeur des tabacs à détruire et dont le montant ne supporte de prélèvement, ni pour le Trésor ni pour les retraites. (*Ord. du 31 décembre 1817, et Circ. du 14 décembre 1836, n° 1587.*)

Les directeurs sont autorisés à faire procéder, sans l'attache de l'administration, à la répartition des sommes attribuées, par la régie des contributions indirectes, au service des douanes, à titre de primes d'arrestation et de tabacs détruits (*Circ. du 28 août 1848, n° 2279*), ou de parts de saisies. (*Circ. lith. du 2 février 1854.*) V. n°s 1013 et 1168.).

Par exemple, le produit de la valeur des tabacs propres à la fabrication est de 600 fr.

Produit des primes relatives aux tabacs à détruire, à raison de 30 fr. par 100 kilogr...100

Produit de l'amende recouvrée...300

Avant toute poursuite judiciaire pour le recouvrement de l'amende, la somme de 600 fr. est partagée en quatre parties (*Ord. du 31 décembre 1817*) : au Trésor, 150 fr.; à la caisse des retraites, 150 fr.; les deux autres divisées en portions égales entre les saisissants, soit deux agents de la régie, 60 fr.; trois agents des douanes, 180 fr., qui sont répartis dans la forme ordinaire, c'est-à-dire en quatre-vingt-trois portions.

On agit de même à l'égard du produit net (après prélèvement des frais) de l'amende ultérieurement recouvrée.

Quant au produit des primes, il reviendrait ici 60 fr. pour les trois agents des douanes, soit 20 fr. à chacun.

S'il existait un indicateur, il lui serait alloué un tiers sur chacun des trois produits nets dont il s'agit.

1153. — *Saisies faites par les employés des contributions indirectes seuls, pour infraction aux lois de douane.* Les 3/6 du produit, attribués aux saisissants, sont augmentés de la moitié des 2/6 affectés aux chefs. (*Déc. min. du 16 juin 1817.*)

Exemple, 600 fr. à répartir : aux retraites, 17/100 sur 600 fr., soit 102 fr., et 25 0/0 sur 498 fr., soit 124 fr. 50 c. Total, 226 fr. 50 c. Reste, 373 fr. 50 c., qu'il faut diviser en quatre-vingt-trois parties, ce qui donne aux 18 0/0 81 fr., dont moitié au receveur dépositaire ou poursuivant; aux 50 0/0 225 fr., et aux 15 0/0 67 fr. 50 c., dont moitié au fonds commun.

	fr.	c.
Les agents des contributions reçoivent l'intégralité des 50/100.......	225	»
La moitié des 18/100..	40	50
La moitié des 15/100..	33	75
	299	25

1154. — *Saisies constatées concurremment par des employés des contributions indirectes et des douanes, à la requête de l'administration des douanes.* Comme dans l'exemple précédent, 600 fr. à répartir donnent 226 fr. 50 c. aux retraites. Les 373 fr. 50 c. sont divisés en quatre-vingt-trois parties. Les 225 fr. aux saisissants sont partagés par tête et sans acception de grade (*Circ. du 14 décembre 1836, n° 1587*), de sorte que, pour deux agents de douane sur cinq saisissants, c'est une somme totale de 90 fr., faisant l'objet d'une sous-répartition dans la forme ordinaire. Les 135 fr. aux autres agents sont versés dans les caisses de l'administration des contributions indirectes.

1155. — *Saisies faites par des agents d'un service étranger, autre que les contributions indirectes,* V. n° 1153, *avec ou sans le concours des préposés de douane.* Lorsque des agents d'un service étranger ont procédé *seuls* à la constatation, on doit, après prélèvement des 17/100, diviser en deux parties égales le produit cumulé des 18 et 15/100 (33/100). La moitié (33/200) vient en accroissement des 50/100 aux saisissants; l'autre moitié est partagée en 33/33 : 15 au fonds commun et 18 au receveur poursuivant, si celui-ci ne se trouve pas exclu par son grade. Dans le cas contraire, ces 18/33 vont au fonds commun, déduction faite de la retenue de 25/100 pour les retraites.

Quand des préposés de douane ont agi concurremment avec des agents d'un service étranger, il y a lieu d'appliquer 15/100 au fonds commun, sur les mêmes bases que celles adoptées dans les répartitions ordinaires. S'il n'existe aucun chef admissible au partage des 18/100, la totalité de cette allocation profite à la masse des saisissants. (*Déc. du 15 avril 1850.*)

Si les agents d'un service étranger appartenaient à une administration financière, on prélèverait, outre les 17/100, les 25/100 pour les retraites.

Exemple de répartition en cas de saisie par les agents d'un service étranger, ayant procédé seuls. Produit net, 1,200 fr. :

	fr.	c.	fr.	c.
17/100 aux retraites...................................	204	»		
18/200 au receveur poursuivant, 108 fr. passibles de la retenue de 25/100, soit..	27	»	reste 81	»
15/200 au fonds commun, 90 fr. passibles de la retenue de 25/100, soit...	22	50	67	50
Aux saisissants, 50/100 augmentés de la moitié brute des 18 et 15/100 cumulés, soit de 33/200.........................	»	»	798	»
	253	50	946	50
			1,200 fr.	

1156. — *Agents de l'octroi.* Un receveur de l'octroi qui, concurremment avec ses subordonnés, opère et constate une saisie, a droit, comme commandant de la saisie, à une part et demie de saisissant, nonobstant l'intervention ultérieure d'un ou de plusieurs préposés des douanes. Ce même receveur et ses agents ne pourraient, au contraire, prétendre qu'à une simple part s'ils n'avaient fait qu'assister à une saisie effectuée par des préposés des douanes, et si, par conséquent, ils n'avaient pas, les premiers, découvert la fraude. (*Déc. du 14 février 1810.*)

1157. — *Juges de paix, maires ou commissaires de police.* Leur assistance à une saisie à domicile ne leur donne droit à aucune rétribution, pas même à celle de saisissant. (*Déc. du 13 juin 1851; Doc. lith., n° 182.*)

1158. — *Étrangers à l'administration des douanes.* Dans les saisies opérées par d'autres que par les préposés de douanes, les receveurs subordonnés ont seuls part à titre de dépositaires ou de poursuivants. (*Déc. du 14 mai 1797.*)

Les saisissants étrangers aux administrations financières ne subissent pas la retenue pour les retraites. (*Arrêté du 9 fructidor an V, art. 17.*)

1159. — *Saisies faites par des militaires seuls.* Il est accordé à leurs chefs moitié des 18/100 et moitié des 15/100, de sorte que chacune de ces allocations est réduite proportionnellement dans son affectation spéciale. (*Arrêté du 16 frimaire an XI, art. 3, et Déc. du 7 mai 1849.*)

Dans ces saisies, le receveur subordonné dépositaire a droit à la moitié des 18/100. (*Déc. du 4 juin 1849.*)

Le commandant du cantonnement, les capitaines des compagnies et les lieutenants des détachements qui ont concouru aux saisies doivent seuls être admis au partage, comme chefs. Le commandant du cantonnement est, dans les places de guerre qui ont un état-major, le *lieutenant du Gouvernement*, et, dans les autres places ou postes militaires, le commandant de ces places ou de ces postes.

Pour la gendarmerie, le lieutenant d'arrondissement et le capitaine de département participent seuls au partage.

En cas de concours de *gendarmes* et de *militaires*, et d'égalité de grade entre les deux commandants, celui de la gendarmerie jouit seul de la demi-part d'accroissement. (*Circ. du 7 janvier 1817, n° 236.*)

Exemple : 120 fr. à répartir. 17 p. 0/0 à la caisse des retraites, 20 fr. 40 c.; 18/100, 21 fr. 60 c., savoir : aux chefs militaires, moitié sans retenue pour les retraites, 10 fr. 80 c.; au receveur subordonné dépositaire (s'il en existe un), l'autre moitié, déduction faite de la retenue de 25/100 pour les retraites (2 fr. 70 c.); 50/100 aux militaires, sans retenue, 60 fr.; 15/100, 18 fr., savoir : aux chefs militaires, moitié sans retenue, 9 fr.; au fonds commun, l'autre moitié après déduction des 25/100 (2 fr. 25 c.).

Saisies faites concurremment par des militaires et des préposés. Les chefs militaires sont rétribués d'une somme égale au 10e du produit net, suivant la règle proportionnelle indiquée au paragraphe précédent sur les 33/100 cumulés des chefs et du fonds commun. Le surplus des 18 p. 0/0 revient aux chefs de douane. (*Déc. du 7 mai 1849.*)

Les 50 p. 0/0 se partagent entre les saisissants, tant militaires que préposés, par portions égales, sauf le commandant du détachement, qui a part et demie. (*Arrêté du 16 frimaire an XI, titre 3, art. 3.*)

Exemple : 120 fr. à répartir. 17/100, 20 fr. 40 c.; les 18/100, 21 fr. 60 c. et les 15/100, 18 fr.; total, 39 fr. 60 c. Sur cette somme, on doit prélever, au profit des chefs militaires, une part égale au 10e du produit net, soit 12 fr.; reste, pour les 18 et 15/100, 27 fr. 60 c., qui supportent la retenue de 25/100 aux retraites. Les 20 fr. 70 c. disponibles sont divisés en trente-trois parties, dont dix-huit aux chefs des douanes (11 fr. 30 c.) et quinze au fonds commun (9 fr. 40 c.). Les 50/100 sont partagés entre les saisissants, de telle sorte que les agents des douanes sont traités comme dans les saisies ordinaires, et que chaque part de militaire est allouée st retenue.

S'il y avait un indicateur, le 10e revenant aux chefs militaires serait calculé sur qui resterait du produit net (120 fr.), après déduction de la part de cet indicateur.

La part et demie donnée à celui qui commande le détachement, c'est-à-dire l'(couade, la patrouille ou le peloton qui fait la saisie, appartient au capitaine, lieut nant ou sous-lieutenant; lorsqu'il s'y trouve un capitaine de brigade, elle appartié à ce préposé, si, parmi les militaires, il n'y a que des maréchaux-de-logis sergents; à ces sous-officiers, si le chef des préposés est un lieutenant; au brigadie si les militaires sont commandés par un caporal, et au militaire de ce grade, si chef des préposés est un sous-brigadier. (*Circ. du 4 nivôse an XI.*)

Dans les saisies où se trouvent des employés des douanes et des contributions ind rectes, les militaires sont rétribués des parts que les règlements leur allouent sur masse, et avant la distribution par tête entre les préposés des deux administration (*Circ. du 14 décembre 1836, no 1587.*)

1160. — *Saisies opérées sans indicateur par des employés des contributio indirectes ou de l'octroi, un officier municipal et un gendarme.* Produit net, 538 f. 5

17/000 aux retraites, sur 538 fr. 57 c............			91 fr. 56 c.		
6e à la caisse de réserve sur 538 f. 57 c., 89 fr. 76, part sujette à la retenue de 25/100.............	22	44	reste 67 fr.	32	
Moitié de la part de l'indicateur................			89	76	
Au fonds commun, 7 1/2 p. 0/0, 16 fr. 05 c. *id*...	4	03	— 12	04	
Aux chefs, au receveur subordonné poursuivant, moitié des 18/100, soit 9/100 augmentés du quart de la part de l'indicateur, 41 fr. 70 c., retenue........	10	44	— 31	28	
L'autre moitié, 41 fr. 70 c. à diviser en quatre parts égales, dont					
1 au receveur, 10 fr. 43 c., retenue...........	2	61	— 7	82	
2 aux chefs militaires......................			— 20	85	
1 au fonds commun, 10 fr. 42 c., retenue......	2	61	— 7	81	
50/100 aux saisissants, parts augmentées des 7 1/2 du fonds commun et du quart de la part de l'indicateur.					
A M......, receveur des contributions indirectes, 1 part 1/2, 50 fr. 40 c., retenue.................	12	60	— 37	80	
A M..., commis adjoint, 1 part, 33 fr. 60, *id*....	8	40	— 25	20	
A l'adjoint au maire, 1 part 1/2................			50	40	
Au gendarme, 1 part.......................			33	60	

154 fr. 69 c. reste 383 fr. 88

538 fr. 57 c.

1161. — Les sommes payées en sus des droits exigibles ou de la valeur des ma chandises, si elles sont prohibées, à *défaut de rapport de certificats de décharge d acquits-à-caution*, ou pour falsification desdits certificats (*Arrêté du 9 fructidor an art.* 23), ou pour non-régularisation des permis de réexportation (*Déc. du 16 juil.* 1850), sont réparties ainsi qu'il suit (*Déc. du 27 octobre 1849*) :

1° En cas de non-rapport de certificat de décharge, par suite de l'absence de pré sentation de l'acquit-à-caution et de la marchandise au bureau de passage ou destination, le produit à répartir appartient intégralement à la douane d'expéditio Lorsqu'il y a eu, de la part du bureau de destination ou de passage, refus moti de décharge totale ou partielle, deux tiers du produit net, après prélèvement po les retraites et le fonds commun, sont attribués à ce bureau, et un tiers seulement la douane d'expédition. Tels sont les cas de déficit de marchandise, etc. (*Circ.* 25 *septembre* 1818, no 430.)

2° Les prescriptions générales sur les répartitions sont appliquées au produit des contraventions de l'espèce comme s'il s'agissait d'une saisie ordinaire de *bureau.*

3° En ce qui concerne la somme afférente au bureau de *départ,* les chefs en exercice au moment de la délivrance de l'acquit-à-caution partagent les 18/100 avec les chefs en exercice au moment où l'affaire prend un caractère définitivement contentieux, soit par un commencement de poursuites judiciaires, soit par l'admission d'une transaction.

Les 50/100 sont attribués : 1° aux employés dont la vérification a servi de base au libellé de l'acquit-à-caution ; 2° à l'employé chargé de la suite des acquits-à-caution et à ceux qui ont délivré l'expédition, ou à ces derniers seulement si l'expédition n'a pas, à l'expiration des délais, été signalée à l'administration comme étant en retard pour sa rentrée.

Dans les localités où le receveur subordonné fait personnellement la rentrée des acquits-à-caution et dans celles où il les délivre lui-même, ce receveur a la faculté de rapporter au 50/100 la part ou la fraction de part qui lui a été attribuée *comme chef.*

4° Dans le partage de la portion dévolue au bureau de *destination* ou de passage, les employés qui auront établi la constatation de l'infraction seront seuls rétribués sur les 50/100. (*Circ. du 26 juin* 1845, n° 2072.)

A moins de circonstances exceptionnelles, qui motivent alors une décision spéciale, les dispositions précédentes de la Circ. n° 2072 sont suivies, quelle que soit, dans les affaires complexes comprenant l'action ouverte au bureau de départ et celle à intenter au bureau d'arrivée, V. n° 1132, l'affectation que la transaction assigne au produit recouvré, c'est-à-dire que le produit soit applicable au quadruple des droits ou à la double valeur, sauf prélèvement du décime, ou bien à la confiscation des marchandises saisies à l'arrivée et restituées. (*Déc. du 26 janvier* 1857.)

Si, indépendamment du refus du certificat de décharge, les employés du bureau de destination ont constaté, par suite de substitution ou de soustraction, une contravention spéciale, un excédant, etc., les employés du bureau de départ ne prennent aucune part dans le produit de cette contravention distincte. (*Déc. du 19 mars* 1839.)

Quand le bureau de destination n'intervient pas pour constater l'infraction et régulariser l'acquit-à-caution, les employés de ce bureau n'ont aucun droit à la répartition. (*Déc. du 9 mai* 1842.)

Au sujet du non rapport pur et simple du certificat de décharge d'un acquit-à-caution, l'amende recouvrée se répartit exclusivement entre les agents de la douane d'expédition, le bureau désigné pour la sortie n'ayant pas eu à intervenir.

Lorsque le bureau de destination a reconnu un déficit, il a droit aux deux tiers du produit net, l'autre tiers revenant à la douane de départ. Si c'est un excédant qui a été constaté, le produit appartient entièrement à ce bureau. Quand il s'agit d'une différence dans la nature ou l'espèce des marchandises, deux actions sont ouvertes : refus de décharge et saisie pour fausse déclaration à la sortie. V. n° 1132. Il y a lieu alors de déterminer dans les clauses de la transaction unique la portion du recouvrement à imputer à chacune des infractions. Dans le cas où cette division n'aurait pas été prévue, on partagerait le montant par moitié : la partie concernant le refus de décharge se subdivise en un tiers pour le bureau de départ, deux tiers pour le bureau de destination; celle relative à la fausse déclaration est attribuée à la douane qui a opéré la saisie. (*Déc. du 7 novembre* 1860.)

En cas de falsification, tous les commis de bureau, et même les préposés du service actif qui auraient pu contribuer à la découverte du faux, sont appelés au partage. (*Circ. du 28 mars* 1812.)

Exemple : Après prélèvement des sommes dues aux retraites et au fonds commun, il reste 99 fr. à répartir :

A la douane de destination, 2/3 de 99 fr., soit 66 fr.; à la douane de départ, 1/3, soit 33 fr. Sur cette dernière somme de 33 fr., il revient 8 fr. 73 c. aux 18/100, pour le contrôleur chef de section, s'il existe un employé de ce grade, et 24 fr. 27 c. aux autres employés placés dans les conditions déterminées par la Circ. n° 2072. (*Déc. du 27 juin 1854.*)

Ces règlements ne sont pas applicables aux sommes provenant des contraventions constatées en cas d'expédition par passavant, de cabotage ou de primes, attendu qu'il n'y a pas de poursuites à exercer au bureau de départ. (*Déc. des 23 mai et 21 novembre 1842.*)

1162. — En cas d'infraction au *régime du transit international par chemin de fer*, par exemple pour rupture de plombage, on attribue le produit net aux employés du bureau (destination ou sortie) qui a constaté la contravention, *V.* n°s 364 et 365 (*Circ. auth. du 28 décembre* 1864) ; mais si des poursuites étaient exercées ou une contrainte décernée par la douane de départ, on appliquerait le mode de répartition énoncé au n° 1161 (*Déc. du 8 mars* 1865), la douane de Paris étant comprise dans les bureaux de départ lorsque, par suite de transbordement, elle a apposé un nouveau plombage. (*Déc. du 5 janvier 1864.*)

1163. — En cas de contravention résultant du défaut de certificat de décharge des acquits-à-caution d'*admission temporaire* (*V.* n° 541), la répartition du produit doit s'effectuer d'après les dispositions de la Circ. n° 2072, concernant le non-rapport de tout acquit-à-caution, *V.* n° 1161.

Ainsi, lorsqu'un soumissionnaire n'a satisfait en aucune partie à ses engagements, le produit attribué au bureau d'où émane l'acquit-à-caution doit être distribué entre les agents qui ont procédé à la vérification des matières admises temporairement et délivré l'acquit.

Si, au contraire, ces matières ont, en partie, été employées régulièrement, les agents qui en ont certifié doivent être rémunérés comme le sont ceux du bureau de destination où il est établi que la totalité des marchandises de transit n'est pas représentée, et, dans l'hypothèse où les fabrications ou constructions (*V.* n° 892) se seraient effectuées sur plusieurs points, la part des agents appelés à constater successivement la mise en œuvre ou la représentation serait divisée proportionnellement à l'importance des quantités énoncées dans leurs certificats d'application par rapport à la quantité totale admise temporairement, soit 1/3, 1/4, etc. (*Déc. du 15 septembre* 1857.)

L'employé qui, chargé de ce contrôle, a signalé le défaut de rentrée des acquits-à-caution, doit participer à la répartition. Dans le cas où un autre agent serait appelé à délivrer un avertissement aux soumissionnaires en retard et à s'assurer, avant classement, de la régularité des apurements effectués, on l'admettrait aussi au partage. (*Déc. du 24 février* 1858.)

La répartition pour infraction résultant de déficit à la sortie s'opère conformément aux dispositions rappelées au n° 1161, et les deux tiers sont subdivisés, proportionnellement aux quantités de marchandises qu'ils ont eu à vérifier, entre tous les bureaux intervenus au sujet des déclarations d'exportation. En cas de fausse déclaration de nature, espèce, etc., on détermine la partie du recouvrement à imputer et à la non décharge de l'acquit-à-caution et à la tentative d'exportation de marchandises non déclarées : la première part est distribuée suivant le n° 1161, la seconde appartient entièrement au bureau qui a constaté la saisie. (*Déc. du 31 mai* 1860.)

1164. — *Contraventions relatives aux marques des navires. V.* n° 620. La sous-répartition des sommes revenant aux agents des douanes est effectuée conformément aux règles générales. (*Circ. du 30 avril* 1852, n° 36.)

1165. — *Amendes pour rébellion et voies de fait. V.* n° 1119. Ne sont réparties qu'entre les préposés ou autres personnes qui ont éprouvé la rébellion et le receveur poursuivant, qui y participe pour 1/10e. (*Arrêté du 9 fructidor an V, art. 22.*)

Le produit, réparti par égales portions et sans distinction de grade (*Déc. du 20 février*

1850), est affranchi du prélèvement des 17/100es aux retraites et des 15/100es au fonds commun, mais il est soumis à la retenue des 25/100es pour les retraites. (*Déc. du 13 février* 1850.)

A moins de circonstances tout-à-fait exceptionnelles, il n'est pas tenu compte du plus ou moins de gravité des sévices exercés sur chacun des agents. (*Déc. du 20 février* 1850.)

Une somme de 600 fr. se répartit ainsi :

25/100es aux retraites.................................. 150 fr.
Au receveur poursuivant, s'il n'est pas exclu par son grade, 1/10e. 45
Aux employés, par égales portions...................... 405

Il s'agit ici de faits pouvant donner lieu à des poursuites correctionnelles, qu'il y ait eu condamnation ou transaction. Mais quand l'amende n'est payée que pour simple opposition, elle se répartit comme le produit d'une contravention ordinaire. (*Déc. du 28 octobre* 1840.)

Les préposés qui ont utilement secouru ceux qui ont eu à souffrir de la rébellion peuvent recevoir une part unique d'intervenant, c'est-à-dire une moitié de la part revenant à chacun de ces derniers. Par exemple, s'il n'y avait qu'un préposé maltraité et un préposé intervenant, la somme à leur allouer serait divisée en trois parties, et le premier en aurait les 2/3. (*Déc. du 11 juillet* 1846.)

1166. — *Fraude de marchandises par la voie de la poste. V.* nos 857 et 1019. Si les employés de douane ont effectué la saisie, le produit est réparti dans la forme ordinaire.

Dans le cas contraire, *V.* n° 1155.

Les chefs de l'administration des postes n'ont pas droit au partage du produit de ces sortes de contraventions. (*Déc. du 10 février* 1836.)

L'employé de l'administration des postes dont les premières indications ont mis sur la voie de la fraude doit être rétribué d'un tiers du produit net, comme pour avis direct. (*Déc. du 5 janvier* 1850.) Cette allocation est soumise au prélèvement des 25 0/0 au profit de la caisse des retraites. (*Déc. du 1er octobre* 1849.)

On doit comprendre au nombre des saisissants, pour la part afférente à leur grade, les agents des douanes qui ont constaté la retenue d'un paquet signalé comme suspect, aussi bien que ceux qui, après ouverture de ce même paquet au bureau des postes, dressent procès-verbal de saisie. (*Déc. du 1er octobre* 1849.)

Il convient d'ailleurs que, dans leur compte-rendu, les directeurs prennent l'attache de l'administration quant aux bases de la répartition du produit, l'administration s'étant réservé de donner des instructions spéciales pour chaque cas de contravention. (*Circ. du 15 novembre* 1843, n° 1994.)

1167. — *Petites pêches. V.* n° 703. Un tiers du produit net des contraventions en matière de pêche est attribué aux employés qui les ont reconnues. (*Déc. min. du 3 mars* 1820; *Circ. du 21 avril suiv.*, n° 557.)

Cette part est répartie comme s'il s'agissait d'une saisie ordinaire par suite de fausse déclaration à l'importation. (*Déc. du 2 janvier* 1851.)

Pas plus que les experts du Gouvernement dans les cas où ils opèrent, les membres des commissions des pêches n'ont droit au partage du produit des contraventions. (*Déc. du 11 juillet* 1844.)

Le produit des contraventions au régime des *salaisons à terre, V.* n° 705, se répartit ainsi : 18 0/0 aux chefs, au nombre desquels est admis le contrôleur chargé des ateliers; 50 0/0 aux verbalisants rétribués, savoir : les vérificateurs des deux parts, les préposés d'une part. On peut, lorsqu'il y a lieu et par exception, comprendre comme intervenant le commis qui, adjoint au contrôleur, tient les écritures des comptes d'ateliers et en établit la situation, base ordinaire des opérations des vérificateurs. La réception des déclarations de gros et de détail pour les sels ne peut conférer aucun droit. (*Déc. des 29 janvier* 1824 *et 17 janvier* 1856.)

Les recensements des ateliers de salaisons constituent des opérations de bureau. Il suit de là : 1° que le sous-officier qui, à raison de circonstances exceptionnelles, serait appelé à suppléer un vérificateur pour procéder à un recensement avec le concours d'un préposé, serait rétribué de la part dévolue d'ordinaire à l'agent du service sédentaire; 2° que la présence du préposé ne peut, dans aucun cas, conférer des droits aux chefs de la brigade. (*Déc. du 2 septembre* 1858.)

1168. — *Tabacs.* Les sommes versées par la régie des contributions indirectes dans la caisse des receveurs de douane pour valeur de tabac et primes d'arrestation de fraudeurs, *V.* n°s 1013 et 1152, sont réparties entre les saisissants par égales portions, sans acception de grade (*Circ. du 5 août* 1816; *Déc. des 21 juin* 1839 *et* 17 *mai* 1850), en vertu de l'autorisation donnée par le directeur des douanes (*Circ. du 28 août* 1848, n°. 2273, *et Circ. lith. du 2 février* 1854), dans la forme suivante :

État de répartition de la somme de..... reçue de l'administration des contributions indirectes, pour la prime accordée, en vertu de l'ordonnance du 31 décembre 1817, aux préposés des douanes ci-après, tant pour la saisie de.....kil. tabac à détruire, constatée le....., que pour l'arrestation du sieur....., colporteur, dans la même saisie, savoir :

Pour..... kil. tabac à détruire, à 30 fr. par 100 kil...........
Pour l'arrestation d'un colporteur....................

(Noms des ayants droit.　Grades.　Sommes.　Émargement.)

Arrêté le présent état à la somme de....., par le directeur des douanes soussigné, qui autorise M....., receveur principal des douanes à....., à payer ladite somme aux préposés y dénommés, laquelle lui sera allouée en compte, en rapportant le présent dûment émargé par chacune des parties prenantes. A....., le.....

L'intervenant n'a droit qu'à demi-part dans la répartition de la prime reçue de la régie pour des tabacs reconnus impropres à la fabrication. *V.* n°s 1013 et 1152. (*Déc. du 2 août* 1862.)

1169. — *Saisies de poudre à feu à la requête des douanes, c'est-à-dire à l'importation, à l'exportation et à la circulation dans le rayon. V.* n° 994. Le produit net se répartit comme dans les saisies ordinaires (*Déc. du 8 mars* 1839; *Doc. lith.*, n° 40; *Décret du* 1er *mars* 1852, *art.* 1er), après prélèvement, au profit du Trésor, de la moitié du produit des condamnations réalisées. (*Loi du 13 fructidor an V, art.* 23; *Circ. du* 20 *mars* 1852, n° 17.)

Pour la prime d'arrestation de délinquants, *V.* n° 994.

1170. — *Saisies de poudre à feu à la requête des contributions indirectes, c'est-à-dire en cas de fabrication, de vente, de colportage ou de circulation illicite en deçà du rayon, V.* n° 986. Le produit net est attribué en totalité aux saisissants. (*Décrets des* 24 *août* 1812 *et* 16 *mars* 1813; *Circ. du 9 avril* 1829, n° 1155.)

Mais ce produit est soumis aux prélèvements ordinaires de 17 et de 25/100 au profit des retraites, et de 15/100 pour le fonds commun, et ces prélèvements affectent les sommes provenant de la valeur des poudres aussi bien que les produits d'amendes et moyens de transport. (*Déc. des* 29 *mai et* 13 *juin* 1850.)

Les chefs non exclus sont admis au partage du produit dans les proportions qui leur sont dévolues dans les saisies ordinaires. (*Déc. du 13 juin* 1850.)

Les simples particuliers qui ont découvert des contraventions et fait opérer des saisies de la manière prescrite par le décret du 10 septembre 1808, ont droit, comme les préposés et agents de services publics, à la totalité du produit des amendes et confiscations.

Lorsque plusieurs des préposés des administrations ou agents publics ont concouru à une saisie, la répartition de l'amende et de la confiscation est faite par portions égales entre les diverses administrations et les agents dépendant d'une même autorité, sans égard au nombre respectif des saisissants.

Les agents de police et les gendarmes qui n'auraient été appelés que pour assister à la saisie n'ont aucun droit au partage des amendes. (*Décret du 16 mars 1813, art. 5.*)

Les frais occasionnés par ces saisies ne peuvent jamais grever le produit du prix payé pour la valeur des poudres. Le montant en est imputé sur l'amende ou sur la vente des autres objets confisqués ; en cas d'insuffisance de ces derniers produits, ils demeurent à la charge de la saisie. (*Ord. du 17 novembre 1819, art. 5.*)

Pour la prime d'arrestation de délinquants, *V.* n° 994.

1171. — *Timbre des lettres de voiture, connaissements, etc.,* V. n° 1015. La moitié du montant des amendes payées pour contraventions punies à la requête de l'administration de l'enregistrement et des domaines est attribuée aux préposés des douanes ou des octrois qui les ont constatées. (*Décret du 16 messidor an XIII, art. 3 ; Circ. du 3 mai 1844, n° 2020.*)

Les agents de l'enregistrement n'ont aucun droit dans ces sortes de répartitions. (*Déc. min. du 22 mars 1822.*)

Les receveurs de l'enregistrement versent intégralement dans la caisse du receveur des douanes les sommes attribuées aux employés de cette dernière administration. (*Circ. n°s 1974 et 2020.*)

Lors de la mise en répartition de la moitié dévolue à ses agents, l'administration des douanes prélève 25 0/0 pour la caisse des retraites (*Circ. du 27 mai 1815, n° 35*), et le restant est partagé en 83 parties : 68 aux saisissants, 15 au fonds commun. Il n'est pas retenu de 17/100es, la part du Trésor ayant été faite par les soins de l'administration des domaines. (*Déc. du 27 août 1849.*)

1172. — Les sommes reçues de l'administration des domaines à titre de parts dans le produit des *contraventions en matière de grande voirie,* sont réparties conformément aux dispositions de la Circulaire n° 2020, touchant le défaut de timbre des lettres de voiture (25 0/0 seulement au profit de la caisse des retraites ; le restant divisé en 83 parties, dont 15 au fonds commun et 68 aux verbalisants.)

Il en est de même dans les contraventions à la police du roulage, en tant qu'elles concernent une route impériale. Quand il s'agit d'une route départementale ou d'un chemin vicinal, la sous-répartition est établie comme pour une saisie ordinaire. (*Déc. du 29 mars 1854.*)

1173. — *En matière de poste,* V. n° 1018. Le produit des amendes encourues pour contravention aux lois sur le transport des lettres et journaux, est réparti de la manière suivante : 1/3 à l'administration des postes, 1/3 aux hospices des localités où la contravention a été constatée, 1/3 à celui ou à ceux qui ont découvert et dénoncé la fraude et à ceux qui ont opéré la saisie. (*Arrêté du 27 prairial an IX, art. 8, et Circ. du 19 mai 1832, n° 1321.*)

L'administration des postes n'étant pas dans l'usage d'opérer la retenue des retraites sur les amendes de l'espèce, le service des douanes doit effectuer ce prélèvement dans la sous-répartition du tiers alloué à ses préposés.

Ce tiers se divise d'ailleurs en 100 parties comme dans les saisies ordinaires, et on prélève 25/100es sur les parts soumises à cette retenue. (*Déc. du 27 juillet 1838 ; Doc. lith., n° 13, et Déc. du 17 décembre 1850.*)

Bien qu'il provienne d'amende, ce tiers ne doit pas être assujetti au prélèvement du décime, cette retenue ayant dû être exercée par l'administration poursuivante sur la totalité de la somme recouvrée.

1174. — *Dispositions générales.* L'autorisation donnée par l'administration de faire exécuter un jugement implique celle de recevoir les amendes et d'en répartir le produit conformément aux règlements. (*Circ. lith. du 10 février 1846.*)

Les répartitions ainsi autorisées sont exécutoires par le seul visa des directeurs, lorsque le chiffre des produits est au-dessous de 500 francs ; mais le visa de l'administration est nécessaire pour toute répartition de 500 francs et au-dessus. (*Circ. des 18 février 1824, n° 855, et 3 février 1827, n° 1031.*)

Les répartitions soumises au visa de l'administration par les directeurs lui sont toujours adressées en double expédition; elle en renvoie une régularisée. (*Circ. man. du 15 mars 1793.*)

C'est d'après le règlement en vigueur au moment de la mise en répartition que doit s'opérer le partage. (*Déc. du 28 octobre 1856.*)

Dans toute affaire dont le produit est de quelque importance, aussitôt qu'en exécution d'un jugement devenu définitif les marchandises saisies ont été vendues, on peut, sans attendre le recouvrement de l'amende, mettre en répartition le produit réalisé, sauf à tenir en réserve une somme prélevée sur ce produit, tant pour couvrir les frais *judiciaires* déjà faits et connus que pour subvenir aux frais occasionnés par les poursuites dirigées contre les prévenus, et que leur insolvabilité pourrait ne pas permettre de recouvrer. Cette réserve, augmentée, s'il y a lieu, des amendes ou portions d'amendes dont on aurait obtenu la rentrée, fait l'objet d'une répartition complémentaire. Les frais de *vente* et autres, qui ne sont jamais exigibles des prévenus, doivent être imputés sur le premier produit réparti. (*Circ. du 30 janvier 1836, nº 1525.*)

Il est fait dépense de ces répartitions provisoires au fur et à mesure qu'elles sont mises en payement, sauf à faire ultérieurement emploi en compte de la répartition supplémentaire. (*Déc. du 16 août 1836.*)

Les receveurs principaux remettent les états de répartition aux capitaines de brigades, pour les faire émarger, et leur comptent ensuite le montant des parts attribuées aux préposés saisissants. (*Circ. du 8 juin 1827, nº 1049.*)

Les parts attribuées à des militaires sont versées en masse dans la caisse du conseil d'administration du corps auquel ils appartiennent. (*Circ. des 7 janvier 1817, nº 236, et 4 décembre 1845, nº 2092.*)

Les parts attribuées à une autre administration que celle des douanes doivent aussi être versées en masse entre les mains des chefs de cette administration. (*Circ. des 22 septembre 1815, 2 octobre 1816, 25 septembre 1826, nº 1009, et 4 décembre 1845, nº 2092.*)

L'administration peut, par mesure disciplinaire, priver un employé prévaricateur de sa part dans le produit d'une saisie à l'occasion de laquelle il a méconnu ses devoirs. Le montant de cette part est alors versé au trésor public. (*Déc. du 24 avril 1840; Doc. lith. nº 71.*)

Quand la saisie porte sur des poudres à feu et sur d'autres objets, le produit est divisé proportionnellement à la valeur des marchandises de l'une et de l'autre de ces catégories, et donne lieu à des répartitions distinctes, et, si la somme totale s'élève à 500 fr., les deux répartitions sont soumises au visa de l'administration, bien que chacune d'elles n'atteigne pas ce chiffre. (*Déc. des 17 mai 1850 et 14 mai 1852.*)

Les sommes provenant de doubles droits volontairement réalisés par suite d'excédants aux déclarations doivent, lorsque l'affaire ne comporte aucun développement particulier, figurer sur l'état adressé en simple expédition à l'administration, afin de provoquer l'autorisation de répartir certaines sommes d'origines diverses. (*Circ. man. des 31 janvier 1841 et 15 décembre 1856.*)

Pour les parts de saisies revenant à des employés démissionnaires, révoqués, absents ou décédés, V. nº 224. (*Circ. du 24 mars 1808.*)

Les comptables ne doivent mettre en payement, dans le mois de décembre, aucune répartition de produits d'amendes et de confiscations, sauf à payer, à titre d'avances, et dans des cas exceptionnels, les parts revenant aux préposés qui se trouveraient dans le besoin. (*Circ. de la Compt. du 6 décembre 1854, nº 66.*)

CHAPITRE IX.

1175. — *Modèles et formules des procès-verbaux et autres actes.*

1. Procès-verbal de saisie ou de retenue de marchandises.
2. Saisie de bureau.
3. Saisie de minuties.
4. Saisie sur inconnus.
5. Saisie à domicile.
6. Saisie à la circulation.
7. Saisie de brigades, avec arrestation de prévenus.
8. Injures et opposition à l'exercice des fonctions des préposés.
9. Acte d'affirmation.
10. Acte conservatoire.
11. Procès-verbal rédigé par suite d'un acte conservatoire.
12. Transaction.
13. Certificat destiné à tenir lieu d'un procès-verbal et constatant la réalisation volontaire d'un double droit.
14. Soumission de s'en rapporter à la décision de l'administration.
15. Acte de mainlevée.
16. Saisie à la circulation des boissons.
17. Saisie de tabac, avec arrestation des fraudeurs.
18. Procès-verbal pour constater une infraction aux lois sur le timbre.
19. Transport illicite de lettres et paquets.
20. Procès-verbal de préemption.
21. Acte de mise en fourrière.
22. Requête pour être autorisé à vendre avant jugement définitif.
23. Signification de requête portant autorisation de vendre.
24. Requête pour obtenir la confiscation d'objets saisis sur inconnus.
25. Citation à comparaître devant le tribunal correctionnel.
26. Citation au père d'un prévenu mineur.
27. Conclusions à prendre pour l'administration contre des prévenus connus.
28. Conclusions à prendre pour l'administration contre inconnus.
29. Signification de jugement à la personne ou à domicile.
30. Signification au maire d'un jugement en matière civile.
31. Signification d'un jugement par défaut.
32. Signification d'un jugement correctionnel à un prévenu inconnu ou résidant à l'étranger.
33. Commandement itératif, précédant une saisie-exécution ou contrainte par corps.
34. Procès-verbal d'arrestation et d'écrou.
35. Demande de recommandation sur écrou.
36. Acte de recommandation sur écrou.
37. Mise en liberté des prévenus.
38. Procès-verbal de vente.
39. Soumission cautionnée en garantie de droits pour des marchandises livrées à la consommation.
40. Soumission pour marchandises de transit dont les échantillons ont été perdus.
41. Prélèvement d'échantillons.
42. Procuration pour signer en douane.
43. Contrainte pour non-rapport d'acquit-à-caution.
44. Notification et sommation pour marchandises laissées en entrepôt.
45. Réquisition pour l'installation des bureaux ou le logement des préposés.

46. Procès-verbal d'adjudication de travaux, etc.
47. Inscription au bureau des hypothèques.

N° 1. — *Saisie ou retenue des marchandises.* (Modèle série E, n° 69 B.)

L'an mil huit cent... le..., à la requête de l'administration des douanes, dont le bureau central est à Paris, rue de Rivoli, hôtel du Ministère des finances, laquelle fait élection de domicile (1)...., y demeurant, rue...., n°...., chargé des poursuites aux fins du présent. Nous soussignés (2).... certifions que.... (*précis des circonstances de l'affaire.*)

Vu la contravention à.....loi.....d.....(3).....nous avons déclaré (4)...... avec sommation de nous suivre par devers M......receveur des douanes, en son bureau sis à...., rue.....n°.....où il demeure, pour assister à la description des objets (5).....et à la rédaction de notre rapport, entendre lecture d'icelui et en recevoir copie. Nous nous sommes immédiatement rendus audit bureau, où étant le....., à.....heure.....(*avant ou après*) midi, nous avons reconnu en (6)..... et conjointement avec mondit sieur (7)....., receveur des douanes, que les marchandises, objet de l'infraction, consistaient en (8).....dont ledit M....., receveur, a accepté le dépôt.

Et pour procéder aux fins du présent, rédigé de suite (9).....à comparaître (10).· par-devant le (11).....pour entendre prononcer l (12).....et s'ouïr, en outre, condamner à l'amende de....., décime en sus, ainsi qu'aux dépens et autres peines, s'il y a lieu ; le tout conformément.....loi.....précitée.....

Nous avons offert au prévenu, sous caution solvable, ou en consignant la valeur, de..... (*V.* formule n° 15.) le prévenu (13).....

Nous avons (14).....

---

(1) Au bureau de M..... (nom, prénoms et grade de l'employé poursuivant) ou (dans les lieux où l'administration l'aura autorisé) chez Me..... avoué (ou avocat), à.....

(2) Noms, prénoms, grades et résidences de *chacun* des verbalisants.

(3) Enumérer la (ou les) loi et l'article (ou les articles) violés.

(4) Au sieur (ou aux sieurs) la saisie (ou la retenue) des objets dont l'énoncé précède et l'arrestation (s'il y a lieu) de sa (ou de leur) personne.

(5) Saisis (ou retenus).

(6) Présence (ou absence) du (ou des) prévenu.

(7) Nom et prénoms du dépositaire.

(8) Description qui doit être donnée alors même qu'elle existerait déjà plus haut.

(9) Citons le prévenu susdésigné (*ou* déclarons au prévenu susdésigné qu'il sera assigné dans les formes et délais voulus).

(10) Indiquer, pour les cas civils, le lieu et l'heure de la comparution.

(11) M. le juge de paix du canton de....., au lieu ordinaire de ses séances (ou tribunal correctionnel séant à.....). Mais, en général, quand la contravention doit être jugée par un tribunal correctionnel, on se borne à insérer dans le procès-verbal la mention suivante: « Avons déclaré au sieur.....qu'il serait ultérieurement cité « à comparaître devant le tribunal correctionnel séant à.....pour.....etc. »

(12) La confiscation des objets saisis (ou la retenue, pour sûreté de l'amende, des objets décrits ci-dessus.)

(13) A (ou ont) accepté ou refusé.

(14) Si le prévenu est présent, on remplira ainsi ce paragraphe: « Nous avons

Fait et clos (1) à.....les jour, mois et an que dessus, à.....heure.....midi, et avons signé, chacun pour ce qui le concerne, avec le receveur dépositaire. (*Suivent les signatures.*)

N° 2. — *Saisie de bureau.*

Même préambule qu'au n° 1. Certifions qu'il nous a été présenté par M....., négociant en cette ville, un permis enregistré en ce bureau le.,....sous le n°....., lequel l'autorise à.....; qu'ayant procédé à......nous avons reconnu que....., d'où résulte.....

Invité à s'expliquer à ce sujet, M.....nous a répondu que.....

Cette réponse ne détruisant pas le fait de la contravention a...art...de...loi..., nous avons déclaré à M.....la saisie des objets (*qu'il n'a point déclarés* ou *qu'il a faussement déclarés*) et qui consiste en.....Ces objets, reconnus en présence dudit M....., ont été laissés à la garde de M....., receveur, présent à la reconnaissance qui en a été faite.

Et pour procéder aux fins, etc.

N° 3. — *Saisie de minuties* (Modèle de la Circ. du 5 novembre 1818, n° 439.)

Même préambule qu'au n° 1. Certifions avoir saisi, pour contravention à l'art. 41 de la loi du 28 avril 1816 (ou aux art. 1er du titre 5 et 13 du titre 2 de la loi du 22 août 1791, et 10 du titre 2 de la loi du 4 germinal an II), sur des inconnus fugitifs, à qui nous avons fait à haute voix les déclarations et sommations voulues par la loi, les objets désignés ci-après en qualité, poids et valeur, savoir (détail des objets saisis): lesquelles marchandises ont été immédiatement par nous transportées au bureau de.....où, après les avoir inscrites sur le registre ouvert à cet effet audit bureau, les avons laissées à la garde de M....., receveur. Et, pour procéder aux fins du présent, avons notifié auxdits inconnus fugitifs qu'ils seront cités, dans les formes et délais voulus par la loi, à comparaître par-devant le tribunal correctionnel séant à....., pour y voir prononcer la confiscation desdites marchandises et autres peines encourues; et, pour qu'ils ne puissent prétexter cause d'ignorance, nous avons, vu leur absence, affiché copie du présent à la porte extérieure du bureau.

Fait et clos en la douane de....., etc.

» donné lecture du présent rapport au (ou aux) prévenu présent; nous l'avons inter
» pellé de le signer, et il en a reçu copie (ou *ils* en ont reçu *chacun* copie). » S'il ne
veut ni signer, ni recevoir copie, on modifiera la dernière formule en mettant: « Il
» a refusé de signer et n'en a pas voulu recevoir copie. Nous en avons alors immé
» diatement affiché copie à la porte extérieure du bureau. »

Quand le prévenu est absent, on mettra: « Nous n'avons pu donner lecture du
» présent ou (ou aux) prévenu, nous n'avons pu lui (ou leur) en remettre copie,
» attendu son (ou leur) absence. Nous en avons immédiatement affiché copie à la
» porte extérieure du bureau. »

Si une partie seulement des prévenus est présente, après avoir rapporté ce qui aura
été fait à l'égard des prévenus présents, on ajoutera: « Nous avons immédiatement
» affiché copie du présent à la porte extérieure du bureau, pour ce qui concerne les
» prévenus *tels* et *tels*, absents. »

(1) Au bureau, à bord ou au domicile.

No 4. — *Saisie sur inconnus.*

Même préambule qu'au n° 1. Certifions que...., vu la contravention à la loi d..., art..., nous avons déclaré la saisie de....avec sommation a...auteur inconnu... de ce délit, de nous suivre au bureau des douanes à....., pour y assister à la description des objets saisis et à la rédaction de notre procès-verbal. Nous étant immédiatement rendus audit bureau, nous avons reconnu en l'absence d...délinquant... qui ne s.....pas fait connaître, et conjointement avec M....., receveur, que la saisie consistait en (*détail des objets saisis par espèce, poids ou nombre*), dont ledit receveur a été constitué gardien.

Et pour procéder aux fins du présent, rédigé de suite, avons notifié à...auteur... inconnu.....de la fraude qu'il.....ser.....cité....., dans les formes et délais voulus par la loi, à comparaître par-devant le tribunal correctionnel séant à... (1), pour y voir prononcer la confiscation desdites marchandises et autres peines encourues ; et pour qu'il.....ne puisse.....prétexter cause d'ignorance, nous avons, vu.....absence, affiché copie du présent à la porte extérieure du bureau.

Fait et clos à la douane de....., etc.

No 5. — *Saisie à domicile.*

Même préambule qu'au n° 1. Certifions que (*rappeler les circonstances qui ont motivé la visite domiciliaire*), nous avons requis M... (*maire ou adjoint*) de ladite commune, de nous accompagner pour nous assister dans les recherches que nous proposions de faire. Nous étant présentés à..... heures du..... à ladite maison, nous avons déclaré nos qualités et l'objet de notre mission au sieur (*désigner par son nom et sa qualité la personne à qui on s'adresse*), et l'avons sommé d'être présent aux recherches que nous prétendions y faire. A quoi ayant acquiescé, nous avons, avec lui et M..... (*maire ou adjoint*), successivement visité (*désigner les lieux*), et découvert (*désigner les objets et l'endroit où ils ont été trouvés.*)

Vu la contravention à l'art. 38 de la loi du 28 avril 1816, nous avons déclaré audit..... la saisie d..... (*description des objets*) (2). Nous lui avons notifié que nous allions effectuer le dépôt de ces objets au bureau d....., et que M....., receveur audit bureau, en serait constitué gardien.

Pour procéder aux fins du présent rapport, rédigé de suite, nous avons déclaré audit sieur..... que l'assignation à comparaître devant le tribunal correctionnel séant à..... lui sera donnée dans les formes et délais voulus par la loi, afin d'entendre prononcer la confiscation des marchandises saisies, et se voir, en outre, condamner à l'amende de 500 fr. (3) et aux dépens, le tout conformément à l'art. 41 de la loi du 28 avril 1816 ; avons donné lecture de notre présent rapport audit sieur....., avec sommation de le signer. (*Sa réponse.*)

Fait et clos à son domicile, à..... heures du....., lesdit jour, mois et an que dessus. Après avoir signé, chacun en ce qui nous concerne, avec M..... (*maire ou adjoint*),

---

(1) Dans le cas où la saisie serait de la compétence de la justice de paix, le procès-verbal contiendrait assignation dans les vingt-quatre heures.

(2) S'il s'agit de marchandises tarifées, il n'y a pas lieu de les déplacer, pourvu que la partie donne caution solvable pour leur valeur. Les conditions de la mainlevée des objets doivent, dans ce cas, être énoncées au procès-verbal.

(3) L'amende serait égale à la valeur des objets saisis s'ils valaient plus de 500 fr.

toujours présent à nos opérations, nous avons à l'instant même remis audit.....
copie de notre rapport. (*Signatures*.)

Nous soussignés (*nom, prénoms, qualités et demeure*), dénommés au rapport du....,
qui précède, par continuation de ce même acte, nous nous sommes rendus au bureau
de..... avec ledit..... (*le prévenu, s'il est présent*) et les (*objets saisis*), que nous avons
remis en sa présence à M..... receveur, lequel s'en est constitué gardien après avoir
reconnu qu'ils étaient en tout conformes à la description qu'en donne le procès-
verbal. Avons donné lecture de ce complément d'acte audit....., avec sommation de
le signer. (*Sa réponse.*)

Fait et clos audit bureau d....., les jour, mois et an que dessus, à..... heures
du..... Avons signé avec ledit M...., receveur, et avons immédiatement remis audit.....
copie du présent acte de dépôt (1).

Nº 6. — Saisie à la circulation.

Même préambule qu'au nº 1. Certifions que....., vu la contravention dudit prévenu
à la loi du 22 thermidor an X, art. 7, nous lui avons déclaré la saisie desdites marchandises en conformité de l'art. 15, titre 3, de la loi du 22 août 1791, le prévenant
que nous allions immédiatement nous rendre au bureau des douanes d....., avec invitation de nous y accompagner pour être présent à toutes nos opérations et recevoir
copie du procès-verbal que nous devions y rédiger ; ce à quoi il a consenti. Arrivés
audit bureau ledit jour à..... heures du....., nous avons interpellé le prévenu de
nous décliner ses nom, qualité et demeure ; il a répondu..... Passant à la description
des objets saisis, nous avons reconnu, tant en présence dudit sieur..... que de M....,
receveur audit bureau, qu'ils consistaient en..... Nous avons laissé ces objets à la
charge et garde dudit receveur, qui en a été constitué le gardien.

Et pour procéder aux fins, etc.

Nº 7. — Saisie de brigades, avec arrestation de prévenus.

Même préambule qu'au nº 1. Certifions qu'étant hier soir, vers onze heures, en
embuscade au lieu dit....., à environ cent mètres de la frontière, nous avons vu venir
de l'étranger, se dirigeant vers l'intérieur, deux individus dont les regards se portaient
de côté et d'autre ; que, ces individus ayant passé près de nous sans nous apercevoir,
nous avons reconnu l'un d'eux pour être le sieur....., aubergiste à....., qui nous a été
signalé comme se livrant à la fraude ; que, lesdits individus n'étant porteurs d'aucun
ballot, nous en avons conclu qu'ils servaient d'éclaireurs à une bande ; comme, de
fait, quelques minutes après, nous avons aperçu six porteurs suivant exactement les
traces du sieur..... et de son compagnon ; qu'au moment où une partie de la bande
venait de nous dépasser, l'un de nous appela à notre secours des préposés que nous
savions être embusqués à quelque distance de nous ; qu'aussitôt nous nous sommes
précipités sur deux des fraudeurs que nous sommes parvenus à arrêter avec leurs
charges.

Et nous....., certifions qu'attirés par des cris, nous avons vu quatre hommes,
porteurs de ballots, fuir dans la direction de..... ; que, les ayant poursuivis, nous
sommes parvenus à en atteindre deux que nous avons reconduits au lieu où la bande

---

(1) Si le prévenu était absent, il faudrait l'indiquer dans le rapport et énoncer que
copie sera affichée à la porte du bureau.

avait été d'abord aperçue ; qu'y ayant trouvé les préposés..... susnommés, nous avons entr'ouvert les quatre ballots restés entre nos mains et que nous avons reconnu qu'ils contenaient tous du tabac fabriqué.

Vu la contravention aux articles....., nous avons déclaré aux prévenus présents, lesquels ont déclaré se nommer....., l'arrestation de leurs personnes et la saisie des ballots dont ils étaient porteurs, et nous avons fait, à haute et intelligible voix, tant aux prévenus présents qu'à ceux qui sont parvenus à prendre la fuite, et notamment au sieur....., aubergiste, que nous avons parfaitement reconnu, et qui servait d'éclaireur à la bande, sommation de nous suivre au bureau des douanes à....., pour y assister à la rédaction du procès-verbal que nous allions rédiger contre....., et à la description des objets saisis ; et nous nous sommes immédiatement rendus audit bureau, où étant arrivés à..... heure..... a..... midi, nous avons reconnu en présence d...... prévenu..... et conjointement avec M....., receveur (*détail des objets saisis par espèce, poids ou nombre*), dont ledit receveur a été constitué le gardien.

Et pour procéder aux fins du présent, rédigé de suite, avons déclaré au prévenu..... présent..... que nous allions le conduire devant M...... (*le procureur du Gouvernement, le juge de paix ou l'officier de gendarmerie le plus voisin*) pour le..... faire constituer prisonnier....., et qu'il..... ser..... cité..... dans les formes et délais voulus, à comparaître par-devant le tribunal correctionnel séant à....., pour entendre prononcer la confiscation de..... saisis, et s'ouïr, en outre, condamner à l'amende de...., à la peine d'emprisonnement et aux dépens; le tout conformément aux articles..... de la loi précitée du 28 avril 1816.

Nous avons sommé l....., après l..... avoir donné lecture de notre présent procès-verbal, de le signer avec nous, ce qu'il.....

Fait et clos au bureau des douanes, à....., les jour, mois et an que dessus, à..... heure..... d......, et avons signé, chacun pour ce qui le concerne, et remis de suite au..... dit..... prévenu..... copie du présent (*et s'il y a des prévenus absents*), dont nous avons aussi affiché copie à la porte extérieure du bureau, pour notification au..... prévenu..... absent.....

N° 8. — *Injures et opposition à l'exercice des fonctions des préposés.*

Même préambule qu'au n° 1. Certifions (*indiquer la nature de l'opposition et des injures.*)

Attendu que ses injures et son opposition à l'exercice de nos fonctions constituent une contravention à l'art. 14 du titre 13 de la loi du 22 août 1791 et à l'art. 2 du titre 4 de la loi du 4 germinal an II, nous lui avons déclaré que nous allions nous rendre au bureau des douanes, à....., le sommant de nous y accompagner, pour être présent à la rédaction du procès-verbal que nous entendions rédiger contre lui, en entendre lecture et en recevoir copie. Il a refusé. Arrivés sans lui audit bureau ledit jour, à..... heures du....., nous avons, en l'absence du prévenu et en présence de M....., receveur, rédigé de suite le présent procès-verbal.

Pour procéder aux fins de notre rapport, nous, préposés susnommés et qualifiés, déclarons au prévenu absent que citation lui est donnée, par le présent, à comparaître demain, à..... heures du....., par devant le juge de paix du canton de....., pour s'y entendre condamner à l'amende de 500 fr. et aux dépens, conformément aux lois précitées.

Fait et clos à la douane de....., les jour, mois et an que dessus, à..... heures du.....; nous avons signé avec le receveur susnommé le présent procès-verbal, et, attendu l'absence du prévenu, nous en avons affiché copie à la porte extérieure du bureau, pour notification et citation.

N° 9. — *Acte d'affirmation.* (Modèle série E, n°. 69 B.)

L'an mil huit..... le..... à..... heure..... (avant ou après) midi, par devant nous *(nom et prénoms)*, juge de paix du canton de......., sont comparus les sieurs (1)....., lesquels, après lecture à eux donnée du procès-verbal ci-dessus et d'autre part, l'ont affirmé sincère et véritable dans tout son contenu. En foi de quoi nous avons dressé le présent acte, qu'ils ont signé avec nous, après lecture,

N° 10. — *Acte conservatoire.*

Même préambule qu'au n° 1. Certifions qu'il nous a été remis par M....., négociant en cette ville, un permis, etc.; que, procédant à la vérification desdites caisses en présence du déclarant (ou de son fondé de pouvoirs M.....), nous avons reconnu qu'elles pesaient brut..... et qu'elles renfermaient.....; d'où il résulterait une fausse déclaration entraînant pour le Trésor un préjudice de.....

Nous en avons fait l'observation à M....., toujours présent à notre opération, et nous lui avons notifié la retenue desdites caisses comme renfermant..... et non..... en lui offrant toutefois mainlevée, sous caution, desdites marchandises, qui ont été évaluées de gré à gré à la somme de.....; ce que le sieur..... a refusé *(ou* dit accepter), en déclarant d'ailleurs qu'il se réservait de présenter ses observations sur la qualité réelle des marchandises, lesquelles lui ont été vendues *(ou* adressées) comme.....; et nous avons immédiatement extrait des caisses dont il s'agit....., pour servir d'échantillon, lequel a été mis sous le cachet du déclarant et celui de la douane, cachets dont les empreintes sont en marge du présent, pour être soumis aux experts du Gouvernement, conformément à l'art. 19 de la loi du 27 juillet 1822. Un double échantillon a aussi été prélevé et placé avec celui cacheté dans une boîte revêtue du plomb de la douane.

M..... déclare, par le présent qu'il signera avec nous, consentir aux réserves faites par nous, au nom de l'administration, d'exercer devant les tribunaux les droits et actions que pourrait nous donner l'avis des experts du Gouvernement, s'il résultait de cet avis que les marchandises ont été faussement déclarées; et à cet effet nous sommes convenus que les parties rentreraient dans leurs droits respectifs aussitôt que la décision sera intervenue et aura été transmise au receveur de ce bureau.

Fait double à..... les jour, mois et an que dessus, et avons signé avec le sieur..... à qui nous avons remis, à titre de notification, une copie du présent acte, qu'il a acceptée.

N° 11. — *Procès-verbal rédigé par suite d'un acte conservatoire.*

Même préambule qu'au n° 1. Certifions que, procédant en vertu de notre acte conservatoire du....., et par suite de la décision des experts du Gouvernement, en date du....., n°..., nous avons, conformément à l'art. 21 du titre 2 de la loi du 22 août 1791, déclaré au sieur..... la saisie de....., qui, d'après sa déclaration du..... devaient consister en....., tandis qu'il résulte de la décision précitée des experts du Gouvernement qu'ils se composent de.....

(1) Noms, prénoms, qualités et demeures des affirmants, qui doivent être au moins *deux* pour chaque fait distinct.

Et pour procéder aux fins du présent, nous donnons assignation au sieur..... à comparaître, dans les vingt-quatre heures qui suivront la clôture de notre procès-verbal, par-devant le juge de paix du canton d..... pour s'entendre condamner à la confiscation d..... faussement déclarée, à l'amende de 110 fr., décime compris, et aux dépens; le tout conformément à la loi déjà citée du 22 août 1791.

(Si la mainlevée des objets était offerte et acceptée, on mentionnerait ici les conditions ainsi que la réponse de la partie. Dans le cas contraire, on indiquera qu'ils ont été laissés à la garde de M....., receveur.)

Fait et clos à la douane d....., les jour, mois et an que dessus, à..... heures du.....; avons donné lecture du présent procès-verbal audit sieur....., avec invitation de le signer avec nous, ce qu'il a accepté; et lui en avons de suite remis copie, dont acte.

(Si le prévenu était absent, il faudrait l'énoncer et dire que copie du procès-verbal sera affichée à la porte du bureau.)

N° 12. — *Transaction.*

Entre les soussignés (*nom et prénoms*), receveur des douanes à..... et M..... (*nom, prénoms, profession et domicile du prévenu*), il a été convenu ce qui suit :

M....., au préjudice duquel les employés des douanes de..... ont, par procès-verbal du....., saisi (ou retenu) *détail des marchandises*) (1), voulant éviter les suites contentieuses et judiciaires de cette affaire, offre l'abandon des marchandises (2), le remboursement de tous les frais, compris ceux du présent acte, et le payement d'une somme de..... pour tenir lieu de l'amende encourue et obtenir mainlevée des moyens de transport.

En raison des motifs exposés par M....., le receveur accepte provisoirement cette offre et reconnaît avoir reçu la somme précitée (3);

Entendant lesdites parties que cette transaction sera définitive si elle reçoit l'approbation de l'administration des douanes et que l'affaire se trouvera ainsi entièrement terminée; que, dans le cas contraire, l'arrangement sera nul de plein droit et qu'elle reviendra à l'état où elle était précédemment.

M....., désirant obtenir immédiatement la mainlevée des moyens de transport, s'engage, avec M....., sa caution, à représenter à toute réquisition (*désigner les moyens de transport*), faute de quoi ils seraient, solidairement et par corps, contraints au payement de la somme de.....

Fait double et signé après lecture à la douane de....., le.....

N° 13. — *Certificat destiné à tenir lieu d'un procès-verbal et constatant la réalisation volontaire d'un double droit.*

Nous soussignés..... des douanes à....., certifions que, procédant à la vérification de..... nous avons reconnu que..... Nous l'avons fait remarquer à M.....,

---

(1) S'il y a eu jugement avant la transaction, on ajoute : dont la confiscation a été prononcée par jugement du tribunal d....., en date du.....

(2) Lorsque les marchandises sont remises sous condition (cautionnée comme pour les moyens de transport) d'en payer la valeur, il est fait mention de cette clause.

(3) Le receveur donne une quittance série E, n° 71 B, si le prévenu verse le montant des peines pécuniaires; mais, dans les autres cas, le receveur délivre une quittance série N, n° 23 C *bis*.

présent à notre opération (*et fondé de pouvoirs de M....*); lequel, reconnaissant la convention, a déclaré vouloir réaliser immédiatement la somme de.... formant le double droit d'entrée sur le..... ainsi trouvés en excédant à la déclaration précitée, et renoncer à se prévaloir de l'absence d'un procès-verbal plus régulier.

En conséquence, moi....., receveur soussigné, reconnais avoir reçu dudit M..... la somme de..... ci-dessus énoncée. Par ce moyen, se trouveront évitées les poursuites qui auraient pu être dirigées contre le déclarant. Dont acte; à..... le.....

N° 14. — *Soumission de s'en rapporter à la décision de l'administration.*

Je soussigné..... me soumets, conjointement et solidairement avec M....., qui se porte ma caution, à m'en rapporter à la décision de l'administration relativement aux suites dont sera jugée susceptible la contravention reconnue le....; à mon préjudice, par les employés de la douane de..... et résultant de....., contravention qui, aux termes de.....; me rend passible de.....

Je déclare que c'est à ma demande qu'il n'a pas été rédigé de procès-verbal, et je m'engage à ne point me prévaloir ultérieurement de cette circonstance et à considérer la décision administrative à intervenir sur cette affaire comme jugement définitif, contre lequel je renonce, dès à présent, à tout recours judiciaire.

Moyennant quoi il m'a été donné mainlevée de....., ce que je reconnais. A....., le..... (*Signatures du contrevenant et de sa caution.*)

N° 15. — *Acte de mainlevée.*

Je soussigné (*nom, prénoms et domicile*) reconnais avoir reçu de M..... receveur des douanes à..... remise de mainlevée de..... (indiquer les marchandises, voitures, bateaux, chevaux ou autres animaux) saisis et mentionnés au procès-verbal des employés de la brigade de..... en date du..... et qui ont été estimés de gré à gré à la somme de..... laquelle somme je m'engage, conjointement et solidairement avec le sieur..... ma caution, à payer entre les mains dudit receveur, *aussitôt qu'il en sera ainsi ordonné par jugement.*

(S'il y a transaction, on remplace les derniers mots soulignés par ceux-ci, *et à sa première réquisition.*)

Fait double à..... le..... 18.. et avons signé après lecture.

N° 16. — *Saisie à la circulation des boissons.*

L'an....., le....., à la requête de l'administration des contributions indirectes, dont le bureau central est à Paris, hôtel du Ministère des finances, laquelle fait élection de domicile pour les suites du présent au bureau de M....., directeur de la même administration à....., et en vertu de l'art. 223 de la loi du 28 avril 1816, nous soussignés (*noms, prénoms, qualités et demeures des saisissants*), certifions (*détails circonstanciés de la saisie.*)

Vu la contravention du délinquant aux art. 1 et 6 de la loi du 28 avril 1816, nous lui déclarons la saisie de ces boissons en vertu de l'art. 19 de la même loi, et celle des moyens de transport, mais seulement pour garantie de l'amende encourue, conformément à l'art. 17 aussi de ladite loi, le prévenant que nous allions nous rendre immédiatement, avec l'objet de notre saisie, au bureau des douanes à....., avec invitation de nous y accompagner pour être présent à toutes nos opérations. A quoi il a adhéré. Arrivés ledit jour, à..... heures du....., audit bureau, nous avons interpellé le délinquant de nous dire ses nom, qualité et demeure; il a répondu..... Passant, en sa présence et celle de M....., receveur audit bureau, à la description des objets saisis, nous avons reconnu qu'ils consistaient en..... (*description des boissons et des moyens de transport.*) Nous avons offert la mainlevée au sieur....., tant des boissons que des moyens de transport ci-dessus décrits, moyennant caution solvable ou consignation de la valeur, fixée de gré à gré à la somme de..... Ayant accepté, nous lui avons aussitôt fait remise des objets dont il s'agit, suivant acte séparé (1).

Pour procéder aux fins du présent, rédigé de suite, nous prévenons le sieur....., qu'il sera cité dans les formes et délais voulus par la loi par devant le tribunal correctionnel de..... pour entendre prononcer la confiscation des boissons saisies et se voir, en outre, condamner en une amende de 100 à 600 fr., et aux dépens, le tout conformément aux articles précités de la loi du 28 avril 1816.

Fait et clos au bureau des douanes de.....,les jour, mois et an que dessus, à....., heure de.....; avons donné lecture du présent audit sieur....., avec invitation de le signer (*sa réponse*), et à l'instant lui en avons remis copie, après avoir signé, avec M....., receveur, chacun pour ce qui le concerne.

Nº 17. — *Saisie de tabac avec arrestation des fraudeurs.*

Même préambule qu'au nº 16. Nous soussignés (*noms, prénoms, qualités et demeures des saisissants.*) Certifions que..... (*détails circonstanciés de la saisie.*)

Attendu leur contravention à l'art. 215 de la loi du 28 avril 1816, nous avons déclaré auxdits..... la saisie desdits tabacs ainsi que des chevaux, harnais et voitures ayant servi aux transports, conformément à l'art. 222 de ladite loi, leur avons également déclaré qu'en exécution des art. 222 et 224 de la même loi nous allions, jusqu'à ce qu'ils eussent fourni bonnes et valables cautions, nous assurer de leurs personnes et les remettre entre les mains de la force armée pour être conduits devant le juge compétent, qui statuera sur leur emprisonnement ou leur mise en liberté. Nous nous sommes rendus, accompagnés desdits....., au bureau de M.....; receveur des douanes à..... où étant nous avons, tant en sa présence qu'en celle desdits....., procédé à la reconnaissance et à la pesée des tabacs saisis, que nous avons reconnus consister en..... (*décrire aussi les moyens de transport qui ont pu être saisis, et indiquer, s'il y a lieu, la mise en fourrière des animaux.*)

Pour procéder aux fins du présent procès-verbal, rédigé de suite, nous avons déclaré auxdits..... qu'ils seront cités, dans la forme et les délais voulus par la loi, pour comparaître par devant le tribunal correctionnel séant à....., pour entendre prononcer la confiscation de..... saisies et les autres peines encourues, aux termes de la loi précitée. Après avoir donné lecture de notre procès-verbal tant à M....., receveur, qu'auxdits....., nous les avons sommés de le signer avec nous; ce que M....., receveur, a promis; et lesdits..... ont (*promis ou refusé*) de le faire. Avons clos le présent au susdit bureau, à..... heures du....., les jour, mois et an que dessus, toujours en présence de M....., receveur, et desdits....., et en avons laissé copie à chacun de ces derniers, après avoir signé (2).

Et de suite avons requis l'assistance des gendarmes de service à....., auxquels nous avons remis, avec une copie du présent rapport, les prévenus susnommés, pour être par eux conduits devant l'autorité compétente. (*Les gendarmes donnent reçu.*)

Nº 18. — *Procès-verbal pour constater une infraction aux lois sur le timbre.*

---

(1) *V.* nº 15.
(2) S'il y avait des prévenus absents, il faudrait déclarer que copie sera affichée à la porte du bureau et procéder à cette affiche.

L'an,....., le....., à la requête de M. le directeur général de l'enregistrement et des domaines, demeurant hôtel du Ministère des finances, à Paris, poursuites et diligences de M....., directeur de la même administration à....., chez lequel il fait élection de domicile, et au besoin au bureau de M....., receveur de l'enregistrement à....., nous soussignés (*noms, prénoms, qualités et demeures des verbalisants*), certifions (*circonstances de l'affaire*).

Ayant reconnu que la lettre de voiture dont il s'agit était établie sur papier non timbré, nous l'avons fait remarquer audit sieur.....; et, attendu la contravention à la loi du 11 juin 1842, nous avons dressé le présent procès-verbal, auquel nous avons annexé ladite lettre de voiture après l'avoir parafée *ne varietur*.

Fait et clos au bureau des douanes à....., les jour, mois et an que dessus, à..... heures du....., et avons signé avec M....., receveur audit bureau, et le sieur..... délinquant, auquel nous avons donné de suite lecture et copie du présent procès-verbal.

Nº 19. — *Transport illicite de lettres et paquets.*

L'an....., le....., à la requête de l'administration générale des postes, dont le bureau central est à Paris, rue Jean-Jacques-Rousseau, nous soussignés (*noms, prénoms, qualités et demeures des verbalisants*), certifions que, procédant en vertu de l'arrêté du 27 prairial an IX, nous avons constaté que le sieur..... transporterait en fraude les lettres et paquets ci-après désignés (*énumération et poids des paquets et lettres saisis*).

Lesquels objets nous avons saisis pour être déposés, après copie du présent, au bureau des postes à...., conformément au décret précité du 27 prairial an IX.

De quoi nous avons dressé le présent procès-verbal, pour y être donné telle suite que de droit, et avons signé avec le prévenu, auquel nous avons donné lecture et copie de notre dit procès-verval.

Nº 20. — *Procès-verbal de préemption.*

Même préambule qu'au nº 1. Certifions qu'il nous a été présenté par M....., négociant en cette ville, une déclaration enregistrée en cette douane le.... du courant, sous le nº..... de détail, à l'effet de retirer de l'entrepôt réel *ou* du navire le...., capitaine...., venu de...., savoir : (*copier la déclaration en ajoutant les indications de la provenance du navire importateur, si les marchandises sortent d'entrepôt.*)

Qu'ayant procédé à la vérification desdites marchandises, le.... à.... heures.... midi, en présence dudit M..., nous avons reconnu que la balle nº 1 pesait brut.... kil., et net, tare légale déduite.... kil.; que les autres balles, nºs 2 et 3, pesaient ensemble, brut..... kil., et net, tare légale déduite....., kil., et que ces balles contenaient des..... évidemment mésestimés. Nous en avons, en conséquence, déclaré à M..... la préemption au compte de l'État, en vertu des lois des 22 août 1791, titre 2, art. 23, et 4 floréal an IV, art. 1er, lui offrant le payement de la valeur déclarée, le 10e en sus, dans les quinze jours qui suivront la notification de notre procès-verbal.

Fait et clos à...., les jour, mois et an que dessus, à.... heure.... midi, et avons signé, chacun pour ce qui le concerne, avec le receveur dépositaire, qui, par le présent, offre à M..., au nom de l'administration des douanes, de lui payer, dans le délai indiqué ci-dessus, la somme de...., montant de la valeur déclarée, dixième compris, des marchandises sus-mentionnées.

(*Suivent les signatures.*)

Si le déclarant donnait son adhésion à la préemption, on ajouterait, avant de signer, un paragraphe ainsi conçu :

« Lesquelles offres ont été acceptées par M...., à qui nous avons remis copie du
» présent, à titre de notification, et qui l'a signé avec nous. »

L'acceptation, ainsi formulée, des offres faites par les employés dispense ceux-ci de notifier leur procès-verbal à personne et à domicile, et l'on supprime dès lors la formule de notification dont le modèle suit :

L'an mil huit cent, etc. (*même préambule qu'au procès-verbal*).

Nous soussignés (*noms, qualités et résidence*), à ce autorisés par l'art. 18, titre 13, de la loi du 22 août 1791, avons signifié le procès-verbal transcrit ci-dessus et d'autre part, ainsi que les offres qu'il contient, à M...., en son domicile à...., rue....: n°...., parlant à...., et, pour qu'il n'en ignore, nous lui avons laissé copie, tant dudit procès-verbal que du présent exploit.

Fait à...., les jour, mois et an que dessus.

N° 21. — *Acte de mise en fourrière.*

Je soussigné (*prénoms, nom, qualité et demeure*) reconnais que le sieur....., receveur (*le dépositaire*), a mis en fourrière chez moi..... (*chevaux et autres animaux*), dont le signalement suit (*celui porté au rapport*), que je promets de nourrir, soigner et entretenir, moyennant la somme de..... par jour, comme je m'engage à représenter et remettre lesdits..... estimés à la somme de....., audit sieur....., receveur, à sa première réquisition ; le tout sous ma garantie et à mes risques et périls.

Fait double, etc.

N° 22. — *Requête pour être autorisé à vendre avant jugement définitif.*

A. M. le juge de paix du canton d....., M....., receveur des douanes à..... requiert, au nom de son administration, qu'il vous plaise lui permettre de procéder le...., au bureau de la susdite douane, à la vente publique, en la manière accoutumée, des marchandises ci-après, savoir (1) : (*les indiquer*), lesquelles sont sujettes à dépérissement, saisies au préjudice de...., suivant procès-verbal de....; et ferez justice.

A...., le.... 18...

N° 23. — *Signification de requête et d'ordonnance portant autorisation de vendre provisoirement des objets saisis.*

L'an...., nous soussignés...., à ce autorisés par l'art. 18, titre 13, de la loi du 22 août 1791, certifions nous être transportés cejourd'hui au domicile de M. le maire de..... (2), où, étant et parlant à....., nous lui avons signifié la requête et l'ordonnance qui précèdent, avec déclaration qu'il sera immédiatement procédé à la vente des objets y désignés, tant en l'absence qu'en présence des prévenus inconnus ; et, pour qu'il n'en soit prétexté cause d'ignorance, nous avons, en parlant comme dit est, laissé copie à M. le maire tant de la requête et de l'ordonnance que des présentes ; dont acte.

Vu et reçu copie : *Le Maire,*

---

(1) S'il s'agissait de moyens de transport, il faudrait les désigner par nombre et espèce.

(2) Si les prévenus sont connus, substituer leur nom à celui du maire, en ajoutant : prévenu dans la saisie de...., opérée le.... par des préposés de la brigade de.....

N° 24. — *Requête pour obtenir la confiscation de marchandises saisies sur inconnus.*

A MM. les président et juges du tribunal de première instance, jugeant en matière correctionnelle, à....

Le receveur des douanes à.... a l'honneur de vous exposer que les préposés de son administration, à la résidence de...., ont saisi, en vertu de la loi du 28 avril 1816, au préjudice d'individus fugitifs et inconnus, les marchandises détaillées au procès-verbal ci-joint, en date du.....

Il conclut, en conséquence, à ce qu'il vous plaise, Messieurs, de prononcer, en conformité de la loi précitée et de celle du 5 septembre 1792, la confiscation de ces marchandises, dont la valeur est portée à la somme de...., et de lui donner acte des réserves qu'il fait, au nom de son administration, pour le recouvrement de l'amende encourue, du décime en sus et des frais, dans le cas où les fraudeurs viendraient à être connus.

Et vous ferez justice.

Présenté à...., le....

Vu la requête présentée par M...., receveur des douanes à....;

Vu le.... procès-verb... annexé... à la présente requête, constatant l... saisie.... faite... au préjudice d'individus fugitifs et inconnus, de marchandises dont ils tentaient l'introduction frauduleuse;

Vu l'art. 41 de la loi du 8 avril 1816, et les art. 5 et 6 de la loi du 5 septembre 1792;

Ouï le ministère public dans ses conclusions, conformes au dispositif ci-après;

Considérant qu'il ne peut y avoir aucune procédure contradictoire, puisque les contrevenants sont inconnus;

Le tribunal de première instance à..... accorde défaut contre lesdits inconnus, et, pour le profit de l'administration des douanes, déclare confisquées les marchandises saisies, estimées....

Donne acte à ladite administration de ses réserves relativement aux dépens et amendes encourus par les fraudeurs, dans le cas où l'on parviendrait à les découvrir.

Ainsi jugé et prononcé à l'audience publique dudit tribunal, le.....

Enregistré à....., le.....

N° 25. — *Citation à comparaître devant le tribunal correctionnel.*

Même préambule qu'au n° 1. Nous soussignés....., préposés des douanes, demeurant à....., certifions que, agissant en vertu des pouvoirs à nous conférés par l'art. 18, titre 13, de la loi du 22 août 1791, nous nous sommes transportés au domicile de..... (*noms et résidence du prévenu*), où, parlant à....., avons assigné le nommé..... à comparaître le....., à..... heures du matin, pardevant MM. les présidents et juges composant le tribunal correctionnel de....., séant en son auditoire ordinaire audit lieu, pour voir déclarer bonne et valable la saisie constatée, au préjudice du sieur....., en vertu de l'art..... de la loi du....., par un procès-verbal rédigé le..... par des préposés des douanes, et, en conséquence, entendre prononcer la confiscation des objets saisis, et en outre, se voir condamner à une amende de....., au décime et aux dépens, et en autant de jours d'emprisonnement qu'il plaira au tribunal d'arbitrer; le tout conformément aux articles..... de la loi du..... Afin que ledit sieur..... n'en ignore, nous lui avons, en parlant comme il est dit ci-dessus, laissé copie du présent exploit (1), et avons signé.

(1) Sur la copie, mettre : Laissé la présente copie.

Nota. *Cette citation, après avoir été visée par l'un des juges du tribunal de première instance, doit être signifiée au prévenu et enregistrée.*

N° 26. — *Citation au père d'un prévenu mineur.*

Même préambule qu'au n° 1. Nous soussignés....., à ce autorisés par l'art. 18, titre 13, de la loi du 22 août 1791, certifions nous être aujourd'hui transportés au domicile de....., journalier à....., où étant et parlant à....., nous avons assigné ledit..... à comparaître devant le tribunal correctionnel séant à....., en son auditoire ordinaire, le....., dix heures du matin, pour y voir statuer sur la saisie de..... effectuée le..... par la brigade des douanes..... sur (*nom et prénoms*), son fils mineur, âgé de..... ans, et demeurant avec lui, s'y entendre déclarer civilement responsable de l'amende de 500 fr., décimes et dépens qui seront prononcés contre sondit fils, avec contrainte par corps, le tout conformément aux art. 1384 du Code civil, 41 de la loi du 28 avril 1816 et 7 de celle du 17 avril 1832 ; et, pour que ledit..... père n'en ignore, nous lui avons en partant, comme dit est, laissé copie des présentes ; dont acte.

N° 27. — *Conclusions à prendre pour l'administration des douanes contre.....*

Attendu qu'il résulte, du procès-verbal rédigé le....., par les préposés de brigade de....., qu'ils ont saisi à l'importation sur.....

Le soussigné, au nom de l'administration des douanes, conclut à ce qu'il plaise au tribunal prononcer la confiscation des objets saisis, et condamner le sieur..... à l'amende....., au décime de ladite amende, ainsi qu'aux dépens, et fixer à une année la durée de la contrainte par corps, le tout conformément aux lois des 28 avril 1816, art. 41 ; 6 prairial an VII, art. 1er ; 17 avril 1832, art. 7, 33 et 40, et à l'art. 194 du Code d'instruction criminelle.

A.........., le..........   *Le receveur des douanes.*

N° 28. — *Conclusions pour l'administration contre des prévenus inconnus.*

Attendu qu'il résulte du procès-verbal rédigé le..... par des préposés de la brigade de....., qu'ils ont saisi, à l'importation, sur des inconnus fugitifs (*objet de la saisie*).

Le soussigné, au nom de l'administration des douanes, conclut à ce qu'il plaise au tribunal de prononcer la confiscation desdites marchandises, par application de l'art. 41 de la loi du 28 avril 1816, et de réserver à l'administration ses droits contre les inconnus fugitifs.

A.........., le.........   *Le receveur des douanes.*

N° 29. — *Signification de jugement à la personne ou à domicile.*

(Copier le jugement — certifier cette copie conforme à l'original et mettre le préambule du n° 1.)

Nous soussignés (*noms, prénoms, grades et résidence des préposés*), à ce autorisés en notre qualité par l'art. 18 du titre 13 de la loi du 22 août 1791, avons dûment signifié le jugement qui précède au sieur....., en son domicile à....., rue....., n°....., et fait commandement d'y satisfaire de suite sous les peines de droit ; et, pour qu'il n'en ignore, nous avons laissé audit sieur....., parlant à....., copie tant dudit jugement que du présent exploit.

No 30. — *Signification au maire d'un jugement en matière civile.*

V. no 29. Nous soussignés, etc., certifions nous être transportés au domicile de M....., maire de la commune de..... (ou à l'hôtel-de-ville) où étant et parlant à....., attendu que le sieur....., dénommé au jugement qui précède, *n'a dans le lieu de l'éta-blissement du bureau de*..... (celui chargé des poursuites) *ni domicile réel, ni do-micile élu*, nous avons signifié ledit jugement et avons fait commandement audit sieur..... d'avoir à y satisfaire, sous les peines de droit; et, pour qu'il n'en ignore, nous avons, parlant comme devant, laissé à ce magistrat, qui a visé l'original, copie tant dudit jugement que du présent exploit; dont acte.

No 31. — *Signification d'un jugement par défaut.*

V. no 29. Nous soussignés, etc., avons signifié le jugement dont copie est ci-dessus au sieur....., en son domicile à..... (1), où parlant à....., nous lui avons laissé copie tant dudit jugement que du présent exploit, pour que le sieur..... n'en ignore et y satisfasse sous les peines de droit.
Fait à....., les jour, mois et an que dessus.

No 32. — *Signification d'un jugement correctionnel à un prévenu inconnu ou résidant à l'étranger.*

V. no 29. Nous soussignés, etc., certifions nous être transportés cejourd'hui au parquet de M. le procureur impérial en cette ville, où étant et parlant à....., nous avons signifié le jugement qui précède, au prévenu resté inconnu, *ou au sieur.....*, demeurant en Suisse, et nous lui avons fait, par cette voie, commandement d'avoir à y satisfaire sous les peines de droit; et, pour qu'il n'en ignore, nous avons, parlant comme devant, laissé à ce magistrat, qui a visé l'original, copie tant dudit jugement que du présent exploit, dont le coût est de.....
Si le prévenu est domicilié à l'étranger, on ajoute : « Et nous en avons en outre » affiché immédiatement une deuxième copie à la porte de l'auditoire du tribunal. » Dont acte.

No 33. — *Commandement itératif, précédant une saisie-exécution ou contrainte par corps. (Extrait du jugement rendu par.....)*

L'an mil huit cent, etc. (même préambule que pour les citations et autres actes).
Nous soussignés....., préposés des douanes à....., à ce autorisés par l'art. 18, titre 13, de la loi du 22 août 1791, avons signifié et délivré copie au long de l'extrait du jugement qui précède à M....., négociant, demeurant à....., rue....., en son do-micile, où étant et parlant à....., à ce qu'il n'en ignore, et en vertu du jugement dont extrait précède, nous lui avons fait commandement de payer comptant au requérant, ès-mains de nous, préposés, pour lui, porteur de pièces, la somme de....., celle de..... pour les causes énoncées audit jugement, avec dépens, plus le coût du présent, lui

---

(1) Si le prévenu n'a pas de domicile connu en France, la signification lui est faite, en matière civile, comme au no 30, et en matière correctionnelle, suivant le no 32.

déclarant que, faute d'obtempérer audit commandement, le délai de...... (1) expiré, il y sera contraint par toutes voies de droit et notamment par la contrainte par corps, conformément au jugement prédaté ; dont acte.

Nº 34. — *Procès-verbal d'arrestation et d'écrou.*

L'an ..., le ..., heure de ..., en vertu d'un jugement rendu au profit de l'administration des douanes, contre X., par le tribunal ... de ..., en date du ..., enregistré le ... et signifié par les sieurs ..., préposés des douanes à ..., en date du ..., enregistré, avec commandement de payer, et à la requête de ladite administration des douanes, dont le bureau central est à Paris, poursuites et diligences du sieur ..., son receveur à ..., pour lequel domicile a été élu chez ..., en la ville de ... (lieu de la prison), nous soussignés (noms, prénoms, grades et résidences des préposés), à ce autorisés par l'art. 18 du titre 13 de la loi du 22 août 1791, avons de nouveau fait commandement audit X., que nous avons rencontré en personne, rue de ..., en la ville de ..., parlant à sa personne, ainsi qu'il nous l'a déclaré, après déclaration de nos qualités, de présentement payer au requérant ou entre nos mains, comme porteurs de pièces : 1º la somme de ..., principal des condamnations du susdit jugement ; 2º celle de ..., lui déclarant que, faute par lui de satisfaire à ce commandement, il allait y être contraint par voie de contrainte corporelle ; et ledit X. ayant de nouveau refusé de payer, nous lui avons déclaré qu'il était notre prisonnier, que nous l'arrêtions, et nous l'avons sommé de nous suivre dans la maison d'arrêt, sise à ..., et, y étant arrivés à ... heure de ..., nous lui avons fait de nouveau commandement de payer, auquel il a refusé de satisfaire. Pourquoi nous lui avons déclaré que nous allions à l'instant l'écrouer sur les registres de ladite maison d'arrêt, et, effectivement, à mêmes requête, demeure et élection de domicile que dessus, nous, susnommés et qualifiés, avons écroué ledit X., en parlant comme dessus, sur le registre ..., folio ..., et nous l'avons laissé à la garde de ..., directeur de ladite maison, lequel, en parlant à sa personne, ainsi qu'il l'a déclaré, a promis, sur l'exhibition que nous avons faite de la grosse du jugement susvisé, de se charger de la garde dudit X. et de le représenter quand il en sera légalement requis. Nous avons consigné entre les mains du concierge de ladite maison d'arrêt la somme de ..., pour droit de greffe et de transcription sur le registre du jugement ci-dessus visé, et nous avons laissé audit X., en parlant à sa personne, entre les deux guichets, comme lieu de liberté, copie du présent procès-verbal d'emprisonnement et d'écrou.

Nº 35. — *Demande de recommandation sur écrou.*

A ..., le ..., à M. le procureur du Gouvernement.
Par suite de la condamnation prononcée le ..., par le tribunal correctionnel de ..., à ..., à cause de la saisie de .... constatée le ..., par la brigade des douanes à .., je viens vous prier de vouloir bien ordonner la recommandation immédiate du sieur ...

Le Receveur des douanes.

(1) D'un jour, en matière de compétence civile; de cinq jours, en matière correctionnelle.

N° 36. — *Acte de recommandation sur écrou.*

L'an ..., le ..., en vertu d'un jugement rendu au profit de l'administration des douanes contre . ., par le tribunal ... de ..., en date du ..., enregistré le ..., signifié par exploit (du sieur ..., huissier, *ou* des sieurs ..., préposés des douanes), en date du ..., enregistré avec commandement de payer, et à la requête de ladite administration des douanes, dont le bureau central est à Paris, poursuites et diligences du sieur ..., son receveur à ..., pour lequel domicile est élu ...., commune de ... (lieu de la prison), nous soussignés (noms, grades, qualités et demeures des préposés), à ce autorisés par l'art. 18, titre 13, de la loi du 22 août 1791, avons fait itératif commandement à X., demeurant à ..., et actuellement détenu à la maison d'arrêt de ..., où nous nous sommes transportés, parlant audit X., amené entre les deux guichets, de présentement payer au requérant ou à nous-mêmes, porteurs de pièces : 1° la somme de ..., principal des condamnations prononcées contre lui par le jugement sus-énoncé ; 2° celle de ... ; 3° lui déclarant qu'à défaut de payement nous allions le recommander sur le registre de ladite maison d'arrêt. Et effectivement, ledit X. ayant de nouveau refusé de payer, nous nous sommes rendus au greffe de ladite maison, où ayant trouvé R., concierge de ladite maison, nous lui avons déclaré, parlant à sa personne, que nous écrouions et recommandions ledit X. sur le registre de la maison, f° ..., et que nous le laissions à sa garde ; lequel, sur l'exhibition à lui faite de la grosse du jugement prédaté, s'est chargé dudit X. et a promis de le représenter en temps et lieu. Nous avons consigné audit concierge la somme de ..., pour droit de greffe et de transcription sur le registre du jugement sus-énoncé, et nous avons laissé audit X., entre les deux guichets, et au concierge de la maison d'arrêt, copie séparée du présent exploit.

N° 37. — *Mise en liberté des prévenus.*

A..., le..., à M. le procureur du Gouvernement.

Le sieur..., détenu à cause de la saisie de..., opérée le..., par la brigade des douanes à..., ayant transigé avec l'administration, j'ai l'honneur de vous faire connaître que, en ce qui concerne le service des douanes, il y a lieu de mettre le sieur... en liberté.

Le Receveur des douanes.

N° 38. — *Procès-verbal de vente.*

L'an...., le..., à... heures du..., à la requête de l'administration des douanes, dont le bureau central est à Paris, hôtel du Ministère des finances, nous soussignés..., nous sommes rendus dans les magasins du bureau des douanes, à..., à l'effet de procéder, par délégation de M...., receveur, à la vente, aux enchères publiques, des marchandises ci-après désignées, provenant de saisies et définitivement acquises à l'administration.

Cette vente ayant été annoncée par des affiches apposées dans les lieux accoutumés, par des insertions dans les journaux, et l'enchère étant ouverte, nous avons prévenu le public que les (*désignation des marchandises*) seront vendues (*indiquer ici les conditions de la vente*), et que les frais d'adjudication seraient seuls à la charge de l'administration.

Ces conditions étant connues, nous avons procédé comme suit, en présence de M. (inspecteur ou...)

Nous avons exposé et mis en vente le premier lot, composé de *(détail des marchandises comme au procès-verbal)*, provenant de la saisie opérée le... par les préposés de la brigade de..... Ces marchandises ont été adjugées à M.....   FR.   C.
dernier enchérisseur, pour la somme de.... *(en toutes lettres)*, ci.
.Deuxième lot *(détail des marchandises comme au procès-verbal)*, provenant, etc., adjugées à M....., dernier enchérisseur, pour la somme de *(en toutes lettres)*, ci.....................

TOTAL...................

Clos et arrêté le présent procès-verbal de vente à la somme de... *(en toutes lettres)*, les jour, mois et an que dessus, et avons signé, chacun en ce qui le concerne, avec les adjudicataires (à l'exception du sieur... qui a dit ne savoir).

N° 39. — Soumission cautionnée en garantie de droits pour des marchandises livrées à la consommation.

Je soussigné....., négociant, demeurant à....., désirant obtenir de M. le receveur des douanes de cette ville la faculté d'enlever, aussitôt après vérification, les marchandises provenant de l'étranger, des colonies françaises et des entrepôts, pour les livrer à la consommation, sans être tenu de fournir une soumission cautionnée au moment de chaque enlèvement, je m'engage à payer, à la première demande de mondit sieur le receveur, la totalité des droits qui seront liquidés à ma charge, en vertu de mes déclarations de détail, lequel payement sera réalisé en effets sur....., à quatre mois de terme à partir de la date de chaque liquidation; lesquels effets seront cautionnés à la satisfaction de mondit sieur le receveur, qui, à défaut de cautionnement à sa convenance, aura la faculté d'exiger sans délai et en numéraire la totalité des droits qui seront dus à raison des déclarations de détail que j'aurai faites.

Et, pour garantie et exécution de la présente soumission, je m'engage à concurrence de la somme de....., au payement de laquelle je m'oblige et pourrai être contraint par les voies de droit, conformément aux lois des douanes, sans néanmoins que le payement puisse excéder les sommes auxquelles s'élèveront les droits résultant de mes déclarations de détail et des liquidations qui s'ensuivront.

Et moi soussigné....., caution solidaire, négociant à....., y demeurant, après avoir pris connaissance de la soumission ci-dessus, je m'oblige, solidairement avec M....., à l'exécution pleine et entière des obligations qu'elle contient, et ce à concurrence de ladite somme de....., au payement de laquelle je me soumets, sans néanmoins que le payement puisse excéder les sommes auxquelles s'élèveront les droits résultant des déclarations de détail dudit principal débiteur.   A....., le.....

AUTRE MODÈLE.

Je soussigné..,..., négociant, demeurant à....., m'oblige, envers M. le receveur principal des douanes de cette ville, à payer, à sa première réquisition et à quelque époque qu'elle soit faite, le montant des droits de douane qui résulteront des liquidations relatives aux marchandises que j'aurai déclarées pour la consommation. Ce payement sera effectué, au choix de M. le receveur principal, soit en effets à terme remplissant les conditions voulues par les règlements des douanes, soit en numéraire.

Et moi....., demeurant à....., également soussigné, après avoir pris connaissance de la soumission ci-dessus, je déclare me rendre caution solidaire des engagements qu'elle contient.   A....., le.....

N° 40. — *Soumission pour marchandises de transit dont les échantillons ont été perdus.*

Nous soussignés (*noms et qualités du déclarant et de sa caution*), demeurant à....., déclarons par la présente que le receveur des douanes à....., nous a fait remise de (*désignation des marchandises*), faisant l'objet de l'acquit-à-caution de transit délivré à....., sous le n°....., afin de pouvoir consommer le transit des susdites marchandises, quoique l'échantillon dont elles devaient être accompagnées ait été égaré, nous soumettant solidairement, par la présente soumission, à payer entre les mains de M....., receveur audit bureau, et à sa première réquisition, dans le cas où l'administration des douanes l'ordonnerait, toutes les condamnations édictées par le susdit acquit-à-caution.   A....., le.....

N° 41. — *Prélèvement d'échantillons.*

Nous soussignés....., certifions que, par suite de....., nous avons procédé contradictoirement avec M....., au prélèvement d'échantillons qui devront être soumis à l'examen des experts du Gouvernement. Nous avons, en conséquence, retiré desdites.,...., caisses..... pièces du tissu dont il s'agit, savoir :..... pièce de chaque numéro 21, 23 et 25, qui représentent les trois degrés de finesse desdites.....; nous en avons formé deux paquets, dont un a été scellé de notre cachet et de celui de M....., cachet dont les empreintes sont en marge du présent.   A....., le.....

N° 42. — *Procuration pour signer en douane.*

Nous soussigné....., négociant à....., y demeurant, donnons, par la présente procuration, pouvoir à M.....; notre commis, de nous représenter dans les bureaux de la douane de cette ville, et de signer en notre nom toutes déclarations, soumissions d'entrepôt, acquits-à-caution, reconnaissances de consignations, quittances d'escompte et de remboursement de droits indûment perçus, liquidations de primes, procès-verbaux de saisies et transactions provisoires et définitives par suite de contraventions aux lois, règlements de droits, et enfin tous autres actes quelconques, approuvant tous les engagements souscrits par ledit sieur....., au nom de notre maison, soit à titre de principaux obligés, soit à titre de caution, et répondant de tout ce qui pourrait en résulter.   A....., le.....

{N° 43. — *Contrainte pour non-rapport d'acquit-à-caution.*

Extrait des registres d'acquits-à-caution tenus à la douane de..... pendant l'année (*copier littéralement la soumission de l'acquit-à-caution*).
Il est dû au Trésor public par le sieur....., demeurant à..... (pour double ou quadruple, s'il s'agit de transit), droit de....., sur les marchandises mentionnées en sa soumission, dont copie est ci-dessus, faute d'avoir rapporté, dans le délai fixé par ladite soumission, l'acquit-à-caution valablement déchargé; au payement de laquelle somme de....., et de l'amende de....., également encourue, ledit sieur..... sera contraint par toutes voies, en vertu de la présente contrainte décernée par nous....., receveur à la douane de....., pour être mise à exécution par le premier huissier ou autre sur ce requis, nonobstant opposition ou appellation quelconque, sans préjudice d'icelles, et sous les réserves de tous autres droits et actions. Fait à....., le.....
(*Signature du receveur.*)

T. II.   34

Vu et visé par nous, juge de paix du canton de....., pour valoir exécution, en conformité de l'art. 32, titre 13, de la loi du 22 août 1791. A....., le..... (*Signature.*)

L'an mil huit cent....., le......, à la requête de M. le directeur général de l'administration des douanes, dont le bureau central est établi à Paris, hôtel du Ministère des finances, et pour lequel domicile est élu au bureau de M....., receveur principal desdites douanes, à la résidence de....., nous soussignés....., préposés des douanes de la brigade de....., spécialement autorisés par l'art. 18 du titre 13 de la loi du 22 août 1791, à faire, en matière de douanes, tous exploits et autres actes du ministère des huissiers, avons signifié la contrainte ci-dessus à M....., demeurant à....., rue....., en son domicile, parlant à....

Et, en vertu de ladite contrainte, visée et rendue exécutoire par M. le juge de paix de....., mêmes requête et élection de domicile que ci-dessus, nous, préposés susdits et soussignés, avons fait commandement à mondit sieur.... de se conformer incessamment à ladite contrainte, en versant à la caisse de M. le receveur principal la somme de....., y mentionnée, à peine d'y être contraint par toutes voies de droit, même par emprisonnement de sa personne, et, à ce qu'il n'en ignore, nous lui avons, en sondit domicile et parlant comme ci-dessus, laissé copie tant de ladite contrainte que du présent exploit.

No 44. — *Notification et sommation pour marchandises laissées en entrepôt.*

Même préambule qu'au no 1. Nous soussignés (*noms, prénoms, grades et résidence des préposés*), à ce autorisés par l'art. 18 du titre 13 de la loi du 22 août 1791, certifions nous être transportés aujourd'hui au domicile du sieur....., demeurant en cette ville, rue....., no....., à l'effet de le sommer (si la demeure du soumissionnaire n'est pas connue, la sommation est signifiée au maire, et l'on remplace le dernier membre de phrase par le suivant) :

« Certifions nous être transportés à l'hôtel de la mairie d....., à l'effet de sommer » le sieur....., dont la demeure ne nous est pas connue. »

Comme de fait nous le sommons :

1o De réexporter dans le délai d'un mois, à compter de ce jour, les marchandises désignées ci-après, déposées à l'entrepôt depuis plus de trois ans, et dont l'entrée en France est prohibée, savoir (*désignation des marchandises*) : venues de...... par....., le....., et entreposées le... ., sous le no..... ;

2o D'acquitter, dans le même délai d'un mois, sur les marchandises suivantes, placées également en entrepôt depuis plus de trois ans, le montant des droits d'entrée liquidés d'office, et qui s'élèvent à..... décime compris, ou de réexporter lesdites marchandises dans ledit délai, savoir (*désignation des marchandises*) : venues de....., le......, par....., le....., et entreposées le.....

Faute de quoi lesdites marchandises seront vendues à l'expiration du délai indiqué ci-dessus, pour le produit, déduction faite des frais de toute nature (et des droits dus au trésor), être versé à la caisse des dépôts et consignations, où il restera à la disposition des propriétaires desdites marchandises pendant un délai d'une année, à l'expiration duquel ledit produit sera acquis définitivement au trésor, le tout conformément à l'art. 14 de la loi du 17 mai 1826. (S'il s'agit de marchandises prohibées, on ajoute, *à l'art.* 20 *de la loi du* 9 *février* 1832.)

Auxquelles fins nous, susdits et soussignés, avons délivré audit sieur...., parlant à...., une copie de la présente sommation.

Fait à.... les jour, mois et an que dessus.

No 45. — *Modèle de réquisition qu'il serait désirable de voir adopter par les maires de manière à prévenir toute difficulté.*

Le maire de la commune d.... département d....

Vu les lois du 5 novembre 1790, art. 4, et du 22 août 1791, titre 13, art. 4, ainsi que les arrêtés du Gouvernement des 21 frimaire et 9 prairial an VI ;

Sur la demande du sieur (nom et grade), des douanes, portant qu'il a été impossible de se procurer à l'amiable l'emplacement nécessaire pour installer le bureau de cette administration en cette commune, ou pour loger le sieur (nom et grade) de la brigade de cette résidence (ayant avec lui une femme et.... enfants), et que l'administration des douanes doit recourir à l'autorité municipale afin de pourvoir à ce besoin d'utilité publique, requiert le sieur...., propriétaire en cette commune, de mettre à la disposition dudit sieur.... (receveur ou préposé).... pièces de sa maison, savoir : au rez-de-chaussée.... à l'étage supérieur, etc.

En cas de dissentiment sur le prix de location, il sera statué par M. le préfet du département, conformément à la loi.

La présente réquisition, exécutoire immédiatement et d'urgence, nonobstant toute opposition et pourvoi, sera notifiée au sieur...., propriétaire, par le sieur (désigner les noms et qualités), lequel demeure chargé d'en assurer l'exécution en se faisant assister au besoin de la force publique.

Fait en mairie, à...., le....

N° 46. — Procès-verbal d'adjudication de travaux, etc.

L'an..... le..... par suite des dispositions de la lettre de M. le directeur des douanes à..... en date du...., il a été procédé, au bureau principal des douanes, à...., par le receveur principal, en présence de MM..., inspecteur et capitaine à...., à l'adjudication, sur soumissions cachetées, de la fourniture des embarcations neuves pour le poste de.... et des travaux de réparations, comme des fournitures à faire à d'autres embarcations de la capitainerie de..., fournitures et réparations telles qu'elles sont décrites dans le devis dressé le....

A midi, les soumissions reçues sont numérotées et déposées sur le bureau. Elles sont au nombre de....

A midi un quart, heure fixée pour l'ouverture des soumissions, le receveur donne lecture des offres qu'elles contiennent.

Les offres faites par M.... étant les plus avantageuses (1), l'adjudication a été dévolue audit M...., qui s'est engagé à faire les travaux qui en sont l'objet dans le délai de.... à dater de.... en se conformant au cahier des charges, dont il a pris connaissance, s'obligeant à payer les frais d'enregistrement du présent, dans le cas où, faute par lui d'en remplir les conditions, il deviendrait nécessaire de le faire enregistrer. Enfin, M.... a présenté pour caution M.... (indiquer les nom, prénoms, profession et demeure de la caution), qui s'oblige, conjointement et solidairement avec lui, à remplir tous les engagements stipulés au présent acte.

Fait en trois originaux, dont l'un a été remis à M..... (le soumissionnaire), le second à M..... (la caution), et le troisième est resté entre les mains du receveur principal des douanes.

A..., les jour, mois et an que dessus, et avons signé après lecture.

(1) *Ou bien* : Une seule soumission cachetée ayant été déposée, il a été reconnu qu'elle était souscrite par M.... (nom, prénoms, profession et demeure du soumissionnaire), qui offre de faire les constructions, fournitures et réparations mises en adjudication pour le prix et aux conditions indiquées dans ledit devis. Aucun autre concurrent ne s'étant présenté....

N° 47. — *Inscription au bureau des hypothèques.*

Lorsqu'il est question de prendre hypothèque sur les biens d'un redevable, on fait deux copies de l'acte ci-après, sur timbre à 35 c., et on les remet au bureau des hypothèques avec une expédition authentique du jugement ou l'original de la contrainte.

Inscription requise au bureau des hypothèques de...., au profit de l'administration des douanes et à la diligence de M...., receveur principal de ladite administration, à...., pour lequel, audit nom, domicile est élu, à.... en son bureau.

En vertu d'une contrainte décernée le..... mil huit cent.... par M..... (le receveur principal), en sadite qualité, contre M.... (*nom, prénoms, domicile et profession des redevables*), principal obligé *ou caution solidaire du sieur....* pour le payement de droits de douane et sels dus par lui *ou par ce dernier* à ladite administration, laquelle contrainte, revêtue de l'ordonnance d'exéquatur de M. le juge de paix de.... en date du.... du même mois, a été signifiée audit sieur.... en sadite qualité, par exploit de M°.... huissier à.... ou des sieurs.... préposés à.... le.... du mois de....

Pour sûreté et avoir payement de la somme de.... présentement exigible par suite de la faillite du sieur,... caution solidaire, déclarée par jugement du tribunal de commerce de...., en date du...., ci....

Intérêts et frais de mise à exécution conservés par la loi.... *mémoire.*

Sur tous les biens présents et à venir du sieur..... situés dans l'arrondissement de.....

NOTA. Cette inscription doit être prise dans *chaque* chef-lieu d'arrondissement dans lequel les redevables possèdent des biens.

NOTICE

LES DOUANES ANGLAISES (1863)

———◦———

Dès le XIIIe siècle, les droits de douane, exigibles principalement à la sortie, constituaient en Angleterre un impôt coutumier ou traditionnel. Après avoir été affermée, la perception fut, en 1671, confiée à un conseil, comité ou bureau *(the board)* de commissaires, institution qui, sous l'autorité des Lords de la Trésorerie (Ministère des finances), s'est maintenue en traversant de nombreuses et profondes réformes. (Pour la France, *V.* Introduction.)

Le service des douanes *(customs)* est dirigé et surveillé par un conseil ou bureau *(the board)* composé d'un président ou directeur général *(chairman,* 50,000 fr. de traitement), d'un vice-président *(deputy chairman,* 40,000 fr.), et de trois autres membres, commissaires ou administrateurs *(commissioners,* 30,000 fr. l'un).

Les affaires sont instruites et traitées dans des bureaux *(secretary's office)* partagés en trois divisions : 1° organisation générale, attribution et discipline, matériel ; 2° tarif ; 3° contrebande et contentieux.

Ces bureaux *(secretary's office)*, qui comprennent trente-quatre agents, sont placés sous les ordres immédiats d'un secrétaire général *(secretary,* 35,000 fr. de traitement) chargé de la correspondance que nécessitent les rapports entre le Gouvernement et le conseil *(board)* et des questions importantes (1). Tout ce qui se rattache au per-

---

(1) Un bureau spécial, sous les ordres d'un chef *(petition clerck,* traitement de 11,750 fr., avec augmentation annuelle de 375 fr. jusqu'au maximum de 12,500 fr.), reçoit toutes les pétitions concernant le service et les communique aux chefs compétents pour avoir des renseignements et leur avis. S'il s'agit du service de Londres, cette communication est faite par des agents *(messagers)* toutes les demi-heures. Pour la douane centrale *(custom house)*, les explications et la solution peuvent être données presque immédiatement ; relativement aux docks, qui sont assez éloignés, la décision ne peut parfois être rendue que le jour suivant ou plus tard.

sonnel relève aussi du secrétaire général; mais à cet égard il est secondé par un agent supérieur (*assistant secretary*, traitement de 20,000 fr. avec augmentation annuelle de 625 fr. jusqu'au maximum de 25,000 fr.)

Le conseil (*board*) statue chaque jour sur les affaires importantes ou offrant un intérêt général, et sur les mesures provoquées au point de vue de la discipline.

Pour les autres, ce soin est laissé, dans chacune des trois divisions, à l'un des commissaires (*commissioners*), qui, sous le titre de comité, agit avec le concours de chefs de division (*committee clerks*, traitement de 15,000 fr. avec augmentation annuelle de 500 fr. jusqu'au maximum de 17,500 fr.), et de chefs de bureaux (*chiefs clerks*, traitement de 8,750 fr., avec augmentation annuelle de 375 fr. jusqu'à 11,250 fr.). Chaque division passe successivement, par roulement, sous les ordres immédiats de chacun des commissaires.

Les membres du conseil (*board*) sont choisis par le Gouvernement en dehors de l'administration. Le secrétaire général, au contraire, parvient toujours à cette position par la voie hiérarchique.

Un conseil spécial (*solicitor's office*) est consulté pour toutes les affaires judiciaires ou contentieuses. Le jurisconsulte qui en est le chef (*solicitor*, 50,000 fr. de traitement), a deux assistants (20,000 fr. chacun) et neuf commis.

Deux inspecteurs généraux (*surveyors general*, 22,500 fr. de traitement chacun) exercent leur contrôle sur toutes les douanes et s'y rendent, selon qu'il est nécessaire, sur l'invitation du conseil (*board*). Une tournée est d'ailleurs effectuée, chaque année, par un commissaire (*commissioner*) et par l'un de ces inspecteurs généraux (on lui alloue 2,500 fr. de frais pour cette tournée).

Les sommes perçues par les douanes de tout le royaume sont réunies dans la caisse du receveur général (*receiver general*, 30,000 fr. de traitement). Ses bureaux (*receiver general's office*) comprennent vingt-quatre employés (un assistant *receiver general*, 15,000 fr. de traitement, un *chief clerk*, 10,000 fr., un *principal pay clerck*, 9,375 fr., etc.).

Un contrôleur général (*controller general*, traitement de 17,500 fr., avec augmentation annuelle de 500 fr. jusqu'à 20,000 fr.), reçoit, chaque jour, de toutes les douanes, l'indication des recettes et des dépenses, et établit ainsi, au fur et à mesure, la situation générale des fonds. Ses bureaux (*controller general's office*) comprennent quarante-neuf agents (un assistant *controller general*, à 11,250 fr., avec augmentation annuelle de 500 fr. jusqu'à 13,750 fr.; quatre commis principaux *principals clerks*, à 8,750 fr. avec augmentation annuelle de 500 fr. jusqu'à 11,250 fr. chacun, etc.).

Sous la désignation : *office of imports and exports*, des bureaux dirigés par un inspecteur général (*inspector general*, traitement de 22,500 fr.) fournissent au conseil (*board*) et à l'extérieur les renseignements de statistique concernant les opérations de douane. Ces bureaux comprennent quarante-cinq agents : un assistant *inspector general*, à 11,250 fr. avec augmentation annuelle de 625 fr. jusqu'à 13,750 fr.; quatre commis principaux (*principals clerks*), à 8,000 fr. avec augmentation de 375 fr. jusqu'à 10,000 fr.

6 commis (*clerks*) de 1re classe, à 6,250^f, avec augment. annuelle de 250^f jusqu'à 7,500^f

6	—	de 2^e	—	5,000	—	250	—	5,750
8	—	de 3^e	—	3,750	—	125	—	4,250
9	—	de 4^e	—	2,500	—	125	—	3,250
11	—	de 5^e	—	1,750	—	125	—	2,250

Ils reçoivent ces renseignements de bureaux constitués sous ce titre : *Examiner's office*, et sous les ordres immédiats d'un contrôleur principal (*Examiner and Jerquer*). Le double des déclarations en détail (entrée, sortie, cabotage, etc.), déposées dans toutes les douanes du Royaume, est adressé chaque jour, par la poste, sauf à Londres, à l'*Examiner's office*, où un dépouillement journalier accuse le mouvement des marchandises; on s'y assure, d'ailleurs, de la régularité de toutes les pièces, et on y contrôle la liquidation de tous les droits recouvrés, comme aussi les registres de Warrants des entrepôts de Londres. (Pour la France, *V.* n°s 202 et 203.) Voici la composition de ces bureaux : contrôleur principal (*Examiner and Jerquer*), traitement, 16,250 fr., avec augmentation annuelle de 625 fr. jusqu'au maximum

de.. 18,750^f

plus une allocation de... 1,250
                                                                         ⎯⎯⎯⎯⎯
                                                                         20,000^f

Un assistant *Examiner*, traitement de 11,250 fr., avec augmentation annuelle de 6,258 fr. jusqu'à... 13,750^f

9 commis principaux (*principals clerks*) à 8,000 fr., avec augmentation annuelle de 375 fr. jusqu'à.. 10,000

17 commis (*clerks*) de 1re classe, à 6,500^f, avec augment. annuelle de 250^f jusqu'à						7,500
20	—	de 2^e	—	5,250	—	250	—	6,250
24	—	de 3^e	—	4,500	—	250	—	5,000
28	—	de 4^e	—	3,750	—	125	—	4,250
33	—	de 5^e	—	2,625	—	125	—	3,500
39	—	de 6^e	—	1,875	—	125	—	2,500

Telle est l'organisation de l'administration supérieure et centrale : on y compte 358 agents et une dépense de 2,294,125 fr. (Pour la France, *V.* n°s 42 à 46.)

La garde des côtes (en dehors des ports) est confiée à de nombreuses embarcations à voiles et à vapeur, et à des brigades à pied installées dans des postes et qui exécutent des rondes le long du littoral. Ce service de garde-côtes, appelé à s'opposer, par des croisières, aux versements frauduleux, notamment de tabac, de spiritueux et de montres, donne ouverture à une dépense annuelle de 7,330,550 fr. inscrite au budget de la marine de l'Etat, et relève directement de l'amirauté qui en apprécie l'action. Seulement les douanes assurent l'effet des procès-verbaux. (Pour la France, *V.* n°s 64 à 67, 232 à 234.)

Dans les ports de douanes (*customs houses*), le service s'exerce par un personnel divisé en agents de l'intérieur ou de bureaux et en agents dits de l'extérieur ou actifs.

1° Le service de l'intérieur ou de bureaux comprend :

Le *collector* (receveur), chef supérieur de la douane (1), et qui correspond directement avec le conseil (*board*);

---

(1) La douane de Londres est placée dans des conditions exceptionnelles.

Tout ce qui se passe à l'intérieur des bureaux (*long room, seacher's office, warehousing*) relève du *collector* (traitement de 25,000 fr.).

Un *inspector-general of the out-door departement* (traitement : 17,500 fr., plus une allocation de 2,500 fr.; total : 20,000 fr.), indépendant du *collector*, dirige et surveille tous les agents, soit du service sédentaire, qui vérifie les marchandises proprement dites (*examining officers*), soit du service actif; il est assisté d'un *controller* (traitement de 15,000 fr.) et de vingt-huit *surveyors*, ou sous-inspecteurs (en quatre classes : la première, à 12,500 fr., la dernière, à 8,750 fr.).

Des agents spéciaux sont chargés de jauger les fûts de liquides (*gauger's departement*). Ce service est ainsi composé : un principal inspecteur (traitement de 12,500 fr.); huit inspecteurs en deux classes : la première, de 11,250 fr., et la seconde, à 10,000 fr.; quatre-vingt-six jaugeurs en six classes : la première, à 8,750 fr.; la dernière, à 3,125 fr.

Six agents ont pour mission de jauger les navires, savoir : un *surveyor general*

Long room (grande salle autour de laquelle sont distribués les bureaux), bureau central où l'on passe toutes les écritures relatives à l'entrée, à la liquidation des droits, ainsi qu'à la navigation (par exemple, à Londres, 60 agents; à Liverpool, 33);

Seacher's office, écritures concernant la sortie (par exemple, à Londres, 31 agents; à Liverpool, le *long room* est chargé de ces écritures);

Warehousing department, écritures concernant les docks-entrepôts et les entrepôts spéciaux (voir plus loin : entrepôts de Londres; à Liverpool, 70 agents);

Examining officers, vérificateurs des marchandises (par exemple, à Londres, 130 agents; à Liverpool, 128).

2° Le service de l'extérieur ou actif comprend :

Principal out-door (inspecteur du service de l'extérieur), qui dirige et surveille, sous les ordres du *collector* (1), tout le service qui s'exécute au dehors des bureaux, c'est-à-dire les agents du service sédentaire, appelés *examining officers*, et tous les agents du service actif (*out-door*);

Surveyors et *assistant-surveyors*, sous-inspecteurs qui suppléent le *principal out-door*, dans les conditions déterminées pour celui-ci, à qui ils rendent compte de leur concours (par exemple, pour Londres, voir la note précédente; à Liverpool, 16 *surveyors*);

Out-door officers, agents dits de l'extérieur (par exemple, à Londres, 820 agents; à Liverpool, 520);

Boatmen ou *Watermen*, marins (2).

Tous les *out-door* et *boatmen* (chefs et inférieurs), ont un uniforme. (Pour la France, *V.* n°s 47 à 63.)

Les traitements affectés aux emplois sédentaires ou de bureaux, d'ordinaire en six classes, outre les commis principaux (*V.*, comme exemple, *examiner's office*), ont un minimum, un accroissement annuel et un maximum. Mais le traitement des *examining officers* est fixé : 1re classe, 7,500 fr.; 2e, 6,250 fr.; 3e, 5,000 fr.; 4e 4,000 fr.; 5e, 3,500 fr.; 6e, 3,000 fr. (Pour la France, *V.* n° 54.)

Le service actif, indépendamment des chefs, est subdivisé en cinq classes : 1re, 2,125 fr.; 2e, 1,875 fr.; 3e, 1,625 fr.; 4e, 1,500 fr.; 5e, 1,375 fr. (Pour la France, *V.* n° 59.)

Outre leur traitement fixe, les agents du service actif (les *surveyors* exceptés) reçoivent une allocation de 1 fr. 25 par journée de travail; elle ne leur est pas accordée quand ils sont malades. On tend à faire disparaître cette allocation en augmentant le traitement fixe.

Tout service exécuté avant ou après les heures de travail légal (3) durant la lumière

---

(traitement : 20,000 fr.) et des subordonnés.

Un agent est spécialement appelé à mesurer les bois (*principal timber measurer*; traitement : 7,500 fr.).

Un agent (*surveyor*; traitement de 12,500 fr.), assisté de deux agents, surveille la construction et l'entretien des édifices de la douane de Londres.

Il y existe un inspecteur du service médical (20,000 fr.) et un chirurgien (4,375 fr.), pour Londres et Gravesend, à l'embouchure de la Tamise.

(1) Pour la douane de Londres, *V.* la note précédente.

(2) Les *boatmen* ou *watermen* sont divisés en trois classes, dont la première est payée comme la dernière des *out-door*. Ce service de marins comprend, par exemple, tant à Londres qu'à Gravesend, 112 agents; à Liverpool, 65; à Hull, 24.

(3) Le travail pour les marchandises soumises aux droits d'entrée commence à huit heures du matin en été, à neuf heures en hiver, et se termine à quatre heures

du jour, dans l'intérêt du commerce, donne lieu à une rémunération déterminée par heure, payée par les négociants qui en profitent, et qui est répartie entre les agents (*out-door, examining, surveyors*).

Ce service des ports comprend 5,037 agents et coûte 16,720,000 fr.

Tout agent nouvellement admis est nommé par les lords de la trésorerie.

Pour les emplois sédentaires, sur cinq vacances donnant lieu à avancement de classes, trois sont remplis par les lords de la trésorerie, sur la proposition du conseil (*board*), qui tient compte des signalements individuels fournis par les chefs locaux ; le conseil pourvoit aux deux autres et peut ainsi récompenser quelques agents du service actif dont la capacité et l'aptitude ont été reconnues à la suite d'un concours.

Le concours est aussi appliqué pour les places inférieures du secrétariat général (*secretary's office*).

C'est le conseil (*board*) qui accorde soit l'avancement pour les agents du service actif, soit l'augmentation annuelle dans une même classe des agents sédentaires quand ceux-ci ont bien rempli leurs obligations.

Des punitions ne sont infligées aux agents des deux services que sur la décision du conseil (*board*), à vue d'un rapport motivé du *collector* qui a entendu, après serment de leur part sur la Bible, le chef qui a signalé les faits et l'agent accusé (1). (Pour la France, *V.* nos 43, 48 à 60, 69.)

Dans les vingt-quatre heures de son arrivée (2), le capitaine de navire est tenu de faire au bureau central (*long room*) un rapport de mer et d'y déposer, en double expédition (c'est-à-dire original et copie) le manifeste de sa cargaison. (Il en est de même en France, *V.* nos 232, 295, 300 et 318.)

L'original du manifeste reste pendant deux mois au bureau des déclarations pour servir à contrôler la remise des déclarations en détail ; il passe ensuite à un bureau spécial (à Londres, c'est au bureau de la statistique journalière *examiner's office*) où s'effectue l'apurement du manifeste à vue du dossier (carnets, déclarations) renvoyé du poste de débarquement, dès que le déchargement est complétement terminé. Après l'apurement, le manifeste retourne au bureau des déclarations où il est classé pour former ultérieurement, avec les autres, un registre relié.

La copie du manifeste est envoyée soit au chef de la visite dans les eaux de la douane centrale (*custom house*), soit au contrôleur spécial du dock, selon la station du navire. (Pour la France, *V.* n° 303. A vue du manifeste qui est ultérieurement remis au service actif, le capitaine de port désigne la station assignée au navire.)

Le destinataire doit, dans les trois jours de l'arrivée, produire une déclaration en détail, en double expédition, énonçant la destination à donner aux marchandises et contenant les indications nécessaires pour l'application du tarif. (Il en est de même en France, *V.* n° 319.)

---

du soir. A l'égard des marchandises exemptes de droits, de six heures à six heures en été, et de huit heures à quatre heures en hiver.

L'administration pourrait, sur la demande générale du commerce, changer ces heures. (Pour la France, *V.* n° 121, bureaux ; 323, opérations sous la surveillance des brigades.)

(1) S'il s'agit de la douane de Londres, cet interrogatoire est fait par le conseil (*board*) lui-même, à vue du rapport du *collector*, ou, selon le cas, de l'*inspector general*. (*V.* note concernant l'organisation du service de la douane de Londres.)

(2) Dès qu'un navire à destination de Londres est à la hauteur de Gravesend, il reçoit à bord deux agents (*out-door*) qui y restent jusqu'à ce que la remise de cette surveillance ait été faite au service soit de la douane centrale (*custom house*), soit d'un dock.

Quand il s'agit de paquebots transportant des voyageurs, des agents (*out door*)

Elle est transcrite *in extenso* sur un registre où l'on porte d'ailleurs, en cas de mise en consommation, les éléments de la liquidation. (En France, la déclaration ne prend, à un registre, qu'un numéro d'ordre. *V.* n° 152.)

S'il s'agit de mise en consommation, l'une des expéditions de la déclaration est communiquée au bureau de la caisse où l'on paye immédiatement et d'avance, toujours au comptant, le montant des droits provisoirement liquidés par le déclarant lui-même. Un bulletin de payement (1) est remis à l'intéressé qui reporte sa déclaration, avec ce bulletin, au bureau des déclarations. (En France, l'acquittement des droits est d'ordinaire garanti d'avance par une soumission cautionnée ou par une consignation en numéraire. *V.* n°s 185, 186.)

Là est alors délivré un ordre ou permis distinct de débarquer pour la vérification. Des agents (*messagers*) du service partent de *Custom-House*, toutes les demi-heures, avec les déclarations et les ordres ou permis (outre un carnet, si c'est la première déclaration concernant un navire), et les déposent pour l'*examining officer* (vérificateur) de la station du navire, soit au poste de cette station, soit au contrôle spécial du dock. (En France, le double de la déclaration, visé par le service, sert de permis, *V.* n°s 154, 602.)

Dans tous les cas, la seconde expédition de la déclaration en détail est, à la fin de la journée, envoyée (par la poste, si l'opération ne s'effectue pas à Londres) au bureau de la statistique journalière (*examiner's office*). (En France, le dépouillement de statistique se fait sur les permis régularisés par le vérificateur. *V.* n° 203.)

Dans les eaux de la douane centrale, l'*examining officer* (vérificateur), ou, dans les docks, le contrôleur spécial du dock envoie l'ordre ou permis à l'*out-door*, coté à bord du navire (parfois il y a deux ou trois *out-door*).

L'*out-door* copie cet ordre sur un carnet spécial de débarquement. Au-dessous de cette inscription, comme sur l'ordre, il certifie du déchargement, colis par colis. (En France, le préposé muni du manifeste suit le débarquement immédiat et en indique les détails sur un carnet. *V.* n° 303.)

S'il s'agit de marchandises exemptes de droits d'entrée, elles ne sont pas pesées par le service (elles ne le sont que pour le commerce) et alors l'*examining officer* (vérificateur) met au bas du certificat de l'*out-door* : « reconnu, bon à enlever, » et signe. Il rappelle sommairement sur son carnet le nom et la station du navire, le nombre de colis et la nature de la marchandise. (Il en est de même en France, sauf que les annotations du vérificateur sont inscrites sur la déclaration ou permis. *V.* n°s 163, 604, 608.)

A l'égard des marchandises taxées, déclarées pour la consommation ou pour un entrepôt, l'*examining-officer* copie la déclaration sur son carnet, vérifie la marchandise et la fait peser, inscrit le détail de cette opération colis par colis. (Il en est de même, en France, *V.* n° 170.)

Les *surveyors* (sous-inspecteurs) exercent des contre-visites. (*V.* n° 52.)

Dans le cas où un complément de droits est dû, à raison du résultat de la visite, l'intéressé doit se rendre de nouveau au bureau central pour l'acquittement dont il

---

d'une classe plus élevée que les convoyeurs ordinaires, vérifient à bord les bagages pendant le trajet et reçoivent les droits exigibles. (Pour la France, *V.* n°s 232 à 234.)

(1) Les payements ont lieu soit en numéraire, ou en billets de banque, soit en chèques, mandats sur les banquiers de la ville et acceptés par eux pour être immédiatement acquittés. En général, il n'est pas délivré de quittance. Le bulletin est conservé au bureau des déclarations; mais la caisse donne un double de ce bulletin quand le payement est fait par un très-jeune commis, pour le compte du déclarant. (Pour la France, *V.* n° 36.)

justifie au moyen d'un bulletin de paiement supplémentaire. (Il en est de même en France, *V.* n° 179.) Toutefois, quand les agents connaissent le déclarant, ils lui permettent d'enlever la marchandise, sauf à exiger ultérieurement la représentation d'un bulletin de solde.

Si, au contraire, la perception primitive a été trop forte, le déclarant adresse au *collector* une demande de remboursement. Sur l'attestation du service que telle somme a été versée en trop, le *collector* accorde l'autorisation de restituer. (En France, l'administration seule autorise le remboursement, *V.* n° 41.)

Il existe des carnets distincts pour l'entrée et pour la sortie. (*V.* n° 170.)

Un petit carnet spécial (*blue book*) sert à constater le débarquement des provisions de bord, à moins qu'on ne les place sous clef ou cachet, à bord du navire; et on les délivre en franchise, chaque jour, au fur et à mesure des besoins des équipages étrangers. (Il en est de même en France, *V.* n° 846.)

Soit dans les eaux de la douane centrale (*custom house*), soit dans les docks, les marchandises taxées sont toujours vérifiées et pesées colis par colis. Le service n'admet jamais une déclaration pour conforme sans vérification. (En France, pour les marchandises faiblement imposées et lorsque les connaissements sont représentés, le service admet souvent les déclarations comme conformes, sans vérification: à l'égard des marchandises plus fortement taxées, on vérifie par épreuves, à vue d'une note détaillée du poids des colis, *V.* n° 156.)

Il n'est fait de pesées par épreuves qu'à l'égard des fruits, raisins secs et figues, lorsque les colis sont semblables. (En France, pour le transit ordinaire, on ne vérifie que le cinquième et même moins; il y a exemption de toute vérification pour le transit international sous le régime spécial de convois de chemins de fer. *V.* n°s 159, 343.)

La tare réelle a toujours lieu. (En France, on accorde la tare légale dans beaucoup de cas, *V.* n° 196.)

Si les marchandises vérifiées ne sont pas enlevées dans le jour, le propriétaire du quai où stationne le navire dans les eaux de la douane centrale ou le surintendant du dock les fait déposer dans un magasin et reçoit une indemnité du propriétaire. (En France, c'est le capitaine de port qui fait enlever les marchandises quand le besoin de cette mesure se fait sentir.)

A l'entrée, il est exigé pour les marchandises tarifées (1) ou exemptes de droits, une taxe spéciale de 10 centimes par colis. (En France, on paie un droit de permis de 50 centimes ou de 1 fr. par déclaration, selon qu'il s'agit de navires français ou de navires étrangers, *V.* n° 641.)

A défaut, soit de déclaration en détail, soit de débarquement dans les quatorze jours de l'arrivée du navire, le service dans les eaux de la douane centrale, ou le surintendant dans un dock, peut faire débarquer d'office les marchandises et les placer en dépôt à la douane pour être vendues publiquement si elles ne sont pas réclamées dans les trois mois; mais on n'a pas recours à cette mesure, et le capitaine fait une déclaration de dépôt. Au besoin, et pour prévenir les abus, le service ferait fermer les écoutilles et placerait à bord des *out-door*, aux frais du propriétaire des marchandises. (En France, le service se borne à surveiller, du quai, les navires dans ce cas. *V.* n° 887.)

---

(1) Quarante sortes de produits sont taxées à la valeur; les autres le sont au poids. (*V.* n° 194.)

Pour les tarifications à la valeur, il est loisible au service, soit de permettre à l'intéressé de rectifier sa première évaluation, soit de préempter la marchandise en payant la valeur indiquée, augmentée de 5 0/0. (*V.* n° 178.)

Pour le transbordement, il n'est produit qu'une déclaration , et les marchandises sont escortées. Il n'y a qu'une reconnaissance sommaire des numéros des colis. (Il en est de même en France, V. n° 328.)

Parfois, les marchandises sont alors provisoirement déposées dans un magasin ; mais si dans le délai de vingt-quatre heures elles n'en sont pas retirées, on exige une déclaration de transit garantissant les droits. (En France, on fait constituer les marchandises en entrepôt.)

Pour le débarquement par allèges , il est délivré un permis spécial. (V. n° 325.)

Dans les eaux de la douane centrale, les ouvriers occupés à la manutention des colis sont ceux du propriétaire du quai où stationnent les navires ; dans les docks, ce sont les ouvriers de la compagnie du dock. (En France, il en est de même dans les docks ; sur les autres points, ce sont les ouvriers du commerce, et, pour être reçus dans les bâtiments de la douane, ils doivent être agréés par le service. V. n° 21.)

Toute déclaration de sortie est faite à la douane centrale (custom house), même pour les marchandises placées dans les docks, quel que soit l'éloignement. (En France, la déclaration est faite au bureau de douane où se trouve la marchandise.)

Les déclarations sont portées aux agents de la visite qui agissent de concert avec les agents du service actif. (V. n°s 163, 575, 580.)

La sortie est franche de droit ; mais une taxe spéciale de 1 fr. 85 est exigée par chaque déclaration (exportation de marchandises anglaises ou réexportation de marchandises étrangères). (En France, on paie un droit de permis de 50 centimes ou de 1 fr. par déclaration, selon que le navire est français ou étranger. V. n° 641.)

Les permis de réexportation portent cette annotation : « Ce document, quand il est » timbré (c'est-à-dire revêtu d'un timbre qui indique que la taxe de 1 fr. 85 a été » payée), doit être reçu par les compagnies des docks comme autorisation d'em-» barquer. Si le chargement s'effectue sur d'autres points, cet ordre doit être laissé » au bureau du vérificateur de la station du navire. »

De notables améliorations, récemment réalisées en Angleterre, ont été empruntées aux institutions depuis longtemps adoptées en France, afin de concilier les garanties nécessaires au recouvrement de l'impôt avec les facilités dont doit jouir le commerce.

Aussi, s'il est vrai que d'innombrables opérations s'accomplissent en Angleterre avec une extrême rapidité, c'est que les négociants, habitués à accorder une entière confiance aux grandes compagnies de docks-entrepôts, se dispensent d'intervenir pour le mouvement des marchandises et les manipulations qui s'y rapportent. L'unité d'action des agents instruits et capables de ces compagnies, dont la gestion est excellente, produit des résultats extrêmement remarquables.

Par le développement considérable des entrepôts (warehouses), sous forme de docks, le gouvernement et le commerce anglais ont voulu faire de l'Angleterre le point central d'arrivée des marchandises à toutes destinations, le grand marché de l'univers.

L'entrepôt est toujours réel. (En France, outre l'entrepôt réel, l'entrepôt fictif est accordé pour certaines marchandises. V. n° 474.) A Londres, à Liverpool, etc., il existe des docks régulièrement constitués, c'est-à-dire un ou plusieurs bassins à flot ou ensemble de surface d'eau, de quais et de magasins dans une même enceinte, séparée de toute autre partie de la ville par un mur de dix-huit à vingt pieds de haut, et où pénètrent les navires. Cette distribution offre toutes les facilités désirables de célérité et d'économie pour les déchargements et les chargements, et permet d'éviter les désordres et les risques résultant des marées, comme aussi les soustractions, qui sur les quais des grands ports s'élèvent à des sommes considérables (1). Mais, à

_____

(1) Lorsque les marchandises doivent être enlevées pour la consommation aussitôt

raison des intérêts existants, on a continué à déposer les marchandises dans de nombreux magasins particuliers, sous la garantie d'une soumission cautionnée, et fermés de la double clef du commerce et du service (1). (En France, dans quelques grands ports, la constitution de docks a fait disparaître de nombreux entrepôts spéciaux. V. n° 451.)

Les bassins du West-India, à Londres, pourraient contenir six cents navires et se prêtent facilement au déchargement et au chargement simultanés de cent bâtiments.

Le service des douanes garde les issues extérieures des douanes, surveille et opère à l'intérieur dans le jour, et conserve une clef des magasins où ont été placées en entrepôt les marchandises taxées. Les clefs sont déposées au contrôle spécial du dock.

Un service sédentaire, relevant du collector, est attaché à chaque dock pour la tenue des sommiers. En voici la composition en ce qui concerne London-Docks :

Un controller of warehousing accounts (contrôleur du dock et des sommiers d'entrepôt); un assistant controller of accounts; trois principaux clerks; cinq clerks de première classe, six de deuxième, sept de troisième, neuf de quatrième, onze de cinquième, quatorze de sixième.

Agissent à l'extérieur du bureau et sous la direction de l'inspector general of the out-door department (V. Douane de Londres) : trois surveyors ou sous-inspecteurs; douze examining officers ou vérificateurs; cinquante out-door officers.

Un poste d'out-door est constitué en permanence dans chaque dock. Ces agents effectuent deux rondes à l'intérieur : l'une à minuit, l'autre à deux heures du matin. (En France, le poste permanent n'a pas de communication à l'intérieur.)

Les navires, remorqués par les soins de la compagnie du dock choisi par les capitaines, sont admis selon leur tour d'inscription.

Aucune embarcation chargée de poudre à tirer ne peut entrer dans les docks sans une déclaration spéciale, sous peine d'amende; une place particulière est assignée.

Un manifeste est, dans les vingt-quatre heures, remis par le capitaine de navire au surintendant du dock pour la tenue de ses sommiers particuliers. (Il en est de même en France.)

La compagnie est responsable des droits dus à l'État, et, envers le commerce, de l'existence des marchandises.

Les opérations ne commencent que sur l'autorisation de la douane et du surintendant.

Des places sont destinées aux opérations de débarquement et d'embarquement; mais on permet qu'un navire qui a terminé son déchargement, prenne une cargaison sans changer de station.

Les équipages sortent tous les soirs du dock, sauf un matelot qui reste à bord du navire pour le garder. (En France, les équipages peuvent rentrer à bord.)

Les ouvriers du dock et les équipages sont visités par le service des douanes à la sortie du dock.

---

après les manipulations ordinaires, le classement et l'échantillonnage se font sous des hangars clos par des barrières et séparés des quais et des magasins par une large voie de circulation. S'il s'agit de marchandises à entreposer à l'issue de l'échantillonnage, on se sert de hangars qui touchent au quai et aux magasins. Quant aux marchandises en vrac, comme les grains, des hangars ne sont pas nécessaires et les magasins sont établis sur le bord du quai.

(1) C'est l'entrepôt spécial en France. (V. n° 448.)

A Liverpool, on appelle dock tout emplacement, fermé ou non, pour le débarquement avec dépôt des marchandises. — Le premier dock créé dans ce port remonte au XVIIᵉ siècle.

La vérification des marchandises taxées est faite complétement à l'entrée et à la sortie; elle a lieu dans les magasins aux étages où les marchandises passent directement du navire, sauf pour les liquides qui, placés dans des caves, sont jaugés sous les arcades ménagées au rez-de-chaussée. (En France, la vérification est faite comme à l'importation ordinaire.)

Dans tout entrepôt (dock ou magasin spécial), à moins de perte constatée par un procès-verbal administratif, on soumet tout déficit aux droits d'entrée. (En France, on alloue en exemption de droits tout déficit provenant de la dessiccation de la marchandise. V. n° 465.)

Il est permis de prélever des échantillons de cigares; mais on ne peut subdiviser les caisses par boîtes. (En France, on permet la subdivision des tabacs. V. n° 473.)

Les warrants ou récépissés, remis par la Compagnie à l'entrepositaire, indiquent l'état de conditionnement et de conservation de chaque lot de marchandises. Ils sont transmissibles par voie de simple endossement et peuvent être subdivisés moyennant une faible rétribution. En cas de perte d'un warrant, un duplicata n'est obtenu qu'autant qu'il y a eu publication à ce sujet pendant quatre jours dans un journal spécial, et la marchandise ne peut être livrée qu'à l'expiration d'un délai de sept jours à compter de l'annonce. Il suffit de représenter un warrant transféré pour obtenir la livraison des marchandises. Les comptes d'entrepôt ne sont pas modifiés. Le porteur du warrant peut disposer de la marchandise en soldant les frais depuis l'admission en entrepôt, ou bien à partir de l'époque à laquelle les frais ont pu être payés, ce qui est énoncé sur le warrant. (L'application du régime des warrants, en ce qui concerne le service des douanes, n'a pas encore été faite en France où l'ancien propriétaire des marchandises et le nouveau doivent intervenir pour opérer un transfert. V. n°s 444, 457.)

Pour les mutations d'entrepôt, c'est-à-dire l'expédition de marchandises étrangères d'un port d'entrepôt sur un autre port, il est produit une double déclaration à la douane centrale où l'on délivre un ordre ou permis en double; l'agent qui le reçoit au dock laisse sortir les marchandises du magasin, certifie l'embarquement, détache le double de l'ordre, à l'issue de l'opération, et le renvoie à la douane centrale pour la formation immédiate d'un acquit-à-caution garantissant les droits. Le soumissionnaire et sa caution engagent même à cet effet leurs héritiers. L'ordre conservé par le service au dock passe au contrôle spécial pour la décharge à inscrire aux sommiers. (En France, le double de la déclaration remise au bureau de l'entrepôt sert de permis, V. n° 452.)

La vente publique, dans les docks, de certaines marchandises dont l'Angleterre approvisionne les autres pays, satisfait à tous les intérêts en réunissant les avantages d'un vaste marché et de prix authentiques. (V. n° 444.)

Les navires de tous pavillons sont admis à faire le cabotage (coast-wise) (1).

Sur la double déclaration du négociant, le service de la douane centrale délivre un ordre ou permis en double. (En France, le double de la déclaration sert de permis et d'acquit-à-caution, ou, selon le cas, de passavant.) L'agent qui reçoit le permis certifie l'embarquement, détache le double de l'ordre à l'issue de l'opération et le renvoie à la douane centrale pour la formation immédiate d'un acquit-à-caution contenant engagement de la part du principal intéressé et de sa caution, leurs

(1) Mais les navires étrangers ne peuvent profiter de cette faculté de cabotage par la raison qu'ils sont soumis, dans différents ports, à des taxes de phares, de péage, etc., perçues par les compagnies spéciales et dont sont exempts les navires anglais, et aussi parce que l'Angleterre a une supériorité maritime tellement dominante qu'elle ne craint aucune concurrence.

héritiers compris, de se conformer aux lois en représentant les marchandises à tel port, dans tel délai.

Tout navire est enregistré à la douane centrale. La propriété en est divisée en soixante-quatre parties. Pour le transfert d'une partie, les intéressés prêtent serment devant le *collector* en produisant un acte de vente. (*V.* n° 623.)

En cas de contravention, le conseil (*board*) a le droit de transaction. La fraude et la contrebande donnent lieu à une répression excessivement sévère. Ainsi, par exemple, un navire déjà chargé et expédié à la douane et au vice-consulat français de Sunderland, prêt à prendre la mer, a été retenu, pendant quarante-huit heures, par les autorités anglaises pour avoir passé en contrebande un litre d'eau-de-vie. Le capitaine et le second ont été arrêtés et condamnés à une amende de 125 fr., outre les frais. Les amendes prononcées pour ce délit atteignent souvent en Angleterre un chiffre encore plus élevé; elles peuvent même dans certains cas être accompagnées de la confiscation du navire. (En France, les pénalités sont, dans l'application, d'ordinaire très-faibles. V. n°s 399, 1110.)

Les villes, les compagnies, les individus ont participé à l'établissement des ports commerciaux et des docks en ne demandant au Gouvernement anglais d'autre concours que la création, à leur profit, de taxes qui varient selon les localités (droits de phares, d'entrée de port, de bassin, de rivage, d'ancrage, d'amarrage, de bouée, de curage, de lestage, de sauvetage, de pilotage, de pesage, de tonnage, etc.). Ces droits sont fort élevés si on les compare à ceux qui sont exigibles en France où l'Etat a l'initiative et la charge de tous les travaux d'utilité publique.

A. DELANDRE.

TABLE ALPHABÉTIQUE [1]

(NOTA. — Les chiffres renvoient aux numéros des articles du *Traité*.)

---

[1] *V.* Tome Ier, Introduction et sommaire par nature de matières ; T. II, Notice sur les douanes anglaises.

_____

(1) Les fraudeurs, arrêtés en état de
flagrant délit, sont remis à la brigade de

gendarmerie la plus voisine et sont jugés d'urgence. (*Circ. du 5 avril 1866, n° 1024*.)

(1) La surveillance sur les côtes doit
être combinée de manière à couvrir, par
des apparitions instantanées, variées et
imprévues, surtout les parties du littoral
les plus accessibles à la fraude ; sur les
autres points, la surveillance est exercée
à titre de simple police, d'une manière
plus ou moins active, suivant les ressources du personnel, mais jusqu'à concurrence d'un service en minimum de
douze heures sur vingt-quatre pour chaque
homme. — Pour faciliter aux officiers et
chefs divisionnaires les moyens de contrôler les mouvements des escouades
ou détachements, les brigadiers doivent
inscrire exactement et complètement l'itinéraire des agents, avec l'indication et la
durée des stations, l'heure de passage sur
tel point. Le pupitre, dont chaque poste
doit être pourvu pour recevoir les registres
de travail et l'état topographique, V. nos 65
et 119, doit avoir autant de clefs qu'il y
a de chefs appelés à l'ouvrir, et il importe
que ces clefs ne s'adaptent pas à toutes
les serrures. (Déc. du 19 janvier 1866.)

(1) Quand un préposé atteint d'aliénation mentale a été gratuitement admis dans un hospice, que le directeur de cet établissement refuse de recevoir les appointements et d'en donner quittance, ou si le préposé a été licencié pour cause d'aliénation mentale, le montant des sommes dues peut être payé à la femme ou, à défaut, aux enfants de l'agent, comme au cas de décès. V. n° 224, p. 286. (*Déc. du 3 juillet* 1858.)

_____

(1) Les médecins des brigades sont,

sans élection, choisis et nommés par le directeur qui consulte d'abord les inspecteurs et rend compte ensuite à l'administration. (*Circ. lith. du 15 novembre 1865.*)

(1) En cas d'arrestation de fraudeurs, les procès-verbaux peuvent être enregistrés au chef-lieu de l'arrondissement, si l'accomplissement de cette formalité sur les lieux mêmes avait pour résultat de retarder la translation des prévenus. *V.* n° 1093. (*Circ. du 5 avril* 1866, n° 1024.)

TYP. CH. OBERTHUR, A RENNES. — M^{on} A PARIS, 35, RUE DES BLANCS-MANTEAUX.